12

Coleção
LEIS ESPECIAIS
para **concursos**

Dicas para realização de provas com questões de concursos e jurisprudência do STF e STJ inseridas artigo por artigo

Coordenação:
LEONARDO GARCIA

LEIS PENAIS ESPECIAIS

Volume Único

Coleção

LEIS ESPECIAIS

para **concursos**

12

Dicas para realização de provas com questões de concursos e jurisprudência do STF e STJ inseridas artigo por artigo

Coordenação:

LEONARDO GARCIA

GABRIEL HABIB

LEIS PENAIS ESPECIAIS

Volume Único

10ª edição

revista, atualizada e ampliada

2018

EDITORA *Jus*PODIVM

www.editorajuspodivm.com.br

EDITORA
*Jus*PODIVM
www.editorajuspodivm.com.br

Rua Mato Grosso, 164, Ed. Marfina, 1º Andar – Pituba, CEP: 41830-151 – Salvador – Bahia
Tel: (71) 3045.9051
• Contato: https://www.editorajuspodivm.com.br/sac

Diagramação: Linotec Fotocomposição e Fotolito Ltda. *(linotec@linotec.com.br)*

Capa: Ana Caquetti

L532 Leis Penais Especiais volume único / coordenador Leonardo de Medeiros Garcia – 10. ed. rev., atual. e ampl. – Salvador: Juspodivm, 2018.
1.168 p. (Leis Especiais para Concursos, v.12)

Bibliografia.
ISBN 978-85-442-1938-6

1. Lei penal em geral. I. Habib, Gabriel. II. Título.

CDD 341.51

AGRADECIMENTOS

Aos meus pais, que plantaram a semente e souberam cultivar, me permitindo colher os frutos. Eternos amores. Nada neste mundo nunca será capaz de mensurar o tamanho do amor que tenho por vocês. Nada disso seria possível sem vocês. Nada disso faria sentido sem vocês. Nada disso teria graça sem vocês. A vocês, que me transmitiram, pela união, a vida; pela genética, o amor; pelas palavras, o aprendizado; pelo olhar, a ternura e pelos atos, o exemplo, o meu muito obrigado por me fazerem acreditar sempre que todo o meu esforço seria bem recompensado.

Às minhas irmãs Priscilla e Aline, amigas de todas as horas, verdadeiras e sinceras torcedoras, que sempre me fizeram acreditar que tudo isso, um dia, seria possível, muito obrigado pelo apoio incondicional e pelo amor fraternal.

Aos meus alunos que me dão, a cada dia, a maior recompensa que eu posso ter: a aprovação nos diversos concursos públicos. Nunca se esqueçam que TODO ESFORÇO SERÁ BEM RECOMPENSADO.

Aos meus professores Rogério Greco e Sheila Bierrenbach, com os quais, hoje, tenho a honra de dividir a sala de aula lecionando o Direito Penal. A vocês, minha admiração e gratidão silenciosa e eterna.

À Defensoria Pública da União, Instituição a qual, pela sua grandeza e inabalável imagem e confiança, me orgulho de pertencer, formada por pessoas que têm a plena consciência de que atrás de cada papel constante dos autos do processo, existem pessoas idênticas a elas.

À Patrícia, "e no meio de tanta gente eu encontrei você. Entre tanta gente chata sem nenhuma graça, você veio. E eu que pensava que não ia me apaixonar nunca mais na vida. Eu podia ficar feio só perdido. Mas com você eu fico muito mais bonito, mais esperto. E podia estar tudo agora dando errado pra mim, mas com você dá certo. Por isso não vá embora. Por isso não me deixe nunca, nunca mais. Por isso não vá, não vá embora. Por isso não me deixe nunca, nunca mais. Eu podia estar sofrendo, caído por aí. Mas com você eu fico muito mais feliz, mais desperto. Eu podia estar agora sem você, mas eu não quero, não quero." (Não vá embora – Marisa Monte).

"Pedras no caminho?
Guardo todas, um dia vou
construir um castelo"
(Fernando Pessoa).

Proposta da Coleção *Leis Especiais para Concursos*

A Coleção *Leis Especiais para Concursos* tem como objetivo preparar os candidatos para os principais certames do país.

Pela experiência adquirida ao longo dos anos, dando aulas nos principais cursos preparatórios do país, percebi que a grande maioria dos candidatos lê apenas as leis especiais, deixando os manuais para as matérias mais cobradas, como constitucional, administrativo, processo civil, civil, etc. Isso ocorre pela falta de tempo do candidato ou porque faltam no mercado livros específicos (para concursos) em relação a tais leis.

Nesse sentido, a Coleção *Leis Especiais para Concursos* tem a intenção de suprir uma lacuna no mercado, preparando os candidatos para questões relacionadas às leis específicas, que vêm sendo cada vez mais contempladas nos editais.

Em vez de somente ler a lei seca, o candidato terá dicas específicas de concursos em cada artigo (ou capítulo ou título da lei), questões de concursos mostrando o que os examinadores estão exigindo sobre cada tema e, sobretudo, os posicionamentos do STF, STJ e TST (principalmente aqueles publicados nos informativos de jurisprudência). As instituições que organizam os principais concursos utilizam os informativos e as notícias (publicados na página virtual de cada tribunal) para elaborar as questões de concursos. Por isso, a necessidade de se conhecer (e bem!) a jurisprudência dos tribunais superiores.

Assim, o que se pretende com a presente coleção é preparar o leitor, de modo rápido, prático e objetivo, para enfrentar as questões de prova envolvendo as leis específicas.

Boa sorte!

Leonardo de Medeiros Garcia

(Coordenador da coleção)

Nota do autor à 10ª edição

A 10ª edição vem ao público em tom comemorativo. Em primeiro lugar, porque a 10ª edição de um livro é motivo de alegria e orgulho para qualquer autor. Em segundo lugar, porque o livro foi significativamente aumentado e atualizado.

A 10ª edição ganhou mais cinco Leis Penais Especiais: os Crimes contra o Meio Ambiente, a Lei dos Juizados Especiais Criminais, os Crimes contra a Ordem Econômica, o Estatuto de Pessoa com Deficiência e o Crime contra as Telecomunicações.

No total, a 10ª edição contém 40 Leis Penais Especiais.

A 10ª edição foi atualizada com as seguintes leis: 1. Lei 13.505/2017, que alterou a Lei de Violência Doméstica e Familiar contra a Mulher; 2. Lei 13.546/2017, que alterou o Código de Trânsito Brasileiro; 3. Lei 13.497/2017, que alterou a Lei de Crimes Hediondos; e 4. Lei 13.603/2017, que alterou a Lei dos Juizados Especiais Criminais.

O livro continua a ser uma obra objetiva e completa, sobretudo na parte de jurisprudência. Foram inseridos todos os Informativos do STF e do STJ publicados no ano de 2017, bem como acórdãos que retratam a jurisprudência atual, referentes aos temas tratados no livro.

As leis são comentadas artigo por artigo. Mantivemos a linguagem clara, direta e objetiva, sem perdermos a dogmática e a técnica do Direito. Mantivemos, também, a finalidade principal desta obra, que sempre foi destiná-la às questões relevantes para concursos públicos.

Como a obra propõe-se ao tratamento das Leis Penais Especiais, não ficamos a todo tempo repetindo conceitos e definições da parte geral e da parte especial do Direito Penal. E assim fizemos porque pensamos que essa repetição é desnecessária, pois retira o foco da obra e torna a leitura sem propósito e repetitiva. Além disso, optamos por não inserir notas de rodapé no texto.

O livro possui mais de 500 questões de concursos anteriores, de bancas examinadoras variadas e de instituições diversas, para dar uma maior abrangência ao estudo e proporcionar uma preparação mais completa ao leitor. Foram inseridas questões de concursos ocorridos em 2017. Ou seja, o livro está muito bem afinado com os temas que estão caindo nos mais variados concursos atualmente.

Continuaremos a receber as críticas construtivas e as sugestões dos leitores para o aprimoramento da obra. Bons estudos!

Rio de Janeiro, janeiro de 2018.

Gabriel Habib.

Apresentação

Foi com muita honra que recebemos o convite do professor Leonardo Garcia, coordenador da coleção Leis Especiais para Concursos, para escrever as Leis Penais Especiais.

O presente trabalho tem por finalidade proporcionar aos candidatos aos mais variados concursos públicos uma visão global do tratamento das leis especiais, dando ênfase à parte doutrinária e, sobretudo, à parte jurisprudencial.

A linguagem é direta. Não ficamos a todo tempo repetindo conceitos e definições da parte geral e da parte especial do Direito Penal. Isso é simplesmente desnecessário, retira o foco da obra, que são as Leis Penais Especiais, e torna a leitura enfadonha e repetitiva.

Buscamos manter sempre uma linguagem objetiva e clara, sem perder a necessária dogmática nos temas. Procuramos agregar, em uma só obra, tudo o que o candidato precisa para a sua aprovação em concurso público: lei, doutrina, jurisprudência e questões de concursos anteriores.

Na parte de legislação, fizemos comentários artigo por artigo, para facilitar a leitura da obra. Em relação à doutrina, procuramos abordar as opiniões dominantes e as mais modernas entre os autores, bem como as que são cobradas nos concursos públicos.

Na parte de jurisprudência, atentos à sua extrema importância nos concursos públicos da atualidade, procuramos trazer as notícias publicadas nos Boletins Informativos de Jurisprudência do STF e do STJ, bem como acórdãos variados que tratam sobre as leis especiais, para que o candidato esteja atualizado com a jurisprudência atual. Para facilitar a leitura e não cansar o leitor, optamos por colocar os informativos e acórdãos no corpo do texto, suprimindo as notas de rodapé.

Esperamos ter cumprido nossos objetivos. Boa leitura.

O autor.

Prefácio

É com muita satisfação que faço a apresentação do livro sobre Leis Especiais de autoria do amigo, professor e Defensor Público Federal, Dr. Gabriel Habib.

O autor é uma daquelas pessoas obstinadas pelo estudo do Direito Penal e suas implicações práticas. Como não poderia deixar de ser, na presente obra, procura analisar os detalhes mais importantes, as discussões mais atuais sobre os temas que se propôs a enfrentar.

Percebe-se, com toda clareza, que o autor trouxe ao conhecimento do público o que há de melhor sobre os temas, enfrentando questões complexas que, após a sua explicação, tornaram-se simples, tendo em vista a clareza, a didática e a profundidade com que as resolve.

Gabriel Habib, sem qualquer dúvida, pertence a uma "nova safra" de penalistas, que não se limita a transcrever pensamentos já exaustivamente discutidos por outros doutrinadores. Trata-se de um verdadeiro pensador das ciências penais, um professor que procura, de acordo com uma ótica nova, moderna, trazer as soluções aos problemas enfrentados no dia a dia do penalista.

Para mim, portanto, é uma honra inigualável poder apresentar esta obra que, certamente, se encontrará entre aquelas de consulta obrigatória para os estudantes e profissionais do direito.

Ficam aqui registrados os meus agradecimentos ao grande amigo Gabriel Habib por nos ter brindado com um trabalho digno de sua capacidade intelectual. O mercado se ressentia de uma obra com esse estilo. Tenho certeza de que todos apreciarão cada linha escrita, cada raciocínio desenvolvido. Fiquem na paz.

Rogério Greco
Procurador de Justiça
Mestre em Ciências Penais pela UFMG
Doutor pela Universidade de Burgos (Espanha)

Abrangência da Obra

Esta obra tem a finalidade de ser a mais completa e abrangente da literatura específica brasileira, com 40 Leis Penais Especiais.

A obra é composta pelas seguintes leis: **1.** Abuso de Autoridade - Lei 4.898/1965; **2.** Atividades Nucleares - Lei 6.453/1977; **3.** Código de Trânsito Brasileiro - Lei 9.503/1997; **4.** Crimes contra o Meio Ambiente - Lei 9.605/1998; **5.** Crimes contra o Serviço de Telecomunicações - Lei 9.472/1997; **6.** Desobediência na Lei da Ação Civil Pública - Lei 7.347/1985; 7. Discriminação de Gravidez - Lei 9.029/1995; **8.** Estatuto da Criança e do Adolescente - Lei 8.069/1990; **9.** Estatuto da Pessoa com Deficiência - Lei 13.146/2015; **10.** Estatuto do Desarmamento - Lei 10.826/2003; **11.** Estatuto do Idoso - Lei 10.741/2003; **12.** Estatuto do Torcedor - Lei 10.671/2003; **13.** Falência - Lei 11.101/2005; **14.** Finanças Públicas - Lei 10.028/2000; **15.** Genocídio - Lei 2.889/1956; **16.** Hediondos - Lei 8.072/1990; **17.** Interceptação Telefônica - Lei 9.296/1996; **18.** Juizados Especiais Criminais - Lei 9.099/1995; **19.** Lavagem de Dinheiro - Lei 9.613/1998; **20.** Lei Antiterrorismo - Lei 13.260/2016; **21.** Lei de Drogas - Lei 11.343/2006; **22.** Lei de Improbidade Administrativa - Lei 8.429/1992; **23.** Licitações - Lei 8.666/1993; **24.** Ordem Econômica - Lei 8.137/1990; **25.** Ordem Tributária - Lei 8.137/1990; **26.** Organizações Criminosas - Lei 12.850/2013; **27.** Organizações Criminosas - Lei 12.694/2012; **28.** Planejamento Familiar - Lei 9.263/1996; **29.** Portadores de Deficiência - Lei 7.853/1989; **30.** Preconceito de Raça ou de Cor - Lei 7.716/1989; **31.** Propriedade Intelectual de Programa de Computador - Lei 9.609/1998; **32.** Proteção a Vítimas e a Testemunhas Ameaçadas - Lei 9.807/1999; **33.** Relações de Consumo - Lei 8.078/1990; **34.** Relações de Consumo - Lei 8.137/1990; **35.** Retenção de Documento - Lei 5.553/1968; **36.** Sistema Financeiro Nacional - Lei 7.492/1986; **37.** Tortura - Lei 9.455/1997; **38.** Transplante de Órgãos e Tecidos - Lei 9.434/1997; **39.** Violação de Sigilo das Operações de Instituições Financeiras - Lei Complementar 105/2001; **40.** Violência Doméstica e Familiar contra a Mulher - Lei 11.340/2006.

Direcionamento para o estudo das Leis Penais Especiais

Após uma pesquisa feita nas provas de concursos públicos variados nos últimos anos, conseguimos fazer uma estatística das Leis Especiais que são mais cobradas em concursos de um modo geral.

A nossa ideia é direcionar os leitores no estudo das leis mais importantes, ou seja, aquelas que mais são cobradas nas provas de concursos.

Assim, as leis às quais os leitores devem prestar mais atenção são:

1. Abuso de Autoridade (Lei 4.898/1965);
2. Código de Trânsito Brasileiro (Lei 9.503/1997);
3. Estatuto da Criança e do Adolescente (Lei 8.069/1990);
4. Estatuto do Desarmamento (Lei 10.826/2003);
5. Estatuto do Idoso (Lei 10.741/2003);
6. Hediondos (Lei 8.072/1990);
7. Interceptação Telefônica (Lei 9.296/96);
8. Lavagem de Dinheiro (Lei 9.613/1998);
9. Lei de Drogas (Lei 11.343/2006);
10. Ordem Tributária (Lei 8.137/1990);
11. Organizações Criminosas (Lei 9.034/1995);
12. Tortura (Lei 9.455/1997);
13. Violência Doméstica e Familiar contra a Mulher (Lei 11.340/2006).

Sumário

Abuso de Autoridade.
Lei nº 4.898, de 9 de dezembro de 1965

Art. 1º O **direito de representação** e o **processo de responsabilidade administrativa civil e penal**, contra as autoridades que, no exercício de suas funções, cometerem **abusos**, são regulados pela presente lei.

1. **Fundamento constitucional.** O direito de representação está previsto no art. 5º, XXXIV, alínea *a* da CRFB/88, que dispõe: *"são a todos assegurados, independentemente do pagamento de taxas: a) o direito de petição aos Poderes Públicos em defesa de direitos ou contra ilegalidade ou abuso de poder"*. A lei 4.898/65 possibilitou à vítima de qualquer abuso de poder por parte de um agente público levar tal fato ao conhecimento das autoridades públicas.

2. **Bem jurídico tutelado.** São dois os bens jurídicos tutelados pela lei. O primeiro é o regular funcionamento da Administração Pública. O segundo são os direitos e as garantias fundamentais previstos na CRFB/88. Como veremos adiante, cada tipo penal da presente lei constitui violação de um direito ou de uma garantia fundamental.

3. **Sujeito ativo.** É a autoridade pública, conforme veremos adiante ao comentarmos o art. 5º.

4. **Sujeito passivo.** O primeiro sujeito passivo é o Estado, também denominado nesses delitos sujeito passivo mediato, indireto ou permanente. O segundo sujeito passivo é o indivíduo vítima do abuso, também chamado sujeito passivo imediato, direto e eventual.

   → **Aplicação em concurso.**

   - **Promotor de Justiça-TO/2012. CESPE**

     Com relação aos crimes de abuso de autoridade, previstos na Lei nº 4.898/1965, e à responsabilidade dos prefeitos, de que trata o Decreto-Lei nº 201/1967, assinale a opção correta.

     A) Conforme disposto no Decreto-Lei nº 201/1967, somente os entes municipais, interessados na apuração de crime de responsabilidade praticado pelo prefeito do município, podem intervir no processo como assistentes da acusação.

B) Os crimes de abuso de autoridade sujeitam-se a ação pública condicionada à representação do ofendido.

C) Os crimes de abuso de autoridade são de dupla subjetividade passiva: o sujeito passivo imediato, direto e eventual, e o sujeito passivo mediato, indireto ou permanente.

D) Cometerá abuso de autoridade o guarda municipal que, com a intenção de adentrar em determinado imóvel a fim de procurar documentos de seu interesse pessoal, se fizer passar por delegado de polícia e invada casa alheia.

E) Considere que um prefeito municipal tenha sido condenado definitivamente, após o trâmite regular da ação contra ele ajuizada, pelo desvio, em proveito próprio, de receitas públicas do município. Nesse caso, de acordo com o Decreto-Lei nº 201/1967, o prefeito não só perderá o cargo, como também estará inabilitado para o exercício de cargo ou função pública, eletivo ou de nomeação, pelo prazo de oito anos.

Alternativa correta: letra C.

5. **Competência para processo e julgamento.** Compete à Justiça Comum, Federal ou Estadual processar e julgar o delito de abuso de autoridade. Caso a prática do delito cause violação a alguns bens, interesse ou serviço da União Federal, suas entidades autárquicas ou empresas públicas, a competência será da Justiça Federal, na forma do art. 109, IV da CRFB/88, como na hipótese de o abuso ser praticado dentro de uma Delegacia de Polícia Federal ou dentro do INSS, Autarquia Federal. Caso contrário, a competência para processo e julgamento será da Justiça Estadual. Deverão ser seguidas as regras de competência do Código de Processo Penal, sendo, portanto o local da consumação do crime o competente para processar e julgar a autoridade pública autora do delito (art. 70).

É de se notar que a simples condição de o agente que pratica o delito de abuso de autoridade pertencer aos quadros da Administração Pública Federal, não determina a competência da Justiça Federal para processar e julgar o delito.

▶ **STJ**

Informativo nº 430.

Sexta Turma.

COMPETÊNCIA. CRIME. ABUSO. AUTORIDADE.

Trata-se de *habeas corpus* em que o paciente afirma ser incompetente a Justiça Federal para processar o feito em que é acusado pelo crime de abuso de autoridade. Na espécie, após se identificar como delegado de Polícia Federal, ele teria exigido os prontuários de atendimento médico, os quais foram negados pela chefe plantonista do hospital, vindo, então, a agredi-la. A Turma, por maioria, entendeu que, no caso, não compete à Justiça Federal o processo e julgamento do referido crime, pois interpretou restritivamente o art. 109, IV, da CF/1988. A simples condição funcional de agente não implica que o crime por ele praticado tenha índole federal, se não comprometidos bens, serviços ou interesses da União e de suas autarquias públicas. Precedente citado: CC 1.823-GO, DJ 27/5/1991. **HC 102.049-ES, Rel. Min. Nilson Naves, julgado em 13/4/2010.**

6. **Infração de menor potencial ofensivo.** Considerando-se que a pena máxima cominada ao delito de abuso de autoridade prevista no art. 6º, § 3º, *b,* não ultrapassa dois anos,

o abuso de autoridade é considerado infração penal de menor potencial ofensivo, sendo, portanto, a competência, dos Juizados Especiais Criminais, e lá devem ser aplicadas as medidas despenalizadoras. Após a alteração do art. 61 da lei 9099/95 pela lei 11.313/2006, mesmo os delitos, para os quais haja procedimento especial previsto em lei, são considerados infrações penais de menor potencial ofensivo.

▶ **STJ**

> PROCESSUAL PENAL. HABEAS CORPUS. ABUSO DE AUTORIDADE. DELITO DE MENOR POTENCIAL OFENSIVO. LEI 11.313/06. COMPETÊNCIA. JUIZADO ESPECIAL CRIMINAL. ORDEM CONCEDIDA. 1. "Com o advento da Lei nº 11.313/2006, que modificou a redação do art. 61 da Lei nº 9.099/95 e consolidou entendimento já firmado nesta Corte, "consideram-se infrações penais de menor potencial ofensivo, para os efeitos desta Lei, as contravenções penais e os crimes a que a lei comine pena máxima não superior a 2 (dois) anos, cumulada ou não com multa', independentemente de a infração possuir rito especial" (HC 59.591/RN, Rel. Min. FELIX FISCHER, Quinta Turma, DJ de 4/9/06). 2. Ordem concedida para reconhecer a competência do 2º Juizado Especial Criminal da Comarca de Porto Velho/RO para o julgamento da ação penal referente ao delito de abuso de autoridade. **(HC 163.282/RO, Rel. Min. Arnaldo Esteves Lima, julgado em 18/05/2010).**

→ **Aplicação em concurso.**

- **AGU. Advogado da União/2015. CESPE.**

  O crime de abuso de autoridade, em todas as suas modalidades, é infração de menor potencial ofensivo, sujeitando-se seu autor às medidas despenalizadoras previstas na lei que dispõe sobre os juizados especiais cíveis e criminais, desde que preenchidos os demais requisitos legais.

  A alternativa está correta.

7. **Competência para processo e julgamento no caso de conexão entre abuso de autoridade e homicídio doloso.** Nesse caso, aplica-se a norma contida no art. 78, I do Código de Processo Penal, sendo o Tribunal do Júri o órgão competente para processar e julgar os dois delitos, uma vez que a conexão, como *causa de modificação de competência* que é, modificará a competência para processo e julgamento do abuso de autoridade, sobretudo após o advento da lei 11.313/2006, que alterou a redação do art. 60 da lei 9099/95, determinando a observância das regras de conexão e continência.

Art. 2º O **direito de representação** será exercido por meio de petição:

a) dirigida à autoridade superior que tiver competência legal para aplicar, à autoridade civil ou militar culpada, a respectiva sanção;

b) dirigida ao órgão do Ministério Público que tiver competência para iniciar processo-crime contra a autoridade culpada.

Parágrafo único. A representação será feita em duas vias e conterá a exposição do fato constitutivo do abuso de autoridade, com todas as suas circunstâncias, a qualificação do acusado e o rol de testemunhas, no máximo de três, se as houver.

1. **Petição de representação.** Trata-se de um requerimento escrito e formalizado em um termo, por meio do qual qualquer pessoa que se julgue vítima de abuso de autoridade por parte do agente público pode requerer às autoridades a responsabilização civil, administrativa e penal do autor do abuso.

2. **Destinatário da representação.** De acordo com as alíneas *a* e *b*, a representação pode ser dirigida ao superior hierárquico do autor do abuso que tiver atribuição para a aplicação da sanção, como as Corregedorias. A representação pode ser também dirigida ao membro do Ministério Público. Nesse último caso, nada obsta que o Ministério Público requisite a instauração de inquérito policial para reunir mais elementos probatórios para a formação da sua *opinio delicti*.

3. **Natureza jurídica da representação e ação penal.** A leitura apressada do dispositivo legal pode levar o intérprete ao equívoco de pensar que a representação a que o dispositivo faz menção é uma condição objetiva de procedibilidade, sendo, portanto, a ação penal pública condicionada à representação, sobretudo se conjugado ao art. 12 da lei. Entretanto, a representação não tem tal natureza, mas, sim, um espelho do direito de petição, positivado no art. 5º, XXXIV, alínea *a* da CRFB/88, por meio do qual se leva ao conhecimento das autoridades públicas qualquer abuso de poder. Dessa forma, a representação tem natureza jurídica de *notitia criminis*. Nesse sentido, é o art. 1º da lei 5.249/67 que dispõe: *"A falta de representação do ofendido, nos casos de abusos previstos na Lei nº 4.898, de 9 de dezembro de 1965, não obsta a iniciativa ou o curso da ação penal"*. Assim, a ação penal é pública incondicionada.

4. **Requisitos da petição de representação.** Estão previstos no parágrafo único.

→ Aplicação em concurso.

- **Notário. TJ/BA. 2014. CESPE.**

  Em se tratando de crime de abuso de autoridade, a representação do ofendido é condição de procedibilidade para a propositura da ação penal.

  A alternativa está errada.

- **Delegado de Polícia-PR/2013. UEL**

  Assinale a alternativa que apresenta, corretamente, afirmações quanto aos crimes de abuso de autoridade tipificados na Lei nº 4.898/1965.

A) São crimes de ação penal pública condicionada, uma vez que o Art. 1º da Lei trata do direito de representação, sendo esta a condição de procedibilidade para a propositura da ação penal.

B) A competência para processar e julgar crimes de abuso de autoridade praticados por militares no exercício de suas funções será da Justiça Militar, uma vez que possuem prerrogativa de função.

C) Para efeitos de aplicabilidade da Lei, os militares estão excluídos, uma vez que a eles será aplicado o Código Penal Militar.

D) São crimes de ação penal pública incondicionada, uma vez que o Art. 1º da Lei trata do direito de representação, sendo esta nada mais do que o direito de petição estampado no Art. 5º, inciso XXXIV da Constituição Federal.

E) Considera-se autoridade qualquer pessoa que exerça cargo, emprego ou função pública, excluindo-se aqueles que exercem cargo, emprego ou função pública de forma transitória e sem remuneração.

Alternativa correta: letra D.

- **TRT-Juiz do Trabalho Substituto 15ª região/2010**

No que se refere ao crime de abuso de autoridade, assinale a opção correta.

A) O direito de representação do ofendido, previsto na legislação específica sobre o tema, constitui condição de procedibilidade, sem a qual a respectiva ação penal não poderá ser ajuizada.

B) Eventual falha na representação, ou sua falta, não obsta a instauração da ação penal.

C) Compete à justiça militar processar e julgar crime de abuso de autoridade praticado por policial militar em serviço.

D) A sanção penal por crime de abuso de autoridade poderá consistir em perda de cargo e inabilitação para o exercício de qualquer outra função pública, por prazo de até 10 anos.

E) A ação penal por crime de abuso de autoridade somente poderá ser iniciada se devidamente instruída com os autos do inquérito policial.

Alternativa correta: letra B.

- **Delegado de Polícia-RO/2009. Funcab**

Sobre a Lei nº 4.898/1965, que regula o processo de responsabilidade administrativa, civil e penal, nos casos de abuso de autoridade, é correto afirmar que:

(A) considera-se autoridade, para os efeitos dessa lei, quem exerce cargo, emprego ou função pública de modo definitivo e mediante remuneração.

(B) o processo administrativo disciplinado na referida lei será sempre sobrestado para o fim de aguardar a decisão da ação penal ou civil.

(C) a ação penal nos crimes tratados por essa lei é pública incondicionada.

(D) a ação penal depende de representação do ofendido, que será exercida por meio de petição dirigida à autoridade policial.

(E) o crime de abuso de autoridade consistente no atentado à liberdade de locomoção admite tentativa.

Alternativa correta: letra C.

- **Delegado de Polícia Civil/RJ. 2009. FESP.**

No dia 02 de agosto de 2009, Valdilene compareceu à 14ª Delegacia de Polícia e disse que seu filho Valdilucas, com 24 anos, havia sido agredido por policiais, que estavam na comunidade onde reside a fim de prenderem pessoas envolvidas com o tráfico de drogas. Segundo narrou ao Delegado, os policiais abordaram algumas pessoas que estavam na rua, dentre elas o seu filho e, sem motivo aparente, deram vários tapas no rosto de Valdilucas, sendo certo que não ficaram marcas das agressões. Como deve proceder o Delegado?

A) Receber aquela informação como uma notícia-crime, necessitando da representação de Valdilucas para instaurar inquérito policial e apurar crime de abuso de autoridade, para o qual a lei prevê a necessária representação como condição de procedibilidade.

B) Instaurar inquérito policial para apurar crime de constrangimento ilegal, que é de ação pública incondicionada.

C) Receber aquela informação como uma notícia-crime, necessitando da representação de Valdilucas para instaurar inquérito policial para apurar crime de lesão corporal, pois a vítima possui mais de 18 anos e se trata de crime de ação pública condicionada à representação.

D) Instaurar inquérito policial para apurar crime de abuso de autoridade, que independe da representação da vítima, pois se trata de delito de ação pública incondicionada.

E) Instaurar inquérito policial para apurar crime de tortura, que é crime de ação pública incondicionada.

Alternativa correta: letra D.

- **PC/RJ – Delegado de Polícia – 2009. FESP.**

  Sobre a Lei nº 4.898/1965, que regula o processo de responsabilidade administrativa, civil e penal, nos casos de abuso de autoridade, é correto afirmar que:

D) a ação penal depende de representação do ofendido, que será exercida por meio de petição dirigida à autoridade policial.

A alternativa está errada.

- **PC/RJ – Delegado de Polícia – 2009. FESP.**

  Sobre a Lei nº 4.898/1965, que regula o processo de responsabilidade administrativa, civil e penal, nos casos de abuso de autoridade, é correto afirmar que:

C) a ação penal nos crimes tratados por essa lei é pública incondicionada.

A alternativa está correta.

- **PC/ES – Agente da Polícia Civil 2008. CESPE.**

  A ação penal por crime de abuso de autoridade é pública condicionada à representação do cidadão, titular do direito fundamental lesado.

  A alternativa está errada.

- **TJ/AC – Juiz substituto – 2007. CESPE.**

  Com relação ao crime de abuso de autoridade, inexiste condição de procedibilidade para a instauração da ação penal correspondente.

  A alternativa está correta.

> **Art. 3º.** Constitui abuso de autoridade qualquer **atentado**:

1. **Crimes de atentado.** Os crimes previstos no art. 3º da lei são classificados como crimes de atentado, que são aqueles que já trazem a figura da tentativa como elemento do tipo. Logo, se a tentativa já esgota a figura típica na conduta do agente, o delito já está consumado. Seria correto, portanto, afirmar que, nesses crimes, o *tentar* já é *consumar.* Dessa forma, o delito não admite a figura da tentativa.

→ **Aplicação em concurso.**

- **Notário. TJ/BA. 2014. CESPE.**

  São crimes de atentado aqueles em que o tipo penal incriminador não prevê a figura tentada em seu enunciado, razão pela qual, no processamento desses crimes, se faz uso da norma de extensão referente à tentativa, disposta na parte geral do Código Penal.

  A alternativa está errada.

2. **Condutas que configuram o abuso.** Os crimes estão previstos nas alíneas. Cada uma delas configura uma forma de abuso de autoridade e cada uma delas configura violação a um direito fundamental.
3. **Violação ao princípio da legalidade.** O legislador utilizou, na descrição dos tipos penais, conceitos vagos e imprecisos, o que dificulta a sua interpretação, violando, dessa forma, o princípio da legalidade, na vertente taxatividade.
4. **Crimes próprios.** Em todas as alíneas, o crime é próprio, uma vez que só pode ser praticado por autoridade pública, nos moldes do art. 5º da lei, que será visto adiante.
5. **Consumação.** Em todas as alíneas do art. 3º, o delito estará consumado no momento da prática das condutas descritas nas alíneas.

a) à liberdade de **locomoção**;

1. **Direito fundamental violado.** A conduta viola o direito fundamental previsto no art. 5º, XV da CRFB/88, que dispõe *"é livre a locomoção no território nacional em tempo de paz, podendo qualquer pessoa, nos termos da lei, nele entrar, permanecer ou dele sair com seus bens."* Como o próprio tipo penal está a sugerir, basta qualquer forma de atentado à liberdade de locomoção do indivíduo para a configuração do delito em análise. Assim, não é necessária a efetiva privação da liberdade, que, se ocorrer, configurará o delito do art. 4º, *a* da mesma lei. Caso a autoridade atente contra a liberdade de alguém, mas por um motivo justificado, não haverá a prática do delito, uma vez que, nessa hipótese, o agente público está usando, e não abusando, do seu poder de autoridade, como no caso de o agente policial deter alguém que esteja tentando causar um dano ao patrimônio público ou na hipótese de prisão em flagrante (art. 301 do Código de Processo Penal), realização de *blitz*, com busca pessoal quando a autoridade tiver fundada suspeita de porte de arma por parte de alguém (art. 244 do Código de Processo Penal).
2. **Direito de liberdade de ir e vir e sua relatividade.** O direito constitucionalmente assegurado de ir e vir não é absoluto, como não o são todos os direitos e as garantias fundamentais. Com efeito, todo e qualquer direito fundamental é relativo, podendo ceder em face de outros direitos. Há casos, portanto, nos quais a lei permite a restrição da liberdade de alguém de forma lícita, sem que tal privação constitua, portanto, o delito em análise. É o que ocorre com o art. 139 da CRFB/88, que afirma que *"na vigência do estado de sítio decretado com fundamento no art. 137, I, só poderão ser tomadas contra as pessoas as seguintes medidas: I – obrigação de*

permanência em localidade determinada; II – detenção em edifício não destinado a acusados ou condenados por crimes comuns".

3. **Estado de sítio.** Na vigência de estado de sítio, pode haver restrição ao direito de liberdade, sem que isso configure abuso de autoridade, por força da norma constitucional prevista no art. 139, I da CRFB/88.

4. **Princípio da especialidade.** Caso a vítima do atentado seja criança ou adolescente, o delito praticado será o do art. 230 da lei 8069/90, Estatuto da Criança e do Adolescente – ECA, que dispõe *"Privar a criança ou o adolescente de sua liberdade, procedendo à sua apreensão sem estar em flagrante de ato infracional ou inexistindo ordem escrita da autoridade judiciária competente: Pena – detenção de seis meses a dois anos."*

→ Aplicação em concurso.

- **Notário. TJ/BA. 2014. CESPE.**

  Caso a autoridade policial, ao apreender adolescente, não observe as normas legais, sua conduta poderá ser o enquadramento no tipo penal de abuso de autoridade.

  A alternativa está errada.

- **MP/SP – Promotor de Justiça – 2010.**

  Relativamente às assertivas abaixo, assinale, em seguida, a alternativa correta:

  II. o fato de privar adolescente de sua liberdade sem obedecer às formalidades legais (flagrante de ato infracional ou ordem escrita de autoridade judiciária) constitui crime previsto na Lei nº 4.898/65 (Abuso de autoridade), que prevalece sobre norma correspondente da Lei nº 8.069/90 (ECA);

  A alternativa está errada.

- **PC/RJ – Delegado de Polícia – 2009. FESP.**

  Sobre a Lei nº 4.898/1965, que regula o processo de responsabilidade administrativa, civil e penal, nos casos de abuso de autoridade, é correto afirmar que:

  E) o crime de abuso de autoridade consistente no atentado à liberdade de locomoção admite tentativa.

  A alternativa está errada.

5. **Classificação.** Crime próprio; doloso; comissivo; instantâneo; de atentado; não admite tentativa.

→ Aplicação em concurso.

- **Policial Rodoviário Federal. 2014. CESPE.**

  Considere que um PRF aborde o condutor de um veículo por este trafegar acima da velocidade permitida em rodovia federal. Nessa situação, se demorar em autuar o condutor, o policial poderá responder por abuso de autoridade, ainda que culposamente.

  A alternativa está errada.

b) à inviolabilidade do **domicílio**;

1. **Direito fundamental violado.** A conduta viola o direito fundamental previsto no art. 5º XI, da CRFB/88, que tem a seguinte redação: *"a casa é asilo inviolável do indivíduo, ninguém nela podendo penetrar sem consentimento do morador, salvo em caso de flagrante delito ou desastre, ou para prestar socorro, ou, durante o dia, por determinação judicial"*. Da construção mais moderna e de alto luxo ao compartimento feito de papelão onde alguns mendigos se abrigam durante a noite, tem-se a proteção constitucional do domicílio, não podendo a autoridade pública nele ingressar de forma irregular, sob pena de caracterização do delito em comento. O ingresso só poderá se dar de forma regular, nos seguintes moldes constitucionais, caso em que não haverá a prática do crime: flagrante delito; desastre; para prestar socorro; durante o dia, por determinação judicial ou a qualquer hora do dia ou da noite com a permissão do morador.
2. **Domicílio.** O seu conceito está no art. 150, § 4º do Código Penal, abrangendo, portanto, *qualquer compartimento habitado, aposento ocupado de habitação coletiva e compartimento não aberto ao público, onde alguém exerce profissão ou atividade. A contrario sensu,* de acordo com o art. 150, § 5º do Código Penal, não se compreende no conceito de domicílio *hospedaria, estalagem ou qualquer outra habitação coletiva, enquanto aberta,* salvo o aposento ocupado de habitação coletiva, bem como *a taverna, casa de jogo e outras do mesmo gênero.*

   → **Aplicação em concurso.**

   - **Delegado de Polícia/PE. 2016. CESPE**

     A respeito da legislação penal extravagante brasileira, assinale a opção correta.

     Não constitui crime de abuso de autoridade a conduta, consumada ou tentada, de violação de domicílio, fora das hipóteses constitucionais e legais de ingresso em casa alheia, quando praticada por delegado de polícia, uma vez que este está amparado pelo estrito cumprimento do dever legal, como causa legal de exclusão de ilicitude da conduta típica.

     A alternativa está errada.

   - **PC/ES – Agente da Polícia Civil 2008. CESPE.**

     Se um delegado de polícia, mediante fundadas suspeitas de que um motorista esteja transportando em seu caminhão certa quantidade de substância entorpecente para fins de comercialização, determinar a execução de busca no veículo, sem autorização judicial, resultando infrutíferas as diligências, uma vez que nada tenha sido encontrado, essa conduta da autoridade policial caracterizará o crime de abuso de autoridade, pois, conforme entendimento doutrinário dominante, o veículo automotor onde se exerce profissão ou atividade lícita é considerado domicílio.

     A alternativa está errada.

3. **Inviolabilidade do domicílio e sua relatividade.** Considerando a relatividade do direito fundamental da inviolabilidade de domicílio, caso a autoridade pública ingresse na residência de alguém autorizado pela norma legal ou constitucional, não se poderá falar em abuso de autoridade.

4. **Estado de sítio.** Na vigência de estado de sítio, pode haver restrição ao direito de inviolabilidade de domicílio, sem que isso configure abuso de autoridade, por força da norma contida no art. 139, V da CRFB/88.

5. **Princípio da especialidade.** O delito em análise é um tipo penal especial em relação ao art. 150 do Código Penal. Assim, se um particular violar o domicílio de alguém, pratica esse delito. Entretanto, caso seja autoridade pública, pratica o delito do art. 3º, *b* da lei 4898/65.

6. **Art. 150, § 2º do Código Penal.** Teve sua incidência prejudicada pelo delito ora estudado, não mais podendo ser aplicado.

7. **Classificação.** Crime próprio; doloso; comissivo; instantâneo; de atentado; não admite tentativa.

c) ao sigilo da **correspondência**;

1. **Direito fundamental violado.** A conduta viola o direito fundamental previsto no art. 5º, XII da CRFB/88, que preconiza o seguinte *"é inviolável o sigilo da correspondência e das comunicações telegráficas, de dados e das comunicações telefônicas, salvo, no último caso, por ordem judicial, nas hipóteses e na forma que a lei estabelecer para fins de investigação criminal ou instrução processual penal"*.

2. **Direito ao sigilo da correspondência e sua relatividade.** Conforme dito alhures, todos os direitos fundamentais são relativos. Dessa forma, o sigilo das correspondências, comunicações telegráficas, de dados e das comunicações telefônicas cedem em razão de outros interesses de maior valor, como o interesse público. Assim, não constituem esse delito os seguintes casos autorizados pela lei e pela jurisprudência: busca domiciliar, na qual se pretenda apreender cartas fechadas, destinadas ao acusado ou em seu poder, quando haja suspeita de que seu conteúdo possa ser útil à elucidação do fato (art. 240, § 1º, *f* do Código de Processo Penal); apreensão de documento em poder do defensor do acusado, quando o seu conteúdo constituir elemento do corpo de delito (art. 243, § 2º, do Código de Processo Penal); o conhecimento justificado pelo diretor do estabelecimento prisional do conteúdo da correspondência escrita e recebida pelo preso (art. 41, parágrafo único da lei 7210/84) e o administrador judicial, na falência, sob a fiscalização do juiz e do comitê receber e abrir a correspondência dirigida ao devedor, entregando-lhe o que não for assunto de interesse da massa (art. 22, III, *d*, da lei 11.101/2005).

→ **Aplicação em concurso.**

- **Delegado de Polícia-RJ/2012. FUNCAB**

  O Diretor de determinado presídio é informado, por bilhete anônimo, de que um preso estaria trocando informações por correspondência com membros do seu bando, a fim de viabilizar a entrada de substância entorpecente no estabelecimento prisional, visando ao tráfico de drogas. Diante disso, o Diretor intercepta uma carta fechada e destinada ao detento, e, após abri-la, lê o seu conteúdo, descobrindo quando e como se daria o ingresso da droga. No caso em tela, pode-se afirmar que o Diretor:

(A) aparentemente praticou crimes previstos tanto no Código Penal, quanto na Lei nº 4.898/1965, devendo responder por esta última de acordo com o princípio da especialidade.

(B) praticou crime previsto na Lei nº 4.898/1965.

(C) praticou crimes previstos tanto no Código Penal, quanto na Lei nº 4.898/1965, devendo responder por ambos, em concurso formal.

(D) praticou crime previsto no Código Penal.

(E) não praticou crime.

Alternativa correta: letra E.

- **TRF-Juiz Federal Substituto – 4ª região/2012**

Dadas as assertivas abaixo, assinale a alternativa correta.

I. A prática de qualquer atentado, por parte de autoridade, a direitos e garantias legais assegurados ao exercício profissional ou ao sigilo da correspondência constitui abuso criminoso coibido pela Lei nº 4.898/1965 (Lei de Abuso de Autoridade).

A alternativa está certa.

- **PC/ES – Agente da Polícia Civil 2008. CESPE.**

Caso, no decorrer do cumprimento de mandado de busca e apreensão determinado nos autos de ação penal em curso, o policial responsável pela diligência apreenda uma correspondência destinada ao acusado e já aberta por ele, apresentando-a como prova no correspondente processo, essa conduta do policial encontrar-se-á resguardada legalmente, pois o sigilo da correspondência, depois de sua chegada ao destino e aberta pelo destinatário, não é absoluto, sujeitando-se ao regime de qualquer outro documento.

A alternativa está correta.

3. **Vigência de estado de defesa e estado de sítio.** Na vigência desses períodos, pode haver restrição ao sigilo de correspondência, sem que isso configure abuso de autoridade, por força das normas previstas, respectivamente, nos seguintes artigos da CRFB/88: 136, § 1º, I, *b* e 139, III.

4. **Princípio da especialidade.** O delito ora estudado é especial em relação ao do art. 40 da lei 6538/78, lei de serviços postais, que, por sua vez, revogou o art. 151 do Código Penal. Disso se conclui que se um particular violar o sigilo de correspondência de alguém, pratica o delito previsto na lei de serviços postais. Contudo, caso o autor da violação seja autoridade pública, pratica o delito do art. 3º, *c* da lei 4898/65.

5. **Classificação.** Crime próprio; doloso; comissivo; instantâneo; de atentado; não admite tentativa.

d) à liberdade de **consciência** e de **crença**;

1. **Direito fundamental violado.** A conduta viola os direitos fundamentais previstos no art. 5º, VI e VIII da CRFB/88, segundo os quais, respectivamente *"inviolável a liberdade de consciência e de crença, sendo assegurado o livre exercício dos cultos*

religiosos e garantida, na forma da lei, a proteção aos locais de culto e a suas liturgias" e *"ninguém será privado de direitos por motivo de crença religiosa ou de convicção filosófica ou política, salvo se as invocar para eximir-se de obrigação legal a todos imposta e recusar-se a cumprir prestação alternativa, fixada em lei"*.

2. **Consciência e crença.** Por *consciência* entenda-se a capacidade de perceber e julgar o que se passa em nós e à nossa volta. Já *crença* significa aquilo em que se crê, em termos religiosos.

3. **Direito à liberdade de consciência e sua relatividade.** Mais uma vez, estamos diante de um direito relativo. Dessa forma, pode a autoridade pública interromper uma prática religiosa na qual se realize a morte de animais ou pessoas, ou que atente contra a ordem pública ou o Estado, sem que tal conduta configure abuso de autoridade.

4. **Classificação.** Crime próprio; doloso; comissivo; instantâneo; de atentado; não admite tentativa.

→ **Aplicação em concurso.**

- **Investigador de Polícia-SP/2009.**

  Constitui abuso de autoridade qualquer atentado

  A) à liberdade de consciência e de crença, ao direito de reunião e à incolumidade física do indivíduo.

  B) ao livre exercício de culto religioso, à manifestação do pensamento e ao direito de resposta.

  C) à imagem do indivíduo, ao acesso de informação e ao direito de propriedade

  D) à atividade intelectual, artística, científica e de comunicação e aos direitos e garantias legais assegurados ao exercício do voto.

  E) à prevalência dos direitos humanos, ao direito à saúde e à liberdade individual.

  Alternativa correta: letra A.

e) ao livre exercício do **culto religioso;**

1. **Direito fundamental violado.** A conduta viola o direito fundamental previsto no art. 5º, VI da CRFB/88, segundo o qual é *"inviolável a liberdade de consciência e de crença, sendo assegurado o livre exercício dos cultos religiosos e garantida, na forma da lei, a proteção aos locais de culto e a suas liturgias"*.

2. **Culto religioso.** Significa a adoração, a veneração, a manifestação externa da religião.

3. **Direito ao livre exercício do culto religioso e sua relatividade.** Como direito relativo que é, pode a autoridade impedir um culto que atente contra outros direitos, como o direito ao sossego ou ao silêncio, sem que isso configure o crime de abuso de autoridade.

4. **Classificação.** Crime próprio; doloso; comissivo; instantâneo; de atentado; não admite tentativa.

f) à liberdade de **associação;**

1. **Direito fundamental violado.** A conduta viola os direitos fundamentais previstos no art. 5º, XVII e XVIII da CRFB/88, segundo os quais, respectivamente *"é plena a liberdade de associação para fins lícitos, vedada a de caráter paramilitar"* e *"a criação de associações e, na forma da lei, a de cooperativas independem de autorização, sendo vedada a interferência estatal em seu funcionamento".*

2. **Associação.** Significa a reunião permanente e estável de várias pessoas com um fim lícito e comum.

3. **Direito à liberdade de associação e sua relatividade.** Pode haver o impedimento da formação ou continuidade de uma associação que tenha fins ilícitos, como a associação criada com o fim de atacar locais públicos.

4. **Classificação.** Crime próprio; doloso; comissivo; instantâneo; de atentado; não admite tentativa.

g) aos direitos e garantias legais assegurados ao **exercício do voto;**

1. **Direito fundamental violado.** A conduta viola os seguintes direitos fundamentais previstos nos seguintes artigos da CRFB/88: art. 60, § 4º, II, segundo o qual *"não será objeto de deliberação a proposta de emenda tendente a abolir:* II – o voto direto, secreto, universal e periódico" e art. 14, para o qual *"a soberania popular será exercida pelo sufrágio universal e pelo voto direto e secreto, com valor igual para todos, e, nos termos da lei, mediante:..."*

2. **Exercício do voto.** Trata-se do pilar que sustenta o Estado democrático de Direito, em que todo o poder emana do povo, que o exerce por meio de representantes eleitos ou diretamente, nos termos da Constituição (art. 1º, parágrafo único da CRFB/88).

3. **O direito ao voto e sua relatividade.** É possível que a autoridade policial atente contra o direito do voto de um cidadão, em razão de séria e provável lesão ou ameaça de lesão ao Estado Democrático de Direito ou à ordem constitucional, sem que isso configure abuso de autoridade.

4. **Classificação.** Crime próprio; doloso; comissivo; instantâneo; de atentado; não admite tentativa.

h) ao direito de **reunião;**

1. **Direito fundamental violado.** A conduta viola o direito fundamental previsto no art. 5º, XVI da CRFB/88, segundo o qual *"todos podem reunir-se pacificamente, sem armas, em locais abertos ao público, independentemente de autorização, desde que não frustrem outra reunião anteriormente convocada para o mesmo local, sendo apenas exigido prévio aviso à autoridade competente"*.

2. **Reunião.** Consiste na aglomeração de pessoas de caráter transitório e instável. Difere da associação, justamente em razão do seu caráter não permanente.

3. **Direito à liberdade de associação e sua relatividade.** A autoridade pública está autorizada a impedir a reunião com fins ilícitos, que atentem contra outros direitos consubstanciados no interesse público, direitos fundamentais de outras pessoas, ou simplesmente para garantir a ordem pública, como no caso de reunião de pessoas armadas ou em locais proibidos.

4. **Vigência de estado de defesa e estado de sítio.** Nesses períodos de exceção, pode haver restrição ao direito de reunião, sem que isso configure abuso de autoridade, por força das normas constitucionais previstas, respectivamente, nos seguintes artigos da CRFB/88: 136, § 1º, I, *a* e 139, IV.

5. **Classificação.** Crime próprio; doloso; comissivo; instantâneo; de atentado; não admite tentativa.

→ **Aplicação em concurso.**

- **Investigador de Polícia-SP/2009.**

  Constitui abuso de autoridade qualquer atentado

  A) à liberdade de consciência e de crença, ao direito de reunião e à incolumidade física do indivíduo.

  B) ao livre exercício de culto religioso, à manifestação do pensamento e ao direito de resposta.

  C) à imagem do indivíduo, ao acesso de informação e ao direito de propriedade

  D) à atividade intelectual, artística, científica e de comunicação e aos direitos e garantias legais assegurados ao exercício do voto.

  E) à prevalência dos direitos humanos, ao direito à saúde e à liberdade individual.

  Alternativa correta: letra A.

- **Delegado de Polícia Civil/MT. 2005. UFMT.**

  Constitui abuso de autoridade:

  A) Atentar contra a liberdade de associação, seja qual for sua natureza.

  B) Deixar o juiz de ordenar o relaxamento de prisão legal que lhe seja comunicada.

  C) Atentar contra o direito de reunião.

  D) Atentar contra o livre exercício de culto religioso de qualquer natureza.

  E) Levar à prisão e nela deter quem se oponha a prestar fiança, quando facultada por lei.

  Alternativa correta: letra C.

i) à **incolumidade física** do indivíduo;

1. **Direito fundamental violado** A conduta viola os direitos fundamentais previstos no art. 5º, X e XLIX da CRFB/88, segundo os quais, respectivamente *"são invioláveis a intimidade, a vida privada, a honra e a imagem das pessoas, assegurado o direito a indenização pelo dano material ou moral decorrente de sua violação"* e *"é assegurado aos presos o respeito à integridade física e moral"*.

2. **Violência.** O tipo penal abrange qualquer violência física, não fazendo menção expressa à violência moral. Dessa forma, o abuso pode consistir em uma contravenção de vias de fato, uma lesão corporal ou, até, a morte da vítima do abuso.

3. **Abuso de autoridade com resultado lesão corporal. Concurso de crimes.** Na hipótese de haver, além do atentado à incolumidade física da vítima, o resultado lesões corporais ou até mesmo, a sua morte, a autoridade responderá pelos dois delitos em concurso de crimes, que pode ser o formal ou o material a depender do caso concreto (se uma ou duas condutas). Nessa hipótese, não se fala em princípio da consunção, não havendo, portanto, absorção de um delito pelo outro, uma vez que os delitos protegem bens jurídicos distintos e se consumam em momentos diversos.

4. **Direito à incolumidade física e sua relatividade.** É possível que a autoridade pública utilize violência e atente contra a incolumidade física de alguém, mas, por um motivo justificado, como na hipótese de força física utilizada de forma estritamente necessária para efetuar a prisão em flagrante de alguém que resista à prisão (art. 292 do Código de Processo Penal). Nesse caso, não se poderá falar em crime de abuso de autoridade.

5. **Princípio da especialidade.** Caso a autoridade pública abuse de sua autoridade, atentando contra a integridade física da vítima, torturando-a para dela obter confissão, declaração ou informação, responderá pelo delito de tortura, tipificado no art. 1º, I da lei 9455/97.

6. **Revogação do art. 322 do Código Penal.** Entendemos que o delito de violência arbitrária previsto no art. 322 do Código Penal foi revogado pelo presente tipo penal, por se tratar de lei posterior que tratou do mesmo tema e previu a mesma conduta criminosa.

   Entretanto, o STF e o STJ, a nosso ver sem razão, entendem que a revogação não ocorreu, conforme demonstram os julgados abaixo.

   ▶ STF

   > HABEAS CORPUS. PENAL. CP, ART. 322. CRIME DE VIOLÊNCIA ARBITRÁRIA. REVOGAÇÃO PELA LEI N. 4.898/65. INOCORRÊNCIA. O artigo 322 do Código Penal, que tipifica o crime de violência arbitrária, não foi revogado pelo artigo 3º, alínea i da Lei n. 4.898/65 (Lei de Abuso de Autoridade). Precedentes. Recurso ordinário em habeas corpus não provido. **RHC 95617/MG. Rel. Min. Eros Grau. Julgamento: 25/11/2008.**

▶ STJ

HABEAS CORPUS. PENAL. ARTIGO 322 DO CÓDIGO PENAL. CRIME DE VIOLÊNCIA ARBITRÁRIA. EVENTUAL REVOGAÇÃO PELA LEI Nº 4.898/65. INOCORRÊNCIA. PRECEDENTES DO STF. 1. O crime de violência arbitrária não foi revogado pelo disposto no artigo 3º, alínea "i", da Lei de Abuso de Autoridade. Precedentes da Suprema Corte. 2. Ordem denegada. **(HC 48.083/MG, Rel. Min. Laurita Vaz, julgado em 20/11/2007).**

→ **Aplicação em concurso.**

- **Investigador de Polícia-SP/2009.**

Constitui abuso de autoridade qualquer atentado

A) à liberdade de consciência e de crença, ao direito de reunião e à incolumidade física do indivíduo.

B) ao livre exercício de culto religioso, à manifestação do pensamento e ao direito de resposta.

C) à imagem do indivíduo, ao acesso de informação e ao direito de propriedade

D) à atividade intelectual, artística, científica e de comunicação e aos direitos e garantias legais assegurados ao exercício do voto.

E) à prevalência dos direitos humanos, ao direito à saúde e à liberdade individual.

Alternativa correta: letra A.

- **TCE/TO. 2009. CESPE.**

No dia 17/2/2008, no período vespertino, sargentos da Polícia Militar, no exercício da função, ingressaram, sem autorização dos moradores, na residência de João Paulo e, mediante atos de violência física, provocaram-lhe lesões na cabeça e tórax. À luz dessa situação hipotética, assinale a opção correta, de acordo com o mais recente entendimento do STJ e do STF.

A) Os policiais militares deverão ser penalmente responsabilizados pelo crime de abuso de autoridade, previsto na Lei nº 4.898/1965.

B) Por se tratar de situação de flagrante delito, os policiais militares estavam legitimados a adentrar na residência de João Paulo.

C) Considerando que os policiais militares agiram arbitrariamente, sem autorização de qualquer norma legal que justificasse as condutas por eles ostentadas, trata-se do crime de violência arbitrária, tipificado no CP.

D) A conduta manifestada pelos policiais militares se encontra justificada pelo poder discricionário, sendo-lhes deferida a possibilidade de agirem dentro da margem de liberdade de escolha entre as possíveis soluções a serem adotadas. E Os policiais militares não praticaram o crime de abuso de autoridade em razão de seus cargos não se conformarem com o termo autoridade.

Alternativa correta: letra C.

7. **Classificação.** Crime próprio; doloso; comissivo; instantâneo; de atentado; não admite tentativa.

j) aos direitos e garantias legais assegurados ao **exercício profissional.**

1. **Direito fundamental violado.** A conduta viola os direitos fundamentais previstos nos arts. 5º, XIII e 7º da CRFB/88, que estabelecem, respectivamente, *"é livre o exercício de qualquer trabalho, ofício ou profissão, atendidas as qualificações profissionais que a lei estabelecer"* e *"são direitos dos trabalhadores urbanos e rurais, além de outros que visem à melhoria de sua condição social..."*.

2. **Direitos e garantias legais assegurados ao exercício profissional.** São os previstos na CRFB/88, na CLT e em outras leis especiais.

3. **Direito de acesso do advogado aos autos de flagrante e de investigações de qualquer natureza.** A lei 13.245/2016 alterou o art. 7º, XIV, do Estatuto da Advocacia (lei 8.906/1994), que passou a ter a seguinte redação: *"Art. 7º São direitos do advogado: (...) XIV – examinar, em qualquer instituição responsável por conduzir investigação, mesmo sem procuração, autos de flagrante e de investigações de qualquer natureza, findos ou em andamento, ainda que conclusos à autoridade, podendo copiar peças e tomar apontamentos, em meio físico ou digital."* (Incluído pela lei 13.245/2016). Da leitura do novel dispositivo, percebe-se que o legislador teve a intenção de garantir aos advogados o livre e o efetivo exercício da profissão, possibilitando o exame, a cópia e a tomada de apontamentos, em meio físico ou digital, de autos de flagrante e de investigações de qualquer natureza, findos ou em andamento, ainda que conclusos à autoridade, em qualquer instituição responsável por conduzir investigação, inclusive sem procuração. Dessa forma, caso a autoridade responsável pela condução da investigação impeça, de qualquer forma, o exercício desse direito, comete o delito de abuso de autoridade ora comentado.

4. **Comércio irregular.** A realidade demonstra que cresce cada vez mais o comércio irregular nas ruas das cidades, chamados *camelôs*. É bem verdade que uma boa parte é legalizada, possuindo assim, autorização do município. Entretanto, há lugares nos quais o comércio não é autorizado, tornando-se, por isso, irregular, como é a imensa maioria. Nessa última hipótese, como estão em situação irregular, o combate a essa prática não configurará abuso de autoridade.

5. **Classificação.** Crime próprio; doloso; comissivo; instantâneo; de atentado; não admite tentativa.

→ **Aplicação em concurso.**

- **AGU. Advogado da União/2015. CESPE.**

  Constitui abuso de autoridade impedir que o advogado tenha acesso a processo administrativo ao qual a lei garanta publicidade.

  A alternativa está certa.

- **Juiz do Trabalho Substituto 18ª região/2014 FCC**

  No que concerne aos crimes de abuso de autoridade, é correto afirmar que

  (A) compete à Justiça Militar processar e julgar militar por crime de abuso de autoridade praticado em serviço, segundo entendimento sumulado do Superior Tribunal de Justiça.

(B) é cominada pena privativa de liberdade na modalidade de reclusão.

(C) se considera autoridade apenas quem exerce cargo, emprego ou função pública, de natureza civil ou militar, não transitório e remunerado.

(D) não é cominada pena de multa.

(E) constitui abuso de autoridade qualquer atentado aos direitos e garantias legais assegurados ao exercício profissional.

Alternativa correta: letra E.

- **MPT-Procurador do Trabalho/2013**

  Analise as assertivas sobre o crime de abuso de autoridade:

I. Constitui abuso de autoridade qualquer atentado aos direitos e garantias legais assegurados ao exercício profissional.

A alternativa está certa.

- **TRF-Juiz Federal Substituto 4ª região/2012**

  Dadas as assertivas abaixo, assinale a alternativa correta.

I. A prática de qualquer atentado, por parte de autoridade, a direitos e garantias legais assegurados ao exercício profissional ou ao sigilo da correspondência constitui abuso criminoso coibido pela Lei nº 4.898/1965 (Lei de Abuso de Autoridade).

A alternativa está certa.

Art. 4º Constitui também **abuso de autoridade**:

1. **Delitos.** Os crimes estão previstos nas alíneas. Cada uma delas configura uma forma de abuso de autoridade e cada uma delas configura violação de um direito fundamental.
2. **Admissão da tentativa.** Ao contrário do artigo anterior, os delitos descritos no art. 4º poderão admitir ou não a tentativa, a depender da alínea, como veremos a seguir.
3. **Crimes próprios.** Em todas as alíneas o crime é próprio, uma vez que só pode ser praticado por autoridade pública, nos moldes do art. 5º da lei, o que será visto adiante.

a) ordenar ou executar **medida privativa da liberdade individual**, sem as formalidades legais ou com abuso de poder;

1. **Direito fundamental violado.** A conduta viola os seguintes direitos fundamentais previstos no art. 5º, da CRFB/88: *"XV – é livre a locomoção no território nacional em tempo de paz, podendo qualquer pessoa, nos termos da lei, nele entrar, permanecer ou dele sair com seus bens"; "LXI – ninguém será preso senão em flagrante delito ou por ordem escrita e fundamentada de autoridade judiciária competente, salvo*

nos casos de transgressão militar ou crime propriamente militar, definidos em lei"; "LIV – ninguém será privado da liberdade ou de seus bens sem o devido processo legal". Atualmente, pós Constituição Republicana de 1988, ninguém pode ser preso a não ser em virtude de flagrante delito ou por ordem escrita e fundamentada da autoridade judiciária competente (art. 5º, LXI da CRFB/88). Quis o tipo penal em análise evitar a supressão dessa garantia constitucional.

2. **Ordenar ou executar.** *Ordenar* é determinar, mandar. *Executar* significa efetivar, cumprir a ordem. Dessa forma, tanto pode ser autor desse delito quem manda que se execute ou quem executa a privação da liberdade de alguém sem as formalidades legais ou com abuso de poder.
3. **Medida privativa da liberdade individual, sem as formalidades legais ou com abuso de poder.** O legislador não fez qualquer distinção, bem como especificação. Dessa forma, entenda-se por medida privativa de liberdade qualquer forma de prisão individual que não seja adequada aos moldes legais, como uma prisão civil que não seja hipótese de devedor de alimentos, prisão de natureza cautelar (em flagrante, preventiva ou temporária) ou, até mesmo, prisão definitiva que decorra de sentença condenatória transitada em julgado.

▶ STJ

INFORMATIVO nº 314

Segunda Turma

INDENIZAÇÃO. ATO. AGENTE PÚBLICO. **ABUSO. AUTORIDADE.** DIREITO. REGRESSO. ESTADO.

O Tribunal *a quo* concluiu que o ora recorrente, delegado de Polícia, passou à frente do ora interessado, que se encontrava na fila de um banco. Começaram então a discutir e, no ápice do desentendimento, o delegado deu voz de prisão ao interessado por desacato à **autoridade,** recolheu-o à delegacia onde se lavrou o auto de prisão em flagrante e, para ser posto em liberdade, foi preciso pagar fiança. Concluiu-se que a conduta não se enquadra no tipo do art. 331 do Código Penal, pois o desentendimento não se deu em razão da função de delegado, mas porque alguém passou à frente de todos na fila. Entendeu-se, ainda, após reconhecer a responsabilidade do Estado pela prisão ilegal, julgar procedente a denunciação à lide, pois a conduta não se enquadra na função de delegado no momento do evento, consistindo em verdadeiro **abuso** de **autoridade**. O litisdenunciado, ora recorrente, agiu como agente público ao mobilizar o aparato estatal e efetuar a prisão ilegal. Logo há responsabilidade civil do Estado e, em razão do **abuso,** cabe ressarcir o Estado pelos valores despendidos com a reparação dos danos morais. A Turma não conheceu do recurso. REsp 782.834-MA**, Rel. Min. Eliana Calmon, julgado em 20/3/2007.**

4. **Prisão disciplinar militar.** O tipo penal em análise se aplica também à prisão disciplinar militar. É bem verdade que o art. 142, § 2º da CRFB/88 dispõe que não cabe ordem de *habeas corpus* em relação a punições disciplinares militares. Entretanto, tem-se que o óbice se refere tão somente ao mérito da prisão, podendo perfeitamente o Poder Judiciário controlar e fiscalizar os requisitos de legalidade da prisão,

como a hierarquia para aplicá-la, a previsão em lei daquela prisão, bem como o seu prazo e a motivação do ato. Portanto, poderá a autoridade pública militar praticar o delito ora em análise.

5. **Estado de sítio.** Na vigência de estado de sítio, pode haver restrição ao direito de liberdade, sem que isso configure abuso de autoridade, por força da norma constitucional prevista no art. 139, I da CRFB/88.

6. **Uso de algemas.** O uso das algemas pela autoridade policial decorre da cautelaridade da detenção. Assim, como medida cautelar que é, deve ser regida pelo princípio da necessidade e excepcionalidade, somente devendo ser utilizada caso seja necessário. Recentemente o STF editou a súmula vinculante número 11 com a seguinte redação: *"Só é lícito o uso de algemas em casos de resistência e de fundado receio de fuga ou de perigo à integridade física própria ou alheia, por parte do preso ou de terceiros, justificada a excepcionalidade por escrito, sob pena de responsabilidade disciplinar, civil e penal do agente ou da autoridade e de nulidade da prisão ou do ato processual a que se refere, sem prejuízo da responsabilidade civil do estado"*. Assim, o uso de algema sem necessidade, isto é, fora dos moldes estabelecidos pela súmula, configura abuso de poder por parte da autoridade pública, caracterizando, portanto, o tipo penal analisado.

7. **Princípio da especialidade.** Caso a vítima seja criança ou adolescente, o delito praticado será o do art. 230 da lei 8069/90, Estatuto da Criança e do Adolescente – ECA, que dispõe *"Privar a criança ou o adolescente de sua liberdade, procedendo à sua apreensão sem estar em flagrante de ato infracional ou inexistindo ordem escrita da autoridade judiciária competente: Pena – detenção de seis meses a dois anos. Parágrafo único. Incide na mesma pena aquele que procede à apreensão sem observância das formalidades legais."*

   → **Aplicação em concurso.**

   - **Notário. TJ/BA. 2014. CESPE.**

     Caso a autoridade policial, ao apreender adolescente, não observe as normas legais, sua conduta poderá ser o enquadramento no tipo penal de abuso de autoridade.

     A alternativa está errada.

   - **MP/SP – Promotor de Justiça – 2010.**

     Relativamente às assertivas abaixo, assinale, em seguida, a alternativa correta:

     II – o fato de privar adolescente de sua liberdade sem obedecer às formalidades legais (flagrante de ato infracional ou ordem escrita de autoridade judiciária) constitui crime previsto na Lei nº 4.898/65 (Abuso de autoridade), que prevalece sobre norma correspondente da Lei nº 8.069/90 (ECA);

     A alternativa está errada.

8. **Revogação do art. 350, *caput* do Código Penal.** O art. 4º, *a* da lei 4898/65 revogou tacitamente o art. 350, *caput* do Código Penal.

9. **Consumação.** No momento em que a ordem de privação de liberdade é emitida ou executada.

10. **Classificação.** Crime próprio; doloso; comissivo; formal na conduta *ordenar* e material na conduta *executar;* instantâneo; admite tentativa.

→ **Aplicação em concurso.**

- **TRT-Juiz do Trabalho Substituto 3ª região/ 2012**

  Considerando a Lei 4898 de 1965 que trata do crime de abuso de autoridade, analise as afirmativas abaixo e assinale a incorreta:

  A) Constitui abuso de autoridade qualquer atentado, praticado por funcionário público, a incolumidade física do indivíduo.

  B) O abuso de autoridade sujeita o criminoso à responsabilidade civil, administrativa e penal, todas tratadas inclusive pela lei 4.898/65.

  C) Levar à prisão e nela deter quem quer que se proponha a prestar fiança, permitida em lei, constitui crime de abuso de autoridade.

  D) Ordenar ou executar medida privativa de liberdade, com as formalidades legais, constitui abuso de autoridade.

  E) A sanção penal poderá constituir na perda do cargo e na inabilitação para o exercício de qualquer outra função por prazo até três anos.

  Alternativa correta: letra D.

b) submeter pessoa sob sua guarda ou custódia a **vexame ou a constrangimento** não autorizado em lei;

1. **Direito fundamental violado.** A conduta viola os seguintes direitos fundamentais previstos na CRFB/88: *"art. 1º. A República Federativa do Brasil, formada pela união indissolúvel dos Estados e Municípios e do Distrito Federal, constitui-se em Estado Democrático de Direito e tem como fundamentos:...III – a dignidade da pessoa humana". Art. 5º, "III – ninguém será submetido a tortura nem a tratamento desumano ou degradante; "X – são invioláveis a intimidade, a vida privada, a honra e a imagem das pessoas, assegurado o direito a indenização pelo dano material ou moral decorrente de sua violação"; "XLIX – é assegurado aos presos o respeito à integridade física e moral".* Quer o legislador evitar qualquer abuso contra tais direitos fundamentais.

2. **Submeter.** Significa sujeitar alguém a algo contra a sua vontade, aniquilando a sua voluntariedade.

3. **Guarda ou custódia.** Guarda significa vigilância permanente. Custódia está ligada à detenção de alguém.

4. **Constrangimento não autorizado em lei.** É o constrangimento sem base legal. Em regra, todos os direitos do preso estão na Lei de Execução Penal (7210/84). Assim, basta que o custodiado seja submetido a um ato que não tenha previsão na LEP, como na hipótese de o diretor do estabelecimento prisional não abrir as celas no horário regulamentar, impedindo os presos de tomarem o banho de sol, impedir o recebimento de visitas nos dias e horários regulamentares, colocação do preso no

Regime Disciplinar Diferenciado sem fundamento na LEP ou sem que haja ordem escrita do juízo competente.

5. **Princípio da especialidade.** Caso a vítima seja criança ou adolescente, o delito praticado será o do art. 232 da lei 8069/90, Estatuto da Criança e do Adolescente – ECA, que *dispõe "Submeter criança ou adolescente sob sua autoridade, guarda ou vigilância a vexame ou a constrangimento: Pena – detenção de seis meses a dois anos".*

6. **Princípio da especialidade.** Caso o dolo do agente seja, além de submeter o preso à prática de ato não previsto em lei, causar-lhe sofrimento físico ou mental, sua conduta estará tipificada no art. 1º, § 1º da lei 9455/97 – Lei de Tortura, por força do princípio da especialidade.

7. **Revogação do art. 350, parágrafo único, III do Código Penal.** O art. 4º, *a* da lei 4898/65 revogou tacitamente o art. 350, parágrafo único, III do Código Penal.

8. **Consumação.** No momento em que a vítima é submetida a vexame ou constrangimento não previsto em lei.

9. **Classificação.** Crime próprio; doloso; comissivo; material; instantâneo; admite tentativa.

c) **deixar de comunicar**, imediatamente, ao **juiz competente** a prisão ou detenção de qualquer pessoa;

1. **Direito fundamental violado.** A conduta viola o direito fundamental previsto no art. 5º, LXII da CRFB/88, que tem a seguinte redação: *"a prisão de qualquer pessoa e o local onde se encontre serão comunicados imediatamente ao juiz competente e à família do preso ou à pessoa por ele indicada".* A finalidade da norma é permitir ao juízo competente o controle sobre a legalidade da prisão, para que o mesmo possa relaxá-la, se realizada de forma ilegal ou irregular.

2. **Deixar de comunicar.** Conduta omissiva. Como crime omissivo próprio, não admitirá a figura da tentativa.

3. **Imediatamente.** Por *imediatamente* entenda-se o prazo de 24 horas após a lavratura do Auto de Prisão em Flagrante, conforme recente redação do § 1º do art. 306 do Código de Processo Penal, conferida pela lei 12.403/2011: *"Em até 24 (vinte e quatro) horas após a realização da prisão, será encaminhado ao juiz competente o auto de prisão em flagrante e, caso o autuado não informe o nome de seu advogado, cópia integral para a Defensoria Pública."*

   → **Aplicação em concurso.**

   - **Promotor de Justiça/BA. 2015. MPE-BA.**

     Consoante o princípio da reserva legal, não pratica o crime de abuso de autoridade o delegado de polícia que não comunica imediatamente ao juiz de direito a prisão de determinada pessoa.

     A alternativa está errada.

- **PC/ES – Agente da Polícia Civil 2008. CESPE.**

  Considerando que determinada autoridade policial execute a prisão em flagrante de um autor de furto, lavrando, logo após, o respectivo auto de prisão, a partir de então, essa autoridade policial deverá, entre outras providências, comunicar a prisão ao juiz competente, dentro de 24 horas, sob pena de incorrer em abuso de autoridade.

  A alternativa está correta.

4. **Juiz competente.** O legislador exigiu que a comunicação fosse feita ao juízo competente, em conformidade com o princípio constitucional do juízo natural positivado no art. 5º, LIII da CRFB/88. Assim, caso a comunicação seja feita pela autoridade policial ao juízo incompetente dolosamente, haverá a prática do delito em análise.

5. **Comunicação à família.** O art. 5º, LXII da CRFB/88 dispõe que a prisão de qualquer pessoa deverá ser comunicada ao juiz competente **e à família** do preso ou à pessoa por ele indicada. O tipo penal do art. 4º, *c* da lei 4898/65, apenas fez menção à comunicação ao juízo competente, não fazendo menção expressa à *família* do preso. Isso se deve ao fato de a CRFB/88 ser posterior à lei 4898/65. Assim, em homenagem ao princípio da legalidade penal, caso a autoridade policial faça a comunicação da prisão ao juízo competente, mas não a faça à família do preso, não praticará o delito de abuso de autoridade, por falta de previsão legal, podendo tal conduta configurar infração administrativa.

6. **Vigência de estado de defesa.** Mesmo no estado de exceção, denominado estado de defesa, a prisão de qualquer pessoa deverá ser comunicada ao juízo competente, nos moldes definidos no art. 136, § 3º, I da CRFB/88: *"Na vigência do estado de defesa: I – a prisão por crime contra o Estado, determinada pelo executor da medida, será por este comunicada imediatamente ao juiz competente, que a relaxará, se não for legal, facultado ao preso requerer exame de corpo de delito à autoridade policial".*

7. **Princípio da especialidade.** Caso a vítima seja criança ou adolescente, o delito praticado será o do art. 231 da lei 8069/90, Estatuto da Criança e do Adolescente – ECA, que dispõe: *"Deixar a autoridade policial responsável pela apreensão de criança ou adolescente de fazer imediata comunicação à autoridade judiciária competente e à família do apreendido ou à pessoa por ele indicada: Pena – detenção de seis meses a dois anos".*

   → Aplicação em concurso.

   - **Delegado de Polícia Civil/MT. 2005. UFMT.**

     A autoridade policial responsável pela apreensão de criança ou adolescente deve comunicar imediatamente

   A) a autoridade judiciária competente e a família do apreendido ou a pessoa por ele indicada.

   B) a autoridade judiciária competente e, no prazo de cinco dias, a família do apreendido.

   C) a família do apreendido e, no prazo de cinco dias, a autoridade judiciária competente.

   D) a autoridade judiciária competente e, apenas no caso de menor de doze anos, a família do apreendido.

   E) a família do apreendido, para indicação de seu defensor.

   Alternativa correta: letra A.

8. **Consumação.** Com a mera omissão do agente.

9. **Classificação.** Crime próprio; doloso; omissivo próprio; formal; instantâneo; não admite tentativa.

d) deixar o Juiz de **ordenar o relaxamento** de prisão ou detenção ilegal que lhe seja comunicada;

1. **Direito fundamental violado.** A conduta viola o direito fundamental previsto no art. 5º, LXV da CRFB/88: *"a prisão ilegal será imediatamente relaxada pela autoridade judiciária."*

2. **Deixar de ordenar.** Conduta omissiva. Como crime omissivo próprio, não admitirá a figura da tentativa.

   → **Aplicação em concurso.**

   - **MP /RR – Oficial de Promotoria 2008. CESPE.**

     O juiz competente que deixa de ordenar o relaxamento de prisão em flagrante ilegal que lhe foi comunicado não comete abuso de autoridade, mas será responsável pelo tempo de prisão ilegal do preso e terá de indenizá-lo.

     A alternativa está errada.

3. **Princípio da especialidade.** Caso a vítima seja criança ou adolescente, o delito praticado será o do art. 234 da lei 8069/90, Estatuto da Criança e do Adolescente – ECA, que dispõe *"Deixar a autoridade competente, sem justa causa, de ordenar a imediata liberação de criança ou adolescente, tão logo tenha conhecimento da ilegalidade da apreensão: Pena – detenção de seis meses a dois anos".*

   → **Aplicação em concurso.**

   - **MP/SP – Promotor de Justiça – 2010.**

     Relativamente às assertivas abaixo, assinale, em seguida, a alternativa correta:

     III – o fato de deixar a autoridade competente, sem justa causa, de ordenar a imediata liberação de adolescente ao tomar conhecimento da ilegalidade da apreensão constitui crime previsto Lei nº 8.069/90 (ECA), que prevalece sobre a Lei nº 4.898/65 (Abuso de autoridade);

     A alternativa está correta.

4. **Consumação.** Com a mera omissão do agente.

5. **Classificação.** Crime de mão própria; doloso; omissivo próprio; formal; instantâneo; não admite tentativa.

e) levar à prisão e nela deter quem quer que se proponha a **prestar fiança**, permitida em lei;

1. **Direito fundamental violado.** A conduta viola o direito fundamental previsto no art. 5º, LXVI da CRFB/88: *"ninguém será levado à prisão ou nela mantido, quando a lei admitir a liberdade provisória, com ou sem fiança"*.

2. **Infrações que admitem a fiança.** Todas as que não figurarem no rol contido nos arts. 323 e 324 do Código de Processo Penal, bem como as que não tiverem vedação de fiança em lei especial, como os crimes hediondos e equiparados (art. 2º, II da lei 8.072/90), tortura (art. 1º, § 6º da lei 9.455/97) e tráfico de drogas (art. 44 da lei 11.343/06), entre outras. Entretanto, deve-se ressaltar que a jurisprudência atual dos tribunais superiores entende que a lei vedar a fiança não significa que não caiba a liberdade provisória *sem fiança* nos moldes do art. 310, III do Código de Processo Penal, com a redação que lhe deu a lei 12.403/2011, razão pela qual se tem por inócua qualquer vedação de fiança estabelecida pelo legislador.

3. **Levar à prisão e nela deter.** *Levar à prisão* consiste em, efetivamente, privar a liberdade de alguém com o encarceramento, crime comissivo que admite a tentativa. A conduta *nela deter* significa não permitir a liberação do preso, configurando crime omissivo próprio que não admitirá a tentativa.

4. **Quem pode arbitrar a fiança.** De acordo com o *caput* do art. 322 do Código de Processo Penal, com a redação que lhe deu a lei nº 12.403/2011, nos casos de infração penal cuja pena privativa de liberdade máxima não seja superior a 4 anos, a Autoridade Policial poderá conceder a fiança. Nos demais casos, somente a Autoridade Judiciária poderá conceder a fiança, conforme o parágrafo único do art. 322 do Código de Processo Penal, com a redação que lhe deu a lei nº 12.403/2011.

5. **Consumação.** Na conduta *levar à prisão,* o delito se consuma no momento em que a vítima é colocada no cárcere. Na conduta *nela deter,* a consumação ocorrerá com a mera omissão do agente.

6. **Classificação.** Crime próprio; doloso; comissivo na conduta *levar à prisão* e omissivo próprio na conduta *nela deter*; material; instantâneo; admite tentativa na conduta *levar à prisão,* mas não admite a tentativa na conduta *nela deter,* por ser crime omissivo próprio.

f) cobrar o carcereiro ou agente de autoridade policial carceragem, custas, emolumentos ou qualquer outra despesa, desde que a cobrança não tenha apoio em lei, quer quanto à espécie quer quanto ao seu valor;

1. **Inaplicabilidade do tipo penal.** Não existem no sistema carcerário brasileiro quaisquer custas ou emolumentos ou outra despesa semelhante, que possam ser cobradas pelo carcereiro ou agente policial de carceragem, razão pela qual o tipo penal se torna inaplicável. Dessa forma, caso o agente pratique a conduta descrita na alínea *f,* sua conduta será atípica em relação ao delito de abuso de autoridade, podendo configurar, entretanto, o delito de extorsão (art. 158 do Código Penal), caso haja o emprego de violência ou grave ameaça na cobrança.

g) recusar o carcereiro ou agente de autoridade policial recibo de importância recebida a título de carceragem, custas, emolumentos ou de qualquer outra despesa;

1. **Inaplicabilidade do tipo penal.** Não existem no sistema carcerário brasileiro quaisquer custas ou emolumentos ou outra despesa semelhante, que possam ser cobradas pelo carcereiro ou agente policial de carceragem, razão pela qual o tipo penal se torna inaplicável.

h) o ato lesivo da **honra** ou do **patrimônio** de pessoa natural ou jurídica, quando praticado com abuso ou desvio de poder ou sem competência legal;

1. **Direito fundamental violado.** A conduta viola os direitos fundamentais previstos no art. 5º, *caput* e inciso X, da CRFB/88, que possuem, respectivamente, as seguintes redações: *"Todos são iguais perante a lei, sem distinção de qualquer natureza, garantindo-se aos brasileiros e aos estrangeiros residentes no País a inviolabilidade do direito à vida, à liberdade, à igualdade, à segurança e **à propriedade**, nos termos seguintes:"* e *"são invioláveis a intimidade, a vida privada, a honra e a imagem das pessoas, assegurado o direito a indenização pelo dano material ou moral decorrente de sua violação".*
2. **Ato lesivo praticado com abuso ou desvio de poder.** No *abuso* de poder, a autoridade pública tem atribuição para a prática do ato, mas vai além do limite legal. No *desvio* de poder, a autoridade pública também tem atribuição prevista em lei para a prática do ato, mas o pratica com desvio de finalidade, com finalidade dissociada do interesse público. Tal abuso ou desvio pode ocorrer no caso de aplicação de multa pela autoridade de trânsito como forma de vingança privada contra um desafeto ou apreensão do veículo pela mesma autoridade sem que haja qualquer irregularidade. São exemplos ainda a exposição de uma pessoa a ridículo no momento em que for efetuada a sua prisão ou a exposição a vexame do devedor no ato de execução de um mandado de penhora do seu automóvel.
3. **Ato lesivo praticado sem competência legal.** Por ato *sem competência legal* entenda-se o ato que não está inserido dentro das atribuições legais do agente público. Assim, o agente estaria praticando um ato que não é de sua atribuição, ou seja, sem permissão legal, violando, dessa forma, o princípio da legalidade administrativa positivado no art. 37, *caput* da CRFB/88.
4. **Consumação.** No momento da prática do ato com abuso ou desvio de poder ou sem competência legal.
5. **Classificação.** Crime próprio; doloso; comissivo; material; instantâneo; admite tentativa.

→ Aplicação em concurso.

- **MPT-Procurador do Trabalho/2008**

  O ato lesivo da honra, ou do patrimônio de pessoa natural ou jurídica, quando praticado com abuso ou desvio de poder ou sem competência legal constitui:

A) abuso de autoridade;

B) crime previsto no Código Penal contra a honra e contra o patrimônio;

C) crime contra o patrimônio;

D) injúria;

E) não respondida.

Alternativa correta: letra A.

i) **prolongar a execução** de **prisão temporária**, de **pena** ou de **medida de segurança**, deixando de expedir em tempo oportuno ou de cumprir imediatamente ordem de liberdade. (Incluído pela Lei nº 7.960, de 21/12/89)

1. **Direito fundamental violado.** A conduta viola o direito fundamental previsto no art. 5º, LIV, da CRFB/88: *"ninguém será privado da liberdade ou de seus bens sem o devido processo legal"*.

2. **Deixando de expedir ou de cumprir.** Conduta omissiva que configura crime omissivo próprio. Consequentemente não admitirá a figura da tentativa.

3. **Prisão temporária.** É modalidade de prisão provisória, cautelar, disciplinada na lei 7960/89. Tem o prazo de duração de 5 dias, prorrogáveis por igual período em caso de extrema e comprovada necessidade. Em se tratando de crimes hediondos ou equiparados, o prazo é de 30 dias, prorrogáveis por igual período, em caso de extrema e comprovada necessidade. Ao final do prazo previsto em lei, deve a autoridade policial colocar o preso imediatamente em liberdade, independentemente de ordem judicial ou alvará de soltura. Caso não o faça, comete o crime de abuso de autoridade.

4. **Pena.** É a pena definitiva, baseada em uma sentença condenatória transitada em julgado, que tem prazo máximo de cumprimento e duração. Caso a autoridade judiciária não expeça alvará de soltura, ou o diretor do estabelecimento prisional, diante do alvará de soltura, não coloque o preso em liberdade, cometem o delito em análise.

5. **Medida de segurança.** É a resposta penal estatal aplicada ao inimputável pelo critério biopsicológico. Divide-se em medida de segurança detentiva, na qual há a internação do inimputável (art. 96, I do Código Penal) e restritiva, em que há o tratamento ambulatorial do inimputável (art. 96, II do Código Penal). Uma vez expedida pela autoridade judiciária a ordem de liberação do internado ou a cessação do tratamento ambulatorial, deve ele ser posto imediatamente em liberdade ou cessado imediatamente o tratamento, sob pena de configuração de abuso de autoridade.

6. **Revogação do art. 350, parágrafo único, II do Código Penal.** O art. 4º, *i* da lei 4898/65 revogou tacitamente o art. 350, parágrafo único, II do Código Penal.

7. **Princípio da especialidade.** Caso a vítima seja criança ou adolescente, o delito praticado será o do art. 235 da lei 8069/90, Estatuto da Criança e do Adolescente – ECA,

que dispõe *"Descumprir, injustificadamente, prazo fixado nesta Lei em benefício de adolescente privado de liberdade: Pena – detenção de seis meses a dois anos"*.

8. **Consumação.** Com a mera omissão do agente.

9. **Classificação.** Crime próprio; doloso; omissivo próprio; de mera conduta; instantâneo; não admite tentativa.

→ Aplicação em concurso.

- **Defensor Público-RR/2013. CESPE**

  Com base no disposto na lei de abuso de autoridade — Lei nº 4.898/1965 —, assinale a opção correta.

A) De acordo com a lei em questão, somente podem ser agentes dos delitos de abuso de autoridade os agentes públicos ou pessoas que exerçam múnus público.

B) Configura abuso de autoridade a ausência de comunicação da custódia à família do preso.

C) O crime de abuso de autoridade absorve as demais infrações penais perpetradas na mesma circunstância, por ser mais grave e possuir legislação especial, segundo posição dos tribunais superiores.

D) Admite-se a prática do crime de abuso de autoridade na forma culposa.

E) Os crimes de abuso de autoridade podem ser comissivos ou omissivos.

Alternativa correta: letra E.

- **Investigador de Polícia-PA/2009. MOVENS**

  No que se refere à Lei nº 4.898/1965, que trata do direito de representação e do processo de responsabilidade civil e penal nos casos de abuso de autoridade, e à Lei nº 9.605/1998, referente aos crimes contra o meio ambiente, assinale a opção correta.

A) Constitui conduta criminosa destruir bem especialmente protegido por lei, excluindo-se da esfera de proteção legal o ato de pichar monumento urbano.

B) Constitui crime o abate de animal simplesmente para proteger lavouras, pomares e rebanhos de sua ação predatória ou destruidora, mesmo que haja expressa autorização da autoridade competente.

C) Constitui abuso de autoridade prolongar a execução de prisão temporária, de pena ou de medida de segurança, deixando de expedir em tempo oportuno ordem de liberdade ou de cumpri-la imediatamente.

D) Quando o abuso for cometido por agente de autoridade policial, deverá ser cominada a pena autônoma de não poder o acusado exercer funções de natureza policial no município da culpa, pelo prazo de um a dez anos.

Alternativa correta: letra C.

- **Oficial de Cartório da Polícia Civil/RJ. 2008. FGV.**

  Assinale a alternativa que indique o comportamento que **não** constitui crime de abuso de autoridade, tal como previsto na Lei 4.898/65.

(A) Prolongar a execução de prisão temporária, de pena ou de medida de segurança, deixando de expedir em tempo oportuno ou de cumprir imediatamente ordem de liberdade.

(B) Retardar ou deixar de praticar, indevidamente, ato de ofício, ou praticá-lo contra disposição expressa de lei, para satisfazer interesse ou sentimento pessoal.

(C) Deixar de comunicar, imediatamente, ao juiz competente a prisão ou detenção de qualquer pessoa.

(D) Submeter pessoa sob sua guarda ou custódia a vexame ou a constrangimento não autorizado em lei.

(E) Levar à prisão e nela deter quem quer que se proponha a prestar fiança, permitida em lei.

Alternativa correta: letra B.

Art. 5º Considera-se autoridade, para os efeitos desta lei, quem exerce cargo, emprego ou função pública, de natureza **civil, ou militar**, ainda que **transitoriamente** e **sem remuneração.**

1. **Conceito de autoridade.** Embora semelhante, o conceito é diverso do fornecido pelo art. 327 do Código Penal. Na lei de abuso de autoridade, o conceito é mais abrangente, não importando a forma de investidura ou vínculo com o Estado. O importante é que o agente tenha algum vínculo formal com o Estado, para que seja considerado autoridade, civil ou militar, mesmo que não haja estabilidade ou remuneração.

2. **Agente público de férias ou de licença.** Mesmo assim haverá a prática do delito, se a autoridade pública se valer desta condição.

3. **Agente público aposentado ou demitido.** Como já não mais existe o vínculo com o Estado, não haverá o crime de abuso de autoridade.

4. **Funções de natureza privada com interesse público.** Existem atividades que, embora possuam nítido interesse público envolvido no seu exercício, são de natureza privada, como é o caso do tutor, curador, inventariante e o administrador da massa falida. Assim, não são considerados autoridade pública para efeitos desta lei, não podendo ser autores de abuso de autoridade.

5. **Concurso de pessoas.** É possível que um particular aja em concurso de pessoas com a autoridade pública para a prática do abuso de autoridade. Nessa hipótese, o particular, sabendo da condição de autoridade pública do agente, responderá também pelo delito de abuso de autoridade, por força da norma contida no art. 30 do Código Penal.

→ Aplicação em concurso.

- **Juiz de Direito Substituto – DF/2016. CESPE**

A respeito do crime de abuso de autoridade, assinale a opção correta à luz da atual legislação de regência.

A) Em caso de abuso de autoridade cometido por agente de autoridade policial, civil ou militar, poderá ser cominada pena autônoma ou acessória, consistente em não poder o acusado exercer funções de natureza policial pelo prazo de um a cinco anos.

B) O sujeito ativo do crime de abuso de autoridade é toda autoridade pública, considerada como tal o funcionário público que exerça cargo, emprego ou função em caráter efetivo e remunerado.

C) O mesário eleitoral exerce múnus público, motivo pelo qual não pratica o crime de abuso de autoridade, pois o encargo que lhe incumbe não é típico de autoridade pública.

D) O particular não pode ser sujeito ativo do crime de abuso de autoridade, salvo se praticar o fato criminoso em concurso com o funcionário público e se tiver consciência dessa condição elementar.

E) As ações penais relativas aos crimes de abuso de autoridade são públicas, condicionadas à representação da vítima.

Alternativa correta: letra D.

- **Juiz do Trabalho Substituto 4ª região/2012. FCC**

Para efeito de tipificação dos crimes de abuso de autoridade, considera-se autoridade

A) apenas quem exerce cargo de natureza militar remunerado.

B) quem exerce emprego público de natureza civil, desde que não transitório.

C) quem exerce função pública de natureza civil, ainda que não remunerada.

D) somente quem exerce cargo de natureza militar não transitório.

E) quem exerce cargo de natureza civil, desde que remunerado.

Alternativa correta: letra C.

- **Delegado de Polícia – ES/2010. CESPE**

Com relação às legislações pertinentes aos crimes de abuso de autoridade, lavagem de capitais e tortura, bem como à lei que disciplina os procedimentos relativos às infrações de menor potencial ofensivo, julgue os itens.

Considere que um agente policial, acompanhado de um amigo estranho aos quadros da administração pública, mas com pleno conhecimento da condição funcional do primeiro, efetuem a prisão ilegal de um cidadão. Nesse caso, ambos responderão pelo crime de abuso de autoridade, independentemente da condição de particular do coautor.

A alternativa está certa.

- **PC/RJ – Delegado de Polícia – 2009. FESP.**

Sobre a Lei nº 4.898/1965, que regula o processo de responsabilidade administrativa, civil e penal, nos casos de abuso de autoridade, é correto afirmar que:

A) considera-se autoridade, para os efeitos dessa lei, quem exerce cargo, emprego ou função pública de modo definitivo e mediante remuneração.

A alternativa está errada.

- **TJ/SE Juiz substituto 2008. CESPE.**

Acerca da Lei de Abuso de Autoridade, Lei nº 4.898/1965, assinale a opção correta.

(A) A lei em questão contém crimes próprios e impróprios e admite as modalidades dolosa e culposa.

(B) Considera-se autoridade quem exerce, de forma remunerada, cargo, emprego ou função pública ou particular, de natureza civil ou militar, ainda que transitoriamente.

(C) No caso de concurso de agentes, o particular que é co-autor ou partícipe responde por outro crime, uma vez que a qualidade de autoridade é elementar do tipo dos crimes de abuso.

(D) Caso cumpra ordem manifestamente ilegal, o subordinado deverá responder pelo crime de abuso de autoridade.

(E) A competência para processar e julgar o crime de abuso de autoridade praticado por policial militar em serviço é da justiça militar estadual.

Alternativa correta: letra D.

- **PC/ES – Agente da Polícia Civil 2008. CESPE.**

  Nos termos da lei que incrimina o abuso de autoridade, o sujeito ativo do crime é aquele que exerce cargo, emprego ou função pública, de natureza civil ou militar, ainda que transitoriamente e sem remuneração. À vista disso, afasta-se a possibilidade de concurso de pessoas em tais delitos, quando o co-autor ou partícipe for um particular.

  A alternativa está errada.

Art. 6º O abuso de autoridade sujeitará o seu autor à **sanção administrativa civil e penal.**

1. **Sanções de naturezas diversas.** A lei de abuso de autoridade possibilitou a tríplice sanção à autoridade pública, quais sejam: sanção administrativa, sanção civil e sanção penal. Tais sanções são autônomas e podem ser aplicadas cumulativamente, sem que isso implique *bis in idem*, por possuírem naturezas diversas.

→ Aplicação em concurso.

- **Promotor de Justiça/BA. 2015. MPE-BA.**

  A Lei nº 4.898/65 – Lei de Abuso de Autoridade pode ser aplicada a pessoa que exerce função pública, ainda que de natureza civil e sem remuneração, e prevê sanções administrativas e penais, que podem ser aplicadas de forma autônoma ou cumulativa.

  A alternativa está correta.

- **Escrivão de Polícia Civil/DF. 2013. CESPE.**

  Se, por ter cerceado ilegalmente a liberdade de locomoção de um cidadão, um policial civil estiver respondendo por abuso de autoridade nas esferas administrativa, civil e penal, o processo administrativo deverá ser suspenso pelo prazo máximo de um ano, para que se aguarde a decisão penal sobre o caso.

  A alternativa está errada.

- **MPT-Procurador do Trabalho/2013**

II. A lei regula não só o direito de representação e o processo de responsabilidade penal nos casos de abuso de autoridade, mas também o processo de responsabilidade administrativa e civil para esta conduta típica.

A alternativa está certa.

2. **Competência e atribuição para a aplicação das sanções.** As três sanções devem ser aplicadas pelos órgãos próprios que possuírem atribuição ou competência para tal. Assim, a sanção administrativa deve ser aplicada pela autoridade administrativa superior que tiver atribuição prevista em lei para aplicá-la, por meio do devido processo legal disciplinar, no qual sejam observadas as garantias do contraditório e ampla defesa. A sanção civil, por sua vez, deve ser aplicada pelo juízo cível, assegurados os princípios constitucionais do devido processo legal, ampla defesa e contraditório. Por fim, a sanção penal deve ser aplicada pelo juízo criminal, com as mesmas garantias constitucionais supracitadas.

§ 1º A **sanção administrativa** será aplicada de acordo com a gravidade do abuso cometido e consistirá em:

a) advertência;

b) repreensão;

c) suspensão do cargo, função ou posto por prazo de cinco a cento e oitenta dias, com perda de vencimentos e vantagens;

d) destituição de função;

e) demissão;

f) demissão, a bem do serviço público.

1. **Sanções administrativas.** A possibilidade de a Administração Pública aplicar sanções administrativas a seus agentes decorre do Poder Hierárquico e do Poder Disciplinar, que, embora sejam correlatos, não se confundem. O Poder Hierárquico tem por objetivo ordenar, coordenar, controlar e corrigir as atividades administrativas no âmbito interno da Administração Pública. O Poder Disciplinar se traduz na possibilidade de a Administração Pública punir internamente as infrações funcionais praticadas pelos servidores públicos. Em qualquer hipótese, devem ser sempre respeitados os princípios constitucionais do devido processo legal, ampla defesa e contraditório.

2. **Autonomia e independência das sanções administrativas.** As sanções administrativas previstas art. 6º, § 1º independem da aplicação das sanções de natureza penal. Assim, elas podem ser aplicadas independentemente da conclusão da ação penal pelo fato praticado pela autoridade. Até porque as sanções administrativa e penal são aplicadas por autoridades diferentes.

→ **Aplicação em concurso.**

- **Escrivão-PI/2012. UEPI**

  Acerca da infração tipificada como abuso de autoridade, é correto afirmar que:

A) manter alguém na prisão, sem arbitramento da fiança prevista em lei, não constitui crime, mas irregularidade processual sanável por habeas- corpus.

B) o inquérito administrativo para a apuração de fato configurado como abuso de autoridade e aplicação da consectária sanção administrativa deve ficar sobrestado até que se conclua a ação penal instaurada acerca daquele mesmo fato.

C) a autoridade administrativa competente, observado o devido processo legal administrativo, pode aplicar a pena de demissão, pela prática de fato configurado como abuso de autoridade, mesmo que ainda não tenha sido concluída a ação penal instaurada acerca daquele mesmo fato.

D) o crime de abuso de autoridade não acarreta perda do cargo público, mas tão somente suspensão do seu exercício, pelo prazo máximo de cinco anos.

E) de acordo com a legislação em vigor, o crime de abuso de autoridade não comporta pena privativa de liberdade, mas tão somente pena de multa ou restritiva de direitos.

Alternativa correta: letra C.

§ 2º A **sanção civil**, caso não seja possível fixar o valor do dano, consistirá no pagamento de uma indenização de quinhentos a dez mil cruzeiros.

1. **Sanção civil.** Os valores e a moeda expressos na lei não são mais aplicáveis. Como dito, é o juízo cível que deverá aplicar a sanção civil.

2. **Diferença para o art. 91, I do Código Penal.** Embora os dois dispositivos façam menção à indenização, no art. 91, I do Código Penal, ela tem a natureza de efeito da condenação, enquanto na lei 4898/65, a sua natureza é de pena principal.

§ 3º A **sanção penal** será aplicada de acordo com as regras dos artigos 42 a 56 do Código Penal e consistirá em:

a) **multa** de cem a cinco mil cruzeiros;

b) **detenção** por dez dias a seis meses;

c) **perda do cargo** e a **inabilitação** para o exercício de qualquer outra função pública por prazo até três anos.

§ 4º As penas previstas no parágrafo anterior poderão ser aplicadas **autônoma ou cumulativamente**.

1. **Sanção penal.** O legislador elencou as três espécies de pena criminal que podem ser aplicadas ao autor do abuso de autoridade. Tais penas são autônomas e podem ser aplicadas cumulativamente, de acordo com o § 4º.

2. **Multa de cem a cinco mil cruzeiros.** De acordo com o sistema vigente no Código Penal, a pena de multa deve ser aplicada em salários mínimos, de acordo com o art. 49 e seguintes do Código Penal.

3. **Pena privativa de liberdade. Detenção por dez dias a seis meses.** Trata-se da pena privativa de liberdade que o legislador cominou aos delitos de abuso de autoridade.

→ **Aplicação em concurso.**

- **PC/SC – Delegado de Polícia – 2009. ACAFE.**

Analise as alternativas e assinale a correta.

A Lei de Abuso de Autoridade é um diploma legal exclusivamente penal. As sanções penais são: a) advertência; b) suspensão temporária do cargo função ou posto; c) destituição da função; d) demissão; e) multa; e f) penas privativas de liberdade (detenção/reclusão). As penas referidas nos itens "a" a "d" são classificadas doutrinariamente como penas acessórias.

A alternativa está errada.

4. **Pena privativa de liberdade e substituição por pena restritiva de direitos.** De acordo com a pena máxima cominada, provavelmente a pena privativa de liberdade, uma vez aplicada, não ultrapassará o limite de 4 anos. Assim, se os demais requisitos previstos no art. 44 do Código Penal estiverem presentes, será possível a substituição da pena privativa de liberdade por pena restritiva de direitos.

5. **Pena privativa de liberdade e *sursis* da pena.** Como afirmado acima, provavelmente, a pena privativa de liberdade, uma vez aplicada, não ultrapassará também o limite de 2 anos, sendo também possível a aplicação do instituto do *sursis* da pena, desde que presentes os requisitos do art. 77 e seguintes do Código Penal.

6. **Pena privativa de liberdade e *sursis* processual.** Considerando que a pena mínima cominada não ultrapassa 1 ano, é cabível o *sursis* processual previsto no art. 89 da lei 9.099/95, desde que presentes os seus requisitos.

7. **Perda do cargo e a inabilitação para o exercício de qualquer outra função pública por prazo até três anos.** O legislador tratou da *perda* do cargo e da *inabilitação* para exercer qualquer outra função pública pelo prazo de até 3 anos. Os institutos são distintos. A perda se refere ao cargo que já era ocupado pelo autor do abuso. A inabilitação se refere à impossibilidade de o agente vir a ocupar qualquer outra função pública pelo prazo de 3 anos, isso é, com *efeitos futuros*.

→ **Aplicação em concurso.**

- **Juiz de Direito do TJ/PB. 2015. CESPE.**

A condenação por crime previsto na lei de abuso de autoridade (Lei 4.898/1965) poderá importar na aplicação de sanção penal de

A) inabilitação para contratar com a administração pública por prazo determinado.

B) reclusão.

C) inabilitação para o exercício de qualquer função pública por prazo determinado.

D advertência.

E) prisão simples.

Alternativa correta: letra C.

- **Juiz de Direito do TJ/DF. 2014. CESPE.**

  Entre as sanções penais previstas na lei que dispõe sobre abuso de autoridade, incluem-se a perda do cargo público e a inabilitação para o exercício de qualquer outra função pública por prazo de até três anos.

  A alternativa está correta.

- **Cartório-TJ-BA/2014. CESPE**

  As sanções de natureza penal impostas expressamente pela Lei nº 4.898/1965 (Lei de Abuso de Autoridade) incluem o(a)

A) recolhimento noturno.

B) prestação de serviços à comunidade por até seis meses.

C) suspensão do porte de arma de fogo por até dois anos.

D) perda do cargo e inabilitação para o exercício de outra função pública por até três anos.

E) impossibilidade de exercício de funções de natureza policial ou militar em todo o território nacional, por prazo de dois a cinco anos.

Alternativa correta: letra D.

- **MPT-Procurador do Trabalho/2013**

III. A perda do cargo e a inabilitação para o exercício de qualquer outra função pública por prazo até três anos é uma espécie de sanção penal ao abuso de autoridade.

A alternativa está certa.

- **MP/SP – Promotor de Justiça – 2010.**

  Relativamente às assertivas abaixo, assinale, em seguida, a alternativa correta:

IV – nos crimes da Lei nº 4.898/65, a aplicação da sanção penal obedecerá às regras do Código Penal, podendo as penas ser aplicadas autônoma ou cumulativamente.

A alternativa está correta.

- **Notário-MA/2008. IESES** *É certo afirmar:*

I. O sujeito ativo nas condutas previstas nos crimes de abuso de autoridade, é toda pessoa que exerce cargo, emprego ou função pública, de natureza civil ou militar, ainda que transitoriamente ou sem remuneração.

A alternativa está certa.

- **PGM/Vitória – Procurador do Município 2007. CESPE.**

  O abuso de autoridade sujeita seu autor a sanção administrativa, civil e penal, constituindo a perda do cargo e a inabilitação para o exercício de qualquer outra função pública por prazo de até 3 anos sanção de natureza penal a ser aplicada de acordo com as regras do Código Penal.

  A alternativa está correta.

8. **Diferença entre o art. 6º, § 3º, *c* da lei 4898/65 e o art. 92, I do Código Penal.** No art. 92, I do Código Penal, a perda do cargo é efeito da condenação. No art. 6º, § 3º, *c* da lei 4898/65, a perda do cargo tem natureza de *pena*.

9. **Prescrição nos crimes de abuso de autoridade.** Como a lei traz 3 espécies de pena, o prazo de prescrição poderá variar. Tendo em vista que a lei 4898/65 não regulou o tema prescrição, deve o intérprete se socorrer do Código Penal.

10. **Prescrição da pena de multa.** Aplica-se o art. 114, I do Código Penal. Portanto, a pena de multa prescreve em 2 anos.

11. **Prescrição da detenção por dez dias a seis meses.** Considerando a pena máxima cominada, a prescrição ocorre em 3 anos, com base no art. 109, VI do Código Penal, com a redação que lhe deu a lei 12.234, de 05/05/2010, publicada em 06/05/2010. O prazo anterior previsto no art. 109, VI era de 2 anos. A novel lei o alterou para 3 anos, sendo, portanto, uma *novatio legis in pejus,* que não poderá retroagir, em razão do princípio constitucional da irretroatividade da lei penal mais severa, positivado no art. 5º, XL da CR/88. Dessa forma, o novo prazo prescricional de 3 anos somente incidirá nos delitos praticados após a publicação da mencionada lei, ou seja, após o dia 06/05/2010. De outro giro, os delitos praticados anteriormente à data da sua publicação, isso é, até o dia 05/05/2010, continuarão a prescrever em 2 anos.

12. **Prescrição da perda do cargo e a inabilitação para o exercício de qualquer outra função pública por prazo até três anos.** Para esse tipo de pena, nem a lei 4898/65, nem o Código Penal preveem prazo prescricional. Isso poderia levar o intérprete a concluir que seria imprescritível. Entretanto, as únicas hipóteses de imprescritibilidade estão na CRFB/88, art. 5º, XLII (racismo) e XLIV (ação de grupos armados, civis ou militares, contra a ordem constitucional e o Estado Democrático). Dessa forma, a única solução encontrada pela doutrina e pela jurisprudência foi estabelecer o menor prazo prescricional previsto no Código Penal, qual seja: 3 anos, com base no art. 109, VI, com a redação que lhe deu a lei 12.234, de 05/05/2010, publicada em 06/05/2010. O prazo anterior previsto no art. 109, VI era de 2 anos. A novel lei o alterou para 3 anos, sendo, portanto, uma *novatio legis in pejus,* que não poderá retroagir, em razão do princípio constitucional da irretroatividade da lei penal mais severa, positivado no art. 5º, XL da CR/88. Dessa forma, o novo prazo prescricional de 3 anos somente incidirá nos delitos praticados após a publicação da mencionada lei, ou seja, após o dia 06/05/2010. De outro giro, os delitos praticados anteriormente à data da sua publicação, isso é, até o dia 05/05/2010, continuarão a prescrever em 2 anos.

13. **Prescrição do delito de abuso de autoridade.** Como visto, de acordo com as três sanções penais, o crime de abuso de autoridade praticado antes do advento da lei 12.234/2010, prescreve no prazo de 2 anos. Entretanto, os prazos sofreram alterações com o advento da novel lei, conforme visto acima.

14. **Quadro geral de prescrição das sanções.**

Sanções penais	Antes da lei 12.234/2010	Depois da lei 12.234/2010
Multa	2 anos	2 anos
Detenção	2 anos	3 anos
Perda do cargo	2 anos	3 anos

15. Aplicação autônoma ou cumulativa das sanções. De acordo com a previsão expressa do § 4º, as três sanções descritas podem ser aplicadas de forma autônoma ou cumulativa, por serem de espécies diferentes.

→ Aplicação em concurso.

- **Delegado de Polícia-DF/2009. FUNIVERSA.**

Considere que Marcos dirigiu ao Ministério Público uma petição em que ofereceu representação contra um delegado de polícia do Distrito Federal, argumentando que esse agente público deu-lhe um tapa no rosto no interior de uma delegacia de polícia e que, portanto, incidiu em abuso de autoridade consistente na prática de ato que violou a sua incolumidade física. Considerando que, em sua petição, Marcos descreveu minuciosamente o fato que considerou abusivo, apontou testemunhas e apresentou laudo de corpo de delito que demonstrava a existência de lesões na data indicada, o membro do Ministério Público (MP) dispensou a realização de inquérito policial e deu início à ação penal, oferecendo a denúncia. Acerca dessa situação hipotética, assinale a alternativa correta.

A) O MP praticou ato ilícito ao oferecer denúncia sem o prévio inquérito policial, por ser essa uma exigência legal indeclinável, em garantia ao princípio da ampla defesa.

B) A representação de Marcos não deveria ter sido acolhida porque a violação da incolumidade física constitui crime específico e, portanto, não pode ser tipificada como abuso de autoridade.

C) No referido processo, é possível a aplicação cumulativa de penas de multa, de detenção, de perda do cargo e de inabilitação temporária para o exercício de funções públicas.

D) O depoimento judicial de Marcos não deverá ser levado em consideração como elemento de instrução probatória pelo Poder Judiciário, por ter sido Marcos a pessoa que representou contra o delegado.

E) Caso seja sujeito a prisão preventiva, o referido delegado terá direito a permanecer em sala especial durante o curso da ação penal. Porém, uma vez transitada em julgado eventual decisão condenatória, ele deverá cumprir a pena em estabelecimento penitenciário juntamente com o restante dos presos, sendo ilícito conferir-lhe tratamento diferenciado.

Alternativa correta: letra C.

§ 5º Quando o **abuso** for **cometido** por **agente de autoridade policial, civil ou militar**, de qualquer categoria, poderá ser cominada a pena autônoma ou acessória, de **não poder** o acusado **exercer funções** de natureza policial ou militar **no município da culpa**, por **prazo de um a cinco anos**.

1. **Sanção destinada ao policial.** Trata-se de sanção penal prevista na lei de abuso de autoridade com destinação específica ao agente policial. O legislador quis afastar o agente do local onde abusou de sua autoridade.

→ **Aplicação em concurso.**

- **Analista Judiciário-Área Judiciária-TRE-AM/2014. IBFC**

Segundo a Lei Federal nº 4.898/1965, quando o abuso for cometido por agente de autoridade policial, civil ou militar, de qualquer categoria, poderá ser cominada a pena autônoma ou acessória, de:

A) Não poder o acusado exercer funções de natureza policial ou militar no município da culpa, por prazo de um a cinco anos.

B) Perda da função pública pelo prazo de até cinco anos.

C) Suspensão dos direitos políticos de cinco a dez anos.

D) Proibição de contratar com o Poder Público ou receber benefícios ou incentivos fiscais ou creditícios, direta ou indiretamente.

Alternativa correta: letra A.

- **Delegado de Polícia-GO/2013. UEG**

A Lei n. 4898/65 (Abuso de Autoridade) estabelece a responsabilização criminal, civil e administrativa da autoridade que comete abuso no exercício de suas funções. Sobre a referida legislação, tem-se o seguinte:

A) quando o abuso for cometido por agente de autoridade policial, civil ou militar, de qualquer categoria, poderá ser cominada pena autônoma ou acessória, de não poder o acusado exercer funções de natureza policial ou militar no município da culpa, por prazo de 1 a 5 anos.

B) a responsabilização criminal será promovida pelo Ministério Público mediante ação penal pública condicionada à representação do ofendido como condição de procedibilidade.

C) a responsabilidade civil poderá ser buscada pelo ofendido somente em face da autoridade autora do delito, através de advogado constituído.

D) a responsabilidade administrativa poderá ensejar uma sanção de suspensão do cargo, função ou posto por prazo de 15 a 180 dias, com perda de vencimentos e vantagens.

Alternativa correta: letra A.

- **Escrivão-RN/2009. CESPE**

Acerca do direito de representação e do processo de responsabilidade administrativa, civil e penal, nos casos de abuso de autoridade, e das demais disposições da Lei nº 4.898/1965, assinale a opção correta.

A) Só se considera autoridade, para os efeitos dessa lei, quem exerce cargo, emprego ou função pública em caráter permanente na administração pública direta da União, dos estados, do DF e dos municípios.

B) A representação será dirigida exclusivamente ao órgão do MP que tiver competência para iniciar processo-crime contra a autoridade culpada, devendo o réu ser denunciado no prazo de cinco dias.

C) O processo administrativo instaurado concomitantemente ao criminal deverá ser sobrestado para o fim de aguardar a decisão da ação penal, a fim de que se evitem decisões conflitantes.

D) Quando o abuso for cometido por agente de autoridade policial, poderá ser cominada a pena de não poder o acusado exercer funções de natureza policial no município da culpa, por prazo de um a cinco anos.

E) Se o órgão do MP não oferecer a denúncia no prazo fixado na lei em questão, será admitida ação privada, não podendo o parquet futuramente intervir no feito ou retomar a ação como parte principal.

Alternativa correta: letra D.

Art. 7º Recebida a representação em que for solicitada a aplicação de sanção administrativa, a autoridade civil ou militar competente determinará a **instauração de inquérito** para apurar o fato.

§ 1º O inquérito administrativo obedecerá às normas estabelecidas nas leis municipais, estaduais ou federais, civis ou militares, que estabeleçam o respectivo processo.

§ 2º não existindo no Município, no Estado ou na legislação militar normas reguladoras do inquérito administrativo serão aplicadas supletivamente, as disposições dos arts. 219 a 225 da Lei nº 1.711, de 28 de outubro de 1952 (Estatuto dos Funcionários Públicos Civis da União).

§ 3º O processo administrativo não poderá ser sobrestado para o fim de aguardar a decisão da ação penal ou civil.

Art. 8º A sanção aplicada será **anotada na ficha funcional** da autoridade civil ou militar.

1. **Procedimento aplicável ao processo administrativo.** O artigo 7º trata de normas acerca do procedimento administrativo, no qual será apurada a responsabilidade funcional do agente público, com a aplicação da sanção administrativa ao final, se for o caso.

2. **Processo administrativo.** Se o funcionário público, autor do abuso, não possuir regulamentação específica, o processo administrativo será regulado pela lei 8112/90 (Estatuto dos Funcionários Públicos Civis da União).

Art. 9º Simultaneamente com a representação dirigida à autoridade administrativa ou independentemente dela, poderá ser promovida pela vítima do abuso, a **responsabilidade civil ou penal** ou ambas, da autoridade culpada.

Art. 10. Vetado

Art. 11. À ação civil serão aplicáveis as normas do Código de Processo Civil.

1. **Independência das instâncias.** Quis o legislador deixar claro que as instâncias administrativa, penal e civil são independentes. Até podem ter seus cursos concomitantes, porém mantendo sempre a independência.

Art. 12. A ação penal será iniciada, independentemente de inquérito policial ou justificação por denúncia do Ministério Público, **instruída com a representação da vítima do abuso.**

1. **Direito de representação.** Para evitar a repetição desnecessária, conferir comentários número 1 e 3 ao art. 2º da lei.

→ **Aplicação em concurso.**

- **Promotor de Justiça-ES/2013. Vunesp**

Assinale a alternativa correta.

(A) No caso de abuso de autoridade, a ação penal será iniciada, independentemente de inquérito policial ou justificação por denúncia do Ministério Público, instruída com a representação da vítima do abuso.

(B) Pichardismo constitui crime contra o meio ambiente, no qual a ação penal dependerá de representação da vítima ou de seu representante legal.

(C) Não é crime o abate de animal para proteger lavouras da ação predatória, independentemente de autorização.

(D) Aos crimes previstos no Estatuto do Idoso não se aplica o procedimento previsto na Lei nº 9.099/95.

(E) A perda da função pública, nos crimes resultantes de preconceito de raça ou de cor, é efeito automático da condenação.

Alternativa correta: letra A.

Art. 13. Apresentada ao Ministério Público a representação da vítima, aquele, no **prazo de quarenta e oito horas**, denunciará o réu, desde que o fato narrado constitua abuso de autoridade, e requererá ao Juiz a sua citação, e, bem assim, a designação de audiência de instrução e julgamento.

§ 1º A denúncia do Ministério Público será apresentada em duas vias.

1. **Infração de menor potencial ofensivo.** Como afirmado anteriormente, considerando-se que a pena máxima cominada ao delito de abuso de autoridade prevista no art. 6º, § 3º, *b* não ultrapassa dois anos, o abuso de autoridade é considerado infração penal de menor potencial ofensivo, sendo, portanto, a competência para o processo e o julgamento, dos Juizados Especiais Criminais, devendo ser seguido o procedimento específico previsto na lei 9.099/95, inclusive com a aplicação das medidas despenalizadoras, afastando-se, assim, o procedimento previsto na lei ora comentada. Entretanto, por questão de completude, faremos comentários ao procedimento previsto na lei 4.898/65.

2. **Prazo para oferecimento da denúncia.** Diferente do art. 46 do Código de Processo Penal, na lei de abuso de autoridade o prazo para o oferecimento da denúncia é de 48 horas.

Art. 14. Se a ato ou fato constitutivo do abuso de autoridade houver **deixado vestígios** o ofendido ou o acusado poderá:

a) promover a comprovação da existência de tais vestígios, por meio de duas testemunhas qualificadas;

b) requerer ao Juiz, até setenta e duas horas antes da audiência de instrução e julgamento, a designação de um perito para fazer as verificações necessárias.

§ 1º O perito ou as testemunhas farão o seu relatório e prestarão seus depoimentos verbalmente, ou o apresentarão por escrito, querendo, na audiência de instrução e julgamento.

§ 2º No caso previsto na letra *a* deste artigo a representação poderá conter a indicação de mais duas testemunhas.

1. **Perícia.** O legislador trouxe norma diversa daquela contida no art. 158 do Código de Processo Penal. Para o Código, a perícia é sempre obrigatória quando a infração penal deixar vestígios. Até se permite a prova testemunhal (art. 167), mas somente quando os vestígios desaparecerem. Na lei de abuso de autoridade, o legislador concedeu à vítima do abuso a opção pela perícia *ou* prova testemunhal.

Art. 15. Se o órgão do Ministério Público, ao invés de apresentar a denúncia, **requerer o arquivamento da representação**, o Juiz, no caso de considerar improcedentes as razões invocadas, fará **remessa da representação ao Procurador-Geral** e este oferecerá a denúncia, ou designará outro órgão do Ministério Público para oferecê-la ou insistirá no arquivamento, ao qual só então deverá o Juiz atender.

1. **Arquivamento da representação.** Trata-se de norma quase idêntica à do art. 28 do Código de Processo Penal, permitindo ao juiz o controle sobre o arquivamento da representação.

Art. 16. Se o órgão do Ministério Público não oferecer a denúncia no prazo fixado nesta lei, **será admitida ação privada**. O órgão do Ministério Público poderá, porém, aditar a queixa, repudiá-la e oferecer denúncia substitutiva e intervir em todos os termos do processo, interpor recursos e, a todo tempo, no caso de negligência do querelante, retomar a ação como parte principal.

1. **Ação penal privada subsidiária da pública.** Com o fim de evitar possível impunidade, o legislador fez menção expressa à ação penal privada subsidiária da pública, caso o Ministério Público não ofereça a denúncia no prazo previsto no art. 13 da lei.

Art. 17. Recebidos os autos, o Juiz, dentro do **prazo de quarenta e oito horas**, proferirá despacho, recebendo ou rejeitando a denúncia.

§ 1º No despacho em que receber a denúncia, o Juiz designará, desde logo, dia e hora para a audiência de instrução e julgamento, que deverá ser realizada, improrrogavelmente, dentro de cinco dias.

§ 2º A citação do réu para se ver processar, até julgamento final e para comparecer à audiência de instrução e julgamento, será feita por mandado sucinto que, será acompanhado da segunda via da representação e da denúncia.

1. **Recebimento da denúncia.** O legislador quis dar celeridade ao processo, determinado o prazo de 48 horas para o juiz receber a denúncia, e, no mesmo despacho, marcar a audiência de instrução e julgamento.

→ **Aplicação em concurso.**

- **MPE/AM – Agente técnico – jurídico 2007. CESPE.**

  O procedimento do crime de abuso de autoridade prevê defesa preliminar antes do recebimento da denúncia.

  A alternativa está errada.

Art. 18. As **testemunhas** de acusação e defesa poderão ser apresentadas em juízo, **independentemente de intimação.**

Parágrafo único. Não serão deferidos pedidos de precatória para a audiência ou a intimação de testemunhas ou, salvo o caso previsto no artigo 14, letra "b", requerimentos para a realização de diligências, perícias ou exames, a não ser que o Juiz, em despacho motivado, considere indispensáveis tais providências.

Art. 19. À hora marcada, o Juiz mandará que o porteiro dos auditórios ou o oficial de justiça declare aberta a audiência, apregoando em seguida o réu, as testemunhas, o perito, o representante do Ministério Público ou o advogado que tenha subscrito a queixa e o advogado ou defensor do réu.

Parágrafo único. A **audiência** somente **deixará de realizar-se** se ausente o Juiz.

Art. 20. Se até meia hora depois da hora marcada o Juiz não houver comparecido, os presentes poderão retirar-se, devendo o ocorrido constar do livro de termos de audiência.

1. **Ausência das partes.** O legislador fez uma restrição incabível ao mencionar somente a ausência do juiz. Para que se dê plena aplicabilidade aos princípios do devido processo legal, contraditório e ampla defesa, em caso de falta do juiz ou de qualquer das partes, a audiência também não poderá ser realizada.

Art. 21. A **audiência** de instrução e julgamento **será pública**, se contrariamente não dispuser o Juiz, e realizar-se-á em dia útil, entre dez (10) e dezoito (18) horas, na sede do Juízo ou, excepcionalmente, no local que o Juiz designar.

1. **A audiência de Instrução e Julgamento.** O legislador privilegiou o princípio da publicidade dos atos processuais. Entretanto, deixou a cargo do juiz a opção pelo sigilo da audiência, que deverá fundamentar tal opção. Embora a lei tenha sido omissa, é possível que o juiz determine o sigilo da audiência a pedido do réu, para evitar exposição, em razão da função pública que esse exerce.

Art. 22. Aberta a audiência o Juiz fará a qualificação e o interrogatório do réu, se estiver presente.

Parágrafo único. **Não comparecendo o réu nem seu advogado**, o Juiz **nomeará** imediatamente **defensor** para funcionar na audiência e nos ulteriores termos do processo.

1. **Interrogatório e sua natureza jurídica.** De acordo com o atual estágio do processo penal brasileiro, parece mais razoável e compatível com a dogmática processual conferir ao interrogatório a natureza jurídica de *meio de defesa*. Com efeito, o interrogatório constitui na oportunidade que o acusado tem de apresentar sua versão dos fatos ocorridos ao julgador. Trata-se da primeira e única oportunidade em que o juiz terá contato direto com o réu, na qual poderá formular perguntas ao acusado, formando sua convicção para que se chegue o mais perto possível, com base nas palavras do réu, da verdade real dos fatos. Dessa forma, fica nítida, de forma clara a todas as luzes, a natureza de *meio de defesa* do interrogatório.

2. **Diferença para o Código de Processo Penal.** A lei de abuso de autoridade era compatível com o procedimento comum ordinário previsto no Código de Processo Penal, segundo o qual o interrogatório do réu era o primeiro ato de instrução processual, seguido da oitiva das testemunhas arroladas pela acusação e pela defesa. Sucede que a lei 11.719/2008 alterou a sistemática do procedimento comum ordinário no Código de Processo Penal, trazendo, no art. 400, uma audiência concentrada na qual se tomam as declarações do ofendido, se ouvem as testemunhas arroladas pela acusação e defesa, e, só ao final, se interroga o réu. Percebe-se, portanto, que, no Código, diferente da sistemática antiga, atualmente, o interrogatório é o último ato da instrução processual. A lei de abuso de autoridade mantém o interrogatório como o primeiro ato de instrução. Nesse conflito de leis, prevalece a lei especial sobre a lei geral, razão pela qual o procedimento nos crimes de abuso de autoridade continuará a ser o previsto na lei especial.

3. **Falta do advogado e nomeação de defensor.** Trata-se de norma semelhante à contida no art. 261 do Código de Processo Penal, que tem a seguinte redação: *"Nenhum acusado, ainda que ausente ou foragido, será processado sem defensor."* É bem verdade que nunca é demais a previsão de norma neste sentido, sobretudo por privilegiar os princípios da ampla defesa e do contraditório. Entretanto, tal dispositivo é inútil, uma vez que se poderia aplicar o art. 261 do Código de Processo Penal subsidiariamente.

4. **A necessidade de assistência por defensor.** No processo penal a tese defensiva a ser deduzida em alegações finais começa a ser formada no interrogatório, o que justifica a obrigatoriedade da presença do defensor na audiência para a sua realização. Não é outra a razão da redação do art. 185, § 5º, do Código de Processo Penal, com a redação que lhe deu a lei 11.900/2009, que traz uma obrigatoriedade dirigida ao juiz no sentido de permitir que o réu se entreviste com o seu defensor de forma prévia e reservada, ao dispor que *"Em qualquer modalidade de interrogatório, o juiz garantirá ao réu o direito de entrevista prévia e reservada com o seu defensor; se realizado por videoconferência, fica também garantido o acesso a canais telefônicos reservados para comunicação entre o defensor que esteja no presídio e o advogado presente na sala de audiência do Fórum, e entre este e o preso."* Note-se que a lei utilizou a expressão *"garantirá"*, denotando obrigatoriedade.

5. **Ausência de defensor a nulidade.** Como exposto acima, o interrogatório constitui verdadeiro meio de defesa, por ser a primeira e única oportunidade que o acusado tem de apresentar sua versão dos fatos ocorridos ao julgador dentro do processo, podendo o juiz formular as perguntas que entender necessárias para que se chegue o mais perto possível da verdade real dos fatos. Tem-se, portanto, no interrogatório, verdadeira manifestação do princípio da ampla defesa, ato que confere ao processo penal o caráter de processo democrático, com a participação do acusador, julgador, acusado e defesa. Dessa forma, qualquer violação aos princípios constitucionais da ampla defesa, contraditório e devido processo legal, já carrega, por si só, a semente da nulidade absoluta, justamente por se tratar de violação de princípios constitucionais que visam a assegurar o desenvolvimento de um processo justo e democrático, afastando qualquer tipo de arbítrio estatal. Não se pode admitir que em um Estado de Direito, tido como aquele Estado que se auto-organiza sob suas leis, sendo o primeiro a se sujeitar às mesmas e a obedecê-las, a violação dos princípios que o afirmam como tal, possa ser encarada como mera irregularidade processual ou nulidade relativa exigindo-se a demonstração de prejuízo. A violação de tais princípios já traz em si mesma, e por si só, a presunção de nulidade. Assim, sequer deve-se perquirir se a violação ao princípio do contraditório gerou nulidade, devendo ser presumida de forma absoluta.

Art. 23. Depois de ouvidas as testemunhas e o perito, o Juiz **dará a palavra** sucessivamente, ao Ministério Público ou ao advogado que houver subscrito a queixa e ao advogado ou defensor do réu, pelo prazo de **quinze minutos** para **cada um**, **prorrogável** por mais dez (10), a critério do Juiz.

1. **Debates orais.** O legislador preferiu estabelecer os debates orais, oportunidade em que as teses de acusação e de defesa são manejadas na audiência, pelo prazo de 15 minutos, prorrogáveis por mais 10.

2. **Debates orais e nomeação de defensor.** Vimos que o parágrafo único do art. 22 determina que *não comparecendo o réu nem seu advogado, o Juiz nomeará imediatamente defensor para funcionar na audiência e nos ulteriores termos do processo.* Nessa hipótese, para que os debates orais sejam efetivos, deve-se conceder ao defensor do réu um tempo razoável, que deve ser, de acordo com o seu entendimento, suficiente e necessário para a elaboração da defesa técnica, sob pena de violação do princípio da ampla defesa e contraditório, com a consequente nulidade absoluta.

3. **Debates orais e novo procedimento do Código de Processo Penal.** A lei 11.719/2008 deu nova redação ao art. 403 do Código de Processo Penal, estabelecendo também os debates orais no procedimento comum ordinário, com a diferença de ser o tempo de 20 minutos, prorrogáveis por mais 10. À luz do princípio da especialidade, o tempo dos debates orais previstos na lei de abuso de autoridade deve prevalecer sobre o tempo previsto no Código de Processo Penal.

Art. 24. Encerrado o debate, o Juiz proferirá imediatamente a **sentença**.

Art. 25. Do ocorrido na audiência o escrivão lavrará no livro próprio, ditado pelo Juiz, termo que conterá, em resumo, os depoimentos e as alegações da acusação e da defesa, os requerimentos e, por extenso, os despachos e a sentença.

Art. 26. Subscreverão o termo o Juiz, o representante do Ministério Público ou o advogado que houver subscrito a queixa, o advogado ou defensor do réu e o escrivão.

1. **Momento para proferir a sentença.** O legislador estabeleceu que a sentença deve ser proferida em audiência, após os debates orais. Essa também foi a opção do legislador reformador do Código de Processo Penal, ao estabelecer no art. 403, com a redação que lhe deu a lei 11.719/2008, que após os debates orais na Audiência de Instrução e Julgamento, o juiz proferirá sentença.

Art. 27. Nas comarcas onde os meios de transporte forem difíceis e não permitirem a observância dos prazos fixados nesta lei, o juiz poderá aumentá-las, sempre motivadamente, até o dobro.

Art. 28. Nos casos omissos, serão aplicáveis as normas do Código de Processo Penal, sempre que compatíveis com o sistema de instrução e julgamento regulado por esta lei.

Parágrafo único. Das decisões, despachos e sentenças, caberão os recursos e apelações previstas no Código de Processo Penal.

Art. 29. Revogam-se as disposições em contrário.

Atividades Nucleares. Lei nº 6.453 de 17 de outubro de 1977

CAPÍTULO I
Das Definições

Art. 1º - Para os efeitos desta Lei **considera-se:**

I - "**operador**", a pessoa jurídica devidamente autorizada para operar instalação nuclear;

II - "**combustível nuclear**", o material capaz de produzir energia, mediante processo auto-sustentado de fissão nuclear;

III - "**produtos ou rejeitos radioativos**", os materiais radioativos obtidos durante o processo de produção ou de utilização de combustíveis nucleares, ou cuja radioatividade se tenha originado da exposição às irradiações inerentes a tal processo, salvo os radioisótopos que tenham alcançado o estágio final de elaboração e já se possam utilizar para fins científicos, médicos, agrícolas, comerciais ou industriais;

IV - "**material nuclear**", o combustível nuclear e os produtos ou rejeitos radioativos;

V - "**reator nuclear**", qualquer estrutura que contenha combustível nuclear, disposto de tal maneira que, dentro dela, possa ocorrer processo auto-sustentado de fissão nuclear, sem necessidade de fonte adicional de neutrons;

VI - "**instalação nuclear**":

a) o reator nuclear, salvo o utilizado como fonte de energia em meio de transporte, tanto para sua propulsão como para outros fins;

b) a fábrica que utilize combustível nuclear para a produção de materiais nucleares ou na qual se proceda a tratamento de materiais nucleares, incluídas as instalações de reprocessamento de combustível nuclear irradiado;

c) o local de armazenamento de materiais nucleares, exceto aquele ocasionalmente usado durante seu transporte;

VII - "**dano nuclear**", o dano pessoal ou material produzido como resultado direto ou indireto das propriedades radioativas, da sua combinação com as propriedades tóxicas ou com outras características dos materiais nucleares, que se encontrem em instalação nuclear, ou dela procedentes ou a ela enviados;

VIII – "**acidente nuclear**", o fato ou sucessão de fatos da mesma origem, que cause dano nuclear;

IX – "**radiação ionizante**", a emissão de partículas alfa, beta, neutrons, ions acelerados ou raios X ou gama, capazes de provocar a formação de ions no tecido humano.

Art. 2º – Várias instalações nucleares situadas no mesmo local e que tenham um único operador poderão ser consideradas, pela Comissão Nacional de Energia Nuclear, como **uma só instalação nuclear**.

Art. 3º – Será também considerado dano nuclear o resultante de acidente nuclear **combinado com outras causas**, quando não se puderem distinguir os danos não nucleares.

1. **Norma penal explicativa.** Os arts. 1º, 2º e 3º trazem uma norma penal não incriminadora, que pode ser classificada como *norma penal explicativa*, que consiste na norma que tem por finalidade não a incriminação de uma conduta, e sim trazer ou esclarecer algum conceito jurídico previsto na legislação penal. Assim, o art. 1º traz os conceitos de *operador, combustível nuclear, produtos ou rejeitos radioativos, material nuclear, reator nuclear, instalação nuclear, dano nuclear, acidente nuclear* e *radiação ionizante*. Da mesma forma, os arts. 2º e 3º esclarecem, respectivamente, o que pode ser considerada como uma só *instalação nuclear* e *dano nuclear*.

CAPÍTULO II
DA RESPONSABILIDADE CIVIL POR DANOS NUCLEARES

Art. 4º – Será **exclusiva do operador da instalação nuclear**, nos termos desta Lei, **independentemente da existência de culpa**, a responsabilidade civil pela reparação de dano nuclear causado por acidente nuclear:

I – ocorrido na instalação nuclear;

II – provocado por material nuclear procedente de instalação nuclear, quando o acidente ocorrer:

a) antes que o operador da instalação nuclear a que se destina tenha assumido, por contrato escrito, a responsabilidade por acidentes nucleares causados pelo material;

b) na falta de contrato, antes que o operador da outra instalação nuclear haja assumido efetivamente o encargo do material;

III – provocado por material nuclear enviado à instalação nuclear, quando o acidente ocorrer:

a) depois que a responsabilidade por acidente provocado pelo material lhe houver sido transferida, por contrato escrito, pelo operador da outra instalação nuclear;

b) na falta de contrato, depois que o operador da instalação nuclear houver assumido efetivamente o encargo do material a ele enviado.

Art. 5º – Quando responsáveis mais de um operador, respondem eles **solidariamente**, se impossível apurar-se a parte dos danos atribuível a cada um, observado o disposto nos artigos 9º a 13.

Art. 6º - Uma vez **provado haver o dano resultado exclusivamente de culpa da vítima**, o operador será exonerado, apenas em relação a ela, da obrigação de indenizar.

Art. 7º - O operador somente tem **direito de regresso** contra quem admitiu, por contrato escrito, o exercício desse direito, ou contra a pessoa física que, dolosamente, deu causa ao acidente.

Art. 8º - O operador não responde pela reparação do dano resultante de acidente nuclear causado diretamente por **conflito armado, hostilidades, guerra civil, insurreição ou excepcional fato da natureza**.

Art. 9º - A **responsabilidade** do operador pela reparação do dano nuclear é **limitada**, em cada acidente, ao valor correspondente a um milhão e quinhentas mil Obrigações Reajustáveis do Tesouro Nacional.

Parágrafo único - O limite fixado neste artigo não compreende os juros de mora, os honorários de advogado e as custas judiciais.

Art. 10 - Se a indenização relativa a danos causados por determinado acidente nuclear exceder ao limite fixado no artigo anterior, proceder-se-á ao **rateio entre os credores**, na proporção de seus direitos.

§ 1º - No rateio, os débitos referentes a danos pessoais serão executados separada e preferentemente aos relativos a danos materiais. Após seu pagamento, ratear-se-á o saldo existente entre os credores por danos materiais.

§ 2º - Aplica-se o disposto neste artigo quando a União, organização internacional ou qualquer entidade fornecer recursos financeiros para ajudar a reparação dos danos nucleares e a soma desses recursos com a importância fixada no artigo anterior for insuficiente ao pagamento total da indenização devida.

Art. 11 - As ações em que se pleiteiem indenizações por danos causados por determinado acidente nuclear deverão ser processadas e julgadas pelo mesmo **Juízo Federal**, fixando-se a **prevenção** jurisdicional segundo as disposições do Código de Processo Civil. Também competirá ao Juízo prevento a instauração, ex-officio, do procedimento do rateio previsto no artigo anterior.

Art. 12 - O direito de pleitear indenização com o fundamento nesta Lei **prescreve em 10 (dez) anos**, contados da data do acidente nuclear.

Parágrafo único - Se o acidente for causado por material subtraído, perdido ou abandonado, o prazo prescricional contar-se-á do acidente, mas não excederá a 20 (vinte) anos contados da data da subtração, perda ou abandono.

Art. 13 - O operador da instalação nuclear é obrigado a manter **seguro ou outra garantia financeira** que cubra a sua responsabilidade pelas indenizações por danos nucleares.

§ 1º - A natureza da garantia e a fixação de seu valor serão determinadas, em cada caso, pela Comissão Nacional de Energia Nuclear, no ato da licença de construção ou da autorização para a operação.

§ 2º - Ocorrendo alteração na instalação, poderão ser modificados a natureza e o valor da garantia.

§ 3º - Para a determinação da natureza e do valor da garantia, levar-se-ão em conta o tipo, a capacidade, a finalidade, a localização de cada instalação, bem como os demais fatores previsíveis.

§ 4º - O não cumprimento, por parte do operador, da obrigação prevista neste artigo acarretará a cassação da autorização.

§ 5º - A Comissão Nacional de Energia Nuclear poderá dispensar o operador, da obrigação a que se refere o caput deste artigo, em razão dos reduzidos riscos decorrentes de determinados materiais ou instalações nucleares.

Art. 14 - A União garantira, até o limite fixado no artigo 9º, o pagamento das indenizações por danos nucleares de responsabilidade do operador, fornecendo os recursos complementares necessários, **quando insuficientes os provenientes do seguro ou de outra garantia**.

Art. 15 - No caso de acidente provocado por material nuclear ilicitamente possuído ou utilizado e **não relacionado a qualquer operador**, os danos serão suportados pela União, até o limite fixado no artigo 9º, ressalvado o direito de regresso contra a pessoa que lhes deu causa.

Art. 16 - Não se aplica a presente Lei às hipóteses de dano causado por emissão de radiação ionizante **quando o fato não constituir acidente nuclear**.

Art. 17 - As indenizações pelos danos causados aos que trabalham com material nuclear ou em instalação nuclear serão reguladas pela **legislação especial sobre acidentes do trabalho**.

Art. 18 - O disposto nesta Lei **não se aplica às indenizações relativas a danos nucleares sofridos**:

I - pela própria instalação nuclear;

II - pelos bens que se encontrem na área da instalação, destinados ao seu uso;

III - pelo meio de transporte no qual, ao produzir-se o acidente nuclear, estava o material que o ocasionou.

1. **Responsabilidade civil por danos nucleares.** Os arts. 4º ao 18 tratam da responsabilidade civil por danos nucleares, tema que não é objeto deste livro, razão pela qual não teceremos comentários.

CAPÍTULO III
Da Responsabilidade Criminal

Art. 19 - **Constituem crimes** na exploração e utilização de energia nuclear os descritos neste Capítulo, além dos tipificados na legislação sobre segurança nacional e nas demais leis.

1. **Norma penal desnecessária.** O art. 19 dispõe que todos os tipos penais da lei constituem crimes, além de outros tipificados na lei de segurança nacional (lei 7.170/83) e nas demais leis. Trata-se de norma penal absolutamente desnecessária. O que é considerado crime ou não é o que a lei dispuser, à luz do princípio da legalidade penal positivado no art. 5º, XXXIX da CR/88. Não precisa essa lei dispor que as condutas nela previstas, além das condutas previstas em outras leis, constituem crime.

Art. 20 – Produzir, processar, fornecer ou **usar** material nuclear sem a necessária autorização ou para fim diverso do permitido em lei.

Pena: reclusão, de quatro a dez anos.

1. **Sujeito ativo.** Qualquer pessoa. Trata-se de crime comum, pois o legislador não exigiu nenhuma condição especial do sujeito ativo.

2. **Sujeito passivo.** A coletividade.

3. **Produzir, processar, fornecer ou usar.** *Produzir* significa criar, gerar, fazer o material nuclear nascer. *Processar* consiste em submeter a energia nuclear a um processo de transformação. *Fornecer* é dar, distribuir o material nuclear. *Usar* é fazer uso, manipular o material nuclear.

4. **Material nuclear. Norma penal em branco.** O presente tipo penal configura uma norma penal em branco homogênea homovitelina, pois para a sua aplicação e sua interpretação precisa ser complementada pelo art. 1º, IV, desta lei, que traz o conceito de material nuclear, ao dispor que se considera material nuclear "o combustível nuclear e os produtos ou rejeitos radioativos".

5. **Ausência de autorização ou desvio de finalidade.** O delito está ligado à manipulação genérica do material nuclear sem autorização ou com desvio de finalidade. Como tais elementos integram o tipo penal, caso haja a autorização ou o material nuclear seja empregado para o fim contido na lei, a conduta será atípica.

6. **Comissão Nacional de Energia Nuclear – CNEN.** De acordo com o at. 1º da lei 4.118/1962, constituem monopólio da União: a pesquisa e lavra das jazidas de minérios nucleares localizados no território nacional; o comércio dos minérios nucleares e seus concentrados; dos elementos nucleares e seus compostos; dos materiais físseis e férteis, dos radioisótopos artificiais e substanciais e substâncias radioativas das três séries naturais; dos subprodutos nucleares; e a produção de materiais nucleares e suas industrializações. O art. 1º, I, da lei 6.189/1974 dispõe que a União exercerá o monopólio de que trata o artigo 1º, da Lei nº 4.118, de 27 de agosto de 1962 por meio da Comissão Nacional de Energia Nuclear – CNEN, como órgão superior de orientação, planejamento, supervisão, fiscalização e de pesquisa científica.

7. **Órgão com atribuição para conceder a autorização.** Comissão Nacional de Energia Nuclear – CNEN, de acordo com o art. 2º, X, alíneas *a*, *b* e *c*, da lei 6.189/1974, nos seguintes termos: "Art. 2º Compete à CNEN: X – Expedir regulamentos e normas de segurança e proteção relativas: a) ao uso de instalações e de materiais nucleares; b) ao transporte de materiais nucleares; c) ao manuseio de materiais nucleares"

8. **Tipo penal misto alternativo.** Caso o agente pratique mais de uma conduta descrita no tipo penal, responderá por um delito apenas, não havendo concurso de crimes.

9. **Consumação.** O delito consuma-se com a prática dos verbos típicos descritos no tipo penal.

10. **Classificação.** Crime comum; material; doloso; comissivo; instantâneo; admite tentativa.

11. **Suspensão condicional do processo.** Incabível, pois a pena mínima cominada ultrapassa 1 ano (art. 89 da lei 9.099/95).

Art. 21 – Permitir o **responsável pela instalação nuclear** sua operação sem a necessária autorização.

Pena: reclusão, de dois a seis anos.

1. **Sujeito ativo.** Somente pode ser sujeito ativo desse delito a pessoa que seja o responsável pela instalação nuclear. Trata-se de crime próprio.
2. **Sujeito passivo.** A coletividade.
3. **Permitir a operação.** O delito consiste em o agente permitir a operação da instalação nuclear por outrem. Não se trata de o próprio agente responsável pela instalação nuclear operá-la sem a autorização, mas, sim, de ele permitir a operação da instalação nuclear por outra pessoa.
4. **Órgão com atribuição para conceder a autorização.** Comissão Nacional de Energia Nuclear – CNEN, de acordo com o art. 2º, IX, alínea *a* lei 6.189/1974, nos seguintes termos: "Art. 2º Compete à CNEN: IX – expedir normas, licenças e autorizações relativas a: a) instalações nucleares".
5. **Instalação nuclear. Norma penal em branco.** O presente tipo penal configura uma norma penal em branco homogênea homovitelina, pois para a sua aplicação e sua interpretação precisa ser complementada pelo art. 1º, VI, desta lei, que traz o conceito de instalação nuclear.
6. **Consumação.** O delito consuma-se com a prática de qualquer ato inequívoco que denote a permissão para a operação da instalação nuclear, mesmo que a outra pessoa não chegue a operar a instalação nuclear.
7. **Classificação.** Crime próprio; formal; doloso; comissivo; instantâneo; admite tentativa.
8. **Suspensão condicional do processo.** Incabível, pois a pena mínima cominada ultrapassa 1 ano (art. 89 da lei 9.099/95).

Art. 22 – Possuir, adquirir, transferir, transportar, guardar ou **trazer** consigo material nuclear, sem a necessária autorização.

Pena: reclusão, de dois a seis anos.

1. **Sujeito ativo.** Qualquer pessoa. Trata-se de crime comum, pois o legislador não exigiu nenhuma condição especial do sujeito ativo.
2. **Sujeito passivo.** A coletividade.

3. **Possuir, adquirir, transferir, transportar, guardar ou trazer consigo.** *Possuir* significa ter em seu poder, na sua posse. *Adquirir* consiste na conduta de obter, conseguir, comprar. *Transferir* quer dizer transferência da titularidade. *Transportar* significa levar o material nuclear de um local específico para outro local específico. *Guardar* é conservar, preservar, manter em local seguro. Por fim, *trazer consigo* consiste na conduta do agente que conduz junto a ele o material nuclear. Percebe-se que, pela diversidade de condutas típicas, o legislador procurou de todas as formas coibir qualquer espécie de manuseio de material nuclear, sem a autorização necessária.

4. **Órgão com atribuição para conceder a autorização.** Comissão Nacional de Energia Nuclear – CNEN, de acordo com o art. 2º, X, alíneas *a*, *b* e *c*, da lei 6.189/1974, nos seguintes termos: "Art. 2º Compete à CNEN: X – Expedir regulamentos e normas de segurança e proteção relativas: a) ao uso de instalações e de materiais nucleares; b) ao transporte de materiais nucleares; c) ao manuseio de materiais nucleares".

5. **Material nuclear. Norma penal em branco.** O presente tipo penal configura uma norma penal em branco homogênea homovitelina, pois para a sua aplicação e sua interpretação precisa ser complementada pelo art. 1º, IV, desta lei, que traz o conceito de material nuclear.

6. **Tipo penal misto alternativo.** Caso o agente pratique mais de uma conduta descrita no tipo penal, responderá por um delito apenas, não havendo concurso de crimes.

7. **Crime permanente.** Nas condutas *possuir, transportar, guardar* e *trazer consigo* o crime torna-se permanente. Logo, a prisão em flagrante pode ocorrer a qualquer momento.

8. **Consumação.** O delito consuma-se com a prática das condutas típicas descritas no tipo penal.

9. **Classificação.** Crime comum; material; doloso; comissivo; instantâneo nas condutas *adquirir* e *transferir* e permanente nas condutas *possuir, transportar, guardar* e *trazer consigo*; admite tentativa.

10. **Suspensão condicional do processo.** Incabível, pois a pena mínima cominada ultrapassa 1 ano (art. 89 da lei 9.099/95).

> **Art. 23** – Transmitir ilicitamente **informações sigilosas**, concernentes à energia nuclear.
>
> Pena: reclusão, de quatro a oito anos.

1. **Sujeito ativo.** Qualquer pessoa. Trata-se de crime comum, pois o legislador não exigiu nenhuma condição especial do sujeito ativo. Ao contrário do que possa parecer, o sujeito ativo deste delito não é apenas a pessoa que tenha o dever de guardar a informação sigilosa, mas, sim, qualquer pessoa. Até pode ser quem tenha o dever de guardar as informações sigilosas, mas pode ser também que não tenha esse dever e não seja sequer destinatário de tais informações. Basta pensar na hipótese em que uma pessoa qualquer saiba onde estão guardadas as informações sigilosas sobre energia nuclear e transmita-as ilicitamente a qualquer pessoa.

2. **Sujeito passivo.** A coletividade.
3. **Transmissão ilícita e informações.** Por *transmissão ilícita* entenda-se o ato de passar qualquer espécie de informação que esteja coberta pelo sigilo a outrem que não seja o destinatário da informação. Ao transmitir a informação, o agente acaba com o sigilo e torna a informação pública.
4. **Consumação.** O delito consuma-se no momento em que a informação é transmitida a terceiros, sendo desnecessário qualquer resultado ulterior decorrente disso. Trata-se de crime formal.
5. **Classificação.** Crime comum; formal; doloso; comissivo; instantâneo; admite tentativa.
6. **Suspensão condicional do processo.** Incabível, pois a pena mínima cominada ultrapassa 1 ano (art. 89 da lei 9.099/95).

> **Art. 24** – Extrair, beneficiar ou comerciar ilegalmente **minério nuclear.**
>
> Pena: reclusão, de dois a seis anos.

1. **Sujeito ativo.** Qualquer pessoa. Trata-se de crime comum, pois o legislador não exigiu nenhuma condição especial do sujeito ativo.
2. **Sujeito passivo.** A coletividade.
3. **Extrair, beneficiar ou comerciar.** *Extrair* minério nuclear consiste em retirá-lo do seu local originário. *Beneficiar* significa retirar algum benefício do minério nuclear. *Comerciar* é comprar e vender. A extração, o benefício e o comércio devem ser irregulares, ou seja, de forma contrária às normas que regem o tema.
4. **Órgão com atribuição para regulamentar a produção e o comércio.** Comissão Nacional de Energia Nuclear – CNEN, de acordo com o art. 2º, IV, alínea *f*, lei 6.189/1974, nos seguintes termos: "Art. 2º Compete à CNEN: IV – promover e incentivar: f) a produção e o comércio de minérios nucleares, seus associados e derivados". Da mesma forma, o inciso VIII, alínea *c*, *in verbis*: "VIII – estabelecer normas e conceder licenças e autorizações para o comércio interno e externo: c) comercialização de material nuclear, minérios nucleares e concentrados que contenham elementos nucleares."
5. **Minério nuclear. Norma penal em branco.** O presente tipo penal configura uma norma penal em branco homogênea heterovitelina, pois para a sua aplicação e sua interpretação precisa ser complementada pelo art. 2º, da lei 4.118/1962, que traz o conceito de minério nuclear nos seguintes termos: "Art. 2º Para os efeitos da presente lei são adotadas as seguintes definições: Minério nuclear: É toda concentração natural de mineral nuclear na qual o elemento ou elementos nucleares ocorrem em proporção e condições tais que permitam sua exploração econômica".
6. **Tipo penal misto alternativo.** Caso o agente pratique mais de uma conduta descrita no tipo penal, responderá por um delito apenas, não havendo concurso de crimes.

7. **Consumação.** O delito consuma-se com a prática das condutas descritas no tipo penal. Trata-se de crime material.

8. **Classificação.** Crime comum; material; doloso; comissivo; instantâneo; admite tentativa.

9. **Suspensão condicional do processo.** Incabível, pois a pena mínima cominada ultrapassa 1 ano (art. 89 da lei 9.099/95).

Art. 25 – Exportar ou importar, sem a necessária licença, material nuclear, minérios nucleares e seus concentrados, minérios de interesse para a energia nuclear e minérios e concentrados que contenham elementos nucleares.

Pena: reclusão, de dois a oito anos.

1. **Sujeito ativo.** Qualquer pessoa. Trata-se de crime comum, pois o legislador não exigiu nenhuma condição especial do sujeito ativo.

2. **Sujeito passivo.** A coletividade.

3. **Importar ou exportar.** *Importar* consiste em fazer o produto entrar no país, proveniente do exterior. *Exportar*, por sua vez, consiste em fazer o produto sair do país para o exterior.

4. **Tipo penal misto alternativo.** Caso o agente pratique mais de uma conduta descrita no tipo penal, responderá por um delito apenas, não havendo concurso de crimes.

5. **Órgão com atribuição para conceder a licença de exportação ou importação.** Comissão Nacional de Energia Nuclear – CNEN, de acordo com o art. 2º, VIII, alínea *a*, que tem a seguinte redação: "Art. 2º Compete à CNEN: VIII – estabelecer normas e conceder licenças e autorizações para o comércio interno e externo: a) de minerais, minérios, materiais, equipamentos, projetos e transferências de tecnologia de interesse para a energia nuclear".

6. **Consumação.** O delito consuma-se com a entrada (importação) ou a saída (exportação) do produto do território nacional. Trata-se de crime material.

7. **Classificação.** Crime comum; material; doloso; comissivo; instantâneo; admite tentativa.

8. **Suspensão condicional do processo.** Incabível, pois a pena mínima cominada ultrapassa 1 ano (art. 89 da lei 9.099/95).

Art. 26 – Deixar de observar as normas de segurança ou de proteção relativas à instalação nuclear ou ao uso, transporte, posse e guarda de material nuclear, expondo a perigo a vida, a integridade física ou o patrimônio de outrem.

Pena: reclusão, de dois a oito anos.

1. **Sujeito ativo.** Qualquer pessoa. Trata-se de crime comum, pois o legislador não exigiu nenhuma condição especial do sujeito ativo.

2. **Sujeito passivo.** A coletividade.

3. **Crime omissivo.** A conduta típica consiste em "deixar de observar". Trata-se de crime omissivo próprio, uma vez que o agente deixa de agir, omitindo-se quando deveria observar as normas de segurança ou de proteção.

4. **Crime de perigo concreto.** O legislador exigiu que a omissão do agente expusesse a perigo a vida, a integridade física ou o patrimônio de outrem. Ao fazer tal exigência, o legislador deixou claro que se trata de um delito de perigo concreto. Assim, para a configuração desse delito, não basta que o agente deixe de observar as normas de segurança e de proteção. É necessária a prova de que a sua conduta omissiva ofereceu um efetivo perigo ao bem jurídico.

5. **Normas de segurança ou de proteção.** É de atribuição do CNEN expedir essas normas de segurança ou de proteção, nos termos do art. 2º, X, alíneas *a*, *b* e *c*, da lei 6.189/1974, *in verbis*: "Art. 2º Compete à CNEN: X – Expedir regulamentos e normas de segurança e proteção relativas: a) ao uso de instalações e de materiais nucleares; b) ao transporte de materiais nucleares; c) ao manuseio de materiais nucleares".

6. **Norma penal em branco.** O presente tipo penal configura uma norma penal em branco homogênea heterovitelina, pois para a sua aplicação e sua interpretação precisa ser complementada pelo art. 2º, X, alíneas *a*, *b* e *c*, da lei 6.189/1974, que trata das normas de segurança e de proteção, com a seguinte redação: "Art. 2º Compete à CNEN: X – expedir regulamentos e normas de segurança e proteção relativas: a) ao uso de instalações e de materiais nucleares; b) ao transporte de materiais nucleares; c) ao manuseio de materiais nucleares; d) ao tratamento e à eliminação de rejeitos radioativos."

7. **Consumação.** O delito consuma-se com a mera omissão do agente, pois se trata de crime omissivo próprio.

8. **Classificação.** Crime comum; formal; doloso; omissivo próprio; instantâneo; não admite tentativa por ser omissivo próprio.

9. **Suspensão condicional do processo.** Incabível, pois a pena mínima cominada ultrapassa 1 ano (art. 89 da lei 9.099/95).

> Art. 27 – **Impedir ou dificultar** o funcionamento de instalação nuclear ou o transporte de material nuclear.
>
> Pena: reclusão, de quatro a dez anos.

1. **Sujeito ativo.** Qualquer pessoa. Trata-se de crime comum, pois o legislador não exigiu nenhuma condição especial do sujeito ativo.

2. **Sujeito passivo.** A coletividade.

3. **Impedir ou dificultar.** O delito consiste em o agente impedir ou dificultar o funcionamento de instalação nuclear ou o transporte de material nuclear. A conduta *impedir* significa o agente criar obstáculos. A conduta *dificultar* consiste em o agente criar dificuldades, embaraçar o funcionamento.

4. **Tipo penal misto alternativo.** Caso o agente pratique mais de uma conduta descrita no tipo penal, responderá por um delito apenas, não havendo concurso de crimes.

5. **Instalação nuclear e material nuclear. Norma penal em branco.** O presente tipo penal configura uma norma penal em branco homogênea homovitelina, pois para a sua aplicação e sua interpretação precisa ser complementada pelo art. 1º, IV e VI desta lei que traz os conceitos de *instalação nuclear* e de *material nuclear.*

6. **Consumação.** O delito consuma-se com o efetivo impedimento ou com a criação da dificuldade em relação ao funcionamento de instalação nuclear ou o transporte de material nuclear.

7. **Classificação.** Crime comum; material no verbo *impedir* e formal no verbo *dificultar*; doloso; comissivo; instantâneo; admite tentativa.

8. **Suspensão condicional do processo.** Incabível, pois a pena mínima cominada ultrapassa 1 ano (art. 89 da lei 9.099/95).

Art. 28 - Esta Lei entrará em vigor na data de sua publicação.

Art. 29 - Revogam-se as disposições em contrário.

Código de Trânsito Brasileiro.
Lei nº 9.503, de 23 de setembro de 1997

CAPÍTULO XIX
DOS CRIMES DE TRÂNSITO

Seção I
Disposições Gerais

Art. 291. Aos **crimes cometidos na direção de veículos automotores**, previstos neste Código, aplicam-se as normas gerais do Código Penal e do Código de Processo Penal, se este Capítulo não dispuser de modo diverso, bem como a Lei nº 9.099, de 26 de setembro de 1995, no que couber.

§ 1º Aplica-se aos crimes de trânsito **de lesão corporal culposa** o disposto nos arts. 74, 76 e 88 da Lei nº 9.099, de 26 de setembro de 1995, exceto se o agente estiver: (Renumerado do parágrafo único pela Lei nº 11.705, de 2008)

I – sob **a influência de álcool ou qualquer outra substância psicoativa** que determine dependência; (Incluído pela Lei nº 11.705, de 2008)

II – participando, em via pública, de **corrida, disputa ou competição automobilística**, de exibição ou demonstração de perícia em manobra de veículo automotor, não autorizada pela autoridade competente; (Incluído pela Lei nº 11.705, de 2008)

III – transitando em **velocidade superior à máxima permitida** para a via em 50 km/h (cinqüenta quilômetros por hora). (Incluído pela Lei nº 11.705, de 2008)

§ 2º Nas hipóteses previstas no § 1º deste artigo, **deverá ser instaurado inquérito policial** para a investigação da infração penal. (Incluído pela Lei nº 11.705, de 2008)

§ 3º (VETADO).

§ 4º O juiz fixará a **pena-base** segundo as diretrizes previstas no art. 59 do Decreto-Lei nº 2.848, de 7 de dezembro de 1940 (Código Penal), dando especial atenção à **culpabilidade do agente** e às **circunstâncias** e **consequências do crime**. (Inserido pela lei 13.546, de 2017).

1. **Tratado Internacional. Convenção de Viena.** O Brasil foi signatário da Convenção de Viena sobre o Trânsito Viário, na qual se obrigou, perante a comunidade jurídica mundial, a regulamentar a segurança viária, assumindo o compromisso de garantir

a segurança viária de forma eficaz. O Tratado foi internalizado pelo Decreto 86.714, de 10 de dezembro de 1981.

2. **Bem jurídico tutelado.** Nos delitos previstos no CTB, o bem jurídico tutelado primário é a segurança viária, bem de interesse coletivo, supraindividual, que transcende o interesse de apenas um cidadão ou um grupo de cidadãos, atingindo o interesse genérico de toda uma coletividade, sendo, portanto, um bem indisponível. Secundariamente, protegem-se os bens jurídicos vida humana, saúde, paz social, entre outros.

3. **Trânsito.** Trânsito significa a movimentação e a imobilização de veículos, pessoas e animais nas vias terrestres.

4. **Veículo automotor.** "*Todo veículo a motor de propulsão que circule por seus próprios meios, e que serve normalmente para o transporte viário de pessoas e coisas, ou para a tração viária de veículos utilizados para o transporte de pessoas e coisas. O termo compreende os veículos conectados a uma linha elétrica e que não circulam sobre trilhos (ônibus elétrico).*" CTB, Anexo I.

5. **Crimes de dano, de perigo abstrato e de perigo concreto.** Umas das diversas formas de se classificar os delitos consiste na classificação em crimes de dano e crimes de perigo, sendo que a última modalidade ainda se divide em crimes de perigo abstrato ou presumido e crimes de perigo concreto. É sabido que o Direito Penal brasileiro trabalha com a noção de lesão ao bem jurídico penalmente protegido, bem como a sua exposição a uma situação de perigo. Por essa razão, o Direito Penal brasileiro tem por finalidade a proteção dos bens jurídicos mais importantes, mais relevantes para coletividade. A partir dessa noção, surgiu a classificação dos delitos em crimes de dano e crimes de perigo. Crimes de dano são aqueles em que, para a sua consumação, exige-se um efetivo dano ao bem jurídico tutelado, a exemplo do homicídio (art. 121 do Código Penal), lesão corporal (art. 129 do Código Penal) e roubo (art. 157 do Código Penal). De outro giro, crimes de perigo, como o próprio nome está a sugerir, são aqueles em que o legislador apenas exige, para a consumação, que o bem jurídico seja exposto a uma situação de perigo pela conduta do agente, ou seja, configuram-se independentemente de haver a efetiva lesão ao bem jurídico protegido, bastando, portanto, a probabilidade de dano. Nesses delitos, o dolo do agente está limitado à criação de uma situação de perigo ao bem jurídico penalmente protegido. A diferença entre os crimes de perigo abstrato ou presumido e os crimes de perigo concreto reside na necessidade de provar- se, nos autos do processo, que o bem jurídico ficou efetivamente exposto a uma situação de perigo. Com efeito, nos delitos de perigo abstrato ou presumido, como o próprio nome está a sugerir, o legislador presume a situação de perigo ao bem jurídico, isso é, basta a prática da conduta pelo agente, que ela, por si só, já gera uma situação de perigo ao bem jurídico, não sendo necessária, portanto, a produção de prova do perigo. O perigo gerado pela conduta do agente não integra o tipo legal de crime; é mera motivação do legislador para a criação do tipo. Exemplo de crime de perigo abstrato ou presumido reside no delito de omissão de socorro previsto no art. 135 do Código Penal. Trata-se de presunção *jure et de jure*, bastando, assim, a prova da conduta do agente. De forma diversa, nos delitos de perigo concreto, ao contrário

do anterior, não basta a prática da conduta pelo agente, sendo necessária a prova, nos autos do processo, da produção de um efetivo perigo ao bem jurídico. Nesses delitos, a situação de perigo ao bem jurídico não é presumida, devendo, assim, ser provada, a exemplo do delito de perigo para a vida ou saúde de outrem, previsto no art. 132 do Código Penal. A consequência da ausência de prova da situação de perigo ao bem jurídico é a atipicidade formal da conduta do agente, gerando a absolvição do agente com fundamento no art. 386, III do Código de Processo Penal (*Art. 386. O juiz absolverá o réu, mencionando a causa na parte dispositiva, desde que reconheça:...III – não constituir o fato infração penal*). Assim, pode-se criar a seguinte fórmula: nos crimes de perigo abstrato ou presumido, prova-se a conduta do agente; nos crimes de perigo concreto, prova-se a conduta do agente e a situação de perigo ao bem jurídico.

6. **Crimes de perigo abstrato-concreto ou de perigo hipotético.** Os delitos de perigo abstrato-concreto, também chamados de delito de perigo hipotético, constituem uma subclassificação dos delitos de perigo abstrato. Nessa espécie de delito, a conduta do agente deve gerar uma situação de *perigo possível* ao bem jurídico. Não basta a prática da conduta do agente (como ocorre nos crimes de perigo abstrato), sendo necessário que se possa identificar, como consequência da conduta, uma hipótese de *perigo possível*, uma probabilidade ou uma potencialidade de causar algum resultado lesivo ao bem jurídico tutelado pela norma penal. Exige-se, portanto, uma conduta idônea a produzir uma situação concreta de perigo ao bem jurídico. Note-se que os delitos de perigo abstrato-concreto ou de perigo hipotético constituem um *plus* em relação aos crimes de perigo abstrato. Isso porque nos crimes de perigo abstrato, basta a conduta do agente para o delito estar configurado, uma vez que o perigo gerado ao bem jurídico é presumido de forma absoluta pelo legislador. De outro giro, nos delitos de perigo abstrato-concreto não basta a prática da conduta por parte do agente. Além da conduta, é necessária a geração de uma situação de *perigo possível* ao bem jurídico. Caso haja a conduta do agente, mas não haja uma situação de *perigo possível*, a conduta será atípica. Também não se pode confundir os delitos de perigo abstrato-concreto ou de perigo hipotético com os delitos de perigo concreto, pois, como dito, nos delitos de perigo abstrato-concreto ou de perigo hipotético basta que a conduta do agente gere uma situação de *perigo possível*, mas não se exige a efetiva prova do perigo gerado no caso concreto, bastando a prova da conduta do agente e a prova dessa situação perigosa gerada. Note-se que o que se precisa provar é a *possibilidade de perigo* ao bem jurídico. Já nos delitos de perigo concreto, faz-se necessária a prova do efetivo perigo gerado ao bem jurídico, sob pena de atipicidade da conduta.

Um exemplo em que essa classificação fica muito clara é o delito do art. 310 do CTB, que incrimina a conduta de *"permitir, confiar ou entregar a direção de veículo automotor a pessoa não habilitada, com habilitação cassada ou com o direito de dirigir suspenso, ou, ainda, a quem, por seu estado de saúde, física ou mental, ou por embriaguez, não esteja em condições de conduzi-lo com segurança"*. Imagine-se a hipótese de um pai que entrega a chave do carro ao filho de 17 anos (portanto, não habilitado), para conduzi-lo. O menor, embora não habilitado, já sabe dirigir porque o pai o ensinara dentro das ruas do condomínio onde moram. Imagine-se, ainda, que o menor dirija por uma distância de 300 metros, de madrugada, sem ninguém na rua naquele momento, e dirija de forma totalmente correta e prudente. Pergunta-se: o menor gerou alguma situação de perigo ao bem jurídico segurança viária, vida humana, saúde ou paz social? Na situação em que os fatos ocorreram, a resposta é negativa, justamente porque não havia ninguém na rua naquele momento. A situação seria bem diferente se o menor tivesse conduzido o veículo automotor durante o dia, com outros carros na rua, com pessoas por perto, crianças brincando nas calçadas etc. Mas o fato é que como os fatos ocorreram, não houve a geração de perigo ao bem jurídico tutelado pela norma.

Nesse caso, se considerarmos que o art. 310 do CTB é um delito de perigo abstrato, o crime configurou-se, tendo em vista que basta a conduta do pai em entregar a chave do carro para o filho não habilitado dirigi-lo. Contudo, se considerarmos que se trata de delito de perigo abstrato-concreto ou de perigo hipotético, não houve crime, justamente em razão de a conduta do pai não ter gerado uma situação de *perigo possível*, uma probabilidade ou uma potencialidade de causar algum resultado lesivo ao bem jurídico tutelado pela norma penal.

Apesar de delito do art. 310 do CTB ser um delito de perigo abstrato (súmula 575 do STJ), esse exemplo deixa muito clara a consequência da adoção dessa classificação.

É necessário frisar que essa classificação ainda não é aceita de forma majoritária pela doutrina e pela jurisprudência brasileiras.

7. **Natureza dos delitos de trânsito.** Os delitos de trânsito, em sua maioria, constituem crimes de perigo abstrato, razão pela qual para a configuração do delito, basta a prática da conduta pelo agente, que ela, por si só, já gera uma situação de perigo ao bem jurídico, não sendo necessário, portanto, a produção de prova do perigo. Entretanto, há algumas exceções, a exemplo do delito de homicídio culposo no trânsito (art. 302) e o delito de lesão corporal culposa no trânsito (art. 303). Esses delitos configuram crimes de dano e para a consumação desses delitos exige- se um efetivo dano aos bens jurídicos vida humana e integridade corporal.

8. **Crítica aos crimes de perigo abstrato.** Os delitos de perigo abstrato sofrem, atualmente, severa crítica da doutrina moderna, quando analisados à luz do princípio da lesividade. Para que se bem compreenda o teor da crítica, faz-se necessária uma breve exposição do princípio da lesividade. O princípio da lesividade tem total e direta ligação com a finalidade protetiva do Direito Penal. Segundo o mencionado princípio, se o Direito Penal tem a finalidade de proteger bens jurídicos, uma conduta só pode ser criminalizada se ela efetivamente causar uma lesão ou uma ameaça real de lesão ao bem jurídico penalmente tutelado, sem o que não se poderá falar em crime, justamente pela ausência de lesão ou perigo ao bem jurídico tutelado. O princípio da lesividade possui algumas vertentes: *Em primeiro lugar*, o referido princípio visa a proibir a incriminação do pensamento humano. Com efeito, quando o agente pensa em cometer um delito, não está causando lesão, tampouco expondo a perigo qualquer bem jurídico protegido, uma vez que *cogitationis poenam nemo patitur*. É justamente por isso que a cogitação, primeiro momento do *iter criminis*, não é punida. *Em segundo lugar*, quer-se, com o princípio da lesividade, proibir a

incriminação de condutas que não transcendam o seu próprio autor. Com efeito, a conduta praticada pelo agente até pode causar-lhe um sério e grave dano, mas, se não exceder a sua pessoa, lesionando ou expondo a perigo qualquer outro bem jurídico, não se poderá ter tal conduta como delituosa. Essa é a razão pela qual o suicídio não é crime, mas, tão somente o seu induzimento, instigação ou o seu auxílio. Pergunta-se: qual o bem jurídico que o suicida lesiona, além de suprimir a sua própria vida? Nenhum. Da mesma forma, essa é a razão pela qual o art. 127 do Código Penal (que traz uma causa de aumento de pena para o crime de aborto quando dos meios abortivos resultar lesão corporal grave ou morte da gestante), dispõe que se aplica somente aos delitos previstos nos art. 125 (aborto sem o consentimento da gestante) e 126 (aborto com o consentimento da gestante), não se aplicando, portanto, ao art. 124 do Código Penal, que traz o delito de autoaborto. E por que não se aplica ao autoaborto? Porque se a gestante realizar manobras abortivas, gerando, com isso, lesão corporal em si mesma, ela não estará lesionando nem expondo a perigo nenhum bem jurídico protegido, a não ser a sua própria integridade física. Não há, portanto, lesividade a nenhum bem jurídico de terceiros. *Em terceiro lugar,* o princípio da lesividade proíbe a punição de estados existenciais ou simples formas de ser da pessoa, que, obviamente, não causam lesão a nenhum bem jurídico. A pessoa somente pode ser punida criminalmente pelo que faz, e, não, pelo que é. Essa vertente tem como consequência o abandono do odioso direito penal do autor. Com efeito, ninguém pode ser punido pelo que é, mas, sim, pela conduta que praticou em desconformidade com a norma penal. O Direito Penal atual é o Direito Penal da conduta, e, não do autor. *Em quarto lugar,* o princípio da lesividade tem como vertente a proibição da incriminação de condutas que não causem lesão ou não exponham a perigo nenhum bem jurídico. Trata-se da vertente mais genérica, que acaba por englobar todas as anteriores. É com base nessa vertente do princípio da lesividade que os atos preparatórios, segundo momento do *iter criminis,* não podem ser punidos, pois não há qualquer lesividade a nenhum bem jurídico tutelado, salvo se constituir um crime autônomo, quando então deixará de ser mero ato preparatório e passará a ser efetivamente ato executório do delito autônomo. É por força dessa vertente, também, que o crime impossível não é punível, uma vez que, se o agente ingressar nos atos executórios, mas o objeto material do delito for absolutamente impróprio ou o meio empregado pelo agente for absolutamente ineficaz, não haverá lesão, nem perigo gerado ao bem jurídico. Como visto acima, nos delitos de perigo abstrato ou presumido, o legislador presume a situação de perigo ao bem jurídico, bastando, portanto, a prática da conduta pelo agente, para que se tenha, por si só, uma situação de perigo ao bem jurídico, não sendo necessária, portanto, a produção de prova do perigo. Trata-se, como visto, de presunção *jure et de jure,* que não admite prova em sentido contrário. Assim, basta a prova da prática da conduta do agente que o delito já estaria consumado, independentemente de qualquer lesão ou efetivo perigo ao bem jurídico protegido. Daí surgir toda a crítica que se faz atualmente a esses delitos. Se pelo princípio da lesividade se exige lesão ou perigo ao bem jurídico, não pode essa situação de perigo ser presumida pelo legislador, sob pena de punirem-se condutas que, mesmo que praticadas, seriam inócuas em termos de lesão ou perigo ao bem jurídico. A figura típica seria parcialmente realizada pelo agente, uma vez que ele praticaria a conduta, mas, de outra parte, a geração do perigo ao bem jurídico tutelado seria presumida pelo legislador, e não provocada pelo agente. A figura típica, portanto, é composta de duas partes: uma parte que é a conduta do agente; outra parte que é trazida de forma absoluta e incontestável pelo legislador. Estar-se-ia punindo o agente por toda a realização típica, sendo que ele apenas praticou uma parte da figura típica. Em outras palavras, o agente estaria sendo punido pela parte do delito que praticou, bem como pela outra parte do delito que não praticou, mas foi trazida, de forma incontestável, pelo legislador. Nos delitos de perigo abstrato ou presumido não se permite ao agente a produção de prova no sentido de que o resultado era absolutamente imprevisível no caso concreto, e, portanto, não teria agido com vontade e consciência de estar gerando um perigo ao bem jurídico, isto é, não teria dolo ou culpa em relação à causação do perigo ao bem jurídico penalmente tutelado, o que vai de encontro, também, a uma das vertentes do princípio da culpabilidade, segundo o qual, sem dolo ou culpa por parte do agente não há responsabilidade penal, sob pena de incidência em responsabilidade penal objetiva. Dessa forma, a conduta do agente não possui nenhuma lesividade. Ao contrário, a lesividade ao bem jurídico é presumida pelo legislador. A lesividade ao bem jurídico pertence à lei, e não à conduta do agente. A exposição da situação de perigo está na lei, e, não, na conduta do agente. Note-se que a incriminação desses delitos constitui também violação ao princípio da presunção de inocência positivado no art. 5º, LVII da CRFB/88, uma vez que o próprio legislador estaria presumindo a responsabilidade penal do agente, quando, na realidade, a presunção é de inocência. Em face do exposto, temos que os delitos de perigo abstrato são inconstitucionais por consistirem direta violação aos princípios da lesividade e da presunção de inocência.

9. **Sujeito passivo.** Coletividade.

10. **Aplicação subsidiária do Código Penal e do Código de Processo Penal.** O *caput* do artigo 291 trata da aplicação subsidiária do Código Penal e do Código de Processo Penal ao CTB, naquilo em que esse não dispuser de modo diverso. Trata-se de positivação do Princípio da Especialidade. Assim, às situações fáticas que deveriam ser reguladas pelo CTB, tendo esse silenciado sobre o tema, o Código Penal e o Código de Processo Penal terão aplicabilidade, desde que não conflite com outra norma contida no próprio CTB.

11. **Infração administrativa.** Quase todos os tipos legais de crime positivados no CTB correspondem a uma infração administrativa prevista, também, no CTB. Assim, uma mesma conduta pode perfeitamente configurar, a um só tempo, uma infração penal e uma infração administrativa. Por exemplo: a conduta criminosa prevista no art. 305 do CTB (*"Afastar-se o condutor do veículo do local do acidente, para fugir à responsabilidade penal ou civil que lhe possa ser atribuída: Penas – detenção, de seis meses a um ano, ou multa."*) configura, também, a infração administrativa descrita no art. 176 (*Deixar o condutor envolvido em acidente com vítima: I – de prestar ou providenciar socorro à vítima, podendo fazê-lo; II – de adotar providências, podendo fazê-lo, no sentido de evitar perigo para o trânsito no local; III – de preservar o local, de forma a facilitar os trabalhos da polícia e da perícia; IV – de adotar providências*

para remover o veículo do local, quando determinadas por policial ou agente da autoridade de trânsito; V – de identificar-se ao policial e de lhe prestar informações necessárias à confecção do boletim de ocorrência: Infração – gravíssima; Penalidade – multa (cinco vezes) e suspensão do direito de dirigir; Medida administrativa – recolhimento do documento de habilitação.").

Questão relevante versa sobre a configuração de *bis in idem*, uma vez que se estaria punindo o agente duplamente pela prática do mesmo fato. Parece-nos que a resposta é negativa. Com efeito, não há *bis in idem*, uma vez que as sanções possuem naturezas diversas, sendo uma de natureza penal, e, a outra, de natureza administrativa. A duplicidade de naturezas das sanções impede a configuração de *bis in idem*.

12. § 1º. Aplicabilidade das medidas despenalizadoras previstas na lei 9.099/95. Este parágrafo trata da aplicabilidade, ao CTB, das *medidas despenalizadoras* positivadas nos arts. 74 (composição civil dos danos), 76 (transação penal) e 88 (representação) da lei 9.099/95. Contudo, há ressalvas no sentido da impossibilidade de aplicação das medidas despenalizadoras nos casos previstos nos incisos I, II e III, caso em que deverá ser instaurado o Inquérito Policial, conforme determina o § 2º.

▶ **STJ**

RECURSO ORDINÁRIO EM HABEAS CORPUS. LESÃO CORPORAL CULPOSA NA DIREÇÃO DE VEÍCULO AUTOMOTOR, SOB A INFLUÊNCIA DE ÁLCOOL. REPRESENTAÇÃO. DESNECESSIDADE. AÇÃO PENAL PÚBLICA INCONDICIONADA. ART. 291, § 1º, INC. I, DO CÓDIGO DE TRÂNSITO BRASILEIRO. 1. Em regra, o delito de lesão corporal culposa na direção de veículo automotor é considerado de menor potencial ofensivo, conforme dispõe o art. 291, § 1º, do Código de Trânsito Brasileiro. 2. No entanto, a aplicação da regra prevista no art. 88 da Lei nº 9.099/95 – necessidade de representação da vítima nos casos de lesões corporais leves e lesões culposas – é excepcionada quando ocorrerem as hipóteses elencadas nos incisos do § 1º do art. 291 do Código de Trânsito Brasileiro, dentre elas, quando o delito é cometido sob a influência de álcool. 3. In casu, tendo a denúncia narrado que o recorrente estaria sob a influência de álcool quando da prática do fato delituoso, a ação penal será pública incondicionada, não havendo que se falar em representação da vítima. (...). RHC 33.478. Rel. min. Jorge Mussi, julgado em 09/04/2013.

→ Aplicação em concurso.

- **Defensor Público/PE. 2015. CESPE.**

  Ana, conduzindo veículo automotor em via pública, colidiu com o veículo de Elza, que conduzia regularmente seu automóvel. Elza sofreu lesões leves em seus braços e pernas, comprovadas por exame pericial. Ana trafegava à velocidade de 85 km/h, quando o máximo permitido para a via era de 40 km/h. Na delegacia de polícia, Elza fez constar na ocorrência policial que não desejava representar criminalmente contra Ana. Ficou demonstrado ainda, durante o inquérito policial, que Ana não conduzia o veículo sob efeito de álcool e também não participava de corrida não autorizada pela autoridade competente. Ana foi denunciada pelo MP pelo delito de lesão corporal culposa (art. 303 do CTB). Argumentou o representante do parquet que o delito era de ação penal pública incondicionada, haja vista que Ana trafegava a uma velocidade superior ao dobro da permitida para a via. Nessa situação, agiu acertadamente o MP ao oferecer denúncia contra Ana com respaldo no CTB.

A alternativa está errada.

13. § 4º. Dosimetria da pena. O § 4º, inserido pela Lei nº 13.546/2017, determina que na dosimetria da pena-base o Juiz deverá seguir as diretrizes do art. 59 do Código Penal, com especial atenção à *culpabilidade do agente*, as *circunstâncias* e às *consequências do crime*. Trata-se de norma absolutamente desnecessária. Em primeiro lugar, seguir as diretrizes do art. 59 do Código Penal na fixação da pena-base é um mandamento legal conforme a norma contida no art. 68 do Código Penal. Assim, em qualquer hipótese, no momento da condenação o Juiz sempre deve observar os elementos do art. 59 do Código Penal. Em segundo lugar, o próprio art. 291, *caput,* determina a aplicação das normas gerais do Código Penal. Assim, com ou sem esse parágrafo ora comentado, na aplicação da pena-base o Juiz não tem outra alternativa a não ser seguir as diretrizes do art. 59 do Código Penal. Ademais, esse parágrafo dispõe que o Juiz dará especial atenção à culpabilidade do agente, as circunstâncias e às consequências do crime. Cremos que também trata-se de norma desnecessária. O art. 59 do Código tem oito elementos. Diante de um caso concreto, o Juiz obrigatoriamente passará por esses elementos para a fixação da pena-base. Ou seja, além de analisar os demais cinco elementos, ele analisará também esses três mencionados nesse parágrafo. Nisso não há nenhuma novidade. É claro que a culpabilidade do agente, as circunstâncias e as consequências do crime são fatores de alta importância na fixação da pena nos crimes de trânsito, como a maior reprovabilidade do agente por ter causado a morte de crianças, por ter causado um acidente de grandes proporções, por ter provocado o acidente em local onde haja grande circulação de pessoas, por estar em velocidade muito acima da permitida etc., mas isso o Juiz obrigatoriamente já deve levar em consideração no momento da fixação da pena-base. Afinal, o que o legislador quis dizer quando dispôs "*especial atenção*"? Em nossa opinião, o legislador fez um alerta ao Juiz para ficar atento a esses elementos. Sucede que isso já ocorre normalmente na atividade judicial de dosimetria da pena, uma vez que o Juiz deve analisar todos os elementos do art. 59 do Código Penal. Logo, esse parágrafo não traz nenhuma novidade. Até poderia ser dito que o legislador quis que esses três elementos fossem preponderantes sobre os demais do art. 59, como fê-lo, por exemplo, no art. 42 da lei de drogas. Contudo, quando o legislador quer trazer algum elemento como fator preponderante, ele diz isso expressamente, como no caso mencionado da lei de drogas, mas não foi isso que ocorreu no presente parágrafo. O legislador apenas determinou que o Juiz conferisse atenção especial para esses três elementos, o que, de fato, não muda nada na atividade de dosimetria da pena.

Art. 292. A suspensão ou a proibição de se obter a permissão ou a habilitação para dirigir veículo automotor pode ser **imposta isolada ou cumulativamente** com outras penalidades.

Art. 293. A penalidade de suspensão ou de proibição de se obter a permissão ou a habilitação, para dirigir veículo automotor, tem a **duração de dois meses a cinco anos**.

§ 1º Transitada em julgado a sentença condenatória, o réu será intimado a **entregar à autoridade judiciária**, em quarenta e oito horas, a **Permissão para Dirigir ou a Carteira de Habilitação.**

§ 2º A **penalidade** de suspensão ou de proibição de se obter a permissão ou a habilitação para dirigir veículo automotor **não se inicia** enquanto o sentenciado, por efeito de condenação penal, **estiver recolhido a estabelecimento prisional**.

1. **Suspensão ou proibição de se obter a permissão ou a habilitação.** Trata-se da aplicação dessa penalidade de forma isolada ou cumulada com outras penas. Essa pena tem a sua incidência nos delitos previstos nos arts. 302, 303, 306, 307 e 308.

   → Aplicação em concurso.

   - **Juiz de Direito do TJ/PB. 2015. CESPE.**

     Acerca dos crimes em espécie previstos no CP e na legislação penal especial, assinale a opção correta.

     Nos crimes previstos no Código de Trânsito Brasileiro, a suspensão ou a proibição para se obter permissão ou habilitação para dirigir veículo automotor deve ser imposta cumulativamente com outras penalidades, não como pena autônoma.

     A alternativa está errada.

2. **Tratado internacional.** Trata-se de obrigação assumida na Convenção de Viena sobre Trânsito Viário, conforme o art. 42 do Decreto 86.714/81, que tem a seguinte redação: *"Artigo 42. Suspensão da validez dos documentos de habilitação para dirigir. 1. As Partes Contratantes ou suas subdivisões poderão suspender um condutor do direito de fazer uso em seu território da habilitação para dirigir, nacional ou internacional, de que seja titular, se esse condutor cometer, no território dessa Parte Contratante, uma infração que, de acordo com sua legislação, justifique a retirada da habilitação para dirigir. Em tal caso, a autoridade competente da Parte Contratante ou de suas subdivisões que haja suspenso o direito de fazer uso do documento de habilitação poderá: a) recolher e reter o documento até que expire o prazo de suspensão do direito de fazer uso do mesmo ou até que o condutor saia de seu território, se a saída se proceder antes da expiração do citado prazo; b) comunicar a suspensão do direito de usar o documento de habilitação à autoridade que o expediu ou em cujo nome foi expedido; c) se se tratar de um documento de habilitação internacional, indicar, no local previsto para essa finalidade, que o documento já não é mais válido em seu território; d) no caso de não haver aplicado o procedimento previsto na alínea a do presente parágrafo, completar a comunicação mencionada na alínea b pedindo à autoridade que expediu o documento de habilitação, ou em cujo nome foi expedido, que notifique ao interessado a decisão adotada."*

3. **Prazo de duração.** A pena de suspensão ou de proibição de obter- se a permissão ou a habilitação tem o prazo de 2 meses a 5 anos, tendo como termo *a quo* o trânsito em julgado da sentença penal condenatória, momento em que o condenado deverá entregar a permissão ou a habilitação ao Juízo. Por óbvio, de acordo com o § 2º, o prazo não tem o seu curso enquanto o condenado estiver recolhido ao cárcere,

uma vez que, preso, há uma impossibilidade natural de dirigir veículo automotor, e tal impossibilidade não decorreria da pena de suspensão ou proibição de se obter a permissão ou a habilitação imposta, mas, sim, do próprio recolhimento ao cárcere. Note-se que tal hipótese somente ocorrerá se o condenado estiver encarcerado em razão de uma condenação com o trânsito em julgado, isso é, cumprindo pena, uma vez que o legislador empregou as expressões "condenação penal", não abrangendo, portanto, a prisão provisória.

→ **Aplicação em concurso.**

- **Promotor de Justiça/BA. 2015. MPE-BA.**

  Nos termos da Lei nº 9.503/97 – Código de Trânsito Brasileiro, a pena de suspensão da habilitação para dirigir veículo automotor deve durar duas vezes o período da pena privativa de liberdade aplicada, e não é iniciada enquanto o sentenciado, por efeito de condenação penal, estiver recolhido a estabelecimento prisional.

  A alternativa está errada.

Art. 294. Em qualquer fase da investigação ou da ação penal, havendo necessidade para garantia da ordem pública, poderá o juiz, como medida cautelar, de ofício, ou a requerimento do Ministério Público ou ainda mediante representação da autoridade policial, **decretar, em decisão motivada, a suspensão da permissão ou da habilitação para dirigir veículo automotor, ou a proibição de sua obtenção.**

Parágrafo único. Da decisão que decretar a suspensão ou a medida cautelar, ou da que indeferir o requerimento do Ministério Público, caberá recurso em sentido estrito, sem efeito suspensivo.

1. **Medida cautelar.** De forma diversa do artigo anteriormente comentado, nesse artigo a suspensão ou proibição de se obter a permissão ou a habilitação não é uma medida definitiva. Trata-se de medida cautelar que possui, naturalmente, natureza provisória. Não se trata de uma pena, mas, sim, de medida de cautela, para a garantia da segurança viária. Como toda medida cautelar, deve ser regida pelos princípios da necessidade e da excepcionalidade, podendo ser revogada a qualquer tempo caso desapareçam os motivos que levaram o Juiz a decretá-la.
2. **Fundamento.** Necessidade para a garantia da ordem pública. Embora o legislador tenha empregado essas expressões, por "garantia da ordem pública" entenda-se garantia da *segurança viária.*
3. **Momento.** A medida cautelar pode ser decretada em qualquer fase da persecução penal, isso é, na fase investigatória ou na fase da ação penal, de ofício pelo Juiz, a requerimento do Ministério Público ou mediante representação da autoridade policial.
4. **Recurso cabível.** Recurso em Sentido Estrito.

Art. 295. A **suspensão** para dirigir veículo automotor ou a **proibição** de se obter a permissão ou a habilitação será **sempre comunicada** pela autoridade judiciária ao Conselho Nacional de Trânsito – CONTRAN, e ao órgão de trânsito do Estado em que o indiciado ou réu for domiciliado ou residente.

1. **Dever de comunicação.** O legislador impôs ao Juiz a obrigação de comunicar a medida ao Conselho Nacional de Trânsito (CONTRAN) bem como ao órgão de trânsito do Estado em que o indiciado ou réu for domiciliado ou residente (DETRAN). Trata-se de medida salutar, uma vez que a comunicação permitirá maior fiscalização e controle da segurança viária.
2. **Desnecessidade do dispositivo.** Temos que o dispositivo comentado é absolutamente desnecessário, em razão do dever de colaboração que existe entre os órgãos públicos. Com efeito, ao decretar a medida, qualquer Juiz prudente determinaria a comunicação aos órgãos públicos de trânsito. Qualquer operador do Direito que opere o Direito na prática deduziria tal medida, bastando, para tanto, que do final de decisão judicial conste as expressões *"Comunique-se a decisão ao CONTRAN e ao DETRAN"*.

Art. 296. Se o réu for **reincidente na prática de crime previsto neste Código**, o juiz aplicará a penalidade de suspensão da permissão ou habilitação para dirigir veículo automotor, sem prejuízo das demais sanções penais cabíveis. (Redação dada pela Lei nº 11.705, de 2008).

1. **Reincidência na prática de delito de trânsito.** Pela redação legal, percebe- se que os dois delitos devem ser tipificados no CTB, o que nos leva a concluir que a reincidência só pode se operar nos delitos de trânsito, e, não, em qualquer delito.
2. **Aplicabilidade.** O legislador determinou a aplicação da suspensão da permissão ou habilitação para dirigir veículo automotor aos demais delitos nos quais não há a cominação dessa pena, quais sejam: arts. 304, 305, 309, 310, 311 e 312. Pensamos que houve grande atecnia na redação do dispositivo comentado, refugindo à técnica legislativa brasileira. Com efeito, no Brasil a sanção penal vem descrita no próprio tipo legal de crime. O tipo legal tem dois preceitos, o preceito primário, no qual há a conduta proibida ou mandada, e o preceito secundário, em que se tem a sanção penal cominada. No presente dispositivo, o legislador cominou uma pena a algumas infrações penais em um dispositivo separado e distante dos tipos legais de crime, o que não é compatível com a tradição legislativa.

→ Aplicação em concurso.

- **(Cespe – Delegado de Polícia – ES/2010)**

  Em relação à legislação que instituiu o Código de Trânsito Brasileiro, julgue os itens subsequentes.

  No caso de réu reincidente em crime de trânsito, é obrigatório que o magistrado, ao julgar a nova infração, fixe a pena prevista no tipo, associada à suspensão da permissão ou habilitação de dirigir veículo automotor.

  A alternativa está certa.

- **(FCC – Defensor Público – SP/2010)**

  Nos delitos do Código de Trânsito Brasileiro, a penalidade de suspensão ou proibição de se obter a permissão ou habilitação para conduzir veículo automotor

A) tem prazo mínimo de um mês.

B) é cumprida concomitantemente à pena de prisão.

C) é imposta apenas para o delito de embriaguez ao volante.

D) é imposta obrigatoriamente para o reincidente específico.

E) tem a mesma duração da pena privativa de liberdade substituída.

Alternativa correta: letra D.

Art. 297. A penalidade de **multa reparatória** consiste no pagamento, mediante depósito judicial em favor da vítima, ou seus sucessores, de quantia calculada com base no disposto no § 1º do art. 49 do Código Penal, **sempre** que houver **prejuízo material resultante do crime**.

§ 1º A multa reparatória **não** poderá ser **superior** ao valor do prejuízo demonstrado no processo.

§ 2º Aplica-se à multa reparatória o disposto nos arts. 50 a 52 do Código Penal.

§ 3º Na indenização civil do dano, o valor da multa reparatória será **descontado**.

1. **Multa reparatória. Natureza.** Muito se discute sobre a natureza da multa reparatória, se possui natureza civil ou penal. As opiniões doutrinárias e jurisprudenciais dividem-se sobre o tema. Temos que a multa reparatória possui natureza civil, e, não, natureza de pena criminal. Com efeito, em primeiro lugar, no *caput* do dispositivo o legislador estabeleceu como critério para se calcular a multa reparatória o prejuízo material resultante do crime, critério que não se aplica às penas criminais; em segundo lugar, no § 1º estabeleceu o teto da multa reparatória, ao dispor que ela não pode maior do que o prejuízo demonstrado no processo. A pena criminal não tem como critério o prejuízo sofrido pela vítima; em terceiro lugar, estabeleceu o desconto de eventual indenização civil, o valor pago a título de multa reparatória. Dessa forma, a natureza da multa reparatória é civil, e, não, penal.

2. **Fixação de indenização na sentença condenatória. Compatibilidade com o atual sistema processual penal.** Quem aplica a multa reparatória prevista no dispositivo comentado é o Juízo criminal. Essa fusão de competências poderia gerar no intérprete uma situação de estranheza. Entretanto, temos que a previsão do CTB está em perfeita compatibilidade com o sistema processual penal atual, tendo em vista que o art. 387, IV do Código de Processo Penal, com a redação que lhe deu a lei 11.719/2008, determina que o Juiz fixe, na sentença penal condenatória, o *valor mínimo para a reparação dos danos causados pela infração, considerando os prejuízos sofridos pelo ofendido.*

3. **Beneficiários.** A vítima do delito ou seus sucessores.

4. **Forma de cálculo.** O cálculo será feito de acordo com o sistema de aplicação da pena da multa previsto no art. 49 do Código Penal.

5. **Diferença entre a multa reparatória e a prestação pecuniária.** A multa reparatória se assemelha à pena de prestação pecuniária positivada no art. 43, I do Código

Penal. A semelhança reside no fato de que ambas têm como destinatários a vítima ou seus dependentes/sucessores, ambas são fixadas pelo Juiz e ambas são descontadas de eventual ação cível de reparação de dano. Entretanto, há uma diferença crucial entre os dois institutos: a multa reparatória tem natureza civil, enquanto que a pena de prestação pecuniária tem natureza de pena criminal.

6. **Aplicação cumulativa da multa reparatória e da prestação pecuniária.** Por possuírem naturezas distintas, a multa reparatória e a prestação pecuniária podem ser aplicadas conjuntamente.

7. **Prejuízo material e dano moral.** Ao fazer menção a *prejuízo material resultante do crime,* o legislador deixou claro que a multa reparatória tem como objeto apenas o prejuízo material causado pelo delito de trânsito, não abrangendo, portanto, o dano moral, que deverá ser apurado em ação cível própria. Dessa forma, quando o § 3º determina o desconto do valor pago a título de multa reparatória na indenização do dano, está referindo-se apenas ao dano material, nada influenciando o dano moral.

8. **§ 2º.** O legislador determinou a aplicabilidade dos arts. 50 ao 52 do Código Penal, o que significa que a multa reparatória deve seguir o mesmo procedimento da pena de multa previsto no Código Penal. Consequentemente, assim como sucede com a pena de multa, a multa reparatória, uma vez não paga, não pode ser convertida em prisão. Mas isso é de uma logicidade matemática. Se a multa reparatória não constitui pena criminal, tendo natureza civil, jamais poderia ser convertida em prisão, uma vez que, se o agente não a pagar, ele passa a ter uma dívida civil, e, de acordo com a CR/88 e o atual entendimento do STF, só há prisão civil do devedor de alimentos.

9. **§ 3º.** A imposição do limite do valor da indenização tem como finalidade a vedação de enriquecimento ilícito.

Art. 298. São circunstâncias que sempre **agravam** as penalidades dos crimes de trânsito ter o condutor do veículo cometido a infração:

I – com **dano potencial** para duas ou mais pessoas ou com grande risco de grave dano patrimonial a terceiros;

II – utilizando o veículo **sem placas**, com placas **falsas** ou **adulteradas**;

III – **sem possuir** Permissão para Dirigir ou Carteira de Habilitação;

IV – com Permissão para Dirigir ou Carteira de Habilitação de **categoria diferente** da do veículo;

V – quando a sua **profissão ou atividade** exigir cuidados especiais com o transporte de **passageiros** ou de **carga**;

VI – utilizando veículo em que tenham sido adulterados equipamentos ou características que **afetem** a sua **segurança** ou o seu **funcionamento** de acordo com os limites de velocidade prescritos nas especificações do fabricante;

VII – sobre **faixa de trânsito** temporária ou permanentemente destinada a pedestres.

1. **Circunstâncias agravantes.** São circunstâncias que devem ser consideradas e aplicadas na segunda fase da aplicação da pena criminal
2. **Aplicabilidade em conjunto com as agravantes do Código Penal.** A aplicação das agravantes previstas no CTB não afasta a aplicabilidade das agravantes previstas no Código Penal, arts. 61 e 62, desde que sejam diversas, como na hipótese de *utilizar o veículo sem placas, com placas falsas ou adulteradas* (art. 298, II do CTB) e *reincidência* (art. 61, I do Código Penal), sob pena de incidência e *bis in idem.*
3. ***Bis in idem.*** A circunstância agravante do artigo comentado não pode ser aplicada se o fato que a constitui já configurar elemento do tipo ou causa de aumento de pena previsto no tipo legal de crime, como na hipótese da agravante prevista no inciso III (*sem possuir Permissão para Dirigir ou Carteira de Habilitação*), que também constitui elemento do tipo legal de crime previsto no art. 309 (*Dirigir veículo automotor, em via pública, sem a devida Permissão para Dirigir ou Habilitação ou, ainda, se cassado o direito de dirigir, gerando perigo de dano)*; ou então na hipótese de a mesma circunstância agravante configurar causa de aumento de pena, como no caso do art. 302, § 1º, I *("Praticar homicídio culposo na direção de veículo automotor: Penas – detenção, de dois a quatro anos, e suspensão ou proibição de se obter a permissão ou a habilitação para dirigir veículo automotor. § 1º No homicídio culposo cometido na direção de veículo automotor, a pena é aumentada de 1/3 (um terço) à metade, se o agente: I – não possuir Permissão para Dirigir ou Carteira de Habilitação").* Nessa hipótese, para se evitar o *bis in idem* não se aplica a circunstância agravante prevista no presente dispositivo legal.
4. **Inciso I. Dano potencial para duas ou mais pessoas ou com grande risco de grave dano patrimonial a terceiros.** *Dano potencial* ou *grande risco de grave dano* significa probabilidade de dano. Logo, *perigo*. Trata-se, portanto, de agravante que trata do perigo gerado a duas ou mais pessoas ou ao patrimônio de terceiros. Esse perigo já é ínsito aos tipos legais de crime (com exceção do homicídio culposo e da lesão corporal culposa). Assim, a aplicação dessa agravante aos delitos de perigo abstrato do CTB implicaria verdadeiro *bis in idem.* Dessa forma, a agravante comentada somente tem aplicabilidade aos delitos de homicídio culposo e de lesão corporal culposa.
5. **Inciso II. Utilização de veículo sem placas, com placas falsas ou adulteradas.** A agravante justifica-se em razão da dificuldade que a utilização de veículo sem placas, com placas falsas ou adulteradas gera para a persecução penal. Caso o próprio agente tenha falsificado as placas utilizadas no veículo, terá praticado, também, o delito tipificado no art. 311 do Código Penal ("Art. 311 – Adulterar ou remarcar número de chassi ou qualquer sinal identificador de veículo automotor, de seu componente ou equipamento: Pena – reclusão, de três a seis anos, e multa. § 1º – Se o agente comete o crime no exercício da função pública ou em razão dela, a pena é aumentada de um terço. § 2º – Incorre nas mesmas penas o funcionário público que contribui para o licenciamento ou registro do veículo remarcado ou adulterado, fornecendo indevidamente material ou informação oficial.")
6. **Inciso III. Não possuir Permissão para Dirigir ou Carteira de Habilitação.** Essa agravante não poderá incidir no delito de homicídio culposo (art. 302), nem no

delito de lesão corporal culposa (art. 303), por já constituir causa de aumento de pena prevista no art. 302, § 1º, I, aplicável ao art. 303 por força do seu parágrafo único.

7. **Inciso IV. Com Permissão para Dirigir ou Carteira de Habilitação de categoria diferente da do veículo.** A agravante justifica-se porque se o agente não está habilitado para dirigir determinada categoria de veículo automotor, ele não está autorizado pelo Estado a fazê-lo, o que aumenta o grau de reprovabilidade de sua conduta. Confira-se as categorias de habilitação segundo o art. 143 do CTB: *"Os candidatos poderão habilitar-se nas categorias de A a E, obedecida a seguinte gradação: **I – Categoria A** – condutor de veículo motorizado de duas ou três rodas, com ou sem carro lateral; **II – Categoria B** – condutor de veículo motorizado, não abrangido pela categoria A, cujo peso bruto total não exceda a três mil e quinhentos quilogramas e cuja lotação não exceda a oito lugares, excluído o do motorista; **III – Categoria C** – condutor de veículo motorizado utilizado em transporte de carga, cujo peso bruto total exceda a três mil e quinhentos quilogramas; **IV – Categoria D** – condutor de veículo motorizado utilizado no transporte de passageiros, cuja lotação exceda a oito lugares, excluído o do motorista; **V – Categoria E** – condutor de combinação de veículos em que a unidade tratora se enquadre nas Categorias B, C ou D e cuja unidade acoplada, reboque, semi-reboque ou articulada, tenha seis mil quilogramas ou mais de peso bruto total, ou cuja lotação exceda a oito lugares, ou, ainda, seja enquadrado na categoria trailer. § 1º Para habilitar-se na categoria C, o condutor deverá estar habilitado no mínimo há um ano na categoria B e não ter cometido nenhuma infração grave ou gravíssima, ou ser reincidente em infrações médias, durante os últimos doze meses. § 2º Aplica-se o disposto no inciso V ao condutor da combinação de veículos com mais de uma unidade tracionada, independentemente da capacidade de tração ou do peso bruto total."*

→ Aplicação em concurso.

- **(Consulplan – Promotor de Justiça – MG/2012)**

  Os crimes previstos no Código de Trânsito Brasileiro (Lei n. 9.503/97) terão a pena elevada, na segunda fase de sua aplicação, quando o condutor do veículo tiver cometido a infração:

  A) com Carteira de Habilitação de categoria diferente da do veículo.

  B) sob a influência de substância entorpecente de efeitos análogos ao álcool.

  C) participando de corrida, disputa ou competição automobilística não autorizada.

  D) violando suspensão da habilitação para dirigir veículo automotor imposta com fundamento no próprio Código de Trânsito.

  Alternativa correta: letra A.

8. **Inciso V. Quando a profissão ou atividade do agente exigir cuidados especiais com o transporte de passageiros ou de carga.** A agravante justifica-se pelo maior cuidado que o condutor dever tomar no transporte de pessoas ou de carga, pois o transporte constitui justamente a profissão do agente, como ocorre com o motorista de ônibus, taxistas, caminhoneiros, condutores de transporte escolar etc.

9. **Inciso VI. Utilização de veículo em que tenham sido adulterados equipamentos ou características que afetem a sua segurança ou o seu funcionamento de acordo com os limites de velocidade prescritos nas especificações do fabricante.** Todo veículo automotor, ao ser fabricado, é previamente idealizado, construído, calculado e testado por um engenheiro, que realiza todos os testes para que o veículo ofereça a segurança necessária não só ao condutor, como, também, aos demais participantes do trânsito e aos transeuntes. A adulteração do equipamento ou característica que afete a segurança ou o funcionamento gera, por si só, um maior perigo à segurança viária, justificando-se, assim, o agravamento da pena.

10. **Inciso VII. Sobre faixa de trânsito temporária ou permanentemente destinada a pedestres.** Por faixa de trânsito entenda-se *qualquer uma das áreas longitudinais em que a pista pode ser subdividida, sinalizada ou não por marcas viárias longitudinais, que tenham uma largura suficiente para permitir a circulação de veículos automotores* (anexo I do CTB). A faixa de trânsito tem a finalidade de garantir a segurança ao pedestre. Assim, o delito de trânsito ali praticado revela uma maior reprovabilidade da conduta do agente, o que justifica a agravante. Esta agravante não poderá incidir nos delitos em que a sua prática configure causa de aumento de pena, como ocorre no homicídio culposo (art. 302, § 1º, I), e no delito de lesão corporal culposa (art. 303, parágrafo único), sob pena de *bis in idem*.

→ Aplicação em concurso.

- **(Vunesp – Defensor Público – MS/ 2012)**

  São circunstâncias que sempre agravam as penalidades dos crimes de trânsito, ter o condutor do veículo cometido a infração

I. com dano potencial para duas ou mais pessoas ou com grande risco de grave dano patrimonial a terceiros;

II. após atingir, no período de 12 (doze) meses, a contagem de 20 (vinte) pontos;

III. utilizando o veículo sem placas, com placas falsas ou adulteradas.

É correto apenas o que se afirma em

A) I.

B) III.

C) I e III.

D) II e III.

Alternativa correta: letra C.

- **(MPE-SP – Promotor de Justiça – SP/2011)**

  Assinale a alternativa em que ambas as situações constituam circunstâncias que sempre agravam as penas no crime de trânsito:

A) a utilização de veículo sem placas e que esteja trafegando pela contramão de direção.

B) não possuir permissão para dirigir ou carteira de habilitação e utilizar veículo com placas adulteradas.

C) imprimir velocidade excessiva ao veículo e não possuir permissão para dirigir ou carteira de habilitação.

D) praticá-lo perto de faixa de trânsito temporária destinada a pedestres e com a carteira de habilitação vencida.

E) praticá-lo sobre faixa de trânsito permanentemente destinada a pedestres e sem estar utilizando cinto de segurança.

Alternativa correta: letra B.

Art. 299. (VETADO)

Art. 300. (VETADO)

1. **Perdão judicial.** O art. 300, no projeto de lei, tinha a seguinte redação: *"Nas hipóteses de homicídio culposo e lesão corporal culposa, o juiz poderá deixar de aplicar a pena, se as consequências da infração atingirem, exclusivamente, o cônjuge ou companheiro, ascendente, descendente, irmão ou afim em linha reta, do condutor do veículo."* Como se pode verificar, o mencionado dispositivo previa, na redação do projeto de lei, o instituto do perdão judicial, que possui a natureza jurídica de causa de extinção da punibilidade, positivada no art. 107, IX do Código Penal, nos delitos de homicídio culposo e de lesão corporal culposa no trânsito.

Como sabido, o perdão judicial somente pode ser concedido pelo Juiz nos casos em que a lei expressamente prever, nos moldes da redação do art. 107, IX do Código Penal. Assim, se o perdão judicial apenas pode ser concedido nos casos em que a lei expressamente prever, e, no CTB, não há previsão expressa, em razão do veto presidencial, conclui-se que não é possível a sua concessão nos delitos de homicídio culposo e de lesão corporal culposa no trânsito.

Entretanto, nas razões de veto, o Presidente da República deixou clara a sua intenção de aplicar o instituto do perdão judicial aos delitos de homicídio culposo e de lesão corporal culposa no trânsito, ao afirmar que o mencionado instituto já teria sido tratado de forma mais abrangente nos artigos do Código Penal que tratam do homicídio culposo e de lesão corporal culposa. Eis as razões de veto: *"O artigo trata do perdão judicial, já consagrado pelo Direito Penal. Deve ser vetado, porém, porque as hipóteses previstas pelo § 5º do art. 121 e § 8º do artigo 129 do Código Penal disciplinam o instituto de forma mais abrangente."* Dessa forma, embora o Presidente tenha vetado o art. 300 do projeto de lei, verifica-se que a sua real intenção foi aplicar o perdão judicial, só que com base no Código Penal.

Assim, a jurisprudência solidificou- se no sentido da possibilidade de aplicação do instituto do perdão judicial nos delitos de homicídio culposo e de lesão corporal culposa praticados na direção de veículo automotor.

▶ **STJ**

Informativo nº 542

Sexta Turma

DIREITO PENAL. APLICABILIDADE DO PERDÃO JUDICIAL NO CASO DE HOMICÍDIO CULPOSO NA DIREÇÃO DE VEÍCULO AUTOMOTOR.

O perdão judicial não pode ser concedido ao agente de homicídio culposo na direção de veículo automotor (art. 302 do CTB) que, embora atingido moralmente de forma grave pelas consequências do acidente, não tinha vínculo afetivo com a vítima nem sofreu sequelas físicas gravíssimas e permanentes. Conquanto o perdão judicial possa ser aplicado nos casos em que o agente de homicídio culposo sofra sequelas físicas gravíssimas e permanentes, a doutrina, quando se volta para o sofrimento psicológico do agente, enxerga no § 5º do art. 121 do CP a exigência de um laço prévio entre os envolvidos para reconhecer como "tão grave" a forma como as consequências da infração atingiram o agente. A interpretação dada, na maior parte das vezes, é no sentido de que só sofre intensamente o réu que, de forma culposa, matou alguém conhecido e com quem mantinha laços afetivos. O exemplo mais comumente lançado é o caso de um pai que mata culposamente o filho. Essa interpretação desdobra-se em um norte que ampara o julgador. (...). **REsp 1.455.178-DF, Rel. Min. Rogerio Schietti Cruz, julgado em 5/6/2014.**

2. **Concurso de crimes e ausência de vínculo afetivo entre o autor e a vítima do delito. Nos mesmos moldes previstos no art. 121, § 5º do Código Penal, para que o Juiz aplique o perdão judicial é necessário haver um vínculo afetivo entre o autor e a vítima do delito. Ausente tal vínculo afetivo, o perdão judicial não pode ser aplicado. O fato de haver concurso de crimes com duas vítimas de homicídio praticado na direção de veículo automotor não faz com que o perdão judicial aplicado ao agente em relação a uma das vítimas, com quem o agente tinha vínculo afetivo, seja aplicado automaticamente em relação à outra vítima se com ela o agente não tinha vínculo afetivo. Em outras palavras, a existência de concurso de crimes não autoriza a aplicação do perdão judicial, se ausente a comprovação do vínculo afetivo.**

▶ **STJ**

Informativo nº 606

Sexta Turma

Duplo homicídio culposo no trânsito. Concurso formal. Art. 302, *caput*, da Lei n. 9.503/1997, c/c art. 70 do CP. Morte de namorado e do amigo. Perdão judicial. Art. 121, § 5º, do CP. Concessão. Vínculo afetivo entre réu e vítimas. Necessidade de comprovação. Extensão dos efeitos pelo concurso formal. Inviabilidade. O fato de os delitos haverem sido cometidos em concurso formal não autoriza a extensão dos efeitos do perdão judicial concedido para um dos crimes, se não restou comprovado, quanto ao outro, a existência do liame subjetivo entre o infrator e a outra vítima fatal. (...). **(REsp 1.444.699-RS, Rel. Min. Rogério Schietti Cruz, julgado em 1/6/2017).**

Art. 301. Ao condutor de veículo, nos casos de acidentes de trânsito de que resulte vítima, **não** se imporá a **prisão em flagrante**, nem se exigirá fiança, se prestar pronto e integral **socorro** àquela.

1. **Não exigência de prisão em flagrante, nem fiança.** Trata-se de dispositivo legal que impede a efetivação da prisão em flagrante, bem como a exigência da fiança.

O que se espera do condutor do veículo automotor, nos casos de crimes de trânsito, é a prestação de socorro à vítima. O legislador entendeu ser melhor a opção de incentivar o motorista a socorrer a vítima, ao invés de prender-lhe em flagrante de delito ou exigir-lhe fiança.

2. **Requisitos.** Prestação de socorro à vítima e integralidade da assistência.

Seção II
Dos Crimes em Espécie

Art. 302. Praticar homicídio **culposo** na direção de veículo automotor:

Penas – detenção, de dois a quatro anos, e suspensão ou proibição de se obter a permissão ou a habilitação para dirigir veículo automotor.

§ 1º. No homicídio culposo cometido na direção de veículo automotor, a pena é aumentada de 1/3 (um terço) à metade, se o agente: (Redação dada pela Lei nº 12.971, de 2014)

I – **não possuir** Permissão para Dirigir ou Carteira de Habilitação;

II – praticá-lo em **faixa** de pedestres ou na calçada;

III – **deixar de prestar socorro**, quando possível fazê-lo sem risco pessoal, à vítima do acidente;

IV – no exercício de **sua profissão ou atividade**, estiver conduzindo veículo de transporte de **passageiros**.

§ 3º Se o agente conduz veículo automotor **sob a influência** de álcool ou de qualquer outra substância psicoativa que determine dependência:

Penas – reclusão, de cinco a oito anos, e suspensão ou proibição do direito de se obter a permissão ou a habilitação para dirigir veículo automotor. (Inserido pela lei 13.546, de 2017).

1. **Sujeito ativo.** Qualquer pessoa. Trata-se de crime comum, pois o legislador não exigiu nenhuma condição especial do sujeito ativo.
2. **Sujeito passivo.** A coletividade e a vítima do homicídio.
3. **Modalidade culposa.** O CTB apenas prevê a modalidade culposa para o delito de homicídio, excluindo, assim, a forma dolosa. Assim, caso o agente provoque a morte de outrem de forma dolosa, mesmo estando na direção de veículo automotor, a sua conduta será tipificada no art. 121 do Código Penal.
4. **Caracterização da modalidade culposa.** Para que fique configurado o delito ora comentado, faz-se necessário demonstrar a inobservância do dever objetivo de cuidado por parte do agente. O delito não surge do mero fato de o agente estar na direção de veículo automotor. Em outras palavras, a denúncia deve descrever a conduta violadora do dever objetivo de cuidado, que se manifesta pela negligência, pela imprudência ou pela imperícia, sem o que a denúncia é inepta e deve ser rejeitada.

▶ STJ

Informativo nº 553
Sexta Turma

DIREITO PROCESSUAL PENAL. INÉPCIA DE DENÚNCIA QUE IMPUTE A PRÁTICA DE CRIME CULPOSO.

É inepta a denúncia que imputa a prática de homicídio culposo na direção de veículo automotor (art. 302 da Lei 9.503/1997) sem descrever, de forma clara e precisa, a conduta negligente, imperita ou imprudente que teria gerado o resultado morte, sendo insuficiente a simples menção de que o suposto autor estava na direção do veículo no momento do acidente. (...) De fato, não se pode olvidar que o homicídio culposo se perfaz com a ação imprudente, negligente ou imperita do agente, modalidades de culpa que devem ser descritas na inicial acusatória, sob pena de se punir a mera conduta de envolver-se em acidente de trânsito, algo irrelevante para o Direito Penal. A imputação, sem a observância dessas formalidades, representa a imposição de indevido ônus do processo ao suposto autor, ante a ausência da descrição de todos os elementos necessários à responsabilização penal decorrente da morte da vítima. Configura, ademais, responsabilização penal objetiva, derivada da mera morte de alguém, em razão de acidente causado na direção de veículo automotor. **HC 305.194-PB, Rel. Min. Rogerio Schietti Cruz, julgado em 11/11/2014, DJe 1º/12/2014.**

5. **Culpa exclusiva da vítima.** Nessa hipótese, não se poderá imputar a responsabilidade penal ao agente. Com efeito, a violação do dever objetivo de cuidado é o primeiro elemento do crime culposo. Se houver culpa exclusiva da vítima, é sinal de que o agente observou todo o dever objetivo de cuidado, ao invés de violá-lo.

6. **Compensação de culpas.** O Direito Penal não admite a compensação de culpas. Assim, caso o agente dê causa à morte da vítima, mas fique constatado que a vítima também tenha agido de forma culposa, isso não afastará a responsabilidade penal do agente, uma vez que as culpas não se compensam. A única possibilidade de se afastar a responsabilidade penal do agente, nessa hipótese, é a culpa exclusiva da vítima conforme visto no tópico acima.

▶ STJ

(...) HOMICÍDIO CULPOSO NA DIREÇÃO DE VEÍCULO AUTOMOTOR. (...). ALEGADA RESPONSABILIDADE EXCLUSIVA DA VÍTIMA. COMPENSAÇÃO DE CULPAS. NÃO CABIMENTO. ACÓRDÃO EM CONSONÂNCIA COM A JURISPRUDÊNCIA DO SUPERIOR TRIBUNAL DE JUSTIÇA. 2. Este Sodalício possui jurisprudência pacificada no sentido de que no direito penal não se admite a compensação de culpas, situação que atrai o disposto na Súmula n. 83/STJ. (...). AgRg no AREsp 237618. Rel. Min. Jorge Mussi, julgado em 21/10/2014.

7. **Princípio da Especialidade.** O tipo legal de crime ora comentado é especial em relação ao tipo legal de crime contido no art. 121, § 3º do Código Penal.

→ **Aplicação em concurso.**

- **(Vunesp – Juiz de Direito Substituto – RJ/2011)**

  O agente que mata alguém, por imprudência, negligência ou imperícia, na direção de veículo automotor, comete o crime previsto no art. 302, da Lei nº 9.503/97 (Código de Trânsito Brasileiro), e não o crime previsto no art. 121, § 3º, do Código Penal. Assinale, dentre os princípios adiante mencionados, em qual deles está fundamentada tal afirmativa.

A) Princípio da consunção.

B) Princípio da alternatividade.

C) Princípio da especialidade.

D) Princípio da legalidade.

Alternativa correta: letra C.

8. **Local da prática da conduta.** O legislador não exigiu que a prática da conduta seja em algum local específico. Assim, conclui-se que o delito pode ocorrer em qualquer local, como ruas, avenidas, ruas dentro de condomínios, dentro da garagem etc.

9. **Perdão judicial.** É possível a sua concessão, conforme comentários ao art. 300.

10. **Excesso de velocidade e aumento da pena-base.** No delito ora comentado, o Juiz não pode aumentar a pena-base (art. 59 do Código Penal) com fundamento no excesso de velocidade em que o agente trafegava no momento do delito. Com efeito, o excesso de velocidade já configura a imprudência, que, por sua vez, caracteriza a conduta culposa, violadora do dever objetivo de cuidado. Se o delito é de homicídio culposo, o tráfego em excesso de velocidade, justamente por caracterizar a conduta imprudente, já configura elemento do tipo penal. Em outras palavras, a conduta culposa, manifestada por imprudência, consiste em dirigir o veículo automotor em excesso de velocidade. Se isso já configura elemento do tipo legal de crime, não pode, ao mesmo tempo, servir também de fundamento para aumentar a pena-base com fundamento no elemento "culpabilidade" contido no art. 59 do Código Penal, sob pena de configurar *bin is idem.*

▶ **STJ**

Informativo nº 563

Sexta Turma

DIREITO PENAL. INDEVIDA EXASPERAÇÃO DA PENA-BASE DE HOMICÍDIO E DE LESÕES CORPORAIS CULPOSOS PRATICADOS NA DIREÇÃO DE VEÍCULO AUTOMOTOR.

Na primeira fase da dosimetria da pena, o excesso de velocidade não deve ser considerado na aferição da culpabilidade (art. 59 do CP) do agente que pratica delito de homicídio e de lesões corporais culposos na direção de veículo automotor. O excesso de velocidade não constitui fundamento apto a justificar o aumento da pena-base pela culpabilidade, por ser inerente aos delitos de homicídio culposo e de lesões corporais culposas praticados na direção de veículo automotor, caracterizando a imprudência, modalidade de violação do dever de cuidado objetivo, necessária à configuração dos delitos culposos. **AgRg no HC 153.549-DF, Rel. Min. Nefi Cordeiro, julgado em 2/6/2015, DJe 12/6/2015.**

11. **Finalidade de levar droga a uma festa e possibilidade de aumento da pena-base.** Se no momento da prática do delito o agente conduzir o veículo automotor de forma

imprudente e com a finalidade de levar droga a uma festa, é possível o aumento da pena-base com fundamento nos "motivos do crime" (art. 59 do Código Penal), tendo em vista que a finalidade de levar droga a uma festa não é elemento do tipo, de forma que a sua incidência não configura *bis in idem*.

▶ STJ

Informativo nº 563

Sexta Turma

DIREITO PENAL. MOTIVOS PARA EXASPERAÇÃO DA PENA-BASE DE HOMICÍDIO E DE LESÕES CORPORAIS CULPOSOS PRATICADOS NA DIREÇÃO DE VEÍCULO AUTOMOTOR.

O juiz, na análise dos motivos do crime (art. 59 do CP), pode fixar a pena-base acima do mínimo legal em razão de o autor ter praticado delito de homicídio e de lesões corporais culposos na direção de veículo automotor, conduzindo-o com imprudência a fim de levar droga a uma festa. Isso porque o fim de levar droga a uma festa representa finalidade que desborda das razoavelmente utilizadas para esses crimes, configurando justificativa válida para o desvalor. **AgRg no HC 153.549-DF, Rel. Min. Nefi Cordeiro, julgado em 2/6/2015, DJe 12/6/2015.**

12. **Impossibilidade de aplicação do art. 16 do Código Penal.** O instituto do arrependimento posterior, previsto no art. 16 do Código Penal, não pode ser aplicado ao delito de homicídio culposo na direção de veículo automotor diante da impossibilidade de cumprimento do requisito da *reparação do dano ou da restituição da coisa* exigido pelo Código Penal.

▶ STJ

Informativo no 590

Sexta Turma

DIREITO PENAL. INAPLICABILIDADE DO ARREPENDIMENTO POSTERIOR EM HOMICÍDIO CULPOSO NA DIREÇÃO DE VEÍCULO.

Em homicídio culposo na direção de veículo automotor (art. 302 do CTB), ainda que realizada composição civil entre o autor do crime e a família da vítima, é inaplicável o arrependimento posterior (art. 16 do CP). O STJ possui entendimento de que, para que seja possível aplicar a causa de diminuição de pena prevista no art. 16 do Código Penal, faz-se necessário que o crime praticado seja patrimonial ou possua efeitos patrimoniais (HC 47.922-PR, Quinta Turma, DJ 10/12/2007; e REsp 1.242.294-PR, Sexta Turma, DJe 3/2/2015). Na hipótese em análise, a tutela penal abrange o bem jurídico, o direito fundamental mais importante do ordenamento jurídico, a vida, que, uma vez ceifada, jamais poderá ser restituída, reparada. Não se pode, assim, falar que o delito do art. 302 do CTB é um crime patrimonial ou de efeito patrimonial. Além disso, não se pode reconhecer o arrependimento posterior pela impossibilidade de reparação do dano cometido contra o bem jurídico vida e, por conseguinte, pela impossibilidade de aproveitamento pela vítima da composição financeira entre a agente e a sua família. Sendo assim, inviável o reconhecimento do arrependimento posterior na hipótese de homicídio culposo na direção de veículo automotor. **REsp 1.561.276-BA, Rel. Min. Sebastião Reis Júnior, julgado em 28/6/2016, DJe 15/9/2016.**

13. Consumação. Com a morte da vítima.

14. Classificação. Crime comum; material; culposo; comissivo; instantâneo; não admite tentativa por ser culposo.

15. Suspensão condicional do processo. Incabível, pois a pena mínima cominada ultrapassa 1 ano (art. 89 da lei 9.099/95).

16. § 1º. Causas de aumento de pena. O legislador trouxe quatro majorantes, aumentando a pena de um terço até a metade nos seguintes casos: I – o agente não possuir Permissão para Dirigir ou Carteira de Habilitação; II – o agente praticar o homicídio culposo em faixa de pedestres ou na calçada; III – o agente deixar de prestar socorro, quando possível fazê-lo sem risco pessoal, à vítima do acidente; IV – se o agente, no exercício de sua profissão ou atividade, estiver conduzindo veículo de transporte de passageiros.

17. Inciso I. Não possuir Permissão para Dirigir ou Carteira de Habilitação. A majorante justifica-se em razão da não aptidão do agente para dirigir veículo automotor, uma vez que não possui a permissão, nem a habilitação, aumentando-lhe a reprovabilidade da conduta. Não poderá incidir a circunstância agravante prevista no art. 298, III do CTB, sob pena de se incidir em *bis in idem,* uma vez que no tipo legal de crime ora comentado a ausência de permissão ou de habilitação já figura como causa de aumento de pena.

Não haverá concurso de crimes entre o delito de homicídio culposo na direção de veículo automotor e o delito previsto no art. 309 do CTB, sob pena de incidência em *bis in idem,* uma vez que a conduta descrita no tipo legal do art. 309 já figura como causa de aumento de pena no delito de homicídio. Esse entendimento aplica-se tanto ao delito de homicídio culposo, quanto ao delito de lesão corporal culposa.

▶ STF

Informativo nº 796.

Segunda Turma

Crime de dirigir sem habilitação e lesão corporal culposa na direção de veículo.

A Segunda Turma concedeu a ordem de "habeas corpus" para restabelecer a decisão de 1º grau que rejeitara a denúncia quanto ao crime de dirigir sem habilitação. (...). A Turma consignou que o crime de dirigir sem habilitação seria absorvido pelo delito de lesão corporal culposa em direta aplicação do princípio da consunção. Isso porque, de acordo com o CTB, já seria causa de aumento de pena para o crime de lesão corporal culposa na direção de veículo automotor o fato de o agente não possuir permissão para dirigir ou carteira de habilitação. Assim, em decorrência da vedação de "bis in idem", não se poderia admitir que o mesmo fato fosse atribuído ao paciente como crime autônomo e, simultaneamente, como causa especial de aumento de pena. (...). HC 128921/RJ, rel. Min. Gilmar Mendes, 25.8.2015.

→ Aplicação em concurso.

- **Notário. TJ/BA. 2014. CESPE.**

No que se refere aos crimes de trânsito, de abuso de autoridade, contra o consumidor e contra o meio ambiente, assinale a opção correta.

A falta de permissão para dirigir ou de carteira de habilitação torna-se fato penalmente irrelevante no caso de o agente, nessas condições, praticar crime de homicídio culposo no trânsito.

A alternativa está errada.

- **(Cespe – Delegado de Polícia – ES/2010)**

  Em relação à legislação que instituiu o Código de Trânsito Brasileiro, julgue os itens subsequentes.

  Considere a seguinte situação hipotética.

  Cláudia, penalmente responsável, ao dirigir veículo automotor sem habilitação, em via pública, atropelou e matou um pedestre. Nessa situação hipotética, Cláudia responderá por homicídio culposo em concurso material com o delito de falta de habilitação.

  A alternativa está errada.

18. CNH vencida. Não incidência da causa de aumento de pena. A presente majorante trata especificamente de o agente não possuir a permissão para dirigir ou não possuir a CNH. Caso o agente esteja com a CNH vencida, essa causa de aumento de pena não incide por absoluta falta de previsão legal, sob pena de analogia *in mallam partem.*

▶ STJ

Informativo no 581

Sexta Turma

DIREITO PENAL. INAPLICABILIDADE DA CAUSA DE AUMENTO DESCRITA NO ART. 302, § 1º, I, DO CTB EM VIRTUDE DE CNH VENCIDA.

O fato de o autor de homicídio culposo na direção de veículo automotor estar com a CNH vencida não justifica a aplicação da causa especial de aumento de pena descrita no § 1º, I, do art. 302 do CTB. No art. 162 do CTB, o legislador, ao definir diferentes infrações administrativas, distinguiu duas situações: dirigir veículo "sem possuir Carteira Nacional de Habilitação ou Permissão para Dirigir" (inciso I); e dirigir "com validade da Carteira Nacional de Habilitação vencida há mais de trinta dias" (inciso V). Essas situações, embora igualmente configurem infração de trânsito, foram tratadas separadamente, de forma diversa. Em relação ao crime de homicídio culposo na direção de veículo automotor, o § 1º, I, do art. 302 do CTB determina que a pena será aumentada de 1/3 (um terço) à metade se o agente "não possuir Permissão para Dirigir ou Carteira de Habilitação". Ora, se o legislador quisesse punir de forma mais gravosa o autor de homicídio culposo na direção de veículo automotor cuja CNH estivesse vencida, teria feito expressa alusão a esta hipótese (assim como fez, no § 1º, I, do art. 302, quanto à situação de "não possuir Permissão para Dirigir ou Carteira de Habilitação"). Além disso, no Direito Penal, não se admite a analogia *in malam partem*, de modo que não se pode inserir no rol das circunstâncias que agravam a pena (art. 302, § 1º) também o fato de o agente cometer homicídio culposo na direção de veículo automotor com carteira de habilitação vencida. HC 226.128-TO, **Rel. Min. Rogerio Schietti Cruz, julgado em 7/4/2016, DJe 20/4/2016.**

19. Inciso II. Praticá-lo em faixa de pedestres ou na calçada. A majorante justifica-se em razão de a conduta delituosa ser praticada em local destinado a pedestres. Por calçada entenda-se *"parte da via, normalmente segregada e em nível diferente, não destinada à circulação de veículos, reservada ao trânsito de pedestres e, quando possível, à implantação de mobiliário urbano, sinalização, vegetação e outros fins." (CTB, Anexo I).*

Não poderá incidir a circunstância agravante prevista no art. 298, VII do CTB, sob pena de se incidir em *bis in idem,* uma vez que tal agravante já constitui causa de aumento de pena no delito ora comentado.

20. Homicídio praticado perto da faixa de pedestres. Não incide a causa de aumento de pena, sob pena de incidência em analogia *in malan partem.*

21. Inciso III. Deixar de prestar socorro, quando possível fazê-lo sem risco pessoal, à vítima do acidente. A majorante refere-se à omissão de socorro. O dever de prestar socorro à vítima de acidente automobilístico é uma obrigação assumida na Convenção de Viena sobre o Trânsito Viário, que em seu art. 31, nº 1, *d,* prevê: *"Sem prejuízo do disposto nas legislações nacionais sobre a obrigação de prestar auxílio aos feridos, todo condutor ou qualquer outro usuário da via, implicado em um acidente de trânsito, deverá: ... d) se houver resultado ferida ou morta alguma pessoa no acidente, advertir à polícia e permanecer ou voltar ao local do acidente até a chegada desta, a menos que tenha sido autorizado por esta para abandonar o local ou que deva prestar auxílio aos feridos ou ser ele próprio socorrido."*

Não se deve confundir a presente causa de aumento de pena com o delito do art. 304 do CTB. No tipo legal de crime ora analisado, a omissão de socorro é uma majorante; no art. 304 ela é um tipo legal de crime autônomo. No homicídio culposo, o agente provoca culposamente a morte da vítima e nega-lhe o socorro. Note-se que o agente é o provocador da situação de perigo à vítima que necessita de socorro. De outro giro, no delito do art. 304, o agente, embora tenha alguma relação com o acidente, não é o seu causador, isto é, o agente não provoca a situação de perigo à vítima. Ele está envolvido no acidente automobilístico e não presta socorro à vítima. No homicídio culposo majorado pela omissão de socorro, tem-se duas condutas: a primeira conduta culposa de provocar o acidente automobilístico; e a segunda conduta de dolosamente omitir o socorro. Note-se que omissão de socorro que constitui a majorante decorre de dolo do agente.

Segundo o dispositivo legal, a majorante da omissão de socorro somente incide se não houver risco pessoal ao agente, como a possibilidade de linchamento ou se se tratar de um local entregue à criminalidade, havendo risco pessoal ao agente.

Questão relevante versa sobre a hipótese de a vítima ter morte instantânea. Caso isso ocorra, a presente majorante não poderá incidir. Com efeito, a intenção do legislador foi incentivar o agente provocador do acidente automobilístico a socorrer a vítima, para que seja preservado, a qualquer custo, o bem jurídico vida humana. Naturalmente, somente o vivo precisa de socorro, uma vez que ainda há o bem jurídico vida humana a ser preservado. Tendo a vítima morte instantânea, não há mais o bem jurídico vida humana a ser preservado, e o socorro é inócuo, razão pela qual não incide a majorante. É bem verdade que o agente, no momento do acidente, não tem a menor capacidade para avaliar se a vítima teve ou não morte instantânea. Entretanto, a incidência da majorante será analisada *a posteriori,* e, quem dirá se a vítima teve ou não morte instantânea será o laudo pericial. Por exemplo: o agente atropelou a vítima culposamente e omitiu o socorro. Na instrução processual, o Juiz verifica se o laudo pericial atesta que houve morte instantânea da vítima. Se houver morte instantânea, não poderá fazer incidir a majorante no momento da dosimetria da pena criminal.

Outra hipótese relevante diz respeito ao caso de a vítima ser socorrida por terceiros. Como dito acima, a intenção do legislador foi incentivar o agente provocador do acidente automobilístico a socorrer a vítima, para que seja preservado o bem jurídico vida humana. Assim, caso a vítima seja socorrida por terceiros, isso já seria o suficiente para suprir a omissão de socorro do agente, uma vez que já se estaria levando a efeito a preservação da vida humana da vítima. Logo, não incide a majorante.

22. **Inciso IV. No exercício de sua profissão ou atividade, estiver conduzindo veículo de transporte de passageiros.** Trata-se de majorante que somente pode ser aplicada ao motorista profissional. A majorante justifica-se pelo maior cuidado que o condutor deve tomar no transporte de pessoas, pois o transporte constitui justamente a profissão do agente, como ocorre com o motorista de ônibus, taxistas, condutores de transporte escolar etc. Note-se que, para que incida a majorante, o agente deve estar, no momento da conduta, exercendo a profissão. Não basta, portanto, que ele seja um profissional de trânsito, sendo necessário que esteja exercendo essa função no momento da conduta. Não é necessário que no momento do delito o agente esteja efetivamente transportando passageiros, basta que esteja exercendo a profissão, como na hipótese em que um motorista de ônibus está dirigindo-o vazio em direção à garagem da empresa de transporte para guardar o veículo ou então no caso em que o motorista de taxi sai de sua residência para trabalhar e cause o acidente sem ter ainda transportado nenhum passageiro. Nesse delito, não poderá incidir a circunstância agravante prevista no art. 298, V do CTB, sob pena de se incidir em *bis in idem,* uma vez que no tipo legal de crime ora comentado a circunstância agravante já constitui causa de aumento de pena.

▶ STJ

Informativo nº 537

Sexta Turma

DIREITO PENAL. HOMICÍDIO CULPOSO COMETIDO NO EXERCÍCIO DE ATIVIDADE DE TRANSPORTE DE PASSAGEIROS.

Para a incidência da causa de aumento de pena prevista no art. 302, parágrafo único, IV, do CTB, é irrelevante que o agente esteja transportando passageiros no momento do homicídio culposo cometido na direção de veículo automotor. Isso porque, conforme precedente do STJ, é suficiente que o agente, no exercício de sua profissão ou atividade, esteja conduzindo veículo de transporte de passageiros. Precedente citado: REsp 1.358.214-RS, Quinta Turma, DJe 15/4/2013. **AgRg no REsp 1.255.562-RS, Rel. Min. Maria Thereza de Assis Moura, julgado em 4/2/2014.**

→ Aplicação em concurso.

- **(Funcab – Delegado de Polícia – RO/2009)**

  Segundo o Artigo 302 do Código de Trânsito Brasileiro, praticar homicídio culposo na direção de veículo automotor tem a pena aumentada de um terço à metade, se o agente cometer as infrações abaixo, EXCETO:

  (A) no exercício de sua profissão ou atividade, estiver conduzindo veículo de transporte de passageiros.

  (B) estiver sob a influência de álcool ou substância tóxica ou entorpecente de efeitos análogos.

  (C) não possuir Permissão para Dirigir ou Carteira de Habilitação.

  (D) praticá-lo em faixa de pedestres ou na calçada.

  (E) deixar de prestar socorro, quando possível fazê-lo sem risco pessoal, à vítima do acidente.

  Alternativa correta: letra B.

23. § 3º. Qualificadora. Condução do veículo sob a influência de álcool ou de qualquer outra substância psicoativa que determine dependência. O § 3º foi inserido pela lei 13.546/2017, com a natureza jurídica de qualificadora, por constituir um novo tipo penal, com novos elementos típicos e patamares mínimo e máximo de pena. Pode parecer estranho o art. 302 ter o § 3º, mas não ter o § 2º. Isso aconteceu porque o § 2º já fora revogado pela lei 13.281/2016. Essa qualificadora assemelha-se ao delito previsto art. 306 deste Código. Entretanto, a partir das redações legais, nota-se uma diferença: no presente parágrafo basta que o agente esteja *sob a influência* de álcool ou de qualquer outra substância psicoativa. No art. 306 é necessário que o agente esteja com a *capacidade psicomotora alterada* em razão de álcool ou outra substância psicoativa, não bastando a mera influência. Capacidade psicomotora é a capacidade de o ser humano estabelecer relações e influências recíprocas e sistêmicas entre o psiquismo e a motricidade. A alteração da capacidade psicomotora consiste na falta de coordenação entre o psiquismo e a motricidade que toma o ser humano em razão de fatores externos, como o álcool ou as substâncias psicoativas que determinem dependência. Em outras palavras, pode ser definida como a perda de reflexos.

Dessa distinção entre o § 3º e o art. 306 podem surgir duas interpretações viáveis: uma no sentido de que o legislador efetivamente quis dar um tratamento mais rigoroso ao § 3º do art. 302 do que o tratamento conferido ao art. 306, caso em que para a incidência da qualificadora do § 3º do art. 302 basta a *mera influência* de álcool ou outra substância psicoativa; outra no sentido de que o legislador disse menos do que queria, caso em que poderia ser empregada interpretação extensiva para exigir-se que a qualificadora apenas incida se o motorista estiver com a *capacidade psicomotora alterada* em razão de álcool ou outra substância psicoativa, não bastando a mera influência. Parece-nos que a primeira interpretação é a melhor. Cremos que o legislador realmente quis empregar um maior rigor nessa qualificadora do homicídio e para tal não exigiu que o motorista estivesse com capacidade psicomotora alterada, bastando a simples *influência* de álcool ou outra substância psicoativa. Tal rigor distintivo deve-se à importância do bem jurídico protegido nos dois delitos (homicídio e embriaguez ao volante). Com efeito, no presente artigo o bem jurídico protegido imediato é a vida humana. No art. 306 o bem jurídico protegido imediato é a segurança viária. Ademais, o delito de homicídio é um crime de dano e o crime de embriaguez ao volante é um crime de perigo, sendo certo que essa distinção de natureza jurídica confirma a maior gravidade do homicídio. Dessa forma, essa diversidade de importância de bens jurídicos entre os dois tipos penais justifica um tratamento mais severo conferido à qualificadora no homicídio do que o conferido ao art. 306. Portanto, pensamos que o legislador foi preciso em suas palavras, não se exigindo a alteração da capacidade psicomotora para a incidência da qualificadora no homicídio, bastando a mera influência.

Demais disso, não nos parece que o legislador tenha dito menos do que queria. O próprio legislador já utiliza as duas formas se compararmos a embriaguez ao volante como infração penal (art. 306) e como infração administrativa (art. 165). Com efeito, como visto, no delito de embriaguez ao volante (art. 306) o legislador dispõe *capacidade psicomotora alterada*, ao passo que na infração administrativa (para cuja configuração basta a mera ingestão de álcool), o legislador dispõe *sob a influência* ("Art. 165. Dirigir *sob a influência* de álcool ou de qualquer outra substância psicoativa que determine dependência..."). Portanto, essa diversidade de tratamentos já é conhecida e, inclusive, utilizada pelo legislador, não nos parecendo que ele disse menos do que queria. Cremos que ele efetivamente utilizou as palavras precisas que queria utilizar.

Note-se que a incidência dessa qualificadora faz com que não possa incidir também o delito do art. 306, tendo em vista que os seus elementos já foram trazidos para o presente parágrafo, sob pena de *bis in idem*. Embora as redações sejam diversas e os tratamentos distintos, como demonstrado acima, isso não oferece dificuldade na não aplicação do art. 306 para evitar-se o *bis in idem*, uma vez que se o agente estiver com capacidade psicomotora alterada, é sinal de que ele *já está sob a influência* de álcool ou outra substância psicoativa. Por outro lado, o agente pode estar sob a influência de álcool ou outra substância psicoativa e não estar com a capacidade psicomotora alterada, ou seja, o fato de o agente estar sob a influência de álcool não significa, automaticamente, que ele esteja com a capacidade psicomotora alterada. Imagine-se a hipótese em que o agente tenha ingerido *uma lata* de cerveja e conduza o veículo automotor. Essa quantidade pode gerar influência no seu organismo, mas isso não quer dizer que ele esteja automaticamente com a capacidade psicomotora alterada. Em outras palavras, a alteração da capacidade psicomotora não decorre automaticamente da influência de álcool, pois devem ser considerados, em cada caso concreto, fatores como a quantidade ingerida e os fatores biológicos de cada pessoa. Percebe-se, portanto, que o art. 306 tem um elemento a mais em relação à qualificadora do homicídio. Com efeito, em ambos os casos o agente deve estar sob a influência de álcool ou outra substância psicoativa, só que na qualificadora do homicídio a influência é suficiente, ao passo que no artigo 306 a influência não é suficiente, sendo necessário que essa influência gere efetivamente a alteração da capacidade psicomotora do agente. Em outras palavras, se estiver configurado o delito do art. 306, automaticamente já estará configurada, também, a qualificadora do homicídio (mas o contrário não é verdadeiro). Assim, se no caso concreto o agente causador do homicídio culposo estiver com a capacidade psicomotora alterada em razão da influência de álcool ou outra substância psicoativa, também estará sob o efeito dessas substâncias, já estando caracterizada a qualificadora do homicídio, confirmando a não incidência concomitante do art. 306, sob pena de *bis in idem.*

Essa diferença de tratamento também veio estampada na qualificadora do § 2º do art. 303 (lesão corporal), inserido pela mesma lei que inseriu o § 3º no art. 302. Note-se a diferença de tratamento: na qualificadora do art. 303, § 2º (lesão corporal) o legislador exigiu que o condutor estivesse *com capacidade psicomotora alterada* em razão da influência de álcool ou de outra substância psicoativa que determine dependência. No art. 302, § 3º (homicídio) basta que o agente esteja *sob a influência* de álcool ou de qualquer outra substância psicoativa que determine dependência. A nosso ver, essa distinção justifica-se em razão da importância do bem jurídico protegido. Com efeito, como no homicídio o bem jurídico protegido é de maior valor do que na lesão corporal, o legislador contentou-se com a mera influência, não exigindo a alteração da capacidade psicomotora.

Art. 303. Praticar **lesão corporal culposa** na direção de veículo automotor:

Penas – detenção, de seis meses a dois anos e suspensão ou proibição de se obter a permissão ou a habilitação para dirigir veículo automotor.

Parágrafo único. Aumenta-se a pena de um 1/3 (um terço) à metade, se ocorrer qualquer das hipóteses do § 1º do art. 302. (Redação dada pela Lei nº 12.971, de 2014).

§ 2º A pena privativa de liberdade é de reclusão de dois a cinco anos, sem prejuízo das outras penas previstas neste artigo, se o agente conduz o veículo **com capacidade psicomotora alterada em razão da influência** de álcool ou de outra substância psicoativa que determine dependência, **e** se do crime **resultar lesão corporal de natureza grave ou gravíssima.** (Inserido pela lei 13.546, de 2017).

1. **Sujeito ativo.** Qualquer pessoa. Trata-se de crime comum, pois o legislador não exigiu nenhuma condição especial do sujeito ativo.
2. **Sujeito passivo.** A pessoa lesionada.
3. **Lesão corporal.** A lesão corporal consiste na conduta por meio da qual qualquer pessoa, sem *animus necandi,* ofende os bens jurídicos integridade corporal e saúde da pessoa humana, ou agrava uma situação já existente, produzindo, por qualquer meio, uma alteração prejudicial, anatômica ou funcional, física ou psíquica, local ou generalizada em outrem. Pode consistir na ofensa à integridade corporal (lesão que afeta órgãos, tecidos ou aspectos externos do corpo, como fraturas, ferimentos, equimoses, lesão de um músculo) ou na ofensa à saúde (perturbação das funções fisiológicas do organismo, inclusive a alteração do psiquismo, como neuroses e depressão, ainda que de forma transitória). Note-se que essas duas espécies de ofensas podem decorrer da mesma conduta.

4. **Violação do princípio da legalidade.** A redação do tipo penal ora comentado é incompatível com o princípio da legalidade, na vertente da taxatividade (*nullum crimen, nulla poena sine lege certa*), segundo o qual a lei deve conter conceitos claros e precisos, sendo vedada ao legislador a utilização de expressões vagas e que possam gerar dúvida de interpretação. O Código Penal, ao tratar do delito de lesão corporal no art. 129 *caput* dispõe "ofender a integridade corporal ou a saúde de outrem". De outro giro, o legislador do CTB utilizou as expressões "praticar lesão corporal culposa". Assim, nota-se uma falta de precisão e de clareza do legislador de trânsito ao tratar da lesão corporal. A única forma de compreender-se o tipo penal ora comentado é socorrendo-se do conceito de lesão corporal disposto no art. 129, *caput* Código Penal. É bem verdade que o art. 129, § 6º do Código Penal também faz menção genérica à lesão corporal culposa por meio das expressões "se a lesão é culposa". Contudo, pela sua localização topográfica, cremos que não haja qualquer problema, uma vez que o parágrafo é uma continuação, um desdobramento do *caput*, e, se no *caput* está descrito o que seja a lesão corporal, a interpretação sistemática resolve esse problema, o que já não acontece com o tipo penal da lei de trânsito.

5. **Violação do princípio da proporcionalidade.** Da comparação entre o delito de lesão corporal culposa previsto no art. 129, § 6º do Código Penal com esse mesmo delito descrito no art. 303 do CTB, percebe-se uma nítida desproporção em relação às penas privativas de liberdade cominadas. Enquanto o primeiro dispositivo estabelece a pena de detenção de dois meses a um ano, o segundo prevê a pena de seis meses a dois anos. Note-se que no CTB a pena mínima é triplicada e a pena máxima é duplicada. Há vozes que sustentam a perfeita proporcionalidade entre os tipos penais, em razão da maior incidência da lesão corporal no trânsito, razão pela qual deve ser punida com mais intensidade. Entretanto, discordamos desse posicionamento e para nós a violação do princípio da proporcionalidade é clara à todas as luzes. Em primeiro lugar, estamos diante da mesma infração penal, qual seja: lesão corporal culposa. Em segundo lugar, o bem jurídico protegido pelos dois tipos penais é rigorosamente o mesmo: integridade corporal. Em terceiro lugar, a forma de conduta é idêntica: culposa. Percebe-se, com isso, que se todos os critérios apontados são iguais, não há nenhuma razão para o tratamento diverso e desproporcional entre os dois tipos penais. Não há nenhum critério de distinção que justifique a triplicação da pena mínima e a duplicação da pena máxima. Em quarto lugar – o que a nosso ver é a maior expressão da violação do princípio da proporcionalidade –, da comparação entre a pena da lesão corporal *dolosa* prevista no art. 129, *caput* do Código Penal e a da lesão corporal *culposa* no CTB, constata-se de forma absolutamente estarrecedora que o legislador puniu de forma mais grave a conduta *culposa* no trânsito (seis meses a dois anos) do que a conduta *dolosa* no Código Penal (três meses a um ano). A punição da conduta *culposa* de forma mais severa do que a da conduta *dolosa* significa reverter o caminho da lógica do razoável e privilegiar a conduta intencional de praticar um crime em detrimento da não intencional, descuidada, que gera um resultado não querido pelo agente. Parece-nos algo inaceitável.

6. **Modalidade culposa.** O CTB apenas prevê a modalidade culposa para o delito de lesão corporal, excluindo, assim, a forma dolosa. Assim, caso o agente lesione

alguém de forma dolosa, mesmo estando na direção de veículo automotor, a sua conduta será tipificada no art. 129 do Código Penal.

→ **Aplicação em concurso.**

- **Juiz de Direito do TJ/RN. 2012. CESPE.**

  Aquele que, ao trafegar com seu veículo em via pública, avista sua ex-namorada e atira o carro na direção dela, com a intenção de lesioná-la, causando-lhe ferimentos leves, pratica crime previsto no CTB.

  A alternativa está errada.

7. **Culpa exclusiva da vítima.** Nessa hipótese, não se poderá imputar a responsabilidade penal ao agente. Com efeito, a violação do dever objetivo de cuidado é o primeiro elemento do crime culposo. Se houver culpa exclusiva da vítima, é sinal de que o agente observou todo o dever objetivo de cuidado, ao invés de violá-lo.
8. **Compensação de culpas.** O Direito Penal não admite a compensação de culpas. Assim, caso o agente dê causa à lesão corporal na vítima, mas fique constatado que a vítima também tenha agido de forma culposa, isso não afastará a responsabilidade penal do agente, uma vez que as culpas não se compensam. A única possibilidade de se afastar a responsabilidade penal do agente, nessa hipótese, é a culpa exclusiva da vítima conforme visto no tópico acima.
9. **Princípio da Especialidade.** O tipo legal de crime ora comentado é especial em relação ao tipo legal de crime contido no art. 129, § 6º do Código Penal.
10. **Local da prática da conduta.** O legislador não exigiu que a prática da conduta seja em algum local específico. Assim, conclui-se que o delito pode ocorrer em qualquer local, como ruas, avenidas, ruas dentro de condomínios, dentro da garagem etc.
11. **Perdão judicial.** É possível a sua concessão, conforme comentários ao art. 300.
12. **Consumação.** O delito consuma-se com a efetiva produção da ofensa à integridade corporal ou à saúde da vítima.
13. **Classificação.** Crime comum; material; culposo; comissivo; instantâneo; não admite tentativa por ser culposo.
14. **Infração penal de menor potencial ofensivo.** Tendo em vista que a pena máxima não é superior a dois anos, trata-se de infração penal de menor potencial ofensivo (art. 61 da lei 9.099/95).
15. **Suspensão condicional do processo.** Cabível, pois a pena mínima cominada não ultrapassa 1 ano (art. 89 da lei 9.099/95).
16. **Causas de aumento de pena.** O legislador determinou o aumento da pena de um terço até metade na hipótese de ocorrer qualquer das hipóteses previstas no parágrafo primeiro do artigo anterior, para onde remetemos o leitor para não sermos repetitivos. Contudo, há um detalhe: se houver a incidência do aumento decorrente do parágrafo primeiro, o delito continuará a admitir a suspensão condicional do processo, porém, deixará de ser infração penal de menor potencial ofensivo.

→ **Aplicação em concurso.**

- **Escrivão de Polícia/CE. 2015. VUNESP.**

  O condenado por lesão corporal culposa na direção de veículo automotor (art. 303), além da pena privativa de liberdade sujeitar-se-á, obrigatoriamente, à pena criminal de suspensão ou proibição de obter a permissão ou a habilitação para dirigir veículo automotor.

  A alternativa está errada.

17. § 2º. Qualificadora. O § 2º foi inserido pela lei 13.546/2017, com a natureza jurídica de qualificadora por trazer novos elementos típicos e conter patamares diferentes de pena mínima e máxima. A pena passa a ser de dois a cinco anos se o agente dirigir o veículo com a capacidade psicomotora alterada em razão da influência de álcool ou de outra substância psicoativa que determine dependência **e** se do crime resultar lesão corporal de natureza grave ou gravíssima. Inicialmente deve ser notado que os dois requisitos são cumulativos (alteração da capacidade psicomotora e resultado lesão grave ou gravíssima), de forma que mesmo que o agente esteja com a capacidade psicomotora alterada em razão da influência de álcool ou de outra substância psicoativa, mas cause na vítima apenas lesão corporal leve, essa qualificadora não incidirá. Por lesão corporal de natureza grave deve ser entendida a lesão que gera os resultados previstos no art. 129, § 1º, incisos I ao IV, do Código Penal (*I – Incapacidade para as ocupações habituais, por mais de trinta dias; II – perigo de vida; III – debilidade permanente de membro, sentido ou função; IV – aceleração de parto*). De outro lado, configuram a lesão corporal de natureza gravíssima os resultados descritos no art. 129, § 2º, incisos I ao V, do Código Penal (*I – Incapacidade permanente para o trabalho; II – enfermidade incurável; III – perda ou inutilização do membro, sentido ou função; IV – deformidade permanente; V – aborto*).

Note-se que nessa qualificadora não basta que o agente tenha ingerido bebida alcoólica. É necessário que, além disso, ele esteja com a capacidade psicomotora alterada em razão da influência de álcool ou de outra substância psicoativa que determine dependência, coadunando-se com o que dispõe o art. 306 deste Código.

Por fim, é importante destacar que uma vez caracterizada essa qualificadora, não haverá a incidência do delito de embriaguez ao volante (art. 306) como crime autônomo, sob pena de incidência em *bis in idem*, uma vez que os seus elementos já foram trazidos para dentro da qualificadora da lesão corporal.

Art. 304. Deixar o condutor do veículo, na ocasião do acidente, de prestar imediato **socorro à vítima**, ou, não podendo fazê-lo diretamente, por justa causa, deixar de solicitar auxílio da autoridade pública:

Penas – detenção, de seis meses a um ano, ou multa, se o fato não constituir elemento de crime mais grave.

Parágrafo único. Incide nas penas previstas neste artigo o condutor do veículo, ainda que a sua omissão seja suprida por terceiros ou que se trate de vítima com **morte instantânea** ou com **ferimentos leves**.

1. **Sujeito ativo.** O condutor do veículo envolvido no acidente. Trata-se de crime próprio.
2. **Sujeito passivo.** A vítima decorrente do acidente.
3. **Subsidiariedade expressa.** O preceito secundário do tipo penal expressa a sua natureza subsidiária. Assim, caso do fato ocorrido resulte algum delito mais grave, como a lesão corporal ou o homicídio, esses delitos estarão configurados, afastando-se a incidência do tipo penal ora comentado.
4. **Crime omissivo.** Trata-se de crime omissivo próprio, uma vez que o agente deixa de agir, omitindo-se quando deveria agir para prestar o socorro à vítima ou solicitar auxílio da autoridade pública.
5. **Prestação de socorro imediato ou solicitação de auxílio da autoridade pública.** Questão relevante versa sobre a obrigatoriedade de o agente prestar socorro à vítima ou se isso é uma alternatividade para ele. Pensamos que pela redação legal, o agente tem, em primeiro lugar, a obrigação de prestar socorro diretamente à vítima, e somente no caso de isso ser impossível a ele, é que poderá solicitar o socorro da autoridade pública. E tanto é que o legislador exigiu que a impossibilidade da prestação do socorro pessoal desse-se por justa causa, que pode consistir em risco pessoal ou na impossibilidade de movimentar o corpo da vítima estendido no chão, sob pena de agravar-lhe a situação, entre outras hipóteses.
6. **Princípio da Especialidade.** O tipo penal ora comentado constitui uma especialidade do art. 135 do Código Penal por também consistir em uma espécie de omissão de socorro.
7. **O condutor deve estar envolvido no acidente.** O legislador exigiu expressamente que o autor do delito estivesse envolvido em acidente automobilístico. Contudo, o agente não precisa ser necessariamente o causador do acidente, mas deve ter alguma relação com ele. Logo, não pode ser autor desse delito qualquer outro condutor de veículo automotor que esteja passando pelo local do acidente ou que esteja perto, sem nenhum envolvimento com ele, de forma que, caso isso ocorra, esse condutor terá a sua conduta tipificada no art. 135 do código Penal.
8. **Diferença para o art. 302, § 1º, III, do CTB.** Há duas diferenças entre o art. 302, § 1º, III e o art. 304, ambos do CTB. A primeira distinção reside no fato de que no primeiro, a omissão de socorro tem a natureza jurídica de causa de aumento de pena, enquanto no segundo constitui um tipo penal autônomo. A segunda e principal diferença está ligada a ser ou não o agente o causador do acidente com resultado morte para a vítima. Com efeito, no art. 302, § 1º, III, o agente que omite o socorro é o causador do homicídio culposo, ou seja, ao violar o dever objetivo de cuidado, ele causa o acidente e omite o socorro, gerando o resultado morte da vítima. De outro giro, no art. 304, o agente, embora esteja envolvido no acidente e tenha alguma relação com ele, não é o seu causador, mas omite socorro à vítima. Assim, por exemplo, em um cruzamento A, ao violar o dever objetivo de cuidado, causa uma colisão no automóvel de B e, logo em seguida, vem a atropelar um transeunte que atravessava a rua naquele momento e causa-lhe a morte. Ambos deixam de

prestar o socorro à vítima. Nesse caso, Como A foi o causador do acidente com resultado morte da vítima e omitiu socorro, responderá pelo delito previsto no art. 302, § 1º, III. B, que também estava envolvido no acidente, mas não foi o seu causador, responderá pelo art. 304.

→ Aplicação em concurso.

- **(FUNCAB – Delegado de Polícia – RJ/2012)**

  Condutor do veículo A, dirigindo imprudentemente, colide na traseira do veículo B, o qual atinge pedestre na calçada, causando-lhe lesões corporais leves, não sendo possível ao condutor do veículo B evitar o resultado. O condutor do veículo A foge, e, em seguida, o condutor do veículo B também empreende fuga do local, ambos deixando de prestar socorro à vítima. Somente o condutor do veículo B é perseguido e preso por policiais militares. Na qualidade de Delegado de Polícia a quem o fato foi apresentado, assinale a alternativa que corretamente tipifica o comportamento do condutor do veículo B.

(A) Lesão corporal culposa sem causa de aumento de pena, do Código de Trânsito Brasileiro.

(B) Lesão corporal culposa com causa de aumento de pena, do Código de Trânsito Brasileiro.

(C) Omissão de socorro do Código de Trânsito Brasileiro.

(D) Lesão corporal culposa sem causa de aumento de pena e omissão de socorro, ambos do Código de Trânsito Brasileiro, em concurso material.

(E) Lesão corporal culposa com causa de aumento de pena e omissão de socorro, ambos do Código de Trânsito Brasileiro, em concurso material.

Alternativa correta: letra C.

9. **Diferença para o art. 135 do Código Penal.** A diferença entre o art. 304 do CTB e o art. 135 do Código Penal reside, em primeiro lugar, no fato de que no primeiro, o crime é próprio, ao passo que, no segundo, o delito é comum. Em segundo lugar, no art. 304 do CTB, o agente está envolvido no acidente e tem alguma relação com ele, enquanto que no art. 135 do Código Penal, o agente que omite o socorro não tem absolutamente nenhuma relação com o acidente, mas mesmo assim omite socorro à vítima. Assim, no exemplo dado no tópico anterior, se C estivesse parado na calçada esperando para atravessar a rua e omitisse socorro à vítima, praticaria a omissão de socorro do art. 135 do Código Penal, tendo em vista que não tinha nenhuma relação com o acidente. Da mesma forma, se D estivesse a conduzir o seu veículo atrás do veículo de A e conseguisse a frenagem a tempo quando viu o acidente e omitisse socorro à vítima, ele praticaria também a omissão de socorro do art. 135 do Código Penal, pois, embora estivesse conduzindo um veículo automotor, não estava envolvido no acidente. Ainda nesse mesmo exemplo, se E estivesse em sua motocicleta há três metros de distância do acidente e não tivesse prestado o socorro? Também praticaria o delito do art. 135 do Código Penal, porque também não tinha nenhuma relação com o acidente.

10. **Local da prática da conduta.** O legislador não exigiu que a prática da conduta seja em algum local específico. Assim, conclui-se que o delito pode ocorrer em qualquer local, como ruas, avenidas, ruas dentro de condomínios, dentro da garagem etc.

11. **Infração administrativa. Art. 176, I do CTB.** O delito ora comentado também configura infração administrativa prevista no art. 176, I do CTB ("Deixar o condutor envolvido em acidente com vítima: I – de prestar ou providenciar socorro à vítima, podendo fazê-lo. Infração – gravíssima; Penalidade – multa (cinco vezes) e suspensão do direito de dirigir; Medida administrativa – recolhimento do documento de habilitação"). Pensamos que as duas sanções (penal e administrativa) podem ser impostas concomitantemente sem que isso implique *bis in idem*, uma vez que as duas sanções possuem naturezas diversas.

12. **Parágrafo único. Omissão suprida por terceiros.** Somente haverá a tipificação da conduta do agente nesse tipo penal se ele efetivamente omitir socorro à vítima, gerando a oportunidade para que terceiros a socorram. Dessa forma, não haverá a incidência desse tipo penal se o agente tiver a intenção de socorrer a vítima do acidente, mas, por razões diversas e plausíveis, permitir que terceiros prestem o socorro, como no caso de haver um médico no local do acidente ou no caso de coincidentemente uma ambulância estar passando pelo local do acidente logo depois da sua ocorrência. Nesses casos, não se nota por parte do agente uma vontade dirigida a omitir socorro em relação à vítima.

13. **Parágrafo único. Vítima com morte instantânea.** Essa previsão de incidência do tipo penal no caso de haver morte instantânea da vítima não pode ser aplicada nos moldes em que está redigida. A intenção do legislador ao tipificar essa conduta de omissão de socorro foi fazer com que a vida humana fosse preservada a qualquer custo. Nitidamente, a preservação da vida humana foi o móvel do legislador ao criar o tipo penal ora comentado. Logo, se a vítima teve morte instantânea, não havia mais o bem jurídico vida humana a ser preservado pelo imediato socorro por parte do agente, razão pela qual nessa hipótese estaríamos diante de nítido crime impossível por absoluta impropriedade do objeto, com a incidência do art. 17 do Código Penal. É bem verdade que o agente pode não ter condições de saber, no momento do acidente, se a vítima teve morte instantânea. Porém, isso será objeto de prova posteriormente dentro do processo penal, pois a perícia dirá se a vítima teve ou não morte instantânea decorrente do acidente.

14. **Parágrafo único. Vítima com ferimentos leves.** O legislador não conceituou o que seriam ferimentos leves. Diante da imprecisão da redação típica, podemos concluir que ferimentos leves são aqueles que não impedem a lucidez da vítima, nem os seus movimentos corporais normais.

15. **Consumação.** O delito consuma-se com a mera omissão do agente, pois se trata de crime omissivo próprio.

16. **Classificação.** Crime próprio; formal; doloso; omissivo próprio; instantâneo; não admite tentativa por ser omissivo próprio.

17. **Infração penal de menor potencial ofensivo.** Tendo em vista que a pena máxima não é superior a dois anos, trata-se de infração penal de menor potencial ofensivo (art. 61 da lei 9.099/95).

18. **Suspensão condicional do processo.** Cabível, pois a pena mínima cominada não ultrapassa 1 ano (art. 89 da lei 9.099/95).

→ Aplicação em concurso.

- **(Acadepol – Delegado de Polícia – SP/2011)**

  A penalidade de proibição de se obter a permissão ou a habilitação, para dirigir veículo automotor, prevista no Código de Trânsito Brasileiro, será aplicada nos casos abaixo relacionados, com exceção da seguinte situação:

  (A) embriaguez na condução de veículo automotor, em via pública.

  (B) participação, na direção de veículo automotor, de corrida, em via pública, que resulte dano potencial à incolumidade pública.

  (C) homicídio culposo na direção de veículo automotor.

  (D) lesão corporal culposa na direção de veículo automotor.

  (E) omissão do condutor do veículo, na ocasião do acidente, de prestar imediato socorro à vítima.

  Alternativa correta: letra E.

Art. 305. Afastar-se o condutor do veículo do **local do acidente**, para fugir à responsabilidade penal ou civil que lhe possa ser atribuída:

Penas – detenção, de seis meses a um ano, ou multa.

1. **Sujeito ativo.** O condutor do veículo envolvido no acidente. Trata-se de crime próprio.
2. **Sujeito passivo.** O Estado.
3. **Afastar-se.** Conhecido como crime de fuga à responsabilidade penal ou civil, o verbo *afastar-se* denota a conduta do agente que se distancia do local do acidente.
4. **Especial fim de agir.** O tipo penal exige como especial fim de agir a finalidade do agente de fugir da responsabilidade penal ou civil que possa resultar do acidente. Ausente esse especial fim de agir, a conduta é atípica, como no caso de o agente afastar-se do local do acidente e ir em direção a algum hospital por estar com um parente próximo dentro do veículo em situação de risco de morte.
5. **Local da prática da conduta.** O legislador não exigiu que a prática da conduta seja em algum local específico. Assim, conclui-se que o delito pode ocorrer em qualquer local, como ruas, avenidas, ruas dentro de condomínios, dentro da garagem etc.
6. **Consumação.** O delito consuma-se com o efetivo afastamento do agente do local do acidente, quando já há uma distância nítida entre ambos.
7. **Classificação.** Crime próprio; formal; doloso; comissivo; instantâneo; admite tentativa.
8. **Infração penal de menor potencial ofensivo.** Tendo em vista que a pena máxima não é superior a dois anos, trata-se de infração penal de menor potencial ofensivo (art. 61 da lei 9.099/95).
9. **Suspensão condicional do processo.** Cabível, pois a pena mínima cominada não ultrapassa 1 ano (art. 89 da lei 9.099/95).

Art. 306. Conduzir veículo automotor com **capacidade psicomotora alterada** em razão da **influência de álcool** ou de outra **substância psicoativa** que determine dependência: (Redação dada pela Lei nº 12.760, de 2012)

Penas – detenção, de seis meses a três anos, multa e suspensão ou proibição de se obter a permissão ou a habilitação para dirigir veículo automotor.

§ 1º As condutas previstas no *caput* serão constatadas por: (Incluído pela Lei nº 12.760, de 2012)

I – concentração igual ou superior a **6 decigramas** de álcool por litro de sangue ou igual ou superior a 0,3 miligrama de álcool por litro de ar alveolar; ou

II – sinais que indiquem, na forma disciplinada pelo Contran, **alteração da capacidade psicomotora**.

§ 2º A verificação do disposto neste artigo poderá ser obtida mediante teste de alcoolemia ou toxicológico, exame clínico, perícia, vídeo, prova testemunhal ou **outros meios de prova** em direito admitidos, observado o direito à contraprova. (Redação dada pela Lei nº 12.971, de 2014)

§ 3º O Contran disporá sobre a **equivalência** entre os distintos testes de alcoolemia ou toxicológicos para efeito de caracterização do crime tipificado neste artigo. (Redação dada pela Lei nº 12.971, de 2014)

1. **Sujeito ativo.** Qualquer pessoa. Trata-se de crime comum, pois o legislador não exigiu nenhuma condição especial do sujeito ativo.
2. **Sujeito passivo.** O Estado e a coletividade.
3. **Conduzir veículo automotor.** Significa o ato de dirigir o veículo, por acionamento do seu motor. Qualquer outra forma de movimentar o veículo não configura o delito, como no caso de o agente empurrá-lo de fora dele ou então o ato de o agente ingressar no veículo, ligar o motor e não o movimentar.
4. **Capacidade psicomotora alterada em razão da Influência de álcool ou de outra substância psicoativa que determine dependência.** Capacidade psicomotora é a capacidade de o ser humano estabelecer relações e influências recíprocas e sistêmicas entre o psiquismo e a motricidade. A alteração da capacidade psicomotora consiste na falta de coordenação entre o psiquismo e a motricidade que toma o ser humano em razão de fatores externos, como o álcool ou as substâncias psicoativas que determinem dependência. Em outras palavras, pode ser definida como a perda de reflexos. Essa exigência típica significa que não basta, para a configuração do delito, que o agente dirija o veículo automotor embriagado. Faz-se necessária a prova da alteração da capacidade psicomotora.
5. **§ 1º. Constatação da condução do veículo automotor com a capacidade psicomotora alterada em razão da influência de álcool ou de outra substância psicoativa que determine dependência.** O legislador trouxe duas formas de comprovação da conduta mencionada no *caput* do artigo: Inciso I – concentração igual ou superior a 6 decigramas de álcool por litro de sangue ou igual ou superior a 0,3 miligrama de álcool por litro de ar alveolar; ou inciso II – sinais que indiquem, na forma disciplinada pelo Contran, alteração da capacidade psicomotora.

→ **Aplicação em concurso.**

- **Escrivão de Polícia/CE. 2015. VUNESP.**

  A única possibilidade de configuração do crime de embriaguez ao volante (art. 306) é por meio da constatação de concentração igual ou superior a 6 decigramas de álcool por litro de sangue, ou igual ou superior a 0,3 miligrama de álcool por litro de ar alveolar.

  A alternativa está errada.

6. **Inciso I. Concentração igual ou superior a 6 decigramas de álcool por litro de sangue ou igual ou superior a 0,3 miligrama de álcool por litro de ar alveolar.** O meio mais utilizado pelas autoridades de trânsito para a verificação desta medida é a utilização do etilômetro, denominado "bafômetro". Contudo, a exigência desse exame, bem como do exame de sangue não pode ser imposta ao agente, em razão do princípio da proibição da autoincriminação. Entretanto, de acordo com o § 2º, a comprovação da alteração da capacidade psicoativa pode ser feita por qualquer meio de prova.

7. **Art. 3º da Resolução CONTRAN nº 432 de 23/01/2013.** Trata dos procedimentos a serem realizados para a confirmação da alteração da capacidade psicomotora. Confira-se a sua redação: "Art. 3º. A confirmação da alteração da capacidade psicomotora em razão da influência de álcool ou de outra substância psicoativa que determine dependência dar-se-á por meio de, pelo menos, um dos seguintes procedimentos a serem realizados no condutor de veículo automotor: I – exame de sangue; II – exames realizados por laboratórios especializados, indicados pelo órgão ou entidade de trânsito competente ou pela Polícia Judiciária, em caso de consumo de outras substâncias psicoativas que determinem dependência; III – teste em aparelho destinado à medição do teor alcoólico no ar alveolar (etilômetro); IV – verificação dos sinais que indiquem a alteração da capacidade psicomotora do condutor. § 1º Além do disposto nos incisos deste artigo, também poderão ser utilizados prova testemunhal, imagem, vídeo ou qualquer outro meio de prova em direito admitido. § 2º Nos procedimentos de fiscalização deve-se priorizar a utilização do teste com etilômetro. § 3º Se o condutor apresentar sinais de alteração da capacidade psicomotora na forma do art. 5º ou haja comprovação dessa situação por meio do teste de etilômetro e houver encaminhamento do condutor para a realização do exame de sangue ou exame clínico, não será necessário aguardar o resultado desses exames para fins de autuação administrativa".

8. **Inciso II. Sinais que indiquem, na forma disciplinada pelo Contran, alteração da capacidade psicomotora.** Há vários sinais que podem identificar a alteração da capacidade psicomotora por parte do condutor do veículo, como a falta de coordenação motora, pronunciamento de frases inconsequentes, dificuldade de ficar parado ao lado do carro, falta de postura corporal, além de outras. Confira-se, sobre o tema, a regulamentação pelo art. 5 da Resolução CONTRAN nº 432 de 23/01/2013 no próximo tópico.

9. **Art. 5º da Resolução CONTRAN nº 432 de 23/01/2013.** Regulamenta a verificação dos sinais de alteração da capacidade psicomotora: "Art. 5º. Os sinais de alteração da capacidade psicomotora poderão ser verificados por: I – exame clínico com

laudo conclusivo e firmado por médico perito; ou II – constatação, pelo agente da Autoridade de Trânsito, dos sinais de alteração da capacidade psicomotora nos termos do Anexo II. § 1º Para confirmação da alteração da capacidade psicomotora pelo agente da Autoridade de Trânsito, deverá ser considerado não somente um sinal, mas um conjunto de sinais que comprovem a situação do condutor. § 2º Os sinais de alteração da capacidade psicomotora de que trata o inciso II deverão ser descritos no auto de infração ou em termo específico que contenha as informações mínimas indicadas no Anexo II, o qual deverá acompanhar o auto de infração".

10. **§ 2º. Meios de prova do delito.** Embora o legislador tenha especificado alguns meios de prova (mediante teste de alcoolemia ou toxicológico, exame clínico, perícia, vídeo, prova testemunhal), logo depois ele utilizou as expressões "ou outros meios de prova em direito admitidos" deixando clara a amplitude dos meios probatórios da alteração da capacidade psicomotora.

▶ STJ

(...) EMBRIAGUEZ AO VOLANTE (ARTIGO 306 DO CÓDIGO DE TRÂNSITO BRASILEIRO). APONTADA AUSÊNCIA DE COMPROVAÇÃO DA MATERIALIDADE DELITIVA. ACUSADA QUE SE RECUSOU A SE SUBMETER AO TESTE DO BAFÔMETRO. CRIME PRATICADO NA VIGÊNCIA DA LEI 12.760/2012. POSSIBILIDADE DE AFERIÇÃO DA EMBRIAGUEZ POR OUTROS MEIOS. CONSTRANGIMENTO ILEGAL NÃO CARACTERIZADO. DESPROVIMENTO DO RECLAMO. 1. Com o advento da Lei 12.760/2012, o combate à embriaguez ao volante tornou-se ainda mais rígido, tendo o legislador previsto a possibilidade de comprovação do crime por diversos meios de prova, conforme se infere da redação do § 2º incluído no artigo 306 do Código de Trânsito Brasileiro. 2. No caso dos autos, o crime imputado à recorrente ocorreu em 14.09.2013, quando já vigorava o § 2º do artigo 306 do Código de Trânsito Brasileiro, com a redação dada pela Lei 12.760/2012, de modo que, diante da sua recusa em se submeter ao teste do bafômetro, admite-se a prova da embriaguez por meio de testemunhos, circunstância que evidencia a dispensabilidade do exame pretendido na insurgência. 3. Recurso desprovido. **RHC 51528. Rel. Min. Jorge Mussi, julgado em 06/11/2014.**

11. **§ 3º. Equivalência entre os distintos testes de alcoolemia ou toxicológicos para efeito de caracterização do crime tipificado neste artigo.** Trata-se de norma penal em branco, uma vez que a equivalência mencionada nesse parágrafo depende de regulamentação pelo CONTRAN.

12. **Infração administrativa. Art. 165 do CTB.** O delito ora comentado também configura infração administrativa prevista no art. 165 do CTB ("Art. 165. Dirigir sob a influência de álcool ou de qualquer outra substância psicoativa que determine dependência: Infração – gravíssima; Penalidade – multa (dez vezes) e suspensão do direito de dirigir por 12 (doze) meses. Medida administrativa – recolhimento do documento de habilitação e retenção do veículo, observado o disposto no § 4º do art. 270 da Lei nº 9.503, de 23 de setembro de 1997 – do Código de Trânsito Brasileiro. Parágrafo único. Aplica-se em dobro a multa prevista no caput em caso de reincidência no período de até 12 (doze) meses"). Pensamos que as duas sanções (penal e administrativa) podem ser impostas concomitantemente sem que isso implique *bis in idem*, uma vez que possuem naturezas diversas.

13. **Recusa em submeter-se a teste, exame clínico, perícia ou outro procedimento. Infração administrativa.** A lei 13.281/2016 inseriu o art. 165-A no CTB para tratar como infração administrativa gravíssima a simples recusa por parte do agente em submeter-se a teste, exame clínico, perícia ou outro procedimento que permita certificar influência de álcool ou outra substância psicoativa. ("Art. 165-A. Recusar-se a ser submetido a teste, exame clínico, perícia ou outro procedimento que permita certificar influência de álcool ou outra substância psicoativa, na forma estabelecida pelo art. 277: Infração – gravíssima; Penalidade – multa (dez vezes) e suspensão do direito de dirigir por 12 (doze) meses; Medida administrativa – recolhimento do documento de habilitação e retenção do veículo, observado o disposto no § 4º do art. 270. Parágrafo único. Aplica-se em dobro a multa prevista no *caput* em caso de reincidência no período de até 12 (doze) meses").

14. **Local da prática da conduta.** O legislador não exigiu que a prática da conduta seja em algum local específico. Assim, conclui-se que o delito pode ocorrer em qualquer local, como ruas, avenidas, ruas dentro de condomínios, dentro da garagem, no pátio de uma concessionária de automóveis etc.

→ **Aplicação em concurso.**

- **Escrivão de Polícia Civil/DF. 2013. CESPE.**

  Caso um cidadão esteja com sua capacidade psicomotora alterada em razão da influência de álcool e, ainda assim, conduza veículo automotor, tal conduta caracterizará crime de trânsito se ocorrer em via pública, mas será atípica, se ocorrer fora de via pública, como um condomínio fechado, por exemplo.

  A alternativa está errada.

15. **Crime de perigo abstrato.** O delito de embriaguez ao volante é de perigo abstrato.

▶ STJ

> RECURSO ESPECIAL. EMBRIAGUEZ AO VOLANTE. ART. 306 DA LEI N. 9503/97 – CÓDIGO BRASILEIRO DE TRÂNSITO. TRANCAMENTO DA AÇÃO PENAL. CRIME DE PERIGO ABSTRATO. DESNECESSIDADE DE DEMONSTRAÇÃO DE POTENCIALIDADE LESIVA NA CONDUTA. CONCENTRAÇÃO DE ÁLCOOL POR LITRO DE SANGUE IGUAL OU SUPERIOR A 6 DECIGRAMAS. EXAME DE SANGUE. FATO TÍPICO. PRESENTE JUSTA CAUSA. PROVIMENTO. 1 – Conforme reiterada jurisprudência desta Corte, o crime do art. 306 do Código de Trânsito Brasileiro é de perigo abstrato e dispensa a demonstração de potencialidade lesiva na conduta, configurando-se pela condução de veículo automotor em estado de embriaguez. 2 – Considerando que o recorrido foi submetido a exame de sangue (Exame Toxicológico Dosagem Alcoólica n. 760/2012) e que a denúncia traz indícios concretos de que o paciente foi flagrado dirigindo veículo automotor com concentração de álcool igual a 1,6 g/l por litro de sangue – valor esse superior ao que a lei permite –, há justa causa para a persecução penal do crime de embriaguez ao volante. 3 – Recurso especial conhecido e provido. REsp 1467980. Rel. Min. Rogério Schietti Cruz, julgado em 04/11/2014.

▶ STJ

Informativo nº 466.

Quinta Turma.

DIREÇÃO. EMBRIAGUEZ. PERIGO ABSTRATO.

A Turma reiterou que o crime do art. 306 do Código de Trânsito Brasileiro é de perigo abstrato, pois o tipo penal em questão apenas descreve a conduta de dirigir veículo sob a influência de álcool acima do limite permitido legalmente, sendo desnecessária a demonstração da efetiva potencialidade lesiva do condutor. (...). Precedentes citados: HC 140.074-DF, DJe 22/2/2010, e RHC 26.432-MT, DJe 14/12/2009. **HC 175.385-MG, Rel. Min. Laurita Vaz, julgado em 17/3/2011.**

16. **Consumação.** O delito consuma-se com o ato de dirigir o veículo automotor. Não é necessário provar a potencialidade lesiva da conduta ou que o agente gerou algum grau de risco para a segurança viária e das pessoas. Trata-se de crime de perigo abstrato e formal.

▶ STJ

RECURSO ESPECIAL. EMBRIAGUEZ AO VOLANTE. ART. 306 DA LEI N. 9503/97 – CÓDIGO BRASILEIRO DE TRÂNSITO. TRANCAMENTO DA AÇÃO PENAL. CRIME DE PERIGO ABSTRATO. DESNECESSIDADE DE DEMONSTRAÇÃO DE POTENCIALIDADE LESIVA NA CONDUTA. CONCENTRAÇÃO DE ÁLCOOL POR LITRO DE SANGUE IGUAL OU SUPERIOR A 6 DECIGRAMAS. EXAME DE SANGUE. FATO TÍPICO. PRESENTE JUSTA CAUSA. PROVIMENTO. 1 – Conforme reiterada jurisprudência desta Corte, o crime do art. 306 do Código de Trânsito Brasileiro é de perigo abstrato e dispensa a demonstração de potencialidade lesiva na conduta, configurando-se pela condução de veículo automotor em estado de embriaguez. (...). **REsp 1467980. Rel. Min. Rogerio Schietti Cruz, julgado em 04/11/2014.**

17. **Classificação.** Crime comum; formal; doloso; comissivo; instantâneo; de perigo abstrato; admite tentativa.

18. **Suspensão condicional do processo.** Cabível, pois a pena mínima cominada não ultrapassa 1 ano (art. 89 da lei 9.099/95).

Art. 307. Violar a suspensão ou a proibição de se obter a permissão ou a habilitação para dirigir veículo automotor imposta com **fundamento neste Código**:

Penas – detenção, de seis meses a um ano e multa, com nova imposição adicional de idêntico prazo de suspensão ou de proibição.

Parágrafo único. Nas mesmas penas incorre o condenado que deixa de entregar, no prazo estabelecido no § 1º do art. 293, a Permissão para Dirigir ou a Carteira de Habilitação.

1. **Sujeito ativo.** A pessoa que estiver com a habilitação suspensa ou proibida. Trata-se de crime próprio.

2. **Sujeito passivo.** O Estado e a coletividade.

3. **Violar a suspensão ou a proibição de se obter a permissão ou a habilitação.** Trata-se do crime de violação da suspensão ou proibição do direito de dirigir veículo automotor. Tem-se, por parte do agente, a desobediência a um ato emanado do Estado. A intenção do legislador foi preservar a autoridade da decisão que imponha a mencionada suspensão ou proibição, pois se mesmo suspenso ou proibido de dirigir, o agente viesse a efetivamente dirigir um veículo automotor, de nada adiantariam tais sanções.

4. **Suspensão ou proibição com fundamento no CTB.** A suspensão ou a proibição deve ter sido imposta com fundamento no próprio CTB, como sanção pela violação de algum de seus preceitos, como na hipótese de proibição ou suspensão fundamentada em alguma infração administrativa ou penal.

5. **Pressuposto do devido processo legal.** Se o legislador exigiu que a violação da suspensão ou da proibição fosse baseada no próprio CTB, exige-se, como pressuposto, que tais sanções tenham sido aplicadas dentro de um processo administrativo ou judicial, com todas as garantias da ampla defesa e do contraditório, como manifestação do devido processo legal.

6. **Princípio da Especialidade.** O tipo legal de crime ora comentado é especial em relação ao tipo legal de crime de desobediência previsto no art. 330 do Código Penal.

7. **Parágrafo único. Conduta equiparada.** O art. 293, § 1º CTB dispõe que "a penalidade de suspensão ou de proibição de se obter a permissão ou a habilitação, para dirigir veículo automotor, tem a duração de dois meses a cinco anos. § 1º Transitada em julgado a sentença condenatória, o réu será intimado a entregar à autoridade judiciária, em quarenta e oito horas, a Permissão para Dirigir ou a Carteira de Habilitação". Assim, como consequência da condenação criminal com trânsito em julgado, o condenado tem o prazo de 48 horas para entregar a Permissão ou a Habilitação à autoridade judiciária, caso em que, ultrapassado esse prazo, está configurado o delito ora comentado. Note-se, porém, que somente após o decurso das 48 horas é que o delito estará consumado.

8. **Infração administrativa. Art. 162, II do CTB.** O delito ora comentado também configura infração administrativa prevista no art. 162, II do CTB ("Art. 162. Dirigir veículo: II – com Carteira Nacional de Habilitação, Permissão para Dirigir ou Autorização para Conduzir Ciclomotor cassada ou com suspensão do direito de dirigir: Infração – gravíssima; Penalidade – multa (três vezes); Medida administrativa – recolhimento do documento de habilitação e retenção do veículo até a apresentação de condutor habilitado."). Pensamos que as duas sanções (penal e administrativa) podem ser impostas cumulativamente sem que isso implique *bis in idem*, uma vez que as duas sanções possuem naturezas diversas.

9. **Local da prática da conduta.** O legislador não exigiu que a prática da conduta seja em algum local específico. Assim, conclui-se que o delito pode ocorrer em qualquer local, como ruas, avenidas, ruas dentro de condomínios, dentro da garagem etc.

10. **Consumação.** O delito consuma-se com o ato de dirigir o veículo automotor.

11. **Classificação.** Crime próprio; formal; doloso; comissivo; instantâneo; admite tentativa.

12. **Infração penal de menor potencial ofensivo.** Tendo em vista que a pena máxima não é superior a dois anos, trata-se de infração penal de menor potencial ofensivo (art. 61 da lei 9.099/95).

13. **Suspensão condicional do processo.** Cabível, pois a pena mínima cominada não ultrapassa 1 ano (art. 89 da lei 9.099/95).

Art. 308. Participar, na direção de veículo automotor, em via pública, de **corrida, disputa ou competição automobilística ou ainda de exibição ou demonstração de perícia em manobra de veículo automotor**, não autorizada pela autoridade competente, gerando situação de risco à incolumidade pública ou privada: (Alterado pela lei 13.546, de 2017).

Penas – detenção, de 6 (seis) meses a 3 (três) anos, multa e suspensão ou proibição de se obter a permissão ou a habilitação para dirigir veículo automotor.

§ 1º Se da prática do crime previsto no *caput* resultar **lesão corporal de natureza grave**, e as circunstâncias demonstrarem que o agente não quis o resultado nem assumiu o risco de produzi-lo, a pena privativa de liberdade é de reclusão, de 3 (três) a 6 (seis) anos, sem prejuízo das outras penas previstas neste artigo.

§ 2º Se da prática do crime previsto no *caput* resultar **morte**, e as circunstâncias demonstrarem que o agente não quis o resultado nem assumiu o risco de produzi-lo, a pena privativa de liberdade é de reclusão de 5 (cinco) a 10 (dez) anos, sem prejuízo das outras penas previstas neste artigo. (Redação dada pela Lei nº 12.971, de 2014)

1. **Sujeito ativo.** Qualquer pessoa. Trata-se de crime comum, pois o legislador não exigiu nenhuma condição especial do sujeito ativo.

2. **Sujeito passivo.** A coletividade.

3. **Corrida, disputa ou competição automobilística ou ainda de exibição ou demonstração de perícia em manobra de veículo automotor não autorizada.** A corrida, a disputa e a competição configuram a conduta conhecida como *"racha"*, onde dois ou mais veículos automotores apostam corrida em velocidade excessiva. Por *corrida* entenda-se a conduta de percorrer uma distância determinada. *Disputa e competição* significam a mesma coisa, ou seja, o ato de rivalidade, desafio, busca simultânea do mesmo prêmio. A segunda parte do *caput*, que faz menção à *exibição ou demonstração de perícia em manobra de veículo automotor e manobras arriscadas*, foi inserida pela lei 13.546/2017 e consiste em atos de manobras que fogem da normalidade da condução do veículo, com cunho exibicionista, tendo como elemento inerente o risco de causar um acidente com a manobra realizada, como a conduta conhecida como "cavalo-de-pau", conduzir o carro sob duas rodas, arrancadas bruscas e repentinas com a finalidade de "cantar pneu", andar com a motocicleta empinada, sob apenas a roda traseira, entre outros.

4. **Participar.** O verbo *participar* utilizado pelo legislador está empregado em sentido amplo, a denotar qualquer forma de tomar parte da competição não autorizada, como autor do delito ora mencionado.

5. **Local da prática da conduta. Via pública.** O legislador exigiu que a competição não autorizada fosse praticada em via pública. Assim, caso seja praticada em locais fechados, como ruas dentro de um condomínio de casas ou outro lugar parecido, esse delito não se configura.

6. **Crime de perigo concreto.** O legislador exigiu o elemento "gerando situação de risco à incolumidade pública ou privada" como resultado da conduta do agente. Assim, trata-se de crime de perigo concreto. Logo, para a configuração desse delito, não basta que o agente pratique a competição não autorizada. É necessária a prova de que a sua conduta ofereceu um efetivo perigo ao bem jurídico.

   → Aplicação em concurso.

   - **Escrivão de Polícia/CE. 2015. VUNESP.**

     Mesmo sem resultar dano potencial à incolumidade pública ou privada, é crime (art. 308) participar, na direção de veículo automotor, em via pública, de disputa ou competição automobilística não autorizada pela autoridade competente ("racha").

     A alternativa está errada.

7. **Motorista não habilitado.** Caso o motorista não possua a habilitação ou a permissão para dirigir veículo automotor, há concurso de crimes com o delito do art. 309 deste Código, não havendo que se falar em absorção com fundamento no princípio da consunção, pela vertente do crime progressivo, uma vez que dirigir o veículo sem permissão ou sem habilitação não é meio necessário para a prática do delito ora comentado.

8. **Princípio da especialidade.** O presente tipo penal configura especialidade em relação ao art. 34 da Lei de Contravenções Penais, que traz a contravenção de *direção perigosa de veículo na via pública* ("*Dirigir veículos na via pública, ou embarcações em águas públicas, pondo em perigo a segurança alheia*").

9. **Crime de concurso necessário.** Por meio das expressões participar de corrida, disputa ou competição, percebe-se que o agente somente pode participar desses eventos se houver outras pessoas igualmente participando dele também. O agente participa juntamente com outras pessoas. Ninguém participa de corrida, disputa ou competição consigo mesmo. Portanto, cremos que se trata de crime de concurso necessário, exigindo-se dois ou mais agentes para a sua configuração.

10. **Promotor do evento.** A pessoa que promove os eventos de corrida, disputa ou competição responde por esse delito na qualidade de partícipe.

11. **Infração administrativa. Arts. 173 e 174 do CTB.** O delito ora comentado também configura infração administrativa prevista nos arts. 173 e 174 CTB ("art. 173. Disputar corrida: Infração – gravíssima; Penalidade – multa (dez vezes), suspensão do direito de dirigir e apreensão do veículo; Medida administrativa – recolhimento do documento de habilitação e remoção do veículo. Parágrafo único. Aplica-se em dobro a multa prevista no caput em caso de reincidência no período de 12 (doze) meses da infração anterior. Art. 174. Promover, na via, competição, eventos

organizados, exibição e demonstração de perícia em manobra de veículo, ou deles participar, como condutor, sem permissão da autoridade de trânsito com circunscrição sobre a via: Infração – gravíssima; Penalidade – multa (dez vezes), suspensão do direito de dirigir e apreensão do veículo; Medida administrativa – recolhimento do documento de habilitação e remoção do veículo. § 1º As penalidades são aplicáveis aos promotores e aos condutores participantes. § 2º Aplica-se em dobro a multa prevista no caput em caso de reincidência no período de 12 (doze) meses da infração anterior."). Pensamos que as duas sanções (penal e administrativa) podem ser impostas cumulativamente sem que isso implique *bis in idem*, uma vez que as duas sanções possuem naturezas diversas.

12. **Consumação.** O delito consuma-se com a efetiva participação do agente na corrida, na disputa ou na competição, gerando perigo de dano, independentemente da ocorrência de qualquer resultado.

→ Aplicação em concurso.

- **Inspetor de Polícia/CE. 2015. VUNESP.**

  Sobre o Código de Trânsito Brasileiro, está correto afirmar que

  A punição da conduta de participação em racha (artigo 308), está condicionada à ocorrência de acidente.

  Alternativa está errada.

13. **§ 1º. Qualificadora da lesão corporal grave.** O § 1º trata da qualificadora da lesão corporal grave. O resultado somente pode decorrer de culpa, tendo em vista que o legislador excluiu expressamente o dolo direto e o dolo eventual por meio das expressões "e as circunstâncias demonstrarem que o agente não quis o resultado nem assumiu o risco de produzi-lo". Assim, será um delito preterdoloso. Note-se que somente a lesão corporal grave qualifica o delito, que são os resultados previstos no art., 129, §§ 1º e 2º do Código Penal. A lesão corporal leve, prevista no *caput* do art. 129 do Código Penal, não está abrangida por esse parágrafo. Caso a lesão corporal decorra de dolo, haverá concurso de crimes entre o delito ora comentado e o de lesão corporal previsto no art. 129 do Código Penal.

14. **§ 2º. Qualificadora da morte.** O § 2º trata da qualificadora da morte. Pela redação típica, conclui-se que o resultado somente pode decorrer de culpa, tendo em vista que o legislador excluiu expressamente o dolo direto e o dolo eventual por meio das expressões "e as circunstâncias demonstrarem que o agente não quis o resultado nem assumiu o risco de produzi-lo". Assim, será um delito preterdoloso. Caso a morte decorra de dolo por parte do agente, haverá concurso de crimes entre o delito ora comentado e o de homicídio previsto no art. 121 do Código Penal.

15. **Classificação.** Crime comum; formal; doloso; comissivo; instantâneo; de concurso necessário; de perigo concreto; admite tentativa.

16. **Suspensão condicional do processo.** Cabível, pois a pena mínima cominada não ultrapassa 1 ano (art. 89 da lei 9.099/95).

Art. 309. Dirigir veículo automotor, em via pública, **sem** a devida **Permissão** para Dirigir ou **Habilitação** ou, ainda, se cassado o direito de dirigir, gerando perigo de dano:

Penas – detenção, de seis meses a um ano, ou multa.

1. **Sujeito ativo.** Qualquer pessoa. Trata-se de crime comum, pois o legislador não exigiu nenhuma condição especial do sujeito ativo.
2. **Sujeito passivo.** A coletividade.
3. **Local da prática da conduta. Via pública.** Para a configuração do delito, o legislador exigiu que o agente dirigisse sem estar habilitado com o direito de dirigir cassado em via pública. Assim, caso a conduta seja praticada em locais fechados, como ruas dentro de um condomínio de casas, dentro da garagem ou outro lugar parecido, a conduta será atípica.
4. **Crime de perigo concreto.** Por meio das expressões "gerando perigo de dano", percebe-se que o legislador conferiu a esse delito a natureza de crime de perigo concreto. Assim, para a configuração desse delito, não basta que o agente efetivamente dirija o veículo automotor. É necessária a prova de que a sua conduta ofereceu um efetivo perigo ao bem jurídico.

→ Aplicação em concurso.

- **Escrivão de Polícia/CE. 2015. VUNESP.**

  A conduta de dirigir veículo automotor em via pública, sem a devida permissão para dirigir ou habilitação, configura crime (art. 309), gerando ou não perigo de dano.

  A alternativa está errada.

- **Juiz de Direito do TJ/DF. 2014. CESPE.**

  Dirigir veículo automotor, em via pública, sem a devida permissão ou habilitação, gerando perigo de dano, é classificado como delito de perigo abstrato.

  A alternativa está errada.

- **Defensor Público/RS. 2014. FCC.**

  Sobre as leis penais especiais, é correto afirmar:

  De acordo com o Código de Trânsito Brasileiro, para que o agente responda criminalmente por dirigir sem ser habilitado (tipo penal previsto no art. 309 da Lei nº 9.503/97), é necessário, sempre, que sua conduta gere perigo de dano.

  A alternativa está correta.

- **(Cespe – Delegado de Polícia – ES/2010)**

  Em relação à legislação que instituiu o Código de Trânsito Brasileiro, julgue os itens subsequentes.

  Os crimes de entregar a direção de veículo automotor a pessoa não habilitada e de falta de habilitação se aperfeiçoam com a simples conduta, sem que se exija prova da efetiva probabilidade de dano.

  A alternativa está errada.

5. **Agente não habilitado ou com o direito de dirigir cassado.** O legislador abrangeu duas hipóteses. Na primeira, o agente ainda não é habilitado e não tem permissão. Na segunda, ele já foi habilitado para dirigir, mas teve esse direito cassado, não importando o motivo ou o fundamento da cassação.

6. **Dirigir veículo automotor com a CNH vencida. Não configuração do crime.** O presente tipo penal não abrange a conduta do agente que dirige veículo automotor com a CNH vencida, por falta de previsão legal. Além disso, é indevida a equiparação entre a ausência de Permissão ou de Habilitação para dirigir veículo automotor e o fato de o agente estar com a CNH vencida por não a ter renovado no prazo legal. A diversidade de situações impede que elas sejam equiparadas.

▶ STJ

> CRIMINAL. RECURSO ESPECIAL. DIRIGIR VEÍCULO SEM HABILITAÇÃO GERANDO PERIGO DE DANO. ABSOLVIÇÃO. CONDUTOR HABILITADO. EXAME MÉDICO VENCIDO. ATIPICIDADE. RECURSO DESPROVIDO. I. Hipótese em que o réu foi absolvido, ao fundamento de que o ato de conduzir veículo automotor com carteira de habilitação vencida não constitui a conduta tipificada no art. 309 do CTB. II. Se o bem jurídico tutelado pela norma é a incolumidade pública, para que exista o crime é necessário que o condutor do veículo não possua Permissão para Dirigir ou Habilitação, o que não inclui o condutor que, embora habilitado, esteja com a Carteira de Habilitação vencida. III. Não se pode equiparar a situação do condutor que deixou de renovar o exame médico com a daquele que sequer prestou exames para obter a habilitação. IV. Recurso desprovido. **(REsp 1188333/SC, Rel. Min. Gilson Dipp, julgado em 16/12/2010).**

7. **Infração administrativa. Art. 162, I e II do CTB.** O delito ora comentado também configura a infração administrativa prevista no art. 162, I e II do CTB (" Dirigir veículo: I – sem possuir Carteira Nacional de Habilitação, Permissão para Dirigir ou Autorização para Conduzir Ciclomotor: Infração – gravíssima. Penalidade – multa (três vezes); Medida administrativa – retenção do veículo até a apresentação de condutor habilitado; II – com Carteira Nacional de Habilitação, Permissão para Dirigir ou Autorização para Conduzir Ciclomotor cassada ou com suspensão do direito de dirigir: Infração – gravíssima; Penalidade – multa (três vezes); Medida administrativa – recolhimento do documento de habilitação e retenção do veículo até a apresentação de condutor habilitado."). Pensamos que as duas sanções (penal e administrativa) podem ser impostas cumulativamente sem que isso implique *bis in idem*, uma vez que as duas sanções possuem naturezas diversas.

8. **Consumação.** Com o efetivo ato de dirigir o veículo automotor, mais o perigo concreto ao bem jurídico.

9. **Derrogação do art. 32 da Lei de Contravenções Penais.** A lei de Contravenções Penais em seu art. 32 prevê a seguinte infração: "Dirigir, sem a devida habilitação, veículo na via pública, ou embarcação a motor em águas públicas: Pena – multa, de duzentos mil réis a dois contos de réis." Como é possível perceber, a Lei de Contravenções Penais abrange duas hipóteses de direção sem habilitação: veículo automotor na via pública e embarcação a motor em águas públicas. No que toca à primeira hipótese, o art. 32 da Lei de Contravenções Penais está revogado, em

razão de o CTB ter tratado dessa conduta no seu art. 309. Contudo, em relação à segunda hipótese, o artigo da Lei Contravencional continua em vigor porque o art. 309 do CTB não tratou dela. Assim, o art. 309 do CTB derrogou o art. 32 da Lei de Contravenções Penais, que continua a vigorar apenas para o caso de dirigir embarcação a motor em águas públicas sem estar habilitado. Portanto, se o agente dirigir veículo automotor na via pública, pratica o crime do art. 309 do CTB; mas se dirigir embarcação a motor em águas públicas, comete a contravenção do art. 32 da Lei de Contravenções Penais.

10. **Súmula 720 do STF:** "O art. 309 do Código de Trânsito Brasileiro, que reclama decorra do fato perigo de dano, derrogou o art. 32 da Lei das Contravenções Penais no tocante à direção sem habilitação em vias terrestres".

11. **Classificação.** Crime comum; formal; doloso; comissivo; instantâneo; de perigo concreto; admite tentativa.

12. **Infração penal de menor potencial ofensivo.** Tendo em vista que a pena máxima não é superior a dois anos, trata-se de infração penal de menor potencial ofensivo (art. 61 da lei 9.099/95).

13. **Suspensão condicional do processo.** Cabível, pois a pena mínima cominada não ultrapassa 1 ano (art. 89 da lei 9.099/95).

> **Art. 310.** Permitir, confiar ou entregar a direção de veículo automotor a pessoa **não habilitada**, com **habilitação cassada** ou com o **direito** de dirigir **suspenso**, ou, ainda, a quem, por seu estado de saúde, física ou mental, ou por embriaguez, não esteja em condições de conduzi-lo com segurança:
>
> Penas – detenção, de seis meses a um ano, ou multa.

1. **Sujeito ativo.** Qualquer pessoa. Trata-se de crime comum, pois o legislador não exigiu nenhuma condição especial do sujeito ativo.

2. **Sujeito passivo.** A coletividade.

3. **Permitir, confiar ou entregar.** *Permitir* significa consentir na direção do veículo automotor. *Confiar* consiste em acreditar que a pessoa esteja em condições de dirigir. *Entregar* é passar o veículo às mãos da pessoa descrita no tipo penal.

4. **Pessoa não habilitada, com habilitação cassada ou com o direito de dirigir suspenso.** O legislador abrangeu tanto a pessoa que não é habilitada, quanto a que já foi habilitada, mas teve esse direito cassado e a que é habilitada, porém teve esse direito suspenso. Note-se que, enquanto o agente que permite, confia ou entrega o veículo à pessoa não habilitada, com habilitação cassada ou com o direito de dirigir suspenso pratica esse delito ora comentado, a pessoa que dirige sem estar habilitada ou com o direito de dirigir cassado pratica o crime do art. 309 do CTB. Da mesma forma, se essa pessoa estiver com o direito de dirigir suspenso, pratica o delito do art. 307 do CTB.

5. **Pessoa que, por seu estado de saúde, física ou mental, ou por embriaguez, não esteja em condições de conduzi-lo com segurança.** Nessa segunda hipótese, a pessoa é habilitada, mas no momento em que recebe a direção do veículo do agente não está em condições de dirigir pelas causas elencadas no tipo penal. Da mesma forma que dissemos no tópico anterior, enquanto o agente que permite, confia ou entrega o veículo à pessoa que, por seu estado de saúde, física ou mental, ou por embriaguez, não esteja em condições de conduzi-lo com segurança, a pessoa que dirige no estado de embriaguez pratica o delito previsto no art. 306 do CTB.

6. **Infração administrativa. Art. 163, 164 e 166 do CTB.** O delito ora comentado também configura as infrações administrativas previstas nos arts. 163, 164 e 165 do CTB ("Art. 163. Entregar a direção do veículo a pessoa nas condições previstas no artigo anterior: Infração – as mesmas previstas no artigo anterior; Penalidade – as mesmas previstas no artigo anterior; Medida administrativa – a mesma prevista no inciso III do artigo anterior. Art. 164. Permitir que pessoa nas condições referidas nos incisos do art. 162 tome posse do veículo automotor e passe a conduzi-lo na via: Infração – as mesmas previstas nos incisos do art. 162; Penalidade – as mesmas previstas no art. 162; Medida administrativa – a mesma prevista no inciso III do art. 162. Art. 166. Confiar ou entregar a direção de veículo a pessoa que, mesmo habilitada, por seu estado físico ou psíquico, não estiver em condições de dirigi-lo com segurança: Infração – gravíssima; Penalidade – multa"). Pensamos que as duas sanções (penal e administrativa) podem ser impostas cumulativamente sem que isso implique *bis in idem*, uma vez que as duas sanções possuem naturezas diversas.

7. **Local da prática da conduta.** O legislador não exigiu que a prática da conduta seja em algum local específico. Assim, conclui-se que o delito pode ocorrer em qualquer local, como ruas, avenidas, ruas dentro de condomínios, dentro da garagem etc.

8. **Consumação.** O delito consuma-se no momento em que o agente permite, confia ou entrega o veículo automotor à pessoa descrita no tipo penal. Pela redação típica conclui-se que não é necessário que a pessoa efetivamente dirija o veículo, bastado, portanto, a conduta do agente. Tendo em vista que o crime é de perigo abstrato, não é necessária a prova de efetivo perigo gerado à segurança viária.

▶ STJ

> **Súmula 575.** Constitui crime a conduta de permitir, confiar ou entregar a direção de veículo automotor a pessoa que não seja habilitada, ou que se encontre em qualquer das situações previstas no art. 310 do CTB, independentemente da ocorrência de lesão ou de perigo de dano concreto na condução do veículo.

9. **Classificação.** Crime comum; formal; doloso; comissivo; instantâneo; de perigo abstrato; admite tentativa.

10. **Infração penal de menor potencial ofensivo.** Tendo em vista que a pena máxima não é superior a dois anos, trata-se de infração penal de menor potencial ofensivo (art. 61 da lei 9.099/95).

11. **Suspensão condicional do processo.** Cabível, pois a pena mínima cominada não ultrapassa 1 ano (art. 89 da lei 9.099/95).

Art. 311. Trafegar em **velocidade incompatível** com a segurança nas proximidades de escolas, hospitais, estações de embarque e desembarque de passageiros, logradouros estreitos, ou onde haja grande movimentação ou concentração de pessoas, gerando perigo de dano:

Penas – detenção, de seis meses a um ano, ou multa.

1. **Sujeito ativo.** Qualquer pessoa. Trata-se de crime comum, pois o legislador não exigiu nenhuma condição especial do sujeito ativo.
2. **Sujeito passivo.** A coletividade.
3. **Trafegar em velocidade incompatível.** O legislador não determinou o que seria velocidade incompatível, bem como não estabeleceu limites de velocidade para caracterizar a velocidade incompatível. Assim, pensamos que a incompatibilidade da velocidade irá variar de acordo com o caso concreto. Se houver placa de trânsito no local com a determinação da velocidade permitida, a velocidade incompatível será a que extrapolar esse limite. Contudo, se não houver sinalização, pensamos que a velocidade incompatível será aquela que possa ocasionar um acidente, a depender do caso concreto.
4. **Crime de perigo concreto.** Por meio das expressões "gerando perigo de dano", percebe-se que o legislador conferiu a esse delito a natureza de crime de perigo concreto. Assim, para a configuração desse delito, não basta que o agente efetivamente dirija o veículo automotor em velocidade incompatível com os locais descritos no tipo penal. É necessária a prova de que a sua conduta ofereceu um efetivo perigo ao bem jurídico.

   → Aplicação em concurso.

   - **Escrivão de Polícia/CE. 2015. VUNESP.**

     É crime (art. 311) trafegar em velocidade incompatível com a segurança nas proximidades de escolas, gerando perigo de dano.

     A alternativa está correta.

   - **Inspetor de Polícia/CE. 2015. VUNESP.**

     Sobre o Código de Trânsito Brasileiro, está correto afirmar que

     O crime do artigo 311 exige perigo de dano para a conduta de trafegar em velocidade incompatível com a segurança nas proximidades de escolas.

     Alternativa está correta.

5. **Local da prática da conduta.** Para a configuração do tipo penal, o legislador exigiu que a prática da conduta fosse nas proximidades de escolas, hospitais, estações de embarque e desembarque de passageiros, logradouros estreitos, ou onde haja grande movimentação ou concentração de pessoas. Portanto, se a conduta for praticada em qualquer outro lugar que não sejam esses previstos no tipo penal, esse crime não se configura.

6. **Infração administrativa. Art. 220, XIV do CTB.** O delito ora comentado também configura a infração administrativa prevista no art. 220, XIV do CTB ("Art. 220. Deixar de reduzir a velocidade do veículo de forma compatível com a segurança do trânsito: XIV – nas proximidades de escolas, hospitais, estações de embarque e desembarque de passageiros ou onde haja intensa movimentação de pedestres: Infração – gravíssima; Penalidade – multa"). Pensamos que as duas sanções (penal e administrativa) podem ser impostas cumulativamente sem que isso implique *bis in idem*, uma vez que as duas sanções possuem naturezas diversas.
7. **Consumação.** O delito consuma-se com o tráfego do veículo em velocidade incompatível, mais o perigo concreto ao bem jurídico.
8. **Classificação.** Crime comum; formal; doloso; comissivo; instantâneo; de perigo concreto; admite tentativa.
9. **Infração penal de menor potencial ofensivo.** Tendo em vista que a pena máxima não é superior a dois anos, trata-se de infração penal de menor potencial ofensivo (art. 61 da lei 9.099/95).
10. **Suspensão condicional do processo.** Cabível, pois a pena mínima cominada não ultrapassa 1 ano (art. 89 da lei 9.099/95).

Art. 312. Inovar artificiosamente, em caso de acidente automobilístico com vítima, na pendência do respectivo procedimento policial preparatório, inquérito policial ou processo penal, o estado de lugar, de coisa ou de pessoa, a fim de induzir a erro o agente policial, o perito, ou juiz:

Penas – detenção, de seis meses a um ano, ou multa.

Parágrafo único. Aplica-se o disposto neste artigo, ainda que não iniciados, quando da inovação, o procedimento preparatório, o inquérito ou o processo aos quais se refere.

1. **Sujeito ativo.** Qualquer pessoa. Trata-se de crime comum, pois o legislador não exigiu nenhuma condição especial do sujeito ativo.
2. **Sujeito passivo.** A coletividade.
3. **Inovar artificiosamente.** Inovar artificiosamente significa criar uma situação nova, por meio da alteração do estado de lugar, de coisa ou de pessoa. Trata-se de uma espécie de fraude processual, em que o agente promove a alteração para que um novo quadro do acidente automobilístico forme-se, com a ocultação da real situação fática que envolve o acidente. O legislador pretendeu, com o tipo penal ora comentado, manter a real situação fática do acidente para que a investigação sobre ele seja a mais completa e a mais eficaz possível, para que se apurem as responsabilidades penais de todos os agentes envolvidos. Isso porque qualquer alteração que se faça no estado de lugar, coisa ou pessoa, pode alterar a apuração da responsabilidade penal.
4. **Acidente automobilístico com vítima.** Pela redação legal, não basta a existência de um acidente automobilístico. É necessário que haja uma vítima decorrente do acidente.

5. **Pendência do respectivo procedimento policial preparatório, inquérito policial ou processo penal.** A conduta de inovação artificiosa deve ocorrer no curso dos processos ou procedimentos descritos no tipo penal (procedimento policial preparatório, inquérito policial ou processo penal), sob pena de atipicidade da conduta. Mas não é só. Exige-se que o processo ou o procedimento tenha pertinência com o acidente, ou seja, que o procedimento policial preparatório, inquérito policial ou processo penal seja aquele no qual o fato do acidente automobilístico com vítima seja apurado.

6. **Especial fim de agir.** O tipo penal exige o especial fim de agir por parte do agente, no sentido de induzir a erro o agente policial, o perito, ou Juiz. Portanto, não é suficiente para a consumação do delito ora comentado a alteração do estado de lugar, de coisa ou de pessoa. O agente deve promover a alteração com essa finalidade específica, pois, com a sua conduta de inovar artificiosamente, pretende levar o agente policial, o perito ou o Juiz a uma situação de falsa noção da realidade, o que, certamente, vai gerar consequências no terreno da apuração da responsabilidade penal.

7. **Local da prática da conduta.** O legislador não exigiu que a prática da conduta seja em algum local específico. Assim, conclui-se que o delito pode ocorrer em qualquer local, como ruas, avenidas, ruas dentro de condomínios, dentro da garagem etc.

8. **Infração administrativa. Art. 176, III, do CTB.** O delito ora comentado também configura a infração administrativa prevista no art. 176, III, do CTB ("Art. 176. Deixar o condutor envolvido em acidente com vítima: ... III – de preservar o local, de forma a facilitar os trabalhos da polícia e da perícia ... Infração – gravíssima; Penalidade – multa (cinco vezes) e suspensão do direito de dirigir; Medida administrativa – recolhimento do documento de habilitação"). Pensamos que as duas sanções (penal e administrativa) podem ser impostas cumulativamente sem que isso implique *bis in idem*, uma vez que as duas sanções possuem naturezas diversas.

9. **Parágrafo único.** O parágrafo único traz a ressalva no sentido de que o tipo penal é aplicável mesmo que, quando da inovação artificiosa, o procedimento policial preparatório, inquérito policial ou processo penal ainda não tenham se iniciado.

10. **Consumação.** O delito consuma-se com a efetiva alteração do estado de lugar, de coisa ou de pessoa, associada ao especial fim de agir de induzir a erro o agente policial, o perito ou Juiz.

11. **Classificação.** Crime comum; formal; doloso; comissivo; instantâneo; admite tentativa.

12. **Infração penal de menor potencial ofensivo.** Tendo em vista que a pena máxima não é superior a dois anos, trata-se de infração penal de menor potencial ofensivo (art. 61 da lei 9.099/95).

13. **Suspensão condicional do processo.** Cabível, pois a pena mínima cominada não ultrapassa 1 ano (art. 89 da lei 9.099/95).

Art. 312-A. Para os crimes relacionados nos arts. 302 a 312 deste Código, nas situações em que o juiz aplicar a substituição de pena privativa de liberdade por pena restritiva de direitos, **esta deverá ser de prestação de serviço à comunidade ou a entidades públicas, em uma das seguintes atividades**: (Incluído pela lei 13.281/2016).

I – trabalho, aos fins de semana, em equipes de resgate dos corpos de bombeiros e em outras unidades móveis especializadas no atendimento a vítimas de trânsito;

II – trabalho em unidades de pronto-socorro de hospitais da rede pública que recebem vítimas de acidente de trânsito e politraumatizados;

III – trabalho em clínicas ou instituições especializadas na recuperação de acidentados de trânsito;

IV – outras atividades relacionadas ao resgate, atendimento e recuperação de vítimas de acidentes de trânsito.

1. **Espécies de pena restritiva de direitos.** A lei 13.281/2016 inseriu o presente dispositivo legal no CTB para determinar ao Juiz a espécie de pena restritiva de direitos que deve ser aplicada caso a pena privativa de liberdade aplicada na sentença seja substituída por pena restiva de direitos. De todas as espécies de penas restritivas de direitos previstas no art. 43 do Código Penal, a pena de prestação de serviços à comunidade deve ser a única aplicável.

2. **Natureza jurídica.** Trata-se de norma complementar, que é aquela que trazem em si uma espécie de caminho, um norte, um critério para a aplicação da lei penal. O presente artigo trata da aplicação da pena restritiva de direitos nos crimes previstos no CTB.

3. **Aplicabilidade.** O presente dispositivo legal aplica-se a todos os tipos penais previstos no CTB.

4. **Relação com os delitos de trânsito.** Todos os incisos dispõem sobre trabalho, consistente em alguma atividade e local que tenham relação com acidentes de trânsito.

5. **Distinção em relação ao Código Penal. Obrigatoriedade imposta ao Juiz.** No Código Penal, o Juiz é livre para escolher a espécie de pena restritiva de diretos que irá aplicar em substituição à pena privativa de liberdade, sempre norteado pelos princípios da individualização da pena e da proporcionalidade, atendendo às particularidades de cada caso concreto. O presente dispositivo confere um tratamento legal diverso, uma vez que impõe ao Juiz a obrigatoriedade de substituir a pena privativa de liberdade especificamente pela pena de prestação de serviços à comunidade. Trata-se de uma imposição legal ao Juiz.

6. **Especialidade em relação ao Código Penal.** O art. 46, § 2º do Código Penal dispõe que a pena de prestação de serviços à comunidade será cumprida em entidades assistenciais, hospitais, escolas, orfanatos e outros estabelecimentos congêneres, em programas comunitários ou estatais. No dispositivo ora comentado, o legislador de trânsito foi mais específico e determinou os locais onde o serviço deve ser prestado, quais sejam: equipes de resgate dos corpos de bombeiros e em outras unidades móveis especializadas, unidades de pronto-socorro de hospitais da rede

pública que recebem vítimas de acidente de trânsito e politraumatizados e clínicas ou instituições especializadas na recuperação de acidentados de trânsito. Em razão do princípio da especialidade, a norma especial de trânsito deve prevalecer sobre a norma geral do Código Penal. A especialidade reside nos locais onde o serviço é prestado, por possuírem absoluta relação com acidentes de trânsito.

7. **Prestação de serviço à comunidade ou a entidades públicas.** A sua regulamentação está prevista no art. 46 do Código Penal. ("Art. 46. A prestação de serviços à comunidade ou a entidades públicas é aplicável às condenações superiores a seis meses de privação da liberdade. § 1º A prestação de serviços à comunidade ou a entidades públicas consiste na atribuição de tarefas gratuitas ao condenado. § 2º A prestação de serviço à comunidade dar-se-á em entidades assistenciais, hospitais, escolas, orfanatos e outros estabelecimentos congêneres, em programas comunitários ou estatais. § 3º As tarefas a que se refere o § 1º serão atribuídas conforme as aptidões do condenado, devendo ser cumpridas à razão de uma hora de tarefa por dia de condenação, fixadas de modo a não prejudicar a jornada normal de trabalho. § 4º Se a pena substituída for superior a um ano, é facultado ao condenado cumprir a pena substitutiva em menor tempo (art. 55), nunca inferior à metade da pena privativa de liberdade fixada.")

8. **Condenações superiores a 6 meses.** O art. 46, *caput,* do Código Penal dispõe que a pena de prestação de serviços à comunidade é aplicável somente nas condenações superiores a 6 meses de pena privativa de liberdade. É bem verdade que em todos os tipos penais do CTB a pena mínima de privação de liberdade é de 6 meses e, por isso, não haveria nenhuma dificuldade em aplicar essa espécie de pena, uma vez que nenhuma condenação à pena privativa de liberdade seria inferior a 6 meses. Porém, deve ser lembrado que os arts. 305 ao 312 do CTB admitem a tentativa e que ela tem natureza jurídica de causa de diminuição de pena, com incidência na terceira fase da dosimetria da pena (art. 68 do Código Penal), fazendo com que a pena possa ficar abaixo do mínimo legal. Nesse sentido, caso a pena privativa de liberdade fique abaixo do mínimo legal de 6 meses pela incidência da tentativa, seria possível a aplicação da pena de prestação de serviços à comunidade ou o Juiz esbarraria no óbice temporal imposto pelo art. 46, *caput,* do Código Penal? Pensamos que a restrição de 6 meses prevista no Código Penal não possui razão de ser e não se justifica. Com efeito, não há nenhuma razão dogmática para que a prestação de serviços à comunidade seja cabível nas condenações superiores a 6 meses, mas não o seja nas condenações inferiores a esse *quantum*. Se a motivação do legislador ao criar as penas restritivas de direitos foi a descarcerização, evitando-se a pena privativa de liberdade, não se justifica ela ser cabível nas penas superiores a 6 meses, mas não o ser nas inferiores. Aliás, se é cabível nas condenações acima de 6 meses, com muito mais razão deve ser cabível nas condenações inferiores a 6 meses, pois, independentemente do *quantum,* trata-se de pena de prisão. Portanto, cremos que essa limitação estabelecida pelo Código Penal não deve ser aplicada.

Crimes Contra o Meio Ambiente. Lei 9.605, de 12 de fevereiro de 1998

CAPÍTULO I DISPOSIÇÕES GERAIS

Art. 1º (VETADO)

Art. 2º Quem, de qualquer forma, **concorre para a prática dos crimes** previstos nesta Lei, incide nas penas a estes cominadas, **na medida da sua culpabilidade**, bem como o diretor, o administrador, o membro de conselho e de órgão técnico, o auditor, o gerente, o preposto ou mandatário de pessoa jurídica, que, sabendo da conduta criminosa de outrem, **deixar de impedir** a sua prática, quando podia agir para evitá-la.

1. **Fundamento constitucional.** A tutela penal e extrapenal do meio ambiente possui base constitucional no art. 225 da CR/88.

2. **Objeto da lei.** A presente lei foi editada para regulamentar a norma constitucional e possui natureza mista, tendo em vista que ela trata de normas de conteúdo civil, penal e administrativo.

3. **Competência.** Como regra geral, a competência para processar e julgar os crimes ambientais é da Justiça Estadual, competência residual. Não há nenhuma norma que determine a fixação da competência na Justiça Federal automaticamente. Entretanto, a fixação da competência na Justiça Federal segue a regra comum, ou seja, quando ficar caracterizada alguma das situações previstas no artigo 109, da CR/88, como no caso de a conduta criminosa prevista nesta lei ser praticada dentro de uma unidade de conservação ambiental que seja mantida pela União, caso em que estará presente a hipótese do art. 109, IV, da CR/88.

▶ STF

> (...) 3. A competência de Justiça Estadual é residual, em confronto com a Justiça Federal, à luz da Constituição Federal e da jurisprudência do Supremo Tribunal Federal. 4. A competência da Justiça Federal aplica-se aos crimes ambientais que também se enquadrem nas hipóteses previstas na Constituição, a saber: (a) a conduta atentar contra bens, serviços ou interesses diretos e específicos da União ou de suas entidades autárquicas; (b) os delitos, previstos tanto no direito interno

quanto em tratado ou convenção internacional, tiverem iniciada a execução no país, mas o resultado tenha ou devesse ter ocorrido no estrangeiro – ou na hipótese inversa; (c) tiverem sido cometidos a bordo de navios ou aeronaves; (d) houver grave violação de direitos humanos; ou ainda (e) guardarem conexão ou continência com outro crime de competência federal; ressalvada a competência da Justiça Militar e da Justiça Eleitoral, conforme previsão expressa da Constituição. (...) **(RE 835558, Relator(a): Min. Luiz Fux, Tribunal Pleno, julgado em 09/02/2017).**

▶ STJ

Informativo no 615.

Terceira Seção.

Art. 54, § 2º, V da Lei n. 9.605/98. Poluição. Deságue de esgoto em nascentes localizadas em área de proteção ambiental. Programa habitacional popular. Fiscalização da aplicação dos recursos públicos pela Caixa Econômica Federal (CEF). Atuação como mero agente financeiro. Contrato que isenta a CEF de responsabilidade pela higidez da obra. Competência da Justiça estadual. Compete à Justiça estadual o julgamento de crime ambiental decorrente de construção de moradias de programa habitacional popular, nas hipóteses em que a Caixa Econômica Federal atue, tão somente, na qualidade de agente financiador da obra. Discute-se se a atribuição à CEF da conduta típica descrita no art. 54 da Lei n. 9.605/1998 – no que concerne à sua responsabilização criminal por danos ambientais causados por construções de moradias realizadas na esfera do Programa Minha Casa Minha Vida – atrai a competência da Justiça Federal para julgamento do caso. (...) Dessa forma, é de se concluir que o fato de a CEF atuar como financiadora da obra não tem o condão de atrair a competência da Justiça Federal. Isto porque para sua responsabilização não basta que figure como financeira, sendo imprescindível sua atuação na elaboração do projeto, ou seja, deve ter atuado na qualidade de fiscalizadora da segurança e higidez da obra. Uma vez não configuradas as referidas premissas no contrato entabulado com a construtora, deve-se reconhecer a competência da Justiça estadual para julgamento da questão. **(CC 139.197-RS, Rel. Min. Joel Ilan Paciornik, julgado em 25/10/2017).**

▶ STJ

CONFLITO NEGATIVO DE COMPETÊNCIA. JUSTIÇA FEDERAL X JUSTIÇA ESTADUAL. AÇÃO PENAL. PESCA, EM LOCAL PROIBIDO DE RIO INTERESTADUAL, COM A UTILIZAÇÃO DE PETRECHOS NÃO PERMITIDOS – ART. 34, PARÁGRAFO ÚNICO, II, DA LEI 9.605/98. PREJUÍZO LOCAL. AUSÊNCIA DE LESÃO A BENS, SERVIÇOS OU INTERESSES DA UNIÃO. COMPETÊNCIA DA JUSTIÇA ESTADUAL. (...) 2. Com o cancelamento do enunciado n. 91 da Súmula STJ, após a edição da Lei n. 9.605/98, esta Corte tem entendido que a competência federal para julgamento de crimes contra a fauna demanda demonstração de que a ofensa atingiu interesse direto e específico da União, de suas entidades autárquicas ou de empresas públicas federais. Precedentes. 3. Assim sendo, para atrair a competência da Justiça Federal, o dano decorrente de pesca proibida em rio interestadual deveria gerar reflexos em âmbito regional ou nacional, afetando trecho do rio que se alongasse por mais de um Estado da Federação, como ocorreria se ficasse demonstrado que a atividade pesqueira ilegal teria o condão de repercutir negativamente sobre parte significativa da população de peixes ao longo do rio, por exemplo, impedindo ou prejudicando seu período de reprodução sazonal. 4. Tal critério tem por objetivo indicar parâmetros para a verificação da efetiva ou potencial ocorrência de dano que afete diretamente, ainda que de forma potencial, bem ou interesse da União, e não criar critério de definição de competência sem base legal, tanto mais que não se pode depreender da lei ambiental que o dano à União é presumido. 5. Situação em que os danos ambientais afetaram apenas a parte do rio próxima ao Município em que a infração foi verificada, posto que a denúncia informa que os réus foram flagrados pescando a cerca de 1.000 (mil) metros da Usina Hidroelétrica de Marimbondo, localizada em rio interestadual (Rio Grande), utilizando-se de rede de 15mm de 20 metros de comprimento, já tendo apanhado 2 Kg (dois quilos) de pescado da espécie conhecida como "fuzilim", supostamente para consumo próprio. 6. Conflito conhecido, para declarar a competência do Juízo de Direito da Vara Única da Comarca de Nova Granada/SP, o suscitante. **(CC 154.859/SP, Rel. Ministro Reynaldo Soares da Fonseca, julgado em 22/11/2017).**

→ Aplicação em concurso.

- **Procurador do Estado. PGE/AM. 2016. CESPE.**

  Com relação aos crimes e às infrações administrativas ambientais, julgue o item subsequente.

  Situação hipotética: Cláudio, maior e capaz, caçou e matou espécime da fauna silvestre, sem a devida autorização da autoridade competente.

  Assertiva: Segundo o atual entendimento do STJ, a competência para julgar o referido crime será da justiça federal, independentemente de a ofensa ter atingido interesse direto e específico da União, de suas entidades autárquicas ou de empresas públicas federais, pois basta que os crimes sejam contra a fauna para atrair a competência do Poder Judiciário federal.

  A alternativa está errada.

4. **Princípio da insignificância.** O princípio da insignificância é amplamente aplicado nos crimes ambientais, a depender da situação concreta. Todavia, é de se notar que a sua aplicabilidade não é uma regra geral. Deve ser destacado que em se tratando de delito praticado contra a Administração Ambiental (arts. 66 ao 69-A), não se aplica o princípio da insignificância, tendo em vista que o bem jurídico protegido é a moralidade administrativa, na vertente da moralidade administrativa ambiental, nos mesmos moldes que ocorre com os crimes contra a Administração Pública no Código Penal.

▶ STJ

Informativo no 602.

Sexta Turma

Crime ambiental. Pesca em local proibido. Princípio da insignificância. Ausência de dano efetivo ao meio ambiente. Atipicidade material da conduta. Não se configura o crime previsto no art. 34 da Lei n. 9.605/1998 na hipótese em há a devolução do único peixe – ainda vivo – ao rio em que foi pescado. A controvérsia gira em torno da aplicação do princípio da insignificância à conduta de pescador que, ao retirar espécime do rio, não concretiza a pesca, pois realiza a devolução do peixe ainda vivo ao seu *habitat*. Sobre o tema, é cediço que a atipicidade material, no plano do princípio da insignificância, pressupõe a concomitância de mínima ofensividade da conduta, o reduzidíssimo grau de reprovabilidade do comportamento e inexpressividade da lesão jurídica provocada. Ademais, é entendimento desta Corte que somente haverá lesão ambiental irrelevante no sentido penal quando a avaliação dos índices de desvalor da ação e do resultado indicar que é ínfimo o grau da lesividade da conduta praticada contra o bem ambiental tutelado, isto porque não se deve considerar apenas questões jurídicas ou a dimensão econômica da conduta, mas deve-se levar em conta o equilíbrio ecológico que faz possíveis as condições de vida no planeta. Nesse sentido: HC 242.132-PR, Rel. Min. Maria Thereza De Assis Moura, Rel. para acórdão Min. Rogerio Schietti Cruz, Sexta Turma, DJe 4/8/2014. Desse modo, tem-se que a devolução do peixe vivo ao rio demonstra a mínima ofensividade ao meio ambiente, circunstância registrada no *"Relatório de Fiscalização firmado pelo ICMBio [em que] foi informado que a gravidade do dano foi leve, além do crime não ter sido cometido atingindo espécies ameaçadas"*. Outrossim, os instrumentos utilizados – vara de molinete com carretilha, linhas e isopor –, são de uso permitido e não configuram profissionalismo, contrariamente, demonstram o amadorismo do denunciado. Assim sendo, na ausência de lesividade ao bem jurídico protegido pela norma incriminadora (art. 34, *caput*, da Lei n. 9.605/1998), verifica-se a atipicidade da conduta. **(REsp 1.409.051-SC, Rel. Min. Nefi Cordeiro, julgado em 20/4/2017, DJe 28/4/2017).**

▶ **STJ**

AGRAVO REGIMENTAL NO AGRAVO EM RECURSO ESPECIAL. CRIME CONTRA A ADMINISTRAÇÃO DO MEIO AMBIENTE (ART. 68 DA LEI N. 9.605/98). PRINCÍPIO DA INSIGNIFICÂNCIA. IMPOSSIBILIDADE. MORAL ADMINISTRATIVA. (...) 2. O Superior Tribunal de Justiça entende ser possível a aplicação do princípio da insignificância a determinados casos de crimes praticados contra o meio ambiente. Contudo, o art. 68 da Lei n. 9.605/98 encontra-se dentro da Seção V do citado diploma legal, sendo, portanto, classificado como crime contra a administração ambiental, o que torna inaplicável o citado brocador por ter como finalidade resguardar, também, a moral administrativa. (...) 4. Agravo regimental improvido. **(AgRg no AREsp 962.776/RS, Rel. Min. Nefi Cordeiro, julgado em 17/10/2017).**

5. **Responsabilidade penal em crime societário.** O art. 2º, primeira parte, traz uma norma absolutamente desnecessária relativa ao concurso de pessoas. Isso porque essa norma já existe no art. 29 do Código Penal, que pode ser perfeitamente aplicado à presente lei, por se tratar de norma geral sobre Direito Penal. Percebe-se, assim, que o artigo 2º, primeira parte, é cópia do art. 29, razão pela qual a sua previsão não tem nenhuma utilidade. Ademais, no momento da verificação da autoria do crime, o Juiz sempre analisará a hipótese do concurso de pessoas, dosando as penas dos concorrentes na medida de suas culpabilidades.

   A segunda parte do art. 2º traz uma norma absolutamente inaplicável, uma vez que trata genericamente de uma conduta omissiva, sem especificar a conduta concreta do agente. Essa norma dá a impressão de que basta a posição de diretor, de administrador, de membro do conselho e de órgão técnico, de auditor, de gerente, de preposto ou mandatário da pessoa jurídica, para que dessa posição surja, automaticamente, a responsabilidade penal. Contudo, é consabido que nos crimes praticados no âmbito de pessoa jurídica, denominados crimes societários, a mera posição ocupada pelo agente não é suficiente para caracterizar a responsabilidade penal, sendo necessário provar no caso concreto como o agente teria concorrido para prática do crime. Pela leitura da norma parece que a responsabilidade penal surgiria independentemente de qualquer ato concreto por parte do agente apto a gerar a responsabilidade penal. Dessa forma, essa norma é inaplicável. Essa é a posição do STF e do STJ, conforme demonstrado no julgado abaixo que, embora refira-se aos crimes de natureza tributária, esse mesmo entendimento aplica-se aos crimes ambientais, uma vez que em ambos os casos estamos diante de crimes societários, ou seja, praticados no âmbito de uma sociedade.

▶ STF

Informativo nº 866

Segunda Turma

Crime societário, individualização da conduta e teoria do domínio do fato.

A Segunda Turma, por unanimidade, concedeu ordem em "habeas corpus" para trancar ação penal envolvendo ex-diretores de empresa de telefonia por crimes contra a Fazenda Pública (...) De acordo com a denúncia, os impetrantes, com domínio dos fatos na administração da sociedade anônima, teriam fraudado a Fazenda Pública de Pernambuco por meio da inserção de elementos inexatos em livros fiscais. (...) O ministro Ricardo Lewandowski (relator) asseverou que não se pode invocar a teoria do domínio do fato, pura e simplesmente, sem nenhuma outra prova, citando de forma genérica os diretores estatutários da empresa, espalhados pelo Brasil, para lhes imputar um crime fiscal que teria sido supostamente praticado no Estado-membro. O Colegiado pontuou que, em matéria de crimes societários, a denúncia deve apresentar, suficiente e adequadamente, a conduta atribuível a cada um dos agentes, de modo a possibilitar a identificação do papel desempenhado pelos denunciados na estrutura jurídico-administrativa da empresa. Ressaltou que, no caso, a acusação feita aos pacientes deriva apenas dos cargos por eles ocupados na empresa de telefonia, estando ausente descrição mínima dos supostos atos ilícitos por eles praticados. **(HC 136250/PE, rel. Min. Ricardo Lewandowski, julgamento em 23.5.2017).**

Art. 3º As **pessoas jurídicas** serão **responsabilizadas administrativa, civil e penalmente** conforme o disposto nesta Lei, nos casos em que a infração seja cometida por decisão de seu representante legal ou contratual, ou de seu órgão colegiado, no interesse ou benefício da sua entidade.

Parágrafo único. A responsabilidade das pessoas jurídicas **não exclui a das pessoas físicas**, autoras, co-autoras ou partícipes do mesmo fato.

1. **Responsabilidade penal das pessoas jurídicas.** O STF e o STJ têm posições firmes no sentido de que as pessoas jurídicas podem praticar crimes ambientais, com fundamento no art. 225, § 3º, da CR/88 e no art. 3º da lei 9.605/98.

Em relação aos crimes ambientais, a jurisprudência do STJ era firme no sentido de que era necessária a denominada *dupla imputação* ou *imputação simultânea* à pessoa jurídica e à pessoa física que atua em seu nome e em seu benefício, ou seja, a imputação do delito deveria ser feita às duas pessoas concomitantemente. Logo, ambas deveriam figurar na denúncia.

Posteriormente, o STJ mudou o seu posicionamento, seguindo a orientação do STF, no sentido de que não é necessária a *dupla imputação,* uma vez que a Constituição da República não fez essa exigência expressamente, ou seja, não condicionou a responsabilização penal da pessoa jurídica à responsabilização penal da pessoa física que atua em seu nome e em seu benefício. Contudo, é de se notar que o parágrafo único não exclui a responsabilidade penal das pessoas físicas.

▶ STF

Informativo nº 714.

Primeira Turma

Crime ambiental: absolvição de pessoa física e responsabilidade penal de pessoa jurídica.

É admissível a condenação de pessoa jurídica pela prática de crime ambiental, ainda que absolvidas as pessoas físicas ocupantes de cargo de presidência ou de direção do órgão responsável pela prática criminosa. (...) No mérito, anotou-se que a tese do STJ, no sentido de que a persecução penal dos entes morais somente se poderia ocorrer se houvesse, concomitantemente, a descrição e imputação de uma ação humana individual, sem o que não seria admissível a responsabilização da pessoa jurídica, afrontaria o art. 225, § 3º, da CF. Sublinhou-se que, ao se condicionar a imputabilidade da pessoa jurídica à da pessoa humana, estar-se-ia quase que a subordinar a responsabilização jurídico-criminal do ente moral à efetiva condenação da pessoa física. Ressaltou-se que, ainda que se concluísse que o legislador ordinário não estabelecera por completo os critérios de imputação da pessoa jurídica por crimes ambientais, não haveria como pretender transpor o paradigma de imputação das pessoas físicas aos entes coletivos. Vencidos os Ministros Marco Aurélio e Luiz Fux, que negavam provimento ao extraordinário. (...).**(RE 548181/PR, Rel. Min. Rosa Weber, 6.8.2013).**

▶ STJ

Informativo nº 566

Quinta Turma

DIREITO PENAL E PROCESSUAL PENAL. DESNECESSIDADE DE DUPLA IMPUTAÇÃO EM CRIMES AMBIENTAIS.

É possível a responsabilização penal da pessoa jurídica por delitos ambientais independentemente da responsabilização concomitante da pessoa física que agia em seu nome. Conforme orientação da Primeira Turma do STF, "O art. 225, § 3º, da Constituição Federal não condiciona a responsabilização penal da pessoa jurídica por crimes ambientais à simultânea persecução penal da pessoa física em tese responsável no âmbito da empresa. A norma constitucional não impõe a necessária dupla imputação" (RE 548.181, Primeira Turma, DJe 29/10/2014). Diante dessa interpretação, o STJ modificou sua anterior orientação, de modo a entender que é possível a responsabilização penal da pessoa jurídica por delitos ambientais independentemente da responsabilização concomitante da pessoa física que agia em seu nome. (...) **(RMS 39.173-BA, Rel. Min. Reynaldo Soares da Fonseca, julgado em 6/8/2015).**

→ Aplicação em concurso.

- **Juiz Federal. 2ª Região. 2017. TRF.**

  Conforme o atual entendimento do STF, a responsabilidade penal da pessoa jurídica por crimes ambientais subordina-se à simultânea persecução da pessoa física responsável pela conduta (princípio da dupla imputação).

  A alternativa está errada.

- **Defensor Público. DPE/AC. 2017. CESPE.**

  A responsabilização penal da pessoa jurídica é condicionada à simultânea persecução penal

  A alternativa está errada.

- **Delegado de Polícia. PC/PA. 2016. FUNCAB.**

  Considerando os entendimentos do Supremo Tribunal Federal e do Superior Tribunal de Justiça, assim como a disciplina constitucional e legal, assinale a alternativa correta quanto à responsabilização criminal da pessoa jurídica por crimes ambientais.

A) O Supremo Tribunal Federal, por meio de julgado da 1ª Turma, entendeu que a Constituição Federal de 1988 não condiciona a responsabilização penal da pessoa jurídica por crimes ambientais à simultânea persecução penal da pessoa física em tese responsável no âmbito da empresa. Em outras palavras, a norma constitucional não impõe a necessária dupla imputação.

B) A Lei nº 9.605/1998 veda, expressamente, a liquidação forçada de pessoa jurídica constituída ou utilizada, preponderantemente, com o fim de permitir, facilitar ou ocultar a prática de crime ambiental.

C) É pacífico, no âmbito do Superior Tribunal de Justiça, que a responsabilização penal da pessoa jurídica por delitos ambientais não dispensa a imputação concomitante da pessoa física que age em seu nome ou em seu benefício. Em outras palavras, a teoria da dupla imputação necessária prevalece, atualmente, no Superior Tribunal de Justiça.

D) Para que as pessoas jurídicas sejam responsabilizadas penalmente nos termos da Lei nº 9.605/1998, exige-se apenas que a infração seja cometida por decisão de seu representante legal ou contratual, ou de seu órgão colegiado.

E) O Superior Tribunal Federal e o Superior Tribunal de Justiça, com fulcro em vedação constitucional, não admitem a responsabilização criminal da pessoa jurídica por crimes ambientais.

Alternativa correta: letra A.

2. **Responsabilidades penais independentes da pessoa jurídica e da pessoa física.** A pessoa jurídica e a pessoa física têm responsabilidades penais diversas e devem ser apuradas de forma autônoma e isolada. Até podem ser apuradas no

mesmo processo, mas de forma autônoma. É possível que fique caracterizada a responsabilidade penal da pessoa jurídica, mas não a da pessoa física, e vice-versa. Portanto, a caracterização da responsabilidade penal da pessoa jurídica não induz automaticamente à caracterização da reponsabilidade penal da pessoa física (sócio ou administrador) sem outros elementos concretos que a provem, sob pena de caracterização de responsabilidade penal objetiva.

▶ STJ

> PENAL E PROCESSO PENAL. RECURSO EM HABEAS CORPUS. REQUISITOS DA PRISÃO PREVENTIVA. SUPOSTOS CRIMES CONTRA A FLORA E CONTRA A ADMINISTRAÇÃO AMBIENTAL (ARTS. 46, 68 E 69 DA LEI 9.605/1998 E 180, 288, 299 E 304 DO CP). INDÍCIOS DE AUTORIA EM RELAÇÃO À PESSOA JURÍDICA QUE NÃO PODEM SER ATRIBUÍDOS AUTOMATICAMENTE AOS SEUS SÓCIOS. (...) 1. O art. 225, § 3º, da CF/88, ao prever a possibilidade de responsabilização penal de pessoas jurídicas (...) absolutamente não instaurou regime de responsabilidade penal objetiva dos seus sócios. 2. A responsabilidade penal da pessoa jurídica não representa, automaticamente, a de seus sócios, sob pena de se ver esvaziada a regra básica e civilizatória da intranscendência subjetiva das sanções. Por conseguinte, não se deve admitir que os "indícios" de autoria da pessoa jurídica redundem na prisão processual de seu sócio, sem que em relação a ele haja, igualmente, "indícios" de autoria em relação aos delitos investigados. (...) **(RHC 71.923/PA, Rel. Min. Reynaldo Soares da Fonseca, julgado em 20/09/2016).**

Art. 4º Poderá ser **desconsiderada a pessoa jurídica** sempre que sua personalidade for obstáculo ao ressarcimento de prejuízos causados à qualidade do meio ambiente.

Art. 5º (VETADO)

Desconsideração da personalidade jurídica. Trata-se de instituto afeto ao Direito Civil, e não ao Direito Penal. Por essa razão, o ressarcimento de prejuízos causados ao qual o dispositivo faz menção é o ressarcimento de natureza civil, tendo em vista que no Direito Penal a responsabilidade é sempre de natureza pessoal, não podendo ser transferida a outra pessoa, física ou jurídica, por meio de qualquer outro instituto, inclusive a desconsideração da personalidade jurídica, em homenagem ao princípio da intranscendência da pena, previsto no art. 5º, XLV, da CR/88.

→ Aplicação em concurso.

- **Promotor de Justiça. MPE/SC. 2016. MPE/SC.**

  Segundo a Lei n. 9.605/98: poderá ser desconsiderada a pessoa jurídica sempre que sua personalidade for obstáculo ao ressarcimento de prejuízos causados à qualidade do meio ambiente; a pessoa jurídica constituída ou utilizada, preponderantemente, com o fim de permitir, facilitar ou ocultar a prática de crime definido nesta Lei terá decretada sua liquidação forçada, seu patrimônio será considerado instrumento do crime e como tal perdido em favor do Fundo Penitenciário Nacional.

  A alternativa está correta.

CAPÍTULO II
DA APLICAÇÃO DA PENA

Art. 6º Para **imposição e gradação da penalidade**, a autoridade competente observará:

I – a **gravidade do fato**, tendo em vista os **motivos** da infração e suas **conseqüências** para a saúde pública e para o meio ambiente;

II – os **antecedentes** do infrator quanto ao cumprimento da legislação de interesse ambiental;

III – a **situação econômica** do infrator, no caso de multa.

Imposição e gradação da pena aplicada. O legislador acrescentou outros elementos que devem ser considerados pelo Juiz no momento da aplicação da pena, que devem conjugados com os elementos do art. 59 do Código Penal. Trata-se de dispositivo que atende ao princípio constitucional da individualização da pena, tendo em vista que elenca elementos ligados ao Direito Ambiental para a dosagem da pena criminal. Tais critérios devem ser também analisados na dosimetria da pena criminal para a pessoa jurídica, desde que sejam compatíveis com as penas a ela aplicadas previstas no art. 21 da presente lei.

Art. 7º As penas restritivas de direitos são **autônomas e substituem** as privativas de liberdade quando:

I – tratar-se de **crime culposo** ou for aplicada a pena privativa de liberdade **inferior a quatro anos**;

II – a culpabilidade, os antecedentes, a conduta social e a personalidade do condenado, bem como os motivos e as circunstâncias do crime indicarem que a substituição seja suficiente para efeitos de **reprovação** e **prevenção** do crime.

Parágrafo único. As penas restritivas de direitos a que se refere este artigo terão a **mesma duração** da pena privativa de liberdade substituída.

1. **Natureza jurídica das penas restritivas de direitos.** No tocante à natureza jurídica das penas restritivas de direitos, o legislador manteve a regra geral do Código Penal ao afirmar que elas são penas *autônomas* e *substitutivas* das penas privativas de liberdade. Dessa forma, primeiro o Juiz aplica a pena privativa de liberdade e, depois, verifica se estão presentes os requisitos para a sua substituição pela pena restritiva de direitos, nos mesmos moldes feitos no Código Penal.

2. **Especialidade em relação do Código Penal.** O presente artigo trata de requisitos diferentes em relação ao art. 44 do Código Penal para a substituição da pena privativa de liberdade pela pena restritiva de direitos. Por tratar-se de norma especial, ela prevalece sobre os requisitos do Código Penal, devendo o Juiz ter em consideração apenas os requisitos previstos no presente dispositivo legal.

3. **Requisitos das penas restritivas de direitos.** Os requisitos previstos nos dois incisos são cumulativos, devendo ambos estar presentes no momento da substituição da pena.

4. **Inciso I.** Trata dos requisitos objetivos. O limite de quatro anos aplica-se aos crimes dolosos. Se o crime for culposo não há limite de pena aplicada para a substituição. Trata-se de norma parecida com a contida no art. 44, I, do Código Penal.

5. **Inciso II.** Trata dos requisitos subjetivos. O Juiz deve analisar todos os seis elementos de forma conjunta.

6. **Parágrafo único.** Seguindo a mesma orientação do Código Penal, na presente lei as penas restritivas de direitos devem ter o mesmo prazo da pena privativa de liberdade aplicada, que foi objeto de substituição, desde que sejam compatíveis, o que não acontece, por exemplo, com a pena de prestação pecuniária, que é cumprida de uma só vez com o efetivo pagamento do valor estabelecido na sentença condenatória.

→ Aplicação em concurso.

- **Promotor de Justiça. MPE/SC. 2016. MPE/SC.**

  Ao tratar da aplicação da pena, a Lei n. 9.605/98 (Crimes Ambientais) estabelece que as penas restritivas de direitos são autônomas e substituem as privativas de liberdade quando: tratar-se de crime culposo ou for aplicada a pena privativa de liberdade inferior a quatro anos; a culpabilidade, os antecedentes, a conduta social e a personalidade do condenado, bem como os motivos e as circunstâncias do crime indicarem que a substituição seja suficiente para efeitos de reprovação e prevenção do crime.

  A alternativa está correta.

Art. 8º As **penas restritivas** de direito são:

I – prestação de serviços à comunidade;

II – interdição temporária de direitos;

III – suspensão parcial ou total de atividades;

IV – prestação pecuniária;

V – recolhimento domiciliar.

1. **Espécies de penas restritivas de direitos.** O legislador elencou todas as espécies de penas restritivas de direitos. Em homenagem ao princípio da legalidade penal, nenhuma outra pena diversa das elencadas nesse dispositivo pode ser imposta. Todas as penas são regulamentadas nos artigos seguintes, para onde remetemos o leitor.

2. **Destinatário.** As penas elencadas neste artigo destinam-se às pessoas físicas, ao passo que as penas previstas nos arts. 21 e 22 aplicam-se às pessoas jurídicas.

3. **Princípio da especialidade.** A maioria das penas previstas nesse artigo existe também no Código Penal. Em razão do princípio da especialidade, a aplicação dessas penas deve ser regida pela presente lei, que traz requisitos e normatização própria, diversa do Código Penal.

Art. 9º A **prestação de serviços à comunidade** consiste na atribuição ao condenado de tarefas gratuitas junto a parques e jardins públicos e unidades de conservação, e, no caso de dano da coisa particular, pública ou tombada, na restauração desta, se possível.

1. **Pena de prestação de serviços à comunidade.** Trata-se de pena autônoma, semelhante à previsão do Código Penal, mas com algumas diferenças que a tornam especial em relação ao Código, como os locais onde as tarefas são executadas (parques e jardins públicos).

2. **Local específico da prestação de serviço à comunidade.** Nos moldes legais, o serviço deve ser prestado em parques e jardins públicos e unidades de conservação. O legislador observou a plena e absoluta pertinência entre o delito praticado e o meio ambiente lesionado.

3. **Coisa particular, pública ou tombada.** Além dos serviços prestados, o agente deve fazer a restauração da coisa particular, pública ou tombada. Embora o legislador não tenha dito expressamente, a restauração deve ser total. Além disso, o dano deve ter sido causado diretamente pela conduta do agente.

Art. 10. As penas de **interdição temporária de direito** são a proibição de o condenado contratar com o Poder Público, de receber incentivos fiscais ou quaisquer outros benefícios, bem como de participar de licitações, pelo prazo de cinco anos, no caso de crimes dolosos, e de três anos, no de crimes culposos.

1. **Pena de interdição temporária de direitos.** Trata-se de pena autônoma, que se difere dessa mesma pena prevista no Código Penal por ser mais específica com elementos próprios. Essa pena é temporária, e não definitiva.

2. **Proibições.** Os direitos proibidos são: 1. Contratar com o Poder Público; 2. Receber incentivos fiscais ou quaisquer outros benefícios; e 3. Participar de licitações. A proibição de contratar com o Poder Público não se confunde com a proibição de participar de licitações. Basta pensar em um caso de dispensa ou de inexigibilidade de licitação prevista na lei 8.666/93. Note-se que a proibição é de realizar contratos com o Poder Público, após o trânsito em julgado da condenação, de forma que eventuais contratos que já estejam em andamento não são atingidos por essa pena, devendo ser cumpridos até o seu término.

3. **Prazo.** O legislador estabeleceu prazos diversos para crimes dolosos e culposos. A distinção é relevante, em razão da intenção do condenado. Naturalmente, o agente que praticou a delito intencionalmente deve ter uma pena mais severa do que o que não agiu com essa intenção. E essa maior severidade veio retratada na duração da pena, atendendo-se ao princípio da proporcionalidade.

Art. 11. A **suspensão de atividades** será aplicada quando estas não estiverem obedecendo às prescrições legais.

1. **Pena de suspensão de atividades.** Esta pena autônoma consiste na suspensão parcial ou total das atividades praticadas pela pessoa física (lembrando que as penas aplicadas às pessoas jurídicas estão previstas nos arts. 21 e 22 da lei). Contudo, o legislador elencou como requisito para a sua aplicação a não obediência às prescrições legais.

2. **Atividade.** Entenda-se por *atividade* qualquer tipo de trabalho desenvolvido, que pode ou não ter natureza remuneratória, abrangendo, portanto, trabalhos filantrópicos sem fins arrecadatórios.

Art. 12. A prestação pecuniária consiste no pagamento em dinheiro à vítima ou à entidade pública ou privada com fim social, de importância, fixada pelo juiz, não inferior a um salário mínimo nem superior a trezentos e sessenta salários mínimos. O valor pago será deduzido do montante de eventual reparação civil a que for condenado o infrator.

1. **Pena de prestação pecuniária.** Trata-se de pena autônoma que consiste em pagar algum valor fixado na sentença condenatória, à vítima ou à entidade pública ou privada com fim social.

2. **Antecipação de indenização.** Tendo em vista que se o legislador dispôs que o montante do valor pago será deduzido do montante de eventual reparação civil, é de se concluir que o valor pago a título de pena criminal servirá como antecipação de indenização em eventual e futura condenação civil.

→ Aplicação em concurso.

- **Juiz. TJ/SP. 2017. VUNESP.**

No que concerne às penas restritivas de direitos, é correto afirmar que:

A) a prestação pecuniária consiste no pagamento à vítima, a seus dependentes ou a entidade pública ou privada com destinação social, de importância não inferior a 10 (dez) nem superior a 360 (trezentos e sessenta) dias-multa.

B) a interdição temporária de direitos, nos crimes ambientais, pode consistir em proibição de participar de licitações, pelo prazo de 5 (cinco) anos, no caso de crimes dolosos, e de 3 (três) anos, no de crimes culposos.

C) são autônomas e substituem as privativas de liberdade quando, entre outros requisitos legais, o réu não for reincidente em crime doloso, a culpabilidade, os antecedentes, a conduta social e personalidade do agente, bem como os motivos e circunstâncias autorizarem a concessão do benefício, e não for indicada ou cabível a suspensão condicional da pena.

D) a prestação de serviços à comunidade ou a entidades públicas é aplicável a qualquer condenação a privação de liberdade, facultado ao condenado cumprir a pena em menor tempo, nunca inferior à metade da sanção corporal imposta.

Alternativa correta: letra B.

Art. 13. O **recolhimento domiciliar** baseia-se na autodisciplina e senso de responsabilidade do condenado, que deverá, sem vigilância, trabalhar, freqüentar curso ou exercer atividade autorizada, permanecendo recolhido nos dias e horários de folga em residência ou em qualquer local destinado a sua moradia habitual, conforme estabelecido na sentença condenatória.

Pena de recolhimento domiciliar. Trata-se da pena de recolhimento domiciliar, que se assemelha à pena de limitação de fim de semana prevista no art. 43, VI, do Código Penal, porém com regulamentação própria. A base dessa pena é a autodisciplina e o senso de responsabilidade do condenado, tendo em vista que o condenado não fica sob a vigilância permanente do Poder Público. Tanto é que o legislador afirmou expressamente que o cumprimento dessa pena ocorre *sem vigilância*.

→ Aplicação em concurso.

- **Delegado de Polícia. PC/AP. 2017. FCC.**

  Sobre as penas previstas na Lei nº 9.605/1998, considere:

  I. A prestação de serviços à comunidade consiste na atribuição ao condenado de tarefas gratuitas junto a parques e jardins públicos e unidades de conservação, e, no caso de dano da coisa particular, pública ou tombada, na restauração desta, se possível.

  II. As penas de interdição temporária de direito são a proibição do condenado contratar com o Poder Público, de receber incentivos fiscais ou quaisquer outros benefícios, bem como de participar de licitações, pelo prazo de 10 anos, no caso de crimes dolosos, e de 5 anos, no de crimes culposos.

  III. A prestação pecuniária consiste no pagamento em dinheiro à vítima ou à entidade pública ou privada com fim social, de importância, fixada pelo juiz, não inferior a um salário mínimo nem superior a 360 salários mínimos. O valor pago não poderá ser deduzido do montante de eventual reparação civil a que for condenado o infrator.

  IV. O recolhimento domiciliar baseia-se na autodisciplina e senso de responsabilidade do condenado, que deverá, sem vigilância, trabalhar, frequentar curso ou exercer atividade autorizada, permanecendo recolhido nos dias e horários de folga em residência ou em qualquer local destinado a sua moradia habitual, conforme estabelecido na sentença condenatória.

  Está correto o que se afirma APENAS em

  A) I e II.

  B) I e IV.

  C) III e IV.

  D) II, III.

  E) I e III.

  Alternativa correta: letra B.

Art. 14. São **circunstâncias** que **atenuam** a pena:

I – **baixo** grau de instrução ou escolaridade do agente;

II - **arrependimento** do infrator, manifestado pela espontânea reparação do dano, ou limitação significativa da degradação ambiental causada;

III - **comunicação prévia** pelo agente do perigo iminente de degradação ambiental;

IV - **colaboração** com os agentes encarregados da vigilância e do controle ambiental.

1. **Circunstâncias atenuantes.** O presente artigo trata das circunstâncias atenuantes, que são aplicadas na segunda fase da dosimetria da pena criminal. Além dessas atenuantes, é possível a aplicação das atenuantes previstas nos arts. 65 e 66 do Código Penal, tendo em vista que não há nenhuma incompatibilidade, nenhum conflito e não há vedação legal, sobretudo porque as normas da parte geral do Código Penal aplicam-se subsidiariamente a essa lei.

2. **Inciso I. Baixo grau de instrução ou escolaridade do agente.** O baixo grau de instrução ou escolaridade do agente é uma circunstância atenuante que se assemelha à atenuante prevista no art. 65, II, do Código Penal. O baixo grau de escolaridade ou de instrução faz com que o agente não tenha, muitas vezes, alguma noção das normas de proibição contidas nessa lei específica, gerando uma hipótese em que é possível a redução da pena. É certo que não se exclui o crime, mas reduz-se a pena.

3. **Inciso II. Arrependimento do infrator.** O arrependimento do agente previsto nesse inciso assemelha-se ao instituto do arrependimento posterior previsto no art. 16 e com a atenuante prevista no art. 65, III, *b,* ambos do Código Penal. Contudo, na presente lei o legislador estabeleceu dois requisitos, quais sejam: espontânea reparação do dano ou limitação significativa da degradação ambiental causada. Presentes esses requisitos, o réu tem direito à redução da pena pela circunstância atenuante.

4. **Inciso III. Comunicação prévia.** Embora a lei não diga expressamente, cremos que essa comunicação deve ser voluntária por parte do agente. O legislador reconheceu a relevância da conduta do agente que faz a comunicação do perigo de dano antes que ele ocorra. Tendo em vista que essa conduta tem condão de possivelmente impedir um dano maior ao meio ambiente, o agente é merecedor da circunstância atenuante. Entretanto, segundo a redação legal, basta a prévia comunicação, não sendo necessário que agente consiga efetivamente impedir a degradação ambiental.

5. **Inciso IV. Colaboração com os agentes encarregados da vigilância e do controle ambiental.** Essa colaboração por parte do agente que praticou conduta delituosa é, na realidade, uma espécie de arrependimento por parte do agente. Contudo, o legislador foi além desse arrependimento e exigiu uma conduta positiva por parte do infrator, que consiste em colaborar com os agentes encarregados da vigilância e do controle ambiental, de forma que tal colaboração deve ter a intenção última de minorar as consequências ambientais da sua conduta delituosa. É de se notar que, da mesma forma que ocorre no inciso anterior, o legislador não exigiu que agente efetivamente consiga impedir o dano ambiental ou minorar-lhe as consequências, bastando para tanto a sua conduta positiva de colaborar com os agentes do Estado.

Art. 15. São **circunstâncias** que **agravam** a pena, quando não constituem ou qualificam o crime:

I – **reincidência** nos crimes de natureza ambiental;

II – **ter o agente** cometido a infração:

a) para obter vantagem pecuniária;

b) coagindo outrem para a execução material da infração;

c) afetando ou expondo a perigo, de maneira grave, a saúde pública ou o meio ambiente;

d) concorrendo para danos à propriedade alheia;

e) atingindo áreas de unidades de conservação ou áreas sujeitas, por ato do Poder Público, a regime especial de uso;

f) atingindo áreas urbanas ou quaisquer assentamentos humanos;

g) em período de defeso à fauna;

h) em domingos ou feriados;

i) à noite;

j) em épocas de seca ou inundações;

l) no interior do espaço territorial especialmente protegido;

m) com o emprego de métodos cruéis para abate ou captura de animais;

n) mediante fraude ou abuso de confiança;

o) mediante abuso do direito de licença, permissão ou autorização ambiental;

p) no interesse de pessoa jurídica mantida, total ou parcialmente, por verbas públicas ou beneficiada por incentivos fiscais;

q) atingindo espécies ameaçadas, listadas em relatórios oficiais das autoridades competentes;

r) facilitada por funcionário público no exercício de suas funções.

1. **Circunstâncias agravantes.** O presente artigo trata das circunstancias agravantes, que são aplicadas na segunda fase da dosimetria da pena criminal. Além dessas agravantes, é possível a aplicação das outras agravantes previstas nos arts. 61 e 62 do Código Penal, sem que isso implique *bis in idem*, desde que não haja identidade entre as agravantes, caso em que configuraria evidente *bis in idem.*

2. **Inciso I. Reincidência nos crimes de natureza ambiental.** À luz do princípio da especialidade, somente essa reincidência em crimes ambientais tem o condão de fazer incidir a circunstância agravante. Caso esteja configurada a reincidência prevista no Código Penal (art. 63), essa agravante não poderá incidir, incidindo apenas a prevista no Código Penal.

3. **Inciso II. Cometimento da infração por algumas circunstâncias.** O inciso II traz circunstâncias agravantes que são autoexplicativas e incidirão na dosimetria da pena, desde que não configurem elementos ou qualificadoras do delito praticado, sob pena de *bis in idem.*

→ Aplicação em concurso.

- **Juiz. TJ/SC. 2017. FCC.**

São agravantes expressamente previstas na Lei ambiental nº 9.605/98 cometer a infração:

I. concorrendo para danos à propriedade alheia.

II. em domingos ou feriados.

III. mediante fraude ou abuso de confiança.

IV. com abuso de poder ou violação de dever inerente a cargo, ofício, ministério ou profissão.

V. à noite.

Está correto o que se afirma APENAS em:

A) II e III.

B) I, III e IV.

C) I, III e V.

D) I, II, III e V.

E) II, IV e V.

Alternativa correta: letra D.

Art. 16. Nos crimes previstos nesta Lei, a **suspensão condicional da pena** pode ser aplicada nos casos de condenação a pena privativa de liberdade não superior a três anos.

1. **Suspensão condicional da execução da pena.** A suspensão condicional da execução da pena, também conhecida como *sursis* da pena, é um instituto que está previsto e regulamentado no art. 77 do Código Penal. Trata-se de uma forma de cumprimento de pena privativa de liberdade, com nítida natureza descarcerizadora, fundamentada em política criminal, que se destina a evitar o recolhimento à prisão dos condenados a uma pena de curta duração, permitindo seu cumprimento em liberdade mediante o cumprimento de algumas condições, gerando a extinção da pena privativa de liberdade se não houver a sua revogação.

2. **Requisito.** O requisito previsto nessa lei para a incidência da suspensão condicional da execução da pena é a pena privativa de liberdade aplicada na sentença condenatória não ser superior a três anos. A lei de crimes ambientais trouxe apenas um *quantum* de pena diferente do estabelecido pelo Código Penal, de forma que os demais requisitos previstos no art. 77 do Código devem estar presentes para a concessão do instituto.

Art. 17. A verificação da reparação a que se refere o § 2º do art. 78 do Código Penal será feita mediante **laudo de reparação do dano ambiental**, e as condições a serem impostas pelo juiz deverão relacionar-se com a proteção ao meio ambiente.

***Sursis* especial.** O art. 78, § 2º do Código Penal refere-se ao *sursis* especial, que se difere do denominado *sursis* simples. Um dos requisitos para a concessão do *sursis* especial é a reparação do dano prevista no dispositivo acima mencionado. Segundo o artigo ora comentado, a reparação do dano deve ser feita por meio de laudo de reparação do dano ambiental. Trata-se de imposição legal, que não pode ser desprezada pelo Juiz no momento da concessão do *sursis* especial. Além dessa exigência, as condições judiciais (a que se refere o art. 79 do Código Penal) devem guardar pertinência com a proteção do meio ambiente.

Art. 18. A **multa será calculada** segundo os critérios do Código Penal; se revelar-se ineficaz, ainda que aplicada no valor máximo, poderá ser aumentada até três vezes, tendo em vista o valor da vantagem econômica auferida.

1. **Pena de multa.** A pena de multa prevista nesta lei deve ser calculada e aplicada nos moldes descritos no art. 49 do Código Penal, de acordo com o sistema denominado *dias-multa.* Por esse sistema, em um primeiro momento o Juiz fixa o número de dias-multa, que deve variar entre 10 e 360 dias-multa (art. 49, *caput,* do Código Penal). Em um segundo momento, o Juiz fixa o valor de cada dia-multa, que deve variar entre um trigésimo e cinco vezes o valor do salario mínimo vigente no momento da conduta (art. 49, § 1º, do Código Penal).

2. **Aumento até o triplo.** Caso a multa revele-se ineficaz, ela pode ser aumentada em até três vezes, nos mesmos moldes do art. 60, § 1º, do Código Penal. Contudo, de forma diversa do Código Penal, o critério de aumento é o valor da vantagem econômica auferida, e não a situação econômica do réu (como é no Código Penal).

3. **Montante do prejuízo causado.** De acordo com o art. 19, a multa terá por base, também, o montante do prejuízo ambiental causado, devendo tal montante ser aferido por meio de perícia de constatação.

Art. 19. A perícia de constatação do dano ambiental, sempre que possível, **fixará o montante do prejuízo causado** para efeitos de prestação de fiança e cálculo de multa.

Parágrafo único. A perícia produzida no inquérito civil ou no juízo cível poderá ser aproveitada no processo penal, instaurando-se o contraditório.

1. **Perícia de constatação do dano ambiental.** Além de a perícia constatar o dano provocado, ela deve fixar o montante do prejuízo causado com a finalidade de estabelecer o valor da fiança e o cálculo da multa. Assim, ao critério previsto no artigo anterior deve ser acrescentado o previsto neste artigo.

2. **Parágrafo único. Prova emprestada.** A prova emprestada prevista no parágrafo único é válida, desde que diga respeito às mesmas partes e que sejam respeitados o contraditório e a ampla defesa. Note-se que o presente artigo determinou expressamente a realização do contraditório, como condição de validade da prova pericial emprestada, para evitar qualquer forma de violação dos princípios do contraditório e da ampla defesa.

Art. 20. A sentença penal condenatória, sempre que possível, fixará **o valor mínimo para reparação dos danos** causados pela infração, considerando os prejuízos sofridos pelo ofendido ou pelo meio ambiente.

Parágrafo único. Transitada em julgado a sentença condenatória, a execução poderá efetuar-se pelo valor fixado nos termos do *caput*, **sem prejuízo** da liquidação para apuração do dano efetivamente sofrido.

1. **Fixação do valor mínimo para a reparação dos danos na sentença.** Com base no laudo da perícia de constatação do dano ambiental (que fixa o montante do prejuízo causado pela conduta do agente), será apurado o valor mínimo para a reparação dos danos causados pela infração penal praticada pelo agente, tendo em consideração os prejuízos sofridos pelo ofendido ou pelo meio ambiente. Trata-se de norma semelhante à norma contida no art. 387, IV, do Código de Processo Penal.

2. **Parágrafo único. Título executivo judicial.** A sentença terá valor de título executivo judicial e poderá ensejar execução no Juízo Cível, nos moldes do art. 515, VI, do Código de Processo Civil. Caso não seja possível apurar toda a extensão do dano ou todas as espécies de dano (dano material ou dano moral), será efetivada a liquidação pelo Juízo Cível para a apuração do que não pôde ser apurado pelo Juízo Criminal.

Art. 21. As penas aplicáveis isolada, **cumulativa ou alternativamente** às **pessoas jurídicas**, de acordo com o disposto no art. 3º, são:

I - multa;

II - restritivas de direitos;

III - prestação de serviços à comunidade.

1. **Penas aplicáveis à pessoa jurídica.** Como o art. 21 deixa claro, tais penas criminais são aplicáveis às pessoas jurídicas. Como dito acima, as penas aplicáveis às pessoas físicas estão descritas no art. 8º da lei. Tratam-se de penas perfeitamente compatíveis com a pessoa jurídica.

2. **Formas de aplicação.** Essas penas podem se aplicadas de forma isolada ou de forma cumulada. O critério para a opção entre a alternatividade e a cumulação é o disposto no art. 3º da presente lei.

3. **Princípio da legalidade.** À luz do princípio da legalidade, as penas elencadas neste artigo somente poderão ser aplicadas caso o tipo penal praticado comine tais penas. Esse artigo não traz nenhuma norma relevante, tendo em vista que, com ele ou sem ele, o Juiz somente poderá aplicar as penas descritas em cada tipo penal praticado.

4. **Inciso I. Pena de multa.** A pena de multa é fixada nos moldes do art. 49 do Código Penal.

5. **Inciso II. Penas restritivas de direitos.** Essa pena está regulamentada no art. 22, que dispõe sobre as suas espécies e a forma de execução, para onde remetemos o leitor.

6. **Inciso III. Pena de prestação de serviços à comunidade.** Ao que parece, nesta lei a pena de prestação de serviços à comunidade foi transformada em pena autônoma, diferente do Código Penal, em que ela é uma espécie de pena restritiva de direitos (art. 43, IV). Entretanto, cremos que essa pena não tem natureza de pena autônoma. Mesmo em face da redação legal, cremos que ela permanece com a natureza jurídica de pena restritiva de direitos, apenas teve um regramento específico nesse artigo.

→ Aplicação em concurso.

- **Defensor Público. DPE/AC. 2017. CESPE.**

  Considerando-se a legislação pertinente, bem como o entendimento dos tribunais superiores, no que tange aos crimes contra o meio ambiente, são aplicadas às pessoas jurídicas, isolada, cumulativa ou alternativamente, somente as penas de multa, as restritivas de direitos e a prestação de serviços à comunidade.

  A alternativa está correta.

- **Promotor de Justiça. MPE/RO. 2017. FMP.**

  Sobre a responsabilidade penal das pessoas jurídicas e a correlata aplicação da pena pela prática de crimes ambientais, é CORRETO afirmar que:

A) as penas aplicáveis isoladas, cumulada ou alternativamente às pessoas jurídicas condenadas pela prática de crimes ambientais são multa, restritivas de direitos e prestação de serviços à comunidade.

B) a responsabilidade penal das pessoas jurídicas pela prática de crimes ambientais exclui a das pessoas físicas, autoras, coautoras ou partícipes do mesmo fato.

C) a pena restritiva de direito de proibição de contratar com o Poder Público e dele obter subsídios, subvenções ou doações possui prazo indeterminado de duração.

D) a responsabilidade penal das pessoas físicas mandatárias sempre exclui a responsabilidade penal da respectiva pessoa jurídica.

E) não há previsão legal de decretação de liquidação forçada de pessoa jurídica responsabilizada pela prática de crime ambiental.

Alternativa correta: letra A.

7. **Prescrição.** O prazo prescricional das penas prevista neste artigo regula-se pelo Código Penal.

▶ STF

> (...) Nos crimes ambientais, às pessoas jurídicas aplicam-se as sanções penais isolada, cumulativa ou alternativamente, somente as penas de multa, restritivas de direitos e prestação de serviços à comunidade (art. 21 da Lei 9.605/98). No caso, os parâmetros de aferição de prazos prescricionais são disciplinados pelo Código Penal. Nos termos do art. 109, caput e parágrafo único, do Código Penal, antes de transitar em julgado a sentença final, aplica-se, às penas restritivas de direito, o mesmo prazo previsto para as privativas de liberdade, regulada pelo máximo da

pena privativa de liberdade cominada ao crime (...). **(ARE 944034 AgR, Relator(a): Min. Gilmar Mendes, julgado em 30/09/2016).**

Art. 22. As **penas restritivas de direitos** da **pessoa jurídica** são:

I – suspensão parcial ou total de atividades;

II – interdição temporária de estabelecimento, obra ou atividade;

III – proibição de contratar com o Poder Público, bem como dele obter subsídios, subvenções ou doações.

§ 1º A **suspensão de atividades** será aplicada quando estas não estiverem obedecendo às disposições legais ou regulamentares, relativas à proteção do meio ambiente.

§ 2º A **interdição** será aplicada quando o estabelecimento, obra ou atividade estiver funcionando sem a devida autorização, ou em desacordo com a concedida, ou com violação de disposição legal ou regulamentar.

§ 3º A **proibição** de **contratar** com o Poder Público e dele obter subsídios, subvenções ou doações não poderá exceder o prazo de dez anos.

1. **Espécies de penas restritivas de direitos.** Esse artigo elenca as espécies de penas restritivas de direitos que podem ser aplicadas às pessoas jurídicas. Trata-se de regramento diverso do Código Penal, que elenca as espécies de penas restritivas de direitos no seu art. 43. À luz do princípio da legalidade, somente essas três espécies de penas previstas nesse artigo podem ser aplicadas, nenhuma outra.

2. **Inciso I. Suspensão parcial ou total de atividades.** As atividades referidas neste inciso são as atividades desenvolvidas pela pessoa jurídica, como objeto social. Nos moldes do § 1º, essa pena é aplicada quando as atividades desenvolvidas pela pessoa jurídica não estiverem obedecendo às disposições legais ou regulamentares, relativas à proteção do meio ambiente. Trata-se de pena substitutiva da pena privativa de liberdade. Assim, para que essa pena não configure a extinção da pessoa jurídica, ela deverá ter o mesmo prazo de duração da pena privativa de liberdade aplicada.

   → Aplicação em concurso.

   - **Delegado de Polícia. PC/PE. 2016. CESPE.**

     Se uma pessoa física e uma pessoa jurídica cometerem, em conjunto, infrações previstas na Lei nº 9.605/1998 — que dispõe sobre as sanções penais e administrativas derivadas de condutas e atividades lesivas ao meio ambiente, e dá outras providências —, as atividades da pessoa jurídica poderão ser totalmente suspensas.

     A alternativa está correta.

3. **Inciso II. Interdição temporária de estabelecimento, obra ou atividade.** De acordo com o disposto no § 2º, essa interdição temporária será aplicada quando o estabelecimento, obra ou atividade estiver funcionando sem a devida autorização do Poder Público, ou seja, de forma clandestina (como no caso de ausência de alvará da Prefeitura para funcionamento), ou em desacordo com a concedida (caracterizando o desvio de finalidade), ou com violação de disposição legal ou regulamentar (de

forma ilegal). A interdição ocorre em razão do funcionamento do estabelecimento, obra ou atividade fora dos moldes legais. O tempo de duração dessa pena é o mesmo tempo da pena privativa de liberdade aplicada, que fora substituída pela pena ora comentada.

4. **Inciso III. Proibição de contratar com o Poder Público, bem como dele obter subsídios, subvenções ou doações.** A proibição de contratar com o Poder Público prevista nesse inciso não se confunde com a proibição de participar de licitação, embora a licitação vá resultar em um contrato com o Poder Público. Basta pensar em um caso de dispensa ou de inexigibilidade de licitação prevista na lei 8.666/93, em que há o contrato sem a necessidade de licitação prévia. Note-se que a proibição é de realizar contratos com o Poder Público, após o trânsito em julgado da condenação. Logo, eventuais contratos que já estejam em andamento não são atingidos por essa pena, devendo ser cumpridos até o seu término. Além da proibição de contratar com o Poder Público, há também a proibição de obter subsídios, subvenções ou doações do Poder Público. O prazo de duração dessa pena é o mesmo prazo de duração da pena privativa de liberdade aplicada na sentença, que foi objeto de substituição por essa pena ora comentada. Contudo, há o limite de dez anos previsto no § 3º.

Art. 23. A **prestação de serviços à comunidade pela pessoa jurídica** consistirá em:

I – custeio de programas e de projetos ambientais;

II – execução de obras de recuperação de áreas degradadas;

III – manutenção de espaços públicos;

IV – contribuições a entidades ambientais ou culturais públicas.

Pena de prestação de serviços à comunidade. Como dito anteriormente, não se trata de pena autônoma, mas sim de espécie de pena restritiva de direitos. Os incisos, autoexplicativos, trazem as espécies de prestação de serviços. Contudo, deve ser observado que no inciso II a degradação da área deve ser oriunda ou ter alguma conexão com a conduta delituosa praticada pela pessoa jurídica.

Art. 24. A pessoa jurídica **constituída ou utilizada**, preponderantemente, com o fim de **permitir, facilitar ou ocultar a prática de crime** definido nesta Lei terá decretada sua liquidação forçada, seu patrimônio será considerado instrumento do crime e como tal perdido em favor do Fundo Penitenciário Nacional.

1. **Pessoa jurídica com objeto ilícito.** O legislador preocupou-se com a pessoa jurídica constituída ou utilizada preponderantemente, com o fim de permitir, de facilitar ou de ocultar a prática de crime definido na presente lei. Nesse caso, as consequências são severas. Além da decretação da liquidação forçada da pessoa jurídica, o seu patrimônio será considerado instrumento do crime e perdido em favor do Fundo Penitenciário Nacional, nos mesmos moldes definidos no art. 91, II, *a*, do Código Penal (com destinatários diferentes).

→ Aplicação em concurso.

- **Juiz Federal. 2ª Região. 2017. TRF.**

  A Lei nº 9.605/98 prevê a pena de imposição de liquidação forçada, com perdimento do patrimônio, à pessoa jurídica utilizada preponderantemente para facilitar a prática dos crimes contra o meio ambiente previstos em seu texto.

  A alternativa está correta.

- **Promotor de Justiça. MPE/SC. 2016. MPE/SC.**

  Segundo a Lei n. 9.605/98: poderá ser desconsiderada a pessoa jurídica sempre que sua personalidade for obstáculo ao ressarcimento de prejuízos causados à qualidade do meio ambiente; a pessoa jurídica constituída ou utilizada, preponderantemente, com o fim de permitir, facilitar ou ocultar a prática de crime definido nesta Lei terá decretada sua liquidação forçada, seu patrimônio será considerado instrumento do crime e como tal perdido em favor do Fundo Penitenciário Nacional.

  A alternativa está correta.

- **Juiz. TJ/DFT. 2016. CESPE.**

  A comprovação de que a pessoa jurídica foi constituída com a finalidade de viabilizar a prática de crime definido na lei de crimes ambientais possibilita a decretação de sua liquidação forçada e a consideração de seu patrimônio como instrumento de crime.

  A alternativa está correta.

CAPÍTULO III
DA APREENSÃO DO PRODUTO E DO INSTRUMENTO DE INFRAÇÃO ADMINISTRATIVA OU DE CRIME

Art. 25. Verificada a infração, serão **apreendidos** seus produtos e instrumentos, lavrando-se os respectivos autos.

§ 1º Os **animais serão prioritariamente libertados em seu habitat** ou, sendo tal medida inviável ou não recomendável por questões sanitárias, entregues a jardins zoológicos, fundações ou entidades assemelhadas, para guarda e cuidados sob a responsabilidade de técnicos habilitados.

§ 2º Até que os animais sejam entregues às instituições mencionadas no § 1º deste artigo, o órgão autuante zelará para que eles sejam mantidos em **condições adequadas de acondicionamento e transporte** que garantam o seu **bem-estar físico**.

§ 3º Tratando-se de **produtos perecíveis ou madeiras**, serão estes avaliados e doados a instituições científicas, hospitalares, penais e outras com fins beneficentes.

§ 4º Os **produtos e subprodutos** da fauna **não perecíveis** serão destruídos ou doados a instituições científicas, culturais ou educacionais.

§ 5º Os **instrumentos** utilizados na prática da infração serão vendidos, garantida a sua descaracterização por meio da reciclagem.

1. **Apreensão dos produtos e instrumentos da infração penal.** Trata-se de medida que tem por finalidade a apuração da infração penal de forma mais completa, para

que seja feita a perícia, a devolução ao legítimo ambiente, reinserção de animais em seu habitat natural etc. Essa apreensão já tinha previsão no art. 6º, II, do Código de Processo Penal. Contudo, a presente lei trouxe a mesma medida, só que adequada aos crimes ambientais.

2. **§ 1º. Libertação dos animais.** Imediatamente após a realização da perícia, os animais devem ser restituídos ao seu habitat natural como medida de manutenção da espécie. Caso isso não seja viável ou não seja recomendável por questões sanitárias, os animais devem ser entregues a jardins zoológicos, fundações ou entidades assemelhadas. Cremos que a primeira opção (restituição ao habitat natural) é a medida prioritária e as autoridades devem se esforçar ao máximo para conseguir efetivá-la. Enquanto isso não acontece, o § 2º determina que o órgão autuante zele pelo bem-estar dos animais apreendidos para que eles sejam mantidos em condições adequadas de acondicionamento e transporte que garantam o seu bem-estar físico.

3. **§ 3º. Produtos perecíveis ou madeiras.** Justamente por serem perecíveis ou madeiras (que se desgastam com o tempo), que já não podem ser restituídos ao meio ambiente, para evitar a perda deles, após a avaliação eles devem ser doados a instituições científicas, hospitalares, penais e outras com fins beneficentes. Tal medida tem por finalidade evitar a perda dos bens sem nenhuma utilidade.

4. **§ 4º. Produtos e subprodutos da fauna não perecíveis.** A medida de doação dos produtos e de subprodutos da fauna não perecíveis a instituições científicas, culturais ou educacionais tem por finalidade fomentar o estudo e o conhecimento, como no caso de um animal empalhado, que pode ser doado a um museu para exposição ou a um laboratório para estudo. Ou então, caso não tenha utilidade (como um tabuleiro feito do material extraído da casca de um jacaré), a lei impõe que sejam destruídos.

5. **§ 5º Venda dos instrumentos utilizados na prática da infração.** Os instrumentos somente podem ser vendidos após a sua descaracterização, para se evitar que possam ser utilizados posteriormente para a prática de outros crimes ambientais.

CAPÍTULO IV
DA AÇÃO E DO PROCESSO PENAL

Art. 26. Nas infrações penais previstas nesta Lei, a ação penal é **pública incondicionada.**

Parágrafo único. (VETADO)

Ação penal pública incondicionada. Trata-se de dispositivo absolutamente desnecessário, tendo em vista que o art. 100 do Código Penal trata da regra geral da natureza da ação penal e dispõe que "a ação penal é pública, salvo quando a lei expressamente a declara privativa do ofendido." Portanto, basta que a lei omita sobre esse ponto que a ação penal será pública incondicionada. Essa é a regra geral. A regra geral não precisa ser a todo o momento reafirmada. Ela é estabelecida como regra e basta que a lei preveja as exceções.

Art. 27. Nos **crimes ambientais de menor potencial ofensivo**, a proposta de aplicação imediata de pena restritiva de direitos ou multa, prevista no art. 76 da Lei nº 9.099, de 26 de setembro de 1995, somente poderá ser formulada desde que tenha havido a prévia composição do dano ambiental, de que trata o art. 74 da mesma lei, salvo em caso de comprovada impossibilidade.

Transação penal. O legislador condicionou a realização da transação penal à prévia composição do dano ambiental, que nada mais é do que a composição dos danos civis prevista no art. 74 da lei 9.099/95. O legislador acrescentou um novo requisito para a realização da transação penal não previsto na Lei 9.099/95. Contudo, o legislador abriu uma exceção para o caso de impossibilidade de composição dos danos civis, desde que tal impossibilidade seja comprovada nos autos, como na hipótese de impossibilidade financeira do autor do fato.

→ Aplicação em concurso.

- **Promotor de Justiça. MPE/RO. 2017. FMP.**

  Sobre os crimes ambientais previstos na Lei nº 9.605/1998, é correto afirmar:

A) Nos crimes ambientais de menor potencial ofensivo, a proposta de transação penal sempre poderá ser formulada independentemente da prévia composição do dano ambiental.

B) Nos crimes ambientais de menor potencial ofensivo, a proposta de transação penal somente poderá ser formulada desde que tenha havido a prévia composição do dano ambiental, salvo em caso de comprovada impossibilidade.

C) A declaração de extinção de punibilidade pelo cumprimento das condições estabelecidas na proposta de suspensão condicional do processo independe, sempre, de constatação de reparação do dano ambiental.

D) Na hipótese de o laudo de constatação comprovar não ter sido completa a reparação do dano ambiental, e esgotado o prazo de período de provas previsto na proposta de suspensão condicional do processo, o citado benefício não poderá ser prorrogado, por ausência de previsão legal, com a consequente declaração de extinção da punibilidade do agente.

E) Todos os crimes ambientais são de menor potencial ofensivo.

Alternativa correta: letra B.

- **Promotor de Justiça. MPE/RO. 2017. FMP.**

  Os crimes previstos na Lei nº 9.605/98 (Lei de Crimes Ambientais), são todos de ação penal pública incondicionada, contemplam espécies de tipos dolosos e espécies de tipos culposos, sendo que os crimes ambientais de competência do Juizado Especial Criminal admitem proposta de transação penal, desde que atendidos os requisitos da Lei nº 9.099/95 (Lei dos Juizados Especiais) e observado o pressuposto da prévia composição do dano ambiental, salvo em caso de comprovada impossibilidade.

  A alternativa está correta.

Art. 28. As disposições do **art. 89 da Lei nº 9.099, de 26 de setembro de 1995**, aplicam-se aos crimes de menor potencial ofensivo definidos nesta Lei, com as seguintes modificações:

I – a declaração de **extinção de punibilidade**, de que trata o § 5º do artigo referido no *caput*, **dependerá** de laudo de constatação de reparação do dano ambiental, ressalvada a impossibilidade prevista no inciso I do § 1º do mesmo artigo;

II – na hipótese de o laudo de constatação comprovar **não ter sido completa a reparação**, o prazo de suspensão do processo será prorrogado, até o período máximo previsto no artigo referido no *caput*, acrescido de mais um ano, com suspensão do prazo da prescrição;

III – no **período de prorrogação**, não se aplicarão as condições dos incisos II, III e IV do § 1º do artigo mencionado no *caput*;

IV – findo o prazo de prorrogação, proceder-se-á à lavratura de novo laudo de constatação de reparação do dano ambiental, podendo, conforme seu resultado, ser **novamente prorrogado** o período de suspensão, até o máximo previsto no inciso II deste artigo, observado o disposto no inciso III;

V – esgotado o prazo máximo de prorrogação, a declaração de **extinção de punibilidade** dependerá de laudo de constatação que comprove ter o acusado tomado as **providências necessárias à reparação integral do dano**.

1. **Suspensão condicional do processo.** O legislador tratou da possibilidade de aplicação do instituto da suspensão condicional do processo, também chamado *sursis* processual. Entretanto, nos moldes do art. 89 da lei 9.099/95 a suspensão condicional do processo é aplicável também às infrações penais que não sejam de menor potencial ofensivo. O artigo ora comentado fez uma restrição indevida do instituto às infrações penais de menor potencial ofensivo, devendo tal restrição ser desconsiderada pelo intérprete, uma vez que esse instituto, conforme a previsão do art. 89 da lei 9.099/95, tem ampla aplicabilidade, desde que obedecidos os requisitos legais.

2. **Inciso I. Extinção de punibilidade.** A extinção da punibilidade é a consequência legal do cumprimento de todas as condições da suspensão condicional do processo sem que tenha havido a sua revogação. Contudo, na presente lei, a declaração da extinção da punibilidade está condicionada à reparação do dano ambiental constante do laudo de constatação. Isso porque a reparação do dano é uma das condições a serem cumpridas durante o período de prova da suspensão condicional do processo. Note-se que há uma ressalva, tanto no inciso I ora comentado, quanto no inciso I do § 1º do art. 89 da lei 9.099/95, que consiste na impossibilidade de reparação do dano devidamente comprovada nos autos.

3. **Inciso II. Prorrogação do prazo.** A reparação do dano deve ser integral, comprovada no laudo de constatação de reparação do dano ambiental. Caso o laudo conclua pela reparação parcial, o prazo do período de prova deverá ser prorrogado até o período máximo previsto no *caput* do art. 89 da lei 9.099/95, acrescido de mais um ano e suspenso o prazo de prescrição.

→ Aplicação em concurso.

- **Juiz. TJ/SP. 2017. VUNESP.**

  A suspensão condicional do processo é:

  A) inadmissível, em qualquer caso, se a lesão corporal for praticada contra ascendente, descendente, irmão, cônjuge ou companheiro, ou com quem conviva ou tenha convivido, ou, ainda, prevalecendo-se o agente das relações domésticas, de coabitação ou de hospitalidade.

  B) admissível nos crimes ambientais de menor potencial ofensivo, mas a declaração de extinção da punibilidade dependerá de laudo de constatação de reparação do dano ambiental, salvo impossibilidade de fazê-lo, permitida a prorrogação do prazo, se incompleta a reparação, com suspensão da prescrição.

  C) aplicável em relação às infrações penais cometidas em concurso de crimes, excetuado o concurso material, quando a pena mínima cominada, pela incidência da majorante, não ultrapassar o limite de um (1) ano.

  D) cabível na desclassificação do crime e na procedência parcial da pretensão punitiva, se reunidos os pressupostos legais permissivos, com remessa necessária da questão ao Procurador Geral de Justiça, ainda que ausente dissenso, aplicando-se por analogia o art. 28 do Código de Processo Penal.

  Alternativa correta: letra B.

4. **Inciso III. Prorrogação do prazo. Não incidência das demais condições.** Apenas o prazo é prorrogado, com a finalidade de o agente efetivar a reparação do dano. O agente não fica obrigado ao cumprimento das demais condições da suspensão condicional do processo.

5. **Inciso IV. Nova prorrogação do prazo.** Tem-se aqui o segundo laudo de constatação de reparação do dano ambiental para a verificação da reparação integral após a prorrogação do prazo, podendo gerar uma segunda prorrogação, a depender da conclusão do laudo. A prorrogação poderá ser até o período máximo previsto no *caput* do art. 89 da lei 9.099/95, acrescido de mais um ano, sem que o agente cumpra as demais condições.

6. **Inciso V. Extinção da punibilidade condicionada.** Após a segunda prorrogação, a declaração de extinção da punibilidade dependerá de laudo de constatação que comprove ter o acusado tomado as providências necessárias à reparação integral do dano, a ser analisado pelo Juiz, levando-se em consideração o esforço pessoal do agente no sentido de reparar o dano.

CAPÍTULO V
DOS CRIMES CONTRA O MEIO AMBIENTE

1. **Divisão da lei.** Esta lei divide os crimes contra o meio ambiente em cinco partes: **Seção I:** *crimes contra a Fauna* (arts. 29 ao 37); **Seção II:** *crimes contra a Flora* (arts. 38 ao 53); **Seção III:** *Poluição e outros crimes ambientais* (arts. 54 ao 61); **Seção IV:** *Crimes contra o Ordenamento Urbano e o Patrimônio Cultural* (arts. 62 ao 65); **Seção V:** *Crimes contra a Administração Ambiental* (arts. 66 ao 69-A).

2. **Fauna.** A fauna consiste no conjunto de animais, terrestres ou aquáticos, próprios de determinada região, que se dividem em: invertebrados, mamíferos, aves, répteis e anfíbios. Os peixes estão incluídos na fauna aquática.

3. **Flora.** A flora é o conjunto de plantas de uma determinada região ou período listadas por espécies e consideradas como um todo, incluídos os fungos, as bactérias do solo, os musgos, bromeliáceas, podendo ser encontrada nas matas, nos pântanos, no ambiente marinho, (flutuante ou fixa no fundo das águas).

4. **Poluição.** Poluição é toda alteração das propriedades naturais do meio ambiente, provocada por agentes de qualquer espécie, prejudicial à saúde, à segurança ou ao bem-estar da população que é atingida pelos efeitos da poluição.

5. **Ordenamento Urbano e o Patrimônio Cultural.** Consiste no patrimônio histórico, cultural, artístico, arqueológico e paisagístico.

6. **Administração Ambiental.** A Administração Ambiental é a Administração Pública com destinação específica de proteger o meio ambiente.

7. **Bem jurídico tutelado.** Nesta lei o bem juridicamente protegido é a existência, o equilíbrio e a manutenção do meio ambiente.

8. **Conceito de meio ambiente.** O conceito de meio ambiente está previsto no art. 3º, da lei 6.938/81: *"Art 3º – Para os fins previstos nesta Lei, entende-se por: I – meio ambiente, o conjunto de condições, leis, influências e interações de ordem física, química e biológica, que permite, abriga e rege a vida em todas as suas formas."*

   Contudo, costuma-se dar um conceito mais amplo a meio ambiente. Assim, o meio ambiente deve ser analisado sob três vertentes: o *meio ambiente artificial*; o *meio ambiente cultural*; e o *meio ambiente natural ou físico*.

9. **Meio ambiente artificial.** O meio ambiente artificial é formado pelo espaço urbano construído pelo homem, consistente no conjunto de edificações (denominado espaço urbano fechado) e de equipamentos públicos, como ruas, praças, espaços livres, área verde (denominado espaço urbano aberto).

10. **Meio ambiente cultural.** O meio ambiente cultural é composto pelo patrimônio histórico, artístico, paisagístico, turístico, arqueológico. Apesar de possuir natureza artificial, por também ser formado por obra do ser humano, distingue-se do meio ambiente artificial em razão do valor especial que foi agregado ao meio ambiente cultural.

11. **Meio ambiente natural ou físico.** O meio ambiente natural ou físico é formado pelos seguintes elementos: solo, água, ar atmosférico, flora, interação dos seres vivos com o seu meio, gerando uma relação recíproca entre as espécies e entre elas e o ambiente físico ocupado por elas.

12. **Direito Ambiental.** O Direito Ambiental é um ramo do Direito Público, com peculiaridades especiais, consistente em um conjunto de normas de diversos ramos do Direito, que disciplinam as relações entre o comportamento humano e o meio ambiente, e que se destina a proteger o meio ambiente, compreendendo medidas administrativas e judiciais visando à reparação econômico e financeira dos danos causados pelo homem ao meio ambiente e aos ecossistemas de forma geral.

13. **Direito Penal Ambiental.** O Direito Penal Ambiental é o ramo do Direito Público que estuda as condutas humanas ilícitas que causam dano ou que exponham a perigo o meio ambiente.

Seção I
Dos Crimes contra a Fauna

Art. 29. Matar, perseguir, caçar, apanhar, utilizar **espécimes da fauna silvestre**, nativos ou em rota migratória, sem a devida permissão, licença ou autorização da autoridade competente, ou em desacordo com a obtida:

Pena – detenção de seis meses a um ano, e multa.

§ 1º Incorre nas mesmas penas:

I – quem impede a **procriação da fauna**, sem licença, autorização ou em desacordo com a obtida;

II – quem modifica, danifica ou destrói **ninho**, **abrigo** ou **criadouro natural**;

III – quem vende, expõe à venda, exporta ou adquire, guarda, tem em cativeiro ou depósito, utiliza ou transporta **ovos, larvas ou espécimes da fauna silvestre**, nativa ou em rota migratória, bem como produtos e objetos dela oriundos, provenientes de criadouros não autorizados ou sem a devida permissão, licença ou autorização da autoridade competente.

§ 2º No caso de guarda doméstica de espécie silvestre não considerada ameaçada de extinção, pode o juiz, considerando as circunstâncias, **deixar de aplicar a pena**.

§ 3º **São espécimes da fauna silvestre** todos aqueles pertencentes às espécies nativas, migratórias e quaisquer outras, aquáticas ou terrestres, que tenham todo ou parte de seu ciclo de vida ocorrendo dentro dos limites do território brasileiro, ou águas jurisdicionais brasileiras.

§ 4º A **pena é aumentada** de metade, se o crime é praticado:

I – contra espécie rara ou considerada ameaçada de extinção, ainda que somente no local da infração;

II – em período proibido à caça;

III – durante a noite;

IV – com abuso de licença;

V – em unidade de conservação;

VI – com emprego de métodos ou instrumentos capazes de provocar destruição em massa.

§ 5º A pena é aumentada até o triplo, se o crime decorre do exercício de **caça profissional**.

§ 6º As disposições deste artigo não se aplicam aos **atos de pesca**.

1. **Sujeito ativo.** Crime comum. Qualquer pessoa pode praticá-lo.

2. **Sujeito passivo.** A sociedade.

3. **Matar, perseguir, caçar, apanhar, utilizar.** *Matar* é retirar a vida da espécime da fauna. *Perseguir* significa correr atrás da espécime. *Caçar* consiste em matar ou

aprisionar. *Apanhar* é privar a liberdade. *Utilizar* significa fazer uso de alguma espécie da fauna.

4. **Fauna silvestre.** O seu conceito está no § 3º do presente artigo.

5. **Norma penal em branco.** O presente tipo penal constitui norma penal em branco, uma vez que se faz necessário complementar o seu preceito primário para a determinação do que seja a devida permissão, licença ou autorização da autoridade competente.

6. **Tipo penal misto alternativo.** Caso o agente pratique mais de uma conduta descrita no tipo penal, no mesmo contexto fático, responderá por um delito apenas, não havendo concurso de crimes.

7. **Consumação.** Com a prática de qualquer das condutas típicas.

8. **Classificação.** Crime comum; material nas condutas *matar, caçar* e *apanhar* e formal nas condutas *perseguir e utilizar*; doloso; comissivo; instantâneo nas condutas *matar, caçar, apanhar, utilizar* e permanente na conduta *perseguir*; de perigo abstrato; admite a tentativa.

8. **Suspensão condicional do processo.** Cabível, pois a pena mínima cominada não ultrapassa 1 ano (art. 89 da lei 9.099/95).

9. **§ 1º. Condutas equiparadas.**

10. **Inciso I. Impedir a procriação da fauna sem licença, autorização ou em desacordo com a obtida.** *Impedir a procriação* consiste em interromper a procriação da fauna. O agente impede que a fauna se reproduza e que a espécime tenha seguimento.

11. **Norma penal em branco.** O presente tipo penal constitui norma penal em branco, uma vez que se faz necessário complementar o seu preceito primário para a determinação do que seja sem licença, autorização ou em desacordo com a obtida

12. **Consumação.** Com o efetivo impedimento da procriação da espécime. Trata-se de crime material.

13. **Classificação.** Crime comum; material; doloso; comissivo; instantâneo; de perigo abstrato; admite a tentativa.

14. **Suspensão condicional do processo.** Cabível, pois a pena mínima cominada não ultrapassa 1 ano (art. 89 da lei 9.099/95).

15. **Inciso II. Modificar, danificar ou destruir ninho, abrigo ou criadouro natural.**

16. **Modificar, danificar ou destruir.** *Modificar* é mudar a forma original. *Danificar* consiste em produzir dano, inutilizar, deteriorar. *Destruir* significa desfazer, aniquilar, fazer desaparecer. Nesse delito o agente, de alguma forma, atrapalha a procriação da fauna.

17. **Ninho.** Local produzido pelas aves para colocarem os seus ovos.

18. **Abrigo.** Local identificado como refúgio das espécimes.

19. **Criadouro natural.** Local identificado na natureza onde as espécimes procriam e cuidam dos seus filhotes.

20. **Consumação.** Com a prática das condutas típicas, ou seja, com a modificação, o dano ou a destruição. Trata-se de crime material.

21. **Classificação.** Crime comum; material; doloso; comissivo; instantâneo; de perigo abstrato; admite a tentativa.

22. **Suspensão condicional do processo.** Cabível, pois a pena mínima cominada não ultrapassa 1 ano (art. 89 da lei 9.099/95).

23. **Inciso III. Comércio irregular de ovos, larvas ou espécimes da fauna silvestre.**

24. **Vender, expor à venda, exportar, adquirir, guardar, ter em cativeiro ou depósito, utilizar e transportar.** *Vender* significa negociar, trocar por dinheiro. *Expor à venda* é exibir para que terceiras pessoas se interessem na sua compra. *Exportar* consiste em remeter para o exterior. *Adquirir* significa obter, conseguir, independentemente do meio (compra e venda, doação, troca etc.). *Guardar* é conservar, preservar, manter em local seguro. *Ter em cativeiro ou depósito* significa manter consigo em algum lugar. *Utilizar* consiste em fazer uso. *Transportar* significa levar de um local específico para outro local específico. Esse tipo penal trata da comercialização e da movimentação irregular de ovos, larvas ou espécimes da fauna silvestre, causando dano à procriação das espécimes.

25. **Norma penal em branco.** O presente tipo penal constitui norma penal em branco, uma vez que se faz necessário complementar o seu preceito primário para a determinação do significado das expressões não autorizadas ou sem a devida permissão, licença ou autorização da autoridade competente.

26. **Consumação.** Com a prática das condutas típicas.

27. **Classificação.** Crime comum; material nas condutas *vender, exportar, adquirir, guardar, ter em cativeiro ou depósito* e *transportar,* e formal nas condutas *utilizar* e *expor à venda*; doloso; comissivo; instantâneo nas condutas *vender, exportar, adquirir* e *utilizar,* e permanente nas condutas e *expor à venda, guardar, ter em cativeiro ou depósito* e *transportar*; de perigo abstrato; admite a tentativa.

28. **Suspensão condicional do processo.** Cabível, pois a pena mínima cominada não ultrapassa 1 ano (art. 89 da lei 9.099/95).

29. **§ 2º. Perdão judicial.** São dois os requisitos para a aplicação do perdão judicial: 1. *Guarda doméstica*, que significa a manutenção da espécime dentro do lar onde a pessoa mora; 2. *Espécie silvestre não considerada ameaçada de extinção*, que é a espécime de procriação abundante no momento da prática da conduta do agente, como a hipótese de o agente que tem um papagaio em sua residência.

→ Aplicação em concurso.

- **Assistente Jurídico e Procurador Jurídico. Prefeitura de Andradina/SP. 2017. VUNESP.**

  O art. 29 da Lei nº 9.605/98 tipifica a seguinte conduta: "matar, perseguir, caçar, apanhar, utilizar espécimes da fauna silvestre, nativos ou em rota migratória, sem a devida permissão, licença ou autorização da autoridade competente, ou em desacordo com a obtida". No contexto desse crime, é correto afirmar que

  A) a conduta é atípica se praticada no exercício de caça profissional.

  B) para fins legais, pune-se da mesma forma, por expressa equiparação, os atos relacionados a animais marinhos e atos de pesca.

  C) no caso de guarda doméstica de espécie silvestre não considerada ameaçada de extinção, pode o juiz, considerando as circunstâncias, deixar de aplicar a pena.

  D) a pena é dobrada se o crime é praticado contra espécie rara, de difícil reprodução ou manejo ou, também, considerada ameaçada de extinção, ainda que somente no local da infração.

  E) são espécimes da fauna silvestre todos aqueles animais, inclusive domésticos e domesticados, que tenham todo ou parte de seu ciclo de vida ocorrendo dentro dos limites do território brasileiro, excluídas as águas jurisdicionais brasileiras.

  Alternativa correta: letra C.

30. § 3º. Norma penal explicativa. Trata-se de norma penal não incriminadora explicativa que traz o significado de espécimes da fauna silvestre.

31. § 4º. Causas de aumento de pena. Tratam-se de causas de aumento de pena que devem ser aplicadas na terceira fase da dosimetria da pena. Mesmo com o aumento de metade continua a ser cabível a suspensão condicional do processo, tendo em vista que com o aumento a pena mínima abstrata vai para nove meses.

32. Inciso I. Espécie rara é a que não existe de forma ordinária. É a espécie incomum. A ameaçada de extinção é a que tem risco de desaparecer da fauna, expressa em norma extrapenal. Note-se que o legislador fez incidir essa majorante mesmo que seja somente no local da infração. Na segunda hipótese, de espécie ameaçada de extinção, não se aplica a agravante do art. 15, II, *q,* sob pena de *bis in idem.*

33. Inciso II. O período proibido de caça é determinado pela autoridade ambiental competente.

34. Inciso III. Por noite entenda-se do pôr ao nascer do sol, ou seja, o período de ausência de luz solar, período em que a fiscalização do Poder Público é menor. Nesse caso não se aplica a agravante do art. 15, II, *i,* sob pena de *bis in idem.*

35. Inciso IV. Na hipótese dessa majorante o agente tem a licença da autoridade, mas age além dela, abusando da licença obtida. Nesse caso não se aplica a agravante do art. 15, II, *o,* sob pena de *bis in idem.*

36. Inciso V. O conceito de unidade de conservação está nos arts. 40, § 1º e 40-A, § 1º. Nesse caso, não se aplica a agravante do art. 15, II, *e,* sob pena de *bis in idem.*

37. Inciso VI. Destruição em massa é a realizada em grande escala, como no caso de bombas, gases tóxicos etc.

38. § 5º. **Causa de aumento de pena.** Esse parágrafo trata de causa de aumento de pena, aplicada na terceira fase da dosimetria da pena. A caça profissional é aquela que é feita visando à obtenção de lucro e é proibida pelo art. 2º da lei 5.197/67.

39. § 6º. **Causa de exclusão da tipicidade formal.** Em razão da redação do dispositivo legal, estamos diante de uma hipótese de atipicidade formal da conduta, por excluir os atos de pesca do seu âmbito de incidência.

Art. 30. Exportar para o exterior peles e couros de anfíbios e répteis em bruto, sem a autorização da autoridade ambiental competente:

Pena – reclusão, de um a três anos, e multa.

1. **Sujeito ativo.** Crime comum. Qualquer pessoa pode praticá-lo.
2. **Sujeito passivo.** A sociedade.
3. **Exportar para o exterior.** *Exportar* é remeter para o exterior. O legislador foi repetitivo, pois exportar é sempre para o exterior e consiste em enviar as peles e couros para fora do território nacional.
4. **Peles e couros de anfíbios e répteis em bruto.** Pele é a camada que reveste o corpo dos animais vertebrados. Couro é a pele espessa dos animais. Em bruto significa que ainda não passaram por nenhum processo de manufatura.
5. **Norma penal em branco.** O presente tipo penal constitui norma penal em branco, uma vez que se faz necessário complementar o seu preceito primário para a determinação do que seja sem a autorização da autoridade ambiental competente.
6. **Princípio da especialidade.** Este tipo penal é especial em relação ao delito de contrabando previsto no art. 334-A do Código Penal.
7. **Necessidade de perícia.** É necessária a perícia no produto exportado, nos moldes do art. 158 do Código de Processo Penal para verificar se se trata de peles e couros de anfíbios e répteis em bruto.
8. **Consumação.** Com a saída do produto do país. Trata-se de crime material.
9. **Classificação.** Crime comum; material; doloso; comissivo; instantâneo; de perigo abstrato; admite a tentativa.
10. **Suspensão condicional do processo.** Cabível, pois a pena mínima cominada não ultrapassa 1 ano (art. 89 da lei 9.099/95).

Art. 31. Introduzir espécime animal no País, sem parecer técnico oficial favorável e licença expedida por autoridade competente:

Pena – detenção, de três meses a um ano, e multa.

1. **Sujeito ativo.** Crime comum. Qualquer pessoa pode praticá-lo.
2. **Sujeito passivo.** A sociedade.

3. **Introduzir.** *Introduzir* no país significa fazer a espécime ingressar no território nacional. Trata-se da conduta do agente que faz a espécime animal ingressar no território nacional, de qualquer forma. O delito é de livre execução.

4. **Norma penal em branco.** O presente tipo penal constitui norma penal em branco, uma vez que se faz necessário complementar o seu preceito primário para a determinação do que seja sem parecer técnico oficial favorável e licença expedida por autoridade competente.

5. **Consumação.** Com a entrada da espécime no país. Trata-se de crime material.

6. **Classificação.** Crime comum; material; doloso; comissivo; instantâneo; de perigo abstrato; admite a tentativa.

7. **Suspensão condicional do processo.** Cabível, pois a pena mínima cominada não ultrapassa 1 ano (art. 89 da lei 9.099/95).

Art. 32. Praticar ato de **abuso, maus-tratos, ferir** ou **mutilar** animais silvestres, domésticos ou domesticados, nativos ou exóticos:

Pena – detenção, de três meses a um ano, e multa.

§ 1º Incorre nas mesmas penas quem realiza **experiência dolorosa ou cruel** em animal vivo, ainda que para fins didáticos ou científicos, quando existirem recursos alternativos.

§ 2º A **pena é aumentada** de um sexto a um terço, se ocorre morte do animal.

1. **Sujeito ativo.** Crime comum. Qualquer pessoa pode praticá-lo.

2. **Sujeito passivo.** A sociedade.

3. **Praticar ato de abuso, maus-tratos, ferir ou mutilar animais.** *Praticar* consiste em levar a efeito, realizar, executar. *Ato de abuso* é usar de forma inconveniente ou mal o animal, como exigir trabalho excessivo do animal, extrapolando os seus limites. *Maus-tratos* consistem em causar dano ou sofrimento ao animal. *Ferir* significa lesionar, cortar, ofender o animal. *Mutilar* consiste em arrancar algum membro ou parte do corpo do animal.

4. **Animais silvestres, domésticos ou domesticados, nativos ou exóticos.** *Animais silvestres* são todos aqueles pertencentes às espécies nativas, migratórias e quaisquer outras, aquáticas ou terrestres, que tenham todo ou parte de seu ciclo de vida ocorrendo dentro dos limites do território brasileiro ou águas jurisdicionais brasileiras (art. 29, § 3º). *Animais domésticos* são os animais que convivem harmoniosamente com o homem. *Animais domesticados* são os animais que não eram originariamente domésticos, mas o convívio com o homem deixou-os domesticados. *Animais nativos* são os animais originários de determinada região. Por fim, *animais exóticos* são animais provenientes de um local diverso daquele em que se encontram.

5. **Tipo penal misto alternativo.** Caso o agente pratique mais de uma conduta descrita no tipo penal, no mesmo contexto fático, responderá por um delito apenas, não havendo concurso de crimes.

6. **Revogação do art. 64 da Lei de Contravenções Penais.** Por se tratarem de condutas iguais, o presente tipo penal revogou tacitamente o art. 64 da Lei de Contravenções Penais.

7. **Consumação.** Com a prática da qualquer das condutas típicas. Trata-se de crime material.

8. **Classificação.** Crime comum; material; doloso; comissivo; instantâneo; de perigo abstrato; admite a tentativa.

9. **Suspensão condicional do processo.** Cabível, pois a pena mínima cominada não ultrapassa 1 ano (art. 89 da lei 9.099/95).

10. **§ 1º. Conduta equiparada.** Realizar experiência dolorosa ou cruel em animais consiste na conduta por meio da qual os animais são utilizados como cobaias para algum experimento, ainda que de cunho didático ou científico em animal vivo, como no caso da realização da vivissecção cruel, que consiste no ato de dissecar um animal vivo com o propósito de realizar estudos de natureza anatomo-fisiológica. Esse delito somente se configura se o animal estiver vivo e se houver meios alternativos.

11. **Consumação.** Com a prática da conduta típica de realizar a experiência. Trata-se de crime material.

12. **Classificação.** Crime comum; material; doloso; comissivo; instantâneo; de perigo abstrato; admite a tentativa.

13. **Suspensão condicional do processo.** Cabível, pois a pena mínima cominada não ultrapassa 1 ano (art. 89 da lei 9.099/95).

14. **§ 2º. Conduta equiparada. Causa de aumento de pena.** A morte do animal gera uma maior reprovabilidade da conduta, justificando o aumento da pena.

Art. 33. Provocar, pela **emissão de efluentes ou carreamento de materiais**, o perecimento de espécimes da fauna aquática existentes em rios, lagos, açudes, lagoas, baías ou águas jurisdicionais brasileiras:

Pena – detenção, de um a três anos, ou multa, ou ambas cumulativamente.

Parágrafo único. Incorre nas mesmas penas:

I – quem causa **degradação** em viveiros, açudes ou estações de aqüicultura de domínio público;

II – quem **explora** campos naturais de invertebrados aquáticos e algas, sem licença, permissão ou autorização da autoridade competente;

III – quem **fundeia embarcações** ou **lança detritos** de qualquer natureza sobre bancos de moluscos ou corais, devidamente demarcados em carta náutica.

1. **Sujeito ativo.** Crime comum. Qualquer pessoa pode praticá-lo.

2. **Sujeito passivo.** A sociedade.

3. **Emissão de efluentes ou carreamento de materiais.** *Emitir efluentes* significa expelir, despejar uma descarga líquida. *Carrear materiais* consiste em conduzir dejetos químicos, substâncias tóxicas etc. Nesse delito o agente causa a morte das espécimes com a prática dessas condutas.

4. **Consumação.** Com o efetivo perecimento das espécimes. Trata-se de crime material.

5. **Classificação.** Crime comum; material; doloso; comissivo; instantâneo; de perigo abstrato; admite a tentativa.

6. **Suspensão condicional do processo.** Cabível, pois a pena mínima cominada não ultrapassa 1 ano (art. 89 da lei 9.099/95).

7. **Parágrafo único. Conduta equiparada.**

8. **Inciso I. Causar degradação em viveiros, açudes ou estações de aquicultura de domínio público.** *Causar degradação* significa gerar deterioração. *Viveiro* é o local destinado à reprodução de animais. *Açudes ou estações de aquicultura de domínio público* são locais em que as espécimes da fauna ictiológica são mantidos em cativeiro, de forma exposta ou não à visitação pública.

9. **Consumação.** Com a prática da conduta de causar degradação ambiental. Trata-se de crime material.

10. **Classificação.** Crime comum; material; doloso; comissivo; instantâneo; de perigo abstrato; admite a tentativa.

11. **Suspensão condicional do processo.** Cabível, pois a pena mínima cominada não ultrapassa 1 ano (art. 89 da lei 9.099/95).

12. **Inciso II. Explorar campos naturais de invertebrados aquáticos e algas, sem licença, permissão ou autorização da autoridade competente.** *Explorar* consiste em tirar proveito de algo. Nesse delito o agente realiza a exploração de forma ilícita. *Invertebrados aquáticos* são animais que não possuem vértebras, como hidras, corais, anêmonas, águas-vivas etc. *Algas* são vegetais cujo corpo resume-se a um talo (denominados talófitos).

13. **Norma penal em branco.** O presente tipo penal constitui norma penal em branco, uma vez que se faz necessário complementar o seu preceito primário para a determinação do que seja sem licença, permissão ou autorização da autoridade competente.

14. **Consumação.** Com a exploração. Trata-se de crime material.

15. **Classificação.** Crime comum; material; doloso; comissivo; instantâneo; de perigo abstrato; admite a tentativa.

16. **Suspensão condicional do processo.** Cabível, pois a pena mínima cominada não ultrapassa 1 ano (art. 89 da lei 9.099/95).

17. **Inciso III. Fundear embarcações ou lançar detritos de qualquer natureza sobre bancos de moluscos ou corais, devidamente demarcados em carta náutica.** *Fundear embarcação* consiste em ancorá-la. *Lançar detritos* significa jogar dejetos

industriais, substâncias tóxicas etc. As condutas devem ser praticadas em *bancos de moluscos* (animais de corpo mole protegidos por uma concha, como mexilhão, caracol, polvo, lula etc.) ou *corais* (animais celenterados e marinhos que se reúnem em colônias).

18. **Norma penal em branco.** O presente tipo penal constitui norma penal em branco, uma vez que se faz necessário complementar o seu preceito primário para a determinação do que seja a demarcação em carta náutica.

19. **Tipo penal misto alternativo.** Caso o agente pratique mais de uma conduta descrita no tipo penal, no mesmo contexto fático, responderá por um delito apenas, não havendo concurso de crimes.

20. **Consumação.** Com a prática da conduta típica de fundear embarcações ou de lançar detritos. Trata-se de crime material.

21. **Classificação.** Crime comum; material; doloso; comissivo; instantâneo; de perigo abstrato; admite a tentativa.

22. **Suspensão condicional do processo.** Cabível, pois a pena mínima cominada não ultrapassa 1 ano (art. 89 da lei 9.099/95).

Art. 34. Pescar em **período** no qual a pesca seja **proibida** ou em **lugares interditados** por órgão competente:

Pena – detenção de um ano a três anos ou multa, ou ambas as penas cumulativamente.

Parágrafo único. Incorre nas mesmas penas quem:

I – pesca espécies que devam ser preservadas ou espécimes com **tamanhos inferiores** aos permitidos;

II – pesca **quantidades superiores** às permitidas, ou mediante a **utilização de** aparelhos, petrechos, técnicas e métodos não permitidos;

III – **transporta, comercializa, beneficia** ou **industrializa** espécimes provenientes da coleta, apanha e pesca proibidas.

1. **Sujeito ativo.** Crime comum. Qualquer pessoa pode praticá-lo.

2. **Sujeito passivo.** A sociedade.

3. **Pescar.** O conceito de pesca está no art. 36 da lei, para onde remetemos o leitor.

4. **Período proibido ou lugares interditados.** Cabe ao órgão competente (IBAMA) a definição do período proibido ou dos locais interditados. Normalmente são períodos de reprodução da espécime ou locais onde elas se reproduzem.

5. **Norma penal em branco.** O presente tipo penal constitui norma penal em branco. Em primeiro lugar porque é necessário complementá-la com o art. 36, que trata do conceito de pesca. Em segundo lugar para que seja determinado o significado de período proibido ou os lugares interditados.

6. **Princípio da insignificância.** É possível a incidência do princípio da insignificância nesse delito, desde que estejam presentes os requisitos para a sua incidência.

▶ STJ

Informativo nº 602

Sexta Turma

Crime ambiental. Pesca em local proibido. Princípio da insignificância. Ausência de dano efetivo ao meio ambiente. Atipicidade material da conduta. Não se configura o crime previsto no art. 34 da Lei n. 9.605/1998 na hipótese em há a devolução do único peixe – ainda vivo – ao rio em que foi pescado (...). Desse modo, tem-se que a devolução do peixe vivo ao rio demonstra a mínima ofensividade ao meio ambiente, circunstância registrada no *"Relatório de Fiscalização firmado pelo ICMBio [em que] foi informado que a gravidade do dano foi leve, além do crime não ter sido cometido atingindo espécies ameaçadas"*. Outrossim, os instrumentos utilizados – vara de molinete com carretilha, linhas e isopor –, são de uso permitido e não configuram profissionalismo, contrariamente, demonstram o amadorismo do denunciado. Assim sendo, na ausência de lesividade ao bem jurídico protegido pela norma incriminadora (art. 34, *caput*, da Lei n. 9.605/1998), verifica-se a atipicidade da conduta. **(REsp 1.409.051-SC, Rel. Min. Nefi Cordeiro, por unanimidade, julgado em 20/4/2017).**

▶ STF

Informativo nº 816.

Segunda Turma.
Crime ambiental e dano efetivo ao bem jurídico tutelado – 2.

A Segunda Turma, em conclusão de julgamento, reputou improcedente acusação formulada contra deputado federal pela suposta prática do crime previsto no art. 34, "caput", da Lei 9.605/1998. (...) reputou não existir, no caso concreto, o requisito da justa causa a propiciar o prosseguimento da ação penal, especialmente pela mínima ofensividade da conduta do agente, pela ausência de periculosidade social da ação, pelo reduzido grau de reprovabilidade do comportamento e pela inexpressividade da lesão jurídica provocada. Assim, apesar de a conduta do denunciado amoldar-se à tipicidade formal e subjetiva, não haveria a tipicidade material, consistente na relevância penal da conduta e no resultado típico, em razão da insignificância da lesão produzida no bem jurídico tutelado. (...) Portanto, seria imperioso assentar a atipicidade material da conduta, pela completa ausência de ofensividade ao bem jurídico tutelado pela norma penal. O acusado estaria em pequena embarcação quando teria sido surpreendido em contexto de pesca rústica, com vara de pescar, linha e anzol. Não estaria em barco grande, munido de redes, arrasto nem com instrumentos de maior potencialidade lesiva ao meio ambiente. **(Inq 3788/DF, Rel. Min. Cármen Lúcia, julgamento em 1º.03.2016).**

7. **Consumação.** Com a prática da pesca. Trata-se de crime material.

8. **Classificação.** Crime comum; material; doloso; comissivo; instantâneo; de perigo abstrato; admite a tentativa.

9. **Suspensão condicional do processo.** Cabível, pois a pena mínima cominada não ultrapassa 1 ano (art. 89 da lei 9.099/95).

10. **Parágrafo único. Condutas equiparadas.**

11. **Inciso I. Pesca de espécies que devam ser preservadas ou espécimes com tamanhos inferiores aos permitidos.**

12. **Pescar.** O conceito de pesca está no art. 36 da lei, para onde remetemos o leitor.

13. **Espécies que devam ser preservadas ou espécimes com tamanhos inferiores aos permitidos.** A incriminação consiste justamente na retirada, por meio da pesca, da espécie que deveria ser preservada, ou seja, o agente age de forma contrária à determinação da autoridade competente. Ou então o agente retira a espécime com tamanho inferior ao permitido pela autoridade competente, de forma que retira a espécime antes do momento ideal para a sua pesca. Com essas condutas, o agente contrairia a determinação da autoridade competente (IBAMA).

14. **Norma penal em branco.** O presente tipo penal constitui norma penal em branco, uma vez que se faz necessário complementar o seu preceito primário para a determinação de qual é a espécie que deva ser preservada ou o tamanho mínimo que permite a sua pesca.

15. **Consumação.** Com a prática da pesca. Trata-se de crime material.

16. **Classificação.** Crime comum; material; doloso; comissivo; instantâneo; de perigo abstrato; admite a tentativa.

17. **Suspensão condicional do processo.** Cabível, pois a pena mínima cominada não ultrapassa 1 ano (art. 89 da lei 9.099/95).

18. **Inciso II. Pesca de quantidades superiores às permitidas, ou mediante a utilização de aparelhos, petrechos, técnicas e métodos não permitidos.**

19. **Pescar.** O conceito de pesca está no art. 36 da lei, para onde remetemos o leitor.

20. **Quantidades superiores às permitidas, ou mediante a utilização de aparelhos, petrechos, técnicas e métodos não permitidos.** Nesse delito, o agente também contraria a determinação da autoridade competente e realiza a pesca fora do âmbito da permissão.

21. **Norma penal em branco.** O presente tipo penal constitui norma penal em branco, uma vez que se faz necessário complementar o seu preceito primário para a determinação de qual é quantidade permitida ou os aparelhos, petrechos, técnicas e métodos não permitidos.

22. **Consumação.** Com a prática da pesca. Trata-se de crime material.

23. **Classificação.** Crime comum; material; doloso; comissivo; instantâneo; de perigo abstrato; admite a tentativa.

24. **Suspensão condicional do processo.** Cabível, pois a pena mínima cominada não ultrapassa 1 ano (art. 89 da lei 9.099/95).

25. **Inciso III. Transportar, comercializar, beneficiar ou industrializar espécimes provenientes da coleta, apanha e pesca proibidas.**

26. **Transportar, comercializar, beneficiar ou industrializar.** *Transportar* significa levar a espécime de um local específico para outro local específico. *Comercializar* consiste em negociar em troca de algo. *Beneficiar* é proporcionar o consumo. *Industrializar* significa usar como matéria-prima para tirar algum proveito.

27. **Comércio irregular.** O legislador abrangeu nesta conduta a comercialização e a movimentação de espécimes provenientes da coleta, apanha e pesca proibidas.

28. **Norma penal em branco.** O presente tipo penal constitui norma penal em branco, uma vez que se faz necessário complementar o seu preceito primário para a determinação de qual são as espécimes provenientes da coleta, apanha e pesca proibidas.

29. **Tipo penal misto alternativo.** Caso o agente pratique mais de uma conduta descrita no tipo penal, no mesmo contexto fático, responderá por um delito apenas, não havendo concurso de crimes.

30. **Consumação.** Com a prática das condutas. Trata-se de crime material.

31. **Classificação.** Crime comum; material; doloso; comissivo; instantâneo nas condutas *comercializar, beneficiar ou industrializar*, e permanente na conduta *transportar*; de perigo abstrato; admite a tentativa.

32. **Suspensão condicional do processo.** Cabível, pois a pena mínima cominada não ultrapassa 1 ano (art. 89 da lei 9.099/95).

Art. 35. Pescar **mediante** a utilização de:

I – **explosivos ou substâncias** que, em contato com a água, produzam efeito semelhante;

II – **substâncias tóxicas**, ou **outro meio proibido** pela autoridade competente:

Pena – reclusão de um ano a cinco anos.

1. **Sujeito ativo.** Crime comum. Qualquer pessoa pode praticá-lo.

2. **Sujeito passivo.** A sociedade.

3. **Pescar.** O conceito de pesca está no art. 36 da lei, para onde remetemos o leitor.

4. **Norma penal em branco.** Trata-se de norma penal em branco, pois é necessário complementá-la com o art. 36, que trata do conceito de pesca.

5. **Delito de execução vinculada.** Trata-se de crime de execução vinculada, tendo em vista que o legislador apenas admite que a pesca seja realizada com os meios descritos nos incisos I e II. Qualquer outro meio de pesca não configura esse delito.

6. **Inciso I. Explosivos ou substâncias que, em contato com a água, produzam efeito semelhante.** O conceito de explosivo é *ex lege* e está contido no art. 3º, LI do Decreto 3.665/2000: "Tipo de matéria que, quando iniciada, sofre decomposição

muito rápida em produtos mais estáveis, com grande liberação de calor e desenvolvimento súbito de pressão." As substâncias referidas no tipo penal são produtos e artefatos que geram ondas sonoras de frequência alta e que deixam os peixes aturdidos, como descargas elétricas de alta voltagem e outros artefatos semelhantes, aproveitando-se o agente disso para efetivar a pesca.

7. **Consumação.** Com a prática da pesca. Trata-se de crime material.

8. **Classificação.** Crime comum; material; doloso; comissivo; instantâneo; de perigo abstrato; admite a tentativa.

9. **Suspensão condicional do processo.** Cabível, pois a pena mínima cominada não ultrapassa 1 ano (art. 89 da lei 9.099/95).

10. **Inciso II. Substâncias tóxicas, ou outro meio proibido pela autoridade competente.** Substâncias tóxicas são as substâncias venenosas capazes de causar algum dano ou a morte dos peixes.

11. **Norma penal em branco.** O presente tipo penal constitui norma penal em branco, uma vez que se faz necessário complementar o seu preceito primário para a determinação de qual seja o meio proibido pela autoridade competente.

12. **Consumação.** Com a prática da pesca. Trata-se de crime material.

13. **Classificação.** Crime comum; material; doloso; comissivo; instantâneo; de perigo abstrato; admite a tentativa.

14. **Suspensão condicional do processo.** Cabível, pois a pena mínima cominada não ultrapassa 1 ano (art. 89 da lei 9.099/95).

Art. 36. Para os efeitos desta Lei, **considera-se pesca** todo ato tendente a retirar, extrair, coletar, apanhar, apreender ou capturar espécimes dos grupos dos peixes, crustáceos, moluscos e vegetais hidróbios, suscetíveis ou não de aproveitamento econômico, ressalvadas as espécies ameaçadas de extinção, constantes nas listas oficiais da fauna e da flora.

Norma penal explicativa. O presente artigo traz uma norma penal não incriminadora explicativa, que dispõe sobre o conceito de pesca, aplicável aos tipos penais anteriores.

Art. 37. Não é crime o abate de animal, quando realizado:

I – em **estado de necessidade**, para saciar a fome do agente ou de sua família;

II – **para proteger** lavouras, pomares e rebanhos da ação predatória ou destruidora de animais, desde que legal e expressamente autorizado pela autoridade competente;

III – (VETADO)

IV – por ser **nocivo o animal**, desde que assim caracterizado pelo órgão competente.

1. **Estado de necessidade.** Os três incisos deste artigo tratam de hipóteses de estado de necessidade, em que a lei está a permitir o sacrifício do animal para a salvaguarda de um bem jurídico de igual ou de maior valor.

2. **Norma penal em branco.** Os incisos II e IV tratam de normas penais em branco, tendo em vista que se faz necessário buscar na legislação extrapenal o que seria a autorização legal e expressa da autoridade competente no caso do inciso II e qual seria o animal caracterizado como nocivo pela autoridade competente no caso do inciso IV.

Seção II
Dos Crimes contra a Flora

Art. 38. Destruir ou danificar **floresta considerada de preservação permanente**, mesmo que em formação, ou utilizá-la com infringência das normas de proteção:

Pena – detenção, de um a três anos, ou multa, ou ambas as penas cumulativamente.

Parágrafo único. Se o crime for **culposo**, a pena será reduzida à metade.

1. **Sujeito ativo.** Crime comum. Qualquer pessoa pode praticá-lo.

2. **Sujeito passivo.** A sociedade e os proprietários ou possuidores da área destruída ou danificada.

3. **Destruir, danificar e utilizar.** *Destruir* significa desfazer, aniquilar, fazer desaparecer. *Danificar* consiste em produzir dano, inutilizar, deteriorar. O verbo *utilizar* denota tirar proveito, servir-se infringindo as normas extrapenais de proteção.

4. **Floresta considerada de preservação permanente.** O conceito de área de preservação permanente está contido no Código Florestal, lei 12.651/2012, art. 3º, II (*"Art. 3º Para os efeitos desta Lei, entende-se por: II – Área de Preservação Permanente – APP: área protegida, coberta ou não por vegetação nativa, com a função ambiental de preservar os recursos hídricos, a paisagem, a estabilidade geológica e a biodiversidade, facilitar o fluxo gênico de fauna e flora, proteger o solo e assegurar o bem-estar das populações humanas."*) e também no art. 6º (*"Art. 6º Consideram-se, ainda, de preservação permanente, quando declaradas de interesse social por ato do Chefe do Poder Executivo, as áreas cobertas com florestas ou outras formas de vegetação destinadas a uma ou mais das seguintes finalidades: I – conter a erosão do solo e mitigar riscos de enchentes e deslizamentos de terra e de rocha; II – proteger as restingas ou veredas; III – proteger várzeas; IV – abrigar exemplares da fauna ou da flora ameaçados de extinção; V – proteger sítios de excepcional beleza ou de valor científico, cultural ou histórico; VI – formar faixas de proteção ao longo de rodovias e ferrovias; VII – assegurar condições de bem-estar público; VIII – auxiliar a defesa do território nacional, a critério das autoridades militares."*)

5. **Norma penal em branco.** O presente tipo penal constitui norma penal em branco, uma vez que se faz necessário complementar o seu preceito primário para a determinação do que seja floresta de preservação permanente, bem como de quais sejam as normas de proteção às quais o tipo penal faz menção.

6. **Norma penal em branco ao quadrado.** A norma penal em branco ao quadrado e aquela em que o tipo penal precisa de um complemento e, por sua vez, esse complemento precisa de um outro complemento. Tem-se, portanto, dois complementos: o complemento do tipo penal e o complemento do complemento. O presente tipo penal é um exemplo disso. Como vimos acima, o art. 38 é o tipo penal em branco. O seu complemento está no art. 3º, II e no art. 6º da lei 12.651/2012 (Código Florestal) que dispõem o que se entende por *floresta considerada de preservação permanente*. O art. 6º (que é o complemento) dispõe que "Consideram-se, ainda, de preservação permanente, *quando declaradas de interesse social por ato do Chefe do Poder Executivo...*". Esse ato do chefe do Poder Executivo é justamente o complemento do complemento (art. 6º).
7. **Princípio da especialidade.** Este tipo penal é especial em relação ao delito de dano previsto no art. 163 do Código Penal.
8. **Tipo penal misto alternativo.** Caso o agente pratique mais de uma conduta descrita no tipo penal, no mesmo contexto fático, responderá por um delito apenas, não havendo concurso de crimes.
9. **Consumação.** Com a prática das condutas de destruir, danificar ou usar. Trata-se de crime material.
10. **Parágrafo único. Modalidade culposa.** Se o delito for culposo a pena reduz-se de metade, pela falta de intenção do agente.
11. **Classificação.** Crime comum; material; doloso; comissivo; instantâneo; de perigo abstrato; admite a tentativa.
12. **Suspensão condicional do processo.** Cabível, pois a pena mínima cominada não ultrapassa 1 ano (art. 89 da lei 9.099/95).

Art. 38-A. Destruir ou danificar **vegetação primária ou secundária**, em estágio avançado ou médio de regeneração, do **Bioma Mata Atlântica**, ou utilizá-la com infringência das normas de proteção:

Pena – detenção, de 1 (um) a 3 (três) anos, ou multa, ou ambas as penas cumulativamente.

Parágrafo único. Se o crime for **culposo**, a pena será reduzida à metade.

1. **Sujeito ativo.** Crime comum. Qualquer pessoa pode praticá-lo.
2. **Sujeito passivo.** A sociedade.
3. **Destruir, danificar e utilizar.** *Destruir* significa desfazer, aniquilar, fazer desaparecer. *Danificar* consiste em produzir dano, inutilizar, deteriorar. O verbo *utilizar* denota tirar proveito, servir-se infringindo as normas extrapenais de proteção.
4. **Bioma Mata Atlântica.** Tem o seu conceito definido no art. 2º, da lei 11.428/2006: *"Para os efeitos desta Lei, consideram-se integrantes do Bioma Mata Atlântica as seguintes formações florestais nativas e ecossistemas associados, com as respectivas*

delimitações estabelecidas em mapa do Instituto Brasileiro de Geografia e Estatística – IBGE, conforme regulamento: Floresta Ombrófila Densa; Floresta Ombrófila Mista, também denominada de Mata de Araucárias; Floresta Ombrófila Aberta; Floresta Estacional Semidecidual; e Floresta Estacional Decidual, bem como os manguezais, as vegetações de restingas, campos de altitude, brejos interioranos e encraves florestais do Nordeste."

5. **Norma penal em branco.** O presente tipo penal constitui norma penal em branco, uma vez que se faz necessário complementar o seu preceito primário para a determinação do que seja Bioma Mata Atlântica.
6. **Princípio da especialidade.** Este tipo penal é especial em relação ao delito de dano previsto no art. 163 do Código Penal.
7. **Tipo penal misto alternativo.** Caso o agente pratique mais de uma conduta descrita no tipo penal, no mesmo contexto fático, responderá por um delito apenas, não havendo concurso de crimes.
8. **Consumação.** Com a prática das condutas de destruir, danificar ou usar. Trata-se de crime material.
9. **Parágrafo único. Modalidade culposa.** Se o delito for culposo a pena reduz-se de metade, pela falta de intenção do agente.
10. **Classificação.** Crime comum; material; doloso; comissivo; instantâneo; de perigo abstrato; admite a tentativa.
11. **Suspensão condicional do processo.** Cabível, pois a pena mínima cominada não ultrapassa 1 ano (art. 89 da lei 9.099/95).

Art. 39. Cortar árvores em **floresta** considerada de **preservação permanente**, sem permissão da autoridade competente:

Pena – detenção, de um a três anos, ou multa, ou ambas as penas cumulativamente.

1. **Sujeito ativo.** Crime comum. Qualquer pessoa pode praticá-lo.
2. **Sujeito passivo.** A sociedade.
3. **Cortar árvores.** *Cortar* árvores significa separar a árvore em partes, dividir o seu tronco. Logo, não se considera cortar a árvore o ato de podar-lhe os galhos. Embora o tipo penal disponha *árvores* no plural o corte de apenas uma árvore é suficiente para configurar a infração penal. Demais disso, não é qualquer árvore, mas, sim, árvore localizada em floresta considerada de preservação permanente, por exigência típica.
4. **Floresta considerada de preservação permanente.** O conceito de área de preservação permanente está contido no Código Florestal, lei 12.651/2012, art. 3º, II: *"Art. 3º Para os efeitos desta Lei, entende-se por: II – Área de Preservação Permanente – APP: área protegida, coberta ou não por vegetação nativa, com a função ambiental de preservar os recursos hídricos, a paisagem, a estabilidade geológica e*

a biodiversidade, facilitar o fluxo gênico de fauna e flora, proteger o solo e assegurar o bem-estar das populações humanas."

5. **Princípio da especialidade.** Este tipo penal é especial em relação ao delito de dano previsto no art. 163 do Código Penal.

6. **Norma penal em branco.** O presente tipo penal constitui norma penal em branco, uma vez que se faz necessário complementar o seu preceito primário para a determinação do que seja e de qual o alcance da permissão da autoridade competente (IBAMA).

7. **Consumação.** Com a prática da conduta de cortar a árvore. Trata-se de crime material.

8. **Classificação.** Crime comum; material; doloso; comissivo; instantâneo; de perigo abstrato; admite a tentativa.

9. **Suspensão condicional do processo.** Cabível, pois a pena mínima cominada não ultrapassa 1 ano (art. 89 da lei 9.099/95).

Art. 40. Causar **dano** direto ou indireto às **Unidades de Conservação** e às áreas de que trata o **art. 27 do Decreto no 99.274/1990**, de 6 de junho de 1990, independentemente de sua localização:

Pena – reclusão, de um a cinco anos.

§ 1º **Entende-se por Unidades de Conservação de Proteção Integral** as Estações Ecológicas, as Reservas Biológicas, os Parques Nacionais, os Monumentos Naturais e os Refúgios de Vida Silvestre.

§ 2º A ocorrência de dano afetando espécies ameaçadas de extinção no interior das Unidades de Conservação de Proteção Integral será considerada circunstância **agravante** para a fixação da pena.

§ 3º Se o crime for **culposo**, a pena será reduzida à metade.

1. **Sujeito ativo.** Crime comum. Qualquer pessoa pode praticá-lo.

2. **Sujeito passivo.** A sociedade e as pessoas que habitam a área circundante no raio de dez quilômetros.

3. **Causar dano direito ou indireto.** *Causar* é provocar, gerar, ocasionar. O *dano direto* é o causado imediatamente pela conduta do agente. O *dano indireto* é o provocado de forma reflexa, ou seja, o dano não é causado pela conduta do agente, mas, sim, pelas consequências da sua conduta.

4. **Unidades de conservação.** O conceito de Unidades de conservação está previsto no § 1º do presente artigo: *"Entende-se por Unidades de Conservação de Uso Sustentável as Áreas de Proteção Ambiental, as Áreas de Relevante Interesse Ecológico, as Florestas Nacionais, as Reservas Extrativistas, as Reservas de Fauna, as Reservas de Desenvolvimento Sustentável e as Reservas Particulares do Patrimônio Natural."*

5. **Áreas de que trata o art. 27 do Decreto nº 99.274/1990.** O art. 27 do Decreto nº 99.274/1990 estabelece o raio de dez quilômetros, com a seguinte redação: *"Nas áreas circundantes das Unidades de Conservação, num raio de dez quilômetros, qualquer atividade que possa afetar a biota ficará subordinada às normas editadas pelo Conama."*

6. **Princípio da especialidade.** Este tipo penal é especial em relação ao delito de dano previsto no art. 163 do Código Penal.

7. **Norma penal em branco.** O presente tipo penal constitui norma penal em branco, uma vez que se faz necessário complementar o seu preceito primário com o art. 27 do Decreto nº 99.274/1990.

8. **Consumação.** Com a causação do dano. Trata-se de crime material.

9. **§ 2º. Agravante.** Esta agravante já está prevista no art. 15, II, alíneas *e* e *q*, que não se aplicam ao presente tipo penal, sob pena de incidência em *bis in idem*.

10. **§ 3º. Modalidade culposa.** Se o delito for culposo a pena reduz-se de metade, pela falta de intenção do agente.

11. **Classificação.** Crime comum; material; doloso; comissivo; instantâneo; de perigo abstrato; admite a tentativa.

12. **Suspensão condicional do processo.** Cabível, pois a pena mínima cominada não ultrapassa 1 ano (art. 89 da lei 9.099/95).

Art. 40-A. (VETADO)

§ 1º **Entende-se por Unidades de Conservação de Uso Sustentável** as Áreas de Proteção Ambiental, as Áreas de Relevante Interesse Ecológico, as Florestas Nacionais, as Reservas Extrativistas, as Reservas de Fauna, as Reservas de Desenvolvimento Sustentável e as Reservas Particulares do Patrimônio Natural.

§ 2º A ocorrência de dano afetando espécies ameaçadas de extinção no interior das Unidades de Conservação de Uso Sustentável será considerada circunstância **agravante** para a fixação da pena.

§ 3º Se o crime for **culposo**, a pena será reduzida à metade.

1. **§ 1º. Norma penal explicativa.** O presente artigo traz uma norma penal não incriminadora explicativa que dispõe sobre o conceito de unidade de conservação de uso sustentável.

2. **§ 2º. Agravante.** Esta agravante já está prevista no art. 15, II, alíneas *e* e *q*, que não se aplicam ao presente tipo penal, sob pena de incidência em *bis in idem*.

3. **§ 3º. Modalidade culposa.** Trata-se de norma inaplicável, uma vez que se a modalidade dolosa do *caput* foi vetada, não havendo nenhuma conduta delituosa descrita no tipo penal, não pode subsistir a modalidade culposa.

Art. 41. Provocar **incêndio** em mata ou floresta:

Pena – reclusão, de dois a quatro anos, e multa.

Parágrafo único. Se o crime é **culposo**, a pena é de detenção de seis meses a um ano, e multa.

1. **Sujeito ativo.** Crime comum. Qualquer pessoa pode praticá-lo.
2. **Sujeito passivo.** A sociedade e as pessoas que eventualmente tenham as suas integridades pessoais ou profissionais atingidas.
3. **Provocar incêndio.** Por *provocar* incêndio entenda-se a causação de fogo perigoso, não controlado, que tenha o condão de causar um resultado lesivo à integridade de matas e florestas. A gravidade do incêndio, que pode ser levada em consideração na dosimetria da pena, deverá ser medida pela sua extensão e pela área atingida.
4. **Mata ou floresta.** No presente tipo penal as expressões mata e floresta podem ser entendidas como sinônimas e significam conjunto de árvores.
5. **Delito de livre execução.** Tendo em vista que o legislador não descreveu o meio executório da causação do incêndio, ele pode dar-se de qualquer forma, configurando um delito de livre execução.
6. **Princípio da especialidade.** O presente tipo penal revogou o art. 250, § 1º, II, *h,* do Código Penal, em se tratando de *mata* ou de *floresta*, de forma que o tipo penal do Código continua em vigor em relação ao incêndio causado em *lavoura* ou em *pastagem*.
7. **Princípio da especialidade.** Este tipo penal é especial em relação ao delito de dano previsto no art. 163 do Código Penal.
8. **Consumação.** Com a causação do incêndio. Trata-se de crime material.
9. **Parágrafo único. Modalidade culposa.** Se o delito for culposo a pena reduz-se, pela falta de intenção do agente.
10. **Classificação.** Crime comum; material; doloso; comissivo; instantâneo; de perigo abstrato; admite a tentativa.
11. **Suspensão condicional do processo.** Incabível, pois a pena mínima cominada ultrapassa 1 ano (art. 89 da lei 9.099/95).

Art. 42. Fabricar, vender, transportar ou soltar **balões** que **possam provocar incêndios** nas florestas e demais formas de vegetação, em áreas urbanas ou qualquer tipo de assentamento humano:

Pena – detenção de um a três anos ou multa, ou ambas as penas cumulativamente.

1. **Sujeito ativo.** Crime comum. Qualquer pessoa pode praticá-lo.
2. **Sujeito passivo.** A sociedade e o proprietário ou o possuidor do local afetado.

3. **Fabricar, vender, transportar ou soltar.** *Fabricar* é produzir. *Vender* quer dizer trocar por dinheiro ou qualquer outro bem que sirva como meio de pagamento, comercializar. *Transportar* significa levar o balão de um local específico para outro local específico. *Soltar* é lançar o balão para ele subir.

   → Aplicação em concurso.

   - **Delegado de Polícia. PC/PA. 2016. FUNCAB.**

     Sobre os crimes previstos na Lei nº 9.605, de 1998, é correto afirmar que:

     O simples transporte de balões que tenham a potencialidade para provocar incêndios é conduta incriminada na lei especial.

     A alternativa está correta.

4. **Balões que possam provocar incêndios.** Trata-se do balão feito de papel fino, leve, que é lançado ao ar para subir por força do ar quente gerado na sua base. Normalmente o balão é de fabricação caseira e pode ter variadas formas e cores. É importante destacar que o tipo penal exige que o balão tenha capacidade para provocar incêndios nos locais definidos no artigo, devendo ser analisado em cada caso concreto a distância que o balão percorreu para cima e a proximidade de florestas e demais formas de vegetação, de áreas urbanas ou de qualquer tipo de assentamento humano. Note-se que os balões do tipo "balão japonês", também conhecidos como "lanterna japonesa", que são os balões de pequena mecha e utilizam líquidos combustíveis para subirem, apagando-se instantaneamente, não estão abrangidos como objetos materiais nesse tipo penal, em razão da sua ausência de potencialidade de provocar um incêndio.

5. **Crime de perigo concreto.** Tendo em vista que o legislador utilizou as expressões "que possam provocar incêndios", trata-se de crime de perigo concreto, não bastando a prática da conduta, exigindo-se a prova do perigo gerado no caso concreto, ou seja, a prova de que efetivamente o balão tem a aptidão para causar o incêndio.

6. **Tipo penal misto alternativo.** Caso o agente pratique mais de uma conduta descrita no tipo penal (*fabricar* e *soltar*), no mesmo contexto fático, responderá por um delito apenas, não havendo concurso de crimes.

7. **Derrogação do art. 28, parágrafo único da Lei de Contravenções Penais.** O art. 28, parágrafo único, da Lei de Contravenções Penais, foi derrogado pelo presente tipo penal no tocante a soltar balão aceso, tendo em vista que a lei de crimes ambientais é posterior e tipificou a mesma conduta.

8. **Consumação.** Com a prática das condutas. Trata-se de crime formal.

9. **Classificação.** Crime comum; formal; doloso; comissivo; instantâneo nas condutas *fabricar, vender* e *soltar,* e permanente na conduta *transportar*; de perigo concreto; admite a tentativa.

10. **Suspensão condicional do processo.** Cabível, pois a pena mínima cominada não ultrapassa 1 ano (art. 89 da lei 9.099/95).

Art. 43. (VETADO)

Art. 44. Extrair de florestas de domínio público ou consideradas de preservação permanente, sem prévia autorização, pedra, areia, cal ou qualquer espécie de minerais:

Pena – detenção, de seis meses a um ano, e multa.

1. **Sujeito ativo.** Crime comum. Qualquer pessoa pode praticá-lo.
2. **Sujeito passivo.** A sociedade e o proprietário da área onde a extração clandestina é feita.
3. **Extrair.** *Extrair* significa tirar, arrancar, subtrair. Por evidência, trata-se de extração clandestina, sem prévia e expressa autorização do Poder Público (IBAMA). A extração desses objetos de forma clandestina, sem um prévio estudo da sua viabilidade pode causar danos irreversíveis ao solo, à vegetação etc., ou seja, uma degradação definitiva do meio ambiente.
4. **Florestas consideradas de preservação permanente.** O conceito de área de preservação permanente está contido no Código Florestal, lei 12.651/2012, art. 3º, II: *"Art. 3º Para os efeitos desta Lei, entende-se por: II – Área de Preservação Permanente – APP: área protegida, coberta ou não por vegetação nativa, com a função ambiental de preservar os recursos hídricos, a paisagem, a estabilidade geológica e a biodiversidade, facilitar o fluxo gênico de fauna e flora, proteger o solo e assegurar o bem-estar das populações humanas."*
5. **Norma penal em branco.** O presente tipo penal constitui norma penal em branco, uma vez que se faz necessário complementar o seu preceito primário para a determinação do que sejam as florestas de domínio público e as florestas consideradas de preservação permanente.
6. **Princípio da especialidade.** Este tipo pena configura especialidade em relação ao delito de furto, previsto no art. 155 do Código Penal.
7. **Consumação.** Com a efetiva extração dos objetos materiais descritos no tipo penal. Trata-se de crime material.
8. **Classificação.** Crime comum; material; doloso; comissivo; instantâneo; de perigo abstrato; admite a tentativa.
9. **Suspensão condicional do processo.** Cabível, pois a pena mínima cominada não ultrapassa 1 ano (art. 89 da lei 9.099/95).

Art. 45. Cortar ou transformar em **carvão madeira de lei**, assim classificada por ato do Poder Público, para fins industriais, energéticos ou para qualquer outra exploração, econômica ou não, em desacordo com as determinações legais:

Pena – reclusão, de um a dois anos, e multa.

1. **Sujeito ativo.** Crime comum. Qualquer pessoa pode praticá-lo.

2. **Sujeito passivo.** A sociedade e o possuidor da área onde a madeira de lei está localizada.

3. **Cortar ou transformar.** O verbo *cortar* significa dividir, separar em partes, formando partes menores. *Transformar* consiste em modificar a forma original. A intenção do legislador foi proteger integralmente a madeira de lei, evitando que ela seja manipulada ilegalmente, de forma clandestina.

4. **Especial fim de agir.** O tipo penal exige que o agente pratique as condutas de cortar ou transformar a madeira de lei em carvão para fins industriais, para fins energéticos ou para qualquer outra exploração, econômica ou não. Ausente o especial fim de agir o delito não se configura.

5. **Norma penal em branco.** O presente tipo penal constitui norma penal em branco, uma vez que se faz necessário complementar o seu preceito primário para a determinação do que seja madeira de lei classificada por ato do Poder Público, bem como para a definição do significado das expressões *em desacordo com as determinações legais.*

6. **Necessidade de perícia.** É necessária a perícia para se verificar se a madeira cortada é efetivamente madeira de lei ou se o carvão é realmente oriundo de madeira de lei, nos moldes do art. 158 do Código de Processo Penal.

7. **Princípio da especialidade.** Este tipo penal é especial em relação ao delito de dano previsto no art. 163 do Código Penal.

8. **Tipo penal misto alternativo.** Caso o agente pratique mais de uma conduta descrita no tipo (*cortar* e *transformar)* penal, no mesmo contexto fático, responderá por um delito apenas, não havendo concurso de crimes.

9. **Consumação.** Com a prática das condutas. Trata-se de crime formal.

10. **Classificação.** Crime comum; formal; doloso; comissivo; instantâneo; de perigo abstrato; admite a tentativa.

11. **Suspensão condicional do processo.** Cabível, pois a pena mínima cominada não ultrapassa 1 ano (art. 89 da lei 9.099/95).

Art. 46. Receber ou adquirir, para fins comerciais ou industriais, **madeira, lenha, carvão e outros produtos de origem vegetal**, sem exigir a exibição de licença do vendedor, outorgada pela autoridade competente, e sem munir-se da via que deverá acompanhar o produto até final beneficiamento:

Pena – detenção, de seis meses a um ano, e multa.

Parágrafo único. Incorre nas mesmas penas quem vende, expõe à venda, tem em depósito, transporta ou guarda **madeira, lenha, carvão e outros produtos de origem vegetal**, sem licença válida para todo o tempo da viagem ou do armazenamento, outorgada pela autoridade competente.

1. **Sujeito ativo.** Crime próprio. Só pode ser praticado pelo comerciante ou pelo industrial.

2. **Sujeito passivo.** A sociedade.

3. **Receber e adquirir.** *Receber* consiste em obter, aceitar, a qualquer título, a lenha, o carvão e os outros produtos de origem vegetal. *Adquirir* significa obter. Como o legislador não especificou a forma de aquisição, cremos que ela pode dar-se a qualquer título, como de forma onerosa, como objeto de doação, como objeto de troca, entre outras formas.

4. **Especial fim de agir.** O tipo penal exige que o agente pratique as condutas de receber ou adquirir para fins comerciais ou industriais. Ausente o especial fim de agir o delito não se configura.

5. **Norma penal em branco.** O presente tipo penal constitui norma penal em branco, uma vez que se faz necessário complementar o seu preceito primário para a determinação do que seja a licença do vendedor (denominada *guia florestal*), outorgada pela autoridade competente, e sem munir-se da via que deverá acompanhar o produto até final beneficiamento.

6. **Documento de Origem Florestal-DOF.** Este delito consiste no descumprimento do art. 36, § 3º, da lei 12.651/2012 (Código Florestal) que tem a seguinte redação: "*todo aquele que recebe ou adquire, para fins comerciais ou industriais, madeira, lenha, carvão e outros produtos ou subprodutos de florestas de espécies nativas é obrigado a exigir a apresentação do DOF e munir-se da via que deverá acompanhar o material até o beneficiamento final.*"

7. **Tipo penal misto alternativo.** Caso o agente pratique mais de uma conduta descrita no tipo penal (receber ou adquirir), no mesmo contexto fático, responderá por um delito apenas, não havendo concurso de crimes.

8. **Consumação.** Com a prática das condutas receber ou adquirir. Trata-se de crime formal.

9. **Classificação.** Crime próprio; formal; doloso; comissivo; instantâneo; de perigo abstrato; admite a tentativa.

10. **Suspensão condicional do processo.** Cabível, pois a pena mínima cominada não ultrapassa 1 ano (art. 89 da lei 9.099/95).

11. **Parágrafo único. Conduta equiparada.**

12. **Sujeito ativo.** Crime próprio. Só pode ser praticado pelo comerciante.

13. **Sujeito passivo.** A sociedade.

14. **Vende, expõe à venda, tem em depósito, transporta ou guarda.** *Vender* quer dizer trocar por dinheiro ou qualquer outro bem que sirva como meio de pagamento, comercializar. *Expor à venda* é exibir o produto para que terceiras pessoas se interessem na sua compra. *Ter em depósito* consiste em guardar, armazenar. *Transportar* significa levar o objeto de um local específico para outro local específico. *Guardar* é conservar, preservar, manter em local seguro, ocultar. Incrimina-se qualquer espécie de circulação e movimentação de lenha, carvão e outros produtos de origem vegetal. Os verbos *expor à venda, ter em depósito, transportar* e *guardar* configuram crimes permanentes.

15. **Norma penal em branco.** O presente tipo penal constitui norma penal em branco, uma vez que se faz necessário complementar o seu preceito primário para a determinação do que seja sem licença válida para todo o tempo da viagem ou do armazenamento, outorgada pela autoridade competente.

16. **Descumprimento do art. 36, da lei 12.651/2012 (Código Florestal).** Este delito consiste no descumprimento do art. 36, da lei 12.651/2012 (Código Florestal), que tem a seguinte redação: "*Art. 36. O transporte, por qualquer meio, e o armazenamento de madeira, lenha, carvão e outros produtos ou subprodutos florestais oriundos de florestas de espécies nativas, para fins comerciais ou industriais, requerem licença do órgão competente do Sisnama, observado o disposto no art. 35. § 1º A licença prevista no caput será formalizada por meio da emissão do DOF, que deverá acompanhar o material até o beneficiamento final. § 2º Para a emissão do DOF, a pessoa física ou jurídica responsável deverá estar registrada no Cadastro Técnico Federal de Atividades Potencialmente Poluidoras ou Utilizadoras de Recursos Ambientais, previsto no art. 17 da Lei nº 6.938, de 31 de agosto de 1981. § 3º Todo aquele que recebe ou adquire, para fins comerciais ou industriais, madeira, lenha, carvão e outros produtos ou subprodutos de florestas de espécies nativas é obrigado a exigir a apresentação do DOF e munir-se da via que deverá acompanhar o material até o beneficiamento final. § 4º No DOF deverão constar a especificação do material, sua volumetria e dados sobre sua origem e destino. § 5º O órgão ambiental federal do Sisnama regulamentará os casos de dispensa da licença prevista no caput.*"

17. **Tipo penal misto alternativo.** Caso o agente pratique mais de uma conduta descrita no tipo penal no mesmo contexto fático, responderá por um delito apenas, não havendo concurso de crimes.

18. **Consumação.** Com a prática das condutas. Trata-se de crime formal.

19. **Classificação.** Crime comum; formal; doloso; comissivo; instantâneo na conduta *vender* e permanente nas condutas *expor à venda, ter em depósito, transportar* e *guardar*; de perigo abstrato; admite a tentativa.

20. **Suspensão condicional do processo.** Cabível, pois a pena mínima cominada não ultrapassa 1 ano (art. 89 da lei 9.099/95).

Art. 47. (VETADO)

Art. 48. Impedir ou dificultar a **regeneração natural** de florestas e demais formas de vegetação:

Pena – detenção, de seis meses a um ano, e multa.

1. **Sujeito ativo.** Crime comum. Qualquer pessoa pode praticá-lo.

2. **Sujeito passivo.** A sociedade e o proprietário ou o possuidor das áreas afetadas.

3. **Impedir ou dificultar.** Na conduta *impedir* o agente obsta a regeneração de florestas e demais formas de vegetação. Na conduta *dificultar* o agente cria dificuldades, obstáculos à regeneração. O legislador quis impedir qualquer forma de intervenção

humana na regeneração de florestas e de demais formas de vegetação. O ato de construir uma casa em local que contenha alguma espécie de vegetação configura esse delito, uma vez que o concreto utilizado no solo impede a regeneração natural da vegetação naquele local.

4. **Art. 48 como *post factum* impunível em relação ao art. 64.** Se o agente praticar a conduta descrita no art. 64 (construir em solo não edificável ou no seu entorno) e com isso impedir ou dificultar a regeneração natural de florestas e demais formas de vegetação no local da construção (conduta que configura o presente delito), ele responde apenas pelo delito do art. 64 e o crime do art. 48 será considerado *post factum* impunível.

▶ STJ

Informativo nº 597.

Sexta Turma.

Crime ambiental. Conflito aparente de normas. Arts. 48 e 64 da Lei n. 9.605/1998. Consunção. Absorvido o crime meio de destruir floresta e o pós-fato impunível de impedir sua regeneração. Crime único de construir em local não edificável. O crime de edificação proibida (art. 64 da Lei n. 9.605/1998) absorve o crime de destruição de vegetação (art. 48 da mesma lei) quando a conduta do agente se realiza com o único intento de construir em local não edificável. Sobre o tema, diversamente do posicionamento fixado em alguns precedentes do STJ (AgRg no REsp 1.214.052-SC, Sexta Turma, DJe 12/3/2013 e REsp 1.125.374-SC, Quinta Turma, DJe 17/8/2011), a Sexta Turma passa a adotar nova orientação, no sentido de que a suposta destruição da vegetação nativa é mera etapa inicial do único crime pretendido e realizado de construir em local não edificável (área de preservação permanente). Com efeito, o crime de destruir floresta nativa dá-se como meio da realização do único intento de construir em local não edificável, em razão do que incide a absorção do crime-meio de destruição de vegetação pelo crime-fim de edificação proibida. Na mesma linha, o delito de impedir a regeneração natural da flora dá-se como mero gozo da construção, em evidente pós-fato impunível. Aquele que constrói uma edificação, claramente não poderá permitir que dentro daquela venha a nascer uma floresta. É mero exaurimento do crime de construção indevida, pelo aproveitamento natural da coisa construída (...). Na hipótese, não há ação autônoma de destruir floresta ou de impedir sua regeneração, mas tão somente o ato de construir em local proibido, que tem na destruição condição necessária para a obra e no impedimento à regeneração mero gozo da edificação. (...) Na construção em local de floresta não há dois crimes com único intento (hipótese de concurso formal), mas apenas um crime praticado. Tampouco é caso de concurso material, pois então os crimes precisariam ser autônomos – com que não se concorda, pelo conflito aparente de normas – e com desígnios independentes (excluindo também o concurso formal perfeito). Dessa forma, descartada a possibilidade da configuração do concurso material entre os delitos tipificados nos artigos 48 e 64 da Lei n. 9.605/1998, correta é a desclassificação para o único crime do art. 64 da lei ambiental. **(REsp 1.639.723-PR, Rel. Min. Nefi Cordeiro, julgado em 7/2/2017).**

5. **Concurso de crimes com o art. 63.** Questão relevante versa sobre a possibilidade de o delito do art. 48 ser considerado *ante factum* impunível em relação ao art. 63,

por força da incidência do princípio da consunção, na vertente do *crime progressivo*, em que um crime é meio necessário ou fase normal de preparação ou de execução para outro delito. Imagine-se a hipótese de o agente impedir a regeneração natural de uma determinada forma de vegetação (delito do art. 48) e depois altere o aspecto de uma edificação especialmente protegido por lei em razão de seu valor paisagístico (delito do art. 63). A questão a ser definida é se a conduta do art. 48 é meio necessário para a prática do delito do art. 63. Caso a resposta seja positiva, o agente responde apenas pelo delito art. 63 e o art. 48 fica absorvido, sendo considerado *ante factum* impunível. Caso a resposta seja negativa, impõe-se o concurso de crimes. A questão chegou até o STJ, que entendeu pela não aplicabilidade do princípio da consunção, caracterizando-se o concurso material de crimes.

▶ STJ

DIREITO PENAL E PROCESSUAL PENAL. RECURSO ORDINÁRIO EM MANDADO DE SEGURANÇA. CRIMES AMBIENTAIS. LEI 9.605/98. (...) ARTS. 48 E 63 DA LEI 9.605/98: DELITOS AUTÔNOMOS. IMPOSSIBILIDADE DE CONSUNÇÃO. (...) As condutas do art. 48 da Lei 9.605/98 (...) e do art. 63 da mesma Lei (...) são autônomas, não se podendo tratar a primeira delas como crime meio para a construção ou alteração de edificação. Reforça essa ideia o fato de que o crime previsto no art. 48 da Lei de Crimes Ambientais é delito permanente, cuja potencialidade lesiva se protrai no tempo, não se esgotando na construção de edificação. Precedentes desta Corte. 7. Recurso a que se nega provimento. **(RMS 49.909/SC, Rel. Min. Reynaldo Soares da Fonseca, julgado em 16/05/2017).**

6. **Área de preservação permanente. Desnecessidade.** Diante da ausência de exigência típica expressa, a área onde a regeneração natural é impedida ou dificultada não precisa ser classificada como área de preservação permanente.

▶ STJ

Informativo no 570.

Quinta Turma.

DIREITO PENAL E AMBIENTAL. CONFIGURAÇÃO DO CRIME DO ART. 48 DA LEI 9.605/1998.

A tipificação da conduta descrita no art. 48 da Lei 9.605/1998 prescinde de a área ser de preservação permanente. Isso porque o referido tipo penal descreve como conduta criminosa o simples fato de "impedir ou dificultar a regeneração natural de florestas e demais formas de vegetação". Precedente citado: REsp 849.423-SP, Quinta Turma, DJ 16/10/2006. **(AgRg no REsp 1.498.059-RS, Rel. Min. Leopoldo de Arruda Raposo (Desembargador Convocado do TJ/PE), julgado em 17/9/2015).**

7. **Tipo penal misto alternativo.** Caso o agente pratique mais de uma conduta descrita no tipo penal (impedir e dificultar), no mesmo contexto fático, responderá por um delito apenas, não havendo concurso de crimes.

8. **Consumação.** Com a prática das condutas de impedir ou de dificultar a regeneração de florestas e de demais formas de vegetação. Trata-se de crime material.

9. **Classificação.** Crime comum; material; doloso; comissivo; instantâneo; de perigo abstrato; admite a tentativa.

10. **Suspensão condicional do processo.** Cabível, pois a pena mínima cominada não ultrapassa 1 ano (art. 89 da lei 9.099/95).

Art. 49. Destruir, danificar, lesar ou maltratar, por qualquer modo ou meio, **plantas de ornamentação** de logradouros públicos ou em propriedade privada alheia:

Pena – detenção, de três meses a um ano, ou multa, ou ambas as penas cumulativamente.

Parágrafo único. No crime **culposo**, a pena é de um a seis meses, ou multa.

1. **Sujeito ativo.** Crime comum. Qualquer pessoa pode praticá-lo.
2. **Sujeito passivo.** A sociedade, bem como o proprietário ou o possuidor das plantas em se tratando de logradouro privado.
3. **Destruir, danificar, lesar ou maltratar.** *Destruir* significa desfazer, aniquilar, fazer desaparecer. *Danificar* consiste em produzir dano, inutilizar, deteriorar. *Lesar* é causar algum tipo de dano, ofender fisicamente, ferir (verbo que se confunde com o *danificar).* Por fim, *maltratar* consiste em prejudicar a planta, como bater na planta, desde que essa conduta não a destrua ou não a danifique, senão configurará os primeiros verbos típicos.
4. **Plantas de ornamentação.** São plantas que se destinam ao embelezamento, à decoração, ao enfeite de algum local, que pode ser lugar público ou privado. Portanto, não é qualquer planta que está abrangida na incriminação.
5. **Delito de livre execução.** Tendo e vista que o legislador utilizou as expressões "por qualquer modo ou meio", a conduta pode ocorrer de qualquer forma, configurando um delito de livre execução.
6. **Princípio da especialidade.** Este tipo penal é especial em relação ao delito de dano previsto no art. 163 do Código Penal.
7. **Tipo penal misto alternativo.** Caso o agente pratique mais de uma conduta descrita no tipo penal, no mesmo contexto fático (por exemplo: o agente maltrata e depois destrói a planta), responderá por um delito apenas, não havendo concurso de crimes.
8. **Parágrafo único. Modalidade culposa.** Se o delito for culposo a pena reduz-se, pela falta de intenção do agente.
9. **Consumação.** Com a prática das condutas. Trata-se de crime material.
10. **Classificação.** Crime comum; material; doloso; comissivo; instantâneo; de perigo abstrato; admite a tentativa.
11. **Suspensão condicional do processo.** Cabível, pois a pena mínima cominada não ultrapassa 1 ano (art. 89 da lei 9.099/95).

Art. 50. Destruir ou danificar florestas nativas ou plantadas ou vegetação fixadora de dunas, protetora de mangues, **objeto de especial preservação:**

Pena – detenção, de três meses a um ano, e multa.

1. **Sujeito ativo.** Crime comum. Qualquer pessoa pode praticá-lo.
2. **Sujeito passivo.** A sociedade.
3. **Destruir ou danificar.** *Destruir* significa desfazer, aniquilar, fazer desaparecer. *Danificar* consiste em produzir dano, inutilizar, deteriorar.
4. **Florestas nativas ou plantadas.** *Florestas nativas* são as formadas por determinada espécie própria da região ou do país, sem a intervenção humana. *Florestas plantadas* são as formadas pela intervenção humana, que pode ocorrer por meio do reflorestamento ou da reposição florestal.
5. **Vegetação fixadora de dunas e protetora de mangues.** *Dunas* são montes de areia formados pela ação do vento perto do mar. *Mangues* consistem em terrenos pantanosos que se localizam perto de praias, rios e lagoas, bem como perto de locais considerados desaguadouros.
6. **Norma penal em branco.** O presente tipo penal constitui norma penal em branco, uma vez que se faz necessário complementar o seu preceito primário para a determinação do que seja a especial preservação.
7. **Princípio da especialidade.** Este tipo penal é especial em relação ao delito de dano previsto no art. 163 do Código Penal.
8. **Tipo penal misto alternativo.** Caso o agente pratique mais de uma conduta descrita no tipo penal (destruir e danificar), no mesmo contexto fático, responderá por um delito apenas, não havendo concurso de crimes.
9. **Consumação.** Com a prática das condutas de destruir ou danificar. Trata-se de crime material.
10. **Classificação.** Crime comum; material; doloso; comissivo; instantâneo; de perigo abstrato; admite a tentativa.
11. **Suspensão condicional do processo.** Cabível, pois a pena mínima cominada não ultrapassa 1 ano (art. 89 da lei 9.099/95).

Art. 50-A. Desmatar, explorar economicamente ou degradar **floresta**, plantada ou nativa, em terras de domínio público ou devolutas, sem autorização do órgão competente:

Pena – reclusão de 2 (dois) a 4 (quatro) anos e multa.

§ 1º **Não é crime** a conduta praticada quando **necessária à subsistência** imediata pessoal do agente ou de sua família.

§ 2º Se a **área explorada for superior** a 1.000 ha (mil hectares), a pena será aumentada de 1 (um) ano por milhar de hectare.

1. **Sujeito ativo.** Crime comum. Qualquer pessoa pode praticá-lo.
2. **Sujeito passivo.** A sociedade.
3. **Desmatar, explorar economicamente e degradar.** *Desmatar* significa derrubar árvores. *Explorar economicamente* consiste em tirar algum proveito econômico, visando ao lucro. *Degradar* é deteriorar, danificar. O legislador incriminou nessa conduta qualquer intervenção humana de cunho destrutivo nas florestas plantadas ou nativas.
4. **Floresta plantada ou nativa.** *Floresta plantada* é a formada pela intervenção humana, que pode ocorrer por meio do reflorestamento ou da reposição florestal. *Floresta nativa* é a formada por determinadas espécie própria da região ou do país, sem a intervenção humana.
5. **Diferença em relação ao art. 50.** No art. 50 o legislador protegeu as florestas nativas ou plantadas que são objeto de especial preservação. No art. 50-A, o legislador protegeu as florestas plantadas ou nativas localizadas em terras de domínio público ou devolutas.
6. **Norma penal em branco.** O presente tipo penal constitui norma penal em branco, uma vez que se faz necessário complementar o seu preceito primário para a determinação do que seja sem autorização do órgão competente.
7. **Princípio da especialidade.** Este tipo penal é especial em relação ao delito de dano previsto no art. 163 do Código Penal.
8. **Tipo penal misto alternativo.** Caso o agente pratique mais de uma conduta descrita no tipo penal, no mesmo contexto fático, responderá por um delito apenas, não havendo concurso de crimes.
9. **Consumação.** Com a prática das condutas desmatar, explorar economicamente ou degradar. Trata-se de crime material.
10. **Classificação.** Crime comum; material; doloso; comissivo; instantâneo; de perigo abstrato; admite a tentativa.
11. **Suspensão condicional do processo.** Incabível, pois a pena mínima cominada ultrapassa 1 ano (art. 89 da lei 9.099/95).
12. **§ 1º. Causa de atipicidade formal.** O legislador excluiu do âmbito de incidência do presente tipo penal a conduta que seja necessária à subsistência imediata pessoal do agente ou de sua família. Trata-se, assim, de causa de atipicidade formal da conduta.
13. **§ 2º. Causa de aumento de pena.** O aumento justifica-se pela grande área atingida pela conduta delituosa do agente.

Art. 51. Comercializar **motosserra** ou utilizá-la em florestas e nas demais formas de vegetação, sem licença ou registro da autoridade competente:

Pena – detenção, de três meses a um ano, e multa.

1. **Sujeito ativo.** Crime comum. Qualquer pessoa pode praticá-lo.
2. **Sujeito passivo.** A sociedade.
3. **Comercializar ou utilizar motosserra.** *Comercializar* é negociar, alienar de forma onerosa, vender. *Utilizar* é empregar. A motosserra é uma espécie de serra motorizada, automática e com funcionamento contínuo, que funciona por meio de gasolina.
4. **Norma penal em branco.** O presente tipo penal constitui norma penal em branco, uma vez que se faz necessário complementar o seu preceito primário para a determinação do que seja sem licença ou registro da autoridade competente (IBAMA).
5. **Tipo penal misto alternativo.** Caso o agente pratique mais de uma conduta descrita no tipo penal (comercializar e utilizar), no mesmo contexto fático, responderá por um delito apenas, não havendo concurso de crimes.
6. **Consumação.** Com a prática das condutas de comercializar ou de utilizar. Trata-se de crime formal.
7. **Classificação.** Crime comum; formal; doloso; comissivo; instantâneo; de perigo abstrato; admite a tentativa.
8. **Suspensão condicional do processo.** Cabível, pois a pena mínima cominada não ultrapassa 1 ano (art. 89 da lei 9.099/95).

Art. 52. Penetrar em **Unidades de Conservação** conduzindo substâncias ou instrumentos próprios para caça ou para exploração de produtos ou subprodutos florestais, sem licença da autoridade competente:

Pena – detenção, de seis meses a um ano, e multa.

1. **Sujeito ativo.** Crime comum. Qualquer pessoa pode praticá-lo.
2. **Sujeito passivo.** A sociedade e o possuidor ou o proprietário da área.
3. **Penetrar.** *Penetrar* tem o significado de ingressar, invadir.
4. **Unidades de conservação.** O conceito de Unidades de conservação está previsto no § 1º do presente artigo: *"Entende-se por Unidades de Conservação de Uso Sustentável as Áreas de Proteção Ambiental, as Áreas de Relevante Interesse Ecológico, as Florestas Nacionais, as Reservas Extrativistas, as Reservas de Fauna, as Reservas de Desenvolvimento Sustentável e as Reservas Particulares do Patrimônio Natural."*
5. **Substâncias ou instrumentos próprios para caça ou para exploração de produtos ou subprodutos florestais.** As substâncias ou instrumentos podem ser veneno, rede, arma de caça etc.
6. **Norma penal em branco.** O presente tipo penal constitui norma penal em branco, uma vez que se faz necessário complementar o seu preceito primário para a determinação do que seja sem licença da autoridade competente.

7. **Consumação.** Com a penetração nas Unidades de Conservação. Trata-se de crime formal.
8. **Classificação.** Crime comum; formal; doloso; comissivo; instantâneo; de perigo abstrato; admite a tentativa.
9. **Suspensão condicional do processo.** Cabível, pois a pena mínima cominada não ultrapassa 1 ano (art. 89 da lei 9.099/95).

Art. 53. Nos crimes previstos nesta Seção, a **pena é aumentada** de um sexto a um terço se:

I – do fato resulta a **diminuição** de águas naturais, a **erosão** do solo ou a **modificação** do regime climático;

II – o crime é **cometido**:

a) no período de queda das sementes;

b) no período de formação de vegetações;

c) contra espécies raras ou ameaçadas de extinção, ainda que a ameaça ocorra somente no local da infração;

d) em época de seca ou inundação;

e) durante a noite, em domingo ou feriado.

1. **Causas de aumento de pena.** As causas de aumento de pena incidem da terceira fase da dosimetria da pena.
2. **Inciso I.** Os resultados descritos no inciso I devem ser diretamente ocasionados pelo delito ambiental. Além da prática do delito, o agente, com sua conduta, causa a diminuição de águas naturais, a erosão do solo ou a modificação do regime climático, circunstâncias muitas vezes irreversíveis que causam um dano grave ao meio ambiente.
3. **Inciso II.** A queda de sementes (alínea a) é o período em que ocorrerá a proliferação das espécies, com o surgimento de novas plantas. A formação de vegetações (alínea b) é justamente o período em que o vegetal está em fase de crescimento, mais frágil, justificando o aumento da pena. Em relação às espécies raras e ameaçadas de extinção (alínea c), a justificativa do aumento da pena é evidente, em razão da escassez da espécie. As épocas de seca ou de inundação (alínea d) são épocas de extremidade para o meio ambiente, tornando a conduta do agente mais grave por potencializar o desequilíbrio do meio ambiente (que já está ocorrendo com a seca ou com a inundação). Por fim, durante a noite, domingo ou feriado (alínea e) a conduta é mais grave em razão da menor fiscalização do Poder Público, caso em que não poderá incidir a agravante do art. 15, II, *h* e *i*, sob pena de *bis in idem.*

Seção III
Da Poluição e outros Crimes Ambientais

Art. 54. Causar **poluição de qualquer natureza** em níveis tais que resultem ou possam resultar em danos à saúde humana, ou que provoquem a mortandade de animais ou a destruição significativa da flora:

Pena – reclusão, de um a quatro anos, e multa.

§ 1º Se o crime é **culposo**:

Pena – detenção, de seis meses a um ano, e multa.

§ 2º Se o crime:

I – tornar uma área, urbana ou rural, **imprópria** para a ocupação humana;

II – causar poluição atmosférica que provoque a **retirada**, ainda que momentânea, dos **habitantes** das áreas afetadas, ou que cause danos diretos à saúde da população;

III – causar poluição hídrica que torne necessária a **interrupção** do **abastecimento** público de água de uma comunidade;

IV – dificultar ou impedir o uso público das **praias**;

V – ocorrer por **lançamento** de resíduos sólidos, líquidos ou gasosos, ou detritos, óleos ou substâncias oleosas, em desacordo com as exigências estabelecidas em leis ou regulamentos:

Pena – reclusão, de um a cinco anos.

§ 3º Incorre nas mesmas penas previstas no parágrafo anterior quem deixar de adotar, quando assim o exigir a autoridade competente, **medidas de precaução** em caso de risco de dano ambiental grave ou irreversível.

1. **Sujeito ativo.** Crime comum. Qualquer pessoa pode praticá-lo.

2. **Sujeito passivo.** A sociedade e as pessoas eventualmente atingidas.

3. **Causar poluição de qualquer natureza.** *Causar* significa gerar, ocasionar. Poluição é toda alteração das propriedades naturais do meio ambiente, provocada por agentes de qualquer espécie, prejudicial à saúde, à segurança ou ao bem-estar da população que é atingida pelos efeitos da poluição. Nesse tipo penal, o legislador foi bastante abrangente para abarcar qualquer tipo de poluição, seja à saúde humana, seja à fauna ou à flora.

4. **Níveis de poluição que resultem ou possam resultar em danos à saúde humana, ou que provoquem a mortandade de animais ou a destruição significativa da flora.** Toda poluição já representa, por si só, um dano ao meio ambiente e à saúde dos seres humanos. Contudo, o presente tipo penal não abrange qualquer poluição, mas, sim, um nível de poluição considerável, que seja grande o suficiente para resultar ou para poder resultar danos à saúde humana ou então provocar morte de animais ou relevante destruição da flora. Em relação à conduta de *causar poluição que resulte ou possa resulta em danos à saúde humana*, o delito é formal. No tocante à conduta de *causar poluição que provoque a mortandade de animais ou a destruição significativa da flora* o delito é material.

▶ STJ

CRIME AMBIENTAL. ART. 54 DA LEI N. 9.605/98. PERIGO ABSTRATO. (...) De acordo com o entendimento deste Tribunal, a Lei de Crimes Ambientais deve ser interpretada à luz dos princípios do desenvolvimento sustentável e da prevenção, indicando o acerto da análise que a doutrina e a jurisprudência têm conferido à parte inicial do art. 54 da Lei n. 9.605/1998, de que a mera possibilidade de causar dano à saúde humana é idônea a configurar o crime de poluição, evidenciada sua natureza formal ou, ainda, de perigo abstrato (...) **(AgRg no AREsp 956.780/AM, Rel. Min. Reynaldo Soares da Fonseca, julgado em 27/09/2016).**

5. **Necessidade de perícia.** Exige-se a perícia para a constatação de que a poluição efetivamente possa resultar em danos à saúde humana ou possa provocar a mortandade de animais ou a destruição significativa da flora.

▶ STJ

Informativo no 571.

Sexta Turma.

DIREITO AMBIENTAL, PENAL E PROCESSUAL PENAL. PROVA DO CRIME DO ART. 54 DA LEI 9.605/1998.

É imprescindível a realização de perícia oficial para comprovar a prática do crime previsto no art. 54 da Lei 9.605/1998. (...) Mesmo na parte em que se tutela o crime de perigo, faz-se imprescindível a prova do risco de dano à saúde. Isso porque, para a caracterização do delito, não basta ficar caracterizada a ação de poluir; é necessário que a poluição seja capaz de causar danos à saúde humana (...) e não há como verificar se tal condição se encontra presente sem prova técnica. **(REsp 1.417.279-SC, Rel. Min. Sebastião Reis Júnior, julgado em 22/9/2015).**

6. **Delito de livre execução.** Tendo em vista que o legislador não descreveu o meio executório da causação da poluição, ela pode ser causada de qualquer forma, configurando um delito de livre execução.

7. **Princípio da especialidade.** Este tipo penal é especial em relação ao delito previsto nos arts. 270 e 271, ambos do Código Penal, e no art. 38 da Lei de Contravenções Penais.

8. **Consumação.** Com a prática da conduta de causar poluição.

9. **Classificação.** Crime comum; formal na conduta *causar poluição que resulte ou possa resultar em danos à saúde humana,* e material na conduta de *causar poluição que provoque a mortandade de animais ou a destruição significativa da flora*; doloso; comissivo; instantâneo; de perigo abstrato; admite a tentativa.

10. **Suspensão condicional do processo.** Cabível, pois a pena mínima cominada não ultrapassa 1 ano (art. 89 da lei 9.099/95).

11. **§ 1º. Modalidade culposa.** Se o delito for culposo a pena reduz-se, pela falta de intenção do agente.

12. **§ 2º. Resultados qualificadores.** Em todos os incisos temos resultados qualificadores mais graves que justificam a incidência da pena maior.

13. **Inciso I.** A poluição causada é de tal monta que inviabiliza a habitação humana naquele determinado espaço territorial.

14. Inciso II. Nessa hipótese, a poluição consiste na alteração prejudicial da atmosfera em razão do lançamento de partículas poluentes ou de gases no ar, de grande proporção a ponto de ser necessária a retirada de pessoas da área afetada ou que seja capaz de causar danos diretos à saúde da população.

15. Inciso III. A poluição hídrica caracteriza-se pelas más condições da água após a ação humana de poluir, verificando as alterações ocasionadas na água como decorrência da poluição, que gera alteração das propriedades físicas, químicas e biológicas da qualidade original da água.

→ Aplicação em concurso.

- **Juiz. TJ/SC. 2017. FCC.**

Pedro, Diretor Executivo de empresa de fertilizante, determinou, contra orientação do corpo técnico, que trouxe solução ambientalmente correta, a descarga de produtos em curso d'água causando poluição que tornou necessária a interrupção do abastecimento público de água de uma comunidade localizada a jusante. A conduta de Pedro:

A) é atípica.

B) é prevista como forma qualificada de crime ambiental.

C) é prevista como crime, mas sem qualificadora.

D) não pode ser responsabilizada, sob o ponto de vista penal, pois a responsabilidade penal recairá sobre a pessoa jurídica.

E) ensejará a responsabilidade penal da empresa, ainda que a conduta não tenha sido praticada no interesse ou em benefício da pessoa jurídica.

Alternativa correta: letra B.

16. Inciso IV. Nesse resultado qualificador o agente torna impossível ou dificultoso o uso das praias, obstruindo o acesso ou poluindo as praias de tal forma que torne a permanência de pessoas inviável, entres outros exemplos.

17. Inciso V. Nesse inciso está abrangido o lançamento de lixo, dejetos químicos, fumaça, fuligem, gases tóxicos, em desacordo com as exigências estabelecidas em leis ou regulamentos. Essa parte final transforma esse resultado qualificador em norma penal em branco, pois é necessário buscar na legislação extrapenal qual seria o conteúdo das exigências estabelecidas em leis ou em regulamentos do órgão com atribuição para o controle e a fiscalização.

18. § 3º. Conduta equiparada. Deixar de adotar medidas de precaução. Trata-se de conduta omissiva, que configura um crime omissivo próprio. As medidas de precaução que o agente deixa de adotar em caso de risco de dano ambiental grave ou irreversível são as medidas preventivas, que visam a impedir o dano ambiental, como a instalação de filtros, aumento de chaminés etc. Por óbvio, a conduta omissiva do agente deve ocorrer antes da produção do dano ambiental. Note-se que a pena cominada é a mesma pena do § 2º.

19. Norma penal em branco. O presente tipo penal constitui norma penal em branco, uma vez que se faz necessário complementar o seu preceito primário para a determinação do significado da exigência da autoridade competente.

20. **Consumação.** Com a mera omissão do agente, por ser tratar de crime omissivo próprio.

21. **Classificação.** Crime comum; de mera conduta; doloso; omissivo próprio; instantâneo; de perigo abstrato; não admite a tentativa por ser omissivo próprio.

22. **Suspensão condicional do processo.** Cabível, pois a pena mínima cominada não ultrapassa 1 ano (art. 89 da lei 9.099/95).

Art. 55. Executar **pesquisa, lavra ou extração** de recursos minerais sem a competente autorização, permissão, concessão ou licença, ou em desacordo com a obtida:

Pena – detenção, de seis meses a um ano, e multa.

Parágrafo único. Nas mesmas penas incorre quem **deixa de recuperar** a área pesquisada ou explorada, nos termos da autorização, permissão, licença, concessão ou determinação do órgão competente.

1. **Sujeito ativo.** Crime comum. Qualquer pessoa pode praticá-lo.

2. **Sujeito passivo.** A sociedade.

3. **Executar pesquisa, lavra ou extração de recursos minerais.** *Executar* significa realizar a pesquisa, levá-la a efeito, implementá-la. O legislador incriminou a conduta ligada à exploração (pesquisa, lavra ou extração) de recursos minerais, que são materiais extraídos de minas (ferro, alumínio, manganês, magnésio, cobre, mercúrio, chumbo, estanho, ouro, prata, urânio, entre outros) de forma clandestina, sem a vigilância e o controle do Poder Público.

4. **Norma penal em branco.** O presente tipo penal constitui norma penal em branco, uma vez que se faz necessário complementar o seu preceito primário para a determinação do que seja sem a competente autorização, permissão, concessão ou licença, ou em desacordo com a obtida.

5. **Tipo penal misto alternativo.** Caso o agente pratique mais de uma conduta descrita no tipo penal, no mesmo contexto fático, responderá por um delito apenas, não havendo concurso de crimes.

6. **Consumação.** Com a execução da pesquisa, da lavra ou da extração de recursos. Trata-se de crime formal.

7. **Classificação.** Crime comum; formal; doloso; comissivo; instantâneo; de perigo abstrato; admite a tentativa.

8. **Suspensão condicional do processo.** Cabível, pois a pena mínima cominada não ultrapassa 1 ano (art. 89 da lei 9.099/95).

9. **Parágrafo único. Conduta equiparada. Deixar de recuperar a área pesquisada ou explorada.** *Deixar de recuperar* significa não realizar, não fazer algo a que estava obrigado. Trata-se de conduta omissiva, configuradora de crime omissivo próprio, por meio da qual o agente não recupera a área pesquisada ou explorada por ele.

10. **Sujeito ativo.** Crime próprio. Somente pode ser praticado por quem tenha a obrigação de recuperar a área explorada.

11. **Norma penal em branco.** O presente tipo penal constitui norma penal em branco, uma vez que se faz necessário complementar o seu preceito primário para a determinação de quais são os termos da autorização, permissão, licença, concessão ou determinação do órgão competente.

12. **Consumação.** Com a mera omissão do agente, por ser tratar de crime omissivo próprio.

13. **Classificação.** Crime próprio; de mera conduta; doloso; omissivo próprio; instantâneo; de perigo abstrato; não admite a tentativa por ser omissivo próprio.

14. **Suspensão condicional do processo.** Cabível, pois a pena mínima cominada não ultrapassa 1 ano (art. 89 da lei 9.099/95).

Art. 56. Produzir, processar, embalar, importar, exportar, comercializar, fornecer, transportar, armazenar, guardar, ter em depósito ou usar **produto ou substância tóxica, perigosa ou nociva à saúde humana ou ao meio ambiente**, em desacordo com as exigências estabelecidas em leis ou nos seus regulamentos:

Pena – reclusão, de um a quatro anos, e multa.

§ 1º Nas mesmas penas incorre quem:

I – abandona os **produtos ou substâncias referidos no *caput*** ou os utiliza em desacordo com as normas ambientais ou de segurança;

II – manipula, acondiciona, armazena, coleta, transporta, reutiliza, recicla ou dá destinação final a **resíduos perigosos** de forma diversa da estabelecida em lei ou regulamento.

§ 2º Se o produto ou a substância for **nuclear ou radioativa**, a pena é aumentada de um sexto a um terço.

§ 3º Se o crime é **culposo**:

Pena – detenção, de seis meses a um ano, e multa.

1. **Sujeito ativo.** Crime comum. Qualquer pessoa pode praticá-lo.

2. **Sujeito passivo.** A sociedade e a pessoa eventualmente atingida pela substância ou pelo produto.

3. **Produzir, processar, embalar, importar, exportar, comercializar, fornecer, transportar, armazenar, guardar, ter em depósito ou usar.** *Produzir* é criar, dar origem. *Processar* consiste em manipular. *Embalar* significa acondicionar em caixas, pacotes ou algo semelhante. *Importar* é fazer ingressar no território nacional. *Exportar* é fazer sair do território nacional. *Comercializar* quer dizer trocar o objeto por dinheiro ou qualquer outro bem que sirva como meio de pagamento. *Fornecer* é dar a alguém. *Transportar,* significa levar o objeto de um local específico para outro local específico. *Armazenar* consiste em guardar. *Guardar,* com significado semelhante a

armazenar, é conservar, preservar, manter em local seguro, ocultar. *Ter em depósito* consiste em guardar, armazenar, ter o objeto ao alcance (conceito parecido com armazenar e ter em depósito). *Usar* quer dizer servir-se do objeto, utilizá-lo. Esse tipo penal trata da manipulação, da comercialização e da movimentação irregular do produto ou da substância tóxica, perigosa ou nociva à saúde humana ou ao meio ambiente. Em razão dos diversos verbos típicos, nota-se que o legislador cercou de todos os lados para impedir qualquer tipo de movimentação do produto ou da substância.

4. **Produto ou substância tóxica, perigosa ou nociva à saúde humana ou ao meio ambiente.** Não basta que esses produtos ou substâncias sejam tóxicos, pois muitos deles são regularmente utilizados, como inseticidas e venenos para exterminar pragas. Nisso não há nenhum mal, até porque todos esses produtos comumente utilizados são permitidos e homologados pelo Poder Público e há um limite de nocividade estabelecido e permitido pelo Poder Público, baseado no nível de nocividade. O objeto material do presente tipo penal consiste na substância ou no veneno que são perigosos ou nocivos à saúde humana ou ao meio ambiente, que estejam em desacordo com as exigências estabelecidas pelo Poder Público.
5. **Norma penal em branco.** O presente tipo penal constitui norma penal em branco, uma vez que se faz necessário complementar o seu preceito primário para a determinação do que seja sem parecer técnico oficial favorável e licença expedida por autoridade competente.
6. **Tipo penal misto alternativo.** Caso o agente pratique mais de uma conduta descrita no tipo penal, no mesmo contexto fático, responderá por um delito apenas, não havendo concurso de crimes.
7. **Desnecessidade de perícia.** De acordo com o STJ, o delito ora comentado não exige perícia para demonstrar a nocividade do produto ou da substância tóxica, tendo em vista que se trata de delito de perigo abstrato.

▶ STJ

Informativo nº 613

Sexta Turma

Crime ambiental. Transporte de produtos tóxicos, nocivos ou perigosos. Art. 56, *caput*, da Lei n. 9.605/1998. Resolução da ANTT n. 420/2004. Crime de perigo abstrato. Perícia. Prescindibilidade. O crime previsto no art. 56, *caput* da Lei n. 9.605/1998 é de perigo abstrato, sendo dispensável a produção de prova pericial para atestar a nocividade ou a periculosidade dos produtos transportados, bastando que estes estejam elencados na Resolução n. 420/2004 da ANTT. Cinge-se a controvérsia a definir a natureza jurídica do crime positivado no art. 56, *caput*, da Lei n. 9.605/1998. (...) Inicialmente, é de se ponderar que a conduta ilícita prevista no dispositivo supracitado é norma penal em branco, cuja complementação depende da edição de outras normas, que definam o que venha a ser o elemento normativo do tipo "produto ou substância tóxica, perigosa ou nociva à saúde pública ou ao meio ambiente". No caso específico de transporte de tais produtos ou substâncias, o Regulamento para o Transporte Rodoviário de Produtos

Perigosos (Decreto n. 96.044/1988) e a Resolução n. 420/2004 da Agência Nacional de Transportes Terrestres – ANTT, constituem a referida norma integradora, por inequivocamente indicar os produtos e substâncias cujo transporte rodoviário é considerado perigoso (...). No que se refere ao art. 56, *caput*, da Lei n. 9.605/1998, o legislador foi claro em não exigir a geração concreta de risco na conduta ali positivada. Poderia fazê-lo, mas preferiu contentar-se com a deliberada criação de um risco para o meio ambiente ou mesmo a um número indeterminado de pessoas por quem transporta produto ou substância tóxica, perigosa ou nociva à saúde humana ou ao meio ambiente, em desacordo com as exigências estabelecidas em leis ou nos seus regulamentos. Em outras palavras, o conceito de nocividade no crime ambiental examinado se esgota na própria capitulação normativa do produto ou substância como tóxica, perigosa ou nociva ao ecossistema. Logo, o crime materializado no art. 56, *caput*, da Lei n. 9.605/1998, possui a natureza de crime de perigo abstrato, ou, de crime de perigo abstrato-concreto, em que, embora não baste a mera realização de uma conduta, não se exige, a seu turno, a criação de ameaça concreta a algum bem jurídico e muito menos lesão a ele. Basta a produção de um ambiente de perigo em potencial, em abstrato – *in casu*, com o transporte dos produtos ou substâncias em desacordo com as exigências estabelecidas em leis ou nos seus regulamentos, de modo que a atividade descrita no tipo penal crie condições para afetar os interesses juridicamente relevantes, não condicionados, porém, à efetiva ameaça de um determinado bem jurídico. Deste modo, desnecessária se faz a constatação, via laudo pericial, da impropriedade, perigo ou nocividade do produto transportado, bastando, para tanto, que o "produto ou substância tóxica, perigosa ou nociva para a saúde humana ou o meio ambiente", esteja elencado na Resolução n. 420/04 da ANTT. **(REsp 1.439.150-RS, Rel. Min. Rogério Schietti Cruz, julgado em 05/10/2017).**

8. **Crime de perigo abstrato-concreto ou de perigo hipotético.** No Informativo acima, o STJ considerou esse delito um crime de perigo abstrato-concreto. Os delitos de perigo abstrato-concreto, também chamados de delito de perigo hipotético, constituem uma subclassificação dos delitos de perigo abstrato. Nessa espécie de delito, a conduta do agente deve gerar uma situação de *perigo possível* ao bem jurídico. Não basta a prática da conduta do agente (como ocorre nos crimes de perigo abstrato), sendo necessário que se possa identificar, como consequência da conduta, uma hipótese de *perigo possível*, uma probabilidade ou uma potencialidade de causar algum resultado lesivo ao bem jurídico tutelado pela norma penal. Exige-se, portanto, uma conduta idônea a produzir uma situação concreta de perigo ao bem jurídico. Note-se que os delitos de perigo abstrato-concreto ou de perigo hipotético constituem um *plus* em relação aos crimes de perigo abstrato. Isso porque nos crimes de perigo abstrato, basta a conduta do agente para o delito estar configurado, uma vez que o perigo gerado ao bem jurídico é presumido de forma absoluta pelo legislador. De outro giro, nos delitos de perigo abstrato-concreto não basta a prática da conduta por parte do agente. Além da conduta, é necessária a geração de uma situação de *perigo possível* ao bem jurídico. Caso haja a conduta do agente, mas não haja uma situação de *perigo possível*, a conduta será atípica. Também não se pode confundir os delitos de perigo abstrato-concreto ou de perigo hipotético com os delitos de perigo concreto, pois, como dito, nos delitos de perigo abstrato-concreto ou de perigo hipotético basta que a conduta do agente

gere uma situação de *perigo possível*, mas não se exige a efetiva prova do perigo gerado no caso concreto, bastando a prova da conduta do agente e a prova dessa situação perigosa gerada. Note-se que o que se precisa provar é a *possibilidade de perigo* ao bem jurídico. Já nos delitos de perigo concreto, faz-se necessária a prova do efetivo perigo gerado ao bem jurídico, sob pena de atipicidade da conduta. Assim, a considerar a classificação feita pelo STJ, não bastaria a simples prática da conduta descrita nesse tipo penal para a configuração do delito. É necessário que, com a prática da conduta, se crie uma situação de perigo possível ao bem jurídico, por exemplo, com o transporte dos produtos ou substâncias em desacordo com as exigências estabelecidas em leis ou nos seus regulamentos, gerando uma situação fática de perigo possível para o bem jurídico. Apesar de o STJ ter adotado essa classificação de crime, deve ser frisado que ela ainda não é aceita de forma majoritária pela doutrina e pela jurisprudência brasileiras.

9. **Revogação tácita.** O presente tipo penal revogou tacitamente o art. 15, da lei 7.802/89, que possui a seguinte redação: (*"Art. 15. Aquele que produzir, comercializar, transportar, aplicar, prestar serviço, der destinação a resíduos e embalagens vazias de agrotóxicos, seus componentes e afins, em descumprimento às exigências estabelecidas na legislação pertinente estará sujeito à pena de reclusão, de dois a quatro anos, além de multa."*).

10. **Consumação.** Com a prática das condutas. Trata-se de crime formal.

11. **Classificação.** Crime comum; formal; doloso; comissivo; instantâneo nas condutas *produzir, processar, embalar, importar, exportar, comercializar, fornecer* e usar, e permanente nas condutas *transportar, armazenar, guardar, ter em depósito*; de perigo abstrato; admite a tentativa.

12. **Suspensão condicional do processo.** Cabível, pois a pena mínima cominada não ultrapassa 1 ano (art. 89 da lei 9.099/95).

13. **§ 1º. Condutas equiparadas.**

14. **Inciso I. Abandono dos produtos ou das substâncias e uso irregular.** *Abandonar* consiste em deixar de lado, não se interessar mais pelos produtos ou pelas substâncias, fazer os produtos ou as substâncias saírem da propriedade ou da posse do agente. O abandono do produto ou da substância pode ser nocivo à saúde humana ou ao meio ambiente, a depender do resíduo que tiver na embalagem ou das condições em que o produto é abandonado. Em relação à conduta de utilizar em desacordo com as normas ambientais ou de segurança, cremos que se trata de mera repetição da conduta descrita no *caput* do artigo.

15. **Norma penal em branco.** O presente tipo penal constitui norma penal em branco, uma vez que se faz necessário complementar o seu preceito primário para a determinação do conteúdo das normas ambientais ou de segurança.

16. **Tipo penal misto alternativo.** Caso o agente pratique mais de uma conduta descrita no tipo penal (abandonar e usar) no mesmo contexto fático, responderá por um delito apenas, não havendo concurso de crimes.

17. **Consumação.** Com a prática das condutas de abandonar ou de usar. Trata-se de crime formal.

18. **Classificação.** Crime comum; formal; doloso; comissivo; instantâneo; de perigo abstrato; admite a tentativa.

19. **Suspensão condicional do processo.** Cabível, pois a pena mínima cominada não ultrapassa 1 ano (art. 89 da lei 9.099/95).

20. **Inciso II. Movimentação dos resíduos perigosos de forma diversa da estabelecida em lei ou regulamento.** *Manipular* é tratar, preparar com as mãos. *Acondicionar* significa guardar em local específico e apropriado ao resíduo. *Armazenar* consiste em guardar. *Coletar* é recolher. *Transportar* significa levar os resíduos de um local específico para outro local específico. *Reutilizar* é usar novamente. *Reciclar* consiste em aproveitar o resíduo após a sua utilização para a fabricação de um novo resíduo. *Dar* é fornecer a alguém. Neste tipo penal incrimina-se qualquer forma de manipulação ou de movimentação irregular dos resíduos perigosos de forma diversa da estabelecida em lei ou regulamento contrariando as normas estabelecidas pelo Poder Público.

21. **Norma penal em branco.** O presente tipo penal constitui norma penal em branco, uma vez que se faz necessário complementar o seu preceito primário para a determinação da forma estabelecida em lei ou em regulamento para a movimentação dos resíduos.

22. **Tipo penal misto alternativo.** Caso o agente pratique mais de uma conduta descrita no tipo penal no mesmo contexto fático, responderá por um delito apenas, não havendo concurso de crimes.

23. **Consumação.** Com a prática das condutas típicas. Trata-se de crime formal.

24. **Classificação.** Crime comum; formal; doloso; comissivo; instantâneo nas condutas *manipular, acondicionar, armazenar, coletar, reutilizar, reciclar* e *dar*, e permanente na conduta *transportar*; de perigo abstrato; admite a tentativa.

25. **Suspensão condicional do processo.** Cabível, pois a pena mínima cominada não ultrapassa 1 ano (art. 89 da lei 9.099/95).

26. **§ 2º. Causa de aumento da pena.** A pena é aumentada se o produto ou a substância for nuclear ou radioativa, em razão do alto poder lesivo. Ver os conceitos de substância nuclear ou radioativa nos comentários à lei 6.453/1977 neste livro.

27. **§ 3º. Modalidade culposa.** Se o delito for culposo a pena reduz-se, pela falta de intenção do agente.

Art. 57. (VETADO)

Art. 58. Nos crimes dolosos previstos nesta Seção, as **penas** serão **aumentadas**:

I – de um sexto a um terço, se resulta **dano irreversível** à flora ou ao meio ambiente em geral;

II – de um terço até a metade, se resulta **lesão corporal de natureza grave** em outrem;

III – até o dobro, se resultar a **morte** de outrem.

Parágrafo único. As penalidades previstas neste artigo somente serão aplicadas se do fato **não resultar crime mais grave.**

1. **Causas de aumento de pena.** O art. 58 trata de causas de aumento de pena que devem ser consideradas na terceira fase da dosimetria da pena.
2. **Inciso I. Dano irreversível à flora ou ao meio ambiente em geral.** Por dano irreversível entenda-se o dano irreparável, incontornável, que não pode ser desfeito, como a extinção de uma espécie de vegetação que não se pode regenerar ou de uma espécime da fauna.
3. **Inciso II. Resultado lesão corporal de natureza grave.** Por lesão corporal de natureza grave deve ser entendida a lesão que gera os resultados previstos no art. 129, §§ 1º e 2º do Código Penal. Note-se que para o Código Penal os resultados dos dois parágrafos constituem lesões corporais graves. O Código não faz nenhuma distinção. A classificação em lesão corporal "grave" e "gravíssima" é doutrinaria. O resultado lesão corporal de natureza grave só pode ocorrer a título de culpa. Trata-se de crime preterdoloso.
4. **Inciso III. Resultado morte.** O resultado morte só pode ocorrer a título de culpa. Trata-se de crime preterdoloso.
5. **Parágrafo único. Subsidiariedade expressa.** O parágrafo único conferiu natureza subsidiária aos delitos previstos na seção III, do capítulo V da lei. (arts. 54 ao 61), de forma que tais delitos somente serão aplicados se a conduta do agente não resultar crime mais grave.

Art. 59. (VETADO)

Art. 60. Construir, reformar, ampliar, instalar ou fazer funcionar, em qualquer parte do território nacional, **estabelecimentos, obras ou serviços potencialmente poluidores**, sem licença ou autorização dos órgãos ambientais competentes, ou contrariando as normas legais e regulamentares pertinentes:

Pena – detenção, de um a seis meses, ou multa, ou ambas as penas cumulativamente.

1. **Sujeito ativo.** Crime comum. Qualquer pessoa pode praticá-lo.
2. **Sujeito passivo.** A sociedade.
3. **Construir, reformar, ampliar, instalar ou fazer funcionar.** *Construir* é edificar. *Reformar* consiste em mudar, corrigir, alterar. *Ampliar* significa aumentar. *Instalar* é estabelecer, implantar. *Fazer funcionar* consiste em iniciar a execução, fazer operar. O legislador incriminou neste tipo penal a conduta ligada a estabelecimentos, às obras ou aos serviços potencialmente poluidores, de forma clandestina ou irregular.

4. **Estabelecimentos, obras ou serviços potencialmente poluidores.** Na atualidade há muitos estabelecimentos, obras ou serviços que têm o potencial para causar poluição ao meio ambiente, como uma fábrica de tintas, de produtos químicos, uma obra que possa causar poluição sonora ou atmosférica, uma reforma que tenha o condão de gerar uma poluição hídrica, entre outros exemplos. Não é necessária a efetiva poluição. Para a configuração do tipo penal basta a potencialidade de causar poluição.

5. **Norma penal em branco.** O presente tipo penal constitui norma penal em branco, uma vez que se faz necessário complementar o seu preceito primário para a determinação do que seja sem licença ou autorização dos órgãos ambientais competentes, ou contrariando as normas legais e regulamentares pertinentes.

6. **Tipo penal misto alternativo.** Caso o agente pratique mais de uma conduta descrita no tipo penal, no mesmo contexto fático, responderá por um delito apenas, não havendo concurso de crimes.

7. **Consumação.** Com a prática das condutas. Trata-se de crime formal.

8. **Classificação.** Crime comum; formal; doloso; comissivo; instantâneo; de perigo abstrato; admite a tentativa.

9. **Suspensão condicional do processo.** Cabível, pois a pena mínima cominada não ultrapassa 1 ano (art. 89 da lei 9.099/95).

Art. 61. Disseminar **doença ou praga ou espécies** que possam causar dano à agricultura, à pecuária, à fauna, à flora ou aos ecossistemas:

Pena – reclusão, de um a quatro anos, e multa.

1. **Sujeito ativo.** Crime comum. Qualquer pessoa pode praticá-lo.

2. **Sujeito passivo.** A sociedade, bem como o proprietário do bem atingido.

3. **Disseminar.** *Disseminar* significa espalhar, difundir, propagar.

4. **Doença, praga ou espécies que possam causar dano.** São exemplos de *doença* a peste suína, a febre aftosa etc. *Praga* é uma espécie que provoca algum tipo de prejuízo às espécies. *Espécies* são bactérias, vírus que possam causar dano. Não é necessário o efetivo dano. Para a configuração do tipo penal basta a potencialidade de causar o dano à agricultura, à pecuária, à fauna, à flora ou aos ecossistemas.

5. **Delito de perigo concreto.** O legislador exigiu no presente tipo penal que a doença ou a praga tenha a possibilidade efetiva de causar dano à agricultura, à pecuária, à fauna, à flora ou aos ecossistemas. Caso essa potencialidade não fique provada nos autos, a conduta é atípica.

6. **Consumação.** Com a prática das condutas típicas, não sendo necessária a ocorrência do efetivo dano. Trata-se de crime formal e de perigo concreto, devendo ser provado o efetivo perigo ao bem jurídico.

7. **Classificação.** Crime comum; formal; doloso; comissivo; instantâneo; de perigo concreto; admite a tentativa.

8. **Suspensão condicional do processo.** Cabível, pois a pena mínima cominada não ultrapassa 1 ano (art. 89 da lei 9.099/95).

Seção IV
Dos Crimes contra o Ordenamento Urbano e o Patrimônio Cultural

Art. 62. Destruir, inutilizar ou **deteriorar:**

I – bem **especialmente protegido** por lei, ato administrativo ou decisão judicial;

II – arquivo, registro, museu, biblioteca, pinacoteca, instalação científica ou similar **protegido** por lei, ato administrativo ou decisão judicial:

Pena – reclusão, de um a três anos, e multa.

Parágrafo único. Se o crime for **culposo**, a pena é de seis meses a um ano de detenção, sem prejuízo da multa.

2. **Sujeito ativo.** Crime comum. Qualquer pessoa pode praticá-lo.

3. **Sujeito passivo.** A sociedade.

4. **Destruir, inutilizar e deteriorar.** *Destruir* significa desfazer, aniquilar, fazer desaparecer. *Inutilizar* consiste em danificar, tornar inútil, sem valor. *Deteriorar* é estragar, diminuir o valor.

4. **Inciso I. Bem especialmente protegido por lei, ato administrativo ou decisão judicial.** Em relação ao bem especialmente protegido por lei ou por ato, essa previsão tem fundamento no art. 216, § 1º da CR/88 (*"O Poder Público, com a colaboração da comunidade, promoverá e protegerá o patrimônio cultural brasileiro, por meio de inventários, registros, vigilância, tombamento e desapropriação, e de outras formas de acautelamento e preservação"*). Em relação ao bem protegido por decisão judicial, deve-se verificar nos autos do respectivo processo qual bem foi objeto da proteção judicial.

5. **Norma penal em branco.** O presente tipo penal constitui norma penal em branco, uma vez que se faz necessário complementar o seu preceito primário para a verificação da proteção do bem por lei ou por ato administrativo.

6. **Tipo penal misto alternativo.** Caso o agente pratique mais de uma conduta descrita no tipo penal, no mesmo contexto fático, responderá por um delito apenas, não havendo concurso de crimes.

7. **Consumação.** Com a prática das condutas de destruir, inutilizar e deteriorar. Trata-se de crime material.

8. **Classificação.** Crime comum; material; doloso; comissivo; instantâneo; de dano; admite a tentativa.

9. **Suspensão condicional do processo.** Cabível, pois a pena mínima cominada não ultrapassa 1 ano (art. 89 da lei 9.099/95).

10. **Inciso II. Arquivo, registro, museu, biblioteca, pinacoteca, instalação científica ou similar protegido por lei, ato administrativo ou decisão judicial.** Embora sejam objetos materiais diferentes dos objetos do inciso I, a incriminação é similar no tocante a serem protegidos por lei, ato administrativo ou decisão judicial.

11. **Norma penal em branco.** O presente tipo penal constitui norma penal em branco, uma vez que se faz necessário complementar o seu preceito primário para a verificação da proteção do bem por lei ou por ato administrativo.

12. **Tipo penal misto alternativo.** Caso o agente pratique mais de uma conduta descrita no tipo penal, no mesmo contexto fático, responderá por um delito apenas, não havendo concurso de crimes.

13. **Consumação.** Com a prática das condutas de destruir, inutilizar e deteriorar. Trata-se de crime material.

14. **Classificação.** Crime comum; material; doloso; comissivo; instantâneo; de dano; admite a tentativa.

15. **Suspensão condicional do processo.** Cabível, pois a pena mínima cominada não ultrapassa 1 ano (art. 89 da lei 9.099/95).

16. **Parágrafo único. Modalidade culposa.** Se o delito for culposo a pena reduz-se, pela falta de intenção do agente.

Art. 63. Alterar o aspecto ou estrutura de **edificação ou local especialmente protegido** por lei, ato administrativo ou decisão judicial, **em razão de** seu valor paisagístico, ecológico, turístico, artístico, histórico, cultural, religioso, arqueológico, etnográfico ou monumental, sem autorização da autoridade competente ou em desacordo com a concedida:

Pena – reclusão, de um a três anos, e multa.

1. **Sujeito ativo.** Crime comum. Qualquer pessoa pode praticá-lo.

2. **Sujeito passivo.** A sociedade.

3. **Alterar.** O verbo típico *alterar* significa transformar, modificar.

4. **Aspecto ou estrutura de edificação ou local especialmente protegido por lei, ato administrativo ou decisão judicial sem autorização da autoridade competente ou em desacordo com a concedida.** Há algumas edificações e locais que têm um relevante valor paisagístico, ecológico, turístico, artístico, histórico, cultural, religioso, arqueológico, etnográfico ou monumental. É justamente em razão desses valores que a edificação ou o local possuem a especial proteção do Poder Público, para que esses valores sejam mantidos, sejam preservados. Para tal, essas edificações ou esses locais têm o aspecto ou a estrutura delineado pela autoridade pública, a exemplo de uma determinada fachada, uma determinada cor de tinta,

um determinado gabarito de altura, um determinado modelo de janela etc. Portanto, nesse tipo penal o legislador incriminou a conduta de alterar o aspecto ou a estrutura dessas edificações ou desses locais sem a autorização do Poder Público ou de forma contrária à autorização concedida, para que aqueles valores sejam mantidos vivos e presentes na edificação ou no local.

5. **Norma penal em branco.** O presente tipo penal constitui norma penal em branco, uma vez que se faz necessário complementar o seu preceito primário para a verificação da proteção da estrutura, da edificação ou do local especialmente protegido por lei, por ato administrativo ou por decisão judicial, bem como a autorização da autoridade competente.

6. **Revogação tácita.** Este tipo penal revogou tacitamente o art. 166 do Código Penal.

7. **Concurso de crimes com o art. 48.** Questão relevante versa sobre a possibilidade de o delito do art. 48 ser considerado *ante factum* impunível em relação ao art. 63, por força da incidência do princípio da consunção, na vertente do *crime progressivo*, em que um crime é meio necessário ou fase normal de preparação ou de execução para outro delito. Imagine-se a hipótese de o agente impedir a regeneração natural de uma determinada forma de vegetação (delito do art. 48) e depois altere o aspecto de uma edificação especialmente protegido por lei em razão de seu valor paisagístico (delito do art. 63). A questão a ser definida é se a conduta do art. 48 é meio necessário para a prática do delito do art. 63. Caso a resposta seja positiva, o agente responde apenas pelo delito art. 63 e o art. 48 fica absorvido, sendo considerado *ante factum* impunível. Caso a resposta seja negativa, impõe-se o concurso de crimes. A questão chegou até o STJ, que entendeu pela não aplicabilidade do princípio da consunção, caracterizando-se o concurso material de crimes.

▶ STJ

> DIREITO PENAL E PROCESSUAL PENAL. RECURSO ORDINÁRIO EM MANDADO DE SEGURANÇA. CRIMES AMBIENTAIS. LEI 9.605/98. (...) ARTS. 48 E 63 DA LEI 9.605/98: DELITOS AUTÔNOMOS. IMPOSSIBILIDADE DE CONSUNÇÃO. (...) As condutas do art. 48 da Lei 9.605/98 (...) e do art. 63 da mesma Lei (...) são autônomas, não se podendo tratar a primeira delas como crime meio para a construção ou alteração de edificação. Reforça essa ideia o fato de que o crime previsto no art. 48 da Lei de Crimes Ambientais é delito permanente, cuja potencialidade lesiva se protrai no tempo, não se esgotando na construção de edificação. Precedentes desta Corte. 7. Recurso a que se nega provimento. **(RMS 49.909/SC, Rel. Min. Reynaldo Soares da Fonseca, julgado em 16/05/2017).**

8. **Consumação.** Com a prática da conduta de alterar o aspecto ou a estrutura da edificação ou do local especialmente protegido. Trata-se de crime material.

9. **Classificação.** Crime comum; material; doloso; comissivo; instantâneo; de dano; admite a tentativa.

10. **Suspensão condicional do processo.** Cabível, pois a pena mínima cominada não ultrapassa 1 ano (art. 89 da lei 9.099/95).

Art. 64. Promover construção em solo **não edificável, ou no seu entorno**, assim considerado **em razão de** seu valor paisagístico, ecológico, artístico, turístico, histórico, cultural, religioso, arqueológico, etnográfico ou monumental, sem autorização da autoridade competente ou em desacordo com a concedida:

Pena – detenção, de seis meses a um ano, e multa.

1. **Sujeito ativo.** Crime comum. Qualquer pessoa pode praticá-lo.
2. **Sujeito passivo.** A sociedade.
3. **Promover construção.** *Promover construção* consiste em executar uma obra, um prédio, uma casa, um parque, um lago ou qualquer coisa que possa ser construído.
4. **Solo não edificável ou no seu entorno.** Solo não edificável é o terreno onde é proibida qualquer espécie de construção ou ao seu redor ou proximidades (no entorno). Isso porque o solo onde a construção é proibida tem um relevante valor paisagístico, ecológico, artístico, turístico, histórico, cultural, religioso, arqueológico, etnográfico ou monumental. A proibição de se construir decorre justamente desses valores que devem ser preservados, razão pela qual o legislador incriminou a conduta de construir sem a autorização do órgão público que tem o dever de fiscalizar ou de forma contrária à autorização concedida, para que aqueles valores sejam preservados no solo ou no seu entorno.
5. **Art. 48 como *post factum* impunível em relação ao art. 64.** Se o agente praticar a conduta descrita nesse tipo penal e, ao construir em solo não edificável, impedir ou dificultar a regeneração natural de florestas e demais formas de vegetação no local da construção (conduta que configura o delito do art. 48 desta lei), ele responde apenas pelo delito do art. 64 e o crime do art. 48 será considerado *post factum* impunível.

▶ STJ

Informativo nº 597.

Sexta Turma.

Crime ambiental. Conflito aparente de normas. Arts. 48 e 64 da Lei n. 9.605/1998. Consunção. Absorvido o crime meio de destruir floresta e o pós-fato impunível de impedir sua regeneração. Crime único de construir em local não edificável. O crime de edificação proibida (art. 64 da Lei n. 9.605/1998) absorve o crime de destruição de vegetação (art. 48 da mesma lei) quando a conduta do agente se realiza com o único intento de construir em local não edificável. Sobre o tema, diversamente do posicionamento fixado em alguns precedentes do STJ (AgRg no REsp 1.214.052-SC, Sexta Turma, DJe 12/3/2013 e REsp 1.125.374-SC, Quinta Turma, DJe 17/8/2011), a Sexta Turma passa a adotar nova orientação, no sentido de que a suposta destruição da vegetação nativa é mera etapa inicial do único crime pretendido e realizado de construir em local não edificável (área de preservação permanente). Com efeito, o crime de destruir floresta nativa dá-se como meio da realização do único intento de construir em local não edificável, em razão do que incide a absorção do crime-meio de destruição de vegetação pelo crime-fim de edificação proibida. Na mesma linha, o delito de impedir a regeneração natural da flora dá-se como mero gozo da construção, em evidente pós-fato impunível. Aquele que constrói uma edificação, claramente não poderá permitir que dentro daquela venha a nascer uma floresta. É mero exaurimento do crime de construção indevida, pelo aproveitamento natural da coisa construída (...). Na hipótese, não há ação autônoma de destruir floresta ou de impedir sua regeneração, mas tão somente o ato de construir em local proibido, que tem na destruição condição necessária para a obra e no impedimento à regeneração mero gozo da edificação. (...) Na construção em local de floresta não há dois crimes com único intento (hipótese de concurso formal), mas apenas um crime praticado. Tampouco é caso de concurso material, pois então os crimes precisariam ser autônomos – com que não se concorda, pelo conflito aparente de normas – e com desígnios independentes (excluindo também o concurso formal perfeito). Dessa forma, descartada a possibilidade da configuração do concurso material entre os delitos tipificados nos artigos 48 e 64 da Lei n. 9.605/1998, correta é a desclassificação para o único crime do art. 64 da lei ambiental. **(REsp 1.639.723-PR, Rel. Min. Nefi Cordeiro, julgado em 7/2/2017).**

6. **Norma penal em branco.** O presente tipo penal constitui norma penal em branco, uma vez que se faz necessário complementar o seu preceito primário para a verificação da autorização da autoridade competente ou da autorização concedida.

7. **Consumação.** Com a prática da conduta de iniciar a construção. Não é necessário que o agente complete a construção, bastando o seu início. Trata-se de crime material.

8. **Classificação.** Crime comum; material; doloso; comissivo; instantâneo; de dano; admite a tentativa.

9. **Suspensão condicional do processo.** Cabível, pois a pena mínima cominada não ultrapassa 1 ano (art. 89 da lei 9.099/95).

Art. 65. Pichar ou por outro meio **conspurcar** edificação ou monumento urbano:

Pena – detenção, de 3 (três) meses a 1 (um) ano, e multa.

§ 1º Se o ato for realizado em monumento ou coisa **tombada** em virtude do seu valor artístico, arqueológico ou histórico, a pena é de 6 (seis) meses a 1 (um) ano de detenção e multa.

§ 2º Não constitui crime a prática de grafite realizada **com o objetivo de valorizar** o patrimônio público ou privado mediante manifestação artística, desde que consentida pelo proprietário e, quando couber, pelo locatário ou arrendatário do bem privado e, no caso de bem público, com a autorização do órgão competente e a observância das posturas municipais e das normas editadas pelos órgãos governamentais responsáveis pela preservação e conservação do patrimônio histórico e artístico nacional.

1. **Sujeito ativo.** Crime comum. Qualquer pessoa pode praticá-lo.

2. **Sujeito passivo.** A sociedade e o proprietário da edificação ou do monumento urbano.

3. **Pichar ou conspurcar.** *Pichar* é escrever, desenhar, fazer sinais com jato de tinta em paredes e muros. *Conspurcar* consiste em sujar.

4. **Edificação ou monumento urbano.** O ato de pichar ou conspurcar somente configura o delito em apreço ser for praticado em edificação, que são prédios e construções ou em monumentos urbanos, que são estátuas, bustos etc., públicos ou particulares. Caso a pichação ou a conspurcação ocorra em outro local, esse delito não se configura.

5. **Tipo penal misto alternativo.** Caso o agente pratique mais de uma conduta descrita no tipo penal (pichar e conspurcar), no mesmo contexto fático, responderá por um delito apenas, não havendo concurso de crimes.

6. **Consumação.** Com a prática das condutas de pichar ou de conspurcar. Trata-se de crime material.

7. **Classificação.** Crime comum; material; doloso; comissivo; instantâneo; de dano; admite a tentativa.

8. **Suspensão condicional do processo.** Cabível, pois a pena mínima cominada não ultrapassa 1 ano (art. 89 da lei 9.099/95).

9. **§ 1º. Qualificadora. Coisa tombada.** O delito passa a ser qualificado se a pichação ou a conspurcação for em monumento ou coisa tombada em virtude do seu valor artístico, arqueológico ou histórico, em razão da maior gravidade da conduta.

→ Aplicação em concurso.

- **Promotor de Justiça. MPE/RR. 2017. CESPE.**

  Em um sábado, Pedro, maior e capaz, com baixo grau de instrução, pichou monumento urbano, sem autorização. Nessa situação hipotética,

  A) a ação penal será pública condicionada se o monumento pichado for de propriedade particular.

  B) a pena a que Pedro está sujeito é de detenção inferior a dois anos, mesmo que o monumento pichado seja tombado pelo patrimônio histórico.

  C) o baixo grau de instrução de Pedro é irrelevante para a estipulação da pena.

  D) a pena a que Pedro está sujeito deverá ser agravada por ter sido o crime cometido em um sábado.

  Alternativa correta: letra B.

10. **§ 2º. Causa de atipicidade formal.** O legislador trouxe uma causa de atipicidade formal relacionada ao grafite com os objetivos mencionados no § 2º. Note-se que o objetivo delineado nesse parágrafo é a valorização do patrimônio público ou privado, desde que consentido pelo proprietário, locatário ou arrendatário ou com a autorização do Poder Público.

Seção V
Dos Crimes contra a Administração Ambiental

Art. 66. Fazer o **funcionário público** afirmação falsa ou enganosa, omitir a verdade, sonegar informações ou dados técnico-científicos em procedimentos de autorização ou de licenciamento ambiental:

Pena – reclusão, de um a três anos, e multa.

1. **Sujeito ativo.** Trata-se de crime próprio. Só pode ser praticado pelo funcionário público com atribuição para atuar nos procedimentos de autorização ou de licenciamento ambiental.

2. **Sujeito passivo.** A sociedade e o interessado na autorização ou na licença ambiental.

3. **Fazer afirmação falsa ou enganosa, omitir a verdade, sonegar informações ou dados técnico-científicos.** *Fazer afirmação falsa ou enganosa* é a conduta de declarar algo que não corresponda à verdade. Essa conduta possui conteúdo positivo, é praticada mediante uma comissão, um agir. Logo, constitui crime comissivo. *Omitir a verdade* e *sonegar informações ou dados técnico-científicos* significa deixar fornecer as informações que deveriam ser fornecidas. Tais condutas têm natureza omissiva, configurando um delito omissivo próprio. Assim, esse tipo penal reúne condutas comissivas e omissivas. Trata-se de um delito de falsidade ideológica no âmbito ambiental.

4. **Procedimentos de autorização ou de licenciamento ambiental.** É o procedimento administrativo que tem o seu curso no âmbito do Poder Executivo, e tem por objeto uma autorização ou uma licença ambiental requerida por um particular em face do Poder Público. Uma vez que conste do procedimento uma afirmação falsa ou enganosa ou uma omissão de informação ou dados técnicos-científicos que deveriam constar, isso pode ocasionar a emissão de uma autorização ou de um licenciamento ambiental indevido, com desvio de finalidade.

5. **Princípio da especialidade.** Este tipo penal é especial em relação ao delito de falsidade ideológica previsto no art. 299 do Código Penal.

6. **Vantagem indevida.** O presente tipo penal não traz como elemento nenhuma forma de solicitação ou de obtenção da vantagem indevida. Assim, caso o funcionário público *exija* vantagem indevida para a prática dessa conduta, pratica o delito de concussão previsto no art. 316 do Código Penal. Da mesma forma, caso ele *solicite* ou *receba* vantagem indevida ou então *aceite* promessa de vantagem, o delito configurado é o de corrupção passiva previsto no art. 317 do Código Penal.

7. **Tipo penal misto alternativo.** Caso o agente pratique mais de uma conduta descrita no tipo penal, no mesmo contexto fático, responderá por um delito apenas, não havendo concurso de crimes.

8. **Consumação.** Com a prática das condutas, não sendo necessário nenhum resultado naturalístico, como a concessão da licença ambiental ou a ocorrência de prejuízo para o Poder Público. Trata-se de crime formal.

9. **Classificação.** Crime próprio; formal; doloso; comissivo na conduta *fazer*, e omissivo próprio nas condutas *omitir* e *sonegar*; instantâneo; de perigo abstrato; admite a tentativa apenas na conduta comissiva (*fazer*), mas não admite nas condutas omissivas próprias (*omitir* e *sonegar*).

10. **Suspensão condicional do processo.** Cabível, pois a pena mínima cominada não ultrapassa 1 ano (art. 89 da lei 9.099/95).

Art. 67. Conceder o funcionário público **licença, autorização ou permissão** em desacordo com as normas ambientais, para as atividades, obras ou serviços cuja realização depende de ato autorizativo do Poder Público:

Pena – detenção, de um a três anos, e multa.

Parágrafo único. Se o crime é **culposo**, a pena é de três meses a um ano de detenção, sem prejuízo da multa.

1. **Sujeito ativo.** Trata-se de crime próprio. Só pode ser praticado pelo funcionário público com atribuição para conceder a licença, a autorização ou a permissão para as atividades, as obras ou os serviços cuja realização depende de ato autorizativo do Poder Público.

2. **Sujeito passivo.** A sociedade e o interessado na licença, na autorização ou na permissão.

3. **Conceder.** *Conceder* significa outorgar, fornecer. Existem diversas atividades, obras ou serviços que dependem da autorização do Poder Público, porque geram impactos de diversas ordens no meio ambiente. A exigência é para que sejam investigados o impacto ambiental e as consequências da atividade, da obra e dos serviços que podem ser geradas. Nesse tipo penal o legislador incriminou a conduta do agente público que contraria os rigores do Poder Público no tocante à licença, à autorização ou à permissão para as atividades, obras ou serviços cuja realização depende de ato autorizativo do Poder Público. Em outras palavras, trata-se da incriminação da conduta do funcionário que age contra o Poder Público.

4. **Norma penal em branco.** O presente tipo penal constitui norma penal em branco, uma vez que se faz necessário complementar o seu preceito primário para a verificação das normas ambientais sobre o assunto.

5. **Princípio da especialidade.** Este tipo penal é especial em relação ao delito de prevaricação previsto no art. 319 do Código Penal.

6. **Vantagem indevida.** O presente tipo penal não traz como elemento nenhuma forma de solicitação ou de obtenção da vantagem indevida. Assim, caso o funcionário público *exija* vantagem indevida para a prática dessa conduta, pratica o delito de concussão previsto no art. 316 do Código Penal. Da mesma forma, caso ele *solicite* ou *receba* vantagem indevida ou então *aceite* promessa de vantagem, o delito configurado é o de corrupção passiva previsto no art. 317 do Código Penal.

7. **Consumação.** Com a prática da conduta de conceder a licença, a autorização ou a permissão. Trata-se de crime formal.

8. **Parágrafo único. Modalidade culposa.** Se o delito for culposo a pena reduz-se, pela falta de intenção do agente.

9. **Classificação.** Crime próprio; formal; doloso; comissivo; instantâneo; de perigo abstrato; admite a tentativa.

10. **Suspensão condicional do processo.** Cabível, pois a pena mínima cominada não ultrapassa 1 ano (art. 89 da lei 9.099/95).

> **Art. 68.** Deixar, aquele que tiver o dever legal ou contratual de fazê-lo, de cumprir **obrigação de relevante interesse ambiental**:
>
> Pena - detenção, de um a três anos, e multa.
>
> Parágrafo único. Se o crime é **culposo**, a pena é de três meses a um ano, sem prejuízo da multa.

1. **Sujeito ativo.** Trata-se de crime próprio. Só pode ser praticado por quem tem o dever legal ou contratual de cumprir obrigação de relevante interesse ambiental.

2. **Sujeito passivo.** A sociedade.

3. **Deixar.** O verbo *deixar* configura conduta negativa, omissiva, um não agir. O agente tem o dever legal ou contratual de cumprir determinada obrigação de relevante interesse ambiental e não a cumpre deixando de agir, como na hipótese de o administrador de uma construtora que deve preservar ou reflorestar uma região próxima do local onde a obra foi realizada, por força contratual e não age nesse sentido. Trata-se, portanto, de crime omissivo próprio. Se o dever não decorrer da lei ou de contrato, esse delito não se configura.

4. **Revogação tácita.** O presente tipo penal revogou tacitamente o art. 16 da lei 7.802/89, que possui a seguinte redação: (*"Art. 16. O empregador, profissional responsável ou o prestador de serviço, que deixar de promover as medidas necessárias de proteção à saúde e ao meio ambiente, estará sujeito à pena de reclusão de 2 (dois) a 4 (quatro) anos, além de multa de 100 (cem) a 1.000 (mil) MVR. Em caso de culpa, será punido com pena de reclusão de 1 (um) a 3 (três) anos, além de multa de 50 (cinqüenta) a 500 (quinhentos."*).

5. **Não aplicabilidade do princípio da insignificância.** Em se tratando de delito praticado contra a Administração Ambiental, não se aplica o princípio da insignificância, tendo em vista que o bem jurídico protegido é a moralidade administrativa, na vertente moralidade administrativa ambiental, nos mesmos moldes que ocorre com os crimes contra a Administração Pública no Código Penal.

▶ STJ

AGRAVO REGIMENTAL NO AGRAVO EM RECURSO ESPECIAL. CRIME CONTRA A ADMINISTRAÇÃO DO MEIO AMBIENTE (ART. 68 DA LEI N. 9.605/98). PRINCÍPIO DA

INSIGNIFICÂNCIA. IMPOSSIBILIDADE. MORAL ADMINISTRATIVA. (...) 2. O Superior Tribunal de Justiça entende ser possível a aplicação do princípio da insignificância a determinados casos de crimes praticados contra o meio ambiente. Contudo, o art. 68 da Lei n. 9.605/98 encontra-se dentro da Seção V do citado diploma legal, sendo, portanto, classificado como crime contra a administração ambiental, o que torna inaplicável o citado brocador por ter como finalidade resguardar, também, a moral administrativa. (...) 4. Agravo regimental improvido. **(AgRg no AREsp 962.776/RS, Rel. Min. Nefi Cordeiro, julgado em 17/10/2017).**

6. **Consumação.** Com a prática da conduta omissiva. Trata-se de crime de mera conduta.

7. **Parágrafo único. Modalidade culposa.** Se o delito for culposo a pena reduz-se, pela falta de intenção do agente.

8. **Classificação.** Crime próprio; de mera conduta; doloso; omissivo próprio; instantâneo; de perigo abstrato; não admite a tentativa por ser omissivo próprio.

9. **Suspensão condicional do processo.** Cabível, pois a pena mínima cominada não ultrapassa 1 ano (art. 89 da lei 9.099/95).

Art. 69. Obstar ou dificultar a **ação fiscalizadora do Poder Público** no trato de questões ambientais:

Pena – detenção, de um a três anos, e multa.

1. **Sujeito ativo.** Trata-se de crime comum. Qualquer pessoa pode praticá-lo.

2. **Sujeito passivo.** A sociedade.

3. **Obstar ou dificultar.** *Obstar* significa impedir, não permitir. *Dificultar* consiste em atrapalhar, perturbar, embaraçar. Neste tipo penal o agente impede ou atrapalha o poder fiscalizatório do Poder Público (federal, estadual ou municipal) no tocante às questões ambientais, como atrapalhar a fiscalização levada a efeito pelo IBAMA.

4. **Tipo penal misto alternativo.** Caso o agente pratique mais de uma conduta descrita no tipo penal (obstar ou dificultar), no mesmo contexto fático, responderá por um delito apenas, não havendo concurso de crimes.

5. **Consumação.** Com o ato de impedir ou de embaraçar a fiscalização do Poder Público, independentemente do advento de qualquer resultado ulterior ou de causação de prejuízo.

6. **Classificação.** Crime comum; material no verbo *obstar* e formal no verbo *dificultar*; doloso; comissivo; instantâneo; de perigo abstrato; admite a tentativa.

7. **Suspensão condicional do processo.** Cabível, pois a pena mínima cominada não ultrapassa 1 ano (art. 89 da lei 9.099/95).

Art. 69-A. Elaborar ou apresentar, no licenciamento, concessão florestal ou qualquer outro procedimento administrativo, **estudo, laudo ou relatório ambiental** total ou parcialmente falso ou enganoso, inclusive por omissão:

Pena – reclusão, de 3 (três) a 6 (seis) anos, e multa.

§ 1º Se o crime é culposo:

Pena – detenção, de 1 (um) a 3 (três) anos.

§ 2º A pena é aumentada de 1/3 (um terço) a 2/3 (dois terços), se há dano significativo ao meio ambiente, em decorrência do uso da informação falsa, incompleta ou enganosa.

1. **Sujeito ativo.** Trata-se de crime próprio. Só pode ser praticado pelo funcionário público com atribuição para a elaboração do estudo, do laudo ou do relatório ambiental.

2. **Sujeito passivo.** A sociedade.

3. **Elaborar ou apresentar.** *Elaborar* consiste em criar, fazer. *Apresentar* significa exibir. O agente elabora ou apresenta um estudo, um laudo ou um relatório ambiental total ou parcialmente falso ou enganoso (podendo tal falsidade ocorrer por omissão). Trata-se de um delito de falsidade ideológica no âmbito ambiental.

4. **Licenciamento, concessão florestal ou qualquer outro procedimento administrativo.** São procedimentos administrativos que têm os seus cursos no âmbito do Poder Executivo, com o objetivo de conceder alguma licença ou concessão no âmbito do Direito Ambiental, que pode ocasionar um desvio de finalidade.

5. **Princípio da especialidade.** Este tipo penal é especial em relação ao delito de falsidade ideológica previsto no art. 299 do Código Penal.

6. **Vantagem indevida.** O presente tipo penal não traz como elemento nenhuma forma de solicitação ou de obtenção da vantagem indevida. Assim, caso o funcionário público *exija* vantagem indevida para a prática dessa conduta, pratica o delito de concussão previsto no art. 316 do Código Penal. Da mesma forma, caso ele *solicite* ou *receba* vantagem indevida ou então *aceite* promessa de vantagem, o delito configurado é o de corrupção passiva previsto no art. 317 do Código Penal.

7. **Tipo penal misto alternativo.** Caso o agente pratique mais de uma conduta descrita no tipo penal (elaborar e apresentar), no mesmo contexto fático, responderá por um delito apenas, não havendo concurso de crimes.

8. **Consumação.** Com a prática das condutas, ou seja, com a elaboração ou com a apresentação do estudo, do laudo ou do relatório ambiental, não sendo necessário nenhum resultado naturalístico, como a ocorrência de prejuízo para o Poder Público. Trata-se de crime formal.

9. **Classificação.** Crime próprio; formal; doloso; comissivo; instantâneo; de perigo abstrato; admite a tentativa.

10. **§ 1º. Modalidade culposa.** Se o delito for culposo a pena reduz-se, pela falta de intenção do agente.

11. **§ 2º. Causa de aumento de pena.** Havendo um dano significativo ao meio ambiente, em decorrência do uso da informação falsa, incompleta ou enganosa, a gravidade do delito acentua-se e justifica a pena mais grave.
12. **Suspensão condicional do processo.** Incabível, pois a pena mínima cominada ultrapassa 1 ano (art. 89 da lei 9.099/95), salvo na hipótese de crime culposo (§ 1º).

CAPÍTULO VI
DA INFRAÇÃO ADMINISTRATIVA

Art. 70. Considera-se infração administrativa ambiental toda ação ou omissão que viole as regras jurídicas de uso, gozo, promoção, proteção e recuperação do meio ambiente.

§ 1º **São autoridades competentes** para lavrar auto de infração ambiental e instaurar processo administrativo os funcionários de órgãos ambientais integrantes do Sistema Nacional de Meio Ambiente - SISNAMA, designados para as atividades de fiscalização, bem como os agentes das Capitanias dos Portos, do Ministério da Marinha.

§ 2º Qualquer pessoa, constatando infração ambiental, poderá dirigir **representação às autoridades** relacionadas no parágrafo anterior, para efeito do exercício do seu poder de polícia.

§ 3º A autoridade ambiental que tiver conhecimento de infração ambiental é obrigada a promover a sua **apuração imediata**, mediante processo administrativo próprio, sob pena de co-responsabilidade.

§ 4º As infrações ambientais são apuradas em **processo administrativo próprio**, assegurado o direito de **ampla defesa e o contraditório**, observadas as disposições desta Lei.

Art. 71. O processo administrativo para apuração de infração ambiental deve observar os seguintes **prazos máximos**:

I - vinte dias para o infrator oferecer defesa ou impugnação contra o auto de infração, contados da data da ciência da autuação;

II - trinta dias para a autoridade competente julgar o auto de infração, contados da data da sua lavratura, apresentada ou não a defesa ou impugnação;

III - vinte dias para o infrator recorrer da decisão condenatória à instância superior do Sistema Nacional do Meio Ambiente - SISNAMA, ou à Diretoria de Portos e Costas, do Ministério da Marinha, de acordo com o tipo de autuação;

IV - cinco dias para o pagamento de multa, contados da data do recebimento da notificação.

1. **Infração administrativa.** No art. 70 o legislador definiu o que seria considerada infração ambiental de natureza administrativa, dispondo quais seriam as autoridades competentes para lavrar auto de infração ambiental e instaurar o processo administrativo. Trouxe também a possibilidade de representação às autoridades a constatação de alguma infração ambiental e a obrigatoriedade de a autoridade ambiental promover imediatamente a apuração da infração ambiental que tiver conhecimento, mediante processo administrativo próprio, sob pena de corresponsabilidade, asseguradas a ampla defesa e o contraditório.

→ Aplicação em concurso.

- **Delegado de Polícia. PC/GO. 2017. CESPE.**

Foi constatado que um fazendeiro estava impedindo a regeneração natural de florestas em área de preservação permanente na sua propriedade rural, por pretender manter a área como pasto. Nessa situação hipotética, conforme a legislação pertinente,

A) a autoridade ambiental que constatou a infração deve promover sua apuração imediata, sob pena de corresponsabilização.

B) a conduta configura infração administrativa, mas não configura crime.

C) a responsabilização será objetiva em todas as esferas cabíveis.

D) caberá à autoridade policial que constatou a conduta lavrar o auto de infração ambiental e instaurar processo administrativo.

E) inexiste hipótese de reparação civil, haja vista que a terra da propriedade rural pertence ao próprio infrator.

Alternativa correta: letra A.

2. **Prazos.** No art. 71 o legislador estabeleceu os prazos para a conclusão do processo administrativo.

Art. 72. As **infrações administrativas** são punidas com as seguintes **sanções**, observado o disposto no art. 6º:

I - advertência;

II - multa simples;

III - multa diária;

IV - apreensão dos animais, produtos e subprodutos da fauna e flora, instrumentos, petrechos, equipamentos ou veículos de qualquer natureza utilizados na infração;

V - destruição ou inutilização do produto;

VI - suspensão de venda e fabricação do produto;

VII - embargo de obra ou atividade;

VIII - demolição de obra;

IX - suspensão parcial ou total de atividades;

X - (VETADO)

XI - restritiva de direitos.

§ 1º Se o infrator cometer, **simultaneamente**, duas ou mais infrações, ser-lhe-ão aplicadas, **cumulativamente**, as sanções a elas cominadas.

§ 2º A **advertência** será aplicada pela inobservância das disposições desta Lei e da legislação em vigor, ou de preceitos regulamentares, sem prejuízo das demais sanções previstas neste artigo.

§ 3º A **multa simples** será aplicada sempre que o agente, por negligência ou dolo:

I - advertido por **irregularidades** que tenham sido praticadas, deixar de saná-las, no prazo assinalado por órgão competente do SISNAMA ou pela Capitania dos Portos, do Ministério da Marinha;

II - opuser embaraço à **fiscalização** dos órgãos do SISNAMA ou da Capitania dos Portos, do Ministério da Marinha.

§ 4º A multa simples pode ser **convertida** em serviços de preservação, melhoria e recuperação da qualidade do meio ambiente.

§ 5º A **multa diária** será aplicada sempre que o cometimento da infração se prolongar no tempo.

§ 6º A **apreensão e destruição** referidas nos incisos IV e V do *caput* obedecerão ao disposto no art. 25 desta Lei.

§ 7º As sanções indicadas nos **incisos VI a IX** do *caput* serão aplicadas quando o produto, a obra, a atividade ou o estabelecimento não estiverem obedecendo às prescrições legais ou regulamentares.

§ 8º As sanções **restritivas de direito** são:

I - suspensão de registro, licença ou autorização;

II - cancelamento de registro, licença ou autorização;

III - perda ou restrição de incentivos e benefícios fiscais;

IV - perda ou suspensão da participação em linhas de financiamento em estabelecimentos oficiais de crédito;

V - proibição de contratar com a Administração Pública, pelo período de até três anos.

Sanções administrativas. O presente dispositivo legal elenca as sanções administrativas que podem ser aplicadas, atendendo-se ao princípio da legalidade administrativa, e traz as formas de aplicação das sanções (§§ 1º ao 7º), e as espécies de sanções restritivas de direitos (§ 8º).

Art. 73. Os **valores arrecadados** em pagamento de multas por infração ambiental serão **revertidos** ao Fundo Nacional do Meio Ambiente, criado pela Lei nº 7.797, de 10 de julho de 1989, Fundo Naval, criado pelo Decreto nº 20.923, de 8 de janeiro de 1932, fundos estaduais ou municipais de meio ambiente, ou correlatos, conforme dispuser o órgão arrecadador.

Art. 74. A **multa terá por base** a unidade, hectare, metro cúbico, quilograma ou outra medida pertinente, de acordo com o objeto jurídico lesado.

Art. 75. O **valor da multa** de que trata este Capítulo será fixado no regulamento desta Lei e corrigido periodicamente, com base nos índices estabelecidos na legislação pertinente, sendo o mínimo de R$ 50,00 (cinqüenta reais) e o máximo de R$ 50.000.000,00 (cinqüenta milhões de reais).

Art. 76. O **pagamento de multa** imposta pelos Estados, Municípios, Distrito Federal ou Territórios substitui a multa federal na mesma hipótese de incidência.

1. **Destinatário da multa.** No art. 73 o legislador conferiu total pertinência à multa arrecadada ao destiná-la ao Fundo Nacional do Meio Ambiente, ao Fundo Naval e fundos estaduais ou municipais de meio ambiente.
2. **Base para o cálculo da multa.** Mais uma vez, conforme a previsão do art. 74, a multa tem total afinidade com a infração ambiental, tendo por base a extensão do dano causado pela conduta do agente.
3. **Valor da multa.** No art. 75 o legislador dispôs que valor da multa administrativa será fixado no regulamento desta lei e corrigido periodicamente, com base nos índices estabelecidos na legislação pertinente. Com isso, o legislador conferiu maior flexibilidade na alteração dos critérios de fixação e de correção da multa.
4. **Pagamento da multa.** O art. 76 dispõe sobre o efeito do pagamento da multa administrativa, ao afirmar que o pagamento da multa imposta pelos Estados, Municípios, Distrito Federal ou Territórios substitui a multa federal se for caso de mesma hipótese de incidência.

CAPÍTULO VII
DA COOPERAÇÃO INTERNACIONAL PARA A PRESERVAÇÃO DO MEIO AMBIENTE

Art. 77. Resguardados a soberania nacional, a ordem pública e os bons costumes, o Governo brasileiro prestará, no que concerne ao meio ambiente, a necessária **cooperação a outro país**, sem qualquer ônus, quando solicitado para:

I – produção de prova;

II – exame de objetos e lugares;

III – informações sobre pessoas e coisas;

IV – presença temporária da pessoa presa, cujas declarações tenham relevância para a decisão de uma causa;

V – outras formas de assistência permitidas pela legislação em vigor ou pelos tratados de que o Brasil seja parte.

§ 1º A solicitação de que trata este artigo será dirigida ao Ministério da Justiça, que a remeterá, quando necessário, ao órgão judiciário competente para decidir a seu respeito, ou a encaminhará à autoridade capaz de atendê-la.

§ 2º A solicitação deverá conter:

I – o nome e a qualificação da autoridade solicitante;

II – o objeto e o motivo de sua formulação;

III – a descrição sumária do procedimento em curso no país solicitante;

IV – a especificação da assistência solicitada;

V – a documentação indispensável ao seu esclarecimento, quando for o caso.

Art. 78. Para a consecução dos fins visados nesta Lei e especialmente para a reciprocidade da cooperação internacional, deve ser mantido **sistema de comunicações** apto a facilitar o intercâmbio rápido e seguro de informações com órgãos de outros países.

Cooperação internacional. O legislador inseriu na lei a necessidade e a regulamentação da cooperação internacional entre o Brasil e os demais países e impôs a obrigação de o Brasil prestar a necessária cooperação a outro país.

CAPÍTULO VIII
DISPOSIÇÕES FINAIS

Art. 79. Aplicam-se **subsidiariamente** a esta Lei as disposições do Código Penal e do Código de Processo Penal.

Aplicação subsidiária do Código Penal e do Código de Processo Penal. Trata-se de norma desnecessária, tendo em vista que as normas do Código Penal e do Código de Processo Penal sempre se aplicam subsidiariamente a qualquer lei penal especial.

Art. 79-A. Para o cumprimento do disposto nesta Lei, os órgãos ambientais integrantes do SISNAMA, responsáveis pela execução de programas e projetos e pelo controle e fiscalização dos estabelecimentos e das atividades suscetíveis de degradarem a qualidade ambiental, ficam autorizados a **celebrar, com força de título executivo extrajudicial**, termo de compromisso com pessoas físicas ou jurídicas responsáveis pela construção, instalação, ampliação e funcionamento de estabelecimentos e atividades utilizadores de recursos ambientais, considerados efetiva ou potencialmente poluidores.

§ 1º O termo de compromisso a que se refere este artigo destinar-se-á, **exclusivamente**, a permitir que as pessoas físicas e jurídicas mencionadas no *caput* possam promover as necessárias correções de suas atividades, para o atendimento das exigências impostas pelas autoridades ambientais competentes, sendo obrigatório que o respectivo instrumento disponha sobre:

I – o nome, a qualificação e o endereço das partes compromissadas e dos respectivos representantes legais;

II – o prazo de vigência do compromisso, que, em função da complexidade das obrigações nele fixadas, poderá variar entre o mínimo de noventa dias e o máximo de três anos, com possibilidade de prorrogação por igual período;

III – a descrição detalhada de seu objeto, o valor do investimento previsto e o cronograma físico de execução e de implantação das obras e serviços exigidos, com metas trimestrais a serem atingidas;

IV – as multas que podem ser aplicadas à pessoa física ou jurídica compromissada e os casos de rescisão, em decorrência do não-cumprimento das obrigações nele pactuadas;

V – o valor da multa de que trata o inciso IV não poderá ser superior ao valor do investimento previsto;

VI – o foro competente para dirimir litígios entre as partes.

§ 2º No tocante aos **empreendimentos em curso** até o dia 30 de março de 1998, envolvendo construção, instalação, ampliação e funcionamento de estabelecimentos e atividades utilizadores de recursos ambientais, considerados efetiva ou potencialmente poluidores, a assinatura do termo de compromisso deverá ser requerida pelas pessoas físicas e jurídicas interessadas, até o dia 31 de dezembro de 1998, mediante requerimento escrito protocolizado junto aos órgãos competentes do SISNAMA, devendo ser firmado pelo dirigente máximo do estabelecimento.

§ 3º Da data da protocolização do requerimento previsto no § 2º e enquanto perdurar a vigência do correspondente termo de compromisso, ficarão **suspensas**, em relação aos fatos que deram causa à celebração do instrumento, a aplicação de **sanções administrativas** contra a pessoa física ou jurídica que o houver firmado.

§ 4º A celebração do termo de compromisso de que trata este artigo **não impede** a execução de eventuais multas aplicadas antes da protocolização do requerimento.

§ 5º Considera-se **rescindido de pleno direito** o termo de compromisso, quando descumprida qualquer de suas cláusulas, ressalvado o caso fortuito ou de força maior.

§ 6º O termo de compromisso deverá ser firmado em até **noventa dias**, contados da protocolização do requerimento.

§ 7º O requerimento de celebração do termo de compromisso deverá conter as informações necessárias à verificação da sua **viabilidade técnica e jurídica**, sob pena de indeferimento do plano.

§ 8º Sob pena de ineficácia, os termos de compromisso deverão ser **publicados** no órgão oficial competente, mediante extrato.

Termo de compromisso. O legislador autorizou a celebração de termo de compromisso com pessoas físicas ou jurídicas responsáveis pela construção, instalação, ampliação e funcionamento de estabelecimentos e atividades utilizadores de recursos ambientais, considerados efetiva ou potencialmente poluidores. Esse termo de compromisso pode gerar reflexos na esfera penal, a depender dos seus termos.

Art. 80. O Poder Executivo **regulamentará** esta Lei no prazo de noventa dias a contar de sua publicação.

Regulamentação da lei. A regulamentação dessa lei está no Decreto 6.514/2008, que dispõe sobre as infrações e sanções administrativas ao meio ambiente, estabelece o processo administrativo federal para apuração destas infrações, e dá outras providências.

Art. 81. (VETADO)

Art. 82. Revogam-se as disposições em contrário.

Crime Contra o Serviço de Telecomunicações. Lei nº 9.472, de 16 de julho de 1997

LIVRO I
DOS PRINCÍPIOS FUNDAMENTAIS

Art. 1º Compete à União, por intermédio do órgão regulador e nos termos das políticas estabelecidas pelos Poderes Executivo e Legislativo, organizar a exploração dos serviços de telecomunicações.

Parágrafo único. A **organização inclui**, entre outros aspectos, o disciplinamento e a fiscalização da execução, comercialização e uso dos serviços e da implantação e funcionamento de redes de telecomunicações, bem como da utilização dos recursos de órbita e espectro de radiofreqüências.

1. **Fundamento constitucional.** A organização e a exploração dos serviços de telecomunicações competem à União Federal, por meio do seu órgão regulador e tem o seu fundamento nos arts. 21, XI e 223, da CR/88, admitindo a concessão, a permissão e a autorização do serviço de radiodifusão sonora e de sons e imagens nos seguintes termos: *"Art. 21. Compete à União: (...) XI – explorar, diretamente ou mediante autorização, concessão ou permissão, os serviços de telecomunicações, nos termos da lei, que disporá sobre a organização dos serviços, a criação de um órgão regulador e outros aspectos institucionais."*; *"Art. 223. Compete ao Poder Executivo outorgar e renovar concessão, permissão e autorização para o serviço de radiodifusão sonora e de sons e imagens, observado o princípio da complementaridade dos sistemas privado, público e estatal. § 1º O Congresso Nacional apreciará o ato no prazo do art. 64, § 2º e § 4º, a contar do recebimento da mensagem. § 2º A não renovação da concessão ou permissão dependerá de aprovação de, no mínimo, dois quintos do Congresso Nacional, em votação nominal. § 3º O ato de outorga ou renovação somente produzirá efeitos legais após deliberação do Congresso Nacional, na forma dos parágrafos anteriores. § 4º O cancelamento da concessão ou permissão, antes de vencido o prazo, depende de decisão judicial. § 5º O prazo da concessão ou permissão será de dez anos para as emissoras de rádio e de quinze para as de televisão."*
2. **Órgão regulador.** O órgão regulador é a Agência Nacional de Telecomunicações--ANATEL, criada pela presente lei, entidade integrante da Administração Pública

Federal indireta, submetida a regime autárquico especial e vinculada ao Ministério das Comunicações, com a função de órgão regulador das telecomunicações, nos moldes do art. 8º dessa lei. A natureza de autarquia especial conferida à Agência é caracterizada por independência administrativa, ausência de subordinação hierárquica, mandato fixo e estabilidade de seus dirigentes e autonomia financeira (art. 8º, § 2º, da lei).

(...)

LIVRO III
DA ORGANIZAÇÃO DOS SERVIÇOS DE TELECOMUNICAÇÕES

TÍTULO I
DISPOSIÇÕES GERAIS

CAPÍTULO I
Das Definições

Art. 60. Serviço de telecomunicações é o conjunto de atividades que possibilita a oferta de telecomunicação.

§ 1º **Telecomunicação é a transmissão, emissão ou recepção**, por fio, radioeletricidade, meios ópticos ou qualquer outro processo eletromagnético, de símbolos, caracteres, sinais, escritos, imagens, sons ou informações de qualquer natureza.

§ 2º **Estação de telecomunicações** é o conjunto de equipamentos ou aparelhos, dispositivos e demais meios necessários à realização de telecomunicação, seus acessórios e periféricos, e, quando for o caso, as instalações que os abrigam e complementam, inclusive terminais portáteis.

Art. 61. Serviço de valor adicionado é a atividade que acrescenta, a um serviço de telecomunicações que lhe dá suporte e com o qual não se confunde, novas utilidades relacionadas ao acesso, armazenamento, apresentação, movimentação ou recuperação de informações.

§ 1º Serviço de valor adicionado **não constitui serviço de telecomunicações**, classificando-se seu provedor como usuário do serviço de telecomunicações que lhe dá suporte, com os direitos e deveres inerentes a essa condição.

§ 2º É assegurado aos interessados o **uso das redes de serviços de telecomunicações para prestação de serviços de valor adicionado**, cabendo à Agência, para assegurar esse direito, regular os condicionamentos, assim como o relacionamento entre aqueles e as prestadoras de serviço de telecomunicações.

1. **Serviço de telecomunicações.** O art. 60, *caput* e seu § 1º disciplinam o que é telecomunicação e serviço de telecomunicação. Como se pode notar, o conceito de *serviço de telecomunicação* e mais amplo do que o conceito de *telecomunicação.* Com efeito, nos moldes legais, *telecomunicação* consiste nas atividades de transmissão, de emissão ou de recepção de símbolos, de caracteres, de sinais, de escritos, de imagens, de sons ou de informações de qualquer natureza, que pode ocorrer

por meio de fio, de radioeletricidade, de meios ópticos ou qualquer outro processo eletromagnético. De outro giro, *serviço de telecomunicação*, conceito mais amplo, consiste no conjunto de atividades que possibilita a oferta de telecomunicação.

2. **Serviço de valor adicionado.** Serviço de valor adicionado não se confunde com serviço de telecomunicações, como deixa claro o § 1º do art. 61. Nos moldes legais definidos no art. 61, *caput*, o serviço de valor adicionado, como o próprio nome sugere, é um serviço diferente, que é somado ao serviço de telecomunicações e consiste em novas utilidades relacionadas ao acesso, armazenamento, apresentação, movimentação ou recuperação de informações. Note-se que o próprio legislador deixou bem clara essa diferença. De acordo com o § 2º, as redes de serviços de telecomunicações podem ser usadas para a prestação de serviços de valor adicionado.

(...)

CAPÍTULO II
Das Sanções Penais

Art. 183. Desenvolver **clandestinamente** atividades de telecomunicação:

Pena – detenção de dois a quatro anos, aumentada da metade se houver dano a terceiro, e multa de R$ 10.000,00 (dez mil reais).

Parágrafo único. Incorre na mesma pena quem, direta ou indiretamente, **concorrer** para o crime.

1. **Bem jurídico tutelado.** A integridade da organização e da exploração dos serviços de telecomunicações.

2. **Sujeito ativo.** Qualquer pessoa. Trata-se de crime comum, pois o legislador não exigiu nenhuma condição especial do sujeito ativo.

3. **Sujeito passivo.** A União Federal, a quem compete a organização e a exploração dos serviços de telecomunicações, nos moldes do art. 1º da lei.

4. **Competência.** Tendo em vista que compete à União Federal a exploração, diretamente ou mediante autorização, concessão ou permissão dos serviços de telecomunicações (arts. 21, XI e 223, ambos da CR/88), a competência para processar e julgar esse delito é da Justiça Federal, nos moldes do art. 109, IV, da CR/88, por implicar violação a bens, direitos ou serviços da União.

▶ STJ

> (...) ART. 183 DA LEI N. 9.472/1997. EXPLORAÇÃO DO SERVIÇO ATRIBUÍDO À UNIÃO. (...) JUSTIÇA FEDERAL. (...) Em se tratando de serviço cuja exploração é atribuída à União, nos termos do art. 21, XI, da Constituição Federal/1988, firmada está a competência da Justiça Federal para processar e julgar o mencionado delito. **(AgRg nos EDcl no REsp 1304152/DF, Rel. Min. Sebastião Reis Júnior, julgado em 21/03/2013).**

5. **Desenvolver clandestinamente atividades de telecomunicação.** Significa desenvolver a atividade de telecomunicações sem estar autorizado, ou seja, sem que haja a formal permissão da ANATEL. Isso porque, em primeiro lugar, a atividade clandestina gera uma concorrência desleal em relação a quem obtém a autorização licitamente, cumprindo todos os requisitos legais e técnicos para explorar e atividade de telecomunicações. Em segundo lugar, se a atividade de telecomunicações compete à União, direta ou indiretamente mediante autorização, concessão ou permissão, a atividade clandestina impede ou dificulta a fiscalização da exploração feita pelo particular. Em terceiro lugar, a exploração de atividade de rádio, por exemplo, sem estar autorizada e fiscalizada pela ANATEL pode gerar interferência nos sistemas de comunicação do Poder Público, como a comunicação da Polícia e dos bombeiros via rádio. Além disso, pode gerar interferência no sistema de comunicação entre as torres de comando localizadas nos aeroportos e as aeronaves que pousam e decolam, podendo gerar um acidente aéreo de enormes proporções.

6. **Norma penal em branco.** O presente tipo penal configura uma norma penal em branco homogênea homovitelina, pois para a sua aplicação e sua interpretação precisa ser complementada pelo art. 60, *caput* e seu § 1º, que tratam do conceito de atividades de telecomunicação.

7. **Rádio clandestina. Princípio da insignificância.** O STF e o STJ estão divididos nesse tema. Para o STF, embora ele seja um pouco oscilante sobre o assunto, o princípio da insignificância é aplicado a depender da potência da rádio, de forma que se houver a comprovação de que a rádio é de baixa potência, sem a capacidade de interferir nos meios de comunicação do Poder Público, não há perigo ao bem jurídico, devendo incidir tal princípio. Contudo, o STJ não admite a aplicação do princípio da insignificância ao fundamento de tratar-se de delito de perigo abstrato, podendo gerar interferência nos meios de comunicação do Poder Público.

▶ STF

> HABEAS CORPUS. PENAL. RÁDIO COMUNITÁRIA. OPERAÇÃO SEM AUTORIZAÇÃO DO PODER PÚBLICO. ART. 183 DA LEI N. 9.472/1997. PRESENÇA DE CRITÉRIOS OBJETIVOS. INCIDÊNCIA DO PRINCÍPIO DA INSIGNIFICÂNCIA. ORDEM CONCEDIDA. 1. A conduta do Paciente não resultou em dano ou perigo concreto relevante para a sociedade, de modo a provocar lesão ou por em perigo bem jurídico na intensidade reclamada pelo princípio da ofensividade, sendo irrelevantes as consequências do fato. Esse fato não tem importância na seara penal, incidindo, na espécie, o princípio da insignificância, reduzindo-se o espaço jurídico de proibição aparente da tipicidade legal e, por consequência, tornando atípico o fato denunciado. 2. É manifesta a ausência de justa causa para a propositura da ação penal. (...) 3. Ordem concedida. **(HC 126592/BA Rel. Min. Cármen Lúcia Julgamento: 24/02/2015).**

▶ STF

> HABEAS CORPUS. PENAL. DESENVOLVIMENTO DE ATIVIDADES CLANDESTINAS DE TELECOMUNICAÇÃO. ARTIGO 183 DA LEI Nº 9.472/97. PRINCÍPIO DA INSIGNIFICÂNCIA. POSSIBILIDADE, EM RAZÃO DAS PARTICULARIDADES DO CASO CONCRETO. PRECEDENTE. INEXISTÊNCIA DE LESÃO AO BEM JURÍDICO TUTELADO PELA NORMA PENAL INCRIMINADORA. DEMONSTRAÇÃO DA AUSÊNCIA DE PERICULOSIDADE

SOCIAL DA AÇÃO E DO REDUZIDO GRAU DE REPROVABILIDADE DA CONDUTA. ORDEM CONCEDIDA. 1. O exame pericial elaborado pela ANATEL, que demonstrou que a suposta operação de rádio clandestina seria de baixa potência, não comprovou a sua efetiva interferência nos serviços de comunicação devidamente autorizados, o que demonstra a ausência de potencialidade lesiva ao bem jurídico tutelado pelo tipo penal incriminador. [...] 3. Ordem concedida. **(HC 122507 / ES, Rel. Min. Dias Toffoli, julgado em 19.08.2014).**

▶ STJ

PROCESSUAL PENAL. TRANSMISSÃO CLANDESTINA DE RÁDIO. CRIME DO ART. 183 DA LEI Nº. 9.472/1997. PERIGO ABSTRATO. INSIGNIFICÂNCIA. TRANCAMENTO. IMPOSSIBILIDADE. 1 – O crime do art. 183 da Lei nº 9.472/1997 (desenvolver clandestinamente atividades de telecomunicação) é de perigo abstrato, daí porque desinfluente existir ou não prova de que a transmissão tenha causado ou não interferência nas comunicações oficiais, o que também impede o reconhecimento da insignificância. Precedente da Terceira Seção (AgReg no EREsp nº 1.177.484RS). 2 – Ordem denegada. **(HC 402.226/BA, Rel. Min. Maria Thereza de Assis Moura, julgado em 15/08/2017).**

→ **Aplicação em concurso.**

- **Promotor de Justiça/RR. 2017. CESPE.**

  De acordo com o entendimento do STF a respeito de assuntos afetos ao direito penal, assinale a opção correta.

  À prática clandestina de atividade de telecomunicação consistente em manutenção de rádio comunitária não se aplica o princípio da insignificância, independentemente do grau de interferência do sinal e mesmo que presente a boa-fé do infrator.

  A alternativa está errada.

8. **Confronto com o delito do art. 70 da lei 4.117/1962 (Código Brasileiro de Telecomunicações).** O presente tipo penal não revogou o delito contido no art. 70 da lei 4.117/1962. (*"Art. 70. Constitui crime punível com a pena de detenção de 1 (um) a 2 (dois) anos, aumentada da metade se houver dano a terceiro, a instalação ou utilização de telecomunicações, sem observância do disposto nesta Lei e nos regulamentos.").* Ambos os tipos penais convivem e têm aplicabilidades diferentes. A diferença entre ambos é a seguinte: O art. 183 da lei 9.472/97 consiste em realizar atividade clandestina de telecomunicação *sem estar autorizado pelo Poder Público*, ou seja, o agente não é autorizado a explorar esse serviço. No delito do no art. 70 da lei 4.117/1962 não há atividade clandestina, o agente *está* autorizado pelo Poder Público a explorar o serviço de telecomunicação, mas o exerce fora dos moldes da permissão, ou seja, de forma contrária às regras da permissão. Ademais, o delito do art. 70 da lei 4.117/1962 exige a habitualidade, diferente do delito ora comentado.

▶ STJ

(...) Esta Corte possui o entendimento pacífico de que "a prática de atividade de telecomunicação sem a devida autorização dos órgãos públicos competentes subsume-se no tipo previsto no art. 183 da Lei 9.472/97; divergindo da conduta descrita no art. 70 da Lei 4.117/62, em que se pune aquele que, previamente autorizado, exerce a atividade de telecomunicação de forma contrária aos preceitos legais e aos regulamentos" (...) **(AgRg no AREsp 1012489/SP, Rel. Min. Joel Ilan Paciornik, julgado em 14/09/2017).**

▶ STJ

PROCESSUAL PENAL E PENAL. AGRAVO REGIMENTAL NO RECURSO ESPECIAL. CRIME DE TELECOMUNICAÇÕES. ART. 70 DA LEI N. 4.117/62. HABITUALIDADE NÃO DEMONSTRADA. AGRAVO IMPROVIDO. 1. A Corte de origem entendeu comprovado que o rádio transceptor instalado no veículo não caracterizou o desenvolvimento habitual de atividade clandestina de telecomunicações, de forma que a conduta do recorrido enquadra-se no crime previsto no art. 70 da Lei n. 4.117/62. 2. As duas Turmas que integram o col. STF já decidiram que "[...] a conduta tipificada no art. 70 do antigo Código Brasileiro de Telecomunicações diferencia-se daquela prevista no art. 183 da nova Lei de Telecomunicações por força do requisito da habitualidade" (HC 120602, Primeira Turma, DJe de 18/3/2014) (HC n. 128.567/MG, Segunda Turma, Rel. Min. Teori Zavascki, DJe de 23/9/2015) (AgRg no REsp 1546511/RJ, Rel. Ministro FELIX FISCHER, QUINTA TURMA, julgado em 16/02/2016, DJe 24/02/2016). 3. Agravo regimental improvido. **(AgRg no REsp 1454294/PR, Rel. Min. Nefi Cordeiro, julgado em 15/08/2017).**

9. **Transmissão clandestina de sinal de internet via rádio.** Questão relevante versa sobre a configuração desse delito caso o agente realize a transmissão clandestina de sinal de internet via rádio. O STF possui entendimento no sentido de que essa conduta não configura o delito em questão por não configurar serviço de telecomunicação, mas, sim, serviço de valor adicionado. E nos moldes expressos do art. 61, § 1º, serviço de valor adicionado não constitui serviço de telecomunicação. Logo, trata-se de conduta atípica em relação a esse delito. De outro lado, o STJ considera que essa conduta configura o delito em comento, ao argumento de que a transmissão clandestina de sinal de internet via rádio constitui atividade de telecomunicação, ainda que trate de serviço de valor adicionado.

▶ STJ

(...) SERVIÇO DE INTERNET SEM FIO. SERVIÇO DE VALOR ADICIONADO. DESENVOLVIMENTO DE ATIVIDADE DE TELECOMUNICAÇÃO SEM A DEVIDA AUTORIZAÇÃO. DELITO TIPIFICADO NO ART. 183 DA LEI N. 9.472/1997. (...) 1. Esta Corte possui o entendimento pacífico de que "a transmissão clandestina de sinal de internet, via rádio, sem autorização da Agência Nacional de Telecomunicações, caracteriza, em tese, o delito previsto no artigo 183 da Lei n. 9.472/1997 (...). 2. O serviço de internet sem fio, desenvolvido clandestinamente sem a devida autorização da autoridade competente, constitui atividade de telecomunicação, ainda que trate de serviço de valor adicionado (SVA). Precedentes. 3. Agravo regimental desprovido. **(AgRg no REsp 1603081/GO, Rel. Min. Joel Ilan Paciornik, julgado em 21/11/2017).**

▶ STF

Informativo nº 883.

Primeira Turma.

Transmissão clandestina de sinal de internet: atipicidade.

A Primeira Turma deferiu a ordem de "habeas corpus" para absolver o paciente, com base no artigo 386, III, do Código de Processo Penal. No caso, foi imputada ao paciente a prática da infração descrita no artigo 183 da Lei 9.472/1997, em virtude de haver transmitido, clandestinamente, sinal de internet por meio de radiofrequência. (...) O Colegiado destacou que o artigo 61, § 1º, da Lei 9.472/97 preceitua que o serviço de valor adicionado não constitui serviço de telecomunicação, classificando-se o provedor como usuário do serviço que lhe dá suporte, com os direitos e deveres inerentes a essa condição. Pontuou que, em seu artigo 183, a Lei define o crime de atividade clandestina, restringindo-o às telecomunicações. Em conclusão, a Turma decidiu que a oferta de serviço de internet, concebido como serviço de valor adicionado, não pode ser considerada atividade clandestina de telecomunicações. (HC 127978, Rel. Min. Marco Aurélio, julgamento em 24.10.2017).

10. Consumação. O delito consuma-se com o início da atividade clandestina de telecomunicações, independentemente de qualquer prejuízo. Trata-se de crime formal.

▶ STJ

(...) VIOLAÇÃO DO ART. 183 DA LEI Nº 9.472/1997. CRIME CONTRA AS TELECOMUNICAÇÕES. RÁDIO CLANDESTINA. (...) Para a consumação do delito, basta que alguém desenvolva atividades de telecomunicações, de forma clandestina, ainda que não se apure prejuízo concreto para as telecomunicações, para terceiros ou para a segurança em geral" (...) **(AgRg no AREsp 1048519/MT, Rel. Min. Maria Thereza de Assis Moura, julgado em 28/03/2017).**

11. Causa de aumento de pena. Como dito, o crime é formal e independe de qualquer resultado danoso. Contudo, caso haja algum dano gerado a terceiro, a pena aumenta-se de metade.

12. Classificação. Crime comum; formal; doloso; comissivo; permanente; de perigo abstrato; admite tentativa.

13. Suspensão condicional do processo. Incabível, pois a pena mínima cominada ultrapassa 1 ano (art. 89 da lei 9.099/95).

14. Parágrafo único. Conduta equiparada. Trata-se da conduta do partícipe desse delito. Essa norma do parágrafo único é desnecessária, tendo em vista que mesmo se ela não existisse, o partícipe que concorresse para esse delito responderia por ele, nessa qualidade.

15. Sistema de aplicação da pena de multa. No preceito secundário do tipo penal o legislador estabeleceu um sistema próprio de aplicação de multa ao dispor que a multa é de R$ 10.000,00, não se aplicando, por consequência, o sistema do dias-multa adotado pelo Código Penal. Note-se que essa multa não admite graduação ou modificação. A pena de multa é cominada de forma cumulativa com a pena privativa de liberdade e só pode ser fixada no valor de R$ 10.000,00. Por se tratar de lei especial, à luz do princípio da especialidade, esse critério deve prevalecer sobre o critério do dias-multa previsto no Código Penal.

Art. 184. São **efeitos da condenação** penal transitada em julgado:

I – tornar certa a **obrigação de indenizar o dano** causado pelo crime;

II – a **perda**, em favor da Agência, ressalvado o direito do lesado ou de terceiros de boa-fé, dos **bens** empregados na atividade clandestina, sem prejuízo de sua apreensão cautelar.

Parágrafo único. **Considera-se clandestina** a atividade desenvolvida sem a competente concessão, permissão ou autorização de serviço, de uso de radiofreqüência e de exploração de satélite.

1. **Efeitos da condenação.** De forma semelhante ao que dispõe o art. 91 do Código Penal, tratam-se de efeitos genéricos da condenação, que somente produzem efeito após o trânsito em julgado da condenação.
2. **Inciso I. Obrigação de indenizar o dano.** Como dito acima, trata-se de crime formal, que se consuma independentemente de prejuízo. Contudo, havendo algum dano causado pela conduta delituosa, o condenado fica obrigado a indenizá-lo.
3. **Inciso II. Perda de bens.** A perda em favor da Agência (ANATEL) alcança todos os bens empregados na atividade clandestina, como antena, transmissor, microfone etc., podendo haver a apreensão cautelar dos bens. Ressalva-se o direito do lesado ou de terceiros de boa-fé, como na hipótese do proprietário da antena ou do microfone que os emprestou ao agente sem saber que ele os utilizaria para a prática delituosa. Nesse caso, o lesado ou o terceiro de boa-fé deve ajuizar o *pedido de restituição* previsto no art. 120 do Código de Processo Penal.
4. **Efeitos automáticos.** Os efeitos previstos neste artigo são automáticos e decorrem da condenação, uma vez que o legislador não exigiu manifestação expressa na sentença, de forma que eles ocorrem mesmo que o Juiz não diga nada a respeito, bastando a condenação.
5. **Parágrafo único.** Traz o conceito de clandestinidade para fins do efeito contido no inciso II.

Art. 185. O crime definido nesta Lei é de ação penal pública, **incondicionada**, cabendo ao Ministério Público promovê-la.

Ação penal pública incondicionada. Trata-se de dispositivo absolutamente desnecessário, tendo em vista que o art. 100 do Código Penal trata da regra geral da natureza da ação penal e dispõe que "a ação penal é pública, salvo quando a lei expressamente a declara privativa do ofendido". Portanto, basta que a lei omita sobre esse ponto que a ação penal será pública incondicionada. Essa é a regra geral. A regra geral não precisa ser a todo o momento reafirmada. Ela é estabelecida como regra e basta que a lei preveja as exceções.

Desobediência na Lei da Ação Civil Pública. Lei nº 7.347, de 24 de julho de 1985

Art. 1º Regem-se pelas disposições desta Lei, sem prejuízo da ação popular, as **ações de responsabilidade por danos morais e patrimoniais causados:**

l - ao meio-ambiente;

ll - ao consumidor;

III - a bens e direitos de valor artístico, estético, histórico, turístico e paisagístico;

IV - a qualquer outro interesse difuso ou coletivo;

V - por infração da ordem econômica;

VI - à ordem urbanística;

VII - à honra e à dignidade de grupos raciais, étnicos ou religiosos.

VIII - ao patrimônio público e social.

Parágrafo único. Não será cabível ação civil pública para veicular pretensões que envolvam tributos, contribuições previdenciárias, o Fundo de Garantia do Tempo de Serviço - FGTS ou outros fundos de natureza institucional cujos beneficiários podem ser individualmente determinados

(...)

Art. 10. Constitui crime, punido com pena de reclusão de 1 (um) a 3 (três) anos, mais multa de 10 (dez) a 1.000 (mil) Obrigações Reajustáveis do Tesouro Nacional - ORTN, a recusa, o retardamento ou a omissão de **dados técnicos indispensáveis à propositura da ação civil, quando requisitados pelo Ministério Público**.

1. **Bem jurídico tutelado.** O interesse estatal na proteção dos direitos transindividuais (difusos, coletivos e individuais homogêneos).
2. **Sujeito ativo.** Trata-se de crime comum, uma vez que pode ser praticado por qualquer pessoa.
3. **Sujeito passivo.** O Estado.
4. **Fundamento constitucional da ação civil pública.** A ação civil pública tem seu fundamento no art. 129, III, da CRFB/88, que dispõe *"são funções institucionais*

do Ministério Público:...III – promover o inquérito civil e a ação civil pública, para a proteção do patrimônio público e social, do meio ambiente e de outros interesses difusos e coletivos."

5. **A ação civil pública.** A ação civil pública consiste no instrumento processual, manejado por legitimação extraordinária, por meio do qual se tutelam interesses transindividuais, reconhecidos com aqueles que demandam o acesso coletivo à justiça em proveito de todo o grupo lesado.

6. **Recusa, retardamento ou omissão.** *Recusar* significa rejeitar, não admitir. *Retardar* é atrasar, demorar. Omitir consiste em não atender. Busca-se, com o tipo legal de crime ora analisado, evitar qualquer espécie de demora ou omissão na prestação de informações referentes a dados técnicos indispensáveis ao ajuizamento de ação civil pública, quando requisitados pelo Ministério Público. Nas três condutas, o crime é omissivo próprio, não admitindo, portanto, a figura da tentativa. Note-se que o delito não é somente recusar, retardar ou omitir, mas, sim, com essas condutas, não atender à requisição do Ministério Público, razão pela qual o delito é omissivo próprio.

7. **Poder de requisição dos membros do Ministério Público.** O poder de requisição do Ministério Público está positivado no art. 129 da CRFB/88, bem como no art. 8º, II e IV da Lei Complementar 75/93, que possuem, respectivamente, as seguintes redações: *"são funções institucionais do Ministério Público:...VI – expedir notificações nos procedimentos administrativos de sua competência, requisitando informações e documentos para instruí-los, na forma da lei complementar respectiva."*; e *"para o exercício de suas atribuições, o Ministério Público da União poderá, nos procedimentos de sua competência: II – requisitar informações, exames, perícias e documentos de autoridades da Administração Pública direta ou indireta; IV – requisitar informações e documentos a entidades privadas".*

8. **Especialidade.** O tipo legal de crime ora estudado constitui especialidade em relação ao delito de *desobediência* previsto no art. 330 do Código Penal, que tem a seguinte redação: *"Art. 330 – Desobedecer a ordem legal de funcionário público: Pena – detenção, de quinze dias a seis meses, e multa."*

9. **Arquivamento do inquérito civil e licitude dos atos investigados. Atipicidade do fato.** Caso o inquérito seja arquivado com base na conclusão de que os atos investigados são lícitos, a conduta de recusa, de retardamento ou de omissão de dados técnicos indispensáveis à propositura da ação civil é atípica, tendo em vista que se os atos investigados são lícitos, os dados não eram indispensáveis à propositura da ação civil, tornando a conduta do agente atípica.

▶ STJ

Informativo nº 560

Quinta Turma

DIREITO PENAL. NÃO CONFIGURAÇÃO DO CRIME DO ART. 10 DA LEI 7.347/1985.

Não configura o crime do art. 10 da Lei 7.347/1985 o retardamento do envio de dados técnicos requisitados pelo MP para a propositura de ação civil pública

quando, após o envio a destempo, o MP promova o arquivamento do inquérito civil sob o fundamento da licitude dos atos praticados pelo investigado. (...) Na hipótese em análise, não obstante tenha ocorrido o retardamento na remessa dos dados requeridos, observa-se que, após envio, o *Parquet* concluiu pela licitude dos atos investigados e arquivou o inquérito civil, caracterizando, assim, a prescindibilidade das informações. Nesse sentido, forçoso reconhecer a ausência da elementar "dados técnicos indispensáveis à propositura da ação civil" do art. 10 da Lei 7.347/1985, face à verificação da legalidade dos atos praticados pelo investigado. Precedente citado: APn 515-MT, Corte Especial, DJe de 5/2/2009. **HC 303.856-RJ, Rel. Min. Felix Fischer, julgado em 7/4/2015, DJe 22/4/2015.**

10. **Consumação.** Com a omissão do agente em atender à requisição do Ministério Público, isso é, com a prática do ato de caracterizar a desobediência à requisição formulada pelo membro do Ministério Público. Se for concedido um prazo para a prestação das informações, o delito estará consumado com o advento do termo *ad quem* do prazo concedido.

11. **Classificação.** Crime comum; formal; doloso; omissivo próprio; instantâneo; não admite tentativa.

12. **Suspensão condicional do processo.** Cabível, pois a pena mínima cominada não ultrapassa 1 ano (art. 89 da lei 9.099/95).

13. **Arts. 2º ao 9º e 11 ao 23.** Os arts. 2º ao 9º e 11 ao 23 não versam sobre Direito Penal, razão pela qual não os comentamos para não fugirmos do objetivo deste livro.

Discriminação de Gravidez. Lei nº 9.029, de 13 de abril de 1995

Art. 1º É proibida a adoção de qualquer **prática discriminatória e limitativa** para efeito de **acesso à relação de trabalho, ou de sua manutenção**, por motivo de sexo, origem, raça, cor, estado civil, situação familiar, deficiência, reabilitação profissional, idade, entre outros, ressalvadas, nesse caso, as hipóteses de proteção à criança e ao adolescente previstas no inciso XXXIII do art. 7º da Constituição Federal (Redação dada pela lei 13.146/2015).

1. **Proibição de discriminação.** Pela leitura do art. 1º desta lei percebe-se claramente que o objetivo do legislador foi garantir o livre acesso à relação de emprego por todos os indivíduos, em condições de igualdade, independentemente de qualquer critério que possa ser exigido de forma ilegal e abusiva pelo empregador. Proibiu-se a adoção de qualquer conduta discriminatória e limitativa de acesso ao emprego.

2. **Fundamento constitucional.** Trata-se de uma norma que está de acordo com os valores e princípios constitucionais que tratam da liberdade de acesso ao trabalho, por ser ele um direito social, além de uma garantia fundamental do cidadão e um princípio fundamental da República. Com efeito, antes de tudo o legislador constituinte dispôs logo no início do Texto Constitucional que o valor social do trabalho é um princípio fundamental reconhecido no art. 1º, IV da CR/88 ("Art. 1º A República Federativa do Brasil, formada pela união indissolúvel dos Estados e Municípios e do Distrito Federal, constitui-se em Estado Democrático de Direito e tem como fundamentos: IV – os valores sociais do trabalho e da livre iniciativa"). Ainda na parte inicial da Constituição da República, o constituinte reconheceu a proibição de discriminação como objetivo fundamental da República brasileira, positivado no art. 3º, IV da CR/88 ("Art. 3º Constituem objetivos fundamentais da República Federativa do Brasil: IV – promover o bem de todos, sem preconceitos de origem, raça, sexo, cor, idade e quaisquer outras formas de discriminação."). No art. 5º, ao tratar dos Direitos e Garantias Fundamentais, reconheceu em seu *caput* a igualdade de todos perante a lei ("Art. 5º Todos são iguais perante a lei, sem distinção de qualquer natureza, garantindo-se aos brasileiros e aos estrangeiros residentes no País a inviolabilidade do direito à vida, à liberdade, à igualdade, à segurança e à propriedade, nos termos seguintes...") e garantiu no inciso XIII a liberdade de acesso

ao trabalho (Art. 5º, XIII da CR/88. – "é livre o exercício de qualquer trabalho, ofício ou profissão, atendidas as qualificações profissionais que a lei estabelecer"). Além de todo esse tratamento conferido ao trabalho como um princípio fundamental da República, como um Direito Fundamental do cidadão, com a proibição de discriminação como objetivo fundamental da República e garantindo o livre acesso ao trabalho, o legislador constituinte, no art. 6º, inseriu o trabalho como um direito social da pessoa ("são direitos sociais a educação, a saúde, a alimentação, o trabalho, a moradia, o lazer, a segurança, a previdência social, a proteção à maternidade e à infância, a assistência aos desamparados, na forma desta Constituição").

Art. 2º Constituem crime as seguintes práticas discriminatórias:

I – a **exigência** de teste, exame, perícia, laudo, atestado, declaração ou qualquer outro procedimento relativo à esterilização ou a estado de gravidez;

II – a adoção de quaisquer medidas, de iniciativa do empregador, que configurem;

a) indução ou instigamento à **esterilização genética**;

b) promoção do **controle de natalidade**, assim não considerado o oferecimento de serviços e de aconselhamento ou planejamento familiar, realizados através de instituições públicas ou privadas, submetidas às normas do Sistema Único de Saúde (SUS).

Pena: detenção de um a dois anos e multa.

Parágrafo único. São **sujeitos ativos** dos crimes a que se refere este artigo:

I – a pessoa física empregadora;

II – o representante legal do empregador, como definido na legislação trabalhista;

III – o dirigente, direto ou por delegação, de órgãos públicos e entidades das administrações públicas direta, indireta e fundacional de qualquer dos Poderes da União, dos Estados, do Distrito Federal e dos Municípios.

1. **Inciso I. Exigência de teste, exame, perícia, laudo, atestado, declaração ou qualquer outro procedimento relativo à esterilização ou a estado de gravidez.**
2. **Sujeito ativo.** Trata-se de crime próprio, pois somente pode ser praticado pela pessoa que reunir as características que o legislador estabeleceu no art. 2º, parágrafo único (pessoa física empregadora; representante legal do empregador, como definido na legislação trabalhista; dirigente, direto ou por delegação, de órgãos públicos e entidades das administrações públicas direta, indireta e fundacional de qualquer dos Poderes da União, dos Estados, do Distrito Federal e dos Municípios).
3. **Sujeito passivo.** A pessoa discriminada.
4. **Exigência feita ao candidato ao emprego.** A conduta *exigir* significa ordenar, impor como obrigação. Nesse delito, o agente exige da vítima um documento que ateste a sua condição de estéril (incapacidade de gerar um ser humano) ou de ausência de gravidez.
5. **Interpretação analógica.** Além dos documentos descritos no tipo, que possam ser exigidos pelo agente (exame, perícia, laudo, atestado ou declaração), o legislador

utilizou a técnica da interpretação analógica, por meio do emprego das expressões "ou qualquer outro procedimento", de forma a tentar evitar qualquer forma de exigência ilegal ou abusiva por parte do agente, abrangendo, ao máximo, a adequação típica da conduta do agente.

6. **Princípio da Especialidade.** O tipo penal ora comentado constitui uma especialidade do art. 146 do Código Penal por também consistir em uma espécie de constrangimento ilegal. Com efeito, em ambos os tipos penais o agente realiza um constrangimento sobre a vítima, sendo que no art. 146 o constrangimento é realizado por meio de violência ou grave ameaça. No tipo penal ora comentado, o constrangimento é feito mediante a exigência, por parte do agente, de teste, exame, perícia, laudo, atestado, declaração ou qualquer outro procedimento relativo à esterilização ou a estado de gravidez.

7. **Consumação.** O delito consuma-se com o ato de exigir. Basta a exigência para a consumação, mesmo que a vítima não venha a entregar o teste, exame, perícia, laudo, atestado, declaração ou qualquer outro procedimento relativo à esterilização ou a estado de gravidez. O crime é formal.

8. **Classificação.** Crime próprio; formal; doloso; comissivo; instantâneo; admite tentativa.

9. **Infração penal de menor potencial ofensivo.** Tendo em vista que a pena máxima não é superior a dois anos, trata-se de infração penal de menor potencial ofensivo (art. 61 da lei 9.099/95).

10. **Suspensão condicional do processo.** Cabível, pois a pena mínima cominada não ultrapassa 1 ano (art. 89 da lei 9.099/95).

11. **Inciso II. Adoção de quaisquer medidas que configurem indução ou instigamento à esterilização genética ou promoção do controle de natalidade, assim não considerado o oferecimento de serviços e de aconselhamento ou planejamento familiar, realizados através de instituições públicas ou privadas, submetidas às normas do Sistema Único de Saúde.**

12. **Sujeito ativo.** Trata-se de crime próprio, pois somente pode ser praticado pela pessoa que reunir as características que o legislador estabeleceu no art. 2º, parágrafo único (pessoa física empregadora; representante legal do empregador, como definido na legislação trabalhista; dirigente, direto ou por delegação, de órgãos públicos e entidades das administrações públicas direta, indireta e fundacional de qualquer dos Poderes da União, dos Estados, do Distrito Federal e dos Municípios).

13. **Sujeito passivo.** A pessoa discriminada.

14. **1ª hipótese: adoção de quaisquer medidas que configurem indução ou instigamento à esterilização genética.** Nessa primeira hipótese do inciso II, o legislador incriminou a conduta de providenciar qualquer espécie de medida que configure indução ou instigação à realização de esterilização genética. De forma diversa do inciso I, o legislador não fez a previsão de uma exigência por parte do agente, mas, sim, a conduta de promover qualquer medida que leve a vítima a realizar a

esterilização genética. No caso de *indução*, a vítima não cogitou a possibilidade de realizar a esterilização genética, e o agente incute essa ideia em sua mente. Já na conduta *instigar*, a vítima já cogitou a realização da mencionada esterilização, e o agente reforça, alimenta essa ideia em sua mente.

15. **Esterilização genética.** Por esterilização genética entenda-se o procedimento irreversível que pode ser feito no homem, por meio da chamada *vasectomia*, que consiste na secção dos canais deferentes, impedindo que os espermatozoides saiam na ejaculação, e na mulher, por meio da denominada *salpingotripsia* (ligadura das trompas), consistente no procedimento cirúrgico que tem por objetivo bloquear o trajeto das trompas uterinas, impedindo o contato entre espermatozoide e óvulo.

16. **2ª hipótese: promoção do controle de natalidade, assim não considerado o oferecimento de serviços e de aconselhamento ou planejamento familiar, realizados através de instituições públicas ou privadas, submetidas às normas do Sistema Único de Saúde.**

17. **Controle de natalidade.** Nessa 2ª hipótese, o legislador quis impedir qualquer conduta por parte do sujeito ativo do delito ligada à promoção do controle sobre o nascimento de seres humanos, desde que não seja algo oficial, promovido e fiscalizado pelo Sistema Único de Saúde, ou seja, autorizado e controlado pelo Estado, caso em que a conduta será atípica.

18. **Consumação.** Nas duas hipóteses, o delito consuma-se com a adoção da medida que configurar a indução ou a instigação à esterilização genética ou ao controle de natalidade. O crime é formal.

19. **Classificação.** Crime próprio; formal; doloso; comissivo; instantâneo; admite tentativa.

20. **Infração penal de menor potencial ofensivo.** Tendo em vista que a pena máxima não é superior a dois anos, trata-se de infração penal de menor potencial ofensivo (art. 61 da lei 9.099/95).

21. **Suspensão condicional do processo.** Cabível, pois a pena mínima cominada não ultrapassa 1 ano (art. 89 da lei 9.099/95).

Art. 3º Sem prejuízo do prescrito no art. 2º desta Lei e nos dispositivos legais que tipificam os crimes resultantes de preconceito de etnia, raça, cor ou deficiência, as infrações ao disposto nesta Lei são passíveis das **seguintes cominações**: (Redação dada pela lei 13.146/2015).

I – multa administrativa de dez vezes o valor do maior salário pago pelo empregador, elevado em cinqüenta por cento em caso de reincidência;

II – proibição de obter empréstimo ou financiamento junto a instituições financeiras oficiais.

1. **Penas de natureza extrapenal.** As sanções previstas no art. 3º não possuem natureza penal e podem ser cumuladas com a sanção penal cominada no art. 2º, em razão de possuírem naturezas distintas.

Art. 4º O **rompimento da relação de trabalho** por ato discriminatório, nos moldes desta lei, faculta ao empregado optar entre:

I – a reintegração com ressarcimento integral de todo o período de afastamento, mediante pagamento das remunerações devidas, corrigidas monetariamente e acrescidas de juros legais; (Redação dada pela lei 13.146/2015).

II – a percepção, em dobro, da remuneração do período de afastamento, corrigida monetariamente e acrescida dos juros legais.

1. **Efeitos trabalhistas.** O art. 4º traz efeitos de natureza trabalhista para o caso de rompimento da relação jurídica de trabalho motivado por ato de discriminação previsto na presente lei.

Art. 5º Esta lei entra em vigor na data de sua publicação.

Art. 6º Revogam-se as disposições em contrário.

Estatuto da Criança e do Adolescente. Lei nº 8.069, de 13 de julho de 1990

Título VII
Dos Crimes e Das Infrações Administrativas

CAPÍTULO I
Dos Crimes

Seção I
Disposições Gerais

Art. 225. Este Capítulo dispõe sobre **crimes** praticados **contra a criança e o adolescente**, por ação ou omissão, sem prejuízo do disposto na legislação penal.

1. **Princípio da Especialidade.** O artigo 225 do ECA positiva expressamente o princípio da especialidade ao dispor que os delitos previstos no ECA estarão configurados quando forem praticados contra criança ou adolescente. O elemento especializante nesse caso é a vítima do delito. Assim, diante de um conflito aparente de normas, os tipos do ECA deverão prevalecer sobre outros tipos penais, como ocorre com o art. 3º, alínea *a* da lei de Abuso de Autoridade que dispõe "constitui abuso de autoridade qualquer atentado à liberdade de locomoção". Logo, a autoridade pública que atentar contra a liberdade de locomoção de qualquer pessoa pratica o delito do art. 3º alínea *a* da lei de Abuso de Autoridade. Entretanto, caso a vítima do atentado seja criança ou adolescente, o delito praticado será o do art. 230 da lei 8069/90, Estatuto da Criança e do Adolescente – ECA, que dispõe *"Privar a criança ou o adolescente de sua liberdade, procedendo à sua apreensão sem estar em flagrante de ato infracional ou inexistindo ordem escrita da autoridade judiciária competente: Pena – detenção de seis meses a dois anos"*. Além disso, caso o ECA não possa ser aplicado, por ausência de tipo penal incriminando a conduta praticada pelo agente, aplica-se o delito capitulado no Código Penal, que é o que a parte final do artigo quer dizer. Contudo, essa previsão é absolutamente desnecessária, pois o princípio da especialidade está positivado no art. 12 do Código Penal e decorre da interpretação sistemática de toda a legislação penal, independentemente de previsão expressa.

2. **Abrangência da ação e da omissão.** A menção feita à ação ou omissão é absolutamente desnecessária, pois a conduta humana relevante para o Direito Penal abrange a comissão e a omissão e o delito ser praticado por ação ou omissão depende da previsão expressa no tipo penal, de forma que o ECA prevê crimes comissivos, como os art. 230, 232 e 236, entre outros, como também prevê crimes omissivos, a exemplo dos arts. 228 e 229.

3. **Súmula 338 do STJ. Prescrição.** O Estatuto da Criança e do Adolescente não tratou da prescrição das medidas socioeducativas nele previstas. Contudo, não se pode dizer que são imprescritíveis porque somente a Constituição da República pode prever infrações imprescritíveis e ela não fez menção às medidas socioeducativas contidas nesse Estatuto. Depois de muita discussão jurisprudencial, o tema foi pacificado e sumulado pelo STJ. Esse é o teor da súmula 338 do STJ: "A prescrição penal é aplicável nas medidas sócio-educativas".

→ Aplicação em concurso.

- **Notário. TJ/ES. 2013. CESPE.**

  Com base no disposto no Estatuto da Criança e do Adolescente, assinale a opção correta à luz da jurisprudência dos tribunais superiores.

  O instituto da prescrição penal não se aplica às medidas socioeducativas.

  A alternativa está errada.

- **(Cespe – Defensor Público – BA/ 2010)**

  Acerca da aplicação do direito penal e do entendimento jurisprudencial firmado nos tribunais superiores, julgue os itens seguintes.

  As medidas socioeducativas aplicadas aos adolescentes em razão da prática de fatos análogos às infrações penais não se submetem aos prazos prescricionais estabelecidos no Código Penal, visto que possuem finalidades distintas da sanção penal.

  A alternativa está errada.

Art. 226. Aplicam-se aos crimes definidos nesta Lei as **normas** da **Parte Geral do Código Penal** e, quanto ao processo, as pertinentes ao **Código de Processo Penal.**

Art. 227. Os crimes definidos nesta Lei são de **ação pública incondicionada**

1. **Aplicação subsidiária do Código Penal e do Código de Processo Penal.** O legislador seguiu a sua tradição invariável de inserir nas leis dispositivos absolutamente inúteis, como o art. 226, uma vez que a aplicação subsidiária do Código Penal e do Código de Processo Penal decorre do princípio da especialidade e da interpretação sistemática do ordenamento jurídico.

2. **Ação penal.** Mais um dispositivo absolutamente desnecessário, tendo em vista que o art. 100 do Código Penal trata da regra geral da natureza da ação penal e dispõe que "a ação penal é pública, salvo quando a lei expressamente a declara privativa do ofendido." Portanto, basta que a lei omita sobre esse ponto que a ação penal será pública incondicionada. Essa é a regra geral. A regra geral não precisa ser a

todo o momento reafirmada. Ela é estabelecida como regra e basta que a lei preveja as exceções. Mas, o legislador brasileiro, como dito acima, seguindo a sua tradição invariável de inserir nas leis dispositivos absolutamente inúteis, a todo o momento reafirma a regra, como fez no presente artigo.

→ Aplicação em concurso.

- **Notário. TJ/BA. 2014. CESPE.**

  Assinale a opção correta com relação aos delitos tipificados no ECA.

  Os crimes previstos no ECA são de ação penal pública, prevendo-se, para alguns deles, entretanto, a necessidade de representação do ofendido ou de seu representante legal.

  A alternativa está errada.

- **Juiz de Direito do TJ/MA. 2012. CESPE.**

  Todos os crimes contra a criança e o adolescente definidos no ECA prescindem, para a propositura da ação penal correspondente, de representação do ofendido ou de seu representante legal.

  A alternativa está correta.

- **(Institutocidades – Defensor Público – AM/2011)**

  Em relação aos crimes cometidos contra crianças e adolescentes definidos pela Lei 8.069/90, marque a opção correta:

  Os crimes definidos pela Lei 8069/90 são de ação penal pública incondicionada.

  A alternativa está certa.

- **(Institutocidades – Defensor Público – AM/2011)**

  Em relação aos crimes cometidos contra crianças e adolescentes definidos pela Lei 8.069/90, marque a opção correta:

  Os crimes definidos pela Lei 8069/90 são de ação penal pública condicionada à representação.

  A alternativa está errada.

- **MP/SP – Promotor de Justiça – 2010.**

  Relativamente às assertivas abaixo, assinale, em seguida, a alternativa correta:

  O ato de simular a participação de adolescente em cena de sexo explícito por meio da montagem de vídeo constitui crime definido na Lei nº 8.069/90 (Estatuto da Criança e do Adolescente), em que só se procede mediante representação;

  A alternativa está errada.

- **(ACADEPOL – Delegado de Polícia – RS/2009)**

  Tendo em conta os termos da Lei nº 8.069/90 – Estatuto da Criança e do Adolescente – analise os seguintes enunciados.

  Todos os crimes definidos na Lei nº 8.069/90, praticados contra criança e adolescente, são de ação penal pública incondicionada.

  A alternativa está certa.

Seção II
Dos Crimes em Espécie

Art. 228. Deixar o encarregado de serviço ou o dirigente de estabelecimento de atenção à saúde de gestante de manter **registro das atividades desenvolvidas**, na forma e prazo referidos no **art. 10** desta Lei, bem como de fornecer à parturiente ou a seu responsável, por ocasião da alta médica, **declaração de nascimento**, onde constem as intercorrências do parto e do desenvolvimento do neonato:

Pena – detenção de seis meses a dois anos.

Parágrafo único. Se o crime é **culposo:**

Pena – detenção de dois a seis meses, ou multa.

1. **Sujeito ativo.** O encarregado de serviço ou o dirigente de estabelecimento de atenção à saúde de gestante. Contudo, não pode ser qualquer encarregado ou dirigente, e sim somente aquele que tem, no caso concreto, o dever de cumprir as obrigações constantes do art. 10 da presente lei, sob pena de incidência em responsabilidade penal objetiva.

2. **Sujeito passivo.** A criança.

3. **Crime omissivo.** Trata-se de crime omissivo, uma vez que o encarregado de serviço ou o dirigente de estabelecimento deixa de cumprir as obrigações previstas no art. 10 desta lei, violando, assim, o seu dever de agir.

4. **Descumprimento do art. 10 da lei.** Esse delito, como crime omissivo que é, consiste no descumprimento do disposto no art. 10 da presente lei. O mencionado artigo estabelece algumas obrigações dirigidas aos hospitais e demais estabelecimentos de atenção à saúde de gestantes, públicos ou particulares. De acordo com o art. 10 dessa lei "os hospitais e demais estabelecimentos de atenção à saúde de gestantes, públicos e particulares, são obrigados a: I – manter registro das atividades desenvolvidas, através de prontuários individuais, pelo prazo de dezoito anos; II – identificar o recém-nascido mediante o registro de sua impressão plantar e digital e da impressão digital da mãe, sem prejuízo de outras formas normatizadas pela autoridade administrativa competente; III – proceder a exames visando ao diagnóstico e terapêutica de anormalidades no metabolismo do recém-nascido, bem como prestar orientação aos pais; IV – fornecer declaração de nascimento onde constem necessariamente as intercorrências do parto e do desenvolvimento do neonato; V – manter alojamento conjunto, possibilitando ao neonato a permanência junto à mãe; VI – acompanhar a prática do processo de amamentação, prestando orientações quanto à técnica adequada, enquanto a mãe permanecer na unidade hospitalar, utilizando o corpo técnico já existente". Note-se que o descumprimento das obrigações constantes dos incisos II e III não está abrangido por este tipo penal, e sim pelo art. 229 desta lei.

5. **Consumação.** O delito consuma-se com a mera omissão do agente, pois se trata de crime omissivo próprio.

6. **Modalidade culposa.** O legislador fez previsão da modalidade culposa da conduta típica. A pena é sensivelmente menor, em razão da menor reprovabilidade da conduta, tendo em vista a ausência de intenção por parte do agente.

   → Aplicação em concurso.

   - **(ACADEPOL – Delegado de Polícia – RS/2009)**

     Tendo em conta os termos da Lei nº 8.069/90 – Estatuto da Criança e do Adolescente – analise os seguintes enunciados.

     O crime de deixar o encarregado de serviço ou o dirigente de estabelecimento de atenção à saúde de gestante de manter registro das atividades desenvolvidas, bem como de fornecer à parturiente ou a seu responsável por ocasião da alta médica, declaração de nascimento onde constem as intercorrências do parto e do desenvolvimento do neonato, não admite forma culposa.

     A alternativa está errada.

7. **Classificação.** Crime próprio; formal; doloso; omissivo próprio; de perigo abstrato; instantâneo; não admite tentativa por ser omissivo próprio.
8. **Infração penal de menor potencial ofensivo.** Tendo em vista que a pena máxima não é superior a dois anos, trata-se de infração penal de menor potencial ofensivo (art. 61 da lei 9.099/95).
9. **Suspensão condicional do processo.** Cabível, pois a pena mínima cominada não ultrapassa 1 ano (art. 89 da lei 9.099/95).

Art. 229. Deixar o médico, enfermeiro ou dirigente de estabelecimento de atenção à saúde de gestante de **identificar corretamente o neonato e a parturiente**, por ocasião do parto, bem como deixar de proceder aos **exames referidos no art. 10** desta Lei:

Pena – detenção de seis meses a dois anos.

Parágrafo único. Se o crime é **culposo**:

Pena – detenção de dois a seis meses, ou multa.

1. **Sujeito ativo.** O médico, o enfermeiro ou o dirigente de estabelecimento de atenção à saúde de gestante. Porém, como dissemos em relação ao artigo anterior, não pode ser qualquer médico, enfermeiro ou dirigente, e sim somente aquele que tem, no caso concreto, o dever de identificar corretamente o neonato e a parturiente, por ocasião do parto ou o dever de proceder aos exames referidos no art. 10 da presente lei, sob pena de incidência em responsabilidade penal objetiva.
2. **Sujeito passivo.** A criança e a parturiente.
3. **Crime omissivo.** Trata-se de crime omissivo, uma vez que o médico, enfermeiro ou dirigente de estabelecimento de atenção à saúde de gestante deixa de identificar corretamente o neonato e a parturiente, por ocasião do parto ou deixa de proceder aos exames referidos no art. 10 da presente lei, violando, assim, o seu dever de agir.

4. **Troca de bebês e descumprimento do art. 10 da lei.** O legislador quis evitar a "troca de bebês", razão da incriminação da conduta de deixar de identificar corretamente o neonato e a parturiente, por ocasião do parto. Além disso, criminalizou a não realização dos exames contidos no art. 10, III desta lei, que consiste na realização de "exames visando ao diagnóstico e terapêutica de anormalidades no metabolismo do recém-nascido, bem como prestar orientação aos pais."

5. **Consumação.** O delito consuma-se com a mera omissão do agente, pois se trata de crime omissivo próprio.

6. **Modalidade culposa.** O legislador fez previsão da modalidade culposa da conduta típica, com uma pena menor por conta da menor reprovabilidade da conduta, tendo em vista a ausência de intenção por parte do agente.

   → Aplicação em concurso.

   - **Notário. TJ/BA. 2014. CESPE.**

     Assinale a opção correta com relação aos delitos tipificados no ECA.

     Segundo o ECA, o médico que, de forma culposa, deixar de identificar corretamente o neonato e sua mãe, por ocasião do parto, praticará conduta típica.

     A alternativa está certa.

7. **Classificação.** Crime próprio; formal; doloso; omissivo próprio; de perigo abstrato; instantâneo; não admite tentativa por ser omissivo próprio.

8. **Infração penal de menor potencial ofensivo.** Tendo em vista que a pena máxima não é superior a dois anos, trata-se de infração penal de menor potencial ofensivo (art. 61 da lei 9.099/95).

9. **Suspensão condicional do processo.** Cabível, pois a pena mínima cominada não ultrapassa 1 ano (art. 89 da lei 9.099/95).

> **Art. 230.** Privar a criança ou o adolescente de sua liberdade, procedendo à sua apreensão **sem estar em flagrante** de ato infracional ou **inexistindo ordem escrita** da **autoridade judiciária competente**:
>
> Pena – detenção de seis meses a dois anos.
>
> Parágrafo único. Incide na mesma pena aquele que **procede à apreensão** sem observância das formalidades legais.

1. **Sujeito ativo.** Qualquer pessoa.

2. **Sujeito passivo.** A criança ou o adolescente.

3. **Privar a liberdade por meio da apreensão.** Privar a liberdade significa deter o menor e impedir que ele se locomova livremente. Apreensão consiste em privar a liberdade, sem, contudo, colocar o menor no cárcere. Assim, o menor fica detido, mas sem ser colocado na prisão.

4. **Ausência de estado de flagrância ou de ordem escrita da autoridade judiciária competente.** De acordo com o art. 106 do ECA "nenhum adolescente será privado de sua liberdade senão em flagrante de ato infracional ou por ordem escrita e fundamentada da autoridade judiciária competente. Parágrafo único. O adolescente tem direito à identificação dos responsáveis pela sua apreensão, devendo ser informado acerca de seus direitos." Portanto, somente em dois casos pode haver a restrição da liberdade da criança ou do adolescente: flagrante de ato infracional ou por ordem escrita e fundamentada da autoridade judiciária competente. Fora desses casos, a privação da liberdade configura o delito ora comentado.
5. **Autoridade judiciária competente.** É o Juízo da Infância e Juventude.
6. **Princípio da Especialidade.** Este tipo penal constitui especialidade em relação ao art. art. 3º, alínea *a* da lei de Abuso de Autoridade (4.898/65), que dispõe "constitui abuso de autoridade qualquer atentado à liberdade de locomoção". Logo, a autoridade pública que atentar contra a liberdade de locomoção de qualquer pessoa pratica o delito do art. 3º alínea *a* da lei de Abuso de Autoridade. Entretanto, caso a vítima do atentado seja criança ou adolescente, o delito praticado será o previsto no art. 230 do ECA.

→ Aplicação em concurso.

- **(Cespe – Defensor Público – SE/ 2012)**

  Vítor, Jaime e Leôncio, todos com dezesseis anos de idade completos, andavam de bicicleta em terreno baldio ao lado de um imóvel residencial onde era celebrado casamento religioso. Os gritos e comemorações dos adolescentes após cada salto e acrobacia incomodaram alguns convidados, entre eles, o tio da noiva, Roque, agente de polícia civil, que se dirigiu ao local onde estavam os adolescentes e os apreendeu, utilizando-se de algemas, conduzindo-os pela praça principal da cidade até a delegacia. Nela, Roque encontrou Júlio, agente de polícia, conhecido colega de trabalho, e, aproveitando-se da ausência temporária do delegado, solicitou ao colega que mantivesse informalmente, na delegacia, os adolescentes até o término da celebração do casamento, liberando-os em seguida. Roque manteve os adolescentes, sem algemas, por duas horas nas dependências da delegacia, liberando-os em seguida, sem instauração ou lavratura de qualquer procedimento; tampouco foi feita qualquer comunicação dos fatos. Com base na legislação que versa sobre abuso de autoridade e no que dispõe o ECA, assinale a opção correta a respeito da situação hipotética acima descrita.

A) Roque e Júlio, por serem agentes do Estado, deverão responder unicamente pelo crime de abuso de autoridade, por ser delito de ações múltiplas.

B) Roque e Júlio deverão responder pela infração penal, prevista no ECA, de privação da liberdade de adolescente, mediante apreensão, sem as formalidades legais, sem flagrante de ato infracional nem ordem escrita da autoridade judiciária competente, sem prejuízo de eventual concurso.

C) A única infração perpetrada por Júlio foi a de ter deixado de comunicar à autoridade competente a apreensão de adolescentes e à família dos menores ou à pessoa por eles indicada, segundo dispõe o ECA, sem prejuízo de eventual concurso de pessoas.

D) A conduta praticada por Roque, agente da polícia civil, configurou uma única infração penal, consubstanciada no abuso de autoridade consistente na privação de liberdade sem as formalidades legais e com abuso de poder em razão do uso de algemas.

E) A conduta de Júlio ajustou-se ao crime, previsto no ECA, de submissão de adolescente sob sua autoridade a vexame ou constrangimento, em concurso formal com o delito de abuso de autoridade por atentado à liberdade de locomoção.

Alternativa correta: letra B.

7. **Diferença em relação ao art. 148, § 1º IV do Código Penal.** Como dissemos acima, para a configuração do delito ora comentado, basta que o agente apreenda o menor de 18 anos sem, contudo, encarcerá-lo. Caso o agente efetivamente coloque a criança ou o adolescente no cárcere, o delito configurado é o previsto na forma qualificada do art. 148, IV do Código Penal ("Art. 148 – Privar alguém de sua liberdade, mediante seqüestro ou cárcere privado: § 1º – A pena é de reclusão, de dois a cinco anos: IV – se o crime é praticado contra menor de 18 (dezoito) anos").

8. **Consumação.** O delito consuma-se com a efetiva privação da liberdade do menor. Trata-se de crime material.

9. **Classificação.** Crime comum; material; doloso; comissivo; de dano; permanente; admite tentativa.

10. **Infração penal de menor potencial ofensivo.** Tendo em vista que a pena máxima não é superior a dois anos, trata-se de infração penal de menor potencial ofensivo (art. 61 da lei 9.099/95).

→ Aplicação em concurso.

- **(ACADEPOL – Delegado de Polícia – RS/2009)**

Tendo em conta os termos da Lei nº 8.069/90 – Estatuto da Criança e do Adolescente – analise os seguintes enunciados.

Privar a criança ou o adolescente de sua liberdade, procedendo à sua apreensão sem estar em flagrante de ato infracional ou inexistindo ordem escrita da autoridade judiciária competente é infração de menor potencial ofensivo.

A alternativa está certa.

11. **Suspensão condicional do processo.** Cabível, pois a pena mínima cominada não ultrapassa 1 ano (art. 89 da lei 9.099/95).

12. **Parágrafo único. Conduta equiparada.** O legislador trouxe como conduta equiparada o ato de proceder à apreensão sem observância das formalidades legais. Essas formalidades legais a que o legislador fez menção são outras formalidades diversas das previstas no *caput* do artigo (ausência de flagrante de ato infracional ou de ordem escrita da autoridade judiciária competente). Nessa conduta equiparada pode ser que a privação da liberdade da criança ou do adolescente seja lícita, isso é, que ele esteja em estado de flagrância ou que haja ordem escrita da autoridade judiciária competente, mas nesse caso, há o descumprimento das formalidades contidas, por exemplo, nos art. 106, parágrafo único, 107, 108 e 109 do ECA, que possuem as seguintes redações: "Art. 106. Nenhum adolescente será privado de

sua liberdade senão em flagrante de ato infracional ou por ordem escrita e fundamentada da autoridade judiciária competente. Parágrafo único. O adolescente tem direito à identificação dos responsáveis pela sua apreensão, devendo ser informado acerca de seus direitos. Art. 107. A apreensão de qualquer adolescente e o local onde se encontra recolhido serão incontinenti comunicados à autoridade judiciária competente e à família do apreendido ou à pessoa por ele indicada. Parágrafo único. Examinar-se-á, desde logo e sob pena de responsabilidade, a possibilidade de liberação imediata. Art. 108. A internação, antes da sentença, pode ser determinada pelo prazo máximo de quarenta e cinco dias. Parágrafo único. A decisão deverá ser fundamentada e basear-se em indícios suficientes de autoria e materialidade, demonstrada a necessidade imperiosa da medida. Art. 109. O adolescente civilmente identificado não será submetido a identificação compulsória pelos órgãos policiais, de proteção e judiciais, salvo para efeito de confrontação, havendo dúvida fundada."

13. **Princípio da Especialidade.** Esta conduta equiparada constitui especialidade em relação ao art. 4º, alínea *a* da lei de Abuso de Autoridade (4.898/65), que possui a seguinte redação: "constitui também abuso de autoridade: a) ordenar ou executar medida privativa da liberdade individual, sem as formalidades legais ou com abuso de poder". Assim, caso a vítima seja criança ou adolescente, o delito praticado será o previsto no parágrafo único do art. 230 do ECA.

14. **Consumação.** O delito consuma-se com o descumprimento das formalidades legais. Trata-se de delito formal.

15. **Classificação.** Crime comum; formal; doloso; comissivo; de perigo abstrato; instantâneo; admite tentativa.

16. **Infração penal de menor potencial ofensivo.** Tendo em vista que a pena máxima não é superior a dois anos, trata-se de infração penal de menor potencial ofensivo (art. 61 da lei 9.099/95).

17. **Suspensão condicional do processo.** Cabível, pois a pena mínima cominada não ultrapassa 1 ano (art. 89 da lei 9.099/95).

> **Art. 231.** Deixar a autoridade policial responsável pela apreensão de criança ou adolescente de fazer imediata **comunicação à autoridade judiciária competente e à família** do apreendido ou à **pessoa por ele indicada**:
>
> Pena – detenção de seis meses a dois anos.

1. **Sujeito ativo.** A autoridade policial responsável pela apreensão da criança ou do adolescente.

2. **Sujeito passivo.** A criança ou o adolescente.

3. **Crime omissivo.** Trata-se de crime omissivo, uma vez que a autoridade policial responsável pela apreensão da criança ou do adolescente viola o seu dever de comunicar a apreensão imediatamente à autoridade judiciária competente e à família do apreendido ou à pessoa por ele indicada. De acordo com o art. 107 do

ECA "a apreensão de qualquer adolescente e o local onde se encontra recolhido serão incontinenti comunicados à autoridade judiciária competente e à família do apreendido ou à pessoa por ele indicada. Parágrafo único. Examinar-se-á, desde logo e sob pena de responsabilidade, a possibilidade de liberação imediata." Portanto, a conduta do agente constitui violação a esse dever contido no próprio Estatuto.

4. **Dupla comunicação.** A comunicação deve ser feita à autoridade judiciária competente e à família do apreendido ou à pessoa por ele indicada. Caso a comunicação seja feita a apenas um desses destinatários, a autoridade policial incide nesse delito.

5. **Comunicação imediata.** O legislador apenas utilizou a expressão "imediata", não esclarecendo o que seria essa imediatidade. Pensamos que comunicação imediata deve ser entendida como o dever de realizar a comunicação no exato momento em que a criança ou o adolescente é apresentado à autoridade policial.

6. **Previsão constitucional.** O delito ora comentado viola, sobretudo, o mandamento constitucional previsto no art. 5º, LXII da CR/88, segundo o qual "a prisão de qualquer pessoa e o local onde se encontre serão comunicados imediatamente ao juiz competente e à família do preso ou à pessoa por ele indicada".

7. **Autoridade judiciária competente.** É o Juízo da Infância e Juventude. Caso a comunicação seja feita dolosamente à autoridade judiciária incompetente, haverá a prática desse delito. Assim, se um adolescente é flagrado praticando ato infracional análogo a furto dentro do INSS ou então um crime de roubo ao veículo dos Correios, que, embora, em tese, sejam crimes da competência da Justiça Federal, o Juízo competente é o Juízo da Infância e Juventude. Nesse caso, se a autoridade policial fizer a comunicação ao Juízo Criminal da Justiça Federal, haverá a prática desse delito por não ser a autoridade judiciária competente.

8. **Princípio da Especialidade.** Este tipo penal constitui especialidade em relação ao art. 4º, alínea *c* da lei de Abuso de Autoridade (4.898/65), que dispõe "constitui também abuso de autoridade: c) deixar de comunicar, imediatamente, ao juiz competente a prisão ou detenção de qualquer pessoa." Assim, caso a vítima seja criança ou adolescente, o delito praticado será o previsto no art. 231 do ECA.

9. **Consumação.** O delito consuma-se com a mera omissão do agente. Trata-se de crime omissivo próprio.

10. **Classificação.** Crime próprio; formal; doloso; omissivo próprio; de perigo abstrato; instantâneo; não admite tentativa por ser omissivo próprio.

11. **Infração penal de menor potencial ofensivo.** Tendo em vista que a pena máxima não é superior a dois anos, trata-se de infração penal de menor potencial ofensivo (art. 61 da lei 9.099/95).

12. **Suspensão condicional do processo.** Cabível, pois a pena mínima cominada não ultrapassa 1 ano (art. 89 da lei 9.099/95).

Art. 232. Submeter criança ou adolescente sob sua autoridade, guarda ou vigilância **a vexame ou a constrangimento**:

Pena – detenção de seis meses a dois anos.

1. **Sujeito ativo.** A pessoa que tenha a autoridade, a guarda ou a vigilância sobre a criança ou o adolescente.

   → Aplicação em concurso.

   - **(Institutocidades – Defensor Público – AM/2011)**

     Em relação aos crimes cometidos contra crianças e adolescentes definidos pela Lei 8.069/90, marque a opção correta:

     O crime de submissão de criança ou adolescente que esteja sob a guarda, autoridade ou vigilância a vexame ou a constrangimento somente pode ser praticado pelo juiz, delegado de polícia, promotor de justiça e membro do Conselho Tutelar.

     A alternativa está errada.

2. **Sujeito passivo.** A criança ou o adolescente.
3. **Submeter a vexame ou constrangimento.** Vexame ou constrangimento consiste em qualquer situação que exponha a criança ou o adolescente à situação de ridículo, ofendendo-lhe a honra ou a sua dignidade, como o professor ou o diretor da escola que, na frente de todos os demais colegas de classe, determina que determinada criança retire-se da sala de aula porque o seu responsável não efetuou o pagamento da mensalidade. Ou então o professor que imponha ao menor um castigo vergonhoso na frente de todos.
4. **Autoridade, guarda ou vigilância.** *Autoridade* está ligada às relações privadas, como ocorre com o tutelado, curatelado, filhos etc. *Guarda* significa vigilância permanente. *Vigilância* consiste no cuidado permanente sobre alguém, conceito que se aproxima da noção de guarda.
5. **Princípio da Especialidade.** Este tipo penal constitui especialidade em relação ao art. 4º, alínea *b* da lei de Abuso de Autoridade (4.898/65), que dispõe "constitui também abuso de autoridade: b) submeter pessoa sob sua guarda ou custódia a vexame ou a constrangimento não autorizado em lei." Assim, caso a vítima seja criança ou adolescente, o delito praticado será o previsto no art. 231 do ECA.
6. **Consumação.** O delito consuma-se com a prática de qualquer ato idôneo que efetivamente submeter a criança ou o adolescente ao vexame ou ao constrangimento.
7. **Classificação.** Crime próprio; material; doloso; comissivo; de dano; instantâneo; admite tentativa.

   → Aplicação em concurso.

   - **Defensor Público/RN. 2015. CESPE.**

     O crime de submissão da criança ou adolescente a vexame ou constrangimento, por ser unissubsistente, não admite a modalidade tentada.

     A alternativa está errada.

8. **Infração penal de menor potencial ofensivo.** Tendo em vista que a pena máxima não é superior a dois anos, trata-se de infração penal de menor potencial ofensivo (art. 61 da lei 9.099/95).

9. **Suspensão condicional do processo.** Cabível, pois a pena mínima cominada não ultrapassa 1 ano (art. 89 da lei 9.099/95).

Art. 233. Revogado pela Lei nº 9.455, de 7.4.1997.

Art. 234. Deixar a autoridade competente, sem justa causa, de ordenar a **imediata liberação** de criança ou adolescente, tão logo tenha conhecimento da **ilegalidade da apreensão:**

Pena – detenção de seis meses a dois anos.

1. **Sujeito ativo.** O Juiz do Juízo da Infância e da Juventude e a autoridade policial.
2. **Sujeito passivo.** A criança ou o adolescente.
3. **Autoridade.** O Juiz do Juízo da Infância e da Juventude e a autoridade policial.
4. **Sem justa causa.** É a ausência de motivo previsto em lei. A autoridade policial ou judiciária deve verificar a legalidade e a formalidade da apreensão da criança ou do adolescente. Caso detecte alguma ilegalidade, deverá determinar a sua imediata liberação.
5. **Crime omissivo.** Trata-se de crime omissivo, uma vez que autoridade policial ou Judiciária viola o seu dever de agir ao não determinar a imediata liberação do menor.
6. **Imediata liberação.** Por imediata liberação entenda-se no exato momento em que a ilegalidade da apreensão é detectada, sem nenhuma delonga.
7. **Princípio da Especialidade.** Este tipo penal constitui especialidade em relação ao art. 4º, alínea *d* da lei de Abuso de Autoridade (4.898/65), que tem a seguinte redação: "Art. 4º Constitui também abuso de autoridade: d) deixar o Juiz de ordenar o relaxamento de prisão ou detenção ilegal que lhe seja comunicada".
8. **Consumação.** O delito consuma-se com a omissão do agente, pois se trata de crime omissivo próprio.
9. **Classificação.** Crime próprio; material; doloso; omissivo próprio; de dano; instantâneo; não admite tentativa por ser omissivo próprio.

   → Aplicação em concurso.

   - **Defensor Público/RN. 2015. CESPE.**

     O ECA prevê, na modalidade culposa, o crime de omissão na liberação de criança ou adolescente ilegalmente apreendido.

     A alternativa está errada.

10. **Infração penal de menor potencial ofensivo.** Tendo em vista que a pena máxima não é superior a dois anos, trata-se de infração penal de menor potencial ofensivo (art. 61 da lei 9.099/95).

11. **Suspensão condicional do processo.** Cabível, pois a pena mínima cominada não ultrapassa 1 ano (art. 89 da lei 9.099/95).

Art. 235. Descumprir, injustificadamente, **prazo fixado nesta Lei** em benefício de adolescente privado de liberdade:

Pena – detenção de seis meses a dois anos.

1. **Sujeito ativo.** A pessoa encarregada do cumprimento do prazo. O ECA estabelece alguns prazos a serem cumpridos por pessoas diversas, caso em que somente o destinatário do prazo é que pode descumpri-lo. Trata-se de crime próprio.

   → Aplicação em concurso.

   - **(Institutocidades – Defensor Público – AM/2011)**

     Em relação aos crimes cometidos contra crianças e adolescentes definidos pela Lei 8.069/90, marque a opção correta:

     O crime de descumprir injustificadamente prazo fixado na Lei 8069/90 quando em benefício de adolescente privado de liberdade pode ser cometido por qualquer pessoa.

     A alternativa está errada.

2. **Sujeito passivo.** O adolescente privado de sua liberdade.

3. **Prazo fixado nesta lei. Norma penal em branco.** Deve-se buscar no próprio ECA quais são os prazos estabelecidos em relação ao adolescente privado de sua liberdade. Como exemplo, podemos citar, entre outros, os seguintes dispositivos, todos do ECA: "Art. 108: A internação, antes da sentença, pode ser determinada pelo prazo máximo de quarenta e cinco dias"; art. 121, § 2º: "Art. 121. A internação constitui medida privativa da liberdade, sujeita aos princípios de brevidade, excepcionalidade e respeito à condição peculiar de pessoa em desenvolvimento. § 2º A medida não comporta prazo determinado, devendo sua manutenção ser reavaliada, mediante decisão fundamentada, no máximo a cada seis meses"; 175, § 1º: "Art. 175. Em caso de não liberação, a autoridade policial encaminhará, desde logo, o adolescente ao representante do Ministério Público, juntamente com cópia do auto de apreensão ou boletim de ocorrência. § 1º Sendo impossível a apresentação imediata, a autoridade policial encaminhará o adolescente à entidade de atendimento, que fará a apresentação ao representante do Ministério Público no prazo de vinte e quatro horas."

4. **Injustificadamente.** Injustificadamente significa que não há nenhum motivo relevante para o descumprimento. A situação deve ser analisada com cuidado e de acordo com o caso concreto.

5. **Crime omissivo.** Trata-se de crime omissivo, uma vez que o agente se omite ao descumprir um prazo a que estava obrigado e observar, violando, com isso, o seu dever de agir.

6. **Consumação.** O delito consuma-se com a mera omissão do agente, pois se trata de crime omissivo próprio.

7. **Classificação.** Crime próprio; formal; doloso; omissivo próprio; de perigo abstrato; instantâneo; não admite tentativa por ser omissivo próprio.

   → **Aplicação em concurso.**

   - **Defensor Público/RN. 2015. CESPE.**

     O crime de descumprimento injustificado de prazo fixado no ECA em benefício de adolescente privado de liberdade é crime culposo e plurissubsistente.

     A alternativa está errada.

8. **Infração penal de menor potencial ofensivo.** Tendo em vista que a pena máxima não é superior a dois anos, trata-se de infração penal de menor potencial ofensivo (art. 61 da lei 9.099/95).

9. **Suspensão condicional do processo.** Cabível, pois a pena mínima cominada não ultrapassa 1 ano (art. 89 da lei 9.099/95).

Art. 236. Impedir ou embaraçar a ação de autoridade judiciária, membro do Conselho Tutelar ou representante do Ministério Público no exercício de **função prevista nesta Lei**:

Pena - detenção de seis meses a dois anos.

1. **Sujeito ativo.** Qualquer pessoa. Trata-se de crime comum.

   → **Aplicação em concurso.**

   - **(Institutocidades – Defensor Público – AM/2011).**

     Em relação aos crimes cometidos contra crianças e adolescentes definidos pela Lei 8.069/90, marque a opção correta:

     O crime de embaraçar ou impedir a ação de autoridade judiciária, membro do Conselho Tutelar ou representante do Ministério Público no exercício de função prevista pela Lei 8069/90 pode ser praticado somente por funcionário público.

     A alternativa está errada.

2. **Sujeito passivo.** O Estado.

3. **Impedir ou embaraçar.** *Impedir* significa obstar, não permitir. *Embaraçar* consiste em atrapalhar, perturbar. Trata-se da conduta do agente que quer obstaculizar a ação da autoridade judiciária, membro do Conselho Tutelar ou representante do Ministério Público.

4. **Tipo penal misto alternativo.** Caso o agente pratique mais de uma conduta descrita no tipo penal, responderá por um delito apenas, não havendo concurso de crimes.

5. **Consumação.** O delito consuma-se com a prática das condutas típicas de impedir ou de embaraçar.

6. **Classificação.** Crime comum; material no verbo *impedir* e formal no verbo *embaraçar*; doloso; comissivo; instantâneo; admite tentativa.

7. **Infração penal de menor potencial ofensivo.** Tendo em vista que a pena máxima não é superior a dois anos, trata-se de infração penal de menor potencial ofensivo (art. 61 da lei 9.099/95).

8. **Suspensão condicional do processo.** Cabível, pois a pena mínima cominada não ultrapassa 1 ano (art. 89 da lei 9.099/95).

Art. 237. Subtrair criança ou adolescente ao poder de quem o tem sob sua guarda em virtude de lei ou ordem judicial, **com o fim de colocação em lar substituto**:

Pena – reclusão de dois a seis anos, e multa.

1. **Sujeito ativo.** Qualquer pessoa. Trata-se de crime comum.

2. **Sujeito passivo.** A criança ou o adolescente.

3. **Subtrair.** Consiste em retirar a criança ou o adolescente de quem tenha a sua guarda.

4. **Guarda.** *Guarda* significa vigilância permanente.

5. **Especial fim de agir.** O tipo penal contém um especial fim de agir que reside na finalidade específica de colocar a criança ou o adolescente subtraído em lar substituto, ou seja, a finalidade específica de criar, estruturar um novo lar com uma nova família para a criança ou o adolescente.

6. **Princípio da Especialidade.** O tipo penal ora comentado constitui especialidade em relação ao delito de subtração de incapazes contido no art. 249 do Código Penal, que possui o seguinte teor: "Art. 249 – Subtrair menor de dezoito anos ou interdito ao poder de quem o tem sob sua guarda em virtude de lei ou de ordem judicial: Pena – detenção, de dois meses a dois anos, se o fato não constitui elemento de outro crime. § 1º – O fato de ser o agente pai ou tutor do menor ou curador do interdito não o exime de pena, se destituído ou temporariamente privado do pátrio poder, tutela, curatela ou guarda. § 2º – No caso de restituição do menor ou do interdito, se este não sofreu maus-tratos ou privações, o juiz pode deixar de aplicar pena." O elemento especializante consiste no especial fim de agir contido no delito do ECA que é colocar o menor em lar substituto. Assim, caso haja a subtração do menor sem nenhuma outra finalidade, o delito configurado será o do Código Penal. Contudo, caso o agente subtraia o menor com a intenção específica de colocá-lo em lar substituto, estará configurado o delito do ECA.

7. **Consumação.** O delito consuma-se com a efetiva subtração da vítima, mesmo que ela não chegue a ser colocada em lar substituto.

8. **Classificação.** Crime comum; formal; doloso; comissivo; de dano; instantâneo; admite tentativa.

9. **Suspensão condicional do processo.** Incabível, pois a pena mínima cominada ultrapassa 1 ano (art. 89 da lei 9.099/95).

→ Aplicação em concurso.

- **(Cespe – Cartório – TJ – BA/2014)**

  Assinale a opção correta com relação aos delitos tipificados no ECA.

  Os delitos previstos no ECA são todos de menor potencial ofensivo, de forma que seguem o rito sumaríssimo previsto na Lei dos Juizados Especiais, aplicando-se a eles as medidas despenalizadoras nela previstas.

  A alternativa está errada.

Art. 238. Prometer ou efetivar a **entrega de filho ou pupilo a terceiro**, mediante paga ou recompensa:

Pena – reclusão de um a quatro anos, e multa.

Parágrafo único. Incide nas mesmas penas quem oferece ou efetiva a paga ou recompensa.

1. **Sujeito ativo.** Os pais, o tutor ou o guardião.

2. **Sujeito passivo.** A criança ou o adolescente.

3. **Tráfico de crianças.** O delito ora comentado visa a evitar o denominado tráfico de crianças. Por meio dessa prática ainda comum nos dias atuais, o agente entrega o menor a outrem em troca de dinheiro. Assim, em troca de dinheiro, a criança ou o adolescente é entregue a outra família, diversa da sua biológica, sendo inserido em outro núcleo familiar com pessoas desconhecidas pelo menor.

4. **Prometer ou efetivar a entrega.** *Prometer* quer dizer fazer algo no futuro, ou seja, o agente obriga-se a entregar o menor em momento posterior. *Efetivar* significa efetivamente realizar a entrega naquele momento. O legislador antecipou-se e incriminou não somente a conduta de efetivar a entrega do menor a outrem – o que é gravíssimo –, mas, também, a simples conduta de prometer a entrega do menor.

5. **Paga ou recompensa.** *Paga* significa o pagamento de dinheiro no momento da entrega do filho ou do pupilo, ou seja, há uma relação de contemporaneidade entre a entrega do dinheiro e a entrega do menor. *Recompensa* liga-se à paga futura, não havendo essa relação de contemporaneidade, de forma que primeiro o agente entrega o menor para, depois, receber o dinheiro.

6. **Princípio da Especialidade.** O tipo penal ora comentado constitui especialidade em relação ao delito de entrega de filho menor à pessoa inidônea, contido no art. 245 do Código Penal, que possui o seguinte teor: "Art. 245 – Entregar filho menor de 18 (dezoito) anos a pessoa em cuja companhia saiba ou deva saber que o menor fica moral ou materialmente em perigo: Pena – detenção, de 1 (um) a 2 (dois) anos. § 1º – A pena é de 1 (um) a 4 (quatro) anos de reclusão, se o agente pratica delito para obter lucro, ou se o menor é enviado para o exterior. § 2º – Incorre, também, na pena do parágrafo anterior quem, embora excluído o perigo moral ou material, auxilia a efetivação de ato destinado ao envio de menor para o exterior, com o fito de obter lucro." O elemento especializante consiste na finalidade de venda do

menor. No delito do Código Penal o agente entrega o filho a uma pessoa em caráter transitório. O menor não é inserido em outro núcleo familiar e depois volta para a companhia dos pais. No delito ora comentado a venda do menor dá-se em caráter definitivo.

7. **Tipo penal misto alternativo.** Caso o agente pratique mais de uma conduta descrita no tipo penal, responderá por um delito apenas, não havendo concurso de crimes. Assim, se o agente prometer a entrega e depois efetivamente entregar o menor, responde por apenas um delito.

8. **Delito plurissubjetivo.** A prática desse delito exige a presença de duas pessoas. De um lado, quem *entrega o menor* (figura do *caput*) e, de outro, quem *efetiva a paga* (conduta do parágrafo único). O mesmo ocorre com os verbos *prometer* e *oferecer*.

9. **Consumação.** O delito consuma-se com a simples promessa ou com a efetiva entrega do menor.

10. **Classificação.** Crime próprio; formal na conduta *prometer* e material na conduta *entregar*; doloso; comissivo; de dano, instantâneo; admite tentativa.

11. **Suspensão condicional do processo.** Cabível, pois a pena mínima cominada não ultrapassa 1 ano (art. 89 da lei 9.099/95).

12. **Conduta equiparada. Parágrafo único.** No parágrafo único o legislador criminalizou a conduta da pessoa que oferece ou efetiva a paga ou a recompensa. É o "outro lado da moeda". Se de um lado os pais, o tutor ou o guardião promete ou efetiva a entrega do menor, do outro lado, há alguém que oferece ou efetiva a paga ou recompensa, a quem o parágrafo único faz menção.

13. **Tipo penal misto alternativo.** Caso o agente pratique mais de uma conduta descrita no tipo penal, responderá por um delito apenas, não havendo concurso de crimes, de forma que se o agente oferecer e efetivar a paga ou a recompensa, responderá por apenas um delito.

14. **Consumação.** O delito consuma-se com a simples oferta de recompensa ou com a efetivação do pagamento.

15. **Classificação.** Crime comum; formal na conduta *oferecer* e material na conduta *efetivar*; doloso; comissivo; de dano, instantâneo; admite tentativa.

16. **Suspensão condicional do processo.** Cabível, pois a pena mínima cominada não ultrapassa 1 ano (art. 89 da lei 9.099/95).

Art. 239. Promover ou auxiliar a efetivação de ato destinado ao **envio de criança ou adolescente para o exterior** com inobservância das formalidades legais ou com o fito de obter lucro:

Pena – reclusão de quatro a seis anos, e multa.

Parágrafo único. Se há emprego de violência, grave ameaça ou fraude: (Incluído pela Lei nº 10.764, de 12.11.2003)

Pena – reclusão, de 6 (seis) a 8 (oito) anos, além da pena correspondente à violência.

1. **Sujeito ativo.** Qualquer pessoa. Trata-se de crime comum.
2. **Sujeito passivo.** A criança ou o adolescente.
3. **Tráfico internacional de crianças.** O delito ora comentado visa a evitar o denominado tráfico internacional de crianças.
4. **Promover ou auxiliar.** *Promover* consiste no efetivo envio do menor ao exterior, de forma que o menor efetivamente deixe o território nacional e ingresse no território estrangeiro. *Auxiliar* significa a prática de qualquer ato material que contribua para o envio do menor ao exterior. A segunda conduta configura, a princípio, a conduta do partícipe na conduta de promover o envio do menor ao exterior. Contudo, o legislador quis que essa conduta fosse erigida à espécie de autoria propriamente dita. Na conduta *auxiliar* não é necessário que o menor seja efetivamente enviado ao exterior, bastando, para a configuração do delito, a prática de qualquer conduta antecedente ao envio que contribua para ele. Assim, configura o auxílio a conduta de providenciar as passagens aéreas, marítimas ou terrestres, o empréstimo de um veículo para o envio do menor ao exterior, a providência da documentação necessária para o menor deixar o país etc.
5. **Inobservância das formalidades legais.** Neste caso, o envio do menor deixa de atender aos requisitos legalmente exigidos para o envio.
6. **Especial fim de agir.** O fim de lucro é a finalidade específica do agente na hipótese de ele promover ou auxiliar a efetivação de ato destinado ao envio da criança ou do adolescente ao exterior com a observância das formalidades legais. Nessa hipótese, caso o agente não tenha essa finalidade lucrativa, não haverá a configuração desse delito.
7. **Tipo penal misto alternativo.** Na hipótese de o agente praticar as duas condutas típicas, isso é, auxiliar a efetivação de ato destinado ao envio do menor ao exterior e depois ele mesmo efetivar o envio, responderá por um delito apenas, não havendo concurso de crimes.
8. **Revogação do § 2º do art. 245 do Código Penal.** Por descrever conduta idêntica e ser posterior, o tipo penal ora comentado revogou tacitamente o delito contido no § 2º do art. 245 do Código Penal, que possui o seguinte teor: "§ 2º – Incorre, também, na pena do parágrafo anterior quem, embora excluído o perigo moral ou material, auxilia a efetivação de ato destinado ao envio de menor para o exterior, com o fito de obter lucro".
9. **Competência.** A competência para o processo e o julgamento desse delito é da Justiça Federal, com fundamento no art. 109, V da CR/88.

▶ STF

INFORMATIVO nº 755

Primeira Turma

Tráfico internacional de crianças e competência jurisdicional

(...). O Colegiado realçou que a decisão impugnada destacara que, no caso, estaria envolvido o cumprimento de tratados internacionais dos quais o Brasil seria signatário, a atrair a incidência do inciso V do art. 109 da CF. (...). Vencido o Ministro Marco Aurélio, que deferia a ordem. Assentava a competência da justiça comum estadual para o processamento e julgamento do crime em comento. Afirmou que, considerado o que previsto no ECA, não haveria norma específica que direcionasse seu julgamento à atuação da justiça federal. **HC 121472/PE, rel. Min. Dias Toffoli, 19.8.2014.**

10. Requisição direta pelo membro do Ministério Público ou pelo Delegado de Polícia de dados e informações cadastrais da vítima ou de suspeitos. A lei 13.344/2016 (lei que dispõe sobre a repressão ao tráfico de pessoas) acrescentou os arts. 13-A e 13-B ao Código de Processo Penal para permitir que no tipo penal ora comentado, o membro do Ministério Público ou o Delegado de Polícia possa requisitar, de quaisquer órgãos do poder público ou de empresas da iniciativa privada, os dados e as informações cadastrais da vítima ou de suspeitos (art. 13-A). Além disso, podem também requisitar, mediante autorização judicial, às empresas prestadoras de serviço de telecomunicações e/ou telemática que disponibilizem imediatamente os meios técnicos adequados – como sinais, informações e outros – que permitam a localização da vítima ou dos suspeitos do delito em curso (art. 13-B). Trata-se de medida que visa a dar maior celeridade e eficácia às investigações. Questão relevante versa sobre a constitucionalidade do art. 13-A, uma vez que o legislador permitiu a requisição direta pelo membro do Ministério Público ou pelo Delegado de Polícia, não exigindo autorização judicial para a requisição dessas informações. A desnecessidade de autorização judicial viola o princípio da intimidade da vida privada? O acesso aos dados e às informações cadastrais da vítima ou de suspeitos exige a cláusula de reserva de jurisdição? Os dados e as informações cadastrais aos quais o legislador fez menção abrangem informações como nome, estado civil, nacionalidade, nome do pai e da mãe, endereço, entre outros. Cremos que tais informações não estão inseridas na intimidade da vida privada do cidadão. Não são esses dados que revelam a intimidade de uma pessoa. Tais informações revelam a individualização de uma pessoa, ou seja, as características que a torna um indivíduo, entre tantas milhões de pessoas, sem revelar a sua intimidade e a sua vida privada. Assim, pensamos que o dispositivo é constitucional e não viola o princípio da intimidade da vida privada.

11. Consumação. No verbo *efetivar* o delito consuma-se com o efetivo envio do menor ao exterior, sendo necessário que o menor saia do território nacional e ingresse no território estrangeiro. No verbo *auxiliar* o delito consuma-se com a prática de qualquer ato idôneo e antecedente que possa contribuir para o envio do menor ao exterior.

12. Qualificadora do emprego de violência, grave ameaça ou fraude. Havendo esses meios executórios, o legislador estabeleceu uma qualificadora e a pena é maior em razão da maior reprovabilidade da conduta. Além disso, o legislador determinou a aplicação também da pena correspondente à violência. Assim, além da pena cominada para este tipo penal, deve ser aplicada a pena da lesão corporal, caso haja.

13. Classificação. Crime comum; material na conduta *promover* e formal na conduta *auxiliar*; doloso; comissivo; de perigo abstrato; instantâneo; admite tentativa.

14. **Suspensão condicional do processo.** Incabível, pois a pena mínima cominada ultrapassa 1 ano (art. 89 da lei 9.099/95).

→ **Aplicação em concurso.**

- **Notário. TJ/BA. 2014. CESPE.**

  Os delitos previstos no ECA são todos de menor potencial ofensivo, de forma que seguem o rito sumaríssimo previsto na Lei dos Juizados Especiais, aplicando-se a eles as medidas despenalizadoras nela previstas.

  A alternativa está errada.

Art. 240. Produzir, reproduzir, dirigir, fotografar, filmar ou registrar, por qualquer meio, **cena de sexo explícito ou pornográfica, envolvendo criança ou adolescente**: (Redação dada pela Lei nº 11.829, de 2008)

Pena – reclusão, de 4 (quatro) a 8 (oito) anos, e multa. (Redação dada pela Lei nº 11.829, de 2008)

§ 1º Incorre nas mesmas penas quem agencia, facilita, recruta, coage, ou de qualquer modo intermedeia a participação de criança ou adolescente nas cenas referidas no caput deste artigo, ou ainda quem com esses contracena. (Redação dada pela Lei nº 11.829, de 2008)

§ 2º **Aumenta-se a pena** de 1/3 (um terço) se o agente comete o crime: (Redação dada pela Lei nº 11.829, de 2008)

I – no exercício de cargo ou função pública ou a pretexto de exercê-la; (Redação dada pela Lei nº 11.829, de 2008)

II – prevalecendo-se de relações domésticas, de coabitação ou de hospitalidade; ou (Redação dada pela Lei nº 11.829, de 2008)

III – prevalecendo-se de relações de parentesco consangüíneo ou afim até o terceiro grau, ou por adoção, de tutor, curador, preceptor, empregador da vítima ou de quem, a qualquer outro título, tenha autoridade sobre ela, ou com seu consentimento. (Incluído pela Lei nº 11.829, de 2008)

1. **Sujeito ativo.** Qualquer pessoa. Trata-se de crime comum.

2. **Sujeito passivo.** A criança ou o adolescente.

3. **Pedofilia.** A pedofilia consiste no transtorno da sexualidade manifestada pela atração fantasiosa e pelo desejo de prática sexual que um adulto nutre por uma criança ou por um adolescente.

4. **Produzir, reproduzir, dirigir, fotografar, filmar ou registrar, por qualquer meio.** O legislador inseriu no tipo penal seis condutas ligadas à pedofilia relacionadas à cena de sexo explícito ou pornográfica envolvendo criança e adolescente. Pela redação típica, a produção, a reprodução, a direção, a fotografia, a filmagem ou o registro pode ser feito por qualquer meio, o que torna esse tipo penal um delito de livre execução. O legislador pretendeu incriminar qualquer conduta que tenha ligação à cena de sexo explícito ou pornográfica com criança ou adolescente. Não se exige que o agente tenha qualquer contato com a criança ou com o adolescente.

▶ STJ

Informativo nº 577

Sexta Turma

DIREITO DA CRIANÇA E DO ADOLESCENTE E PENAL. TIPIFICAÇÃO DAS CONDUTAS DE FOTOGRAFAR CENA PORNOGRÁFICA E ARMAZENAR FOTOGRAFIAS DE CONTEÚDO PORNOGRÁFICO ENVOLVENDO CRIANÇA OU ADOLESCENTE.

Fotografar cena e armazenar fotografia de criança ou adolescente em poses nitidamente sensuais, com enfoque em seus órgãos genitais, ainda que cobertos por peças de roupas, e incontroversa finalidade sexual e libidinosa, adequam-se, respectivamente, aos tipos do art. 240 e 241-B do ECA. Configuram os crimes dos arts. 240 e 241-B do ECA quando subsiste incontroversa a finalidade sexual e libidinosa de fotografias produzidas e armazenadas pelo agente, com enfoque nos órgãos genitais de adolescente – ainda que cobertos por peças de roupas –, e de poses nitidamente sensuais, em que explorada sua sexualidade com conotação obscena e pornográfica. O art. 241-E do ECA ("Para efeito dos crimes previstos nesta Lei, a expressão 'cena de sexo explícito ou pornográfica' compreende qualquer situação que envolva criança ou adolescente em atividades sexuais explícitas, reais ou simuladas, ou exibição dos órgãos genitais de uma criança ou adolescente para fins primordialmente sexuais") trouxe norma penal explicativa – porém não completa – que contribui para a interpretação dos tipos penais abertos criados pela Lei n. 11.829/2008. Nessa linha de intelecção, a definição de material pornográfico acrescentada por esse dispositivo legal não restringe a abrangência do termo pornografia infanto-juvenil e, por conseguinte, deve ser interpretada com vistas à proteção da criança e do adolescente em condição peculiar de pessoas em desenvolvimento (art. 6º do ECA). Desse modo, o conceito de pornografia infanto-juvenil pode abarcar hipóteses em que não haja a exibição explícita do órgão sexual da criança e do adolescente e, nesse sentido, há entendimento doutrinário. Portanto, configuram os crimes dos arts. 240 e 241-B do ECA quando subsiste incontroversa a finalidade sexual e libidinosa de fotografias produzidas e armazenadas pelo agente, com enfoque nos órgãos genitais de adolescente – ainda que cobertos por peças de roupas –, e de poses nitidamente sensuais, em que explorada sua sexualidade com conotação obscena e pornográfica. REsp 1.543.267-SC, **Rel. Min. Maria Thereza de Assis Moura, julgado em 3/12/2015, DJe 16/2/2016.**

→ Aplicação em concurso.

- **(Cespe – Delegado de Polícia – ES/2010)**

  Determinado cidadão, penalmente responsável, valendo-se de um adolescente de treze anos de idade, sexualmente corrompido, produziu imagens eróticas em cenário previamente montado, divulgando-as por meio de sistema de informática em sítio da Internet. O mantenedor do sítio, tão logo divulgadas as imagens, foi notificado pelo juiz da infância e da juventude do conteúdo ilícito do material e, de imediato, desabilitou o acesso às imagens. Com referência à situação hipotética acima, julgue os itens a seguir à luz do Estatuto da Criança e do Adolescente.

  Para a configuração da conduta do criador das imagens em relação ao tipo penal descrito como produzir imagem pornográfica envolvendo adolescente, exige-se a prática de relação sexual entre o agente e o menor, não se demandando qualquer correção moral do adolescente.

A alternativa está errada.

5. **"Cena de sexo explícito ou pornográfica." Norma penal em branco.** Trata-se de um tipo penal em branco, uma vez que o conceito de cena de sexo explícito ou pornográfica está contido no art. 241-E da presente lei, nos seguintes termos: "Para efeito dos crimes previstos nesta Lei, a expressão "cena de sexo explícito ou pornográfica" compreende qualquer situação que envolva criança ou adolescente em atividades sexuais explícitas, reais ou simuladas, ou exibição dos órgãos genitais de uma criança ou adolescente para fins primordialmente sexuais".

6. **Tipo penal misto alternativo.** Caso o agente pratique mais de uma conduta descrita no tipo penal, responderá por um delito apenas, não havendo concurso de crimes.

7. **Consumação.** O delito consuma-se com a prática das condutas típicas.

8. **Classificação.** Crime comum; formal; doloso; comissivo; de perigo abstrato; instantâneo; admite tentativa.

→ Aplicação em concurso.

- **(Cespe – Delegado de Polícia – ES/2010)**

  Determinado cidadão, penalmente responsável, valendo-se de um adolescente de treze anos de idade, sexualmente corrompido, produziu imagens eróticas em cenário previamente montado, divulgando-as por meio de sistema de informática em sítio da Internet. O mantenedor do sítio, tão logo divulgadas as imagens, foi notificado pelo juiz da infância e da juventude do conteúdo ilícito do material e, de imediato, desabilitou o acesso às imagens. Com referência à situação hipotética acima, julgue os itens a seguir à luz do Estatuto da Criança e do Adolescente.

  À conduta do produtor das imagens não caberão, de regra, os benefícios penais da transação penal, da suspensão condicional do processo e da suspensão condicional da pena, em face de a pena cominada à conduta ser superior a quatro anos.

  A alternativa está certa.

9. **Suspensão condicional do processo.** Incabível, pois a pena mínima cominada ultrapassa 1 ano (art. 89 da lei 9.099/95).

10. **§ 1º. Conduta equiparada.** No parágrafo primeiro o legislador incriminou a conduta de quem agencia, facilita, recruta, coage, ou de qualquer modo intermedeia a participação de criança ou de adolescente nas cenas referidas no *caput* do artigo, ou ainda quem com esses contracena. Na primeira parte do parágrafo, tem-se a conduta do agente que seria, a princípio, partícipe do delito cometido pelo autor do delito do *caput*. Com efeito, as condutas de agenciar, facilitar, recrutar, coagir e intermediar são condutas ligadas ao agente que agencia, arregimenta, proporciona a participação de criança ou de adolescente nas cenas descritas no *caput* do artigo. Entretanto, o legislador preferiu inserir tais condutas no contexto da autoria

trazendo-as para um tipo penal autônomo, de forma que o agente que as praticar não é considerado partícipe das condutas do *caput* e, sim, autor dessa infração penal autônoma prevista no parágrafo primeiro. A segunda parte do parágrafo primeiro traz a conduta de quem contracena com criança ou adolescente. Neste caso, caso haja algum contato físico de cunho sexual entre o agente que contracena e a criança ou adolescente que seja menor de 14 anos, o agente praticará o delito de estupro de vulnerável (art. 217-A do Código Penal).

11. **Tipo penal misto alternativo.** Caso o agente pratique mais de uma conduta descrita no tipo penal, responderá por um delito apenas, não havendo concurso de crimes.

12. **Consumação.** O delito consuma-se com a prática das condutas típicas.

13. **Classificação.** Crime comum; formal; doloso; comissivo; de perigo abstrato; instantâneo; admite tentativa.

14. **Suspensão condicional do processo.** Incabível, pois a pena mínima cominada ultrapassa 1 ano (art. 89 da lei 9.099/95).

15. **§ 2º. Causa de aumento de pena.** O aumento mencionado neste parágrafo tem natureza jurídica da causa especial de aumento de pena que deve incidir na terceira fase da dosimetria da pena, conforme o disposto no art. 68 do Código Penal.

16. **Inciso I.** Embora o legislador mencione "cargo ou função pública", o necessário para a incidência dessa majorante é que o agente tenha um vínculo formal com o Estado.

17. **Inciso II.** Por relação doméstica entenda-se o convívio permanente de pessoas, com ou sem vínculo familiar, inclusive as esporadicamente agregadas. Coabitação significa moradia conjunta. Relação de hospitalidade está ligada ao ato de permanência temporária em lar alheio.

18. **Inciso III.** O legislador abrangeu as relações de parentesco em sentido amplo dando o maior alcance possível à abrangência da majorante. Além disso, abrangeu relação de emprego ou qualquer forma de autoridade. É importante notar que em relação ao parentesco consanguíneo ou afim, o legislador abrangeu tão somente até o terceiro grau.

   → **Aplicação em concurso.**

   - **Escrivão de Polícia Civil/DF. 2013. CESPE.**

     Considere a seguinte situação hipotética.

     Afonso, que tem mais de vinte e um anos de idade, é primo da adolescente Z e, prevalecendo-se de sua relação de parentesco, embora não tenha autoridade sobre Z, divulgou na Internet cenas pornográficas de que a adolescente participou, sem que ela consentisse com a divulgação.

     Nessa situação, devido à relação de parentesco existente, caso seja condenado pelo ato praticado, Afonso deverá ter sua pena aumentada.

     A alternativa está errada.

Art. 241. Vender ou expor à venda **fotografia, vídeo ou outro registro** que contenha cena de sexo explícito ou pornográfica envolvendo criança ou adolescente: (Redação dada pela Lei nº 11.829, de 2008)

Pena – reclusão, de 4 (quatro) a 8 (oito) anos, e multa. (Redação dada pela Lei nº 11.829, de 2008)

1. **Sujeito ativo.** Qualquer pessoa. Trata-se de crime comum.
2. **Sujeito passivo.** A criança ou o adolescente.
3. **Comércio de material contendo pedofilia.** Por meio desse tipo penal, o legislador buscou reprimir qualquer conduta ligada ao comércio de material que contenha pedofilia.
4. **Vender ou expor à venda.** O legislador equiparou as duas condutas: vender ou expor à venda. Na segunda conduta, para a configuração do delito, basta que o fornecedor oferte o produto, por qualquer meio, aos consumidores, mesmo que a venda não seja efetivada. O legislador antecipou a incriminação para o momento anterior à realização do contrato de compra e venda.
5. **Fotografia, vídeo ou outro registro.** A abrangência que o legislador quis dar à conduta incriminada fez com que ele utilizasse a interpretação analógica ao mencionar "qualquer outro registro". Portanto, não importa a natureza ou a espécie do material, e sim o seu conteúdo.
6. **"Cena de sexo explícito ou pornográfica." Norma penal em branco.** Trata-se de um tipo penal em branco, uma vez que o conceito de cena de sexo explícito ou pornográfica está contido no art. 241-E da presente lei, nos seguintes termos: "Para efeito dos crimes previstos nesta Lei, a expressão "cena de sexo explícito ou pornográfica" compreende qualquer situação que envolva criança ou adolescente em atividades sexuais explícitas, reais ou simuladas, ou exibição dos órgãos genitais de uma criança ou adolescente para fins primordialmente sexuais".
7. **Tipo penal misto alternativo.** Caso o agente pratique mais de uma conduta descrita no tipo penal, responderá por um delito apenas, não havendo concurso de crimes.
8. **Competência.** Em regra, a competência é da Justiça Estadual. Caso a conduta ultrapasse os limites do território nacional, quando praticada por meio da rede mundial de computadores, estando configurada a transnacionalidade, como a venda do material para o exterior, a competência será da Justiça Federal com fundamento no art. 109, V da CR/88.

▶ STF

Informativo nº 805.

Plenário

Repercussão Geral

Pedofilia e competência

Compete à Justiça Federal processar e julgar os crimes consistentes em disponibilizar ou adquirir material pornográfico envolvendo criança ou adolescente

(ECA, artigos 241, 241-A e 241-B), quando praticados por meio da rede mundial de computadores. (...) O Tribunal entendeu que a competência da Justiça Federal decorreria da incidência do art. 109, V, da CF (...). Ressaltou que, no tocante à matéria objeto do recurso extraordinário, o ECA seria produto de convenção internacional, subscrita pelo Brasil, para proteger as crianças da prática nefasta e abominável de exploração de imagem na internet. (...). Assim, ao considerar a amplitude do acesso ao sítio virtual, no qual as imagens ilícitas teriam sido divulgadas, estaria caracterizada a internacionalidade do dano produzido ou potencial. Vencidos os Ministros Marco Aurélio (relator) e Dias Toffoli, que davam provimento ao recurso e fixavam a competência da Justiça Estadual. (...). RE 628624/MG, rel. orig. Min. Marco Aurélio, red. p/ o acórdão Min. Edson Fachin, 28 e 29.10.2015.

9. **Consumação.** O delito consuma-se com a prática das condutas típicas.
10. **Classificação.** Crime comum; formal; doloso; comissivo; de perigo abstrato; instantâneo na conduta *vender* e permanente na conduta *expor à venda*; admite tentativa.
11. **Suspensão condicional do processo.** Incabível, pois a pena mínima cominada ultrapassa 1 ano (art. 89 da lei 9.099/95).

Art. 241-A. Oferecer, trocar, disponibilizar, transmitir, distribuir, publicar ou divulgar por qualquer meio, inclusive por meio de sistema de informática ou telemático, **fotografia, vídeo ou outro registro que contenha cena de sexo explícito ou pornográfica envolvendo criança ou adolescente**: (Incluído pela Lei nº 11.829, de 2008)

Pena – reclusão, de 3 (três) a 6 (seis) anos, e multa. (Incluído pela Lei nº 11.829, de 2008)

§ 1º Nas mesmas penas incorre quem: (Incluído pela Lei nº 11.829, de 2008)

I – assegura os meios ou serviços para o **armazenamento das fotografias, cenas ou imagens** de que trata o caput deste artigo; (Incluído pela Lei nº 11.829, de 2008)

II – assegura, por qualquer meio, o **acesso por rede de computadores** às fotografias, cenas ou imagens de que trata o caput deste artigo.(Incluído pela Lei nº 11.829, de 2008)

§ 2º As condutas tipificadas nos incisos I e II do § 1º deste artigo são puníveis quando o responsável legal pela prestação do serviço, **oficialmente notificado**, deixa de desabilitar o acesso ao conteúdo ilícito de que trata o caput deste artigo. (Incluído pela Lei nº 11.829, de 2008)

1. **Sujeito ativo.** Qualquer pessoa. Trata-se de crime comum.
2. **Sujeito passivo.** A criança ou o adolescente.
3. **Circulação proibida de material contendo pedofilia.** No presente tipo penal, o legislador quis incriminar a *circulação* de material contendo pedofilia. Neste caso, o material já foi produzido anteriormente (conduta incriminada no art. 240).
4. **Oferecer, trocar, disponibilizar, transmitir, distribuir, publicar ou divulgar por qualquer meio.** As sete condutas estão ligadas à movimentação e à circulação de material que contenha cena de sexo explícito ou pornográfica envolvendo criança e adolescente. As condutas trocar, disponibilizar, transmitir, distribuir, publicar ou

divulgar podem ser praticadas de qualquer forma e por qualquer meio, de forma a abranger, por exemplo, a troca manual e física de fotografias entre duas pessoas ou então a troca virtual por meio da rede de internet. Não é somente a fotografia ou o vídeo, mas, como quis o legislador, qualquer outro registo que contenha esse conteúdo, podendo ser abrangido também o áudio de uma cena de sexo explícito com criança ou adolescente.

→ Aplicação em concurso.

- **(Cespe – Defensor Público – RO/ 2012)**

  Augusto, nascido em 7/5/1993, convidou Valéria, Marise e Patrícia, respectivamente, de treze, quinze e dezessete anos de idade, todas sem nenhuma experiência sexual, para uma festa que seria realizada em sua residência em 28/3/2012, no período matutino. Durante a festa, Augusto, embriagado com cerveja e apenas vestido com calção de banho, exibiu às meninas, em seu telefone celular, filme pornográfico com adolescentes e convidou-as a entrar com ele na piscina da residência, localizada na área externa, convite recusado por todas três. Logo depois, Augusto pediu que Patrícia o acompanhasse até a cozinha para buscarem cerveja gelada. A moça, receosa do alto estado de embriaguez de Augusto, trancou-se no banheiro da casa e começou a gritar por socorro. Saulo, policial militar e vizinho de Augusto, ouviu os gritos, entrou na propriedade, prendeu Augusto em flagrante e o conduziu à delegacia de polícia. Nessa situação hipotética, Augusto

A) cometeu o crime de corrupção de menores previsto no art. 218 do CP, por ter induzido Valéria, de treze anos de idade, a satisfazer a sua lascívia.

B) praticou o crime de corrupção de menores previsto no art. 244-B da Lei nº 8.069/1990, por ter corrompido as adolescentes, induzindo-as a praticar crime.

C) praticou o crime previsto no art. 241-A, caput, da Lei nº 8.069/1990, por ter exibido cenas de sexo às adolescentes.

D) não cometeu ilícito penal porque sequer iniciou a prática de qualquer crime.

E) praticou o crime de violação sexual mediante fraude, na modalidade tentada, contra Patrícia, porque, vestido apenas com calção de banho, levou-a para o interior da residência, deixando Valéria e Marise na área externa da casa.

Alternativa correta: letra C.

5. **"Cena de sexo explícito ou pornográfica." Norma penal em branco.** Trata-se de um tipo penal em branco, uma vez que o conceito de cena de sexo explícito ou pornográfica está contido no art. 241-E da presente lei, nos seguintes termos: "Para efeito dos crimes previstos nesta Lei, a expressão "cena de sexo explícito ou pornográfica" compreende qualquer situação que envolva criança ou adolescente em atividades sexuais explícitas, reais ou simuladas, ou exibição dos órgãos genitais de uma criança ou adolescente para fins primordialmente sexuais".

6. **Competência.** A competência para o processo e o julgamento desse delito não é definida de forma absoluta e imutável. A depender do caso concreto, a competência pode ser tanto da Justiça Estadual, quanto da Justiça Federal. Questão que ganha relevância refere-se à prática desse delito por meio da rede mundial de computadores (internet). Em regra, afirma-se que nesse caso a competência seria da Justiça Federal, por força do art. 109, V da CR/88, em razão do caráter internacional do

dano produzido ou do potencial dano, tendo em vista que qualquer pessoa, de qualquer lugar do mundo, que esteja conectada à internet pode ter acesso ao material divulgado, conforme o STF afirmou no Informativo 805 e o STJ no Informativo 532, abaixo transcritos. Isso porque a divulgação por meio da internet ultrapassa as fronteiras nacionais e alcança o plano internacional, permitindo o acesso por qualquer pessoa que esteja conectada à internet.

Porém, se estiver ausente esse caráter internacional, ou seja, se embora a publicação da fotografia, do vídeo ou de outros registros seja feita por meio da internet, mas não seja acessível por qualquer pessoa no mundo que esteja conectada à internet, o delito perde o seu caráter internacional e a competência é fixada na Justiça Estadual, como no caso de envio das imagens pelo aplicativo denominado *WhatsApp* ou por meio de *chat* na rede social *Facebook*. Nesses casos, o envio da imagem é feito pela internet, porém, a uma pessoa determinada ou a um grupo de pessoas determinadas, de forma que não é acessível por qualquer pessoa do mundo que esteja conectada à internet, como decidiu o STJ no Informativo 603 também abaixo transcrito, no qual se entendeu pela competência da Justiça Estadual.

Em suma, a competência será da Justiça Federal caso esteja caracterizada a internacionalidade do delito, que ocorre em razão de o conteúdo ser acessível a qualquer pessoa, de qualquer local do mundo, que esteja conectada à internet.

▶ STF

Informativo nº 805.

Plenário

Repercussão Geral

Pedofilia e competência

Compete à Justiça Federal processar e julgar os crimes consistentes em disponibilizar ou adquirir material pornográfico envolvendo criança ou adolescente (ECA, artigos 241, 241-A e 241-B), quando praticados por meio da rede mundial de computadores. (...) O Tribunal entendeu que a competência da Justiça Federal decorreria da incidência do art. 109, V, da CF (...). Ressaltou que, no tocante à matéria objeto do recurso extraordinário, o ECA seria produto de convenção internacional, subscrita pelo Brasil, para proteger as crianças da prática nefasta e abominável de exploração de imagem na internet. (...). Assim, ao considerar a amplitude do acesso ao sítio virtual, no qual as imagens ilícitas teriam sido divulgadas, estaria caracterizada a internacionalidade do dano produzido ou potencial. Vencidos os Ministros Marco Aurélio (relator) e Dias Toffoli, que davam provimento ao recurso e fixavam a competência da Justiça Estadual. (...). RE 628624/MG, rel. orig. Min. Marco Aurélio, red. p/ o acórdão Min. Edson Fachin, 28 e 29.10.2015.

▶ STJ

Informativo nº 532.

Terceira Seção

DIREITO PROCESSUAL PENAL. DEFINIÇÃO DA COMPETÊNCIA PARA APURAÇÃO DA PRÁTICA DO CRIME PREVISTO NO ART. 241 DO ECA.

Não tendo sido identificado o responsável e o local em que ocorrido o ato de publicação de imagens pedófilo-pornográficas em site de relacionamento de abrangência internacional, competirá ao juízo federal que primeiro tomar conhecimento do fato apurar o suposto crime de publicação de pornografia envolvendo criança ou adolescente (art. 241 do ECA). Por se tratar de site de relacionamento de abrangência internacional – que possibilita o acesso dos dados constantes de suas páginas, em qualquer local do mundo, por qualquer pessoa dele integrante – deve ser reconhecida, no que diz respeito ao crime em análise, a transnacionalidade necessária à determinação da competência da Justiça Federal. Posto isso, cabe registrar que o delito previsto no art. 241 do ECA se consuma com o ato de publicação das imagens. Entretanto, configurada dúvida quanto ao local do cometimento da infração e em relação ao responsável pela divulgação das imagens contendo pornografia infantil, deve se firmar a competência pela prevenção a favor do juízo federal em que as investigações tiveram início (art. 72, § 2º, do CPP). **CC 130.134-TO, Rel. Min. Marilza Maynard (Desembargadora convocada do TJ-SE), julgado em 9/10/2013.**

▶ STJ

Informativo nº 603.

Terceira Seção.

Conflito negativo de competência. Justiça Federal *versus* Justiça Estadual. Inquérito policial. Divulgação de imagem pornográfica de adolescente via *whatsapp* e em *chat* no *facebook*. Art. 241-A da Lei 8.069/1990 (ECA). Internacionalidade. Inexistência. Competência da justiça estadual. Compete à Justiça Federal a condução do inquérito que investiga o cometimento do delito previsto no art. 241-A do ECA nas hipóteses em que há a constatação da internacionalidade da conduta e à Justiça Estadual nos casos em que o crime é praticado por meio de troca de informações privadas, como nas conversas via *whatsapp* ou por meio de *chat* na rede social *facebook*. Cinge-se a discussão a definir se compete à Justiça Federal ou à Justiça Estadual a condução de inquérito policial que investiga o cometimento, em tese, de crime de compartilhamento de material pornográfico envolvendo criança ou adolescente (art. 241-A da Lei 8.069/90), que foram trocadas por particulares, via *Whatsapp* e por meio de *chat* na rede social *Facebook*. Em 29/10/2015, a matéria foi posta a exame do Plenário do Supremo Tribunal Federal, no julgamento do Recurso Extraordinário n. 628.624-MG, em sede de repercussão geral, ocasião em que ficou assentado que a fixação da competência da Justiça Federal para o julgamento do delito do art. 241-A do Estatuto da Criança e do Adolescente (divulgação e publicação de conteúdo pedófilo-pornográfico) pressupõe a possibilidade de identificação do atributo da internacionalidade do resultado obtido ou que se pretendia obter. Observe-se que a constatação da internacionalidade do delito demandaria apenas que a publicação do material pornográfico tivesse sido feita em "ambiência virtual de sítios de amplo e fácil acesso a qualquer sujeito, em qualquer parte do planeta, que esteja conectado à internet", independentemente da ocorrência efetiva de acesso no estrangeiro. Por sua vez, tanto no aplicativo *WhatsApp* quanto nos diálogos (*chat*) estabelecidos na rede social *Facebook*, a comunicação se dá entre destinatários escolhidos pelo emissor da mensagem. Trata-se de troca de informação privada que não está acessível a qualquer pessoa. Assim sendo, não preenchido o requisito estabelecido pela Corte Suprema, de que a postagem de conteúdo pedófilo-pornográfico tenha sido feita em cenário propício ao livre acesso, deve-se ter em conta que a definição do Juízo competente em tais hipóteses se dá em razão do âmbito de divulgação e publicação do referido conteúdo, o que revela a competência da Justiça Estadual. **(CC 150.564-MG, Rel. Min. Reynaldo Soares da Fonseca, julgado em 26/4/2017).**

→ Aplicação em concurso.

- **Juiz de Direito do TJ/DF. 2014. CESPE.**

  É da justiça estadual a competência para processar e julgar o delito de divulgação de pornografia infantil, ainda que o material pornográfico ultrapasse as fronteiras nacionais, visto que não há, nesse caso, interesse da União a atrair a competência da justiça federal.

  A alternativa está errada.

7. **Tipo penal misto alternativo.** Caso o agente pratique mais de uma conduta descrita no tipo penal, responderá por um delito apenas, não havendo concurso de crimes.

8. **Consumação.** O delito consuma-se com a prática das condutas típicas.

9. **Classificação.** Crime comum; formal; doloso; comissivo; de perigo abstrato; instantâneo, mas pode configurar crime permanente nas condutas *oferecer*, *disponibilizar* e *divulgar* a depender do meio executório; admite tentativa.

10. **Suspensão condicional do processo.** Incabível, pois a pena mínima cominada ultrapassa 1 ano (art. 89 da lei 9.099/95).

11. **§ 1º. Condutas equiparadas.**

12. **Inciso I. Armazenamento do material contendo pedofilia.** Neste delito o agente garante o meio ou o serviço para o armazenamento do material contendo a pedofilia. O agente não produz o material, nem o faz circular. Ele apenas guarda, armazena todo o material. O armazenamento pode ser físico ou virtual. Mais uma vez, trata-se de conduta que, a princípio, configura espécie de participação na conduta criminosa daquele que promove a circulação do material (conduta do *caput)*, mas que o legislador optou por punir de forma autônoma em espécie de autoria.

13. **Consumação.** O delito consuma-se com o armazenamento do material.

14. **Classificação.** Crime comum; formal; doloso; comissivo; de perigo abstrato; permanente; admite tentativa.

→ Aplicação em concurso.

- **(Cespe – Delegado de Polícia – ES/2010)**

  Determinado cidadão, penalmente responsável, valendo-se de um adolescente de treze anos de idade, sexualmente corrompido, produziu imagens eróticas em cenário previamente montado, divulgando-as por meio de sistema de informática em sítio da Internet. O mantenedor do sítio, tão logo divulgadas as imagens, foi notificado pelo juiz da infância e da juventude do conteúdo ilícito do material e, de imediato, desabilitou o acesso às imagens. Com referência à situação hipotética acima, julgue os itens a seguir à luz do Estatuto da Criança e do Adolescente.

Na situação considerada, é viável a prisão em flagrante do mantenedor do sítio, porquanto a sua conduta é classificada como crime permanente, uma vez ultrapassada a fase de notificação e não desativado o acesso.

A alternativa está certa.

15. **Inciso II. Asseguramento do acesso ao material contendo pedofilia por rede de computadores.** Nesse delito, o legislador incriminou a conduta do provedor de internet que mantém o material de pedofilia em seu site e garante o acesso de várias pessoas a ele. Da mesma forma que se disse em relação ao delito anterior, trata-se de conduta que, a princípio, configura espécie de participação na conduta criminosa daquele que promove a circulação do material (conduta do *caput)*, mas que o legislador optou por punir de forma autônoma em espécie de autoria.

16. **Consumação.** O delito consuma-se com a prática da conduta típica.

17. **Classificação.** Crime comum; formal; doloso; comissivo; de perigo abstrato; permanente; admite tentativa.

→ Aplicação em concurso.

- **(Cespe – Delegado de Polícia – ES/2010)**

  Determinado cidadão, penalmente responsável, valendo-se de um adolescente de treze anos de idade, sexualmente corrompido, produziu imagens eróticas em cenário previamente montado, divulgando-as por meio de sistema de informática em sítio da Internet. O mantenedor do sítio, tão logo divulgadas as imagens, foi notificado pelo juiz da infância e da juventude do conteúdo ilícito do material e, de imediato, desabilitou o acesso às imagens. Com referência à situação hipotética acima, julgue os itens a seguir à luz do Estatuto da Criança e do Adolescente.

  Na situação considerada, é viável a prisão em flagrante do mantenedor do sítio, porquanto a sua conduta é classificada como crime permanente, uma vez ultrapassada a fase de notificação e não desativado o acesso.

  A alternativa está certa.

18. **Suspensão condicional do processo.** Incabível, pois a pena mínima cominada ultrapassa 1 ano (art. 89 da lei 9.099/95).

19. **§ 2º. Condição objetiva de punibilidade.** Primeiramente, deve haver a notificação do responsável legal pelo serviço prestado (pessoa que tem efetivamente a responsabilidade pelo conteúdo do site de internet) dando-lhe ciência do conteúdo proibido e determinando a sua retirada em determinado prazo. Somente após isso é que pode ser dado início à persecução penal.

Art. 241-B. Adquirir, possuir ou armazenar, por qualquer meio, fotografia, **vídeo ou outra forma de registro que contenha cena de sexo explícito ou pornográfica envolvendo criança ou adolescente**: (Incluído pela Lei nº 11.829, de 2008)

Pena – reclusão, de 1 (um) a 4 (quatro) anos, e multa. (Incluído pela Lei nº 11.829, de 2008)

§ 1º A pena é diminuída de 1 (um) a 2/3 (dois terços) se de **pequena quantidade o material** a que se refere o caput deste artigo. (Incluído pela Lei nº 11.829, de 2008)

§ 2º **Não há crime** se a posse ou o armazenamento tem a finalidade de **comunicar às autoridades competentes** a ocorrência das condutas descritas nos arts. 240, 241, 241-A e 241-C desta Lei, quando a comunicação for feita por: (Incluído pela Lei nº 11.829, de 2008)

I – agente público no exercício de suas funções; (Incluído pela Lei nº 11.829, de 2008)

II – membro de entidade, legalmente constituída, que inclua, entre suas finalidades institucionais, o recebimento, o processamento e o encaminhamento de notícia dos crimes referidos neste parágrafo; (Incluído pela Lei nº 11.829, de 2008)

III – representante legal e funcionários responsáveis de provedor de acesso ou serviço prestado por meio de rede de computadores, até o recebimento do material relativo à notícia feita à autoridade policial, ao Ministério Público ou ao Poder Judiciário. (Incluído pela Lei nº 11.829, de 2008)

§ 3º As pessoas referidas no § 2º deste artigo deverão manter sob sigilo o material ilícito referido. (Incluído pela Lei nº 11.829, de 2008)

1. **Sujeito ativo.** Qualquer pessoa. Trata-se de crime comum.
2. **Sujeito passivo.** A criança ou o adolescente.
3. **Manutenção de material contendo pedofilia.** Neste tipo penal, pune-se a *manutenção* de material contendo pedofilia. Note-se que o material já foi produzido anteriormente (conduta incriminada no art. 240). O agente apenas adquire de outrem, possui ou armazena.
4. **Adquirir, possuir ou armazenar.** *Adquirir* significa receber o material de alguém. *Possuir* consiste em ter o material contendo pedofilia em sua posse. *Armazenar* quer dizer guardar, que podemos dizer ser muito parecido com o verbo possuir. O legislador quis impedir que esse material seja guardado, armazenado ou adquirido por alguém porque essa conduta pode gerar a circulação dele (art. 241-A). Note-se que a aquisição, a posse e o armazenamento podem ocorrer por qualquer meio, segundo o legislador. Assim, por exemplo, o armazenamento pode ocorrer de forma física ou virtual.

▶ STJ

Informativo nº 577

Sexta Turma

DIREITO DA CRIANÇA E DO ADOLESCENTE E PENAL. TIPIFICAÇÃO DAS CONDUTAS DE FOTOGRAFAR CENA PORNOGRÁFICA E ARMAZENAR FOTOGRAFIAS DE CONTEÚDO PORNOGRÁFICO ENVOLVENDO CRIANÇA OU ADOLESCENTE.

Fotografar cena e armazenar fotografia de criança ou adolescente em poses nitidamente sensuais, com enfoque em seus órgãos genitais, ainda que cobertos por peças de roupas, e incontroversa finalidade sexual e libidinosa, adequam-se, respectivamente, aos tipos do art. 240 e 241-B do ECA. Configuram os crimes dos arts. 240 e 241-B do ECA quando subsiste incontroversa a finalidade sexual e libidinosa de fotografias produzidas e armazenadas pelo agente, com enfoque nos órgãos genitais de adolescente – ainda que cobertos por peças de roupas –, e de poses nitidamente sensuais, em que explorada sua sexualidade com conotação obscena e pornográfica. O art. 241-E do ECA ("Para efeito dos crimes previstos nesta Lei, a expressão 'cena de sexo explícito ou pornográfica' compreende qualquer situação que envolva criança ou adolescente em atividades sexuais explícitas, reais ou simuladas, ou exibição dos órgãos genitais de uma criança ou adolescente para fins primordialmente sexuais") trouxe norma penal explicativa – porém não completa – que contribui para a interpretação dos tipos penais abertos criados pela Lei n. 11.829/2008. Nessa linha de intelecção, a definição de material pornográfico acrescentada por esse dispositivo legal não restringe a abrangência do termo pornografia infanto-juvenil e, por conseguinte, deve ser interpretada com vistas à proteção da criança e do adolescente em condição peculiar de pessoas em desenvolvimento (art. 6º do ECA). Desse modo, o conceito de pornografia infanto-juvenil pode abarcar hipóteses em que não haja a exibição explícita do órgão sexual da criança e do adolescente e, nesse sentido, há entendimento doutrinário. Portanto, configuram os crimes dos arts. 240 e 241-B do ECA quando subsiste incontroversa a finalidade sexual e libidinosa de fotografias produzidas e armazenadas pelo agente, com enfoque nos órgãos genitais de adolescente – ainda que cobertos por peças de roupas –, e de poses nitidamente sensuais, em que explorada sua sexualidade com conotação obscena e pornográfica. REsp 1.543.267-SC, **Rel. Min. Maria Thereza de Assis Moura, julgado em 3/12/2015, DJe 16/2/2016.**

→ **Aplicação em concurso.**

- **Juiz de Direito do TJ/DF. 2014. CESPE.**

  Douglas adquiriu gratuitamente vídeo com cenas de sexo explícito envolvendo menores de idade, para a satisfação de seus próprios desejos sexuais, sem expô-lo a terceiros. Nessa situação, Douglas praticou crime tipificado no ECA.

  A alternativa está correta.

- **Juiz de Direito do TJ/DF. 2014. CESPE.**

  Considere que se constate, durante inquérito policial, que Alberto, maior imputável, armazenava em seu computador dois vídeos com cenas pornográficas envolvendo criança ou adolescente e que se comprove que o indiciado não tenha comprado nem distribuído os vídeos, mas apenas feito o download na Internet. Nessa situação hipotética, Alberto responderá por crime previsto no ECA, com direito à redução de um a dois terços da pena prevista, em razão da pequena quantidade de material armazenado.

  A alternativa está correta.

5. **Competência.** Em regra, a competência é da Justiça Estadual. Caso a conduta ultrapasse os limites do território nacional, quando praticada por meio da rede mundial de computadores, estando configurada a transnacionalidade, a competência será da Justiça Federal com fundamento no art. 109, V da CR/88.

▶ STF

Informativo nº 805.

Plenário

Repercussão Geral

Pedofilia e competência

Compete à Justiça Federal processar e julgar os crimes consistentes em disponibilizar ou adquirir material pornográfico envolvendo criança ou adolescente

(ECA, artigos 241, 241-A e 241-B), quando praticados por meio da rede mundial de computadores. (...) O Tribunal entendeu que a competência da Justiça Federal decorreria da incidência do art. 109, V, da CF (...). Ressaltou que, no tocante à matéria objeto do recurso extraordinário, o ECA seria produto de convenção internacional, subscrita pelo Brasil, para proteger as crianças da prática nefasta e abominável de exploração de imagem na internet. (...). Assim, ao considerar a amplitude do acesso ao sítio virtual, no qual as imagens ilícitas teriam sido divulgadas, estaria caracterizada a internacionalidade do dano produzido ou potencial. Vencidos os Ministros Marco Aurélio (relator) e Dias Toffoli, que davam provimento ao recurso e fixavam a competência da Justiça Estadual. (...). RE 628624/MG, rel. orig. Min. Marco Aurélio, red. p/ o acórdão Min. Edson Fachin, 28 e 29.10.2015.

▶ STJ

Informativo nº 520

Terceira Seção

DIREITO PROCESSUAL PENAL. COMPETÊNCIA PARA PROCESSAR E JULGAR ACUSADO DE CAPTAR E ARMAZENAR, EM COMPUTADORES DE ESCOLAS MUNICIPAIS, VÍDEOS PORNOGRÁFICOS, ORIUNDOS DA INTERNET, ENVOLVENDO CRIANÇAS E ADOLESCENTES.

Compete à Justiça Comum Estadual processar e julgar acusado da prática de conduta criminosa consistente na captação e armazenamento, em computadores de escolas municipais, de vídeos pornográficos oriundos da internet, envolvendo crianças e adolescentes. Segundo o art. 109, V, da CF, compete aos juízes federais processar e julgar "os crimes previstos em tratado ou convenção internacional, quando, iniciada a execução no País, o resultado tenha ou devesse ter ocorrido no estrangeiro, ou reciprocamente". Nesse contexto, de acordo com o entendimento do STJ e do STF, para que ocorra a fixação da competência da Justiça Federal, não basta que o Brasil seja signatário de tratado ou convenção internacional que preveja o combate a atividades criminosas dessa natureza, sendo necessário, ainda, que esteja evidenciada a transnacionalidade do delito. Assim, inexistindo indícios do caráter transnacional da conduta apurada, estabelece-se, nessas circunstâncias, a competência da Justiça Comum Estadual. **CC 103.011-PR, Rel. Min. Assusete Magalhães, julgado em 13/3/2013.**

6. **"Cena de sexo explícito ou pornográfica." Norma penal em branco.** Trata-se de um tipo penal em branco, uma vez que o conceito de cena de sexo explícito ou pornográfica está contido no art. 241-E da presente lei, nos seguintes termos: "Para efeito dos crimes previstos nesta Lei, a expressão "cena de sexo explícito ou pornográfica" compreende qualquer situação que envolva criança ou adolescente em atividades sexuais explícitas, reais ou simuladas, ou exibição dos órgãos genitais de uma criança ou adolescente para fins primordialmente sexuais".

7. **Tipo penal misto alternativo.** Caso o agente pratique mais de uma conduta descrita no tipo penal, responderá por um delito apenas, não havendo concurso de crimes.

8. **Consumação.** O delito consuma-se com a prática das condutas típicas de aquisição, posse ou armazenamento.

9. **Classificação.** Crime comum; formal; doloso; comissivo; de perigo abstrato; instantâneo na conduta *adquirir* e permanente nas condutas *possuir* e *armazenar*; admite tentativa.

10. **Suspensão condicional do processo.** Cabível, pois a pena mínima cominada não ultrapassa 1 ano (art. 89 da lei 9.099/95).

11. **§ 1º. Causa de diminuição de pena.** O legislador não especificou o que seria pequena quantidade do material. Pensamos que isso deve ficar ao arbítrio do Juiz no momento da análise do caso concreto. Trata-se de causa especial de diminuição de pena que deve incidir na terceira fase do critério trifásico de dosimetria da pena contido no art. 68 do Código Penal.

12. **§ 2º. Causa de exclusão da tipicidade.** Pela redação típica, pensamos que o legislador inseriu nesse parágrafo uma causa de exclusão da tipicidade formal. A conduta sequer chega a ser típica. Com efeito, se no *caput* do artigo o legislador estabeleceu a conduta criminosa e no parágrafo segundo dispôs que "não há crime", temos que afastou a própria tipicidade da conduta. Neste caso, a posse ou o armazenamento tem por finalidade comunicar à autoridade policial ou judiciária a ocorrência de delitos que envolvam a pedofilia, desde que a comunicação seja feita nos moldes dos incisos.

→ Aplicação em concurso.

- **(Cespe – Defensor Público – ES/ 2012)**

  Com relação às disposições do ECA, da lei que trata da violência doméstica e familiar e da lei referente à lavagem de dinheiro, julgue os itens subsequentes.

  O ECA preconiza expressamente a responsabilidade penal do agente que adquirir, possuir ou armazenar, por qualquer meio, fotografia, vídeo ou outra forma de registro que contenha cena de sexo explícito ou pornográfica envolvendo criança ou adolescente, com a possibilidade de diminuição da pena, se for pequena a quantidade do material apreendido, e faculta ao juiz deixar de aplicar a sanção ou substituí-la, a qualquer tempo, por pena restritiva de direitos, se o autor, coautor ou partícipe colaborar espontaneamente com as autoridades, prestando esclarecimentos que conduzam à apuração das infrações penais, à identificação dos autores, coautores e partícipes, ou à sua localização.

  A alternativa está errada.

13. **§ 3º. Dever de sigilo.** A imposição do sigilo é fundamental para evitar, ainda que seja pelo motivo do § 2º, qualquer forma de menção ou divulgação do material que contiver a pedofilia, sobretudo para evitar que seja praticado o delito do art. 241-A por meio da circulação ou movimentação indevida do material.

Art. 241-C. Simular a participação de criança ou adolescente **em cena de sexo explícito ou pornográfica** por meio de adulteração, montagem ou modificação de fotografia, vídeo ou qualquer outra forma de representação visual: (Incluído pela Lei nº 11.829, de 2008)

Pena – reclusão, de 1 (um) a 3 (três) anos, e multa. (Incluído pela Lei nº 11.829, de 2008)

Parágrafo único. Incorre nas mesmas penas quem vende, expõe à venda, disponibiliza, distribui, publica ou divulga por qualquer meio, adquire, possui ou armazena o material produzido na forma do caput deste artigo. (Incluído pela Lei nº 11.829, de 2008)

1. **Sujeito ativo.** Qualquer pessoa. Trata-se de crime comum.
2. **Sujeito passivo.** A criança ou o adolescente.
3. **Simulação da participação de criança ou adolescente em cena de sexo explícito ou pornográfica.** Simular significa fingir, representar como se semelhante fosse, dar a algo a aparência do que realmente não é, imitar. Nesse delito, pune-se a conduta do agente que representa, como se fosse real, a participação de criança ou de adolescente em cena de sexo explícito ou pornográfica. Na realidade, o menor não está na cena de sexo explícito ou na cena pornográfica, mas o agente simula essa situação por meio da adulteração, da montagem ou da modificação de fotografia, vídeo ou qualquer outra forma de representação visual, que são os meios executórios para a simulação. É o caso, por exemplo, do agente que possui uma fotografia contendo duas crianças em planos distintos da imagem e adultera-a para simular uma cena de sexo oral entre as crianças. Ou então o caso do agente que, em um vídeo de crianças e adolescentes com objetos na mão, edita esse vídeo e insere um órgão sexual nas mãos das crianças.
4. **"Cena de sexo explícito ou pornográfica." Norma penal em branco.** Trata-se de um tipo penal em branco, uma vez que o conceito de cena de sexo explícito ou pornográfica está contido no art. 241-E da presente lei, nos seguintes termos: "Para efeito dos crimes previstos nesta Lei, a expressão "cena de sexo explícito ou pornográfica" compreende qualquer situação que envolva criança ou adolescente em atividades sexuais explícitas, reais ou simuladas, ou exibição dos órgãos genitais de uma criança ou adolescente para fins primordialmente sexuais".
5. **Consumação.** O delito consuma-se com a finalização da simulação na fotografia, no vídeo ou em qualquer outra forma de representação visual.
6. **Classificação.** Crime comum; formal; doloso; comissivo; de perigo abstrato; instantâneo; admite tentativa.
7. **Suspensão condicional do processo.** Cabível, pois a pena mínima cominada não ultrapassa 1 ano (art. 89 da lei 9.099/95).
8. **Parágrafo único. Conduta equiparada.** Incrimina-se qualquer espécie de circulação, movimentação, divulgação, publicação ou armazenamento do material simulado. Muitos verbos configuram os delitos contidos nos artigos 241, 241-A e 241-B. A diferença é que nesses tipos penais o material é verdadeiro, isso é, no material há realmente crianças ou adolescentes em cenas de sexo explícito ou pornográfica. No tipo penal ora comentado, não há realmente crianças ou adolescentes em cenas de sexo explícito ou pornográfica no material, mas, sim, somente a simulação disso.
9. **Tipo penal misto alternativo.** Caso o agente pratique mais de uma conduta descrita no tipo penal, responderá por um delito apenas, não havendo concurso de crimes.

10. **Consumação.** O delito consuma-se com a prática das condutas típicas.
11. **Classificação.** Crime comum; formal; doloso; comissivo; de perigo abstrato; instantâneo nas condutas *vender, distribuir, publicar e adquirir.* Permanente nas condutas *expor à venda, possuir, armazenar.* As condutas *disponibilizar, divulgar* podem configurar crime instantâneo ou permanente a depender do caso concreto; admite tentativa.
12. **Suspensão condicional do processo.** Cabível, pois a pena mínima cominada não ultrapassa 1 ano (art. 89 da lei 9.099/95).

Art. 241-D. Aliciar, assediar, instigar ou constranger, por qualquer meio de comunicação, criança, **com o fim de com ela praticar ato libidinoso**: (Incluído pela Lei nº 11.829, de 2008)

Pena – reclusão, de 1 (um) a 3 (três) anos, e multa. (Incluído pela Lei nº 11.829, de 2008)

Parágrafo único. Nas mesmas penas incorre quem: (Incluído pela Lei nº 11.829, de 2008)

I – facilita ou induz o **acesso à criança de material contendo cena de sexo explícito ou pornográfica** com o fim de com ela praticar ato libidinoso; (Incluído pela Lei nº 11.829, de 2008)

II – pratica as condutas descritas no caput deste artigo com o fim de induzir **criança a se exibir de forma pornográfica ou sexualmente explícita**. (Incluído pela Lei nº 11.829, de 2008)

1. **Sujeito ativo.** Qualquer pessoa. Trata-se de crime comum.
2. **Sujeito passivo.** A criança.
3. **Aliciar, assediar, instigar ou constranger, por qualquer meio de comunicação.** Neste tipo penal o legislador criminalizou condutas que configuram meio para a prática de ato libidinoso com a criança. O legislador antecipou-se para criminalizar a conduta de atrair a criança para a prática do ato libidinoso. Com isso, evita-se o mal maior, que seria o ato posterior a esse delito, qual seja: a efetiva prática do ato libidinoso com a criança. O legislador teve por finalidade punir a conduta do pedófilo que fica, de qualquer forma, atraindo crianças para perto de si para manter com elas ato libidinoso, sobretudo por meio da internet. Não é necessário que o agente mantenha o ato libidinoso com a criança e, caso isso ocorra, o agente pratica o delito de estupro de vulnerável contido no art. 217-A do Código Penal.
4. **Princípio da legalidade.** A incriminação deste tipo penal não abrange o adolescente.

→ Aplicação em concurso.

- **(MPE-SC – Promotor de Justiça – SC/2013)**

  O Estatuto da Criança e do Adolescente estabelece expressamente como crime a conduta específica de assediar, aliciar, constranger ou instigar, por qualquer meio de comunicação, criança ou adolescente, com o fim de praticar ato libidinoso, incluindo, nas mesmas penas e a título de conduta equiparada, quem facilita ou induz o acesso à criança ou adolescente de material contendo cena de sexo explícito ou pornográfica com o fim de praticar ato libidinoso; e pratica as condutas descritas com o fim de induzir criança ou adolescente a se exibir de forma pornográfica ou sexualmente explícita.

A alternativa está errada.

5. **Especial fim de agir.** O tipo penal exige como especial fim de agir a finalidade de praticar ato libidinoso com a criança. Ausente esse especial fim de agir, este delito não estará configurado.

6. **Tipo penal misto alternativo.** Caso o agente pratique mais de uma conduta descrita no tipo penal, responderá por um delito apenas, não havendo concurso de crimes.

7. **Consumação.** O delito consuma-se com a prática das condutas típicas.

8. **Classificação.** Crime comum; formal; doloso; comissivo; de perigo abstrato; instantâneo; admite tentativa.

9. **Suspensão condicional do processo.** Cabível, pois a pena mínima cominada não ultrapassa 1 ano (art. 89 da lei 9.099/95).

10. **Parágrafo único. Condutas equiparadas.**

11. **Inciso I.** Neste inciso pune-se a conduta do agente que facilita ou induz o acesso à criança de material contendo cena de sexo explícito ou pornográfica com o fim de com ela praticar ato libidinoso. O agente faz a criança ter acesso ao material contendo pedofilia para influenciar a atitude dela, para que ela veja aquilo como se fosse algo normal e aceite como possível de ser feito, tendo o agente o fim de praticar ato libidinoso com ela.

12. **Especial fim de agir.** O tipo penal dessa conduta equiparada exige como especial fim de agir a finalidade de praticar ato libidinoso com a criança. Ausente esse especial fim de agir, este delito não estará configurado.

13. **Tipo penal misto alternativo.** Caso o agente pratique mais de uma conduta descrita no tipo penal, responderá por um delito apenas, não havendo concurso de crimes.

14. **Consumação.** O delito consuma-se com a prática das condutas típicas de facilitar ou induzir o acesso da criança ao material contendo cena de sexo explícito ou pornográfica.

15. **Classificação.** Crime comum; formal; doloso; comissivo; de perigo abstrato; instantâneo; admite tentativa.

16. **Suspensão condicional do processo.** Cabível, pois a pena mínima cominada não ultrapassa 1 ano (art. 89 da lei 9.099/95).

17. **Inciso II.** Neste inciso, o legislador, a exemplo do *caput,* incrimina a conduta do agente que configura formas de atrair a criança a fim de induzi-la a exibir-se de forma pornográfica ou sexualmente explícita. O legislador teve por finalidade punir a conduta do pedófilo que fica, de qualquer forma, atraindo as crianças para que elas ajam dessa forma.

18. **Especial fim de agir.** O tipo penal dessa conduta equiparada exige como especial fim de agir a indução da criança a exibir-se de forma pornográfica ou sexualmente explícita. Ausente esse especial fim de agir, este delito não estará configurado.

19. **Consumação.** O delito consuma-se com a prática das condutas típicas descritas no *caput* desse artigo. Não se exige, para a consumação, que a criança efetivamente exiba-se de forma pornográfica ou sexualmente explícita.

20. **Classificação.** Crime comum; formal; doloso; comissivo; de perigo abstrato; instantâneo; admite tentativa.

> **Art. 241-E.** Para efeito dos crimes previstos nesta Lei, **a expressão "cena de sexo explícito ou pornográfica" compreende** qualquer situação que envolva criança ou adolescente em atividades sexuais explícitas, reais ou simuladas, ou exibição dos órgãos genitais de uma criança ou adolescente para fins primordialmente sexuais. (Incluído pela Lei nº 11.829, de 2008)

1. **Norma penal explicativa.** Este dispositivo legal constitui norma penal explicativa e tem a função de esclarecer o conceito de "cena de sexo explícito ou pornográfica", de modo a ajudar o intérprete na interpretação e na aplicação dos tipos penais anteriores que fazem menção a essa expressão.

   → **Aplicação em concurso.**

   - **Juiz de Direito do TJ/DF. 2014. CESPE.**

     A mera exibição, em fotografia ou vídeo, dos órgãos genitais de uma criança ou adolescente para fins primordialmente sexuais é insuficiente para a configuração dos crimes que, previstos no ECA, estejam relacionados a imagens de pornografia infantil.

     A alternativa está errada.

> **Art. 242.** Vender, fornecer ainda que gratuitamente ou entregar, de qualquer forma, a criança ou adolescente **arma, munição ou explosivo**:
>
> Pena – reclusão, de 3 (três) a 6 (seis) anos. (Redação dada pela Lei nº 10.764, de 12.11.2003)

1. **Sujeito ativo.** Qualquer pessoa. Trata-se de crime comum.

2. **Sujeito passivo.** A criança ou o adolescente.

3. **Vender, fornecer ou entregar.** *Vender* significa negociar, trocar por dinheiro. *Fornecer* é sinônimo de dar, entregar. Entregar é sinônimo de fornecer. O legislador foi redundante.

4. **Conflito aparente de normas com o art. 16, PU, V, do Estatuto do Desarmamento (lei 10.826/2003).** A análise do presente tipo penal deve ser conjugada com o delito contido no art. 16, PU, V, do Estatuto do Desarmamento (lei 10.826/2003), tendo em vista que ambos tratam de arma, munição e explosivo. Considerando que a

lei de armas é posterior, derrogou o delito descrito no art. 242 do ECA. Assim, a conduta de vender, fornecer ou entregar arma de fogo, munição ou explosivo a criança ou adolescente configura o delito previsto no Estatuto do Desarmamento. Como o ECA não fez menção à arma *de fogo,* continua aplicável somente quando se tratar de arma de outra natureza, ou seja, que não seja de fogo. Em conclusão, o presente tipo penal somente permanece aplicável para o caso de o agente vender, fornecer ou entregar a criança ou adolescente arma que não seja de fogo, ou seja, a denominada arma branca.

5. **Arma branca.** Chega-se ao conceito de arma branca por exclusão, tida como aquela que não é arma de fogo. A arma branca se divide em: *arma própria,* que é aquela produzida com finalidade específica de ataque e defesa, como punhal, lança, espada; e *arma imprópria,* que é produzida sem a finalidade específica de ataque ou defesa, mas pode ser utilizada para tais fins, como faca de cozinha, martelo, machado etc.

6. **Violação do art. 81, I do ECA.** O tipo penal ora comentado constitui violação à norma contida no art. 81, I do próprio ECA que dispõe "Art. 81. É proibida a venda à criança ou ao adolescente de: I – armas, munições e explosivos".

7. **Diferença para o art. 13 do Estatuto do Desarmamento (lei 10.826/2003).** O art. 13 do Estatuto do Desarmamento dispõe sobre o delito de omissão de cautela e tem a seguinte redação: "Art. 13. Deixar de observar as cautelas necessárias para impedir que menor de 18 (dezoito) anos ou pessoa portadora de deficiência mental se apodere de arma de fogo que esteja sob sua posse ou que seja de sua propriedade: Pena – detenção, de 1 (um) a 2 (dois) anos, e multa. Parágrafo único. Nas mesmas penas incorrem o proprietário ou diretor responsável de empresa de segurança e transporte de valores que deixarem de registrar ocorrência policial e de comunicar à Polícia Federal perda, furto, roubo ou outras formas de extravio de arma de fogo, acessório ou munição que estejam sob sua guarda, nas primeiras 24 (vinte quatro) horas depois de ocorrido o fato." A diferença reside no objeto material do delito. Enquanto o art. 13 do Estatuto do Desarmamento abrange arma de fogo, o presente tipo penal abrange arma que não seja de fogo, a denominada arma branca.

8. **Tipo penal misto alternativo.** Caso o agente pratique mais de uma conduta descrita no tipo penal, responderá por um delito apenas, não havendo concurso de crimes.

9. **Consumação.** O delito consuma-se com a prática das condutas típicas.

10. **Classificação.** Crime comum; formal; doloso; comissivo; de perigo abstrato; instantâneo; admite tentativa.

11. **Suspensão condicional do processo.** Incabível, pois a pena mínima cominada ultrapassa 1 ano (art. 89 da lei 9.099/95).

Art. 243. Vender, fornecer, servir, ministrar ou entregar, ainda que gratuitamente, de qualquer forma, a criança ou a adolescente, **bebida alcoólica** ou, sem justa causa, outros **produtos cujos componentes possam causar dependência física ou psíquica**:

Pena – detenção de 2 (dois) a 4 (quatro) anos, e multa, se o fato não constitui crime mais grave. (Redação dada pela lei 13.106/2015).

1. **Sujeito ativo.** Qualquer pessoa. Trata-se de crime comum.
2. **Sujeito passivo.** A criança ou o adolescente.
3. **Vender, fornecer, servir, ministrar ou entregar.** *Vender* significa negociar, trocar por dinheiro. *Fornecer* é sinônimo de dar, entregar. *Servir* significa entregar, atender ao pedido. *Ministrar* é introduzir no organismo alheio. *Entregar* é sinônimo de fornecer. O legislador foi redundante. Trata-se da incriminação das condutas que têm o condão de fazer chegar às mãos de um menor de 18 anos bebida alcoólica ou qualquer produto cujos componentes possam causar dependência física ou psíquica.
4. **Produtos cujos componentes possam causar dependência física ou psíquica, ainda que por utilização indevida.** São produtos que causam dependência em razão da possibilidade de gerar um vício na pessoa. São exemplos: cigarro, remédios, cola de sapateiro, entre outros.
5. **Violação do art. 81, II e III do ECA.** O tipo penal ora comentado constitui violação à norma contida no art. 81, II e III do próprio ECA que dispõe: "Art. 81. É proibida a venda à criança ou ao adolescente de: II – bebidas alcoólicas; III – produtos cujos componentes possam causar dependência física ou psíquica ainda que por utilização indevida."
6. **Princípio da Especialidade. Drogas.** Se o produto vendido, fornecido, ministrado ou entregue ao menor for droga ilícita, prevista na Portaria nº 344/1998 da ANVISA, o delito praticado será o do art. 33 da lei de Drogas (lei nº 11.343/2006), com a incidência da causa de aumento contida no art. 40, VI da mesma lei.
7. **Revogação expressa do art. 63, I, da Lei de Contravenções Penais.** A redação atual do tipo penal ora comentado foi conferida pela lei 13.106/2015, que no seu art. 3º revogou expressamente a contravenção penal de servir bebidas alcoólicas a menor de 18 anos, prevista no art. 63, I, da Lei de Contravenções Penais Confira-se a redação do artigo revogado: "Art. 63. Servir bebidas alcoólicas: I – a menor de dezoito anos."
8. **Sem justa causa.** Significa que a conduta foi praticada sem nenhum motivo previsto em lei ou que decorra da experiência comum. Se, por exemplo, um dentista ministrar em uma criança uma substância necessária ao tratamento dentário, não haverá a prática desse delito.
9. **Tipo penal misto alternativo.** Caso o agente pratique mais de uma conduta descrita no tipo penal, responderá por um delito apenas, não havendo concurso de crimes. Assim, por exemplo, se o mesmo agente vender o produto e, depois disso, entregar e ministrar, terá praticado apenas um delito.
10. **Subsidiariedade expressa.** Trata-se de tipo penal expressamente subsidiário. Assim, por exemplo, se por utilização indevida a criança morrer, o delito configurado será o homicídio.

11. **Consumação.** O delito consuma-se com a prática das condutas típicas.

12. **Classificação.** Crime comum; formal; doloso; comissivo; de perigo abstrato; instantâneo; admite tentativa.

13. **Suspensão condicional do processo.** Incabível, pois a pena mínima cominada ultrapassa 1 ano (art. 89 da lei 9.099/95).

Art. 244. Vender, fornecer ainda que gratuitamente ou entregar, de qualquer forma, a criança ou adolescente **fogos de estampido ou de artifício, exceto** aqueles que, pelo seu **reduzido potencial**, sejam incapazes de provocar qualquer dano físico em caso de utilização indevida:

Pena – detenção de seis meses a dois anos, e multa.

1. **Sujeito ativo.** Qualquer pessoa. Trata-se de crime comum.
2. **Sujeito passivo.** A criança ou o adolescente.
3. **Vender, fornecer ou entregar.** *Vender* significa negociar, trocar por dinheiro. *Fornecer* é sinônimo de dar, entregar. *Entregar* é sinônimo de fornecer. Houve redundância por parte do legislador. A intenção do legislador com a criação deste tipo penal foi evitar que uma criança ou um adolescente manuseie fogos de estampido ou de artifício, em razão do perigo que esses artefatos podem gerar aos menores e às pessoas que estão perto deles.
4. **Fogos de estampido ou de artifício.** São artefatos que funcionam por meio de combustão acionada por um pavio ou por outro modo, que promovem explosão, iluminação ou qualquer outro efeito semelhante, comumente utilizado em comemorações. São exemplos: rojões, foguetes, bombinhas, entre outros. É de notar-se que um artefato dessa natureza oferece perigo à criança e ao adolescente, bem como às pessoas que estão em sua volta. O tipo penal excepciona-se e deixa fora da incriminação aqueles que, pelo seu reduzido potencial, sejam incapazes de provocar qualquer dano físico em caso de utilização indevida, como a bombinha. Tal artefato, embora considerado como espécie do gênero fogos de artifício, tem um reduzido grau de potencialidade lesiva.

→ **Aplicação em concurso.**

- **Juiz de Direito do TJ/DF. 2014. CESPE.**

  Responderá por crime previsto no ECA aquele que venda a criança ou adolescente fogo de estampido, ainda que incapaz de provocar qualquer lesão física em caso de utilização indevida.

  A alternativa está errada.

- **Notário. TJ/BA. 2014. CESPE.**

  Por se tratar de delito de perigo abstrato, considera-se típica a conduta de vender, fornecer ou entregar a criança ou adolescente fogos de estampido ou de artifício, ainda que, em razão de baixo potencial ofensivo, sejam tais fogos incapazes de provocar qualquer dano físico quando utilizados indevidamente.

A alternativa está errada.

5. **Violação do art. 81, IV do ECA.** O tipo penal ora comentado constitui violação à norma contida no art. 81, IV do próprio ECA que dispõe "Art. 81. É proibida a venda à criança ou ao adolescente de: IV – fogos de estampido e de artifício, exceto aqueles que pelo seu reduzido potencial sejam incapazes de provocar qualquer dano físico em caso de utilização indevida"

6. **Tipo penal misto alternativo.** Caso o agente pratique mais de uma conduta descrita no tipo penal, responderá por um delito apenas, não havendo concurso de crimes.

7. **Consumação.** O delito consuma-se com a prática das condutas típicas.

8. **Classificação.** Crime comum; formal; doloso; comissivo; de perigo abstrato; instantâneo; admite tentativa.

9. **Infração penal de menor potencial ofensivo.** Tendo em vista que a pena máxima não é superior a dois anos, trata-se de infração penal de menor potencial ofensivo (art. 61 da lei 9.099/95).

10. **Suspensão condicional do processo.** Cabível, pois a pena mínima cominada não ultrapassa 1 ano (art. 89 da lei 9.099/95).

Art. 244-A. Submeter criança ou adolescente, como tais definidos no *caput* do art. 2º desta Lei, à **prostituição ou à exploração sexual**: (Incluído pela Lei nº 9.975, de 23.6.2000)

Pena – reclusão de quatro a dez anos, e multa, além da perda de bens e valores utilizados na prática criminosa em favor do Fundo dos Direitos da Criança e do Adolescente da unidade da Federação (Estado ou Distrito Federal) em que foi cometido o crime, ressalvado o direito de terceiro de boa-fé. (Redação dada pela Lei nº 13.440, de 2017).

§ 1º Incorrem nas mesmas penas o proprietário, o gerente ou o responsável pelo local em que se verifique a submissão de criança ou adolescente às práticas referidas no *caput* deste artigo. (Incluído pela Lei nº 9.975, de 23.6.2000)

§ 2º Constitui efeito obrigatório da condenação a cassação da licença de localização e de funcionamento do estabelecimento. (Incluído pela Lei nº 9.975, de 23.6.2000)

1. **Tipo penal tacitamente revogado.** Este tipo penal foi inserido no ECA pela lei 9.975/2000. Em 2009 ocorreu o advento da lei nº 12.015 que inseriu o art. 218-B no Código Penal, com redação idêntica à do 244-A do ECA. Tendo em vista que a lei 12.015/2009 é mais recente, o advento do art. 218-B do Código Penal operou a revogação tácita desse tipo penal do ECA.

Art. 244-B. Corromper ou facilitar a corrupção de menor de 18 (dezoito) anos, **com ele praticando infração penal ou induzindo-o a praticá-la**: (Incluído pela Lei nº 12.015, de 2009)

Pena – reclusão, de 1 (um) a 4 (quatro) anos. (Incluído pela Lei nº 12.015, de 2009)

§ 1º Incorre nas penas previstas no *caput* deste artigo quem pratica as condutas ali tipificadas utilizando-se de quaisquer meios eletrônicos, inclusive salas de bate-papo da internet. (Incluído pela Lei nº 12.015, de 2009)

§ 2º As penas previstas no *caput* deste artigo são aumentadas de um terço no caso de a infração cometida ou induzida estar incluída no rol do art. 1º da Lei nº 8.072, de 25 de julho de 1990. (Incluído pela Lei nº 12.015, de 2009)

1. **Revogação da lei nº 2.252/54.** O art. 244-B do ECA foi inserido pela lei 12.015/2009. Antes do seu advento, a conduta delituosa estava prevista no art. 1º da lei 2.252/54 e tinha a seguinte redação: "Art. 1º Constitui crime, punido com a pena de reclusão de 1 (um) a 4 (quatro) anos e multa de Cr$ 1.000,00 (mil cruzeiros) a Cr$ 10.000,00 (dez mil cruzeiros), corromper ou facilitar a corrupção de pessoa menor de 18 (dezoito) anos, com ela praticando, infração penal ou induzindo-a a praticá-la." Assim, a conduta criminosa até então prevista na lei 2.252/54 passou a estar prevista no art. 244-B do ECA, com a sua inserção pela lei 12.015/2009, que, ao mesmo tempo, revogou expressamente a lei 2.252/54.

2. ***Abolitio criminis* x continuidade normativo típica.** Questão relevante versa sobre a ocorrência de *abolitio criminis* em razão da revogação da lei 2.252/54. Como sabido, ocorre a *abolitio criminis* quando a conduta deixa de ser considerada criminosa pelo legislador. No presente caso, a conduta de *corromper ou facilitar a corrupção de menor de 18 (dezoito) anos, com ele praticando infração penal ou induzindo-o a praticá-la* não deixou de ser um fato penalmente relevante. Ao contrário. A conduta continuou a ser delituosa, mas prevista em outro dispositivo legal, o que se denomina *continuidade normativo típica*. Portanto, não ocorreu a *abolitio criminis*.

3. **Sujeito ativo.** Qualquer pessoa. Trata-se de crime comum.

4. **Sujeito passivo.** O menor de 18 anos.

5. **Corromper ou facilitar a corrupção de menor de 18 (dezoito) anos.** *Corromper* significa perverter. *Facilitar a corrupção* consiste em qualquer forma de tornar a corrupção do menor de 18 anos mais fácil. O legislador quis proteger o bem jurídico moralidade social do menor de 18 anos, evitando que ela seja deturpada e voltada para a prática de infrações penais.

6. **Com ele praticando infração penal ou induzindo-o a praticá-la.** O delito pode ser executado de duas formas: a primeira é o agente praticar a infração penal juntamente com o menor, em concurso de pessoas; a segunda, induzindo o menor a praticar a infração penal. Nessa segunda forma, a princípio estar-se-ia diante de uma participação no ato infracional praticado pelo menor. Contudo, o legislador inseriu essa conduta dentro do tipo penal ora comentado de forma a configurar autoria propriamente dita. Infração penal é gênero que abrange as espécies crimes e contravenções.

7. **Concurso de crimes.** Caso o agente pratique o presente delito e também pratique a infração penal juntamente com o menor, responderá pelos dois delitos em

concurso de crimes. Assim, por exemplo, se o agente praticar o delito de roubo com um menor, responderá pelos dois delitos: o de corrupção de menores e o de roubo, em concurso material ou formal impróprio, a depender do caso concreto. Da mesma forma, caso o agente induza o menor a praticar o delito de roubo e depois efetivamente pratique o roubo, responderá, também, pelos dois delitos: o de corrupção de menores e o de roubo, em concurso material ou formal impróprio, a depender do caso concreto.

▶ STJ

> (...) ROUBO CIRCUNSTANCIADO. CORRUPÇÃO DE MENORES (ARTIGO 1º DA REVOGADA LEI 2.252/54, ATUAL ARTIGO 244-B DO ESTATUTO DA CRIANÇA E DO ADOLESCENTE). (...) AUSÊNCIA DE FUNDAMENTAÇÃO IDÔNEA PARA A APLICAÇÃO DO CONCURSO FORMAL IMPRÓPRIO. DESÍGNIOS AUTÔNOMOS NÃO DEMONSTRADOS. (...) verificada a ocorrência de concurso formal entre o crime de roubo e de corrupção de menores, as penas referentes aos dois delitos serão aplicadas cumulativamente somente quando demonstrada a existência de desígnios autônomos por parte do agente. Caso contrário, é de ser aplicada a mais grave das penas cabíveis aumentada de 1/6 (um sexto) até 1/2 (metade), por expressa disposição legal (Art. 70, primeira parte, do Código Penal). HC 134640. Rel. Min. Alderita Ramos de Oliveira (Desembargadora convocada do TJ/PE), julgado em 06/08/2013.

8. **Tipo penal misto alternativo.** Caso o agente pratique mais de uma conduta descrita no tipo penal, responderá por um delito apenas, não havendo concurso de crimes. Logo, se o agente induzir o menor a praticar uma infração penal e depois resolver efetivamente praticá-la juntamente com o menor, haverá apenas um crime.

9. **Corrupção de dois ou mais menores. Concurso de crimes.** Caso o agente pratique esse delito tendo como sujeitos passivos dois ou mais menores de 18 anos, haverá concurso de crimes, como no caso de o agente praticar um estelionato com dois menores ou induzi-los a praticar esse delito. Nesse caso, como são dois sujeitos passivos e dois bens jurídicos lesionados (a moral social de cada um dos menores), haverá dois crimes de corrupção de menores praticados em concurso formal.

▶ STJ

> **Informativo nº 613**
>
> **Sexta Turma**
>
> Estatuto da criança e do adolescente. Art. 244-B. Corrupção de menores. Participação de dois adolescentes na empreitada criminosa. Prática de dois delitos de corrupção de menores. Concurso formal. A prática de crimes em concurso com dois adolescentes dá ensejo à condenação por dois crimes de corrupção de menores. (...) Segundo a doutrina, o bem jurídico tutelado pelo art. 244-B do ECA é a formação moral da criança e do adolescente no que se refere à necessidade de eles não ingressarem ou permanecerem no mundo da criminalidade. Ora, se o bem jurídico tutelado pelo crime de corrupção de menores é a sua formação moral, caso duas crianças/adolescentes tiverem seu amadurecimento moral violado, em razão de estímulos a praticar o crime ou a permanecer na seara criminosa, dois foram os bens jurídicos violados. Da mesma forma, dois são os sujeitos passivos

atingidos, uma vez que a doutrina é unânime em reconhecer que o sujeito passivo do crime de corrupção de menores é a criança ou o adolescente submetido à corrupção. O entendimento perfilhado também se coaduna com os princípios da prioridade absoluta e do melhor interesse da criança e do adolescente, vez que trata cada uma delas como sujeitos de direitos. Ademais, seria desarrazoado atribuir a prática de crime único ao réu que corrompeu dois adolescentes, assim como ao que corrompeu apenas um. **(REsp 1.680.114-GO, Rel. Min. Sebastião Reis Júnior, julgado em 10/10/2017).**

10. Consumação. O delito consuma-se com a prática das condutas típicas, independentemente da efetiva corrupção da moral social do menor. Em outras palavras, não importa se o menor já se dedicava à prática de infrações penais, tendo a sua moral social deturpada. Trata-se de delito formal.

11. Súmula nº 500 do STJ. "A configuração do crime do art. 244-B do ECA independe da prova da efetiva corrupção do menor, por se tratar de delito formal."

▶ STJ

Informativo nº 518

Sexta Turma

DIREITO PENAL. CONSUMAÇÃO NO CRIME DE CORRUPÇÃO DE MENORES.

A simples participação de menor de dezoito anos em infração penal cometida por agente imputável é suficiente à consumação do crime de corrupção de menores — previsto no art. 1º da revogada Lei n. 2.252/1954 e atualmente tipificado no art. 244-B do ECA —, sendo dispensada, para sua configuração, prova de que o menor tenha sido efetivamente corrompido. Isso porque o delito de corrupção de menores é considerado formal, de acordo com a jurisprudência do STJ. **HC 159.620-RJ, Rel. Min. Maria Thereza de Assis Moura, julgado em 12/3/2013.**

▶ STF

INFORMATIVO nº 565.

Segunda Turma

Corrupção de Menores e Crime Formal

Para a configuração do crime de corrupção de menor (Lei 2.252/54, art. 1º) é desnecessária a comprovação da efetiva corrupção da vítima, por se tratar de crime formal, que tem como objeto jurídico a ser protegido a moralidade dos menores. (...). Precedente citado: HC 92014/SP (DJE de 21.11.2008). HC 97197/PR, Rel. Min. Joaquim Barbosa, 27.10.2009.

→ **Aplicação em concurso.**

- **Delegado de Polícia/GO. 2017. CESPE**

  Com base no disposto no ECA, assinale a opção correta.

  O crime de corrupção de menores se consuma quando o infrator pratica infração penal com o menor ou o induz a praticá-la, sendo imprescindível, para sua configuração, a prova da efetiva corrupção do menor.

  A alternativa está errada.

- **Delegado de Polícia/PE. 2016. CESPE**

  Na análise das classificações e dos momentos de consumação, busca-se, por meio da doutrina e da jurisprudência pátria, enquadrar consumação e tentativa nos diversos tipos penais. A esse respeito, assinale a opção correta.

  Por ser crime material, o crime de corrupção de menores consuma-se no momento em que há a efetiva prova da prática do delito e a efetiva participação do inimputável na empreitada criminosa. Assim, se o adolescente possuir condenações transitadas em julgado na vara da infância e da juventude, em decorrência da prática de atos infracionais, o crime de corrupção de menores será impossível, dada a condição de inimputável do corrompido.

  A alternativa está errada.

- **Defensor Público/RN. 2015. CESPE.**

  De acordo com o STJ, o crime de corrupção de menores é de natureza formal, bastando a participação do menor de dezoito anos de idade na prática de infração penal para que haja a subsunção da conduta do agente imputável ao correspondente tipo descrito no ECA.

  A alternativa está correta.

- **Defensor Público/RN. 2015. CESPE.**

  João, imputável, foi preso em flagrante no momento em que subtraía para si, com a ajuda de um adolescente de dezesseis anos de idade, cabos de telefonia avaliados em cem reais. Ao ser interrogado na delegacia, João, apesar de ser primário, disse ser Pedro, seu irmão, para tentar ocultar seus maus antecedentes criminais. Por sua vez, o adolescente foi ouvido na delegacia especializada, continuou sua participação nos fatos e afirmou que já havia sido internado anteriormente pela prática de ato infracional análogo ao furto.

  Nessa situação hipotética, conforme a jurisprudência dominante dos tribunais superiores, em tese, João praticou os crimes de

A) furto qualificado privilegiado, corrupção de menores e falsa identidade.

B) corrupção de menores e falsidade ideológica.

C) furto simples, falsa identidade e corrupção de menores.

D) furto qualificado e falsidade ideológica.

E) furto simples e corrupção de menores.

Alternativa correta: letra A.

- **Agente de Polícia Federal. 2014. CESPE.**

  Considere que Sílvio, de vinte e cinco anos de idade, integrante de uma organização criminosa, com a intenção de aliciar menores para a prática de delitos, tenha acessado a sala de bate-papo em uma rede social na Internet e, após longa conversa, tenha induzido um menor a subtrair veículo de terceiro. Nessa situação hipotética, segundo entendimento do Superior Tribunal de Justiça, para que Sílvio possa responder por crime tipificado no ECA, é necessário que seja provada a efetiva corrupção do menor.

  A alternativa está errada.

- **Juiz de Direito do TJ/DF. 2014. CESPE.**

  Suponha que Marcos, maior imputável, subtraia, em coautoria com o adolescente Ricardo, menor com várias condenações por atos infracionais anteriores, o celular de uma mulher, mediante grave ameaça com emprego de arma de fogo. Nessa hipótese, Marcos responderá somente pelo crime de roubo duplamente circunstanciado.

  A alternativa está errada.

- **Defensor Público/DF. 2013. CESPE.**

  Com base na Lei nº 11.340/2006 (Lei Maria da Penha) e na Lei nº 8.069/1990, julgue os itens que se seguem.

  Conforme jurisprudência consolidada do STF e do STJ, para a configuração do crime de corrupção de menores, previsto na Lei nº 8.069/1990, são necessárias provas de que a participação na prática do crime efetivamente corrompeu o menor de dezoito anos de idade

  A alternativa está errada.

12. **Classificação.** Crime comum; formal; doloso; comissivo; de perigo abstrato; instantâneo; admite tentativa.

13. **Suspensão condicional do processo.** Cabível, pois a pena mínima cominada não ultrapassa 1 ano (art. 89 da lei 9.099/95).

14. **§ 1º. Conduta equiparada.** A conduta equiparada à do *caput* consiste na corrupção de menores por meios eletrônicos, inclusive salas de bate-papo na internet. A preocupação do legislador foi com o avanço tecnológico mundial, por meio do qual a rede de internet tornou-se um poderoso meio de comunicação e que pode ser utilizado para a indução de menores à prática de delitos. Trata-se do mesmo delito. São absolutamente idênticos. A única diferença é o meio executório. Na realidade, esse parágrafo é absolutamente desnecessário, uma vez que o delito previsto no *caput* é de livre execução, o que significa dizer que pode ser praticado de qualquer forma, inclusive por meio da internet. Assim, a conduta do parágrafo primeiro já estaria inserida na conduta do *caput*.

15. **Consumação.** O delito consuma-se com a prática das condutas típicas do *caput*.

16. **Classificação.** Crime comum; formal; doloso; comissivo; de perigo abstrato; instantâneo; admite tentativa.

17. **Suspensão condicional do processo.** Cabível, pois a pena mínima cominada não ultrapassa 1 ano (art. 89 da lei 9.099/95).

18. **§ 2º. Causa de aumento de pena. Crimes hediondos.** Caso a infração penal esteja prevista no rol do art. 1º da lei de crimes hediondos, a pena do delito ora comentado aumenta-se de um terço.

19. **Não abrangência dos delitos equiparados a hediondos.** Tendo em vista que § 2º fez menção expressa ao rol do art. 1º da lei de crimes hediondos (8.072/90), à luz do princípio da legalidade penal, o aumento de pena nele previsto não abrange os delitos equiparados a hediondos previstos no art. 2º da lei 8.072/90, como o delito de tráfico de drogas.

20. Suspensão condicional do processo. Com a incidência do parágrafo 2º, não será cabível, pois com o aumento de um terço a pena mínima cominada para esse delito ultrapassa 1 ano (art. 89 da lei 9.099/95).

Estatuto da Pessoa com Deficiência. Lei 13.146, de 6 de julho de 2015

LIVRO I
PARTE GERAL

TÍTULO I
DISPOSIÇÕES PRELIMINARES

CAPÍTULO I
DISPOSIÇÕES GERAIS

Art. 1º É instituída a **Lei Brasileira de Inclusão da Pessoa com Deficiência (Estatuto da Pessoa com Deficiência)**, destinada a assegurar e a promover, em condições de igualdade, o exercício dos direitos e das liberdades fundamentais por pessoa com deficiência, visando à sua inclusão social e cidadania.

Parágrafo único. Esta Lei tem como base a **Convenção sobre os Direitos das Pessoas com Deficiência** e seu Protocolo Facultativo, ratificados pelo Congresso Nacional por meio do Decreto Legislativo no 186, de 9 de julho de 2008, em conformidade com o procedimento previsto no § 3º do art. 5º da Constituição da República Federativa do Brasil, em vigor para o Brasil, no plano jurídico externo, desde 31 de agosto de 2008, e promulgados pelo Decreto no 6.949, de 25 de agosto de 2009, data de início de sua vigência no plano interno.

1. **Objeto da lei.** A presente lei instituiu o Estatuto da Pessoa com Deficiência, com o objetivo de assegurar e de promover a igualdade de condições da pessoa com deficiência. O legislador proibiu qualquer tipo de discriminação e assegurou a igualdade de condições em relação aos seguintes diretos: vida; habilitação e reabilitação; saúde; educação; moradia; trabalho; assistência social; previdência social; cultura; esporte; turismo; lazer; ao transporte; e mobilidade.

2. **Não alteração da lei 7.853/1989.** Para fins penais, esta lei não gerou nenhuma alteração na lei 7.853/1989, que trata de delitos praticados contra os portadores de deficiência, salvo as alterações expressas às quais o art. 98 da presente lei menciona, que já constam do texto da lei 7.853/1989.

Art. 2º Considera-se pessoa com deficiência aquela que tem impedimento de longo prazo de natureza física, mental, intelectual ou sensorial, o qual, em interação com uma ou mais barreiras, pode obstruir sua participação plena e efetiva na sociedade em igualdade de condições com as demais pessoas.

Norma explicativa. O art. 2º definiu o conceito de deficiência de forma bastante específica. Esse conceito pode ser utilizado para os fins desta lei, inclusive para fins de complementação dos tipos penais, que configuram tipos penais em branco.

(...)

Art. 4º Toda pessoa com deficiência tem direito à **igualdade de oportunidades** com as demais pessoas e não sofrerá nenhuma espécie de discriminação.

§ 1º **Considera-se discriminação em razão da deficiência** toda forma de distinção, restrição ou exclusão, por ação ou omissão, que tenha o propósito ou o efeito de prejudicar, impedir ou anular o reconhecimento ou o exercício dos direitos e das liberdades fundamentais de pessoa com deficiência, incluindo a recusa de adaptações razoáveis e de fornecimento de tecnologias assistivas.

1. **Direito à igualdade de oportunidades.** O conteúdo do *caput* já consta de toda a lei, uma vez que a todo o momento o legislador impõe o dever de se observar a igualdade de oportunidades entre o deficiente e as demais pessoas, proibindo qualquer espécie de discriminação.

2. **§ 1º. Discriminação em razão da deficiência.** É bem verdade que o conceito de discriminação não é desconhecido por ninguém. Discriminar é tratar alguém de forma desigual. Entretanto, o legislador estabeleceu um conceito específico de discriminação em razão da deficiência. Esse conceito deve ser levado em consideração para fins desta lei, inclusive para fins de complementação dos tipos penais, que configuram tipos penais em branco.

(...)

TÍTULO II

DOS CRIMES E DAS INFRAÇÕES ADMINISTRATIVAS

Art. 88. Praticar, induzir ou incitar discriminação de **pessoa em razão de sua deficiência**:

Pena – reclusão, de 1 (um) a 3 (três) anos, e multa.

§ 1º Aumenta-se a pena em 1/3 (um terço) se a vítima encontrar-se **sob cuidado e responsabilidade do agente.**

§ 2º Se qualquer dos crimes previstos no *caput* deste artigo é cometido por intermédio de **meios de comunicação social ou de publicação de qualquer natureza**:

Pena – reclusão, de 2 (dois) a 5 (cinco) anos, e multa.

§ 3º Na hipótese do § 2º deste artigo, o juiz poderá determinar, ouvido o Ministério Público ou a pedido deste, ainda antes do inquérito policial, **sob pena de desobediência**:

I – recolhimento ou busca e apreensão dos exemplares do **material discriminatório**;

II – interdição das respectivas mensagens ou páginas de informação **na internet**.

§ 4º Na hipótese do § 2º deste artigo, constitui efeito da condenação, após o trânsito em julgado da decisão, a **destruição do material apreendido**.

1. **Bem jurídico tutelado.** A dignidade da pessoa humana, a proteção e a igualdade de condições em relação ao deficiente.

2. **Sujeito ativo.** Qualquer pessoa. Trata-se de crime comum.

3. **Sujeito passivo.** A pessoa com deficiência (art. 2º da lei).

4. **Praticar, induzir ou incitar.** *Praticar* significa executar, realizar. *Induzir* é inspirar, fazer a ideia nascer. *Incitar* consiste em instigar, estimular. Nesse tipo penal o agente pratica uma conduta que configura discriminação da pessoa portadora de deficiência ou incentiva alguém a praticá-la.

5. **Especial fim de agir.** O tipo penal possui um especial fim de agir, consistente na discriminação de alguém *em razão de sua deficiência*. Ausente o especial fim de agir, a conduta será atípica.

6. **Discriminação de pessoa em razão de sua deficiência.** O significado do especial fim de agir descrito no tipo penal está previsto no art. 4º § 1º: *"Considera-se discriminação em razão da deficiência toda forma de distinção, restrição ou exclusão, por ação ou omissão, que tenha o propósito ou o efeito de prejudicar, impedir ou anular o reconhecimento ou o exercício dos direitos e das liberdades fundamentais de pessoa com deficiência, incluindo a recusa de adaptações razoáveis e de fornecimento de tecnologias assistivas"*.

7. **Delito de livre execução.** A prática da conduta pode ocorrer de qualquer forma, como por meio de palavras, gestos etc.

8. **Norma penal em branco.** O presente tipo penal constitui norma penal em branco, uma vez que se faz necessário complementar o seu preceito primário para a determinação do significado das expressões *em razão de sua deficiência*. O complemento está no art. 4º § 1º, da lei.

9. **Tipo misto alternativo.** A prática de duas ou mais condutas descritas no tipo (*praticar, induzir* ou *incitar*) não gera concurso de crimes, respondendo o agente por apenas um delito.

10. **Princípio da especialidade.** Este tipo penal é especial em relação ao delito previsto no art. 20, da lei 7.716/1989 (lei de preconceito de raça ou de cor).

11. **Consumação.** Com a prática das condutas descritas no tipo penal, (praticar, induzir ou instigar). Trata-se de crime formal.

12. Classificação. Crime comum; formal; doloso; comissivo; instantâneo; de dano; admite a tentativa.

13. Suspensão condicional do processo. Cabível, pois a pena mínima cominada não ultrapassa 1 ano (art. 89 da lei 9.099/95).

14. § 1º. Causa de aumento de pena. A pena é aumentada se a vítima estiver sob cuidado e responsabilidade do agente. O aumento de pena justifica-se pela maior gravidade da conduta do agente, uma vez que se ele tem a guarda ou a reponsabilidade sobre o deficiente, ele deve ser o primeiro a respeitar os seus direitos. Assim, caso ele pratique o delito, a sua reprovabilidade é acentuada e a pena aumentada.

16. § 2º. Qualificadora. Meios de comunicação social ou de publicação de qualquer natureza. O delito passa a ser qualificado em razão do meio utilizado para a discriminação. O legislador acertadamente quis reprimir com maior severidade a utilização de meios que dão maior alcance à conduta discriminatória, como as redes sociais. Note-se que o legislador foi o mais genérico possível ao estabelecer *"publicação de qualquer natureza"*.

17. Suspensão condicional do processo. Incabível, pois a pena mínima cominada ultrapassa 1 ano (art. 89 da lei 9.099/95).

18. § 3º. Medidas judiciais. No caso da prática do delito pelos meios descritos no § 2º, o Juiz poderá determinar: o recolhimento ou a busca e apreensão dos exemplares do material discriminatório (inciso I); a interdição das respectivas mensagens ou páginas de informação na internet (inciso II). Cremos que a medida possa ser tomada de ofício pelo Juiz. O legislador afirmou que o descumprimento da ordem judicial configura o delito de desobediência (art. 330, do Código Penal). Trata-se de previsão desnecessária, uma vez que esse delito estaria configurado mesmo que não houvesse previsão expressa neste § 3º.

19. § 4º. Efeito da condenação. No caso da prática do delito pelos meios descritos no § 2º, o legislador impôs como efeito da condenação com o trânsito em julgado a destruição do material apreendido. A destruição deve esperar o trânsito em julgado, não podendo ocorrer desde logo porque esse material constitui elemento de prova.

20. Efeitos automáticos. O efeito previsto neste artigo é automático e decorre da condenação, uma vez que o legislador não exigiu manifestação expressa na sentença, de forma que ele ocorre mesmo que o Juiz não diga nada a respeito, bastando a condenação.

Art. 89. Apropriar-se de ou desviar bens, proventos, pensão, benefícios, remuneração ou qualquer outro rendimento de **pessoa com deficiência**:

Pena – reclusão, de 1 (um) a 4 (quatro) anos, e multa.

Parágrafo único. **Aumenta-se a pena** em 1/3 (um terço) se o crime é **cometido**:

I – por tutor, curador, síndico, liquidatário, inventariante, testamenteiro ou depositário judicial; ou

II – por aquele que se apropriou em razão de ofício ou de profissão.

1. **Bem jurídico tutelado.** A dignidade da pessoa humana e o patrimônio do deficiente.

2. **Sujeito ativo.** Qualquer pessoa. Trata-se de crime comum.

3. **Sujeito passivo.** A pessoa com deficiência (art. 2º da lei).

4. **Apropriar-se ou desviar.** *Apropriar-se* significa apoderar-se, ficar com a coisa para si, com a intenção de assenhoramento definitivo, ou seja, intenção de ser proprietário da coisa, o denominado *animus rem sibi habendi. Desviar* consiste em dar à coisa destinação diversa da que realmente deveria ter sido dada. A conduta *apropriar-se* pode ser praticada na forma comissiva ou omissiva. Na forma comissiva, basta pensar na hipótese em que o agente tem consigo um bem pertencente à pessoa com deficiência e o vende, agindo, dessa forma, como se fosse proprietário da coisa, ao exercer o atributo do direito de propriedade, consistente no *poder de disposição.* Já na forma omissiva, basta pensar na hipótese em que o agente, tendo a posse ou a detenção anterior, se nega a restituir a coisa, com o *animus rem sibi habendi.* De outro giro, na conduta desviar, o delito somente pode ser praticado na forma comissiva.

5. **Bens, proventos, pensão, benefícios, remuneração ou qualquer outro rendimento de pessoa com deficiência.** O legislador utilizou a expressão *bens.* Entretanto, não especificou se esses bens seriam móveis ou imóveis. Quer nos parecer que, a despeito de o tipo penal ter silenciado sobre o tema, somente os bens móveis podem ser objetos materiais do delito em comento, uma vez que a apropriação ou desvio pressupõem o deslocamento físico do bem. *Proventos* e *pensão* são formas de rendimentos. *Benefício* é qualquer vantagem, financeira ou não. *Remuneração* é uma forma de rendimento, de forma que o legislador foi redundante. Por fim, o legislador empregou as expressões *"ou qualquer outro rendimento de pessoa com deficiência",* em clara adoção da técnica de interpretação denominada *interpretação analógica,* para abranger qualquer outra forma de rendimento da pessoa com deficiência não mencionada expressamente no tipo legal do crime.

6. **Posse ou detenção anterior.** A despeito de o tipo legal do crime não exigir expressamente, pensamos que o agente deve ter a posse ou a detenção anterior da coisa. Com efeito, não há como se apropriar ou desviar uma coisa da qual não se tem a posse. Frise-se que essa é uma das diferenças fundamentais entre os delitos de estelionato ou furto e a apropriação indébita, uma vez que no estelionato e no furto o agente não tem a posse ou detenção da coisa anterior, razão pela qual ele precisa subtraí-la (no furto) ou obtê-la induzindo ou mantendo a vítima em erro (no estelionato). Já na apropriação indébita, de forma diversa, exige-se que o agente tenha a posse ou detenção anterior da coisa, para que ele, se aproveitando disso, aproprie-se dela.

7. **Norma penal em branco.** O presente tipo penal constitui norma penal em branco, uma vez que se faz necessário complementar o seu preceito primário para a determinação do significado das expressões *pessoa com deficiência.* O complemento está no art. 2º, da lei.

8. **Tipo misto alternativo.** A prática de duas ou mais condutas descritas no tipo (*apropriar-se ou desviar*) não gera concurso de crimes, respondendo o agente por apenas um delito.

9. **Princípio da especialidade.** Este tipo penal é especial em relação ao delito de apropriação indébita previsto no art. 168 do Código Penal, bem como em relação ao delito previsto no art. 102, da lei 10.741/2003 (Estatuto do Idoso).

10. **Não incidência das imunidades descritas nos arts. 181 e 182 do Código Penal.** Cremos que não se aplicam as imunidades absolutas e relativas previstas, respectivamente, nos arts. 181 e 182 do Código Penal, em razão do maior rigor de punição dos delitos praticados contra a pessoa portadora de deficiência, considerando-se o âmbito de especial proteção da norma.

11. **Consumação.** Com a apropriação ou o desvio dos bens, dos proventos, da pensão, dos benefícios, da remuneração ou de qualquer outro rendimento de pessoa com deficiência, com a inequívoca intenção de se tornar proprietário da coisa, o denominado *animus rem sibi habendi.*

12. **Classificação.** Crime comum; material; doloso; comissivo ou omissivo próprio na conduta *apropriar-se* e comissivo na conduta *desviar*; instantâneo; de dano; admite tentativa nas condutas *apropriar-se* (na modalidade comissiva) e *desviar*, não a admitindo na conduta *apropriar-se* na modalidade omissiva própria.

13. **Suspensão condicional do processo.** Cabível, pois a pena mínima cominada não ultrapassa 1 ano (art. 89 da lei 9.099/95).

14. **Parágrafo único. Causa de aumento de pena.** Nas hipóteses do parágrafo único a pena é aumentada em razão da função exercida pelo agente, tendo em vista que tais funções denotam justamente o dever de cuidado em relação ao deficiente (tutor e curador) ou então porque essa pessoa usufrui de certa confiança depositada nela (síndico, liquidatário, inventariante, testamenteiro ou depositário judicial), conforme a previsão do inciso I, ou, ainda, em razão de ofício ou profissão, conforme o inciso II. Essas circunstâncias aumentam a reprovabilidade da conduta do agente e justificam o aumento da pena.

> **Art. 90.** Abandonar **pessoa com deficiência** em hospitais, casas de saúde, entidades de abrigamento ou congêneres:
>
> Pena – reclusão, de 6 (seis) meses a 3 (três) anos, e multa.
>
> Parágrafo único. Na mesma pena incorre quem não prover as **necessidades básicas** de pessoa com deficiência quando obrigado por lei ou mandado.

1. **Bem jurídico tutelado.** A dignidade da pessoa humana e a proteção do deficiente.

2. **Sujeito ativo.** Trata-se de crime próprio, uma vez que somente pode ser praticado por pessoa que esteja obrigada a amparar a pessoa com deficiência.

3. **Sujeito passivo.** A pessoa com deficiência (art. 2º da lei).

4. **Abandonar.** *Abandonar* significa desamparar, deixar de dar assistência. Pode ser praticada na forma *comissiva* ou na forma *omissiva própria.* Na forma comissiva ocorre quando o agente leva a pessoa com deficiência a hospitais, às casas de

saúde, à entidades de abrigamento ou a estabelecimentos congêneres e a deixa lá, abandonando-a. Na modalidade omissiva própria, o delito se dá quando, por exemplo, o agente não busca a pessoa com deficiência no hospital ou na casa de saúde, onde se encontra internado, igualmente abandonando-a. Note-se que o abandono pode ser temporário ou permanente, desde que fique caracterizado o desamparo da pessoa com deficiência.

5. **Hospitais, casas de saúde, entidades de abrigamento ou congêneres.** O legislador elencou no tipo legal de crime os locais onde o abandono da pessoa com deficiência é efetivado. Se o abandono for em local diverso esse delito não se configura.

6. **Norma penal em branco.** O presente tipo penal constitui norma penal em branco, uma vez que se faz necessário complementar o seu preceito primário para a determinação do significado das expressões *pessoa com deficiência*. O complemento está no art. 2º da lei.

7. **Princípio da especialidade.** Este tipo penal é especial em relação ao delito previsto no art. 133, do Código Penal e em relação ao delito previsto no art. 98, da lei 10.741/2003 (Estatuto do Idoso).

8. **Consumação.** Com o abandono da pessoa com deficiência. Trata-se de crime formal.

9. **Classificação.** Crime próprio; formal; doloso; comissivo ou omissivo; de perigo abstrato; instantâneo; admite tentativa apenas na forma comissiva.

10. **Suspensão condicional do processo.** Cabível, pois a pena mínima cominada não ultrapassa 1 ano (art. 89 da lei 9.099/95).

11. **Parágrafo único. Conduta equiparada. Não prover as necessidades da pessoa com deficiência.**

12. **Sujeito ativo.** Trata-se de crime próprio, uma vez que somente pode ser praticado por pessoa que esteja obrigada a prover as necessidades básicas de pessoa com deficiência quando obrigada por lei ou mandado.

13. **Sujeito passivo.** A pessoa com deficiência (art. 2º da lei).

14. **Não prover as necessidades da pessoa com deficiência.** *Não prover* significa deixar de prestar à pessoa com deficiência os meios mínimos que lhe garantam o mínimo exigido para uma vida digna, ou seja, o mínimo exigido para as suas necessidades básicas, como alimentação, medicação, vestuário, abrigo, condições de higiene etc. Trata-se de conduta que configura crime omissivo próprio.

15. **Norma penal em branco.** O presente tipo penal constitui norma penal em branco, uma vez que se faz necessário complementar o seu preceito primário para a determinação do significado das expressões *pessoa com deficiência*. O complemento está no art. 2º da lei.

16. **Princípio da especialidade.** Este tipo penal é especial em relação ao delito previsto no art. 244, do Código Penal e em relação ao delito previsto no art. 98, da lei 10.741/2003 (Estatuto do Idoso).

17. **Consumação.** Com o efetivo não provimento das necessidades básicas da pessoa com deficiência.
18. **Classificação.** Crime próprio; de mera conduta; doloso; omissivo próprio; instantâneo; de perigo abstrato; não admite tentativa por ser omissivo próprio.
19. **Suspensão condicional do processo.** Cabível, pois a pena mínima cominada não ultrapassa 1 ano (art. 89 da lei 9.099/95).

> **Art. 91.** Reter ou utilizar cartão magnético, qualquer meio eletrônico ou documento de **pessoa com deficiência** destinados ao recebimento de benefícios, proventos, pensões ou remuneração ou à realização de operações financeiras, com o fim de obter vantagem indevida para si ou para outrem:
>
> Pena – detenção, de 6 (seis) meses a 2 (dois) anos, e multa.
>
> Parágrafo único. Aumenta-se a pena em 1/3 (um terço) se o crime é cometido por tutor ou curador.

1. **Bem jurídico tutelado.** A dignidade da pessoa humana, a proteção e o patrimônio do deficiente.
2. **Sujeito ativo.** Qualquer pessoa. Trata-se de crime comum.
3. **Sujeito passivo.** A pessoa com deficiência (art. 2º da lei).
4. **Reter ou utilizar.** *Reter* significa manter em sua posse indevidamente. *Utilizar* é fazer uso, empregar. No tipo legal de crime ora comentado, o agente retém o cartão magnético, qualquer meio eletrônico ou documento da pessoa com deficiência. A conduta *reter* pode ser praticada na forma comissiva ou omissiva. Na forma comissiva, basta pensar na hipótese em que o agente, de posse do cartão magnético, qualquer meio eletrônico ou documento, guarde-o em seu bolso ou em uma gaveta escondendo-o do deficiente. Já na forma omissiva própria, basta pensar na hipótese em que o agente, tendo a posse anterior do cartão magnético, qualquer meio eletrônico ou documento não o restitui ao deficiente, mantendo-o consigo. A conduta *utilizar* é comissiva.
5. **Cartão magnético, qualquer meio eletrônico ou documento.** *Cartão magnético* é um documento plastificado utilizado por correntistas para efetivar movimentação de valores em instituições financeiras, como saques, transferências, consulta a saldos e extratos etc. Há até bem pouco tempo atrás, havia apenas uma tarja magnética que identificava e armazenava os dados referentes a aquele cartão. Atualmente, os cartões possuem, além da tarja magnética, um *chip* identificador. Por *qualquer meio eletrônico,* pode-se entender qualquer objeto de uso individual que sirva de meio seguro para a realização de operações bancárias, a exemplo do aparelho denominado *token* (que em inglês significa *sinal, indicação)*, que consiste em um dispositivo eletrônico gerador de senha numérica aleatória como fator de segurança na realização de operações financeiras realizadas pela internet. Por fim, o legislador empregou a expressão *documento,* referindo-se a qualquer documento oficial de identificação.

6. **Destinação específica do cartão magnético, qualquer meio eletrônico ou documento.** O cartão magnético, qualquer meio eletrônico ou documento deve ser destinado ao recebimento de benefícios, proventos, pensões ou remuneração ou à realização de operações financeiras. Caso não tenha essa destinação específica, este delito não se configura.

7. **Benefícios, proventos, pensões, remuneração e operações financeiras.** *Benefício* é qualquer vantagem, financeira ou não. *Proventos* e *pensão* são formas de rendimentos. *Remuneração* é uma forma de rendimento, de forma que o legislador foi redundante. *Operação financeira* é qualquer transação realizada envolvendo dinheiro.

8. **Especial fim de agir.** O tipo penal possui um especial fim de agir, consistente em obter vantagem indevida para si ou para outrem. Ausente o especial fim de agir, a conduta será atípica.

9. **Norma penal em branco.** O presente tipo penal constitui norma penal em branco, uma vez que se faz necessário complementar o seu preceito primário para a determinação do significado das expressões *pessoa com deficiência*. O complemento está no art. 2º da lei.

10. **Princípio da especialidade.** Este tipo penal é especial em relação ao delito de apropriação indébita previsto no art. 168 do Código Penal. Da mesma forma, é especial em relação ao delito previsto no art. 14 da lei 10.741/2003 (Estatuto do Idoso).

11. **Não incidência das imunidades descritas nos arts. 181 e 182 do Código Penal.** Cremos que não se aplicam as imunidades absolutas e relativas previstas, respectivamente, nos arts. 181 e 182 do Código Penal, em razão do maior rigor de punição dos delitos praticados contra a pessoa portadora de deficiência, considerando-se o âmbito de especial proteção da norma.

12. **Consumação.** Com a simples retenção ou o mero uso cartão magnético, qualquer meio eletrônico ou documento, independentemente de o agente conseguir obter qualquer vantagem com a sua conduta. Trata-se de crime formal.

13. **Classificação.** Crime comum; formal; doloso; comissivo ou omissivo próprio na conduta reter, e comissivo na conduta *usar*; instantâneo; de perigo abstrato; admite tentativa na forma comissiva, não a admitindo na forma omissiva própria.

14. **Suspensão condicional do processo.** Cabível, pois a pena mínima cominada não ultrapassa 1 ano (art. 89 da lei 9.099/95).

15. **Parágrafo único. Causa de aumento de pena.** Nas hipóteses do parágrafo único a pena é aumentada em razão da função exercida pelo agente, tendo em vista que as funções de tutor ou de curador denotam justamente o dever de cuidado em relação ao deficiente. Essas circunstâncias aumentam a reprovabilidade da conduta do agente e justificam o aumento da pena.

Estatuto do Desarmamento. Lei nº 10.826, de 22 de dezembro de 2003

CAPÍTULO I
DO SISTEMA NACIONAL DE ARMAS

Art. 1º O **Sistema Nacional de Armas - SINARM**, instituído no Ministério da Justiça, no âmbito da Polícia Federal, tem circunscrição em todo o território nacional.

Art. 2º Ao **SINARM compete**:

I - identificar as características e a propriedade de armas de fogo, mediante cadastro;

II - cadastrar as armas de fogo produzidas, importadas e vendidas no País;

III - cadastrar as autorizações de porte de arma de fogo e as renovações expedidas pela Polícia Federal;

IV - cadastrar as transferências de propriedade, extravio, furto, roubo e outras ocorrências suscetíveis de alterar os dados cadastrais, inclusive as decorrentes de fechamento de empresas de segurança privada e de transporte de valores;

V - identificar as modificações que alterem as características ou o funcionamento de arma de fogo;

VI - integrar no cadastro os acervos policiais já existentes;

VII - cadastrar as apreensões de armas de fogo, inclusive as vinculadas a procedimentos policiais e judiciais;

VIII - cadastrar os armeiros em atividade no País, bem como conceder licença para exercer a atividade;

IX - cadastrar mediante registro os produtores, atacadistas, varejistas, exportadores e importadores autorizados de armas de fogo, acessórios e munições;

X - cadastrar a identificação do cano da arma, as características das impressões de raiamento e de microestriamento de projétil disparado, conforme marcação e testes obrigatoriamente realizados pelo fabricante;

XI - informar às Secretarias de Segurança Pública dos Estados e do Distrito Federal os registros e autorizações de porte de armas de fogo nos respectivos territórios, bem como manter o cadastro atualizado para consulta.

Parágrafo único. As disposições deste artigo não alcançam as armas de fogo das Forças Armadas e Auxiliares, bem como as demais que constem dos seus registros próprios.

CAPÍTULO II
DO REGISTRO

Art. 3º É obrigatório o registro de arma de fogo no órgão competente.

Parágrafo único. As armas de fogo de uso restrito serão registradas no Comando do Exército, na forma do regulamento desta Lei.

Art. 4º Para adquirir arma de fogo de uso permitido o interessado deverá, além de declarar a efetiva necessidade, atender aos seguintes requisitos:

I – comprovação de idoneidade, com a apresentação de certidões negativas de antecedentes criminais fornecidas pela Justiça Federal, Estadual, Militar e Eleitoral e de não estar respondendo a inquérito policial ou a processo criminal, que poderão ser fornecidas por meios eletrônicos; (Redação dada pela Lei nº 11.706, de 2008)

II – apresentação de documento comprobatório de ocupação lícita e de residência certa;

III – comprovação de capacidade técnica e de aptidão psicológica para o manuseio de arma de fogo, atestadas na forma disposta no regulamento desta Lei.

§ 1º O SINARM expedirá autorização de compra de arma de fogo após atendidos os requisitos anteriormente estabelecidos, em nome do requerente e para a arma indicada, sendo intransferível esta autorização.

§ 2º A aquisição de munição somente poderá ser feita no calibre correspondente à arma registrada e na quantidade estabelecida no regulamento desta Lei. (Redação dada pela Lei nº 11.706, de 2008)

§ 3º A empresa que comercializar arma de fogo em território nacional é obrigada a comunicar a venda à autoridade competente, como também a manter banco de dados com todas as características da arma e cópia dos documentos previstos neste artigo.

§ 4º A empresa que comercializa armas de fogo, acessórios e munições responde legalmente por essas mercadorias, ficando registradas como de sua propriedade enquanto não forem vendidas.

§ 5º A comercialização de armas de fogo, acessórios e munições entre pessoas físicas somente será efetivada mediante autorização do SINARM.

§ 6º A expedição da autorização a que se refere o § 1º será concedida, ou recusada com a devida fundamentação, no prazo de 30 (trinta) dias úteis, a contar da data do requerimento do interessado.

§ 7º O registro precário a que se refere o § 4º prescinde do cumprimento dos requisitos dos incisos I, II e III deste artigo.

§ 8º Estará dispensado das exigências constantes do inciso III do *caput* deste artigo, na forma do regulamento, o interessado em adquirir arma de fogo de uso permitido que comprove estar autorizado a portar arma com as mesmas características daquela a ser adquirida. (Incluído pela Lei nº 11.706, de 2008)

Art. 5º O certificado de Registro de Arma de Fogo, com validade em todo o território nacional, autoriza o seu proprietário a manter a arma de fogo exclusivamente no interior de sua residência ou domicílio, ou dependência desses, ou, ainda, no seu local de trabalho, desde que seja ele o titular ou o responsável legal pelo estabelecimento ou empresa. (Redação dada pela Lei nº 10.884, de 2004)

§ 1º O certificado de registro de arma de fogo será expedido pela Polícia Federal e será precedido de autorização do SINARM.

§ 2º Os requisitos de que tratam os incisos I, II e III do art. 4º deverão ser comprovados periodicamente, em período não inferior a 3 (três) anos, na conformidade do estabelecido no regulamento desta Lei, para a renovação do Certificado de Registro de Arma de Fogo.

§ 3º O proprietário de arma de fogo com certificados de registro de propriedade expedido por órgão estadual ou do Distrito Federal até a data da publicação desta Lei que não optar pela entrega espontânea prevista no art. 32 desta Lei deverá renová-lo mediante o pertinente registro federal, até o dia 31 de dezembro de 2008, ante a apresentação de documento de identificação pessoal e comprovante de residência fixa, ficando dispensado do pagamento de taxas e do cumprimento das demais exigências constantes dos incisos I a III do *caput* do art. 4º desta Lei. (Redação dada pela Lei nº 11.706, de 2008)

NOTA: O prazo a que se refere o § 3º foi prorrogado até 31 de dezembro de 2009, pela lei 11.922, de 13 de abril de 2009.

§ 4º Para fins do cumprimento do disposto no § 3º deste artigo, o proprietário de arma de fogo poderá obter, no Departamento de Polícia Federal, certificado de registro provisório, expedido na rede mundial de computadores – internet, na forma do regulamento e obedecidos os procedimentos a seguir: (Redação dada pela Lei nº 11.706, de 2008)

I – emissão de certificado de registro provisório pela internet, com validade inicial de 90 (noventa) dias; e (Incluído pela Lei nº 11.706, de 2008)

II – revalidação pela unidade do Departamento de Polícia Federal do certificado de registro provisório pelo prazo que estimar como necessário para a emissão definitiva do certificado de registro de propriedade. (Incluído pela Lei nº 11.706, de 2008)

CAPÍTULO III
DO PORTE

Art. 6º É **proibido o porte de arma** de fogo em todo o território nacional, **salvo** para os casos previstos em legislação própria e para:

I – os integrantes das Forças Armadas;

II – os integrantes de órgãos referidos nos incisos I, II, III, IV e V do *caput* do art. 144 da Constituição Federal e os da Força Nacional de Segurança Pública (FNSP);

III – os integrantes das guardas municipais das capitais dos Estados e dos Municípios com mais de 500.000 (quinhentos mil) habitantes, nas condições estabelecidas no regulamento desta Lei;

IV – os integrantes das guardas municipais dos Municípios com mais de 50.000 (cinqüenta mil) e menos de 500.000 (quinhentos mil) habitantes, quando em serviço; (Redação dada pela Lei nº 10.867, de 2004)

V – os agentes operacionais da Agência Brasileira de Inteligência e os agentes do Departamento de Segurança do Gabinete de Segurança Institucional da Presidência da República;

VI – os integrantes dos órgãos policiais referidos no art. 51, IV, e no art. 52, XIII, da Constituição Federal;

VII – os integrantes do quadro efetivo dos agentes e guardas prisionais, os integrantes das escoltas de presos e as guardas portuárias;

VIII – as empresas de segurança privada e de transporte de valores constituídas, nos termos desta Lei;

IX – para os integrantes das entidades de desporto legalmente constituídas, cujas atividades esportivas demandem o uso de armas de fogo, na forma do regulamento desta Lei, observando-se, no que couber, a legislação ambiental;

X – integrantes das Carreiras de Auditoria da Receita Federal do Brasil e de Auditoria-Fiscal do Trabalho, cargos de Auditor-Fiscal e Analista Tributário. (Redação dada pela Lei nº 11.501, de 2007);

XI – os tribunais do Poder Judiciário descritos no art. 92 da Constituição Federal e os Ministérios Públicos da União e dos Estados, para uso exclusivo de servidores de seus quadros pessoais que efetivamente estejam no exercício de funções de segurança, na forma de regulamento a ser emitido pelo Conselho Nacional de Justiça – CNJ e pelo Conselho Nacional do Ministério Público – CNMP. (Incluído pela Lei nº 12.694, de 2012)

§ 1º As pessoas previstas nos incisos I, II, III, V e VI do *caput* deste artigo terão direito de portar arma de fogo de propriedade particular ou fornecida pela respectiva corporação ou instituição, mesmo fora de serviço, nos termos do regulamento desta Lei, com validade em âmbito nacional para aquelas constantes dos incisos I, II, V e VI. (Redação dada pela Lei nº 11.706, de 2008).

§ 1º-B. Os integrantes do quadro efetivo de agentes e guardas prisionais poderão portar arma de fogo de propriedade particular ou fornecida pela respectiva corporação ou instituição, mesmo fora de serviço, desde que estejam: (Inserido pela lei nº 12.993, de 17 de junho de 2014).

I – submetidos a regime de dedicação exclusiva;

II – sujeitos à formação funcional, nos termos do regulamento; e

III – subordinados a mecanismos de fiscalização e de controle interno.

§ 1º-C. (VETADO). (Inserido pela lei nº 12.993, de 17 de junho de 2014).

§ 2º A autorização para o porte de arma de fogo aos integrantes das instituições descritas nos incisos V, VI, VII e X do *caput* deste artigo está condicionada à comprovação do requisito a que se refere o inciso III do *caput* do art. 4º desta Lei nas condições estabelecidas no regulamento desta Lei. (Redação dada pela Lei nº 11.706, de 2008)

§ 3º A autorização para o porte de arma de fogo das guardas municipais está condicionada à formação funcional de seus integrantes em estabelecimentos de ensino de atividade policial, à existência de mecanismos de fiscalização e de controle interno, nas condições estabelecidas no regulamento desta Lei, observada a supervisão do Ministério da Justiça. (Redação dada pela Lei nº 10.884, de 2004)

§ 4º Os integrantes das Forças Armadas, das polícias federais e estaduais e do Distrito Federal, bem como os militares dos Estados e do Distrito Federal, ao exercerem o direito descrito no art. 4º, ficam dispensados do cumprimento do disposto nos incisos I, II e III do mesmo artigo, na forma do regulamento desta Lei.

§ 5º Aos residentes em áreas rurais, maiores de 25 (vinte e cinco) anos que comprovem depender do emprego de arma de fogo para prover sua subsistência alimentar familiar será concedido pela Polícia Federal o porte de arma de fogo, na categoria caçador para subsistência, de uma arma de uso permitido, de tiro simples, com 1 (um) ou 2 (dois) canos, de alma lisa e de calibre igual ou inferior a 16 (dezesseis), desde que o interessado comprove a efetiva necessidade em requerimento ao qual deverão ser anexados os seguintes documentos: (Redação dada pela Lei nº 11.706, de 2008)

I - documento de identificação pessoal; (Incluído pela Lei nº 11.706, de 2008)

II - comprovante de residência em área rural; e (Incluído pela Lei nº 11.706, de 2008)

III - atestado de bons antecedentes. (Incluído pela Lei nº 11.706, de 2008)

§ 6º O caçador para subsistência que der outro uso à sua arma de fogo, independentemente de outras tipificações penais, responderá, conforme o caso, por porte ilegal ou por disparo de arma de fogo de uso permitido. (Redação dada pela Lei nº 11.706, de 2008)

§ 7º Aos integrantes das guardas municipais dos Municípios que integram regiões metropolitanas será autorizado porte de arma de fogo, quando em serviço. (Incluído pela Lei nº 11.706, de 2008)

Art. 7º As armas de fogo utilizadas pelos empregados das **empresas de segurança privada e de transporte de valores**, constituídas na forma da lei, serão de propriedade, responsabilidade e guarda das respectivas empresas, somente podendo ser utilizadas quando em serviço, devendo essas observar as condições de uso e de armazenagem estabelecidas pelo órgão competente, sendo o certificado de registro e a autorização de porte expedidos pela Polícia Federal em nome da empresa.

§ 1º O proprietário ou diretor responsável de empresa de segurança privada e de transporte de valores responderá pelo crime previsto no parágrafo único do art. 13 desta Lei, sem prejuízo das demais sanções administrativas e civis, se deixar de registrar ocorrência policial e de comunicar à Polícia Federal perda, furto, roubo ou outras formas de extravio de armas de fogo, acessórios e munições que estejam sob sua guarda, nas primeiras 24 (vinte e quatro) horas depois de ocorrido o fato.

§ 2º A empresa de segurança e de transporte de valores deverá apresentar documentação comprobatória do preenchimento dos requisitos constantes do art. 4º desta Lei quanto aos empregados que portarão arma de fogo.

§ 3º A listagem dos empregados das empresas referidas neste artigo deverá ser atualizada semestralmente junto ao SINARM.

Art. 7º-A. As armas de fogo utilizadas pelos **servidores das instituições descritas no inciso XI do art. 6º** serão de propriedade, responsabilidade e guarda das respectivas instituições, somente podendo ser utilizadas quando em serviço, devendo estas observar as condições de uso e de armazenagem estabelecidas pelo órgão competente, sendo o certificado de registro e a autorização de porte expedidos pela Polícia Federal em nome da instituição. (Incluído pela Lei nº 12.694, de 2012)

§ 1º A autorização para o porte de arma de fogo de que trata este artigo independe do pagamento de taxa. (Incluído pela Lei nº 12.694, de 2012)

§ 2º O presidente do tribunal ou o chefe do Ministério Público designará os servidores de seus quadros pessoais no exercício de funções de segurança que poderão portar arma de fogo, respeitado o limite máximo de 50% (cinquenta por cento) do número de servidores que exerçam funções de segurança. (Incluído pela Lei nº 12.694, de 2012)

§ 3º O porte de arma pelos servidores das instituições de que trata este artigo fica condicionado à apresentação de documentação comprobatória do preenchimento dos requisitos constantes do art. 4º desta Lei, bem como à formação funcional em estabelecimentos de ensino de atividade policial e à existência de mecanismos de fiscalização e de controle interno, nas condições estabelecidas no regulamento desta Lei. (Incluído pela Lei nº 12.694, de 2012)

§ 4º A listagem dos servidores das instituições de que trata este artigo deverá ser atualizada semestralmente no Sinarm. (Incluído pela Lei nº 12.694, de 2012)

§ 5º As instituições de que trata este artigo são obrigadas a registrar ocorrência policial e a comunicar à Polícia Federal eventual perda, furto, roubo ou outras formas de extravio de armas de fogo, acessórios e munições que estejam sob sua guarda, nas primeiras 24 (vinte e quatro) horas depois de ocorrido o fato. (Incluído pela Lei nº 12.694, de 2012).

Art. 8º As armas de fogo utilizadas em **entidades desportivas** legalmente constituídas devem obedecer às condições de uso e de armazenagem estabelecidas pelo órgão competente, respondendo o possuidor ou o autorizado a portar a arma pela sua guarda na forma do regulamento desta Lei.

Art. 9º Compete ao Ministério da Justiça a autorização do porte de arma para os responsáveis pela segurança de cidadãos estrangeiros em visita ou sediados no Brasil e, ao Comando do Exército, nos termos do regulamento desta Lei, o registro e a concessão de porte de trânsito de arma de fogo para colecionadores, atiradores e caçadores e de representantes estrangeiros em competição internacional oficial de tiro realizada no território nacional.

Art. 10. A **autorização para o porte de arma de fogo** de uso permitido, em todo o território nacional, é de **competência da Polícia Federal** e somente será concedida após **autorização do SINARM.**

§ 1º A autorização prevista neste artigo poderá ser concedida com **eficácia temporária** e **territorial limitada**, nos termos de atos regulamentares, e dependerá de o requerente:

I – demonstrar a sua efetiva necessidade por exercício de atividade profissional de risco ou de ameaça à sua integridade física;

II – atender às exigências previstas no art. 4º desta Lei;

III – apresentar documentação de propriedade de arma de fogo, bem como o seu devido registro no órgão competente.

§ 2º A autorização de porte de arma de fogo, prevista neste artigo, perderá automaticamente sua eficácia caso o portador dela seja detido ou abordado em estado de embriaguez ou sob efeito de substâncias químicas ou alucinógenas.

Art. 11. Fica instituída a **cobrança de taxas**, nos valores constantes do Anexo desta Lei, pela prestação de serviços relativos:

I – ao registro de arma de fogo;

II – à renovação de registro de arma de fogo;

III – à expedição de segunda via de registro de arma de fogo;

IV – à expedição de porte federal de arma de fogo;

V – à renovação de porte de arma de fogo;

VI – à expedição de segunda via de porte federal de arma de fogo.

§ 1º Os valores arrecadados destinam-se ao custeio e à manutenção das atividades do SINARM, da Polícia Federal e do Comando do Exército, no âmbito de suas respectivas responsabilidades.

§ 2º São isentas do pagamento das taxas previstas neste artigo as pessoas e as instituições a que se referem os incisos I a VII e X e o § 5º do art. 6º desta Lei. (Redação dada pela Lei nº 11.706, de 2008)

Art. 11-A. O Ministério da Justiça disciplinará a forma e as condições do credenciamento de profissionais pela Polícia Federal para comprovação da aptidão psicológica e da capacidade técnica para o manuseio de arma de fogo. (Incluído pela Lei nº 11.706, de 2008)

§ 1º Na comprovação da aptidão psicológica, o valor cobrado pelo psicólogo não poderá exceder ao valor médio dos honorários profissionais para realização de avaliação psicológica constante do item 1.16 da tabela do Conselho Federal de Psicologia. (Incluído pela Lei nº 11.706, de 2008)

§ 2º Na comprovação da capacidade técnica, o valor cobrado pelo instrutor de armamento e tiro não poderá exceder R$ 80,00 (oitenta reais), acrescido do custo da munição. (Incluído pela Lei nº 11.706, de 2008)

§ 3º A cobrança de valores superiores aos previstos nos §§ 1º e 2º deste artigo implicará o descredenciamento do profissional pela Polícia Federal. (Incluído pela Lei nº 11.706, de 2008).

CAPÍTULO IV
DOS CRIMES E DAS PENAS

1. **Bem jurídico tutelado.** A segurança pública e a incolumidade pública, que são interesses vinculados a um corpo social, tendo a coletividade como titular, e, não, a uma pessoa isolada ou grupo isolado de pessoas, A segurança pública é bem tutelado pela CRFB/88, no seu art. 5º *caput.* As armas de fogo são espécies de material bélico e estão intimamente ligadas a segurança pública. A lei que instituiu o Estatuto do Desarmamento busca punir todo e qualquer comportamento irregular relacionado a arma de fogo, acessório ou munição, como a venda, transporte, fabricação, porte etc., uma vez que quase todos os crimes violentos são cometidos com armas sem autorização do Poder Público. Ex.: homicídio, roubo, latrocínio, extorsão mediante sequestro etc.

2. **Decretos regulamentadores.** Decreto nº 5.123 de 1º de julho de 2004 e Decreto nº 3.665 de 20 de novembro de 2000.

3. **Competência para processo e julgamento.** Em regra, a competência para o processo e para o julgamento é da justiça estadual, uma vez que o bem jurídico tutelado não diz respeito a nenhum interesse da União exclusivamente nos moldes do art. 109 da CRFB/88. O fato de haver o controle de armas pelo SINARM, órgão pertencente ao Ministério da Justiça, Poder Executivo Federal, não justifica a competência da justiça federal para o processo e para o julgamento. Entretanto, em algumas hipóteses, a competência será da justiça federal, quando a infração penal for praticada em detrimento de bens, serviços ou interesse da União e suas entidades autárquicas

ou empresas públicas, na forma do art. 109, IV da CRFB/88, como no caso do delito previsto no art. 18, que trata do delito de tráfico internacional de arma de fogo por haver lesão a interesse da União Federal, no que toca ao seu exercício de fiscalização sobre a zona alfandegária. Outro exemplo é a prática de um delito previsto no Estatuto, praticado a bordo de navio ou aeronave (art. 109, IX da CRFB/88).

4. **Navio.** Deve-se tomar cuidado com a expressão *navio*. Tendo em vista que a CR/88 não conceituou o que seria navio, a doutrina e a jurisprudência pacificaram os seus entendimentos no sentido de conferir à expressão *navio* interpretação restritiva. Assim, *navio* não pode ser entendido como qualquer embarcação que se desloque sob águas, independentemente de qualquer outro critério. Por navio entenda-se a embarcação de grande porte, que possua tamanho e autonomia consideráveis para gerar o seu deslocamento para águas internacionais. Além disso, o navio deve encontrar-se em situação de deslocamento internacional ou em situação de potencial deslocamento.

▶ **STJ**

> CONFLITO DE COMPETÊNCIA. DESENVOLVIMENTO CLANDESTINO DE ATIVIDADES DE TELECOMUNICAÇÃO. CRIME COMETIDO A BORDO DE NAVIO ANCORADO NO PORTO DE PARANAGUÁ. SITUAÇÃO DE POTENCIAL DESLOCAMENTO.
>
> COMPETÊNCIA DA JUSTIÇA FEDERAL. 1. A Constituição Federal, em seu art. 109, IX, expressamente aponta a competência da Justiça Federal para processar e julgar "os crimes cometidos a bordo de navios ou aeronaves, ressalvada a competência da Justiça Militar". 2. Em razão da imprecisão do termo "navio" utilizado no referido dispositivo constitucional, a doutrina e a jurisprudência construíram o entendimento de que "navio" seria embarcação de grande porte o que, evidentemente, excluiria a competência para processar e julgar crimes cometidos a bordo de outros tipos de embarcações, isto é, aqueles que não tivessem tamanho e autonomia consideráveis que pudessem ser deslocados para águas internacionais. 3. Restringindo-se ainda mais o alcance do termo "navio", previsto no art. 109, IX, da Constituição, a interpretação que se dá ao referido dispositivo deve agregar outro aspecto, a saber, que ela se encontre em situação de deslocamento internacional ou em situação de potencial deslocamento. 4. Os tripulantes do navio que se beneficiavam da utilização de centrais telefônicas clandestinas, para realizar chamadas internacionais, pertenciam a embarcação que estava em trânsito no Porto de Paranaguá, o que caracteriza, sem dúvida, situação de potencial deslocamento. Assim, a competência, vista sob esse viés, é da Justiça Federal. 5. Conflito conhecido para declarar competente o Juízo Federal e Juizado Especial de Paranaguá – SJ/PR. **(CC 118.503/PR, Rel. Min. Rogerio Schietti Cruz, julgado em 22/04/2015).**

5. **Conceitos.** Arma de fogo, acessório e munição.

6. **Arma de fogo.** "Arma que arremessa projéteis empregando a força expansiva dos gases gerados pela combustão de um propelente confinado em uma câmara que, normalmente, está solidária a um cano que tem a função de propiciar continuidade à combustão do propelente, além de direção e estabilidade ao projétil." (art. 3º, XIII do Decreto 3.665/2000).

7. **Arma branca.** Chega-se ao conceito de arma branca por exclusão, tida como aquela que não é arma de fogo. A arma branca se divide em: *arma própria,* que é aquela produzida com finalidade específica de ataque e defesa, como punhal, lança, espada; e *arma imprópria,* que é produzida sem a finalidade específica de ataque ou defesa, mas pode ser utilizada para tais fins, como faca de cozinha, martelo, machado etc.

8. **Arma de uso permitido.** "Arma cuja utilização é permitida a pessoas físicas em geral, bem como a pessoas jurídicas, de acordo com a legislação normativa do Exército" (art. 3º, XVII do Decreto 3.665/2000); "Arma de fogo de uso permitido é aquela cuja utilização é autorizada a pessoas físicas, bem como a pessoas jurídicas, de acordo com as normas do Comando do Exército e nas condições previstas na Lei 10.826, de 2003". (art. 10, do Decreto 5.123/2004).

9. **Arma de uso restrito.** "Arma que só pode ser utilizada pelas Forças Armadas, por algumas instituições de segurança, e por pessoas físicas e jurídicas habilitadas, devidamente autorizadas pelo Exército, de acordo com legislação específica Exército." (art. 3º, XVIII do Decreto 3.665/2000). "Arma de fogo de uso restrito é aquela de uso exclusivo das Forças Armadas, de instituições de segurança pública e de pessoas físicas e jurídicas habilitadas, devidamente autorizadas pelo Comando do Exército, de acordo com legislação específica." (art. 11, do Decreto 5.123/2004).

10. **Acessório.** "Engenho primário ou secundário que suplementa um artigo principal para possibilitar ou melhorar o seu emprego." (art. 3º, I do Decreto 3.665/2000).

11. **Acessório de arma.** "Artefato que, acoplado a uma arma, possibilita a melhoria do desempenho do atirador, a modificação de um efeito secundário do tiro ou a modificação do aspecto visual da arma." (art. 3º, II do Decreto 3.665/2000).

12. **Munição.** "Artefato completo, pronto para carregamento e disparo de uma arma, cujo efeito desejado pode ser: destruição, iluminação ou ocultamento do alvo; efeito moral sobre pessoal; exercício; manejo; outros efeitos especiais." (art. 3º, LXIV do Decreto 3.665/2000).

13. **Armas, acessório ou munição de uso restrito.** "I – armas, munições, acessórios e equipamentos iguais ou que possuam alguma característica no que diz respeito aos empregos tático, estratégico e técnico do material bélico usado pelas Forças Armadas nacionais; II – armas, munições, acessórios e equipamentos que, não sendo iguais ou similares ao material bélico usado pelas Forças Armadas nacionais, possuam características que só as tornem aptas para emprego militar ou policial; III – armas de fogo curtas, cuja munição comum tenha, na saída do cano, energia superior a (trezentas libras-pé ou quatrocentos e sete Joules e suas munições, como por exemplo, os calibres .357 Magnum, 9 Luger, .38 Super Auto, .40 S&W, .44 SPL, .44 Magnum, .45 Colt e .45 Auto; IV – armas de fogo longas raiadas, cuja munição comum tenha, na saída do cano, energia superior a mil libras-pé ou mil trezentos e cinqüenta e cinco Joules e suas munições, como por exemplo, .22-250, .223 Remington, .243 Winchester, .270 Winchester, 7 Mauser, .30-06, .308 Winchester, 7,62 x 39, .357 Magnum, .375 Winchester e .44 Magnum; V – armas de fogo automáticas de qualquer calibre; VI – armas de fogo de alma lisa de calibre doze ou maior com

comprimento de cano menor que vinte e quatro polegadas ou seiscentos e dez milímetros; VII – armas de fogo de alma lisa de calibre superior ao doze e suas munições; VIII – armas de pressão por ação de gás comprimido ou por ação de mola, com calibre superior a seis milímetros, que disparem projéteis de qualquer natureza; IX – armas de fogo dissimuladas, conceituadas como tais os dispositivos com aparência de objetos inofensivos, mas que escondem uma arma, tais como bengalas-pistola, canetas-revólver e semelhantes; X – arma a ar comprimido, simulacro do Fz 7,62mm, M964, FAL; XI – armas e dispositivos que lancem agentes de guerra química ou gás agressivo e suas munições; XII – dispositivos que constituam acessórios de armas e que tenham por objetivo dificultar a localização da arma, como os silenciadores de tiro, os quebra-chamas e outros, que servem para amortecer o estampido ou a chama do tiro e também os que modificam as condições de emprego, tais como os bocais lança-granadas e outros; XIII – munições ou dispositivos com efeitos pirotécnicos, ou dispositivos similares capazes de provocar incêndios ou explosões; XIV – munições com projéteis que contenham elementos químicos agressivos, cujos efeitos sobre a pessoa atingida sejam de aumentar consideravelmente os danos, tais como projéteis explosivos ou venenosos; XV – espadas e espadins utilizados pelas Forças Armadas e Forças Auxiliares; XVI – equipamentos para visão noturna, tais como óculos, periscópios, lunetas, etc; XVII – dispositivos ópticos de pontaria com aumento igual ou maior que seis vezes ou diâmetro da objetiva igual ou maior que trinta e seis milímetros; XVIII – dispositivos de pontaria que empregam luz ou outro meio de marcar o alvo; XIX – blindagens balísticas para munições de uso restrito; XX – equipamentos de proteção balística contra armas de fogo portáteis de uso restrito, tais como coletes, escudos, capacetes, etc; e XXI – veículos blindados de emprego civil ou militar." (arts. 15, I c/c 16, I ao XXI do Decreto 3.665/2000).

14. **Armas, acessório ou munição de uso permitido.** "I – armas de fogo curtas, de repetição ou semi-automáticas, cuja munição comum tenha, na saída do cano, energia de até trezentas libras-pé ou quatrocentos e sete Joules e suas munições, como por exemplo, os calibres .22 LR, .25 Auto, .32 Auto, .32 S&W, .38 SPL e .380 Auto; II – armas de fogo longas raiadas, de repetição ou semi-automáticas, cuja munição comum tenha, na saída do cano, energia de até mil libras-pé ou mil trezentos e cinqüenta e cinco Joules e suas munições, como por exemplo, os calibres .22 LR, .32-20, .38-40 e .44-40; III – armas de fogo de alma lisa, de repetição ou semi-automáticas, calibre doze ou inferior, com comprimento de cano igual ou maior do que vinte e quatro polegadas ou seiscentos e dez milímetros; as de menor calibre, com qualquer comprimento de cano, e suas munições de uso permitido; IV – armas de pressão por ação de gás comprimido ou por ação de mola, com calibre igual ou inferior a seis milímetros e suas munições de uso permitido; V – armas que tenham por finalidade dar partida em competições desportivas, que utilizem cartuchos contendo exclusivamente pólvora; VI – armas para uso industrial ou que utilizem projéteis anestésicos para uso veterinário; VII – dispositivos óticos de pontaria com aumento menor que seis vezes e diâmetro da objetiva menor que trinta e seis milímetros; VIII – cartuchos vazios, semi-carregados ou carregados a chumbo granulado, conhecidos como "cartuchos de caça", destinados a armas de fogo de alma lisa de calibre permitido; IX – blindagens balísticas para munições de

uso permitido; X – equipamentos de proteção balística contra armas de fogo de porte de uso permitido, tais como coletes, escudos, capacetes, etc; e XI – veículo de passeio blindado." (arts. 15, II c/c 17, I ao XI do Decreto 3.665/2000).

15. **Competência para autorizar e fiscalizar a produção e comércio de armas de fogo.** Compete à União, por meio do órgão SINARM, com circunscrição em todo o território nacional, autorizar e fiscalizar a produção e o comércio das armas de fogo, com fundamento no art. 21, VI da CRFB/88.

→ Aplicação em concurso.

- **PC – Delegado de Polícia – MOVENS.**

  No que se refere à Lei nº 10.826/2003 (Estatuto do Desarmamento), assinale a opção correta.

  (A) As armas de fogo de uso restrito devem ser registradas nos departamentos de polícia civil dos estados.

  (B) Caberá à polícia federal autorizar, excepcionalmente, a aquisição de armas de fogo de uso restrito, exceto em relação às aquisições pelas polícias civis estaduais.

  (C) O Sistema Nacional de Armas tem circunscrição em todo o território nacional.

  (D) Os auditores-fiscais da Receita Federal do Brasil estão proibidos de portar arma de fogo no território nacional.

  Alternativa correta: Letra C.

16. **Norma penal em branco.** Os tipos penais, ao fazerem menção a arma de fogo, acessório ou munição de uso permitido ou restrito, devem ser complementados pelos Decretos 3.665/2000 e 5.123/2004.

→ Aplicação em concurso.

- **TJ/MG – Juiz de Direito – 2008. EJEF.**

  Sobre as leis que regulam as armas de fogo no Brasil, é *CORRETO* afirmar:

  D) A lei expressamente consagra a proibição de porte de arma de fogo em todo o território nacional, ressalvadas algumas hipóteses específicas, como os integrantes das Forças Armadas e as empresas de segurança privada e de transporte de valores, os quais poderão portar armas de fogo, desde que obedecidos os requisitos legais e regulamentares.

  A alternativa está correta.

- **TJ/MG – Juiz de Direito – 2008. EJEF.**

  Sobre as leis que regulam as armas de fogo no Brasil, é ***CORRETO*** **afirmar:**

  C) A fim de verificar a classificação e a definição de armas de fogo, deve-se consultar a parte final do Estatuto do Desarmamento, eis que, em suas Disposições Gerais, consta o rol de armamentos restritos, permitidos e proibidos.

  A alternativa está errada.

Posse irregular de arma de fogo de uso permitido

Art. 12. Possuir ou manter sob sua guarda **arma de fogo, acessório ou munição, de uso permitido**, em desacordo com determinação legal ou regulamentar, no **interior de sua residência ou dependência desta**, ou, ainda no seu **local de trabalho**, desde que seja o **titular** ou o **responsável legal** do estabelecimento ou empresa:

Pena – detenção, de 1 (um) a 3 (três) anos, e multa.

1. **Diferença entre posse e porte.** *Posse* consiste em manter a arma *intra muros,* no interior de residência ou local de trabalho. *Porte* é *extra muros*, isso é, fora da residência ou local de trabalho.

   → Aplicação em concurso.

   - **TJ/MG – Juiz de Direito – 2008. EJEF.**

     Sobre as leis que regulam as armas de fogo no Brasil, é *CORRETO* afirmar:

   B) O agente que mantém em sua residência arma de fogo de uso permitido, sem o devido registro em seu nome, incorre no delito de porte ilegal de arma, previsto no art. 14 da Lei n. 10.826, de 22 dezembro de 2003.

   A alternativa está errada.

2. **Possuir.** Significa ter a posse da arma de fogo, acessório ou munição como se fosse seu proprietário.

3. **Manter.** Significa conservar a arma de fogo, acessório ou munição consigo.

4. **Residência.** A expressão *residência* é equivalente a casa, tida como o local habitado pelo agente.

5. **Dependência da residência.** Lugar vinculado a casa, como a casa de máquinas da piscina, garagem, quintal etc.

6. **Local de trabalho.** Local onde o agente exerce a sua profissão, como uma empresa, consultório médico. A lei exige, entretanto, que ele seja o titular ou o responsável legal pelo estabelecimento ou empresa.

7. **Espingarda de chumbinho.** Não é considerada arma de fogo, razão pela qual o fato é atípico.

8. **Posse irregular de arma em estabelecimento militar.** Competência da justiça comum para processo e julgamento, e não da justiça militar, uma vez que não se trata de crime militar por não estar previsto no Código Penal Militar (Decreto-Lei 1.001/69).

9. **Posse irregular de arma em residência de terceiro.** Fato atípico em relação ao delito de *posse,* configurando, portanto, o delito de porte previsto no art. 14 da lei.

10. **Transporte de arma de fogo no interior do veículo.** Configura o delito de porte (art. 14), e não o de posse (art. 12).

▶ **STJ**

ARMA ENCONTRADA NO INTERIOR DO VEÍCULO DO RÉU – TAXISTA. PLEITO DE EXTENSÃO DO CONCEITO DE LOCAL DE TRABALHO. INADMISSIBILIDADE. CONFIGURAÇÃO DO DELITO TIPIFICADO NO ART. 14 DA LEI N. 10.826/2003...3. No mais, melhor sorte não assiste ao agravante, visto que não é possível desclassificar o crime de porte ilegal para o delito definido no artigo 12 do Estatuto do Desarmamento, conforme pretende a Defesa. 4. Dispõe o art. 12 da Lei n. 10.826/03 que somente caracteriza o delito de posse quando o artefato se encontrar "no interior da residência ou dependência desta, ou, ainda no seu local de trabalho, desde que seja o titular ou o responsável legal do estabelecimento ou empresa". 5. Ora, conquanto o recorrente seja motorista de táxi e o utilize para sua atividade laboral, este não pode ser considerado como a extensão do local de trabalho. 6. A adoção de tal entendimento ocasionaria a indevida ampliação do art. 12 do Estatuto do Desarmamento, permitindo a qualquer profissional o livre transporte de arma de fogo em diversos locais, sob o argumento de que o veículo conduzido consistiria em extensão do local de trabalho. (...) 8. Agravo a que se nega provimento. AgRg no REsp 1318757. Rel. Min. Og Fernandes, julgado em 28/05/2013.

11. **Transporte de arma no interior de táxi.** Questão relevante versa sobre a tipificação da conduta do motorista de táxi que porta uma arma de fogo no interior do seu veículo, ou seja, se tal conduta configuraria o delito de posse (art. 12) ou de porte de arma de fogo (art. 14). O tipo legal de crime ora estudado (posse) exige que ela seja *intra muros,* isso é, no interior de residência ou no local de trabalho. Deve-se perquirir se o táxi estaria abrangido nesse conceito de residência ou local de trabalho. Entendemos que a resposta só pode ser negativa. Com efeito, o táxi não configura residência, nem local de trabalho, mas sim *instrumento de trabalho* por meio do qual o motorista exerce a sua profissão de forma regular. O seu local de trabalho é a rua, por onde o táxi trafega. Dessa forma, o transporte de arma no interior do táxi configura o delito de porte (art. 14) e não posse (art. 12).

▶ **STJ**

ARMA ENCONTRADA NO INTERIOR DO VEÍCULO DO RÉU – TAXISTA. PLEITO DE EXTENSÃO DO CONCEITO DE LOCAL DE TRABALHO. INADMISSIBILIDADE. CONFIGURAÇÃO DO DELITO TIPIFICADO NO ART. 14 DA LEI N. 10.826/2003...3. No mais, melhor sorte não assiste ao agravante, visto que não é possível desclassificar o crime de porte ilegal para o delito definido no artigo 12 do Estatuto do Desarmamento, conforme pretende a Defesa. 4. Dispõe o art. 12 da Lei n. 10.826/03 que somente caracteriza o delito de posse quando o artefato se encontrar "no interior da residência ou dependência desta, ou, ainda no seu local de trabalho, desde que seja o titular ou o responsável legal do estabelecimento ou empresa". 5. Ora, conquanto o recorrente seja motorista de táxi e o utilize para sua atividade laboral, este não pode ser considerado como a extensão do local de trabalho. 6. A adoção de tal entendimento ocasionaria a indevida ampliação do art. 12 do Estatuto do Desarmamento, permitindo a qualquer profissional o livre transporte de arma de fogo em diversos locais, sob o argumento de que o veículo conduzido consistiria em extensão do local de trabalho. (...). 8. Agravo a que se nega provimento. AgRg no REsp 1318757. Rel. Min. Og Fernandes, julgado em 28/05/2013.

12. Transporte de arma no interior de caminhão. Outra questão que oferece dúvida e relevância é o transporte de arma no interior do caminhão. É sabido que, na maioria das vezes, o caminhoneiro passa a maior parte de sua vida no caminhão, dirigindo-o, transportando mercadorias de um local para o outro. A questão se coloca de forma diversa do taxista. A diferença é clara, pois o taxista entra no seu carro, o dirige no período de trabalho proposto e depois vai para a sua residência descansar; com o caminhoneiro a questão se passa de forma diversa, uma vez que ele é obrigado a passar vários dias dentro do caminhão, inclusive, dormindo na cabine, para cumprir o seu trabalho. Nesse diapasão, indaga-se: a cabine do caminhão seria a residência do motorista? Entendemos que não. Da mesma forma que sustentamos no item anterior, a despeito de o caminhoneiro passar grande parte de sua vida dentro do caminhão, o veículo não pode ser considerado sua residência, mas sim *instrumento de trabalho* por meio do qual o motorista exerce a sua profissão de forma regular. O seu local de trabalho são as estradas do país, por onde o motorista trafega com o seu caminhão. O conceito de automóvel não pode ser confundido com o de residência. Com efeito, não é o *animus* do motorista se fixar de forma definitiva, com a sua família, dentro do caminhão. Basta pensar que o endereço que ele fornece para fins de cadastros diversos não é a cabine do caminhão; no momento do preenchimento da sua declaração de imposto de renda, por exemplo, o motorista não informa, como endereço residencial, a cabine do caminhão; o motorista, por exemplo, não recebe as suas correspondências no caminhão. Dessa forma, não sendo o caminhão a sua residência, nem o seu local de trabalho, o transporte de arma no seu interior configura o delito de porte (art. 14) e não posse (art. 12).

▶ **STJ**

INFORMATIVO 496.

Sexta Turma.

APREENSÃO DE ARMA EM CAMINHÃO. TIPIFICAÇÃO.

O veículo utilizado profissionalmente não pode ser considerado "local de trabalho" para tipificar a conduta como posse de arma de fogo de uso permitido (art. 12 da Lei n. 10.826/2003). No caso, um motorista de caminhão profissional foi parado durante fiscalização da Polícia Rodoviária Federal, quando foram encontrados dentro do veículo um revólver e munições intactas. Denunciado por porte ilegal de arma de fogo de uso permitido (art. 14 do Estatuto do Desarmamento), a conduta foi desclassificada para posse irregular de arma de fogo de uso permitido (art. 12 do mesmo diploma), reconhecendo-se, ainda, a *abolitio criminis* temporária. O entendimento foi reiterado pelo tribunal de origem no julgamento da apelação. O Min. Relator registrou que a expressão "local de trabalho" contida no art. 12 indica um lugar determinado, não móvel, conhecido, sem alteração de endereço. Dessa forma, a referida expressão não pode abranger todo e qualquer espaço por onde o caminhão transitar, pois tal circunstância está sim no âmbito da conduta prevista como porte de arma de fogo. Precedente citado: HC 116.052-MG, DJe 9/12/2008. REsp 1.219.901-MG, Rel. Min. Sebastião Reis Júnior, julgado em 24/4/2012.

13. Manutenção de arma com o registro vencido no interior da residência. Fato atípico. Se o agente mantém a arma em sua residência com o registro vencido, ele não tem o dolo de manter consigo uma arma de forma ilegal. Pelo contrário. A arma está registrada em seu nome, mas o prazo do registro expirou. Trata-se de mera infração administrativa.

▶ **STJ**

Informativo nº 572

Corte Especial

DIREITO PENAL. GUARDA DE ARMA DE FOGO DE USO PERMITIDO COM REGISTRO VENCIDO.

Manter sob guarda, no interior de sua residência, arma de fogo de uso permitido com registro vencido não configura o crime do art. 12 da Lei 10.826/2003 (Estatuto do Desarmamento). O art. 12 do Estatuto do Desarmamento afirma que é objetivamente típico possuir ou manter sob guarda arma de fogo de uso permitido, em desacordo com determinação legal ou regulamentar, no interior de residência. Entretanto, relativamente ao elemento subjetivo, não há dolo do agente que procede ao registro e, depois de expirado prazo, é apanhado com a arma nessa circunstância. Trata-se de uma irregularidade administrativa; do contrário, todos aqueles que porventura tiverem deixado expirar prazo semelhante terão necessariamente de responder pelo crime, o que é absolutamente desproporcional. Avulta aqui o caráter subsidiário e de *ultima ratio* do direito penal. Na hipótese, além de se afastar da teleologia do objeto jurídico protegido, a saber, a administração e, reflexamente, a segurança e a paz pública (crime de perigo abstrato), banaliza-se a criminalização de uma conduta em que o agente já fez o mais importante, que é apor seu nome em um registro de armamento, possibilitando o controle de sua circulação. Precedente citado: HC 294.078-SP, Quinta Turma, DJe 4/9/2014. **APn 686-AP, Rel. Min. João Otávio de Noronha, julgado em 21/10/2015, DJe 29/10/2015.**

14. **Cabimento de pena restritiva de direitos.** Tendo em vista que o delito ora comentado não possui, como elemento do tipo, a violência, nem a grave ameaça, bem como o *quantum* de pena cominada, conclui-se que é possível a substituição da pena privativa de liberdade por pena restritiva de direitos, desde que presentes os demais requisitos positivados no art. 44 do Código Penal.

→ Aplicação em concurso.

- **TJ/MG – Juiz de Direito – 2009. FUNDEP.**

  Sobre o Estatuto do Desarmamento. Lei n. 10.826, de 2003, marque a alternativa *CORRETA*.

D) O crime de posse ilegal de arma de fogo de uso permitido, tipificado no art. 12 da Lei nº 10.826, de 2003, com pena privativa de liberdade, abstratamente cominada em detenção de 01 a 03 anos, não comporta a substituição por pena restritiva de direitos, consoante as regras do art. 44 do CP, em face da violência intrinsecamente ligada ao comércio e utilização de armas de fogo em nosso país.

A alternativa está errada.

15. **Consumação.** No momento em que o agente tem a arma de fogo, acessório ou munição sob sua disponibilidade.

16. Classificação. Crime comum, na primeira parte, e próprio na segunda parte, pois o tipo exige que o agente seja o titular ou responsável pelo estabelecimento ou empresa; permanente; de perigo abstrato; doloso; comissivo; de tentativa admissível; de mera conduta.

17. Suspensão condicional do processo. Admissível, pois a pena mínima cominada não ultrapassa 1 ano (art. 89 da lei 9.099/95).

→ Aplicação em concurso.

- **Escrivão de Polícia/CE. 2015. VUNESP.**

É cominada pena de detenção aos seguintes crimes da Lei nº 10.826/03:

A) posse de arma de fogo de uso permitido e posse de arma de fogo de uso restrito.

B) disparo de arma de fogo e porte ilegal de arma de fogo de uso permitido.

C) posse irregular de arma de fogo de uso permitido e porte ilegal de arma de fogo de uso permitido.

D) posse irregular de arma de fogo de uso permitido e omissão de cautela.

E) disparo de arma de fogo e omissão de cautela.

Alternativa correta: Letra D.

- **MP/SP – Promotor de Justiça – 2010.**

Assinale a alternativa correta:

C) o crime de posse irregular de arma de fogo (art. 12 da Lei nº 10.826/03) não distingue, no seu apenamento, se a arma, acessório ou munição são de uso permitido ou restrito.

A alternativa está errada.

- **MP/RR – Assistente Administrativo/2008. CESPE.**

A conduta do agente que mantém sob sua guarda arma de fogo de uso permitido no interior de sua residência não é crime, uma vez que não há regulamentação específica para essa situação.

A alternativa está errada.

Omissão de cautela

Art. 13. Deixar de observar as **cautelas necessárias** para impedir que **menor de 18 (dezoito) anos** ou **pessoa portadora de deficiência mental se apodere de arma de fogo** que esteja sob sua posse ou que seja de sua propriedade:

Pena – detenção, de 1 (um) a 2 (dois) anos, e multa.

Parágrafo único. Nas mesmas penas incorrem o proprietário ou diretor responsável de empresa de segurança e transporte de valores que deixarem de **registrar ocorrência policial e de comunicar** à **Polícia Federal** perda, furto, roubo ou outras formas de extravio de arma de fogo, acessório ou munição que estejam sob sua guarda, nas primeiras 24 (vinte quatro) horas depois de ocorrido o fato.

1. **Ausência de menor ou doente mental.** Se a arma de fogo é esquecida em cima da mesa, mas, no local, não há nenhum menor ou deficiente mental que possa ter acesso a ela, não há crime, e a conduta é atípica.

→ Aplicação em concurso.

- **MP/SP – Promotor de Justiça – 2010.**

Assinale a alternativa correta:

B) o crime de omissão de cautela (art. 13 da Lei nº 10.826/03 – Lei do Desarmamento) sujeita o autor às penas de um a dois anos de detenção, na hipótese de deixar de observar as cautelas necessárias para impedir que qualquer cidadão se apodere de arma de fogo, acessório ou munição que estejam sob sua posse ou que sejam de sua propriedade.

A alternativa está errada.

2. **Concurso de crimes.** Agente tem a posse ilegal da arma e a deixa ao alcance de um menor, responde pelos delitos de posse ilegal da arma de fogo (art. 12) e omissão de cautela (art. 13) em concurso material de crimes (art. 69 do Código Penal).
3. **Arma de fogo guardada no móvel do quarto de casal desmuniciada e com a munição guardada separadamente.** Fato atípico, pois na forma em que a arma foi guardada, inclusive com a munição separada, não houve omissão de cautela, isso é, o agente não violou o dever objetivo de cuidado.
4. **Dupla obrigação.** Registrar a ocorrência em qualquer delegacia estadual *e* comunicar à Polícia Federal. O agente deve cumprir as duas obrigações impostas pela lei.
5. **Prazo de 24 horas.** Embora o artigo disponha 24 horas "depois de ocorrido o fato", o prazo de 24 horas deve ser contado a partir do momento em que o agente tiver ciência da perda, furto, roubo ou extravio da arma de fogo, acessório ou munição.
6. **Consumação *caput*.** Momento do apoderamento da arma pelo menor ou doente mental.
7. **Consumação parágrafo** único. Após o decurso do prazo de 24 horas.
8. **Espingarda de chumbinho.** Não é considerada arma de fogo, razão pela qual o fato é atípico.
9. **Classificação *caput*.** Crime próprio, pois o tipo exige que o agente seja o proprietário ou possuidor da arma de fogo; instantâneo; de perigo abstrato; culposo; omissivo próprio; de tentativa inadmissível; de mera conduta.

→ Aplicação em concurso.

- **Escrivão de Polícia/CE. 2015. VUNESP.**

É cominada pena de detenção aos seguintes crimes da Lei nº 10.826/03:

A) posse de arma de fogo de uso permitido e posse de arma de fogo de uso restrito.

B) disparo de arma de fogo e porte ilegal de arma de fogo de uso permitido.

C) posse irregular de arma de fogo de uso permitido e porte ilegal de arma de fogo de uso permitido.

D) posse irregular de arma de fogo de uso permitido e omissão de cautela.

E) disparo de arma de fogo e omissão de cautela.

Alternativa correta: Letra D.

- **Juiz de Direito do TJ/PB. 2015. CESPE.**

O crime de omissão de cautela, previsto no Estatuto do Desarmamento, é delito omissivo, sendo a culpa na modalidade negligência o elemento subjetivo do tipo.

A alternativa está correta.

- **DP/MS – Defensor Público – 2008. VUNESP**

Com relação aos crimes definidos na Lei nº 10.826/03, não admite a figura do artigo 14, II, do Código Penal, o de

(A) omissão de cautela (art. 13, *caput*).

(B) comércio ilegal de arma de fogo (art. 17, *caput*).

(C) tráfico internacional de arma de fogo (art. 18).

(D) produzir munição sem autorização legal (art. 16, parágrafo único, VI).

Alternativa correta: Letra A.

10. **Classificação parágrafo** único. Crime próprio, pois o tipo exige que o agente seja proprietário ou diretor responsável de empresa de segurança e transporte de valores; instantâneo; de perigo abstrato; doloso; omissivo próprio; de tentativa inadmissível; de mera conduta.

→ Aplicação em concurso.

- **PC/SC – Delegado de Polícia – 2008. ACAFE.**

"Caio", proprietário da empresa de segurança e transporte de valores "Vaisegur", deixou de registrar ocorrência policial e de comunicar à Polícia Federal a perda de uma arma de fogo utilizada na atividade típica da empresa, nas primeiras 24 horas depois de constatado o "sumiço" deste objeto.

Considere o enunciado acima e assinale a alternativa **correta**.

A) Se "Caio" agiu culposamente responderá pela modalidade fundamental do crime de omissão de cautela, previsto na Lei n. 10.826/03 (Estatuto do Desarmamento).

B) "Caio" não cometeu crime algum, pois o fato é penalmente atípico.

C) Se "Caio" se omitiu dolosamente, deve responder por modalidade equiparada ao crime de omissão de cautela, prevista na Lei n. 10.826/03 (Estatuto do Desarmamento). Se a omissão foi culposa não haverá crime.

D) "Caio" somente responderá pelo crime de omissão de cautela se terceiro, que tenha se apoderado da arma de fogo, passar a utilizá-la indevidamente, e desde que ele não tenha nas as primeiras 24 horas depois de constatado o "sumiço" da arma, registrado boletim de ocorrência a respeito.

Alternativa correta: Letra C.

11. **Suspensão condicional do processo.** Admissível, pois a pena mínima cominada não ultrapassa 1 ano (art. 89 da lei 9.099/95).

→ Aplicação em concurso.

- **TJ/MG – Juiz de Direito – 2008. EJEF.**

Sobre as leis que regulam as armas de fogo no Brasil, é *CORRETO* afirmar:

A) Aquele que deixa de observar as cautelas necessárias e permite que menor de 18 (dezoito) anos se apodere de arma de fogo de sua posse ou propriedade não pode ser punido, eis que os crimes previstos no Estatuto do Desarmamento só admitem o dolo como elemento subjetivo do tipo.

A alternativa está errada.

Porte ilegal de arma de fogo de uso permitido

Art. 14. Portar, deter, adquirir, fornecer, receber, ter em depósito, transportar, ceder, ainda que gratuitamente, emprestar, remeter, empregar, manter sob guarda ou ocultar **arma de fogo, acessório ou munição, de uso permitido**, sem autorização e em desacordo com determinação legal ou regulamentar:

Pena – reclusão, de 2 (dois) a 4 (quatro) anos, e multa.

Parágrafo único. O crime previsto neste artigo é inafiançável, salvo quando a arma de fogo estiver registrada em nome do agente.

1. **Tipo misto alternativo.** A prática de duas ou mais condutas descritas no tipo não gera concurso de crimes, respondendo o agente por apenas um delito.
2. **Diferença entre porte e transporte.** *Transportar* significa levar a arma de um lugar para outro, por meio de locomoção como automóvel, barco etc. *Portar* significa carregar consigo.
3. **Transporte de arma de fogo no interior do veículo.** Configura o delito de porte (art. 14), e não o de posse (art. 12).

▶ STJ

ARMA ENCONTRADA NO INTERIOR DO VEÍCULO DO RÉU – TAXISTA. PLEITO DE EXTENSÃO DO CONCEITO DE LOCAL DE TRABALHO. INADMISSIBILIDADE. CONFIGURAÇÃO DO DELITO TIPIFICADO NO ART. 14 DA LEI N. 10.826/2003...3. No mais, melhor sorte não assiste ao agravante, visto que não é possível desclassificar o crime de porte ilegal para o delito definido no artigo 12 do Estatuto do Desarmamento, conforme pretende a Defesa. 4. Dispõe o art. 12 da Lei n. 10.826/03 que somente caracteriza o delito de posse quando o artefato se encontrar "no interior da residência ou dependência desta, ou, ainda no seu local de trabalho, desde que seja o titular ou o responsável legal do estabelecimento ou empresa". 5. Ora, conquanto o recorrente seja motorista de táxi e o utilize para sua atividade laboral, este não pode ser considerado como a extensão do local de trabalho. 6. A adoção de tal entendimento ocasionaria a indevida ampliação do art. 12 do Estatuto do Desarmamento, permitindo a qualquer profissional o livre transporte de arma de fogo em diversos locais, sob o argumento de que o veículo conduzido consistiria em extensão do local de trabalho. (...) 8. Agravo a que se nega provimento. AgRg no REsp 1318757. Rel. Min. Og Fernandes, julgado em 28/05/2013.

4. **Transporte da arma até a Delegacia de Polícia para entregá-la.** Fato atípico. O agente não leva a arma de um local específico para outro local específico com o dolo que obter ou permitir que alguém obtenha algum proveito da arma. O que o agente pretende é desfazer-se da arma.
5. **Arma quebrada e incapaz de efetuar disparos. Ineficácia atestada por laudo pericial.** Fato atípico, em razão da ausência de potencial lesivo da arma comprovada pelo laudo pericial.

▶ **STJ**

Informativo nº 570

Sexta Turma

DIREITO PENAL. ATIPICIDADE DA CONDUTA DE PORTE ILEGAL DE ARMA DE FOGO INEFICAZ.

Demonstrada por laudo pericial a total ineficácia da arma de fogo e das munições apreendidas, deve ser reconhecida a atipicidade da conduta do agente que detinha a posse do referido artefato e das aludidas munições de uso proibido, sem autorização e em desacordo com a determinação legal/regulamentar. Inicialmente, convém destacar que a Terceira Seção do STJ pacificou entendimento no sentido de que o tipo penal de posse ou porte ilegal de arma de fogo é delito de mera conduta ou de perigo abstrato, sendo irrelevante a demonstração de seu efetivo caráter ofensivo e, assim, desnecessária a realização de laudo pericial para atestar a potencialidade lesiva da arma de fogo ou da munição apreendida (EREsp 1.005.300-RS, DJe 19/12/2013). Contudo, se tiver sido realizado laudo técnico na arma de fogo e este tiver apontado a total ineficácia do artefato, descartando, por completo, a sua potencialidade lesiva e, ainda, consignado que as munições apreendidas estavam percutidas e deflagradas, a aplicação da jurisprudência supramencionada deve ser afastada. Isso porque, nos termos do que foi proferido no AgRg no HC 149.191-RS (Sexta Turma, DJe 17/5/2010), arma, para ser arma, há de ser eficaz; caso contrário, de arma não se cuida. Em outras palavras, uma arma desmuniciada em conjunto com munição torna-se apta a realizar disparos; entretanto, uma arma ineficaz, danificada, quebrada, em contato com munição, não poderá produzir disparos, não passando, portanto, de um mero pedaço de metal. Registre-se que a particularidade da ineficácia da arma (e das munições) não se confunde, à toda evidência, com o caso de arma sem munição. A par disso, verifica-se que, à luz do Direito Penal do fato e da culpa, iluminado pelo princípio da ofensividade, não há afetação do bem jurídico denominado incolumidade pública que, segundo a doutrina, compreende o complexo de bens e interesses relativos à vida, à integridade corpórea e à saúde de todos e de cada um dos indivíduos que compõem a sociedade. Nessa ordem de ideias, a Quinta Turma do STJ (AgRg no AREsp 397.473-DF, DJe 25/08/2014), ao enfrentar situação fática similar – porte de arma de fogo periciada e totalmente ineficiente – asseverou que o objeto apreendido não se enquadrava no conceito técnico de arma de fogo, razão pela qual considerou descaracterizado o crime de porte ilegal de arma de fogo. De modo semelhante, embora pacífico que a incidência da causa de aumento de pena pelo uso de arma de fogo no delito de roubo dispensa a sua apreensão e perícia, as Turmas de Direito Penal do STJ consolidaram entendimento no sentido de que, caso atestada a ineficácia e inaptidão da arma, torna-se incabível a aplicação da majorante prevista no art. 157, § 2º, I, do CP. Desse modo, conclui-se que arma de fogo pressupõe artefato destinado e capaz de ferir ou matar, de maneira que deve ser reconhecida a atipicidade da conduta de possuir munições deflagradas e percutidas, bem como arma de fogo inapta a disparar, ante a ausência de potencialidade lesiva, tratando-se de crime impossível pela ineficácia absoluta do meio. **REsp 1.451.397-MG, Rel. Min. Maria Thereza de Assis Moura, julgado em 15/9/2015, DJe 1º/10/2015.**

→ Aplicação em concurso.

- **Delegado de Polícia/PE. 2016. CESPE**

  A respeito da legislação penal extravagante brasileira, assinale a opção correta.

  Segundo entendimento do STJ, o crime de porte ilegal de arma de fogo é delito de perigo abstrato, considerando-se típica a conduta de porte de arma de fogo completamente inapta a realizar disparos e desmuniciada, ainda que comprovada a inaptidão por laudo pericial.

  A alternativa está errada.

6. **Arma com funcionamento imperfeito.** Há a prática do delito.

▶ **STF**

INFORMATIVO Nº 505

Art. 14 da Lei 10.826/2003 e Tipicidade Material

O mero fato de o funcionamento de arma de fogo não ser perfeito não afasta a tipicidade material do crime definido no art. 14 da Lei 10.826/2003. Com base nesse entendimento, a Turma indeferiu habeas corpus em que condenado por porte ilegal de arma de fogo pleiteava o reconhecimento da atipicidade material de sua conduta, sob a alegação de que não restara comprovada, de forma válida, a potencialidade lesiva da arma apreendida. Aduzia, ainda, que a constitucionalidade do delito de arma desmuniciada encontrar-se-ia em análise nesta Corte. Inicialmente, asseverou-se que o presente writ não trataria do caso do porte de arma sem munição, nem do porte de munição sem arma, dado que o paciente fora denunciado porque trazia consigo revólver municiado com cartuchos intactos. Considerou-se que, na espécie, a perícia não concluíra pela inidoneidade da arma municiada portada pelo paciente. Ressaltou-se que o revólver não apresentava perfeitas condições de funcionamento, mas, conforme destacado na sentença condenatória, possuiria aptidão de produzir disparos, o que seria suficiente para atingir o bem juridicamente tutelado. HC 93816/RS, rel. Min. Joaquim Barbosa, 6.5.2008.

7. **Transporte em bolsa.** Há crime. A arma tem potencial lesivo e a pessoa pode alcançar a arma dentro da bolsa.

▶ **STJ**

INFORMATIVO Nº 338

PORTE ILEGAL. ARMA. PERIGO CONCRETO.

O delito tipificado no art. 10, *caput*, da revogada Lei n. 9.437/1997 apenas exige o porte de arma de fogo sem autorização ou em desacordo com determinação legal ou regular. Mostra-se desnecessária, para sua configuração, a demonstração de efetivo perigo à coletividade, daí a irrelevância de, no caso, a arma estar armazenada dentro de uma bolsa, quanto mais que ela era capaz de efetuar disparos, dela podendo lançar mão o recorrido a qualquer tempo. Precedentes citados: REsp 666.869-RS, DJ 1º/7/2005, e REsp 292.943-MG, DJ 16/9/2002. **REsp 930.219-MG, Rel. Min. Felix Fischer, julgado em 8/11/2007.**

8. Porte ilegal de arma desmuniciada. Muito se tem discutido, há alguns anos, sobre a conduta do agente que porta uma arma de fogo sem que a mesma esteja municiada. Deve-se perquirir qual seria a potencialidade lesiva de uma arma sem munição. Como visto alhures, considera-se arma de fogo o artefato "*que arremessa projéteis empregando a força expansiva dos gases gerados pela combustão de um propelente confinado em uma câmara que, normalmente, está solidária a um cano que tem a função de propiciar continuidade à combustão do propelente, além de direção e estabilidade ao projétil.*" (art. 3º, XIII do Decreto 3.665/2000). Em outras palavras, arma de fogo é o artefato que tem por função lançar um projétil ao ar, por meio da deflagração de uma carga explosiva.

Não se desconhece que uma arma, ainda que desmuniciada, possa gerar uma ameaça à vítima, uma maior temor, um constrangimento ilegal, servindo de instrumento para prática de vários delitos, como ameaça, constrangimento ilegal, lesão corporal, estupro etc. Entretanto, a sua potencialidade lesiva não reside em ameaçar, constranger ou qualquer coisa parecida, mas sim lançar um projétil ao ar, por meio da deflagração de uma carga explosiva, como dito acima. Até porque o delito ora comentado não é constrangimento ilegal, ameaça, lesão corporal, estupro etc, e, sim, o porte de *arma de fogo*. O tipo legal de crime requer como objeto material uma *arma de fogo*. Entenda-se, de uma vez por todas, que a potencialidade lesiva de uma arma de fogo não está em ameaçar, lesionar ou constranger, sobretudo porque é até mais eficaz uma ameaça ou constrangimento exercido, por exemplo, com uma faca ou com uma simples garrafa de vidro quebrada, do que com uma arma desmuniciada. Com efeito, com uma faca ou com a garrafa de vidro quebrada, o agente pode cortar a vítima provocando-lhe a morte; já com uma arma desmuniciada isso não ocorre, justamente em razão não ter potencialidade lesiva, uma vez que não lança um projétil ao ar. Por todo o exposto é que se discute há alguns anos, se o porte de uma arma desmuniciada configura ou não o delito ora comentado. Após muitos debates no âmbito da jurisprudência, o STF e o STJ pacificaram as suas jurisprudências no sentido de ser típica a conduta de portar arma de fogo desmuniciada, ao argumento, fundamentalmente, de o delito de porte de arma ser classificado como crime de perigo abstrato ou presumido, bastando o simples porte da arma de fogo para a sua consumação, independentemente de qualquer resultado ulterior.

▶ **STF**

INFORMATIVO Nº 699

SEGUNDA TURMA

Porte ilegal de arma e ausência de munição – 2

Em conclusão, a 2ª Turma denegou habeas corpus no qual denunciado pela suposta prática do crime de porte ilegal de arma de fogo desmuniciada pleiteava a nulidade de sentença condenatória – v. Informativo 549. Asseverou-se que o tipo penal do art. 14 da Lei 10.826/2003 ("Art. 14 Portar, deter, adquirir, fornecer, receber, ter em depósito, transportar, ceder, ainda que gratuitamente, emprestar, remeter, empregar, manter sob guarda ou ocultar arma de fogo, acessório ou munição, de uso permitido, sem autorização e em desacordo com determinação legal ou regulamentar") contemplaria crime de mera conduta, sendo suficiente a ação de portar ilegalmente a arma de fogo, ainda que desmuniciada. Destacou-se que, à época, a jurisprudência oscilaria quanto à tipicidade do fato, questão hoje superada. O Min. Teori Zavascki participou da votação por suceder ao Min. Cezar Peluso, que pedira vista dos autos. HC 95073/MS, rel. orig. Min. Ellen Gracie, red. p/o acórdão Min. Teori Zavascki, 19.3.2013. (HC-95073).

▶ **STJ**

INFORMATIVO Nº 493.

Sexta Turma.

ARMA DE FOGO DESMUNICIADA. TIPICIDADE.

A Turma, acompanhando recente assentada, quando do julgamento, por maioria, do REsp 1.193.805-SP, manteve o entendimento de que o porte ilegal de arma de fogo é crime de perigo abstrato, cuja consumação se caracteriza pelo simples ato de alguém levar consigo arma de fogo sem autorização ou em desacordo com determinação legal – sendo irrelevante a demonstração de efetivo caráter ofensivo. Isso porque, nos termos do disposto no art. 16, parágrafo único, IV, da Lei n. 10.826/2003, o legislador teve como objetivo proteger a incolumidade pública, transcendendo a mera proteção à incolumidade pessoal, bastando, assim, para a configuração do delito em discussão a probabilidade de dano, e não sua ocorrência. Segundo se observou, a lei antecipa a punição para o ato de portar arma de fogo; é, portanto, um tipo penal preventivo, que busca minimizar o risco de comportamentos que vêm produzindo efeitos danosos à sociedade, na tentativa de garantir aos cidadãos o exercício do direito à segurança e à própria vida. Conclui-se, assim, ser irrelevante aferir a eficácia da arma para a configuração do tipo penal, que é misto-alternativo, em que se consubstanciam, justamente, as condutas que o legislador entendeu por bem prevenir, seja ela o simples porte de munição ou mesmo o porte de arma desmuniciada. (...). HC 211.823-SP, Rel. Min. Sebastião Reis Júnior, julgado em 22/3/2012.

→ Aplicação em concurso.

- **Defensor Público/PE. 2015. CESPE.**

Tales foi preso em flagrante delito quando transportava, sem autorização legal ou regulamentar, dois revólveres de calibre 38 desmuniciados e com numerações raspadas. Acerca dessa situação hipotética, julgue os itens que se seguem, com base na jurisprudência dominante dos tribunais superiores relativa a esse tema. O fato de as armas apreendidas estarem desmuniciadas não tipifica o crime de posse ou porte ilegal de arma de fogo de uso restrito em razão da total ausência de potencial lesivo da conduta.

A alternativa está errada.

- **(Cespe – Cartório – TJ – BA/2014).**

Considerando a jurisprudência dos tribunais superiores acerca dos delitos previstos na Lei nº 10.826/2003 e na Lei nº 11.340/2006, assinale a opção correta.

De acordo com a jurisprudência do STJ, o porte de arma de fogo é crime de perigo abstrato, razão pela qual o porte de arma desmuniciada representa conduta típica.

A alternativa está correta.

- **(Vunesp – Promotor de Justiça – ES/2013)**

Com relação ao Estatuto do Desarmamento, é correto afirmar que

(A) constitui crime a utilização de arma de brinquedo ou simulacro de arma capaz de atemorizar outrem.

(B) para a tipificação do crime de disparo de arma de fogo é necessário provar que determinada pessoa tenha sido exposta a risco.

(C) não poderá ser concedida liberdade provisória ao crime de comércio ilegal de arma de fogo.

(D) para a tipificação do crime de porte ilegal de arma de fogo de uso permitido não é necessário que o armamento esteja municiado.

(E) o crime de tráfico internacional de arma de fogo não admite liberdade provisória.

Alternativa correta: Letra D.

- **(TJ/RS – Juiz de Direito Substituto – RS/2012)** *Com relação aos delitos previstos na Lei nº 10.826/2003 (Estatuto do Desarmamento), considere as assertivas abaixo.*

III – A orientação jurisprudencial do Supremo Tribunal Federal (STF) e do STJ é no sentido de que constitui fato típico o porte de arma em desacordo com determinação legal, desde que devidamente municiada a arma ou presente a posse de munição.

A alternativa está errada.

9. **Porte ilegal de munição.** Pelos mesmos motivos e fundamentos analisados no item anterior, o STF pacificou a sua jurisprudência em igual sentido.

▶ **STF**

INFORMATIVO Nº 688.

Segunda Turma.

Porte de munição e lesividade da conduta.

A 2ª Turma denegou habeas corpus no qual se requeria a absolvição do paciente – condenado pelo porte de munição destinada a revólver de uso permitido, sem autorização legal ou regulamentar (Lei 10.826/2003, art. 14) – sob o argumento de ausência de lesividade da conduta. Inicialmente, não se conheceu do writ quanto à alegada atipicidade em razão de abolitio criminis temporária, pois não veiculada no STJ. No que concerne ao pedido alternativo de absolvição do paciente, enfatizou-se que a objetividade jurídica da norma penal em comento transcenderia a mera proteção da incolumidade pessoal para alcançar, também, a tutela da liberdade individual e do corpo social como um todo, asseguradas ambas pelo incremento dos níveis de segurança coletiva que a lei propiciaria. Por fim, firmou-se ser irrelevante cogitar-se da lesividade da conduta de portar apenas munição, porque a hipótese seria de crime de perigo abstrato, para cuja caracterização não importaria o resultado concreto da ação. HC 113295/SP, rel. Min. Ricardo Lewandowski, 13.11.2012. (HC-113295).

→ Aplicação em concurso.

- **Escrivão de Polícia Civil/DF. 2013. CESPE.**

  Considere a seguinte situação hipotética.

  Em uma operação policial, José foi encontrado com certa quantidade de munição para revólver de calibre 38. Na oportunidade, um policial indagou José sobre a autorização para portar esse material, e José respondeu que não possuía tal autorização e justificou que não precisava ter tal documento porque estava transportando munição desacompanhada de arma de fogo.

  Nessa situação hipotética, a justificativa de José para não portar a autorização é incorreta, e ele responderá por crime previsto no Estatuto do Desarmamento.

  A alternativa está correta.

10. **Porte de arma de fogo em legítima defesa e estado de necessidade.** Não há crime, em razão de presença das causas de exclusão da ilicitude.

11. **Art. 19 da Lei de Contravenções Penais (DL 3.688/41).** Derrogado no que tange à arma de fogo, permanecendo em vigor em relação à arma branca.

→ Aplicação em concurso.

- **Inspetor de Polícia/CE. 2015. VUNESP.**

  Populares avisaram a polícia que João e José, embriagados, discutiam na via pública. Avistados e abordados, os policiais verificaram que nenhum dos dois traziam quaisquer documentos, além de terem localizado na cintura de João uma arma de fogo e sob as vestes de José uma faca. Nesse contexto, competem aos policiais

  A) conduzir João e José para a Delegacia de Polícia para responderem pela contravenção penal de perturbação de sossego.

  B) depois de comprovar a identidade de João e José e verificando que eles não usavam, no momento da discussão, a arma de fogo e a faca que traziam (respectivamente), liberá-los da abordagem.

  C) conduzir João e José para a Delegacia de Polícia, pois praticaram crime de tentativa de lesão corporal (mútua).

  D) prender João e José em flagrante delito por tentativa de homicídio, considerando o porte de arma de fogo e a faca, ambos objetos letais.

  E) conduzir os dois para a Delegacia de Polícia; José para responder pela contravenção penal de porte de arma branca, e João porque foi preso em flagrante delito por porte ilegal de arma de fogo.

  Alternativa correta: Letra E.

- **Juiz de Direito do TJ/DF. 2014. CESPE.**

  Jeremias foi abordado na via pública portando arma branca na cintura. Nessa situação, dada a ausência de tipificação penal na legislação específica para porte de arma branca, a conduta de Jeremias deve ser considerada atípica, não configurando qualquer fato punível.

  A alternativa está errada.

- **MP/SP – Promotor de Justiça – 2010.**

  Assinale a alternativa correta:

  D) com o advento da Lei nº 10.826/03, a contravenção de porte ilegal de arma, prevista no art. 19 da Lei das Contravenções Penais, passou a ter como objeto apenas munições em geral e armas brancas.

  A alternativa está errada.

12. Legítima defesa potencial. Sujeito que porta arma de fogo porque está ameaçado de morte. Há o delito de porte, por faltar o requisito da agressão atual ou iminente, exigido pelo art. 25 do Código Penal.

13. Arma desmontada. Se estiver ao alcance do agente, permitindo-lhe a montagem em poucos segundos, há crime.

▶ **STJ**

(...) PORTE ILEGAL DE ARMA DE FOGO. (...) PLEITO DE RECONHECIMENTO DA ATIPICIDADE EM RAZÃO DE A ARMA SE ENCONTRAR DESMUNICIADA E DESMONTADA. EXAME PERICIAL. NULIDADE OU AUSÊNCIA. IRRELEVÂNCIA. CRIME DE PERIGO ABSTRATO. ACÓRDÃO A QUO EM CONSONÂNCIA COM A JURISPRUDÊNCIA DESTA CORTE SUPERIOR. AGRAVO REGIMENTAL DESPROVIDO. (...) Este Superior Tribunal de Justiça tem jurisprudência pacificada no sentido de que o porte ilegal de arma de fogo desmuniciada ou desmontada configura hipótese de perigo abstrato, bastando apenas a prática do ato de levar consigo para a consumação do delito. Dessa forma, eventual nulidade do laudo pericial, ou até mesmo a sua ausência, não impede o enquadramento da conduta. Precedentes.3. Decisão que se mantém por seus próprios fundamentos.4. Agravo regimental desprovido. AgRg no REsp 1390999. Rel. Min. Laurita Vaz, julgado em 27/03/2014.

14. Porte de arma de fogo e homicídio. O delito de porte de arma fica absorvido pelo homicídio, desde que tenha sido meio necessário para a sua prática, sendo considerado *ante factum impunível,* com fundamento no princípio da consunção. Entretanto, caso o porte não tenha sido meio necessário para o homicídio, haverá concurso de crimes.

▶ **STJ**

INFORMATIVO Nº 452.

Sexta Turma.

CONSUNÇÃO. PORTE ILEGAL. ARMA DE FOGO.

Em *habeas corpus,* o impetrante defende a absorção do crime de porte ilegal de arma de fogo pelo crime de homicídio visto que, segundo o princípio da consunção, a primeira infração penal serviu como meio para a prática do último crime. Explica o Min. Relator que o princípio da consunção ocorre quando uma infração penal serve inicialmente como meio ou fase necessária para a execução de outro crime. Logo, a aplicação do princípio da consunção pressupõe, necessariamente, a análise de existência de um nexo de dependência das condutas ilícitas para verificar a possibilidade de absorção daquela infração penal menos grave pela mais danosa. (...) No entanto, na hipótese, pela descrição dos fatos na instrução criminal, na pronúncia e na condenação, não há dúvida de que o porte ilegal de arma de fogo serviu de meio para a prática do homicídio. Diante do exposto, a Turma concedeu a ordem para, com fundamento no princípio da consunção, excluir o crime de porte de arma de fogo da condenação do paciente. Precedentes citados: REsp 570.887-RS, DJ 14/2/2005; HC 34.747-RJ, DJ 21/11/2005, e REsp 232.507-DF, DJ 29/10/2001. **HC 104.455-ES, Rel. Min. Og Fernandes, julgado em 21/10/2010.**

15. Porte de arma de fogo e roubo. Não há concurso de crimes, uma vez que o emprego da arma de fogo já funciona como causa especial de aumento de pena prevista no art. 157, § 2º, I, do Código Penal, ficando, portanto, absorvido pelo roubo, à luz do princípio da consunção na vertente do crime progressivo. Logo, o porte de arma será considerado *ante factum* impunível. A utilização de arma de brinquedo no roubo não autoriza o aumento de pena, uma vez que não possui potencialidade lesiva.

Quanto à necessidade de apreensão e perícia na arma de fogo para se aferir o seu potencial lesivo, para a incidência da majorante prevista no art. 157, § 2º, I, do Código Penal, o STF e o STJ firmaram as suas jurisprudências no sentido de que não é necessária a apreensão e a perícia na arma, desde que haja outros meios de prova que confirmem a sua utilização, tendo em vista que se trata de crime de perigo abstrato.

▶ **STF**

Habeas Corpus substitutivo de agravo regimental. Roubo circunstanciado. Apreensão e perícia da arma de fogo. Desnecessidade. Majorante comprovada por outros meios idôneos de prova. (...) O ato impugnado está em conformidade com a jurisprudência de ambas as Turmas do Supremo Tribunal Federal, no sentido de que a majorante do emprego de arma de fogo (art. 157, § 2º, I, do Código Penal) "pode ser evidenciada por qualquer meio de prova, em especial pela palavra da vítima – reduzida à impossibilidade de resistência pelo agente – ou pelo depoimento de testemunha presencial..."(HC 96.099, Rel. Min. Ricardo Lewandowski, Plenário). Precedentes. 3. Habeas Corpus extinto sem resolução de mérito por inadequação da via processual. HC 108225. Rel. Min. Roberto Barroso, julgado em 19/08/2014.

▶ **STJ**

HABEAS CORPUS. ROUBO MAJORADO. APREENSÃO DA ARMA E A REALIZAÇÃO DE EXAME PERICIAL PARA QUE INCIDA O AUMENTO NA PENA POR USO DE ARMA EM ROUBO. DESNECESSIDADE. REGIME. GRAVIDADE CONCRETA. (...) 1. A Terceira Seção desta Corte, no julgamento dos EREsp n. 961.863/RS, pacificou o entendimento de serem dispensáveis a apreensão da arma e a realização de exame pericial para que incida o aumento na pena por uso de arma em roubo, quando existirem nos autos outros elementos probatórios que levem a concluir pela sua efetiva utilização no crime. (...) 5. Habeas corpus não conhecido. HC 274279. Rel Min. Rogério Schietti Cruz, julgado em 04/11/2014.

→ Aplicação em concurso

- **DPF/2004-Nacional. CESPE.**

Com a utilização de uma arma de brinquedo, João subtraiu de uma pessoa o relógio e a carteira contendo documentos pessoais, cartões de crédito e R$ 300,00 em espécie.

Nessa situação, de acordo com o entendimento do Superior Tribunal de Justiça (STJ), João responderá por crime de roubo qualificado pelo emprego de arma.

A alternativa está errada.

16. **Policial aposentado. Não tem direito ao porte de arma. Há crime.** O policial aposentado não tem direito ao porte de arma de fogo. O porte de arma de fogo que lhe é legalmente garantido pelo art. 6º da presente lei e pelo art. 33 do Decreto nº 5.123/2004 é em razão da função que exerce (*"Art. 33. O Porte de Arma de Fogo é deferido aos militares das Forças Armadas, aos policiais federais e estaduais e do Distrito Federal, civis e militares, aos Corpos de Bombeiros Militares, bem como aos policiais da Câmara dos Deputados e do Senado Federal em razão do desempenho de suas funções institucionais"*) e está condicionado ao seu exercício. Como o policial aposentado não está mais no exercício da função, ele não tem direito ao porte de arma de fogo, caso em que, se portá-la, comete o presente delito.

▶ **STJ**

Informativo nº 554

Quinta Turma

DIREITO PENAL. PORTE DE ARMA DE FOGO POR POLICIAL CIVIL APOSENTADO.

O porte de arma de fogo a que têm direito os policiais civis (arts. 6º da Lei 10.826/2003 e 33 do Decreto 5.123/2014) não se estende aos policiais aposentados. Isso porque, de acordo com o art. 33 do Decreto 5.123/2004, que regulamentou o art. 6º da Lei 10.826/2003, o porte de arma de fogo está condicionado ao efetivo exercício das funções institucionais por parte dos policiais, motivo pelo qual não se estende aos aposentados. Precedente citado: RMS 23.971-MT, Primeira Turma, DJe 16/4/2008. **HC 267.058-SP, Rel. Min. Jorge Mussi, julgado em 4/12/2014, DJe 15/12/2014.**

17. **Arma de brinquedo, simulacros ou réplicas.** Fato atípico, pois não é arma de fogo.

18. **Espingarda de chumbinho.** Não é considerada arma de fogo, razão pela qual o fato é atípico.

19. **Porte de mais de uma arma.** Crime único. O tipo penal dispõe portar arma, não importando a quantidade.

→ Aplicação em concurso.

- **Delegado de Polícia/GO. 2017. CESPE**

  Considerando o atual entendimento dos tribunais superiores quanto aos institutos do Código de Defesa do Consumidor, do Estatuto do Desarmamento e do Estatuto da Criança e do Adolescente (ECA), assinale a opção correta.

  O porte ou a posse simultânea de duas ou mais armas de fogo de uso restrito ou proibido não configura concurso formal, mas crime único, pois a situação de perigo é uma só.

  A alternativa está correta.

- **Defensor Público/PE. 2015. CESPE.**

  Tales foi preso em flagrante delito quando transportava, sem autorização legal ou regulamentar, dois revólveres de calibre 38 desmuniciados e com numerações raspadas.

Acerca dessa situação hipotética, julgue os itens que se seguem, com base na jurisprudência dominante dos tribunais superiores relativa a esse tema. A apreensão das armas de fogo configurou concurso formal de crimes.

A alternativa está errada.

- **TJ/MA – Juiz de Direito – 2008. IESES.**

Analise as seguintes assertivas baseadas na legislação penal extravagante atualmente vigente e no Código Penal, para depois responder:

I. O agente que traz consigo, na cintura, um revólver calibre 38 e, no porta-luvas de seu carro, outro de calibre 32, responde, em concurso formal, por dois crimes de porte ilegal de arma de fogo de uso permitido previsto no Estatuto do Desarmamento (Lei n. 10.826, de 22.12.2003).

A alternativa está errada.

20. Porte de arma por vigia fora do horário de expediente. A pessoa que exerce a função de vigia (que não se confunde com a função de vigilante) e porta a arma de fogo em via pública fora do horário de expediente comete o delito de porte ilegal de arma de fogo.

▶ **STJ**

Informativo nº 581

Quinta Turma

DIREITO PENAL. PORTE DE ARMA DE FOGO POR VIGIA APÓS O HORÁRIO DE EXPEDIENTE.

O fato de o empregador obrigar seu empregado a portar arma de fogo durante o exercício das atribuições de vigia não caracteriza coação moral irresistível (art. 22 do CP) capaz de excluir a culpabilidade do crime de "porte ilegal de arma de fogo de uso permitido" (art. 14 da Lei n. 10.826/2003) atribuído ao empregado que tenha sido flagrado portando, em via pública, arma de fogo, após o término do expediente laboral, no percurso entre o trabalho e a sua residência. De fato, não parece aceitável admitir a tese de que o vigia estava sob influência de coação moral irresistível, porquanto, quando praticou a conduta proibida, ele estava fora do horário e do ambiente de trabalho, livre, portanto, da relação de subordinação que o obrigava a portar arma de fogo de modo ilegal. Sob esse prisma, não há porque supor a indução do comportamento delitivo por força externa determinante, infligida pelo empregador. A verdade é que não há espaço para aplicação da regra disposta no art. 22 do CP ("Se o fato é cometido sob coação irresistível ou em estrita obediência a ordem, não manifestamente ilegal, de superior hierárquico, só é punível o autor da coação ou da ordem"). Assim, a inexigibilidade de conduta diversa somente funciona como causa de exclusão da culpabilidade quando proceder de forma contrária à lei se mostrar como única alternativa possível diante de determinada situação. Se há outros meios de solução do impasse, a exculpante não se caracteriza. Ademais, "importa não confundir, aqui, a atividade exercida pelo réu (vigia) com a de um vigilante (profissional contratado por estabelecimentos financeiros ou por empresa especializada em prestação de serviços de vigilância e transporte de valores), cuja categoria é regulamentada pela Lei nº 7.102/83, ao qual é assegurado o direito de portar armas de fogo, quando em efetivo exercício da profissão" (REsp 1.221.960-SP, Sexta Turma, DJe 9/3/2011). REsp 1.456.633-RS, **Rel. Min. Reynaldo Soares da Fonseca, julgado em 5/4/2016, DJe 13/4/2016.**

21. Consumação. No momento da prática das condutas descritas no tipo, independentemente da produção de qualquer resultado, por tratar-se de crime de mera conduta.

22. Parágrafo único. **Vedação de fiança.** O legislador quis proibir que o preso em flagrante pelo delito de porte de arma de fogo, acessório ou munição permanecesse em liberdade, vedando a fiança. Entretanto, esqueceu-se de que, ao lado da liberdade provisória com fiança, existe a liberdade provisória sem fiança, não tendo vedado essa última. Assim, tem-se por inócua a vedação da fiança, uma vez que, se o preso não pode livrar-se solto com fiança, poderá livrar-se solto *sem fiança,* nos moldes do art. 310, III do Código de Processo Penal, com a redação que lhe deu a lei 12.403/2011. Note-se que este parágrafo único teve sua inconstitucionalidade declarada pelo STF na ADI 3112/DF, rel. Min. Ricardo Lewandowski, 2.5.2007). (ver comentário ao art. 21).

→ Aplicação em concurso.

- **TJ/TO – Juiz de Direito substituto 2007. CESPE.**

  Segundo entendimento do STF, é inconstitucional a vedação de fiança, legalmente prevista, nos crimes de porte ilegal de arma de fogo de uso permitido.

  A alternativa está correta.

23. Classificação. Crime comum; instantâneo nas condutas *adquirir; fornecer; receber; ceder; emprestar; remeter e empregar;* permanente nas condutas *portar, deter, ter em depósito, transportar, manter sob sua guarda e ocultar;* de perigo abstrato; doloso; comissivo; de tentativa admissível; de mera conduta.

24. Suspensão condicional do processo. Incabível, pois a pena mínima cominada ultrapassa 1 ano (art. 89 da lei 9.099/95).

→ Aplicação em concurso.

- **Inspetor de Polícia/CE. 2015. VUNESP.**

  Sobre o Estatuto do Desarmamento (Lei n. 10.826/2003), está correto afirmar que

A) a posse e guarda de arma de fogo no interior da residência ou no local de trabalho é autorizada, desde que a arma de fogo seja de uso permitido.

B) o Estatuto do Desarmamento só regula condutas envolvendo armas de fogo de uso permitido.

C) o artigo 14 do Estatuto do Desarmamento dispõe sobre o porte de arma de fogo de uso permitido e o artigo 16 da mesma lei dispõe sobre o porte de arma de fogo de uso restrito.

D) o crime de disparo de arma de fogo previsto no artigo 15 do Estatuto admite tanto a conduta dolosa (disparo proposital), como culposa (disparo acidental).

E) o Estatuto do Desarmamento não pune o porte ou a posse de acessório ou munição para armas de fogo.

Alternativa correta: Letra C.

- **Juiz de Direito do TJ/RN. 2012. CESPE.**

Conforme o entendimento jurisprudencial que considera o porte ilegal de arma de fogo crime de perigo abstrato, para a consumação do delito, é necessária a demonstração do efetivo caráter ofensivo da arma transportada pelo indivíduo.

A alternativa está errada.

- **(TJ/RS – Juiz de Direito Substituto – RS/2012)**

Considere as assertivas abaixo sobre os crimes definidos na Lei nº 10.826/2003 (Estatuto do Desarmamento).

I. O Estatuto do Desarmamento faz distinção entre portar e possuir ilegalmente arma de fogo de uso permitido, sendo que o primeiro possui pena mais severa.

II. O crime de posse ou porte ilegal de arma de fogo de uso restrito é classificado como de perigo abstrato.

III. O Estatuto do Desarmamento descriminalizou temporariamente a posse e o porte irregulares de arma de fogo.

Quais são corretas?

A) Apenas I

B) Apenas II

C) Apenas III

D) Apenas I e II

E) I, II e III

Alternativa correta: Letra D.

- **TJ/SE Juiz substituto 2008. CESPE.**

Com relação ao Estatuto do Desarmamento, Lei nº 10.826/2003, assinale a opção correta.

A) O agente que perambula de madrugada pelas ruas com uma arma de fogo de uso permitido, sem autorização para portá-la, comete infração penal, independentemente de se comprovar que uma pessoa determinada ficou exposta a uma situação de perigo.

B) Na hipótese de porte de arma absolutamente inapta a efetuar disparos, o fato é considerado típico, porque se presume o risco em prol da coletividade, apesar de não haver exposição de alguém a uma situação concreta de perigo.

C) O crime de deixar de observar as cautelas necessárias para impedir que menor se apodere de arma de fogo que esteja sob sua posse admite tentativa.

D) O porte ilegal de arma de fogo de uso permitido é inafiançável e hediondo, sendo irrelevante o fato de a arma de fogo estar registrada em nome do agente.

E) No crime de comércio ilegal de arma de fogo, a pena é aumentada se a arma de fogo, acessório ou munição for de uso permitido.

Alternativa correta: Letra A.

Disparo de arma de fogo

Art. 15. Disparar arma de fogo ou **acionar munição** em lugar habitado ou em suas adjacências, em via pública ou em direção a ela, desde que essa conduta não tenha como finalidade a prática de outro crime:

Pena – reclusão, de 2 (dois) a 4 (quatro) anos, e multa.

Parágrafo único. O crime previsto neste artigo é inafiançável.

1. **Comparação com o art. 28 *caput* e parágrafo** único **da Lei de Contravenções Penais (DL 3688/41).** O art. 28, *caput,* foi ab-rogado pelo art. 15 da lei de armas. Entretanto, o art. 15 acrescentou a conduta de *acionar munição.* A parte final do parágrafo único do art. 28 da Lei de Contravenções Penais, no que toca à conduta de *soltar balão aceso* foi revogada pelo art. 42 da lei de crimes contra o meio-ambiente (lei 9605/98). Assim, o parágrafo único do art. 28 da Lei de Contravenções Penais só continua em vigor em relação à conduta de *queima de fogos de artifício.* Por fogos de artifício entenda-se a "designação comum de peças pirotécnicas preparadas para transmitir a inflamação a fim de produzir luz, ruído, incêndios ou explosões, e normalmente empregada em festividades" (art. 3º, LII do Decreto 3.665/00).

→ Aplicação em concurso.

- **MP/SP – Promotor de Justiça – 2010.**

  Assinale a alternativa correta:

E) acionar munição em lugar habitado ou em via pública, desde que essa conduta não tenha como finalidade a prática de outro crime, constitui a contravenção penal descrita no art. 28 da Lei das Contravenções Penais.

A alternativa está errada.

- **MP/RR – Oficial de Diligência/2008. CESPE.**

  Segundo o Estatuto do Desarmamento, o agente que dispara arma de fogo em via pública, sem ferir ninguém, não pratica crime, mas, sim, contravenção penal.

  A alternativa está errada.

2. **Diferença para o art. 132 do Código Penal.** No art. 132 do Código Penal, o agente expõe a perigo pessoa certa e determinada. No art. 15 da lei 10.826/2003, o agente expõe a perigo um número indeterminado de pessoas.

3. **Lugar habitado.** Local em que pessoas residem, habitam o seu entorno. Lugar povoado, como cidade, vila, distrito, chácara, sítio, fazenda, lugarejo etc.

4. **Adjacências de lugar habitado.** Locais próximos às residências, como rua paralela, perpendicular. Não é necessário que seja dependência da moradia.

5. **Via pública:** Avenida, praça, rua etc. Disparo de arma, feito em rodovia, configura o delito, pois rodovia é considerada via pública.

6. **Em direção** à **via pública.** Disparo feito em direção à via pública, não importando o local de onde a arma é disparada.

7. **Local não habitado.** Em qualquer hipótese, se o local não for habitado, o fato será atípico, pois a segurança pública não corre perigo.

→ **Aplicação em concurso.**

- **Notário. TJ/BA. 2014. CESPE.**

  Considerando a jurisprudência dos tribunais superiores acerca dos delitos previstos na Lei n. 10.826/2003 e na Lei n. 11.340/2006, assinale a opção correta.

  O delito de disparo de arma de fogo estará configurado mesmo que seja praticado em local isolado, desabitado e afastado de vias públicas.

  A alternativa está errada.

- **Agente de Polícia Civil/DF. 2013. CESPE.**

  A conduta de uma pessoa que disparar arma de fogo, devidamente registrada e com porte, em local ermo e desabitado será considerada atípica.

  A alternativa está correta.

8. **Disparo de arma de fogo em legítima defesa ou estado de necessidade**. Não configura o delito, excluindo-se a ilicitude. Ex.: Disparo de arma, em legítima defesa da propriedade, para evitar um furto; ou disparo de arma, para afugentar ataque de animal perigoso.

9. **Disparo efetuado para o alto**. Configura o delito, desde que seja feito em via pública ou em sua direção.

10. **Subsidiariedade expressa.** Trata-se de tipo penal expressamente subsidiário. Se a finalidade do disparo for a de praticar um homicídio, o agente responderá tão-somente por esse delito, tentado ou consumado.

→ **Aplicação em concurso.**

- **Juiz de Direito do TJ/DF. 2015. CESPE.**

  Ronaldo foi preso em flagrante imediatamente após efetuar – com intenção de matar, mas sem conseguir atingir a vítima – disparos de arma de fogo na direção de José. Nessa situação, Ronaldo cometeu homicídio na forma tentada e disparo de arma de fogo em concurso formal.

  A alternativa está errada.

11. **Porte ilegal e disparo de arma de fogo.** O porte será considerado *ante factum* impunível, ficando absorvido pelo delito de disparo de arma de fogo, por força do princípio da consunção, desde que o porte e o disparo ocorram no mesmo contexto fático. Caso o disparo e o porte não ocorram no mesmo contexto fático, ou seja, dissociados um do outro, haverá concurso de crimes, como no caso de o agente já portar a arma de fogo e depois efetuar os disparos.

▶ **STJ**

PENAL. AGRAVO REGIMENTAL NO RECURSO ESPECIAL. PORTE ILEGAL E DISPARO DE ARMA DE FOGO. ARTIGOS 14 E 15 DA LEI 10.826/03. CONDUTAS PRATICADAS NO MESMO CONTEXTO FÁTICO. ANÁLISE DO CONJUNTO FÁTICO-PROBATÓRIO DOS AUTOS. IMPOSSIBILIDADE. INCIDÊNCIA DA SÚMULA 7/STJ. – A jurisprudência desta Corte possui entendimento firmado no sentido de que não é automática a aplicação do princípio da consunção para absorção do delito de porte de arma de fogo pelo de disparo, dependendo das circunstâncias em que ocorreram as condutas. – Na hipótese dos autos, as instâncias ordinárias reconheceram que os crimes foram praticados no mesmo contexto fático, devendo ser aplicado o referido postulado para que a conduta menos grave (porte ilegal de arma de fogo) seja absorvida pela conduta mais grave (disparo de arma de fogo). – A inversão das conclusões a que chegaram as instâncias ordinárias, no sentido de que houve o porte de arma em outro contexto fático, encontra óbice no enunciado n. 7 da Súmula do STJ. Agravo regimental desprovido. AgRg no REsp 1331199. Rel. Min. Ericson Maranho (Desembargador convocado do TJ/SP), julgado em 23/10/2014.

→ **Aplicação em concurso.**

- **(Cespe – Defensor Público – RR/2013)**

  Assinale a opção correta de acordo com o Estatuto do Desarmamento.

A) Considere a seguinte situação hipotética.

Paulo, agente de segurança de uma empresa privada, em dia de folga, efetuou diversos disparos com arma de fogo de propriedade da citada empresa, para o alto, no bairro em que morava, de modo a causar temor em desafetos que estavam nas proximidades da sua residência. Nessa situação, ficou configurado, em concurso, os crimes de disparo e porte de arma de fogo, com a incidência da causa de aumento de pena da metade, em razão da condição pessoal do agente.

B) Constitui crime a omissão de cautela necessária para impedir o acesso de menor ou deficiente mental a arma de fogo que esteja na posse ou propriedade do agente. Incidirá agravante se a omissão for imputada a integrante das Forças Armadas, das polícias ou a empregado de empresa de segurança privada.

C) As condutas consistentes em consertar, dar manutenção e executar limpeza em arma de fogo exercidas de maneira informal e na própria residência não foram contempladas no referido estatuto e, portanto, são consideradas atípicas.

D) As condutas de reciclar, recarregar, adulterar e produzir, de qualquer forma, munição ou explosivo têm como elemento normativo do tipo a sua prática sem autorização legal, sendo irrelevante, para a caracterização do delito, a quantidade de munição ou de explosivos.

E) A conduta de empregar artefato explosivo sem autorização legal ou em desacordo com determinação legal de que resulte explosão ou incêndio que acarrete perigo concreto para a vida ou o patrimônio alheio é punida nos mesmos termos do crime de disparo de arma de fogo, independentemente do concurso com os crimes de explosão e incêndio previstos no CP.

Alternativa correta: Letra A.

12. **Consumação.** Com o disparo da arma de fogo ou acionamento da munição por qualquer meio.

13. **Parágrafo** único. **Vedação de fiança.** O legislador quis proibir que o preso em flagrante pelo delito de disparo de arma de fogo permanecesse em liberdade, vedando a fiança. Entretanto, esqueceu-se que, ao lado da liberdade provisória com fiança, existe a liberdade provisória sem fiança, não tendo vedado essa última. Assim,

tem-se por inócua a vedação da fiança, uma vez que, se o preso não pode livrar-se solto com fiança, poderá livrar-se solto *sem fiança,* nos moldes do art. 310, III do Código de Processo Penal, com a redação que lhe deu a lei 12.403/2011. Note-se que este parágrafo único teve sua inconstitucionalidade declarada pelo STF na ADI 3112/DF, rel. Min. Ricardo Lewandowski, 2.5.2007). (ver comentário ao art. 21).

14. **Classificação.** Crime comum; instantâneo; de perigo abstrato; doloso; comissivo; de tentativa admissível; de mera conduta.
15. **Suspensão condicional do processo.** Incabível, pois a pena mínima cominada ultrapassa 1 ano (art. 89 da lei 9.099/95).

Posse ou porte ilegal de arma de fogo de uso restrito

Art. 16. Possuir, deter, portar, adquirir, fornecer, receber, ter em depósito, transportar, ceder, ainda que gratuitamente, emprestar, remeter, empregar, manter sob sua guarda ou ocultar **arma de fogo, acessório ou munição de uso proibido ou restrito**, sem autorização e em desacordo com determinação legal ou regulamentar:

Pena – reclusão, de 3 (três) a 6 (seis) anos, e multa.

Parágrafo único. Nas mesmas penas incorre quem:

I – suprimir ou alterar **marca, numeração ou qualquer sinal de identificação** de arma de fogo ou artefato;

II – **modificar** as **características de arma de fogo**, de forma a torná-la equivalente a arma de fogo de uso proibido ou restrito ou para fins de dificultar ou de qualquer modo induzir a erro autoridade policial, perito ou juiz;

III – possuir, detiver, fabricar ou empregar **artefato explosivo ou incendiário**, sem autorização ou em desacordo com determinação legal ou regulamentar;

IV – portar, possuir, adquirir, transportar ou fornecer arma de fogo com numeração, **marca ou qualquer outro sinal de identificação raspado, suprimido ou adulterado**;

V – vender, entregar ou fornecer, ainda que gratuitamente, arma de fogo, acessório, munição ou explosivo a **criança ou adolescente**; e

VI – produzir, recarregar ou reciclar, sem autorização legal, ou adulterar, de qualquer forma, **munição ou explosivo**.

1. ***Caput.*** O tipo penal unificou as condutas de posse e porte, tratando de arma de fogo, acessório ou munição de uso restrito.

2. **Arma de fogo, acessório ou munição de uso restrito.** Ver item 8 do *Capítulo IV dos crimes e das penas.*

→ *Aplicação em concurso.*

- **Inspetor de Polícia/CE. 2015. VUNESP.**

Sobre o Estatuto do Desarmamento (Lei n. 10.826/2003), está correto afirmar que

A) a posse e guarda de arma de fogo no interior da residência ou no local de trabalho é autorizada, desde que a arma de fogo seja de uso permitido.

B) o Estatuto do Desarmamento só regula condutas envolvendo armas de fogo de uso permitido.

C) o artigo 14 do Estatuto do Desarmamento dispõe sobre o porte de arma de fogo de uso permitido e o artigo 16 da mesma lei dispõe sobre o porte de arma de fogo de uso restrito.

D) o crime de disparo de arma de fogo previsto no artigo 15 do Estatuto admite tanto a conduta dolosa (disparo proposital), como culposa (disparo acidental).

E) o Estatuto do Desarmamento não pune o porte ou a posse de acessório ou munição para armas de fogo.

Alternativa correta: Letra C.

3. **Tipo misto alternativo.** A prática de duas ou mais condutas descritas no tipo não gera concurso de crimes, respondendo o agente por apenas um delito.

4. **Diferença entre posse, porte e transporte.** *Posse* consiste em manter a arma *intra muros,* no interior de residência ou local de trabalho, como exigido pelo art. 12. Por sua vez, o *porte* é *extra muros*, isso é, significa carregar consigo, fora da residência ou local de trabalho. Por fim, *transportar* significa levar a arma de um lugar para outro, por meio de locomoção, como automóvel, barco etc.

5. **Crime hediondo.** A lei 13.497/2017 alterou o parágrafo único do art. 1º da lei de crimes hediondos e inseriu o presente tipo penal no seu rol, tornando-o crime hediondo. Para evitarmos repetição desnecessária neste livro, remetemos o leitor aos comentários ao parágrafo único do art. 1º da lei de crimes hediondos (lei 8.072/90).

6. **Arma de brinquedo, simulacros ou réplicas de armas de fogo de uso restrito.** Fato atípico, pois não é arma de fogo.

7. **Porte de mais de uma arma.** Crime único. O tipo penal dispõe portar arma, não importando a quantidade.

8. **Porte de arma de fogo e roubo.** Não há concurso de crimes, uma vez que o emprego da arma de fogo já funciona como causa especial de aumento de pena prevista no art. 157, § 2º, I, do Código Penal, ficando, portanto, absorvido pelo roubo, à luz do princípio da consunção na vertente do crime progressivo. Logo, o porte de arma será considerado *ante factum* impunível. O fato de o delito ora comentado ser crime hediondo não oferece nenhum problema em ser absorvido pelo delito de roubo. Isso porque no princípio da consunção não deve ser levada em consideração a gravidade dos delitos envolvidos, mas, sim, se um crime é meio necessário ou fase normal de preparação ou de execução de outro crime.

9. **Porte de arma desmuniciada.** Há crime.

▶ **STJ**

> AGRAVO REGIMENTAL. RECURSO ESPECIAL. DIREITO PENAL. ART. 16 DA LEI N. 10.826/2003. POSSE OU PORTE ILEGAL DE ARMA INCAPAZ DE EFETUAR DISPAROS, SEGUNDO LAUDO PERICIAL. CARTUCHOS DEFLAGRADOS. DELITO DE PERIGO ABSTRATO. CRIME DE MERA CONDUTA. TIPICIDADE CONFIGURADA. (...) 2. Constata-se, da análise do tipo penal (art. 16 da Lei n. 10.826/2003), que a lei visa proteger a incolumidade pública, transcendendo a mera proteção à incolumidade pessoal,

bastando, para tanto, a probabilidade de dano, e não a sua efetiva ocorrência. Trata-se, assim, de delito de perigo abstrato, tendo como objeto jurídico imediato a segurança pública e a paz social, bastando para configurar o delito o simples porte de arma de fogo. 3. Faz-se irrelevante aferir a eficácia da arma, apreender sua munição ou verificar se os cartuchos em seu interior estariam deflagrados para a configuração do tipo penal, que é misto-alternativo, em que se consubstanciam, justamente, as condutas que o legislador entendeu por bem prevenir, seja ela o simples porte de munição ou mesmo o porte de arma desmuniciada. 4. O agravo regimental não merece prosperar, porquanto as razões reunidas na insurgência são incapazes de infirmar o entendimento assentado na decisão agravada. 5. Agravo regimental improvido. AgRg no REsp 1460899. Rel. Min. Sebastião Reis Júnior, jugado em 04/09/2014.

10. **Arma quebrada e incapaz de efetuar disparos. Ineficácia atestada por laudo pericial.** Fato atípico, em razão da ausência de potencial lesivo da arma comprovada pelo laudo pericial.

▶ **STJ**

Informativo nº 570

Sexta Turma

DIREITO PENAL. ATIPICIDADE DA CONDUTA DE PORTE ILEGAL DE ARMA DE FOGO INEFICAZ.

Demonstrada por laudo pericial a total ineficácia da arma de fogo e das munições apreendidas, deve ser reconhecida a atipicidade da conduta do agente que detinha a posse do referido artefato e das aludidas munições de uso proibido, sem autorização e em desacordo com a determinação legal/regulamentar. Inicialmente, convém destacar que a Terceira Seção do STJ pacificou entendimento no sentido de que o tipo penal de posse ou porte ilegal de arma de fogo é delito de mera conduta ou de perigo abstrato, sendo irrelevante a demonstração de seu efetivo caráter ofensivo e, assim, desnecessária a realização de laudo pericial para atestar a potencialidade lesiva da arma de fogo ou da munição apreendida (EREsp 1.005.300-RS, DJe 19/12/2013). Contudo, se tiver sido realizado laudo técnico na arma de fogo e este tiver apontado a total ineficácia do artefato, descartando, por completo, a sua potencialidade lesiva e, ainda, consignado que as munições apreendidas estavam percutidas e deflagradas, a aplicação da jurisprudência supramencionada deve ser afastada. Isso porque, nos termos do que foi proferido no AgRg no HC 149.191-RS (Sexta Turma, DJe 17/5/2010), arma, para ser arma, há de ser eficaz; caso contrário, de arma não se cuida. Em outras palavras, uma arma desmuniciada em conjunto com munição torna-se apta a realizar disparos; entretanto, uma arma ineficaz, danificada, quebrada, em contato com munição, não poderá produzir disparos, não passando, portanto, de um mero pedaço de metal. Registre-se que a particularidade da ineficácia da arma (e das munições) não se confunde, à toda evidência, com o caso de arma sem munição. A par disso, verifica-se que, à luz do Direito Penal do fato e da culpa, iluminado pelo princípio da ofensividade, não há afetação do bem jurídico denominado incolumidade pública que, segundo a doutrina, compreende o complexo de bens e interesses relativos à vida, à integridade corpórea e à saúde de todos e de cada um dos indivíduos que compõem a sociedade. Nessa ordem de ideias, a Quinta Turma do STJ (AgRg no

AREsp 397.473-DF, DJe 25/08/2014), ao enfrentar situação fática similar – porte de arma de fogo periciada e totalmente ineficiente – asseverou que o objeto apreendido não se enquadrava no conceito técnico de arma de fogo, razão pela qual considerou descaracterizado o crime de porte ilegal de arma de fogo. De modo semelhante, embora pacífico que a incidência da causa de aumento de pena pelo uso de arma de fogo no delito de roubo dispensa a sua apreensão e perícia, as Turmas de Direito Penal do STJ consolidaram entendimento no sentido de que, caso atestada a ineficácia e inaptidão da arma, torna-se incabível a aplicação da majorante prevista no art. 157, § 2º, I, do CP. Desse modo, conclui-se que arma de fogo pressupõe artefato destinado e capaz de ferir ou matar, de maneira que deve ser reconhecida a atipicidade da conduta de possuir munições deflagradas e percutidas, bem como arma de fogo inapta a disparar, ante a ausência de potencialidade lesiva, tratando-se de crime impossível pela ineficácia absoluta do meio. **REsp 1.451.397-MG, Rel. Min. Maria Thereza de Assis Moura, julgado em 15/9/2015, DJe 1º/10/2015.**

11. **Posse de munição de arma de uso restrito por Conselheiro do Tribunal de Contas.** Fato atípico. Os Conselheiros do Tribunal de Contas da União e dos Estados têm equiparação aos Magistrados prevista nos art. 73, § 3º, e 75 da CRFB/88. A Lei Orgânica da Magistratura (Lei Complementar nº 35/79), em seu art. 33, V, garante aos Magistrados o porte de arma para uso pessoal, não fazendo distinção entre arma de uso permitido ou arma de uso restrito.

▶ **STJ**

Informativo nº 572

Corte Especial

DIREITO PENAL. GUARDA DE MUNIÇÃO DE ARMA DE USO RESTRITO POR CONSELHEIRO DE TRIBUNAL DE CONTAS.

O Conselheiro do Tribunal de Contas Estadual que mantém sob sua guarda munição de arma de uso restrito não comete o crime do art. 16 da Lei 10.826/2003 (Estatuto do Desarmamento). Sendo Conselheiro do Tribunal de Contas Estadual, o agente estaria equiparado, por simetria constitucional, a magistrado (arts. 73, § 3º, e 75 da CF). E, por força do art. 33, V, da LC 35/1979 (LOMAN), que não faz distinção entre armas de uso permitido e as de uso restrito, é atípica a conduta de posse e guarda de arma e munições de uso restrito quando se trata de magistrados. A redação do art. 16 do Estatuto do Desarmamento indica a necessidade de definição do que vem a ser arma de uso restrito, tratando-se de norma penal em branco. Essa definição é deixada pelos arts. 23 e 27 do Estatuto ao Poder Executivo (arts. 11 e 18 do Decreto 5.123/2004), que, por sua vez, remete a portaria do Comando do Exército a autorização para pessoas físicas ou jurídicas terem essa espécie de porte. Entretanto, é equivocado referir o art. 16 como norma penal em branco para permitir que algum preceito infralegal possa interferir em prerrogativa de magistrado inscrita em lei complementar. A regra regulamentadora não pode, a pretexto de integrar os elementos do tipo, estabelecer restrições a direitos previstos em outras leis, inclusive com o poder incriminador de quem explicitamente não está sob sua égide. As portarias do Comando do Exército não se aplicam a magistrados, pois invadiriam competência reservada à lei complementar (art. 93 da CF), tocando em assuntos relativos a direitos e prerrogativas da magistratura, limitando indevidamente o seu exercício. Assim, não pode uma lei ordinária sobre desarmamento delegar a um decreto federal e a uma portaria a restrição de direitos e prerrogativas da magistratura, especialmente para tornar a sua não observância um crime, violando o princípio da tipicidade estrita. Do mesmo modo, o STF considerou atípica a conduta de magistrado possuir arma de uso restrito (HC 102.422-SP, DJe de 24/9/2010). *Mutatis mutandis*, trata-se de caso que guarda várias semelhanças com o presente. Com efeito, o direito ao porte consta no art. 33, V, da LC 35/1979 (LOMAN). Há uma restrição específica nesse direito de que a arma seja destinada à defesa pessoal. E a melhor interpretação aqui é de que defesa pessoal está no *animus* do porte, e não no calibre da arma. Fora isso, as restrições infralegais são indevidas ou no mínimo discutíveis no âmbito da magistratura. **APn 657-PB, Rel. Min. João Otávio de Noronha, julgado em 21/10/2015, DJe 29/10/2015.**

12. **Consumação.** No momento da prática das condutas descritas no tipo, independentemente da produção de qualquer resultado, por tratar-se de crime de mera conduta.

13. **Classificação.** Crime comum; instantâneo nas condutas *adquirir, fornecer, receber, ceder, emprestar, remeter e empregar* e permanente nas condutas *possuir, portar, deter, ter em depósito, transportar, manter sob sua guarda e ocultar;* de perigo abstrato; doloso; comissivo; de tentativa admissível; de mera conduta.

14. **Suspensão condicional do processo.** Incabível, pois a pena mínima cominada ultrapassa 1 ano (art. 89 da lei 9.099/95).

15. **Parágrafo** único, **inciso I.** Supressão ou alteração de marca, numeração ou qualquer sinal de identificação de arma de fogo ou artefato. Conhecido como *raspagem da arma*.

16. **Artefato.** "Artefato que acoplado a uma arma, possibilita a melhoria do desempenho do atirador, a modificação de um efeito secundário do tiro ou a modificação do aspecto visual da arma." (art. 3º, II, do Decreto 3665/2000).

17. **Tipo misto alternativo.** A prática das duas condutas descritas no tipo (supressão e alteração) não gera concurso de crimes, respondendo o agente por apenas um delito.

18. **Consumação.** No momento da prática das condutas descritas no tipo, independentemente da produção de qualquer resultado, por tratar-se de crime de mera conduta.

19. **Classificação.** Crime comum; instantâneo; de perigo abstrato; doloso; comissivo; de tentativa admissível; de mera conduta.

20. **Suspensão condicional do processo.** Incabível, pois a pena mínima cominada ultrapassa 1 ano (art. 89 da lei 9.099/95).

→ Aplicação em concurso.

- **(ACADEPOL – Delegado de Polícia – RS/2009)**

Analise as seguintes assertivas sobre a Lei nº 10.826/03, que dispõe sobre as armas de fogo, e identifique a alternativa correta

(A) O crime de possuir ou manter sob sua guarda arma de fogo, acessório ou munição, de uso permitido, em desacordo com determinação legal ou regulamentar, no interior de sua residência ou dependência desta, ou, ainda no seu local de trabalho, desde que seja o titular ou o responsável legal do estabelecimento ou empresa, admite a forma culposa.

(B) O objeto jurídico do crime de omissão de cautela, tipificado no art. 13 da Lei nº 10.826/03, é, em primeiro lugar, a integridade física de menor, de deficiente físico ou mesmo de terceiro e, em segundo plano, a segurança pública. Quanto à classificação, trata-se de delito omissivo e formal.

(C) O ato de suprimir ou alterar marca, numeração ou qualquer sinal de identificação de arma de fogo recebe o mesmo tratamento, quanto à pena, da posse ou porte ilegal de arma de fogo de uso restrito.

(D) O art. 14 da Lei nº 10.826/03, que tipifica o porte ilegal de arma de fogo de uso permitido não é norma penal em Branco.

(E) A conduta de disparar arma de logo em via pública ou em direção a ela, com a finalidade de ferir ou mutilar animal silvestre que ali se encontre, é típica de disparo de arma de fogo prevista no art. 15 da Lei nº 10. 826/03.

Alternativa correta: Letra C.

21. **Parágrafo** único, **inciso II.** Modificação das características de arma de fogo. Ex. Transformar uma arma calibre 38 em uma arma calibre Magnum 357.

22. **Especial fim de agir.** *Para fins de dificultar ou de qualquer modo induzir a erro autoridade policial, perito ou juiz.* Não basta que o agente modifique as características de arma de fogo. O especial fim de agir descrito no tipo deve estar presente na conduta do agente, sob pena de atipicidade.

23. **Consumação.** No momento da prática da conduta descrita no tipo, independentemente da produção de qualquer resultado, por tratar-se de crime de mera conduta.

24. **Classificação.** Crime comum; instantâneo; de perigo abstrato; doloso; comissivo; de tentativa admissível; de mera conduta.

25. **Suspensão condicional do processo.** Incabível, pois a pena mínima cominada ultrapassa 1 ano (art. 89 da lei 9.099/95).

→ Aplicação em concurso.

- **(Cespe – Juiz Federal Substituto 5ª Região/2013)**

  Assinale a opção correta tendo como referência o Estatuto do Desarmamento.

  Modificar as características de uma arma de fogo, de forma a torná-la equivalente a arma de fogo de uso restrito, constitui, por equiparação, crime de comércio irregular de arma de fogo.

  A alternativa está errada.

26. **Parágrafo** único, **inciso III.** Posse, detenção, fabricação ou emprego de artefato explosivo ou incendiário.

27. **Tipo misto alternativo.** A prática de duas ou mais condutas descritas no tipo não gera concurso de crimes, respondendo o agente por apenas um delito.

28. Explosivo. "Tipo de matéria que, quando iniciada, sofre decomposição muito rápida em produtos mais estáveis, com grande liberação de calor e desenvolvimento súbito de pressão." (art. 3º, LI do Decreto 3.665/2000).

29. Granada de gás lacrimogêneo e de gás de pimenta. A granada de gás lacrimogêneo e a de gás de pimenta não estão englobadas no conceito de explosivo para fins do presente tipo penal, tendo em vista que essas "granadas" não se decompõem em produtos mais estáveis, estilhaços. Logo, quem for flagrado na posse de tais artefatos não pratica esse delito.

▶ **STJ**

Informativo nº 599

Sexta Turma

Estatuto do desarmamento. Delito tipificado no art. 16, parágrafo único, III da Lei n. 10.826/2003. Porte de artefato explosivo. Granada de gás lacrimogêneo/pimenta. Inadequação típica. A conduta de portar uma granada de gás lacrimogêneo e outra de gás de pimenta não se subsome ao delito previsto no art. 16, parágrafo único, III, da Lei n. 10.826/03. (...) Pode-se entender que um explosivo é, em sentido amplo, um material extremamente instável, que pode se decompor rapidamente, formando produtos estáveis. Esse processo é denominado de explosão e é acompanhado por uma intensa liberação de energia, que pode ser feita sob diversas formas e gera uma considerável destruição decorrente da liberação dessa energia. No entanto, não será considerado explosivo o artefato que, embora ativado por explosivo, não projete e nem disperse fragmentos perigosos como metal, vidro ou plástico quebradiço, não possuindo, portanto, considerável potencial de destruição. No caso, embora a perícia indique eficácia e potencial lesivo, constata-se que no artefato, mesmo que ativado por explosivo, a explosão decorrente da sua decomposição não é capaz de gerar destruição resultante da liberação de energia, apenas o incômodo gerado pelo gás toxico. A norma em comento, por sua vez, busca tutelar a incolumidade pública não de forma absoluta, mas apenas no que se refere ao uso de artefatos explosivos ou incendiários. Assim, para a adequação típica do delito em questão, exige-se que o objeto material do delito, qual seja, o artefato explosivo, seja capaz de gerar alguma destruição, não podendo ser tipificado neste crime a posse de granada de gás lacrimogêneo/pimenta, embora não fique impedido o enquadramento desta conduta em outra figura típica. **REsp 1.627.028-SP, Rel. Min. Maria Thereza de Assis Moura, julgado em 21/2/2017).**

30. Consumação. No momento da prática das condutas descritas no tipo, independentemente da produção de qualquer resultado, por tratar-se de crime de mera conduta.

31. Classificação. Crime comum; instantâneo nas condutas *fabricar e empregar* e permanente nas condutas *possuir e deter*; de perigo abstrato; doloso; comissivo; de tentativa admissível; de mera conduta.

32. Suspensão condicional do processo. Incabível, pois a pena mínima cominada ultrapassa 1 ano (art. 89 da lei 9.099/95).

33. Parágrafo único, **inciso IV.** Porte, posse, aquisição, transporte ou fornecimento de arma *raspada.*

34. Tipo misto alternativo. A prática de duas ou mais condutas descritas no tipo não gera concurso de crimes, respondendo o agente por apenas um delito.

35. Posse de arma de fogo de uso permitido e com numeração raspada. Embora a arma de fogo seja de uso permitido, o agente pratica o delito descrito no art. 16, parágrafo único, inciso IV, e não o delito do art. 12.

▶ **STJ INFORMATIVO Nº 364.**

POSSE. ARMA DE FOGO. NUMERAÇÃO RASPADA.

Aquele que está na posse de arma de fogo com numeração raspada tem sua conduta tipificada no art. 16, parágrafo único, IV, e não no art. 12, *caput,* da Lei n. 10.826/2003, mesmo que o calibre do armamento corresponda a uma arma de uso permitido. Precedente citado do STF: RHC 89.889-DF, DJ 27/2/2008. REsp 1.036.597-RJ, Rel. Min. Felix Fischer, julgado em 21/8/2008.

▶ **STF**

INFORMATIVO Nº 558.

Primeira Turma

Porte Ilegal de Arma de Fogo com Sinal de Identificação Raspado

Para a caracterização do crime previsto no art. 16, parágrafo único, IV, da Lei 10.826/2003, é irrelevante se a arma de fogo é de uso permitido ou restrito, bastando que o identificador esteja suprimido. Com base nesse entendimento, a Turma indeferiu *habeas corpus* em que condenado pela prática do crime de porte ilegal de arma de fogo com numeração raspada (Lei 10.826/2003, art. 16, parágrafo único, IV) pleiteava a desclassificação da conduta que lhe fora imputada para a figura do porte ilegal de arma de fogo de uso permitido (Lei 10.826/2003, art. 14). Sustentava a impetração que, se a arma de fogo com numeração raspada é de uso permitido, configurar-se-ia o delito previsto no art. 14 e não o do art. 16, parágrafo único, IV, ambos do Estatuto do Desarmamento. Observou-se que, no julgamento do RHC 89889/DF (DJE 5.12.2008), o Plenário do STF entendera que o delito de que trata o mencionado inciso IV do parágrafo único do art. 16 do Estatuto do Desarmamento tutela o poder-dever do Estado de controlar as armas que circulam no país, isso porque a supressão do número, da marca ou de qualquer outro sinal identificador do artefato potencialmente lesivo impediria o cadastro, o controle, enfim, o rastreamento da arma. Asseverou-se que a função social do referido tipo penal alcançaria qualquer tipo de arma de fogo e não apenas de uso restrito ou proibido. Enfatizou-se, ademais, ser o delito de porte de arma com numeração raspada delito autônomo – considerado o *caput* do art. 16 da Lei 10.826/2003 – e não mera qualificadora ou causa especial de aumento de pena do tipo de porte ilegal de arma de uso restrito, figura típica esta que, no caso, teria como circunstância elementar o fato de a arma (seja ela de uso restrito, ou não) estar com a numeração ou qualquer outro sinal identificador adulterado, raspado ou suprimido. HC 99582/RS, rel. Min. Carlos Britto, 8.9.2009.

→ Aplicação em concurso.

- **Juiz de Direito do TJ/DF. 2015. CESPE.**

André guardou em sua residência, de janeiro de 2015 até sua prisão em flagrante na presente data, uma arma de fogo de uso permitido, devidamente municiada, mas com numeração de série suprimida. Nessa situação, André praticou o crime de posse irregular de arma de fogo de uso permitido e, por isso, deve ser punido com pena de detenção.

A alternativa está errada.

- **Delegado de Polícia/CE. 2015. VUNESP.**

Com relação ao Estatuto do Desarmamento, Lei n. 10.826/2003, assinale a alternativa correta.

A) É proibida a conduta de portar arma de fogo de uso permitido ou proibido, não se punindo, no estatuto, a conduta de portar ou possuir acessório ou munição para arma de fogo.

B) O porte de arma de fogo com numeração raspada, previsto no parágrafo único, inciso IV, do artigo 16, refere-se tanto à arma de fogo de uso permitido como à arma de fogo de uso proibido/restrito.

C) O artigo 16 prescreve que é proibido possuir, deter, portar, adquirir, fornecer, receber, ter em depósito, transportar, ceder, ainda que gratuitamente, emprestar, remeter, empregar, manter sob sua guarda ou ocultar arma de fogo de uso permitido sem autorização legal.

D) O crime de disparo de arma de fogo, previsto no artigo 15 do estatuto, é autônomo, sendo que, na hipótese de o agente tentar matar a vítima com disparos de arma de fogo, responderá por tentativa de homicídio e pelo crime de disparo de arma de fogo em concurso material de delitos.

E) A vedação à concessão de fiança prevista no parágrafo único do artigo 15 (disparo de arma de fogo) foi declarada constitucional pelo Supremo Tribunal Federal em ação direta de constitucionalidade.

Alternativa correta: Letra B.

36. Porte de arma de fogo desmuniciada com sinal de identificação suprimido. De acordo com o STF e o STJ, o porte de arma de fogo com a numeração raspada, mesmo que seja de uso permitido, configura o delito ora comentado, uma vez que se trata de crime de perigo abstrato.

→ Aplicação em concurso.

- **(Cespe– Escrivão-ES/2010)**

Com relação à legislação especial, julgue os itens que se seguem.

De acordo com entendimento do Superior Tribunal de Justiça, o simples fato de portar arma de fogo de uso permitido com numeração raspada viola o previsto no art. 16, da Lei nº 10.826/2003, por se tratar de delito de mera conduta ou de perigo abstrato, cujo objeto imediato é a segurança coletiva.

A alternativa está certa.

37. **Consumação.** No momento da prática das condutas descritas no tipo, independentemente da produção de qualquer resultado, por tratar-se de crime de mera conduta.

38. **Classificação.** Crime comum; instantâneo, nas condutas *adquirir* e *fornecer* e, permanente, nas condutas *portar, possuir e transportar;* de perigo abstrato; doloso; comissivo; de tentativa admissível; de mera conduta.

39. **Suspensão condicional do processo.** Incabível, pois a pena mínima cominada ultrapassa 1 ano (art. 89 da lei 9.099/95).

40. **Parágrafo** único, **inciso V.** Venda, entrega ou fornecimento, ainda que gratuito, de arma de fogo, acessório, munição ou explosivo a criança ou adolescente.

41. **Princípio da especialidade. Art. 242 do ECA.** O art. 242 do Estatuto da Criança e do Adolescente (lei 8.069/90) trouxe a conduta de *"Vender, fornecer ainda que gratuitamente ou entregar, de qualquer forma, a criança ou adolescente arma, munição ou explosivo".* Considerando que a lei de armas é posterior, derrogou o delito descrito no art. 242 do ECA. Entretanto, como o ECA não fez menção à arma *de fogo,* continua aplicável somente quando se tratar de arma de outra natureza, que não seja de fogo.

→ Aplicação em concurso.

- **Delegado de Polícia/GO. 2017. CESPE**

  Considerando o atual entendimento dos tribunais superiores quanto aos institutos do Código de Defesa do Consumidor, do Estatuto do Desarmamento e do Estatuto da Criança e do Adolescente (ECA), assinale a opção correta.

  Aquele que fornece a adolescente, ainda que gratuitamente, arma de fogo, acessório ou munição de uso restrito ou proibido fica sujeito à sanção penal prevista no ECA, em decorrência do princípio da especialidade.

  A alternativa está errada.

42. **Munição.** "Artefato completo, pronto para carregamento e disparo de uma arma, cujo efeito desejado pode ser: destruição, iluminação ou ocultamento do alvo; efeito moral sobre pessoal; exercício; manejo; outros efeitos especiais." (art. 3º, LXIV do Decreto 3.665/2000).

43. **Explosivo.** "Tipo de matéria que, quando iniciada, sofre decomposição muito rápida em produtos mais estáveis, com grande liberação de calor e desenvolvimento súbito de pressão." (art. 3º, LI do Decreto 3.665/2000).

44. **Tipo misto alternativo.** A prática de duas ou mais condutas descritas no tipo não gera concurso de crimes, respondendo o agente por apenas um delito.

45. **Consumação.** No momento da prática das condutas descritas no tipo, independentemente da produção de qualquer resultado, por tratar-se de crime de mera conduta.

46. **Diferença em relação ao art. 13.** O tipo penal ora comentado não se confunde com o art. 13 desta lei. Enquanto no art. 13 o delito é culposo, tendo em vista que

o agente não observa as cautelas necessárias para impedir que um menor de 18 anos apodere-se de arma de fogo, no presente tipo penal a conduta é dolosa, ou seja, o agente intencionalmente vende ou entrega arma de fogo ao menor de 18 anos.

→ Aplicação em concurso.

- **Juiz de Direito do TJ/DF. 2015. CESPE.**

  Júlio, detentor de porte de arma e proprietário de arma de fogo devidamente registrada, vendeu para Tiago, de quatorze anos de idade, uma arma, devidamente municiada, acompanhada do seu documento de registro. Nessa situação, ao permitir que o adolescente se apoderasse da arma de fogo, Júlio praticou o delito de omissão de cautela, previsto no Estatuto do Desarmamento.

  A alternativa está errada.

47. Classificação. Crime comum; instantâneo; de perigo abstrato; doloso; comissivo; de tentativa admissível; de mera conduta.

48. Suspensão condicional do processo. Incabível, pois a pena mínima cominada ultrapassa 1 ano (art. 89 da lei 9.099/95).

49. Parágrafo único, **inciso VI.** Produção, recarga ou reciclagem de munição ou explosivo.

50. Produção. Significa criação.

51. Recarga. Efetivar nova carga.

52. Reciclagem. Reaproveitamento de alguma matéria.

53. Munição. "Artefato completo, pronto para carregamento e disparo de uma arma, cujo efeito desejado pode ser: destruição, iluminação ou ocultamento do alvo; efeito moral sobre pessoal; exercício; manejo; outros efeitos especiais." (art. 3º, LXIV do Decreto 3.665/2000).

54. Explosivo. "Tipo de matéria que, quando iniciada, sofre decomposição muito rápida em produtos mais estáveis, com grande liberação de calor e desenvolvimento súbito de pressão." (art. 3º, LI do Decreto 3.665/2000).

55. Especialidade. Trata-se de tipo especial em relação ao art. 253 do Código Penal.

56. Tipo misto alternativo. A prática de duas ou mais condutas descritas no tipo não gera concurso de crimes, respondendo o agente por apenas um delito.

57. Consumação. No momento da prática das condutas descritas no tipo, independentemente da produção de qualquer resultado, por tratar-se de crime de mera conduta.

58. Classificação. Crime comum; instantâneo; de perigo abstrato; doloso; comissivo; de tentativa admissível; de mera conduta.

59. Suspensão condicional do processo. Incabível, pois a pena mínima cominada ultrapassa 1 ano (art. 89 da lei 9.099/95).

Comércio ilegal de arma de fogo

Art. 17. Adquirir, alugar, receber, transportar, conduzir, ocultar, ter em depósito, desmontar, montar, remontar, adulterar, vender, expor à venda, ou de qualquer forma utilizar, em proveito próprio ou alheio, **no exercício de atividade comercial ou industrial, arma de fogo, acessório ou munição**, sem autorização ou em desacordo com determinação legal ou regulamentar:

Pena – reclusão, de 4 (quatro) a 8 (oito) anos, e multa.

Parágrafo único. **Equipara-se à atividade comercial ou industrial**, para efeito deste artigo, qualquer forma de prestação de serviços, fabricação ou comércio **irregular ou clandestino,** inclusive o exercido em **residência.**

1. **Tipo misto alternativo.** A prática de duas ou mais condutas descritas no tipo não gera concurso de crimes, respondendo o agente por apenas um delito.

2. **Art. 18 da Lei de Contravenções Penais (DL 3.699/41).** Com o advento do Estatuto do Desarmamento (arts. 17 e 18), o art. 18 da LCP foi derrogado, tendo sua aplicabilidade restrita às armas brancas.

3. **Princípio da especialidade.** O art. 17 da lei de armas é tipo penal especial em relação ao art. 180, § 1º do Código Penal, afastando, portanto, a sua aplicação.

4. **Equiparação** à **atividade comercial e industrial.** O parágrafo único equiparou à atividade comercial ou industrial qualquer forma de prestação de serviços, fabricação ou comércio irregular ou clandestino, inclusive o exercido em residência. Trata-se de realidade bastante comum nos dias atuais, para a qual o legislador não pode fechar os olhos e deixar de abranger no tipo penal.

5. **Crime habitual.** Esse delito apenas estará configurado se houver a reiteração da prática da conduta delitiva, caracterizando-se como delito habitual, tendo em vista que o legislador utilizou as expressões *no exercício de atividade comercial ou industrial.* A prática de qualquer conduta típica de forma eventual não caracteriza o presente delito.

   → Aplicação em concurso.

   - **Notário. TJ/BA. 2014. CESPE.**
     Para a configuração da conduta tipificada no Estatuto do Desarmamento como comércio ilegal de arma de fogo, exige-se habitualidade do exercício de atividade comercial, mesmo que em sua forma equiparada.

     A alternativa está correta.

6. **Consumação.** No momento da prática das condutas descritas no tipo, de forma reiterada, independentemente da produção de qualquer resultado, por tratar-se de crime de mera conduta.

7. **Classificação.** Crime próprio, pois o tipo penal exige a condição de comerciante ou industrial; habitual; instantâneo, nas condutas *adquirir, receber, adulterar, vender, desmontar, montar, remontar e utilizar,* e, permanente, nas condutas *alugar,*

transportar, conduzir, ocultar, ter em depósito e expor à venda; de perigo abstrato; doloso; comissivo; de tentativa inadmissível por ser crime habitual; de mera conduta.

8. **Suspensão condicional do processo.** Incabível, pois a pena mínima cominada ultrapassa 1 ano (art. 89 da lei 9.099/95).

Tráfico internacional de arma de fogo

Art. 18. Importar, exportar, favorecer a entrada ou saída do território nacional, a qualquer título, de arma de fogo, acessório ou munição, sem autorização da autoridade competente:

Pena – reclusão de 4 (quatro) a 8 (oito) anos, e multa.

1. **Tipo misto alternativo.** A prática de duas ou mais condutas descritas no tipo não gera concurso de crimes, respondendo o agente por apenas um delito.
2. **Importar.** Fazer ingressar no território nacional por terra, água ou ar.
3. **Exportar.** Fazer sair do território nacional por terra, água ou ar.
4. **Favorecer.** Significa tornar mais fácil o ingresso ou a saída dos objetos materiais do território nacional.
5. **Princípio da especialidade.** O art. 18 da lei de armas constitui tipo penal especial em relação aos art. 334-A (nas condutas *importar* e *exportar)* e 318 (na conduta *favorecer)* do Código Penal, afastando, dessa forma, a sua incidência quando se tratar de armas de fogo, acessório ou munição. O art. 18 da lei de armas está especializado no art. 12 da lei 7.170/83 (lei de crimes contra a segurança nacional), que tem a seguinte redação: *"Importar ou introduzir, no território nacional, por qualquer forma, sem autorização da autoridade federal competente, armamento ou material militar privativo das Forças Armadas. Pena: reclusão, de 3 a 10 anos. Parágrafo* único – *Na mesma pena incorre quem, sem autorização legal, fabrica, vende, transporta, recebe, oculta, mantém em depósito ou distribui o armamento ou material militar de que trata este artigo."* Dessa forma, se o agente importar ou introduzir no país armamento ou material militar privativo das Forças Armadas, sem autorização da autoridade federal competente, a sua conduta estará tipificada no art. 12 da referida lei. Da mesma forma, aquele que favorece o ingresso de tais bens no país, responde como partícipe nesse delito, e não como autor do art. 318 do Código Penal.

→ Aplicação em concurso.

- **(Cespe – Delegado de Polícia – BA/2013)**

  Em relação aos crimes contra a administração pública e aos delitos praticados em detrimento da ordem econômica e tributária e em licitações e contratos públicos, julgue os itens.

  Servidor público alfandegário que, em serviço de fiscalização fronteiriça, permitir a determinado indivíduo penalmente imputável adentrar o território nacional trazendo consigo, sem autorização do órgão competente e sem o devido desembaraço, pistola de calibre 380 de fabricação estrangeira deverá responder pela prática do crime de facilitação de contrabando, com infração do dever funcional excluída a hipótese de aplicação do Estatuto do Desarmamento.

A alternativa está errada.

6. **Importação ou exportação de explosivo.** Tendo em vista que o artigo 18 da lei de armas não contempla o explosivo, a conduta será tipificada no art. 334-A do Código Penal, por força do princípio da subsidiariedade.

7. **Facilitação de Importação ou exportação de explosivo.** Como o tipo penal ora estudado não faz menção expressa ao explosivo, a conduta será tipificada no art. 318 do Código Penal, em razão do princípio da subsidiariedade, desde que o agente seja funcionário público, pois o delito do art. 318 exige tal condição. Caso o agente não seja funcionário público, reponde como partícipe no art. 334-A (contrabando).

8. **Arma de brinquedo, simulacros ou réplicas de armas de fogo.** Fato atípico em relação ao tipo penal ora comentado, pois não é arma de fogo. Entretanto, o art. 26 da lei veda a fabricação, a venda, a comercialização e a importação de brinquedos, réplicas e simulacros de arma de fogo, que com estas se possam confundir. Assim, tais objetos passaram a ter, assim, a importação proibida, tornando-se mercadoria proibida no país. Logo, a importação de brinquedos, réplicas e simulacros de arma de fogo configura o delito de contrabando, previsto no art. 334-A do Código Penal.

→ Aplicação em concurso.

- **PC/ES – Agente da Polícia Civil 2008. CESPE.**

  Se um indivíduo imputável introduzir no território nacional, sem autorização da autoridade competente, certa quantidade de armas de brinquedo, réplicas perfeitas de armas de fogo de grosso calibre, com o intuito de comercialização, e esse material for apreendido no decorrer de uma fiscalização rotineira de trânsito, nessa situação, esse indivíduo deverá ser responsabilizado por tráfico internacional de arma de fogo.

  A alternativa está errada.

9. **Competência para processo e julgamento.** A competência para o processo e para o julgamento será da justiça federal, por haver lesão a interesse da União Federal no que tange ao seu exercício de fiscalização sobre a zona alfandegária.

▶ STJ

(...) CONFLITO DE COMPETÊNCIA. TRÁFICO INTERNACIONAL DE ARMAS DE FOGO E DE MUNIÇÕES, (...) CARACTERIZADA A TRANSNACIONALIDADE. COMPETÊNCIA DA JUSTIÇA FEDERAL. LESÃO AOS INTERESSES DA UNIÃO. (...) CONFLITO DE COMPETÊNCIA CONHECIDO. DECLARADA A COMPETÊNCIA DO JUÍZO FEDERAL. 1. "Em se tratando de tráfico internacional de munições ou armas, cumpre firmar a competência da Justiça Federal para conhecer do tema, já que o Estado brasileiro é signatário de instrumento internacional (Protocolo contra a Fabricação e o Tráfico Ilícitos de Armas de Fogo, suas Peças e Componentes e Munições – complementando a Convenção das Nações Unidas contra o Crime Organizado Transnacional –, promulgado pelo Decreto n. 5.941, de 26/10/2006), no qual se comprometeu a tipificar a conduta como crime" (AgRg no Ag 1389833/MT, Rel.

Ministro SEBASTIÃO REIS JÚNIOR, SEXTA TURMA, DJe 25/04/2013). 2. O bem a reclamar a tutela jurisdicional é da competência da Justiça Federal, porquanto o crime de tráfico internacional de armas e de munições evidencia, neste momento processual, lesão a bens, serviços ou interesses da União ou de suas entidades autárquicas ou empresas públicas. (...) **(CC 126.235/PR, Rel. Min. Ribeiro Dantas, julgado em 09/11/2016).**

→ Aplicação em concurso.

- **(UNEMAT – Investigador de Polícia-MT/2010)**

Acerca do Estatuto do Desarmamento, assinale a alternativa correta.

A) O crime de posse de arma de fogo é inafiançável.

B) A Lei nº 10.826/03 proibiu a concessão de liberdade provisória ao agente que incorre no crime de porte ilegal de arma de fogo.

C) Aquele que dispara arma de fogo em lugar habitado, com intuito de atingir a vidraça de um estabelecimento, responderá pelo crime de disparo de arma de fogo ao alcançar alusivo desiderato.

D) A utilização de arma de brinquedo durante um assalto acarreta majoração de um terço até metade da pena eventualmente aplicada ao criminoso.

E) A competência para processar e julgar o crime de tráfico internacional de arma de fogo é da Justiça Federal.

Alternativa correta: Letra E.

- **PC/ES – Agente da Polícia Civil 2008. CESPE.**

No caso específico de tráfico internacional de arma de fogo, em que a ação se inicie no território nacional e tenda à consumação no território estrangeiro, ou vice-versa, a ação penal correspondente é pública incondicionada e de competência da justiça federal.

A alternativa está correta.

10. **Consumação.** No momento da prática das condutas descritas no tipo, independentemente da produção de qualquer resultado, por tratar-se de crime de mera conduta.

11. **Classificação.** Crime comum; instantâneo; de perigo abstrato; doloso; comissivo; de tentativa admissível; de mera conduta.

11. **Suspensão condicional do processo.** Incabível, pois a pena mínima cominada ultrapassa 1 ano (art. 89 da lei 9.099/95).

Art. 19. Nos crimes previstos nos arts. 17 e 18, a **pena** é **aumentada** da metade se a arma de fogo, acessório ou munição forem de uso **proibido ou restrito**.

1. **Causa de aumento de pena.** Nos delitos de comércio ilegal (art. 17) e tráfico internacional (art. 18) de arma de fogo, acessório ou munição de uso restrito, a pena será aumentada de metade, devendo o aumento incidir na terceira fase da aplicação da pena. Por força do princípio da legalidade penal, essa causa de aumento de pena não se aplica aos outros tipos penais não mencionados no presente artigo.

→ Aplicação em concurso.

- **Promotor de Justiça/BA. 2015. MPE-BA.**

  Nos termos da Lei nº 10.826/03 – Estatuto do Desarmamento, o fato da arma ser de uso proibido ou restrito não configura causa especial do aumento de pena do crime de porte ilegal de arma de fogo.

  A alternativa está correta.

- **Notário. TJ/BA. 2014. CESPE.**

  Considerando a jurisprudência dos tribunais superiores acerca dos delitos previstos na Lei n. 10.826/2003 e na Lei n. 11.340/2006, assinale a opção correta.

  Sobre o delito de tráfico internacional de arma de fogo incidirá causa de aumento de pena se a arma de fogo, acessório ou munição forem de uso restrito, não havendo previsão legal expressa de aplicação dessa majorante para o crime de comércio ilegal de arma de fogo.

  A alternativa está errada.

> **Art. 20.** Nos crimes previstos nos arts. 14, 15, 16, 17 e 18, **a pena** é **aumentada da metade** se forem praticados por integrante dos órgãos e empresas referidas nos arts. 6º, 7º e 8º desta Lei.

1. **Causa de aumento de pena.** Nos delitos de porte ilegal de arma de fogo, acessório ou munição de uso permitido (art. 14), disparo de arma de fogo (art. 15), posse ou porte de arma de fogo, acessório ou munição de uso restrito (art. 16), comércio ilegal (art. 17) e tráfico internacional (art. 18) de arma de fogo, acessório ou munição de uso restrito, a pena será acrescida de metade, se forem praticados pelas pessoas descritas nos arts. 6º, 7º e 8º da lei, que são os integrantes das Forças Armadas; policiais federais; policiais rodoviários federais; policiais ferroviários federais; policiais civis; policiais militares e integrantes do corpo de bombeiros militares; os integrantes das guardas municipais das capitais dos Estados e dos Municípios com mais de 500.000 (quinhentos mil) habitantes; os integrantes das guardas municipais dos Municípios com mais de 50.000 (cinqüenta mil) e menos de 500.000 (quinhentos mil) habitantes, quando em serviço; os agentes operacionais da Agência Brasileira de Inteligência e os agentes do Departamento de Segurança do Gabinete de Segurança Institucional da Presidência da República; os integrantes dos órgãos policiais referidos no art. 51, IV, e no art. 52, XIII, da Constituição Federal; os integrantes do quadro efetivo dos agentes e guardas prisionais; os integrantes das escoltas de presos e as guardas portuárias; integrantes das empresas de segurança privada e de transporte de valores constituídas, nos termos do Estatuto do Desarmamento; integrantes das entidades de desporto legalmente constituídas, cujas atividades esportivas demandem o uso de armas de fogo, na forma do regulamento do Estatuto; integrantes das Carreiras de Auditoria da Receita Federal do Brasil e de Auditoria-Fiscal do Trabalho; cargos de Auditor-Fiscal e Analista Tributário; empregados das empr esas de segurança privada e de transporte de valores. O aumento de metade deverá incidir na terceira fase da aplicação da pena.

→ Aplicação em concurso.

- **Delegado de Polícia/PE. 2016. CESPE**

Lucas, delegado de polícia de determinado estado da Federação, em dia de folga, colidiu seu veículo contra outro veículo que estava parado em um sinal de trânsito. Sem motivo justo, o delegado sacou sua arma de fogo e executou um disparo para o alto. Imediatamente, Lucas foi abordado por autoridade policial que estava próxima ao local onde ocorrera o fato.

Nessa situação hipotética, a conduta de Lucas poderá ser enquadrada como

A) crime inafiançável.

B) contravenção penal.

C) crime, com possibilidade de aumento de pena, devido ao fato de ele ser delegado de polícia.

D) crime insuscetível de liberdade provisória.

E) atípica, devido ao fato de ele ser delegado de polícia.

Alternativa correta: Letra C.

- **Juiz de Direito do TJ/DF. 2015. CESPE.**

Bruno, militar da Aeronáutica, em um dia de folga, atirou com sua arma de fogo na rua onde residia e assustou moradores e transeuntes que passavam pelo local. Nessa situação, devido ao fato de Bruno ter praticado crime de disparo com arma de fogo, a causa do aumento de pena, prevista no Estatuto do Desarmamento, deverá ser aplicada na sentença durante a terceira fase da dosimetria.

A alternativa está correta.

- **(Cespe – Defensor Público – RR/2013)**

Assinale a opção correta de acordo com o Estatuto do Desarmamento.

A) Considere a seguinte situação hipotética.

Paulo, agente de segurança de uma empresa privada, em dia de folga, efetuou diversos disparos com arma de fogo de propriedade da citada empresa, para o alto, no bairro em que morava, de modo a causar temor em desafetos que estavam nas proximidades da sua residência. Nessa situação, ficou configurado, em concurso, os crimes de disparo e porte de arma de fogo, com a incidência da causa de aumento de pena da metade, em razão da condição pessoal do agente.

B) Constitui crime a omissão de cautela necessária para impedir o acesso de menor ou deficiente mental a arma de fogo que esteja na posse ou propriedade do agente. Incidirá agravante se a omissão for imputada a integrante das Forças Armadas, das polícias ou a empregado de empresa de segurança privada.

C) As condutas consistentes em consertar, dar manutenção e executar limpeza em arma de fogo exercidas de maneira informal e na própria residência não foram contempladas no referido estatuto e, portanto, são consideradas atípicas.

D) As condutas de reciclar, recarregar, adulterar e produzir, de qualquer forma, munição ou explosivo têm como elemento normativo do tipo a sua prática sem autorização legal, sendo irrelevante, para a caracterização do delito, a quantidade de munição ou de explosivos.

E) A conduta de empregar artefato explosivo sem autorização legal ou em desacordo com determinação legal de que resulte explosão ou incêndio que acarrete perigo concreto para a vida ou o patrimônio alheio é punida nos mesmos termos do crime de disparo de arma de fogo, independentemente do concurso com os crimes de explosão e incêndio previstos no CP.

Alternativa correta: Letra A.

- **(Cespe – Promotor de Justiça – PI/2012)**

  Considerando o Estatuto do Desarmamento, a lei que trata dos crimes contra o meio ambiente, a que dispõe sobre os crimes hediondos e o entendimento dos tribunais superiores acerca dos institutos de direito penal, assinale a opção correta.

  Suponha que João seja preso por porte ilegal de arma de fogo de uso permitido e que, no relatório apresentado pelo delegado de polícia, conste a informação de João ter sido, ao tempo do crime, empregado de empresa de segurança privada e de transporte de valores. Nessa situação, a pena imposta a João deverá ser aumentada da metade.

  A alternativa está certa

- **MP/SP – Promotor de Justiça – 2010.**

  Assinale a alternativa correta:

A) constitui causa de aumento de pena, nos crimes de disparo de arma de fogo e porte ilegal de arma de fogo, sua prática por parte de integrantes das empresas de segurança privada e de transporte de valores.

A alternativa está correta.

Art. 21. Os crimes previstos nos arts. 16, 17 e 18 são **insuscetíveis** de **liberdade provisória**.

1. **Vedação de liberdade provisória.** O art. 21 veda a liberdade provisória nos crimes de posse ou porte de arma de fogo, acessório ou munição de uso restrito (art. 16), comércio ilegal (art. 17) e tráfico internacional (art. 18) de arma de fogo, acessório ou munição de uso restrito. O legislador quis proibir que o preso em flagrante pelos delitos mencionados permanecesse em liberdade, proibindo a liberdade provisória. A prisão em flagrante, como toda e qualquer prisão imposta antes do trânsito em julgado da sentença condenatória constitui uma prisão provisória, e como tal deve ser encarada, sob pena de a mesma ser utilizada como instrumento de vingança privada do próprio Estado de Direito, bem como antecipação do cumprimento de uma pena que ainda não existe, e que pode nem existir por razões diversas.

   Toda e qualquer prisão provisória, medida cautelar que é, deve ser regida pelos Princípios da Necessidade e Excepcionalidade. Assim, toda e qualquer prisão provisória somente deve ser decretada ou mantida se for necessária, e, ainda assim, de forma excepcional.

   Portanto, não se decreta a prisão do réu automaticamente só porque ele não é primário e de bons antecedentes e o crime não é afiançável. Em qualquer hipótese, é preciso que seja demonstrada a necessidade da prisão, por meio da presença dos requisitos da prisão preventiva previstos no art. 312 do Código Processual Penal. A jurisprudência atual utiliza os pressupostos da prisão preventiva para qualquer tipo de prisão provisória.

Note-se que a lei 12.403/2011, que alterou a sistemática das prisões, positivou o princípio da necessidade no art. 282 do Código de Processo Penal.

É com base nesse raciocínio que os Tribunais Superiores solidificaram suas jurisprudências no sentido de não existir prisão provisória *ex lege*, isto é, prisão que decorra meramente da lei, sem motivação, sem que estejam presentes os requisitos da prisão preventiva previstos no art. 312 do Código de Processo Penal, sob pena de violação dos princípios da presunção de inocência, devido processo legal, contraditório e ampla defesa.

Note-se que o art. 21 do Estatuto teve sua inconstitucionalidade declarada pelo STF na ADI 3112/DF, rel. Min. Ricardo Lewandowski, 2.5.2007.

► **STF**

INFORMATIVO Nº 465

ADI e Estatuto do Desarmamento – 2

Em seguida, relativamente aos parágrafos únicos dos artigos 14 e 15 da Lei 10.868/2003, que proíbem o estabelecimento de fiança, respectivamente, para os crimes de porte ilegal de arma de fogo de uso permitido e de disparo de arma de fogo, considerou-se desarrazoada a vedação, ao fundamento de que tais delitos não poderiam ser equiparados a terrorismo, prática de tortura, tráfico ilícito de entorpecentes ou crimes hediondos (CF, art. 5º, XLIII). Asseverou-se, ademais, cuidar-se, na verdade, de crimes de mera conduta que, embora impliquem redução no nível de segurança coletiva, não podem ser igualados aos crimes que acarretam lesão ou ameaça de lesão à vida ou à propriedade. Quanto ao art. 21 da lei impugnada, que prevê serem insuscetíveis de liberdade provisória os delitos capitulados nos artigos 16 (posse ou porte ilegal de arma de fogo de uso restrito), 17 (comércio ilegal de arma de fogo) e 18 (tráfico internacional de arma de fogo), entendeu-se haver afronta aos princípios constitucionais da presunção de inocência e do devido processo legal (CF, art. 5º, LVII e LXI). Ressaltou-se, no ponto, que, não obstante a interdição à liberdade provisória tenha sido estabelecida para crimes de suma gravidade, liberando-se a franquia para os demais delitos, a Constituição não permite a prisão ex lege, sem motivação, a qual viola, ainda, os princípios da ampla defesa e do contraditório (CF, art. 5º, LV). Vencidos, parcialmente, os Ministros Carlos Britto, Gilmar Mendes e Sepúlveda Pertence, que julgavam improcedente o pedido formulado quanto aos parágrafos únicos dos artigos 14 e 15, e o Min. Marco Aurélio, que o julgava improcedente quanto ao parágrafo único do art. 15 e, em relação ao art. 21, apenas quanto à referência ao art. 16. O Tribunal, por unanimidade, julgou, ainda, improcedente o pedido quanto aos artigos 2º, X; 5º, §§ 1º, 2º e 3º; 10; 11, II; 12; 23, §§ 1º, 2º e 3º; 25, parágrafo único; 28; 29 e ao parágrafo único do art. 32, e declarou o prejuízo da ação em relação ao art. 35, todos da Lei 10.826/2003. (ADI 3112/DF, rel. Min. Ricardo Lewandowski, 2.5.2007).

→ Aplicação em concurso.

- **Notário. TJ/BA. 2014. CESPE.**

  Considerando a jurisprudência dos tribunais superiores acerca dos delitos previstos na Lei n. 10.826/2003 e na Lei n. 11.340/2006, assinale a opção correta.

  O delito de posse ou porte ilegal de arma de fogo de uso restrito é insuscetível de liberdade provisória.

  A alternativa está errada.

- **TJ/MG – Juiz de Direito – 2009. FUNDEP.**

  Sobre o Estatuto do Desarmamento . Lei n. 10.826, de 2003, marque a alternativa *CORRETA*.

A) No julgamento da ADI 3112, o STF entendeu pela constitucionalidade do art. 21 da Lei nº 10.826, de 2003, que veda a concessão de liberdade provisória aos crimes dos seus artigos 16, 17 e 18 respectivamente: posse ou porte ilegal de arma de fogo de uso restrito; comércio ilegal de arma de fogo; e tráfico internacional de arma de fogo).

B) Também no julgamento da ADI 3112, o STF considerou constitucionais os parágrafos únicos dos artigos 14 e 15 da Lei nº 10.826, de 2003, que estabelecem a inafiançabilidade dos delitos neles previstos (porte ilegal de arma de fogo de uso permitido e disparo de arma de fogo, respectivamente).

As alternativas estão erradas.

CAPÍTULO V
DISPOSIÇÕES GERAIS

Art. 22. O Ministério da Justiça poderá celebrar **convênios** com os Estados e o Distrito Federal para o cumprimento do disposto nesta Lei.

Art. 23. A **classificação legal, técnica e geral bem como a definição** das armas de fogo e demais produtos controlados, de usos proibidos, restritos, permitidos ou obsoletos e de valor histórico serão disciplinadas em **ato do chefe do Poder Executivo Federal**, mediante proposta do Comando do Exército. (Redação dada pela Lei nº 11.706, de 2008)

§ 1º Todas as munições comercializadas no País deverão estar acondicionadas em embalagens com sistema de código de barras, gravado na caixa, visando possibilitar a identificação do fabricante e do adquirente, entre outras informações definidas pelo regulamento desta Lei.

§ 2º Para os órgãos referidos no art. 6º, somente serão expedidas autorizações de compra de munição com identificação do lote e do adquirente no culote dos projéteis, na forma do regulamento desta Lei.

§ 3º As armas de fogo fabricadas a partir de 1 (um) ano da data de publicação desta Lei conterão dispositivo intrínseco de segurança e de identificação, gravado no corpo da arma, definido pelo regulamento desta Lei, exclusive para os órgãos previstos no art. 6º.

§ 4º As instituições de ensino policial e as guardas municipais referidas nos incisos III e IV do *caput* do art. 6º desta Lei e no seu § 7º poderão adquirir insumos e máquinas de recarga de munição para o fim exclusivo de suprimento de suas atividades, mediante autorização concedida nos termos definidos em regulamento. (Incluído pela Lei nº 11.706, de 2008)

Art. 24. Excetuadas as atribuições a que se refere o art. 2º desta Lei, **compete ao Comando do Exército** autorizar e fiscalizar a produção, exportação, importação, desembaraço alfandegário e o comércio de armas de fogo e demais produtos controlados, inclusive o registro e o porte de trânsito de arma de fogo de colecionadores, atiradores e caçadores.

Art. 25. As **armas de fogo apreendidas**, após a elaboração do laudo pericial e sua juntada aos autos, quando não mais interessarem à persecução penal serão encaminhadas pelo juiz competente ao Comando do Exército, no prazo máximo de 48 (quarenta e oito) horas, para **destruição ou doação aos** órgãos **de segurança pública ou** às **Forças Armadas**, na forma do regulamento desta Lei. (Redação dada pela Lei nº 11.706, de 2008)

§ 1º As armas de fogo encaminhadas ao Comando do Exército que receberem parecer favorável à doação, obedecidos o padrão e a dotação de cada Força Armada ou órgão de segurança pública, atendidos os critérios de prioridade estabelecidos pelo Ministério da Justiça e ouvido o Comando do Exército, serão arroladas em relatório reservado trimestral a ser encaminhado àquelas instituições, abrindo-se-lhes prazo para manifestação de interesse. (Incluído pela Lei nº 11.706, de 2008)

§ 2º O Comando do Exército encaminhará a relação das armas a serem doadas ao juiz competente, que determinará o seu perdimento em favor da instituição beneficiada. (Incluído pela Lei nº 11.706, de 2008)

§ 3º O transporte das armas de fogo doadas será de responsabilidade da instituição beneficiada, que procederá ao seu cadastramento no SINARM ou no SIGMA. (Incluído pela Lei nº 11.706, de 2008)

§ 4º (VETADO) (Incluído pela Lei nº 11.706, de 2008)

§ 5º O Poder Judiciário instituirá instrumentos para o encaminhamento ao SINARM ou ao SIGMA, conforme se trate de arma de uso permitido ou de uso restrito, semestralmente, da relação de armas acauteladas em juízo, mencionando suas características e o local onde se encontram. (Incluído pela Lei nº 11.706, de 2008)

Art. 26. São **vedadas** a fabricação, a venda, a comercialização e a importação de **brinquedos, réplicas e simulacros de armas de fogo, que com estas se possam confundir**.

Parágrafo único. Excetuam-se da proibição as réplicas e os simulacros destinados à instrução, ao adestramento, ou à coleção de usuário autorizado, nas condições fixadas pelo Comando do Exército.

1. **Réplicas e simulacros.** A antiga lei de armas nº 9.437/97, hoje revogada pelo Estatuto, trazia no art. 10, § 1º, II, a conduta de *utilizar arma de brinquedo, simulacro de arma capaz de atemorizar outrem, para o fim de cometer crimes*. O Estatuto do Desarmamento não criminalizou tal conduta, mas vedou a fabricação, venda, comercialização e importação de brinquedos, réplicas ou simulacros de armas de fogo, que possam ser confundidos com uma verdadeira. Entretanto, trata-se de proibição sem sanção, sequer administrativa, tornando a vedação inócua.

→ Aplicação em concurso.

- **(Cespe – Juiz Federal Substituto 5ª região/2013)**

  Assinale a opção correta tendo como referência o Estatuto do Desarmamento.

  São vedadas a fabricação, a venda, a comercialização de réplicas e simulacros de armas de fogo que com estas se possam confundir, salvo as réplicas e simulacros destinados à instrução, ao adestramento, ou à coleção de usuário autorizado, nas condições fixadas pelo Comando do Exército, e os brinquedos. Aquele que, sem autorização legal, proceder à fabricação de simulacro de arma de fogo, que com esta possa se confundir, responde pelo crime de comércio ilegal de arma de fogo.

A alternativa está errada.

Art. 27. Caberá ao Comando do Exército autorizar, excepcionalmente, a aquisição de armas de fogo de **uso restrito**.

Parágrafo único. O disposto neste artigo não se aplica às aquisições dos Comandos Militares.

Art. 28. É vedado ao menor de 25 (vinte e cinco) anos adquirir arma de fogo, ressalvados os integrantes das entidades constantes dos incisos I, II, III, V, VI, VII e X do *caput* do art. 6º desta Lei. (Redação dada pela Lei nº 11.706, de 2008)

Art. 29. As **autorizações de porte** de armas de fogo **já concedidas** expirar-se-ão 90 (noventa) dias após a publicação desta Lei. (Vide Lei nº 10.884, de 2004)

Parágrafo único. O detentor de autorização com prazo de validade superior a 90 (noventa) dias poderá renová-la, perante a Polícia Federal, nas condições dos arts. 4º, 6º e 10 desta Lei, no prazo de 90 (noventa) dias após sua publicação, sem ônus para o requerente.

Art. 30. Os **possuidores e proprietários** de arma de fogo de **uso permitido ainda não registrada** deverão solicitar seu registro até o dia 31 de dezembro de 2008, mediante apresentação de documento de identificação pessoal e comprovante de residência fixa, acompanhados de nota fiscal de compra ou comprovação da origem lícita da posse, pelos meios de prova admitidos em direito, ou declaração firmada na qual constem as características da arma e a sua condição de proprietário, ficando este dispensado do pagamento de taxas e do cumprimento das demais exigências constantes dos incisos I a III do *caput* do art. 4º desta Lei. (Redação dada pela Lei nº 11.706, de 2008)

Parágrafo único. Para fins do cumprimento do disposto no *caput* deste artigo, o proprietário de arma de fogo poderá obter, no Departamento de Polícia Federal, certificado de registro provisório, expedido na forma do § 4º do art. 5º desta Lei. (Incluído pela Lei nº 11.706, de 2008)

NOTA: O prazo a que se refere o art. 30 foi prorrogado até 31 de dezembro de 2009, pela lei 11.922, de 13 de abril de 2009.

Art. 31. Os **possuidores e proprietários de armas de fogo** adquiridas regularmente poderão, a qualquer tempo, **entregá-las** à **Polícia Federal**, mediante recibo e indenização, nos termos do regulamento desta Lei.

Art. 32. Os **possuidores e proprietários de arma de fogo poderão entregá-la**, espontaneamente, mediante recibo, e, presumindo-se de boa-fé, serão **indenizados**, na forma do regulamento, ficando **extinta a punibilidade de eventual posse irregular da referida arma**. (Redação dada pela Lei nº 11.706, de 2008)

1. **Arts. 30, 31 e 32. *Abolitio criminis* temporária.** Os arts. 30, 31 e 32 do Estatuto foram alterados pela lei 11.706/2008, que concedeu o prazo até o dia 31 de dezembro de 2008 para que os possuidores e proprietários de arma de fogo de uso permitido

ainda não registrada solicitem seu registro, tornando a conduta de posse de arma de uso permitido temporariamente atípica, até a data limite.

O prazo a que se refere o art. 30 (31 de dezembro de 2008) foi prorrogado até 31 de dezembro de 2009, pela lei 11.922, de 13 de abril de 2009, que em seu art. 20 dispõe: *"Art. 20. Ficam prorrogados para 31 de dezembro de 2009 os prazos de que tratam o § 3º do art. 5º e o art. 30, ambos da Lei n. 10.826, de 22 de dezembro de 2003."*

Deve-se ter cuidado com a novel lei, uma vez que ela não alterou a lei 10.826/2003 (Estatuto do Desarmamento). O Estatuto continua com a redação intacta. Na realidade, como sempre, faltou técnica legislativa ao legislador. O prazo de até 31 de dezembro de 2009 está na lei 11.922/2009, e não no Estatuto.

Questão relevante, que a jurisprudência ainda não solucionou, versa sobre o alcance dessa *abolitio criminis* temporária. Como ficaria a situação daquelas pessoas que foram flagradas praticando a conduta típica após o dia 31/12/2008 e antes do dia 14/04/2009 (data da publicação da lei 11.922)? Estariam essas pessoas abrangidas ou não pela *abolitio criminis* temporária? A resposta a esta questão passa, evidentemente, pela redação legal do art. 20 da lei 11.922/2009. Com efeito, é de se notar que o art. 20 da lei 11.922/2009 não estabeleceu novo prazo, com novo termo *a quo*. Ao contrário. Ela apenas *prorrogou* um prazo que já existia. Uma vez prorrogado o prazo, o termo *a quo* passa a ser o início de vigência da lei 11.706/08 (20/06/08 – data da sua publicação), que estabelecera anteriormente novo prazo. Em outras palavras, a lei 11.922/2009 apenas prorrogou o prazo que já existia e tinha sido estabelecido pela anterior lei 11.706/2008. Dessa forma, ainda que os Tribunais Superiores possam entender de forma diversa, a nós parece que as pessoas que foram flagradas praticando a conduta típica após o dia 31/12/2008 e antes do dia 14/04/2009 (data da publicação da lei 11.922) também estariam abrangidas pela *abolitio criminis* temporária.

→ Aplicação em concurso.

- **MP/ES – Promotor de Justiça – 2010. CESPE.**

  A respeito dos crimes de remoção ilegal de órgãos, tecidos e partes do corpo humano, de lavagem de dinheiro, dos previstos na Lei do Porte de Armas e das disposições penais sobre prevenção e repressão de ações praticadas por organizações criminosas, assinale a opção correta.

D) Segundo a jurisprudência do STJ, diante da literalidade dos artigos da Lei nº 10.826/2003, relativos ao prazo legal para regularização do registro da arma, ocorreu abolitio criminis temporária em relação à posse ilegal de armas de fogo, munição e artefatos explosivos, praticada dentro desse período.

A alternativa está correta.

- **TJ/MG – Juiz de Direito – 2009. FUNDEP.**

  Sobre o Estatuto do Desarmamento . Lei n. 10.826, de 2003, marque a alternativa *CORRETA*.

C) Com a entrada em vigor da Lei nº 10.826, de 2003, o crime previsto em seu art. 12 (posse irregular de arma de fogo de uso permitido) teve, inicialmente, sua aplicação afetada por sucessivas medidas provisórias, cujo conteúdo foi considerado pela jurisprudência como espécie de *abolitio criminis* temporário.

A alternativa está correta.

- **PC/ES – Agente da Polícia Civil 2008. CESPE.**

Suponha que João, imputável, possua em sua residência um revólver calibre 38, sem registro, herdado de um bisavô, e que, aos 2/12/2008, por volta das 16 h, uma equipe de policiais militares, sabedores da existência do armamento, tenha adentrado na casa sem autorização judicial, apreendido o objeto e dado voz de prisão ao seu possuidor. Nessa situação, apresentado o caso à autoridade policial competente, deveria esta determinar a lavratura do auto de prisão em flagrante de João, em face da caracterização da posse irregular de arma de fogo de uso permitido.

A alternativa está errada.

2. **Não aplicabilidade ao delito de porte (art. 14).** O previsto nos arts. 30, 31 e 32 do Estatuto somente se aplica ao delito de posse de arma de uso permitido, e, não, ao delito de porte descrito no art. 14 do Estatuto.

▶ **STF**

INFORMATIVO nº 709

SEGUNDA TURMA

"Abolitio criminis" e porte ilegal de arma de fogo

(...) Aduziu-se que, as instâncias ordinárias, ao analisarem o acervo probatório, teriam afastado a tese da abolitio criminis, ao fundamento de que a conduta do recorrente não se enquadraria no art. 32 da Lei 10.826/2003, modificado pela Lei 11.706/2008, que objetivara excluir a tipicidade delitiva, por lapso temporal determinado, apenas para oportunizar que o possuidor de arma não regularizada solicitasse seu registro ou a entregasse na polícia federal. Consignou-se que, em nenhum momento, o paciente demonstrara que estaria em trânsito para regularizar as armas que teriam sido apreendidas em flagrante. Ressaltou-se que o acórdão impugnado teria mencionado que o caso não seria de posse, mas de porte ilegal de arma de fogo, de modo a tornar inviável a incidência da causa excludente de tipicidade invocada pela defesa. Verificou-se, portanto, que o acórdão do Tribunal a quo harmonizar-se-ia com entendimento assente da Corte, no sentido de não admitir a abolitio criminis fora do período de abrangência determinado em lei, tampouco aceitaria a sua incidência quando configurado o porte ilegal de arma de fogo. (...). RHC 111931/DF, rel. Min. Gilmar Mendes, 4.6.2013.

▶ **STJ**

ARMA DE FOGO DE USO PERMITIDO. ARTS. 30 E 32 DA LEI DO DESARMAMENTO. APLICAÇÃO TÃO-SOMENTE NOS CASOS DE POSSE. NÃO-INCIDÊNCIA NA CONDUTA TÍPICA DESCRITA NO ART. 14, CAPUT, DA LEI 10.826/2003. INEXISTÊNCIA DE CONSTRANGIMENTO ILEGAL. 1. À luz do entendimento consagrado pela doutrina e pela jurisprudência deste Tribunal, a vacatio legis, decorrente do teor dos arts. 30 e 32 da Legislação Específica, incide tão-somente na posse e/ou propriedade do instrumento bélico, razão pela qual não configura constrangimento ilegal, a ensejar o trancamento da ação penal, a condenação de agente pelo porte ilegal de arma de fogo, mesmo que o fato tenha ocorrido durante o lapso legalmente previsto ao reconhecimento da abolitio criminis das demais condutas da Lei do Desarmamento. (HC 90544/MG Rel. Min. Jorge Mussi. DJe 13/10/2008).

→ **Aplicação em concurso.**

- **Delegado de Polícia/GO. 2017. CESPE**

  Considerando o atual entendimento dos tribunais superiores quanto aos institutos do Código de Defesa do Consumidor, do Estatuto do Desarmamento e do Estatuto da Criança e do Adolescente (ECA), assinale a opção correta.

  Ao estabelecer prazo para a regularização dos registros pelos proprietários e possuidores de armas de fogo, o Estatuto do Desarmamento criou situação peculiar e temporária de atipicidade das condutas de posse e porte de arma de fogo de uso permitido e restrito.

  A alternativa está errada.

3. **Permuta de armas.** Segundo o STF, a permuta de armas de fogo caracteriza uma forma de aquisição de arma e configura crime, não sendo alcançada, portanto, pela *abolitio criminis* temporária prevista no art. 30.

▶ **STF**

INFORMATIVO Nº 626

Primeira Turma

Permuta de armas: Estatuto do Desarmamento e "abolitio criminis".

A 1ª Turma denegou *habeas corpus* em que se pleiteava a aplicação da *abolitio criminis*, contida nos artigos 30 e 32 da Lei 10.826/2003 (Estatuto do Desarmamento), em favor de réus que, no prazo estipulado pelos mencionados dispositivos, permutaram suas armas de fogo. A impetração sustentava que o ato perpetrado entre ambos estaria absorvido pelo crime de posse. Asseverou-se que os artigos citados estabeleceram prazo para que os possuidores ou proprietários de armas de fogo regularizassem-nas ou entregassem-nas às autoridades competentes, descriminalizando, temporariamente, apenas as condutas típicas de possuir ou ser proprietário de arma de fogo. Na seqüência, salientou-se que a permuta seria uma forma de aquisição de armas, considerada uma cessão ou um fornecimento recíproco, descaracterizada, portanto, a atipicidade da conduta. HC 99448/RS, rel. Min. Luiz Fux, 10.5.2011.

4. **Irretroatividade dos arts. 30, 31 e 32 e da lei 11.706/2008.** O STJ e o STF entenderam que a lei 11.706/2008 é irretroativa, não alcançando os fatos praticados antes do seu início de vigência.

▶ **STJ**

INFORMATIVO Nº 366.

POSSE ILEGAL. ARMA DE FOGO. IRRETROATIVIDADE. LEI N. 11.706/2008.

O paciente foi denunciado pela prática do crime previsto no art. 12 da Lei n. 10.826/2003 (posse ilegal de arma de fogo e munições de uso permitido em sua residência), por fato ocorrido em 3/12/2006. A Lei n. 11.706/2008 possibilitou novamente a devolução voluntária das armas de fogo até 31/12/2008, alterando, entre outros, os arts. 30 e 32 da referida lei (Estatuto do Desarmamento). Contudo, na época dos fatos, não havia qualquer prazo para a devolução, sendo posterior a última norma. Assim, a referida conduta jamais deixou de ser considerada criminosa, além de que, por tratar-se de norma de caráter transitório, não possui força retroativa. Assim, a Turma negou provimento ao recurso. Precedente citado do STF: HC 90.995-SP, DJ 7/3/2008. RHC 22.668-RS, Rel. Min. Jane Silva (Desembargadora convocada do TJ-MG), julgado em 2/9/2008.

► **STF**

INFORMATIVO Nº 494

Lei 10.826/2003: Atipicidade Temporária e Posse de Arma de Fogo

A Turma indeferiu *habeas corpus* em que se pretendia o reconhecimento da extinção da punibilidade com fundamento na superveniência de norma penal descriminalizante. No caso, o paciente fora condenado pela prática do crime de posse ilegal de arma de fogo de uso restrito (Lei 9.437/97, art. 10, § 2º), em decorrência do fato de a polícia, em cumprimento a mandado de busca e apreensão, haver encontrado uma pistola em sua residência. A impetração sustentava que durante a *vacatio legis* do Estatuto do Desarmamento, que revogou a citada Lei 9.437/97, fora criada situação peculiar relativamente à aplicação da norma penal, haja vista que concedido prazo (Lei 10.826/2003, artigos 30 e 32) aos proprietários e possuidores de armas de fogo, de uso permitido ou restrito, para que regularizassem a situação dessas ou efetivassem a sua entrega à autoridade competente, de modo a caracterizar o instituto da *abolitio criminis*. Entendeu-se que a *vacatio legis* especial prevista nos artigos 30 e 32 da Lei 10.826/2003 (...), não obstante tenha tornado atípica a posse ilegal de arma de fogo havida no curso do prazo que assinalou, não subtraiu a ilicitude penal da conduta que já era prevista no art. 10, § 2º, da Lei 9.437/97 e continuou incriminada, com mais rigor, no art. 16 da Lei 10.826/2003. Ausente, assim, estaria o pressuposto fundamental para que se tivesse como caracterizada a *abolitio criminis*. Ademais, ressaltou-se que o prazo estabelecido nos mencionados dispositivos expressaria o caráter transitório da atipicidade por ele indiretamente criada. No ponto, enfatizou-se que se trataria de norma temporária que não teria força retroativa, não podendo configurar, pois, *abolitio criminis* em relação aos ilícitos cometidos em data anterior. HC 90995/SP, rel. Min. Menezes Direito, 12.2.2008.

→ Aplicação em concurso.

- **TRF 1ª Região. Juiz Federal Substituto. 2009. CESPE.**

  Quanto aos crimes contra a ordem econômica e o patrimônio, bem como quanto ao Estatuto do Desarmamento, assinale a opção correta.

C) O STJ firmou o entendimento de que a abolitio criminis temporária, prevista no novo Estatuto do Desarmamento, deve retroagir para beneficiar o réu que cometeu o crime de porte ilegal de arma na vigência da lei anterior.

A alternativa está errada.

5. **Não abrangência de armas de fogo de uso restrito.** Segundo o STF, a *abolitio criminis temporalis* não abrange as armas de fogo de uso restrito.

▶ **STF**

INFORMATIVO nº 694

PRIMEIRA TURMA

Atipicidade temporária e posse de arma de uso restrito

A 1ª Turma, por maioria, negou provimento a recurso ordinário em habeas corpus no qual alegada a atipicidade da conduta exercida pelo paciente de possuir arma de fogo de uso restrito com munições, sem autorização e em desacordo com determinação legal e regulamentar (Lei 10.826/2003, art. 16). (...) Consignou-se que a jurisprudência do STF assentaria a incidência da descriminalização na hipótese de armas de fogo de uso permitido, detidas com irregularidades. Explicitou-se não haver que se falar, no caso, em atipicidade. (...) O Min. Luiz Fux ponderou que o posicionamento do Supremo distinguiria os imputados que portassem arma de uso restrito. Além disso, percebeu periculosidade maior referente a estes. (...). **RHC 114970/DF, rel. Min. Rosa Weber, 5.2.2013. (RHC-114970).**

→ Aplicação em concurso.

- **Juiz de Direito do TJ/DF. 2015. CESPE.**

  Carlos foi preso em flagrante, durante o período de vigência da Lei n. 10.826/2003 – prorrogada pela Lei n. 11.922/2009 –, devido ao fato de a polícia ter encontrado, em um armário de sua residência, uma arma de fogo de uso restrito. Nessa situação, a conduta de Carlos caracterizou-se como atípica em razão da incidência de abolitio criminis temporária.

  A alternativa está errada.

6. **Não abrangência de armas de uso permitido com a numeração raspada após 23/10/2005.** Segundo o STJ, a *abolitio criminis temporalis* não abrange a conduta de portar, possuir, adquirir, transportar ou fornecer arma de fogo com numeração, marca ou qualquer outro sinal de identificação raspado, suprimido ou adulterado após 23/10/2005, uma vez que a arma com o número de série adulterado ou suprimido não é passível de regularização, tendo em vista que o art. 15, II, "*j*", do Dec. 5.123/2004 estabelece como um dos requisitos para o registro o "número de série gravado no cano da arma".

▶ **STJ**

Súmula nº 513. A *abolitio criminis* temporária prevista na Lei n. 10.826/2003 aplica-se ao crime de posse de arma de fogo de uso permitido com numeração, marca ou qualquer outro sinal de identificação raspado, suprimido ou adulterado, praticado somente até 23/10/2005.

▶ **STJ**

INFORMATIVO nº 519

Terceira Seção

DIREITO PENAL. TERMO FINAL DA *ABOLITIO CRIMINIS* TEMPORÁRIA RELATIVA AO CRIME DE POSSE DE ARMA DE FOGO DE USO PERMITIDO COM NUMERAÇÃO RASPADA, SUPRIMIDA OU ADULTERADA. RECURSO REPETITIVO (ART. 543-C DO CPC E RES. 8/2008-STJ).

É típica a conduta de possuir arma de fogo de uso permitido com numeração raspada, suprimida ou adulterada (art. 16, parágrafo único, IV, da Lei 10.826/2003) praticada após 23/10/2005. O STJ tem entendimento firme de que as regras contidas nos arts. 30 e 32 da Lei 10.826/2003, bem como nas sucessivas leis que prorrogaram a vigência da redação original desses dispositivos, implicam *vacatio legis* indireta das normas penais incriminadoras da "posse" ou "propriedade" de armas de fogo, tanto de uso permitido como de uso restrito. Sendo assim, enquanto aquelas leis tivessem vigência, tais condutas seriam consideradas atípicas, pela ocorrência de *abolitio criminis* temporária. Contudo, depois de ultrapassado o prazo final previsto na última prorrogação da redação original dos arts. 30 e 32 da Lei 10.826/2003 (23/10/2005), a Lei 11.706/2008 deu a eles nova redação, sendo que, posteriormente, a Lei 11.922/2009, em seu art. 20, prorrogou o prazo previsto neste último diploma para 31/12/2009. Note-se, entretanto, que não houve mera prorrogação de prazo pela Lei 11.706/2008, como nas vezes anteriores, mas uma modificação do conteúdo da lei. A propósito, na redação original do art. 32 da Lei 10.826/2003, o prazo era para que o proprietário ou possuidor da arma de fogo a "entregasse" à autoridade competente; já no tocante ao art. 30 da mesma lei, o prazo era para que fosse "solicitado o registro" da arma. Como se percebe, o art. 30 da Lei 10.826/2003, na nova redação, continuou a prever uma *abolitio criminis* para que se procedesse, exclusivamente, à "regularização" da arma por meio do seu "registro". Contudo, diferentemente da redação original, mencionou expressamente que a benesse dizia respeito ao proprietário ou possuidor de "arma de fogo de uso permitido". Ocorre que uma arma com o número de série adulterado ou suprimido não é passível de regularização, uma vez que o art. 15, II, "*j*", do Dec. 5.123/2004 estabelece como um dos requisitos para o registro o "número de série gravado no cano da arma". Portanto, não sendo viável a regularização por meio do registro da arma de fogo de uso permitido com numeração suprimida, adulterada ou raspada, o seu possuidor ou proprietário não pode ser beneficiado com a *abolitio criminis* temporária prevista no art. 30 da Lei 10.826/2003, com a redação atribuída pela Lei 11.706/2008. Por fim, ressalte-se que a nova regra do art. 32 da Lei 10.826/2003 não mais suspendeu, temporariamente, a vigência da norma incriminadora ou instaurou uma *abolitio criminis* temporária – conforme operado pelo art. 30 da mesma lei –, mas instituiu uma causa permanente de exclusão da punibilidade, consistente na "entrega espontânea" da arma. Assim, de maneira diversa da *abolitio criminis* temporária ou da *vacatio legis* indireta, em que os efeitos da norma incriminadora são temporariamente suspensos, com efeitos *erga omnes,* de modo que a conduta não é típica se praticada nesse período, a causa extintiva da punibilidade prevista no art. 32 da Lei 10.826/2003 não tem o condão de excluir a tipicidade em caráter geral. Como se vê, criou o legislador um meio jurídico para que, a qualquer tempo, o possuidor da arma de fogo de uso permitido, em situação irregular, procedesse à sua devolução, sem que enfrentasse problemas com a justiça criminal. **REsp 1.311.408-RN, Rel. Min. Sebastião Reis Júnior, julgado em 13/3/2013.**

Art. 33. Será aplicada **multa** de R$ 100.000,00 (cem mil reais) a R$ 300.000,00 (trezentos mil reais), conforme especificar o regulamento desta Lei:

I – à empresa de transporte aéreo, rodoviário, ferroviário, marítimo, fluvial ou lacustre que deliberadamente, por qualquer meio, faça, promova, facilite ou permita o transporte de arma ou munição sem a devida autorização ou com inobservância das normas de segurança;

II – à empresa de produção ou comércio de armamentos que realize publicidade para venda, estimulando o uso indiscriminado de armas de fogo, exceto nas publicações especializadas.

Art. 34. Os promotores de eventos em locais fechados, com aglomeração superior a 1000 (um mil) pessoas, adotarão, sob pena de responsabilidade, as providências necessárias para evitar o ingresso de pessoas armadas, ressalvados os eventos garantidos pelo inciso VI do art. 5º da Constituição Federal.

Parágrafo único. As empresas responsáveis pela prestação dos serviços de transporte internacional e interestadual de passageiros adotarão as providências necessárias para evitar o embarque de passageiros armados.

CAPÍTULO VI
DISPOSIÇÕES FINAIS

Art. 35. É **proibida a comercialização** de arma de fogo e munição em todo o território nacional, **salvo** para as entidades previstas no art. 6º desta Lei.

§ 1º Este dispositivo, para entrar em vigor, dependerá de aprovação mediante referendo popular, a ser realizado em outubro de 2005.

§ 2º Em caso de aprovação do referendo popular, o disposto neste artigo entrará em vigor na data de publicação de seu resultado pelo Tribunal Superior Eleitoral.

Art. 36. É revogada a Lei nº 9.437, de 20 de fevereiro de 1997.

Art. 37. Esta Lei entra em vigor na data de sua publicação.

Estatuto do Idoso. Lei 10.741, de 1º de outubro de 2003

TÍTULO I
Disposições Preliminares

Art. 1º É instituído o Estatuto do Idoso, destinado a regular os direitos assegurados às **pessoas com idade igual ou superior a 60 (sessenta) anos.**

1. **Fundamento constitucional da tutela do idoso.** Foi no topo da ordem jurídica brasileira que o constituinte resolveu positivar a proteção do idoso, ao dispor nos arts. 229 e 230 da CRFB/88 que: *"Art. 229. Os pais têm o dever de assistir, criar e educar os filhos menores, e os filhos maiores têm o dever de ajudar e amparar os pais na velhice, carência ou enfermidade. Art. 230. A família, a sociedade e o Estado têm o dever de amparar as pessoas idosas, assegurando sua participação na comunidade, defendendo sua dignidade e bem-estar e garantindo-lhes o direito à vida.§ 1º – Os programas de amparo aos idosos serão executados preferencialmente em seus lares. § 2º – Aos maiores de sessenta e cinco anos é garantida a gratuidade dos transportes coletivos urbanos."* Sucede que a própria CRFB/88 não definiu quem seria a pessoa idosa. É bem verdade que garantiu a gratuidade de passagem aos maiores de 65 anos de idade. Entretanto, não dispôs que essas pessoas ostentariam a condição de idoso. Tal conceituação ficou a cargo do legislador ordinário que estabeleceu no art. 2º da lei 8.842/94 (Lei de Política Nacional do Idoso) e no art. 1º da 10.741/2003 (Estatuto do Idoso) a idade de 60 anos como critério para a definição da pessoa idosa.

2. **Não derrogação do art. 115 do Código Penal.** Questão relevante versa sobre a possível derrogação que o Estatuto do Idoso teria causado no art. 115 do Código Penal. O Código estabelece, no seu art. 115, que o prazo prescricional reduz-se de metade se o agente for maior de 70 anos na data da sentença. A discussão se instalou em razão de o Estatuto do Idoso ser mais benéfico ao agente, uma vez que, ao se sustentar que o Estatuto alterou o Código, o prazo prescricional seria reduzido de metade caso o agente fosse maior de 60 anos na data da sentença, abrangendo-se um número maior de pessoas que teriam a redução do prazo prescricional operada. Trata-se, portanto, de lei posterior e mais benéfica. O STF e o STJ entenderam que

não houve a mencionada derrogação, em razão de o critério utilizado pelo Código Penal ter sido a idade do agente, e não a sua condição de idoso, além de ter estabelecido idade específica.

▶ **STJ**

O Estatuto do Idoso, ao considerar como idosa a pessoa a partir de 60 (sessenta) anos de idade, não alterou o artigo 115 do Código Penal, que prevê a redução do prazo prescricional apenas quando o acusado é maior de 70 (setenta) anos de idade ao tempo da sentença condenatória. Precedentes do STJ e do STF. HC 284456. Rel. Min. Jorge Mussi, julgado em 22/04/2014.

→ Aplicação em concurso.

- **Defensor Público/RS. 2014. FCC.**

Sobre as leis penais especiais, é correto afirmar:

O Estatuto do Idoso (Lei nº 10.741/03) alterou expressamente o art. 115 do Código Penal, a fim de que os prazos prescricionais sejam computados pela metade para aqueles que contarem com 60 anos de idade por ocasião da sentença condenatória.

A alternativa está errada.

3. **Não incidência da circunstância agravante de crime praticado contra o idoso. *Bis in idem.*** O art. 61, II, alínea *h,* trata da circunstância agravante de crime praticado contra pessoa maior de sessenta anos. Tendo em vista que todos os delitos previstos no Estatuto do Idoso têm como sujeito passivo pessoa com idade igual ou superior a sessenta anos, não poderá incidir a circunstância mencionada, sob pena de incidência em *bis in idem,* uma vez que, em todos os delitos, a condição de idosa da vítima já figura como elemento do tipo legal de crime. Ressalte-se que o próprio art. 61, *caput* do Código Penal **é** claro ao dispor que *são circunstâncias que sempre agravam a pena, quando não constituem ou qualificam o crime.*

Art. 2º O **idoso goza de todos os direitos fundamentais** inerentes à pessoa humana, sem prejuízo da proteção integral de que trata esta Lei, assegurando-se-lhe, por lei ou por outros meios, todas as oportunidades e facilidades, para preservação de sua saúde física e mental e seu aperfeiçoamento moral, intelectual, espiritual e social, em condições de liberdade e dignidade.

1. **Direitos do idoso.** O legislador positivou no Estatuto um dispositivo absolutamente inútil e inócuo. Dá a entender que se não existisse o artigo ora comentado, o idoso não teria nenhum desses direitos. Todos os direitos positivados no art. 2º do Estatuto são inerentes ao ser humano, idoso ou não. Não se está concedendo direitos a mais ao idoso, além dos que já existem. Todos os direitos e garantias fundamentais já estão previstos na CRFB, sobretudo por ela primar pelo princípio da dignidade da pessoa humana, erigindo-o à categoria de princípio fundamental republicano (art. 1º, III da CRFB/88). Trata-se, portanto, de dispositivo desnecessário, que apenas reforça a existência e observância de direitos fundamentais, não os criando.

Art. 3º É **obrigação** da família, da comunidade, da sociedade e do Poder Público **assegurar ao idoso**, com absoluta prioridade, a efetivação do direito à vida, à saúde, à alimentação, à educação, à cultura, ao esporte, ao lazer, ao trabalho, à cidadania, à liberdade, à dignidade, ao respeito e à convivência familiar e comunitária.

§ 1º. A garantia de prioridade compreende:

I – atendimento preferencial imediato e individualizado junto aos órgãos públicos e privados prestadores de serviços à população;

II – preferência na formulação e na execução de políticas sociais públicas específicas;

III – destinação privilegiada de recursos públicos nas áreas relacionadas com a proteção ao idoso;

IV – viabilização de formas alternativas de participação, ocupação e convívio do idoso com as demais gerações;

V – priorização do atendimento do idoso por sua própria família, em detrimento do atendimento asilar, exceto dos que não a possuam ou careçam de condições de manutenção da própria sobrevivência;

VI – capacitação e reciclagem dos recursos humanos nas áreas de geriatria e gerontologia e na prestação de serviços aos idosos;

VII – estabelecimento de mecanismos que favoreçam a divulgação de informações de caráter educativo sobre os aspectos biopsicossociais de envelhecimento;

VIII – garantia de acesso à rede de serviços de saúde e de assistência social locais.

IX – prioridade no recebimento da restituição do Imposto de Renda. (Incluído pela Lei nº 11.765, de 2008).

§ 2º. Dentre os idosos, é assegurada prioridade especial aos maiores de oitenta anos, atendendo-se suas necessidades sempre preferencialmente em relação aos demais idosos. (Incluído pela Lei nº 13.466, de 2017).

1. **Direitos do idoso.** No *caput* do art. 3º, o legislador estabeleceu outros direitos fundamentais, aos quais valem as observações feitas no artigo anterior.

2. **Direito de preferência.** No parágrafo único do art. 3º, o legislador estabeleceu tratamento prioritário ao idoso, garantindo-lhe uma série de privilégios, justificados pela condição de idoso. Merecem destaque os incisos I e IX. No inciso I se estabeleceu o atendimento preferencial imediato e individualizado junto aos órgãos públicos e privados prestadores de serviços à população. Ficou clara a intenção do legislador em evitar que o idoso aguarde alguns minutos – ou as vezes, algumas horas – nas filas dos serviços prestados por órgãos públicos ou privados, em razão da dificuldade natural que o idoso tem de se manter em pé por muito tempo, em virtude da fraqueza que começa a tomar conta de seus músculos do corpo humano. Outro privilégio relevante foi estabelecido no inciso IX, inserido pela lei 11.765/2008, consistente na prioridade no recebimento da restituição do Imposto de Renda. Trata-se de medida plenamente justificada, bastando pensar que o idoso, geralmente, é consumidor de alto número de medicações, precisando de dinheiro suficiente para adquiri-los e outros cuidados que necessita em razão da idade.

Art. 4º Nenhum idoso será objeto de qualquer tipo de negligência, discriminação, violência, crueldade ou opressão, e todo atentado aos seus direitos, por ação ou omissão, será punido na forma da lei.

§ 1º É dever de todos prevenir a ameaça ou violação aos direitos do idoso.

§ 2º As obrigações previstas nesta Lei não excluem da prevenção outras decorrentes dos princípios por ela adotados.

Art. 5º A inobservância das normas de prevenção importará em responsabilidade à pessoa física ou jurídica nos termos da lei.

Art. 6º Todo cidadão tem o dever de **comunicar** à **autoridade competente** qualquer forma de **violação a esta Lei** que tenha testemunhado ou de que tenha conhecimento.

1. ***Delatio criminis.*** O legislador inseriu no art. 6º do Estatuto, o instituto da *delatio criminis*, por meio da qual qualquer pessoa pode levar ao conhecimento da autoridade pública qualquer forma de violação do Estatuto.

Art. 7º Os Conselhos Nacional, Estaduais, do Distrito Federal e Municipais do Idoso, previstos na Lei nº 8.842, de 4 de janeiro de 1994, zelarão pelo cumprimento dos direitos do idoso, definidos nesta Lei.

1. **Política Nacional do idoso.** A lei 8.842/94 dispôs sobre a Política Nacional do Idoso, que tem por objetivo assegurar os direitos sociais do idoso, criando condições para promover sua autonomia, integração e participação efetiva na sociedade (art. 1º), e rege-se pelos seguintes princípios: *"I – a família, a sociedade e o estado têm o dever de assegurar ao idoso todos os direitos da cidadania, garantindo sua participação na comunidade, defendendo sua dignidade, bem-estar e o direito à vida; II – o processo de envelhecimento diz respeito à sociedade em geral, devendo ser objeto de conhecimento e informação para todos; III – o idoso não deve sofrer discriminação de qualquer natureza; IV – o idoso deve ser o principal agente e o destinatário das transformações a serem efetivadas através desta política; V – as diferenças econômicas, sociais, regionais e, particularmente, as contradições entre o meio rural e o urbano do Brasil deverão ser observadas pelos poderes públicos e pela sociedade em geral, na aplicação desta lei."* (art. 3º).

2. **Diretrizes da Política Nacional do Idoso.** De acordo com o art. 4º da lei 8.842/94, são diretrizes da Política Nacional do Idoso: a viabilização de formas alternativas de participação, ocupação e convívio do idoso, que proporcionem sua integração às demais gerações; a participação do idoso, através de suas organizações representativas, na formulação, implementação e avaliação das políticas, planos, programas e projetos a serem desenvolvidos; a priorização do atendimento ao idoso através de suas próprias famílias, em detrimento do atendimento asilar, à exceção dos idosos que não possuam condições que garantam sua própria sobrevivência; a descentralização político-administrativa; capacitação e reciclagem dos recursos humanos nas áreas de geriatria e gerontologia e na prestação de serviços; a implementação de

sistema de informações que permita a divulgação da política, dos serviços oferecidos, dos planos, programas e projetos em cada nível de governo; o estabelecimento de mecanismos que favoreçam a divulgação de informações de caráter educativo sobre os aspectos biopsicossociais do envelhecimento; a priorização do atendimento ao idoso em órgãos públicos e privados prestadores de serviços, quando desabrigados e sem família; o apoio a estudos e pesquisas sobre as questões relativas ao envelhecimento. Por fim, a lei afirma que é vedada a permanência de portadores de doenças que necessitem de assistência médica ou de enfermagem permanente em instituições asilares de caráter social.

3. **Conselho Nacional do Idoso.** O Conselho Nacional do Idoso foi instituído pela lei 8.842/94, que na redação do projeto de lei, dispunha sobre ele nos arts. 11 ao 18, todos vetados pelo Presidente da República. A despeito disso, o Estatuto do Idoso trouxe uma atribuição do Conselho do Idoso, que é zelar pelo cumprimento dos direitos do idoso, nele definidos.

....

TÍTULO VI
Dos Crimes

CAPÍTULO I
Disposições Gerais

Art. 93. Aplicam-se subsidiariamente, no que couber, as disposições da Lei nº 7.347, de 24 de julho de 1985.

Art. 94. Aos crimes previstos nesta Lei, cuja pena máxima privativa de liberdade não ultrapasse 4 (quatro) anos, **aplica-se o procedimento previsto na Lei nº 9.099, de 26 de setembro de 1995**, e, subsidiariamente, no que couber, as disposições do Código Penal e do Código de Processo Penal.

1. **Aplicação do procedimento previsto na lei 9.099/95.** Logo que ocorreu o advento do Estatuto do Idoso, o dispositivo ora comentado foi alvo de severa controvérsia doutrinária acerca do seu alcance. Discutia-se se seria aplicado somente o procedimento sumariíssimo previsto na lei 9.099/95 ou se seriam também aplicadas as medidas despenalizadoras nela previstas. A doutrina e a jurisprudência majoritárias se solidificaram no sentido de que, nos delitos previstos no Estatuto em que a pena máxima não ultrapasse 4 anos, aplica-se somente o procedimento sumariíssimo (arts. 96, 97, 98, 99, *caput* e § 1º, 100, 101, 102, 103, 104, 105, 106, 108, 109), dando-se maior celeridade processual aos processos de crimes praticados contra o idoso.

O tema foi objeto de questionamento no STF, por meio da ADI 3096/DF, que por meio do seu Plenário, conferiu interpretação conforme a Constituição Republicana de 1988, com redução do texto, para suprimir a expressão "do Código Penal e", atribuindo ao artigo ora comentado o sentido segundo o qual os delitos previstos no

Estatuto, cujas penas privativas de liberdade máximas não ultrapassem 4 (quatro) anos, aplica-se somente o procedimento sumariíssimo previsto na lei 9.099/95, não se aplicando, portanto, qualquer medida despenalizadora, nem qualquer interpretação benéfica ao autor do delito contra o idoso.

▶ **STF**

INFORMATIVO nº 591.

Plenário.

Lei 10.741/2003: Crimes contra Idosos e Aplicação da Lei 9.099/95 – 2

Em conclusão, o Tribunal julgou parcialmente procedente pedido formulado em ação direta de inconstitucionalidade ajuizada pelo Procurador-Geral da República para dar interpretação conforme ao art. 94 da Lei 10.741/2003 (...), no sentido de que aos crimes previstos nessa lei, cuja pena máxima privativa de liberdade não ultrapasse 4 anos, aplica-se a Lei 9.099/95 apenas nos aspectos estritamente processuais, não se admitindo, em favor do autor do crime, a incidência de qualquer medida despenalizadora – v. Informativo 556. Concluiu-se que, dessa forma, o idoso seria beneficiado com a celeridade processual, mas o autor do crime não seria beneficiado com eventual composição civil de danos, transação penal ou suspensão condicional do processo. Vencidos o Min. Eros Grau, que julgava improcedente o pleito, e o Min. Marco Aurélio, que o julgava totalmente procedente. ADI 3096/DF, rel. Min. Cármen Lúcia, 16.6.2010.

→ Aplicação em concurso.

- **Delegado de Polícia. PC/PA. 2016. FUNCAB.**

A pessoa que se apropria de pensão de idoso, dando-lhe destinação diversa daquela definida como sua finalidade: (Ano: 2016; Banca: FUNCAB; Órgão: PC-PA; Prova: Delegado de Polícia Civil)

A) comete crime previsto na Lei nº 10.741, que respeitará o procedimento comum ordinário, embora com a possibilidade de aplicação de transação penal.

B) comete crime previsto na Lei nº 10.741, que respeitará o procedimento comum ordinário, sendo vedada a transação penal.

C) comete crime previsto na Lei nº 10.741, que respeitará o procedimento previsto na Lei nº 9.099, de 1995, inclusive quanto à transação penal.

D) comete crime previsto no Código Penal, que respeitará o procedimento comum ordinário.

E) comete crime previsto na Lei nº 10.741, que respeitará o procedimento previsto na Lei nº 9.099, de 1995, sendo vedada a transação penal.

Alternativa correta: Letra E.

- **Delegado de Polícia. PC/SP. 2014. VUNESP.**

Aos crimes previstos na Lei nº 10.741, de 2003 – Estatuto do Idoso –, aplica-se o procedimento previsto na Lei nº 9.099, de 26 de setembro de 1995, desde que a pena máxima privativa de liberdade não ultrapasse

(A) 6 (seis) anos.

(B) 8 (oito) anos.

(C) 4 (quatro) anos.

(D) 1 (um) ano.

(E) 2 (dois) anos.

Alternativa correta: Letra C.

- **Agente de Polícia Civil/DF. 2013. CESPE.**

O procedimento da Lei dos Juizados Especiais Cíveis e Criminais não é aplicado a nenhum dos crimes previstos no Estatuto do Idoso.

A alternativa está errada.

- **Defensor Público – DPE/AM. 2013. FCC.**

O Estatuto do Idoso estabelece que aos crimes em espécie, previstos em seu texto, cuja pena máxima privativa de liberdade não ultrapasse 4 (quatro) anos, aplica-se o procedimento previsto na Lei nº 9.099/95. Com base nos princípios norteadores da Lei nº 10.741/03, é correto afirmar:

A) Todos os benefícios da Lei nº 9.099/95 devem ser aplicados à espécie, uma vez que a celeridade das ações penais é corolário da prioridade de atendimento ao idoso.

B) A regra permite, tão somente, a aplicação do procedimento sumaríssimo previsto na Lei nº 9.099/95 e não outros benefícios nela previstos.

C) O benefício da transação penal é uma das etapas do procedimento previsto na Lei nº 9.099/95, tendo o Estatuto do Idoso ampliado o conceito de delito de pequeno potencial ofensivo.

D) A ampliação do conceito de delito de pequeno potencial ofensivo deve beneficiar todos os idosos em razão de sua peculiar condição de vulnerável social.

E) As regras simplificadoras da Lei nº 9.099/95 devem ser aplicadas em sua integralidade em relação aos crimes praticados contra os idosos visando à celeridade e à informalidade do provimento jurisdicional.

Alternativa correta: Letra B.

- **Defensor Público. DPE/BA. 2010. CESPE.**

Acerca da aplicação do direito penal e do entendimento jurisprudencial firmado nos tribunais superiores, julgue os itens seguintes.

Aos crimes previstos no Estatuto do Idoso são vedadas a aplicação das medidas despenalizadoras da composição civil dos danos e da transação, bem como a incidência das imunidades penais absolutas ou escusas absolutórias.

A alternativa está certa.

2. Não alteração do conceito de infração penal de menor potencial ofensivo. O Estatuto do Idoso, não alterou o conceito de infração penal de menor potencial ofensivo, que continua sendo aquele previsto no art. 61 da lei 9.099/95. Apenas dispôs que nos delitos previstos no Estatuto, com pena máxima de até 4 anos, aplica-se tão somente o procedimento sumaríssimo previsto na lei 9.099/95.

CAPÍTULO II
Dos Crimes em Espécie

Art. 95. Os crimes definidos nesta Lei são de **ação penal pública incondicionada**, não se lhes aplicando os arts. 181 e 182 do Código Penal.

1. **Natureza da ação penal.** Sabe-se que a regra geral do Direito Processual Penal é de que a ação penal é pública incondicionada, salvo quando a lei dispuser de forma contrária. Assim, não havia necessidade de o legislador explicitar no artigo ora comentado que a ação penal é pública incondicionada. Trata-se, assim, de previsão inócua.

→ Aplicação em concurso.

- **Escrivão de Polícia Civil/DF. 2013. CESPE.**

  Quando uma pessoa dificulta o acesso de idoso a determinado meio de transporte por motivo de sua idade, incide em crime previsto no Estatuto do Idoso. Nessa situação, para que o Ministério Público proponha a ação penal correspondente, haverá a necessidade da representação do ofendido.

  A alternativa está errada.

- **(Cespe – Defensor Público – TO/2013).**

  Considerando o disposto no Estatuto do Idoso e a Política Nacional do Idoso, assinale a opção correta.

A) A competência para as ações referentes ao direito do idoso é relativa.

B) Transitada em julgado a sentença condenatória do poder público, favorável ao idoso, deverá o juiz determinar a remessa de peças à autoridade competente, para apuração de responsabilidades, e, ainda, promover a execução, intimando o Ministério Público para assumir o polo ativo.

C) Os crimes definidos no Estatuto do Idoso são de ação penal pública incondicionada, e a eles não se aplicam as escusas absolutórias do Código Penal, quando praticados em detrimento de cônjuge, ascendente e descendente.

D) Consoante a Política Nacional do Idoso, para ser considerada idosa a pessoa deve ter idade igual ou superior a sessenta e cinco anos.

E) Toda instituição prestadora de serviço ao idoso tem direito à assistência judiciária gratuita.

  Alternativa correta: Letra C.

- **(ACAFE– Escrivão-SC/2010).**

  Assinale a alternativa correta que completa o enunciado a seguir:

  O crime definido no art. 102 do Estatuto do Idoso (Lei n. 10.741, de 1º de outubro de 2003), consistente em: "Apropriar-se de ou desviar bens, proventos, pensão ou qualquer outro rendimento do idoso, dando-lhes aplicação diversa da de sua finalidade" é infração penal de (...)

A) ação penal pública condicionada, não se lhe aplicando as disposições do Código Penal brasileiro acerca das imunidades penais absolutas e relativas.

B) ação penal de iniciativa privada, sendo-lhe aplicáveis as disposições do Código Penal brasileiro acerca das imunidades penais absolutas e relativas.

C) ação penal pública incondicionada, não se lhe aplicando o disposto no Código Penal brasileiro acerca das imunidades penais absolutas e relativas.

D) ação penal pública incondicionada, sendo- lhe aplicáveis as disposições do Código Penal brasileiro acerca das imunidades penais absolutas e relativas.

Alternativa correta: Letra C.

- **MP/RN. Promotor de Justiça. 2009. CESPE.**

Acerca dos crimes contra os costumes, os idosos e as pessoas portadoras de deficiência, assinale a opção correta.

C) Todos os crimes definidos no Estatuto do Idoso são de ação penal pública incondicionada.

A alternativa está correta.

2. **Exclusão da incidência das imunidades absolutas e relativas do Código Penal.** Como dito acima, não havia necessidade de o legislador explicitar no artigo ora comentado que a ação penal é pública incondicionada. Entretanto, pela leitura do dispositivo legal, percebe-se que o legislador quis frisar a não aplicabilidade das imunidades absolutas e relativas, previstas, respectivamente, nos arts. 181 e 182 do Código Penal. Sucede que o legislador do Estatuto, a um só tempo, fez essa previsão de forma expressa e alterou o Código Penal, nas disposições finais dos crimes contra o patrimônio, acrescentando o inciso III no art. 183 do Código Penal, que também exclui expressamente a incidência das imunidades absoluta e relativa aos crimes praticados contra idoso, utilizando-se dois dispositivos legais para dizer a mesma coisa.

3. **Bem jurídico protegido.** Nos crimes previstos no Estatuto do Idoso, os bens jurídicos tutelados são a dignidade, a saúde, a integridade física e psíquica, a liberdade e o respeito ao idoso.

4. **Violação do princípio da legalidade.** O princípio da legalidade está retratado na expressão latina *nullun crimen nulla poena sine lege certa,* segundo o qual a lei penal deve ser clara, certa, precisa e taxativa, proibindo-se conceitos vagos e imprecisos. Com efeito, busca-se com o mencionado princípio, a segurança jurídica. Não é outra a razão pela qual o tipo penal possui, entre outras, a função da garantia, no sentido de garantir ao indivíduo que ele não receberá uma sanção penal caso a sua conduta não seja criminosa, bem como garantir ao indivíduo a aplicação somente da pena prevista abstratamente na lei para o delito que for praticado. Assim, toda vez que o tipo penal utiliza conceitos vagos e imprecisos, está ferindo de morte o princípio da legalidade penal, na vertente taxatividade. O Estatuto do Idoso é merecedor de críticas no sentido de constituir flagrante violação ao princípio da legalidade, na vertente taxatividade – *nullun crimen nulla poena sine lege certa* – por ter utilizado, nos tipos penais, conceitos vagos e imprecisos, dificultando a sua interpretação e aplicação prática.

Art. 96. Discriminar pessoa idosa, impedindo ou dificultando seu acesso a operações bancárias, aos meios de transporte, ao direito de contratar ou por qualquer outro meio ou instrumento necessário ao exercício da cidadania, por motivo de idade:

Pena – reclusão de 6 (seis) meses a 1 (um) ano e multa.

§ 1º Na mesma pena incorre quem **desdenhar, humilhar, menosprezar ou discriminar** pessoa idosa, por qualquer motivo.

§ 2º A pena será aumentada de 1/3 (um terço) se a vítima se encontrar **sob os cuidados ou responsabilidade do agente**.

1. **Sujeito ativo.** Trata-se de crime comum, uma vez que pode ser praticado por qualquer pessoa.

2. **Sujeito passivo.** Pessoa idosa, com idade igual ou superior a sessenta anos.

3. **Discriminar.** Significa diferenciar, fazer distinção, tratar de forma desigual. No tipo penal ora analisado, dá-se tratamento diverso à pessoa em razão de sua idade. O móvel da conduta do agente é a condição de idoso da vítima. Em outras palavras, impede-se ao idoso que ele tenha acesso à operações bancárias, aos meios de transporte, ao direito de contratar ou por qualquer outro meio ou instrumento necessário ao exercício da cidadania, justamente em razão de ter sessenta anos de idade ou mais.

4. **Impedir ou dificultar.** *Impedir* significa não permitir, obstruir, proibir. *Dificultar* é causar embaraço, servir de obstáculo.

5. **Operações bancárias.** Negócios jurídicos por meio dos quais se movimenta valores financeiros em instituições financeiras (bancos), como transferências de uma conta corrente pra outra, saques, depósitos, transferência de valores da conta corrente para a poupança e vice versa.

6. **Meios de transporte.** Por *meio de transporte* entenda-se qualquer forma de deslocamento de pessoas de um local específico para outro. Abrange o transporte terrestre, aéreo e marítimo, individual ou coletivo, público ou particular, por meio de qualquer veículo que possua propulsão própria, como carro, motocicleta, barco, lancha, avião, helicóptero etc. Como o tipo legal de crime não fez qualquer distinção, conclui-se que ele abrange qualquer natureza de meio de transporte, podendo ser transporte público ou privado, de lazer ou trabalho, interestadual ou intermunicipal, gratuito ou oneroso. Dessa forma, quando o motorista do ônibus não para o veículo, impedindo o ingresso do idoso, pratica esse crime, uma vez que dificultou acesso do idoso ao meio de transporte.

7. **Direito de contratar.** O direito de contratar consiste na liberdade que qualquer pessoa tem de contrair obrigações e direitos. Desde que atendidos os limites dogmáticos do Direito Civil, o direito de contratar é livre, seja a pessoa idosa, seja a pessoa não idosa. Entretanto, o tipo legal de crime ora estudado dispõe que é infração penal impedir ou dificultar ao idoso, o seu direito de contratar. Trata-se de tipo penal aberto demais, em plena violação ao princípio da legalidade, na vertente

taxatividade – *nullun crimen nulla poena sine lege certa,* uma vez que o legislador não estabeleceu de qual espécie de contrato se trata. Logo, ainda que isso implique violação do princípio mencionado, abrange qualquer espécie de contrato.

8. **Qualquer outro meio ou instrumento necessário ao exercício da cidadania.** O legislador utilizou-se da técnica de interpretação denominada *interpretação analógica,* para abranger qualquer forma de exercício da cidadania. O legislador não poderia ter sido mais genérico. Ao utilizar as expressões *qualquer outro meio ou instrumento necessário ao exercício da cidadania,* o legislador feriu de morte o princípio da legalidade, na vertente taxatividade – *nullun crimen nulla poena sine lege certa.* Com efeito, o tipo legal de crime não mencionou quais seriam os meios ou instrumentos necessários ao exercício da cidadania. A noção de cidadania está atrelada a qualquer direito que possa ser exercido pelo *cidadão.* Assim, o tipo penal possui uma abrangência indefinida e infinita, dificultando, dessa forma, a sua aplicabilidade.

9. **Tipo misto alternativo.** A prática das duas condutas descritas no tipo (*impedir* ou *dificultar*) não gera concurso de crimes, respondendo o agente por apenas um delito.

10. **Especial fim de agir.** O tipo penal possui um especial fim de agir, consistente na prática da conduta típica *por motivo de idade.* Ausente o especial fim de agir, a conduta será atípica.

11. **Condutas equiparadas.** § **1º.** Mais uma vez o legislador foi repetitivo de forma desnecessária, uma vez que as expressões *desdenhar, humilhar, menosprezar* e *discriminar* são sinônimas, significando a mesma coisa. Talvez seja essa conduta a violação, em maior grau, do princípio da legalidade, na vertente taxatividade – *nullun crimen nulla poena sine lege certa.* A incriminação consiste em humilhar pessoa idosa, por qualquer motivo, desde não seja em razão da idade, não estabelecendo, o legislador, um motivo específico, circunstância ou a forma de humilhação, Trata-se de delito de difícil aplicação prática. O delito ora comentado não estará configurado caso haja a emissão de palavras ou conceitos injuriosos, como chamar alguém de *velho surdo* ou *velho ranzinza,* caso em que estará configurado o delito de injúria preconceituosa ou discriminatória prevista no art. 140, § 3º do Código Penal, inserido pelo próprio Estatuto do Idoso, que possui a seguinte redação: *"art. 140 – Injuriar alguém, ofendendo-lhe a dignidade ou o decoro: Pena – detenção, de um a seis meses, ou multa. § 3º Se a injúria consiste na utilização de elementos referentes a raça, cor, etnia, religião, origem ou a condição de pessoa idosa ou portadora de deficiência."*

12. **Causa de aumento de pena.** § **2º.** Por ser uma conduta mais reprovável, a pena aumenta-se de um terço se o autor do crime for pessoa que tiver que cuidar do idoso ou responsabilidade sobre ele, justificando, assim, o aumento da pena. Tal aumento de pena tem natureza jurídica de *causa especial de aumento de pena,* também chamada de *majorante.*

13. **Consumação.** O delito se consuma com a conduta de *impedir* ou *dificultar* ao idoso o acesso a operações bancárias, aos meios de transporte, ao direito de contratar

ou por qualquer outro meio ou instrumento necessário ao exercício da cidadania, em razão de sua condição de idoso, independentemente de qualquer resultado ulterior, pois se trata de crime formal.

14. **Classificação.** Crime comum; formal; doloso; comissivo; instantâneo; admite tentativa.

15. **Infração penal de menor potencial ofensivo.** Tendo em vista que a pena máxima cominada não ultrapassa 2 anos, trata-se de infração penal de menor potencial ofensivo, sendo a competência dos Juizados Especiais Criminais para o processo e o julgamento.

16. **Suspensão condicional do processo.** Cabível, pois a pena mínima cominada não ultrapassa 1 ano (art. 89 da lei 9.099/95). Entretanto, o STF deu ao art. 94 desta lei interpretação conforme a Constituição (ver comentários ao art. 94 desta lei).

Art. 97. Deixar de prestar assistência ao idoso, quando possível fazê-lo sem risco pessoal, em situação de iminente perigo, ou recusar, retardar ou dificultar sua assistência à saúde, sem justa causa, ou não pedir, nesses casos, o socorro de autoridade pública:

Pena – detenção de 6 (seis) meses a 1 (um) ano e multa.

Parágrafo único. A pena é aumentada de metade, se da omissão resulta **lesão corporal de natureza grave**, e triplicada, se resulta a **morte**.

1. **Sujeito ativo.** Trata-se de crime comum, uma vez que pode ser praticado por qualquer pessoa.

2. **Sujeito passivo.** Pessoa idosa, com idade igual ou superior a sessenta anos.

3. **Deixar de prestar assistência ao idoso quando possível fazê-lo sem risco pessoal, em situação de iminente perigo.** *Deixar de prestar assistência* é conduta omissiva, por meio da qual o agente deixa de cumprir um mandamento normativo. O legislador trouxe, na norma penal, um mandamento dirigido ao agente no sentido de prestar assistência ao idoso, determinando que o agente aja, preste o socorro, e ele não o faz, descumprindo o mandamento contido na norma. O legislador exigiu que o idoso estivesse em situação de *iminente perigo.* Entenda-se, por *iminente perigo,* um perigo à vida ou à integridade física do idoso que está prestes a ocorrer, como um atropelamento, um afogamento ou uma lesão corporal. Não se trata de um perigo atual, mas sim iminente. Mas o legislador não determinou a prestação de socorro a qualquer custo. Ao contrário, voltando os seus olhos para o agente, inseriu os elementos normativos *quando possível fazê-lo sem risco pessoal.* Trata-se de possibilidade pessoal de agir, sem risco de ocorrência de algum resultado que implique probabilidade de dano ao agente, à sua integridade física ou à sua vida. Assim, configura esse delito o fato de o agente deixar de prestar assistência a um idoso que tenha tropeçado e caído no meio da rua, ao atravessá-la, havendo, evidentemente, o perigo iminente de ocorrer o atropelamento do idoso no momento em que o sinal abrir para os carros que estão parados no sinal. Entretanto, caso o idoso resolva atravessar uma pista de rolamento, sem sinal e faixa de pedestre,

na qual os carros trafegam em alta velocidade, e venha a tropeçar e cair, a não prestação de auxílio não configura, a princípio, o delito ora comentado, uma vez que, nessa hipótese, há nítido risco pessoal a qualquer pessoa que tente lhe prestar auxílio, tornando a conduta atípica. Outra hipótese de atipicidade é o caso de o agente deixar de prestar socorro ao idoso que se encontra dentro de um prédio que está em incêndio. Nesse caso, por haver nítido risco pessoal ao agente, a sua conduta será, a princípio, atípica. Como o elemento *quando possível fazê-lo sem risco pessoal* figura como elemento do tipo legal de crime, caso seja impossível ao agente prestar o socorro por haver risco pessoal, como nos casos acima citados, a sua conduta será, a princípio, atípica, resolvendo-se a questão no plano da tipicidade penal. Nesses casos de possível atipicidade da conduta do agente, entretanto, como veremos abaixo, é dever do agente pedir socorro da autoridade pública.

4. **Recusar, retardar ou dificultar a assistência** à **saúde do idoso, sem justa causa.** *Recusar* consiste em rejeitar. *Retardar* significa atrasar, demorar. *Dificultar* é causar embaraço. O legislador trouxe, no mesmo tipo penal, outras condutas que podem ser praticadas nas formas comissiva e omissiva, no sentido de rejeitar, atrasar ou causar embaraço em relação à assistência a saúde do idoso. Mais uma vez, voltando os seus olhos para o agente, o legislador inseriu o elemento *sem justa causa.* Da mesma forma que dissemos acima, trata-se de possibilidade pessoal de agir, sem risco de ocorrência de algum resultado que implique probabilidade de dano ao agente, à sua integridade física ou à sua vida. Como o elemento *sem justa causa* figura como elemento do tipo legal de crime, caso haja uma causa justa que torne impossível ao agente prestar assistência à saúde do idoso, como o sério risco de contaminação pela doença a que o idoso está acometido, a sua conduta será, a princípio, atípica, resolvendo-se a questão no plano da tipicidade penal. Nesses casos de possível atipicidade da conduta do agente, entretanto, como veremos abaixo, é dever do agente pedir socorro da autoridade pública.

5. **Não pedir o socorro de autoridade pública.** Trata-se da terceira forma de omissão prevista no tipo legal de crime, na qual o agente não pede socorro da autoridade pública. É uma espécie de omissão subsidiária do tipo legal, uma vez que é aplicável às duas formas de omissão descritas no tipo. Assim, podemos elaborar as seguintes fórmulas de incriminação: *Primeira incriminação:* Deixar de prestar assistência ao idoso quando possível fazê-lo sem risco pessoal, em situação de iminente perigo ou não pedir o socorro de autoridade pública; *Segunda incriminação: Recusar, retardar ou dificultar a assistência* à *saúde do idoso, sem justa causa ou não pedir o socorro de autoridade pública.* Dessa forma, nas primeiras condutas, o fato de o agente não poder prestar assistência ao idoso em situação de iminente perigo, diante de um risco pessoal, ou recusar, retardar ou dificultar a assistência à saúde do idoso por uma causa justificada, isso não lhe retira o dever de pedir socorro da autoridade pública, caso em que, se não o fizer, pratica o delito ora comentado. Por *autoridade pública* entenda-se o agente público que tenha atribuição ou possa, de alguma forma, prestar socorro ao idoso. Não adianta pedir socorro ao agente de trânsito para que o mesmo preste socorro a um idoso que se encontra dentro de um prédio completamente em chamas, uma vez que o agente de trânsito nada poderá fazer. Entretanto, a autoridade pública que sempre poderá prestar, de alguma

forma, socorro ao idoso, é o agente policial, que tem o dever de comunicar ao outro agente público que possa efetivamente prestar o socorro ao idoso, solicitando-o.

6. **Não aplicabilidade ao agente garantidor.** O tipo legal de crime em comento não se aplica ao agente garantidor previsto no art. 13, § 2º, do Código Penal. Em primeiro lugar por tratar-se de omissão própria; em segundo lugar, porque o agente garantidor jamais responderá por esse delito de omissão de socorro previsto no Estatuto do Idoso. Ao contrário, o agente garantidor sempre responde pelo resultado ocorrido. A omissão do garante o conduz à responsabilidade penal pelo resultado decorrido de sua omissão, não podendo ele ser responsabilizado por uma omissão própria. Dessa forma, se o agente garantidor, como os filhos em relação aos pais idosos, o médico da rede pública de saúde ou o agente policial se omitir e de sua omissão decorrer, por exemplo, o resultado morte, ele responde pelo homicídio consumado por omissão imprópria. Caso não haja o resultado morte, a omissão do agente garantidor, se for dolosa, o conduzirá à tentativa de homicídio por omissão imprópria. Entretanto, de forma diversa, se a omissão do garante for culposa e não ocorrer o resultado, não se punirá a tentativa, uma vez que o crime culposo não admite a figura da tentativa. Exemplificando: um médico de um hospital público se depara com um idoso que acabara de chegar ao hospital, levado por populares, sofrendo um possível enfarte. Caso ele dolosamente não o socorra para evitar-lhe a morte, não responderá pelo delito ora comentado, mas por homicídio consumado por omissão imprópria, justamente em razão de sua condição de agente garantidor.

7. **Causa especial de aumento de pena. Parágrafo** único. A pena é aumentada de metade, se da omissão resulta lesão corporal de natureza grave (art. 129, §§ 1º e 2º do Código Penal), e triplicada, se resulta a morte da pessoa idosa. Tais resultados sempre decorrerão de culpa do agente, por tratar-se de delito preterdoloso, que é aquele em que o agente age com *dolo* na conduta, gerando um resultado qualificador mais grave à título de *culpa*. Caso o agente tenha dolo em relação à lesão corporal ou à morte, o delito deixará de ser omissão de socorro previsto no Estatuto do Idoso, e passará a ser de lesão corporal dolosa ou homicídio doloso, ambos com previsão no Código Penal. Tal aumento de pena tem natureza jurídica de *causa especial de aumento de pena,* também chamada de *majorante,* incidindo na terceira fase do critério trifásico de aplicação da pena.

8. **Tipo misto alternativo.** A prática de duas ou mais condutas descritas no tipo não gera concurso de crimes, respondendo o agente por apenas um delito.

9. **Especialidade.** O tipo legal de crime ora comentado é especial em relação ao art. 135 do Código Penal, que prevê o delito de omissão de socorro.

10. **Consumação.** Na conduta *deixar de prestar assistência*, por se tratar de crime omissivo próprio, se consuma com a mera omissão do agente. Já nas condutas *recusar, retardar ou dificultar* nas formas comissivas, o delito se consuma com a prática das condutas; entretanto, se essas mesmas condutas forem praticadas na forma omissiva própria, o delito estará consumado com a mera omissão do agente, independentemente de qualquer resultado ulterior, mesmo que o socorro seja prestado, posteriormente, por outrem.

11. **Classificação.** Crime comum; formal; doloso; comissivo ou omissivo próprio nas condutas *recusar, retardar ou dificultar,* e omissivo próprio na conduta *deixar de prestar assistência*; instantâneo; admite tentativa nas modalidades comissivas, não a admitindo nas modalidades omissivas próprias.

12. **Infração penal de menor potencial ofensivo.** Tendo em vista que a pena máxima cominada não ultrapassa 2 anos, trata-se de infração penal de menor potencial ofensivo, sendo a competência dos Juizados Especiais Criminais para o processo e o julgamento, salvo no caso de ocorrer o resultado qualificador morte da pessoa idosa, previsto no parágrafo único.

→ Aplicação em concurso.

- **Policial Rodoviário Federal. 2014. CESPE.**
  Se alguém deixar de prestar assistência a idoso, quando for possível fazê-lo sem risco pessoal, em situação de iminente perigo, cometerá, em tese, crime de menor potencial ofensivo.
  A alternativa está correta.

13. **Suspensão condicional do processo.** Cabível, pois a pena mínima cominada não ultrapassa 1 ano (art. 89 da lei 9.099/95), salvo se houver a incidência da causa especial de aumento de pena prevista no parágrafo único. Entretanto, o STF deu ao art. 94 desta lei interpretação conforme a Constituição (ver comentários ao art. 94 desta lei).

Art. 98. Abandonar o idoso em hospitais, casas de saúde, entidades de longa permanência, ou congêneres, ou não prover suas necessidades básicas, quando obrigado por lei ou mandado:

Pena – detenção de 6 (seis) meses a 3 (três) anos e multa.

1. **Sujeito ativo.** Trata-se de crime próprio, uma vez que somente pode ser praticado por pessoa que esteja obrigada, por lei ou mandado, a amparar o idoso, como na hipótese dos filhos em relação aos pais.

2. **Sujeito passivo.** Pessoa idosa, com idade igual ou superior a sessenta anos.

3. **Abandonar ou não prover as necessidades básicas do idoso.** *Abandonar* significa desamparar, deixar de dar assistência. Pode ser praticada na forma comissiva ou na forma omissiva. Na forma comissiva ocorre quando o agente leva o idoso ao asilo, ao hospital ou à casa de saúde e o deixa lá, abandonando-o. Na modalidade omissiva, o delito se dá quando, por exemplo, o agente não busca o idoso no hospital onde se encontra internado, igualmente abandonando-o. Note-se que o abandono pode ser temporário ou permanente, desde que fique caracterizado o desamparo do idoso. *Não prover as necessidades* do idoso configura conduta omissiva, uma vez que, por meio dela, o agente deixa de prestar ao idoso os meios mínimos que lhe garantam o mínimo exigido para uma vida digna, ou seja, o mínimo exigido para as suas necessidades básicas, como alimentação, medicação, vestuário, abrigo, condições de higiene etc.

4. **Hospitais, casas de saúde, entidades de longa permanência, ou congêneres.** O legislador elencou no tipo legal de crime os locais onde o abandono do idoso é efetivado. São locais destinados a recepção de pessoas enfermas.

5. **Especialidade.** O tipo legal de crime em comento especializa o art. 244 do Código Penal.

6. **Tipo misto alternativo.** A prática das duas condutas descritas no tipo (*abandonar* e *não prover)* não gera concurso de crimes, respondendo o agente por apenas um delito.

7. **Consumação.** Com o abandono do idoso ou com o não provimento de suas necessidades básicas.

8. **Classificação.** Crime próprio; formal; doloso; comissivo ou omissivo na conduta *abandonar* e omissivo próprio na conduta *não prover*; instantâneo; não admite tentativa na conduta *abandonar* na forma comissiva por ser crime unissubsistente; não admite a tentativa nas condutas *abandonar* (na modalidade omissiva) e *não prover* por serem crimes omissivos próprios.

9. **Suspensão condicional do processo.** Cabível, pois a pena mínima cominada não ultrapassa 1 ano (art. 89 da lei 9.099/95). Entretanto, o STF deu ao art. 94 desta lei interpretação conforme a Constituição (ver comentários ao art. 94 desta lei).

> **Art. 99.** Expor a perigo a integridade e a saúde, física ou psíquica, do idoso, submetendo-o a **condições desumanas ou degradantes** ou **privando-o de alimentos** e **cuidados indispensáveis**, quando obrigado a fazê-lo, ou **sujeitando-o a trabalho excessivo ou inadequado**:
>
> Pena – detenção de 2 (dois) meses a 1 (um) ano e multa.
>
> § 1º Se do fato resulta **lesão corporal de natureza grave**:
>
> Pena – reclusão de 1 (um) a 4 (quatro) anos.
>
> § 2º Se resulta a **morte**:
>
> Pena – reclusão de 4 (quatro) a 12 (doze) anos.

1. **Sujeito ativo.** Trata-se de crime próprio, uma vez que somente pode ser praticado por alguém que tiver um vínculo de cuidado ou proteção com o idoso, como os filhos, o enfermeiro ou acompanhante contratado para cuidar do idoso.

2. **Sujeito passivo.** Pessoa idosa, com idade igual ou superior a sessenta anos.

3. **Expor a perigo.** Exposição a perigo significa colocar a pessoa idosa em uma situação de perigo que pode representar risco de lesão à sua integridade física ou a sua morte. Trata-se de delito de perigo concreto, que exige a prova de que o idoso ficou efetivamente exposto à uma situação de perigo, não podendo se falar em presunção de perigo. Assim, somente a conduta do agente não é o bastante para a configuração do delito ora comentado. A ausência de prova nesse sentido conduzirá à atipicidade da conduta do agente. O delito pode ser praticado na forma

comissiva ou omissiva própria. Na modalidade comissiva, basta pensar no caso em que o agente obrigue o idoso a realizar um trabalho excessivo ou lhe retire o prato de comida antes de iniciar o almoço. Na modalidade omissiva própria, imagine-se que o agente veja o idoso deitado na cama, todo urinado, por incontinência urinária provocada por efeito colateral de algum medicamento do qual o idoso faça uso, e não faça nada, deixando-o naquela situação o dia inteiro.

4. **Condições desumanas ou degradantes.** Condições desumanas e degradantes são as condições incompatíveis com uma vida digna que todo ser humano deve ter, como falta de higiene ou a colocação do idoso em um local em que há risco de doença, por haver o contato com urina de rato que pode transmitir doenças ao corpo humano.

5. **Privação de alimentos e cuidados indispensáveis.** Consiste na privação de alimentos indispensáveis à vida ou à saúde do idoso. Não se tratam, obviamente, de alimentos desnecessários, como biscoitos, chás ou coisas do gênero, mas alimentos ligados a subsistência, nutrição da pessoa. É de se notar que a privação de alimentos, embora possa ser total ou parcial, deve gerar um perigo comprovado à integridade e saúde, física ou psíquica do idoso. Assim, o não fornecimento, por exemplo, do lanche da tarde para o idoso não tem o condão de gerar-lhe risco à sua integridade e saúde física ou psíquica, não configurando, assim, o delito em comento. Por sua vez, a *privação de cuidados indispensáveis* consiste no não fornecimento ao idoso de cuidados mínimos ligados a vestuário, higiene, assistência médica, medicamentos etc.

6. **Sujeição a trabalho excessivo ou inadequado.** *Trabalho excessivo* é aquele que exige um esforço além do que a pessoa pode dar, como sujeitar o idoso a um trabalho que lhe exija que permaneça por 6 horas ininterruptas em pé. Ou então que lhe exija o emprego de força física com as pernas ou com os braços. Já o *trabalho inadequado* consiste na atividade desconformada à condição de pessoa idosa, como a sujeição do idoso à venda ambulante, fazendo-o carregar uma geladeira de isopor cheia de gelo para vender refrigerantes e outras bebidas na praia ou então empregar o idoso em um estacionamento de automóveis sendo exigido dele que empurre os veículos estacionados em fila dupla para liberar espaço para os demais automóveis saírem. Na realidade, as noções de *trabalho excessivo* e *trabalho inadequado* acabam por se confundir na prática.

7. **Formas qualificadas. §§ 1º e 2º.** A pena é de reclusão de 1 a 4 anos se do fato resulta lesão corporal de natureza grave (art. 129, §§ 1º e 2º do Código Penal), e de 4 a 12 anos, se resulta a morte da pessoa idosa. Tais resultados sempre decorrerão de culpa do agente, por tratar-se de delito preterdoloso, que é aquele em que o agente age com *dolo* na conduta, gerando um resultado qualificador mais grave à título de *culpa.* Caso o agente tenha dolo em relação à lesão corporal ou à morte, o delito deixará de ser o previsto no tipo legal de crime ora comentado, e passará a ser de lesão corporal dolosa ou homicídio doloso, ambos com previsão no Código Penal.

8. **Tipo misto alternativo.** A prática de duas ou mais condutas descritas no tipo não gera concurso de crimes, respondendo o agente por apenas um delito.

9. **Especialidade.** O tipo legal de crime ora comentado constitui especialidade em relação aos delitos previstos nos arts. 132 e 136 do Código Penal.

10. **Consumação.** Com a efetiva submissão do idoso à situação de perigo por meio das condições descritas no tipo legal de crime.

11. **Classificação.** Crime próprio; formal; doloso; comissivo ou omissivo próprio; instantâneo; admite tentativa na modalidade comissiva, mas não a admite na modalidade omissiva própria.

12. **Infração penal de menor potencial ofensivo.** Tendo em vista que a pena máxima cominada ao delito previsto no *caput* não ultrapassa 2 anos, trata-se de infração penal de menor potencial ofensivo, sendo a competência dos Juizados Especiais Criminais para o processo e o julgamento, ressalvadas as formas qualificadas dos §§ 1º e 2º.

13. **Suspensão condicional do processo.** Cabível, pois a pena mínima cominada não ultrapassa 1 ano (art. 89 da lei 9.099/95), salvo na hipótese da qualificadora do resultado morte prevista no § 2º. Entretanto, o STF deu ao art. 94 desta lei interpretação conforme a Constituição (ver comentários ao art. 94 desta lei).

Art. 100. Constitui crime punível com reclusão de 6 (seis) meses a 1 (um) ano e multa:

I – obstar o acesso de alguém a qualquer **cargo público** por motivo de idade;

II – negar a alguém, por motivo de idade, **emprego ou trabalho**;

III – recusar, retardar ou dificultar atendimento ou deixar de prestar assistência à **saúde**, sem justa causa, a pessoa idosa;

IV – deixar de cumprir, retardar ou frustrar, sem justo motivo, **a execução de ordem judicial** expedida na ação civil **a que alude esta Lei**;

V – recusar, retardar ou omitir **dados técnicos indispensáveis** à **propositura da ação civil** objeto desta Lei, quando requisitados pelo Ministério Público.

1. **Inciso I.** Óbice **a acesso a cargo público por motivo de idade.**

2. **Sujeito ativo.** Trata-se de crime próprio, uma vez que somente pode ser sujeito ativo do delito o funcionário público que tenha atribuição para a admissão da pessoa à ocupação do cargo público.

3. **Sujeito passivo.** Pessoa idosa, com idade igual ou superior a sessenta anos.

4. **Obstar o acesso.** *Obstar* é causar embaraço. Nesse tipo legal de crime, o agente impede que o idoso ocupe o cargo público justamente em razão da sua condição de idoso.

5. **Cargo público.** Qualquer cargo que possa ser ocupado na Administração Pública Direta ou Indireta. A Administração Direta é composta pelas pessoas jurídicas de direito público interno, que são a União, Estados membros, Distrito Federal e Municípios. Por sua vez, a administração Pública indireta é formada por autarquias, Empresas públicas, sociedades de economia mista e fundações.

6. **Especial fim de agir.** O tipo penal possui um especial fim de agir, consistente no impedimento de ocupação de cargo publico em razão da condição de idoso. Ausente o especial fim de agir, a conduta será atípica.

7. **Especialidade.** O tipo penal ora comentado constitui especialidade em relação ao delito previsto no art. 3º da lei 7.716/89, que possui a seguinte redação: *"Impedir ou obstar o acesso de alguém, devidamente habilitado, a qualquer cargo da Administração Direta ou Indireta, bem como das concessionárias de serviços públicos."*

8. **Consumação.** Com a prática da conduta descrita no tipo penal, ou seja, com o óbice ao acesso ao cargo público pela condição de idoso, pois se trata de crime formal. Mesmo que posteriormente o idoso consiga a ocupação do cargo por força de ação judicial, como o Mandado de Segurança, o delito estará consumado.

9. **Classificação.** Crime próprio; formal; doloso; comissivo; instantâneo; admite tentativa.

10. **Infração penal de menor potencial ofensivo.** Tendo em vista que a pena máxima cominada ao delito não ultrapassa 2 anos, trata-se de infração penal de menor potencial ofensivo, sendo a competência dos Juizados Especiais Criminais para o processo e o julgamento.

11. **Suspensão condicional do processo.** Cabível, pois a pena mínima cominada não ultrapassa 1 ano (art. 89 da lei 9.099/95). Entretanto, o STF deu ao art. 94 desta lei interpretação conforme a Constituição (ver comentários ao art. 94 desta lei).

12. **Inciso II. Negativa de emprego ou trabalho.**

13. **Sujeito ativo.** Trata-se de crime próprio, uma vez que somente pode ser sujeito ativo do delito o administrador da pessoa jurídica ou o funcionário que tenha a função de admitir ou não os empregados na sociedade (empresa no sentido subjetivo).

14. **Sujeito passivo.** Pessoa idosa, com idade igual ou superior a sessenta anos.

15. **Negar.** *Negar* significa recusar, não admitir. Nega-se à pessoa emprego ou trabalho, justamente em razão da sua condição de idoso.

16. **Emprego ou trabalho.** O legislador utilizou as expressões *emprego ou trabalho.* Na realidade, trata-se de expressões sinônimas para fins da incriminação ora comentada. Compreendem, assim, qualquer espécie de trabalho, independentemente do título que se dê à função ou ao cargo ou duração, isso é, mesmo que se trate de estágio por prazo determinado. Segundo o art. 3º da CLT, *"considera-se empregado toda pessoa física que prestar serviços de natureza não eventual a empregador, sob a dependência deste e mediante salário."*

17. **Especial fim de agir.** O tipo penal possui um especial fim de agir, consistente no impedimento de ocupação de cargo publico em razão da condição de idoso. Ausente o especial fim de agir, a conduta será atípica.

18. **Especialidade.** O tipo penal ora comentado constitui especialidade em relação ao delito previsto no art. 4º da lei 7.716/89, que possui a seguinte redação: *"Negar ou obstar emprego em empresa privada."*

19. **Consumação.** Com a prática da conduta descrita no tipo penal, ou seja, com a negação ao emprego, pois se trata de crime formal.

20. **Classificação.** Crime próprio; formal; doloso; comissivo; instantâneo; admite tentativa.

21. **Infração penal de menor potencial ofensivo.** Tendo em vista que a pena máxima cominada ao delito não ultrapassa 2 anos, trata-se de infração penal de menor potencial ofensivo, sendo a competência dos Juizados Especiais Criminais para o processo e o julgamento.

22. **Suspensão condicional do processo.** Cabível, pois a pena mínima cominada não ultrapassa 1 ano (art. 89 da lei 9.099/95). Entretanto, o STF deu ao art. 94 desta lei interpretação conforme a Constituição (ver comentários ao art. 94 desta lei).

23. **Inciso III. Negativa de assistência** à **saúde de idoso.**

24. **Sujeito ativo.** Trata-se de crime comum, uma vez que pode ser praticado por qualquer pessoa.

25. **Sujeito passivo.** Pessoa idosa, com idade igual ou superior a sessenta anos.

26. **Recusar, retardar, dificultar e deixar de prestar assistência.** *Recusar* consiste em rejeitar, não aceitar. *Retardar* significa atrasar, demorar. *Dificultar* é causar embaraço. *Deixar de prestar assistência* é conduta omissiva, por meio da qual o agente deixa de cumprir um mandamento normativo.

27. **Tipo misto alternativo.** A prática de duas ou mais condutas descritas no tipo não gera concurso de crimes, respondendo o agente por apenas um delito.

28. **Sem justa causa.** O legislador inseriu o elemento *sem justa causa.* Por tratar-se de elemento do tipo legal de crime, caso haja uma causa justa que torne impossível ao agente prestar o atendimento ou a assistência à saúde do idoso, como a falta de maquinário suficiente, a sua conduta será atípica, resolvendo-se a questão no plano da tipicidade penal.

29. **Consumação.** Na conduta *deixar de prestar assistência*, por se tratar de crime omissivo próprio, se consuma com a mera omissão do agente. Já nas condutas *recusar, retardar ou dificultar* nas formas comissivas, o delito se consuma com a prática das condutas; entretanto, se essas mesmas condutas forem praticadas na forma omissiva própria, o delito estará consumado com a mera omissão do agente, independentemente de qualquer resultado ulterior.

30. **Classificação.** Crime comum; formal; doloso; comissivo ou omissivo próprio nas condutas *recusar, retardar ou dificultar,* e omissivo próprio na conduta *deixar de prestar assistência*; instantâneo; admite tentativa nas modalidades comissivas, não a admitindo nas modalidades omissivas próprias.

31. **Infração penal de menor potencial ofensivo.** Tendo em vista que a pena máxima cominada ao delito não ultrapassa 2 anos, trata-se de infração penal de menor potencial ofensivo, sendo a competência dos Juizados Especiais Criminais para o processo e o julgamento.

32. Suspensão condicional do processo. Cabível, pois a pena mínima cominada não ultrapassa 1 ano (art. 89 da lei 9.099/95). Entretanto, o STF deu ao art. 94 desta lei interpretação conforme a Constituição (ver comentários ao art. 94 desta lei).

33. Inciso IV. Descumprimento de ordem judicial.

34. Sujeito ativo. Trata-se de crime próprio, uma vez que somente pode ser sujeito ativo do delito a pessoa a quem a ordem judicial foi destinada.

35. Sujeito passivo. Pessoa idosa, com idade igual ou superior a sessenta anos.

36. Deixar de cumprir, retardar ou frustrar. *Deixar de cumprir* significa não efetivar, não dar cumprimento. *Retardar* consiste em atrasar, demorar. *Frustrar* é enganar a expectativa, não suceder o que se esperava. Trata-se de condutas que configuram crimes omissivos próprios.

37. Ação de natureza cível com base no Estatuto do Idoso. O legislador exigiu que o descumprimento da ordem judicial se desse na ação de natureza cível a que alude o Estatuto do Idoso. Nesse sentido, dispõe o art. 79 do Estatuto: *"regem-se pelas disposições desta Lei as ações de responsabilidade por ofensa aos direitos assegurados ao idoso, referentes à omissão ou ao oferecimento insatisfatório de: I – acesso* às *ações e serviços de saúde; II – atendimento especializado ao idoso portador de deficiência ou com limitação incapacitante; III – atendimento especializado ao idoso portador de doença infecto-contagiosa; IV – serviço de assistência social visando ao amparo do idoso. Parágrafo* único. *As hipóteses previstas neste artigo não excluem da proteção judicial outros interesses difusos, coletivos, individuais indisponíveis ou homogêneos, próprios do idoso, protegidos em lei."* Conclui-se disso que o descumprimento da ordem judicial tem que ocorrer no bojo da ação de natureza cível, ajuizada com base no Estatuto do Idoso. Caso a ordem judicial seja dada em ação cível de qualquer natureza, sem que tenha sido ajuizada com base no Estatuto do Idoso, não haverá a configuração desse delito, podendo haver a prática do crime de desobediência ou prevaricação, a depender do caso concreto.

38. Especialidade. O tipo legal de crime penal ora comentado constitui especialidade em relação aos delitos de prevaricação e desobediência previstos, respectivamente, nos arts. 319 e 330 do Código Penal.

39. Consumação. Com a simples omissão do agente em não cumprir a ordem judicial, uma vez que se trata de crime omissivo próprio.

40. Classificação. Crime próprio; formal; doloso; omissivo próprio; instantâneo; não admite tentativa por ser omissivo próprio.

41. Infração penal de menor potencial ofensivo. Tendo em vista que a pena máxima cominada ao delito não ultrapassa 2 anos, trata-se de infração penal de menor potencial ofensivo, sendo a competência dos Juizados Especiais Criminais para o processo e o julgamento.

42. Suspensão condicional do processo. Cabível, pois a pena mínima cominada não ultrapassa 1 ano (art. 89 da lei 9.099/95). Entretanto, o STF deu ao art. 94 desta lei interpretação conforme a Constituição (ver comentários ao art. 94 desta lei).

43. Inciso V. Descumprimento de requisição do Ministério Público.

44. Sujeito ativo. Trata-se de crime próprio, uma vez que somente pode ser sujeito ativo do delito a pessoa a quem a requisição do Ministério Público foi destinada.

45. Sujeito passivo. Pessoa idosa, com idade igual ou superior a sessenta anos.

46. Recusar, retardar e omitir. *Recusar* é rejeitar. *Retardar* significa atrasar, demorar. *Omitir* consiste em não fazer. As condutas *recusar* e *retardar* podem ser praticadas nas formas comissiva ou omissiva própria. Já a conduta *omitir* configura crime omissivo próprio.

47. Tipo misto alternativo. A prática de duas ou mais condutas descritas no tipo não gera concurso de crimes, respondendo o agente por apenas um delito.

48. Especialidade. O tipo legal de crime penal ora comentado constitui especialidade em relação ao delito de desobediência, previsto no art. 330 do Código Penal.

49. Consumação. Nas condutas *recusar* e *retardar,* nas formas comissivas, o delito se consuma com a prática das condutas; entretanto, se essas mesmas condutas forem praticadas na forma omissiva própria, o delito estará consumado com a mera omissão do agente, independentemente de qualquer resultado ulterior. Já na conduta omitir, o delito se consuma com a mera omissão do agente.

50. Classificação. Crime próprio; formal; doloso; comissivo ou omissivo próprio nas condutas *recusar* e *retardar,* e omissivo próprio na conduta *omitir*; instantâneo; admite tentativa nas modalidades comissivas, não a admitindo nas modalidades omissivas próprias.

51. Infração penal de menor potencial ofensivo. Tendo em vista que a pena máxima cominada ao delito não ultrapassa 2 anos, trata-se de infração penal de menor potencial ofensivo, sendo a competência dos Juizados Especiais Criminais para o processo e o julgamento.

52. Suspensão condicional do processo. Cabível, pois a pena mínima cominada não ultrapassa 1 ano (art. 89 da lei 9.099/95). Entretanto, o STF deu ao art. 94 desta lei interpretação conforme a Constituição (ver comentários ao art. 94 desta lei).

> **Art. 101.** Deixar de cumprir, retardar ou frustrar, sem justo motivo, a **execução de ordem judicial** expedida nas **ações** em que for **parte ou interveniente o idoso**:
>
> Pena – detenção de 6 (seis) meses a 1 (um) ano e multa.

1. **Sujeito ativo.** Trata-se de crime próprio, uma vez que somente pode ser sujeito ativo do delito a pessoa a quem a ordem judicial foi destinada.

2. **Sujeito passivo.** Pessoa idosa, com idade igual ou superior a sessenta anos.

3. **Deixar de cumprir, retardar ou frustrar.** *Deixar de cumprir* significa não efetivar, desobedecer. *Retardar* é atrasar. *Frustrar* é enganar a expectativa, não suceder o que se esperava. Trata-se de condutas que configuram crimes omissivos próprios.

4. **Sem justo motivo.** O legislador inseriu o elemento *sem justo motivo.* Por tratar-se de elemento do tipo legal de crime, caso haja um motivo justo que torne impossível ao agente cumprir a ordem judicial, como uma pane no sistema de informática, a sua conduta será atípica, resolvendo-se a questão no plano da tipicidade penal.
5. **Diferença em relação ao delito previsto no art. 100, IV.** No delito previsto no art. 100, IV, o legislador exigiu que o descumprimento da ordem judicial se desse na ação de natureza cível a que alude o Estatuto do Idoso. No delito ora comentado, a ordem judicial é expedida em *qualquer* ação que tenha como parte o interveniente o idoso.

Art. 100, IV	Art. 101
Exige-se que o descumprimento da ordem judicial se dê na ação de natureza cível a que alude o Estatuto do Idoso	O descumprimento da ordem judicial se dá em *qualquer* ação que tenha como parte o interveniente o idoso.

6. **Especialidade.** O tipo legal de crime penal ora comentado constitui especialidade em relação aos delitos de prevaricação e desobediência previstos, respectivamente, nos arts. 319 e 330 do Código Penal.
7. **Consumação.** Com a simples omissão do agente em não cumprir a ordem judicial, uma vez que se trata de crime omissivo próprio.
8. **Classificação.** Crime próprio; formal; doloso; omissivo próprio; instantâneo; não admite tentativa por ser omissivo próprio.
9. **Infração penal de menor potencial ofensivo.** Tendo em vista que a pena máxima cominada ao delito não ultrapassa 2 anos, trata-se de infração penal de menor potencial ofensivo, sendo a competência dos Juizados Especiais Criminais para o processo e o julgamento.
10. **Suspensão condicional do processo.** Cabível, pois a pena mínima cominada não ultrapassa 1 ano (art. 89 da lei 9.099/95). Entretanto, o STF deu ao art. 94 desta lei interpretação conforme a Constituição (ver comentários ao art. 94 desta lei).

Art. 102. Apropriar-se de ou desviar bens, proventos, pensão ou qualquer outro rendimento do idoso, **dando-lhes aplicação diversa da de sua finalidade**:

Pena – reclusão de 1 (um) a 4 (quatro) anos e multa.

1. **Sujeito ativo.** Trata-se de crime comum, uma vez que pode ser praticado por qualquer pessoa.
2. **Sujeito passivo.** Pessoa idosa, com idade igual ou superior a sessenta anos.
3. **Apropriar-se ou desviar.** *Apropriar-se* significa apoderar-se, ficar com a coisa para si, com a intenção de assenhoramento definitivo, ou seja, intenção de ser proprietário da coisa, o denominado *animus rem sibi habendi. Desviar* consiste em dar à coisa destinação diversa da que realmente deveria ter sido dada. A conduta *apropriar-se*

pode ser praticada na forma comissiva ou omissiva. Na forma comissiva, basta pensar na hipótese em que o agente tem consigo um bem do idoso e o vende, agindo, dessa forma, como se fosse proprietário da coisa, ao exercer o atributo do direito de propriedade, consistente no *poder de disposição.* Já na forma omissiva, basta pensar na hipótese em que o agente, tendo a posse ou detenção anterior da coisa, se nega a restituí-la, com o *animus rem sibi habendi.* De outro giro, na conduta desviar, o delito somente pode ser praticado na forma comissiva.

4. **Bens, proventos, pensão ou qualquer outro rendimento do idoso.** O legislador utilizou a expressão *bens.* Entretanto, não especificou se esses bens seriam móveis ou imóveis. Quer nos parecer que, a despeito de o tipo penal ter silenciado sobre o tema, somente os bens móveis podem ser objetos materiais do delito em comento, uma vez que a apropriação ou desvio pressupõem o deslocamento físico do bem. *Proventos* e *pensão* são formas de rendimentos. Por fim, o legislador empregou as expressões *"ou qualquer outro rendimento do idoso"*, em clara adoção da técnica de interpretação denominada *interpretação analógica,* para abranger qualquer outra forma de rendimento do idoso, não mencionada expressamente no tipo legal do crime.

5. **Posse ou detenção anterior.** A despeito de o tipo legal do crime não exigir expressamente, pensamos que o agente deve ter a posse ou a detenção anterior da coisa. Com efeito, não há como se apropriar ou desviar uma coisa da qual não se tem a posse. Frise-se que essa é uma das diferenças fundamentais entre os delitos de estelionato ou furto e a apropriação indébita, uma vez que no estelionato e no furto o agente não tem a posse ou detenção da coisa anterior, razão pela qual ele precisa subtraí-la (no furto) ou obtê-la induzindo ou mantendo a vítima em erro (no estelionato). Já na apropriação indébita, de forma diversa, se exige que o agente tenha a posse ou detenção anterior da coisa, para que ele, se aproveitando disso, se aproprie do bem.

6. **Especialidade.** Este tipo legal de crime configura especialidade em relação ao delito de apropriação indébita, previsto no art. 168 do Código Penal.

7. **Desvio de valores da conta bancária do idoso.** A subtração dos valores da conta bancária do idoso, por meio de transferência fraudulenta, configura o delito ora comentado, e não o delito de furto previsto no art. 155 do Código Penal, em razão do princípio da especialidade.

▶ **STJ**

INFORMATIVO 547

Sexta Turma

DIREITO PENAL. CARACTERIZAÇÃO DO TIPO PENAL DO ART. 102 DO ESTATUTO DO IDOSO.

Incorre no tipo penal previsto no art. 102 da Lei 10.741/2003 (Estatuto do Idoso) – e não no tipo penal de furto (art. 155 do CP) – o estagiário de instituição financeira que se utiliza do cartão magnético e da senha de acesso à conta de depósitos de pessoa idosa para realizar transferências de valores para sua

conta pessoal. (...). Na hipótese, o autor do delito desviou bens da vítima. Para essa conduta, não há necessidade de prévia posse por parte do agente, restrita à hipótese de apropriação. Da mesma forma, é evidente que a transferência dos valores da conta bancária da vítima para conta pessoal do autor desviou os bens de sua finalidade. Não importa perquirir qual seria a real destinação desses valores (finalidade), pois, independente de qual fosse, foram eles dela desviados, ao serem, por meio de fraude, transferidos para a conta do autor. REsp 1.358.865-RS, Rel. Min. Sebastião Reis Júnior, julgado em 4/9/2014.

8. **Consumação.** Com a apropriação ou o desvio do bem, provento, pensão ou qualquer outro rendimento do idoso, com a inequívoca intenção de se tornar proprietário da coisa, o denominado *animus rem sibi habendi.*

9. **Classificação.** Crime comum; material; doloso; comissivo ou omissivo próprio na conduta *apropriar-se* e comissivo na conduta *desviar*; instantâneo; admite tentativa nas condutas *apropriar-se* (na modalidade comissiva) e *desviar*, não a admitindo na conduta *apropriar-se* na modalidade omissiva própria.

10. **Suspensão condicional do processo.** Cabível, pois a pena mínima cominada não ultrapassa 1 ano (art. 89 da lei 9.099/95). Entretanto, o STF deu ao art. 94 desta lei interpretação conforme a Constituição (ver comentários ao art. 94 desta lei).

Art. 103. Negar o acolhimento ou a permanência do idoso, como abrigado, por recusa deste em outorgar procuração à entidade de atendimento:

Pena – detenção de 6 (seis) meses a 1 (um) ano e multa.

1. **Sujeito ativo.** Trata-se de crime próprio, uma vez que somente pode ser sujeito ativo do delito o administrador do estabelecimento destinado ao acolhimento do idoso.

2. **Sujeito passivo.** Pessoa idosa, com idade igual ou superior a sessenta anos.

3. **Negar.** *Negar* significa recusar, proibir. No presente tipo legal de crime, o agente condiciona o acolhimento ou a permanência do idoso abrigado em local apropriado, como clínicas, asilos, em razão de sua negativa em outorgar-lhes procuração.

4. **Outorga de procuração à entidade de atendimento.** Não são raros os estabelecimentos de acolhimento ao idoso exigirem dele a outorga de procuração, para uma possível administração de seus bens e valores, como forma de garantir o pagamento do débito referente aos serviços prestados pelo estabelecimento. Trata-se de forma ilegal de cobrança, configurando o tipo legal de crime ora comentado.

5. **Consumação.** Com a simples negativa do acolhimento ou da permanência, independentemente de qualquer resultado ulterior, pois se trata de crime formal.

6. **Classificação.** Crime próprio; formal; doloso; comissivo; instantâneo; admite tentativa.

7. **Infração penal de menor potencial ofensivo.** Tendo em vista que a pena máxima cominada ao delito não ultrapassa 2 anos, trata-se de infração penal de menor

potencial ofensivo, sendo a competência dos Juizados Especiais Criminais para o processo e o julgamento.

8. **Suspensão condicional do processo.** Cabível, pois a pena mínima cominada não ultrapassa 1 ano (art. 89 da lei 9.099/95). Entretanto, o STF deu ao art. 94 desta lei interpretação conforme a Constituição (ver comentários ao art. 94 desta lei).

Art. 104. Reter o cartão magnético de conta bancária relativa a benefícios, proventos ou pensão do idoso, bem como qualquer outro documento com objetivo de assegurar recebimento ou ressarcimento de dívida:

Pena – detenção de 6 (seis) meses a 2 (dois) anos e multa.

1. **Sujeito ativo.** Trata-se de crime próprio, uma vez que somente pode ser sujeito ativo do delito o credor do idoso, ou seja, aquela pessoa que tenha valores a receber do idoso.

2. **Sujeito passivo.** Pessoa idosa, com idade igual ou superior a sessenta anos.

3. **Reter.** *Reter* significa manter em sua posse indevidamente. No tipo legal de crime ora comentado, o agente retém o cartão magnético ou qualquer outro documento do idoso como forma ilícita de garantir o pagamento de uma dívida. A conduta *reter* pode ser praticada na forma comissiva ou omissiva. Na forma comissiva, basta pensar na hipótese em que o agente, de posse do cartão magnético ou qualquer outro documento, o guarde em seu bolso ou em uma gaveta escondendo-o do idoso. Já na forma omissiva, basta pensar na hipótese em que o agente, tendo a posse anterior do cartão magnético ou qualquer outro documento não o restitui ao idoso, mantendo-o consigo.

4. **Conta bancária relativa a benefícios, proventos ou pensão do idoso.** *Benefícios, proventos* e *pensão* são formas de rendimentos do idoso.

5. **Cartão magnético ou qualquer outro documento.** *Cartão magnético* é um documento plastificado utilizado por correntistas para efetivar movimentação de valores em instituições financeiras, como saques, transferências, consulta a saldos e extratos etc. Até bem pouco tempo atrás, havia apenas uma tarja magnética que identificava e armazenava os dados referentes a aquele cartão. Atualmente, os cartões possuem, além da tarja magnética, um *chip* identificador. O legislador empregou as expressões *"qualquer outro documento"*, em clara adoção da técnica de interpretação denominada *interpretação analógica,* para abranger qualquer outra forma de documento, não mencionada expressamente no tipo legal do crime. Pode-se incluir na interpretação analógica o aparelho denominado *token* (que em inglês significa *sinal, indicação),* que consiste em um dispositivo eletrônico gerador de senha numérica aleatória como fator de segurança na realização de operações financeiras realizadas pela internet.

6. **Especial fim de agir.** O tipo penal possui um especial fim de agir, consistente no *objetivo de assegurar recebimento ou ressarcimento de dívida.* Ausente o especial fim de agir, a conduta será atípica.

7. **Especialidade.** Este tipo legal de crime configura especialidade em relação ao delito de apropriação indébita, previsto no art. 168 do Código Penal. Especializa, também, o delito de exercício arbitrário das próprias razões, tipificado no art. 345 do Código Penal.

8. **Consumação.** Com a simples retenção do cartão magnético ou de outro documento qualquer, independentemente de o agente conseguir posteriormente receber a dívida ou se ressarcir da mesma, pois se trata de crime formal.

9. **Classificação.** Crime próprio; formal; doloso; comissivo ou omissivo próprio; instantâneo; admite tentativa na forma comissiva, não a admitindo na forma omissiva própria.

10. **Infração penal de menor potencial ofensivo.** Tendo em vista que a pena máxima cominada ao delito não ultrapassa 2 anos, trata-se de infração penal de menor potencial ofensivo, sendo a competência dos Juizados Especiais Criminais para o processo e o julgamento.

11. **Suspensão condicional do processo.** Cabível, pois a pena mínima cominada não ultrapassa 1 ano (art. 89 da lei 9.099/95). Entretanto, o STF deu ao art. 94 desta lei interpretação conforme a Constituição (ver comentários ao art. 94 desta lei).

→ Aplicação em concurso.

- **DPE/PI. Defensor Público. 2009. CESPE.**

  A respeito de aspectos criminais da Lei de Falências e daqueles aplicáveis aos idosos, assinale a opção correta.

C) O agente que retém cartão magnético de conta bancária relativa a benefícios, proventos ou pensão do idoso, bem como qualquer outro documento com objetivo de assegurar recebimento ou ressarcimento de dívida, deve responder pelo delito de exercício arbitrário das próprias razões, com causa geral de aumento de pena.

A alternativa está errada.

Art. 105. Exibir ou veicular, por qualquer meio de comunicação, **informações ou imagens depreciativas** ou **injuriosas** à pessoa do idoso:

Pena – detenção de 1 (um) a 3 (três) anos e multa.

1. **Sujeito ativo.** Trata-se de crime comum, uma vez que pode ser praticado por qualquer pessoa.

2. **Sujeito passivo.** Pessoa idosa, com idade igual ou superior a sessenta anos.

3. **Exibir ou veicular.** *Exibir* consiste em apresentar, mostrar. *Veicular* significa difundir, propagar. O legislador utilizou dois verbos distintos para caracterizar a incriminação. Com efeito, é perfeitamente possível que o agente apenas exiba, mostre a as informações ou imagens, ou então, mesmo não as tendo mostrado inicialmente, as difunda ou as propague. Basta pensar no caso em que o agente receba as imagens pela internet e as envie para outras pessoas, caso em que, embora ele não tenha exibido as imagens, as veiculou.

4. **Tipo misto alternativo.** A prática das duas condutas descritas no tipo (*exibir* e *veicular*) não gera concurso de crimes, respondendo o agente por apenas um delito.

5. **Qualquer meio de comunicação.** O legislador procurou ser o mais amplo possível no tocante ao meio executório do delito ora comentado, ao utilizar a fórmula *qualquer meio de comunicação,* abrangendo, assim, exibição ou veiculação por meio de rádio, foto, jornal, revista, televisão, *folders,* imagens na internet, mensagens de sms etc.

6. **Informações ou imagens depreciativas ou injuriosas** à **pessoa do idoso.** Trata-se de informações ou imagens que representam agressões à honra do idoso, no sentido de representar humilhação, menoscabo, depreciação da imagem do idoso, que lhe gera constrangimento ou situações vexatórias.

7. **Especialidade.** Este tipo legal de crime configura especialidade em relação aos crimes contra a honra previstos no Código Penal, quais sejam: calúnia (art. 138), difamação (art. 139) e injúria (art. 140). Com efeito, o agente pode exibir ou veicular imagens das quais constem um idoso praticando falsamente um delito, uma cena de um fato ofensivo à sua reputação ou até mesmo uma informação da qual conste um conceito negativo, depreciativo em relação ao idoso. O tipo legal de crime ora comentado também configura especialidade em relação ao delito descrito no art. 241-A do Estatuto da Criança e do Adolescente (lei 8.069/90), que tem a seguinte redação: *"Art. 241-A. Oferecer, trocar, disponibilizar, transmitir, distribuir, publicar ou divulgar por qualquer meio, inclusive por meio de sistema de informática ou telemático, fotografia, vídeo ou outro registro que contenha cena de sexo explícito ou pornográfica envolvendo criança ou adolescente: Pena – reclusão, de 3 (três) a 6 (seis) anos, e multa."*

8. **Consumação.** Com a prática das condutas de exibir ou veicular as imagens depreciativas ou injuriosas à pessoa do idoso, independentemente de o idoso se sentir ofendido ou violado em sua honra e imagem, uma vez que se trata de crime formal.

9. **Classificação.** Crime comum; formal; doloso; comissivo; instantâneo; admite tentativa.

10. **Suspensão condicional do processo.** Cabível, pois a pena mínima cominada não ultrapassa 1 ano (art. 89 da lei 9.099/95). Entretanto, o STF deu ao art. 94 desta lei interpretação conforme a Constituição (ver comentários ao art. 94 desta lei).

Art. 106. Induzir pessoa **idosa sem discernimento** de seus atos a outorgar procuração **para fins de administração de bens ou deles dispor livremente**:

Pena – reclusão de 2 (dois) a 4 (quatro) anos.

1. **Sujeito ativo.** Trata-se de crime comum, uma vez que pode ser praticado por qualquer pessoa.

2. **Sujeito passivo.** Pessoa idosa, com idade igual ou superior a sessenta anos.

3. **Induzir.** Significa determinar alguém a prática de algo, fazer nascer na mente de outrem o intento da prática de um ato. No delito ora comentado, o agente faz nascer

na mente da pessoa idosa a ideia de outorgar-lhe procuração para fins de administração ou de disposição de seus bens. A *administração* dos bens compreende a prática de qualquer ato típico de proprietário, manifestada nos atributos do direito de propriedade, como o uso, a fruição ou o exercício do direito de sequela. Basta pensar na hipótese em que o agente, de posse da procuração, portanto agindo na qualidade de mandatário, realize com terceiro um contrato de locação de um imóvel de propriedade do idoso. Por outro lado, a *disposição* do bem do idoso por parte do agente também denota o atributo do direito de propriedade consistente no poder de dispor da coisa, bastando imaginar a hipótese em que o agente, mandatário do idoso, realize a venda de um imóvel a ele pertencente.

4. **Ausência de discernimento.** O legislador exigiu, para a configuração do delito em comento, a ausência de discernimento do idoso. Isso se dá em razão de o idoso, sem discernimento necessário para compreender os atos da vida civil, poder ser objeto de abuso por parte de algumas pessoas que dele se aproximam tão somente em razão do seu patrimônio, não sendo raras as hipóteses nas quais se trata de parente próximo do próprio idoso. Dessa forma, caso o idoso tenha pleno discernimento mental, o ato de outorgar a alguém uma procuração para fins de administração ou disposição de seus bens, tal conduta se insere perfeitamente no exercício dos atributos do direito de propriedade do idoso, configurando, portanto, conduta atípica por parte do agente que o induziu.

5. **Especialidade.** O tipo legal de crime ora estudado constitui especialidade em relação ao delito de *abuso de incapazes,* previsto no art. 173 do Código Penal, que tem a seguinte redação: *"Abusar, em proveito próprio ou alheio, de necessidade, paixão ou inexperiência de menor, ou da alienação ou debilidade mental de outrem, induzindo qualquer deles à prática de ato suscetível de produzir efeito jurídico, em prejuízo próprio ou de terceiro: Pena – reclusão, de dois a seis anos, e multa."*

6. **Especial fim de agir.** O tipo penal possui um especial fim de agir, consistente nas expressões *para fins de administração de bens ou deles dispor livremente.* Ausente o especial fim de agir, a conduta será atípica.

7. **Consumação.** Com a prática de qualquer conduta inequívoca que denote indução do idoso à outorga da procuração, independentemente da obtenção de qualquer vantagem patrimonial ulterior, por se tratar de crime formal.

8. **Classificação.** Crime comum; formal; doloso; comissivo; instantâneo; admite tentativa.

9. **Suspensão condicional do processo.** Incabível, pois a pena mínima cominada ultrapassa 1 ano (art. 89 da lei 9.099/95). Entretanto, o STF deu ao art. 94 desta lei interpretação conforme a Constituição (ver comentários ao art. 94 desta lei).

→ Aplicação em concurso.

- **DPE/PI. Defensor Público. 2009. CESPE.**

A respeito de aspectos criminais da Lei de Falências e daqueles aplicáveis aos idosos, assinale a opção correta.

D) Aquele que induzir pessoa idosa sem discernimento de seus atos a outorgar procuração para fins de administração de bens deve responder pelo delito de estelionato, com causa especial de aumento de pena.

A alternativa está errada.

Art. 107. Coagir, de qualquer modo, o idoso a doar, contratar, testar ou outorgar procuração:

Pena – reclusão de 2 (dois) a 5 (cinco) anos.

1. **Sujeito ativo.** Trata-se de crime comum, uma vez que pode ser praticado por qualquer pessoa.

2. **Sujeito passivo.** Pessoa idosa, com idade igual ou superior a sessenta anos.

3. **Coagir, de qualquer modo.** *Coagir* significa constranger, forçar alguém a fazer alguma coisa não desejada. O legislador dispôs que a coação pode ser praticada *de qualquer modo,* conferindo ao tipo legal de crime a característica de crime de livre execução, podendo a coação ter qualquer natureza, física ou moral.

4. **Doar, contratar, testar, ou outorgar procuração.** Nas expressões *doar, contratar* e *outorgar procuração,* o legislador foi redundante, uma vez que a doação e a outorga configuram espécies de contrato. A *doação* é um contrato por meio do qual uma pessoa, por liberalidade, transfere do seu patrimônio bens ou vantagens para o de outra (art. 538 do Código Civil). A outorga *de procuração* consiste na instrumentalização do contrato de mandato, por meio do qual alguém recebe de outrem poderes para, em seu nome, praticar atos ou administrar interesses (art. 653 do Código Civil). Por fim, o testamento é um negócio jurídico unilateral, de última vontade, solene, personalíssimo e revogável, por meio do qual há a transmissão, *causa mortis,* de propriedade.

5. **Especialidade.** O tipo legal de crime ora estudado constitui especialidade em relação ao delito de *constrangimento ilegal,* previsto no art. 146 do Código Penal, que tem a seguinte redação: *"Constranger alguém, mediante violência ou grave ameaça, ou depois de lhe haver reduzido, por qualquer outro meio, a capacidade de resistência, a não fazer o que a lei permite, ou a fazer o que ela não manda: Pena – detenção, de três meses a um ano, ou multa."*

6. **Consumação.** Com a coação realizada sobre o idoso, mesmo que ele não chegue a contratar, a efetivar a doação, a testar ou a outorgar a procuração, pois o crime é formal.

7. **Classificação.** Crime comum; formal; doloso; comissivo; instantâneo; admite tentativa.

8. **Suspensão condicional do processo.** Incabível, pois a pena mínima cominada ultrapassa 1 ano (art. 89 da lei 9.099/95).

Art. 108. Lavrar ato notarial que envolva pessoa **idosa sem discernimento** de seus atos, sem a devida representação legal:

Pena – reclusão de 2 (dois) a 4 (quatro) anos.

1. **Sujeito ativo.** Trata-se de crime próprio, uma vez que somente pode ser sujeito ativo do delito o responsável, no cartório, pela lavratura do ato.
2. **Sujeito passivo.** Pessoa idosa, com idade igual ou superior a sessenta anos.
3. **Lavrar.** Significa redigir, escrever. É o ato pelo qual se redige um documento em cartório.
4. **Ato notarial.** É o ato próprio praticado pelo notário, como a escritura pública, a procuração, a promessa de compra e venda etc.
5. **Ausência de discernimento.** O legislador exigiu dois requisitos para a configuração do delito ora comentado: 1. Que a pessoa idosa não possua discernimento; 2. Que a pessoa idosa não esteja legalmente representada. O legislador quis que fossem evitados quaisquer abusos possivelmente praticados contra o idoso, em razão de ele não estar devidamente representado por pessoa que tenha tal atribuição.
6. **Consumação.** Com a lavratura do ato notarial. Trata-se, portanto, de crime material.
7. **Classificação.** Crime próprio; material; doloso; comissivo; instantâneo; admite tentativa.
8. **Suspensão condicional do processo.** Incabível, pois a pena mínima cominada ultrapassa 1 ano (art. 89 da lei 9.099/95).

   → Aplicação em concurso.

   - **DPE/PI. Defensor Público. 2009. CESPE.**

     A respeito de aspectos criminais da Lei de Falências e daqueles aplicáveis aos idosos, assinale a opção correta.

     E) O oficial que lavrar ato notarial que envolva pessoa idosa sem discernimento de seus atos, sem a devida representação legal, pratica o delito de prevaricação, com causa geral de aumento de pena.

     A alternativa está errada.

TÍTULO VII
Disposições Finais e Transitórias

Art. 109. Impedir ou embaraçar ato do representante do Ministério Público ou de qualquer outro agente fiscalizador:

Pena – reclusão de 6 (seis) meses a 1 (um) ano e multa.

1. **Sujeito ativo.** Trata-se de crime comum, uma vez que pode ser praticado por qualquer pessoa.

2. **Sujeito passivo.** Pessoa idosa, com idade igual ou superior a sessenta anos.

3. **Impedir ou embaraçar.** *Impedir* significa obstar, não permitir. *Embaraçar* consiste em atrapalhar, perturbar.

4. **Ato do representante do Ministério Público ou de qualquer outro agente fiscalizador.** É o ato que está inserido dentro das atribuições do representante do Ministério Público, pertinente à sua atuação em defesa dos direitos do idoso, abrangendo, entre outros, os previstos no art. 74 da presente lei, com a seguinte redação: *"Compete ao Ministério Público: I – instaurar o inquérito civil e a ação civil pública para a proteção dos direitos e interesses difusos ou coletivos, individuais indisponíveis e individuais homogêneos do idoso; II – promover e acompanhar as ações de alimentos, de interdição total ou parcial, de designação de curador especial, em circunstâncias que justifiquem a medida e oficiar em todos os feitos em que se discutam os direitos de idosos em condições de risco; III – atuar como substituto processual do idoso em situação de risco, conforme o disposto no art. 43 desta Lei; IV – promover a revogação de instrumento procuratório do idoso, nas hipóteses previstas no art. 43 desta Lei, quando necessário ou o interesse público justificar; V – instaurar procedimento administrativo e, para instruí-lo: a) expedir notificações, colher depoimentos ou esclarecimentos e, em caso de não comparecimento injustificado da pessoa notificada, requisitar condução coercitiva, inclusive pela Polícia Civil ou Militar; b) requisitar informações, exames, perícias e documentos de autoridades municipais, estaduais e federais, da administração direta e indireta, bem como promover inspeções e diligências investigatórias; c) requisitar informações e documentos particulares de instituições privadas; VI – instaurar sindicâncias, requisitar diligências investigatórias e a instauração de inquérito policial, para a apuração de ilícitos ou infrações às normas de proteção ao idoso; VII – zelar pelo efetivo respeito aos direitos e garantias legais assegurados ao idoso, promovendo as medidas judiciais e extrajudiciais cabíveis; VIII – inspecionar as entidades públicas e particulares de atendimento e os programas de que trata esta Lei, adotando de pronto as medidas administrativas ou judiciais necessárias à remoção de irregularidades porventura verificadas; IX – requisitar força policial, bem como a colaboração dos serviços de saúde, educacionais e de assistência social, públicos, para o desempenho de suas atribuições; X – referendar transações envolvendo interesses e direitos dos idosos previstos nesta Lei. § 1º A legitimação do Ministério Público para as ações cíveis previstas neste artigo não impede a de terceiros, nas mesmas hipóteses, segundo dispuser a lei. 2º As atribuições constantes deste artigo não excluem outras, desde que compatíveis com a finalidade e atribuições do Ministério Público. § 3º O representante do Ministério Público, no exercício de suas funções, terá livre acesso a toda entidade de atendimento ao idoso."* O legislador mencionou, também, *qualquer outro agente fiscalizador,* para abranger qualquer outro órgão ou entidade de natureza governamental ou não-governamental, que tenha por função atuar na defesa ou fiscalização dos direitos do idoso, como os Conselhos do Idoso e a Vigilância Sanitária, nos moldes do art. 52 do Estatuto do Idoso.

5. **Consumação.** Com o ato de impedir ou embaraçar a atuação do Ministério Público ou do agente fiscalizador.

6. **Classificação.** Crime comum; material no verbo *impedir* e formal no verbo *embaraçar*; doloso; comissivo; instantâneo; admite tentativa.

7. **Suspensão condicional do processo.** Cabível, pois a pena mínima cominada não ultrapassa 1 ano (art. 89 da lei 9.099/95). Entretanto, o STF deu ao art. 94 desta lei interpretação conforme a Constituição (ver comentários ao art. 94 desta lei).

→ Aplicação em concurso.

- **MP/RN. Promotor de Justiça. 2009. CESPE.**

  Acerca dos crimes contra os costumes, os idosos e as pessoas portadoras de deficiência, assinale a opção correta.

  Impedir ato fiscalizatório de representante do MP em defesa de interesses de pessoas idosas não constitui crime, mas mera infração administrativa sujeita à pena de multa por parte do infrator.

  A alternativa está errada.

Estatuto do Torcedor.
Lei 10.671, de 15 de maio de 2003

CAPÍTULO I
DISPOSIÇÕES GERAIS

Art. 1º Este Estatuto estabelece **normas de proteção e defesa do torcedor.**

Art. 1º-A. A **prevenção da violência nos esportes** é de responsabilidade do poder público, das confederações, federações, ligas, clubes, associações ou entidades esportivas, entidades recreativas e associações de torcedores, inclusive de seus respectivos dirigentes, bem como daqueles que, de qualquer forma, promovem, organizam, coordenam ou participam dos eventos esportivos. (Incluído pela Lei nº 12.299, de 2010).

Art. 2º Torcedor é toda pessoa que aprecie, apóie ou se associe a qualquer entidade de prática desportiva do País e acompanhe a prática de determinada modalidade esportiva.

Parágrafo único. Salvo prova em contrário, presumem-se a apreciação, o apoio ou o acompanhamento de que trata o *caput* deste artigo.

Art. 2º-A. Considera-se torcida organizada, para os efeitos desta Lei, a pessoa jurídica de direito privado ou existente de fato, que se organize para o fim de torcer e apoiar entidade de prática esportiva de qualquer natureza ou modalidade. (Incluído pela Lei nº 12.299, de 2010).

Parágrafo único. A torcida organizada deverá manter cadastro atualizado de seus associados ou membros, o qual deverá conter, pelo menos, as seguintes informações: (Incluído pela Lei nº 12.299, de 2010).

I – nome completo; (Incluído pela Lei nº 12.299, de 2010).

II – fotografia; (Incluído pela Lei nº 12.299, de 2010).

III – filiação; (Incluído pela Lei nº 12.299, de 2010).

IV – número do registro civil; (Incluído pela Lei nº 12.299, de 2010).

V – número do CPF; (Incluído pela Lei nº 12.299, de 2010).

VI – data de nascimento; (Incluído pela Lei nº 12.299, de 2010).

VII – estado civil; (Incluído pela Lei nº 12.299, de 2010).

VIII – profissão; (Incluído pela Lei nº 12.299, de 2010).

IX – endereço completo; e (Incluído pela Lei nº 12.299, de 2010).

X – escolaridade. (Incluído pela Lei nº 12.299, de 2010).

Art. 3º Para todos os efeitos legais, **equiparam-se a fornecedor**, nos termos da Lei nº 8.078, de 11 de setembro de 1990, a entidade responsável pela organização da competição, bem como a entidade de prática desportiva detentora do mando de jogo.

Art. 4º (VETADO)

CAPÍTULO II
DA TRANSPARÊNCIA NA ORGANIZAÇÃO

Art. 5º São asseguradas ao torcedor a publicidade e transparência na organização das competições administradas pelas entidades de administração do desporto, bem como pelas ligas de que trata o art. 20 da Lei nº 9.615, de 24 de março de 1998.

§ 1º As entidades de que trata o caput farão publicar na internet, em sítio da entidade responsável pela organização do evento: (Incluído pela Lei nº 12.299, de 2010).

I – a íntegra do regulamento da competição; (Incluído pela Lei nº 12.299, de 2010).

II – as tabelas da competição, contendo as partidas que serão realizadas, com especificação de sua data, local e horário; (Incluído pela Lei nº 12.299, de 2010).

III – o nome e as formas de contato do Ouvidor da Competição de que trata o art. 6º; (Incluído pela Lei nº 12.299, de 2010).

IV – os borderôs completos das partidas; (Incluído pela Lei nº 12.299, de 2010).

V – a escalação dos árbitros imediatamente após sua definição; e (Incluído pela Lei nº 12.299, de 2010).

VI – a relação dos nomes dos torcedores impedidos de comparecer ao local do evento desportivo. (Incluído pela Lei nº 12.299, de 2010).

§ 2º Os dados contidos nos itens V e VI também deverão ser afixados ostensivamente em local visível, em caracteres facilmente legíveis, do lado externo de todas as entradas do local onde se realiza o evento esportivo. (Incluído pela Lei nº 12.299, de 2010).

§ 3º O juiz deve comunicar às entidades de que trata o caput decisão judicial ou aceitação de proposta de transação penal ou suspensão do processo que implique o impedimento do torcedor de frequentar estádios desportivos. (Incluído pela Lei nº 12.299, de 2010).

Art. 6º A entidade responsável pela organização da competição, previamente ao seu início, designará o **Ouvidor da Competição**, fornecendo-lhe os meios de comunicação necessários ao amplo acesso dos torcedores.

§ 1º São deveres do Ouvidor da Competição recolher as sugestões, propostas e reclamações que receber dos torcedores, examiná-las e propor à respectiva entidade medidas necessárias ao aperfeiçoamento da competição e ao benefício do torcedor.

§ 2º É assegurado ao torcedor:

I – o amplo acesso ao Ouvidor da Competição, mediante comunicação postal ou mensagem eletrônica; e

II – o direito de receber do Ouvidor da Competição as respostas às sugestões, propostas e reclamações, que encaminhou, no prazo de trinta dias.

§ 3º Na hipótese de que trata o inciso II do § 2º, o Ouvidor da Competição utilizará, prioritariamente, o mesmo meio de comunicação utilizado pelo torcedor para o encaminhamento de sua mensagem.

§ 4º O sítio da internet em que forem publicadas as informações de que trata o § 1º do art. 5º conterá, também, as manifestações e propostas do Ouvidor da Competição. (Redação dada pela Lei nº 12.299, de 2010).

§ 5º A função de Ouvidor da Competição poderá ser remunerada pelas entidades de prática desportiva participantes da competição.

Art. 7º É direito do torcedor a divulgação, durante a realização da partida, da renda obtida pelo pagamento de ingressos e do número de espectadores pagantes e não-pagantes, por intermédio dos serviços de som e imagem instalados no estádio em que se realiza a partida, pela entidade responsável pela organização da competição.

Art. 8º As **competições de atletas profissionais** de que participem entidades integrantes da organização desportiva do País deverão ser promovidas de acordo com calendário anual de eventos oficiais que:

I – garanta às entidades de prática desportiva participação em competições durante pelo menos dez meses do ano;

II – adote, em pelo menos uma competição de âmbito nacional, sistema de disputa em que as equipes participantes conheçam, previamente ao seu início, a quantidade de partidas que disputarão, bem como seus adversários.

CAPÍTULO III
DO REGULAMENTO DA COMPETIÇÃO

Art. 9º É direito do torcedor que o regulamento, as tabelas da competição e o nome do Ouvidor da Competição sejam divulgados até 60 (sessenta) dias antes de seu início, na forma do § 1º do art. 5º.(Redação dada pela Lei nº 12.299, de 2010).

§ 1º Nos dez dias subseqüentes à divulgação de que trata o **caput**, qualquer interessado poderá manifestar-se sobre o regulamento diretamente ao Ouvidor da Competição.

§ 2º O Ouvidor da Competição elaborará, em setenta e duas horas, relatório contendo as principais propostas e sugestões encaminhadas.

§ 3º Após o exame do relatório, a entidade responsável pela organização da competição decidirá, em quarenta e oito horas, motivadamente, sobre a conveniência da aceitação das propostas e sugestões relatadas.

§ 4º O regulamento definitivo da competição será divulgado, na forma do § 1º do art. 5º, 45 (quarenta e cinco) dias antes de seu início. (Redação dada pela Lei nº 12.299, de 2010).

§ 5º É vedado proceder alterações no regulamento da competição desde sua divulgação definitiva, salvo nas hipóteses de:

I – apresentação de novo calendário anual de eventos oficiais para o ano subseqüente, desde que aprovado pelo Conselho Nacional do Esporte – CNE;

II – após dois anos de vigência do mesmo regulamento, observado o procedimento de que trata este artigo.

§ 6º A competição que vier a substituir outra, segundo o novo calendário anual de eventos oficiais apresentado para o ano subseqüente, deverá ter âmbito territorial diverso da competição a ser substituída.

Art. 10. É direito do torcedor que a participação das entidades de prática desportiva em competições organizadas pelas entidades de que trata o art. 5º seja exclusivamente em virtude de critério técnico previamente definido.

§ 1º Para os fins do disposto neste artigo, considera-se critério técnico a habilitação de entidade de prática desportiva em razão de: (Redação dada pela Lei nº 13.155, de 2015).

I – colocação obtida em competição anterior; e (Incluído pela Lei nº 13.155, de 2015).

II – cumprimento dos seguintes requisitos: (Incluído pela Lei nº 13.155, de 2015).

a) regularidade fiscal, atestada por meio de apresentação de Certidão Negativa de Débitos relativos a Créditos Tributários Federais e à Dívida Ativa da União – CND; (Incluído pela Lei nº 13.155, de 2015).

b) apresentação de certificado de regularidade do Fundo de Garantia do Tempo de Serviço – FGTS; e (Incluído pela Lei nº 13.155, de 2015).

c) comprovação de pagamento dos vencimentos acertados em contratos de trabalho e dos contratos de imagem dos atletas. (Incluído pela Lei nº 13.155, de 2015).

§ 2º Fica vedada a adoção de qualquer outro critério, especialmente o convite, observado o disposto no art. 89 da Lei nº 9.615, de 24 de março de 1998.

§ 3º Em campeonatos ou torneios regulares com mais de uma divisão, serão observados o princípio do acesso e do descenso e as seguintes determinações, sem prejuízo da perda de pontos, na forma do regulamento: (Redação dada pela Lei nº 13.155, de 2015).

I – a entidade de prática desportiva que não cumprir todos os requisitos estabelecidos no inciso II do § 1º deste artigo participará da divisão imediatamente inferior à que se encontra classificada; (Incluído pela Lei nº 13.155, de 2015).

II – a vaga desocupada pela entidade de prática desportiva rebaixada nos termos do inciso I deste parágrafo será ocupada por entidade de prática desportiva participante da divisão que receberá a entidade rebaixada nos termos do inciso I deste parágrafo, obedecida a ordem de classificação do campeonato do ano anterior e desde que cumpridos os requisitos exigidos no inciso II do § 1º deste artigo. (Incluído pela Lei nº 13.155, de 2015).

§ 4º Serão desconsideradas as partidas disputadas pela entidade de prática desportiva que não tenham atendido ao critério técnico previamente definido, inclusive para efeito de pontuação na competição.

§ 5º A comprovação da regularidade fiscal de que trata a alínea *a* do inciso II do § 1º deste artigo poderá ser feita mediante a apresentação de Certidão Positiva com Efeitos de Negativa de Débitos relativos a Créditos Tributários Federais e à Dívida Ativa da União – CPEND. (Incluído pela Lei nº 13.155, de 2015).

§ 6º (VETADO). (Incluído pela Lei nº 13.155, de 2015).

§ 7º (VETADO). (Incluído pela Lei nº 13.155, de 2015).

§ 8º (VETADO). (Incluído pela Lei nº 13.155, de 2015).

Art. 11. É **direito do torcedor** que o árbitro e seus auxiliares entreguem, em até quatro horas contadas do término da partida, a súmula e os relatórios da partida ao representante da entidade responsável pela organização da competição.

§ 1º Em casos excepcionais, de grave tumulto ou necessidade de laudo médico, os relatórios da partida poderão ser complementados em até vinte e quatro horas após o seu término.

§ 2º A súmula e os relatórios da partida serão elaborados em três vias, de igual teor e forma, devidamente assinadas pelo árbitro, auxiliares e pelo representante da entidade responsável pela organização da competição.

§ 3º A primeira via será acondicionada em envelope lacrado e ficará na posse de representante da entidade responsável pela organização da competição, que a encaminhará ao setor competente da respectiva entidade até as treze horas do primeiro dia útil subseqüente.

§ 4º O lacre de que trata o § 3º será assinado pelo árbitro e seus auxiliares.

§ 5º A segunda via ficará na posse do árbitro da partida, servindo-lhe como recibo.

§ 6º A terceira via ficará na posse do representante da entidade responsável pela organização da competição, que a encaminhará ao Ouvidor da Competição até as treze horas do primeiro dia útil subseqüente, para imediata divulgação.

Art. 12. A entidade responsável pela organização da competição dará publicidade à **súmula e aos relatórios da partida** no sítio de que trata o § 1º do art. 5º até as 14 (quatorze) horas do 3º (terceiro) dia útil subsequente ao da realização da partida. (Redação dada pela Lei nº 12.299, de 2010).

CAPÍTULO IV
DA SEGURANÇA DO TORCEDOR PARTÍCIPE DO EVENTO ESPORTIVO

Art. 13. O torcedor tem **direito a segurança** nos locais onde são realizados os eventos esportivos antes, durante e após a realização das partidas. (Vigência)

Parágrafo único. Será assegurado acessibilidade ao torcedor portador de deficiência ou com mobilidade reduzida.

Art. 13-A. São **condições de acesso e permanência** do torcedor no recinto esportivo, sem prejuízo de outras condições previstas em lei: (Incluído pela Lei nº 12.299, de 2010).

I – estar na posse de ingresso válido; (Incluído pela Lei nº 12.299, de 2010).

II – não portar objetos, bebidas ou substâncias proibidas ou suscetíveis de gerar ou possibilitar a prática de atos de violência; (Incluído pela Lei nº 12.299, de 2010).

III – consentir com a revista pessoal de prevenção e segurança; (Incluído pela Lei nº 12.299, de 2010).

IV – não portar ou ostentar cartazes, bandeiras, símbolos ou outros sinais com mensagens ofensivas, inclusive de caráter racista ou xenófobo; (Incluído pela Lei nº 12.299, de 2010).

V – não entoar cânticos discriminatórios, racistas ou xenófobos; (Incluído pela Lei nº 12.299, de 2010).

VI – não arremessar objetos, de qualquer natureza, no interior do recinto esportivo; (Incluído pela Lei nº 12.299, de 2010).

VII – não portar ou utilizar fogos de artifício ou quaisquer outros engenhos pirotécnicos ou produtores de efeitos análogos; (Incluído pela Lei nº 12.299, de 2010).

VIII – não incitar e não praticar atos de violência no estádio, qualquer que seja a sua natureza; e (Incluído pela Lei nº 12.299, de 2010).

IX – não invadir e não incitar a invasão, de qualquer forma, da área restrita aos competidores. (Incluído pela Lei nº 12.299, de 2010).

X – não utilizar bandeiras, inclusive com mastro de bambu ou similares, para outros fins que não o da manifestação festiva e amigável. (Incluído pela Lei nº 12.663, de 2012).

Parágrafo único. O não cumprimento das condições estabelecidas neste artigo implicará a impossibilidade de ingresso do torcedor ao recinto esportivo, ou, se for o caso, o seu afastamento imediato do recinto, sem prejuízo de outras sanções administrativas, civis ou penais eventualmente cabíveis. (Incluído pela Lei nº 12.299, de 2010).

Art. 14. Sem prejuízo do disposto nos arts. 12 a 14 da Lei nº 8.078, de 11 de setembro de 1990, a **responsabilidade pela segurança do torcedor** em evento esportivo é da entidade de prática desportiva detentora do mando de jogo e de seus dirigentes, que deverão:

I - solicitar ao Poder Público competente a presença de agentes públicos de segurança, devidamente identificados, responsáveis pela segurança dos torcedores dentro e fora dos estádios e demais locais de realização de eventos esportivos;

II - informar imediatamente após a decisão acerca da realização da partida, dentre outros, aos órgãos públicos de segurança, transporte e higiene, os dados necessários à segurança da partida, especialmente:

a) o local;

b) o horário de abertura do estádio;

c) a capacidade de público do estádio; e

d) a expectativa de público;

III - colocar à disposição do torcedor orientadores e serviço de atendimento para que aquele encaminhe suas reclamações no momento da partida, em local:

a) amplamente divulgado e de fácil acesso; e

b) situado no estádio.

§ 1º É dever da entidade de prática desportiva detentora do mando de jogo solucionar imediatamente, sempre que possível, as reclamações dirigidas ao serviço de atendimento referido no inciso III, bem como reportá-las ao Ouvidor da Competição e, nos casos relacionados à violação de direitos e interesses de consumidores, aos órgãos de defesa e proteção do consumidor.

Art. 15. O **detentor do mando de jogo** será uma das entidades de prática desportiva envolvidas na partida, de acordo com os critérios definidos no regulamento da competição.

Art. 16. É **dever da entidade responsável** pela organização da competição:

I - confirmar, com até quarenta e oito horas de antecedência, o horário e o local da realização das partidas em que a definição das equipes dependa de resultado anterior;

II - contratar seguro de acidentes pessoais, tendo como beneficiário o torcedor portador de ingresso, válido a partir do momento em que ingressar no estádio;

III - disponibilizar um médico e dois enfermeiros-padrão para cada dez mil torcedores presentes à partida;

IV - disponibilizar uma ambulância para cada dez mil torcedores presentes à partida; e

V - comunicar previamente à autoridade de saúde a realização do evento.

Art. 17. É **direito do torcedor** a implementação de planos de ação referentes a segurança, transporte e contingências que possam ocorrer durante a realização de eventos esportivos.

§ 1º Os planos de ação de que trata o caput serão elaborados pela entidade responsável pela organização da competição, com a participação das entidades de prática desportiva que a disputarão e dos órgãos responsáveis pela segurança pública, transporte e demais contingências que possam ocorrer, das localidades em que se realizarão as partidas da competição. (Redação dada pela Lei nº 12.299, de 2010).

§ 2º Planos de ação especiais poderão ser apresentados em relação a eventos esportivos com excepcional expectativa de público.

§ 3º Os planos de ação serão divulgados no sítio dedicado à competição de que trata o parágrafo único do art. 5º no mesmo prazo de publicação do regulamento definitivo da competição.

Art. 18. Os estádios com capacidade superior a 10.000 (dez mil) pessoas deverão manter central técnica de informações, com infraestrutura suficiente para viabilizar o **monitoramento por imagem** do público presente. (Redação dada pela Lei nº 12.299, de 2010).

Art. 19. As entidades responsáveis pela organização da competição, bem como seus dirigentes **respondem solidariamente** com as entidades de que trata o art. 15 e seus dirigentes, independentemente da existência de culpa, pelos prejuízos causados a torcedor que decorram de falhas de segurança nos estádios ou da inobservância do disposto neste capítulo.

CAPÍTULO V
DOS INGRESSOS

Art. 20. É **direito do torcedor** partícipe que os ingressos para as partidas integrantes de competições profissionais sejam colocados à venda até setenta e duas horas antes do início da partida correspondente.

§ 1º O prazo referido no *caput* será de quarenta e oito horas nas partidas em que:

I – as equipes sejam definidas a partir de jogos eliminatórios; e

II – a realização não seja possível prever com antecedência de quatro dias.

§ 2º A venda deverá ser realizada por sistema que assegure a sua agilidade e amplo acesso à informação.

§ 3º É assegurado ao torcedor partícipe o fornecimento de comprovante de pagamento, logo após a aquisição dos ingressos.

§ 4º Não será exigida, em qualquer hipótese, a devolução do comprovante de que trata o § 3º.

§ 5º Nas partidas que compõem as competições de âmbito nacional ou regional de primeira e segunda divisão, a venda de ingressos será realizada em, pelo menos, cinco postos de venda localizados em distritos diferentes da cidade.

Art. 21. A **entidade detentora do mando** de jogo implementará, na organização da emissão e venda de ingressos, sistema de segurança contra falsificações, fraudes e outras práticas que contribuam para a evasão da receita decorrente do evento esportivo.

Art. 22. São **direitos do torcedor partícipe**: (Vigência)

I – que todos os ingressos emitidos sejam numerados; e

II – ocupar o local correspondente ao número constante do ingresso.

§ 1º O disposto no inciso II não se aplica aos locais já existentes para assistência em pé, nas competições que o permitirem, limitando-se, nesses locais, o número de pessoas, de acordo com critérios de saúde, segurança e bem-estar.

§ 2º A emissão de ingressos e o acesso ao estádio nas primeira e segunda divisões da principal competição nacional e nas partidas finais das competições eliminatórias de âmbito nacional deverão ser realizados por meio de sistema eletrônico que viabilize a fiscalização e o controle da quantidade de público e do movimento financeiro da partida. (Redação dada pela Lei nº 12.299, de 2010).

§ 3º O disposto no § 2º não se aplica aos eventos esportivos realizados em estádios com capacidade inferior a 10.000 (dez mil) pessoas. (Redação dada pela Lei nº 12.299, de 2010).

Art. 23. A entidade responsável pela organização da competição apresentará ao Ministério Público dos Estados e do Distrito Federal, previamente à sua realização, os **laudos técnicos** expedidos pelos órgãos e autoridades competentes pela vistoria das condições de segurança dos estádios a serem utilizados na competição. (Regulamento)

§ 1º Os laudos atestarão a real capacidade de público dos estádios, bem como suas condições de segurança.

§ 2º Perderá o mando de jogo por, no mínimo, seis meses, sem prejuízo das demais sanções cabíveis, a entidade de prática desportiva detentora do mando do jogo em que:

I - tenha sido colocado à venda número de ingressos maior do que a capacidade de público do estádio; ou

II - tenham entrado pessoas em número maior do que a capacidade de público do estádio.

III - tenham sido disponibilizados portões de acesso ao estádio em número inferior ao recomendado pela autoridade pública. (Incluído pela Lei nº 12.299, de 2010).

Art. 24. É **direito do torcedor partícipe** que conste no ingresso o preço pago por ele.

§ 1º Os valores estampados nos ingressos destinados a um mesmo setor do estádio não poderão ser diferentes entre si, nem daqueles divulgados antes da partida pela entidade detentora do mando de jogo.

§ 2º O disposto no § 1º não se aplica aos casos de venda antecipada de carnê para um conjunto de, no mínimo, três partidas de uma mesma equipe, bem como na venda de ingresso com redução de preço decorrente de previsão legal.

Art. 25. O **controle e a fiscalização do acesso do público ao estádio** com capacidade para mais de 10.000 (dez mil) pessoas deverão contar com meio de monitoramento por imagem das catracas, sem prejuízo do disposto no art. 18 desta Lei. (Redação dada pela Lei nº 12.299, de 2010).

CAPÍTULO VI
DO TRANSPORTE

Art. 26. Em relação ao **transporte** de torcedores para eventos esportivos, fica **assegurado** ao **torcedor partícipe**:

I - o acesso a transporte seguro e organizado;

II - a ampla divulgação das providências tomadas em relação ao acesso ao local da partida, seja em transporte público ou privado; e

III - a organização das imediações do estádio em que será disputada a partida, bem como suas entradas e saídas, de modo a viabilizar, sempre que possível, o acesso seguro e rápido ao evento, na entrada, e aos meios de transporte, na saída.

Art. 27. A entidade responsável pela organização da competição e a entidade de prática desportiva detentora do mando de jogo solicitarão formalmente, **direto ou mediante convênio**, ao Poder Público competente:

I – serviços de estacionamento para uso por torcedores partícipes durante a realização de eventos esportivos, assegurando a estes acesso a serviço organizado de transporte para o estádio, ainda que oneroso; e

II – meio de transporte, ainda que oneroso, para condução de idosos, crianças e pessoas portadoras de deficiência física aos estádios, partindo de locais de fácil acesso, previamente determinados.

Parágrafo único. O cumprimento do disposto neste artigo fica dispensado na hipótese de evento esportivo realizado em estádio com capacidade inferior a 10.000 (dez mil) pessoas. (Redação dada pela Lei nº 12.299, de 2010).

CAPÍTULO VII
DA ALIMENTAÇÃO E DA HIGIENE

Art. 28. O **torcedor partícipe** tem direito à higiene e à qualidade das instalações físicas dos estádios e dos produtos alimentícios vendidos no local.

§ 1º O Poder Público, por meio de seus órgãos de vigilância sanitária, verificará o cumprimento do disposto neste artigo, na forma da legislação em vigor.

§ 2º É vedado impor preços excessivos ou aumentar sem justa causa os preços dos produtos alimentícios comercializados no local de realização do evento esportivo.

Art. 29. É **direito do torcedor partícipe** que os estádios possuam sanitários em número compatível com sua capacidade de público, em plenas condições de limpeza e funcionamento.

Parágrafo único. Os laudos de que trata o art. 23 deverão aferir o número de sanitários em condições de uso e emitir parecer sobre a sua compatibilidade com a capacidade de público do estádio.

CAPÍTULO VIII
DA RELAÇÃO COM A ARBITRAGEM ESPORTIVA

Art. 30. É **direito do torcedor** que a arbitragem das competições desportivas seja independente, imparcial, previamente remunerada e isenta de pressões.

Parágrafo único. A remuneração do árbitro e de seus auxiliares será de responsabilidade da entidade de administração do desporto ou da liga organizadora do evento esportivo.

Art. 31. A entidade detentora do mando do jogo e seus dirigentes deverão convocar os agentes públicos de segurança visando a **garantia da integridade física do** árbitro **e de seus auxiliares**.

Art. 31-A. É **dever das entidades de administração do desporto** contratar seguro de vida e acidentes pessoais, tendo como beneficiária a equipe de arbitragem, quando exclusivamente no exercício dessa atividade. (Incluído pela Lei nº 12.299, de 2010).

Art. 32. É direito do torcedor que os árbitros de cada partida sejam escolhidos mediante sorteio, dentre aqueles previamente selecionados, ou audiência pública transmitida ao vivo pela rede mundial de computadores, sob pena de nulidade. (Redação dada pela Lei nº 13.155, de 2015).

§ 1º O sorteio ou audiência pública serão realizados no mínimo quarenta e oito horas antes de cada rodada, em local e data previamente definidos. (Redação dada pela Lei nº 13.155, de 2015).

§ 2º O sorteio será aberto ao público, garantida sua ampla divulgação.

CAPÍTULO IX
DA RELAÇÃO COM A ENTIDADE DE PRÁTICA DESPORTIVA

Art. 33. Sem prejuízo do disposto nesta Lei, cada entidade de prática desportiva fará publicar documento que contemple as **diretrizes básicas de seu relacionamento com os torcedores**, disciplinando, obrigatoriamente:

I - o acesso ao estádio e aos locais de venda dos ingressos;

II - mecanismos de transparência financeira da entidade, inclusive com disposições relativas à realização de auditorias independentes, observado o disposto no art. 46-A da Lei nº 9.615, de 24 de março de 1998; e

III - a comunicação entre o torcedor e a entidade de prática desportiva.

Parágrafo único. A comunicação entre o torcedor e a entidade de prática desportiva de que trata o inciso III do *caput* poderá, dentre outras medidas, ocorrer mediante:

I - a instalação de uma ouvidoria estável;

II - a constituição de um órgão consultivo formado por torcedores não-sócios; ou

III - reconhecimento da figura do sócio-torcedor, com direitos mais restritos que os dos demais sócios.

CAPÍTULO X
DA RELAÇÃO COM A JUSTIÇA DESPORTIVA

Art. 34. É **direito do torcedor** que os órgãos da Justiça Desportiva, no exercício de suas funções, observem os princípios da impessoalidade, da moralidade, da celeridade, da publicidade e da independência.

Art. 35. As **decisões proferidas pelos** órgãos **da Justiça Desportiva** devem ser, em qualquer hipótese, motivadas e ter a mesma publicidade que as decisões dos tribunais federais.

§ 1º Não correm em segredo de justiça os processos em curso perante a Justiça Desportiva.

§ 2º As decisões de que trata o caput serão disponibilizadas no sítio de que trata o § 1º do art. 5º. (Redação dada pela Lei nº 12.299, de 2010).

Art. 36. São **nulas** as decisões proferidas que não observarem o disposto nos arts. 34 e 35.

CAPÍTULO XI
DAS PENALIDADES

Art. 37. Sem prejuízo das demais sanções cabíveis, a entidade de administração do desporto, a liga ou a entidade de prática desportiva que violar ou de qualquer forma concorrer para a violação do disposto nesta Lei, observado o devido processo legal, incidirá nas seguintes **sanções**:

I - destituição de seus dirigentes, na hipótese de violação das regras de que tratam os Capítulos II, IV e V desta Lei;

II – suspensão por seis meses dos seus dirigentes, por violação dos dispositivos desta Lei não referidos no inciso I;

III – impedimento de gozar de qualquer benefício fiscal em âmbito federal; e

IV – suspensão por seis meses dos repasses de recursos públicos federais da administração direta e indireta, sem prejuízo do disposto no art. 18 da Lei nº 9.615, de 24 de março de 1998.

§ 1º Os dirigentes de que tratam os incisos I e II do *caput* deste artigo serão sempre:

I – o presidente da entidade, ou aquele que lhe faça as vezes; e

II – o dirigente que praticou a infração, ainda que por omissão.

§ 2º A União, os Estados, o Distrito Federal e os Municípios poderão instituir, no âmbito de suas competências, multas em razão do descumprimento do disposto nesta Lei, observado o valor mínimo de R$ 100,00 (cem reais) e o valor máximo de R$ 2.000.000,00 (dois milhões de reais). (Redação dada pela Lei nº 13.155, de 2015).

§ 3º A instauração do processo apuratório acarretará adoção cautelar do afastamento compulsório dos dirigentes e demais pessoas que, de forma direta ou indiretamente, puderem interferir prejudicialmente na completa elucidação dos fatos, além da suspensão dos repasses de verbas públicas, até a decisão final.

Art. 38. (VETADO)

Art. 39-A. A **torcida organizada** que, em evento esportivo, promover tumulto; praticar ou incitar a violência; ou invadir local restrito aos competidores, árbitros, fiscais, dirigentes, organizadores ou jornalistas será **impedida**, assim como seus associados ou membros, de **comparecer a eventos esportivos** pelo prazo de **até 3 (três) anos**. (Incluído pela Lei nº 12.299, de 2010).

Art. 39-B. A torcida organizada responde civilmente, de forma objetiva e solidária, pelos danos causados por qualquer dos seus associados ou membros no local do evento esportivo, em suas imediações ou no trajeto de ida e volta para o evento. (Incluído pela Lei nº 12.299, de 2010).

Art. 40. A **defesa dos interesses e direitos dos torcedores em juízo** observará, no que couber, a mesma disciplina da defesa dos consumidores em juízo de que trata o Título III da Lei no 8.078, de 11 de setembro de 1990.

Art. 41. A União, os Estados, o Distrito Federal e os Municípios promoverão a **defesa do torcedor**, e, com a finalidade de fiscalizar o cumprimento do disposto nesta Lei, poderão:

I – constituir órgão especializado de defesa do torcedor; ou

II – atribuir a promoção e defesa do torcedor aos órgãos de defesa do consumidor.

Art. 41-A. Os **juizados do torcedor**, órgãos da Justiça Ordinária com competência cível e criminal, poderão ser criados pelos Estados e pelo Distrito Federal para o processo, o julgamento e a execução das causas decorrentes das atividades reguladas nesta Lei. (Incluído pela Lei nº 12.299, de 2010).

1. **Conteúdo e objetivos do Estatuto do Torcedor.** A presente lei estatuiu o denominado Estatuto do Torcedor e trata, entre outras providências, da prevenção da violência nos esportes, conceitua torcedor e torcida organizada, assegura ao torcedor

a publicidade e a transparência na organização das competições administradas pelas entidades de administração do desporto, trata dos direitos do torcedor, da responsabilidade da entidade responsável pela organização da competição, bem como seus dirigentes, pelos prejuízos causados ao torcedor que decorram de falhas de segurança nos estádios, da regulamentação do transporte de torcedores para eventos esportivos, das condições de higiene e a qualidade das instalações físicas dos estádios e dos produtos alimentícios vendidos no local. Como o nosso objetivo nesta obra é analisar as questões ligadas ao Direito Penal, não teceremos comentários aos arts. 1º ao 41-A da lei, justamente por não possuírem conteúdo penal. Contudo, trouxemos a lei completa para este livro para que o leitor possa ter a percepção do que foi tratado pelo legislador no presente Estatuto.

2. **Equiparação a fornecedor.** Merece destaque o art. 3º da presente lei que traz um equiparação da entidade responsável pela organização de competição, bem como a entidade de prática desportiva detentora do mando de jogo, à figura de fornecedor, aplicando-se a elas as sanções do Código de Defesa do Consumidor.

→ Aplicação em concurso.

- **Delegado de Polícia/GO. 2017. CESPE**

  Com base no disposto nas legislações referentes ao Estatuto de Defesa do Torcedor, à proteção às vítimas e testemunhas de crime e ao regramento que regula a identificação no âmbito do processo criminal, assinale a opção correta.

  Sendo a entidade responsável pela organização de competição, bem como a entidade de prática desportiva detentora do denominado mando de jogo, equiparada à figura do fornecedor, a ela aplicam-se as sanções da legislação consumerista no que se refere à responsabilidade objetiva do fornecedor por defeitos na prestação de serviço.

  A alternativa está correta.

CAPÍTULO XI-A
DOS CRIMES
(Incluído pela Lei nº 12.299, de 2010).

Art. 41-B. Promover tumulto, praticar ou incitar a violência, ou invadir **local restrito aos competidores** em eventos esportivos: (Incluído pela Lei nº 12.299, de 2010).

Pena – reclusão de 1 (um) a 2 (dois) anos e multa. (Incluído pela Lei nº 12.299, de 2010).

§ 1º Incorrerá nas mesmas penas o torcedor que: (Incluído pela Lei nº 12.299, de 2010).

I – promover tumulto, praticar ou incitar a violência num **raio de 5.000 (cinco mil) metros ao redor** do local de realização do evento esportivo, ou durante o trajeto de ida e volta do local da realização do evento; (Incluído pela Lei nº 12.299, de 2010).

II – portar, deter ou transportar, no interior do estádio, **em suas imediações ou no seu trajeto**, em dia de realização de evento esportivo, quaisquer instrumentos que possam servir para a prática de violência. (Incluído pela Lei nº 12.299, de 2010).

§ 2º Na sentença penal condenatória, o **juiz deverá converter** a pena de reclusão em **pena impeditiva de comparecimento** às **proximidades do estádio**, bem como a **qualquer**

local em que se realize evento esportivo, pelo prazo de 3 (três) meses a 3 (três) anos, de acordo com a gravidade da conduta, na hipótese de o agente ser primário, ter bons antecedentes e não ter sido punido anteriormente pela prática de condutas previstas neste artigo. (Incluído pela Lei nº 12.299, de 2010).

§ 3º A pena impeditiva de comparecimento às proximidades do estádio, bem como a qualquer local em que se realize evento esportivo, converter-se-á em privativa de liberdade quando ocorrer o **descumprimento injustificado** da restrição imposta. (Incluído pela Lei nº 12.299, de 2010).

§ 4º Na conversão de pena prevista no § 2º, a sentença deverá determinar, ainda, a **obrigatoriedade suplementar** de o agente permanecer em estabelecimento indicado pelo juiz, no período compreendido entre as 2 (duas) horas antecedentes e as 2 (duas) horas posteriores à realização de partidas de entidade de prática desportiva ou de competição determinada. (Incluído pela Lei nº 12.299, de 2010).

§ 5º Na hipótese de o representante do Ministério Público propor aplicação da **pena restritiva de direito prevista no art. 76 da Lei nº 9.099**, de 26 de setembro de 1995, o juiz aplicará a sanção prevista no § 2º.(Incluído pela Lei nº 12.299, de 2010).

1. **Sujeito ativo.** Qualquer pessoa. Trata-se de crime comum, pois o legislador não exigiu nenhuma condição especial do sujeito ativo.

2. **Sujeito passivo.** A coletividade, os torcedores envolvidos e os competidores.

3. **Condutas típicas.** O tipo penal ora comentado abrange quatro condutas típicas: *promover tumulto*; *praticar ou incitar a violência* e *invadir local restrito aos competidores*.

4. **Promover tumulto.** *Promover tumulto* significa causar, dar origem a um movimento desordenado de pessoas.

5. **Praticar ou incitar a violência.** *Praticar ou incitar a violência* consiste em cometer, levar a efeito ou estimular a violência. Como o legislador não especificou qual espécie de violência a que ele referiu-se, parece-nos que ele deu a essa conduta um tratamento que coloca em perigo o princípio da legalidade, uma vez que não foi especificado qual tipo de violência estaria abrangido pelo tipo penal. Logo, pensamos que o tipo abrange qualquer espécie de violência, como a violência física, o constrangimento, a violência moral, além de outras formas. Ademais, o legislador também não especificou o destinatário da violência, razão pela qual, como pareceu-nos que o legislador quis ser o mais abrangente possível, pensamos que nela estão abrangidas a violência contra a pessoa e contra a coisa. Assim, pratica esse delito a pessoa que pratica lesão corporal em outra ou que danifica uma instalação do local, como quebrar os azulejos do banheiro, retirar uma cadeira do lugar, quebrar as lâmpadas, quebrar os vidros instalados nos estádios etc. Portanto, esse tipo penal é especial em relação aos delitos de lesão corporal (art. 129 do Código Penal) e de dano (art. 163 do Código Penal). Entretanto, o legislador não abrangeu a violência com resultado morte. A conduta delituosa é apenas praticar ou incitar a violência, sem fazer menção a causação da morte de pessoas. Dessa forma, caso a violência resulte a morte de outras pessoas, como infelizmente não é incomum

vermos, o agente irá responder pelo delito de homicídio (art. 121 do Código Penal), e não pelo delito ora comentado. Isso porque o tratamento no Código Penal entre a lesão corporal e o homicídio é diferente. No primeiro, o legislador dispõe "ofender a integridade corporal ou a saúde de outrem", ao passo que no segundo, a redação é "matar alguém". A partir da leitura dos tipos penal mencionados, nota-se que a redação do tipo ora comentado (praticar violência) assemelha-se muito ao tipo penal de lesão corporal, e não com o de homicídio, o que nos faz concluir que o legislador não quis abranger o resultado morte neste tipo penal. Assim, caso a violência praticada nos moldes do tipo penal do Estatuto do Torcedor resultar a morte da vítima, o agente irá responder pelo delito de homicídio.

6. **Invadir local restrito aos competidores.** *Invadir local restrito aos competidores* consiste em entrar por meio de força, ocupar, utilizando-se de meios violentos, local em que somente podem ingressar os competidores, como o campo de futebol, a quadra de um ginásio, a pista de corrida, o vestiário etc.

7. **Eventos esportivos.** O legislador restringiu o momento da prática do delito, especificando que ele somente pode ser praticado em eventos esportivos, que são acontecimentos ligados à prática das competições e dos esportes. Note-se que o legislador não exigiu que o delito ocorresse durante a competição, bastando que ocorra em eventos esportivos. Assim, o delito pode ser praticado, por exemplo, em um jogo amistoso antes de iniciar o campeonato brasileiro de futebol, como também pode ocorrer durante o treino de competidores de Fórmula 1.

8. **Tipo misto alternativo.** Caso o agente pratique mais de uma conduta descrita no tipo penal, responderá por um delito apenas, não havendo concurso de crimes.

9. **Princípio da Especialidade.** O tipo legal de crime ora comentado é especial em relação aos tipos legais de crime contidos nos arts. 129 (lesão corporal) e 163 (dano) do Código Penal.

10. **Consumação.** O delito consuma-se com a efetiva prática das condutas descritas no tipo penal. Porém, é preciso ressaltar que na conduta *promover tumulto*, é necessário que o tumulto seja instaurado, com a movimentação desordenada de um grupo de pessoas.

11. **Classificação.** Crime comum; material nas condutas *promover tumulto, praticar a violência* e *invadir local restrito aos competidores;* formal na conduta *incitar a violência*; doloso; comissivo; instantâneo; admite tentativa.

12. **Infração penal de menor potencial ofensivo.** Tendo em vista que a pena máxima não é superior a dois anos, trata-se de infração penal de menor potencial ofensivo (art. 61 da lei 9.099/95).

13. **Suspensão condicional do processo.** Cabível, pois a pena mínima cominada não ultrapassa 1 ano (art. 89 da lei 9.099/95).

14. **§ 1º, I. Condutas equiparadas.** As três condutas típicas (*promover tumulto* e *praticar ou incitar a violência*) são idênticas às do *caput*, para onde remetemos o leitor para não sermos repetitivos.

15. **Sujeito ativo.** O torcedor. Trata-se de crime próprio. O conceito de torcedor está positivado no art. 2º desta lei, segundo o qual "torcedor é toda pessoa que aprecie, apóie ou se associe a qualquer entidade de prática desportiva do País e acompanhe a prática de determinada modalidade esportiva".

16. **Sujeito passivo.** A coletividade e os torcedores envolvidos.

17. **Local do crime.** Nessa modalidade equiparada, a conduta típica deve ser praticada em um raio de 5.000 metros ao redor do local de realização do evento esportivo ou durante o trajeto de ida e volta do local da realização do evento. O primeiro critério foi estabelecido com base na distância do local do evento esportivo, de forma que, independentemente da direção, os 5.000 metros são medidos, na realidade, em todas as direções a partir do local. O segundo critério foi baseado no caminho em direção ao local do evento esportivo, independentemente da distância. Assim, como não é raro vermos torcedores indo a outros Estados da Federação para assistir ao jogo do seu time de futebol, se o trajeto contiver 500 km, ainda assim esse delito poderá estar configurado. Naturalmente, a prática do delito deve ter relação com o evento esportivo, pois caso não haja nenhuma ligação ao evento, a conduta será atípica em relação ao delito ora comentado, como no caso de dois antigos desafetos que se encontram em um bar após o jogo de futebol, perto do estádio, e iniciam uma luta corporal por um motivo que não há ligação com o evento esportivo

18. **Tipo misto alternativo.** Caso o agente pratique mais de uma conduta descrita no tipo penal, responderá por um delito apenas, não havendo concurso de crimes.

19. **Princípio da Especialidade.** O tipo legal de crime ora comentado é especial em relação ao tipo legal de crime contido nos arts. 129 (lesão corporal) e 163 (dano) do Código Penal.

20. **Consumação.** O delito consuma-se com a efetiva prática das condutas descritas no tipo penal. Porém, é preciso ressaltar que na conduta *promover tumulto*, é necessário que o tumulto seja instaurado, com a movimentação desordenada de um grupo de pessoas.

21. **Classificação.** Crime próprio; material nas condutas *promover tumulto* e *praticar a violência;* formal na conduta *incitar a violência*; doloso; comissivo; instantâneo; admite tentativa.

22. **Infração penal de menor potencial ofensivo.** Tendo em vista que a pena máxima não é superior a dois anos, trata-se de infração penal de menor potencial ofensivo (art. 61 da lei 9.099/95).

23. **Suspensão condicional do processo.** Cabível, pois a pena mínima cominada não ultrapassa 1 ano (art. 89 da lei 9.099/95).

24. **§ 1º, II. Condutas equiparadas.** No inciso II o legislador puniu a conduta de *portar, deter* ou *transportar* instrumentos que possam desencadear uma situação de violência. *Portar* e *deter* são expressões sinônimas e consistem em o agente trazer consigo tais instrumentos. *Transportar* significa levar os objetos de um local específico para outro local específico.

25. **Sujeito ativo.** O torcedor. Trata-se de crime próprio. O conceito de torcedor está positivado no art. 2º desta lei, segundo o qual "torcedor é toda pessoa que aprecie, apóie ou se associe a qualquer entidade de prática desportiva do País e acompanhe a prática de determinada modalidade esportiva".

26. **Sujeito passivo.** A coletividade e os torcedores envolvidos.

27. **Local e tempo do crime.** A exigência típica é que o delito seja praticado no interior do estádio, em suas imediações ou no seu trajeto, em dia de realização de evento esportivo. Note-se que a conduta somente será típica se o agente portar, detiver ou transportar tais objetos nos dias em que as competições ocorrerem, pois caso não seja dia de competição, o agente não terá praticado esse delito. Em relação à exigência da prática da conduta *nas imediações* do estádio, não há uma distância determinada como há no inciso I, razão pela qual caberá ao julgador a definição desse critério de distância, o que põe em perigo o princípio da legalidade. Da mesma forma que concluímos quando da análise do inciso anterior, em relação ao trajeto para o estádio, não há uma delimitação de distância.

28. **Instrumentos que possam servir para a prática de violência.** Mais uma vez a previsão genérica do legislador fere o princípio da legalidade na vertente taxatividade, uma vez que qualquer objeto pode ser utilizado como instrumento que possa servir para a prática da violência, desde uma garrafa de vidro quebrada ou uma chave de fenda até um punhal.

29. **Não abrangência da arma de fogo.** Parece-nos que o legislador não pretendeu abranger armas de fogo, em razão de ter empregado as expressões "quaisquer instrumentos". Com efeito, toda vez que o legislador quer abranger arma de fogo, ele fá-lo expressamente ou, então, por meio da expressão "arma", a exemplo de muitos delitos dentro do Código Penal (arts. 146, § 1º, 150, § 1º, 157, § 2º, I, entre outros) e fora dele, como no caso do Estatuto do Desarmamento.

30. **Tipo misto alternativo.** Caso o agente pratique mais de uma conduta descrita no tipo penal, responderá por um delito apenas, não havendo concurso de crimes.

31. **Princípio da Especialidade.** O tipo legal de crime ora comentado é especial em relação ao tipo legal de contravenção do art. 19 da Lei de Contravenções Penais, que tem a seguinte redação: "trazer consigo arma fora de casa ou de dependência desta, sem licença da autoridade". Note-se que esse artigo da Lei Contravencional foi derrogado no tocante à arma de fogo pelo art. 14 do Estatuto do Desarmamento (lei 10.826/2003), permanecendo em vigor em relação à arma branca.

32. **Consumação.** O delito consuma-se com a efetiva prática das condutas descritas. Porém, é preciso ressaltar que na conduta *promover tumulto*, é necessário que o tumulto seja instaurado, com a movimentação desordenada de um grupo de pessoas.

33. **Classificação.** Crime próprio; formal; doloso; comissivo; permanente; admite tentativa.

34. **Infração penal de menor potencial ofensivo.** Tendo em vista que a pena máxima não é superior a dois anos, trata-se de infração penal de menor potencial ofensivo (art. 61 da lei 9.099/95).

35. **Suspensão condicional do processo.** Cabível, pois a pena mínima cominada não ultrapassa 1 ano (art. 89 da lei 9.099/95).

36. **§ 2º. Pena alternativa.** O § 2º prevê a pena alternativa de impedimento de comparecimento às proximidades do estádio e a qualquer local em que se realize o evento esportivo. Trata-se de uma sanção penal, porém de natureza não privativa de liberdade. Pode-se classificar essa pena em uma espécie de pena restritiva de direitos, além das previstas no art. 43 do Código Penal. Não houve especificação do estádio a que o condenado fica proibido de aproximar-se, se o estádio em que o agente praticou o delito ou se qualquer estádio. A resposta a essa questão passa pela interpretação sistemática do dispositivo legal. Interpretando-se essa primeira proibição em conjunto com a segunda – a de comparecer a qualquer local em que se realize evento esportivo – é possível concluir que a proibição é de aproximar-se de qualquer estádio. Isso porque, se é verdade que as duas proibições têm a mesma finalidade, e a segunda é genérica, estendendo-se a qualquer local em que se realize evento esportivo, também é verdade que a primeira proibição deve ter caráter genérico também. O legislador quis afastar o condenado de qualquer evento esportivo e não faria sentido proibi-lo de frequentar qualquer local em que se realize evento esportivo e permitir que o agente aproxime-se de qualquer outro estádio que não seja aquele em que praticou o delito.

37. **Requisitos.** São requisitos para a conversão: primariedade do condenado; bons antecedentes; e não condenação anterior pelas condutas previstas neste artigo. Em relação ao requisito ter bons antecedentes, deve ser aplicado o mesmo espírito da súmula 444 do STJ ("É vedada a utilização de inquéritos policiais e ações penais em curso para agravar a pena-base") no sentido de que inquéritos policiais e ações penais em curso sem o trânsito em julgado, não podem ser considerados maus antecedentes como fatores de impedimento para a aplicação da pena alternativa. No tocante ao requisito da ausência de condenação anterior pelas condutas previstas neste artigo, pensamos que enquanto a condenação não transitar em julgado, não pode ser negada ao condenado a conversão da pena privativa de liberdade na pena alternativa, em homenagem ao princípio constitucional da presunção de inocência.

38. **Obrigatoriedade da conversão.** Pela leitura do dispositivo legal, parece que o legislador impôs ao Juiz a obrigação de converter a pena de prisão na pena alternativa.

39. **Tempo de duração.** A pena alternativa tem duração de 3 meses a 3 anos. O critério que deve ser utilizado para a definição do *quantum* de pena alternativa deve ser a gravidade do delito praticado. Apesar de esse ser o critério legal, pensamos que o Juiz deveria valer-se do art. 59 do Código Penal, tendo em vista que o mencionado artigo fornece elementos que podem aproximar a pena alternativa da sua necessidade e suficiência para a reprovação e prevenção do crime praticado.

40. **§ 3º. Conversão da pena alternativa em pena privativa de liberdade.** O descumprimento injustificado da pena alternativa gera a sua reconversão na pena privativa de liberdade que fora imposta na sentença. Tendo em vista que o legislador utilizou as expressões *descumprimento injustificado*, parece-nos ser prudente a marcação de uma audiência de justificação antes de reconversão, para que o condenado seja

ouvido e tenha a chance de dar as razões do descumprimento, pois somente assim o Juiz poderá constatar se o descumprimento foi justificado ou não.

41. Competência para a reconversão. Apesar de o legislador não ter mencionado, pensamos que a competência para a realização da reconversão é do Juízo da Execução Penal, uma vez que é ele que acompanha o cumprimento das penas restritivas de direitos.

42. § 4º. Obrigação suplementar à pena alternativa. Juntamente com a pena alternativa do § 2º, o Juiz deverá estabelecer de forma suplementar a obrigatoriedade de o condenado permanecer em estabelecimento indicado pelo Juiz, no período compreendido entre as 2 horas antecedentes e as 2 horas posteriores à realização de partidas de entidade de prática desportiva ou de competição determinada. Nesse ponto pensamos ter o legislador exagerado e agido de forma contraditória e incompatível com o espírito da pena alternativa. Com efeito, se a intenção do legislador ao implementar a obrigatoriedade da conversão da pena privativa de liberdade em pena de impedimento de comparecimento às proximidades do estádio e a qualquer local em que se realize evento esportivo, a imposição da permanência em determinado estabelecimento antes e depois da realização de partidas de entidade de prática desportiva ou de competição determinada configura uma forma de privação de liberdade, que, na realidade, o legislador quis evitar no § 2º.

43. § 5º. Transação penal. Segundo o legislador, no caso de haver a realização da transação penal prevista no art. 76 da lei 9.099/95, o objeto de transação será a pena contida no § 2º. Cremos que essa previsão é absolutamente abusiva. Com efeito, a transação penal é uma medida despenalizadora que visa a evitar o processo. Portanto, a imposição da *pena* do § 2º como objeto da transação penal é impor uma *pena, uma sanção penal* sem que tenha havido condenação, sem que tenha havido sequer a instrução processual. E mais. Ao assim agir, o Juiz estará antecipando uma *sanção penal* que não virá a existir futuramente em razão da aceitação da transação penal. Demais disso, no caso de descumprimento das restrições impostas pelo § 2º, não poderá haver a reconversão a que se refere o § 3º, uma vez que, se não houve condenação a uma pena privativa de liberdade anteriormente, justamente por não ter havido o transcurso do processo em razão da transação penal realizada, seria juridicamente impossível a reconversão, pois não haveria nenhuma pena imposta anteriormente, na qual a reconversão resultaria. Da mesma forma, não seria juridicamente possível a imposição da obrigação suplementar a que se refere o § 4º, tendo em vista que não houve condenação e, consequentemente, não houve pena privativa de liberdade convertida em pena alternativa.

Art. 41-C. Solicitar ou aceitar, para si ou para outrem, vantagem ou promessa de vantagem patrimonial ou não patrimonial para qualquer ato ou omissão **destinado a alterar ou falsear o resultado de competição esportiva** ou **evento a ela associado**: (Redação dada pela Lei nº 13.155, de 2015).

Pena – reclusão de 2 (dois) a 6 (seis) anos e multa. (Incluído pela Lei nº 12.299, de 2010).

1. **Sujeito ativo.** Qualquer pessoa. Trata-se de crime comum, pois o legislador não exigiu nenhuma condição especial do sujeito ativo.

2. **Sujeito passivo.** A coletividade e a equipe de competição prejudicada.

3. **Condutas típicas.** *Solicitar* significa pedir. *Aceitar* quer dizer consentir em receber. O tipo penal em análise configura uma espécie de corrupção passiva no âmbito esportivo. O verbo solicitar exige uma postura ativa por parte do agente, que, de forma espontânea, faz um pedido a alguém, ou seja, ele toma a iniciativa, ao passo que no verbo aceitar, o agente toma uma postura passiva, de forma que a iniciativa é tomada pela pessoa que promete a vantagem. A pessoa que dá ou que promete a vantagem pratica o delito do art. 41-D.

4. **Vantagem ou promessa de vantagem patrimonial ou não patrimonial.** Ao ser bastante genérico, pretendendo abarcar qualquer conduta, o legislador deixou claro que a vantagem pode ter cunho patrimonial ou não, no propósito de dar um maior alcance ao tipo penal. Ademais, note-se que na promessa de vantagem, haverá o delito mesmo que depois a vantagem não seja entregue ao agente, bastando, portanto, que o agente aceite-a na expectativa de recebê-la futuramente.

5. **Especial fim de agir.** O presente tipo penal contém um especial fim de agir consistente na prática ou omissão por outrem de qualquer ato que se destine a alterar ou falsear o resultado da competição esportiva ou evento a ela associado. Ausente este especial fim de agir no momento da conduta do agente, ela torna-se atípica.

6. **Tipo misto alternativo.** Caso o agente pratique mais de uma conduta descrita no tipo penal, responderá por um delito apenas, não havendo concurso de crimes.

7. **Princípio da Especialidade.** O tipo legal de crime ora comentado é especial em relação ao tipo legal de crime de corrupção passiva contido no art. 317 do Código Penal.

8. **Consumação.** O delito consuma-se com a prática das condutas de solicitar ou aceitar, mesmo que o resultado pretendido não seja obtido. Trata-se de crime formal.

9. **Classificação.** Crime comum; formal; doloso; comissivo; instantâneo; admite tentativa.

10. **Suspensão condicional do processo.** Incabível, pois a pena mínima cominada ultrapassa 1 ano (art. 89 da lei 9.099/95).

Art. 41-D. Dar ou prometer vantagem patrimonial ou não patrimonial **com o fim** de **alterar ou falsear** o **resultado de uma competição desportiva** ou **evento a ela associado**: (Redação dada pela Lei nº 13.155, de 2015).

Pena – reclusão de 2 (dois) a 6 (seis) anos e multa. (Incluído pela Lei nº 12.299, de 2010).

1. **Sujeito ativo.** Qualquer pessoa. Trata-se de crime comum, pois o legislador não exigiu nenhuma condição especial do sujeito ativo.

2. **Sujeito passivo.** A coletividade e a equipe de competição prejudicada.

3. **Condutas típicas.** *Dar* significa ceder. *Prometer* consiste em obrigar-se a dar. Enquanto o verbo dar é algo ligado ao presente, o verbo prometer liga-se ao futuro, uma vez que o agente obriga-se a dar algo posteriormente. Este tipo penal configura uma espécie de corrupção ativa no âmbito esportivo. A pessoa que aceita a vantagem ou a sua promessa pratica o delito do art. 41-C.

4. **Vantagem ou promessa de vantagem patrimonial ou não patrimonial.** O legislador foi bastante genérico e pretendeu abarcar qualquer conduta, razão pela qual deixou claro que a vantagem pode ter cunho patrimonial ou não. Na promessa de vantagem, haverá a prática do delito mesmo que depois a vantagem não seja efetivamente entregue ao agente, ou seja, mesmo que a promessa não seja cumprida.

5. **Especial fim de agir.** O presente tipo penal contém um especial fim de agir que consiste na finalidade específica do agente em querer alterar ou falsear o resultado da competição esportiva ou evento a ela associado. Ausente este especial fim de agir no momento da conduta do agente, ela torna-se atípica.

6. **Tipo misto alternativo.** Caso o agente pratique mais de uma conduta descrita no tipo penal, responderá por um delito apenas, não havendo concurso de crimes.

7. **Princípio da Especialidade.** O tipo legal de crime ora comentado é especial em relação ao tipo legal de crime de corrupção ativa contido no art. 333 do Código Penal.

8. **Consumação.** O delito consuma-se com a prática das condutas de dar ou prometer, ainda que a promessa não seja cumprida. Trata-se de crime formal.

9. **Classificação.** Crime comum; formal; doloso; comissivo; instantâneo; admite tentativa.

10. **Suspensão condicional do processo.** Incabível, pois a pena mínima cominada ultrapassa 1 ano (art. 89 da lei 9.099/95).

Art. 41-E. Fraudar, por qualquer meio, ou contribuir para que se fraude, de qualquer forma, o **resultado de competição esportiva desportiva** ou **evento a ela associado**: (Redação dada pela Lei nº 13.155, de 2015).

Pena – reclusão de 2 (dois) a 6 (seis) anos e multa. (Incluído pela Lei nº 12.299, de 2010).

1. **Sujeito ativo.** Qualquer pessoa. Trata-se de crime comum, pois o legislador não exigiu nenhuma condição especial do sujeito ativo.

2. **Sujeito passivo.** A coletividade e a equipe de competição prejudicada.

3. **Condutas típicas.** *Fraudar* consiste em enganar, iludir. *Contribuir para que se fraude* significa concorrer, colaborar de qualquer forma para que a fraude seja perpetrada. Tendo em vista que o legislador empregou as expressões "fraudar por qualquer meio", bem como "contribuir para que se fraude, de qualquer forma", conclui-se que se trata de um crime de livre execução. Assim, a fraude pode ocorrer por meio de uma mentira, do silêncio, induzir alguém a uma falsa noção da realidade, além de outras formas.

4. **Não admissão de participação.** A segunda conduta trazida pelo legislador (contribuir) revela o que tradicionalmente configuraria a participação, seja na modalidade de participação moral (por induzimento ou instigação), seja na modalidade de participação material (com a prestação de meios materiais). Assim, a pessoa que, de qualquer forma, contribui para a fraude a ser perpetrada por terceiro, não será considerada partícipe do delito do terceiro, e sim seu coautor, na medida em que a conduta que configura a participação já está descrita no tipo penal como conduta principal, que configura a autoria.

5. **Tipo misto alternativo.** Caso o agente pratique mais de uma conduta descrita no tipo penal, responderá por um delito apenas, não havendo concurso de crimes.

6. ***Post factum* impunível.** Se o agente solicitar ou receber a vantagem patrimonial ou não patrimonial para fraudar o resultado de competição esportiva ou evento a ela associado, ele irá responder pelo delito contido no art. 41-C, de forma que o delito ora comentado será considerado um *post factum* impunível, tendo em vista a unidade de bens jurídicos. O mesmo ocorre se o agente der ou prometer a vantagem patrimonial ou não patrimonial para fraudar o resultado de competição esportiva, caso em que ele responderá pelo delito tipificado no art. 41-D, sendo o crime ora comentado um *post factum* impunível porque os bens jurídicos protegidos são idênticos.

7. **Princípio da Especialidade.** O tipo legal de crime ora comentado é especial em relação ao tipo legal de crime de estelionato contido no art. 171 do Código Penal.

8. **Consumação.** O delito consuma-se com a prática das condutas típicas de fraudar ou de contribuir na fraude alheia. Trata-se de crime formal.

9. **Classificação.** Crime comum; material na conduta *fraudar*; formal na conduta *contribuir para que se fraude*; doloso; comissivo; instantâneo; admite tentativa.

10. **Suspensão condicional do processo.** Incabível, pois a pena mínima cominada ultrapassa 1 ano (art. 89 da lei 9.099/95).

> **Art. 41-F.** Vender ingressos de evento esportivo, por **preço superior ao estampado no bilhete**: (Incluído pela Lei nº 12.299, de 2010).
>
> Pena – reclusão de 1 (um) a 2 (dois) anos e multa. (Incluído pela Lei nº 12.299, de 2010).

1. **Sujeito ativo.** Qualquer pessoa. Trata-se de crime comum, pois o legislador não exigiu nenhuma condição especial do sujeito ativo.

2. **Sujeito passivo.** A coletividade e a pessoa iludida que comprou o ingresso.

3. **Conduta típica.** *Vender* significa negociar, trocar por dinheiro. O legislador visou a punição do denominado *cambista*, pessoa que compra o bilhete do evento pelo preço normal, estampado no bilhete e vende por preço maior, beneficiando-se da diferença, tendo-a como o seu lucro decorrente dessa operação.

4. **Consentimento do ofendido como causa supralegal de exclusão da ilicitude.** Poderia ser questionado se a pessoa que realiza a compra do ingresso por preço

superior ao estampado no bilhete não estaria a realizar um contrato lícito com o *cambista* e ter aceitado pagar um valor maior pelos mais variados motivos e, além disso, estaria consentindo na conduta do *cambista*, hipótese em que o seu consentimento funcionaria como causa supralegal de exclusão da ilicitude. Apesar de o patrimônio ser um bem disponível, o tipo penal em questão protege a lisura nas relações de consumo e a transparência na venda de ingressos ao público, bens jurídicos de interesse supraindividual, de interesse coletivo, razão pela qual não é possível a incidência da mencionada excludente.

5. **Ausência de bilhete** à **venda na bilheteria. Irrelevância.** Para a configuração do presente delito é irrelevante o fato de não haver mais ingressos à venda na bilheteria do evento esportivo no momento da prática da conduta. Havendo ou não ingressos disponíveis na bilheteria a venda, por si só, já tem o condão de causar uma lesão ao bem jurídico protegido.

▶ **STJ**

> **INFORMATIVO nº 554.**
>
> **Sexta Turma**
>
> **DIREITO PENAL. CONFIGURAÇÃO DO CRIME DE CAMBISMO.**
>
> **Para a configuração do crime de cambismo (Vender ingressos de evento esportivo, por preço superior ao estampado no bilhete), previsto no art. 41-F da Lei 10.671/2003, não há necessidade de comprovação de que, no momento da oferta, não havia ingressos disponíveis na bilheteria.** Trata-se de comportamento dotado de reprovabilidade penal, pela simples razão de envolver a exploração, artificiosa, de um bem finito: a quantidade de lugares nos estádios. Dessa maneira, abusando de certo privilégio decorrente de se chegar antes ao guichê, adquirem-se mais unidades, que são vendidas com ágio. É desinfluente a circunstância, eventual, de ainda existirem ingressos à venda nas bilheterias. A uma porque o tipo penal, expressamente, a tal não se refere. A duas porque, pela simples conduta enunciada no modelo incriminador, o bem jurídico já é afetado, porquanto se materializa exploração do preço, em mercado de bem finito, operado por um único fornecedor. Gera-se indevida especulação, promovendo a daninha quebra da isonomia, que seria assegurada pela exclusividade nas vendas. **RHC 47.835-RJ, Rel. Min. Maria Thereza de Assis Moura, julgado em 9/12/2014, DJe 19/12/2014.**

6. **Princípio da Especialidade.** O tipo legal de crime ora comentado é especial em relação ao tipo legal de crime de estelionato contido no art. 171 do Código Penal. Da mesma forma, o delito ora comentado também é especial em relação ao crime do art. 2º, IX da lei 1.521/51 (crime contra a economia popular), que possui a seguinte redação: "obter ou tentar obter ganhos ilícitos em detrimento do povo ou de número indeterminado de pessoas mediante especulações ou processos fraudulentos ("bola de neve", "cadeias", "pichardismo" e quaisquer outros equivalentes)".

7. **Consumação.** O delito consuma-se com o fechamento da operação de venda. Trata-se de crime material.

8. **Classificação.** Crime comum; material; doloso; comissivo; instantâneo; admite tentativa.

9. **Infração penal de menor potencial ofensivo.** Tendo em vista que a pena máxima não é superior a dois anos, trata-se de infração penal de menor potencial ofensivo (art. 61 da lei 9.099/95).
10. **Suspensão condicional do processo.** Cabível, pois a pena mínima cominada não ultrapassa 1 ano (art. 89 da lei 9.099/95).

Art. 41-G. Fornecer, desviar ou facilitar a distribuição de ingressos para venda por **preço superior ao estampado no bilhete**: (Incluído pela Lei nº 12.299, de 2010).

Pena – reclusão de 2 (dois) a 4 (quatro) anos e multa. (Incluído pela Lei nº 12.299, de 2010).

Parágrafo único. A pena será aumentada de 1/3 (um terço) até a metade se o agente for servidor público, dirigente ou funcionário de entidade de prática desportiva, entidade responsável pela organização da competição, empresa contratada para o processo de emissão, distribuição e venda de ingressos ou torcida organizada e se utilizar desta condição para os fins previstos neste artigo. (Incluído pela Lei nº 12.299, de 2010).

1. **Sujeito ativo.** Qualquer pessoa. Trata-se de crime comum, pois o legislador não exigiu nenhuma condição especial do sujeito ativo.
2. **Sujeito passivo.** A coletividade.
3. **Condutas típicas.** *Fornecer* é sinônimo de dar, entregar. *Desviar* significa dar um rumo diverso. *Facilitar* consiste em simplificar, tornar uma tarefa mais fácil. O legislador pretendeu punir a conduta ilícita daquele que fornece, desvia ou de qualquer forma facilita a distribuição dos ingressos para o *cambista* poder vendê-los por preço superior ao estampado no bilhete. Note-se que o agente não vende o bilhete diretamente ao público, como ocorre no tipo penal anterior, mas, sim, age como o intermediário que faz os bilhetes chegarem ao *cambista.*
4. **Especial fim de agir.** O presente tipo penal contém um especial fim de agir que consiste na intenção específica da venda por preço superior ao estampado no bilhete. Ausente esse especial fim de agir no momento da conduta do agente, ela torna-se atípica.
5. **Tipo misto alternativo.** Caso o agente pratique mais de uma conduta descrita no tipo penal, responderá por um delito apenas, não havendo concurso de crimes.
6. **Princípio da Especialidade.** O tipo legal de crime ora comentado é especial em relação ao tipo legal de crime de estelionato contido no art. 171 do Código Penal.
7. **Agente que desvia e depois vende os ingressos por preço superior ao estampado no bilhete.** Caso o mesmo agente desvie os ingressos com a intenção específica de posteriormente vendê-los e efetivamente leve a efeito a venda por preço superior ao estampado no bilhete, responderá apenas pelo delito do art. 41-G, de forma que o delito do art. 41-F será considerado um *post factum* impunível, tendo em vista que os dois tipos penais protegem o mesmo bem jurídico.
8. **Consumação.** O delito consuma-se com a prática das condutas típicas, independentemente da causação de qualquer prejuízo à vítima. Trata-se de crime formal.

9. **Classificação.** Crime comum; formal; doloso; comissivo; instantâneo; admite tentativa.

10. **Suspensão condicional do processo.** Incabível, pois a pena mínima cominada ultrapassa 1 ano (art. 89 da lei 9.099/95).

→ Aplicação em concurso.

- **(Acadepol – Delegado de Polícia – SP/2011)**

  O Estatuto de Defesa do Torcedor (Lei/1º 10.671/03) define como crimes as condutas abaixo, exceto

  (A) invadir local restrito aos competidores em eventos esportivos.

  (B) fraudar, por qualquer meio, o resultado de competição esportiva.

  (C) prometer vantagem não patrimonial com o fim de alterar o resultado de competição desportiva

  (D) aceitar para si vantagem patrimonial com o fim de falsear o resultado de competição esportiva.

  (E) constranger, mediante violência ou grave ameaça, dirigente de entidade responsável pela organização da competição com o fim de falsear o resultado de evento esportivo.

  Alternativa correta: Letra E.

11. **Parágrafo** único. **Causa de aumento de pena.** O aumento da pena justifica-se porque, pela posição que o agente ocupa, ele deve zelar pela regularidade na emissão, na distribuição e na venda dos ingressos.

CAPÍTULO XII
DISPOSIÇÕES FINAIS E TRANSITÓRIAS

Art. 42. O Conselho Nacional de Esportes – CNE promoverá, no prazo de seis meses, contado da publicação desta Lei, a **adequação do Código de Justiça Desportiva** ao disposto na Lei nº 9.615, de 24 de março de 1998, nesta Lei e em seus respectivos regulamentos.

Art. 43. Esta Lei aplica-se apenas ao desporto profissional.

Art. 44. O disposto no parágrafo único do art. 13, e nos arts. 18, 22, 25 e 33 entrará em vigor após seis meses da publicação desta Lei.

Art. 45. Esta Lei entra em vigor na data de sua publicação.

Falência.
Lei nº 11.101, de 9 de fevereiro de 2005

CAPÍTULO VII
DISPOSIÇÕES PENAIS

Seção I
Dos Crimes em Espécie

Fraude a Credores

Art. 168. Praticar, antes ou depois da sentença que decretar a falência, conceder a recuperação judicial ou homologar a recuperação extrajudicial, **ato fraudulento** de que resulte ou possa resultar prejuízo aos credores, **com o fim de obter ou assegurar vantagem indevida para si ou para outrem.**

Pena – reclusão, de 3 (três) a 6 (seis) anos, e multa.

Aumento da pena

§ 1º A pena aumenta-se de 1/6 (um sexto) a 1/3 (um terço), se o agente:

I – elabora escrituração contábil ou balanço com dados inexatos;

II – omite, na escrituração contábil ou no balanço, lançamento que deles deveria constar, ou altera escrituração ou balanço verdadeiros;

III – destrói, apaga ou corrompe dados contábeis ou negociais armazenados em computador ou sistema informatizado;

IV – simula a composição do capital social;

V – destrói, oculta ou inutiliza, total ou parcialmente, os documentos de escrituração contábil obrigatórios.

Contabilidade paralela

§ 2º A pena é aumentada de 1/3 (um terço) até metade se o devedor manteve ou movimentou recursos ou valores paralelamente à contabilidade exigida pela legislação.

Concurso de pessoas

§ 3º Nas mesmas penas incidem os contadores, técnicos contábeis, auditores e outros profissionais que, de qualquer modo, concorrerem para as condutas criminosas descritas neste artigo, na medida de sua culpabilidade.

Redução ou substituição da pena

§ 4º Tratando-se de **falência de microempresa ou de empresa de pequeno porte**, e **não se constatando prática habitual** de condutas fraudulentas por parte do falido, poderá o juiz reduzir a pena de reclusão de 1/3 (um terço) a 2/3 (dois terços) ou substituí-la pelas penas restritivas de direitos, pelas de perda de bens e valores ou pelas de prestação de serviços à comunidade ou a entidades públicas.

1. **Sujeito ativo.** O devedor que incidiu ou poderá incidir em falência, recuperação judicial ou recuperação extrajudicial.

2. **Sujeito passivo.** Os credores lesados ou potencialmente lesados.

3. **Praticar ato fraudulento de que resulte ou possa resultar prejuízo aos credores.** Fraude consiste em induzir ou a manter alguém em erro, fazendo nascer na mente de outrem ou mantendo nela uma falsa noção da realidade. Ato fraudulento é qualquer ato idôneo a plantar uma situação irreal na mente dos credores ou mantê-la nas suas mentes. O ato fraudulento não precisa efetivamente causar um prejuízo aos credores, basta que tenha potencialidade para tal, que possa gerar concretamente um resultado prejudicial aos credores sujeitos passivos desse delito. Assim, no caso concreto, é possível que haja a prova efetiva do prejuízo aos credores ou então basta a prova do ato lesivo, juntamente com a prova do potencial prejuízo que poderia vir a ocorrer. O ato fraudulento deve guardar relação com a situação de falência, recuperação judicial ou recuperação extrajudicial, uma vez que a redação típica deixa clara a intenção do legislador de coibir a fraude nesse âmbito.

4. **Especial fim de agir.** O tipo contém um especial fim de agir que reside na obtenção ou no asseguramento de vantagem indevida para si ou para outrem. Ausente o especial fim de agir, a conduta é atípica em relação a esse tipo penal, podendo haver a configuração do delito de estelionato previsto no art. 171 do Código Penal, a depender do caso concreto.

5. **Credores.** O legislador utilizou a expressão *credores* no plural. Em homenagem ao princípio da legalidade, para que haja a prática desse delito é necessário que haja vários credores, no mínimo dois. Caso haja apenas um credor, o delito não se configura. É difícil de visualizar, mas existem algumas pessoas jurídicas, por exemplo, que prestam serviços ou efetuam vendas a apenas um cliente, ou seja, um destinatário, caso em que, na hipótese de falência ou de recuperação judicial ou extrajudicial, haverá apenas um credor, não se configurando o tipo penal.

6. **Momento da prática do delito.** O legislador especificou o momento da prática do ato fraudulento, dispondo que ele pode ser praticado antes ou depois da sentença que decretar a falência, conceder a recuperação judicial ou homologar a

recuperação extrajudicial, ou seja, o ato pode ser praticado a qualquer momento durante os três institutos regulamentados pela lei de falência, tendo em vista que o art. 1º da lei dispõe "esta Lei disciplina a recuperação judicial, a recuperação extrajudicial e a falência do empresário e da sociedade empresária, doravante referidos simplesmente como devedor."

7. **Princípio da Especialidade.** O presente tipo penal constitui especialidade em relação ao delito de estelionato previsto no art. 171 do Código Penal, uma vez que ele também possui a fraude como elemento do tipo, mas o elemento especializante reside no fato de que a fraude deve ser praticada em âmbito de falência, recuperação judicial ou recuperação extrajudicial, antes ou depois da sentença.

8. **Condição objetiva de punibilidade.** Ver art. 180 desta lei.

9. **Consumação.** O delito consuma-se com a prática do ato fraudulento, acompanhado do especial fim de agir, independentemente do efetivo prejuízo aos credores. Trata-se de crime formal.

10. **Classificação.** Crime próprio; formal; doloso; comissivo; de dano ou de perigo concreto; instantâneo; admite tentativa.

11. **Suspensão condicional do processo.** Incabível, pois a pena mínima cominada ultrapassa 1 ano (art. 89 da lei 9.099/95).

12. **§ 1º. Causa de aumento de pena.** O parágrafo primeiro trouxe formas de fraude que, por serem mais graves, justificam o aumento da pena criminal. Constituem causas especiais de aumento de pena que deverão incidir na terceira fase do critério trifásico da dosimetria da pena disposto no art. 68 do Código Penal.

13. **Inciso I.** Trata da elaboração de escrituração contábil ou balanço com dados inexatos. Há verdadeira falsidade ideológica nesse caso. A escrituração contábil ou o balanço é verdadeiro, contudo possui um conteúdo falso que é elaborado pelo agente por meio da inserção de dados falsos. A falsidade ocorre na escrituração contábil ou no balanço patrimonial.

14. **Inciso II.** Trata da conduta omissiva (omissão na escrituração contábil ou no balanço, de lançamento que deles deveria constar) e comissiva (alteração da escrituração ou balanço verdadeiro). A falsidade, que consiste na omissão de lançamento que deveria constar ou na alteração de dados ocorre na escrituração contábil ou no balanço patrimonial. A diferença entre a segunda parte do inciso II e a conduta descrita no inciso I reside no fato de que no inciso I a falsidade é praticada *durante a elaboração* da escrituração contábil ou do balanço patrimonial. Na segunda parte do inciso II, a fraude é praticada depois que a escrituração contábil ou o balanço já está pronto.

15. **Inciso III.** Neste inciso a fraude é praticada em dados armazenados em computador ou sistema informatizado. Destruir, apagar ou corromper dados contábeis ou negociais são formas de alterar a verdade dos fatos, por meio da modificação do conteúdo do sistema de computador. Contudo, essa modificação é uma forma de inviabilizar o acesso aos dados de forma definitiva. Os dados não são simplesmente

alterados de modo que alguém tenha acesso a eles de forma enganosa. Os dados passam a estar simplesmente inacessíveis definitivamente, seja porque eles foram destruídos, seja porque eles foram apagados ou corrompidos.

16. **Inciso IV.** Nesse inciso a falsidade é praticada no capital social da pessoa jurídica. Não é feita na escrituração contábil ou no balanço (incisos I e II), nem no sistema de informática (inciso III), mas, sim, no próprio capital social da empresa, que é um dos meios pelos quais a pessoa jurídica demonstra a sua capacidade financeira e solidez em relação aos que irão transacionar com ela. Naturalmente, a simulação do capital social da pessoa jurídica tem o condão de gerar nos seus contratantes uma falsa noção da realidade financeira dela.

17. **Inciso V.** Neste inciso, a fraude consiste na destruição, ocultação ou inutilização, total ou parcial dos documentos de escrituração contábil obrigatórios. Por meio dessas condutas, o agente impede que alguém tenha acesso a esses documentos de escrituração contábil obrigatórios. Note-se que o agente não pratica simplesmente uma fraude nesses documentos e eles continuam a existir com informações inexatas como ocorre nos incisos I e II. Na realidade, o agente promove a inacessibilidade aos documentos, por meio da sua destruição ou inutilização ou simplesmente ocultando-os.

18. **§ 2º. Contabilidade paralela.** Também conhecida como "caixa dois", a contabilidade paralela constitui uma maquiagem da real contabilidade da pessoa jurídica. A contabilidade real é aquela que retrata a verdadeira situação fiscal, financeira e econômica da pessoa jurídica. A contabilidade paralela é aquela que é apresentada ao fisco, resultante dos ajustes e alterações feitas na contabilidade real. Trata-se de uma causa de aumento de pena, a exemplo do § 1º, não constituindo um tipo penal autônomo. Não precisa haver a efetiva sonegação de tributos (e se houver, haverá a prática de crime contra a ordem tributária previsto no art. 1º da lei 8.137/90), bastando, para tanto, a manutenção ou a movimentação dos valores.

19. **§ 3º. Concurso de pessoas.** Trata-se de dispositivo legal desnecessário, uma vez que a possibilidade de concurso de pessoas já está regulamentada no art. 29 do Código Penal.

20. **§ 4º. Redução ou substituição de pena.** A aplicação desse dispositivo é exclusiva à microempresa ou empresa de pequeno porte, que não pratica condutas fraudulentas de forma habitual, isso é, de forma reiterada. O sistema de substituição da pena privativa de liberdade por pena restritivas de direitos neste delito é diferente do art. 44 do Código Penal. Em primeiro lugar, os requisitos são diferentes, de forma que no presente tipo penal basta que o falido não pratique de forma reiterada condutas fraudulentas, não se exigindo os requisitos do Código Penal. Em segundo lugar, a substituição contida na presente lei somente pode ser feita por penas de perda de bens e valores ou de prestação de serviços à comunidade ou a entidades públicas, não havendo a possibilidade de substituição pelas demais espécies de penas previstas no art. 43 do Código Penal. De acordo com o art. 3º da Lei Complementar 123/2006 "consideram-se microempresas ou empresas de pequeno porte, a sociedade empresária, a sociedade simples, a empresa individual

de responsabilidade limitada e o empresário a que se refere o art. 966 da Lei nº 10.406, de 10 de janeiro de 2002 (Código Civil), devidamente registrados no Registro de Empresas Mercantis ou no Registro Civil de Pessoas Jurídicas, conforme o caso, desde que: I – no caso da microempresa, aufira, em cada ano-calendário, receita bruta igual ou inferior a R$ 360.000,00 (trezentos e sessenta mil reais); e II – no caso da empresa de pequeno porte, aufira, em cada ano-calendário, receita bruta superior a R$ 360.000,00 (trezentos e sessenta mil reais) e igual ou inferior a R$ 3.600.000,00 (três milhões e seiscentos mil reais). § 1º Considera-se receita bruta, para fins do disposto no *caput* deste artigo, o produto da venda de bens e serviços nas operações de conta própria, o preço dos serviços prestados e o resultado nas operações em conta alheia, não incluídas as vendas canceladas e os descontos incondicionais concedidos. § 2º No caso de início de atividade no próprio ano-calendário, o limite a que se refere o *caput* deste artigo será proporcional ao número de meses em que a microempresa ou a empresa de pequeno porte houver exercido atividade, inclusive as frações de meses."

→ Aplicação em concurso.

- **(Vunesp – Delegado de Polícia – SP/2014)**

  Tratando-se de falência de microempresa e não se constatando prática habitual de condutas fraudulentas por parte do falido

  (A) poderá o juiz substituir a pena de reclusão por detenção.

  (B) poderá o juiz substituir a pena de reclusão por penas restritivas de direitos.

  (C) deverá o juiz substituir a pena de detenção por restritivas de direitos.

  (D) deverá o juiz aumentar a pena de reclusão.

  (E) deverá o juiz reduzir as penas restritivas de direitos.

  Alternativa correta: Letra B.

- **(MPE-SC – Promotor de Justiça – SC/2013)**

  Nos termos da Lei n. 11.101/05, tratando-se de falência de microempresa ou de empresa de pequeno porte, e não se constatando prática habitual de condutas fraudulentas por parte do falido, poderá o magistrado reduzir a pena de reclusão de 1/3 (um terço) a 2/3 (dois terços) ou substituí-la pelas penas restritivas de direitos, pelas de perda de bens e valores ou pelas de prestação de serviços à comunidade ou a entidades públicas.

  A alternativa está certa.

- **(Cespe – Defensor Público – PI/2009)**

  A respeito de aspectos criminais da Lei de Falências e daqueles aplicáveis aos idosos, assinale a opção correta.

  Tratando-se de falência de microempresa ou de empresa de pequeno porte e não se constatando prática habitual de condutas fraudulentas por parte do falido, cabe ao juiz reduzir a pena de reclusão ou substituí-la por penas restritivas de direitos, de perda de bens e valores ou de prestação de serviços à comunidade ou a entidades públicas.

  A alternativa está certa.

Violação de sigilo empresarial

Art. 169. Violar, explorar ou divulgar, sem justa causa, **sigilo empresarial ou dados confidenciais** sobre operações ou serviços, contribuindo para a condução do devedor a estado de inviabilidade econômica ou financeira:

Pena – reclusão, de 2 (dois) a 4 (quatro) anos, e multa.

1. **Sujeito ativo.** Qualquer pessoa.
2. **Sujeito passivo.** O devedor.
3. **Violar, explorar ou divulgar.** *Violar* consiste em ter acesso de forma ilícita, devassar. *Explorar* significa tirar algum proveito. *Divulgar* é tornar público, atingindo um número indeterminado de pessoas.
4. **Sigilo empresarial ou dados confidenciais sobre operações ou serviços.** O legislador incriminou a violação do sigilo empresarial, muitas vezes necessário para garantir a continuidade do funcionamento da atividade empresarial de determinada pessoa jurídica. O sigilo empresarial ou dados confidenciais sobre operações ou serviços pode estar ligado a qualquer atividade desenvolvida pela pessoa jurídica, da forma mais abrangente possível, desde uma tática de atuação no mercado para aumentar a lucratividade até a posição da saúde financeira da pessoa jurídica. Porém, em qualquer caso, a informação ou os dados violados devem ser sigilosos. Se essas informações já forem conhecidas por terceiros não há a prática desse delito. Demais disso, a violação deve ser feita sem justa causa, o que significa afirmar que havendo um motivo relevante para a violação, exploração ou divulgação das informações ou dados, a conduta será atípica.
5. **Exigência de resultado. Estado de inviabilidade econômica ou financeira.** A prática da conduta delituosa deve ser associada ao resultado naturalístico descrito no tipo penal, que consiste na condução do devedor ao estado de inviabilidade econômica ou financeira. Assim, para a consumação desse delito, não basta a prática da conduta descrita no tipo penal. A conduta deve efetivamente contribuir para a condução do devedor ao estado de inviabilidade econômica ou financeira e isso deve ficar provado no caso concreto. Trata-se, portanto, de crime material.
6. **Tipo misto alternativo.** Caso o agente pratique mais de uma conduta descrita no tipo penal, responderá por um delito apenas, não havendo concurso de crimes. Assim, se o agente violar e divulgar o sigilo empresarial praticará apenas um delito.
7. **Princípio da Especialidade.** O presente tipo penal constitui especialidade em relação ao delito de violação de sigilo profissional previsto no art. 325 do Código Penal ("Revelar fato de que tem ciência em razão do cargo e que deva permanecer em segredo, ou facilitar-lhe a revelação: Pena – detenção, de seis meses a dois anos, ou multa, se o fato não constitui crime mais grave. § 1º Nas mesmas penas deste artigo incorre quem: I – permite ou facilita, mediante atribuição, fornecimento e empréstimo de senha ou qualquer outra forma, o acesso de pessoas não autorizadas a sistemas de informações ou banco de dados da Administração Pública; II

– se utiliza, indevidamente, do acesso restrito. § 2º Se da ação ou omissão resulta dano à Administração Pública ou a outrem: Pena – reclusão, de 2 (dois) a 6 (seis) anos, e multa."), bem como em relação ao delito de violação de sigilo em licitações previsto no art. 94 da lei 8.666/93 ("Devassar o sigilo de proposta apresentada em procedimento licitatório, ou proporcionar a terceiro o ensejo de devassá-lo: Pena – detenção, de 2 (dois) a 3 (três) anos, e multa").

8. **Condição objetiva de punibilidade.** Ver art. 180 desta lei.

9. **Consumação.** O delito consuma-se com a concretização do estado de inviabilidade econômica ou financeira do devedor. Trata-se de crime material.

10. **Classificação.** Crime comum; material; comissivo; de dano; instantâneo; admite tentativa.

11. **Suspensão condicional do processo.** Incabível, pois a pena mínima cominada ultrapassa 1 ano (art. 89 da lei 9.099/95).

Divulgação de informações falsas

Art. 170. Divulgar ou propalar, por qualquer meio, informação falsa sobre devedor em recuperação judicial, **com o fim de levá-lo à falência ou de obter vantagem:**

Pena – reclusão, de 2 (dois) a 4 (quatro) anos, e multa.

1. **Sujeito ativo.** Qualquer pessoa.

2. **Sujeito passivo.** O devedor em recuperação judicial.

3. **Divulgar ou propalar por qualquer meio.** O verbo *divulgar* significa tornar público, atingindo um número indeterminado de pessoas. *Propalar* quer dizer divulgar. Assim, percebe-se que o legislador foi redundante ao trazer dois verbos que têm o mesmo significado. O legislador buscou proteger com esse tipo penal a fidelidade das informações referentes ao devedor que estiver em situação de recuperação judicial, evitando qualquer espécie de especulação. A divulgação pode ser feita de qualquer forma, o que torna esse tipo penal um delito de livre execução.

4. **Informação falsa.** A informação falsa deve ser relevante, possuindo o condão de efetivamente levar o devedor à falência ou gerar alguma vantagem para o sujeito ativo do delito.

5. **Princípio da legalidade.** Em homenagem ao princípio da legalidade, esse tipo penal não se aplica ao falido, nem ao devedor em recuperação extrajudicial.

6. **Especial fim de agir.** O tipo contém um especial fim de agir que reside na intenção de levar o devedor à situação de falência ou de obter vantagem. Em relação à vantagem, tendo em vista que o legislador não especificou que tipo de vantagem estaria abrangida pela incriminação, cremos que o tipo penal abrange qualquer espécie de vantagem, com ou sem natureza patrimonial. Ausente o especial fim de agir, a conduta é atípica em relação a esse tipo penal.

7. **Princípio da Especialidade.** O presente tipo penal constitui especialidade em relação ao delito de divulgação de informação falsa sobre instituição financeira, previsto no art. 3º da lei 7.492/86, que tem a seguinte redação: "Art. 3º Divulgar informação falsa ou prejudicialmente incompleta sobre instituição financeira: Pena – Reclusão, de 2 (dois) a 6 (seis) anos, e multa").

8. **Condição objetiva de punibilidade.** Ver art. 180 desta lei.

9. **Consumação.** O delito consuma-se com a conduta de divulgar ou de propalar a informação falsa. Trata-se de crime formal.

10. **Classificação.** Crime comum; formal; comissivo; de perigo abstrato; instantâneo; admite tentativa.

11. **Suspensão condicional do processo.** Incabível, pois a pena mínima cominada ultrapassa 1 ano (art. 89 da lei 9.099/95).

Indução a erro

Art. 171. Sonegar ou omitir informações ou prestar informações falsas no processo de falência, de recuperação judicial ou de recuperação extrajudicial, **com o fim de induzir a erro o juiz, o Ministério Público, os credores, a assembléia-geral de credores, o Comitê ou o administrador judicial**:

Pena – reclusão, de 2 (dois) a 4 (quatro) anos, e multa.

1. **Sujeito ativo.** Qualquer pessoa.

2. **Sujeito passivo.** O Estado.

3. **Sonegar ou omitir informações ou prestar informações falsas.** O tipo penal contém três condutas. *Sonegar* é ocultar com fraude, encobrir. *Omitir* a informação significa não a fornecer. *Prestar* a informação consiste em transmiti-la a outrem, fornecê-la. As condutas *sonegar* e *omitir* constituem crime omissivo próprio. A conduta *prestar* constitui crime comissivo. A incriminação comporta duas espécies de informações: verdadeiras ou falsas. Nas duas primeiras condutas *sonegar* e *omitir* a informação é verdadeira e o agente não a presta, sonegando-a ou omitindo-a quando deveria prestá-la. Na conduta *prestar*, as informações são falsas. Assim, o tipo deve ser interpretado da seguinte forma: sonegar ou omitir informações verdadeiras ou prestar informações falsas.

4. **Especial fim de agir.** O tipo contém um especial fim de agir que reside na intenção de induzir a erro o Juiz, o Ministério Público, os credores, a assembleia-geral de credores, o Comitê ou o administrador judicial. Ausente o especial fim de agir, a conduta é atípica em relação a esse tipo penal.

5. **Princípio da Especialidade.** O presente tipo penal constitui especialidade em relação ao delito de falsidade ideológica previsto no art. 299 do Código Penal que tem a seguinte redação: "Art. 299 – Omitir, em documento público ou particular, declaração que dele devia constar, ou nele inserir ou fazer inserir declaração falsa

ou diversa da que devia ser escrita, com o fim de prejudicar direito, criar obrigação ou alterar a verdade sobre fato juridicamente relevante: Pena – reclusão, de um a cinco anos, e multa, se o documento é público, e reclusão de um a três anos, e multa, se o documento é particular. Parágrafo único – Se o agente é funcionário público, e comete o crime prevalecendo-se do cargo, ou se a falsificação ou alteração é de assentamento de registro civil, aumenta-se a pena de sexta parte." Da mesma forma, o presente tipo penal está especializado no art. 15 da lei 7.492/86: "Art. 15. Manifestar-se falsamente o interventor, o liqüidante ou o síndico, (Vetado) à respeito de assunto relativo a intervenção, liquidação extrajudicial ou falência de instituição financeira: Pena – Reclusão, de 2 (dois) a 8 (oito) anos, e multa."

6. **Tipo misto alternativo.** Caso o agente pratique mais de uma conduta descrita no tipo penal, responderá por um delito apenas, não havendo concurso de crimes.

7. **Condição objetiva de punibilidade.** Ver art. 180 desta lei.

8. **Consumação.** Nas condutas *sonegar* e *omitir*, o delito consuma-se com a simples omissão do agente. Na conduta *prestar* o delito consuma-se quando a informação falsa chega ao conhecimento do seu destinatário.

9. **Classificação.** Crime comum; formal; omissivo próprio nas condutas *sonegar* e *omitir* e comissivo na conduta *prestar*; de perigo abstrato; instantâneo; não admite tentativa nas condutas *sonegar* e *omitir* por configurarem crime omissivo próprio. Admite tentativa na conduta *prestar*.

10. **Suspensão condicional do processo.** Incabível, pois a pena mínima cominada ultrapassa 1 ano (art. 89 da lei 9.099/95).

Favorecimento de credores

Art. 172. Praticar, antes ou depois da sentença que decretar a falência, conceder a recuperação judicial ou homologar plano de recuperação extrajudicial, **ato de disposição ou oneração patrimonial ou gerador de obrigação**, destinado a favorecer um ou mais credores em prejuízo dos demais:

Pena – reclusão, de 2 (dois) a 5 (cinco) anos, e multa.

Parágrafo único. Nas mesmas penas incorre o credor que, em conluio, possa beneficiar-se de ato previsto no caput deste artigo.

1. **Sujeito ativo.** O devedor que incidiu ou poderá incidir em falência, recuperação judicial ou recuperação extrajudicial.

2. **Sujeito passivo.** Os credores lesados ou potencialmente lesados.

3. **Praticar ato de disposição ou oneração patrimonial ou gerador de obrigação.** Neste tipo penal o agente leva a efeito algum ato de disposição ou oneração patrimonial ou gerador de obrigação na intenção de favorecer um ou mais credores em prejuízo dos demais. *Ato de disposição* consiste no ato que importa em alienação, fazer um bem sair do patrimônio do devedor, manifestando um dos atributos do

direito de propriedade, que é a disposição. *Ato de oneração patrimonial* significa gravar um bem com algum ônus, a exemplo da hipoteca ou do penhor. Por fim, *ato gerador de obrigação* consiste no ato que resulta em alguma prestação futura a ser cumprida por outrem, como contrair uma dívida. O ato praticado não precisa efetivamente favorecer um ou mais credores em prejuízo dos demais, basta que tenha potencialidade para tal, que possa gerar concretamente o favorecimento de algum ou alguns credores em detrimento dos demais. O ato de disposição ou oneração patrimonial ou gerador de obrigação deve guardar relação com a situação de falência, recuperação judicial ou recuperação extrajudicial.

4. **Especial fim de agir.** O tipo contém um especial fim de agir que consiste no favorecimento de um ou mais credores em prejuízo dos demais. Ausente o especial fim de agir, a conduta é atípica em relação a esse tipo penal.

5. **Momento da prática do delito.** O legislador especificou o momento da prática do ato, dispondo que ele pode ser praticado antes ou depois da sentença que decretar a falência, conceder a recuperação judicial ou homologar a recuperação extrajudicial, ou seja, o ato pode ser praticado a qualquer momento durante os três institutos regulamentados pela lei de falência, tendo em vista que o art. 1º da lei dispõe "esta Lei disciplina a recuperação judicial, a recuperação extrajudicial e a falência do empresário e da sociedade empresária, doravante referidos simplesmente como devedor."

   → Aplicação em concurso.

   - **(TJDFT – Juiz de Direito Substituto – TJDFT/2012)**

     Julgue os itens a seguir:

     I. Homero, antes da sentença que decretou a falência de sua empresa, praticou ato de oneração patrimonial destinado a favorecer um de seus credores em prejuízo dos demais. Na hipótese de restar procedente a pretensão punitiva estatal, o Juiz deverá condenar Homero pelo crime falimentar de favorecimento de credores (art. 172 da Lei 11.101/05) podendo determinar, desde que motivadamente na sentença, sua impossibilidade de gerir empresa por mandato ou gestão de negócio.

     A alternativa está certa.

6. **Condição objetiva de punibilidade.** Ver art. 180 desta lei.

7. **Consumação.** O delito consuma-se com a efetiva prática do ato de disposição ou oneração patrimonial ou gerador de obrigação. Note-se que não é necessário que haja o efetivo favorecimento de um ou mais credores. Trata-se de crime formal.

8. **Classificação.** Crime próprio; formal; comissivo; de perigo abstrato; instantâneo; admite tentativa.

9. **Suspensão condicional do processo.** Incabível, pois a pena mínima cominada ultrapassa 1 ano (art. 89 da lei 9.099/95).

10. **Conduta equiparada.** No parágrafo único o legislador inseriu a conduta do credor que, em conluio, possa beneficiar-se de ato previsto no *caput* deste artigo.

11. **Sujeito ativo.** O credor.

12. **Sujeito passivo.** Os credores lesados ou potencialmente lesados.

13. **Conluio.** Significa o prévio ajuste com o sujeito ativo do delito contido no *caput*. Pela redação típica, o agente não precisa efetivamente beneficiar-se do ato praticado pelo autor do delito do *caput*, bastando apenas que possa vir a ser beneficiado.

14. **Consumação.** O delito previsto no parágrafo único consuma-se quando o delito do *caput* consumar-se.

15. **Classificação.** Crime próprio; formal; comissivo; de perigo abstrato; instantâneo; admite tentativa.

16. **Suspensão condicional do processo.** Incabível, pois a pena mínima cominada ultrapassa 1 ano (art. 89 da lei 9.099/95).

Desvio, ocultação ou apropriação de bens

Art. 173. Apropriar-se, desviar ou ocultar **bens pertencentes ao devedor sob recuperação judicial ou à massa falida**, inclusive por meio da aquisição por **interposta pessoa**:

Pena – reclusão, de 2 (dois) a 4 (quatro) anos, e multa.

1. **Sujeito ativo.** O possuidor do bem pertencente ao devedor em recuperação judicial ou à massa falida.

2. **Sujeito passivo.** Os credores.

3. **Apropriar-se, desviar ou ocultar.** O tipo penal contém três condutas. *Apropriar-se* consiste em o agente tomar a posse de algo que pertença a outrem. *Desviar* é dar destinação diversa da que realmente deveria ter sido dada. Por fim, *ocultar* significa esconder, dissimular. O verbo *ocultar* configura crime permanente. Os três verbos típicos ligam-se ao bem pertencente ao devedor sob recuperação judicial ou à massa falida. Esses bens são utilizados para assegurarem a *par conditio creditorum*, isso é, a igualdade de credores em relação ao falido ou à pessoa jurídica que estiver em recuperação judicial, como forma de garantir o pagamento das dívidas. Assim, o legislador quis evitar que o adimplemento dos débitos seja frustrado por meio da apropriação, do desvio ou da ocultação dos bens que são justamente a garantia dos credores, no intuito de assegurar que a real finalidade da falência ou da recuperação judicial seja respeitada.

4. **Aquisição por interposta pessoa.** Muitas vezes, como forma de tentar disfarçar o desvio (em sentido amplo) de bens, o agente estrutura uma operação, a princípio lícita, de aquisição dos bens por interposta pessoa, que pode existir ou não, o vulgarmente denominado "laranja" ou "testa de ferro".

5. **Princípio da Especialidade.** O presente tipo penal constitui especialidade em relação ao delito de apropriação indébita previsto no art. 168 do Código Penal: "Art. 168. Apropriar-se de coisa alheia móvel, de que tem a posse ou a detenção: Pena – reclusão, de um a quatro anos, e multa. § 1º – A pena é aumentada de um terço, quando o agente recebeu a coisa: I – em depósito necessário; II – na qualidade de tutor,

curador, síndico, liquidatário, inventariante, testamenteiro ou depositário judicial; III – em razão de ofício, emprego ou profissão." Constitui especialidade, também, em relação aos delitos previstos nos arts. 5º e 13 da lei 7.492/86, que possuem as seguintes redações, respectivamente: "Art. 5º. Apropriar-se, quaisquer das pessoas mencionadas no art. 25 desta lei, de dinheiro, título, valor ou qualquer outro bem móvel de que tem a posse, ou desviá-lo em proveito próprio ou alheio: Pena – Reclusão, de 2 (dois) a 6 (seis) anos, e multa. Parágrafo único. Incorre na mesma pena qualquer das pessoas mencionadas no art. 25 desta lei, que negociar direito, título ou qualquer outro bem móvel ou imóvel de que tem a posse, sem autorização de quem de direito."; "Art. 13. Desviar bem alcançado pela indisponibilidade legal resultante de intervenção, liqüidação extrajudicial ou falência de instituição financeira. Pena – Reclusão, de 2 (dois) a 6 (seis) anos, e multa. Parágrafo único. Na mesma pena incorre o interventor, o liqüidante ou o síndico que se apropriar de bem abrangido pelo caput deste artigo, ou desviá-lo em proveito próprio ou alheio."

6. **Tipo misto alternativo.** Caso o agente pratique mais de uma conduta descrita no tipo penal, responderá por um delito apenas, não havendo concurso de crimes.

7. **Condição objetiva de punibilidade.** Ver art. 180 desta lei.

8. **Consumação.** O delito consuma-se com a prática das condutas típicas.

9. **Classificação.** Crime próprio; material; comissivo; de dano, instantâneo nas condutas *apropriar-se* e *desviar* e permanente na conduta *ocultar*; admite tentativa.

10. **Suspensão condicional do processo.** Incabível, pois a pena mínima cominada ultrapassa 1 ano (art. 89 da lei 9.099/95).

Aquisição, recebimento ou uso ilegal de bens

Art. 174. Adquirir, receber, usar, ilicitamente, **bem que sabe pertencer** à **massa falida** ou influir para que terceiro, de boa-fé, o adquira, receba ou use:

Pena – reclusão, de 2 (dois) a 4 (quatro) anos, e multa.

1. **Sujeito ativo.** Qualquer pessoa.

2. **Sujeito passivo.** Os credores.

3. **Adquirir, receber, usar, ilicitamente, bem que sabe pertencer** à **massa falida.** Primeiramente, deve ser dito que o tipo penal possui duas condutas delituosas. A primeira é "adquirir, receber, usar, ilicitamente, bem que sabe pertencer à massa falida". A segunda consiste em o agente "influir para que terceiro, de boa-fé, o adquira, receba ou use". Na primeira conduta criminosa, o legislador empregou os verbos adquirir, receber e usar. *Adquirir* consiste na conduta de obter, conseguir, comprar. *Receber* significa obter para si de outrem. *Usar* denota a fruição do bem, aproveitar a utilidade de algum bem. No verbo *usar* o delito é permanente. Como dito nos comentários ao tipo penal anterior, a finalidade da falência é assegurar a *par conditio creditorum*, isso é, a igualdade de credores em relação ao falido. A garantia dos credores reside

no patrimônio do falido, os bens que serão convertidos em dinheiro para pagar os credores. A partir do momento em que o agente adquire, recebe ou usa ilicitamente um bem que sabe pertencer à massa falida, ele diminui o seu valor pela deterioração natural, bem como gera o risco de o bem perder-se, fazendo com que isso gere consequências negativas na satisfação dos créditos da falência. O legislador quis evitar a frustração do adimplemento dos créditos na falência.

4. **Influir para que terceiro, de boa-fé adquira, receba ou use o bem pertencente à massa falida.** Nessa segunda conduta, o agente não adquire, recebe ou usa ilicitamente um bem que sabe pertencer à massa falida. Na realidade, o agente apenas influencia um terceiro de boa-fé para que ele adquira, receba ou use. De qualquer forma, nos mesmos moldes que ocorre em relação à primeira conduta, aqui há a diminuição do valor do bem pela deterioração natural, bem como a geração do risco de o bem perder-se, frustrando-se a satisfação dos créditos da falência. O terceiro de boa-fé não pratica nenhum delito e a sua conduta é atípica. Caso o terceiro esteja de má-fé, com dolo, ele responde pela conduta da primeira parte deste tipo penal.

5. **Dolo direto.** Pelo emprego das expressões "que *sabe* pertencer à massa falida", conclui-se que esse tipo penal admite apenas o dolo direto, e não o dolo eventual, uma vez que pela redação típica o agente deve ter a certeza de que o bem pertence à massa falida.

6. **Princípio da Especialidade.** O presente tipo penal constitui especialidade em relação ao delito de receptação contido no art. 180 do Código Penal que tem a seguinte redação: "Art. 180 – Adquirir, receber, transportar, conduzir ou ocultar, em proveito próprio ou alheio, coisa que sabe ser produto de crime, ou influir para que terceiro, de boa-fé, a adquira, receba ou oculte: Pena – reclusão, de um a quatro anos, e multa."

7. **Tipo misto alternativo.** Caso o agente pratique mais de uma conduta descrita no tipo penal, responderá por um delito apenas, não havendo concurso de crimes.

8. **Condição objetiva de punibilidade.** Ver art. 180 desta lei.

9. **Consumação.** O delito consuma-se com a prática das condutas típicas.

10. **Classificação.** Crime comum; material; comissivo; de dano; instantâneo nas condutas *adquirir*, *receber* e *influir*, mas permanente na conduta *usar*; admite tentativa.

11. **Suspensão condicional do processo.** Incabível, pois a pena mínima cominada ultrapassa 1 ano (art. 89 da lei 9.099/95).

Habilitação ilegal de crédito

Art. 175. Apresentar, em falência, recuperação judicial ou recuperação extrajudicial, **relação de créditos, habilitação de créditos ou reclamação falsas**, ou juntar a elas **título falso ou simulado**:

Pena – reclusão, de 2 (dois) a 4 (quatro) anos, e multa.

1. **Sujeito ativo.** O administrador judicial na conduta apresentar a relação de créditos. Qualquer pessoa nas demais condutas.

2. **Sujeito passivo.** Os credores.

3. **Apresentar relação de créditos, habilitação de créditos ou reclamação falsa.** Apresentar significa exibir a alguém. A *relação de créditos* é o ato realizado pelo administrador judicial que consiste em um levantamento dos créditos que existem contra o devedor. Segundo o art. 7º, *caput,* desta lei "a verificação dos créditos será realizada pelo administrador judicial, com base nos livros contábeis e documentos comerciais e fiscais do devedor e nos documentos que lhe forem apresentados pelos credores, podendo contar com o auxílio de profissionais ou empresas especializadas." A *habilitação de créditos* nada mais é do que o procedimento que é realizado para admissão de credores no processo de recuperação judicial ou extrajudicial e de falência, logo após a primeira verificação de crédito. Trata-se de uma obrigação processual realizada após a verificação dos créditos, que surge com deferimento do processamento da recuperação judicial, da recuperação extrajudicial ou com a decretação da falência do devedor. A habilitação de crédito é feita por qualquer credor. A *reclamação* consiste na impugnação de qualquer crédito em desacordo com o realmente devido segundo o entendimento do credor. Ela é feita por qualquer credor. O legislador quis evitar, mais uma vez, a frustração da *par conditio creditorum* ao incriminar a conduta de apresentação de créditos falsos e inexistentes. Com efeito, se na falência, na recuperação judicial ou na recuperação extrajudicial forem apresentados e habilitados créditos falsos, isso ocasionará uma distribuição errada dos valores entre os credores e a frustração da igualdade entre eles.

4. **Juntar título falso ou simulado.** Título falso ou simulado significa a mesma coisa. Se um título é falso, é porque ele é simulado e vice-versa. Aqui não faz diferença a falsidade ser material ou ideológica, tendo em vista que o legislador não especificou e ambas constituem falsidade. Da mesma forma que dissemos no item anterior, a apresentação de títulos falsos vai gerar uma distribuição errada dos créditos e provocará a frustração da *par conditio creditorum.*

5. **Princípio da Especialidade.** O presente tipo penal está especializado no art. 14 da lei 7.492/86, que trata da mesma conduta em relação à falência de instituição financeira: "Art. 14. Apresentar, em liquidação extrajudicial, ou em falência de instituição financeira, declaração de crédito ou reclamação falsa, ou juntar a elas título falso ou simulado: Pena – Reclusão, de 2 (dois) a 8 (oito) anos, e multa. Parágrafo único. Na mesma pena incorre o ex-administrador ou falido que reconhecer, como verdadeiro, crédito que não o seja."

6. **Tipo misto alternativo.** Caso o agente pratique mais de uma conduta descrita no tipo penal, responderá por um delito apenas, não havendo concurso de crimes.

7. **Condição objetiva de punibilidade.** Ver art. 180 desta lei.

8. **Consumação.** O delito consuma-se com a prática das condutas típicas.

9. **Classificação.** Crime próprio praticado pelo administrador judicial na conduta *apresentar a relação de créditos falsa* e comum nas demais condutas; formal; comissivo; de perigo abstrato; instantâneo; admite tentativa.

10. **Suspensão condicional do processo.** Incabível, pois a pena mínima cominada ultrapassa 1 ano (art. 89 da lei 9.099/95).

Exercício ilegal de atividade

Art. 176. Exercer atividade para a qual foi **inabilitado ou incapacitado por decisão judicial**, nos termos desta Lei:

Pena – reclusão, de 1 (um) a 4 (quatro) anos, e multa.

1. **Sujeito ativo.** O falido declarado inabilitado.

2. **Sujeito passivo.** O Estado.

3. **Exercer atividade para a qual foi inabilitado ou incapacitado por decisão judicial.** Existem algumas consequências advindas da declaração da falência e, entre outras, há consequências proibitivas no âmbito do exercício de determinadas atividades. Com efeito, a lei de falência estabelece algumas proibições a que fica sujeito o falido. São consequências que possuem relação com o instituto da falência. Note-se que a inabilitação não decorre da lei, e sim de decisão judicial. São exemplos, entre outros: a perda do direito de administrar os seus bens ou de dispor deles prevista no art. 103: "Art. 103. Desde a decretação da falência ou do seqüestro, o devedor perde o direito de administrar os seus bens ou deles dispor. Parágrafo único. O falido poderá, contudo, fiscalizar a administração da falência, requerer as providências necessárias para a conservação de seus direitos ou dos bens arrecadados e intervir nos processos em que a massa falida seja parte ou interessada, requerendo o que for de direito e interpondo os recursos cabíveis"; a proibição de exercer qualquer atividade empresarial contida no art.102: "Art. 102. O falido fica inabilitado para exercer qualquer atividade empresarial a partir da decretação da falência e até a sentença que extingue suas obrigações, respeitado o disposto no § 1º do art. 181 desta Lei. Parágrafo único. Findo o período de inabilitação, o falido poderá requerer ao juiz da falência que proceda à respectiva anotação em seu registro."

4. **Norma penal em branco.** O presente tipo penal constitui norma penal em branco homogênea homovitelina, uma vez que se faz necessário complementar o seu preceito primário para a determinação do que seja "atividade para a qual foi inabilitado ou incapacitado por decisão judicial". As hipóteses de inabilitação ou a incapacitação estão previstas na própria lei de falência.

5. **Princípio da Especialidade.** O presente tipo penal constitui especialidade em relação ao delito de desobediência previsto no art. 330 do Código Penal que tem a seguinte redação: "Art. 330 – Desobedecer a ordem legal de funcionário público: Pena – detenção, de quinze dias a seis meses, e multa."

6. **Condição objetiva de punibilidade.** Ver art. 180 desta lei.

7. **Consumação.** O delito consuma-se com a prática do ato para o qual o agente ficou inabilitado ou incapacitado, não sendo necessário o advento de nenhuma consequência desse ato. Trata-se de crime formal.

8. **Classificação.** Crime próprio; formal; comissivo; de perigo abstrato; instantâneo; admite tentativa.

9. **Suspensão condicional do processo.** Cabível, pois a pena mínima cominada não ultrapassa 1 ano (art. 89 da lei 9.099/95).

Violação de impedimento

Art. 177. Adquirir o juiz, o representante do Ministério Público, o administrador judicial, o gestor judicial, o perito, o avaliador, o escrivão, o oficial de justiça ou o leiloeiro, por si ou por interposta pessoa, **bens de massa falida ou de devedor em recuperação judicial**, ou, em relação a estes, entrar em alguma **especulação de lucro**, quando tenham **atuado nos respectivos processos**:

Pena – reclusão, de 2 (dois) a 4 (quatro) anos, e multa.

1. **Sujeito ativo.** O Juiz, o membro do Ministério Público, o administrador judicial, o gestor judicial, o perito, o avaliador, o escrivão, o oficial de justiça ou o leiloeiro

2. **Sujeito passivo.** O Estado.

3. **Adquirir bens de massa falida ou de devedor em recuperação judicial, ou, em relação a estes, entrar em alguma especulação de lucro.** São duas as condutas incriminadas neste tipo penal: 1. *Adquirir* bens, o que significa tornar-se proprietário dos bens, de qualquer forma, seja onerosa, seja gratuita; e 2. *Entrar* em alguma especulação de lucro, que significa fazer parte de qualquer espécie de exploração lucrativa. Note-se que os sujeitos ativos desse delito são justamente as pessoas que estão ligadas direta ou indiretamente ao processo de falência ou de recuperação judicial. Espera-se dessas pessoas que elas cumpram os seus deveres de forma isenta e honesta, de maneira que não se beneficiem, de nenhuma forma, do processo de falência ou de recuperação judicial. O legislador quis manter a confiança depositada nesses personagens do processo e garantir que de suas funções não aufiram nenhuma espécie de vantagem, para que não fique prejudicada a *par conditio creditorum.* Isso porque qualquer espécie de desvio de bens, por aquisição ou por especulação de lucro, irá prejudicar a lisura da satisfação dos créditos. É de notar-se que a incriminação abrange as condutas de aquisição ou de participação em especulação de lucro apenas quando os sujeitos ativos tenham atuado nos processos de falência ou de recuperação judicial.

4. **Aquisição por interposta pessoa.** Uma forma de simulação bastante comum é a concretização de transações por meio de interposta pessoa, denominada "laranja" ou "testa de ferro", no intuito de disfarçar a pessoa que realmente está a realizar a transação.

5. **Princípio da legalidade.** Tendo em vista que o tipo penal faz menção apenas a "bens de massa falida ou de devedor em recuperação judicial", a incriminação não abrange a recuperação extrajudicial.

6. **Tipo misto alternativo.** Caso o agente pratique mais de uma conduta descrita no tipo penal, responderá por um delito apenas, não havendo concurso de crimes.
7. **Condição objetiva de punibilidade.** Ver art. 180 desta lei.
8. **Consumação.** O delito consuma-se com a aquisição dos bens ou com a participação na especulação de lucro, independentemente da geração de prejuízo aos credores.
9. **Classificação.** Crime próprio; formal; comissivo; de perigo abstrato; instantâneo; admite tentativa.
10. **Suspensão condicional do processo.** Incabível, pois a pena mínima cominada ultrapassa 1 ano (art. 89 da lei 9.099/95).

Omissão dos documentos contábeis obrigatórios

Art. 178. Deixar de elaborar, escriturar ou autenticar, antes ou depois da sentença que decretar a falência, conceder a recuperação judicial ou homologar o plano de recuperação extrajudicial, os **documentos de escrituração contábil obrigatórios**:

Pena – detenção, de 1 (um) a 2 (dois) anos, e multa, se o fato não constitui crime mais grave.

1. **Sujeito ativo.** O administrador da pessoa jurídica que está sujeita à falência, à recuperação judicial e à recuperação extrajudicial. Pode ser também o falido (depois da decretação da falência) ou o administrador judicial que tiver a obrigação de elaborar, escriturar ou autenticar os documentos de escrituração contábil obrigatórios.
2. **Sujeito passivo.** O Estado e os credores prejudicados.
3. **Deixar de elaborar, escriturar ou autenticar os documentos de escrituração contábil obrigatórios.** O tipo penal prevê a conduta omissiva do agente em não cumprir o dever de elaborar, escriturar ou autenticar os documentos de escrituração contábil obrigatórios a que está obrigado por força legal. O legislador quis proteger a lisura e a integridade da saúde financeira e contábil da pessoa jurídica por meio da elaboração, da escrituração ou da autenticação dos documentos de escrituração contábil obrigatórios e transformou em crime a omissão dessa conduta.
4. **Crime omissivo.** Trata-se de crime omissivo próprio, uma vez que o agente deixa de agir quando deveria elaborar, escriturar ou autenticar os documentos de escrituração contábil obrigatórios, violando, assim, o seu dever de agir.
5. **Momento da prática do delito.** O legislador especificou o momento da prática da conduta omissiva, dispondo que ela pode ser praticada antes ou depois da sentença que decretar a falência, conceder a recuperação judicial ou homologar a recuperação extrajudicial, ou seja, o ato pode ser praticado a qualquer momento durante os três institutos regulamentados pela lei de falência, tendo em vista que o art. 1º da lei dispõe "esta Lei disciplina a recuperação judicial, a recuperação extrajudicial e a falência do empresário e da sociedade empresária, doravante referidos simplesmente como devedor."

6. **Norma penal em branco.** O presente tipo penal constitui norma penal em branco, uma vez que se faz necessário complementar o seu preceito primário para a determinação da elaboração, escrituração ou autenticação dos documentos de escrituração contábil obrigatórios.

7. **Condição objetiva de punibilidade.** Ver art. 180 desta lei.

8. **Tipo misto alternativo.** Caso o agente pratique mais de uma conduta descrita no tipo penal, responderá por um delito apenas, não havendo concurso de crimes. Assim, se o agente deixar de elaborar e de autenticar os documentos de escrituração contábil obrigatórios, responde por apenas um delito.

9. **Subsidiariedade expressa.** Trata-se de tipo penal expressamente subsidiário. Assim, se a conduta que, a princípio, configurar esse delito, der causa à ocorrência de um delito mais grave, por ele deverá responder o agente.

10. **Consumação.** O delito consuma-se com a mera omissão do agente, pois se trata de crime omissivo próprio.

11. **Classificação.** Crime próprio; formal; omissivo próprio; de perigo abstrato; instantâneo; não admite tentativa por ser crime omissivo próprio.

12. **Infração penal de menor potencial ofensivo.** Tendo em vista que a pena máxima não é superior a dois anos, trata-se de infração penal de menor potencial ofensivo (art. 61 da lei 9.099/95).

13. **Suspensão condicional do processo.** Cabível, pois a pena mínima cominada não ultrapassa 1 ano (art. 89 da lei 9.099/95).

Seção II
Disposições Comuns

Art. 179. Na falência, na recuperação judicial e na recuperação extrajudicial de sociedades, os seus sócios, diretores, gerentes, administradores e conselheiros, de fato ou de direito, bem como o administrador judicial, **equiparam-se ao devedor ou falido para todos os efeitos penais** decorrentes desta Lei, na medida de sua culpabilidade.

1. **Equiparação ao devedor ou ao falido.** O presente artigo traz uma equiparação desnecessária. Com efeito, mesmo que não fosse essa previsão legal, a responsabilidade pessoal de cada um (sócios, diretores, gerentes, administradores e conselheiros, de fato ou de direito, bem como o administrador judicial), deve ser aferida independentemente dessa previsão legal, de acordo com o art. 29 do Código Penal, que trata do concurso de pessoas e prevê a responsabilidade pessoal na medida da culpabilidade do agente. Mesmo que haja essa equiparação, deverá ser apurada efetiva e concretamente a responsabilidade de cada agente de acordo com o caso concreto, ou seja, a mera previsão desse dispositivo legal não faz nascer automaticamente a responsabilidade penal, devendo ser demonstrada e provada a conduta criminosa de cada concorrente, sob pena de incidência em responsabilidade penal objetiva.

Art. 180. A **sentença** que decreta a falência, concede a recuperação judicial ou concede a recuperação extrajudicial de que trata o art. 163 desta Lei é **condição objetiva de punibilidade** das infrações penais descritas nesta Lei.

1. **Condição objetiva de punibilidade.** A condição objetiva de punibilidade pode ser vista de duas formas: A primeira forma é a consideração dela como um acontecimento futuro e incerto, cuja realização é necessária para a integração jurídica do crime. É um elemento exterior ao tipo legal de crime, elemento suplementar do tipo, de forma que caso não haja a sua implementação, o delito não se configura. A segunda forma é a consideração da condição objetiva de punibilidade como elemento imprescindível à punição, ao exercício do *jus puniendi*, mas não essencial à integração do crime, que já existe com todos os seus elementos constitutivos. Assim, a condição objetiva de punibilidade, como o nome sugere, é um acontecimento futuro e incerto que condiciona a punibilidade propriamente dita. O delito já existe e já se aperfeiçoou. Contudo, a sua punição fica condicionada ao advento desse acontecimento futuro e incerto. Portanto, ela influencia a punição, e não a existência do delito. A segunda forma de ver a condição objetiva de punibilidade é a forma adotada majoritariamente no Brasil e parece-nos que foi nesse sentido que o legislador faz a previsão delas nesse artigo ora comentado. Assim, caso não haja a sentença que decrete a falência, que conceda a recuperação judicial ou que conceda a recuperação extrajudicial, não haverá o exercício da punibilidade.

→ Aplicação em concurso.

- **Juiz de Direito do TJ/DF. 2015. CESPE.**

  Nos crimes falimentares, regulamentados pela Lei de Falências, a propositura da ação penal pelo MP independe da sentença que decretar a falência ou conceder a recuperação judicial.

  A alternativa está errada.

Art. 181. São **efeitos da condenação** por crime previsto nesta Lei:

I – a inabilitação para o exercício de atividade empresarial;

II – o impedimento para o exercício de cargo ou função em conselho de administração, diretoria ou gerência das sociedades sujeitas a esta Lei;

III – a impossibilidade de gerir empresa por mandato ou por gestão de negócio.

§ 1º Os efeitos de que trata este artigo não são automáticos, devendo ser motivadamente declarados na sentença, e perdurarão até 5 (cinco) anos após a extinção da punibilidade, podendo, contudo, cessar antes pela reabilitação penal.

§ 2º Transitada em julgado a sentença penal condenatória, será notificado o Registro Público de Empresas para que tome as medidas necessárias para impedir novo registro em nome dos inabilitados.

1. **Efeitos secundários extrapenais da condenação.** A condenação transitada em julgado por algum delito previsto nesta lei gera os efeitos secundários extrapenais descritos neste artigo.

2. **Inciso I.** Se o falido deu causa à decretação de falência da pessoa jurídica da qual era administrador, o legislador atuou preventivamente e trouxe a proibição de ele exercer qualquer atividade empresarial pelos próximos cinco anos subsequentes. Note-se que nessa previsão também estão abrangidas as pessoas constantes do art. 179 da presente lei, por equiparação.

3. **Inciso II.** Trata do impedimento para o exercício de cargo ou função em conselho de administração, diretoria ou gerência das sociedades sujeitas a esta lei. Com efeito, pelos mesmos motivos delineados nos comentários ao inciso I, o falido e as pessoas a ele equiparadas por força do art. 179 ficam impossibilitados de exercerem as funções de conselheiro, administrador, diretor ou gerente, como desdobramento do inciso I.

4. **Inciso III.** Este inciso proíbe o falido de exercer a gestão da pessoa jurídica como mandatário ou gestor do negócio. Trata-se, também, de um desdobramento dos incisos I e II. O legislador quis afastar, de qualquer forma, o falido de qualquer atividade empresarial, independentemente da qualidade que ostente.

   → Aplicação em concurso.

   - **(TJDFT – Juiz de Direito Substituto – TJDFT/2012)**
     Julgue os itens a seguir:

     I - Homero, antes da sentença que decretou a falência de sua empresa, praticou ato de oneração patrimonial destinado a favorecer um de seus credores em prejuízo dos demais. Na hipótese de restar procedente a pretensão punitiva estatal, o Juiz deverá condenar Homero pelo crime falimentar de favorecimento de credores (art. 172 da Lei 11.101/05) podendo determinar, desde que motivadamente na sentença, sua impossibilidade de gerir empresa por mandato ou gestão de negócio.

     A alternativa está certa.

5. **Aplicação cumulativa.** Em razão da ausência de expressa proibição legal, bem como da lógica que se retira da *mens legislatoris*, as sanções dos três incisos podem ser aplicadas cumulativamente.

6. § **1º. Efeitos não automáticos.** De forma semelhante a que ocorre com os efeitos da condenação previstos no art. 92 do Código Penal, os efeitos previstos no presente artigo não são automáticos e só incidirão se o Juiz declará-los na sentença penal condenatória.

7. **Tempo de duração dos efeitos.** Pela redação legal, os efeitos são pelo prazo determinado de *até* cinco anos podendo cessar antes por meio da denominada reabilitação penal. Contudo, cremos que o Juiz possa estabelecer um prazo menor, a depender do caso concreto. Os cinco anos são o prazo máximo que o legislador estabeleceu como limite, nada impedindo que o Juiz fixe um prazo menor.

8. § **2º. Notificação do Registro Público de Empresas.** A notificação é fundamental para que o falido realmente fique impedido de exercer, a qualquer título, qualquer atividade empresarial, de forma que qualquer tentativa de o falido exercê-la esbarraria no óbice do registro feito.

Art. 182. A **prescrição dos crimes previstos nesta Lei** reger-se-á pelas disposições do Decreto-Lei nº 2.848, de 7 de dezembro de 1940 – Código Penal, **começando a correr** do **dia da decretação** da falência, da **concessão** da recuperação judicial ou da homologação do plano de recuperação extrajudicial.

Parágrafo único. A **decretação da falência do devedor interrompe a prescrição** cuja contagem tenha iniciado com a concessão da recuperação judicial ou com a homologação do plano de recuperação extrajudicial.

1. **Prescrição.** A lei de falências optou por não regular a prescrição dos delitos nela previstos e socorreu-se das regras previstas no Código Penal.
2. **Termo inicial.** Embora a lei de falência socorra-se do Código Penal para fins de prescrição, o termo inicial do prazo prescricional é diferente. No Código Penal, a regra do termo inicial do prazo prescricional vem regulado no art. 111, que estabelece, como regra geral, a data da consumação do delito. Na lei de falência, o termo inicial do prazo prescricional é a data da decretação da falência, da concessão da recuperação judicial ou da homologação do plano de recuperação extrajudicial.
3. **Crime praticado após a decretação da falência, da concessão da recuperação judicial ou da homologação do plano de recuperação extrajudicial.** Nesses casos, torna-se impossível a aplicação do art. 182 da lei de falência, uma vez que a sentença é anterior à prática da conduta criminosa. Assim, caso o delito seja praticado posteriormente à decretação da falência, da concessão da recuperação judicial ou da homologação do plano de recuperação extrajudicial, o termo *a quo* do prazo deve ser o da consumação do delito, aplicando-se o art. 111 do Código Penal.
4. **Parágrafo** único. **Interrupção do prazo.** Essa norma apenas pode ser aplicada aos casos em que a decretação da falência tenha sido precedida de recuperação judicial ou extrajudicial. Quando da concessão da recuperação judicial ou extrajudicial, o prazo prescricional começou a correr. Contudo, a posterior decretação da falência tem o condão de interromper esse prazo e fazê-lo recomeçar novamente em sua íntegra.

Seção III
Do Procedimento Penal

Art. 183. Compete ao **juiz criminal da jurisdição** onde tenha sido decretada a falência, concedida a recuperação judicial ou homologado o plano de recuperação extrajudicial, **conhecer da ação penal pelos crimes** previstos nesta Lei.

1. **Processo criminal. Competência para o processo e o julgamento.** A competência para o processo e o julgamento dos crimes falimentares é do Juízo Criminal de onde houver sido decretada a falência ou concedida a recuperação judicial ou extrajudicial. Assim, se, por exemplo, a falência for decretada pelo Juízo da Vara Empresarial do Rio de Janeiro, a competência criminal será de uma das Varas Criminais do Rio de Janeiro.

→ **Aplicação em concurso.**

- **(MPE-MS – Promotor de Justiça – MS/2013)**

  Acerca dos procedimentos criminais, considere as assertivas abaixo:

  A ação penal pela prática de crime falimentar (Lei nº 11.101/05) será proposta perante o juízo da falência, que é universal, tendo, assim, competência para julgá-la.

  A alternativa está errada.

Art. 184. Os crimes previstos nesta Lei são de **ação penal pública incondicionada.**

Parágrafo único. Decorrido o prazo a que se refere o art. 187, § 1º, sem que o representante do Ministério Público ofereça denúncia, qualquer credor habilitado ou o administrador judicial poderá oferecer **ação penal privada subsidiária da pública**, observado o prazo decadencial de 6 (seis) meses.

1. **Ação penal**. Trata-se de dispositivo absolutamente desnecessário, tendo em vista que o art. 100 do Código Penal trata da regra geral da natureza da ação penal e dispõe que "a ação penal é pública, salvo quando a lei expressamente a declara privativa do ofendido." Portanto, basta que a lei omita sobre esse ponto que a ação penal será pública incondicionada. Essa é a regra geral. Basta que a lei preveja as exceções.
2. **Parágrafo** único. **Ação penal privada subsidiária da pública.** De forma semelhante à prevista no art. 29 do Código de Processo Penal, o legislador possibilitou a ação penal privada subsidiária da pública. Contudo, os legitimados na lei de falência são: qualquer credor habilitado ou o administrador judicial. Note-se que não é qualquer credor, mas somente aquele que estiver habilitado.

Art. 185. Recebida a denúncia ou a queixa, observar-se-á o **rito previsto nos arts. 531 a 540** do Decreto-Lei nº 3.689, de 3 de outubro de 1941 – **Código de Processo Penal.**

1. **Procedimento.** O Código de Processo Penal tinha um capítulo destinado ao processo e ao julgamento dos crimes falimentares nos arts. 503 a 512. Contudo, a lei de falência revogou tais artigos e determinou que se seguisse o procedimento sumário previsto nos arts. 531 ao 538 do Código de Processo Penal (os arts. 539 e 540 estão revogados).

→ **Aplicação em concurso.**

- **(ACADEPOL – Delegado de Polícia – RS/2009)**

  Analise as seguintes assertivas.

  Após o recebimento da denúncia ou da queixa por crime previsto na Lei nº 11.101/05 ("Lei de falências"), o rito processual a ser observado é o sumário, previsto no Código de Processo Penal.

  A alternativa está certa.

2. **Súmula 564 do STF.** "A ausência de fundamentação do despacho de recebimento de denúncia por crime falimentar enseja nulidade processual, salvo se já houver sentença condenatória."

Art. 186. No **relatório previsto na alínea *e* do inciso III do caput do art. 22 desta Lei**, o administrador judicial apresentará ao juiz da falência exposição circunstanciada, considerando as causas da falência, o procedimento do devedor, antes e depois da sentença, e outras informações detalhadas a respeito da conduta do devedor e de outros responsáveis, se houver, por atos que possam constituir crime relacionado com a recuperação judicial ou com a falência, ou outro delito conexo a estes.

Parágrafo único. A exposição circunstanciada será instruída com laudo do contador encarregado do exame da escrituração do devedor.

1. **Relatório do administrador judicial.** O art. 22, III, alínea *e* da presente lei prevê que "ao administrador judicial compete, sob a fiscalização do juiz e do Comitê, além de outros deveres que esta lei lhe impõe: III – na falência: *e)* apresentar, no prazo de 40 (quarenta) dias, contado da assinatura do termo de compromisso, prorrogável por igual período, relatório sobre as causas e circunstâncias que conduziram à situação de falência, no qual apontará a responsabilidade civil e penal dos envolvidos, observado o disposto no art. 186 desta Lei." Assim, o administrador judicial apontará os atos que possam constituir crime falimentar relacionado com a falência ou com a recuperação judicial. Evidentemente, as informações prestadas pelo administrador judicial não têm caráter vinculativo porque ele não possui a *opinio delicti*. Mas podem funcionar como *notitia criminis* da prática de algum delito relacionado com a falência ou com a recuperação judicial.
2. **Parágrafo** único. O acompanhamento do laudo do contador é uma exigência legal e não pode ser dispensada.

Art. 187. Intimado da sentença que decreta a falência ou concede a recuperação judicial, o Ministério Público, verificando a ocorrência de qualquer crime previsto nesta Lei, **promoverá imediatamente a competente ação penal ou, se entender necessário, requisitará a abertura de inquérito policial**.

§ 1º O prazo para oferecimento da denúncia regula-se pelo art. 46 do Decreto-Lei nº 3.689, de 3 de outubro de 1941 - Código de Processo Penal, **salvo se** o Ministério Público, **estando o réu solto ou afiançado**, decidir aguardar a apresentação da exposição circunstanciada de que trata o art. 186 desta Lei, devendo, em seguida, oferecer a denúncia em 15 (quinze) dias.

§ 2º Em qualquer fase processual, surgindo indícios da prática dos crimes previstos nesta Lei, o juiz da falência ou da recuperação judicial ou da recuperação extrajudicial cientificará o Ministério Público.

1. **Promoção da ação penal.** A necessidade da intimação da sentença que decreta a falência ou que concede a recuperação judicial decorre da sua natureza de condição

objetiva de punibilidade prevista no art. 180 desta lei. Por *imediatamente* deve ser entendido sem delongas, desde que o membro do Ministério Público já tenha elementos suficientes para embasar a denúncia. Esse artigo confirma a característica da dispensabilidade do inquérito policial, que será instaurado apenas em caso de necessidade.

2. **§ 1º. Prazo para oferecimento da denúncia.** Segue-se a regra do art. 46 do Código de Processo Penal: "Art. 46. O prazo para oferecimento da denúncia, estando o réu preso, será de 5 dias, contado da data em que o órgão do Ministério Público receber os autos do inquérito policial, e de 15 dias, se o réu estiver solto ou afiançado. No último caso, se houver devolução do inquérito à autoridade policial (art. 16), contar-se-á o prazo da data em que o órgão do Ministério Público receber novamente os autos. § 1º Quando o Ministério Público dispensar o inquérito policial, o prazo para o oferecimento da denúncia contar-se-á da data em que tiver recebido as peças de informação ou a representação. § 2º O prazo para o aditamento da queixa será de 3 dias, contado da data em que o órgão do Ministério Público receber os autos, e, se este não se pronunciar dentro do tríduo, entender-se-á que não tem o que aditar, prosseguindo-se nos demais termos do processo."

3. **Ressalva. Réu solto ou afiançado.** O legislador foi redundante, pois se o réu está afiançado, é porque ele está solto. O membro do Ministério Público tem a faculdade (e não a obrigatoriedade) de esperar a chegada do relatório a que se refere o art. 186 desta lei. Pensamos que isso apenas ocorrerá caso ainda não haja elementos suficientes para formar a justa causa. Nesse caso, o prazo de 15 dias para o oferecimento da denúncia terá início após o término do prazo de 40 dias previsto no art. 22, III, alínea *e* desta lei, de forma que o prazo para o oferecimento da denúncia passa a ser de 55 dias, ou, então, de 95 caso o prazo de 40 dias seja prorrogado por igual período.

4. **§ 2º. Comunicação ao Ministério Público.** A previsão é igual a do art. 40 do Código de Processo Penal, que dispõe "quando, em autos ou papéis de que conhecerem, os juízes ou tribunais verificarem a existência de crime de ação pública, remeterão ao Ministério Público as cópias e os documentos necessários ao oferecimento da denúncia."

Art. 188. Aplicam-se **subsidiariamente** as disposições do **Código de Processo Penal**, no que não forem incompatíveis com esta Lei.

1. **Aplicação subsidiária do Código de Processo Penal.** Mais um dispositivo absolutamente desnecessário, uma vez que a aplicação subsidiária do Código de Processo Penal decorre do princípio da especialidade e da interpretação sistemática do ordenamento jurídico.

Finanças Públicas. Lei nº 10.028, de 19 de outubro de 2000

1. **Direito Penal e Direito Financeiro.** O estudo dos crimes contra as Finanças Públicas exige noções de Direito Financeiro e Tributário. Assim, para que o leitor tenha uma perfeita compreensão do tema, traçaremos inicialmente alguns conceitos, normas, noções e princípios daqueles ramos do Direito.

2. **Poder Financeiro e soberania.** Soberania e poder financeiro são conceitos interligados, uma vez que esse decorre daquela. O Estado brasileiro soberano detém o exercício do poder financeiro, que se concretiza por meio da atividade financeira estatal.

3. **Atividade tributária e atividade financeira.** Não se pode confundir *atividade financeira* com *atividade tributária*. A *atividade tributária* consiste na relação estabelecida em lei que une o sujeito ativo (Fisco) ao sujeito passivo (contribuinte ou responsável), em torno de uma prestação pecuniária ou não-pecuniária, com a finalidade de obter recursos financeiros. Uma vez praticado o fato gerador pelo sujeito passivo da relação tributária, nasce a obrigação tributária. Entretanto, para que se dê exigibilidade a essa obrigação tributária, o fisco realiza o lançamento, constituindo, assim, o crédito tributário. Constituído o crédito tributário, cabe ao contribuinte pagá-lo. Com o pagamento feito pelo contribuinte, aquele valor se transforma em *receita pública,* que, segundo a doutrina, consiste em toda e qualquer entrada de dinheiro que acresce ao patrimônio público sem correspondência no passivo. Nesse momento, cessa a relação tributária e nasce atividade financeira. A *atividade financeira* consiste em um conjunto de ações estatais com a finalidade de obtenção de receita e a realização de gastos para atender às necessidades públicas. Isso porque os fins e os objetivos a serem alcançados pelo Estado só podem ser financiados pelo ingresso de valores, receitas tributárias e não-tributárias. Dessa forma, a atividade financeira do Estado não é um fim em si mesmo. Ela é uma atividade meio, ou seja, o Estado não visa a obter lucros, e, sim, obter receita para satisfazer as necessidades públicas. A atividade financeira comporta três vertentes: a primeira vertente consiste na *obtenção de recursos,* por meio da qual se gera receita pública; a segunda vertente é a *geração dos recursos,* pela qual ocorre administração e conservação do patrimônio público e a terceira vertente está ligada à *aplicação desses recursos*, que é, por fim, a despesa pública. Contudo, existem regras para a realização de toda essa atividade financeira.

4. **Princípio da Exclusividade.** Como exposto acima, a primeira e a terceira vertentes da atividade financeira consistem, respectivamente, na *obtenção de receita* e na *realização de despesa*. A obtenção da receita e a realização da despesa devem ser feitas nos moldes definidos na lei orçamentária anual. A isso se denomina princípio da exclusividade, que possui previsão no art. 165, § 8º da CRFB/88. Esse princípio preconiza que a lei orçamentária só pode conter previsão de receita e autorização de despesa, evitando as denominadas caudas orçamentárias, também chamados orçamentos rabilongos.

5. **Princípio da Transparência Fiscal.** Princípio constitucional implícito, significa que a atividade financeira (obtenção, geração e aplicação de recursos) deve se desenvolver com clareza, com transparência, legitimando o próprio Estado Democrático e Social de Direito, na medida em que se possibilita ao cidadão a *fiscalização* e o *controle* da atividade estatal, coadunando-se com a ideia de democracia.

6. **Globalização e risco às finanças públicas.** O processo de globalização, que se alastrou por todas as partes do mundo, trouxe em si uma ambivalência: vantagens e desvantagens para a humanidade. Entre as desvantagens, encontra-se o incremento de riscos, como o risco fiscal, que são os riscos do desequilíbrio do orçamento e das contas públicas, provocado pela irresponsabilidade na gestão dos recursos públicos. Tendo em vista esses riscos nas contas públicas, há que se ter mecanismos, instrumentos para evitá-los ou minimizá-los.

7. **A Lei Complementar nº 101/2000 – Lei de Responsabilidade Fiscal.** Um dos instrumentos – e talvez o mais eficaz – criados para evitar ou minimizar o risco no desequilíbrio do orçamento e das contas públicas foi a edição da Lei Complementar nº 101/2000. Essa lei surgiu dentro de um contexto constitucional. O art. 30 da Emenda Constitucional nº 19, de 1998, determinou que "**o** *projeto de lei complementar a que se refere o art. 163 da Constituição Federal será apresentado pelo Poder Executivo ao Congresso Nacional no prazo máximo de cento e oitenta dias da promulgação desta Emenda*". Dentro desse prazo, ocorreu o advento da Lei Complementar nº 101/2000, denominada Lei de Responsabilidade Fiscal, que dispõe sobre normas de finanças públicas voltadas para a responsabilidade na gestão fiscal. Tal lei teve por finalidade primordial proibir aos entes da federação gastarem mais do que arrecadam, e, para tanto, estabelece limites.

8. **Princípio da Responsabilidade Fiscal.** Esse princípio, de tradição no direito financeiro anglo-americano, corresponde ao conceito de *accountability,* que significa *responsabilidade pela eficiente gerência dos recursos públicos* e começa a ingressar no Brasil por meio da Lei de Responsabilidade Fiscal. Tal princípio se desdobra em dois subprincípios: *Princípio da Prudência* e *Princípio da Transparência*, ambos previstos no art. 1º, **§** 1º da Lei Complementar: "**§** *1º A responsabilidade na gestão fiscal pressupõe a ação* ***planejada e transparente****, em que se previnem riscos e corrigem desvios capazes de afetar o equilíbrio das contas públicas, mediante o cumprimento de metas de resultados entre receitas e despesas e a obediência a limites e condições no que tange a renúncia de receita, geração de despesas com pessoal, da seguridade social e outras, dívidas consolidada e mobiliária, operações de crédito, inclusive por antecipação de receita, concessão de garantia e inscrição*

em Restos a Pagar." É justamente a desobediência ao Princípio da Responsabilidade Fiscal que gerará a responsabilidade penal.

9. **A lei 10.028/2000.** Cinco meses depois da promulgação da LRF, foi promulgada a lei 10.028/2000, tipificando condutas lesivas ao bem jurídico finanças públicas, com a justificativa dada pela Comissão de Constituição e Justiça e de Redação da Câmara dos Deputados, de que, por se tratar de gestão fiscal responsável, caracterizada pelo controle e pela transparência na utilização dos recursos públicos, mereceria a tutela penal. O legislador optou por colocar os crimes contra as Finanças Públicas dentro do Código Penal, inserindo o capítulo IV no título XI do Código Penal, que vai do art. 359-A ao 359-H, devendo a eles ser aplicada a parte geral do Código Penal. A lei 10.028/2000, na maioria dos tipos penais, transformou em crime o descumprimento das normas previstas na LRF. Assim, a maioria dos tipos penais corresponde ao descumprimento de, pelo menos, uma norma da LRF.

   → Aplicação em concurso.

   - **Procurador do Ministério Público junto ao Tribunal de Contas da União/2015. CESPE.**

     Acerca de crimes contra as finanças públicas, assinale a opção correta.

     Na inclusão dos crimes contra as finanças públicas, o legislador não repetiu a redação da legislação esparsa revogada que permitia a aplicação da pena acessória no que diz respeito à inabilitação para o exercício do cargo. Desse modo, fica o juiz impossibilitado de determinar a perda do cargo.

     A alternativa está errada.

10. **Responsabilidade penal e extrapenal prevista na LRF.** O art. 73 da LRF dispõe que *"As infrações dos dispositivos desta Lei Complementar serão punidas segundo o Decreto-Lei nº 2.848, de 7 de dezembro de 1940 (Código Penal); a Lei nº 1.079, de 10 de abril de 1950; o Decreto-Lei nº 201, de 27 de fevereiro de 1967; a Lei nº 8.429, de 2 de junho de 1992; e demais normas da legislação pertinente."* Percebe-se, portanto, que o legislador estabeleceu uma diversidade de sanções, sem que isso configure *bis in idem,* em razão da diversidade das naturezas das sanções e da independência das instâncias civil, penal e administrativa.

11. **A lei 10.028/2000 e sua aplicação no tempo.** Por se tratar, evidentemente, de uma *novatio legis in pejus,* ela não poderá retroagir para alcançar fatos praticados antes de 20/10/2000 (data em que entrou em vigor), em razão do princípio da irretroatividade de lei penal mais gravosa, positivado no art. 5º, XL, da CRFB/88.

12. **Bem jurídico tutelado.** A lei é pluriofensiva, visto que protege vários bens jurídicos, quais sejam: as finanças públicas, a probidade administrativa, o equilíbrio das contas públicas, a segurança nas operações de crédito e a gestão fiscal responsável.

13. **Sujeito passivo.** Em todos os tipos penais o sujeito passivo é o Estado.

14. **Impossibilidade de forma culposa.** Nenhum dos tipos penais prevê a modalidade de conduta culposa. Assim, em face do princípio da excepcionalidade do crime culposo, previsto do art. 18, parágrafo único, do Código Penal, conclui-se que os tipos penais só admitem a forma dolosa.

15. **Tipos penais e norma penal em branco.** Todos os tipos penais constituem norma penal em branco homogênea, uma vez que, para que se dê plena aplicação dos seus preceitos primários, é necessário buscar-se os significados de seus elementos na LRF e na lei 4.320/64 (normas gerais de direito financeiro).
16. **Tipos penais e suspensão condicional do processo.** Todos os tipos penais admitem a suspensão condicional do processo previsto no art. 89 da lei 9099/95, em razão de suas penas mínimas não ultrapassarem 1 ano.
17. **Penas restritivas de direitos.** Em regra, considerando o *quantum* das penas cominadas, é possível a substituição da pena privativa de liberdade por pena restritiva de direitos, desde que a pena aplicada não ultrapasse o total de 4 anos e estejam presentes os demais requisitos descritos no art. 44 do Código Penal.

Art. 1º (...)

Art. 2º O Título XI do Decreto-Lei nº 2.848, de 1940, passa a vigorar acrescido do seguinte capítulo e artigos:

CAPÍTULO IV
DOS CRIMES CONTRA AS FINANÇAS PÚBLICAS

Contratação de operação de crédito

Art. 359-A. Ordenar, autorizar ou realizar **operação de crédito**, interno ou externo, sem prévia autorização legislativa.

Pena – reclusão, de 1 (um) a 2 (dois) anos.

1. **Descumprimento da LRF.** O *caput* transformou em crime o descumprimento do art. 32, § 1º da LRF, que tem a seguinte redação: *"Art. 32. O Ministério da Fazenda verificará o cumprimento dos limites e condições relativos à realização de operações de crédito de cada ente da Federação, inclusive das empresas por eles controladas, direta ou indiretamente. § 1º O ente interessado formalizará seu pleito fundamentando-o em parecer de seus* órgãos *técnicos e jurídicos, demonstrando a relação custo-benefício, o interesse econômico e social da operação e o atendimento das seguintes condições: I – existência de prévia e expressa autorização para a contratação, no texto da lei orçamentária, em créditos adicionais ou lei específica; II – inclusão no orçamento ou em créditos adicionais dos recursos provenientes da operação, exceto no caso de operações por antecipação de receita; III – observância dos limites e condições fixados pelo Senado Federal; IV – autorização específica do Senado Federal, quando se tratar de operação de crédito externo; V – atendimento do disposto no inciso III do art. 167 da Constituição; VI – observância das demais restrições estabelecidas nesta Lei Complementar."* Pune-se o desrespeito ao princípio da legalidade administrativa, previsto no art. 37, *caput* da CRFB/88.
2. **Sujeito ativo.** Funcionário público que tenha atribuição legal para ordenar, autorizar ou realizar a operação de crédito.

3. **Presidente da República**. Se o sujeito ativo for o Presidente da República, ele responde também pelo crime de responsabilidade, previsto no art. 10, nº 6 da lei 1.079/50.

4. **Governador de Estado.** Se o sujeito ativo for o Governador de Estado, ele responde também pelo crime de responsabilidade, previsto no art. 10, nº 6 da lei 1.079/50, com fundamento no art. 74 da mesma lei.

5. **Prefeito municipal.** Se o sujeito ativo for o Prefeito Municipal, ele responde também pelo crime de responsabilidade, previsto no art. 1º, XX do Decreto-lei 201/67.

6. **Ordenar, autorizar e realizar.** *Ordenar* significa determinar, mandar. *Autorizar* é permitir. *Realizar* consiste em colocar em prática.

7. **Tipo misto alternativo.** Caso o agente pratique mais de uma conduta descrita no tipo penal, responderá por um delito apenas, não havendo concurso de crimes.

8. **Operação de crédito.** O seu conceito está contido no art. 29, III da LRF: *"operação de crédito: compromisso financeiro assumido em razão de mútuo, abertura de crédito, emissão e aceite de título, aquisição financiada de bens, recebimento antecipado de valores provenientes da venda a termo de bens e serviços, arrendamento mercantil e outras operações assemelhadas, inclusive com o uso de derivativos financeiros".*

9. **Operação de crédito** é **diferente de receita tributária.** A *receita tributária* não gera o dever de restituir. Por sua vez, a *operação de crédito* é uma operação bilateral, voluntária, em que o particular empresta dinheiro ao próprio Estado, gerando, dessa forma, o dever de restituição. Logo, se gera o dever de restituir, gera dívida pública. Assim, o crime é gerar dívida pública sem autorização legal, uma vez que isso implica desequilíbrio nas finanças públicas.

10. **Consumação.** Nas condutas *ordenar* e *autorizar,* o delito se consuma com a simples ordem ou autorização. Na conduta *realizar,* o delito se consuma com a efetiva operação de crédito.

11. **Classificação.** Crime próprio; doloso; formal; comissivo; de perigo abstrato; instantâneo; admite tentativa.

→ Aplicação em concurso.

- **TJ/PA. Analista Judiciário. 2009. FCC.**

  Os crimes contra as finanças públicas cometidos por agente público que possua atribuição legal para ordenar, autorizar ou realizar operação de crédito, classificam-se como crime

A) de estelionato.

B) de peculato.

C) de fraude.

D) de apropriação indébita.

E) próprio.

Alternativa correta: Letra E.

Parágrafo único. Incide na mesma pena quem ordena, autoriza ou realiza operação de crédito, interno ou externo:

I – com **inobservância de limite**, condição ou montante estabelecido em lei ou em resolução do Senado Federal;

II – quando o montante da dívida consolidada ultrapassa o **limite máximo autorizado por lei**.

1. **Inciso I.** Nessa hipótese há a autorização legislativa para a operação de crédito e o agente apenas desobedece aos limites fixados pelo Senado.
2. **Limites fixados pelo Senado.** O art. 52, VII da CRFB/88, afirma que compete ao Senado estabelecer os limites para as operações de crédito interno ou externo, ao dispor que *"Compete privativamente ao Senado Federal: VII – dispor sobre limites globais e condições para as operações de crédito externo e interno da União, dos Estados, do Distrito Federal e dos Municípios, de suas autarquias e demais entidades controladas pelo Poder Público federal"*.
3. **Prefeito municipal.** Se o sujeito ativo for o Prefeito Municipal, ele responde também pelo crime de responsabilidade, previsto no art. 1º, XVII do Decreto-lei 201/67.
4. **Inciso II.** Na conduta descrita no inciso II, incrimina-se a conduta do agente que ordena, autoriza ou realiza operação de crédito interno ou externo, quando o montante da dívida consolidada extrapola o limite previsto na lei.
5. **Dívida consolidada.** Tem seu conceito previsto no art. 29, I da LRF: *"dívida pública consolidada ou fundada: montante total, apurado sem duplicidade, das obrigações financeiras do ente da Federação, assumidas em virtude de leis, contratos, convênios ou tratados e da realização de operações de crédito, para amortização em prazo superior a doze meses"*.

Inscrição de despesas não empenhadas em restos a pagar

Art. 359-B. Ordenar ou autorizar a **inscrição em restos a pagar**, de despesa que não tenha sido previamente empenhada ou que exceda limite estabelecido em lei:

Pena – detenção, de 6 (seis) meses a 2 (dois) anos.

1. **Sujeito ativo.** Funcionário público que tenha atribuição legal para ordenar ou autorizar a inscrição da despesa em restos a pagar.
2. **Ordenar e autorizar.** Ordenar significa determinar, mandar. Autorizar é permitir.
3. **Tipo misto alternativo.** Caso o agente pratique mais de uma conduta descrita no tipo penal, ele responderá por um delito apenas, não havendo concurso de crimes.
4. **Restos a pagar.** São as despesas empenhadas, mas não pagas até 31 de dezembro. Seu conceito está previsto no art. 36 da lei 4.320/64: *"Consideram-se Restos a Pagar as despesas empenhadas mas não pagas até o dia 31 de dezembro distinguindo-se as processadas das não processadas."*

5. **Despesa que não tenha sido previamente empenhada.** Empenho é a reserva de recursos financeiros para garantir o pagamento de despesas. Não cria a obrigação de pagar. Apenas destaca dos fundos orçamentários a quantia necessária para pagar o débito, sendo *conditio sine qua non* para a realização de despesa pública. De acordo com o art. 58 da lei 4.320/64, "*o empenho de despesa é o ato emanado de autoridade competente que cria para o Estado obrigação de pagamento pendente ou não de implemento de condição.*" Assim, nesse tipo penal, pune-se a conduta de quem ordena ou autoriza a inscrição como restos a pagar de despesa não empenhada, isto é, despesa para a qual não tenha havido prévia destinação de recursos financeiros; ou, então, que ultrapasse os limites.

6. **Despesa que exceda limite estabelecido em lei.** Nessa modalidade de conduta, diferente da anterior, a despesa foi devidamente empenhada. Entretanto, sua inscrição em *restos a pagar* excede o limite previsto em lei.

7. **Diferença entre empenho e precatório.** Como exposto acima, *empenho* é o destaque dos fundos orçamentários da quantia necessária para pagar o débito. *Precatório* é a ordem de pagamento. Portanto, o precatório pressupõe o empenho.

8. **Consumação.** Com a expedição da ordem ou autorização para a inscrição da despesa como restos a pagar.

9. **Classificação.** Crime próprio; doloso; formal; comissivo; de perigo abstrato; instantâneo; admite tentativa.

Assunção de obrigação no último ano do mandato ou legislatura

Art. 359-C. Ordenar ou autorizar a **assunção de obrigação, nos dois** últimos **quadrimestres do** último **ano do mandato ou legislatura**, cuja despesa não possa ser paga no mesmo exercício financeiro ou, caso reste parcela a ser paga no exercício seguinte, que não tenha contrapartida suficiente de disponibilidade de caixa

Pena – reclusão, de 1 (um) a 4 (quatro) anos.

1. **Descumprimento da LRF.** O tipo penal transformou em crime o descumprimento do art. 42 da LRF, que tem a seguinte redação: "É *vedado ao titular de Poder ou* órgão *referido no art. 20, nos* últimos *dois quadrimestres do seu mandato, contrair obrigação de despesa que não possa ser cumprida integralmente dentro dele, ou que tenha parcelas a serem pagas no exercício seguinte sem que haja suficiente disponibilidade de caixa para este efeito.*" Tratam-se das denominadas *heranças fiscais*, que alguns governantes deixam para os seus sucessores pagarem. O legislador quis evitar que o administrador transmita despesa ao futuro ocupante do cargo.

2. **Sujeito ativo.** Funcionário público titular de mandato ou legislatura, que pode ser o chefe do Poder Executivo, dirigente das Casas Legislativas, Presidente dos Tribunais, Presidente dos Tribunais de Contas, chefe do Ministério Público e Defensor Público-Geral da União e dos Estados.

3. **Ordenar e autorizar.** Ordenar significa determinar, mandar. Autorizar é permitir.
4. **Tipo misto alternativo.** Caso o agente pratique mais de uma conduta descrita no tipo penal, responderá por um delito apenas, não havendo concurso de crimes.
5. **Despesa que não possa ser paga no mesmo exercício financeiro.** Exercício financeiro coincide com o ano civil, de acordo com o art. 34 da lei 4.320/64: *"O exercício financeiro coincidirá com o ano civil"*.
6. **Parcela a ser paga no exercício seguinte, que não tenha contrapartida suficiente de disponibilidade de caixa.** Nessa hipótese, a despesa será paga no exercício financeiro seguinte. O tipo penal em questão somente estará configurado se não houver disponibilidade de caixa.
7. **Mandato ou legislatura.** Ao utilizar a expressão *mandato*, o legislador quis se referir a cargos ocupados nos Poderes Executivo e Judiciário. Já com a expressão *legislatura*, referiu-se ao Poder Legislativo.
8. **Nos dois** últimos **quadrimestres do** último **ano.** A assunção de obrigação fora desse período torna atípica a conduta.
9. **Consumação.** Com a simples ordem ou autorização para a assunção da obrigação.
10. **Classificação.** Crime próprio; doloso; formal; comissivo; de perigo abstrato; instantâneo; admite tentativa.

Ordenação de despesa não autorizada

Art. 359-D. Ordenar despesa **não autorizada por lei:**

Pena – reclusão, de 1 (um) a 4 (quatro) anos.

1. **Descumprimento da LRF.** O tipo penal transformou em crime o descumprimento do art. 15 da LRF, que tem a seguinte redação: *"Serão consideradas não autorizadas, irregulares e lesivas ao patrimônio público a geração de despesa ou assunção de obrigação que não atendam o disposto nos arts. 16 e 17."* O art. 16, II da LRF, por seu turno, vincula a criação de despesa à Lei Orçamentária Anual, ao Plano Plurianual e à Lei de Diretrizes Orçamentárias, ao afirmar que *"A criação, expansão ou aperfeiçoamento de ação governamental que acarrete aumento da despesa será acompanhado de: II – declaração do ordenador da despesa de que o aumento tem adequação orçamentária e financeira com a lei orçamentária anual e compatibilidade com o plano plurianual e com a lei de diretrizes orçamentárias."*
2. **Sujeito ativo.** Funcionário público que tenha atribuição legal para ordenar a despesa não-autorizada por lei, denominado *ordenador de despesas*.
3. **Ordenar.** Significa determinar, mandar.
4. **Violação do princípio da legalidade administrativa.** Como é sabido, ao administrador público só é permitida a prática de atos que tenham autorização em lei, por força do princípio da legalidade administrativa, previsto no art. 37, *caput* da

CRFB/88. Dessa forma, o tipo penal consiste na violação direta desse princípio, pois o administrador público não teria autorização em lei para ordenar a despesa.

5. **Consumação.** Com a emissão da ordem para que se efetue a despesa não-autorizada por lei.
6. **Classificação.** Crime próprio; doloso; formal; comissivo; de perigo abstrato; instantâneo; admite tentativa.

→ Aplicação em concurso.

- **Procurador do Ministério Público junto ao Tribunal de Contas da União/2015. CESPE.**

  O tipo penal consistente em ordenar despesa não autorizada por lei configura crime material, o qual vem a consumar-se com o efetivo pagamento da despesa ordenada.

  A alternativa está errada.

Prestação de garantia graciosa

Art. 359-E. Prestar garantia em operação de crédito sem que tenha sido constituída contragarantia em valor igual ou superior ao valor da garantia prestada, na forma da lei:

Pena – detenção, de 3 (três) meses a 1 (um) ano.

1. **Descumprimento da LRF.** O tipo penal transformou em crime o descumprimento do art. 40, § 1º da LRF, que tem a seguinte redação: *"Art. 40. Os entes poderão conceder garantia em operações de crédito internas ou externas, observados o disposto neste artigo, as normas do art. 32 e, no caso da União, também os limites e as condições estabelecidos pelo Senado Federal. § 1º A garantia estará condicionada ao oferecimento de contragarantia, em valor igual ou superior ao da garantia a ser concedida, e à adimplência da entidade que a pleitear relativamente a suas obrigações junto ao garantidor e às entidades por este controladas, observado o seguinte:"*
2. **Sujeito ativo.** Funcionário público que tenha atribuição legal para prestar garantia em operação de crédito.
3. **Concessão de garantia pelos entes federativos.** De acordo com o dispositivo da LRF acima citado, todos os entes federativos podem prestar garantia em operação de crédito. Todavia, essa se encontra condicionada ao oferecimento de contragarantia, que deve ser de igual ou maior valor do que a garantia concedida. Assim, o crime consiste em prestar garantia, sem obter contragarantia em valor igual ou superior à garantia prestada.
4. **Garantia.** Tem seu conceito no art. 29, IV da LRF: *"concessão de garantia: compromisso de adimplência de obrigação financeira ou contratual assumida por ente da Federação ou entidade a ele vinculada"*
5. **Operação de crédito.** O seu conceito está contido no art. 29, III da LRF: *"operação de crédito: compromisso financeiro assumido em razão de mútuo, abertura de crédito, emissão e aceite de título, aquisição financiada de bens, recebimento antecipado de*

valores provenientes da venda a termo de bens e serviços, arrendamento mercantil e outras operações assemelhadas, inclusive com o uso de derivativos financeiros".

6. **Prestar.** Significa conceder, oferecer.

7. **Consumação.** Com a efetiva prestação da garantia, sem a exigência da contragarantia, independentemente de qualquer prejuízo para a Administração Pública.

   → Aplicação em concurso.

   - **Procurador do Ministério Público junto ao Tribunal de Contas da União/2015. CESPE.**

     O crime existente na prestação de garantia graciosa por agente público independe, para a sua consumação, da ocorrência de qualquer prejuízo para a administração, bem como não há necessidade de chamamento do Estado para suprir a prestação do devedor original.

     A alternativa está correta.

8. **Classificação.** Crime próprio; doloso; formal; comissivo; de perigo abstrato; instantâneo; admite tentativa.

Não cancelamento de restos a pagar

Art. 359-F. Deixar de ordenar, de autorizar ou de promover o cancelamento do montante de **restos a pagar inscrito em valor superior ao permitido em lei:**

Pena – detenção, de 6 (seis) meses a 2 (dois) anos.

1. **Sujeito ativo.** Funcionário público que tenha atribuição legal para ordenar, autorizar ou promover o cancelamento do montante de restos a pagar, e não o faz, omitindo-se.

2. **Restos a pagar.** São as despesas empenhadas, mas não-pagas até 31 de dezembro. Seu conceito está previsto no art. 36 da lei 4.320/64: *"Consideram-se Restos a Pagar as despesas empenhadas mas não pagas até o dia 31 de dezembro distinguindo-se as processadas das não processadas."*

3. **Deixar de ordenar, autorizar ou promover.** Trata-se de crime omissivo próprio, que, como tal, não admite a figura da tentativa. No delito em estudo, o agente deve ordenar, autorizar ou promover o cancelamento de restos a pagar para evitar desequilíbrio nas finanças públicas, mas se omite, consumando a infração penal. Uma vez inscrita como restos a pagar, despesa que ultrapasse o valor permitido em lei, é dever do agente público ordenar, autorizar ou promover o seu cancelamento.

4. **Tipo misto alternativo.** Caso o agente pratique mais de uma conduta descrita no tipo penal, responderá por um delito apenas, não havendo concurso de crimes.

5. **Relação com o art. 359-B.** O art. 359-F configura a contrapartida do crime previsto no art. 359-B.

6. ***Bis in idem.*** No caso de o mesmo agente ordenar ou autorizar a inscrição de despesa em resto a pagar (art. 359-B) e não ordenar, autorizar ou promover o seu

cancelamento (art. 359-F), responderá somente pelo delito contido no art. 359-B, sendo o crime do art. 359-F *post factum impunível,* uma vez que as duas condutas tutelam o mesmo bem jurídico – finanças públicas –, não havendo, dessa forma, lesão ao bem jurídico no momento em que o agente pratica o delito do art. 359-F.

7. **Consumação.** Com a simples omissão do agente.

8. **Classificação.** Crime próprio; doloso; formal; omissivo próprio; de perigo abstrato; instantâneo; não admite tentativa por ser crime omissivo próprio.

Aumento de despesa total com pessoal no último ano do mandato ou legislatura

Art. 359-G. Ordenar, autorizar ou executar ato que acarrete **aumento de despesa total com pessoal**, nos **cento e oitenta dias anteriores** ao final do mandato ou da legislatura:

Pena – reclusão, de 1 (um) a 4 (quatro) anos.

1. **Sujeito ativo.** Funcionário público titular de mandato ou legislatura, que pode ser o chefe do Poder Executivo, dirigente das Casas Legislativas, Presidente dos Tribunais, Presidente dos Tribunais de Contas, chefe do Ministério Público e Defensor Público-Geral da União e dos Estados.

2. **Ordenar, autorizar e executar.** *Ordenar* significa determinar, mandar. *Autorizar* é permitir. *Executar* consiste em realizar, colocar em prática, cumprir. A finalidade é impedir que o administrador aumente o comprometimento do patrimônio público com gastos com pessoal ao final do mandato, comprometendo o orçamento que será deixado para o seu sucessor. A lei reprime a conduta de alguns administradores ao concederem aumentos e vantagens a servidores públicos, a vigorarem no futuro, nos mandatos subsequentes.

3. **Despesa com pessoal.** Tem seu conceito descrito no art.18 da LRF: *"Para os efeitos desta Lei Complementar, entende-se como despesa total com pessoal: o somatório dos gastos do ente da Federação com os ativos, os inativos e os pensionistas, relativos a mandatos eletivos, cargos, funções ou empregos, civis, militares e de membros de Poder, com quaisquer espécies remuneratórias, tais como vencimentos e vantagens, fixas e variáveis, subsídios, proventos da aposentadoria, reformas e pensões, inclusive adicionais, gratificações, horas extras e vantagens pessoais de qualquer natureza, bem como encargos sociais e contribuições recolhidas pelo ente* às *entidades de previdência."* O tipo penal abrange tanto os servidores estatutários, quanto os celetistas.

   → Aplicação em concurso.

   - **Procurador do Ministério Público junto ao Tribunal de Contas da União/2015. CESPE.**

     A ordenação de aumento de despesa total com pessoal nos cento e oitenta dias anteriores ao final do mandato ou legislatura não alcança o regime celetista, de modo que tal controle se volta somente aos servidores estatutários.

     A alternativa está errada.

4. **Ato nulo.** A LRF, no art. 21, diz que o ato incriminado no art. 359-G do Código Penal é nulo: *"é nulo de pleno direito o ato que provoque aumento da despesa com pessoal e não atenda: Parágrafo* único. *Também é nulo de pleno direito o ato de que resulte aumento da despesa com pessoal expedido nos cento e oitenta dias anteriores ao final do mandato do titular do respectivo Poder ou órgão referido no art. 20."*
5. **Tipo misto alternativo.** Caso o agente pratique mais de uma conduta descrita no tipo penal, responderá por um delito apenas, não havendo concurso de crimes.
6. **Cento e oitenta dias anteriores ao final do mandato ou da legislatura.** O aumento com pessoal fora desse período torna a conduta atípica.
7. **Diferenças entre o art. 359-C e art. 359-G.** São três as diferenças: **1.** no art. 359-C, a despesa não pode ser paga no mesmo exercício financeiro. No art. 359-G, proíbe-se o aumento de despesa com pessoal, independentemente de poder ser pago no mesmo exercício financeiro; **2.** O art. 359-C é genérico, abrange qualquer despesa. O art. 359-G é específico para despesa com pessoal; **3.** No art. 359-C o período de proibição é de 8 meses (dois últimos quadrimestres). No art. 359-G o período é de 6 meses (180 dias).
8. **Consumação.** Nas condutas *ordenar* e *autorizar*, a consumação ocorre com a mera ordem ou autorização. Já, na conduta *executar*, consuma-se com a efetiva execução do ato.
9. **Classificação.** Crime próprio; doloso; formal; comissivo; de perigo abstrato; instantâneo; admite tentativa.

Oferta pública ou colocação de títulos no mercado

Art. 359-H. Ordenar, autorizar ou promover a oferta pública ou a colocação no mercado financeiro de títulos da dívida pública **sem que tenham sido criados por lei** ou sem que estejam registrados **em sistema centralizado de liquidação e de custódia:**

Pena – reclusão, de 1 (um) a 4 (quatro) anos.

1. **Descumprimento da LRF.** O tipo penal transformou em crime o descumprimento do art. 61 da LRF, que tem a seguinte redação: *"Os títulos da dívida pública, desde que devidamente escriturados em sistema centralizado de liquidação e custódia, poderão ser oferecidos em caução para garantia de empréstimos, ou em outras transações previstas em lei, pelo seu valor econômico, conforme definido pelo Ministério da Fazenda."* O art. 61 da LRF exige que os títulos da dívida pública, cuja criação esteja autorizada por lei, estejam devidamente escriturados em sistema centralizado de liquidação e custódia. Não fosse assim, o patrimônio público estaria comprometido, gerando desequilíbrio nas finanças públicas, uma vez que o administrador público estaria livre para negociar com títulos públicos, pondo em risco a integridade orçamentária.
2. **Sujeito ativo.** Funcionário público que tenha atribuição legal para ordenar, autorizar ou promover oferta pública ou colocação, no mercado financeiro, de títulos da dívida pública.

3. **Fomento do crédito público por meio de títulos da dívida pública.** O crédito público pode ser fomentado por meio de empréstimos voluntários ao ente estatal. Para isso, o ente estatal lança títulos no mercado, chamados títulos da dívida pública.

4. **Títulos da dívida pública.** Seu conceito está descrito no art. 29, II da LRF: *"dívida pública mobiliária: dívida pública representada por títulos emitidos pela União, inclusive os do Banco Central do Brasil, Estados e Municípios"*.

5. **Emissão de títulos da dívida pública.** Podem ser emitidos pela União, pelo Banco Central, pelos Estados e pelos Municípios.

6. **Ordenar, autorizar e promover.** Ordenar significa determinar, mandar. Autorizar é permitir. Promover consiste em executar.

7. **Tipo misto alternativo.** Caso o agente pratique mais de uma conduta descrita no tipo penal, responderá por um delito apenas, não havendo concurso de crimes.

8. **Consumação.** Nas condutas *ordenar* e *autorizar*, a consumação ocorre com a simples ordem ou autorização. Na conduta *promover,* consuma-se com a efetiva execução do ato.

9. **Classificação.** Crime próprio; doloso; formal; comissivo; de perigo abstrato; instantâneo; admite tentativa.

→ Aplicação em concurso.

- **Defensoria Pública do Estado do Ceará/2007. CESPE.**

  Os crimes contra as finanças públicas admitem modalidade culposa e requerem o resultado naturalístico para a sua consumação.

  A alternativa está errada.

Genocídio.
Lei nº 2.889, de 1º de outubro de 1956

1. **Origem.** A comunidade internacional demonstrou interesse em prevenir e reprimir o genocídio após o fim da Segunda Guerra Mundial, em 1945, por conta da matança deliberada, pelos nazistas, de judeus, ciganos e poloneses. Nesse sentido, várias nações soberanas resolveram tomar tal prevenção e repressão como compromisso internacional.

2. **Tratado Internacional.** O Brasil foi signatário da Convenção Internacional para a Prevenção e Repressão do crime de Genocídio, concluída em Paris, em 11 de dezembro de 1948, por ocasião da III Sessão da Assembléia Geral das Nações Unidas, promulgada no Brasil pelo Decreto nº 30.882/1952.

3. **Significado de genocídio.** A expressão *genocídio* significa, em sua origem, a prática de homicídios, de forma decidida, motivados por questões étnicas, raciais, nacionais, religiosas e políticas. Significa, também, a união da expressão grega *genus,* que significa *gente,* e a expressão latina *cidio,* que significa *matar.* Verifica-se que a lei brasileira fugiu um pouco do significado da expressão *genocídio,* uma vez que previu, como genocídio, outros atos lesivos a um grupo de pessoas, e não apenas o ato de matar.

4. **Bem jurídico protegido.** Interesse supra individual na manutenção das diversidades humanas.

5. **Natureza do delito.** Trata-se de crime contra a humanidade.

6. **Competência para o processo e o julgamento.** A competência para o processo e o julgamento é da Justiça Estadual. Em regra, do Juízo singular. Em doutrina sustenta-se que nas hipóteses das alíneas *a* e *d,* por tratar-se de crime doloso contra a vida, a competência para o processo e o julgamento será do Tribunal do Júri, nos moldes do art. 5º, XXXVIII, *d,* da CRFB/88.

7. **Competência da Justiça Federal. Genocídio praticado contra indígenas.** Em se tratando da prática de genocídio contra indígenas, a competência para o processo e o julgamento será da Justiça Federal, nos moldes do art. 109, IV e IX, da CRFB/88.

8. **Incidente de deslocamento de competência para a Justiça Federal.** A Emenda à Constituição nº 45/2004 deu nova redação ao art. 109 da CRFB/88, inserindo o art.

109, V-A e o § 5º, com as seguintes redações: *"Art. 109. Aos juízes federais compete processar e julgar:...V-A as causas relativas a direitos humanos a que se refere o § 5º deste artigo... § 5º Nas hipóteses de grave violação de direitos humanos, o Procurador-Geral da República, com a finalidade de assegurar o cumprimento de obrigações decorrentes de tratados internacionais de direitos humanos dos quais o Brasil seja parte, poderá suscitar, perante o Superior Tribunal de Justiça, em qualquer fase do inquérito ou processo, incidente de deslocamento de competência para a Justiça Federal."* Trata-se de permissivo de deslocamento de competência, para que a mesma seja fixada na Justiça Federal, em razão da relevância da matéria a ser julgada. Tendo em vista que o genocídio configura crime conta a humanidade, pode haver o incidente de deslocamento de competência para a Justiça Federal.

9. **Tribunal Penal Internacional.** O Tribunal Penal Internacional foi criado em Roma, Itália, adotado em 17 de julho de 1998, razão pela qual também é conhecido como Estatuto de Roma. O Brasil foi signatário do Estatuto, conforme a redação do art. 5º, § 4º, da CRFB/88, dada pela Emenda à Constituição nº 45/2004: *"O Brasil se submete à jurisdição de Tribunal Penal internacional a cuja criação tenha manifestado adesão."* Nesse sentido, o Estatuto de Roma foi aprovado pelo Decreto legislativo nº 112, de 6 de junho de 2002 e promulgado pelo Decreto 4.388, de 25 de setembro de 2002. Sediado em Haia, Holanda, o Tribunal Penal Internacional tem jurisdição sobre todos os países que dele foram signatários, para o processo e julgamento dos crimes de genocídio, crimes contra a humanidade, crimes de guerra e crimes de agressão. De acordo com o art. 6º do Estatuto, *"para os efeitos do presente Estatuto, entende-se por "genocídio", qualquer um dos atos que a seguir se enumeram, praticado com intenção de destruir, no todo ou em parte, um grupo nacional,* étnico, *racial ou religioso, enquanto tal: a) Homicídio de membros do grupo; b) Ofensas graves à integridade física ou mental de membros do grupo; c) Sujeição intencional do grupo a condições de vida com vista a provocar a sua destruição física, total ou parcial; d) Imposição de medidas destinadas a impedir nascimentos no seio do grupo; e) Transferência, à força, de crianças do grupo para outro grupo."* É de se notar que a entrada em vigor do Estatuto obedeceu o princípio da irretroatividade, ao dispor: *"Artigo 11. Competência Ratione Temporis. 1. O Tribunal só terá competência relativamente aos crimes cometidos após a entrada em vigor do presente Estatuto. 2. Se um Estado se tornar Parte no presente Estatuto depois da sua entrada em vigor, o Tribunal só poderá exercer a sua competência em relação a crimes cometidos depois da entrada em vigor do presente Estatuto relativamente a esse Estado, a menos que este tenha feito uma declaração nos termos do parágrafo 3º do artigo 12."* A existência do Tribunal Penal Internacional não implica *bis in idem,* uma vez que não há dois julgamentos do mesmo fato delituoso, com duas condenações. Tal conclusão se extrai da norma contida no art. 20 do Estatuto, que possui a seguinte redação: *"Ne bis in idem. 1. Salvo disposição contrária do presente Estatuto, nenhuma pessoa poderá ser julgada pelo Tribunal por atos constitutivos de crimes pelos quais este já a tenha condenado ou absolvido. 2. Nenhuma pessoa poderá ser julgada por outro tribunal por um crime mencionado no artigo 5º, relativamente ao qual já tenha sido condenada ou absolvida pelo Tribunal. 3. O Tribunal não poderá julgar uma pessoa que já tenha sido julgada por outro tribunal, por atos também punidos pelos artigos*

6º, 7º ou 8º, a menos que o processo nesse outro tribunal: a) Tenha tido por objetivo subtrair o acusado à sua responsabilidade criminal por crimes da competência do Tribunal; ou b) Não tenha sido conduzido de forma independente ou imparcial, em conformidade com as garantias de um processo eqüitativo reconhecidas pelo direito internacional, ou tenha sido conduzido de uma maneira que, no caso concreto, se revele incompatível com a intenção de submeter a pessoa à ação da justiça."

10. **Norma penal incompleta ou imperfeita.** Norma penal incompleta ou imperfeita é aquela em que o tipo penal traz, de forma completa, o preceito primário, isso é, a conduta proibida ou mandada, mas não traz o preceito secundário. O preceito secundário se encontra em outro dispositivo da própria lei ou de outra lei. O próprio artigo remete a outro dispositivo legal para se aferir o preceito secundário daquela norma incompleta. Tendo em vista que todos os tipos penais da presente lei preveem a conduta incriminada, mas não preveem a pena que será aplicada, remetendo ao Código Penal e à própria lei de genocídio, está-se diante de normas penais incompletas ou imperfeitas.

11. **Concurso de crimes.** Na hipótese da prática de diversos delitos na modalidade de genocídio, haverá concurso formal impróprio entre os crimes praticados (em continuidade delitiva) e o delito de genocídio. Cite-se, como exemplo, o caso de o agente matar dez pessoas com a intenção de destruir, no todo ou em parte, grupo nacional (atividade caracterizada como genocídio). É indiscutível que estão presentes dez crimes de homicídios e um crime de genocídio. Nesse caso, a tipificação correta seria a seguinte: dez crimes de homicídio em continuidade delitiva (se presentes os requisitos positivados no art. 71, parágrafo único do Código Penal), portanto crime único, em concurso formal impróprio com o delito de genocídio. Nesse caso, as penas serão somadas, de acordo com o sistema do cumula material adotado pelo concurso formal impróprio.

Art. 1º Quem, com a **intenção de destruir, no todo ou em parte**, **grupo nacional**, étnico, **racial ou religioso**, como tal:

a) **matar** membros do grupo;

b) **causar lesão grave** à integridade física ou mental de membros do grupo;

c) **submeter** intencionalmente o grupo a condições de existência capazes de ocasionar-lhe a **destruição física** total ou parcial;

d) adotar medidas destinadas a **impedir os nascimentos** no seio do grupo;

e) efetuar a **transferência forçada de crianças** do grupo para outro grupo;

Será punido:

Com as penas do art. 121, § 2º, do Código Penal, no caso da letra a;

Com as penas do art. 129, § 2º, no caso da letra b;

Com as penas do art. 270, no caso da letra c;

Com as penas do art. 125, no caso da letra d;

Com as penas do art. 148, no caso da letra e;

1. **Sujeito ativo.** Trata-se de crime comum. Qualquer pessoa pode praticá-lo, tendo em vista que o legislador não exigiu nenhuma condição específica do agente.

2. **Especial fim de agir.** O tipo contém um especial fim de agir, contido na expressão *com a intenção de.* Tal elemento subjetivo específico do tipo penal deve estar presente na mente do agente, no momento da prática do delito, sob pena de atipicidade da sua conduta.

3. **Destruir.** O tipo penal utilizou a palavra *destruir,* que significa exterminar, extinguir, eliminar.

4. **Grupo nacional,** étnico, **racial ou religioso.** *Grupo nacional* é o agrupamento de indivíduos provenientes da uma mesma nação; por *grupo* étnico entenda-se o conjunto de pessoas identificadas pela similitude de linguagem, cultura, traços físicos e mentais e tradição comuns; *grupo racial* consiste no conjunto de pessoas identificadas pela semelhança de características corporais, como estrutura, cor da pele, forma física etc, como produto de sua hereditariedade; por fim, *grupo religioso* é o agrupamento de pessoas que possuem a mesma crença em relação a uma divindade.

5. **Alínea a) matar membros do grupo.** Trata-se da conduta de homicídio, que consiste na supressão da vida humana alheia. O delito pode ser praticado contra um ou mais membros do grupo.

6. **Especialidade.** Configura especialidade em relação ao art. 121 do Código Penal. O elemento especializante reside no especial fim de agir de destruir, no todo ou em parte, grupo nacional, étnico, racial ou religioso. Esse tipo legal de crime também está especializado no Código Penal Militar (decreto-lei 1.001/69), nos seguintes artigos: *"Art. 208. Matar membros de um grupo nacional,* étnico, *religioso ou pertencente a determinada raça, com o fim de destruição total ou parcial dêsse grupo: Pena – reclusão, de quinze a trinta anos. Art. 401. Praticar, em zona militarmente ocupada, o crime previsto no art. 208: Pena – morte, grau máximo; reclusão, de vinte anos, grau mínimo."*

7. **Pena.** A punição se dá com as penas previstas para o delito de homicídio qualificado, previsto no art. 121, § 2º do Código Penal, que varia de 12 a 30 anos de reclusão.

8. **Consumação.** A consumação se dá com a morte das vítimas.

9. **Classificação.** Crime comum; material; doloso; comissivo; instantâneo com efeitos permanentes; de dano; admite tentativa.

10. **Suspensão condicional do processo.** Incabível, pois a pena mínima cominada ultrapassa 1 ano (art. 89 da lei 9.099/95).

11. **Alínea b) causar lesão grave** à **integridade física ou mental de membros do grupo.** O legislador tipificou na alínea ora comentada o delito de lesão corporal, que consiste na conduta por meio da qual o agente, sem *animus necandi,* ofende os bens jurídicos integridade corporal e saúde da pessoa humana, ou agrava uma situação já existente, produzindo, por qualquer meio, na vítima, uma alteração prejudicial, que pode ser de natureza anatômica, funcional, física, psíquica, local ou generalizada. O delito pode ser praticado contra um ou mais membros do grupo.

12. Lesão grave à **integridade física de membros de grupo.** A ofensa à integridade corporal consiste na lesão que afeta órgãos, tecidos ou aspectos externos do corpo humano da vítima.

13. Lesão grave à **integridade mental de membros de grupo.** A ofensa à saúde consiste na perturbação mental da vítima, com a alteração do seu psiquismo.

14. Especialidade. Configura especialidade em relação ao art. 129, §§ 1º e 2º do Código Penal. A especialidade não ocorre em relação ao *caput* do art. 129 do Código Penal, uma vez que lá está tipificada a lesão corporal leve, e o dispositivo ora comentado faz menção expressa à lesão *grave*. O elemento especializante reside no especial fim de agir de destruir, no todo ou em parte, grupo nacional, étnico, racial ou religioso. Esse tipo legal de crime também está especializado no Código Penal Militar (decreto-lei 1.001/69), nos seguintes artigos: *"Art. 208...Casos assimilados. Parágrafo* único. *Será punido com reclusão, de quatro a quinze anos, quem, com o mesmo fim: I – inflige lesões graves a membros do grupo. Art. 401. Praticar, em zona militarmente ocupada, o crime previsto no art. 208: Pena – morte, grau máximo; reclusão, de vinte anos, grau mínimo. Casos assimilados. Art. 402. Praticar, com o mesmo fim e na zona referida no artigo anterior, qualquer dos atos previstos nos ns. I, II, III, IV ou V, do parágrafo* único, *do art. 208: Pena – reclusão, de seis a vinte e quatro anos."*

15. Pena. A punição se dá com as penas previstas para o delito de lesão corporal grave, previsto no art. 129, § 2º do Código Penal, que varia de 2 a 8 anos de reclusão.

16. Consumação. A consumação se dá com a lesão física ou mental provocada nas vítimas, membros de grupos.

17. Classificação. Crime comum; doloso; material; comissivo; instantâneo; de dano; admite tentativa.

18. Suspensão condicional do processo. Incabível, pois a pena mínima cominada ultrapassa 1 ano (art. 89 da lei 9.099/95).

19. Alínea **c) submeter intencionalmente o grupo a condições de existência capazes de ocasionar-lhe a destruição física total ou parcial.** Trata-se de conduta que aniquila por completo a liberdade individual dos membros de grupo, tornando-os submissos à vontade do agente, submetendo-os a condições prejudiciais de existência. Não é necessária a submissão de todo o grupo, mas deve ser um número razoável de pessoas, como elemento caracterizador da ofensa ao grupo. São exemplos dessa conduta a privação do grupo de condições mínimas de higiene, alimentação, medicamentos, privação de sua liberdade em locais maléficos à saúde humana.

20. Especialidade. Configura especialidade em relação ao art. 132 do Código Penal, que tipifica o delito de exposição da vida ou da saúde de outrem a perigo direto e iminente. O elemento especializante reside no especial fim de agir de destruir, no todo ou em parte, grupo nacional, étnico, racial ou religioso. Esse tipo legal de crime também está especializado no Código Penal Militar (decreto-lei 1.001/69), nos seguintes artigos: *"Art. 208...Casos assimilados. Parágrafo* único. *Será punido com reclusão, de quatro a quinze anos, quem, com o mesmo fim:* II – submete o grupo a condições de existência, físicas ou morais, capazes de ocasionar a eliminação de todos os seus membros ou parte deles. *Art. 401. Praticar, em zona militarmente ocupada, o crime previsto no art. 208: Pena – morte, grau máximo; reclusão, de vinte anos, grau mínimo. Casos assimilados. Art. 402. Praticar, com o mesmo fim e na zona referida no artigo anterior, qualquer dos atos previstos nos ns. I, II, III, IV ou V, do parágrafo* único, *do art. 208: Pena – reclusão, de seis a vinte e quatro anos."*

21. Pena. A punição se dá com as penas previstas para o delito de envenenamento de água potável ou de substância alimentícia ou medicinal, previsto no art. 270 do Código Penal, que varia de 10 a 15 anos de reclusão.

22. Consumação. A consumação se dá no momento em que as vítimas são expostas a uma situação de perigo que pode causar-lhes destruição física, total ou parcial. Não se exige que haja efetivamente a destruição física das vítimas, bastando, para a consumação, a situação de perigo.

23. Classificação. Crime comum; doloso; formal; comissivo; instantâneo ou permanente, a depender do meio executório; de perigo concreto; admite tentativa.

24. Suspensão condicional do processo. Incabível, pois a pena mínima cominada ultrapassa 1 ano (art. 89 da lei 9.099/95).

25. Alínea d) adotar medidas destinadas a impedir os nascimentos no seio do grupo. Também denominado genocídio biológico, a conduta incriminada consiste em obstar o crescimento do grupo nacional, étnico, racial ou religioso, por meio do impedimento de nascimentos no seio do grupo. Inegavelmente, é uma forma de exterminar o grupo, impedindo a renovação da vida humana dentro do grupo. A conduta incriminada pode ser praticada de várias formas. Pode consistir na determinação de esterilização dos membros do grupo, ou, até mesmo, na realização do aborto. No caso da realização de aborto, a conduta se assemelha ao delito de aborto previsto no Código Penal, art. 125. O delito pode ser praticado contra um ou mais membros do grupo.

26. Especialidade. Se a medida adotada for o aborto, configura especialidade em relação ao art. 125 do Código Penal. Caso seja a esterilização, a especialidade ocorre em relação ao delito contra o planejamento familiar previsto no art. 17, da lei 9.263/96 (*Induzir ou instigar dolosamente a prática de esterilização cirúrgica. Pena – reclusão, de um a dois anos. Parágrafo* único *– Se o crime for cometido contra a coletividade, caracteriza-se como genocídio, aplicando-se o disposto na Lei nº 2.889, de 1º de outubro de 1956*). O elemento especializante reside no especial fim de agir de destruir, no todo ou em parte, grupo nacional, étnico, racial ou religioso. Esse tipo legal de crime também está especializado no Código Penal Militar (decreto-lei 1.001/69), nos seguintes artigos: *"Art. 208...Casos assimilados. Parágrafo* único. *Será punido com reclusão, de quatro a quinze anos, quem, com o mesmo fim: IV – impõe medidas destinadas a impedir os nascimentos no seio do grupo. Art. 401. Praticar, em zona militarmente ocupada, o crime previsto no art. 208: Pena – morte, grau máximo; reclusão, de vinte anos, grau mínimo. Casos assimilados. Art. 402. Praticar, com o mesmo fim e na zona referida no artigo anterior, qualquer dos atos previstos nos ns. I, II, III, IV ou V, do parágrafo* único, *do art. 208: Pena – reclusão, de seis a vinte e quatro anos."*

27. Pena. A punição se dá com as penas previstas para o delito de aborto provocado por terceiro, previsto no art. 125 do Código Penal, que varia de 3 a 10 anos de reclusão.

28. Consumação. A consumação se dá com a adoção das medidas destinadas a impedir os nascimentos no seio do grupo.

29. Classificação. Crime comum; doloso; formal; comissivo; instantâneo; de perigo concreto; admite tentativa.

30. Suspensão condicional do processo. Incabível, pois a pena mínima cominada ultrapassa 1 ano (art. 89 da lei 9.099/95).

31. Alínea e) efetuar a transferência forçada de crianças do grupo para outro grupo. Trata-se da subtração forçada de crianças de determinado grupo para outro grupo, incompatível com sua origem nacional, étnica, racial ou religiosa. O delito pode ser praticado contra um ou mais membros do grupo.

32. Criança. É a pessoa com menos de 12 anos de idade, nos moldes do art. 2º, da lei 8.069/90 – Estatuto da Criança e do Adolescente – ao dispor que *"considera-se criança, para os efeitos desta lei, a pessoa até 12 (doze) anos de idade incompletos, e adolescente aquela entre 12 (doze) e 18 (dezoito) anos de idade."*

33. Especialidade. Configura especialidade em relação ao art. 148 do Código Penal. O elemento especializante reside no especial fim de agir de destruir, no todo ou em parte, grupo nacional, étnico, racial ou religioso. Esse tipo legal de crime também está especializado no Código Penal Militar (decreto-lei 1.001/69), nos seguintes artigos: *"Art. 208...Casos assimilados. Parágrafo* único. *Será punido com reclusão, de quatro a quinze anos, quem, com o mesmo fim: V – efetua coativamente a transferência de crianças do grupo para outro grupo. Art. 401. Praticar, em zona militarmente ocupada, o crime previsto no art. 208: Pena – morte, grau máximo; reclusão, de vinte anos, grau mínimo. Casos assimilados. Art. 402. Praticar, com o mesmo fim e na zona referida no artigo anterior, qualquer dos atos previstos nos ns. I, II, III, IV ou V, do parágrafo* único, *do art. 208: Pena – reclusão, de seis a vinte e quatro anos."*

34. Pena. A punição se dá com as penas previstas para o delito de sequestro e cárcere privado, previsto no art. 148 do Código Penal, que varia de 1 a 3 anos de reclusão.

35. Consumação. A consumação se dá com a transferência obrigatória da criança para outro grupo.

36. Classificação. Crime comum; doloso; formal; comissivo; instantâneo; de perigo concreto; admite tentativa.

37. Suspensão condicional do processo. Cabível, pois a pena mínima cominada não ultrapassa 1 ano (art. 89 da lei 9.099/95).

38. Especialidade. Como dito alhures, todas as condutas descritas no art. 1º configuram, muitas vezes, um tipo penal já existente no Código Penal. Embora haja um conflito aparente de normas, a questão é facilmente resolvida pelo princípio da especialidade. Em outras palavras, caso ao agente realize qualquer das condutas descritas no art. 1º, com o *especial fim de agir* (intenção de destruir, no todo ou em parte, grupo nacional, étnico, racial ou religioso), a sua conduta estará tipificada na lei ora comentada. Caso contrário, poderá configurar, um delito previsto no Código Penal.

Art. 2º Associarem-se mais de 3 (três) pessoas **para prática dos crimes mencionados no artigo anterior**:

Pena: Metade da cominada aos crimes ali previstos.

1. **Associação para a prática de genocídio.** Trata-se da reunião de quatro ou mais pessoas para a prática dos delitos de genocídio previstos no art. 1º da lei ora comentada. A figura da associação criminosa não é estranha ao ordenamento jurídico, uma vez que já é contemplada no Código Penal, como o art. 288, que prevê o delito de associação criminosa, e em outras leis, como a associação para o tráfico previsto no art. 35 da lei 11.343/2006 (*"Art. 35. Associarem-se duas ou mais pessoas para o fim de praticar, reiteradamente ou não, qualquer dos crimes previstos nos arts. 33, caput e § 1º, e 34 desta Lei: Pena – reclusão, de 3 (três) a 10 (dez) anos, e pagamento de 700 (setecentos) a 1.200 (mil e duzentos) dias-multa. Parágrafo* único. *Nas mesmas penas do caput deste artigo incorre quem se associa para a prática reiterada do crime definido no art. 36 desta Lei."*)
2. **Sujeito ativo.** Crime comum, pois o legislador não exigiu nenhuma condição especial do sujeito ativo.
3. **Especialidade.** Esse tipo penal configura especialidade em relação aos seguintes artigos, entre outros: art. 288 do Código Penal (associação criminosa); e art. 35 da lei 11.343/2006 (associação para o tráfico). O elemento especializante reside no especial fim de agir de destruir, no todo ou em parte, grupo nacional, étnico, racial ou religioso.
4. **Pena.** A punição se dá com a metade da pena prevista para o tipo penal descrito no art. 1º dessa lei.
5. **Consumação.** A consumação se dá com a mera associação destinada a prática dos delitos previstos nessa lei, devendo estar presente o especial fim de agir consistente na destruição, no todo ou em parte, de grupo nacional, étnico, racial ou religioso.
6. **Classificação.** Crime comum; doloso; formal; comissivo; permanente; de perigo abstrato; não admite tentativa, em razão da impossibilidade de fracionamento do ato executório.
7. **Suspensão condicional do processo.** Somente será cabível se a associação for para a prática dos delitos descritos nas alíneas *b* e *e* do art. 1º, uma vez que nessas hipóteses, a pena mínima cominada não ultrapassa 1 ano (art. 89 da lei 9.099/95).

Art. 3º Incitar, direta e publicamente alguém a **cometer qualquer dos crimes de que trata o art. 1º**:

Pena: Metade das penas ali cominadas.

§ 1º A pena pelo crime de incitação será a mesma de crime incitado, se este se consumar.

§ 2º A pena será aumentada de 1/3 (um terço), quando a incitação for cometida **pela imprensa**.

1. **Sujeito ativo.** Crime comum, pois o legislador não exigiu nenhuma condição especial do sujeito ativo.
2. **Incitar.** Incitar significa estimular. Logo o tipo penal ora comentado criminaliza a conduta de quem estimula terceiros à prática do genocídio. A conduta de incitar deve ser pública, ou seja, de forma a ser compreendida por um número indeterminado de pessoas.
3. **Especialidade.** Configura especialidade em relação ao delito de incitação ao crime, previsto no art. 286 do Código Penal. O elemento especializante reside no especial fim de agir de destruir, no todo ou em parte, grupo nacional, étnico, racial ou religioso.
4. **Pena.** A punição se dá com a metade da pena prevista para o tipo penal descrito no art. 1º dessa lei.
5. **Consumação.** A consumação se dá com a mera associação destinada a prática dos delitos previstos nessa lei, devendo estar presente o especial fim de agir consistente na destruição, no todo ou em parte, de grupo nacional, étnico, racial ou religioso.
6. **Classificação.** Crime comum; doloso; formal; comissivo; instantâneo; de perigo abstrato; admite tentativa.
7. **Suspensão condicional do processo.** Somente será cabível se a incitação for para a prática dos delitos descritos nas alíneas *b* e *e* do art. 1º, uma vez que nessas hipóteses, a pena mínima cominada não ultrapassa 1 ano (art. 89 da lei 9.099/95).
8. **§ 1º. Consumação do crime incitado.** Caso o crime de genocídio, incitado, venha a efetivamente ocorrer, o agente que incitou a sua prática será punido com a mesma pena do autor do genocídio.
9. **§ 2º. Incitação praticada por meio da imprensa.** Trata-se de causa de aumento de pena, que incide na terceira fase da aplicação da pena, na hipótese de a incitação ser praticada por meio da imprensa. O aumento se justifica, em razão do maior alcance de destinatários que a imprensa pode, inegavelmente, atingir.

Art. 4º A pena será agravada de 1/3 (um terço), no caso dos arts. 1º, 2º e 3º, quando cometido o crime por **governante ou funcionário público**.

1. **Causa de aumento de pena.** Trata-se de causa de aumento de pena, que incide na terceira fase da aplicação da pena, na hipótese de a incitação ser praticada por governante ou funcionário publico. O aumento se justifica em razão do cargo ocupado pelo agente, que lhe impõe o dever de recriminar e reprimir socialmente a prática do delito de genocídio.

Art. 5º Será punida com 2/3 (dois terços) das respectivas penas a **tentativa** dos crimes definidos nesta lei.

1. **Tentativa.** O legislador estabeleceu a punição da tentativa de forma diversa da prevista no Código Penal. Tal modalidade de punição da tentativa é perfeitamente possível e compatível com o Código Penal, uma vez que o próprio parágrafo único do art. 14 do Código Penal estabelece que *"Salvo disposição em contrário, pune-se a tentativa com a pena correspondente ao crime consumado, diminuída de um a dois terços."*

Art. 6º Os crimes de que trata esta lei **não** serão **considerados crimes políticos para efeitos de extradição.**

1. **Extradição.** A CRFB/88 dispõe em seu art. 5º, LII que *"não será concedida extradição de estrangeiro por crime político ou de opinião."* Dessa forma, é possível a extradição de estrangeiro pela prática de genocídio.

Art. 7º Revogam-se as disposições em contrário.

Hediondos. Lei nº 8.072, de 25 de julho de 1990

Art. 1º São considerados hediondos os seguintes crimes, todos tipificados no Decreto-Lei nº 2.848, de 7 de dezembro de 1940 – Código Penal, consumados ou tentados: (Redação dada pela Lei nº 8.930, de 6.9.1994)

I – homicídio (art. 121), quando praticado em atividade típica de grupo de extermínio, ainda que cometido por um só agente, e homicídio qualificado (art. 121, § 2º, I, II, III, IV, V, VI e VII; (Inciso alterado pela lei nº 13.142/2015)

I-A – lesão corporal dolosa de natureza gravíssima (art. 129, § 2º) e lesão corporal seguida de morte (art. 129, § 3º), quando praticadas contra autoridade ou agente descrito nos arts. 142 e 144 da Constituição Federal, integrantes do sistema prisional e da Força Nacional de Segurança Pública, no exercício da função ou em decorrência dela, ou contra seu cônjuge, companheiro ou parente consanguíneo até terceiro grau, em razão dessa condição; (Inciso incluído pela lei nº 13.142/2015)

II – latrocínio (art. 157, § 3º, *in fine*); (Inciso incluído pela Lei nº 8.930, de 6.9.1994)

III – extorsão qualificada pela morte (art. 158, § 2º); (Inciso incluído pela Lei nº 8.930, de 6.9.1994)

IV – extorsão mediante seqüestro e na forma qualificada (art. 159, *caput*, e §§ 1º, 2º e 3º); (Inciso incluído pela Lei nº 8.930, de 6.9.1994)

V – estupro (art. 213, *caput* e §§ 1º e 2º); (Redação dada pela Lei 12.015, de 2009)

VI – estupro de vulnerável (art. 217-A, *caput* e §§ 1º, 2º, 3º e 4º); (Redação dada pela Lei 12.015, de 2009)

VII – epidemia com resultado morte (art. 267, § 1º). (Inciso incluído pela Lei nº 8.930, de 6.9.1994)

VII-A – (VETADO) (Inciso incluído pela Lei nº 9.695, de 20.8.1998)

VII-B – falsificação, corrupção, adulteração ou alteração de produto destinado a fins terapêuticos ou medicinais (art. 273, *caput* e § 1º, § 1º-A e § 1º-B, com a redação dada pela Lei nº 9.677, de 2 de julho de 1998). (Inciso incluído pela Lei nº 9.695, de 20.8.1998)

VIII – favorecimento da prostituição ou de outra forma de exploração sexual de criança ou adolescente ou de vulnerável (art. 218-B, caput, e §§ 1º e 2º). (Inciso incluído pela Lei nº 12.978/2014)

Parágrafo único. **Consideram-se também hediondos** o crime de **genocídio** previsto nos arts. 1º, 2º e 3º da Lei nº 2.889, de 1º de outubro de 1956, e o de **posse ou porte ilegal de arma de fogo de uso restrito**, previsto no art. 16 da Lei nº 10.826, de 22 de dezembro de 2003, todos tentados ou consumados. (Redação dada pela Lei nº 13.497, de 2017).

1. **Previsão constitucional.** Art. 5º, XLIII da CRFB/88 "a lei considerará crimes inafiançáveis e insuscetíveis de graça ou anistia a prática da tortura, o tráfico ilícito de entorpecentes e drogas afins, o terrorismo e os definidos como crimes hediondos, por eles respondendo os mandantes, os executores e os que, podendo evitá-los, se omitirem."

→ Aplicação em concurso.

- **Escrivão de Polícia/CE. 2015. VUNESP.**

  Assinale a alternativa que indica corretamente crimes que, de acordo com o texto constitucional, a lei considerará inafiançáveis e insuscetíveis de graça ou anistia, por eles respondendo os mandantes, os executores e os que, podendo evitá-los, omitirem-se.

A) O tráfico ilícito de entorpecentes e drogas afins, o terrorismo, os definidos como crimes hediondos e o assédio sexual.

B) A posse e o tráfico ilícito de entorpecentes e drogas afins, o terrorismo, os definidos como crimes hediondos e o racismo.

C) A prática da tortura, o tráfico ilícito de entorpecentes e drogas afins, o terrorismo e os definidos como crimes hediondos.

D) A prática da tortura, a posse e o tráfico ilícito de entorpecentes e drogas afins e o terrorismo.

E) A prática da tortura, o terrorismo e os definidos como crimes hediondos e o assédio sexual.

Alternativa correta: Letra C.

2. **Direito Penal Máximo, Movimento de Lei e Ordem e lei de crimes hediondos.** O legislador brasileiro da década de 1990, influenciado por toda uma ideia de Direito Penal Máximo, Movimento de Lei e Ordem (*Law and Order),* bem como pela Teoria das Janelas Quebradas (*Broken Windows Theory)* implantou um movimento de política criminal bastante severo como forma de tentar diminuir a criminalidade. Para isso, criou tipos penais, aumentou penas de tipos penais já existentes, recrudesceu o regramento do regime de cumprimento de penas para alguns crimes etc. O *Direito Penal Máximo* constitui justamente o oposto do Direito Penal Mínimo, e traz em si a ideia de que o Direito Penal é a solução para todos os problemas existentes na sociedade. Por tal movimento, o Direito Penal é o meio de controle social mais eficaz por restringir o direito de liberdade do ser humano, devendo, portanto, ser a solução adotada sempre em primeiro lugar. O *Movimento de Lei e Ordem (Law and Order)* foi um movimento idealizado por Ralf Dahrendorf, que surgiu como uma reação ao crescimento dos índices de criminalidade. Tal movimento baseia-se na ideia da repressão, para o qual a pena se justifica por meio das ideias de retribuição e castigo. Os adeptos desse movimento pregam que somente as leis severas, que imponham longas penas privativas de liberdade ou até mesmo a pena de morte, têm

o condão de controlar e inibir a prática de delitos. Dessa forma, os crimes de maior gravidade devem ser punidos com penas longas e severas, a serem cumpridas em estabelecimentos prisionais de segurança máxima. Foi, portanto, nesse contexto que surgiu a lei de crimes hediondos.

3. **Teoria das Janelas Quebradas. *The Broken Windows Theory.*** Em 1982, o cientista político James Q. Wilson e o psicólogo criminologista George Kelling, ambos norte americanos, criaram a *The Broken Windows Theory,* denominada no Brasil *Teoria das Janelas Quebradas.* Esse trabalho foi publicado originariamente como "Broken Windows. The police and neighborhood safety", publicado na revista *Atlantic Monthly,* em março de 1982. Essa teoria ganhou esse nome em razão de seus autores utilizarem a imagem de janelas quebradas para explicá-la, estabelecendo uma relação de causalidade entre desordem e criminalidade. Segundo tais autores, se apenas uma janela de um prédio fosse quebrada, e não fosse imediatamente consertada, as pessoas que passassem pelo local e vissem que a janela não havia sido consertada concluiriam que ninguém se importava com isso, e em um curto espaço de tempo todas as demais janelas também estariam quebradas. Uma janela quebrada, mas que não é consertada, é sinal de que ninguém cuida e, portanto, não custa quebrar mais janelas.

Wilson e Killing mencionam um experimento feito por Philip Zimbardo, um sociólogo de Stanford, em 1969, que comprova a Teoria das Janelas Quebradas. Ele estacionou um veículo sem identificação e com a tampa do motor levantada em uma rua localizada no Bronx, bairro de Nova Iorque, e outro veículo, também sem identificação e com a tampa do motor levantado, em uma rua localizada em Palo Alto, cidade da Califórnia. O veículo estacionado no Bronx foi atacado por vândalos em menos de dez minutos depois de abandonado. Primeiramente, chegou uma família composta por pai, mãe e um filho, que subtraíram o radiador e a bateria do automóvel. Em 24 horas, tudo o que havia de valor no automóvel havia sido levado, e logo depois, começou a destruição do que restava do veículo (quebra dos vidros, rasgo do estofado etc) e as crianças começaram a usar o veículo como instrumento para fazer brincadeiras.

De outro lado, o veículo que estava estacionado no bairro de Palo Alto ficou intacto por mais de uma semana. Então, Philip Zimbardo golpeou a janela do veículo com um martelo, quebrando-a. Logo após, as pessoas que passavam pelo local começaram a fazer o mesmo e em poucas horas o veículo tinha sido virado de cabeça para baixo e totalmente destruído.

Segundo Wilson e Killing, a natureza da vida no Bronx (seu anonimato, a frequência com que os veículos são roubados) passa a experiência de que ninguém cuida daquela comunidade e o vandalismo começa muito mais rápido do que em Palo Alto, onde as pessoas acreditam que as propriedades privadas são cuidadas. As condutas antissociais podem ocorrer em qualquer lugar, uma vez que os laços essenciais que mantêm a comunidade unida são quebrados por eventos que indicam que ninguém se importa com o que está acontecendo. De acordo com os autores, o comportamento de *não cuidar* leva ao rompimento dos controles da comunidade. Um bairro estável, com famílias que cuidam de suas casas, que controlam seus filhos e que controlam intrusos indesejados, pode transformar-se, em poucos anos ou em poucos meses, em uma selva inóspita e assustadora. Uma propriedade é abandonada, a mata cresce, uma janela é destruída. Os adultos deixam de repreender as crianças rudes e as crianças tornam-se mais rudes. As famílias mudam-se daquele bairro e pessoas desordeiras passam a viver nessas propriedades. O lixo é acumulado, as pessoas começam a beber nas ruas, um ébrio cai na calçada e permite-se que ele durma ali etc. Nesse momento, já é inevitável que crimes graves sejam praticados ou que ocorram ataques violentos. Uma área como essa é vulnerável à invasão criminal.

Todo esse processo é semelhante ao processo pelo qual uma janela quebrada converte-se em muitas outras. Os cidadãos que temem os ébrios, os adolescentes rudes e os mendigos oportunistas, não estão meramente manifestando o seu desagrado pelos comportamentos antissociais. Na realidade, eles estão expressando algo que é certo na sabedoria popular: os crimes de ruas aparecem nas áreas em que os comportamentos antissociais surgem sem serem controlados. O mendigo que pede dinheiro, se não for controlado, converte-se na primeira janela quebrada. Ladrões, eventuais ou profissionais, acreditam que as chances de serem presos ou identificados são reduzidas, se atuarem nas ruas onde as vítimas potenciais já estão tomadas pelo medo. O ladrão acredita que, em um bairro em que não se consegue impedir que mendigos peçam dinheiro, é menos provável chamarem a polícia para identificá-lo.

No estudo realizado pelos professores norte americanos, tentou-se demonstrar uma relação direta de causalidade entre a criminalidade violenta e a não repressão a pequenos e leves delitos. James Wilson e George Kelling buscaram demonstrar que o Estado deve se preocupar com a prática de pequenos e leves delitos, promovendo a respectiva punição. Por mais leve que o delito seja, ele merece a devida punição para demonstrar que o Estado se faz presente e se importa com a prática de qualquer delito. Assim, seria punindo com severidade os pequenos delitos que se conseguiria impedir a prática de delitos mais graves. Se não se punisse um pequeno delito, de pouca gravidade, em pouco tempo, aquela sociedade estaria tomada por delitos graves. A tolerância com os pequenos delitos promoveria uma sensação de impunidade na coletividade, e isso faria com que, mais tarde, a comunidade estivesse tomada por delitos graves.

4. **Delitos considerados hediondos.** Os crimes reputados hediondos estão no rol taxativo do art.1º desta lei. A lei de crimes hediondos não criou novos tipos penais, mas apenas pinçou alguns tipos penais já existentes no Código Penal e os denominou de hediondos, dando-lhes um tratamento diferenciado, mais severo em relação aos demais delitos.

5. **Princípio de legalidade penal.** Somente os delitos previstos no rol taxativo da presente lei podem ser considerados hediondos.

6. **Critério utilizado pelo legislador para definir os crimes hediondos.** Existem três critérios pelos quais se pode considerar um delito de natureza hedionda, quais sejam: o *critério legal*; o *critério judicial* e o *critério misto*. De acordo com o *critério*

legal, somente o legislador pode definir os delitos considerados hediondos, em um rol exaustivo previsto na lei. Pelo *critério judicial*, cabe ao Juiz definir quais são os delitos classificados como hediondos. Por fim, o *critério misto* preconiza que o legislador estabelece, em um rol exemplificativo, os delitos que são considerados hediondos, permitindo ao Juiz, por critério de interpretação analógica, qualificar outros delitos como sendo igualmente hediondos. Não é preciso fazer muito esforço mental para se perceber que o *critério legal* é o que mais se adéqua ao princípio da legalidade penal, e que os dois últimos critérios se distanciam do mencionado princípio, gerando, assim, insegurança jurídica. Não se pode permitir que, em um Estado de Direito, como é o Estado Brasileiro, a definição do que seria crime hediondo fique a cargo do Juiz, de acordo com o seu livre convencimento motivado. Se, pelo princípio da legalidade penal, somente a lei pode dizer quais as condutas que são consideradas criminosas, da mesma forma, somente a lei pode dizer quais são os delitos tidos por hediondos. Dessa forma, no Brasil o legislador utilizou o *critério legal* para definir os delitos rotulados de hediondos, de modo que somente os previstos em lei podem ser assim considerados.

→ Aplicação em concurso.

- **Juiz de Direito do TJ/DF. 2015. CESPE.**

  O homicídio simples, o tráfico ilícito de entorpecentes e os crimes praticados por organizações criminosas são considerados hediondos e insuscetíveis de graça, anistia ou indulto.

  A alternativa está errada.

- **Delegado de Polícia/CE. 2015. VUNESP.**

  A Lei n. 8.078/90 (Crimes Hediondos) tem como fundamento o artigo 5º, inciso XLIII, da Constituição Federal e

A) impõe aos condenados por crimes hediondos regime integralmente fechado.

B) autoriza a progressão de regime ao condenado reincidente após o cumprimento de 2/5 da sua pena.

C) impede em todos os casos a substituição da pena corporal por restritiva de direitos.

D) considera como hediondo o crime de epidemia, desde que com resultado morte.

E) tem no seu artigo 1o os crimes considerados hediondos pelo legislador, cujo rol é exemplificativo.

Alternativa correta: Letra D.

- **Técnico Judiciário. TJ/RO. 2015. FGV.**

  Leonardo foi condenado pela prática de um crime de roubo majorado pelo emprego de arma de fogo. No momento da execução da pena, o juiz verificou que Leonardo já ostentava em sua Folha de Antecedentes Criminais condenações pela prática de um crime de homicídio simples contra seu primo, ocorrido em razão de uma discussão familiar no ano de 2013; de um crime de estupro simples realizado no ano de 2012; e pela prática, no ano de 2011, do crime de extorsão qualificada pela morte. De acordo com a Lei nº 8.072/90, são considerados hediondos os seguintes crimes praticados por Leonardo

A) roubo majorado pelo emprego de arma de fogo e extorsão qualificada pela morte.

B) homicídio simples, estupro simples e extorsão qualificada pela morte.

C) estupro simples e extorsão qualificada pela morte.

D) homicídio simples e extorsão qualificada pela morte.

E) homicídio simples e estupro simples.

Alternativa correta: Letra C.

- **Policial Rodoviário Federal. 2014. CESPE.**

  Considera-se crime hediondo o homicídio culposo na condução de veículo automotor, quando comprovada a embriaguez do condutor.

  A alternativa está errada.

- **(MPE-SC – Promotor de Justiça – SC/2013).**

  A conduta do agente que expõe à venda e tem em depósito para vender produto, destinado a fins terapêuticos, falsificado ou alterado, na condição de ausência das características de identidade e qualidade admitidas para a sua comercialização ou com redução de seu valor terapêutico ou de sua atividade, é considerada crime de natureza hedionda, nos termos da Lei n. 8.072/90.

  A alternativa está certa.

- **Notário. TJ/ES. 2013. CESPE.**

  São considerados crimes hediondos, entre outros, o homicídio simples e o qualificado, o latrocínio, a falsificação, a corrupção, a adulteração ou a alteração de produto destinado a fins terapêuticos ou medicinais e a extorsão mediante sequestro.

  A alternativa está errada.

- **(FCC – Analista Judiciário – Execução de Mandados – TRF 2/2012)**

  É considerado hediondo, dentre outros, o crime de

(A) falsificação de documento público.

(B) roubo.

(C) latrocínio.

(D) corrupção ativa.

(E) concussão.

Alternativa correta: Letra C.

- **(Vunesp – Defensor Público – MS/2012)**

  São crimes hediondos:

A) epidemia com resultado morte – concussão – extorsão qualificada pela morte – estupro de vulnerável.

B) homicídio qualificado – estupro de vulnerável – extorsão qualificada pela morte – falsificação, corrupção, adulteração ou alteração de produto destinado a fins terapêuticos ou medicinais.

C) latrocínio – tráfico de pessoa – homicídio qualificado– falsificação, corrupção, adulteração ou alteração de produto destinado a fins terapêuticos ou medicinais.

D) extorsão qualificada pela morte – estupro de vulnerável– lenocínio – tráfico de pessoa.

Alternativa correta: Letra B.

- **(Acadepol – Delegado de Polícia – SP/2011)**

Não são considerados crimes hediondos

(A) o genocídio consumado; o homicídio qualificado e o estupro de vulnerável.

(B) a extorsão mediante sequestro,' o estupro e o genocídio tentado.

(C) o latrocínio (art.157, § 3º, in fine); estupro de vulnerável e a omissão de notificação de doença.

(D) a extorsão qualificada por morte na alteração de produtos destinados a fins medicinais e o estupro.

(E) a epidemia com resultado morte; o estupro e a extorsão mediante sequestro.

Alternativa correta: Letra C.

- **PC/PI – Delegado de Polícia – 2009. NUCEPE/UESPI.**

Analise as afirmativas abaixo, relativas aos crimes contra a paz pública, a fé pública e a administração pública.

1) O crime de formação de quadrilha para prática de crimes hediondos e equiparados não é crime hediondo, segundo a Lei 8.072/90 (Lei dos crimes hediondos).

A alternativa está correta.

7. **Cláusula salvatória.** Por meio da denominada *cláusula salvatória*, o Juiz poderia, de acordo com as circunstâncias do caso concreto, deixar de considerar a natureza hedionda de um delito. Nesse sentido, a lei diria os crimes que são considerados hediondos e, em um momento posterior, o Juiz, a depender das condições de cada caso concreto, não consideraria mais a natureza hedionda daquele delito. A consequência disso seria a impossibilidade de serem aplicados os rigores de natureza penal e processual penal contidos na lei de Crimes Hediondos. Entretanto, como visto, o critério para a definição dos crimes hediondos adotado pelo Direito Penal brasileiro é o critério legal, razão pela qual se, de um lado, somente o legislador pode considerar um crime como hediondo, de outro lado, somente ele, também, pode deixar de considerá-lo de natureza hedionda. Portanto, a cláusula salvatória não tem aplicabilidade no Direito Penal brasileiro.

8. **Inciso I.** Questão relevante versa sobre a possibilidade de o homicídio simples ser considerado crime hediondo. De acordo com a doutrina e jurisprudência, o homicídio simples somente será hediondo se for praticado nos moldes descritos na primeira parte do inciso I, ou seja, *praticado em atividade típica de grupo de extermínio, ainda que cometido por um só agente.* O legislador não disse que seria considerado *grupo de extermínio.* Trata-se de um conceito indeterminado e aberto utilizado pelo legislador. A atividade típica de grupo de extermínio é caracterizada pelo homicídio praticado pela pessoa denominada *justiceiro*, sendo aquela pessoa que realiza pessoalmente a justiça, destemida e que se coloca na posição de exterminador ao fazer justiça com as próprias mãos, eliminando ou exterminando determinadas pessoas nocivas à coletividade. Ou então aquela pessoa que mata as suas vítimas, sob encomenda de outras pessoas. Também caracteriza a atividade

típica de grupo de extermínio a indeterminação do sujeito passivo do homicídio, pois o agente mata a vítima não pelas suas qualidades e condições individuais e pessoais, mas, sim, em razão de a vítima pertencer a um determinado grupo ou classe social, religião, raça, etnia, orientação sexual etc. Ex.: Mata-se a vítima porque ela pertence a um grupo de muçulmanos, *punks,* prostitutas ou homossexuais.

Em relação ao homicídio qualificado, não há dúvidas de ser o crime considerado hediondo, em razão da expressa e clara previsão na segunda parte do inciso I.

→ Aplicação em concurso.

- **TJDFT Analista Judiciário 2008. CESPE.**

  Com base na Lei dos Crimes Hediondos, julgue os itens a seguir.

  O crime de homicídio é considerado hediondo quando praticado em atividade típica de grupo de extermínio, ainda que cometido por um só agente, e quando for qualificado.

  A alternativa está correta.

- **DPF/2004- Nacional. CESPE.**

  Considere a seguinte situação hipotética. Evandro é acusado de prática de homicídio doloso simples contra a própria esposa. Nessa situação, recebida a denúncia pelo juiz competente, é cabível a decretação da prisão temporária de Evandro, com prazo de 30 dias, prorrogável por igual período, haja vista tratar-se de crime hediondo.

  A alternativa está errada.

- **Defensoria Pública/Alagoas – 2003. CESPE.**

  Acerca dos dispositivos legais pertinentes à Lei dos Crimes Hediondos, julgue os itens abaixo.

  – O homicídio qualificado-privilegiado não é delito hediondo.

  A alternativa está correta.

  – O homicídio simples, na forma tentada, inclui-se entre os crimes hediondos, se praticado em atividade típica de grupo de extermínio.

  A alternativa está correta.

9. **Homicídio qualificado-privilegiado. Possibilidade.** É possível que o homicídio seja, ao mesmo tempo, privilegiado e qualificado, desde que as qualificadoras sejam de natureza objetiva, que são as previstas nos incisos III e IV do § 2º do art. 121 do Código Penal. Ex.: O agente, motivado por violenta emoção, mata a vítima com emprego de asfixia, como na hipótese do agente que mata por asfixia o delinquente que entrou em sua residência, ameaçou de morte sua família e depois subtraiu todos os pertences que lhe guarneciam a residência.

▶ **STJ**

> Inexiste incompatibilidade entre a qualificadora do delito de homicídio e o privilégio, eis que a primeira é de natureza objetiva, pertinente ao modo empregado para a consecução do delito, e a causa de diminuição de pena possui caráter subjetivo. HC 199602. Rel. Min. Maria Thereza de Assis Moura, julgado em 11/03/2014.

10. Homicídio qualificado-privilegiado não é considerado hediondo. Embora seja possível o homicídio ser ao mesmo tempo qualificado e privilegiado, não é considerado delito hediondo, por dois fundamentos. Em primeiro lugar, por falta de previsão legal, falta de tipicidade, uma vez que o art. 1º, I da lei só faz menção expressa ao homicídio simples quando praticado em atividade típica de grupo de extermínio, ainda que praticado por só um agente, e ao homicídio qualificado. Em segundo lugar, porque o privilégio não é compatível com a natureza hedionda do delito.

11. Feminicídio. A lei 13.104/2015 alterou o Código Penal e acrescentou mais uma qualificadora no art. 121, § 2º, o denominado feminicídio positivado no inciso VI. O feminicídio consiste no homicídio contra mulher por razões de condições de sexo feminino, entendendo-se como tais razões: a violência doméstica e familiar; o menosprezo ou a discriminação à condição de mulher. Essa mesma lei alterou a redação do art. 1º, I, da lei de Crimes Hediondos, acrescentando-lhe o inciso VI. Tendo em vista que a lei 13.104/2015 promoveu a inclusão do feminicídio na lista dos delitos considerados hediondos, estamos diante de uma *novatio legis em pejus,* devendo-se atentar para a irretroatividade desse comando normativo (art. 5º, XL da CRFB/88).

12. Homicídio e lesão corporal de policiais. De forma semelhante ao que dissemos no item anterior, a lei 13.142/2015 também alterou o Código Penal para acrescentar a qualificadora do inciso VII no art. 121, § 2º, passando, a partir de então, a ter a natureza de qualificado o homicídio praticado contra agentes e autoridades públicas, quais sejam: autoridade ou agente descrito nos arts. 142 e 144 da CRFB/88, integrantes do sistema prisional e da Força Nacional de Segurança Pública, no exercício da função ou em decorrência dela, ou contra seu cônjuge, companheiro ou parente consanguíneo até terceiro grau, em razão dessa condição. Além dessa alteração, essa lei alterou o art. 129 do Código Penal para acrescentar-lhe o § 12, que criou uma causa especial de aumento de pena caso a lesão corporal tenha como vítima esses agentes acima descritos. No que toca especificamente à lei de crimes hediondos, a lei 13.142/2015 alterou a redação do art. 1º, I, acrescentando o inciso VII, bem como criou o inciso I-A para positivar como crime hediondo os delitos de lesão corporal dolosa de natureza gravíssima (art. 129, § 2º) e lesão corporal seguida de morte (art. 129, § 3º), quando praticadas contra autoridade ou agente descrito nos arts. 142 e 144 da CRFB/88, integrantes do sistema prisional e da Força Nacional de Segurança Pública, no exercício da função ou em decorrência dela, ou contra seu cônjuge, companheiro ou parente consanguíneo até terceiro grau, em razão dessa condição. Se essa lei acrescentou outros delitos na lista de crimes hediondos, conclui-se que se trata de uma *novatio legis em pejus,* razão pela qual se deve atentar para a sua irretroatividade (art. 5º, XL da CRFB/88).

13. Inciso II. O latrocínio nada mais é do que o crime de roubo, qualificado pelo resultado morte da vítima, sendo, portanto, hediondo. O roubo do qual resulte apenas lesão corporal grave não é classificado como crime hediondo.

14. Inciso III. Somente o delito de extorsão qualificado pela morte (art. 158, § 2º, do Código Penal) é considerado crime hediondo. Por exclusão, a extorsão simples (art. 158, *caput,* do Código Penal) e a extorsão qualificada pela lesão corporal grave (art. 158, § 2º, do Código Penal) não são crimes hediondos, por absoluta falta de previsão legal.

Em 17 de abril de 2009 foi promulgada a lei 11.923, que acrescentou o parágrafo terceiro ao art. 158 do Código Penal, trazendo a figura do denominado *sequestro relâmpago*. Questão relevante versa sobre a possibilidade de se considerar a extorsão *sequestro relâmpago* e a sua forma qualificada pela lesão corporal de natureza grave ou morte crime hediondo. Há vozes, em doutrina, sustentando que a nova modalidade de extorsão seria crime hediondo. Entretanto, discordamos desse entendimento. Como dito alhures, o critério adotado pelo legislador de 1990, ao criar a lei de crimes hediondos, foi o critério legal, segundo o qual somente os delitos que a lei elencar expressamente em seu rol podem ser considerados hediondos. Da simples leitura do art. 1º da lei de crimes hediondos, constata-se que a figura da extorsão *sequestro relâmpago* não figura no seu rol taxativo com delito etiquetado de hediondo. A única espécie de extorsão etiquetada de crime hediondo é a extorsão qualificada pelo resultado morte, prevista no art. 158, § 2º do Código Penal. De acordo com o mencionado critério legal, se o legislador não dispôs que a nova modalidade de extorsão é crime hediondo, não poderá o intérprete fazê-lo. Nem se argumente que a inserção da extorsão *sequestro relâmpago* no Código Penal foi posterior ao advento da lei de crimes hediondos, e que por isso não poderia o legislador de 1990 ter previsto tal modalidade de extorsão como crime hediondo. É bem verdade que a alteração legislativa no Código Penal se deu recentemente, portanto posterior à lei de crimes hediondos. Entretanto, tal falha deveria ter sido sanada pelo legislador, bastando, para tanto, que a lei 11.923/2009 alterasse também o rol do art. 1º da lei de crimes hediondos, para lá inserir, como delito hediondo, a extorsão *sequestro relâmpago*. Se o legislador assim não procedeu, é forçosa a conclusão de que ele não quis que o delito de extorsão *sequestro relâmpago* fosse um crime etiquetado de hediondo. Logo, não se lhe pode aplicar os rigores penais e processuais penais da lei de regência.

Nem se argumente, também que, por analogia, a nova modalidade de extorsão poderia ser considerada crime hediondo. Tal argumento esbarra na barreira intransponível do pilar maior do Direito Penal, que é o princípio da legalidade. Positivado atualmente no art. 5º, XXXIX, da CRFB/88 e no art.1º do Código Penal, o princípio da legalidade tem seu fundamento na própria ideia de Estado de Direito. Tratam-se de conceitos que estão intimamente ligados. Com efeito, Estado de Direito é aquele Estado que se organiza sobre as suas próprias leis, e, esse mesmo Estado, que cria as leis, deve ser o primeiro a se sujeitar a elas. A partir disso, podemos afirmar que um dos fundamentos do princípio da legalidade penal é o princípio da legalidade administrativa, previsto no art. 37 da CRFB/88, segundo o qual o Estado só pode fazer, por meio de seus agentes, aquilo que a lei permitir, prever ou autorizar expressamente. Essa é a razão pela qual o tratamento conferido ao particular é diverso do conferido ao Estado. Enquanto o particular pode fazer tudo aquilo que a lei não proíbe, o Estado só pode praticar um ato jurídico se houver previsão legal. Dessa forma, se o Estado só pode praticar, por meio de seus agentes, condutas que tenham expressa previsão em lei, o exercício do *jus puniendi* pelo Estado deve ter, igualmente, previsão em lei. Em outras palavras, o Estado somente pode exercer o direito de punir, aplicando uma sanção criminal a alguém, se estiver autorizado pela lei. É justamente por isso que *não há crime sem **lei** que o defina, nem pena sem prévia cominação **legal**.* Por essa razão que ninguém pode ser punido por alguma conduta que a lei não diga ser criminosa. Ou então ter a si aplicada uma sanção penal mais gravosa do que a cominada, em lei, ao tipo penal ou cumprir a pena privativa de liberdade em um regime de cumprimento de pena mais gravoso do que a lei permitir. Em todas essas hipóteses o Estado estaria agindo *contra legem,* isso é, sem autorização legal. Assim, afirmar que o delito de extorsão *sequestro relâmpago* e a sua forma qualificada pela lesão corporal de natureza grave ou morte é crime hediondo constitui nítida violação do princípio da legalidade, uma vez que estar-se-ia considerando um delito hediondo sem previsão em lei.

Além de todo o exposto, afirmar que o delito de extorsão *sequestro relâmpago* e a sua forma qualificada pela lesão corporal de natureza grave ou morte é crime hediondo configura verdadeira analogia *in mallam partem,* vedada no ordenamento jurídico brasileiro. Uma das vertentes do princípio da legalidade é o *nullun crimen nulla poena sine lege stricta,* que consiste na proibição do emprego da analogia *in malan partem.* É de se notar, portanto, que, toda vez que se fizer o uso da analogia *in mallan partem,* se está violando o princípio de legalidade penal. Em face do exposto, é inviável a consideração do delito de extorsão *sequestro relâmpago* e a sua forma qualificada pela lesão corporal de natureza grave ou morte crime hediondo, sob pena de violação do princípio da legalidade penal. Também não concordamos com o fundamento da interpretação extensiva sustentada pelos autores que consideram hedionda essa modalidade de extorsão. *Data venia* desse entendimento, a interpretação extensiva, embora permitida em Direito Penal, não pode chegar ao ponto de configurar analogia *in mallan partem.* Trata-se de técnica de interpretação que não pode configurar essa modalidade de analogia. Estar-se-ia diante de uma analogia *in mallan partem* travestida de interpretação extensiva.

15. **Inciso IV. Delito de extorsão mediante sequestro.** O delito de extorsão mediante sequestro é considerado hediondo tanto na sua forma simples (*caput),* quanto nas suas formas qualificadas (§§ 1º, 2º, e 3º).

16. **Inciso V. Delito de estupro.** Com a reforma operada pela lei 12.015/2009, o Título VI do Código Penal, que se denominava Dos Crimes contra os Costumes, passou a se chamar Dos Crimes contra a Dignidade Sexual. Crimes contra os costumes significava, como o próprio legislador reconheceu, na exposição de motivos da parte especial do Código Penal, crimes denominados *sexuais.* À luz da própria *mens legislatoris,* exposta na exposição de motivos, pensamos que a alteração do *nomen juris* do Título VI do Código Penal, não resultou em alteração substancial. Com efeito, a expressão *costume* quer significar modo de proceder, algo que se faz com habitualidade. Crimes contra os costumes sexuais, portanto, traz a ideia de violação daquilo que se faz, habitualmente, em termos de prática sexual, daí a incriminação, de maior expressão nesse tema, da prática de conjunção carnal ou atos libidinosos diversos dela, com violência ou grave ameaça, violando o costume sexual da prática desses atos de forma consentida pelo homem e pela mulher. A expressão *dignidade* significa honraria, seriedade, modo de proceder que infunde

respeito, grandeza moral. Crimes contra a dignidade sexual significam condutas que violam a seriedade e o respeito à prática de ato sexual, ou seja, a sua obtenção de forma forçada, com violência ou grave ameaça. Dessa forma, trocar a expressão *costumes* por *dignidade* significa trocar duas coisas idênticas, uma pela outra, isso é, não produz nenhuma alteração substancial. Tal alteração de nomenclatura não produziu efeitos no bem jurídico tutelado, no sujeito ativo, no sujeito passivo, na consumação etc. Pensamos, portanto, que a alteração foi apenas de nomenclatura, em nada alterando a dogmática penal.

A alteração mais significativa da reforma operada pela lei 12.015/2009 foi a modificação produzida no delito de estupro (art. 213 do Código Penal). O delito de estupro ganhou nova redação, para abranger, além da conjunção carnal – intromissão do pênis na cavidade vaginal – ou outros atos libidinosos diversos dela.

Antes da reforma operada pela lei 12.015/2009, havia duas figuras bem distintas, quais sejam: O delito de estupro (art. 213), que abrangia tão somente a conjunção carnal, consistente apenas na intromissão do pênis na cavidade vaginal e o delito de atentado violento ao pudor (art. 214 – hoje revogado), que previa a prática de atos libidinosos diversos da conjunção carnal, como o sexo oral, o sexo anal, a masturbação, as apalpadas etc. Todo ato de conteúdo sexual que não fosse intromissão do pênis na cavidade vaginal estaria abarcado pelo delito de atentado violento ao pudor.

Com a nova redação do art. 213, conferida pela lei 12.015/2009, o delito denominado *estupro* passou a abranger os elementos típicos do revogado art. 214 do Código Penal, fazendo menção expressa a *outro ato libidinoso.* Assim, o delito de estupro tipificado no art. 213 do Código Penal manteve a prática da conjunção carnal (intromissão do pênis na cavidade vaginal) e passou a abarcar na incriminação a prática de outro ato libidinoso, ambos praticados com violência ou grave ameaça. Compare-se as redações:

Antigo art. 213 do Código Penal.	Antigo art. 214 do Código Penal.	Novo art. 213 do Código Penal (redação dada pela lei 12.015/2009).
Art. 213 – Constranger mulher à conjunção carnal, mediante violência ou grave ameaça: Pena – reclusão, de seis a dez anos.	**Art. 214** – Constranger alguém, mediante violência ou grave ameaça, a praticar ou permitir que com ele se pratique ato libidinoso diverso da conjunção carnal: Pena – reclusão, de seis a dez anos	**Art. 213** – Constranger alguém, mediante violência ou grave ameaça, a ter conjunção carnal ou a praticar ou permitir que com ele se pratique outro ato libidinoso: (Redação dada pela Lei nº 12.015, de 2009) Pena – reclusão, de 6 (seis) a 10 (dez) anos. (Redação dada pela Lei nº 12.015, de 2009) § 1º Se da conduta resulta lesão corporal de natureza grave ou se a vítima é menor de 18 (dezoito) ou maior de 14 (catorze) anos: (Incluído pela Lei nº 12.015, de 2009)

Antigo art. 213 do Código Penal.	Antigo art. 214 do Código Penal.	Novo art. 213 do Código Penal (redação dada pela lei 12.015/2009).
		Pena – reclusão, de 8 (oito) a 12 (doze) anos. (Incluído pela Lei nº 12.015, de 2009) § 2º Se da conduta resulta morte: (Incluído pela Lei nº 12.015, de 2009) Pena – reclusão, de 12 (doze) a 30 (trinta) anos (Incluído pela Lei nº 12.015, de 2009).

Com isso, ficou superada qualquer distinção para fins de adequação típica, pois todo e qualquer ato de conteúdo sexual, seja a conjunção carnal, seja um ato de cunho sexual diverso dela, de uma simples passada de mão nas partes íntimas de outrem a uma conjunção carnal, se exercidos com constrangimento, por meio de violência ou grave ameaça, será considerado delito de estupro, tipificado no art. 213 do Código Penal, e, portanto, crime hediondo. Note-se que inclusive as formas qualificadas previstas nos §§ 1º e 2º do art. 213 são consideradas hediondas.

17. Inciso VI. Delito de estupro de vulnerável. Outra alteração significativa operada pela lei 12.015/2009 foi a inserção, no Código Penal, do delito denominado *Estupro de vulnerável*. O legislador considerou *vulnerável* aquelas pessoas que figuravam no art. 224 do Código Penal, que dispunha sobre as hipóteses de violência presumida, atualmente revogado pela novel lei. Antes da reforma, havia severa discussão em doutrina e jurisprudência acerca da natureza dessa presunção de violência. De um lado, a doutrina era quase unânime em reconhecer a natureza relativa da presunção de violência; de outro lado o STF e o STJ entendiam que tal presunção era absoluta. Agora, após a reforma operada pela lei 12.015/2009, as hipóteses, antes denominadas de *presunção de violência*, previstas no revogado art. 224 do Código Penal, passaram a ser elementos do tipo legal de crime denominado *Estupro de vulnerável* (art. 217-A), sendo, portanto, elementos do tipo penal. Dessa forma, tais hipóteses não são mais tratadas como presunção de violência, e, sim, como elementos do tipo, razão pela qual haverá o delito de estupro de vulnerável sempre que o agente mantiver conjunção carnal ou outro ato libidinoso com menor de 14 anos, pessoa enferma ou com deficiência mental que não tenha o necessário discernimento para a prática do ato ou que por qualquer outra causa não possa oferecer resistência. Comparem-se as redações.

Art. 224 do Código Penal (revogado pela lei 12.015/2009).	Art. 217-A do Código Penal. Estupro de vulnerável
Presunção de violência. Art. 224 – Presume-se a violência, se a vítima: a) não é maior de catorze anos; b) é alienada ou débil mental, e o agente conhecia esta circunstância;	Estupro de vulnerável Art. 217-A. Ter conjunção carnal ou praticar outro ato libidinoso com menor de 14 (catorze) anos: Pena – reclusão, de 8 (oito) a 15 (quinze) anos.

Art. 224 do Código Penal (revogado pela lei 12.015/2009).	Art. 217-A do Código Penal. Estupro de vulnerável
c) não pode, por qualquer outra causa, oferecer resistência.	§ 1º Incorre na mesma pena quem pratica as ações descritas no caput com alguém que, por enfermidade ou deficiência mental, não tem o necessário discernimento para a prática do ato, ou que, por qualquer outra causa, não pode oferecer resistência. § 2º (VETADO) § 3º Se da conduta resulta lesão corporal de natureza grave: Pena – reclusão, de 10 (dez) a 20 (vinte) anos. § 4º Se da conduta resulta morte: Pena – reclusão, de 12 (doze) a 30 (trinta) anos.

Note-se que inclusive as formas qualificadas previstas nos §§ 3º e 4º do art. 217-A são consideradas hediondas.

→ **Aplicação em concurso.**

- **Juiz de Direito do TJ/PB. 2015. CESPE.**

  O estupro de vulnerável praticado sem a utilização de violência real ou de grave ameaça não pode ser considerado crime hediondo.

  A alternativa está errada.

18. **Inciso VII.** Apenas o delito de epidemia qualificado pela morte (art. 267, § 1º) é considerado crime hediondo. Assim, não é hediondo o crime de epidemia na forma simples (art. 267, *caput*).

19. **Inciso VII-B.** Todas as formas dolosas do delito previsto no art. 273 do Código Penal configuram crimes hediondos. Note-se que a forma culposa do delito, prevista no § 2º do art. 273, não é hedionda, por ausência de previsão legal.

→ **Aplicação em concurso.**

- **AGU/2003. CESPE.**

  Em cada um dos itens a seguir, é apresentada uma situação hipotética, seguida de uma assertiva a ser julgada.

- Um indivíduo falsificou milhares de comprimidos de um determinado medicamento, utilizando farinha de trigo para sua confecção e colocando-os clandestinamente no mercado para consumo. Nessa situação, o indivíduo praticou o crime de falsificação de produto destinado a fins terapêuticos ou medicinais, que é hediondo. *A alternativa está correta.*

20. **Delito de favorecimento da prostituição ou outra forma de exploração sexual de criança ou adolescente ou de vulnerável.** O delito de favorecimento da prostituição ou outra forma de exploração sexual de criança ou adolescente ou de vulnerável, previsto no art. 218-B, do Código Penal, é considerado hediondo tanto na sua forma simples *(caput),* quanto na sua forma majorada do § 1º e nas modalidades equiparadas do § 2º.

21. Parágrafo único. **Genocídio.** Trata do delito de genocídio, previsto na lei 2.889/1956. Genocídio significa, em sua origem, a prática de homicídios de forma decidida motivados por questões étnicas, raciais, nacionais, religiosas e políticas. Entretanto, como a lei de crimes hediondos fez menção expressa aos art. 1º, 2º e 3º da lei 2.889/1956, não é só a prática de homicídios motivados por questões étnicas, raciais, nacionais, religiosas e políticas, mas também todas as condutas descritas no art. 1º da lei 2.889/1956 (lesão grave à integridade física ou mental de membros do grupo; submissão intencional do grupo a condições de existência capazes de ocasionar-lhe a destruição física total ou parcial; adoção de medidas destinadas a impedir os nascimentos no seio do grupo e transferência forçada de crianças do grupo para outro grupo); a conduta prevista no art. 2º da mesma lei (associação de mais de três pessoas para a prática dos delitos previstos no art. 1º) e a conduta prevista no art. 3º (incitação direta e pública a prática de qualquer dos delitos de que trata o art. 1º). Para maiores esclarecimentos acerca do delito de Genocídio, consultar os comentários à lei 2.889/1956.

→ Aplicação em concurso.

- **Oficial de Cartório da Polícia Civil/RJ. 2008. FGV.**

  Assinale a alternativa que contém um crime que não é considerado hediondo.

(A) homicídio qualificado (art. 121, § 2º, I, II, III, IV e V); latrocínio (art. 157, § 3º, in fine); extorsão qualificada pelo emprego de arma de fogo (art. 158, § 1º).

(B) extorsão qualificada pela morte (art. 158, § 2º); falsificação, corrupção, adulteração ou alteração de produto destinado a fins terapêuticos ou medicinais (art. 273, caput e § 1º, § 1º-A e § 1º-B); homicídio qualificado (art. 121, § 2º, I, II, III, IV e V).

(C) epidemia com resultado morte (art. 267, § 1º); latrocínio (art. 157, § 3º, in fine); homicídio qualificado (art. 121, § 2º, I, II, III, IV e V).

(D) extorsão qualificada pela morte (art. 158, § 2º); atentado violento ao pudor (art. 214 e sua combinação com o art. 223, caput e parágrafo único); homicídio qualificado (art. 121, § 2º, I, II, III, IV e V).

(E) latrocínio (art. 157, § 3º, in fine); atentado violento ao pudor (art. 214 e sua combinação com o art. 223, caput e parágrafo único); estupro (art. 213 e sua combinação com o art. 223, caput e parágrafo único).

Alternativa correta: Letra A.

22. Parágrafo único. **Posse ou porte de arma de fogo de uso restrito.** A lei 13.497/2017 alterou o parágrafo único do art. 1º da presente lei e etiquetou como crime hediondo o delito previsto no art. 16 da lei 10.826/2003 (Estatuto do Desarmamento). É de se notar inicialmente que o legislador mencionou expressamente *"posse ou porte ilegal de arma de fogo de uso restrito."*

Algumas questões relevantes surgem dessa alteração. Em primeiro lugar, o legislador manteve a tradição da lei de crimes hediondos em não criar novos tipos penais, mas, apenas, selecionar tipos penais já existentes e etiquetá-los de hediondos, como fê-lo com o art. 16 do Estatuto do Desarmamento.

Em segundo lugar, o legislador mencionou no final do parágrafo único as expressões *"consumados ou tentados"*. Porém, a menção foi desnecessária e inútil, uma vez que elas já constam do *caput* do art. 1º da lei.

Em terceiro lugar, o legislador mencionou expressamente as expressões "posse ou porte". Isso gera dúvidas porque o art. 16 contém vários verbos típicos (*possuir, deter, portar, adquirir, fornecer, receber, ter em depósito, transportar, ceder, emprestar, remeter, empregar, manter sob sua guarda* e *ocultar*). Assim, pergunta-se: seriam crimes hediondos apenas as condutas de *posse* ou *porte* de arma de fogo de uso restrito ou todas as condutas descritas no *caput* do art. 16 do Estatuto? Cremos que todas as condutas do art. 16 configuram crime hediondo. É bem verdade que o legislador fez menção expressa às condutas de *posse* ou de *porte.* Contudo, logo após mencioná-las, fez menção expressa ao art. 16 do Estatuto, não deixando margens para dúvidas de que quis que todo o art. 16 fosse etiquetado de crime hediondo. Demais disso, não faria sentido e fugiria de qualquer técnica destacar apenas duas condutas de um tipo e torná-las crime hediondo, desprezando todas as demais condutas descritas no mesmo tipo penal. Ademais, no parágrafo único do art. 1º da lei de crimes hediondos o legislador transcreveu apenas a rubrica do delito do art. 16 (*"posse ou porte ilegal de arma de fogo de uso restrito"*), o que deixa clara a sua intenção de abranger todo o art. 16, uma vez que no Estatuto tal rubrica refere-se tanto ao *caput*, quanto ao parágrafo **único.**

Em quarto lugar, uma questão relacionada ao objeto material do delito. O legislador mencionou no parágrafo único "arma de fogo", enquanto o art. 16 do Estatuto abrange como objetos materiais do delito "arma de fogo, acessório ou munição." Embora a nova lei não tenha mencionado esses objetos materiais descritos no art. 16 do Estatuto (acessório e munição), pelos mesmos motivos expostos anteriormente, pensamos que estão abrangidos também os acessórios e a munição de uso proibido.

Em quinto lugar, deve ser questionado se passou a ser hedionda apenas a conduta delituosa descrita no *caput* do art. 16 do Estatuto ou se também passaram a sê-las as condutas equiparadas previstas no seu parágrafo único e incisos. Em nossa opinião todo o art. 16 foi transformado em crime hediondo. De início, deve ser notado que o legislador não fez nenhuma distinção. Ao contrário, mencionou apenas o art. 16, não dispondo se seria o *caput* e também o parágrafo único. E onde a lei não distingue, não cabe ao intérprete distinguir. Destaque-se que quando legislador quer transformar em crime hediondo apenas uma parte do tipo penal, ele fá-lo expressamente, como fê-lo, por exemplo, no art. 1º, inciso II, ao destacar que somente § 3º do art. 157 do Código Penal é hediondo, mencionado igualmente de forma expressa "latrocínio", sendo que o latrocínio nunca foi um crime autônomo, e sim uma qualificadora do delito de roubo. Da mesma forma, no inciso III o legislador mencionou expressamente e entre parênteses "art. 158, § 2º", deixando claro e fora de dúvidas que não é qualquer espécie de extorsão que é considerada crime hediondo, mas, tão-somente, a extorsão *qualificada pela morte.* Como fê-lo também no inciso VII, ao tratar do delito de epidemia, de forma que, ao destacar expressamente o § 1º do art. 267 do Código Penal, deixou claro que o delito de epidemia na sua forma simples não é considerado crime hediondo, mas, apenas o crime de epidemia *com resultado morte.* Por essa razão, se o legislador fez menção expressa ao art. 16 do Estatuto do Desarmamento, sem fazer qualquer distinção entre *caput,* parágrafo único ou incisos, considerou que todo o art. 16 é crime hediondo. Ademais, sabemos que o parágrafo é continuação do *caput*, sendo um desdobramento dele. Mesmo que o parágrafo traga condutas equiparadas que configurem crimes autônomos, ele não deixa de ser um desdobramento do *caput*. Logo, não faria nenhum sentido abranger apenas o *caput* e não abranger o parágrafo. Sobretudo, justamente por serem condutas *equiparadas*. Qual sentido faria abranger apenas o *caput* e não abranger as condutas equiparadas? Se as condutas são equiparadas, em razão de suas gravidades, inclusive possuem a mesma pena, não há como não equipará-las também na natureza hedionda do delito. Por tais razões, pensamos que todo o art. 16 do Estatuto do Desarmamento é crime hediondo.

Como a lei passou a considerar o art. 16 do Estatuto do Desarmamento crime hediondo, trata-se de *novatio legis in pejus*, não podendo retroagir, por força do princípio da irretroatividade da lei penal mais severa, positivado no art. 5º, XL, da CR/88. Logo, os rigores da lei de crimes hediondos não podem ser aplicados ao delito do art. 16 praticado antes do advento da lei 13.497/2017. Porém, aqui há um cuidado a ser tomado: algumas condutas descritas no art. 16 do Estatuto configuram crimes permanentes (*possuir, portar, deter, ter em depósito, transportar, manter sob sua guarda e ocultar*). Nesses verbos típicos, caso a lei 13.497/2017 entre em vigor durante a permanência da consumação do delito, ela deverá ser aplicada imediatamente, nos moldes da súmula 711 do STF (*"A lei penal mais grave aplica-se ao crime continuado ou ao crime permanente, se a sua vigência é anterior à cessação da continuidade ou da permanência."*).

Por fim, uma crítica: o legislador transformou em crime hediondo o delito de porte ou posse de arma de fogo de uso restrito (art. 16). Contudo, não o fez em relação aos delitos de comércio ilegal de arma de fogo (art. 17) e de tráfico internacional de arma de fogo (art. 18), que são de igual ou até mesmo de maior gravidade. Basta pensar no seguinte exemplo: o agente que portar um fuzil (art. 16) comete crime hediondo. De outro lado, o agente que vender um fuzil (art. 17) ou que importar um fuzil (art. 18) não comete, todavia, crime hediondo. Portanto, pensamos que faltou proporcionalidade ao legislador, uma vez que deu um tratamento mais rigoroso ao art. 16, mas não o fez em relação aos arts. 17 e 18 do Estatuto do Desarmamento.

23. Prioridade no julgamento dos crimes hediondos. A lei 13.285/2016, com o objetivo de dar maior celeridade ao julgamento dos crimes hediondos, acrescentou o art. 394-A ao Código de Processo Penal para estabelecer a prioridade de tramitação dos processos que versarem sobre crimes hediondos. ("Art. 394-A. Os processos que apurem a prática de crime hediondo terão prioridade de tramitação em todas as instâncias.").

Art. 2º Os crimes hediondos, a prática da tortura, o tráfico ilícito de entorpecentes e drogas afins e o terrorismo **são insuscetíveis de**:

I – **anistia, graça e indulto**;

II – **fiança**. (Redação dada pela Lei nº 11.464, de 2007)

§ 1º A pena por crime previsto neste artigo será cumprida **inicialmente em regime fechado**. (Redação dada pela Lei nº 11.464, de 2007)

§ 2º A **progressão de regime**, no caso dos condenados aos crimes previstos neste artigo, dar-se-á após o cumprimento **de 2/5 (dois quintos)** da pena, **se o apenado for primário, e de 3/5 (três quintos), se reincidente**. (Redação dada pela Lei nº 11.464, de 2007)

§ 3º Em caso de sentença condenatória, o juiz decidirá fundamentadamente se o réu poderá **apelar em liberdade**. (Redação dada pela Lei nº 11.464, de 2007)

§ 4º A **prisão temporária**, sobre a qual dispõe a Lei nº 7.960, de 21 de dezembro de 1989, nos crimes previstos neste artigo, terá o **prazo de 30 (trinta) dias, prorrogável** por igual período em caso de extrema e comprovada necessidade. (Incluído pela Lei nº 11.464, de 2007).

1. **Equiparação dos delitos de tráfico de drogas, tortura e terrorismo a crimes hediondos.** Tanto a CRFB/88 no art. 5º, XLIII, quanto a lei de crimes hediondos no art. 2º, *caput* equipararam os delitos de tráfico de drogas, tortura e terrorismo a crimes hediondos, dando-lhes o mesmo tratamento penal e processual penal. Note-se que esses delitos não são considerados hediondos, pois não figuram no rol do art. 1º da lei, mas apenas equiparados ou assemelhados a hediondos.

2. **Tráfico privilegiado. Descaracterização como crime equiparado a hediondo.** A lei de Drogas possui no art. 33, **§** 4º uma causa de diminuição de pena, que permite ao Juiz a redução da pena do condenado de 1/6 a 2/3 desde que o agente seja primário, tenha bons antecedentes, não se dedique **à** atividades criminosas, nem integre organização criminosa. Trata-se de um benefício que o legislador conferiu ao condenado que reúna tais requisitos, diferenciando-o do traficante contumaz, que faz do tráfico de drogas o seu meio de vida. De acordo com o STF e o STJ, o tráfico privilegiado não **é** crime equiparado a hediondo, por haver incompatibilidade entre o privilégio do tráfico, com o tratamento distinto conferido pelo legislador, e a natureza hedionda do delito. Com efeito, a possibilidade de redução da pena traduz um menor juízo de reprovabilidade pessoal sob o agente que **é** condenado pelo delito de tráfico privilegiado. Por questões de política criminal, o fato de o agente ser primário, ter bons antecedentes, não se dedicar à atividades criminosas, nem integrar organização criminosa permite ao Juiz analisar as condições e realidades individuais de cada autor, de forma a permitir uma maior flexibilidade na gestão da política de drogas. Portanto, as normas contidas na lei de crimes hediondos não são aplicáveis ao tráfico privilegiado.

   Note-se que a súmula nº 512 do STJ (que dizia que a aplicação da causa de diminuição de pena prevista no art. 33, **§** 4º, da Lei n. 11.343/2006 não afasta a hediondez do crime de tráfico de drogas) foi cancelada.

   ▶ **STF**

   INFORMATIVO nº 831.

   Plenário

   Tráfico privilegiado e crime hediondo – 4

   O crime de tráfico privilegiado de drogas não tem natureza hedionda. Por conseguinte, não são exigíveis requisitos mais severos para o livramento condicional (Lei

11.343/2006, art. 44, parágrafo único) e tampouco incide a vedação à progressão de regime (Lei 8.072/1990, art. 2º, § 2º) para os casos em que aplicada a causa de diminuição prevista no art. 33, § 4º, Lei 11.343/2006. Com base nessa orientação, o Plenário, por maioria, concedeu a ordem de "habeas corpus" para afastar a natureza hedionda de tal delito. (...) O Tribunal superou a jurisprudência que se firmara no sentido da hediondez do tráfico privilegiado. Sublinhou que a previsão legal seria indispensável para qualificar um crime como hediondo ou equiparado. Assim, a partir da leitura dos preceitos legais pertinentes, apenas as modalidades de tráfico de entorpecentes definidas no art. 33, "caput" e § 1º, da Lei 11.343/2006 seriam equiparadas a crimes hediondos. Entendeu que, para alguns delitos e seus autores, ainda que se tratasse de tipos mais gravemente apenados, deveriam ser reservadas algumas alternativas aos critérios gerais de punição. A legislação alusiva ao tráfico de drogas, por exemplo, prevê a possibilidade de redução da pena, desde que o agente seja primário e de bons antecedentes, não se dedique a atividades criminosas e nem integre organização criminosa. Essa previsão legal permitiria maior flexibilidade na gestão da política de drogas, pois autorizaria o juiz a avançar sobre a realidade pessoal de cada autor. Além disso, teria inegável importância do ponto de vista das decisões de política criminal. **(HC 118533/MS, rel. Min. Cármen Lúcia, 23.6.2016).**

Tráfico privilegiado e crime hediondo – 5

A Corte observou que, no caso do tráfico privilegiado, a decisão do legislador fora no sentido de que o agente deveria receber tratamento distinto daqueles sobre os quais recairia o alto juízo de censura e de punição pelo tráfico de drogas. As circunstâncias legais do privilégio demonstrariam o menor juízo de reprovação e, em consequência, de punição dessas pessoas. Não se poderia, portanto, chancelar-se a hediondez a essas condutas, por exemplo. Assim, a imposição de pena não deveria estar sempre tão atrelada ao grau de censura constante da cominação abstrata dos tipos penais. O juiz deveria ter a possibilidade de exame quanto à adequação da sanção imposta e o respectivo regime de cumprimento, a partir do exame das características específicas na execução de determinados fatos, cujo contexto em que praticados apresentasse variantes socialmente relevantes em relação ao juízo abstrato de censura cominada na regra geral. De outro lado, o art. 33, § 4º, da Lei 11.343/2006 mereceria crítica na medida em que proíbe a substituição da pena privativa de liberdade por restritiva de direito. Assentou, ainda, que a etiologia do crime privilegiado seria incompatível com a natureza hedionda. Além disso, os Decretos 6.706/2008 e 7.049/2009 beneficiaram com indulto os condenados pelo tráfico de entorpecentes privilegiado, a demonstrar inclinação no sentido de que esse delito não seria hediondo. Demais disso, cumpre assinalar que o crime de associação para o tráfico, que reclama liame subjetivo estável e habitual direcionado à consecução da traficância, não seria equiparado a hediondo. Dessa forma, afirmar que o tráfico minorado fosse considerado hediondo significaria que a lei ordinária conferiria ao traficante ocasional tratamento penal mais severo que o dispensado ao agente que se associa de forma estável para exercer a traficância de modo habitual, a escancarar que tal inferência consubstanciaria violação aos limites que regem a edição legislativa penal. Vencidos os Ministros Luiz Fux, Dias Toffoli e Marco Aurélio, que denegavam o "writ". Reajustaram os votos os Ministros Edson Fachin, Teori Zavascki e Rosa Weber. **(HC 118533/MS, rel. Min. Cármen Lúcia, 23.6.2016).**

▶ **STJ**

INFORMATIVO nº 595.

Tráfico ilícito de drogas na sua forma privilegiada. Art. 33, § 4º, da Lei n. 11.343/2006. Crime não equiparado a hediondo. Entendimento recente do Supremo Tribunal Federal, no julgamento do HC 118.533-MS. Revisão do tema analisado pela Terceira Seção sob o rito dos recursos repetitivos. (...) O tráfico ilícito de drogas na sua forma privilegiada (art. 33, § 4º, da Lei n. 11.343/2006) não é crime equiparado a hediondo e, por conseguinte, deve ser cancelado o Enunciado 512 da Súmula do Superior Tribunal de Justiça. O Plenário do Supremo Tribunal Federal firmou entendimento oposto à jurisprudência do STJ ao assentar que o denominado tráfico privilegiado de drogas (art. 33, § 4º, da Lei n. 11.343/2006) não tem natureza hedionda. Apenas as modalidades de tráfico de entorpecentes definidas no art. 33, *caput* e § 1º, da Lei n. 11.343/2006 seriam equiparadas aos crimes hediondos, enquanto referido delito na modalidade privilegiada apresentaria "contornos mais benignos, menos gravosos, notadamente porque são relevados o envolvimento ocasional do agente com o delito, a não reincidência, a ausência de maus antecedentes e a inexistência de vínculo com organização criminosa". Além disso, destacou que, apesar da vedação constitucional e legal da concessão de graça e anistia e de indulto ao tráfico de entorpecentes, "os Decretos Presidenciais ns. 6.706/2008 e 7.049/2009 beneficiaram os condenados pelo tráfico de entorpecentes privilegiado com o indulto, o que demonstra que os mencionados textos normativos inclinaram-se na corrente doutrinária de que o tráfico privilegiado não é hediondo". Concluiu, em suma, em voto que foi seguido pela maioria do Tribunal Pleno, que a decisão do legislador fora no sentido de que o agente deveria receber tratamento distinto daqueles sobre os quais recairia o alto juízo de censura e de punição pelo tráfico de drogas e de que as circunstâncias legais do privilégio demonstrariam o menor juízo de reprovação e, em consequência, de punição dessas pessoas (Informativo 831). A Constituição Federal (artigo 5º, inciso XLIII) equiparou o delito de tráfico ilícito de drogas aos crimes hediondos, prevendo a insuscetibilidade de graça ou anistia e a inafiançabilidade, além de outras medidas previstas na Lei n. 8.072/1990. No entanto, nem toda transação ilícita com drogas deve necessariamente submeter-se ao regime dos crimes hediondos, como a conduta de quem oferece droga, eventualmente e sem objetivo de lucro, a pessoa de seu relacionamento, para juntos a consumirem (art. 33, § 3º, da Lei n. 11.343/2006), bem como – conforme recentemente assentado pelo Supremo Tribunal Federal – a de quem, de forma episódica, pratica o denominado tráfico privilegiado de drogas (art. 33, § 4º). Cumpre consignar, nessa linha de raciocínio, que o artigo 44 da Lei de Drogas, ao estabelecer que os crimes previstos nos arts. 33, *caput* e § 1º, e 34 a 37 da Lei "são inafiançáveis e insuscetíveis de *sursis*, graça, indulto, anistia e liberdade provisória, vedada a conversão de suas penas em restritivas de direitos", conferiu ao tráfico privilegiado (art. 33, § 4º) tratamento especial ao que o legislador atribuiu ao *caput* e ao § 1º do artigo 33, a reforçar a tese de que não se trata de delito hediondo. Saliente-se, outrossim, que o conceito de hediondez é de todo incompatível ao de privilégio, conforme há muito já vem decidindo o STJ, *mutatis mutandis*, no que toca ao homicídio qualificado-privilegiado. É sabido que os julgamentos proferidos pelo Supremo Tribunal Federal em *Habeas Corpus*, ainda que por seu Órgão Pleno, não têm efeito vinculante nem eficácia *erga omnes*. No entanto, a fim de observar os princípios da segurança jurídica, da proteção da confiança e da isonomia, nos termos do artigo 927, § 4º, do Código de Processo Civil, bem como de evitar a prolação de decisões contraditórias nas instâncias ordinárias e também no âmbito deste Tribunal Superior de Justiça, é necessária a revisão do tema analisado por este Sodalício sob o rito dos recursos repetitivos, a fim de nos alinharmos à jurisprudência do Excelso Pretório. Dessarte, é o caso de revisão do entendimento consolidado por esta Terceira Seção no julgamento do Recurso Especial Representativo da Controvérsia n. 1.329.088/RS – Tema 600 (Rel. Min. Sebastião Reis Júnior, Terceira Seção, julgado em 13/3/2013, DJe 26/4/2013), com o consequente cancelamento do Enunciado 512 da Súmula deste Superior Tribunal de Justiça. **(Pet 11.796-DF, Rel. Min. Maria Thereza de Assis Moura, Terceira Seção, por unanimidade, julgado em 23/11/2016).**

3. Inciso I. Vedação da anistia, graça e indulto aos crimes hediondos e equiparados. Em relação à vedação da **graça** e **anistia**, tal proibição trazida pelo legislador ordinário está em perfeita compatibilidade com a vedação dos mesmos institutos feita pelo art. 5º, XLIII da CRFB/88. Em relação ao **indulto**, muito embora a CRFB/88 no art. 5º, XLIII não tenha feito vedação expressa da concessão do indulto aos delitos hediondos e equiparados, considera-se constitucional a vedação feita pelo inciso ora estudado ao argumento de que os institutos da graça e do indulto são bastante semelhantes, uma vez que ambos têm a mesma natureza jurídica de causa de extinção da punibilidade (art. 107, II do Código Penal), ambos implicam renúncia estatal ao exercício do *jus puniendi* e ambos são concedidos pelo Presidente da República (art. 84, XII da CRFB/88). Assim, em razão das diversas semelhanças entre os dois institutos, a vedação da concessão da graça aos delitos hediondos e equiparados, feita pelo art. 5º, XLIII da CRFB/88, abrange também, a vedação do indulto.

▶ **STF**

INFORMATIVO nº 745

Segunda Turma

Tráfico de drogas e indulto humanitário – 1

A 2ª Turma reiterou jurisprudência no sentido de não ser possível o deferimento de indulto a réu condenado por tráfico de drogas, ainda que tenha sido aplicada a causa de diminuição prevista no art. 33, § 4º, da Lei 11.343/2006 à pena a ele imposta, circunstância que não altera a tipicidade do crime. (...) Afirmou que os condenados por tráfico de drogas ilícitas não poderiam ser contemplados com o indulto. Ponderou que, nos termos da Lei 8.072/1990, o crime de tráfico de droga, equiparado a hediondo, não permitiria anistia, graça e indulto (...). Assinalou que a proibição do art. 5º, XLIII, da CF seria aplicável ao indulto individual e ao indulto coletivo. Enfatizou que, tanto o tráfico ilícito de entorpecentes, quanto a associação para o tráfico foram equiparados a crime hediondo (Lei 11.343/2006, art. 44) e, por isso, a benesse requerida não poderia ser concedida. HC 118213/SP, rel. Min. Gilmar Mendes, 6.5.2014.

▶ **STJ**

EXECUÇÃO PENAL. (...) TRÁFICO ILÍCITO DE ENTORPECENTES. CAUSA DE DIMINUIÇÃO PREVISTA NO ART. 33, § 4º, DA LEI 11.343/2006. INDULTO. IMPOSSIBILIDADE(...). No caso, mostra-se inviável a concessão de indulto à paciente, uma vez que Decreto 7.873/2012 e a Lei 8.072/90, vedam, expressamente, a concessão da benesse aos condenados por crimes hediondos e equiparados. HC 280790. Rel. Min. Felix Fischer, julgado em 04/11/2014.

→ **Aplicação em concurso.**

- **Defensoria Pública do Estado do Amazonas/2003. CESPE.**

  O indulto insere-se no exercício do poder discricionário do presidente da República, independentemente do montante de pena, não podendo ser concedido, entretanto, nos casos de crimes hediondos, de tortura e de terrorismo.
  A alternativa está correta.

É de se notar que a lei de crimes hediondos trouxe um tratamento mais severo para os crimes denominados hediondos e a eles equiparados (tortura, tráfico e terrorismo), tratando-se, portanto, de verdadeira *novatio legis in pejus,* que terá irretroatividade absoluta, em razão do principio constitucional da irretroatividade da lei penal mais severa, positivado no art. 5º, XL da CRFB/88.

4. **Inciso II. Vedação da fiança aos crimes hediondos e equiparados.** No tocante à proibição de concessão de fiança, a jurisprudência já se consolidou no sentido de que toda e qualquer prisão provisória somente deve ser decretada ou mantida se for necessária, e, ainda assim, de forma excepcional. Portanto, não se mantém a prisão do preso em flagrante, automaticamente, só porque a lei proíbe a fiança abstratamente. Em qualquer hipótese, é preciso que seja demonstrada a necessidade da prisão, por meio da presença dos requisitos da prisão preventiva previstos no art. 312 do Código de Processo Penal. Portanto, a fiança é cabível.

▶ **STJ**

RECURSO ORDINÁRIO EM HABEAS CORPUS. TRÁFICO DE DROGAS. PRISÃO PREVENTIVA. ART. DO 312 CPP. PERICULUM LIBERTATIS. INDICAÇÃO NECESSÁRIA. FUNDAMENTAÇÃO INSUFICIENTE. RECURSO PROVIDO. 1. A jurisprudência desta Corte Superior é remansosa no sentido de que a determinação de segregar o réu, antes de transitada em julgado a condenação, deve efetivar-se apenas se indicada, em dados concretos dos autos, a necessidade da cautela (periculum libertatis), à luz do disposto no art. 312 do CPP. 2. Assim, a prisão provisória se mostra legítima e compatível com a presunção de inocência somente se adotada, em caráter excepcional, mediante decisão suficientemente motivada. Não basta invocar, para tanto, aspectos genéricos, posto que relevantes, relativos à modalidade criminosa atribuída ao acusado ou às expectativas sociais em relação ao Poder Judiciário, decorrentes dos elevados índices de violência urbana. 3. O juiz de primeira instância – não obstante tenha relatado minuciosamente os indícios de autoria, bem como a materialidade do delito – apontou genericamente a presença dos vetores contidos no art. 312 do Código de Processo Penal, sem indicar motivação suficiente para justificar a necessidade de colocar o recorrente cautelarmente privado de sua liberdade, uma vez que se limitou a afirmar – equivocadamente, diga-se – que o delito de tráfico, "segundo [a Lei n. 8072/1990], [é] insuscetível de fiança, estando a liberdade provisória reservada a situações excepcionalíssimas, como o caso em que não se vislumbre, desde logo, qualquer envolvimento do autuado, o que não caracteriza o caso destes autos". 4. Recurso provido para que o recorrente possa responder ao processo em liberdade até o trânsito em julgado da ação penal, se por outro motivo não estiver preso, sem prejuízo da possibilidade de nova decretação da prisão preventiva, se concretamente demonstrada sua necessidade cautelar, independentemente de imposição de medida alternativa, nos termos do art. 319 do CPP. **(RHC 48.230/MG, Rel. Min. Rogerio Schietti Cruz, julgado em 18/09/2014).**

A lei 11.464, de 28 de março de 2007, ao dar nova redação ao inciso ora estudado, suprimiu a vedação da liberdade provisória aos delitos hediondos e equiparados.

→ Aplicação em concurso.

- **Notário-MG/2011. EJEF.**

  A Lei n. 8.072/90 (crimes hediondos) preceitua em seu art. 2º que os crimes hediondos, a prática da tortura, o tráfico de entorpecentes e drogas afins e o terrorismo são insuscetíveis dos seguintes benefícios, EXCETO

  (A) anistia.

  (B) graça e indulto.

  (C) fiança.

  (D) liberdade provisória.

  Alternativa correta: Letra D.

5. § 1º. **Regime integralmente fechado.** Antes da edição da lei 11.464, de 28 de março de 2007, que deu nova redação ao § 1º, a lei de crimes hediondos previa o regime **integralmente** fechado. Tal regime sempre teve sua constitucionalidade contestada por parte da doutrina e jurisprudência, à luz do princípio constitucional da individualização da pena, previsto no art. 5º, XLVI da CRFB/88.

O princípio da individualização da pena preconiza, como o seu próprio nome está a sugerir, que a pena criminal deve ser individualizada de acordo com as condições pessoais de cada delinquente. Ao aplicar a pena criminal, o juiz deve sempre encontrar a pena justa, que seja a pena necessária e suficiente para a reprovação e prevenção do delito praticado. E é por meio de mencionado princípio que o julgador vai encontrar a pena justa.

Esse princípio possui três fases. A **1ª fase** é a **fase legislativa**, que é feita pelo legislador, ao cominar abstratamente a pena para determinado delito, movido por política criminal. É o legislador que fixa o mínimo e o máximo, assim como a espécie de pena, se detenção ou reclusão. Por exemplo: para quem cometer o crime de homicídio simples, o legislador cominou a pena reclusão de 6 a 20 anos; para o crime de furto, reclusão de 1 a 4 anos; no roubo, cominou pena maior, em razão do emprego da violência ou grave ameaça exercidas contra a vítima. Já para o delito de estelionato, a pena será de reclusão de 1 a 5 anos.

A **2ª fase** é a **fase judicial,** que é feita pelo juízo da condenação, ao aplicar a pena em concreto na sentença condenatória. O juiz, ao seguir os três passos do art. 68 do Código Penal, estabelece a pena-base (art. 59), atenuantes e agravantes, causa de aumento ou diminuição. Por força do mandamento contido no art. 59, III do Código Penal, o juiz deve fixar o regime inicial de cumprimento da pena privativa de liberdade.

A **3ª fase** é a **fase executória**, que é elaborada pelo juízo da execução penal. Nesta fase, o condenado já está cumprindo a pena imposta na sentença condenatória. Em regra, quando o juiz da vara criminal profere a sentença condenatória, ali encerra o seu ofício judicante. A partir daquele momento, o juízo da execução penal vai fiscalizar e acompanhar o cumprimento da pena privativa de liberdade a ser cumprida pelo condenado. Dessa forma, é o juízo da execução penal que terá competência para conceder a progressão de regimes, na forma do art. 66, III, alínea *b* da lei 7.210/84, lei de execução penal.

Assim, parte da doutrina afirmava a inconstitucionalidade do regime integralmente fechado trazido pela lei de crimes hediondos por violar o princípio da individualização da pena, uma vez que impedia o juízo da condenação de estabelecer o regime de cumprimento de pena que achasse necessário e adequado para o réu. Ademais, impedia o juízo da execução penal de conceder a progressão de regimes. Em outras palavras, o regime integralmente fechado, ao invés de permitir a individualização da pena, trazia exatamente o oposto, a generalização do regime para todos os condenados por crimes hediondos e equiparados.

6. § 1º. **Declaração de inconstitucionalidade do regime integralmente fechado pelo STF.** Em 23/02/2006, na ordem de *habeas corpus* nº 82.959/SP, o STF declarou a inconstitucionalidade do regime integralmente fechado, previsto no § 1º, do art. 2º da lei de crimes hediondos, pelos fundamentos acima expostos. Eis a ementa:

> PENA – REGIME DE CUMPRIMENTO – PROGRESSÃO – RAZÃO DE SER. A progressão no regime de cumprimento da pena, nas espécies fechado, semi-aberto e aberto, tem como razão maior a ressocialização do preso que, mais dia ou menos dia, voltará ao convívio social. PENA – CRIMES HEDIONDOS – REGIME DE CUMPRIMENTO – PROGRESSÃO – **ÓBICE** – ARTIGO 2º, **§** 1º, DA LEI Nº 8.072/90 – INCONSTITUCIONALIDADE – EVOLUÇÃO JURISPRUDENCIAL. Conflita com a garantia da individualização da pena – artigo 5º, inciso XLVI, da Constituição Federal – a imposição, mediante norma, do cumprimento da pena em regime integralmente fechado. Nova inteligência do princípio da individualização da pena, em evolução jurisprudencial, assentada a inconstitucionalidade do artigo 2º, **§** 1º, da Lei nº 8.072/90. (HC 82.959/SP. Rel. Min. Marco Aurélio. Julgamento em 23/02/2006. DJ 01-09-2006).

Ao declarar a inconstitucionalidade do regime integralmente fechado, o STF acabou por permitir a progressão de regime de cumprimento de pena privativa de liberdade nos crimes hediondos e equiparados.

Tal controle de constitucionalidade foi feito no método difuso, com eficácia *inter partes*. Entretanto, para serem coerentes com o STF, o STJ e os demais tribunais brasileiros começaram também a conceder a progressão de regimes aos condenados por crimes hediondos ou equiparados.

7. § 1º. **Regime inicialmente fechado.** A lei 11.464, de 28 de março de 2007 deu nova redação ao § 1º da lei de crimes hediondos para inserir o regime inicialmente fechado, positivando a jurisprudência do STF. Tal modificação reforçou a jurisprudência do STF no sentido de não mais se exigir que o apenado cumpra todo o período de pena privativa de liberdade em regime fechado, possibilitando, dessa forma, a

progressão de regimes. Entretanto, mesmo com a nova redação legal, o art. 2º, § 1º continuou a estabelecer o mesmo regime inicial de cumprimento de pena para todos os condenados por crimes hediondos e equiparados, e, consequentemente, continuou a impedir que o julgador individualize a pena criminal no momento da prolação da sentença condenatória, uma vez que ele não poderá fixar nenhum outro regime diverso do fechado, independentemente do juízo de necessidade e de adequação a ser feito em cada caso concreto à luz das condições pessoas de cada condenado. Por essa razão, o regime *inicialmente* fechado continua a violar o princípio constitucional da individualização da pena na sua 2ª fase, ao estabelecer genericamente o mesmo regime inicial para todos os condenados. Com esse fundamento, o STF declarou a inconstitucionalidade do regime inicialmente fechado contido no art. 2º, § 1º da lei de crimes hediondos.

▶ **STF**

4. A Corte Constitucional, no julgamento do HC nº 111.840/ES, de relatoria do Ministro Dias Toffoli, removeu o **óbice** constante do **§** 1º do art. 2º da Lei nº 8.072/90, com a redação dada pela Lei nº 11.464/07, o qual determinava que "[a] pena por crime previsto nes[s]e artigo será cumprida inicialmente em regime fechado", declarando, de forma incidental, a inconstitucionalidade da obrigatoriedade de fixação do regime fechado para o início do cumprimento de pena decorrente da condenação por crime hediondo ou equiparado. 5. Esse entendimento abriu passagem para que a fixação do regime prisional – mesmo nos casos de tráfico ilícito de entorpecentes ou de outros crimes hediondos e equiparados – seja devidamente fundamentada, como ocorre nos demais delitos dispostos no ordenamento. 6. No caso, as instâncias ordinárias indicaram elementos concretos e individualizados aptos a demonstrar a necessidade da prisão do paciente em regime fechado, impondo-lhe o regime mais severo mediante fundamentação adequada, nos termos do que dispõe o art. 33, caput e parágrafos, do CP. 7. Ordem denegada. HC 119382. Rel. Min. Dias Toffoli, julgado em 26/11/2013.

▶ **STJ**

INFORMATIVO 540

Quinta Turma

DIREITO PENAL. REGIME INICIAL DE CUMPRIMENTO DE PENA NO CRIME DE TORTURA.

Não é obrigatório que o condenado por crime de tortura inicie o cumprimento da pena no regime prisional fechado. Dispõe o art. 1º, § 7º, da Lei 9.455/1997 – lei que define os crimes de tortura e dá outras providências – que "O condenado por crime previsto nesta Lei, salvo a hipótese do § 2º, iniciará o cumprimento da pena em regime fechado". Entretanto, cumpre ressaltar que o Plenário do STF, ao julgar o HC 111.840-ES (DJe 17.12.2013), afastou a obrigatoriedade do regime inicial fechado para os condenados por crimes hediondos e equiparados, devendo-se observar, para a fixação do regime inicial de cumprimento de pena, o disposto no art. 33 c/c o art. 59, ambos do CP. Assim, por ser equiparado a crime hediondo, nos termos do art. 2º, *caput* e § 1º, da Lei 8.072/1990, é evidente que essa interpretação também deve ser aplicada ao crime de tortura, sendo o caso de se desconsiderar a regra disposta no art. 1º, § 7º, da Lei 9.455/1997, que possui a mesma disposição da norma declarada inconstitucional. (...). Portanto, seguindo a orientação adotada pela Suprema Corte, deve-se utilizar, para a fixação do regime inicial de cumprimento de pena, o disposto no art. 33 c/c o art. 59, ambos do CP e as Súmulas 440 do STJ e 719 do STF. (...). Precedente citado: REsp 1.299.787-PR, Quinta Turma, DJe 3/2/2014. HC 286.925-RR, Rel. Min. Laurita Vaz, julgado em 13/5/2014.

8. § 1º. **Marco inicial da possibilidade de progressão de regimes.** Em termos práticos, a progressão de regimes pelos condenados por crimes hediondos e equiparados passou a ser possível a partir do julgamento da ordem de *habeas corpus* nº 82.959/SP, e, não, da edição da lei 11.464, de 28 de março de 2007.

→ Aplicação em concurso.

- **TJ/AC – Juiz Substituto – 2007. CESPE.**

  O STF admite, em casos excepcionais, a fixação de regime integralmente fechado para o cumprimento da pena de condenados por crimes hediondos.

  A alternativa está errada.

- **OAB/SP – 137º Exame De Ordem – 2009. CESPE.**

  Assinale a opção correta no que concerne à legislação acerca de crimes hediondos.

(A) A nova Lei dos Crimes Hediondos prevê, como requisito objetivo para a progressão de regime, o cumprimento de um sexto da pena caso o réu seja primário.

(B) Em caso de sentença condenatória, o réu não poderá apelar em liberdade, haja vista a gravidade dos crimes elencados na referida legislação.

(C) É previsto, para a prisão temporária, nos crimes hediondos, o prazo, improrrogável, de trinta dias.

(D) A nova Lei dos Crimes Hediondos afasta a obrigatoriedade de cumprimento de pena em regime integralmente fechado.

Alternativa correta: Letra D.

- **PC/ES – Agente da Polícia Civil 2008. CESPE.**

  É vedada a progressão de regime do réu condenado por tráfico de drogas, devendo aquele cumprir a totalidade da pena em regime fechado.

  A alternativa está errada.

9. § 1º. **Regime inicialmente fechado e possibilidade de substituição de pena privativa de liberdade por pena restritiva de direitos nos crimes hediondos e equiparados.** Antes do julgamento da ordem de *habeas corpus* nº 82.959/SP pelo STF, a jurisprudência não admitia a substituição de pena privativa de liberdade por pena restritiva de direitos nos crimes hediondos e equiparados, ao argumento de ser o regime de cumprimento de pena integralmente fechado, havendo pela incompatibilidade entre esse regime e a pena restritiva de direitos, que permite ao condenado cumprir a pena em liberdade.

Após o julgamento da ordem de *habeas corpus* nº 82.959/SP pelo STF, a jurisprudência passou a admitir a substituição de pena privativa de liberdade por pena restritiva de direitos nos crimes hediondos e equiparados, uma vez que o único óbice que existia (regime integralmente fechado) não mais existe, em razão da declaração de sua inconstitucionalidade.

→ Aplicação em concurso.

- **(Cespe – Defensor Público – ES/2012).**

  Julgue os itens seguintes, com relação aos crimes previstos na Lei Antidrogas, no Estatuto do Desarmamento e no CDC.

  A natureza hedionda do delito de tráfico de drogas privilegiado, assim nominado pela doutrina, afasta, por si só, a possibilidade da conversão da pena privativa de liberdade em pena restritiva de direitos e a possibilidade de aplicação do regime inicial de cumprimento da pena diverso do fechado.

  A alternativa está errada.

10. § 1º. Regime inicialmente fechado e possibilidade de concessão da suspensão da execução da pena – *sursis* da pena nos crimes hediondos e equiparados. Antes do julgamento da ordem de *habeas corpus* nº 82.959/SP pelo STF, a jurisprudência não admitia a concessão do *sursis* da pena nos crimes hediondos e equiparados, ao argumento de ser o regime de cumprimento de pena integralmente fechado, havendo pela incompatibilidade entre esse regime e *sursis* da pena previsto no art. 77 do Código Penal, que permite ao condenado cumprir a pena em liberdade.

Após o julgamento da ordem de *habeas corpus* nº 82.959/SP pelo STF, a jurisprudência passou a admitir a concessão do *sursis* da pena nos crimes hediondos e equiparados, uma vez que o único óbice que existia (regime integralmente fechado) não mais existe, em razão da declaração de sua inconstitucionalidade.

11. § 2º. Progressão de regimes antes da lei 11.464 de 28 de março de 2007. A progressão de regimes de cumprimento de pena sempre foi prevista no art. 112 da lei 7.210/84 – lei de execução penal, que a partir da sua alteração pela lei 10.792/2003 passou a exigir apenas dois requisitos, quais sejam: um requisito objetivo, consistente no cumprimento de 1/6 de pena privativa de liberdade no regime anterior, e um requisito subjetivo, que é o de o apenado ostentar bom comportamento carcerário, comprovado pelo diretor do estabelecimento, respeitadas as normas que vedam a progressão.

12. § 2º. Progressão de regimes depois da lei 11.464 de 28 de março de 2007. A lei 11.464 de 28 de março de 2007 trouxe novos prazos para a progressão de regimes para os condenados por crimes hediondos ou equiparados, quais sejam: 2/5, se o apenado for primário, e 3/5, se reincidente, que só serão aplicados aos condenados por crimes hediondos ou equiparados.

Note-se que a mencionada lei apenas fez menção aos novos prazos, nada dispondo sobre o requisito da ostentação de bom comportamento carcerário, comprovado pelo diretor do estabelecimento. Embora a novel lei tenha sido incompleta, os novos prazos por ela trazidos devem ser combinados com o requisito subjetivo do bom comportamento carcerário previsto no art. 112 da lei de execução penal.

Dessa forma, atualmente a legislação brasileira apresenta três prazos para a progressão de regimes: 1/6 para o apenado por qualquer delito (art. 112 da lei de execução penal) e 2/5 ou 3/5 para o apenado por crime hediondo ou equiparado, se primário ou reincidente, respectivamente (art. 2º, § 2º da lei 8.072/90, com a redação que lhe deu a lei 11.464 de 28 de março de 2007).

→ Aplicação em concurso.

- **Escrivão de Polícia/CE. 2015. VUNESP.**

  O condenado por crime hediondo, de acordo com o texto legal (Lei no 8.072/90),

  A) pode, a critério do juiz, apelar em liberdade e, se primário, alcança o lapso temporal necessário à progressão do regime prisional cumpridos 2/5 da pena.

  B) pode, a critério do juiz, apelar em liberdade e, se primário, alcança o lapso temporal necessário à progressão do regime prisional cumprido 1/6 da pena.

  C) não pode apelar em liberdade e não tem direito à progressão de regime.

  D) não pode apelar em liberdade e, se reincidente, alcança o lapso temporal necessário à progressão do regime prisional cumpridos 3/5 da pena.

  E) pode, a critério do juiz, apelar em liberdade e, se reincidente, alcança o lapso temporal necessário à progressão do regime prisional cumpridos 2/3 da pena.

  Alternativa correta: Letra A.

- **Inspetor de Polícia/CE. 2015. VUNESP.**

  Sobre a Lei n. 8.072/90 (Lei dos Crimes Hediondos), é correto afirmar que

  A) em relação ao crime de homicídio, com exceção do homicídio culposo, todas as demais formas são consideradas crimes hediondos.

  B) o tráfico de drogas, o roubo – desde que praticado com emprego de arma de fogo e com restrição à liberdade da vítima – e o estupro são considerados crimes hediondos.

  C) as penas dos crimes hediondos são fixadas em regime integralmente fechado.

  D) para obter progressão de regime, os condenados por crime hediondo, se reincidentes, devem cumprir ao menos 3/5 da pena.

  E) o latrocínio (artigo 157, parágrafo 3º, CP), na sua forma tentada (e não consumada), não configura crime hediondo.

  Alternativa correta: Letra D.

- **Notário. TJ/BA. 2014. CESPE.**

  Os condenados por crimes hediondos devem iniciar o cumprimento da pena em regime fechado, havendo possibilidade de progressão, em caso de merecimento, após cumprido um sexto da pena.

  A alternativa está errada.

- **(Cespe – Delegado de Polícia – BA/2013)**

  No que se refere às contravenções penais, aos crimes em espécie e às leis penais extravagantes, julgue os itens a seguir com base na jurisprudência dos tribunais superiores.

  O indivíduo penalmente imputável condenado à pena privativa de liberdade de vinte e três anos de reclusão pela prática do crime de extorsão seguido de morte poderá ser beneficiado, no decorrer da execução da pena, pela progressão de regime após o cumprimento de dois quintos da pena, se for réu primário, ou de três quintos, se reincidente.

A alternativa está certa

- **Defensor Público/DF. 2013. CESPE.**

  Conforme a mais recente jurisprudência do STF, os condenados por crimes hediondos praticados antes da entrada em vigor da Lei nº 11.464/2007 podem pleitear a progressão de regime após o cumprimento de apenas um sexto da pena aplicada.

  A alternativa está correta.

- **(FCC – Analista Judiciário – Área Judiciária – TRF 2/2012).**

  No que concerne aos crimes hediondos, considere:

  No caso de sentença condenatória por crime hediondo, o réu não poderá apelar em liberdade.

  A progressão de regime, no caso dos condenados por crimes hediondos, dar-se-á após o cumprimento de 2/5 (dois quintos) da pena, se o apenado for primário, e de 3/5 (três quintos), se reincidente.

  A alternativa está certa.

- **DP/PA – Delegado de Polícia – 2009. MOVENS.**

  Quanto aos delitos hediondos, à Lei nº 9.296/1996 (interceptação telefônica), ao crime de tortura e aos crimes contra as crianças e os adolescentes, assinale a opção correta.

  A progressão de regime, no caso dos condenados pela prática de crimes hediondos ou equiparados, dar-se-á após o cumprimento de dois quintos da pena, se o apenado for primário, e de três quintos, se reincidente.

  A alternativa está correta.

13. § 2º. O prazo de 3/5 aplica-se a qualquer espécie de reincidência. Tendo em vista que o legislador não fez distinção entre reincidência genérica e específica, o prazo de 3/5 aplica-se a qualquer espécie de reincidência.

► **STJ**

INFORMATIVO nº 563

Sexta Turma

DIREITO PROCESSUAL PENAL. PROGRESSÃO DE REGIME DO REINCIDENTE CONDENADO POR CRIME HEDIONDO.

A progressão de regime para os condenados por crime hediondo dar-se-á, se o sentenciado for reincidente, após o cumprimento de 3/5 da pena, ainda que a reincidência não seja específica em crime hediondo ou equiparado. Isso porque, conforme o entendimento adotado pelo STJ, a Lei dos Crimes Hediondos não faz distinção entre a reincidência comum e a específica. Desse modo, havendo reincidência, ao condenado deverá ser aplicada a fração de 3/5 da pena cumprida para fins de progressão do regime. Precedentes citados: HC 173.992-MS, Quinta Turma, DJe 10/5/2012, HC 273.774-RS, Rel. Quinta Turma, DJe 10/10/2014, HC 310.649-RS, Sexta Turma, DJe 27/2/2015. **HC 301.481-SP, Rel. Min. Ericson Maranho (Desembargador convocado do TJ-SP), julgado em 2/6/2015, DJe 11/6/2015.**

14. § 2º. Progressão de regimes e princípio da irretroatividade da lei penal mais severa. A lei 11.464 de 28 de março de 2007 é evidentemente lei posterior mais severa denominada *lex gravior* ou *novatio legis in pejus,* por ter aumentado os prazos para a progressão de regimes aos condenados por delitos hediondos ou equiparados. Por tratar-se de lei posterior mais severa, deve-se trabalhar com o princípio da irretroatividade da lei penal mais severa, previsto no art. 5º, XL CRFB/88. Dessa forma, a novel legislação deve ter irretroatividade absoluta não alcançando os crimes praticados antes do seu início de vigência. Tendo em conta que a publicação de mencionada lei se deu em 29 de março de 2007, o agente que cometeu um delito hediondo ou equiparado até o dia 28 de março de 2007 terá direito a progressão de regime, desde que cumprido 1/6 da pena no regime anterior. Por outro lado, quem cometeu um delito hediondo ou equiparado, do dia 29 de março de 2007 em diante, terá que cumprir 2/5, se primário, ou 3/5, se reincidente, da pena no regime anterior para obter a progressão.

▶ **STJ**

Súmula 471: Os condenados por crimes hediondos ou assemelhados cometidos antes da vigência da Lei n. 11.464/2007 sujeitam-se ao disposto no art. 112 da Lei n. 7.210/1984 (Lei de Execução Penal) para a progressão de regime prisional.

▶ **STF**

INFORMATIVO nº 706

REPERCUSSÃO GERAL

Progressão de regime em crimes hediondos e lei penal no tempo

A exigência de cumprimento de um sexto da pena para a progressão de regime se aplica a crimes hediondos praticados antes da vigência da Lei 11.464/2007, que, ao alterar a redação do art. 2º da Lei 8.072/90, exigiria o cumprimento de dois quintos da pena, para condenado primário, e três quintos, para reincidente. Essa a conclusão do Plenário que desproveu o recurso extraordinário. Asseverou-se que a irretroatividade de lei seria condição da segurança jurídica e que, no âmbito penal, essa regra teria especificidades (CF, art. 5º, XL). Registrou-se que, no caso, a prática delituosa de crime hediondo teria ocorrido antes do advento da referida lei. O Min. Teori Zavascki rememorou o teor do julgamento do RHC 91300/DF (DJe de 3.4.2009), oportunidade em que decidido que o sistema jurídico anterior à edição da Lei 11.464/2007 seria mais benéfico ao condenado em matéria de requisito temporal. Ademais, nos autos do HC 94025/SP (DJe de 1º.8.2008), deliberara-se que, relativamente aos crimes hediondos perpetrados antes da vigência do aludido diploma, a progressão de regime deveria observar o critério previsto nos artigos 33 do CP e 112 da LEP, a preconizar a fração de um sexto. Nesse sentido, o art. 1º, § 2º, da Lei 8.072/90, na sua redação original, não poderia ser usado como parâmetro de comparação com a Lei 11.464/2007, porque declarado inconstitucional no julgamento do HC 82959/SP (DJU de 1º.9.2006). O Min. Luiz Fux lembrou, ainda, precedente firmado no AI 757480/RJ (DJe de 27.11.2009), no sentido de que a Lei 11.464/2007 apenas seria aplicável aos fatos cometidos após o início de sua vigência. RE 579167/AC, rel. Min. Marco Aurélio, 16.5.2013.

→ Aplicação em concurso.

- **Delegado de Polícia/PE. 2016. CESPE**

  Nos últimos tempos, os tribunais superiores têm sedimentado seus posicionamentos acerca de diversos institutos penais, criando, inclusive, preceitos sumulares. Acerca desse assunto, assinale a opção correta segundo o entendimento do STJ.

  No que diz respeito à progressão de regime prisional de condenado por crime hediondo cometido antes ou depois da vigência da Lei n. 11.464/2007, é necessária a observância, além de outros requisitos, do cumprimento de dois quintos da pena, se primário, e, de três quintos, se reincidente, para a obtenção do benefício.

  A alternativa está errada.

- **(Cespe – Promotor de Justiça – PI/2012)**

  Considerando o Estatuto do Desarmamento, a lei que trata dos crimes contra o meio ambiente, a que dispõe sobre os crimes hediondos e o entendimento dos tribunais superiores acerca dos institutos de direito penal, assinale a opção correta.

  A lei posterior que, de qualquer modo, favoreça o agente aplica-se aos fatos anteriores, ainda que decididos por sentença condenatória transitada em julgado. Por essa razão, o agente condenado por crime hediondo em 1998, que não teria direito a progredir de regime por vedação expressa da lei, faria jus à progressão de regime caso tal vedação fosse declarada inconstitucional pelo STF e adviesse lei prevendo progressão de regimes para os crimes hediondos, desde que o agente fosse réu primário e tivesse cumprido dois quintos da pena.

  A alternativa está errada.

15. STF. Súmula Vinculante nº 26: *"Para efeito de progressão de regime no cumprimento de pena por crime hediondo, ou equiparado, o Juízo da Execução observará a inconstitucionalidade do art. 2º da lei nº 8.072, de 25 de julho de 1990, sem prejuízo de avaliar se o condenado preenche, ou não, os requisitos objetivos e subjetivos do benefício, podendo determinar, para tal fim, de modo fundamentado, a realização de exame criminológico."*

A súmula vinculante nº 26 do STF tratou da inconstitucionalidade do art. 2º da lei nº 8.072/90, já declarada pelo STF na ordem de *habeas corpus* nº 82.959, bem como da possibilidade de o Juízo da Execução penal determinar, de modo fundamentado, a realização do exame criminológico para a concessão da progressão de regime.

Em moldes parecidos, a **súmula 439 do STJ** também tratou da possibilidade de o Juiz determinar a realização do exame criminológico com a seguinte redação: *"Admite-se o exame criminológico pelas peculiaridades do caso, desde que em decisão motivada"*.

O exame criminológico vinha positivado no art. 112 de LEP como um dos requisitos objetivos para a progressão de regime. Entretanto, a lei 10.792, de 1º de dezembro de 2003 alterou a redação do art. 112 e retirou a exigência de realização do exame criminológico para a progressão de regimes.

Temos para nós que as redações da súmula vinculante nº 26 do STF e da súmula 439 do STJ não se coadunam com a atualidade da LEP no tocante à progressão de regime. Como é de todos sabido, o Direito Penal é regido pelo princípio da legalidade, conforme determinam a CR/88 e o Código Penal. Possibilitar ao Juízo da Execução Penal a determinação de realização do exame criminológico para a concessão da progressão de regimes é dar um passo para trás na evolução legislativa brasileira, pois está-se exigindo um requisito que a lei não mais exige.

Se o próprio legislador, o mesmo que criou o exame criminológico, retirou-o da lei brasileira, foi porque entendeu que tal exame não poderia mais ser exigido como requisito para a progressão de regimes. Dessa forma, temos que a súmula vinculante nº 26 do STF e a súmula 439 do STJ são ilegais, na acepção literal da palavra, pois são flagrantemente contrárias à lei, sendo totalmente incompatíveis com o art. 112 da LEP.

→ Aplicação em concurso.

- **MP/ES – Promotor de Justiça – 2010. CESPE.**

Eduardo foi condenado a 25 anos de reclusão, em regime inicialmente fechado, pela prática do crime de homicídio qualificado com o uso de veneno. Transitada em julgado a condenação, o sentenciado foi recolhido a estabelecimento prisional em Vitória, no Espírito Santo. A partir dessa situação hipotética e com base na legislação aplicável às execuções penais, assinale a opção correta.

A) Caso seja primário e preencha os demais requisitos objetivos e subjetivos exigidos pela legislação, Eduardo poderá progredir ao regime semiaberto após o cumprimento de dez anos de pena privativa de liberdade no regime fechado. De acordo com entendimento sumulado do STF, nesse caso, deve haver a realização automática de exame criminológico no condenado, independentemente de justificativa judicial prévia.

A alternativa está errada.

16. § 3º. **Possibilidade de apelo em liberdade.** Trata-se de permissivo legal para o condenado recorrer da sentença penal condenatória em liberdade, desde que o juiz fundamente a sua decisão, em conformidade com o princípio da fundamentação das decisões judiciais, previsto no art. 93, IX, da CRFB/88.

17. **§ 4º. Prazo da prisão temporária.** O art. 2º da lei 7.960/89 prevê genericamente que o prazo da prisão temporária é de 5 dias, prorrogável por igual período em caso de extrema e comprovada necessidade. A lei de crimes hediondos aumentou o prazo da prisão temporária para 30 dias, também prorrogável por igual período em caso de extrema e comprovada necessidade, em se tratando de crimes hediondos e equiparados. Assim, atualmente há dois prazos distintos para a prisão temporária. Nos crimes comuns, o prazo é de 5 dias com base na lei 7.960/89. Em se tratando de crimes hediondos ou equiparados, o prazo é de 30 dias, com base na lei de crimes hediondos. Tanto em uma, quanto em outra hipótese o prazo poderá ser prorrogável por igual período, desde que haja extrema e comprovada necessidade, demonstrada pelo juiz na decisão que decretar a prisão. Não basta ser o delito praticado hediondo, devendo haver também a presença dos requisitos descritos no art. 1º, I e II da lei 7.960/89. Note-se que, uma vez terminado o prazo da prisão temporária, o preso deve ser colocado em liberdade imediatamente, independentemente de haver ordem judicial ou alvará de soltura, sob pena de a autoridade policial cometer crime de abuso de autoridade, previsto no art. 4º, *i*, da lei 4.898/65.

→ Aplicação em concurso

- **MP/RR – Assistente Administrativo/2008. CESPE.**

  A prisão temporária **é** uma modalidade de prisão processual e somente **é** admitida nos crimes hediondos.

  A alternativa está errada.

- **DP/AC – Delegado de Polícia – 2008. CESPE.**

  Acerca das leis penais especiais, julgue os itens a seguir.

  Em caso de crime hediondo, a prisão temporária será cabível, mediante representação da autoridade policial, pelo prazo de 30 dias, prorrogável por igual período em caso de extrema e comprovada necessidade.

  A alternativa está correta.

- **OAB/SP. 137º exame/2009. CESPE.**

  Assinale a opção correta no que concerne à legislação acerca de crimes hediondos.

A) A nova Lei dos Crimes Hediondos prevê, como requisito objetivo para a progressão de regime, o cumprimento de um sexto da pena caso o réu seja primário.

B) Em caso de sentença condenatória, o réu não poderá apelar em liberdade, haja vista a gravidade dos crimes elencados na referida legislação.

C) É previsto, para a prisão temporária, nos crimes hediondos, o prazo, improrrogável, de trinta dias.

D) A nova Lei dos Crimes Hediondos afasta a obrigatoriedade de cumprimento de pena em regime integralmente fechado.

Alternativa correta: Letra D.

Art. 3º A União manterá **estabelecimentos penais, de segurança máxima**, destinados ao cumprimento de penas impostas a condenados de alta periculosidade, cuja permanência em presídios estaduais ponha em risco a ordem ou incolumidade pública.

1. **Estabelecimentos penais de segurança máxima.** Trata-se de mandamento legal que tem como destinatária a União Federal, no sentido de construir estabelecimentos prisionais de segurança máxima. São os denominados presídios federais de segurança máxima. Embora o mandamento dirija-se à União, esses estabelecimentos prisionais não se destinam aos presos oriundos da Justiça Federal. O critério é a colocação em risco a ordem ou a incolumidade pública. Normalmente, abrigam-se nos presídios federais presos perigosos, como chefes de organizações criminosas ou do tráfico de drogas.

Art. 4º (Vetado).

Art. 5º Ao art. 83 do Código Penal é acrescido o seguinte inciso:

"Art. 83 ....

V – cumprido **mais de dois terços da pena**, nos casos de condenação por crime hediondo, prática da tortura, tráfico ilícito de entorpecentes e drogas afins, e terrorismo, se o apenado não for **reincidente específico** em crimes dessa natureza."

1. **Livramento condicional nos crimes hediondos e equiparados.** O artigo 5º da lei de crimes hediondos acrescentou o inciso V ao art. 83 do Código Penal, que trata do livramento condicional, dispondo que o condenado por crime hediondo deverá cumprir mais de dois terços da pena privativa de liberdade para a sua obtenção, desde que o condenado não seja reincidente específico em crimes dessa natureza.
2. **Proibição de concessão do livramento condicional ao reincidente específico.** Reincidente específico é aquele que foi condenado com uma sentença penal condenatória transitada em julgado por um crime hediondo ou equiparado (tráfico, tortura e terrorismo) e, depois, pratica outro crime hediondo ou equiparado. Ex.: homicídio qualificado e estupro, latrocínio e tráfico, extorsão qualificada pela morte e estupro.
3. **Princípio da irretroatividade da lei penal mais severa.** O inciso V do art. 83 do Código Penal, inserido pela lei 8.072/90, configura, evidentemente, lei posterior mais severa, não podendo, em hipótese nenhuma, alcançar fatos praticados antes do seu início de vigência, por força do princípio da irretroatividade da lei penal mais severa (art. 5º, XL, da CRFB/88). Assim, o prazo de mais 2/3 de cumprimento de pena privativa de liberdade, bem como a proibição do livramento condicional ao reincidente específico não podem alcançar o agente que praticou o delito considerado hediondo antes de 26 de julho de 1990, data da publicação da lei de crimes hediondos.

Art. 6º Os arts. 157, § 3º; 159, *caput* e seus §§ 1º, 2º e 3º; 213; 214; 223, *caput* e seu parágrafo único; 267, *caput* e 270; *caput*, todos do Código Penal, passam a vigorar com a seguinte redação:

"Art. 157. ....

§ 3º Se da violência resulta lesão corporal grave, a pena é de reclusão, de cinco a quinze anos, além da multa; se resulta morte, a reclusão é de vinte a trinta anos, sem prejuízo da multa.

....

Art. 159. ....

Pena – reclusão, de oito a quinze anos.

§ 1º ....

Pena – reclusão, de doze a vinte anos.

§ 2º ....

Pena – reclusão, de dezesseis a vinte e quatro anos.

§ 3º ....

Pena – reclusão, de vinte e quatro a trinta anos.

....

Art. 213. ....

Pena – reclusão, de seis a dez anos.

Art. 214. ....

Pena – reclusão, de seis a dez anos.

....

Art. 223. ....

Pena – reclusão, de oito a doze anos.

Parágrafo único. ....

Pena – reclusão, de doze a vinte e cinco anos.

....

Art. 267. ....

Pena – reclusão, de dez a quinze anos.

....

Art. 270. ....

Pena – reclusão, de dez a quinze anos.

....”

1. **Aumento de penas.** Este dispositivo somente aumentou as penas dos delitos ali previstos.

Art. 7º Ao art. 159 do Código Penal fica acrescido o seguinte parágrafo:

“Art. 159. ....

§ 4º Se o crime é cometido por quadrilha ou bando, o co-autor que denunciá-lo à autoridade, facilitando a libertação do seqüestrado, terá sua pena reduzida de um a dois terços.”

1. **Redação atual.** Depois do advento da lei de crimes hediondos, o parágrafo 4º do art. 159 do Código Penal foi novamente alterado pela lei 9.269/96, apresentando atualmente a seguinte redação: *“Se o crime é cometido em concurso, o concorrente que o denunciar à autoridade, facilitando a libertação do seqüestrado, terá sua pena reduzida de 1 (um) a 2/3 (dois terços).”*

2. **Aplicabilidade.** Este dispositivo acrescentou o parágrafo 4º ao art. 159 do Código Penal, positivando o instituto denominado delação premiada. Somente se aplica ao delito de extorsão mediante sequestro, previsto no art. 159 do Código Penal, e, não, aos demais crimes hediondos.

3. **Beneficiário.** O legislador da lei de crimes hediondos utilizou a expressão *coautor*. Entretanto, o mencionado parágrafo foi alterado posteriormente pela lei 9.269/96, que utilizou a expressão *concorrente*. Dessa última alteração, conclui-se que o benefício da delação premiada abrange tanto o coautor quanto o partícipe.

4. **Destinatário e efetividade da delação.** O legislador utilizou a expressão *autoridade* como destinatário da delação, entendendo-se como tal a autoridade policial, o membro do Ministério Público e a autoridade judiciária. A delação deve efetivamente facilitar a libertação da vítima pra que incida a diminuição da pena.

5. **Redução da pena.** Preenchidos os requisitos da delação, torna-se obrigação do juiz aplicar a causa de diminuição de pena.

→ Aplicação em concurso.

- **MP/RO. Promotor de Justiça. 2008. CESPE.**

No que se refere a delação premiada e com base no entendimento jurisprudencial dado ao tema, assinale a opção correta.

A) Tratando-se de crime hediondo, se o delator prestar informações eficientes relacionadas aos seus comparsas, ainda que a associação de agentes seja eventual, admite-se o reconhecimento da delação premiada.

A alternativa está errada.

Art. 8º Será de três a seis anos de reclusão a **pena prevista no art. 288 do Código Penal**, quando se tratar de **crimes hediondos**, prática da **tortura, tráfico ilícito de entorpecentes e drogas afins ou terrorismo.**

Parágrafo único. O participante e o associado que denunciar à autoridade o bando ou quadrilha, possibilitando seu desmantelamento, terá a pena reduzida de um a dois terços.

1. ***Caput.*** A lei 8.072/90 trouxe nova pena para o delito de associação criminosa, mas tão-somente quando se destinar à prática de crimes hediondos, tráfico, tortura e terrorismo. Como o legislador fez menção expressa ao art. 288 do Código Penal, conclui-se que, para que haja o delito, devem ser exigidos todos os elementos típicos necessários à configuração do delito lá tipificado.

2. **Antiga lei de drogas (6.368/76).** A lei 6.368/76, antiga lei de drogas, hoje já revogada, tipificava de forma autônoma o delito de associação para o tráfico de drogas em seu art. 14, ao qual cominava a pena de reclusão de 3 a 10 anos. A lei de crimes hediondos foi mais benéfica, uma vez que no seu art. 8º passou a cominar pena de reclusão de 3 a 6 anos, diminuindo, portanto, a pena máxima de 10 para 6 anos. Por tratar-se de nova lei mais benéfica, jurisprudência e doutrina majoritárias entendiam que deveria incidir. Assim, no delito de associação para o tráfico, combinavam o preceito primário do art. 14 da lei 6.368/76 com o preceito secundário do art. 8º da lei 8.072/90.

▶ **STJ**

> Subsiste a tipificação do artigo 14 da Lei 6368/76, ante o artigo 8º da Lei 8072/90, que alterou, tão somente, a pena do referido dispositivo (Precedentes). (HC 50388/MG. Rel. Min. Félix Fischer. DJ 05/06/2006).

> RECURSO ESPECIAL. PENAL. TRÁFICO DE DROGAS E ASSOCIAÇÃO AO TRÁFICO. ARTS. 12 E 14 DA LEI 6.368/76. APLICAÇÃO DO CONTIDO NO ART. 8º DA LEI 8.072/90 PARA O DELITO DE ASSOCIAÇÃO. Ao delito de associação ao tráfico

deve-se aplicar a pena prevista no art. 8º da Lei 8.072/90, por ser mais benéfica aos réus (RESP 705908/RJ. Rel. Min. José Arnaldo da Fonseca. DJ 05/09/2005).

3. **Nova lei de drogas (11.343/06).** Com o advento da nova lei de drogas, o legislador trouxe no art. 35 o delito autônomo de associação para o tráfico, cominando pena de reclusão de 3 a 10 anos, tratando-se, portanto, de nova lei mais severa no que toca a pena cominada, uma vez que, como visto acima, jurisprudência e doutrina aplicavam a pena prevista no art. 8º da lei 8.072/90, que era de 3 a 6 anos. Dessa forma, a opção mais técnica é que se continue a aplicar a pena do art. 8º da lei 8.072/90, por ser mais benéfica, ao agente que tiver cometido esse delito antes da vigência da nova lei de drogas, em homenagem ao princípio da irretroatividade da lei penal mais severa positivado no art. 5º, XL da CRFB/88. Entretanto, ao agente que tiver praticado o delito de associação para o tráfico na vigência da nova lei de drogas deve ser aplicada a pena nela prevista, em razão da teoria da atividade, segundo a qual se considera praticado o crime no momento da ação ou omissão, ainda que seja outro o momento do resultado (art. 4º do Código Penal).

4. **Parágrafo** único. Trata-se do instituto de delação premiada, que, segundo a redação legal, abrange tanto o integrante da associação criminosa, quanto o seu partícipe, uma vez que o legislador utilizou as expressões *participante* e *associado.* Por *desmantelamento* entenda-se a efetiva dissociação da associação criminosa.

- **MP/RO – Promotor/2008. CESPE.**

  Tratando-se de crime hediondo, se o delator prestar informações eficientes relacionadas aos seus comparsas, ainda que a associação de agentes seja eventual, admite-se o reconhecimento da delação premiada.

  A alternativa está errada.

- **Defensoria Pública/Alagoas – 2003. CESPE.**

  Acerca dos dispositivos legais pertinentes à Lei dos Crimes Hediondos, julgue os itens abaixo.

  – A delação premiada não constitui causa especial de redução de pena.

  A alternativa está errada.

Art. 9º As penas fixadas no art. 6º para os crimes capitulados nos arts. 157, § 3º, 158, § 2º, 159, *caput* e seus §§ 1º, 2º e 3º, 213, *caput* e sua combinação com o art. 223, *caput* e parágrafo único, 214 e sua combinação com o art. 223, *caput* e parágrafo único, todos do Código Penal, são acrescidas de metade, respeitado o limite superior de trinta anos de reclusão, estando a vítima em qualquer das hipóteses referidas no art. 224 também do Código Penal.

1. **Natureza jurídica.** O legislador trouxe, no dispositivo ora comentado, uma causa de aumento de pena, que deverá incidir na terceira fase do critério trifásico de aplicação de pena dos delitos ali definidos, caso a vítima de tais delitos seja menor de 14 anos, débil mental e o agente conheça tal circunstância ou não possa oferecer resistência (art. 224, alíneas *a, b* e *c* do Código Penal).

2. **Inaplicabilidade do dispositivo.** A lei 12.015/2009, além de ter operado significativa alteração nos delitos sexuais, no seu art. 7º revogou o art. 224 do Código Penal, que dispunha sobre as denominadas hipóteses de *presunção de violência*. Tais hipóteses passaram a integrar o tipo legal de crime denominado *estupro de vulnerável*, positivado no art. 217-A do Código Penal. Em outras palavras, tais hipóteses deixaram de ser casos de presunção de violência e passaram a ser elementos do tipo legal de crime do art. 217-A, denominado *estupro de vulnerável*. Como dito alhures, antes da reforma, havia severa discussão em doutrina e jurisprudência acerca da natureza dessa presunção de violência. De um lado, a doutrina era quase unânime em reconhecer a natureza relativa da presunção de violência; de outro lado o STF e o STJ entendiam que tal presunção absoluta. Após a reforma operada pela lei 12.015/2009, as hipóteses, antes denominadas de *presunção de violência*, previstas no revogado art. 224 do Código Penal, passaram a ser elementos do tipo legal de crime denominado *Estupro de vulnerável* (art. 217-A), sendo, portanto, elementos do tipo penal. Dessa forma, tais hipóteses não são mais tratadas como presunção de violência, e, sim, como elementos do tipo. Abandonou-se, assim, o sistema de presunção de violência. Portanto, haverá o delito de estupro de vulnerável sempre que o agente mantiver conjunção carnal ou outro ato libidinoso com menor de 14 anos, pessoa enferma ou com deficiência mental que não tenha o necessário discernimento para a prática do ato ou que por qualquer outra causa não possa oferecer resistência. Ademais, com a revogação do art. 224 do Código Penal, o art. 9º da lei de crimes hediondos perdeu a sua aplicabilidade porque ficou sem aplicabilidade, tendo em vista que o art. 224 do Código Penal, ao qual o art. 9º da lei de Crimes Hediondos faz menção, foi revogado.

3. **Retroatividade da lei 12.015/2009.** Antes do advento da lei 12.015/2009, a tipificação do estupro de vulnerável era feita no art. 213 do Código Penal, com o aumento contido no art. 9º da lei de Crimes Hediondos, que resultava em uma pena mínima de 9 anos e máxima de 15 anos. A partir do advento da lei 12.015/2009, a tipificação do estupro contra vulnerável encontra-se no art. 217-A do Código Penal com a pena cominada de 8 a 15 anos. Note-se que a pena mínima foi reduzida em um ano. Portanto, especificamente nesse ponto, a lei 12.015/2009 é mais benéfica por ter cominado ao art. 217-A uma pena mínima menor. Por se tratar de nova lei mais benéfica, deve retroagir par alcançar fatos praticados antes do seu início de vigência, com fundamento no art. 5º, XL da CR/88.

▶ **STJ**

> AGRAVO REGIMENTAL NO RECURSO ESPECIAL. PENAL E PROCESSO PENAL. SÚMULA 7/STJ. NÃO INCIDÊNCIA. ATENTADO VIOLENTO AO PUDOR MEDIANTE GRAVE AMEAÇA. INCIDÊNCIA DA CAUSA DE AUMENTO DE PENA DO ARTIGO 9º DA LEI 8.072/90. SUPERVENIÊNCIA DA LEI Nº 12.015/2009. APLICAÇÃO RETROATIVA. AGRAVO REGIMENTAL A QUE SE NEGA PROVIMENTO. A causa de aumento de pena do artigo 9º da Lei nº 8.072/90 tem incidência se resta comprovada a existência de violência real ou grave ameaça no crime de estupro ou atentado violento ao pudor cometido contra menor de 14 anos, dada a maior reprovabilidade da conduta. Editada a Lei nº 12.015/09, que deu novo tratamento aos "Crimes contra os Costumes", agora denominados "Crimes contra a Dignidade Sexual", foi tipificado

no art. 217-A o crime praticado contra menor de 14 anos sob o rótulo de Estupro de Vulnerável com reprimendas mais severas, ao tempo em que foi revogado o artigo 224 do Código Penal, que dava fundamento à aplicação da causa especial de aumento de pena do artigo 9º da Lei nº 8.072. Caso mais benéfica ao réu a aplicação da lei nova por inteiro, i.e, com o preceito secundário do art. 217-A, como no caso concreto, imperiosa sua incidência retroativa para alcançar os fatos praticados sob a égide da legislação anterior, em obséquio ao princípio da mihi factum, dabo tibi ius aplicável em sede de recurso especial e ao mandamento constitucional inserto no inciso XL do artigo 5º da Carta Magna.5. Agravo regimental a que se nega provimento. AgRg no REsp 1194323. Maria Thereza de Assis Moura, julgado em 11/04/2013.

Art. 10. O art. 35 da Lei nº 6.368, de 21 de outubro de 1976, passa a vigorar acrescido de parágrafo único, com a seguinte redação:

"Art. 35. ....

Parágrafo único. Os prazos procedimentais deste capítulo serão contados em dobro quando se tratar dos crimes previstos nos arts. 12, 13 e 14."

Art. 11. (Vetado).

Art. 12. Esta lei entra em vigor na data de sua publicação.

Art. 13. Revogam-se as disposições em contrário.

Interceptação Telefônica. Lei nº 9.296, de 24 de julho de 1996

Art. 1º A interceptação de **comunicações telefônicas**, de qualquer natureza, para prova em **investigação criminal** e em **instrução processual** penal, observará o disposto nesta Lei e dependerá de **ordem do juiz competente** da ação principal, sob segredo de justiça.

Parágrafo único. O disposto nesta Lei aplica-se à interceptação do fluxo de comunicações em **sistemas de informática e telemática.**

1. **Objeto da lei.** A presente lei trata da autorização, regulamentação e limites para a realização da interceptação telefônica como meio de prova no curso da persecução penal. Em poucos artigos, o legislador tratou da regulamentação do tema, da competência para a autorização da sua realização, das hipóteses de incidência e de não incidência deste meio de prova, dos requisitos a serem demonstrados para que a interceptação seja autorizada, do tempo de sua duração, do procedimento a ser seguido na interceptação, do destino do objeto dessa prova, e, por fim, puniu como crime a conduta de realizar a interceptação telefônica fora dos moldes previstos na lei.
2. **Meios de prova.** Pelo seu conteúdo, podemos concluir que a presente lei tem conteúdo predominantemente processual. Embora ela traga um tipo penal no art. 10, a maior parte do seu conteúdo tem como objeto a regulamentação da obtenção de um *meio de prova*, que é a interceptação telefônica, que, na realidade, será apenas mais um elemento de prova dentro do processo, não podendo prevalecer sobre nenhuma outra prova, nem ser desprezado em detrimento de qualquer outro elemento probatório, em homenagem ao princípio da relatividade das provas.
3. **Abrangência.** Ao empregar as expressões *em investigação criminal* e *em instrução processual penal* o legislador deixou clara a abrangência da realização da interceptação telefônica, pois pretendeu abranger as duas fases da persecução criminal, seja na sua 1ª fase, que é a do inquérito policial, seja na sua 2ª fase, em que se tem a ação penal.
4. **Objeto de interceptação.** Questão relevante versa sobre o que pode ser objeto de interceptação. A discussão decorre da redação do dispositivo constitucional. Confira-se a redação art. 5º, XII da CR/88: *"é inviolável o sigilo da correspondência*

e das comunicações telegráficas, de dados e das comunicações telefônicas, salvo, no último *caso, por ordem judicial, nas hipóteses e na forma que a lei estabelecer para fins de investigação criminal ou instrução processual penal."* A redação constitucional levou parcela da doutrina a afirmar que a interceptação pode ser feita de qualquer forma de comunicação, ou seja, pode abranger a comunicação *telegráfica, de dados e as comunicações telefônicas*, desde que seja para fins criminais. Contudo, pensamos que a norma que se retira do comando constitucional é outra. Aliás, não vemos o porquê da discussão diante de uma norma constitucional clara. Com efeito, o dispositivo dispõe sobre a inviolabilidade das comunicações *telegráficas*, de *dados* e *telefônicas*, fazendo uma ressalva em relação às comunicações telefônicas ao dispor *"salvo, no* último *caso"*. A Constituição tratou de três formas de comunicação: 1. telegráfica; 2. de dados; e 3. telefônicas. Após a enumeração, o constituinte dispôs "salvo, no último caso". De forma clara à todas as luzes, o legislador constituinte enumerou três casos e depois ressalvou o "último *caso"*. Pergunta-se: qual seria o "último *caso*"? A resposta é óbvia: o terceiro caso. E qual é? As comunicações telefônicas. Se a ressalva abrangesse todas as hipóteses, qual teria sido a razão para o legislador constituinte inserir a expressão *"no* último *caso"*? *Data venia* de entendimentos em sentido contrário, pensamos que a norma constitucional não deixa margem para dúvidas ou controvérsias. Temos que a norma que se retira do inciso XII do art. 5º da CR/88 é a seguinte: *o sigilo das comunicações telegráficas, de dados e das comunicações telefônicas* é *inviolável, ressalvado esse* último *caso, das comunicações telefônicas, em que ele pode ser afastado por ordem judicial, nos casos previstos em lei para fins de investigação criminal ou instrução processual penal.* Não vemos como retirar outra norma do comando constitucional.

5. **Conceito de interceptação telefônica.** Interceptar significa cortar a passagem de algo, interromper o fluxo de algo. Assim, por interceptação telefônica entenda-se o ato de interromper, realizar uma interferência no fluxo de comunicação telefônica entre duas pessoas diferentes do interceptador, sem o conhecimento dos interlocutores. O interceptador capta o fluxo da comunicação entre duas pessoas estranhas a ele.

6. **Interceptação telefônica, escuta telefônica, gravação telefônica e quebra de sigilo de dados telefônicos.** Como dito acima, a *interceptação telefônica* consiste na interrupção, na interferência no fluxo de comunicação telefônica entre duas pessoas diferentes do interceptador, sem que os interlocutores saibam. A *escuta telefônica* consiste na captação da conversa de duas pessoas, realizada por um terceiro, porém com o conhecimento de um dos interlocutores. A *gravação telefônica* é o ato pelo qual ocorre a captação de conversa telefônica levada a efeito por um dos comunicadores, sem que que o outro comunicador tenha ciência. Note-se que a *escuta telefônica* e a *gravação telefônica* por não constituirem interceptação telefônica, não são regulamentadas pela presente lei e não necessitam de autorização judicial. Por fim, a *quebra de sigilo de dados telefônicos* significa o acesso à relação de números de telefones que foram objetos de ligações, oriundas e recebidas por determinada linha telefônica, ou seja, o acesso ao histórico da relação de chamadas feitas e recebidas por um determinado número.

7. **Direito à intimidade e ao sigilo das comunicações telegráficas de dados e das comunicações telefônicas.** A realização da interceptação telefônica oferece sérios riscos a alguns direitos fundamentais previstos na CR/88, como o direito à intimidade, positivado no art. 5º, X (*"são invioláveis a intimidade, a vida privada, a honra e a imagem das pessoas, assegurado o direito a indenização pelo dano material ou moral decorrente de sua violação"*), bem como, e, sobretudo, o direito ao sigilo das comunicações telegráficas de dados e das comunicações telefônicas positivado no art. 5º, XII (*"é inviolável o sigilo da correspondência e das comunicações telegráficas, de dados e das comunicações telefônicas, salvo, no* último *caso, por ordem judicial, nas hipóteses e na forma que a lei estabelecer para fins de investigação criminal ou instrução processual penal."*). Disso decorre a necessidade de estabelecer-se a extensão da autorização legal para a interceptação telefônica e da necessidade de exigência de autorização judicial para a sua realização, temas que serão abordados em tópicos próprios.

8. **Necessidade de autorização judicial.** É inegável que a interceptação telefônica constitui verdadeira restrição ao direito fundamental à intimidade e ao sigilo das comunicações telefônicas, conforme exposto no tópico anterior. Ao Juiz, isento e imparcial, cabe velar pela observância do respeito aos direitos e garantias, em busca do devido processo legal. Assim, a restrição de direitos, sobretudo de direitos fundamentais, só pode ser feita por um órgão imparcial. Só o Juiz tem condições de avaliar, caso a caso, com isenção, ponderação e equilíbrio, a necessidade de restringir-se um direito fundamental, como na hipótese de restrição do direito fundamental à intimidade e ao sigilo das comunicações telefônicas, por meio da interceptação telefônica. A intervenção judicial prévia dá-se como fator de conformação constitucional do ato a ser praticado, evitando-se os abusos e os excessos estatais que colocam em perigo os direitos fundamentais. Há tempos o processo deixou de ser um mero instrumento para a satisfação do direito material, de exercício do *jus puniendi,* de satisfação da pretensão punitiva estatal e passou a ser um instrumento de exercício de garantias constitucionais do indivíduo que funciona como um escudo contra o arbítrio estatal. O processo penal não é um instrumento colocado somente a serviço da única finalidade de satisfação da pretensão punitiva estatal. O processo deve desempenhar a sua dupla função de, por um lado, tornar viável a aplicação da pena, e, de outro, servir de instrumento de garantia dos direitos e liberdades individuais, tendo em vista que o direito processual não é outra coisa senão o direito constitucional aplicado. De outro giro, os direitos fundamentais são marcados pela característica da relatividade, que significa que não são absolutos, mas, sim, relativos, razão pela qual podem sofrer limitações em face de outros direitos. Contudo, essa relatividade, associada à necessidade de dar-se mais efetividade à busca de elementos probatórios dentro do processo penal, não pode conduzir à supressão de direitos e garantias fundamentais fora dos moldes constitucionais. O que o legislador pretendeu, ao exigir a autorização judicial, por meio da prévia intervenção do Poder Judiciário, como órgão independente, autônomo, isento e desinteressado na investigação criminal, foi justamente a ponderação desses direitos envolvidos, para que esse meio de obtenção de prova seja praticado dentro das balizas constitucionais. Por isso, o controle da violação

de um direito fundamental pelo Poder Judiciário deve ser sempre prévio, razão pela qual é indispensável a autorização judicial para a realização da interceptação telefônica.

▶ **STJ**

INFORMATIVO nº 510

Quinta Turma

DIREITO PROCESSUAL PENAL. INTERCEPTAÇÃO TELEFÔNICA SEM AUTORIZAÇÃO JUDICIAL. VÍCIO INSANÁVEL.

Não é válida a interceptação telefônica realizada sem prévia autorização judicial, ainda que haja posterior consentimento de um dos interlocutores para ser tratada como escuta telefônica e utilizada como prova em processo penal. A interceptação telefônica é a captação de conversa feita por um terceiro, sem o conhecimento dos interlocutores, que depende de ordem judicial, nos termos do inciso XII do artigo 5º da CF, regulamentado pela Lei n. 9.296/1996. A ausência de autorização judicial para captação da conversa macula a validade do material como prova para processo penal. A escuta telefônica é a captação de conversa feita por um terceiro, com o conhecimento de apenas um dos interlocutores. A gravação telefônica é feita por um dos interlocutores do diálogo, sem o consentimento ou a ciência do outro. A escuta e a gravação telefônicas, por não constituírem interceptação telefônica em sentido estrito, não estão sujeitas à Lei 9.296/1996, podendo ser utilizadas, a depender do caso concreto, como prova no processo. O fato de um dos interlocutores dos diálogos gravados de forma clandestina ter consentido posteriormente com a divulgação dos seus conteúdos não tem o condão de legitimar o ato, pois no momento da gravação não tinha ciência do artifício que foi implementado pelo responsável pela interceptação, não se podendo afirmar, portanto, que, caso soubesse, manteria tais conversas pelo telefone interceptado. Não existindo prévia autorização judicial, tampouco configurada a hipótese de gravação de comunicação telefônica, já que nenhum dos interlocutores tinha ciência de tal artifício no momento dos diálogos interceptados, se faz imperiosa a declaração de nulidade da prova, para que não surta efeitos na ação penal. (**HC 161.053-SP, Rel. Min. Jorge Mussi, julgado em 27/11/2012).**

→ Aplicação em concurso.

- **Procurador do Ministério Público junto ao Tribunal de Contas da União/2015. CESPE.**

  De acordo com a CF, prescinde de prévia decisão judicial a interceptação de comunicações telefônicas para prova em investigação criminal e em instrução processual penal.

  A alternativa está errada.

- **AGU/2015. CESPE.**

  Ao receber uma denúncia anônima por telefone, a autoridade policial realizou diligências investigatórias prévias à instauração do inquérito policial com a finalidade de obter elementos que confirmassem a veracidade da informação. Confirmados os indícios da ocorrência de crime de extorsão, o inquérito foi instaurado, tendo o delegado requerido à companhia telefônica o envio de lista com o registro de ligações telefônicas efetuadas pelo suspeito para a vítima. Prosseguindo na investigação, o delegado, sem autorização judicial, determinou a instalação de grampo telefônico no telefone do suspeito, o que revelou, sem nenhuma dúvida, a materialidade e a autoria delitivas. O inquérito foi relatado, com o indiciamento do suspeito, e enviado ao MP. Nessa situação hipotética, considerando as normas relativas à investigação criminal.

A interceptação telefônica efetuada poderá ser convalidada se o suspeito, posteriormente, confessar espontaneamente o crime cometido e não impugnar a prova.

A alternativa está errada.

- **(UEG – Delegado de Polícia – GO/2013)**

Capitão Didi teve seus diálogos telefônicos, estabelecidos com Lekão do Cerrado, interceptados pela autoridade policial, sem autorização judicial e sem consentimento de ambos. Tal fato desvelou a prática do crime previsto no artigo 157, § 2º, I e II, do Código Penal. Após ameaça de sua esposa em abandonar o lar, Capitão Didi consentiu na divulgação dos seus conteúdos. Nesse caso, segundo o Superior Tribunal de Justiça, a prova é:

A) nula, pois não houve prévia autorização judicial, nem tampouco os interlocutores tinham ciência de tal artifício no momento dos diálogos interceptados.

B) válida, pois o consentimento de um dos interlocutores, mesmo posterior, tem o condão de legitimar o ato.

C) nula, pois o consentimento de Capitão Didi se encontra viciado pela ameaça proferida de abandono de lar pela sua esposa.

D) válida, pois é possível afirmar que Capitão Didi, caso soubesse previamente da interceptação telefônica, manteria os mesmos diálogos travados com Lekão do Cerrado.

Alternativa correta: Letra A.

- **(Cespe – Delegado de Polícia – BA/2013)**

Um delegado de polícia, tendo recebido denúncia anônima de que Mílton estaria abusando sexualmente de sua própria filha, requereu, antes mesmo de colher provas acerca da informação recebida, a juiz da vara criminal competente a interceptação das comunicações telefônicas de Mílton pelo prazo de quinze dias, sucessivamente prorrogado durante os quarenta e cinco dias de investigação. Kátia, ex-mulher de Mílton, contratou o advogado Caio para acompanhar o inquérito policial instaurado. Mílton, então, ainda no curso da investigação, resolveu interceptar, diretamente e sem o conhecimento de Caio e Kátia, as ligações telefônicas entre eles, tendo tomado conhecimento, devido às interceptações, de que o advogado cometera o crime de tráfico de influência. Em razão disso, Mílton procurou Kátia e solicitou que ela concordasse com a divulgação do conteúdo das gravações telefônicas, ao que Kátia anuiu expressamente. Mílton, então, apresentou ao delegado o conteúdo das gravações, que foram utilizadas para subsidiar ação penal iniciada pelo MP contra Caio, pela prática do crime de tráfico de influência.

Com base nessa situação hipotética, julgue os itens seguintes, a respeito das interceptações telefônicas.

A interceptação telefônica realizada por Mílton é ilegal, porquanto desprovida da necessária autorização judicial.

A alternativa está certa.

9. **Ordem do Juízo competente.** A previsão legal no sentido de que a interceptação telefônica depende de autorização do Juiz competente é uma decorrência do princípio do Juízo natural previsto no art. 5º, XXXVII (*"não haverá juízo ou tribunal de exceção"*) e LIII (*"ninguém será processado nem sentenciado senão pela autoridade competente"*) da CRFB/88. Segundo esse princípio, o Juízo natural é aquele que possui a sua competência definida em lei antes da prática do fato criminoso. Em outras palavras, o Juízo natural é aquele que já tem competência para o processo e o julgamento do fato criminoso na data da sua prática. Trata-se de uma garantia constitucional para que seja assegurado um julgamento imparcial e isento por parte do Poder Judiciário. O legislador fez essa exigência porque, caso a interceptação seja feita no curso do processo, somente aquele Juiz é que terá condições de avaliar, de acordo com o caso concreto julgado naquele processo, se será necessário o deferimento da medida. Mas caso a interceptação seja realizada antes da instauração do processo criminal, ou seja, na fase do inquérito policial, ela deverá ser autorizada pelo Juízo que posteriormente tornar-se-á competente para processar e julgar o delito. Note-se que, nesse caso, a interceptação telefônica terá a natureza de medida cautelar, hipótese na qual o seu requerimento será remetido à livre distribuição a um dos Juízos criminais competentes para processar e julgar o delito, hipótese na qual esse Juízo ficará prevento para o processo posteriormente instaurado, por força dos arts. 75 e 83 do Código de Processo Penal (*"Art. 75. A precedência da distribuição fixará a competência quando, na mesma circunscrição judiciária, houver mais de um juiz igualmente competente. Parágrafo* único. *A distribuição realizada para o efeito da concessão de fiança ou da decretação de prisão preventiva ou de qualquer diligência anterior à denúncia ou queixa prevenirá a da ação penal. Art. 83. Verificar-se-á a competência por prevenção toda vez que, concorrendo dois ou mais juízes igualmente competentes ou com jurisdição cumulativa, um deles tiver antecedido aos outros na prática de algum ato do processo ou de medida a este relativa, ainda que anterior ao oferecimento da denúncia ou da queixa (arts. 70, § 3º, 71, 72, § 2º, e 78, II, c))"*.

10. **Competência para autorizar a interceptação telefônica para investigar uso de artefato incendiário contra o edifício-sede da Justiça Militar da União.** Em princípio, tendo em vista que o edifício-sede da Justiça Militar da União não integra patrimônio militar, nem está subordinado à administração castrense, a competência é do Juízo Federal.

▶ **STJ**

INFORMATIVO nº 559.

Terceira Seção

DIREITO PROCESSUAL PENAL. COMPETÊNCIA PARA APRECIAR PEDIDO DE QUEBRA DE SIGILO TELEFÔNICO EM APURAÇÃO DE CRIME DE USO DE ARTEFATO INCENDIÁRIO CONTRA EDIFÍCIO-SEDE DA JUSTIÇA MILITAR DA UNIÃO.

Compete à Justiça Federal – é não à Justiça Militar – decidir pedido de quebra de sigilo telefônico requerido no âmbito de inquérito policial instaurado para apurar a suposta prática de crime relacionado ao uso de artefato incendiário contra o edifício-sede da Justiça Militar da União, quando o delito ainda não possua

autoria estabelecida e não tenha sido cometido contra servidor do Ministério Público Militar ou da Justiça Militar. Isso porque a CF estabelece que a Justiça Militar da União é órgão do Poder Judiciário da União. Desse modo, o edifício-sede da Justiça Militar da União não integra patrimônio militar nem está subordinado à administração castrense, circunstância que afasta a incidência da alínea "a" do inciso III do art. 9º do CPM. Além disso, o ilícito praticado não foi cometido contra servidor do Ministério Público Militar ou da Justiça Militar. Em verdade, o evento delituoso em análise – sem autoria estabelecida – atingiu apenas a edificação em si, sem dano contra pessoa, razão pela qual a hipótese em foco não se subsume à alínea "b" do inciso III do art. 9º do CPM. **CC 137.378-RS, Rel. Min. Sebastião Reis Júnior, julgado em 11/3/2015, DJe 14/4/2015.**

11. **Modificação superveniente de competência.** Caso haja posteriormente a modificação da competência para processar e julgar o delito, a interceptação telefônica já realizada não se torna prova ilícita. Imagine-se a seguinte hipótese: o Juízo da 1ª Vara Federal Criminal autoriza a interceptação telefônica para a investigação de um delito de tráfico transnacional de drogas, delito de competência da Justiça Federal (art. 70 da lei 11.343/2006: *"O processo e o julgamento dos crimes previstos nos arts. 33 a 37 desta Lei, se caracterizado ilícito transnacional, são da competência da Justiça Federal"*). Posteriormente, depois de concluída a interceptação e já na fase processual, verifica-se que não se trata de tráfico transnacional, mas, sim, de tráfico nacional, de competência da Justiça Estadual. O Juízo da 1ª Vara Federal Criminal declara-se incompetente e remete os autos à Justiça Estadual. Nesse caso, a interceptação telefônica é válida e lícita? Pensamos que sim. Com efeito, no momento da autorização para a realização da interceptação, o Juízo competente era o da 1ª Vara Federal Criminal. A sua incompetência somente foi detectada posteriormente, sendo que isso não macula a prova produzida, nem a torna ilícita. O ato de autorização da interceptação telefônica foi praticado pelo Juízo competente naquele momento da prática dos atos investigatórios. A competência criminal forma-se no momento em que uma ação judicial criminal é ajuizada ou que um pedido de medida cautelar é apresentado em Juízo. Contudo, posteriormente, o Juízo que recebeu os autos do processo deve ratificar esse meio de prova.

▶ **STJ**

"(...) INTERCEPTAÇÕES TELEFÔNICAS. AUTORIZAÇÃO. ALTERAÇÃO SUPERVENIENTE DA COMPETÊNCIA. NÃO OCORRÊNCIA DE NULIDADE. PRORROGAÇÕES. CABIMENTO. AUSÊNCIA DE EMBASAMENTO APENAS EM DENÚNCIA ANÔNIMA. AGRAVO REGIMENTAL A QUE SE NEGA PROVIMENTO. (...). Nos termos da jurisprudência desta Corte Superior, as "interceptações telefônicas eventualmente determinadas por autoridade absolutamente incompetente permanecem válidas e podem ser plenamente ratificadas". (APn 536/BA, Rel. Ministra ELIANA CALMON, CORTE ESPECIAL, DJe 04/04/2013) (...) AgRg no REsp 1316912. Rel. Min. Maria Thereza de Assis Moura, julgado em 18/03/2014.

→ Aplicação em concurso.

- **(Cespe – Cartório – TJ-DFT/2014)**

Assinale a opção correta acerca de interceptação telefônica, segundo o STF, o STJ e a doutrina majoritária.

A) Segundo o entendimento do STF, é impossível a prorrogação do prazo de autorização para a interceptação telefônica por períodos sucessivos.

B) O juiz competente para determinar a interceptação é o competente para processar e julgar o crime de cuja prática se suspeita. No entanto, a verificação posterior de que se trata de crime para o qual o juiz seria incompetente não deve acarretar a nulidade absoluta da prova colhida.

C) É válido o deferimento de interceptação telefônica promovido em razão de denúncia anônima desacompanhada de outras diligências.

D) É indispensável prévia instauração de inquérito para a autorização de interceptação telefônica.

E) Consoante entendimento predominante nos tribunais superiores, faz-se necessária a transcrição integral do conteúdo da quebra do sigilo das comunicações telefônicas.

Alternativa correta: Letra B.

12. **Juízo incompetente e encontro fortuito de provas ou serendipidade.** O encontro fortuito de provas, também chamado serendipidade, ocorre quando a prova de uma infração penal é descoberta a partir da investigação de outra infração penal. Nesse caso, se da interceptação telefônica surgirem provas da prática de outro delito para o qual o Juízo que autorizou a interceptação telefônica não possui competência, a interceptação é válida.

▶ **STJ**

INFORMATIVO Nº 546.

Quinta Turma

DIREITO PROCESSUAL PENAL. LEGALIDADE DE INTERCEPTAÇÃO TELEFÔNICA DEFERIDA POR JUÍZO DIVERSO DAQUELE COMPETENTE PARA JULGAR A AÇÃO PRINCIPAL.

A sentença de pronúncia pode ser fundamentada em indícios de autoria surgidos, de forma fortuita, durante a investigação de outros crimes no decorrer de interceptação telefônica determinada por juiz diverso daquele competente para o julgamento da ação principal. Nessa situação, não há que se falar em incompetência do Juízo que autorizou a interceptação telefônica, tendo em vista que se trata de hipótese de encontro fortuito de provas. Além disso, a regra prevista no art. 1º da Lei 9.296/1996, de acordo com a qual a interceptação telefônica dependerá de ordem do juiz competente da ação principal, deve ser interpretada com ponderação, não havendo ilegalidade no deferimento da medida por Juízo diverso daquele que vier a julgar a ação principal, sobretudo quando autorizada ainda no curso da investigação criminal. Precedente citado: RHC 32.525-AP, Sexta Turma, DJe 4/9/2013. **REsp 1.355.432-SP, Rel. Min. Jorge Mussi, Rel. para acórdão Min. Marco Aurélio Bellizze, julgado em 21/8/2014.**

13. **Encontro fortuito de provas ou serendipidade. *Crime achado.* Prisão provisória.** O delito descoberto a partir da interceptação, como consequência do encontro fortuito de provas, é denominado *crime achado.* Como dissemos no item anterior, as provas da prática de outro delito (*crime achado*) para o qual o Juízo que autorizou a interceptação telefônica não possui competência são válidas. Da mesma forma,

eventual prisão provisória decretada em razão do *crime achado* é igualmente válida, não havendo que se falar em nulidade do decreto prisional.

▶ **STF**

INFORMATIVO Nº 869

Primeira Turma

Crime achado e justa causa

A Primeira Turma do Supremo Tribunal Federal, por maioria, indeferiu ordem de "habeas corpus" em que se discutia a ilicitude de provas colhidas mediante interceptação telefônica durante investigação voltada a apurar delito de tráfico internacional de drogas. No caso, o juízo de origem determinou a prisão preventiva do paciente em razão da suposta prática de homicídio qualificado. (...) O Colegiado afirmou que a hipótese dos autos é de crime achado, ou seja, infração penal desconhecida e não investigada até o momento em que se descobre o delito. A interceptação telefônica, apesar de investigar tráfico de drogas, acabou por revelar crime de homicídio. Assentou que, presentes os requisitos constitucionais e legais, a prova deve ser considerada lícita. Ressaltou, ainda, que a interceptação telefônica foi autorizada pela justiça, o crime é apenado com reclusão e inexistiu o desvio de finalidade. (...) **(HC 129678/SP, rel. orig. Min. Marco Aurélio, red. p/o ac. Min. Alexandre de Moraes, 13.6.2017).**

14. **Serendipidade de 1º grau e de 2º grau.** A serendipidade é classificada como *serendipidade de 1º grau* e *serendipidade de 2º grau*. A serendipidade de 1º grau consiste na descoberta de provas de outra infração penal que tenha conexão ou continência com a infração penal investigada. Em razão da conexão ou da continência, é possível que os elementos encontrados sejam utilizados como meios de prova. Não se trata de prova ilícita. De outro lado, a serendipidade de 2º grau dá-se quando não há essa relação de conexão ou de continência entre a infração investigada e a infração encontrada. Nesse caso, os elementos de prova encontrados não podem ser utilizados como meio de prova, embora possam servir de *notitia criminis.*

15. **Encontro fortuito de provas ou serendipidade. STJ.** O STJ vai além e, diversamente do entendimento doutrinário, admite a validade da prova decorrente da serendipidade, mesmo que não haja nenhuma relação de conexão ou de continência entre o delito investigado e o delito descoberto. Em outras palavras, mesmo que se trate de serendipidade de 2º grau, a prova é considerada licita.

▶ **STJ**

(...) A jurisprudência desta Corte é firme no sentido da adoção da teoria do encontro fortuito ou casual de provas (serendipidade). Segundo essa teoria, independentemente da ocorrência da identidade de investigados ou réus, consideram-se válidas as provas encontradas casualmente pelos agentes da persecução penal, relativas à infração penal até então desconhecida, por ocasião do cumprimento de medidas de obtenção de prova de outro delito regularmente autorizadas, ainda que inexista conexão ou continência com o crime supervenientemente encontrado e este não cumpra os requisitos autorizadores da medida probatória, desde que não haja desvio de finalidade na execução do meio de obtenção de prova. (...) **(HC 376.927/ES, Rel. Min. Ribeiro Dantas, julgado em 17/10/2017).**

16. **Segredo de justiça.** O legislador exigiu o sigilo sobre a interceptação e tal exigência justifica-se em razão não somente por se tratar de um ato de natureza investigatória, mas, também, e sobretudo, em razão da preservação do direito constitucional à intimidade e ao sigilo das comunicações telegráficas de dados e das comunicações telefônicas. Entretanto, o sigilo imposto pelo legislador não alcança o Juiz, o membro do Ministério Público e o Defensor Público ou privado.

17. **Aplicabilidade da lei aos fluxos de comunicações em sistemas de informática e telemática.** No parágrafo único o legislador dispôs sobre a aplicabilidade da lei à interceptação do fluxo de comunicações em sistemas de informática e telemática. Assim, é permitida a interceptação de comunicações por meios informáticos, como o computador, bem como meios telemáticos, que consistem na comunicação à distância de um ou mais conjuntos de serviços informáticos por meio de uma rede de telecomunicações.

→ Aplicação em concurso.

- **Promotor de Justiça/BA. 2015. MPE-BA.**

  Lei de Interceptações Telefônicas (Lei nº 9.296/1996) se aplica à interceptação do fluxo de comunicações em sistemas de informática, com exceção dos sistemas de telemática.

  A alternativa está errada.

18. **Diferenças entre a lei 9.296/96 e o art. 3º, II da lei 12.850/2013.** A lei 9.296/96, que regulamentou o art. 5º, XII da CRFB/88, trouxe, em seu texto, a figura jurídica da interceptação telefônica. A lei 12.850/2013, em seu art. 3º, II, trata de captação ambiental de sinais eletromagnéticos, ópticos ou acústicos. Embora as duas leis tratem de institutos semelhantes, há diversas diferenças entre ambas, a seguir elencadas: **1.** Na 12.850/2013 o legislador fez menção expressa à captação ambiental. Na lei 9.296/96, o legislador fez menção somente à interceptação; **2.** Na lei 12.850/2013 não há prazo determinado para a duração da medida. Na lei 9.296/96, o prazo é de 15 dias, renovável por igual tempo, uma vez comprovada a indispensabilidade da medida; **3.** A lei 12.850/2013 permite a captação ambiental de sinais eletromagnéticos, óticos ou acústicos. A lei 9.296/96 permite a interceptação do fluxo de comunicações em sistemas de informática e telemática; **4.** Na lei 12.850/2013 a captação ambiental pode ser feita de forma incondicional. Na lei 9.296/96, a interceptação possui natureza de meio subsidiário de prova, uma vez que o legislador dispôs que tal medida somente será cabível se não houver outro meio disponível para a formação da prova; **5.** Na lei 12.850/2013 é possível a captação ambiental para a investigação de qualquer infração penal praticada no âmbito de uma organização criminosa. Na lei 9.296/96, a interceptação somente pode ser autorizada para fins de investigação de delito apenado com reclusão.

Art. 3º, II da lei 12.850/2013	Lei 9.296/96
Captação ambiental.	Interceptação telefônica.
Não há prazo determinado para a duração.	O prazo é de 15 dias, renovável por igual tempo.

Art. 3º, II da lei 12.850/2013	Lei 9.296/96
Captação ambiental de sinais eletromagnéticos, óticos ou acústicos.	Interceptação do fluxo de comunicações em sistemas de informática e telemática.
A captação pode ser feita de forma incondicional.	A interceptação possui natureza de meio subsidiário de prova.
É possível a captação ambiental para a investigação de qualquer infração penal praticada no âmbito de uma organização criminosa.	A interceptação somente pode ser autorizada para fins de investigação de delito apenado com reclusão

Art. 2º Não será admitida a interceptação de comunicações telefônicas quando ocorrer qualquer das seguintes hipóteses:

I – **não** houver **indícios razoáveis** da autoria ou participação em infração penal;

II – a prova puder ser feita por **outros meios disponíveis**;

III – o fato investigado constituir infração penal punida, no máximo, com pena de **detenção**.

Parágrafo único. Em qualquer hipótese deve ser descrita com clareza a situação objeto da investigação, inclusive com a indicação e qualificação dos investigados, salvo impossibilidade manifesta, devidamente justificada.

1. **Hipóteses de não cabimento da interceptação telefônica.** Pode parecer estranho que o legislador tenha tratado dos casos em que *não cabe* a interceptação telefônica. Normalmente, o legislador trata das hipóteses de cabimento. Contudo, é compreensível a forma pela qual o legislador tratou o tema. Com efeito, ao que parece, o legislador quis que o cabimento desse meio de obtenção de prova fosse a regra e, o seu não cabimento, a exceção. Assim, não seria possível ao legislador prever todas as hipóteses de cabimento, simplesmente porque quis fazer dele a regra geral. Portanto, ele optou por trazer as hipóteses excepcionais, ou seja, de não cabimento.

2. **Inciso I. Ausência de indícios razoáveis da autoria ou participação em infração penal.** Por indícios *razoáveis* entendam-se indícios suficientes de autoria ou participação. A medida de interceptação telefônica depende de indícios pré-existentes de autoria ou participação do agente no delito a ser investigado. Em outras palavras, já deve haver algum elemento de prova que traga, no mínimo, indícios da concorrência do agente. Por essa razão, uma investigação criminal não pode iniciar a partir da interceptação telefônica, pois nesse caso, não haverá indícios prévios que justifiquem a interceptação.

3. **Infração penal.** O legislador empregou a expressão *infração penal*, o que nos leva a concluir, a princípio, que a interceptação telefônica é admitida para a investigação de crimes e contravenções penais. Todavia, há uma questão insolúvel: O inciso III somente admite a interceptação telefônica para a investigação de infrações punidas com reclusão. E as contravenções penais são punidas com prisão simples (que

está em desuso) e multa (art. 5º da Lei de Contravenções Penais). Assim, é forçosa a conclusão de que interceptação telefônica não é cabível para a investigação de uma contravenção penal.

4. **Encontro fortuito de provas ou serendipidade** O encontro fortuito de provas, também chamado serendipidade ocorre quando a prova de uma infração penal é descoberta a partir da investigação de outra infração penal. Vamos imaginar que, de uma interceptação telefônica autorizada para a investigação de um crime de lavagem de dinheiro, surjam indícios da prática de um delito de estelionato. Nesse caso, em relação a esse delito, aquela interceptação telefônica não pode servir de meio de prova, pois encontra óbice no inciso ora comentado, uma vez que não se tem indícios pré-existentes de concorrência do agente no delito de estelionato. Contudo, a interceptação telefônica poderá servir de elemento que permita a instauração de uma investigação criminal por esse delito (*notitia criminis*), mas nunca servir de meio de prova para o ajuizamento de um processo criminal. Ademais, conforme o inciso II, a interceptação telefônica é um meio subsidiário de prova e não há, ainda, naquele momento, outros meios de prova do delito de estelionato.

5. **Interceptação telefônica e denúncia anônima.** Havendo uma investigação devidamente instaurada, com indícios razoáveis de autoria ou de participação em infração penal punida com reclusão, é válida a instauração de interceptação telefônica a partir de denúncia anônima, desde que os fatos narrados na denúncia sejam confirmados posteriormente por elementos colhidos em investigação, aptos a demonstrarem os indícios razoáveis de autoria em relação ao delito objeto da denúncia anônima.

▶ **STF**

INFORMATIVO nº 855

Segunda Turma

Instauração de investigação criminal e determinação de interceptações telefônicas com base em denúncia anônima

A Segunda Turma denegou a ordem em "habeas corpus" em que se pretendia o reconhecimento da ilegalidade de ação penal e de interceptações telefônicas iniciadas a partir de denúncias anônimas. No caso, o Ministério Público estadual, após receber diversas denúncias anônimas de prática de crimes e seus possíveis autores, procedeu a investigações preliminares, com a oitiva informal de testemunhas. Diante da verossimilhança das alegações, instaurou procedimento de investigação no qual foi requerida quebra do sigilo telefônico dos envolvidos. (...) A Turma rememorou entendimento do STF no sentido de que a denúncia anônima é válida, quando as investigações se valem de outras diligências para apurar a "delatio criminis". Asseverou que a necessidade das interceptações telefônicas foi devidamente demonstrada pelo juiz natural da causa, bem como que havia indícios suficientes de autoria de crimes punidos com reclusão, conforme exigido pelo art. 2º da Lei 9.296/1996. (...) **(HC 133148/ES, rel. Min. Ricardo Lewandowski, julgamento em 21.2.2017)**

6. **Inciso II. Subsidiariedade da medida.** Tendo em vista que a medida de interceptação telefônica viola o direito fundamental à intimidade e ao sigilo das comunicações

telegráficas de dados e das comunicações telefônicas, o legislador conferiu à essa medida o caráter subsidiário, de forma que ela tem que ser o único meio de prova disponível para a investigação de determinado delito. Trata-se de um requisito para a autorização judicial da medida.

▶ **STJ**

"(...) INTERCEPTAÇÃO TELEFÔNICA (...) 4. Na hipótese em apreço, constata-se a existência de flagrante ilegalidade, pois, para o desencadeamento de medida cautelar extrema, como a quebra do sigilo telefônico, deve-se esmiuçar a sua imprescindibilidade, de modo a pormenorizar a assertiva de não dispor de procedimentos investigatórios outros, menos invasivos, para a obtenção de provas aptas a robustecer eventual imputação delitiva. 5. A decretação da medida cautelar de interceptação não atendeu aos pressupostos e fundamentos de cautelaridade, visto que, não obstante os crimes investigados serem punidos com reclusão e haver investigação formalmente instaurada, descurou-se da demonstração da necessidade da medida extrema e da dificuldade para a sua apuração por outros meios, carecendo, portanto, do fumus comissi delicti e do periculum in mora..." HC 251540. Rel. Min. Maria Thereza de Assis Moura, julgado em 05/08/2014.

▶ **STJ**

INFORMATIVO nº 490.

Sexta Turma

INTERCEPTAÇÃO TELEFÔNICA. INVESTIGAÇÃO EM CURSO.

O pedido de interceptação telefônica não pode ser a primeira providência investigatória realizada pela autoridade policial. *In casu,* ao formular o pedido de quebra do sigilo telefônico, a autoridade policial descreveu quais eram os ilícitos que estariam sendo praticados, quais tipos de pessoas integravam a organização criminosa, bem como qual era a sua forma de atuação no cometimento dos crimes. Ficou evidenciado que a quebra do sigilo telefônico não foi a primeira medida efetivada pela autoridade policial. Pelo contrário, tal providência teve suporte em elementos já colhidos que demonstravam que as investigações em curso levantaram indícios da prática criminosa e apontavam para a imprescindibilidade do deferimento da medida excepcional, segundo o disposto no art. 2º da Lei n. 9.296/1996. Precedentes citados: HC 85.502-SP, DJe 9/5/2011, e HC 43.234-SP, DJe 21/5/2011. **HC 130.054-PE, Rel. Min. Sebastião Reis Júnior, julgado em 7/2/2012.**

→ Aplicação em concurso.

- **Notário. TJ/BA. 2014. CESPE.**

  É possível a autorização judicial de interceptação de comunicações telefônicas, mesmo quando possível a comprovação, por outros meios, dos fatos a elas relacionados.

  A alternativa está errada.

- **Juiz de Direito/PR. 2012. NC-UFPR.**

  Quanto à interceptação telefônica, é correto afirmar:

  Não se admite quando a prova puder ser feita por outros meios disponíveis.

  A alternativa está correta.

- **(Cespe – Advogado da União/2012)**

  No que diz respeito à prova no âmbito do direito processual penal, julgue os itens a seguir.

  A violação do sigilo telefônico é admitida pela norma constitucional, para fins de investigação criminal ou instrução processual penal, desde que a decisão judicial que a determine esteja devidamente fundamentada e que tenham sido esgotados todos os outros meios disponíveis de obtenção de prova.

  A alternativa está certa.

7. **Inciso III. Infração punida com pena de detenção.** A *contrario sensu,* a interceptação telefônica somente é cabível nas infrações penais punidas com reclusão. Não há nenhuma razão dogmática para o legislador fazer essa limitação. A única justificativa plausível seria no sentido de que o legislador restringiu a utilização desse meio de prova em razão da sua gravidade no tocante à violação dos direitos fundamentais à intimidade e ao sigilo das comunicações telegráficas de dados e das comunicações telefônicas.

   → Aplicação em concurso.

   - **(UNEMAT – Investigador de Polícia-MT/2010)**

     Em relação ao instituto da interceptação telefônica e das demais disposições da Lei nº 9.296/1996, assinale a alternativa correta.

   A) A interceptação de comunicações telefônicas só pode ser realizada depois de já instaurada a ação penal.

   B) A interceptação das comunicações telefônicas apenas poderá ser decretada após representação da autoridade policial ou requerimento do Ministério Público.

   C) Não se admitirá interceptação telefônica quando o crime for punido com pena de detenção.

   D) O prazo para interceptação será de 20 (vinte) dias, podendo ser prorrogado após apresentação de relatório que demonstre a imprescindibilidade da medida.

   E) Constitui contravenção penal realizar interceptação de comunicações telefônicas sem autorização judicial.

   Alternativa correta: Letra C.

8. **Infração penal punida com pena de detenção e conexão com outros delitos apenados com reclusão.** Caso o delito apenado com detenção seja praticado em conexão com outro delito apenado com reclusão, é cabível a interceptação telefônica para a sua investigação.

   ▶ **STJ**

   > (...) INTERCEPTAÇÃO TELEFÔNICA. CRIME APENÁVEL COM DETENÇÃO. IMPOSSIBILIDADE. ILICITUDE DA PROVA POR DERIVAÇÃO. CONSTRANGIMENTO ILEGAL EVIDENCIADO. (...). Inadmissível a interceptação de comunicações telefônicas quando o fato investigado constituir infração penal punida, no máximo, com pena de detenção. Contudo, é possível se autorizar a quebra do sigilo para apurar

crime punível com detenção desde que conexo com outros delitos puníveis com reclusão. Precedente. (...). HC 186118. Rel. Min. Sebastião Reis Júnior, julgado em 05/06/2014.

9. **Parágrafo** único. **Detalhamento da medida.** O legislador exigiu a descrição com clareza da situação objeto da investigação, inclusive com a indicação e a qualificação dos investigados, salvo impossibilidade manifesta, devidamente justificada. Trata-se de uma medida salutar, uma vez que somente assim será possível um maior controle sobre a legalidade e a legitimidade da medida.

Art. 3º A interceptação das comunicações telefônicas poderá ser **determinada pelo juiz**, de ofício ou a requerimento:

I – da **autoridade policial**, na investigação criminal;

II – do representante do **Ministério Público**, na investigação criminal e na instrução processual penal.

1. **Determinação de ofício pelo Juiz.** Apesar de o legislador ter permitido ao Juiz determinar a interceptação telefônica de ofício, pensamos que isso viola o sistema acusatório, uma vez que a interceptação telefônica é um meio de obtenção de prova realizado para a investigação criminal. Juiz é parte desinteressada e imparcial. Ao permitir-se que o Juiz determine a interceptação telefônica de ofício, estar-se-á a permitir que ele realize produção probatória. Autorizar ao Juiz buscar a prova diretamente implica radical comprometimento de sua imparcialidade enquanto magistrado.

2. **Inciso I. Representação da autoridade policial.** A autoridade policial é quem preside as investigações. Logo, ela tem condições de avaliar os meios de obtenção de provas para a investigação de determinada infração penal. A representação da autoridade policial é dirigida diretamente ao Juiz.

3. **Inciso II. Requerimento do Ministério Público.** Como titular da ação penal, o Ministério Público tem legitimidade, como parte, para requerer ao Juiz o deferimento da medida, tanto na fase da investigação criminal, quanto na fase da instrução processual.

→ Aplicação em concurso.

- **Juiz Federal da 1ª Região/2015. CESPE.**

  A interceptação das comunicações telefônicas poderá ser determinada pelo juiz a requerimento

A) do assistente de acusação, durante a investigação criminal.

B) do ministro da Fazenda, quando da investigação de crimes contra a ordem tributária.

C) da autoridade policial, durante a investigação criminal.

D) do MP, somente após o recebimento da denúncia.

E) do ministro da Justiça, se o crime praticado envolver a violação de direitos humanos.

Alternativa correta: Letra C.

- **(Fundação Aroeira – Delegado de Polícia – TO/2014)**

Conforme o inciso XII, parte final, do art. 5º da Constituição Federal, é inviolável o sigilo da correspondência e das comunicações telegráficas, de dados e das comunicações telefônicas, salvo, no último caso, por ordem judicial, nas hipóteses e na forma que a lei estabelecer para fins de investigação criminal ou instrução processual penal. Acerca das interceptações de comunicações telefônicas, de qualquer natureza, para prova em investigação criminal ou em instrução processual penal, conforme disciplina a Lei n. 9.296/1996,

(A) a interceptação da comunicação telefônica, de informática ou telemática, poderá ser determinada pelo juiz, de ofício ou a requerimento da autoridade policial, pelo representante do Ministério Público, na investigação criminal e na instrução processual penal.

(B) a interceptação de comunicações telefônicas será admitida, mesmo quando a prova puder ser feita por outros meios disponíveis e o fato investigado constituir infração penal punida com detenção, devendo ser descrita com clareza a situação objeto da investigação, inclusive com a indicação dos investigados.

(C) o pedido de interceptação deve ser feito na forma escrita, sendo que o juiz inadmitirá qualquer pedido formulado verbalmente, ainda que estejam presentes os pressupostos que autorizem a interceptação.

(D) a realização de interceptação de comunicações telefônicas, ou a quebra de segredo da Justiça, sem autorização judicial ou com objetivos não autorizados em lei, constitui crime punido com detenção.

Alternativa correta: Letra A.

(Cespe – Procurador do DF/2013)

Julgue os itens subsequentes, a respeito da participação do MP no curso das investigações criminais, na instrução processual e na fase recursal.

De acordo com a Lei nº 9.296/1996, a intercepção das comunicações telefônicas poderá ser determinada a requerimento da autoridade policial, na fase de investigação criminal, ou a requerimento do MP, somente na fase de instrução criminal.

A alternativa está errada.

- **Juiz de Direito/PR. 2012. NC-UFPR.**

Quanto à interceptação telefônica, é correto afirmar:

A mesma pode ocorrer em qualquer fase processual e somente se procede de ofício.

A alternativa está errada.

- **Juiz de Direito/PR. 2012. NC-UFPR.**

Quanto à interceptação telefônica, é correto afirmar:

Será sempre admitida pelo Juiz e depende obrigatoriamente de requerimento do Ministério Público.

A alternativa está errada.

Art. 4º O pedido de interceptação de comunicação telefônica conterá a demonstração de que a sua realização é **necessária à apuração de infração penal**, com indicação dos meios a serem empregados.

§ 1º **Excepcionalmente**, o juiz poderá admitir que o pedido seja formulado **verbalmente**, desde que estejam presentes os pressupostos que autorizem a interceptação, caso em que a concessão será condicionada à sua redução a termo.

§ 2º O juiz, no **prazo máximo de vinte e quatro horas**, decidirá sobre o pedido.

1. **Requisitos do requerimento de interceptação telefônica.** O art. 4º da lei trata dos requisitos que o pedido de interceptação telefônica deve conter ao ser dirigido ao Juízo competente. O legislador exigiu claramente a demonstração, por parte do requerente (se o Ministério Público) ou do representante (se a autoridade policial), da necessidade da medida para a apuração da infração penal, bem como a indicação dos meios a serem empregados. Contudo, pensamos que isso não é o suficiente para a concessão da interceptação telefônica. Tendo em vista que o art. 2º, II traz a natureza subsidiária da medida, pensamos que o requerente, ou o representante deve demonstrar também que não há nenhum outro meio de prova viável para a descoberta da infração penal.

2. **§ 1º. Requerimento verbal.** O legislador autorizou o requerimento verbal. Apesar de não ser o usual, é possível. Porém, pensamos que somente uma medida de interceptação telefônica urgente teria o seu pedido verbal justificado. De qualquer forma, ainda que feito de forma verbal, o requerimento deverá ser reduzido a termo.

→ Aplicação em concurso.

- **Promotor de Justiça/BA. 2015. MPE-BA.**

  Excepcionalmente, o juiz poderá admitir que o pedido de interceptação telefônica seja formulado verbalmente, desde que estejam presentes os pressupostos que autorizem a interceptação, caso em que a concessão será condicionada à sua redução a termo.

  A alternativa está correta.

- **Notário. TJ/BA. 2014. CESPE.**

  Com base no que dispõe a Lei de Interceptação das Comunicações Telefônicas, assinale a opção correta.

  Excepcionalmente, o juiz poderá admitir que o pedido de interceptação de comunicação telefônica seja formulado verbalmente, desde que estejam presentes os pressupostos que autorizem a interceptação, caso em que a concessão será condicionada à sua redução a termo.

  A alternativa está correta.

- **(MPE-SP – Promotor de Justiça – SP/2011)**

  Realizar interceptação de comunicações telefônicas sem autorização judicial constitui crime. De acordo com a legislação vigente, tal autorização judicial será possível

A) em qualquer tipo de infração penal, desde que a ela seja cominada pena privativa de liberdade.

B) se o pedido for feito verbalmente ao Juiz com os pressupostos que a autorizem.

C) em decisão fundamentada, não havendo necessidade de ficar indicada a forma de execução da diligência nem a ciência dos procedimentos ao Ministério Público.

D) nos próprios autos do inquérito policial ou do processo criminal, pelo prazo não renovável de quinze dias.

E) mesmo que inexistam indícios razoáveis de autoria ou de participação, desde que a infração penal esteja por ocorrer.

Alternativa correta: Letra B.

3. **§ 2º. Prazo para o Juiz decidir.** Uma vez protocolado o pedido de interceptação telefônica, o Juiz tem o prazo de 24 horas para decidir sobre a sua concessão ou não. A lei não estabelece nenhuma sanção a ser aplicada ao Juiz caso ele não respeite esse prazo. Contudo, o atraso na decisão pode comprometer as investigações, sobretudo por ser a interceptação telefônica o único meio de prova viável para investigar a infração penal.

→ Aplicação em concurso.

- **(MPE-MS – Promotor de Justiça – MS/2013)**

Em tema de interceptação telefônica, é correto afirmar que

A) A gravação que não interessar à prova será inutilizada, incontinenti, por determinação da autoridade policial, durante o inquérito policial.

B) Em qualquer hipótese, a interceptação telefônica não será admitida quando não for possível a indicação e qualificação dos investigados.

C) A interceptação telefônica poderá ser determinada pelo juiz a requerimento da autoridade policial ou do Ministério Público, não podendo ser determinada de ofício.

D) O pedido de interceptação telefônica poderá ser formulado verbalmente, caso em que a concessão será condicionada à sua redução a termo, devendo a autoridade judiciária sobre ela decidir no prazo de vinte e quatro horas.

E) O crime de constrangimento ilegal (art. 146 do CP), executado por uma só pessoa e sem emprego de arma de fogo, mas mediante grave ameaça, admite a quebra do sigilo telefônico.

Alternativa correta: Letra D.

- **(Acadepol – Delegado de Polícia – SP/2011)**

Sobre a Lei nº 9.296/96 – Interceptação de Comunicações Telefônicas – é correto afirmar que

(A) o texto legal não abrange a interceptação do fluxo de comunicações em sistemas de telemática.

(B) o pedido de interceptação de comunicação telefônica deverá ser decidido pelo juiz competente no prazo máximo de vinte e quatro horas.

(C) a interceptação de comunicações telefônicas será admitida na hipótese de o fato investigado configurar crime apenado, no máximo, com detenção.

(D) a gravação que não interessar à prova será inutilizada somente por requerimento da parte interessada, após a instrução do inquérito policial.

(E) a interceptação de comunicações telefônicas será admitida somente quando não houver indícios razoáveis de autoria.

Alternativa correta: Letra B.

Art. 5º A **decisão será fundamentada**, sob pena de nulidade, indicando também a forma de execução da diligência, que não poderá **exceder o prazo de quinze dias, renovável** por **igual tempo** uma vez comprovada a **indispensabilidade** do meio de prova.

1. **Necessidade de decisão fundamentada.** A exigência da fundamentação da decisão decorre do princípio constitucional da motivação das decisões judiciais, positivado no art. 93, IX da CR/88, nos seguintes termos: "*todos os julgamentos dos* órgãos *do Poder Judiciário serão públicos, e fundamentadas todas as decisões, sob pena de nulidade, podendo a lei limitar a presença, em determinados atos,* às *próprias partes e a seus advogados, ou somente a estes, em casos nos quais a preservação do direito* à *intimidade do interessado no sigilo não prejudique o interesse público* à *informação*".

2. **Termo inicial da interceptação telefônica.** O termo inicial é o dia em que a interceptação é efetivada, e não o dia da autorização judicial, devendo os 15 dias serem contados a partir do efetivo início da interceptação.

▶ **STJ**

INFORMATIVO nº 493.

Sexta Turma

INTERCEPTAÇÃO TELEFÔNICA. TERMO INICIAL.

A Lei n. 9.296/1996, que regula a quebra de sigilo das comunicações telefônicas, estabelece em 15 dias o prazo para duração da interceptação, porém não estipula termo inicial para cumprimento da ordem judicial. No caso, a captação das comunicações via telefone iniciou-se pouco mais de três meses após o deferimento, pois houve greve da Polícia Federal no período, o que interrompeu as investigações. A Turma entendeu que não pode haver delonga injustificada para o começo da efetiva interceptação e deve-se atentar sempre para o princípio da proporcionalidade, mas, na hipótese, sendo a greve evento que foge ao controle direto dos órgãos estatais, não houve violação do mencionado princípio. Assim, a alegação de ilegalidade das provas produzidas, por terem sido obtidas após o prazo de 15 dias, não tem fundamento, uma vez que o prazo é contado a partir do dia em que se iniciou a escuta, e não da data da decisão judicial que a autorizou. Precedente citado: HC 135.771-PE, DJe 24/8/2011. **HC 113.477-DF, Rel. Min. Maria Thereza de Assis Moura, julgado em 20/3/2012.**

▶ **STJ**

INFORMATIVO nº 480.

Sexta Turma.

INTERCEPTAÇÃO TELEFÔNICA. INÍCIO E DURAÇÃO DO PRAZO.

O prazo de 15 dias previsto no art. 5º da Lei n. 9.296/1996 não se inicia da decisão judicial que autoriza a interceptação telefônica, mas do dia em que a medida é efetivada. Ademais, as escutas podem extrapolar o prazo veiculado na lei sempre que houver comprovada necessidade. O prazo de oito meses mostrou-se indispensável para que a autoridade policial chegasse aos envolvidos no sofisticado esquema de tráfico de drogas, principalmente pela complexidade do feito, pelo número de acusados, pela quantidade de drogas e pela variedade de entorpecentes. Precedentes citados do STF: Inq 2.424-RJ, DJe 26/3/2010; do STJ: HC 50.193-ES, DJ 21/8/2006, e HC 125.197-PR, DJe 24/6/2011. **HC 135.771-PE, Rel. Min. Og Fernandes, julgado em 4/8/2011.**

3. **Prazo máximo de duração da interceptação telefônica.** O legislador estabeleceu o prazo máximo de 15 dias para a duração da interceptação telefônica.

→ Aplicação em concurso.

- **Notário. TJ/BA. 2014. CESPE.**

A decisão que autoriza a interceptação de comunicações telefônicas deve ser fundamentada, sob pena de nulidade, e indicar a forma de execução da diligência, que não poderá exceder o prazo de trinta dias, renovável, uma única vez, por igual tempo, comprovada a indispensabilidade do meio de prova.

A alternativa está errada.

4. **Renovação da interceptação telefônica.** Vencidos os 15 dias de duração máxima da interceptação telefônica, deverá ser realizado um novo pedido de interceptação telefônica. O Juiz terá, também, 24 horas para decidir sobre a renovação da medida. Contudo, a renovação está condicionada à demonstração da indispensabilidade da medida de interceptação telefônica. A decisão de renovação também deve ser fundamentada.

→ Aplicação em concurso.

- **Juiz de Direito/PR. 2012. NC-UFPR.**

Quanto à interceptação telefônica, é correto afirmar:

Sempre poderá ser prorrogada, indefinidamente, e sem a necessidade de nova ordem judicial enquanto durarem as investigações.

A alternativa está errada.

5. **Renovações sucessivas.** São possíveis as renovações sucessivas da interceptação telefônica sem que haja limite de vezes, desde que sejam indispensáveis para a colheita de prova. Cabe ao representante ou requerente a avaliação da necessidade de manutenção da prorrogação tantas vezes quantas forem necessárias.

▶ **STF**

INFORMATIVO nº 855.

Segunda Turma.

(...) Quanto às prorrogações das interceptações telefônicas, ponderou que a Corte tem admitido a razoável dilação dessas medidas, desde que respeitado o prazo de quinze dias entre cada uma das diligências, o que não caracteriza desrespeito ao art. 5º da Lei 9.296/1996. (...) **(HC 133148/ES, rel. Min. Ricardo Lewandowski, julgamento em 21.2.2017).**

▶ **STJ**

INFORMATIVO Nº 491.

Quinta turma.

INTERCEPTAÇÃO TELEFÔNICA. PRORROGAÇÃO REITERADA DA MEDIDA.

A Turma, por maioria, reiterou o entendimento de que as interceptações telefônicas podem ser prorrogadas sucessivas vezes pelo tempo necessário para a produção da prova, especialmente quando o caso for complexo e a prova, indispensável, sem que a medida configure ofensa ao art. 5º, *caput*, da Lei n. 9.296/1996. Sobre a necessidade de fundamentação da prorrogação, esta pode manter-se idêntica à do pedido original, pois a repetição das razões que justificaram a escuta não constitui, por si só, ilicitude. Precedentes citados: RHC 13.274-RS, DJ 29/9/2003; HC 151.415-SC, DJe 2/12/2011; HC 134.372-DF, DJe 17/11/2011; HC 153.994-MT, DJe 13/12/2010; HC 177.166-PR, DJe 19/9/2011, e HC 161.660-PR, DJe 25/4/2011. HC 143.805-SP, Rel. originário Min. Adilson Vieira Macabu (Desembargador Convocado do TJRJ), Rel. para o acórdão Min. Gilson Dipp, julgado em 14/2/2012.

→ **Aplicação em concurso.**

- **Defensor Público/RN. 2015. CESPE.**

Segundo a jurisprudência do STJ, são impossíveis sucessivas prorrogações de interceptações telefônicas, ainda que o pedido de quebra de sigilo telefônico seja devidamente fundamentado, em razão da previsão legal de prazo máximo de quinze dias para tal medida, renovável por igual período.

A alternativa está errada.

- **Defensor Público/MG. 2014. FUNDEP.**

Sobre a lei nº. 9296/96, assinale a afirmativa que NÃO está em conformidade com a jurisprudência dominante do Superior Tribunal de Justiça.

A) A interceptação telefônica poderá ser prorrogada, por uma única vez, quando comprovada a indispensabilidade do meio de prova.

B) É prescindível a transcrição integral do conteúdo da interceptação telefônica.

C) A realização de perícia para identificação da voz captada durante a interceptação telefônica não é obrigatória.

D) A denúncia anônima não é por si só idônea a embasar a decisão que determina a interceptação telefônica.

Alternativa correta: Letra A.

- **(Cespe – Delegado de Polícia – BA/2013)**

  Um delegado de polícia, tendo recebido denúncia anônima de que Mílton estaria abusando sexualmente de sua própria filha, requereu, antes mesmo de colher provas acerca da informação recebida, a juiz da vara criminal competente a interceptação das comunicações telefônicas de Mílton pelo prazo de quinze dias, sucessivamente prorrogado durante os quarenta e cinco dias de investigação. Kátia, ex-mulher de Mílton, contratou o advogado Caio para acompanhar o inquérito policial instaurado. Mílton, então, ainda no curso da investigação, resolveu interceptar, diretamente e sem o conhecimento de Caio e Kátia, as ligações telefônicas entre eles, tendo tomado conhecimento, devido às interceptações, de que o advogado cometera o crime de tráfico de influência. Em razão disso, Mílton procurou Kátia e solicitou que ela concordasse com a divulgação do conteúdo das gravações telefônicas, ao que Kátia anuiu expressamente. Mílton, então, apresentou ao delegado o conteúdo das gravações, que foram utilizadas para subsidiar ação penal iniciada pelo MP contra Caio, pela prática do crime de tráfico de influência.

  Com base nessa situação hipotética, julgue os itens seguintes, a respeito das interceptações telefônicas.

  A interceptação telefônica solicitada pelo delegado de polícia e autorizada judicialmente é nula, haja vista ter sido sucessivamente prorrogada pelo magistrado por prazo superior a trinta dias, o que contraria a previsão legal de que o prazo da interceptação telefônica não pode exceder quinze dias, renovável uma vez por igual período.

  A alternativa está errada.

6. **Renovação por 30 dias consecutivos. Possibilidade.** O STF e o STJ têm entendimento no sentido de que seria possível a renovação da interceptação telefônica por 30 dias ininterruptos. A razão para esse prazo ininterrupto é, entre outros fatores, a complexidade da investigação, a complexidade dos fatos delituosos praticados, o número de infrações penais investigadas e a quantidade de réus envolvidos na investigação. Além disso, argumenta-se que o prazo de 30 dias nada mais é do que a soma de 15 dias mais 15 dias. Ademais, para a jurisprudência a renovação do prazo a cada 15 dias poderia causar embaraços e atrasos na investigação, comprometendo a sua efetividade e a sua agilidade, sendo possível, dessa forma, a mitigação da norma contida no art. 5º da presente lei. Discordamos desse entendimento. O sigilo é a regra. O seu afastamento, a exceção. A lei ora comentada abriu uma exceção e trouxe uma permissão legal de afastamento do direito fundamental do sigilo das comunicações telefônicas. Trata-se de norma excepcional. Se o legislador estabeleceu um prazo máximo para o afastamento do direito fundamental, quis que esse afastamento fosse temporário, justamente em razão da importância do direito fundamental envolvido. Mitigar essa norma significa dar interpretação extensiva a uma norma restritiva de direitos e de cunho excepcional. A determinação do prazo de afastamento do direito fundamental coube ao legislador e ele fê-lo expressamente no artigo ora comentado, não podendo ser mitigado pelo Poder Judiciário, sob pena de desrespeitar-se a *voluntas legis*, de forma que a decisão nesse sentido é uma decisão *contra legem*, gerando a ilicitude das provas colhidas.

   ▶ **STF**

   > Habeas corpus. Constitucional. Processual Penal. Interceptação telefônica. (...) Eventual ilegalidade da decisão que autorizou a interceptação telefônica e suas

prorrogações por 30 (trinta) dias consecutivos. Não ocorrência. Possibilidade de se prorrogar o prazo de autorização para a interceptação telefônica por períodos sucessivos quando a intensidade e a complexidade das condutas delitivas investigadas assim o demandarem. Precedentes. (...) 1. É da jurisprudência desta Corte o entendimento de ser possível a prorrogação do prazo de autorização para a interceptação telefônica, mesmo que sucessiva, especialmente quando o fato é complexo, a exigir investigação diferenciada e contínua (HC nº 83.515/RS, Tribunal Pleno, Relator o Ministro Nelson Jobim, DJ de 4/3/05). 2. Cabe registrar que a autorização da interceptação por 30 (dias) dias consecutivos nada mais é do que a soma dos períodos, ou seja, 15 (quinze) dias prorrogáveis por mais 15 (quinze) dias, em função da quantidade de investigados e da complexidade da organização criminosa. 3. Nesse contexto, considerando o entendimento jurisprudencial e doutrinário acerca da possibilidade de se prorrogar o prazo de autorização para a interceptação telefônica por períodos sucessivos quando a intensidade e a complexidade das condutas delitivas investigadas assim o demandarem, não há que se falar, na espécie, em nulidade da referida escuta e de suas prorrogações, uma vez que autorizada pelo Juízo de piso, com a observância das exigências previstas na lei de regência (Lei nº 9.296/96, art. 5º). (...) 5. Habeas corpus parcialmente conhecido e, nessa parte, denegado. **(HC 106129, Rel. Min. Dias Toffoli, julgado em 06/03/2012).**

▶ **STJ**

HABEAS CORPUS. (...) INTERCEPTAÇÃO TELEFÔNICA DEFERIDA PELO PRAZO DE TRINTA DIAS CONSECUTIVOS. POSSIBILIDADE. PRECEDENTE DO STF. DILAÇÃO TEMPORAL JUSTIFICADA NA NECESSIDADE DE APURAÇÃO DOS INÚMEROS CRIMES PRATICADOS, NA COMPLEXIDADE E PERICULOSIDADE DA QUADRILHA. (...) 2. Na hipótese, insurge-se o impetrante tão somente contra o pressuposto de cunho temporal, sustentando a ilegalidade das interceptações telefônicas prorrogadas pelo período de 30 (trinta) dias consecutivos, por afronta ao que preconiza o art. 5º da Lei nº 9.296/96. 3. Entretanto, a excepcional prorrogação das interceptações telefônicas pelo prazo de 30 (trinta) dias, a despeito de contrariar a literalidade da Lei nº 9.296/96, mostra-se razoável quando as peculiaridades da causa exigi-la. Precedentes do STF: RHC 88.371, DJe de 2.2.07, decisão unânime; e desta Corte: HC 138.933/MS, DJe 30.11.09, decisão unânime. (...) 7. Dessa forma, atendendo aos ditames de proporcionalidade e ponderação de interesses e sopesando as circunstâncias que revestem o caso em análise – quais sejam, a complexidade e a periculosidade da organização criminosa, o elevado número de integrantes, dentre estes policiais civis, e a grande quantidade de crimes supostamente cometidos –, não há se falar em constrangimento ilegal na prorrogação das interceptações telefônicas pelo prazo de 30 (trinta) dias contínuos. 8. Ordem denegada. **(HC 106.007/MS, Rel. Min. Og Fernandes, julgado em 17/08/2010).**

Art. 6º Deferido o pedido, a **autoridade policial conduzirá os procedimentos** de interceptação, dando ciência ao Ministério Público, que poderá acompanhar a sua realização.

§ 1º No caso de a diligência possibilitar a gravação da comunicação interceptada, será determinada a sua **transcrição**.

§ 2º Cumprida a diligência, a autoridade policial encaminhará o resultado da interceptação ao juiz, acompanhado de auto circunstanciado, que deverá conter o resumo das operações realizadas.

§ 3º Recebidos esses elementos, o juiz determinará a providência do art. 8º, ciente o Ministério Público.

1. **Acompanhamento da diligência pelo Ministério Público.** O acompanhamento é facultativo. O legislador entendeu que o acompanhamento pelo Ministério Público seria importante, mas não fundamental, razão pela qual lhe concedeu essa opção.

→ Aplicação em concurso.

- **Agente de Polícia Civil/DF. 2013. CESPE.1**

  Uma vez deferido o pedido de interceptação de comunicação telefônica pelo juiz, a autoridade policial que conduzir os procedimentos de interceptação deverá cientificar o Ministério Público, que poderá acompanhar a sua realização.

  A alternativa está correta.

2. § **1º. Gravação e transcrição da comunicação interceptada.** A gravação da interceptação, embora facultativa, é de extrema importância, pois é a única forma de ela ser valorada como prova dentro dos autos do processo pelo Juiz. Todavia, uma vez gravada, o legislador impôs a obrigatoriedade da sua transcrição, para que ela passe a integrar os autos do processo como elemento probatório.

3. **Transcrição parcial da conversa.** É possível a transcrição de parte do conteúdo da comunicação interceptada, não sendo necessária a sua transcrição integral. Basta que haja a transcrição da parte da conversa que for interessante à investigação para subsidiar a denúncia.

▶ **STF**

> Habeas corpus. 2. Operação "Navalha". 3. Interceptações telefônicas. Prescindibilidade de degravação de todas as conversas, sendo bastante que se tenham degravados os excertos que subsidiaram o oferecimento da denúncia. Precedentes. 4. Ausência de constrangimento ilegal. 5. Ordem denegada. HC 118371. Rel. Min. Gilmar Mendes, julgado em 19/08/2014.

4. § **2º. Auto circunstanciado da diligência.** O resultado da interceptação deve ser encaminhado ao Juiz. Trata-se de um documento formalizado que contém os detalhes da diligência. É uma espécie de relatório, onde a autoridade policial faz o registro da medida de interceptação realizada.

→ Aplicação em concurso.

- **Notário. TJ/BA. 2014. CESPE.**

  Cumprida a diligência, a autoridade policial deve encaminhar o resultado da interceptação telefônica ao MP, acompanhado de auto circunstanciado, que deverá conter o inteiro teor das operações realizadas.

  A alternativa está errada.

5. **Resolução nº 59/2008 do CNJ.** Trata da rotina de distribuição, registro e processamento das medidas cautelares de caráter sigiloso em matéria criminal, cujo objeto seja a interceptação de comunicações telefônicas, de sistemas de informática e telemática.

Art. 7º Para os procedimentos de interceptação de que trata esta Lei, a autoridade policial poderá **requisitar serviços e técnicos especializados** às **concessionárias de serviço público.**

1. **Requisição de serviços e técnicos especializados** às **concessionárias de serviço público.** O legislador impôs às concessionárias a obrigação de atender à requisição da autoridade policial, uma vez que a medida de interceptação pode demandar questões que envolvam conhecimentos técnicos especializados que os órgãos de investigação não têm. A *requisição* é uma ordem da autoridade policial que não pode ser descumprida, sob pena de configuração de crime de desobediência (art. 330 do Código Penal).

Art. 8º A interceptação de comunicação telefônica, de qualquer natureza, ocorrerá em **autos apartados**, apensados aos autos do inquérito policial ou do processo criminal, **preservando-se o sigilo das diligências, gravações e transcrições respectivas.**

Parágrafo único. A apensação somente poderá ser realizada imediatamente antes do relatório da autoridade, quando se tratar de inquérito policial (Código de Processo Penal, art.10, § 1º) ou na conclusão do processo ao juiz para o despacho decorrente do disposto nos arts. 407, 502 ou 538 do Código de Processo Penal.

1. **Autos apartados e apensados.** A fim de manter os autos da interceptação telefônica juntos com os autos do inquérito policial ou com o processo criminal, o legislador determinou que o conteúdo da interceptação telefônica seja objeto de autos apartados, ou seja, diversos dos autos principais do inquérito ou do processo. Inclusive, a interceptação telefônica possui autuação e numeração próprias. Além disso, os autos da interceptação devem ficar apensados aos autos principais, o que significa dizer que eles ficam anexados aos autos principais.

→ Aplicação em concurso.

- **Promotor de Justiça/BA. 2015. MPE-BA.**

  O pedido de interceptação telefônica é um tipo de questão processual incidental do processo penal, e, por esta razão, não ocorrerá, segundo os termos da Lei nº 9.296/96, em autos apartados.

  A alternativa está errada.

- **Notário. TJ/BA. 2014. CESPE.**

  A interceptação de comunicação telefônica, de qualquer natureza, ocorrerá nos próprios autos do inquérito policial ou do processo criminal, preservando-se o sigilo das diligências, gravações e transcrições respectivas.

  A alternativa está errada.

Art. 9º A **gravação que não interessar** à prova será **inutilizada por decisão judicial**, durante o inquérito, a instrução processual ou após esta, em virtude de requerimento do Ministério Público ou da parte interessada.

Parágrafo único. O incidente de inutilização será assistido pelo Ministério Público, sendo facultada a presença do acusado ou de seu representante legal.

1. **Inutilização da parte que não interessar à investigação.** O legislador determinou a inutilização da parte da interceptação telefônica que não interessar como elemento de prova para a investigação. Trata-se de uma ordem legal, e não uma faculdade do Juiz. E assim o legislador fê-lo para a preservação do direito fundamental à intimidade e ao sigilo das comunicações telegráficas de dados e das comunicações telefônicas.

   → Aplicação em concurso.

   - **Notário. TJ/BA. 2014. CESPE.**

     A gravação que não interessar à prova deve ser juntada em autos apartados, apensados aos autos principais, podendo ser inutilizada, por decisão judicial, decorrido o prazo de cinco anos do término da instrução processual.

     A alternativa está errada.

2. **Requisito.** Decisão judicial, a requerimento do Ministério Público ou da parte interessada, que pode ser o indiciado (se no curso do inquérito policial) ou o réu (durante o processo judicial). A exigência de decisão judicial permite o maior controle sobre o objeto da inutilização.
3. **Juiz não pode determinar a inutilização de ofício.** O legislador não fez previsão de o Juiz poder determinar a inutilização de ofício. A razão é lógica: somente quem produz atividade probatória tem condições de saber se determinada parte da interceptação telefônica será útil ou não. Se o juiz é uma pessoa distante das partes, desinteressada na atividade probatória, imparcial e isento, ele não pode manifestar-se sobre qual parte da prova é interessante ou não. Isso cabe a quem tem atividade probatória.
4. **Momento da inutilização.** A qualquer tempo, até o trânsito em julgado, tendo em vista o que o legislador mencionou *"durante o inquérito, a instrução processual ou após esta"*.
5. **Presença do Ministério Público e do acusado.** Pela redação legal, assistir ao incidente de inutilização é uma *obrigação* do Ministério Público e uma *faculdade* do acusado ou de seu representante legal. Pensamos que o legislador deveria facultar a presença somente da parte que requereu a inutilização, para que ela certifique-se de efetiva inutilização.

Art. 10. Constitui crime realizar interceptação de comunicações telefônicas, de informática ou telemática, ou quebrar segredo da Justiça, **sem autorização judicial ou com objetivos não autorizados em lei.**

Pena: reclusão, de dois a quatro anos, e multa.

1. **Sujeito ativo.** Qualquer pessoa. Trata-se de crime comum.

2. **Sujeito passivo.** As pessoas que travam a conversa interceptada.

3. **Condutas típicas.** *Realizar interceptação* significa efetivá-la, conseguir interromper o fluxo da comunicação entre pessoas diversas. *Quebrar segredo*, por sua vez, consiste na conduta de divulgar uma informação que estava coberta por algum sigilo, de forma que o agente viola o sigilo imposto pelo art. 1º da lei. Note-se que o delito consiste na efetivação de interceptação ou na quebra do seu sigilo sem autorização judicial ou com objetivos não declarados em lei (por exemplo, a realização da interceptação por um motivo qualquer que não seja a investigação de uma infração penal). Na realidade, o delito consiste na realização da interceptação telefônica fora dos moldes preconizados por esta lei. A razão da previsão dessa conduta como criminosa é justamente a violação indevida e fora dos moldes permitidos por lei da intimidade do indivíduo, bem como do sigilo das comunicações telefônicas.

   → **Aplicação em concurso.**

   - **Delegado de Polícia/DF. 2015. FUNIVERSA.**

     A prática rotineira de jornais e programas televisivos transmitirem trechos de conversas telefônicas interceptadas por autoridade policial, conduta, que, em regra, atrapalha as investigações policiais, deve-se especialmente ao fato de a lei de regência não ter previsto como crime o ato de realizar interceptação de comunicações telefônicas sem autorização judicial.

     A alternativa está errada.

4. **Tipo misto alternativo.** Caso o agente pratique mais de uma conduta descrita no tipo penal, responderá por um delito apenas, não havendo concurso de crimes. Assim, se ele realizar a interceptação telefônica sem autorização judicial e depois quebrar o sigilo e revelar o conteúdo obtido, ele responderá por apenas um delito.

5. **Princípio da Especialidade.** O tipo legal de crime ora comentado é especial em relação ao tipo legal de crime contido no art. 40 da lei 6.538/78 ("Art. 40 – Devassar indevidamente o conteúdo de correspondência fechada dirigida a outrem: Pena: detenção, até seis meses, ou pagamento não excedente a vinte dias-multa").

6. **Consumação.** O delito consuma-se com a prática das condutas típicas, ou seja, com a efetivação da interceptação telefônica ou com a quebra do sigilo, independentemente de qualquer resultado ulterior. Trata-se de crime formal.

7. **Classificação.** Crime comum; formal; doloso; comissivo; instantâneo; admite tentativa.

8. **Suspensão condicional do processo.** Incabível, pois a pena mínima cominada ultrapassa 1 ano (art. 89 da lei 9.099/95).

Art. 11. Esta Lei entra em vigor na data de sua publicação.

Art. 12. Revogam-se as disposições em contrário.

Juizados Especiais Criminais. Lei nº 9.099, de 26 de setembro de 1995

CAPÍTULO I
Disposições Gerais

Art. 1º Os **Juizados Especiais Cíveis e Criminais**, órgãos da Justiça Ordinária, serão criados pela União, no Distrito Federal e nos Territórios, e pelos Estados, para **conciliação**, processo, julgamento e execução, nas causas de sua competência.

1. **Fundamento constitucional.** Dentro do ordenamento jurídico os Juizados Especiais Cíveis e Criminais possuem fundamento de validade no art. 98, I, da CR/88, com a seguinte redação: *"Art. 98. A União, no Distrito Federal e nos Territórios, e os Estados criarão: I – juizados especiais, providos por juízes togados, ou togados e leigos, competentes para a conciliação, o julgamento e a execução de causas cíveis de menor complexidade e infrações penais de menor potencial ofensivo, mediante os procedimentos oral e sumariíssimo, permitidos, nas hipóteses previstas em lei, a transação e o julgamento de recursos por turmas de juízes de primeiro grau."*

2. **Previsão legal.** Após a previsão constitucional, os Juizados Especiais Cíveis e Criminais foram regulamentados pela lei 9.099/1995 no âmbito estadual e pela lei 10.259/2001 no âmbito federal.

3. **Juizados Especiais Criminais Federais.** O art. 2º da lei 10.259/2001 criou o Juizado Especial Criminal Federal, com competência para o processo e o julgamento das infrações penais de menor potencial ofensivo que se esquadrarem na competência da Justiça Federal, nos termos do art. 109 da CR/88: *"Art. 2º Compete ao Juizado Especial Federal Criminal processar e julgar os feitos de competência da Justiça Federal relativos às infrações de menor potencial ofensivo, respeitadas as regras de conexão e continência. Parágrafo único. Na reunião de processos, perante o juízo comum ou o tribunal do júri, decorrente da aplicação das regras de conexão e continência, observar-se-ão os institutos da transação penal e da composição dos danos civis."*

4. Modelo de Justiça consensual. Delegalização e deformalização. Conciliação. Os Juizados Especiais Cíveis e Criminais foram criados com o fim precípuo de funcionarem como órgãos do Poder Judiciário que têm por finalidade um modelo de justiça consensual. A crise que atingiu a administração da justiça e que gerou a busca pela efetividade do processo é uma bandeira que teve um enorme crescimento nos últimos anos. O progresso da ciência jurídica processual não foi acompanhado por uma justiça eficaz e célere, que desse a resposta adequada ao jurisdicionado, bem como em um tempo razoável. A eficiência prática da ciência processual passou a andar descompassada da sua base teórica e não serviu para dar uma adequada solução para os graves problemas que a justiça brasileira estava a passar há algum tempo, como a sobrecarga de processos no judiciário, a morosidade judicial na solução dos litígios, o elevado custo do acesso à justiça e a excessiva burocracia dos juízos e tribunais. Percebeu-se, então, a necessidade de encontrarem-se regras processuais que resultassem na eficaz aplicação prática do Direito, com uma resposta estatal célere e eficaz e, a partir dessa constatação, passou-se a trabalhar com as ideias de ***deformalização*** e ***delegalização***. A deformalização apresenta-se sob duas faces: em primeiro lugar, a deformalização do processo em si, por meio da qual se pretende um processo mais simplificado, efetivo, econômico e de fácil acesso, que tenha o condão de dar uma solução rápida e efetiva aos conflitos judiciais; em segundo lugar, a deformalização das controvérsias, com a qual se buscam equivalentes jurisdicionais, por meio de vias alternativas ao processo, como forma de evitá-lo, por meio de instrumentos de mediação. A delegalização, por sua vez, consiste em submeter determinados conflitos a um juízo de equidade, subtraído da solução legal. A solução e a opção por uma justiça consensual por meio da *conciliação* surgem justamente a partir desse quadro, que só tendia a piorar com o passar dos anos. Não se via a longo prazo um diagnóstico de melhora. Com isso, passaram a ser defendidas as seguintes ideias: para as causas de menor complexidade, estímulo das vias alternativas como meios de solução de litígios fora do poder judiciário; preferência pela conciliação dentro do poder judiciário, de forma a evitar a instauração de um processo judicial; estímulo à conciliação, mesmo dentro do processo criminal, apesar de vigorar o princípio da obrigatoriedade da ação penal; incumbência ao juiz de estimular a conciliação entre as partes; celeridade e menos burocratização dos procedimentos; e participação da vítima no processo. Esse conjunto de ideias acabou por traçar os moldes da justiça consensual na ordem jurídica brasileira. Nesse sentido, em 1984 ocorreu o advento da lei nº 7.244, que criou os Juizados de Pequenas Causas e representou um conjunto de inovações em direção a um modelo de justiça mais célere e eficaz e teve como mola-mestra o instituto da conciliação. Houve fortes resistências à implementação desse modelo de justiça consensual no processo penal, onde sempre vigorou o princípio da obrigatoriedade da ação penal. Porém, na medida em que se percebeu que o Estado não tem condições de efetivar a sua perseguição penal em relação a todas as infrações penais e a todos os seus autores, começou-se a questionar o princípio da obrigatoriedade à luz da efetividade do processo penal. Os movimentos que pregavam a flexibilização do princípio da obrigatoriedade da ação penal passaram a ter maior aceitação, o que ocorreu de duas formas: a viabilidade do princípio da oportunidade e a alteração das vias procedimentais que permitissem evitar o processo, suspendê-lo ou encerrá-lo antecipadamente. Na segunda forma, imaginou-se uma fase conciliativa, pré-processual entre o órgão de acusação e o acusado, para tentar evitar o processo, e uma forma de possibilitar a sua paralisação após a instauração, por meio de um acordo entre a acusação e o acusado, a permitir que o processo fique suspenso e o acusado submetido ao cumprimento de algumas condições durante um determinado período. Foi então que se separaram as infrações penais em dois grupos: de um lado, as infrações graves; de outro, as infrações leves. Não seria justificável uma prestação jurisdicional custosa, demorada e ineficaz para as infrações leves, que, na realidade, poderiam ser solucionadas de forma rápida, econômica e eficaz. Às infrações penais leves buscou-se um modelo de justiça consensual. Surgiu, então, a possibilidade da justiça consensual no processo criminal brasileiro. A primeira manifestação desse modelo consensual de justiça veio manifestada na CR/88, que implantou os Juizados Especiais Criminais para a conciliação, o julgamento e a execução de causas cíveis de menor complexidade e as infrações penais de menor potencial ofensivo, mediante os procedimentos oral e sumaríssimo, permitidos, nas hipóteses previstas em lei, a transação e o julgamento de recursos por turmas de juízes de primeiro grau. Sete anos após o advento da Constituição republicana, ocorreu o advento da lei nº 9.099/1995, que, de forma definitiva, inseriu na legislação brasileira uma verdadeira revolução no sistema, para a implantação da justiça consensual nas esferas cível e criminal. Na seara criminal, a lei trouxe quatro institutos, denominados *institutos despenalizadores*, quais sejam: o acordo civil; a transação penal; a representação; e, por fim, a suspensão condicional do processo. Seis anos após a publicação da lei 9.099/995 ocorreu o advento da lei 10.259/2001, que criou o Juizado Especial Criminal Federal, com competência para o processo e o julgamento das infrações penais de menor potencial ofensivo no âmbito da Justiça Federal.

5. **Medidas despenalizadoras.** Na esfera criminal a lei 9.099/1995 inseriu no ordenamento jurídico brasileiro quatro *institutos despenalizadores,* também chamados medidas despenalizadoras, quais sejam: a *composição dos danos civis*; a *transação penal*; a *representação*; e, por fim, a *suspensão condicional do processo.* Tais medidas inseriram no ordenamento jurídico brasileiro o modelo de justiça consensual e têm por finalidade unicamente evitar o processo. Essas medidas despenalizadoras não implicam assunção de culpa por parte do autor do fato que as aceitar. Aliás, tais medidas são transacionadas antes da instauração completa do processo ou, então, na parte inicial do processo, antes mesmo até da instrução processual. Assim, o processo não tem o seu curso até o final, de forma que não há sentença, nem condenação. Portanto, uma vez proposta e aceita uma medida despenalizadora não se discute a culpabilidade do autor do fato. Sabe-se que há um fato praticado e quem foi o seu autor, mas não se discute se o fato configura um delito, e, em caso positivo, se aquele apontado como o seu autor possui responsabilidade penal por ele.

Art. 2º O processo orientar-se-á pelos **critérios** da oralidade, simplicidade, informalidade, economia processual e celeridade, buscando, sempre que possível, a conciliação ou a transação.

1. **Critérios orientadores dos Juizados Especiais.** Os critérios legais são: oralidade, simplicidade, informalidade, economia processual e celeridade. Note-se que tais critérios constituem uma consequência da deformalização vista acima.

2. **Oralidade.** O critério da oralidade foi mencionado expressamente no art. 98, I, da CR/88, e significa que todo o procedimento deve ter a forma verbal, em detrimento da forma escrita. Os atos judiciais e das partes praticados de forma verbal fazem com que o processo seja mais célere e a prestação jurisdicional mais efetiva, com uma resposta estatal mais rápida. Exemplo de oralidade é a previsão do art. 81, que determina os debates de forma oral na audiência de instrução e julgamento.

3. **Simplicidade.** O critério da simplicidade preconiza que todo o procedimento, incluindo os atos judiciais e das partes, deve ser de forma facilitada por todos os personagens do processo, deixando de lado todo o formalismo que é típico do Direito. Isso permite um processo mais célere e mais efetivo.

4. **Informalidade.** A informalidade consiste na prática dos atos processuais de forma desburocratizada e sem as formalidades impostas pelo próprio legislador. Exemplo típico de informalidade está estampado no art. 65, §2º desta lei, que permite a prática de atos processuais em outras comarcas por qualquer meio hábil de comunicação, não se exigindo a expedição de carta precatória, que é um procedimento formal e demorado.

5. **Economia processual.** A economia processual está ligada à prática dos atos processuais no menor tempo possível, evitando-se a longa duração do processo, que é o maior problema enfrentado pela justiça há muitos anos. A economia processual permite a concentração da prática dos atos processuais, como a audiência concentrada nos moldes do art. 81. É bem verdade que no procedimento comum do Código de Processo Penal, após a sua reforma em 2008, a audiência também é única, mas antes de 2008 não era assim e muitas vezes, dentro de um mesmo processo realizavam-se no mínimo três audiências e muitas vezes até cinco ou seis, o que causava um grande atraso na prestação jurisdicional.

6. **Celeridade.** O critério da celeridade, na realidade, é o critério que constitui o fim de todos os anteriormente vistos. Todos eles têm por finalidade a prestação jurisdicional mais célere. O processo deve ser *oral*, *simples*, *informal*, e *processualmente econômico* para que seja mais célere.

(...)

Capítulo III

Dos Juizados Especiais Criminais

Disposições Gerais

Art. 60. O Juizado Especial Criminal, provido por juízes togados ou togados e leigos, tem **competência** para a conciliação, o julgamento e a execução das **infrações penais de menor potencial ofensivo**, respeitadas as regras de conexão e continência.

Parágrafo único. Na **reunião de processos**, perante o juízo comum ou o tribunal do júri, decorrentes da aplicação das regras de **conexão e continência**, observar-se-ão os institutos da **transação penal** e da **composição dos danos civis**.

1. **Competência dos Juizados Especiais Criminais.** O Juizado Especial Criminal – JECRIM tem competência para o processo e o julgamento das infrações penais de menor potencial ofensivo, que são aquelas com pena máxima cominada não superior a dois anos, conforme previsão do art. 61 da presente lei.

2. **Foro especial por prerrogativa de função.** Caso o autor do fato seja detentor de cargo que possua a garantia do foro especial por prerrogativa de função, mesmo que se trate de infração penal de menor potencial ofensivo, ele será julgado pelo seu foro especial por prerrogativa de função. Porém, nesse caso, as medidas despenalizadoras devem ser aplicadas no foro especial, se presentes os requisitos legais.

3. **Aplicação das medidas despenalizadoras na Justiça especializada.** Questão relevante versa sobre a aplicabilidade das medidas despenalizadoras no âmbito da Justiça Militar e da Justiça Eleitoral. Em relação à Justiça Militar, é incabível em razão da vedação legal contida no art. 90-A da presente lei, para que não sejam esvaziadas as relações de hierarquia e de disciplina vigorantes nessa seara. Contudo, em relação à Justiça Eleitoral, diante da ausência de vedação legal, cremos ser possível a aplicação das medidas despenalizadoras se se tratar de infração penal de menor potencial ofensivo julgada pela Justiça Eleitoral.

4. **Conexão e continência.** Na parte final desse dispositivo legal o legislador ressalvou a observância das regras de conexão e continência, que configuram causas de *modificação* de competência, gerando a reunião de processos e de julgamentos. Contudo, estamos de acordo com a parte da doutrina que entende que essa ressalva não se aplica. Isso porque a competência do Juizado Especial Criminal é uma competência constitucional, prevista no art. 98, I, da CR/88. Assim, essa competência constitucional não pode ser alterada por lei ordinária (lei 9.099/95). Portanto, se uma infração penal de menor potencial ofensivo foi praticada em conexão com outra que não seja de menor potencial ofensivo, ela deve ser julgada pelo JECRIM, não ocorrendo a reunião de processos em outro Juízo. Assim, por exemplo, se um estelionato for praticado em concurso com uma infração penal de menor potencial ofensivo, deverá haver a separação de processos, de forma que esse delito será julgado pelo Juízo comum (Vara Criminal) e a infração penal de menor potencial ofensivo será julgada pelo JECRIM, não se aplicando a regra dos arts. 78 e 79 do Código de Processo Penal. A conexão é causa legal de modificação de competência, que não tem o condão de alterar a competência constitucional. Portanto, essa ressalva final não deve ser aplicada. O mesmo acontece ainda que a infração penal de menor potencial ofensivo seja praticada em conexão com um homicídio doloso, de competência do Tribunal do Júri, tendo em vista que estamos diante de duas competências constitucionais, havendo igualmente a separação de processos. Isso se aplica também para a previsão do parágrafo único.

Art. 61. Consideram-se **infrações penais de menor potencial ofensivo**, para os efeitos desta Lei, as contravenções penais e os crimes a que a lei comine **pena máxima não superior a 2 (dois) anos, cumulada ou não com multa.**

1. **Infrações penais de menor potencial ofensivo.** O critério definidor de infração penal de menor potencial ofensivo é objetivo: contravenções penais e crimes com pena máxima cominada não superior a dois anos, cumulada ou não com a pena de multa.

2. **Crimes com pena máxima cominada não superior a dois anos, cumulada ou não com a pena de multa.** Trata-se de qualquer crime. Repita-se: o critério é somente o *quantum* de pena máxima cominada.

3. **Crimes com procedimento específico previsto em lei especial.** Mesmo que o delito tenha procedimento específico previsto em lei especial, a competência será do JECRIM, a exemplo do delito de porte de droga para uso pessoal (art. 28, da lei 11.343/2006, que nem pena privativa de liberdade tem cominada) e do delito de abuso de autoridade.

   STJ. (...) DELITO DE POSSE DE DROGA PARA CONSUMO PRÓPRIO. CONDUTA QUE SE AMOLDA À POSSE DE DROGAS PARA USO PRÓPRIO. DELITO DE MENOR POTENCIAL OFENSIVO. COMPETÊNCIA DO JUIZADO ESPECIAL. 1. O crime de uso de entorpecente para consumo próprio, previsto no art. 28 da Lei 11.343/06, é de menor potencial ofensivo, o que determina a competência do Juizado Especial estadual (...). **(CC 144.910/MS, Rel. Min. Reynaldo Soares Da Fonseca, julgado em 13/04/2016).**

   STJ. PROCESSUAL PENAL. HABEAS CORPUS. ABUSO DE AUTORIDADE. DELITO DE MENOR POTENCIAL OFENSIVO. LEI 11.313/06. COMPETÊNCIA. JUIZADO ESPECIAL CRIMINAL. ORDEM CONCEDIDA. 1. "Com o advento da Lei nº 11.313/2006, que modificou a redação do art. 61 da Lei nº 9.099/95 e consolidou entendimento já firmado nesta Corte, "consideram-se infrações penais de menor potencial ofensivo, para os efeitos desta Lei, as contravenções penais e os crimes a que a lei comine pena máxima não superior a 2 (dois) anos, cumulada ou não com multa', independentemente de a infração possuir rito especial" (HC 59.591/RN, Rel. Min. FELIX FISCHER, Quinta Turma, DJ de 4/9/06). 2. Ordem concedida para reconhecer a competência do 2º Juizado Especial Criminal da Comarca de Porto Velho/RO para o julgamento da ação penal referente ao delito de abuso de autoridade. **(HC 163.282/RO, Rel. Min. Arnaldo Esteves Lima, julgado em 18/05/2010).**

   → **Aplicação em concurso.**

   - **Juiz. TJ/DFT. 2016. CESPE.**

     O autor do crime de porte de drogas para uso pessoal será processado e julgado perante o Juizado Especial Criminal, sob o rito da Lei n.º 9.099/1995.

     A alternativa está correta.

4. **Contravenções penais.** Todas as contravenções penais são consideradas infrações penais de menor potencial ofensivo, previstas ou não na Lei de Contravenções Penais, a exemplo da contravenção denominada *jogo do bicho*, prevista no art. 58 do Decreto-Lei 6.259/1944 e da contravenção de *retenção de documento*, prevista na lei 5.553/1968.

5. **Concurso de crimes.** Havendo concurso de infrações penais de menor potencial ofensivo, o limite de dois anos de pena máxima cominada a ser considerado é o

resultado do concurso de crimes. Assim, se a soma das penas máximas cominadas (no concurso material) ultrapassar dois anos ou se a consideração da exasperação da pena na fração máxima (para o concurso formal – metade, ou para o crime continuado – dois terços) ultrapassar dois anos, a competência deixa de ser do JECRIM.

> **STJ.** PROCESSO PENAL. RECURSO EM HABEAS CORPUS. CRIMES DE RESISTÊNCIA E DE LESÃO CORPORAL LEVE. ALEGADA INCOMPETÊNCIA DO JUIZADO ESPECIAL CRIMINAL. EXEGESE DO ART. 61 DA LEI N. 9.099/1995. PENA MÁXIMA COMINADA. CONCURSO MATERIAL. SOMATÓRIO. OBSERVÂNCIA DA PENA MÁXIMA. (...) No caso em exame, o somatório das penas máximas em abstrato dos crimes excedeu o limite legal de 2 anos, de modo que é da competência absoluta da Justiça comum o processamento e julgamento da ação penal. (...) **(RHC 84.633/RJ, Rel. Min. Ribeiro Dantas, julgado em 14/09/2017).**

> **STJ.** RECURSO ESPECIAL. PROPOSTA DE TRANSAÇÃO PENAL. EXASPERAÇÃO, NO CASO DE CRIME CONTINUADO, DAS PENAS MÁXIMAS COMINADAS AOS DELITOS. APENAMENTO SUPERIOR A 2 ANOS. (...) Aplica-se a Súmula n. 83 do STJ quando a orientação deste Superior Tribunal se firmou no mesmo sentido do acórdão recorrido, de que, em caso de crime continuado, deve ser considerada, para fins de proposta de transação penal, a exasperação da pena máxima cominada aos delitos, cujo resultado, se for superior a 2 anos, afasta a possibilidade de aplicação da transação penal. (...) **(REsp 1482733/SC, Rel. Min. Rogerio Schietti Cruz, julgado em 17/05/2016).**

→ Aplicação em concurso.

- **Delegado de Polícia. PC/GO. 2017. CESPE.**

  Para definição da competência do juizado especial criminal no concurso material de crimes, a soma das penas máximas cominadas para cada crime não pode exceder a dois anos.

  A alternativa está correta.

- **Delegado de Polícia. PC/MS. 2017. FAPEMS.**

  Considerando o artigo 60, da Lei nº 9.099/1995, que dispõe:

  O Juizado Especial Criminal, provido por juízes togados ou togados e leigos, tem competência para a conciliação, o julgamento e a execução das infrações penais de menor potencial ofensivo, respeitadas as regras de conexão e continência.

  Assinale a alternativa correta no que concerne ao procedimento dos Juizados Especiais

A) Os conciliadores são auxiliares da Justiça, recrutados entre bacharéis em Direito, excluídos os que exerçam funções na administração da Justiça Criminal.

B) Ao autor do fato que, após a lavratura do termo circunstanciado de ocorrência, for imediatamente encaminhado ao juizado ou assumir o compromisso de a ele comparecer, não se imporá prisão em flagrante, mas a autoridade policial poderá exigir-lhe fiança.

C) Nos crimes de ação penal pública incondicionada, não sendo caso de arquivamento, o Ministério Público deverá propor a aplicação imediata de pena restritiva de direitos ou multa, a ser especificada na proposta de transação penal.

D) Na reunião de processos, perante o juízo comum ou o tribunal do júri, decorrentes da aplicação das regras de conexão e continência, dispensar-se-ão os institutos da transação penal e da composição dos danos civis.

E) No caso de concurso material de crimes, a pena considerada para fins de fixação da competência do Juizado Especial Criminal será o resultado da soma das penas máximas cominadas aos delitos.
Alternativa correta: Letra E.

- **Promotor de Justiça. MPE/MG. 2017. FUNDEP.**
O juizado especial criminal julga as infrações penais de menor potencial ofensivo, prorrogando sua competência nos casos de concurso de infrações que eventualmente ultrapassem a pena cominada de 2 (dois) anos.
A alternativa está errada.

6. **Tentativa.** A tentativa tem natureza jurídica de causa geral de diminuição de pena. Diante de um crime tentado, o JECRIM será competente se com a incidência da fração mínima de um terço (art. 14, II, do Código Penal) de diminuição sobre pena máxima cominada ao delito a pena máxima não ultrapassar dois anos.

> **STJ.** (...) TENTATIVA DE FURTO SIMPLES. JUIZADO ESPECIAL. (...) Em caso de crime tentado, para verificar se ele deve ser julgado no Juizado Especial Criminal, a causa de diminuição de pena deve ser aplicada em sua fração mínima de diminuição sobre a pena máxima cominada. Se o resultado daí advindo for superior a dois anos, o Juizado não é o competente para o julgamento da causa. (...) **(HC 94.927/SP, Rel. Min. Jane Silva (Desembargadora convocada do TJ/MG), julgado em 01/04/2008).**

7. **Não aplicação da lei 9.099/95 aos crimes praticados com violência doméstica e familiar contra a mulher.** O art. 41 da lei 11.340/2006 (lei de violência doméstica e familiar contra a mulher) dispõe que a lei nº 9.099/95 é inaplicável aos crimes praticados com violência doméstica e familiar contra a mulher, independentemente da pena prevista. Esse dispositivo possui dois comandos: o primeiro comando é no sentido de as infrações penais praticadas nos moldes dessa lei não se considerarem infrações penais de menor potencial ofensivo; o segundo comando é evitar a aplicação das medidas despenalizadoras. Com efeito, como dito acima, lei nº 9.099/95 trouxe para a ordem jurídica brasileira quatro medidas despenalizadoras: a composição civil dos danos (art. 74); a transação penal (art. 76); a representação (art. 88); e a suspensão condicional do processo (art. 89). Todas essas medidas visam a evitar o processo ou evitar uma condenação. Como o legislador deu um tratamento mais severo aos crimes praticados no âmbito da violência doméstica e familiar contra a mulher, ele quis que não fossem aplicadas medidas que permitam uma alternativa ao processo ou que impliquem uma alternativa à condenação, que são justamente as medidas despenalizadoras previstas na lei nº 9.099/95. Questão relevante versa sobre a constitucionalidade do artigo ora comentado. Isso porque o art. 98, I da CR/88 dispõe que "a União, no Distrito Federal e nos Territórios, e os Estados criarão: I – juizados especiais, providos por juízes togados, ou togados e leigos, competentes para a conciliação, o julgamento e a execução de causas cíveis de menor complexidade e infrações penais de menor potencial ofensivo, mediante os procedimentos oral e sumariíssimo, permitidos, nas hipóteses previstas em lei, a transação e o julgamento de recursos por turmas de juízes de primeiro grau." Assim, questiona-se se art. 41 da lei 11.340/2006 (lei ordinária) poderia afastar a incidência da lei 9.099/95 nos casos de violência doméstica e familiar contra a mulher. Apesar

de muita discussão, as jurisprudências do STF e do STJ pacificaram-se no sentido da constitucionalidade do art. 41.

STJ. Súmula nº 542: A ação penal relativa ao crime de lesão corporal resultante de violência doméstica contra a mulher é pública incondicionada.

STJ. Súmula nº 536: A suspensão condicional do processo e a transação penal não se aplicam na hipótese de delitos sujeitos ao rito da Lei Maria da Penha.

STF. VIOLÊNCIA DOMÉSTICA – LEI Nº 11.340/06 (...). O artigo 41 da Lei nº 11.340/06, a afastar, nos crimes de violência doméstica contra a mulher, a Lei nº 9.099/95, mostra-se em consonância com o disposto no § 8º do artigo 226 da Carta da República, a prever a obrigatoriedade de o Estado adotar mecanismos que coíbam a violência no âmbito das relações familiares. **ADC 19. AÇÃO DECLARATÓRIA DE CONSTITUCIONALIDADE. Rel. Min. Marco Aurélio, julgado em 09/02/2012.**

STF. AÇÃO PENAL – VIOLÊNCIA DOMÉSTICA CONTRA A MULHER – LESÃO CORPORAL – NATUREZA. A ação penal relativa a lesão corporal resultante de violência doméstica contra a mulher é pública incondicionada – considerações. **ADI 4424. Rel. Min. Marco Aurélio, julgado em 09/02/2012.**

STJ. AGRAVO REGIMENTAL NO RECURSO ESPECIAL. PENAL. VIAS DE FATO. VIOLÊNCIA DOMÉSTICA CONTRA A MULHER. REPRESENTAÇÃO DA VÍTIMA. DESNECESSIDADE. LEI 9.099/1995. (...) 1. “Seja caso de lesão corporal leve, seja de vias de fato, se praticado em contexto de violência doméstica ou familiar, não há falar em necessidade de representação da vítima para a persecução penal” (...) 2. Nas infrações penais cometidas com violência doméstica contra a mulher, sejam elas crimes ou contravenções, não se aplicam as disposições da Lei n. 9.099/1995. (...) **(AgRg no REsp 1628271/SP, Rel. Min. Reynaldo Soares da Fonseca, julgado em 23/05/2017).**

▶ **STJ**

Informativo nº 509.

Quinta Turma

DIREITO PENAL E PROCESSUAL PENAL. LESÃO CORPORAL LEVE OU CULPOSA NO ÂMBITO DOMÉSTICO. AÇÃO PENAL PÚBLICA INCONDICIONADA.

O crime de lesão corporal, mesmo que leve ou culposa, praticado contra a mulher, no âmbito das relações domésticas, deve ser processado mediante ação penal pública incondicionada. No julgamento da ADI 4.424-DF, o STF declarou a constitucionalidade do art. 41 da Lei n. 11.340/2006, afastando a incidência da Lei n. 9.099/1995 aos crimes praticados com violência doméstica e familiar contra a mulher, independentemente da pena prevista. Precedente citado do STF: ADI 4.424-DF, DJe 17/2/2012; do STJ: AgRg no REsp 1.166.736-ES, DJe 8/10/2012, e HC 242.458-DF, DJe 19/9/2012. **AREsp 40.934-DF, Rel. Min. Marilza Maynard (Desembargadora convocada do TJ-SE), julgado em 13/11/2012.**

→ **Aplicação em concurso.**

- **Delegado de Polícia. PC/AC. 2017. IBADE.**

  No crime de lesão corporal no âmbito da violência doméstica contra a mulher, a autoridade policial, lavrará o termo circunstanciado, porém este não será encaminhado ao juizado especial criminal e sim ao juizado de violência doméstica familiar.

  A alternativa está errada.

- **Delegado de Polícia. PC/AC. 2017. IBADE.**

  No crime de lesão corporal no âmbito da violência doméstica contra a mulher, ao autor do fato que, após a lavratura do termo circunstanciado, for imediatamente encaminhado ao juizado ou assumir o compromisso de a ele comparecer será arbitrada fiança ou, em caso de negativa, será imposta a prisão em flagrante.

  A alternativa está errada.

8. **Contravenção penal praticada com violência doméstica e familiar contra a mulher.** Infração penal é gênero, que abrange duas espécies: *crimes* e *contravenções penais*. Quando o legislador empregou a expressão *crimes* disse menos do que queria, cabendo interpretação extensiva para, na expressão *crimes*, serem abrangidas, também, as contravenções penais. Logo, tratando-se de contravenção penal, também não se aplica a lei 9.099/95.

> **STJ.** (...) CONTRAVENÇÃO PENAL. LEI MARIA DA PENHA. DENÚNCIA REJEITADA POR AUSÊNCIA DE MANIFESTAÇÃO DA VÍTIMA. RECURSO EM SENTIDO ESTRITO PROVIDO PARA DETERMINAR O PROSSEGUIMENTO DA DEMANDA. NATUREZA INCONDICIONADA DA AÇÃO. INAPLICABILIDADE DA LEI N. 9.099/1995 ÀS INFRAÇÕES PENAIS COMETIDAS COM VIOLÊNCIA DOMÉSTICA OU FAMILIAR CONTRA A MULHER. EXPRESSÃO QUE ENGLOBA AS DUAS ESPÉCIES: CRIME E CONTRAVENÇÃO PENAL. (...) 2. No contexto dos crimes praticados com violência doméstica ou familiar contra a mulher, a palavra "crime" deve englobar toda e qualquer infração penal, conceito mais amplo que abrange as duas espécies: crime e contravenção penal. 3. Seja caso de lesão corporal leve, seja de vias de fato, se praticado em contexto de violência doméstica ou familiar, não há falar em necessidade de representação da vítima para a persecução penal. 4. Agravo regimental improvido. **(AgRg no AREsp 703.829/MG, Rel. Min. Sebastião Reis Júnior, julgado em 27/10/2015).**

▶ **STJ**

Informativo nº 539

Sexta Turma

DIREITO PENAL E PROCESSUAL PENAL. INAPLICABILIDADE DA TRANSAÇÃO PENAL ÀS CONTRAVENÇÕES PENAIS PRATICADAS CONTRA MULHER NO CONTEXTO DE VIOLÊNCIA DOMÉSTICA.

A transação penal não é aplicável na hipótese de contravenção penal praticada com violência doméstica e familiar contra a mulher. De fato, a interpretação literal do art. 41 da Lei Maria da Penha (...) viabilizaria, em apressado olhar, a conclusão de que os institutos despenalizadores da Lei 9.099/1995, entre eles a transação penal, seriam aplicáveis às contravenções penais praticadas com violência doméstica e familiar contra a mulher. Entretanto, o legislador, ao editar a Lei 11.340/2006, conferiu concretude ao texto constitucional (art. 226, § 8º, da CF) e aos tratados e as convenções internacionais de erradicação de todas as formas de violência contra a mulher, a fim de mitigar, tanto quanto possível, qualquer tipo de violência doméstica e familiar contra a mulher, abrangendo não só a violência física, mas, também, a psicológica, a sexual, a patrimonial, a social e a moral. Desse modo, à luz da finalidade última da norma (Lei 11.340/2006) e do enfoque da ordem jurídico-constitucional, considerando, ainda, os fins sociais a que a lei se destina, a aplicação da Lei 9.099/1995 é afastada pelo art. 41 da Lei 11.340/2006, tanto em relação aos crimes quanto às contravenções penais praticados contra mulheres no âmbito doméstico e familiar. Ademais, o STJ e o STF já se posicionaram no sentido de que os institutos despenalizadores da Lei 9.099/1995, entre eles a transação penal, não se aplicam a nenhuma prática delituosa contra a mulher no âmbito doméstico e familiar, ainda que configure contravenção penal. Precedente citado do STJ: HC 196.253-MS, Sexta Turma, DJe 31/5/2013. Precedente citado do STF: HC 106.212-MS, Tribunal Pleno, DJe 13/6/2011. **(HC 280.788-RS, Rel. Min. Rogerio Schietti Cruz, julgado em 3/4/2014).**

9. **Não aplicação das medidas despenalizadoras aos inimputáveis.** As medidas despenalizadoras não são aplicáveis aos inimputáveis, uma vez que para que elas sejam aplicáveis, é preciso que o destinatário delas tenha capacidade de discernimento necessário para compreender que está diante da aceitação ou não de um instituto despenalizador que visa a afastar a pena privativa de liberdade ou a evitar o processo.

> **STJ.** (...) LESÃO CORPORAL. ACUSADO INIMPUTÁVEL. NEGATIVA DE OFERECIMENTO DOS BENEFÍCIOS PREVISTOS NA LEI 9.099/1995. INCOMPATIBILIDADE ENTRE A TRANSAÇÃO PENAL E A SUSPENSÃO CONDICIONAL DO PROCESSO ÀS PECULIARIDADES DO AGENTE PORTADOR DE DEFICIÊNCIA MENTAL. (...) 1. As medidas despenalizadoras previstas na Lei 9.099/1995 têm por finalidade evitar a imposição de pena privativa de liberdade ao agente, devendo, contudo, observar os critérios da necessidade e suficiência, bem como observar os aspectos repressivo e preventivo da sanção penal. 2. Como os inimputáveis não possuem integralmente condições de entender o caráter ilícito do fato ou de se autodeterminar de acordo com tal entendimento, é impossível a aplicação dos institutos em questão, que pressupõem a capacidade de compreender e aceitar as condições que lhe estão sendo impostas. Doutrina. Precedente. 3. Habeas corpus não conhecido. **(HC 370.032/SP, Rel. Min. Jorge Mussi, julgado em 18/04/2017).**

Art. 62. O processo perante o Juizado Especial orientar-se-á pelos **critérios** da oralidade, simplicidade, informalidade, economia processual e celeridade, **objetivando**, sempre que possível, a **reparação** dos **danos sofridos** pela vítima e a **aplicação** de **pena não privativa de liberdade**. (Redação dada pela lei nº 13.603, de 2018).

1. **Critérios orientadores dos Juizados Especiais Criminais.** Sobre os critérios orientadores estabelecidos pelo legislador, ver os comentários ao art. 2º da lei.

2. **Objetivo do JECRIM.** Como dito acima, o objetivo do JECRIM é o modelo de justiça consensual, com institutos despenalizadores aptos a permitirem que as partes fiquem satisfeitas com o consenso obtido no âmbito criminal, de forma que o autor do fato consegue evitar o processo e os males que dele podem advir e a vítima fica igualmente satisfeita com a reparação dos danos sofridos.

3. **Aplicação de pena não privativa de liberdade.** Convencido de que pena privativa de liberdade não cumpre mais a sua finalidade no Direito Penal, o legislador impôs a sua não aplicação. Na realidade, em se tratando de modelo de justiça consensual,

em que as partes fazem um acordo, não é técnico falar-se em *pena.* A pena é uma demonstração de poder estatal que decorre de sua soberania e por isso mesmo só pode ser aplicada pelo Estado, e nunca ser objeto de transação penal, por exemplo. Até porque jamais poderia haver a aplicação de uma pena criminal sem o transcurso regular do processo, sob pena de violação de todos princípios constitucionais ligados ao Direito Penal, sobretudo os princípios do devido processo legal, da ampla defesa, do contraditório e da presunção de inocência. As partes não podem transacionar e acordar o cumprimento de uma *pena* por parte do autor do fato. Portanto, pensamos que faltou técnica ao legislador nesse dispositivo. O correto seria ele dispor ...*objetivando, sempre que possível, a reparação dos danos sofridos pela vítima.* Isso porque o sistema de justiça consensual – e por óbvio a aplicação da pena não privativa de liberdade, senão não seria consenso – já decorre de todo o sistema do JECRIM, conforme estampado no art. 1º. É bem verdade que podemos admitir que o legislador quis reafirmar o sistema de funcionamento do JECRIM. Contudo, faltou técnica a ele, na medida em que isso já constava, como afirmado, no art. 1º da lei.

Seção I
Da Competência e dos Atos Processuais

Art. 63. A competência do Juizado será determinada pelo **lugar** em que foi **praticada a infração penal**.

1. **Critério de determinação de competência.** O legislador determinou a competência do JECRIM pelo *lugar em que foi praticada a infração penal.* Com essa redação, parece-nos que o legislador deixou claro que pretendeu determinar a competência no local onde a conduta delituosa foi praticada. Note-se que o critério é diverso do critério previsto no art. 70, *caput*, do Código de Processo Penal, em que a regra geral é a determinação da competência pelo local onde o delito de consumou (*"Art. 70. A competência será, de regra, determinada pelo lugar em que se consumar a infração, ou, no caso de tentativa, pelo lugar em que for praticado o último ato de execução."*)

Art. 64. Os **atos processuais serão públicos** e poderão realizar-se em horário noturno e em qualquer dia da semana, conforme dispuserem as normas de organização judiciária.

1. **Publicidade dos atos processuais.** A publicidade dos atos processuais decorre do art. 93, IX, da CR/88. Trata-se de dispositivo desnecessário por repetir o que já consta da Constituição da República.
2. **Prática dos atos processuais em horário noturno e em qualquer dia da semana.** O legislador permitiu que os atos processuais possam ser praticados em horário noturno e em qualquer dia da semana, nos moldes definidos nas normas estaduais de organização judiciária. Essa possiblidade decorre dos critérios da simplicidade, da economia processual e da celeridade estampados nos arts. 2º e 62 da lei.

Art. 65. Os atos processuais serão **válidos** sempre que preencherem as finalidades para as quais foram realizados, atendidos os critérios indicados no art. 62 desta Lei.

§ 1º Não se pronunciará qualquer nulidade **sem** que tenha havido **prejuízo.**

§ 2º A prática de atos processuais em **outras comarcas** poderá ser solicitada por **qualquer meio hábil de comunicação.**

§ 3º Serão objeto de registro escrito **exclusivamente** os atos havidos por essenciais. Os atos realizados em **audiência de instrução e julgamento** poderão ser **gravados** em fita magnética ou equivalente.

1. **Validade dos atos.** No JECRIM todos os atos processuais são considerados válidos se atendidos os critérios da oralidade, da simplicidade, da informalidade, da economia processual e da celeridade. Ainda que a prática do ato processual importe em violação a alguma norma jurídica em abstrato, a nulidade somente será declarada se houver algum prejuízo para a parte ou para o processo, nos moldes definidos no §1º. Com essa medida, o legislador pretendeu dar efetividade aos critérios norteadores do JECRIM, previstos no art. 62 da lei.

2. §2º. Prática de atos processuais em outras comarcas. Em regra, a prática de atos processuais em outra comarca faz-se por meio de carta precatória, a exemplo da previsão do art. 222 do Código de Processo Penal. Contudo, o procedimento da carta precatória é demorado e formal, tornando-se incompatível com os critérios norteadores do JECRIM. Dessa forma, visando a dar efetividade aos critérios da simplicidade, da informalidade, da economia processual e da celeridade, permitiu-se a utilização de *qualquer meio hábil de comunicação,* diverso da carta precatória. São meios hábeis de comunicação para efeitos dessa lei: correspondência via correios, telefone, e-mail e aplicativos de mensagens instantâneas.

3. §3º. Registro dos atos processuais. Esse parágrafo é uma clara manifestação do critério da oralidade que deve nortear o JECRIM. Como regra geral, os atos realizados em audiência de instrução e julgamento são praticados na forma oral, podendo ser gravados em fita magnética ou equivalente. Segundo o legislador, somente serão objetos de registro escrito exclusivamente os atos havidos por essenciais. A imposição da oralidade dos atos processuais assegura a maior celeridade do processo. É bem verdade que no procedimento comum do Código de Processo Penal, após a sua reforma em 2008, os atos praticados audiência também são orais (arts. 405, §§1º e 2º, 411, §4º, 475 e 534), mas antes de 2008 não era assim e muitas vezes perdia-se um tempo enorme transcrevendo tudo o que era dito em audiência, o que causava um grande atraso no processo.

Art. 66. A **citação será pessoal** e far-se-á no próprio Juizado, sempre que possível, ou por mandado.

Parágrafo único. **Não encontrado o acusado** para ser citado, o Juiz encaminhará as peças existentes ao Juízo comum para adoção do procedimento previsto em lei.

1. **Citação pessoal.** Com a citação pessoal na sede do JECRIM, o legislador pretendeu harmonizar os critérios da simplicidade e da celeridade com os princípios da ampla defesa e do contraditório. Nada impede que o autor do fato compareça à sede do JECRIM e ali seja citado por qualquer servidor da Justiça. Trata-se de citação pessoal que atende aos ditames legais. Caso não seja possível, por qualquer motivo, a citação ocorrerá por mandado a ser cumprido por oficial de justiça. Em ambos os casos a citação é pessoal. Portanto, nota-se que o legislador não permitiu a citação por edital no JECRIM.

2. **Acusado não encontrado.** Determinada a citação nos moldes deste artigo, mas não sendo o acusado encontrado, os autos serão remetidos ao Juízo comum (Vara Criminal) para a providência de outras modalidades de citação, como a citação por edital (art. 366 do Código de Processo Penal) e a citação por hora certa (art. 362 do Código de Processo Penal). Note-se que essas outras modalidades de citação ocorrem fora do JECRIM.

→ **Aplicação em concurso.**

- **Juiz Substituto. TJ/AM. 2016. CESPE.**

  Em processo no juizado especial criminal, superada a fase preliminar em razão da ausência do autor do fato, o MP ofereceu denúncia oral pela prática de crime de ameaça. Não tendo o oficial de justiça encontrado o autor para citá-lo nos endereços constantes dos autos, o juiz determinou a sua citação por hora certa. Concluída a citação por hora certa sem que o autor do fato tivesse sido encontrado ou tivesse comparecido à audiência designada, foi-lhe nomeado DP, e sobreveio condenação.

  Nessa situação hipotética, conforme a legislação penal processual e a jurisprudência dos tribunais superiores, é correto afirmar que a citação realizada foi

A) válida, e não precisará ser refeita, pois a citação por hora certa é possível quando o acusado não é encontrado nos endereços constantes nos autos.

B) nula, e deverá ser refeita pelo juízo comum, com o devido encaminhamento dos autos pelo juizado especial criminal.

C) válida, e não precisará ser refeita, pois a citação por hora certa sempre precede a citação por edital.

D) válida, e não precisará ser refeita, pois o processo perante os juizados especiais criminais orienta-se pelos princípios da oralidade, simplicidade, economia processual e celeridade

E) nula, e deverá ser refeita pelo próprio juizado especial criminal, por meio de edital, em atenção aos princípios da celeridade e da economia processual.

Alternativa correta: Letra B.

Art. 67. A **intimação far-se-á por correspondência**, com aviso de recebimento pessoal ou, tratando-se de pessoa jurídica ou firma individual, mediante entrega ao encarregado da recepção, que será obrigatoriamente identificado, ou, sendo necessário, por oficial de justiça, independentemente de mandado ou carta precatória, ou ainda por qualquer meio idôneo de comunicação.

Parágrafo único. Dos atos praticados em **audiência** considerar-se-ão desde logo **cientes as partes, os interessados e defensores**.

1. **Intimação das partes.** Dando cumprimento aos critérios da simplicidade, da informalidade e da celeridade, a intimação de pessoas físicas é feita por meio de correspondência, com o aviso de recebimento pessoal (AR). Em se tratando de pessoa jurídica ou de firma individual, por meio da entrega ao encarregado da recepção. Caso seja necessário, a intimação é feita por oficial de justiça, mas com uma particularidade: sem a necessidade de mandado de intimação ou de carta precatória, possibilitando que o oficial de justiça vá ao encontro da pessoa e a intime verbalmente, certificando o ato posteriormente nos autos do processo. Além desses meios, admite-se a intimação por *qualquer meio idôneo de comunicação*, como telefone, e-mail, entre outros.
2. **Intimação das partes em audiência.** Caso o ato seja praticado em audiência, todos saem dela intimados, cientes da prática do ato.

Art. 68. Do ato de **intimação do autor do fato** e do mandado de citação do acusado, constará a necessidade de seu comparecimento acompanhado de advogado, com a advertência de que, na sua falta, ser-lhe-á designado defensor público.

Necessidade de defensor, público ou particular. Em homenagem aos princípios da ampla de defesa e do contraditório, o legislador determinou que da intimação do autor do fato (seja em qual modalidade for) deva constar a necessidade de fazer-se acompanhar por um advogado. Caso o autor do fato não contrate um advogado, o Juiz nomear-lhe-á defensor público para providenciar a defesa técnica.

Seção II
a Fase Preliminar

Art. 69. A autoridade policial que tomar conhecimento da ocorrência lavrará **termo circunstanciado e o encaminhará imediatamente ao Juizado, com o autor do fato e a vítima**, providenciando-se as requisições dos exames periciais necessários.

Parágrafo único. Ao autor do fato que, após a lavratura do termo, for imediatamente encaminhado ao juizado ou assumir o compromisso de a ele comparecer, **não se imporá prisão em flagrante, nem se exigirá fiança**. Em caso de violência doméstica, o juiz poderá determinar, como medida de cautela, seu afastamento do lar, domicílio ou local de convivência com a vítima.

1. **Termo circunstanciado.** O termo circunstanciado é uma peça escrita na qual a autoridade policial formaliza a ocorrência policial decorrente da prática de uma infração penal de menor potencial ofensivo que chegar ao seu conhecimento. No termo circunstanciado deverão constar as informações acerca do fato delituoso, como local, hora, nome da vítima, nome do condutor, testemunhas e as declarações de todas essas pessoas. O termo circunstanciado deve conter todas as informações necessárias para seguir no procedimento do JECRIM, para fins de composição dos

danos civis, transação penal, pedido de arquivamento pelo Ministério Público, recebimento ou rejeição da denúncia etc.

→ **Aplicação em concurso.**

- **Delegado de Polícia. PC/AC. 2017. IBADE.**

A autoridade policial que tomar conhecimento da ocorrência de infração de menor potencial ofensivo lavrará termo circunstanciado e o encaminhará imediatamente ao Juizado, com o autor do fato e a vítima, providenciando-se as requisições dos exames periciais necessários.

A alternativa está correta.

2. **Parágrafo único. Não imposição de prisão em flagrante e não exigência de fiança.** Ocorrendo a prática de uma infração penal de menor potencial ofensivo, não será imposta a prisão em flagrante, nem se exigirá fiança, desde que o autor do fato seja imediatamente encaminhado ao JECRIM ou assuma o compromisso de a ele comparecer posteriormente. Por *imediatamente* entenda-se tão logo termine a lavratura do termo circunstanciado.

→ **Aplicação em concurso.**

- **Delegado de Polícia. PC/AC. 2017. IBADE.**

Nas infrações penais de menor potencial ofensivo, ao autor do fato que, após a lavratura do termo, for imediatamente encaminhado ao juizado ou assumir o compromisso de a ele comparecer, não se imporá prisão em flagrante, nem se exigirá fiança.

A alternativa está correta.

3. **Recusa do autor do fato.** Caso o autor do fato recuse-se a ir ao JECRIM imediatamente após a lavratura do termo circunstanciado ou recuse-se a comparecer posteriormente, deverá ser lavrado o auto de prisão em flagrante, seguindo-se o procedimento policial ordinário, com todos os atos posteriores.

4. **Não sendo caso de flagrante.** O parágrafo único dispõe sobre o caso de haver situação de flagrante. E se não houver flagrante, como no caso de a vítima comparecer à Delegacia para afirmar que foi vítima de uma ameaça? Nesse caso, o autor do fato não estará presente, pois, repita-se, não houve situação de flagrante. A solução viável é a autoridade policial lavrar o termo circunstanciado e intimar o autor do fato para que ele acompanhe a lavratura do termo circunstanciado em outra data. Caso ele, intimado, não compareça na data marcada, a autoridade policial deverá lavrar o termo circunstanciado e intimá-lo para comparecer ao JECRIM imediatamente.

5. **Violência doméstica. Medida cautelar de afastamento do lar, domicílio ou local de convivência com a vítima.** Como o legislador foi genérico ao afirmar "violência doméstica", cremos que estão abrangidas as duas formas de violência doméstica, tanto a do art. 129, § 9º do Código Penal, quanto a da lei 11.340/2006 (contra a mulher). No primeiro caso, a violência doméstica é genérica, de acordo com os requisitos legais ali previstos, e não só contra a mulher, de forma que essa medida de afastamento do lar pode ser aplicada. Contudo, essa aplicabilidade ocorreu somente até o advento da lei 11.340/2006 (lei de violência doméstica e familiar contra a mulher). Isso porque o § 9º do art. 129 foi inserido pela lei 10.886/2004, com pena de seis meses a um ano. Logo, infração penal de menor potencial ofensivo, julgada pelo JECRIM, autorizando a mencionada medida. Porém, a lei 11.340/2006 aumentou a pena máxima

do art. 129, § 9º para três anos (pena atual), de forma que esse delito deixou de ser considerado infração penal de menor potencial ofensivo, não sendo mais julgado pelo JECRIM, inviabilizando, assim, a aplicabilidade do parágrafo único do art. 69 da presente lei. No segundo caso, temos a violência doméstica *contra a mulher*. Na primeira hipótese, não há nenhum problema na aplicação dessa regra, podendo o Juiz do JECRIM determinar a medida cautelar de afastamento do lar, domicílio ou local de convivência com a vítima. Contudo, na segunda hipótese, de violência doméstica e familiar contra a mulher (lei 11.340/2006), cremos que esse dispositivo não tem aplicabilidade, pois nos moldes da lei 11.340/2006, nos casos envolvendo violência doméstica e familiar *contra a mulher*, o autor do fato e a vítima serão encaminhados à Delegada de Polícia da Delegacia Especializada de Atendimento à Mulher-DEAM (art. 8º, IV c/c art. 12-A, da lei 11.340/2006) e o Juízo competente para processar tais casos é o Juizado de Violência Doméstica e Familiar contra a Mulher (art. 14, da lei 11.340/2006). Nesse Juizado, que tem competência mista (cível e criminal), é que tal medida poderá ser tomada com fundamento no art. 22, II, da lei 11.340/2006. Em conclusão, o parágrafo único do art. 69 não possui mais aplicabilidade.

Art. 70. Comparecendo o autor do fato e a vítima, e **não sendo possível a realização imediata da audiência preliminar**, será designada data próxima, da qual ambos sairão cientes.

Audiência preliminar. A opção do legislador foi pela imediata realização da audiência preliminar assim que a vítima e o autor do fato cheguem ao JECRIM. Mas a prática demonstra que isso é inviável, sobretudo pela falta de recursos, de pessoal, de espaço físico e da enorme quantidade de processos. Logo, essa audiência imediata é na maioria das vezes inviável. Nesses casos, designa-se uma data para a ocorrência da audiência preliminar e as partes já saem intimadas da nova data.

Art. 71. Na **falta do comparecimento de qualquer dos envolvidos**, a Secretaria providenciará sua intimação e, se for o caso, a do responsável civil, na forma dos arts. 67 e 68 desta Lei.

Ausência de qualquer dos envolvidos. Na audiência preliminar, caso algum dos envolvidos não esteja presente, a Secretaria do JECRIM providenciará a intimação dos faltantes nos moldes dos arts. 67 e 68.

Art. 72. Na **audiência preliminar**, presente o representante do Ministério Público, o autor do fato e a vítima e, se possível, o responsável civil, acompanhados por seus advogados, o Juiz esclarecerá sobre a possibilidade da **composição dos danos e da aceitação da proposta de aplicação imediata de pena não privativa de liberdade**.

Art. 73. A **conciliação** será conduzida pelo Juiz ou por conciliador sob sua orientação.

Parágrafo único. Os **conciliadores** são auxiliares da Justiça, recrutados, na forma da lei local, preferentemente entre bacharéis em Direito, excluídos os que exerçam funções na administração da Justiça Criminal.

Audiência preliminar. Ainda na fase preliminar, em que ainda não existe processo, a audiência preliminar tem por finalidade a concretização do modelo de justiça consensual. Nessa audiência o Juiz ou o conciliador (art. 73) esclarece que as partes podem evitar a instauração do processo por meio da composição dos danos civis (art. 74) e com a aplicação de uma pena não privativa de liberdade. Em outras palavras, o Juiz esclarece a possibilidade de conciliação. A presença do responsável civil é para justamente viabilizar um acordo, como no caso de uma lesão corporal ocasionada pelo funcionário de uma pessoa jurídica. Embora seja uma audiência preliminar, o autor do fato e a vítima devem estar acompanhados de seus advogados para que seja assegurado o devido processo legal.

Art. 74. A **composição dos danos civis** será reduzida a escrito e, homologada pelo Juiz mediante sentença irrecorrível, terá eficácia de **título a ser executado no juízo civil competente**.

Parágrafo único. Tratando-se de ação penal de iniciativa privada ou de ação penal pública condicionada à representação, o acordo homologado acarreta a **renúncia ao direito de queixa ou representação.**

1. **Composição dos danos civis.** A composição dos danos civis é a primeira medida despenalizadora prevista na lei 9.099/95. Trata-se de um acordo realizado entre a vítima e o autor do fato, que é homologado por sentença irrecorrível, com eficácia de título executivo.

2. **Irrecorribilidade.** A irrecorribilidade decorre da natureza da composição dos danos civis, pois se se trata de um acordo, não há parte insatisfeita, não há sucumbência de nenhum dos envolvidos.

3. **Parágrafo único. Renúncia ao direito de queixa ou representação.** O acordo homologado gera a renúncia ao direito de oferecer a queixa crime (em se tratando de infração penal de ação penal de iniciativa privada) ou renúncia ao direito de oferecer a representação (em se tratando de infração penal de ação penal pública condicionada à representação). A renúncia tem natureza jurídica de causa de extinção da punibilidade (art. 107, V, do Código Penal). Tal efeito não ocorre no caso de infração penal de ação penal pública incondicionada.

4. **Pluralidade de autores do fato.** Como regra geral, a renúncia em relação a um autor abrange os demais, à luz do princípio da indivisibilidade da ação penal (art. 48 do Código de Processo Penal). Entretanto, no sistema do JECRIM é diferente, pois a renúncia está condicionada à composição dos danos civis. Assim, se apenas um ofensor fez a composição, a renúncia só alcança ele, não se estendendo aos demais.

5. **Pluralidade de vítimas.** Nesse caso, como a renúncia está condicionada à composição dos danos civis, a composição produz efeitos apenas em relação à vítima que a aceitou. As demais vítimas que não a aceitaram podem oferecer a representação ou a queixa, pois não se opera a renúncia por parte delas.

6. **Não aceitação da composição dos danos civis.** Caso não haja a realização da composição dos danos civis, segue-se o procedimento do art. 75.

Art. 75. Não obtida a composição dos danos civis, será dada imediatamente ao ofendido a oportunidade de exercer o direito de representação verbal, que será reduzida a termo.

Parágrafo único. O não oferecimento da representação na audiência preliminar **não implica decadência** do direito, que poderá ser exercido no prazo previsto em lei.

1. **Não aceitação da composição dos danos civis.** Caso não seja realizada a composição dos danos civis, a vítima pode oferecer a representação verbalmente (em se tratando de infração penal de ação penal pública condicionada à representação), em homenagem à oralidade que norteia o procedimento do JECRIM. A representação será reduzida a termo. Após, segue-se o procedimento, com a possiblidade de transação penal nos moldes do art. 76.
2. **Oferecimento da queixa crime.** Embora não haja previsão expressa, em se tratando de infração penal de ação penal de iniciativa privada, deve ser oportunizado à vítima o oferecimento verbal da queixa crime, que será reduzida a termo.
3. **Ausência de decadência.** Caso a vítima não ofereça a representação ou a queixa crime na audiência, ela poderá fazê-la no prazo legal decadencial de seis meses, a contar da ciência da autoria.

→ **Aplicação em concurso.**

- **Delegado de Polícia. PC/PE. 2016. CESPE.**
  Nos procedimentos previstos na Lei n.º 9.099/1995, em se tratando de ação penal pública condicionada à representação e não havendo conciliação na audiência preliminar, caso o ofendido se manifeste pelo não oferecimento de representação, o processo será julgado extinto de imediato, operando-se a decadência do direito de ação.
  A alternativa está errada.

Art. 76. Havendo **representação** ou tratando-se de crime de ação penal pública incondicionada, não sendo caso de arquivamento, o Ministério Público poderá propor a aplicação imediata de **pena restritiva de direitos ou multas**, a ser especificada na proposta.

§ 1º Nas hipóteses de ser a pena de multa a única aplicável, o Juiz poderá reduzi-la até a metade.

§ 2º **Não se admitirá a proposta** se ficar comprovado:

I – ter sido o autor da infração condenado, pela prática de crime, à pena privativa de liberdade, por **sentença definitiva**;

II – ter sido o agente **beneficiado anteriormente**, no prazo de **cinco anos**, pela aplicação de pena restritiva ou multa, nos termos deste artigo;

III – **não indicarem** os antecedentes, a conduta social e a personalidade do agente, bem como os motivos e as circunstâncias, ser necessária e suficiente a adoção da medida.

§ 3º **Aceita a proposta** pelo autor da infração e seu defensor, será submetida à apreciação do Juiz.

§ 4º **Acolhendo a proposta** do Ministério Público aceita pelo autor da infração, o Juiz aplicará a pena restritiva de direitos ou multa, que **não importará em reincidência**, sendo registrada apenas para impedir novamente o mesmo benefício no prazo de cinco anos.

§ 5º Da sentença prevista no parágrafo anterior caberá a **apelação** referida no art. 82 desta Lei.

§ 6º A imposição da sanção de que trata o § 4º deste artigo **não constará de certidão de antecedentes criminais, salvo** para os fins previstos no mesmo dispositivo, e **não terá efeitos civis**, cabendo aos interessados propor ação cabível no juízo cível.

1. **Transação penal.** A transação penal é a segunda medida despenalizadora prevista na lei 9.099/95. Trata-se de um acordo realizado entre as partes, quais sejam: o autor da ação penal, que é o Ministério Público e o autor do fato, por meio do qual impõe-se uma multa ou uma pena restritiva de direitos, mesmo que não haja processo. Trata-se de mais uma medida prevista na presente lei que visa a evitar o processo. Diferente da composição dos danos civis, na transação penal a vítima do delito não tem nenhuma ingerência e não se beneficia da transação. Inclusive a vítima não pode impedir a transação penal. Relativiza-se o princípio da obrigatoriedade da ação penal pública para que a denúncia não seja oferecida e seja realizado um acordo.

2. **Requisitos para a transação penal.** O legislador elencou três requisitos para a transação penal: 1. Ser caso de ação penal pública incondicionada; 2. Se for hipótese de ação penal pública condicionada à representação, haver a representação; 3. Não ser caso de arquivamento.

3. **Crimes de ação penal pública.** De acordo com a redação do presente dispositivo legal, somente nos delitos de ação penal pública, incondicionada ou condicionada à representação, é cabível a transação.

4. **Crimes de ação penal de iniciativa privada.** Cremos ser possível a transação nas infrações penais de ação penal de iniciativa privada, desde que haja proposta por parte do querelante. Se o objetivo das medidas depenalizadoras previstas nesta lei é a implementação de um modelo de justiça consensual, esse modelo deve vigorar para todo o sistema de justiça, não havendo motivo razoável para caber em algumas hipóteses, e, em outras, não. Desde que a infração penal seja de menor potencial ofensivo, a transação penal deve ser cabível independentemente do tipo de ação penal que corresponda à infração praticada.

> **STJ.** (...) Segundo decidido pela Corte Especial, a transação penal, nos termos da Lei nº 9.099/1995 não é direito subjetivo do réu e sua aplicação à ação penal privada, embora admitida, não impede o prosseguimento da persecução, em caso de inércia do querelante. **(HC 147.251/BA, Rel. Min. Maria Thereza de Assis Moura, julgado em 06/09/2012)**.

→ **Aplicação em concurso.**

- **Defensor Público. DPE/AC. 2017. CESPE.**

De acordo com a Lei n.º 9.099/1995 e com o entendimento doutrinário e jurisprudencial dominantes, a proposta de transação penal:

A) configura hipótese de retratação da ação penal já oferecida.

B) é cabível nos crimes de ação penal privada, caso não haja prévia composição dos danos cíveis.

C) deve ser ofertada, de ofício, pelo juiz ao autor do crime quando não tiver sido apresentada pelo MP.

D) depende do consentimento prévio do ofendido ou de quem o represente na ação penal pública condicionada à representação.

E) prescinde da presença de DP para a aceitação pelo autor do fato.

Alternativa correta: Letra B.

5. **Pena restritiva de direitos ou multa.** São os objetos da transação penal. Uma vez aceita a transação penal, será imposta uma pena restritiva de direitos ou uma pena de multa. Como dissemos anteriormente, se não há processo, o legislador foi atécnico ao falar em imposição de *pena*, tendo em vista que sequer há condenação. A pena restritiva de direitos será aplicada nos moldes do Código Penal, entre as constantes do art. 43 e regulamentadas nos artigos seguintes. A pena de multa é fixada nos moldes do art. 49 do Código Penal, com os critérios e os parâmetros ali previstos. Em relação às penas restritivas de direitos, tendo em vista que o legislador não as limitou ao Código Penal, é possível a aplicação de penas restritivas de direitos previstas em leis penais especiais fora do Código, a exemplo dessa modalidade de pena prevista na lei de drogas ou na lei de crimes ambientais.

→ **Aplicação em concurso.**

- **Delegado de Polícia. PC/AC. 2017. IBADE.**

No que concerne à legislação que dispõe sobre os Juizados Especiais Cíveis e Criminais (Lei nº 9.099/1995), pode-se afirmar que:

A) a composição dos danos civis será reduzida a escrito e, homologada pelo Juiz mediante sentença irrecorrível, não pode ser executado no juízo civil competente.

B) a autoridade policial que tomar conhecimento da ocorrência lavrará termo circunstanciado e o encaminhará em até 24 (vinte e quatro) horas ao Juizado, com o autor do fato e a vítima, providenciando-se as requisições dos exames periciais necessários.

C) ao autor do fato que, após a lavratura do termo circunstanciado, for imediatamente encaminhado ao juizado ou assumir o compromisso de a ele comparecer, não se imporá prisão em flagrante, podendo-se exigir fiança a critério da autoridade policial.

D) consideram-se infrações penais de menor potencial ofensivo, para os efeitos desta Lei, as contravenções penais e os crimes a que a lei comine pena máxima não superior a 1 (um) ano, cumulada ou não com multa.

E) havendo representação ou tratando-se de crime de ação penal pública incondicionada, não sendo caso de arquivamento, o Ministério Público poderá propor a aplicação imediata de pena restritiva de direitos ou multas, a ser especificada na proposta.

Alternativa correta: Letra E.

6. **Natureza jurídica.** A transação penal não é uma obrigação legal imposta ao Ministério Público, e sim uma faculdade a ele conferida. Por essa razão, os tribunais entendem que não se trata de um direito subjetivo do autor do fato. Da mesma forma que o Ministério Público não pode ser obrigado a ajuizar a ação penal, podendo requerer o arquivamento ao Juiz, ele não pode ser obrigado a propor a transação diante de uma infração penal de menor potencial ofensivo, até porque ele pode requerer o arquivamento do termo circunstanciado.

> **STJ.** (...) Segundo decidido pela Corte Especial, a transação penal, nos termos da Lei nº 9.099/1995 não é direito subjetivo do réu (...). **(HC 147.251/BA, Rel. Min. Maria Thereza de Assis Moura, julgado em 06/09/2012)**.

7. **Discordância do Juiz.** Caso o Ministério Público não ofereça a proposta de transação penal justificadamente e o Juiz discorde, o Juiz não poderá oferecê-la, tendo em vista que se trata de acordo entre as partes e o Juiz não é parte no processo. Assim, a solução é a aplicação do art. 28 do Código de Processo Penal por analogia. Deve ser tomado por empréstimo o teor da Súmula nº 696 do STF, que trata da suspensão condicional do processo: *"Reunidos os pressupostos legais permissivos da suspensão condicional do processo, mas se recusando o promotor de justiça a propô-la, o juiz, dissentindo, remeterá a questão ao Procurador-Geral, aplicando-se por analogia o art. 28 do Código de Processo Penal."*

8. **Arquivamento do termo circunstanciado.** É possível que o Ministério Público promova o arquivamento do termo circunstanciado se verificar que não é caso de prosseguir na persecução penal, caso não esteja presente a justa causa para o oferecimento da denúncia. Nesse caso ele deverá fazer a promoção de arquivamento e requerê-lo ao Juiz.

9. §1º. Redução da pena de multa. A redução, nos moldes legais, ocorre apenas em caso de a multa ser a única pena aplicada, ou seja, sem que haja a imposição também de uma pena restritiva de direitos.

10. §2º. Impossibilidade de transação penal. O §2º traz três hipóteses nas quais a transação penal não é cabível. Tratam-se de hipóteses alternativas. Se as condições de qualquer inciso estiverem presentes não se aplica a transação.

11. **Inciso I. Condenação, pela prática de crime, à pena privativa de liberdade por sentença definitiva.** Trata-se da reincidência. Como o legislador não especificou, o crime antecedente pode ser doloso ou culposo. O importante é que haja uma sentença condenatória com o trânsito em julgado. Ultrapassado o prazo de cinco anos ao qual o art. 63 do Código Penal faz menção, é possível a realização da transação penal. Não está abrangida a condenação por contravenção penal, à luz do princípio da legalidade.

→ **Aplicação em concurso.**

- **Delegado de Polícia. PC/GO. 2017. CESPE.**

  No juizado especial criminal, é inadmissível a transação penal caso se comprove que o autor da infração foi condenado em sentença definitiva por crime ou contravenção penal de caráter culposo ou doloso.

  A alternativa está errada.

12. **Inciso II. Realização de transação penal anteriormente.** Nesse caso, o impedimento para a transação penal consiste em o agente já ter obtido a transação no

prazo retroativo de cinco anos da data da prática da infração penal de menor potencial ofensivo.

13. **Inciso III. Elementos subjetivos.** O inciso III trata dos elementos subjetivos do agente que devem ser levados em consideração para a realização ou não da transação. O autor do fato pode ser primário (inciso I) e nunca ter se beneficiado da transação penal (inciso II), mas se os elementos subjetivos forem negativos, ele não poderá obter a transação penal.

14. §3º. Aceitação da proposta. O legislador exigiu que a proposta seja aceita pelo autor do fato e, também, pelo seu defensor público ou privado. A dupla aceitação visa a garantir ao autor do fato a análise de todos os riscos e consequências que possam decorrer da aceitação ou da não aceitação. Questão relevante versa sobre a divergência entre a vontade do autor do fato e de seu defensor, na hipótese de, por exemplo, o autor do fato aceitar a transação e o defensor não a aceitar. Cremos que nesse caso deva prevalecer a vontade do autor do fato, que é quem sofrerá as consequências tanto da aceitação, quanto da não aceitação. Ao defensor caberá orientar o autor do fato acerca dos riscos e consequências das duas opções, contudo a decisão final cabe ao autor do fato. Importante frisar que a aceitação da transação penal não implica assunção de culpa por parte do autor do fato. A sua finalidade é tão somente evitar o processo.

15. §4º. Homologação. Ocorrendo a aceitação da transação, a proposta é encaminhada ao Juiz para a homologação por sentença. Com a homologação, o Juiz aplica a pena restritiva de direitos ou a pena de multa que foi objeto da transação. As partes elegem a pena e o Juiz a aplica.

16. **Efeitos da homologação.** A homologação da transação penal não implica reincidência, sendo registrada apenas para que nos próximos cinco anos o beneficiário não possa realizar outra transação penal, nos moldes do §2º, II. Esse é o único efeito da transação penal, não gerando reincidência ou qualquer outro efeito penal ou civil (§6º).

> **STJ.** RECURSO ESPECIAL. (...) TRANSAÇÃO PENAL. REALIZAÇÃO. RECONHECIMENTO DE CULPA. IMPOSSIBILIDADE. (...) O instituto pré-processual da transação penal não tem natureza jurídica de condenação criminal, não gera efeitos para fins de reincidência e maus antecedentes e, por se tratar de submissão voluntária à sanção penal, não significa reconhecimento da culpabilidade penal nem da responsabilidade civil. (...) **(REsp 1327897/MA, Rel. Min. Ricardo Villas Bôas Cueva, julgado em 06/12/2016).**

17. §5º. Recurso. A sentença que homologa a transação é recorrível e o recurso cabível é a apelação prevista no art. 82. De acordo com a lei, somente a decisão que homologa a transação penal é recorrível, não havendo previsão legal de recurso da decisão que rejeita a homologação.

18. §6º. Efeitos civis inexistentes. Como a transação penal é homologada por sentença, trata-se de sentença que não tem natureza condenatória, até porque se a transação é um acordo entre as partes, não há que se falar em condenação. Portanto, a sentença homologatória não é um título executivo judicial, não gerando a execução na esfera cível por ausência de título executivo.

19. Descumprimento da transação. A decisão judicial que homologa a transação penal por sentença não faz coisa julgada material. Logo, caso haja o descumprimento da pena imposta na transação penal, ela fica sem efeito e o Ministério Público prossegue na persecução penal com o oferecimento da denúncia ou com a requisição de instauração de inquérito policial, desde que não ocorra a prescrição.

> **STF. Súmula Vinculante nº 35.** A homologação da transação penal prevista no artigo 76 da Lei 9.099/1995 não faz coisa julgada material e, descumpridas suas cláusulas, retoma-se a situação anterior, possibilitando-se ao Ministério Público a continuidade da persecução penal mediante oferecimento de denúncia ou requisição de inquérito policial.

→ **Aplicação em concurso.**

- **Juiz. TJ/PR. 2017. CESPE.**

  Acerca da transação penal no juizado especial, assinale a opção correta.

  A) O descumprimento de transação penal homologada não impede a extinção da punibilidade pela prescrição da pretensão punitiva.

  B) Haverá óbice à proposta de transação de pena restritiva de direitos quando o tipo em abstrato só comportar pena de multa.

  C) A proposta de transação penal pelo MP exige o comparecimento da vítima à audiência preliminar.

  D) A proposta de transação penal por carta precatória fere o princípio da oralidade.

  Alternativa correta: Letra A

- **Promotor de Justiça. MPE/MG. 2017. FUNDEP.**

  A ausência de coisa julgada material na homologação de transação penal permite retornar-se à situação anterior, possibilitando ao Ministério Público o oferecimento de denúncia ou requisição de inquérito policial, se forem descumpridas as cláusulas do acordo.

  A alternativa está correta.

20. Não realização da transação penal. Caso não seja feita a transação penal, inicia-se o processo nos termos do artigo seguinte.

Seção III
Do Procedimento Sumariíssimo

Art. 77. Na **ação penal de iniciativa pública**, quando não houver aplicação de pena, pela ausência do autor do fato, ou pela não ocorrência da hipótese prevista no art. 76 desta Lei, o Ministério Público oferecerá ao Juiz, de imediato, **denúncia oral**, se não houver necessidade de diligências imprescindíveis.

§ 1º Para o oferecimento da denúncia, que será elaborada com base no termo de ocorrência referido no art. 69 desta Lei, com **dispensa do inquérito policial**, **prescindir-se-á do exame do corpo de delito** quando a materialidade do crime estiver aferida por boletim médico ou prova equivalente.

§ 2º Se a **complexidade ou circunstâncias do caso não permitirem a formulação da denúncia**, o Ministério Público poderá requerer ao Juiz o encaminhamento das peças existentes, na forma do parágrafo único do art. 66 desta Lei.

§ 3º Na **ação penal de iniciativa do ofendido poderá ser oferecida queixa oral**, cabendo ao Juiz verificar se a complexidade e as circunstâncias do caso determinam a adoção das providências previstas no parágrafo único do art. 66 desta Lei.

1. **Início da ação penal.** Não sendo hipótese de transação penal nos moldes previstos no artigo anterior, tem início a ação penal, sob o procedimento sumariíssimo, inaugurado pelo presente artigo.
2. **Denúncia oral.** Atendendo-se ao critério da oralidade, o legislador impôs a oferta oral da denúncia na própria audiência em que a transação penal não foi viável. À luz dos critérios da informalidade e da celeridade, não há razão para abrir-se prazo para o Ministério Público oferecer a denúncia por escrito. Isso marca o início da fase judicial e da ação penal. A denúncia deve conter todos os seus elementos exigidos pelo art. 41 do Código de Processo Penal. Caso o Ministério Público entenda que são necessárias algumas diligências, poderá requisitá-las e deixar de oferecer a denúncia naquele momento. O mesmo ocorre em relação à ação penal de iniciativa privada (§3º).
3. §1º. Dispensa do inquérito policial. Exame indireto de corpo de delito. A denúncia a ser oferecida terá como base de elementos o termo circunstanciado, sendo – como sempre foi – o inquérito policial dispensável. Caso a infração penal deixe vestígios, não será necessário o exame de corpo de delito *direto*, admitindo-se o *indireto* previsto no art. 167 do Código de Processo Penal, desde que a materialidade do crime esteja comprovada por boletim médico ou prova equivalente, em homenagem aos critérios da celeridade, da economia processual e da informalidade.
4. §2º. Impossibilidade de oferecimento da denúncia. Caso não seja possível oferecer a denúncia em razão da complexidade do caso ou porque as circunstâncias do caso não permitem a sua formulação, o Ministério Público requererá a remessa dos autos ao Juízo comum (Vara Criminal) e lá deve ser oferecida a denúncia, pois a lei é clara ao afirmar que a complexidade ou circunstâncias do caso não permitem a formulação da denúncia, logo o órgão de acusação não tem como oferecer a denúncia no JECRIM, devendo ser oferecida no Juízo comum. O mesmo ocorre em relação à ação penal de iniciativa privada (§3º).

Art. 78. Oferecida a denúncia ou queixa, será reduzida a termo, entregando-se cópia ao acusado, que com ela ficará citado e imediatamente cientificado da designação de dia e hora para a audiência de instrução e julgamento, da qual também tomarão ciência o Ministério Público, o ofendido, o responsável civil e seus advogados.

§ 1º **Se o acusado não estiver presente**, será **citado** na forma dos arts. 66 e 68 desta Lei e cientificado da data da audiência de instrução e julgamento, devendo a ela trazer suas testemunhas ou apresentar requerimento para intimação, no mínimo cinco dias antes de sua realização.

§ 2º **Não estando presentes o ofendido e o responsável civil**, serão intimados nos termos do art. 67 desta Lei para comparecerem à audiência de instrução e julgamento.

§ 3º As **testemunhas** arroladas serão intimadas na forma prevista no art. 67 desta Lei.

1. **Designação de audiência de instrução e julgamento.** Oferecida a denúncia ou a queixa, uma cópia é entregue ao acusado. A entrega da cópia da denúncia ou da queixa vale como ato de citação, de forma que o acusado e todos ficam cientes da data da audiência de instrução e julgamento, ficando todos já intimados.
2. §1º. Ausência do acusado. Nessa audiência de conciliação a presença do acusado é facultativa. Assim, caso ele esteja ausente, faz-se a sua citação nos moldes dos arts. 66 e 68.
3. §2º. Ausência do ofendido ou do responsável civil. Da mesma forma do que previsto no parágrafo anterior, caso a vítima ou o responsável civil não esteja presente, a intimação deles deverá ser providenciada. O mesmo acontece com as testemunhas (§3º). Caso a testemunha resida em outra comarca e não possa comparecer à audiência de instrução e julgamento, a sua oitiva deverá ser feita nos moldes do art. 65, §2º, em homenagem aos critérios da simplicidade, da informalidade, da economia processual e da celeridade.

Art. 79. No dia e hora designados para a audiência de instrução e julgamento, se na fase preliminar **não tiver havido possibilidade de tentativa de conciliação e de oferecimento de proposta pelo Ministério Público,** proceder-se-á nos termos dos arts. 72, 73, 74 e 75 desta Lei.

Nova chance da composição dos danos civis e de transação penal. Insistindo no modelo de justiça consensual, o legislador previu que na audiência de instrução e julgamento deve haver uma nova tentativa de composição dos danos civis e de transação penal, com todos os consectários legais desses institutos.

Art. 80. Nenhum ato será adiado, determinando o Juiz, quando **imprescindível**, a condução coercitiva de quem deva comparecer.

Concentração dos atos na audiência de instrução e julgamento. À luz dos critérios da economia processual e da celeridade, não se adia a audiência. Caso alguma testemunha não compareça, a audiência será mantida e haverá a condução coercitiva da testemunha faltante.

Art. 81. Aberta a audiência, será dada a palavra ao defensor para responder à acusação, após o que o Juiz receberá, ou não, a denúncia ou queixa; havendo recebimento, serão ouvidas a vítima e as testemunhas de acusação e defesa, interrogando-se a seguir o acusado, se presente, passando-se imediatamente aos debates orais e à prolação da sentença.

§ 1º Todas as **provas** serão **produzidas na audiência de instrução e julgamento**, podendo o Juiz limitar ou excluir as que considerar excessivas, impertinentes ou protelatórias.

§ 2º De todo o ocorrido na audiência será **lavrado termo**, assinado pelo Juiz e pelas partes, contendo breve resumo dos fatos relevantes ocorridos em audiência e a sentença.

§ 3º A **sentença**, dispensado o relatório, mencionará os elementos de convicção do Juiz.

1. **Procedimento oral na audiência de instrução e julgamento.** Todo o procedimento na audiência de instrução e julgamento é oral, pois isso permite a celeridade. Note-se que até aqui o Juiz ainda não recebeu a denúncia ou a queixa. Em primeiro lugar o defensor do réu apresenta a resposta à acusação. Após isso, o Juiz pode rejeitar a denúncia ou a queixa. Caso a receba, serão ouvidas a vítima e as testemunhas de acusação e de defesa. Após, interroga-se o acusado. Após toda a instrução, passa-se imediatamente às alegações finais e depois o Juiz profere a sentença. Tudo isso deve ocorrer em uma única audiência com todos os atos praticados de forma oral. Essa ordem a ser seguida na audiência é igual à estabelecida no art. 400 do Código de Processo Penal. Todo o procedimento é reduzido a termo nos moldes do §2º.
2. §1º. Produção probatória. Para garantir a celeridade e a economia processual, toda a atividade probatória deve ser realizada em audiência. Logo, as partes devem apresentar todas as provas documentais na audiência, podendo o Juiz limitar pelos motivos elencados nesse parágrafo.
3. §3º. Sentença. Mais uma vez visando a dar celeridade ao processo, o legislador dispensou o relatório na sentença.

Art. 82. Da decisão de **rejeição** da **denúncia** ou **queixa** e da sentença caberá **apelação**, que poderá ser julgada por turma composta de três Juízes em exercício no primeiro grau de jurisdição, reunidos na sede do Juizado.

§ 1º A **apelação** será **interposta** no prazo de **dez dias**, contados da ciência da sentença pelo Ministério Público, pelo réu e seu defensor, por petição escrita, da qual constarão as razões e o pedido do recorrente.

§ 2º O recorrido será intimado para oferecer **resposta escrita** no prazo de dez dias.

§ 3º As partes poderão requerer a **transcrição** da gravação da fita magnética a que alude o § 3º do art. 65 desta Lei.

§ 4º As partes serão intimadas da data da **sessão de julgamento** pela imprensa.

§ 5º Se a sentença for confirmada pelos próprios fundamentos, a **súmula do julgamento servirá de acórdão.**

1. **Recurso de apelação.** O recurso de apelação é cabível em duas hipóteses: da decisão de rejeição da denúncia ou da queixa; e da sentença (como é a regra geral).

→ **Aplicação em concurso.**

- **Defensor Público. DPE/MT. 2016. UFMT.**

  No que concerne aos recursos em matéria criminal, analise as proposições abaixo.

  Nas infrações de competência do Juizado Especial Criminal, o recurso cabível das decisões que não recebe a denúncia é o de apelação para a Turma Recursal.

  A alternativa está correta.

2. **Turma Recursal.** A instância recursal das decisões do Juiz é formada por três Juízes de primeiro grau de jurisdição, que exercerão a função de segunda instância no JECRIM.
3. §1º. Prazo para apelação. O prazo para a interposição do recurso de apelação por escrito é de dez dias. O ato de recorrer é único, ou seja, a parte recorrente interpõe o recurso de apelação e oferece as razões. Note-se que essa sistemática é diversa da prevista no Código de Processo Penal, em que primeiro a parte interpõe o recurso de apelação em cinco dias. Depois, em outro ato processual, oferece as razões recursais em oito dias (arts. 593 e 600).
4. §2º. Contrarrazões. Também são oferecidas no mesmo prazo de 10 dias.
5. §3º. Transcrição da gravação da fita magnética. Mantendo-se o foco nos critérios da informalidade e da oralidade, cremos que a transcrição somente poderá ocorrer em caso de extrema necessidade.
6. §4º. Intimação da data da sessão de julgamento pela imprensa. A regra geral é a intimação pelo órgão oficial de imprensa. Contudo, note-se que o Ministério Público e a Defensoria Pública têm a prerrogativa da intimação pessoal assegurada em lei, que deve ser observada mesmo no procedimento do JECRIM.
7. §5º. Acórdão. Em homenagem à informalidade, o legislador permitiu que a súmula do julgamento servisse de acórdão em caso de confirmação da sentença, para evitar que um novo ato processual seja praticado para retratar o mesmo conteúdo já contido na sentença.
8. **Competência para julgar mandado de segurança.** A competência para julgar mandado de segurança contra ato praticado por Juiz do JECRIM é da Turma Recursal. Se o ato impugnado for praticado pela Turma Recursal, a competência para o seu julgamento é igualmente da Turma Recursal, aplicando-se o art. 21, VI, da lei complementar 35/79 por analogia, que tem a seguinte redação: *"Art. 21 – Compete aos Tribunais, privativamente (...) VI – julgar, originariamente, os mandados de segurança contra seus atos, os dos respectivos Presidentes e os de suas Câmaras, Turmas ou Seções."*

→ **Aplicação em concurso.**

- **Juiz. TJ/SP. 2017. VUNESP.**

  No tocante aos juizados especiais criminais, é correto afirmar que

A) cabe recurso especial, mas não extraordinário, contra decisão proferida por turma recursal.

B) cabe revisão criminal de decisão do juizado especial e, por expressa disposição legal, compete à turma recursal julgá-la.

C) compete ao Supremo Tribunal Federal o julgamento de habeas corpus contra decisão de turma recursal.

D) compete à turma recursal processar e julgar o mandado de segurança contra ato de juizado especial.

Alternativa correta: Letra D.

9. **Competência para julgar ordem de *habeas corpus*.** As ordens de *habeas corpus* impetradas contra ato do Juiz do JECRIM são jugadas pela Turma Recursal. De outro lado, se o ato impugnado for praticado pela Turma Recursal, o julgamento da ordem de *habeas corpus* compete ao Tribunal de Justiça ou ao Tribunal Regional Federal (a depender do caso concreto), tendo em vista que os integrantes das Turmas Recursais estão submetidos à jurisdição desses Tribunais. Em qualquer hipótese, deve haver risco à liberdade de locomoção do paciente.

10. **Competência para julgar revisão criminal.** Embora não haja previsão expressa nesse sentido, a revisão criminal é cabível contra atos praticados pelo Juiz ou pela Turma Recursal, à luz do princípio do *favor rei, favor libertatis.* A competência é da própria Turma Recursal.

11. **Não cabimento de recurso especial.** As decisões proferidas pelas Turmas Recursais não são impugnáveis por meio de recurso especial para o STJ. O não cabimento decorre da previsão constitucional, pois o art. 105, III, da CR/88 dispõe que compete ao STJ *"julgar, em recurso especial, as causas decididas, em única ou última instância, pelos Tribunais Regionais Federais ou pelos tribunais dos Estados, do Distrito Federal e Territórios, quando a decisão recorrida (...)"* Logo, na previsão constitucional não está abrangida a Turma Recursal.

> **Súmula 203 do STJ:** "Não cabe recurso especial contra decisão proferida por órgão de segundo grau dos Juizados Especiais."

12. **Cabimento de recurso extraordinário.** Das decisões da Turma Recursal cabe recurso extraordinário para o STF. Isso porque a Constituição da República, no art. 102, III, dispõe que compete ao STF *"julgar, mediante recurso extraordinário, as causas decididas em única ou última instância, quando a decisão recorrida* (...)". Como a Turma Recursal é a última instância dos Juizados Especiais Criminais, o recurso extraordinário é cabível.

> **Súmula 640 do STF:** "É cabível recurso extraordinário contra decisão proferida por juiz de primeiro grau nas causas de alçada, ou por turma recursal de juizado especial cível e criminal."

Art. 83. Cabem **embargos de declaração** quando, em sentença ou acórdão, houver obscuridade, contradição ou omissão.

§ 1º Os embargos de declaração serão opostos por escrito ou oralmente, no **prazo de cinco dias**, contados da ciência da decisão.

§ 2º Os embargos de declaração **interrompem** o prazo para a interposição de recurso.

§ 3º Os **erros materiais** podem ser **corrigidos de ofício**.

1. **Embargos de declaração.** As hipóteses de cabimento dos embargos de declaração seguem a regra geral do Código de Processo Penal, em que são cabíveis quando houver obscuridade, contradição ou omissão na decisão atacada (sentença ou acórdão). Fora dessas hipóteses, a decisão não pode ser impugnada por meio desse recurso.
2. §1º. Prazo e forma. O prazo está expresso na lei (cinco dias). Contudo, em relação à forma, o legislador admitiu que os embargos de declaração fossem opostos oralmente, à luz dos critérios da oralidade, da informalidade e da celeridade.
3. §2º. Efeitos da oposição. Os embargos de declaração interrompem o prazo para a interposição de outro recurso, como a apelação.
4. §3º. Erros materiais. Os erros materiais nunca foram objeto de embargos de declaração. Sempre puderam ser corrigidos de ofício, pois não se trata de obscuridade, de contradição ou de omissão. São erros que não comprometem o processo e não geram absolutamente nenhum prejuízo ao processo ou às partes, como o nome do réu digitado errado, estado civil diverso do verdadeiro, número do processo equivocado, data da audiência errada etc. Contudo, o legislador reafirmou isso em homenagem aos critérios da celeridade e da informalidade.

Seção IV
Da Execução

Art. 84. Aplicada **exclusivamente pena de multa**, seu cumprimento far-se-á mediante pagamento na Secretaria do Juizado.

Parágrafo único. Efetuado o pagamento, o Juiz declarará **extinta a punibilidade**, determinando que a condenação não fique constando dos registros criminais, exceto para fins de requisição judicial.

Cumprimento da pena de multa. Em caso de a pena de multa ser a única aplicada, o cumprimento dela, que consiste no seu simples pagamento, será feito na própria Secretaria do JECRIM. Isso permite a concretização dos critérios da informalidade e da celeridade. Como realmente deveria acontecer, o seu pagamento gera a extinção da punibilidade, nos moldes do parágrafo único, sem o registro criminal, com a ressalva feita ao final do parágrafo único.

Art. 85. Não efetuado o pagamento de multa, será feita a **conversão em pena privativa da liberdade, ou restritiva de direitos**, nos termos previstos em lei.

Não pagamento da multa. O presente artigo determina que a multa não paga deve ser convertida em pena privativa da liberdade ou em pena restritiva de direitos. Em relação à primeira hipótese, trata-se de algo impossível. Com efeito, o art. 51 do Código Penal, com a redação que lhe deu a lei 9.268/96, tem a seguinte redação: *"transitada em julgado a sentença condenatória, a multa será considerada dívida de valor, aplicando-se-lhes as normas da legislação relativa à dívida ativa da Fazenda Pública, inclusive no que concerne às causas interruptivas e suspensivas da prescrição."* Assim, não se permite mais a conversão da pena de multa em pena privativa de liberdade. Em relação à conversão da multa não paga em pena restritiva de direitos, não se vislumbra tal possibilidade porque não há nenhuma norma que regulamente isso (além da previsão genérica contida nesse artigo) disciplinando como essa conversão ocorreria, razão pela qual cremos ser tal conversão inviável. A única solução viável seria a execução da pena de multa no próprio JECRIM.

Art. 86. A **execução** das penas privativas de liberdade e restritivas de direitos, ou de multa cumulada com estas, será processada perante o órgão competente, nos termos da lei.

Execução das penas. O órgão competente para a execução das penas é o Juízo das Execuções Penais. No tocante à pena de multa, somente seguirá essa regra se for cumulada com as outras penas. Caso ela seja fixada de forma isolada, é executada nos moldes do art. 84 da presente lei.

Seção V
Das Despesas Processuais

Art. 87. Nos casos de **homologação do acordo civil** e **aplicação de pena restritiva de direitos ou multa** (arts. 74 e 76, § 4º), as despesas processuais serão reduzidas, conforme dispuser lei estadual.

Despesas processuais. A legislação estadual poderá dispor sobre a redução contida no presente artigo. A redução das despesas processuais é uma forma de incentivar a realização da composição dos danos civis e da transação penal.

Seção VI
Disposições Finais

Art. 88. Além das hipóteses do Código Penal e da legislação especial, **dependerá de representação** a ação penal relativa aos crimes de **lesões corporais leves e lesões culposas.**

1. **Representação.** A representação é a terceira medida despenalizadora prevista na lei 9.099/95. A partir do advento dessa lei, os delitos de lesão corporal leve (art. 129, *caput* do Código Penal) e lesão corporal culposa (art. 129, §6º do Código Penal) passaram a ser crimes de ação penal pública condicionada à representação. Essa previsão não abrange outras formas de lesão corporal, como a lesão corporal qualificada pela violência doméstica prevista no (art. 129, §9º do Código Penal).

2. **Não aplicabilidade em casos de violência doméstica e familiar contra a mulher.** O art. 41 da lei 11.340/2006 (lei de violência doméstica e familiar contra a mulher) dispõe que a lei nº 9.099/95 é inaplicável aos crimes praticados com violência doméstica e familiar contra a mulher, independentemente da pena prevista. Logo, a ação penal é pública incondicionada. Ver comentários ao art. 61.

   STJ. Súmula no 542: A ação penal relativa ao crime de lesão corporal resultante de violência doméstica contra a mulher é pública incondicionada.

3. **Contravenção penal de vias de fato.** Não estão incluídas no presente artigo. Logo, são infrações penais de ação penal pública incondicionada.

   STJ. (...) VIAS DE FATO. CONTRAVENÇÃO PENAL. AÇÃO PENAL PÚBLICA INCONDICIONADA. PLENO VIGOR DA LEI DE CONTRAVENÇÕES PENAIS. (...) 1. O artigo 88 da Lei n.º 9.099/95, que tornou condicionada à representação a ação penal por lesões corporais leves e lesões culposas, não se estende à persecução das contravenções penais. A contravenção penal de vias de fato, insculpida no artigo 21 da Lei de Contravenções Penais (Decreto Lei n.º 3.688/41), ainda que de menor potencial ofensivo em relação ao crime de lesão corporal, não foi incluída nas hipóteses do artigo 88 da Lei n.º 9.099-95. 2. A Lei de Contravenções Penais (Decreto Lei n.º 3.688/41) continua em pleno vigor e nela há expressa previsão legal de que a ação penal é pública incondicionada, conforme disciplina o seu artigo 17. (...). **(RHC 47.253/MS, Rel. Min. Maria Thereza de Assis Moura, julgado em 04/12/2014).**

Art. 89. Nos crimes em que a **pena mínima cominada for igual ou inferior a um ano**, abrangidas ou não por esta Lei, o Ministério Público, ao oferecer a denúncia, poderá propor a **suspensão do processo**, por dois a quatro anos, desde que o acusado não esteja sendo processado ou não tenha sido condenado por outro crime, **presentes** os **demais requisitos que autorizariam a suspensão condicional da pena** (art. 77 do Código Penal).

§ 1º **Aceita a proposta pelo acusado e seu defensor**, na presença do Juiz, este, recebendo a denúncia, poderá suspender o processo, submetendo o acusado a período de prova, sob as seguintes condições:

I – reparação do dano, salvo impossibilidade de fazê-lo;

II – proibição de freqüentar determinados lugares;

III – proibição de ausentar-se da comarca onde reside, sem autorização do Juiz;

IV – comparecimento pessoal e obrigatório a juízo, mensalmente, para informar e justificar suas atividades.

§ 2º O Juiz poderá especificar **outras condições** a que fica subordinada a suspensão, desde que **adequadas** ao **fato** e à **situação pessoal do acusado**.

§ 3º A suspensão **será revogada** se, no curso do prazo, o beneficiário vier a ser processado por outro **crime** ou **não efetuar**, sem motivo justificado, a **reparação do dano.**

§ 4º A suspensão **poderá ser revogada** se o acusado vier a ser processado, no curso do prazo, por **contravenção**, ou **descumprir qualquer outra condição imposta**.

§ 5º Expirado o prazo sem revogação, o Juiz declarará **extinta a punibilidade**.

§ 6º **Não correrá a prescrição** durante o prazo de suspensão do processo.

§ 7º Se o **acusado não aceitar a proposta** prevista neste artigo, o processo prosseguirá em seus ulteriores termos.

1. **Suspensão condicional do processo.** A suspensão condicional do processo, também chamada *sursis* processual é a quarta medida despenalizadora prevista na lei 9.099/95. Por meio desse instituto, quando do oferecimento da denúncia, o Ministério Público pode propor a suspensão condicional do processo por dois a quatro anos, mediante o cumprimento de algumas condições durante esse período.

2. **Pena mínima até um ano.** O critério para a aplicação da suspensão é o delito ter cominada pena privativa de liberdade mínima até um ano, independentemente da espécie de pena, se reclusão ou se detenção.

3. **Concurso de crimes.** Havendo concurso de infrações penais o limite de um ano de pena mínima a ser considerado é o resultado do concurso de crimes. Assim, se a soma das penas mínimas cominadas (no concurso material) ultrapassar um ano ou se a consideração da exasperação da pena (para o concurso formal – metade, ou para o crime continuado – dois terços) ultrapassar um ano, não cabe a suspensão condicional do processo.

> **STF. Súmula 723.** *"Não se admite a suspensão condicional do processo por crime continuado, se a soma da pena mínima da infração mais grave com o aumento mínimo de um sexto for superior a um ano."*
>
> **STJ. Súmula 243.** *"O benefício da suspensão do processo não é aplicável em relação às infrações penais cometidas em concurso material, concurso formal ou continuidade delitiva, quando a pena mínima cominada, seja pelo somatório, seja pela incidência da majorante, ultrapassar o limite de um (01) ano."*

→ **Aplicação em concurso.**

- **Juiz. TJ/PR. 2017. CESPE.**

No juizado especial criminal, a suspensão do processo:

A) proposta antes da resposta do acusado acarreta a nulidade do processo.

B) poderá ocorrer no caso de infração cometida em concurso formal e material, se a pena mínima cominada for igual ou inferior a um ano.

C) é incabível em caso de procedência parcial da pretensão punitiva.

D) aplica-se aos delitos sem violência física sujeitos ao rito da Lei Maria da Penha.

Alternativa correta: Letra B.

4. **Aplicabilidade.** A suspensão condicional do processo aplica-se aos delitos abrangidos ou não por essa lei, sendo ou não de menor potencial ofensivo. O importante é a pena mínima cominada até um ano. Assim, a suspensão condicional do processo aplica-se ao delito de furto simples (art. 155, *caput,* do Código Penal), que possui a pena máxima de quatro anos e não é infração de menor potencial ofensivo, mas tem pena mínima de um ano.

→ **Aplicação em concurso.**

- **Delegado de Polícia. PC/PE. 2016. CESPE.**

Godofredo tem a obrigação legal de cuidar de determinado idoso, mas o abandonou em um hospital — conduta prevista no art. 98, do Estatuto do Idoso, com pena de detenção de seis meses a três anos e multa. Paulo negou trabalho a um idoso, com a justificativa de que o pretendente ao emprego encontrava-se em idade avançada — conduta enquadrada no art. 100, II, do Estatuto do Idoso, com pena de reclusão de seis meses a um ano e multa. (

Nessas situações, as medidas despenalizadoras, previstas na Lei n.º 9.099/1995 (lei dos juizados especiais),

A) poderão beneficiar ambos os acusados, desde que haja anuência das vítimas.

B) poderão beneficiar Paulo, com a transação penal, ao passo que Godofredo, com a suspensão condicional do processo.

C) não poderão beneficiar Godofredo nem Paulo.

D) poderão beneficiar apenas Godofredo.

E) poderão beneficiar apenas Paulo.

Alternativa correta: Letra B.

5. **Crimes de ação penal de iniciativa privada.** Cremos ser possível a suspensão nas infrações penais de ação penal de iniciativa privada, desde que haja proposta por parte do querelante. Se o objetivo das medidas depenalizadoras previstas nesta lei é a implementação de um modelo de justiça consensual, esse modelo deve vigorar para todo o sistema de justiça, não havendo motivo razoável para caber em algumas hipóteses, e, em outras, não. Presentes os requisitos legais, deve ser cabível independentemente do tipo de ação penal que corresponda à infração praticada. Nesse caso, quem oferece a proposta de suspensão é o querelante.

STJ. (...) O Superior Tribunal de Justiça, em remansosos julgados considera crível o *sursis* processual (art. 89 da Lei nº 9.099/95) nas ações penais privadas, cabendo sua propositura ao titular da queixa-crime. (...) A legitimidade para eventual proposta de sursis processual é faculdade do querelante. Ele decidirá acerca da aplicação do benefício da suspensão condicional do processo nas ações penais de iniciativa, exclusivamente, privada. (...) **(HC 187.090/MG, Rel. Min. Adilson Vieira Macabu (Desembargador convocado do TJ/RJ), julgado em 01/03/2011).**

6. **Requisitos.** São requisitos para a concessão da suspensão condicional do processo: 1. Pena mínima não superior a um ano; 2. Acusado não estar sendo processado ou não ter sido condenado por outro crime; 3. Presença dos demais requisitos que autorizam a suspensão condicional da pena (art. 77 do Código Penal). Na menção feita ao art. 77 do Código deve ser ressaltado que, além dos requisitos objetivos nele descritos, os requisitos subjetivos descritos especificamente no inciso II (*culpabilidade, antecedentes, conduta social, personalidade do agente, motivos e circunstâncias*) são de extrema importância.

STJ. (...) SUSPENSÃO CONDICIONAL DO PROCESSO. RÉU QUE OBTEVE O MESMO BENEFÍCIO EM OUTRO PROCESSO. NÃO PREENCHIMENTO DOS REQUISITOS

SUBJETIVOS. INTELIGÊNCIA DOS ARTIGOS 89 DA LEI 9.099/1995 E 77 DO CÓDIGO PENAL. (...) De acordo com o artigo 89 da Lei dos Juizados Especiais, para a concessão da suspensão condicional do processo é necessário, além do preenchimento dos requisitos objetivos, o atendimento às exigências de ordem subjetiva, dispostas no artigo 77 do Código Penal, referentes à adequação da medida em face da culpabilidade, antecedentes, conduta social e personalidade do agente, bem como dos motivos e circunstâncias do delito. (...) **(AgRg no RHC 83.511/CE, Rel. Min. Jorge Mussi, julgado em 21/09/2017).**

STF. (...) Suspensão condicional do processo (art. 89 da Lei n. 9.099/95). Impossibilidade de concessão. A jurisprudência do Supremo Tribunal Federal firmou-se no sentido de ser requisito à concessão do benefício que o acusado não esteja sendo processado, nem tenha sido condenado por outro crime. Precedentes. (...) **(RHC 133945 AgR, Relator(a): Min. Gilmar Mendes, Segunda Turma, julgado em 21/06/2016).**

7. **Momento para o oferecimento.** O momento certo para o oferecimento da proposta de suspensão condicional do processo é no ato do oferecimento da denúncia pelo Ministério Público, logo no início do procedimento, pois trata-se de medida que visa a evitar o processo, como comumente ocorre nas medidas despenalizadoras.

8. **Natureza jurídica.** A suspensão condicional do processo não é uma obrigação legal imposta ao Ministério Público, e sim um poder-dever a ele conferido. Por essa razão, os tribunais entendem que não se trata de um direito subjetivo do autor do fato.

STF. (...) Suspensão condicional do processo (art. 89 da Lei nº 9.099/95). Não cabimento. Fundamentada recusa do Ministério Público em propor o benefício. Aceitação da recusa pela autoridade judicial. Possibilidade. Precedentes. Natureza de transação processual da suspensão condicional do processo. Inexistência de direito público subjetivo à aplicação do art. 89 da Lei 9.099/95. Precedentes. (...) É pertinente se destacar que a suspensão condicional do processo tem natureza de transação processual, não existindo, portanto, direito público subjetivo do paciente à aplicação do art. 89 da Lei 9.099/95 (...). (HC 129346, Relator(a): Min. Dias Toffoli, julgado em 05/04/2016).

STJ. A suspensão condicional do processo não é direito público subjetivo do acusado, mas sim um poder-dever do Ministério Público, titular da ação penal, a quem cabe, com exclusividade, analisar a possibilidade de aplicação ou não do referido instituto, desde que o faça de forma fundamentada. **(APn 871/DF, Rel. Min. Humberto Martins, Corte Especial, julgado em 18/10/2017).**

9. **Negativa do Ministério Público.** Em caso de omissão ou de recusa do Ministério Público em oferecer a proposta de suspensão condicional do processo, se o Juiz entender que a proposta deva ser oferecida, não poderá propô-la de ofício, por não possuir competência prevista em lei para tal. Nesse caso, deve-se aplicar o art. 28 do Código de Processo Penal por analogia.

STF. Súmula nº 696. *"Reunidos os pressupostos legais permissivos da suspensão condicional do processo, mas se recusando o promotor de justiça a propô-la, o juiz, dissentindo, remeterá a questão ao Procurador-Geral, aplicando-se por analogia o art. 28 do Código de Processo Penal."*

→ **Aplicação em concurso.**

- **Promotor de Justiça. MPE/RS. 2017. MPE/RS.**

Petrônio, réu em processo por furto simples, reúne todos os pressupostos legais permissivos da suspensão condicional do processo. Ainda assim, fundamentadamente, o Promotor de Justiça deixa de oferecer-lhe o benefício. Nesse caso, dissentindo do membro do Ministério público, deve o Juiz:

A) remeter os autos ao Procurador-Geral de Justiça aplicando-se por analogia o art. 28 do Código de Processo Penal.

B) conceder o benefício de ofício, já que se trata de direito subjetivo público do réu.

C) comunicar a Corregedoria-Geral do Ministério Público face o comportamento do Promotor de Justiça.

D) solicitar ao Procurador-Geral de Justiça que designe outro membro do Ministério Público para reexaminar os autos.

E) remeter os autos para as Turmas Recursais do Juizado Especial Criminal.

Alternativa correta: Letra A

10. **Procedência parcial da pretensão punitiva ou desclassificação.** Nessas duas hipóteses, é cabível a suspensão condicional do processo. Em relação à procedência parcial da pretensão punitiva, imagine-se a hipótese de uma denúncia que impute ao réu um concurso de crimes entre furto e roubo. Nesse caso, as duas penas mínimas somadas ou sendo caso de exasperação ultrapassam o limite de um ano. Contudo, caso na sentença o Juiz julgue parcialmente procedente a pretensão punitiva estatal para condenar o réu por furto (que tem pena mínima de um ano) e absolvê-lo da imputação do roubo, o Ministério Público deve ser intimado para verificar a viabilidade de oferecimento da suspensão condicional do processo. Na segunda hipótese, de desclassificação, ocorre a mesma coisa, ou seja, imagine-se que o réu seja denunciado por roubo, caso em que não cabe a suspensão condicional do processo. Contudo, na sentença o Juiz desclassifica a infração penal para o delito de furto. Nesse caso, passa a ser cabível a suspensão, devendo o Ministério Público ser intimado para verificar a viabilidade de oferecimento da suspensão condicional do processo.

> **STJ. Súmula nº 337.** *"É cabível a suspensão condicional do processo na desclassificação do crime e na procedência parcial da pretensão punitiva."*

11. **Não aplicabilidade em casos de violência doméstica e familiar contra a mulher.** O art. 41 da lei 11.340/2006 (lei de violência doméstica e familiar contra a mulher) dispõe que a lei nº 9.099/95 é inaplicável aos crimes praticados com violência doméstica e familiar contra a mulher, independentemente da pena prevista. Logo, não é cabível a suspensão condicional do processo. Ver comentários ao art. 61.

> **STJ. Súmula no 536:** A suspensão condicional do processo e a transação penal não se aplicam na hipótese de delitos sujeitos ao rito da Lei Maria da Penha.

12. **Período de prova.** É o período de duração da suspensão condicional do processo, que pode variar entre dois e quatro anos.

13. §1º. Aceitação da proposta. O legislador exigiu que a proposta seja aceita pelo autor do fato e, também, pelo seu defensor público ou privado. A dupla aceitação

visa a garantir ao autor do fato a análise de todos os riscos e consequências que possam decorrer da aceitação ou da não aceitação. Questão relevante versa sobre a divergência entre a vontade do autor do fato e de seu defensor, na hipótese de, por exemplo, o autor do fato aceitar a suspensão e o defensor não a aceitar. Cremos que nesse caso deva prevalecer a vontade do autor do fato, que é quem sofrerá as consequências tanto da aceitação, quanto da não aceitação. Ao defensor caberá orientar o autor do fato acerca dos riscos e consequências das duas opções, contudo a decisão final cabe ao autor do fato. Frise-se que a aceitação da suspensão condicional do processo não implica assunção de culpa por parte do autor do fato. A sua finalidade é tão somente evitar o processo. Nos incisos estão previstas as condições a que o beneficiário fica sujeito.

14. **Termo inicial da suspensão.** Diante da aceitação da suspensão, o Juiz recebe a denúncia e suspende o processo pelo prazo de dois a quatro anos. Note-se que até então o Juiz não havia recebido a denúncia. Os incisos desse parágrafo trazem as condições a serem cumpridas pelo beneficiário da suspensão.

15. §2º. Condições judiciais. O legislador permitiu a imposição de outras condições, além das condições legais do §1º, desde que adequadas ao fato e à situação pessoal do acusado. Essas condições judiciais podem ser impostas concomitantemente às condições legais.

▶ **STJ**

Informativo nº 574.

Recurso repetitivo.

PROCESSUAL. RECURSO REPETITIVO (ART. 543-C DO CPC E RES. N. 8/2008-STJ). Não há óbice a que se estabeleçam, no prudente uso da faculdade judicial disposta no art. 89, § 2º, da Lei n. 9.099/1995, obrigações equivalentes, do ponto de vista prático, a sanções penais (tais como a prestação de serviços comunitários ou a prestação pecuniária), mas que, para os fins do *sursis* processual, se apresentam tão somente como condições para sua incidência. O § 2º do art. 89 da Lei n. 9.099/1995 não veda a imposição de outras condições, desde que adequadas ao fato e à situação pessoal do acusado (...). **(REsp 1.498.034-RS, Rel. Min. Rogerio Schietti Cruz, julgado em 25/11/2015).**

STJ. (...) SUSPENSÃO CONDICIONAL DO PROCESSO. PRESTAÇÃO PECUNIÁRIA. LEGALIDADE. RECURSO ESPECIAL REPETITIVO 1.498.034/RS. PERDA DO VALOR DA FIANÇA. POSSIBILIDADE. AGRAVO REGIMENTAL IMPROVIDO. 1. A prestação pecuniária constitui legítima condição do *sursis* processual, nos termos do artigo 89, § 2º, da Lei n. 9.099/1995 (...) 2. A perda do valor da fiança constitui legítima condição do *sursis* processual, nos termos do artigo 89, § 2º, da Lei 9.099/1995 (...). **(AgRg no RHC 85.835/PR, Rel. Min. Reynaldo Soares da Fonseca, julgado em 21/09/2017).**

16. §3º. Revogação obrigatória da suspensão. Revoga-se obrigatoriamente a suspensão condicional do processo nas seguintes hipóteses: 1. Se o beneficiário, no curso do prazo, vier a ser processado por outro crime; 2. Se o beneficiário não efetuar a reparação do dano sem motivo justificado. Com a revogação o processo volta ao seu

curso normal com a prática dos atos ulteriores. A competência para a revogação do benefício é do Juízo da condenação (Vara Criminal).

17. §4º. Revogação facultativa da suspensão. A revogação deste parágrafo, diferente da hipótese do parágrafo anterior, é facultativa, ou seja, o Juiz irá revogar a suspensão a depender das circunstâncias do caso concreto. As causas de revogação facultativa são: 1. Se o beneficiário for processado, no curso do prazo, por contravenção penal; 2. Descumprimento de qualquer condição judicial imposta a que se refere o §2º. Da mesma forma que ocorre com a revogação obrigatória do parágrafo anterior, o processo volta ao seu curso normal com a prática dos atos ulteriores. A competência para a revogação do benefício é do Juízo da condenação (Vara Criminal).

18. Revogação após ultrapassado o período de prova. É possível que a revogação ocorra (a obrigatória ou a facultativa) após expirado o período de prova, desde que a causa de revogação tenha ocorrido durante esse período. Basta pensar na hipótese em que o agente foi processado por um crime no curso da suspensão. Contudo, após o término do período de prova e antes de o Juiz declarar extinta a punibilidade, chega ao seu conhecimento o processo instaurado contra o beneficiário ainda durante o período da suspensão. Entretanto, a revogação somente poderá ocorrer antes de o Juiz declarar extinta a punibilidade (§5º), ou seja, no espaço de tempo entre o final do período de prova e a declaração de extinção da punibilidade.

▶ **STJ**

Informativo nº 574.

Recurso repetitivo.

DIREITO PROCESSUAL PENAL. REVOGAÇÃO DO SURSIS PROCESSUAL APÓS O PERÍODO DE PROVA. RECURSO REPETITIVO (ART. 543-C DO CPC E RES. N. 8/2008-STJ).

Se descumpridas as condições impostas durante o período de prova da suspensão condicional do processo, o benefício poderá ser revogado, mesmo se já ultrapassado o prazo legal, desde que referente a fato ocorrido durante sua vigência. (...) Dessa forma, se descumpridas as condições impostas durante o período de prova da suspensão condicional do processo, o benefício deverá ser revogado, mesmo que já ultrapassado o prazo legal, desde que referente a fato ocorrido durante sua vigência. (...) **(REsp 1.498.034-RS, Rel. Min. Rogerio Schietti Cruz, julgado em 25/11/2015).**

STF. (...) O benefício da suspensão condicional do processo pode ser revogado após o período de prova, desde que os fatos que ensejaram a revogação tenham ocorrido antes do término deste período. (...) Sobrevindo o descumprimento das condições impostas, durante o período de suspensão, deve ser revogado o benefício, mesmo após o término do prazo fixado pelo juiz. **(HC 95683, Relator(a): Min. Ricardo Lewandowski, 13/08/2010).**

19. Intimação do beneficiário. Justificação. Pensamos ser prudente marcar uma *audiência de justificação* para que o beneficiário possa eventualmente justificar a causa ensejadora da revogação da suspensão, pois, sem que o Juiz saiba, pode haver um motivo relevante para, por exemplo, a não reparação do dano (na revogação obrigatória) ou para o descumprimento de qualquer condição judicial (na revogação facultativa). Contudo, o STJ entende que a intimação ou a justificação é desnecessária.

> **STJ.** (...) SUSPENSÃO CONDICIONAL DO PROCESSO. REVOGAÇÃO OBRIGATÓRIA. SUPERVENIÊNCIA DE PROCESSO PARA APURAÇÃO DE NOVO DELITO NO PERÍODO DE PROVA. PRESCINDIBILIDADE DA INTIMAÇÃO DO BENEFICIÁRIO. NULIDADE. NÃO OCORRÊNCIA. 1. Nos termos do art. 89, § 3º, da Lei n. 9.099/95, a suspensão será revogada obrigatoriamente se, no curso do período de prova, o beneficiário vier a ser processado por outro crime ou não efetuar, sem motivo justificado, a reparação do dano. 2. A lei de regência não faz imprescindível, na hipótese de revogação obrigatória do benefício despenalizador, a necessidade de intimação do beneficiário ou até mesmo de justificação, de modo que não há que se falar em nulidade ou violação ao Princípio do Contraditório ou da Ampla Defesa. Precedentes. 3. Ordem denegada. **(HC 358.370/SC, Rel. Min. Antonio Saldanha Palheiro, julgado em 12/09/2017).**

20. §5º. Extinção da punibilidade. O cumprimento de todas as condições, sem que tenha havido revogação, gera a declaração de extinção da punibilidade. Não fica nenhum registro para fins de configuração de maus antecedentes ou outro efeito criminal.

21. Impossibilidade de aceitação de outra suspensão condicional do processo no período de cinco anos. Embora não haja previsão expressa, como há para fins de transação penal (art. 76), de acordo com a jurisprudência do STJ, a aceitação da suspensão impossibilita o agente de aceitar nova suspensão pelo prazo de cinco anos. Discordamos dessa posição por absoluta ausência de previsão legal, razão pela qual esse entendimento configura analogia *in malam partem*. Mas o STJ tem posição nesse sentido.

> **STJ.** (...) INCIDÊNCIA DE INSTITUTO DESPENALIZADOR HÁ MENOS DE 5 ANOS. IMPOSSIBILIDADE. HABEAS CORPUS NÃO CONHECIDO. (...) esta mesma Corte Superior de Justiça já decidiu que o prazo de 5 (cinco) anos para a concessão de nova transação penal, previsto no art. 76, § 2º, inciso II, da Lei n. 9.099/95, aplica-se aos demais institutos despenalizadores por analogia, estendendo-se, pois, à suspensão condicional do processo, o que ocorreu no caso concreto. (...) **(HC 370.047/PR, Rel. Min. Felix Fischer, julgado em 17/11/2016).**

22. §6º. Suspensão do prazo prescricional. A suspensão condicional do processo suspende também o prazo de prescrição enquanto durar o período de prova. A suspensão do prazo prescricional inicia-se na data da decisão que suspende o processo e volta a correr na data da decisão que revoga a suspensão. Trata-se de uma causa de suspensão do prazo prescricional fora dos casos previstos no art. 116 do Código Penal.

23. §7º. Não aceitação da suspensão condicional do processo. Caso não seja aceita a suspensão, o processo segue nos atos ulteriores do procedimento normalmente. Trata-se de previsão desnecessária, pois essa é a consequência natural da não aceitação da suspensão condicional do processo.

Art. 90. As disposições desta Lei **não se aplicam** aos processos penais cuja **instrução já estiver iniciada**.

Retroatividade. Como regra geral, as normas de conteúdo processual não possuem retroatividade, mas, sim, aplicação imediata a partir da entrada em vigor, não se aplicando aos atos processuais já praticados na vigência da lei anterior (art. 2º do Código de Processo Penal). Contudo, diversas normas da lei possuem natureza também material, e por isso devem retroagir para alcançar fatos praticados antes do início de vigência dessa lei, em homenagem ao princípio da retroatividade da lei penal mais benéfica (art. 5º, XL, da CR/88).

> **STF.** PENAL E PROCESSO PENAL. JUIZADOS ESPECIAIS. ART. 90 DA LEI 9.099/1995. APLICABILIDADE. INTERPRETAÇÃO CONFORME PARA EXCLUIR AS NORMAS DE DIREITO PENAL MAIS FAVORÁVEIS AO RÉU. O art. 90 da lei 9.099/1995 determina que as disposições da lei dos Juizados Especiais não são aplicáveis aos processos penais nos quais a fase de instrução já tenha sido iniciada. Em se tratando de normas de natureza processual, a exceção estabelecida por lei à regra geral contida no art. 2º do CPP não padece de vício de inconstitucionalidade. Contudo, as normas de direito penal que tenham conteúdo mais benéfico aos réus devem retroagir para beneficiá-los, à luz do que determina o art. 5º, XL da Constituição federal. Interpretação conforme ao art. 90 da Lei 9.099/1995 para excluir de sua abrangência as normas de direito penal mais favoráveis aos réus contidas nessa lei. **(ADI 1719, Relator(a): Min. Joaquim Barbosa, Tribunal Pleno, julgado em 18/06/2007).**

→ Aplicação em concurso.

- **Delegado de Polícia. PC/MT. 2017. CESPE.**

  Quando da entrada em vigor da Lei n.º 9.099/1995, que dispõe sobre os juizados especiais cíveis e criminais, foi imposta como condição de procedibilidade a representação do ofendido nos casos de lesão corporal leve ou culposa. Nas ações em andamento à época, as vítimas foram notificadas a se manifestar quanto ao prosseguimento ou não dos feitos. Nesse caso, o critério adotado no que se refere às leis processuais no tempo foi o da:

  A) interpretação extensiva.

  B) retroatividade.

  C) territorialidade.

  D) extraterritorialidade.

  E) irretroatividade.

  Alternativa correta: Letra B.

Art. 90-A. As disposições desta Lei não se aplicam no âmbito da **Justiça Militar**.

Não aplicabilidade no âmbito da Justiça Militar. A vedação legal contida nesse artigo justifica-se para que não sejam esvaziadas as relações de hierarquia e de disciplina vigorantes nessa área.

Art. 91. Nos casos em que esta Lei passa a exigir representação para a propositura da ação penal pública, o ofendido ou seu representante legal será intimado para oferecê-la no prazo de **trinta dias**, sob **pena de decadência**.

Prazo para a representação. Quando a lei entrou em vigor havia alguns processos criminais em curso que versavam sobre lesão corporal leve e lesão corporal culposa. Nesses casos, a vítima ou o seu representante legal deveria ser intimado para oferecer a representação em trinta dias, sob pena de decadência. Com essa única finalidade, essa norma ficou esvaziada e atualmente não tem mais aplicabilidade.

Art. 92. Aplicam-se **subsidiariamente** as disposições dos **Códigos Penal e de Processo Penal**, no que não forem incompatíveis com esta Lei.

Aplicação subsidiária do Código Penal e do Código de Processo Penal. Trata-se de norma desnecessária, tendo em vista que as normas do Código Penal e do Código de Processo Penal sempre se aplicam subsidiariamente a qualquer lei penal especial.

Capítulo IV
Disposições Finais Comuns

Art. 93. Lei Estadual disporá sobre o Sistema de Juizados Especiais Cíveis e Criminais, sua organização, composição e competência.

Legislação estadual. Cada Estado tem autonomia para regulamentar a organização, a composição e a competência do JECRIM, desde que não conflite com a presente lei.

Art. 94. Os serviços de cartório poderão ser prestados, e as audiências realizadas **fora da sede da Comarca**, em bairros ou cidades a ela pertencentes, ocupando instalações de prédios públicos, de acordo com audiências previamente anunciadas.

Art. 95. Os **Estados, Distrito Federal e Territórios** criarão e instalarão os Juizados Especiais no prazo de seis meses, a contar da vigência desta Lei. Parágrafo único. No prazo de 6 (seis) meses, contado da publicação desta Lei, serão criados e instalados os Juizados Especiais Itinerantes, que deverão dirimir, **prioritariamente**, os conflitos existentes nas áreas rurais ou nos locais de menor concentração populacional.

JECRIM itinerante. O JECRIM itinerante é uma solução legal que visa a levar o Juizado a algumas localidades onde, infelizmente, o sistema de justiça não chega por diversos fatores, como a distância, a dificuldade de acesso, a falta de orçamento etc. Permite-se, assim, uma solução para a distribuição da justiça nos locais carentes dela. O legislador fez menção à "áreas rurais ou nos locais de menor concentração populacional", mas não é somente nesses casos que há carência de distribuição de justiça.

Art. 96. Esta Lei **entra em vigor** no prazo de sessenta dias após a sua publicação.

Art. 97. Ficam **revogadas** a Lei nº 4.611, de 2 de abril de 1965 e a Lei nº 7.244, de 7 de novembro de 1984.

Lavagem de Dinheiro. Lei nº 9.613, de 3 de março de 1998

CAPÍTULO I
Dos Crimes de "Lavagem" ou Ocultação de Bens, Direitos e Valores

1. **Origem da expressão *lavagem*.** A expressão *lavagem* teve origem na América do Norte, na década de 20, quando a máfia criou várias lavanderias, utilizando-se desse comércio formalmente legalizado para ocultar a origem criminosa de todo o dinheiro por ela auferido ilicitamente, dando-lhe aparência de lícito. Em alguns países, como Portugal, França e Espanha, o delito de lavagem de dinheiro é denominado *Branqueamento de Capitais*. No Brasil o legislador justificou a adoção da nomenclatura *Lavagem de Dinheiro* no fato de tal expressão já estar consagrada na linguagem popular.

2. **Conceito de Lavagem de Dinheiro.** A lavagem de dinheiro consiste na atividade revestida de objeto lícito, que tem por finalidade a transformação de recursos financeiros obtidos de forma ilícita em lícitos, operada por meio das fases da *Introdução (placement), dissimulação (layering), integração (integration),* para que seja ocultada aquela origem ilícita.

3. **Tratados Internacionais.** O Brasil foi signatário de dois Tratados Internacionais nos quais se obrigou perante a comunidade jurídica mundial a reprimir o delito de tráfico, bem como a lavagem do lucro auferido pela sua prática. O primeiro foi a *Convenção Contra o Tráfico Ilícito de entorpecentes e substâncias Psicotrópicas,* concluída em Viena, em 20 de dezembro de 1988 e internalizada pelo Decreto 154 de 26 de junho de 1991, na qual em seu art. 3º, no item 1, b, *i* e *ii*, trata conversão ou a transferência de bens, com conhecimento de que tais bens são procedentes de algum ou alguns dos delitos estabelecidos no item 1. *a*, com o objetivo de ocultar ou encobrir a origem ilícita dos bens, ou de ajudar a qualquer pessoa que participe na prática do delito ou delitos em questão, para fugir das consequências jurídicas de seus atos; e a ocultação ou o encobrimento, da natureza, origem, localização, destino, movimentação ou propriedade verdadeira dos bens, sabendo que procedem de algum ou alguns dos delitos mencionados no item 1. *a*, ou de participação nesses delitos. O segundo foi a *Convenção das Nações Unidas contra o Crime Organizado*

Transnacional, adotada em Nova York em 15 de novembro de 2000, promulgada pelo Decreto 5.015, de 12 de março de 2004, que no art. 6º trata da criminalização da lavagem do produto do crime, denominada Convenção de Palermo.

4. **Bem jurídico tutelado pela lei.** Ordem econômica, ordem tributária, sistema financeiro nacional, administração da justiça, paz pública e toda a ordem socioeconômica em geral.

→ **Aplicação em concurso.**

- **Juiz Federal da 1ª Região/2015. CESPE.**

  Em relação à Lei de Lavagem de Dinheiro (Lei 9.613/1998), assinale a opção correta.

  A doutrina majoritária identifica como bem jurídico do delito de lavagem de dinheiro a administração da justiça e(ou) a ordem socioeconômica.

  A alternativa está correta.

5. **Fases da lavagem.** *Introdução (placement), dissimulação (layering), integração (integration).* A *introdução* (placement) consiste na separação física entre o agente e o produto auferido pelo crime, dificultando a identificação da procedência delituosa do dinheiro. O dinheiro ilícito é introduzido no mercado formal para a sua conversão em ativos lícitos, normalmente por meio do fracionamento dos valores; utilização dos valores ilícitos em estabelecimentos que trabalham com dinheiro em espécie; aplicações financeiras; troca de notas de menor valor por de maior valor para reduzir o montante físico de papel-moeda; conversão do valor ilícito em moeda estrangeira; remessa dos valores ilícitos para o exterior, para paraísos fiscais; aquisição de bens, móveis ou imóveis com valores superfaturados; aquisição de bens inexistentes etc. A *dissimulação* (layering) é a lavagem propriamente dita. Nessa fase pretende-se construir uma nova origem lícita, legítima do dinheiro, por meio da prática de condutas que buscam impedir a descoberta da procedência ilícita dos valores, espalhando-os em diversas operações e transações financeiras de diversas empresas e instituições financeiras nacionais e estrangeiras. Por fim, na *integração* (integration), agora, com a aparência de lícitos, os valores são formalmente incorporados ao sistema econômico, por meio da criação, aquisição ou do investimento em negócios lícitos, ou compra de bens. Utilizam-se instituições financeiras que movimentam grande volume de dinheiro.

6. **Prática de uma ou de mais fases.** Não é necessário que o agente pratique condutas que configurem as três fases da lavagem. Basta a prática de condutas que configurem apenas uma das fases para o delito estar configurado.

7. **Extinção da punibilidade com base no Regime Especial de Regularização Cambial e Tributária (RERCT).** A lei 13.254/2016 estatuiu o Regime Especial de Regularização Cambial e Tributária (RERCT) e positivou no art. 5, § 1º, uma causa de extinção da punibilidade em relação ao delito de Lavagem de Dinheiro ora por nós comentado. Esse Regime Especial consiste na regularização por meio da declaração voluntária de recursos, bens ou direitos de origem lícita, não declarados ou declarados com omissão ou incorreção em relação a dados essenciais, remetidos ou mantidos no exterior, ou repatriados por residentes ou domiciliados no país, conforme a legislação

cambial ou tributária. Segundo o art. 2º, II, dessa lei, consideram-se recursos ou patrimônio de origem lícita: os bens e os direitos adquiridos com recursos oriundos de atividades permitidas ou não proibidas pela lei, bem como o objeto, o produto ou o proveito dos crimes previstos no § 1º, do art. 5º, da mesma lei.

A adesão ao RERCT dá-se por meio da apresentação, pela pessoa física ou jurídica, à Secretaria da Receita Federal do Brasil (RFB) e, em cópia para fins de registro, ao Banco Central do Brasil da ***declaração única de regularização específica*** contendo a descrição pormenorizada dos recursos, bens e direitos de qualquer natureza de que seja titular em 31 de dezembro de 2014 a serem regularizados, com o respectivo valor em real, ou, no caso de inexistência de saldo ou título de propriedade em 31 de dezembro de 2014, a descrição das condutas praticadas pelo declarante que se enquadrem nos crimes previstos no § 1º, do art. 5º, da lei e dos respectivos bens e recursos que possuiu (art. 4º da lei 13.254/2016).

Por sua vez, o art. 5º da lei 13.254/2016 traz a hipótese de extinção da punibilidade, especificamente em seu § 1º. Eis a sua redação: *"a adesão ao programa dar-se-á mediante entrega da declaração dos recursos, bens e direitos sujeitos à regularização prevista no caput do art. 4º e pagamento integral do imposto previsto no art. 6º e da multa prevista no art. 8º desta Lei. §* ***1º O cumprimento das condições previstas no caput antes de decisão criminal extinguirá, em relação a recursos, bens e direitos a serem regularizados nos termos desta Lei, a punibilidade dos crimes a seguir previstos, praticados até a data de adesão ao RERCT:*** *I – no art. 1º e nos incisos I, II e V do art. 2º da Lei nº 8.137, de 27 de dezembro de 1990; II – na Lei nº 4.729, de 14 de julho de 1965; III – no art. 337-A do Decreto-Lei nº 2.848, de 7 de dezembro de 1940 (Código Penal); IV – nos seguintes arts. do Decreto-Lei nº 2.848, de 7 de dezembro de 1940 (Código Penal), quando exaurida sua potencialidade lesiva com a prática dos crimes previstos nos incisos I a III: a) 297; b) 298; c) 299; d) 304; V – (vetado); VI – no caput e no parágrafo único do art. 22 da Lei nº 7.492, de 16 de junho de 1986; VII – no art. 1º da Lei nº 9.613, de 3 de março de 1998, quando o objeto do crime for bem, direito ou valor proveniente, direta ou indiretamente, dos crimes previstos nos incisos I a VI; VIII – (vetado). § 2º A extinção da punibilidade a que se refere o § 1º: I – (vetado); II – somente ocorrerá se o cumprimento das condições se der antes do trânsito em julgado da decisão criminal condenatória; III – produzirá, em relação à administração pública, a extinção de todas as obrigações de natureza cambial ou financeira, principais ou acessórias, inclusive as meramente formais, que pudessem ser exigíveis em relação aos bens e direitos declarados, ressalvadas as previstas nesta Lei. § 3º (vetado). § 4º (vetado). § 5º Na hipótese dos incisos V e VI do § 1º, a extinção da punibilidade será restrita aos casos em que os recursos utilizados na operação de câmbio não autorizada, as divisas ou moedas saídas do País sem autorização legal ou os depósitos mantidos no exterior e não declarados à repartição federal competente possuírem origem lícita ou forem provenientes, direta ou indiretamente, de quaisquer dos crimes previstos nos incisos I, II, III, VII ou VIII do § 1º."* (grifamos).

Em relação ao rol de crimes contidos no art. 5º, § 1º, duas observações merecem ser feitas: a lei nº 4.729/1965 está tacitamente revogada pela lei 8.137/1990; em relação ao art. 1º da lei nº 9.613/1998 (Lavagem de Dinheiro), o rol de incisos foi suprimido pela lei 12.683/2012, não existindo mais.

Como é possível perceber, conforme a redação do art. 5º, § 1º, da lei 13.254/2016, a adesão ao RERCT nos moldes preconizados no art. 4º da mesma lei tem o condão de extinguir a punibilidade do agente.

Em relação a essa causa de extinção da punibilidade, alguns pontos merecem destaque. Em primeiro lugar, há um limite temporal para a efetivação da adesão ao RERCT (art. 4º) e o cumprimento das demais condições dispostas no art. 5º, *caput*, da lei, que é o trânsito em julgado da sentença penal condenatória (art. 5º, § 2º, II). E mais: a adesão ao RERCT deve feita no prazo disposto no art. 7º da lei (*"a adesão ao RERCT poderá ser feita no prazo de 210 (duzentos e dez) dias, contado a partir da data de entrada em vigor do ato da RFB de que trata o art. 10, com declaração da situação patrimonial em 31 de dezembro de 2014 e o consequente pagamento do tributo e da multa"*).

Em segundo lugar, o art. 5º, § 5º, traz uma restrição da extinção da punibilidade para o caso do delito de evasão de divisas previsto no art. 22, *caput* e parágrafo único, da lei 7.492/1986, ao dispor que *"a extinção da punibilidade será restrita aos casos em que os recursos utilizados na operação de câmbio não autorizada, as divisas ou moedas saídas do País sem autorização legal ou os depósitos mantidos no exterior e não declarados à repartição federal competente possuírem origem lícita ou forem provenientes, direta ou indiretamente, de quaisquer dos crimes previstos nos incisos I, II, III, VII ou VIII do § 1º."*

Em terceiro lugar, a *declaração única de regularização específica* de que trata o art. 4º da lei 13.254/2016 não pode ser, por qualquer modo, utilizada como único indício ou elemento para efeitos de expediente investigatório ou procedimento criminal (art. 4º, § 12, I, da lei 13.254/2016). Com isso, o legislador procurou impedir que a confissão espontânea do agente sirva como elemento que possa, por si só, deflagrar a persecução penal contra ele, sob pena de tornar a regularização desinteressante para o agente, que se virá alvo de investigação criminal a partir das suas declarações.

Em quarto lugar, a regularização de ativos mantidos em nome de interposta pessoa, normalmente conhecida como "laranja" ou "testa de ferro", técnica utilizada para ocultar o verdadeiro proprietário, estenderá a ela a extinção da punibilidade prevista no § 1º, do art. 5º, da lei 13.254/2016. O legislador trouxe a possibilidade de extensão da extinção da punibilidade para a interposta pessoa como forma de incentivar a regularização dos ativos mantidos em seu nome e descobrir o real proprietário dos ativos.

Em quinto lugar, conforme preconiza o art. 5º, § 1º, IV, da lei 13.254/2016, ocorre a extinção da punibilidade em relação aos delitos de falsificação de documento público (art. 297 do Código Penal), falsificação de documento particular (art. 298 do Código Penal), falsidade ideológica (art. 299 do Código Penal) e uso de documento falso (art. 304 do Código Penal), quando a potencialidade lesiva desses delitos exaurir-se no delito previsto no art. 1º e no art. 2º, I, II e V, da lei 8.137/1990, bem como no delito previsto no art. 337-A do Código Penal. Essa previsão deve-se ao fato de que cada um desses delitos de falsidade muitas vezes configura meio para a prática desses últimos delitos e fica absorvido por força do princípio da consunção, na vertente do crime progressivo, configurando, dessa forma, *ante factum* impunível, quando a sua potencialidade lesiva esgotar-se nos crimes contra a ordem tributária (lei 8.137/1990) e de sonegação de contribuição previdenciária (art. 337-A do Código Penal). É bem verdade que caso haja a extinção da punibilidade em relação ao crime contra a ordem tributária (lei 8.137/1990) e ao delito de sonegação de contribuição previdenciária (art. 337-A do Código Penal), o delito de falso não pode subsistir, justamente por já ter sido absorvido. Entretanto, para evitar qualquer entendimento diverso a ser eventualmente adotado na prática, fazendo com que o delito de falso subsista, o legislador determinou expressamente a extinção da punibilidade também em relação a essas falsidades, desde que a potencialidade lesiva deles tenha sido exaurida nos crimes contra a ordem tributária (art. 1º e art. 2º, I, II e V, da lei 8.137/1990) e de sonegação de contribuição previdenciária (art. 337-A do Código Penal), de forma a não subsistir responsabilidade penal alguma.

Art. 1º Ocultar ou dissimular a natureza, origem, localização, disposição, movimentação ou propriedade de bens, direitos ou valores provenientes, direta ou indiretamente, de **infração penal**. (Redação dada pela Lei nº 12.683, de 2012)

I - (revogado); (Redação dada pela Lei nº 12.683, de 2012)

II - (revogado); (Redação dada pela Lei nº 12.683, de 2012)

III - (revogado); (Redação dada pela Lei nº 12.683, de 2012)

IV - (revogado); (Redação dada pela Lei nº 12.683, de 2012)

V - (revogado); (Redação dada pela Lei nº 12.683, de 2012)

VI - (revogado); (Redação dada pela Lei nº 12.683, de 2012)

VII - (revogado); (Redação dada pela Lei nº 12.683, de 2012)

VIII - (revogado). (Redação dada pela Lei nº 12.683, de 2012)

Pena: reclusão, de 3 (três) a 10 (dez) anos, e multa. (Redação dada pela Lei nº 12.683, de 2012).

1. **Natureza acessória.** O delito de lavagem de dinheiro é crime acessório, que depende da prática de uma infração penal antecedente, podendo tal infração penal consistir em crime ou em contravenção penal. Essa natureza acessória está descrita no art. 1º e no art. 2º, §1º da lei.

2. **Questão prejudicial.** Não há relação de prejudicialidade entre a infração penal antecedente e o delito de lavagem de dinheiro.

3. **Gerações da lei que dispõe sobre a lavagem de dinheiro.** Existem *três gerações* das leis que tratam do tema lavagem de dinheiro. As leis de *primeira geração* são aquelas que trazem apenas o delito de tráfico de drogas como infração penal antecedente. As leis de *segunda geração* estabelecem um rol das denominadas infrações penais antecedentes, das quais se pode lavar dinheiro. Por fim, as denominadas leis de

terceira geração são aquelas que admitem qualquer infração penal como antecedente. A lei brasileira sempre foi uma lei de *segunda geração*, uma vez que trazia no seu art. 1º um rol de infrações penais antecedentes das quais poderia haver a lavagem de dinheiro proveniente delas. Entretanto, com a alteração operada pela lei 12.683/2012, ocorreu a revogação desse rol de infrações penais antecedentes, passando a ser possível a lavagem do produto de qualquer infração penal, razão pela qual se conclui que a lei brasileira passou a ser uma lei de *terceira geração*.

→ **Aplicação em concurso.**

- **Delegado de Polícia/GO. 2017. CESPE.**

Em relação às disposições expressas nas legislações referentes aos crimes de trânsito, contra o meio ambiente e de lavagem de dinheiro, assinale a opção correta.

Para a caracterização do delito de lavagem de dinheiro, a legislação de regência prevê um rol taxativo de crimes antecedentes, geradores de ativos de origem ilícita, sem os quais o crime não subsiste.

A alternativa está errada.

- **Procurador da Fazenda Nacional/ESAF 2015.**

A extinção do rol de crimes antecedentes da Lei de Lavagem de Dinheiro (Lei n. 9.613/98), promovida pela Lei n. 12.683/12, teve como consequência:

A) a extinção da punibilidade de todas as condutas praticadas antes da vigência da Lei n. 12.683/12.

B) o alargamento das hipóteses de ocorrência da figura típica da lavagem de dinheiro, possibilitando que qualquer delito previsto no ordenamento brasileiro seja o crime antecedente necessário à sua configuração.

C) a alteração da natureza do crime de lavagem de dinheiro, que deixou de exigir a ocorrência de um crime antecedente para sua consumação.

D) a exclusão da possibilidade dos crimes de tráfico ilícito de entorpecentes e extorsão mediante sequestro serem antecedentes à conduta de lavagem de dinheiro.

E) a abolitio criminis da lavagem de dinheiro a partir da vigência da Lei n. 12.683/12.

Alternativa correta: Letra B.

- **(MPF – Procurador da República/2013)**

Sobre o crime de lavagem de dinheiro assinale a alternativa certa:

O art. 1º, caput, da Lei n. 9.613/1998, foi alterado pela Lei n. 12.683/2012, que suprimiu o rol taxativo de crimes antecedentes pela referência genérica a infração penal, com exceção das contravenções e da sonegação fiscal.

A alternativa está errada.

- **(MPE-SC – Promotor de Justiça – SC/2013)**

Ocultar ou dissimular a natureza, origem, localização, disposição, movimentação ou propriedade de bens, direitos ou valores provenientes, direta ou indiretamente, de contravenção penal não caracteriza crime de lavagem, na forma descrita na Lei n. 9.613/98.

A alternativa está errada.

- **(Cespe – Defensor Público – ES/ 2012)**

  Com relação às disposições do ECA, da lei que trata da violência doméstica e familiar e da lei referente à lavagem de dinheiro, julgue os itens subsequentes.

  A caracterização do crime de lavagem de dinheiro, de acordo com o que preconiza a lei de regência, depende da natureza patrimonial dos crimes antecedentes e da presença do animus lucrandi.

  A alternativa está errada.

- **(ESAF – Procurador da Fazenda Nacional/2012)**

  Nas últimas décadas, a prática conhecida como "lavagem de dinheiro" tornou-se um dos principais desafios a ser enfrentado pelos Governos. Esta atividade vem sendo adotada por organizações criminosas para diversos tipos de crimes. A criminalização desta conduta no Brasil foi instituída pela Lei n. 9.613/1998, que foi modificada pela Lei n. 10.467/2002 e pela Lei n. 10.701/2003, com base nestas legislações, é correto afirmar que

  A) a legislação mencionada cinge-se ao direito material penal.
  B) lavagem de dinheiro é sinônimo de crime de receptação.
  C) o Conselho de Controle de Atividades Financeiras – COAF é órgão do Banco Central criado pela Lei n. 9.613/1998.
  D) os crimes capitulados na Lei n. 9.613/1998 são de ação penal pública condicionada.
  E) a lavagem de dinheiro pode ocorrer em crimes contra o sistema financeiro nacional.

  Alternativa correta: letra E.

4. **O delito de Lavagem de Dinheiro não absorve a infração penal antecedente.** Em razão da autonomia entre o delito de lavagem de dinheiro e a infração penal antecedente, não há que se falar em absorção da infração antecedente pela lavagem de dinheiro, sobretudo porque não há uma relação de dependência entre elas.

5. **O delito de Lavagem de Dinheiro não constitui *post factum* impunível em relação à infração penal antecedente.** Embora o delito de Lavagem de Dinheiro seja um crime acessório, ele não configura *post factum* impunível em relação à infração penal antecedente, havendo concurso de crimes.

   STJ. (...) Por definição legal, a lavagem de dinheiro constitui crime acessório e derivado, mas autônomo em relação ao crime antecedente, não constituindo post factum impunível, nem dependendo da comprovação da participação do agente no crime antecedente para restar caracterizado (...). REsp 1342710/PR, Rel. Min. Maria Tereza de Assis Moura, julgado em 22/04/2014.

6. **Crime autônomo. Concurso material de crimes.** O delito de lavagem de dinheiro é delito autônomo, que é atribuído ao acusado em concurso material com a infração penal antecedente.

   → **Aplicação em concurso.**

   - **(TRF 3 – Juiz Federal Substituto 3ª região/2013)**

     Sobre os crimes de cartel e de lavagem de dinheiro, considere as seguintes assertivas:

     O princípio do ne bis in idem não impede a punição do autor do crime antecedente pelo concurso deste com a lavagem de dinheiro posterior, se ele dela participar, ao contrário do que ocorre nos casos de favorecimento real e receptação simples.

A alternativa está certa.

- **(Cespe – Advogado da União/2012)**

Julgue os itens subsequentes, a respeito da *notitia criminis* e dos procedimentos relativos aos crimes de lavagem de dinheiro.

A apuração do crime de lavagem de dinheiro é autônoma e independe do processamento da ação penal e da condenação em crime antecedente.

A alternativa está certa

- **Titularidade de Serviços Notariais e de Registro TJDFT 2008. CESPE.**

A lavagem de dinheiro é crime autônomo, não constituindo mero exaurimento do crime antecedente.

A alternativa está correta.

7. **Autolavagem.** Entende-se por autolavagem a conduta por meio da qual o mesmo agente pratica a infração penal antecedente e o delito de lavagem de dinheiro posteriormente, como na hipótese em que o mesmo agente pratica o delito de tráfico de drogas e depois, pretendendo construir uma origem lícita para o produto financeiro auferido com o tráfico, pratique condutas que configurem lavagem de dinheiro. Nesse caso, o agente deverá responder pelos dois delitos (tráfico de drogas e lavagem de dinheiro) em concurso material de crimes.

→ **Aplicação em concurso.**

- **Defensor Público Federal. DPU. 2017. CESPE.**

Em assalto a uma agência bancária, Lúcio conseguiu alta monta financeira. Com parte do dinheiro, ele comprou imóvel em nome próprio, tendo declarado na escritura de compra e venda valor inferior ao que foi efetivamente pago pelo imóvel. Em seguida, Lúcio vendeu o bem pelo valor de mercado, o que tornou lícito o proveito econômico do crime praticado. Acerca dessa situação hipotética, julgue os itens seguintes à luz da legislação e da doutrina pertinentes à lavagem de dinheiro e à extinção de punibilidade.

De acordo com o STF, Lúcio somente poderá ser processado e julgado pelo crime de roubo, pois o direito penal brasileiro não admite o crime de autolavagem — quando o autor do crime antecedente pratica também a lavagem de capitais —, por entender que esse seria um caso de mero exaurimento do fato antecedente.

A alternativa está errada.

8. **Verbos típicos.** *Ocultar,* que significa esconder, silenciar, encobrir. E *dissimular,* que significa simular, camuflar, disfarçar. O tipo penal não mencionou *dinheiro,* que está, entretanto, englobado na expressão *valores.*

→ **Aplicação em concurso.**

- **(FUNCAB – Delegado de Polícia – RJ/2012)**

Oto, a fim de dificultar eventual investigação, depositou vários cheques de terceiros, recebidos como produto de concussão da qual participou, em contas-correntes de três empresas de sua propriedade, às quais esperava ter acesso. Observando o caso concreto, analise as assertivas abaixo:

I. Oto deve responder por favorecimento real e lavagem de capitais.

II. A figura de lavagem de capitais é caracterizada pela ocultação ou dissimulação da origem, da localização, da disposição, da movimentação ou da propriedade dos valores respectivos, provenientes, direta ou indiretamente, de qualquer infração penal.

III. Se reconhecido que Oto praticou o crime de lavagem de capitais, resta excluída sua participação no crime de concussão.

IV. O tipo de lavagem de dinheiro não reclama nem o êxito definitivo da ocultação ou dissimulação, visado pelo agente, nem o vulto e a complexidade dos exemplos de requintada "engenharia financeira" transnacional.

Agora, indique a opção que contempla apenas as assertivas verdadeiras.

A) I e II.

B) II e III.

C) III e IV.

D) I e III.

E) II e IV.

Alternativa correta: letra E.

9. **Dolo eventual.** Está abrangido pelo tipo penal.

10. **Teoria da Cegueira Deliberada, Teoria das Instruções do Avestruz, *Willful Blindness doctrine, conscious avoidance doctrine* ou *ostrich instructions*.** A Teoria da Cegueira Deliberada possui, como sinônimos, todas as expressões acima citadas. Essa teoria tem origem na jurisprudência norte americana e consiste na análise do aspecto subjetivo da conduta do agente, isso é, a verificação do elemento subjetivo do tipo legal de crime, mais especificamente o dolo indireto eventual. Em situações nas quais o agente não age com dolo direito, e fica muito difícil a constatação de ter agido com dolo eventual, a Teoria da Cegueira Deliberada surge como mecanismo que permite concluir pelo dolo eventual do agente.

Essa teoria tem incidência caso o agente possua consciência da possível origem do dinheiro com o qual está tratando, mas, mesmo assim, deliberadamente cegue-se para tal fato, voluntariamente criando mecanismos que obstam a sua plena consciência da origem ilícita do dinheiro ou deixando de buscar informações que lhe permitam concluir por tal origem. Se o agente tem condições de ter a consciência sobre a origem ilícita do dinheiro e deliberadamente fecha os olhos para tal fato, pratica o delito de Lavagem de Dinheiro, pois age assumindo o risco de ocultar ou de dissimular dinheiro sujo, proveniente de infração penal.

O substrato dessa teoria reside no fato de que caso o agente possa ter a consciência sobre origem ilícita do dinheiro e escolha não buscar essa informação de forma mais aprofundada, demonstra nitidamente indiferença em relação ao bem jurídico protegido, da mesma forma que demonstra indiferença quem age com dolo eventual por fazer a representação mental do resultado e, embora não o queira diretamente, assume o risco de produzi-lo. Essa semelhança de comportamento do agente possibilita a punição de quem deliberadamente cega-se para a origem ilícita do dinheiro.

Dois são os requisitos para a aplicação dessa teoria: em primeiro lugar, a consciência por parte do agente no sentido de que os valores possam ter origem ilícita; em segundo lugar, que o agente deliberadamente crie mecanismos que obstam a sua plena consciência da origem ilícita do dinheiro ou deixe de buscar informações que lhe permitam concluir por tal origem.

A tese tem sido aceita e adotada pelas Cortes Norte Americanas, desde que haja a prova de que o agente tinha conhecimento da possibilidade da origem ilícita dos bens e preferiu, deliberadamente, se manter indiferente quanto a essa origem, ou seja, preferiu não analisar a origem ilícita do dinheiro (daí a expressão Teoria das Instruções do Avestruz, pois o avestruz, ao menor sinal de perigo, enterra a sua cabeça na terra e não vê o que está se passando ao redor).

Nos Estados Unidos foi julgado o caso *United States v. Campbell*, decidido pelo Quarto Circuito Federal, em que Campbell, vendedora do mercado imobiliário, foi denunciada pelo delito de lavagem de dinheiro, em razão de ter realizado um negócio jurídico de venda de um imóvel a um traficante de drogas que se fazia passar por pessoa de alto poder aquisitivo econômico, não revelando a Campbell a sua real atividade (tráfico de drogas). Campbell realizou a venda do imóvel no valor de U$ 182.500,00, dos quais U$ 60.000,00 foram pagos em dinheiro. O contrato foi realizado no valor correspondente à diferença. Durante o julgamento, uma testemunha teria afirmado que Campbell disse que o dinheiro poderia ser proveniente de atividade ilícita de tráfico de drogas. Com base nessa informação e outras mais constantes dos autos do processo, o Júri Federal condenou Campbell pelo delito de lavagem de dinheiro, ao fundamento de que Campbell teria deliberadamente fechado os olhos para o fato evidente, para um fato que era óbvio, isso é, que o valor utilizado para pagar a compra do imóvel era derivado de origem ilícita. Irresignada, Campbell recorreu e, em recurso de apelação, o Quarto Circuito Federal manteve a sua condenação, ao argumento segundo o qual Campbell deliberadamente evitou descobrir a origem ilícita dos valores empregados na compra do imóvel; que a operação de compra e venda realizada tinha a finalidade de lavar dinheiro sujo, isso é, transformar dinheiro proveniente do tráfico de drogas, portanto sujo, em dinheiro limpo, dando-se a ele um aspecto de origem ilícita. Por todo o exposto, percebe-se que o tema está relacionado à análise do aspecto subjetivo da conduta do agente, a verificação do elemento subjetivo do tipo legal de crime, especificamente o dolo indireto eventual.

11. Sujeito ativo. Qualquer pessoa, inclusive o autor ou coautor da infração penal antecedente. Não é necessário que o autor do delito de lavagem tenha concorrido para a infração penal antecedente, bastando que tenha conhecimento da origem criminosa dos valores.

STJ. O crime de lavagem de dinheiro não exige que o réu seja autor do crime antecedente. Precedentes desta Corte. RHC 39470. Rel. Min. NEFI CORDEIRO, julgado em 10/06/2014.

12. Tipo misto alternativo. A prática das duas condutas descritas no tipo (ocultar e dissimular) não gera concurso de crimes, respondendo o agente por apenas um delito.

13. Princípio da irretroatividade da lei penal mais severa. Em sua redação originária, o art. 1º da lei estabelecia um rol taxativo de infrações penais antecedentes, das quais era possível a lavagem do seu produto ilícito. Em homenagem ao princípio da legalidade, somente era possível a lavagem dos valores provenientes dessas infrações penais previstas na lei, não se admitindo a lavagem dos valores ilicitamente obtidos com a prática de qualquer outra infração penal que não figurasse naquele rol. Com o advento da lei 12.683/2012, o rol de infrações penais antecedentes foi revogado, passando-se a admitir a lavagem de dinheiro oriundo de qualquer infração penal antecedente. Percebe-se, portanto, que a lei 12.683/2012 ampliou a incidência da lei de lavagem de dinheiro, configurando, dessa forma, verdadeira *novatio legis in pejus*, que, de acordo com o princípio constitucional da irretroatividade da lei penal mais severa, não pode retroagir. Assim, se a lavagem de dinheiro foi praticada antes do advento da lei 12.683/2012, esse crime somente existirá se a infração penal antecedente figurasse no revogado rol taxativo do art. 1º no momento da conduta do agente. Caso contrário, a conduta será atípica.

14. Princípio da irretroatividade da lei penal mais severa e crime permanente. O tipo legal de crime ora comentado configura um crime permanente. Por essa razão, diferente da hipótese comentada no item anterior, caso o agente iniciasse a consumação do delito de lavagem do produto de uma infração penal antecedente que não figurava no rol do art. 1º antes do advento da lei 12.683/2012 e a consumação se prolongasse até o momento posterior ao início de vigência da lei 12.683/2012, ela já incidiria nesse fato, isso é, já se poderia falar em crime de lavagem de dinheiro, justamente porque o crime é permanente e sua consumação ainda estava ocorrendo no momento em que a novel lei iniciou a sua vigência, nos moldes da súmula 711 do STF.

15. Lavagem de dinheiro e crime contra a Ordem Tributária. Questão relevante versa sobre a conduta de lavagem de dinheiro que tenha como infração penal antecedente um crime contra a Ordem Tributária previsto no art. 1º, incisos I ao IV da lei 8.137/90. Como dito acima, com o advento da lei 12.683/2012, ampliou-se a incidência da lei de lavagem para abranger a lavagem do produto de qualquer infração penal antecedente, o que inclui, portanto, esses delitos tributários. Entretanto, a Súmula Vinculante nº 24 do STF dispõe que *"não se tipifica crime material contra a ordem tributária, previsto no art. 1º, incisos I a IV, da Lei nº 8.137/90, antes do lançamento definitivo do tributo"*. De acordo com essa Súmula, como assentamos acima (ver comentários ao art. 1º da lei de crimes contra a Ordem Tributária), somente haverá a ocorrência do crime contra a Ordem Tributária após o lançamento definitivo do tributo no processo administrativo fiscal. Assim, em razão da natureza acessória do crime de lavagem de dinheiro, cremos que somente após o lançamento definitivo do crédito tributário é que poderá haver a caracterização do delito de lavagem de dinheiro e ter início a persecução penal em relação a ele.

16. Consumação. Com a ocultação ou dissimulação dos bens, direitos ou valores, independentemente de serem introduzidos no sistema econômico ou financeiro. Crime formal.

17. Classificação. Crime comum; doloso; formal; comissivo; permanente; admite tentativa.

→ **Aplicação em concurso.**

- **Juiz Federal da 1ª Região/2015. CESPE.**

  Em relação à Lei de Lavagem de Dinheiro (Lei 9.613/1998), assinale a opção correta.

  Os tipos previstos na Lei de Lavagem de Dinheiro são próprios, pois o texto legal exige o pertencimento dos agentes a determinada categoria de pessoas para que fique caracterizada a conduta criminosa.

  A alternativa está errada.

§ 1º Incorre na mesma pena quem, **para ocultar ou dissimular** a utilização de bens, direitos ou valores provenientes de infração penal: (Redação dada pela Lei nº 12.683, de 2012).

I – os **converte** em ativos **lícitos**;

II – os adquire, recebe, troca, negocia, dá ou recebe em garantia, guarda, tem em depósito, movimenta ou transfere;

III – importa ou exporta bens com valores não correspondentes aos verdadeiros.

1. **Condutas equiparadas.** O § 1º traz as condutas típicas que constituem a verdadeira lavagem de dinheiro, pois o agente transforma o ilícito em lícito, possibilitando a *limpeza* dos produtos das infrações penais antecedentes. Nesse parágrafo, estão as fases da lavagem de dinheiro.

2. **Condutas meio.** Muitas vezes, as condutas descritas no § 1º constituem meios executórios da conduta do *caput*.

3. **Inciso I.** Trata da *introdução* do produto da infração penal antecedente, por meio da separação física entre o agente e o produto auferido pelo crime, dificultando a identificação da procedência do dinheiro, inserindo o dinheiro sujo no mercado formal lícito. Incrimina condutas que visam a ocultar ou dissimular a utilização do produto do crime por meio da sua *introdução* no mercado econômico formal. Essa conversão em ativos lícitos pode consistir em capital social, ativos societários, investimentos, aplicações financeiras etc.

4. **Converter.** Significa transformar. São exemplos: transformação do dinheiro ilícito em ativos societários; compra de bens móveis e imóveis; câmbio; investimentos.

5. **Especial fim de agir.** Está contido na expressão *para ocultar ou dissimular a utilização de bens, direitos ou valores* descrita no § 1º. Para a consumação do delito, não é necessário que o especial fim de agir seja atingido, bastando que esteja presente no psiquismo do agente.

6. **Dolo eventual.** Está abrangido no tipo penal.

7. **Consumação.** Com a prática da conduta típica de converter, independentemente de o agente conseguir a efetiva ocultação ou a dissimulação. Crime formal.

8. **Classificação.** Crime comum; doloso; formal; comissivo; de perigo concreto; instantâneo; admite tentativa.

9. **Inciso II.** Pune a realização de operações com os produtos das infrações penais antecedentes, isto é, várias operações que configuram meios executivos para a prática da lavagem. Alguns verbos configuram a fase da *dissimulação,* em que se pretende estruturar uma nova origem do dinheiro originariamente ilícito, aparentemente legítima.

10. **Verbos típicos. Adquirir**: incorporação ao patrimônio, que pode ser onerosa ou gratuita (doação). **Receber**: aceitação do produto da infração penal antecedente. **Trocar**: cambiar, permutar. **Negociar:** operação ou transação de natureza financeira ou comercial. **Dar em garantia**: entrega do produto da infração penal antecedente como garantia do cumprimento de uma obrigação. **Receber em garantia**: aceitação do produto da infração penal antecedente como garantia do cumprimento de uma obrigação. **Guardar**: recebimento do produto da infração penal antecedente para conservá-lo. **Ter em depósito**: conservação do produto da infração penal antecedente. **Movimentar**: circulação no mercado formal econômico-financeiro. **Transferir**: mudança de titularidade.

11. **Especial fim de agir.** Está contido na expressão *para ocultar ou dissimular a utilização de bens, direitos ou valores* descrita no § 1º. Para a consumação do delito, não é necessário que o especial fim de agir seja atingido, bastando que esteja presente no psiquismo do agente.

12. **Dolo eventual.** Está abrangido no tipo penal.

13. **Tipo misto alternativo.** A prática de duas ou mais condutas descritas no tipo não gera concurso de crimes, respondendo o agente por apenas um delito.

14. **Consumação.** Com a prática das condutas típicas descritas no tipo: **adquirir**: consuma-se no momento em que a propriedade é transferida; **receber**: consuma-se no momento em que o agente tem a posse do produto da infração penal antecedente; **trocar**: consuma-se no momento em que o agente obtém a posse dos bens, produtos da infração penal antecedente; **negociar**: consuma-se no momento em que a negociação for concluída; **dar em garantia**: consuma-se no momento em que o agente entrega o produto da infração penal antecedente; **receber em garantia**: consuma-se no momento em que o agente recebe o produto da infração penal antecedente; **guardar**: consuma-se no momento em que o agente obtém a posse do produto; **ter em depósito**: consuma-se no momento em que o agente obtém a posse do produto; **movimentar**: consuma-se com a prática de qualquer ato de movimentação; **transferir**: consuma-se com o ato de transferência. Em todos os verbos típicos, o crime é formal.

15. **Classificação.** Crime comum; doloso; formal; comissivo; instantâneo nas condutas *adquirir, receber, trocar, negociar, dar, receber em garantia, movimentar e transferir,* e permanente nas condutas *guardar* e *ter em depósito;* admite tentativa.

16. **Inciso III.** Incrimina o subfaturamento e o superfaturamento.

17. **Importar.** Fazer ingressar no território nacional, por água, terra ou ar.

18. **Exportar.** Fazer sair do território nacional, por água, terra ou ar.

19. **Valores não correspondentes ao verdadeiro.** É o subfaturamento ou o superfaturamento.

20. **Especial fim de agir.** Está contido na expressão *para ocultar ou dissimular a utilização de bens, direitos ou valores* descrita no § 1º. Para a consumação do delito, não é necessário que o especial fim de agir seja atingido, bastando que esteja presente no psiquismo do agente.

21. **Dolo eventual.** Está abrangido no tipo penal.

22. **Tipo misto alternativo.** A prática de duas ou mais condutas descritas no tipo não gera concurso de crimes, respondendo o agente por apenas um delito, como na hipótese de o agente exportar e importar bens com valores superiores ou inferiores ao verdadeiro.

23. **Consumação.** Com a entrada ou a saída da mercadoria no território nacional, independentemente de o agente conseguir a efetiva ocultação ou a dissimulação. Crime formal.

24. **Classificação.** Crime comum; doloso; formal; comissivo; instantâneo; admite tentativa.

→ **Aplicação em concurso.**

- **Titularidade de Serviços Notariais e de Registro TJ/AC 2006. CESPE.**

A Polícia Federal (PF) começou a acompanhar os passos de uma quadrilha, quando foi informada pela polícia de Portugal que Joaquim, investigado há mais de dez anos por suspeita de tráfico internacional de entorpecentes, estaria comprando imóveis no Brasil. Os agentes de polícia localizaram uma fazenda que estava em nome de Joaquim e de um sócio seu. A PF constatou que Joaquim vinha comprando terras nos arredores dessa fazenda a preços muito acima dos praticados no mercado. Nessa região, em que se vendia um alqueire por R$ 30 mil, o português pagava até R$ 80 mil, em uma demonstração de que tinha necessidade de investir rapidamente grande quantia em dinheiro. Tendo por base a situação hipotética acima, julgue os próximos itens.

– A narrativa em consideração configura uma prática tipicamente utilizada para a lavagem de dinheiro e está sujeita à incidência da Lei nº 9.613/1998.

A alternativa está correta.

– A hipótese dada traz, como crime antecedente, delito não previsto explicitamente na lei de lavagem de dinheiro, mas que pode ser alvo de aplicação analógica dessa lei para subsidiar eventual imputação de lavagem.

A alternativa está errada.

§ 2º Incorre, ainda, na mesma pena quem: (Redação dada pela Lei nº 12.683, de 2012).

I – utiliza, na **atividade econômica ou financeira**, bens, direitos ou valores provenientes de infração penal; (Redação dada pela Lei nº 12.683, de 2012);

II – **participa** de grupo, associação ou escritório **tendo conhecimento** de que sua **atividade** principal ou secundária é dirigida à prática de **crimes previstos nesta Lei**.

1. **Condutas equiparadas.** O § 2º traz condutas equiparadas punidas com a mesma pena do § 1º.
2. **Inciso I.** A lei incrimina a fase da *integração,* ou seja, a conduta *posterior* à lavagem. Pune-se não só a *integração,* como também qualquer ato de *utilização* dos produtos da infração penal antecedente. Nesse momento, o dinheiro já está "limpo". Os valores, já com aparência de lícitos, são formalmente incorporados ao sistema econômico formal, por meio da criação, aquisição ou investimento em negócios lícitos, ou pela simples compra de bens. São utilizadas instituições financeiras que movimentam grande volume de dinheiro.
3. **Utilizar.** Significa aplicar, empregar.
4. **Dolo eventual.** Admite-se.
5. **Consumação.** Com a efetiva utilização.
6. **Classificação.** Crime comum; doloso; formal; comissivo; instantâneo; admite tentativa.
7. **Inciso II.** Incrimina-se a associação para a prática da lavagem. Não se pune a conduta de quem lava o dinheiro, mas de quem trabalha em local onde se lava dinheiro.
8. **Participar.** Significa integrar, fazer parte. O termo *participar* não foi utilizado para se referir especificamente ao *partícipe* do delito, mas ao concorrente para o crime.
9. **Dolo eventual.** Não é admitido, uma vez que o tipo dispõe *tendo conhecimento.*
10. **Consumação.** Com a mera participação. Crime de mera conduta.
11. **Classificação.** Crime comum; doloso; de mera conduta; comissivo; permanente; admite tentativa.

→ **Aplicação em concurso.**

- **Promotor de Justiça. MPE/SC. 2016. MPE/SC.**

  Nos crimes de "lavagem" ou ocultação de bens, direitos e valores, previstos na Lei n. 9.613/98 (Lavagem de Dinheiro), incorre nas mesmas penas quem participa de escritório tendo conhecimento de que sua atividade principal ou, até mesmo secundária, é dirigida à prática de crimes previstos na supramencionada legislação repressiva

  A alternativa está correta.

§ 3º A **tentativa** é punida nos termos do parágrafo único do art. 14 do Código Penal.

1. O dispositivo é desnecessário, em face da já existência do art. 14, II do Código Penal.

§ 4º A **pena será aumentada** de um a dois terços, se os crimes definidos nesta Lei forem cometidos de forma **reiterada** ou por intermédio de **organização criminosa**. (Redação dada pela Lei nº 12.683, de 2012)

1. **Causa de aumento de pena.** O legislador estabeleceu uma causa de aumento de pena para a hipótese de reiteração criminosa ou da prática da lavagem de dinheiro por meio de organização criminosa, em razão da maior reprovabilidade da conduta.

→ **Aplicação em concurso.**

- **Escrivão de Polícia/CE. 2015. VUNESP.**

  No que concerne ao crime de "lavagem" ou ocultação de bens, direitos e valores, da Lei no 9.613/98,

  A) só se configura após o trânsito em julgado da condenação pelo crime que gerou o recurso ilícito (crime antecedente).

  B) a pena será aumentada se o crime for cometido de forma reiterada.

  C) admite-se a responsabilização criminal penal da pessoa jurídica.

  D) pune-se a tentativa com a mesma pena do crime consumado.

  E) a colaboração espontânea do coautor ou partícipe, ainda que efetiva e frutífera, não lhe reduzirá pena.

  Alternativa correta: Letra B.

- **(MPF – Procurador da República/2013).**

  Sobre o crime de lavagem de dinheiro assinale a alternativa certa:

  O § 4º, do art. 1º, da Lei n. 9.613/1998, foi alterado pela Lei n. 12.683/2012, passando a prever a causa de aumento de pena de um a dois terços se os crimes definidos naquele diploma legal forem cometidos de forma reiterada ou por intermédio de organização criminosa.

  A alternativa está certa.

§ 5º A **pena poderá ser reduzida** de um a dois terços e ser **cumprida em regime aberto ou semiaberto**, facultando-se ao juiz **deixar de aplicá-la ou substituí-la**, a qualquer tempo, **por pena restritiva de direitos**, se o autor, coautor ou partícipe **colaborar espontaneamente** com as autoridades, prestando esclarecimentos que conduzam à apuração das infrações penais, à identificação dos autores, coautores e partícipes, ou à localização dos bens, direitos ou valores objeto do crime. (Redação dada pela Lei nº 12.683, de 2012)

1. **Delação premiada.** Pode ser feita a qualquer tempo, seja na fase do inquérito, seja na fase do processo, inclusive após o trânsito em julgado da sentença condenatória.

→ **Aplicação em concurso.**

- **Delegado de Polícia/GO. 2017. CESPE**

  Em relação às disposições expressas nas legislações referentes aos crimes de trânsito, contra o meio ambiente e de lavagem de dinheiro, assinale a opção correta.

  A colaboração premiada de que trata a Lei de Lavagem de Dinheiro poderá operar a qualquer momento da persecução penal, até mesmo após o trânsito em julgado da sentença.

  A alternativa está correta.

2. **Autoridade.** É a autoridade policial, membro do Ministério Público e a autoridade judiciária.

3. **Faculdade do julgador.** De acordo com a redação dada pela lei 12.683/2012, percebe-se que o legislador quis que a redução da pena criminal ou o seu cumprimento nos regimes aberto e semiaberto fosse uma faculdade do Juiz, e não uma obrigação. O mesmo pode ser afirmado em relação à possibilidade de o julgador deixar de aplicar a pena ou substituí-la pela pena restritiva de direitos. Nessas últimas duas hipóteses, tendo em vista que o legislador utilizou as expressões *"a qualquer tempo"*, caso a delação seja feita após o trânsito em julgado da sentença condenatória, competirá ao Juízo da Execução Penal deixar de aplicar a pena ou substituí-a por pena restritiva de direitos, com base no art. 66, II e V, alínea *c* da Lei de Execução Penal (7.210/1984).

→ **Aplicação em concurso.**

- **Juiz Federal da 1ª Região/2015. CESPE.**

  Em relação à Lei de Lavagem de Dinheiro (Lei 9.613/1998), assinale a opção correta.

  Para que tenha direito a benefício resultante de colaboração premiada, é necessário que o agente cumpra dois requisitos: identifique os autores e informe a localização dos bens, direitos ou valores objeto do crime.

  A alternativa está errada.

- **(Vunesp – Promotor de Justiça – SP/2013)**

  Segundo a Lei da Lavagem de Dinheiro e Ocultação de Bens, Direitos e Valores, a delação premiada nos crimes nela descritos NÃO possui o efeito de

A) diminuir a pena do autor na fração de um a dois terços.

B) permitir que o juiz deixe de aplicar a pena ou possa substituí-la por restritiva de direitos.

C) permitir que o partícipe repatrie o dinheiro enviado ao exterior, pagando as multas e os impostos devidos.

D) diminuir a pena do partícipe na fração de um a dois terços.

E) permitir que o juiz determine o cumprimento da pena em regime aberto.

Alternativa correta: letra C.

- **MP/SP – Promotor de Justiça – 2010.**

  Assinale a alternativa correta:

A) a possibilidade de redução da pena, nos termos da Lei n. 9.613/98 ("Lavagem de dinheiro"), condiciona-se à colaboração espontânea do partícipe com os autores, vedado idêntico benefício para o co-autor.

A alternativa está errada.

- **AGU/2008. CESPE.**

  Nos crimes de lavagem de dinheiro, a pena não poderá ser cumprida inicialmente em regime aberto, mesmo que haja colaboração espontânea do coautor ou partícipe com as autoridades, na prestação de esclarecimentos que conduzam à apuração das infrações penais e de sua autoria.

  A alternativa está errada.

CAPÍTULO II
Disposições Processuais Especiais

Art. 2º O **processo e julgamento** dos crimes previstos nesta Lei:

I – obedecem às disposições relativas ao procedimento comum dos crimes punidos com reclusão, da **competência do juiz singular**;

II – **independem do processo e julgamento das infrações penais antecedentes**, ainda que praticados em outro país, cabendo ao juiz competente para os crimes previstos nesta Lei a decisão sobre a unidade de processo e julgamento; (Redação dada pela Lei nº 12.683, de 2012);

III – são da **competência da Justiça Federal**:

a) quando praticados contra o sistema financeiro e a ordem econômico-financeira, ou em detrimento de bens, serviços ou interesses da União, ou de suas entidades autárquicas ou empresas públicas;

b) quando a **infração penal antecedente** for de **competência** da **Justiça Federal**. (Redação dada pela Lei nº 12.683, de 2012).

§ 1º A **denúncia será instruída** com **indícios suficientes da existência da infração penal antecedente**, sendo puníveis os fatos previstos nesta Lei, ainda que desconhecido ou isento de pena o autor, ou extinta a punibilidade da infração penal antecedente. (Redação dada pela Lei nº 12.683, de 2012).

§ 2º No processo por crime previsto nesta Lei, **não se aplica o disposto no art. 366** do Decreto-Lei nº 3.689, de 3 de outubro de 1941 (Código de Processo Penal), devendo o acusado que não comparecer nem constituir advogado ser **citado por edital**, prosseguindo o feito até o julgamento, com a **nomeação de defensor dativo**. (Redação dada pela Lei nº 12.683, de 2012).

1. **Inciso I.** Procedimento previsto nos arts. 394 ao 405 do Código de Processo Penal.

2. **Inciso II.** A lei traz a denominada *autonomia processual* do delito de lavagem de dinheiro. Assim, para que haja a instauração de processo pelo delito de Lavagem de Dinheiro, não é necessária a instauração de processo pela infração penal antecedente, bastando que haja prova dela.

3. **Questão prejudicial.** O julgamento da infração penal antecedente a que se refere o art. 1º da lei não é uma questão prejudicial, e o processo pelo delito de lavagem pode se iniciar independentemente do início do processo pela infração penal antecedente.

4. **Unidade de processo e julgamento.** A lei 12.683/2012 trouxe a possibilidade de o Juízo competente para o processo e o julgamento do delito de lavagem de dinheiro decidir sobre a unidade de processo e de julgamento das infrações penais. Trata-se de medida salutar e de extrema importância, uma vez que o julgamento unificado poderá embasar o julgador acerca dos elementos probatórios para que ele forme a sua convicção sobre a ocorrência da infração penal antecedente e sobre o delito de lavagem de dinheiro, evitando-se, com isso, decisões contraditórias.

5. **Ainda que praticado em outro país.** Se a infração penal antecedente for praticada em outro país, deve ser observado o princípio da dupla tipicidade, ou seja, o fato deve ser infração penal também no outro país onde foi praticado, mesmo que lá possua outro *nomen juris,* uma vez que o conceito de *infração penal antecedente* é elemento do tipo. Se a conduta não for considerada infração penal no outro país, não haverá o delito de lavagem de dinheiro.

6. **Tentativa da infração penal antecedente.** Mesmo nessa hipótese, será possível a lavagem, desde que a infração penal antecedente tenha gerado bens, direitos ou valores que possam ser lavados.

7. **Absolvição do agente pela infração penal antecedente.** Não impede que o agente seja autor do delito de lavagem de dinheiro, salvo absolvição com fundamento na inexistência do fato (art. 386, I do Código de Processo Penal) ou atipicidade da conduta (art. 386, III do Código de Processo Penal).

   → **Aplicação em concurso.**

   - **Delegado de Polícia/PE. 2016. CESPE**

     A respeito da legislação penal extravagante brasileira, assinale a opção correta.

     Agente absolvido de crime antecedente de tráfico de drogas, em razão de o fato não constituir infração penal, ainda poderá ser punido pelo crime de branqueamento de capitais, uma vez que a absolvição daquele crime precedente pela atipicidade não tem o condão de afastar a tipicidade do crime de lavagem de dinheiro.

     A alternativa está errada.

   - **AGU/2008. CESPE.**

     O processo e o julgamento dos crimes de lavagem de dinheiro independem do processo e do julgamento dos crimes antecedentes, ainda que praticados em outro país.

     A alternativa está correta.

8. **Inciso III.** Competência para processo e julgamento. A alínea *a* está em conformidade com o art. 109, IV e VI da CRFB/88. Na hipótese descrita na alínea *b,* deve ser aplicada a súmula 122 do STJ, que dispõe que *compete à Justiça Federal o processo e julgamento unificado dos crimes conexos de competência federal e estadual, não se aplicando a regra do art. 78, II, a, do Código de Processo Penal.*

   → **Aplicação em concurso.**

   - **AGU/2008. CESPE.**

     Compete à justiça estadual o processo e o julgamento dos crimes de lavagem de dinheiro, ainda que o crime antecedente seja de competência da justiça federal, desde que não tenha sido praticado em detrimento de bens, serviços ou interesses da União, ou de suas entidades autárquicas ou empresas públicas.

     A alternativa está errada.

     Sabe-se que os critérios para a definição de competência processual estão positivados nos arts. 69 e seguintes do Código de Processo Penal. Entretanto, pode haver a modificação da competência originária, em razão de conexão entre dois delitos. A despeito de o Código de Processo Penal dispor, no art. 76, que a competência será *determinada* pela conexão, tem-se que, na verdade, o legislador não empregou o termo correto, uma vez que a conexão não configura causa de *determinação* de competência, mas sim causa de *modificação* de competência. Assim, havendo conexão entre dois delitos, a competência de um deles será modificada. Pode acontecer, dessa forma, de a infração penal antecedente, de competência da justiça estadual, ser processado e julgado pela Justiça Federal por ser conexo com um crime de sua competência. Basta citar, como exemplo, um tráfico nacional de drogas, de competência da Justiça Estadual, que seja julgado pela Justiça Federal por ter sido praticado em conexão com o delito de falsificação de passaporte, esse último de competência da Justiça Federal. Nesse caso, a indagação relevante é de quem seria a competência para processar e julgar o delito de lavagem de dinheiro que tivesse como infração penal antecedente o tráfico nacional de drogas. Note-se que, originariamente, esse delito é de competência da Justiça Estadual, somente sendo julgado pela Justiça Federal justamente em razão da conexão. Segundo a jurisprudência do STJ, a *modificação* da competência pela conexão tem o condão da afetar a competência para processar e julgar o delito de lavagem de dinheiro. Assim, tendo o delito de tráfico nacional de drogas sido julgado pela Justiça Federal, mesmo que em razão da conexão, a competência para processar e julgar o delito de lavagem do se o produto é também da Justiça Federal.

▶ **STJ**

INFORMATIVO Nº 391

Terceira Seção

COMPETÊNCIA. LAVAGEM. DINHEIRO. CRIME ANTECEDENTE.

A Seção declarou competente o juízo federal da vara especializada em crimes contra o Sistema Financeiro Nacional e em lavagem de valores suscitante para dar prosseguimento ao feito apurado em inquérito policial pela prática de conduta que se amolda ao tipo penal de lavagem de dinheiro que teve como crime antecedente tráfico nacional de entorpecente, mas no qual os investigados foram processados e condenados pelo juízo federal criminal. No caso dos autos, embora o crime antecedente seja tráfico nacional de entorpecentes, ele só foi julgado pelo juízo federal por haver conexão com crime de falsidade de passaporte em observância às regras de competência. Assim também, o juízo federal é competente para o julgamento do crime de lavagem de dinheiro nos termos do art. 2º, III, b, da Lei n. 9.613/1998. CC 97.636-SP, Rel. Min. Maria Thereza de Assis Moura, julgado em 22/4/2009.

→ **Aplicação em concurso.**

- **(MPE-GO – Promotor de Justiça – GO/2012)**

  Em matéria de lavagem de capitais, é correto afirmar que:

  Quando o crime antecedente for de competência da Justiça Federal, disciplina o art. 2º, inciso III, "b", da Lei nº 9.613/98, que a competência para o julgamento, excepcionalmente será da Justiça Estadual.

  A alternativa está errada.

- **(MPF – Procurador da República/2011)**

  Sobre os aspectos processuais dos crimes de lavagem de dinheiro, pode-se dizer que:

  A) as medidas previstas no artigo 4º da lei respectiva se equivalem àquelas previstas nos artigos 125 e 134, além dos artigos 240 e seguintes do CPP.

  B) a competência não será da justiça federal, quando o crime antecedente for um peculato praticado por detentor de cargo em comissão do Banco do Brasil.

  C) a restituição da coisa apreendida somente será feita na pessoa do acusado.

  D) o acusado citado por edital que não apresentar defesa no prazo de 10 dias, será processado e julgado à revelia.

  Alternativa correta: letra B.

9. § 1º Requisitos da denúncia. Este dispositivo exigiu mais um requisito da denúncia, além dos requisitos genéricos descritos no art. 41 do Código de Processo Penal, que são os *indícios suficientes da existência da infração penal antecedente*. Essa demonstração na denúncia é fundamental para viabilizar o oferecimento da denúncia. São exemplos doutrinários de indícios: a comprovação por exame microscópico, da presença de cocaína nas cédulas apreendidas em poder do agente; a constatação de volumoso patrimônio, somada à falta de declaração de rendimentos e comprovado envolvimento com o tráfico de drogas; desproporção entre os rendimentos declarados pelo acusado e sua movimentação financeira.

   → **Aplicação em concurso.**

   - **Ministério Público do Estado de Rondônia/2008. CESPE.**

     A denúncia pelo crime de lavagem de dinheiro independe do processamento do acusado pela infração que a antecede, mostrando-se possível, em princípio, a deflagração da ação penal tão-somente em relação àquele delito, desde que a peça acusatória esteja instruída com indícios suficientes da existência do crime antecedente.

     A alternativa está correta.

10. **Autor da infração penal antecedente desconhecido ou isento de pena.** O dispositivo dispõe que o delito de lavagem, previsto na lei, seja punido mesmo que o autor da infração penal antecedente seja desconhecido ou isento de pena. Assim, haverá o delito de lavagem mesmo que a infração penal antecedente seja praticada por um inimputável, como no caso não-raro de tráfico de drogas praticado por um menor de 18 anos.

11. **Extinção da punibilidade em relação à infração penal antecedente.** A lei 12.683/2012 inseriu no dispositivo legal ora comentado a subsistência do delito de lavagem de dinheiro, mesmo que em relação à infração penal antecedente tenha ocorrido a extinção da punibilidade do agente por qualquer das causas elencadas no art. 107 do Código Penal. Isso reafirma a autonomia do delito de lavagem de dinheiro em relação à infração penal antecedente, deixando claro que a punibilidade da infração penal antecedente em nada influencia o delito de lavagem de dinheiro. Basta, portanto, que tenha ocorrido a infração penal antecedente, independentemente da sua punibilidade. Assim, mesmo tenha ocorrido, por exemplo, a prescrição em relação à infração antecedente, subsistirá o crime de lavagem de dinheiro.

▶ **STJ**

INFORMATIVO nº 494
Quinta Turma

PRESCRIÇÃO. CRIME ANTECEDENTE. LAVAGEM DE DINHEIRO.

A extinção da punibilidade pela prescrição quanto aos crimes antecedentes não implica o reconhecimento da atipicidade do delito de lavagem de dinheiro (art. 1º da Lei n. 9.613/1998) imputado ao paciente. Nos termos do art. 2º, II, § 1º da lei mencionada, para a configuração do delito de lavagem de dinheiro não há necessidade de prova cabal do crime anterior, mas apenas a demonstração de indícios suficientes de sua existência. Assim sendo, o crime de lavagem de dinheiro é delito autônomo, independente de condenação ou da existência de processo por crime antecedente. Precedentes citados do STF: HC 93.368-PR, DJe 25/8/2011; HC 94.958-SP, DJe 6/2/2009; do STJ: HC 137.628-RJ, DJe 17/12/2010; REsp 1.133.944-PR, DJe 17/5/2010; HC 87.843-MS, DJe 19/12/2008; APn 458-SP, DJe 18/12/2009, e HC 88.791-SP, DJe 10/11/2008. **(HC 207.936-MG**, Rel. Min. Jorge Mussi, julgado em 27/3/2012).

→ **Aplicação em concurso.**

- **Defensor Público Federal. DPU. 2017. CESPE.**

  Em assalto a uma agência bancária, Lúcio conseguiu alta monta financeira. Com parte do dinheiro, ele comprou imóvel em nome próprio, tendo declarado na escritura de compra e venda valor inferior ao que foi efetivamente pago pelo imóvel. Em seguida, Lúcio vendeu o bem pelo valor de mercado, o que tornou lícito o proveito econômico do crime praticado. Acerca dessa situação hipotética, julgue os itens seguintes à luz da legislação e da doutrina pertinentes à lavagem de dinheiro e à extinção de punibilidade. Caso o crime de roubo prescreva, subsistirão a punibilidade e o crime de lavagem de dinheiro em razão da compra e posterior venda do imóvel com o proveito econômico do crime.

  A alternativa está correta.

12. § 2º. O legislador determinou a não-aplicabilidade do art. 366 do Código de Processo Penal aos delitos de lavagem de dinheiro, sob a justificativa de que a suspensão do processo constituiria um prêmio para o delinquente e um obstáculo à descoberta de ilícitos que se desenvolvem em parceria com a lavagem de dinheiro. Sempre houve crítica de parte da doutrina ao dispositivo ora estudado, sustentando a sua não-aplicabilidade, com a manutenção da aplicação do art. 366 aos crimes de lavagem, para que se assegure o princípio do devido processo legal, da ampla defesa e do contraditório. A parte final do dispositivo foi inserida pela lei 12.683/2012 e parece ter resolvido esse problema, de forma que o acusado que não comparecer, nem constituir advogado, deverá ser citado por edital, prosseguindo o feito até o julgamento, com a nomeação de defensor dativo. A determinação da citação por edital e do prosseguimento do processo com a nomeação de defensor dativo foi o meio pelo qual o legislador conciliou o dispositivo legal com os princípios do contraditório e da ampla defesa, fazendo com o que o processo tenha o seu curso normal, sem a sua suspensão prevista no art. 366 do Código de Processo Penal e assegurando o contraditório e a ampla defesa do réu, por meio de defensor nomeado para tal fim. Trata-se de medida semelhante à prevista no art. 396-A, §2º do Código de Processo Penal, que determina a nomeação de defensor ao acusado que, citado, não constituir defensor. Apesar de a lei dispor *defensor dativo,* nos Estados em que houver Defensoria Pública, o exercício da defesa do acuso caberá ao Defensor Público.

Art. 3º (Revogado pela Lei nº 12.683, de 2012).

Art. 4º O juiz, de ofício, a requerimento do Ministério Público ou mediante representação do delegado de polícia, ouvido o Ministério Público em 24 (vinte e quatro) horas, havendo indícios suficientes de infração penal, poderá decretar m**edidas assecuratórias de bens, direitos ou valores** do investigado ou acusado, ou existentes em nome de interpostas pessoas, que sejam instrumento, produto ou proveito dos crimes previstos nesta Lei ou das infrações penais antecedentes. (Redação dada pela Lei nº 12.683, de 2012).

§ 1º Proceder-se-á à **alienação antecipada** para preservação do valor dos bens sempre que estiverem sujeitos a qualquer grau de deterioração ou depreciação, ou quando houver dificuldade para sua manutenção. (Redação dada pela Lei nº 12.683, de 2012).

§ 2º O juiz determinará a **liberação total ou parcial** dos bens, direitos e valores quando **comprovada a licitude de sua origem**, mantendo-se a constrição dos bens, direitos e valores necessários e suficientes à reparação dos danos e ao pagamento de prestações pecuniárias, multas e custas decorrentes da infração penal. (Redação dada pela Lei nº 12.683, de 2012).

§ 3º Nenhum pedido de liberação será conhecido **sem o comparecimento pessoal do acusado ou de interposta pessoa** a que se refere o *caput* deste artigo, podendo o juiz determinar a prática de atos necessários à conservação de bens, direitos ou valores, sem prejuízo do disposto no § 1º. (Redação dada pela Lei nº 12.683, de 2012).

§ 4º Poderão ser decretadas **medidas assecuratórias** sobre bens, direitos ou valores para **reparação do dano** decorrente da infração penal antecedente ou da prevista nesta Lei ou para pagamento de prestação pecuniária, multa e custas. (Redação dada pela Lei nº 12.683, de 2012).

1. ***Caput.*** A lei traz as denominadas medidas assecuratórias, que decorrem do poder geral de cautela do juiz no processo penal. Tais medidas assecuratórias têm por finalidade fazer a coisa retornar ao seu possuidor legítimo e permitir que o juiz tenha conhecimento dos elementos do delito, sobretudo no que se refere à atividade probatória. A lei 12.683/2012 possibilitou a decretação de medidas assecuratórias de bens, direitos ou valores existentes em nome de interpostas pessoas, que são conhecidas como "laranjas" e são utilizadas pelo verdadeiro autor do delito para desviar a atenção das autoridades de segurança pública.

2. § 1º. A lei 12.683/2102 trouxe para a lei de lavagem de dinheiro o instituto da alienação antecipada dos bens que tiverem sido objeto da medida assecuratória, nos mesmos moldes do art. 144-A do Código de Processo Penal, evitando-se, com isso, que haja a deterioração do bem ou a perda do seu valor, caso em que a medida assecuratória não teria efetividade. Trata-se de uma medida que possui grande

utilidade prática, sobretudo em razão de o Poder Judiciário não ter uma estrutura que permita a conservação do bem até o trânsito em julgado da decisão jurisdicional definitiva. Por meio da alienação antecipada, evita-se o risco de deterioração ou depreciação dos objetos apreendidos com a medida assecuratória.

3. § 2º. Comprovada a licitude da origem dos bens, direitos e valores apreendidos, o juiz deverá determinar a sua liberação. Entretanto, a lei 12.683/2012 determina a manutenção da constrição dos bens direitos e valores, desde que seja medida necessária e suficiente para a reparação do dano e ao pagamento de prestações pecuniárias, multas e custas processuais.

4. § 3º. Exige o comparecimento pessoal do acusado ou da interposta pessoa como condição para o conhecimento do pedido de restituição. Entre os atos necessários à conservação dos bens, direitos e valores, a lei 12.683/2012 permitiu a alienação antecipada nos moldes do §1º.

5. **§ 4º.** A lei 12.683/2012 ampliou a finalidade da decretação das medidas assecuratórias na lei de lavagem de dinheiro e trouxe também a possibilidade de sua decretação como forma de garantir pagamentos futuros, como a reparação do dano, prestação pecuniária, multa e custas processuais.

Art. 4º-A. A **alienação antecipada** para preservação de valor de bens sob constrição será decretada pelo juiz, de ofício, a requerimento do Ministério Público ou por solicitação da parte interessada, mediante petição autônoma, que será autuada em apartado e cujos autos terão tramitação em separado em relação ao processo principal. (Incluído pela Lei nº 12.683, de 2012)

§ 1º O **requerimento de alienação deverá conter** a relação de todos os demais bens, com a descrição e a especificação de cada um deles, e informações sobre quem os detém e local onde se encontram. (Incluído pela Lei nº 12.683, de 2012)

§ 2º O juiz determinará a avaliação dos bens, nos autos apartados, e intimará o Ministério Público. (Incluído pela Lei nº 12.683, de 2012)

§ 3º Feita a avaliação e dirimidas eventuais divergências sobre o respectivo laudo, o juiz, por sentença, homologará o valor atribuído aos bens e determinará sejam alienados em **leilão ou pregão, preferencialmente eletrônico**, por valor não inferior a 75% (setenta e cinco por cento) da avaliação. (Incluído pela Lei nº 12.683, de 2012)

§ 4º Realizado o leilão, a **quantia apurada** será **depositada em conta judicial remunerada**, adotando-se a seguinte disciplina: (Incluído pela Lei nº 12.683, de 2012)

I – nos processos de competência da Justiça Federal e da Justiça do Distrito Federal: (Incluído pela Lei nº 12.683, de 2012)

a) os depósitos serão efetuados na Caixa Econômica Federal ou em instituição financeira pública, mediante documento adequado para essa finalidade; (Incluída pela Lei nº 12.683, de 2012)

b) os depósitos serão repassados pela Caixa Econômica Federal ou por outra instituição financeira pública para a Conta Única do Tesouro Nacional, independentemente de qualquer formalidade, no prazo de 24 (vinte e quatro) horas; e (Incluída pela Lei nº 12.683, de 2012)

c) os valores devolvidos pela Caixa Econômica Federal ou por instituição financeira pública serão debitados à Conta Única do Tesouro Nacional, em subconta de restituição; (Incluída pela Lei nº 12.683, de 2012)

II – nos processos de competência da Justiça dos Estados: (Incluído pela Lei nº 12.683, de 2012)

a) os depósitos serão efetuados em instituição financeira designada em lei, preferencialmente pública, de cada Estado ou, na sua ausência, em instituição financeira pública da União; (Incluída pela Lei nº 12.683, de 2012)

b) os depósitos serão repassados para a conta única de cada Estado, na forma da respectiva legislação. (Incluída pela Lei nº 12.683, de 2012)

§ 5º Mediante ordem da autoridade judicial, o **valor do depósito**, após o trânsito em julgado da sentença proferida na ação penal, será: (Incluído pela Lei nº 12.683, de 2012)

I – em caso de sentença condenatória, nos processos de competência da Justiça Federal e da Justiça do Distrito Federal, **incorporado definitivamente ao patrimônio** da **União**, e, nos processos de competência da Justiça Estadual, incorporado ao patrimônio do **Estado** respectivo; (Incluído pela Lei nº 12.683, de 2012)

II – em caso de **sentença absolutória extintiva de punibilidade**, colocado à disposição do réu pela instituição financeira, acrescido da remuneração da conta judicial. (Incluído pela Lei nº 12.683, de 2012)

§ 6º A instituição financeira depositária manterá controle dos valores depositados ou devolvidos. (Incluído pela Lei nº 12.683, de 2012)

§ 7º Serão deduzidos da quantia apurada no leilão todos os tributos e multas incidentes sobre o bem alienado, sem prejuízo de iniciativas que, no âmbito da competência de cada ente da Federação, venham a desonerar bens sob constrição judicial daqueles ônus. (Incluído pela Lei nº 12.683, de 2012)

§ 8º Feito o depósito a que se refere o § 4º deste artigo, os autos da alienação serão apensados aos do processo principal. (Incluído pela Lei nº 12.683, de 2012)

§ 9º Terão apenas **efeito devolutivo os recursos interpostos** contra as decisões proferidas no curso do procedimento previsto neste artigo. (Incluído pela Lei nº 12.683, de 2012)

§ 10. Sobrevindo o trânsito em julgado de **sentença penal condenatória**, o juiz decretará, em favor, conforme o caso, da União ou do Estado: (Incluído pela Lei nº 12.683, de 2012)

I – a **perda dos valores depositados** na conta remunerada e da fiança; (Incluído pela Lei nº 12.683, de 2012)

II – a **perda dos bens não alienados antecipadamente** e daqueles aos quais não foi dada destinação prévia; e (Incluído pela Lei nº 12.683, de 2012)

III – a **perda dos bens não reclamados no prazo de 90 (noventa) dias** após o trânsito em julgado da sentença condenatória, **ressalvado** o direito de lesado ou terceiro de boa-fé. (Incluído pela Lei nº 12.683, de 2012)

§ 11. Os bens a que se referem os incisos II e III do § 10 deste artigo serão adjudicados ou levados a leilão, depositando-se o saldo na conta única do respectivo ente. (Incluído pela Lei nº 12.683, de 2012)

§ 12. O juiz determinará ao registro público competente que emita documento de habilitação à circulação e utilização dos bens colocados sob o uso e custódia das entidades a que se refere o caput deste artigo. (Incluído pela Lei nº 12.683, de 2012)

§ 13. Os recursos decorrentes da alienação antecipada de bens, direitos e valores oriundos do crime de tráfico ilícito de drogas e que tenham sido objeto de dissimulação e ocultação nos termos desta Lei permanecem submetidos à disciplina definida em lei específica. (Incluído pela Lei nº 12.683, de 2012)

1. **Procedimento da alienação antecipada.** No art. 4-A, inserido pela lei 12.683/2012, o legislador trouxe o procedimento da alienação antecipada. O Ministério Público ou a parte interessa dirige o requerimento ao Juiz com a relação e a descrição de todos os bens, bem como, se possível, a indicação da pessoa que esteja na posse deles e o local onde estão. Após, o Juiz determina a avaliação dos bens, é realizado o leilão, o valor é depositado em conta judicial e segue-se o procedimento descrito na lei.

→ **Aplicação em concurso.**

- **(TRF 3 – Juiz Federal Substituto 3ª região/2013)**

  Sobre os crimes de cartel e de lavagem de dinheiro, considere as seguintes assertivas: Na lei de lavagem de dinheiro, a alienação antecipada de bens se limita aos casos de risco de depreciação total de bens ou quando houver dificuldade para sua manutenção.

  A alternativa está errada.

- **(Vunesp – Promotor de Justiça – ES/2013)**

  A alienação antecipada de bens é um procedimento admitido expressamente na lei de

  (A) Crimes eleitorais.

  (B) Crimes contra o consumidor.

  (C) Crimes hediondos.

  (D) Crimes referentes a licitações e contratos administrativos.

  (E) Lavagem de dinheiro.

  Alternativa correta: letra E.

Art. 4º-B. A ordem de prisão de pessoas ou as medidas assecuratórias de bens, direitos ou valores poderão ser **suspensas** pelo juiz, ouvido o Ministério Público, quando a sua execução imediata puder **comprometer as investigações**. (Incluído pela Lei nº 12.683, de 2012)

1. **Ação controlada.** O legislador fez menção expressa à denominada *ação controlada*, também conhecida como *flagrante retardado*. Note-se que o artigo não se referiu à prisão em flagrante.

Art. 5º Quando as circunstâncias o aconselharem, o juiz, ouvido o Ministério Público, **nomeará pessoa física ou jurídica qualificada para a administração dos bens, direitos**

ou valores sujeitos a medidas assecuratórias, mediante termo de compromisso. (Redação dada pela Lei nº 12.683, de 2012).

Art. 6º A pessoa responsável pela administração dos bens: (Redação dada pela Lei nº 12.683, de 2012):

I – fará jus a uma remuneração, fixada pelo juiz, que será satisfeita com o produto dos bens objeto da administração;

II – prestará, por determinação judicial, informações periódicas da situação dos bens sob sua administração, bem como explicações e detalhamentos sobre investimentos e reinvestimentos realizados.

Parágrafo único. Os atos relativos à administração dos bens sujeitos a medidas assecuratórias serão levados ao conhecimento do Ministério Público, que requererá o que entender cabível. (Redação dada pela Lei nº 12.683, de 2012).

1. **Administração dos bens.** A conservação e a administração dos bens decorrem das medidas assecuratórias, visando a evitar o perecimento dos bens, direitos e valores apreendidos, para que futuramente possam ser restituídos plenamente ao legítimo proprietário. A lei 12.683/2012 trouxe a possibilidade de o administrador dos bens, direitos ou valores nomeado pelo Juiz ser pessoa física ou pessoa jurídica.

CAPÍTULO III
Dos Efeitos da Condenação

Art. 7º São **efeitos da condenação**, além dos previstos no Código Penal:

I – a **perda, em favor da União – e dos Estados**, nos casos de competência da Justiça Estadual –, de todos os bens, direitos e valores relacionados, direta ou indiretamente, à prática dos crimes previstos nesta Lei, inclusive aqueles utilizados para prestar a fiança, ressalvado o direito do lesado ou de terceiro de boa-fé; (Redação dada pela Lei nº 12.683, de 2012);

II – a **interdição do exercício de cargo ou função pública** de qualquer natureza e de diretor, de membro de conselho de administração ou de gerência das pessoas jurídicas referidas no art. 9º, pelo dobro do tempo da pena privativa de liberdade aplicada.

§ 1º A União e os Estados, no âmbito de suas competências, regulamentarão a forma de destinação dos bens, direitos e valores cuja perda houver sido declarada, assegurada, quanto aos processos de competência da Justiça Federal, a sua utilização pelos órgãos federais encarregados da prevenção, do combate, da ação penal e do julgamento dos crimes previstos nesta Lei, e, quanto aos processos de competência da Justiça Estadual, a preferência dos órgãos locais com idêntica função. (Incluído pela Lei nº 12.683, de 2012).

§ 2º Os instrumentos do crime sem valor econômico cuja perda em favor da União ou do Estado for decretada serão inutilizados ou doados a museu criminal ou a entidade pública, se houver interesse na sua conservação. (Incluído pela Lei nº 12.683, de 2012).

1. **Efeitos da condenação.** No art. 7º, o legislador estabeleceu os efeitos da condenação pela prática do delito de lavagem. Os dois incisos estão em consonância com

o art. 5º, XLVI, alíneas *b* e *e,* da CFRB/88, que trata das penas de "perda de bens" e "suspensão ou interdição de direitos."

2. **Inciso I.** Perda de bens em favor da União e dos Estados (nas hipóteses de crimes processados e julgados pela Justiça Estadual). Trata-se do *confisco* do produto relacionado direta ou indiretamente ao crime de lavagem de dinheiro, que podem ser os produtos empregados na lavagem ou o produto que seja consequência da lavagem, como os lucros obtidos em uma operação financeira, inclusive o que for utilizado para prestar a fiança, nos moldes da redação dada pela lei 12.683/2012. É efeito genérico da condenação, nos moldes do art. 91, II, *b* do Código Penal, que decorre automaticamente da condenação, não se exigindo, portanto, declaração expressa na sentença condenatória.

→ **Aplicação em concurso.**

- **(MPF – Procurador da República/2013)**

  Sobre o crime de lavagem de dinheiro assinale a alternativa certa:

  O art. 7º, da Lei 9.613/1998, foi alterado pela Lei n. 12.683/2012, passando a prever, como efeito da condenação, a perda, tão somente em favor da União, de todos os ativos relacionados, direta ou indiretamente, à prática da lavagem, ressalvado o direito do lesado ou de terceiro de boa-fé.

  A alternativa está errada.

3. **Inciso II.** Interdição para exercício do cargo ou função pública. É efeito específico da condenação nos mesmos moldes do art. 92, I do Código Penal. Esse efeito não é automático; deve ser declarado e fundamentado expressamente na sentença condenatória.

4. **Diferença entre o Inciso II e o art. 92, I do Código Penal.** No art. 92, I do Código Penal, a lei trata da *perda* do cargo que já era ocupado pelo condenado. No art. 7º, II da lei 9.613/98, a lei trata da impossibilidade de se vir a ocupar cargo ou função pública, com *efeitos futuros*. Nada obsta a aplicação conjunta dos dois dispositivos.

CAPÍTULO IV
Dos Bens, Direitos ou Valores Oriundos de Crimes Praticados no Estrangeiro

Art. 8º O juiz determinará, na hipótese de existência de tratado ou convenção internacional e por solicitação de autoridade estrangeira competente, medidas assecuratórias sobre bens, direitos ou valores oriundos de crimes descritos no art. 1º **praticados no estrangeiro**. (Redação dada pela Lei nº 12.683, de 2012).

§ 1º Aplica-se o disposto neste artigo, independentemente de tratado ou convenção internacional, quando o governo do país da autoridade solicitante prometer **reciprocidade** ao Brasil.

§ 2º Na **falta de tratado ou convenção**, os bens, direitos ou valores privados sujeitos a medidas assecuratórias por solicitação de autoridade estrangeira competente ou os recursos provenientes da sua alienação serão repartidos entre o Estado requerente e o Brasil, na proporção de metade, ressalvado o direito do lesado ou de terceiro de boa-fé. (Redação dada pela Lei nº 12.683, de 2012).

1. Trata da determinação de medidas assecuratórias sobre bens, direitos e valores oriundos de crimes praticados no estrangeiro.

2. **Requisitos**. O primeiro requisito é a existência de tratado internacional autorizando a determinação da medida assecuratória. Ou promessa de reciprocidade, no caso de ausência de tratado internacional. O segundo requisito consiste na solicitação da autoridade estrangeira competente.

3. § 2º. A repartição dos valores depende do trânsito em julgado da sentença penal condenatória.

CAPÍTULO V
DAS PESSOAS SUJEITAS AO MECANISMO DE CONTROLE

(Redação dada pela Lei nº 12.683, de 2012).

Art. 9º Sujeitam-se às obrigações referidas nos arts. 10 e 11 as pessoas físicas e jurídicas que tenham, em caráter permanente ou eventual, como atividade principal ou acessória, cumulativamente ou não: (Redação dada pela Lei nº 12.683, de 2012):

I – a captação, intermediação e aplicação de recursos financeiros de terceiros, em moeda nacional ou estrangeira;

II – a compra e venda de moeda estrangeira ou ouro como ativo financeiro ou instrumento cambial;

III – a custódia, emissão, distribuição, liqüidação, negociação, intermediação ou administração de títulos ou valores mobiliários.

Parágrafo único. Sujeitam-se às mesmas obrigações:

I – as bolsas de valores, as bolsas de mercadorias ou futuros e os sistemas de negociação do mercado de balcão organizado; (Redação dada pela Lei nº 12.683, de 2012);

II – as seguradoras, as corretoras de seguros e as entidades de previdência complementar ou de capitalização;

III – as administradoras de cartões de credenciamento ou cartões de crédito, bem como as administradoras de consórcios para aquisição de bens ou serviços;

IV – as administradoras ou empresas que se utilizem de cartão ou qualquer outro meio eletrônico, magnético ou equivalente, que permita a transferência de fundos;

V – as empresas de arrendamento mercantil (*leasing*) e as de fomento comercial (*factoring*);

VI – as sociedades que efetuem distribuição de dinheiro ou quaisquer bens móveis, imóveis, mercadorias, serviços, ou, ainda, concedam descontos na sua aquisição, mediante sorteio ou método assemelhado;

VII – as filiais ou representações de entes estrangeiros que exerçam no Brasil qualquer das atividades listadas neste artigo, ainda que de forma eventual;

VIII – as demais entidades cujo funcionamento dependa de autorização de órgão regulador dos mercados financeiro, de câmbio, de capitais e de seguros;

IX – as pessoas físicas ou jurídicas, nacionais ou estrangeiras, que operem no Brasil como agentes, dirigentes, procuradoras, comissionárias ou por qualquer forma representem interesses de ente estrangeiro que exerça qualquer das atividades referidas neste artigo;

X - as pessoas físicas ou jurídicas que exerçam atividades de promoção imobiliária ou compra e venda de imóveis; (Redação dada pela Lei nº 12.683, de 2012);

XI - as pessoas físicas ou jurídicas que comercializem jóias, pedras e metais preciosos, objetos de arte e antiguidades;

XII - as pessoas físicas ou jurídicas que comercializem bens de luxo ou de alto valor, intermedeiem a sua comercialização ou exerçam atividades que envolvam grande volume de recursos em espécie; (Redação dada pela Lei nº 12.683, de 2012);

XIII - as juntas comerciais e os registros públicos; (Incluído pela Lei nº 12.683, de 2012);

XIV - as pessoas físicas ou jurídicas que prestem, mesmo que eventualmente, serviços de assessoria, consultoria, contadoria, auditoria, aconselhamento ou assistência, de qualquer natureza, em operações: (Incluído pela Lei nº 12.683, de 2012);

a) de compra e venda de imóveis, estabelecimentos comerciais ou industriais ou participações societárias de qualquer natureza; (Incluída pela Lei nº 12.683, de 2012);

b) de gestão de fundos, valores mobiliários ou outros ativos; (Incluída pela Lei nº 12.683, de 2012);

c) de abertura ou gestão de contas bancárias, de poupança, investimento ou de valores mobiliários; (Incluída pela Lei nº 12.683, de 2012);

d) de criação, exploração ou gestão de sociedades de qualquer natureza, fundações, fundos fiduciários ou estruturas análogas; (Incluída pela Lei nº 12.683, de 2012);

e) financeiras, societárias ou imobiliárias; e (Incluída pela Lei nº 12.683, de 2012);

f) de alienação ou aquisição de direitos sobre contratos relacionados a atividades desportivas ou artísticas profissionais; (Incluída pela Lei nº 12.683, de 2012);

XV - pessoas físicas ou jurídicas que atuem na promoção, intermediação, comercialização, agenciamento ou negociação de direitos de transferência de atletas, artistas ou feiras, exposições ou eventos similares; (Incluído pela Lei nº 12.683, de 2012);

XVI - as empresas de transporte e guarda de valores; (Incluído pela Lei nº 12.683, de 2012);

XVII - as pessoas físicas ou jurídicas que comercializem bens de alto valor de origem rural ou animal ou intermedeiem a sua comercialização; e (Incluído pela Lei nº 12.683, de 2012);

XVIII - as dependências no exterior das entidades mencionadas neste artigo, por meio de sua matriz no Brasil, relativamente a residentes no País. (Incluído pela Lei nº 12.683, de 2012).

1. **Dever de colaboração com o Estado.** O legislador impôs às pessoas descritas no art. 9º as obrigações constantes dos arts. 10 e 11 da lei. Tratam-se de pessoas que exercem atividades que podem ser meio para a prática da lavagem de dinheiro.

CAPÍTULO VI
Da Identificação dos Clientes e Manutenção de Registros

Art. 10. As pessoas referidas no art. 9º:

I – identificarão seus clientes e manterão cadastro atualizado, nos termos de instruções emanadas das autoridades competentes;

II – manterão registro de toda transação em moeda nacional ou estrangeira, títulos e valores mobiliários, títulos de crédito, metais, ou qualquer ativo passível de ser convertido em dinheiro, que ultrapassar limite fixado pela autoridade competente e nos termos de instruções por esta expedidas;

III – deverão adotar políticas, procedimentos e controles internos, compatíveis com seu porte e volume de operações, que lhes permitam atender ao disposto neste artigo e no art. 11, na forma disciplinada pelos órgãos competentes; (Redação dada pela Lei nº 12.683, de 2012)

IV – deverão cadastrar-se e manter seu cadastro atualizado no órgão regulador ou fiscalizador e, na falta deste, no Conselho de Controle de Atividades Financeiras (Coaf), na forma e condições por eles estabelecidas; (Redação dada pela Lei nº 12.683, de 2012)

V – deverão atender às requisições formuladas pelo Coaf na periodicidade, forma e condições por ele estabelecidas, cabendo-lhe preservar, nos termos da lei, o sigilo das informações prestadas. (Incluído pela Lei nº 12.683, de 2012)

§ 1º Na hipótese de o cliente constituir-se em pessoa jurídica, a identificação referida no inciso I deste artigo deverá abranger as pessoas físicas autorizadas a representá-la, bem como seus proprietários.

§ 2º Os cadastros e registros referidos nos incisos I e II deste artigo deverão ser conservados durante o período mínimo de cinco anos a partir do encerramento da conta ou da conclusão da transação, prazo este que poderá ser ampliado pela autoridade competente.

§ 3º O registro referido no inciso II deste artigo será efetuado também quando a pessoa física ou jurídica, seus entes ligados, houver realizado, em um mesmo mês-calendário, operações com uma mesma pessoa, conglomerado ou grupo que, em seu conjunto, ultrapassem o limite fixado pela autoridade competente.

Art. 10-A. O **Banco Central manterá registro centralizado** formando o cadastro geral de correntistas e clientes de instituições financeiras, bem como de seus procuradores. (Incluído pela Lei nº 10.701, de 9.7.2003)

CAPÍTULO VII
Da Comunicação de Operações Financeiras

Art. 11. As pessoas referidas no art. 9º:

I – dispensarão especial atenção às operações que, nos termos de instruções emanadas das autoridades competentes, possam constituir-se em sérios indícios dos crimes previstos nesta Lei, ou com eles relacionar-se;

II – deverão comunicar ao Coaf, abstendo-se de dar ciência de tal ato a qualquer pessoa, inclusive àquela à qual se refira a informação, no prazo de 24 (vinte e quatro) horas, a proposta ou realização: (Redação dada pela Lei nº 12.683, de 2012)

a) de todas as transações referidas no inciso II do art. 10, acompanhadas da identificação de que trata o inciso I do mencionado artigo; e (Redação dada pela Lei nº 12.683, de 2012)

b) das operações referidas no inciso I; (Redação dada pela Lei nº 12.683, de 2012)

III - deverão comunicar ao órgão regulador ou fiscalizador da sua atividade ou, na sua falta, ao Coaf, na periodicidade, forma e condições por eles estabelecidas, a não ocorrência de propostas, transações ou operações passíveis de serem comunicadas nos termos do inciso II. (Incluído pela Lei nº 12.683, de 2012)

§ 1º As autoridades competentes, nas instruções referidas no inciso I deste artigo, elaborarão relação de operações que, por suas características, no que se refere às partes envolvidas, valores, forma de realização, instrumentos utilizados, ou pela falta de fundamento econômico ou legal, possam configurar a hipótese nele prevista.

§ 2º As comunicações de boa-fé, feitas na forma prevista neste artigo, não acarretarão responsabilidade civil ou administrativa.

§ 3º O Coaf disponibilizará as comunicações recebidas com base no inciso II do **caput** aos respectivos órgãos responsáveis pela regulação ou fiscalização das pessoas a que se refere o art. 9º. (Redação dada pela Lei nº 12.683, de 2012)

Art. 11-A. As transferências internacionais e os saques em espécie deverão ser previamente comunicados à instituição financeira, nos termos, limites, prazos e condições fixados pelo Banco Central do Brasil.(Incluído pela Lei nº 12.683, de 2012).

CAPÍTULO VIII
Da Responsabilidade Administrativa

Art. 12. Às pessoas referidas no art. 9º, bem como aos administradores das pessoas jurídicas, que deixem de cumprir as obrigações previstas nos arts. 10 e 11 serão aplicadas, **cumulativamente ou não**, pelas autoridades competentes, as **seguintes sanções**:

I - advertência;

II - multa pecuniária variável não superior: (Redação dada pela Lei nº 12.683, de 2012)

a) ao dobro do valor da operação; (Incluída pela Lei nº 12.683, de 2012)

b) ao dobro do lucro real obtido ou que presumivelmente seria obtido pela realização da operação; ou (Incluída pela Lei nº 12.683, de 2012)

c) ao valor de R$ 20.000.000,00 (vinte milhões de reais); (Incluída pela Lei nº 12.683, de 2012)

III - inabilitação temporária, pelo prazo de até dez anos, para o exercício do cargo de administrador das pessoas jurídicas referidas no art. 9º;

IV - cassação ou suspensão da autorização para o exercício de atividade, operação ou funcionamento. (Redação dada pela Lei nº 12.683, de 2012)

§ 1º A pena de advertência será aplicada por irregularidade no cumprimento das instruções referidas nos incisos I e II do art. 10.

§ 2º A multa será aplicada sempre que as pessoas referidas no art. 9º, por culpa ou dolo: (Redação dada pela Lei nº 12.683, de 2012)

I – deixarem de sanar as irregularidades objeto de advertência, no prazo assinalado pela autoridade competente;

II – não cumprirem o disposto nos incisos I a IV do art. 10; (Redação dada pela Lei nº 12.683, de 2012)

III – deixarem de atender, no prazo estabelecido, a requisição formulada nos termos do inciso V do art. 10; (Redação dada pela Lei nº 12.683, de 2012)

IV – descumprirem a vedação ou deixarem de fazer a comunicação a que se refere o art. 11.

§ 3º A inabilitação temporária será aplicada quando forem verificadas infrações graves quanto ao cumprimento das obrigações constantes desta Lei ou quando ocorrer reincidência específica, devidamente caracterizada em transgressões anteriormente punidas com multa.

§ 4º A cassação da autorização será aplicada nos casos de reincidência específica de infrações anteriormente punidas com a pena prevista no inciso III do *caput* deste artigo.

Art. 13. O **procedimento** para a **aplicação das sanções** previstas neste Capítulo será regulado por **decreto**, assegurados o contraditório e a ampla defesa.

→ Aplicação em concurso.

- **Juiz Federal da 1ª Região/2015. CESPE.**

  Em relação à Lei de Lavagem de Dinheiro (Lei 9.613/1998), assinale a opção correta.

  Caso uma instituição cuja atividade principal seja captação de recursos financeiros de terceiros tenha conhecimento de atos suspeitos previstos nessa lei, deve comunicar o fato ao Conselho de Controle das Atividades Financeiras para evitar ser responsabilizada criminalmente.

  A alternativa está errada.

CAPÍTULO IX
Do Conselho de Controle de Atividades Financeiras

Art. 14. É criado, no âmbito do Ministério da Fazenda, o **Conselho de Controle de Atividades Financeiras – COAF**, com a **finalidade** de disciplinar, aplicar penas administrativas, receber, examinar e identificar as ocorrências suspeitas de atividades ilícitas previstas nesta Lei, sem prejuízo da competência de outros órgãos e entidades.

§ 1º As instruções referidas no art. 10 destinadas às pessoas mencionadas no art. 9º, para as quais não exista órgão próprio fiscalizador ou regulador, serão expedidas pelo COAF, competindo-lhe, para esses casos, a definição das pessoas abrangidas e a aplicação das sanções enumeradas no art. 12.

§ 2º O COAF deverá, ainda, coordenar e propor mecanismos de cooperação e de troca de informações que viabilizem ações rápidas e eficientes no combate à ocultação ou dissimulação de bens, direitos e valores.

§ 3º O COAF poderá requerer aos órgãos da Administração Pública as informações cadastrais bancárias e financeiras de pessoas envolvidas em atividades suspeitas. (Incluído pela Lei nº 10.701, de 9.7.2003)

Art. 15. O COAF comunicará às autoridades competentes para a instauração dos procedimentos cabíveis, quando concluir pela existência de crimes previstos nesta Lei, de fundados indícios de sua prática, ou de qualquer outro ilícito.

Art. 16. O **Coaf será composto** por servidores públicos de reputação ilibada e reconhecida competência, designados em ato do Ministro de Estado da Fazenda, dentre os integrantes do quadro de pessoal efetivo do Banco Central do Brasil, da Comissão de Valores Mobiliários, da Superintendência de Seguros Privados, da Procuradoria-Geral da Fazenda Nacional, da Secretaria da Receita Federal do Brasil, da Agência Brasileira de Inteligência, do Ministério das Relações Exteriores, do Ministério da Justiça, do Departamento de Polícia Federal, do Ministério da Previdência Social e da Controladoria-Geral da União, atendendo à indicação dos respectivos Ministros de Estado. (Redação dada pela Lei nº 12.683, de 2012)

§ 1º O Presidente do Conselho será nomeado pelo Presidente da República, por indicação do Ministro de Estado da Fazenda.

§ 2º Caberá recurso das decisões do Coaf relativas às aplicações de penas administrativas ao Conselho de Recursos do Sistema Financeiro Nacional. (Redação dada pela Lei nº 13.506, de 2017).

Art. 17. O COAF terá organização e funcionamento definidos em estatuto aprovado por decreto do Poder Executivo.

1. **COAF – Conselho de Controle de Atividades Financeiras.** Trata-se de órgão criado para exercer as seguintes atribuições: disciplinar, aplicar penas administrativas, receber, examinar e identificar as ocorrências suspeitas de atividades ilícitas previstas na lei, sem prejuízo da competência de outros órgãos e entidades; coordenar e propor mecanismos de cooperação e de troca de informações que viabilizem ações rápidas e eficientes no combate à ocultação ou dissimulação de bens, direitos e valores; requerer aos órgãos da Administração Pública as informações cadastrais bancárias e financeiras de pessoas envolvidas em atividades suspeitas; comunicar às autoridades competentes para a instauração dos procedimentos cabíveis, quando concluir pela existência de crimes previstos na lei, de fundados indícios de sua prática, ou de qualquer outro ilícito.

→ **Aplicação em concurso.**

- **(Acadepol – Delegado de Polícia – SP/2011).**

  Em relação aos crimes de "lavagem" ou ocultação de bens, direitos e valores – Lei nº 9.613/98 é correto afirmar que

A) se aplicam, como efeitos da condenação, somente os previstos no Código Penal.

B) não há causas de aumento ou redução de pena.

C) o COAF poderá requerer aos órgãos da Administração Pública as informações cadastrais bancárias e financeiras de pessoas envolvidas em atividades suspeitas.

D) não admitem tentativa.

E) cabe apenas ao COAF determinar a liberação dos bens apreendidos ou sequestrados quando comprovada a licitude de sua origem.

Alternativa correta: letra C.

CAPÍTULO X
DISPOSIÇÕES GERAIS
(Incluído pela Lei nº 12.683, de 2012)

Art. 17-A. Aplicam-se, subsidiariamente, as disposições do Decreto-Lei no 3.689, de 3 de outubro de 1941 (Código de Processo Penal), no que não forem incompatíveis com esta Lei. (Incluído pela Lei nº 12.683, de 2012)

Art. 17-B. A autoridade policial e o Ministério Público terão **acesso**, exclusivamente, **aos dados cadastrais do investigado** que informam qualificação pessoal, filiação e endereço, independentemente de autorização judicial, mantidos pela Justiça Eleitoral, pelas empresas telefônicas, pelas instituições financeiras, pelos provedores de internet e pelas administradoras de cartão de crédito. (Incluído pela Lei nº 12.683, de 2012)

Art. 17-C. Os encaminhamentos das instituições financeiras e tributárias **em resposta às ordens judiciais de quebra ou transferência de sigilo** deverão ser, sempre que determinado, em meio informático, e apresentados em arquivos que possibilitem a migração de informações para os autos do processo sem redigitação. (Incluído pela Lei nº 12.683, de 2012)

Art. 17-D. Em caso de **indiciamento de servidor público**, este será **afastado**, sem prejuízo de remuneração e demais direitos previstos em lei, até que o juiz competente autorize, em decisão fundamentada, o seu retorno. (Incluído pela Lei nº 12.683, de 2012)

Art. 17-E. A Secretaria da Receita Federal do Brasil conservará os dados fiscais dos contribuintes pelo prazo mínimo de 5 (cinco) anos, contado a partir do início do exercício seguinte ao da declaração de renda respectiva ou ao do pagamento do tributo. (Incluído pela Lei nº 12.683, de 2012).

Art. 18. Esta Lei entra em vigor na data de sua publicação.

1. **Art. 17-A. Aplicação subsidiária do Código de Processo Penal.** O art. 17-A, inserido pela lei 12.683/2012, positivou na lei o a aplicação do princípio da especialidade. A nosso ver, trata-se de dispositivo desnecessário. O Código de Processo Penal é norma geral, que deve ser aplicado subsidiariamente a todas as hipóteses não reguladas em lei especial. Ao deparar-se com uma hipótese não prevista na legislação especial, o intérprete automaticamente será forçado a buscar a solução no Código de Processo Penal.

2. **Art. 17-B. Acesso às informações do investigado.** O art. 17-B, inserido pela lei 12.683/2012, trouxe a possibilidade de a Autoridade Policial e o Ministério Público terem acesso exclusivo aos dados cadastrais do investigado que informam qualificação pessoal, a filiação e o endereço, independentemente de autorização judicial, mantidos pela Justiça Eleitoral, pelas empresas telefônicas, pelas instituições financeiras, pelos provedores de internet e pelas administradoras de cartão de crédito. Questão relevante versa sobre a constitucionalidade desse dispositivo. Como é possível notar, o legislador afastou a necessidade de autorização judicial para que o acesso seja efetivado. O afastamento do prévio controle jurisdicional viola o princípio da reserva da intimidade da vida privada? O acesso a esses dados exige a cláusula de reserva de jurisdição? Cremos que os dados a que o legislador fez menção (qualificação pessoal, a filiação e o endereço) não estão inseridos na

intimidade da vida privada do cidadão. Não são dados que interferem ou revelam a intimidade de uma pessoa. As informações referentes ao nome, estado civil, nacionalidade, nome do pai e da mãe e o endereço não denotam intimidade da pessoa, algo que não possa ser revelado à Autoridade Policial ou ao Ministério Público. Parece que a finalidade do legislador foi unicamente a busca do local onde o investigado possa ser encontrado, e não obter informações cobertas pela intimidade da vida privada do investigado. Assim, pensamos que o dispositivo é constitucional e não viola o princípio da reserva da intimidade da vida privada do indivíduo investigado, razão pela qual o afastamento do prévio controle jurisdicional não oferece nenhum problema no plano constitucional.

3. **Art. 17-C. Forma do encaminhamento das informações.** O legislador determinou que as informações sejam encaminhadas em meio informático e apresentadas na forma de arquivos que permitam a migração das informações para os autos do processo sem que seja necessário redigitá-las. Essa medida possibilita a maior facilidade na operacionalização da transferência das informações recebidas para os autos do processo, garantindo não apenas uma maior celeridade, mas, também, uma maior fidelidade entre as informações recebidas e as informações transferidas para os autos do processo.

4. **Art. 17-D. Indiciamento e afastamento das funções.** O art. 17-D, inserido pela lei 12.683/2012, trata do imediato afastamento do servidor público das suas funções em caso de seu indiciamento. Esse afastamento determinado pelo legislador tem natureza cautelar, natureza essa confirmada pela manutenção da remuneração do funcionário público e demais direitos previstos em lei. Essa natureza cautelar do afastamento não oferece problemas em relação ao princípio da presunção de inocência, tendo em vista que não se trata de perda do cargo e o afastamento ocorre sem prejuízo da remuneração do funcionário público. Trata-se de medida provisória, e não definitiva. A perda definitiva do cargo somente pode ocorrer após o trânsito em julgado da condenação, com o juízo de certeza acerca da autoria do funcionário público. De qualquer forma, deve ser rigorosamente observado o requisito legal do efetivo *indiciamento* do funcionário público.

5. **Art. 17-E. Manutenção das informações por 5 anos.** O dispositivo legal ora comentado é de extrema relevância, pois garante que nenhuma informação sobre os dados fiscais dos contribuintes será perdida no prazo de 5 anos. Note-se que o prazo de 5 anos é o prazo mínimo. O legislador não estabeleceu prazo máximo para a conservação dos dados dos contribuintes, mas, apenas, um prazo mínimo, de forma que é perfeitamente possível a manutenção dos dados por tempo superior aos 5 anos.

Lei Antiterrorismo.
Lei nº 13.260, de 16 de março de 2016

Art. 1º Esta Lei regulamenta o disposto no inciso XLIII do art. 5º da Constituição Federal, **disciplinando o terrorismo**, tratando de disposições investigatórias e processuais e reformulando o conceito de organização terrorista.

1. **Tratados Internacionais.** O Brasil é signatário de 12 Tratados Internacionais que visam ao combate ao terrorismo, todos já internalizados na ordem jurídica brasileira. Em ordem cronológica, eis os Tratados: **1.** Convenção para a Repressão do Apoderamento Ilícito de Aeronaves, assinada em Haia, em 1970 (Decreto 70.201/1972); **2.** Convenção para a Repressão de Atos Ilícitos contra a Segurança da Aviação Civil, assinada em Montreal, em 1971 (Decreto 72.383/1973); **3.** Convenção sobre a Prevenção e Punição de Crimes contra Pessoas que gozam de Proteção Internacional, inclusive agentes diplomáticos, adotada pela Assembleia-Geral das Nações Unidas, em 1973 (Decreto 3.167/1999); **4.** Convenção Internacional contra a Tomada de Reféns, adotada também pela Assembleia-Geral das Nações Unidas, em 1979 (Decreto 3.517/2000); **5.** Convenção sobre a Proteção Física do Material Nuclear, assinada em Viena, em 1980 (Decreto 95/1991); **6.** Protocolo para a Repressão de Atos Ilícitos de Violência nos Aeroportos que prestem Serviços à Aviação Civil Internacional, complementar à Convenção para a Repressão de Atos Ilícitos contra a Segurança da Aviação Civil, assinado em Montreal, em 1988 (Decreto 2.611/1998); **7.** Convenção para a Supressão de Atos ilícitos contra a Segurança da Navegação Marítima, celebrada em Roma, em 1988 (Decreto 6.136/2007); **8.** Protocolo para a Supressão de Atos Ilícitos contra a Segurança de Plataformas Fixas Localizadas na Plataforma Continental, celebrado em Roma, em 1988 (Decreto 6.136/2007); **9.** Convenção sobre a Marcação de Explosivos Plásticos para Fins de Detecção, concluída em Montreal, em 1991 (Decreto 4.021/2001); **10.** Convenção Internacional para a Supressão de Atentados Terroristas com Bombas, adotada pela Assembleia-Geral das Nações Unidas, em 1997 (Decreto 4.394/2002); **11.** Convenção Internacional para a Supressão do Financiamento do Terrorismo, adotada pela Assembleia Geral das Nações Unidas, em 1999 (Decreto 5.640/2005); **12.** Convenção Interamericana contra o Terrorismo (Convenção de Barbados), em 2002 (Decreto 5.639/2005).

2. **Previsão constitucional. Ausência de tipificação.** Na ordem jurídica brasileira, a previsão inicial do terrorismo está nos arts. 4º, VIII e 5º, XLIII, da Constituição da República, inclusive esse último equiparando-o a crime hediondo. Contudo, no Brasil nunca houve o tipo legal de crime de terrorismo. A previsão constitucional não era suficiente para a tipificação do delito, em razão do princípio da legalidade penal. O ato de terrorismo praticado poderia configurar outros tipos penais, como o homicídio e a lesão corporal. Porém, jamais o crime de terrorismo por absoluta falta de previsão legal. Em doutrina algumas vozes levantavam-se de forma minoritária para afirmar que o tipo penal de terrorismo estava disposto no art. 20 da lei 7.170/83 (Art. 20 – Devastar, saquear, extorquir, roubar, seqüestrar, manter em cárcere privado, incendiar, depredar, provocar explosão, praticar atentado pessoal ou atos de terrorismo, por inconformismo político ou para obtenção de fundos destinados à manutenção de organizações políticas clandestinas ou subversivas. Pena: reclusão, de 3 a 10 anos. Parágrafo único – Se do fato resulta lesão corporal grave, a pena aumenta-se até o dobro; se resulta morte, aumenta-se até o triplo). Entretanto, essa tese não podia ser adotada por não haver a definição na lei brasileira do crime de terrorismo que atendesse aos rigores do *nullum crimen nulla poena sine lege stricta.* O tipo penal mencionado não previa o crime de terrorismo. Na realidade, o tipo penal elenca algumas condutas que, por si sós, configuram crimes autônomos (extorsão, roubo, sequestro etc.) e na parte final dispõe "ou atos de terrorismo". Sucede que essa expressão não identifica nenhum elemento relacionado ao terrorismo. Não trata de nenhuma conduta específica que configure o crime de terrorismo. O legislador apenas mencionou a palavra "terrorismo". Porém, isso está muito longe de constituir um tipo penal com uma conduta individualizada que atenda ao princípio do *nullum crimen nulla poena sine lege stricta.* Pela leitura do dispositivo legal identifica-se a conduta de terrorismo? Identificam-se os elementos do terrorismo? As repostas a essas perguntas são, a nosso ver, negativas. A tese de previsão legal do tipo penal de terrorismo na mencionada lei sequer era adotada pela jurisprudência. Repita-se: atos de barbárie ou de extrema violência poderiam configurar algum tipo penal já existente no ordenamento jurídico brasileiro, mas, não, o tipo penal de terrorismo, em razão da sua inexistência.

▶ **STF**

INFORMATIVO nº 772.

Segunda Turma

PPE: terrorismo e dupla tipicidade.

A 2ª Turma resolveu questão de ordem, suscitada pelo Ministro Celso de Mello (relator), para declarar extinto pedido de prisão preventiva para fins de extradição, em razão da omissão do Estado requerente em produzir a documentação que se lhe exigira com suporte no Tratado de Extradição entre a República Federativa do Brasil e a República do Peru. (...) A Turma asseverou que os elementos informativos faltantes constituiriam documentos de produção obrigatória, indispensáveis à regular formalização do pleito extradicional, ou do pedido de prisão cautelar, consoante resultaria da determinação constante do Estatuto do Estrangeiro (art. 80, "caput", "in fine") e, também, do referido Tratado de Extradição (Artigo 19, n.

1). Seria encargo processual cuja satisfação incumbiria ao Estado que postulasse a prisão cautelar, ou a extradição, sob pena de, em não o cumprindo, expor-se ao indeferimento liminar do pedido. Por outro lado, e a despeito do que consignado, não haveria, igualmente, a possibilidade de prosseguimento do feito, isso em decorrência da impossibilidade, no caso, de observância do princípio da dupla tipicidade, eis que, tratando-se do delito de terrorismo, inexistiria, quanto a ele, no sistema de direito positivo nacional, a pertinente definição típica. Mostrar-se-ia evidente a importância dessa constatação, porquanto a comunidade internacional ainda não teria sido capaz de chegar a uma conclusão acerca da definição jurídica do crime de terrorismo. (...) PPE 730/DF, rel. Min. Celso de Mello, 16.12.2014.

3. **O Terrorismo.** O terrorismo ganhou as manchetes das mídias de todo o mundo a partir do atentado de 11 de setembro de 2001, em Nova Iorque. Depois daquele episódio, seguiram-se outros vários acontecimentos, em várias cidades do mundo, como Madri (2004), Londres (2005), Oslo (2011), Boston (2013), Paris (2015), Bruxelas (2016), Istambul (2016), Nice (2016), Berlim (2016), entre outros. Todos esses acontecimentos tiveram como fator de semelhança os ataques em locais onde havia um grande número de pessoas reunidas. A 5 meses das Olimpíadas que ocorreram no Rio de Janeiro em 2016, o Congresso Nacional viu-se obrigado a dar uma "resposta satisfatória" ao mundo, diante dos acontecimentos relacionados com o terrorismo, bem como, e sobretudo, da proximidade das Olimpíadas. Nesse sentido, o Congresso rapidamente aprovou, e o Presidente da República sancionou, a lei 13.260/2016, denominada "Lei Antiterrorismo".

4. **Objeto da lei.** A presente lei regulamenta a norma constitucional prevista no art. 5º, XLIII, para disciplinar o terrorismo, trata do conceito de terrorismo, dispõe sobre o que se consideram atos de terrorismo, elenca tipos penais que configuram o terrorismo, dispõe também sobre que não se considera terrorismo, cria o delito de Organização Terrorista, trata dos denominados atos preparatórios do terrorismo, e, por fim, dispõe sobre normas processuais ligadas ao terrorismo.

5. **Conceito de terrorismo.** Há um consenso na doutrina brasileira e na estrangeira sobre a extrema dificuldade em conceituar o terrorismo. Contudo, na ordem jurídica brasileira, o conceito e terrorismo está previsto no art. 2º desta lei, para onde remetemos o leitor.

6. **Elementos do terrorismo.** Há quatro elementos que caracterizam o terrorismo: 1. O elemento violência; 2. O elemento teleológico; 3. O elemento teatral; 4. O elemento ausência de arrependimento ou de culpa. Nos próximos tópicos desenvolveremos cada um dos elementos.

7. **O elemento violência.** O primeiro elemento que caracteriza o terrorismo é a violência. O terrorismo possui como um dos seus pilares o emprego de violência extrema contra pessoas, por meio de ataques à integridade física e (sobretudo) à vida de seres humanos. Tais ataques podem ocorrer por meio de explosões de bombas, desabamentos de prédios, fuzilamentos, afogamento de pessoas, atropelamentos, utilização de aeronaves e veículos como instrumentos de agressão etc. O elemento violência faz com que o terrorismo configure crimes que são praticados contra a pessoa, como o homicídio, lesão corporal, sequestro etc., não possuindo relação

direta com outra natureza de crimes, como os crimes contra o patrimônio ou o tráfico de drogas. Note-se que todos os grandes ataques terroristas que ocorreram até os dias atuais possuíram a violência como elemento coincidente.

8. **O elemento teleológico.** O segundo elemento do terrorismo é a finalidade específica que contamina os ataques terroristas. Entre outras, essa finalidade pode ter caráter religioso, com o objetivo de impor uma religião específica ou de reagir a uma religião diversa da pregada pelo terrorista. Essa finalidade pode ter também caráter político, com o objetivo de subversão da ordem constitucional, causar prejuízo ao funcionamento das instituições públicas, e constranger o poder público a fazer ou deixar de fazer algo. Pode, ainda, ter a finalidade de gerar o terror ou a intimidação da população, por meio da imposição de um medo difuso, com a geração de terror social generalizado. Muitas vezes o autor do ataque terrorista não anuncia, bem como não deixa clara a finalidade pela qual pratica o ato.

9. **O elemento teatral.** O elemento teatral relaciona-se à necessidade de atrair a atenção para a realização do ato de terrorismo. Trata-se do elemento mais demonstrado pelos terroristas, sendo um elemento essencial, obrigatório, pois é por meio dele que o terrorista comunica ao mundo a ameaça e o terror, gerando o medo difuso nas coletividades de todo o mundo. Existe algo mais teatral do que uma aeronave Boeing 767, com capacidade para 300 pessoas, chocando-se com um prédio de 413 metros de altura (como ocorreu no ataque de 11 de setembro) e, poucos minutos depois, a mesma coisa no prédio ao lado, em um dia de céu azul e sem nenhuma nuvem no céu, nas imediações do prédio? É por meio desse elemento que o terrorista demonstra o seu potencial lesivo, difundindo o terror por meio de todas as espécies de mídia, por todo o mundo.

10. **O elemento ausência de arrependimento ou de culpa.** O último elemento caracterizador do terrorismo é a ausência de arrependimento ou de culpa em relação aos ataques terroristas. O terrorista age sem nenhuma espécie de culpa e de arrependimento pelos danos causados aos indivíduos vítimas de seus atos. Ao contrário, age com orgulho de ter praticado o ato para satisfazer a sua finalidade específica e de poder espalhar o medo pelo mundo.

11. **Terrorismo nacional e terrorismo internacional.** A diferença de classificação entre o terrorismo nacional e o terrorismo internacional reside no espaço físico de atuação. O terrorismo nacional possui como característica o fato de a sua prática e a sua finalidade específica estarem restritas a um mesmo Estado soberano, com a mesma nacionalidade entre os terroristas e as vítimas do terrorismo. De outro giro, o terrorismo internacional caracteriza-se pela atuação além das fronteiras de um determinado país soberano. Muitas vezes, o terrorista tem como alvo pessoas pertencentes a outro país.

12. **Equiparação a crime hediondo.** O terrorismo é crime equiparado a hediondo. Tal equiparação foi feita tanto pela Constituição da República (art. 5º, XLIII), quanto pela lei de crimes hediondos (lei 8.072/90, art. 2º, *caput*). Logo, devem ser aplicadas ao delito de terrorismo todas as normas penais e processuais penais previstas na lei de crimes hediondos. Porém, em homenagem ao princípio da especialidade, as

normas contidas na lei de crimes hediondos serão aplicadas somente naquilo em que não conflitarem com a presente lei.

Art. 2º O terrorismo consiste na prática por um ou mais indivíduos dos atos previstos neste artigo, por **razões de** xenofobia, discriminação ou preconceito de raça, cor, etnia e religião, quando cometidos com a finalidade de provocar **terror social ou generalizado**, expondo a perigo pessoa, patrimônio, a paz pública ou a incolumidade pública.

§ 1º São atos de terrorismo:

I – usar ou ameaçar usar, transportar, guardar, portar ou trazer consigo explosivos, gases tóxicos, venenos, conteúdos biológicos, químicos, nucleares ou outros meios capazes **de causar danos ou promover destruição em massa**;

II – (VETADO);

III – (VETADO);

IV – **sabotar o funcionamento ou apoderar-se**, com violência, grave ameaça a pessoa ou servindo-se de mecanismos cibernéticos, do controle total ou parcial, ainda que de modo temporário, de meio de comunicação ou de transporte, de portos, aeroportos, estações ferroviárias ou rodoviárias, hospitais, casas de saúde, escolas, estádios esportivos, instalações públicas ou locais onde funcionem serviços públicos essenciais, instalações de geração ou transmissão de energia, instalações militares, instalações de exploração, refino e processamento de petróleo e gás e instituições bancárias e sua rede de atendimento;

V – **atentar** contra a vida ou a integridade física de pessoa:

Pena – reclusão, de doze a trinta anos, além das sanções correspondentes à ameaça ou à violência.

§ 2º O **disposto neste artigo não se aplica** à conduta individual ou coletiva de pessoas em manifestações políticas, movimentos sociais, sindicais, religiosos, de classe ou de categoria profissional, direcionados por propósitos sociais ou reivindicatórios, visando a contestar, criticar, protestar ou apoiar, com o objetivo de defender direitos, garantias e liberdades constitucionais, sem prejuízo da tipificação penal contida em lei.

1. **Conceito de terrorismo.** No *caput* do art. 2º encontra-se o conceito de terrorismo, que consiste na prática dos atos previstos no próprio art. 2º , por razões de xenofobia, discriminação ou preconceito de raça, cor, etnia e religião, quando cometidos com a finalidade de provocar terror social ou generalizado, expondo a perigo pessoa, patrimônio, a paz pública ou a incolumidade pública.

2. **Norma penal explicativa.** O art. 2º, *caput,* constitui uma norma penal explicativa, tendo em vista que traz o conceito de terrorismo. Não se trata de uma norma penal incriminadora. A incriminação está no §1º, que traz as especificações dos atos de terrorismo.

3. **Duplo especial fim de agir.** Há dois especiais fins de agir no terrorismo. O *primeiro* consiste na prática do terrorismo por razões de xenofobia, discriminação ou preconceito de raça, cor, etnia e religião. O *segundo* reside na finalidade de provocar terror social ou generalizado, expondo a perigo pessoa, patrimônio, a paz pública ou a incolumidade pública. Pela redação legal, os dois especiais fins de agir são

cumulativos e devem estar sempre presentes ao mesmo tempo, sob pena de a conduta configurar qualquer outro delito, mas não o de terrorismo.

4. **Xenofobia.** É o sentimento de aversão ao estrangeiro, pessoa oriunda de outro país, com outra cultura, outros hábitos e outros costumes. A xenofobia é uma forma de discriminação ou de preconceito dirigida ao estrangeiro.

5. **Discriminação ou preconceito de raça, cor, etnia e religião.** Além da xenofobia, o legislador elencou outros motivos de discriminação ou de preconceito vistos nos tópicos seguintes.

6. **Discriminação.** Discriminar significa diferenciar, distinguir, tratar de forma diferente e prejudicial.

7. **Preconceito.** A expressão *preconceito* deriva do latim *praejudicium. Prae* significa anterior e *judicium* quer dizer julgamento. Por preconceito entenda-se o conceito, a opinião, o sentimento ou o juízo antecipado, formado pela pessoa antes de possuir ou formar dados e elementos adequados para formar um conceito ou uma opinião, independentemente de qualquer razão.

8. **Raça.** É o conjunto dos indivíduos identificados pela semelhança de características corporais, como estrutura, cor da pele, forma física etc., como produto de sua hereditariedade.

9. **Cor.** A expressão *cor* é utilizada para determinar o aspecto cromático de alguma matéria. No sentido da lei, cor é expressão utilizada para denotar a tonalidade da pele da pessoa, como cor branca, preta, amarela e vermelha.

10. **Etnia.** A expressão etnia é utilizada para caracterizar o conjunto de pessoas identificadas pela similitude de linguagem, cultura, traços físicos e mentais e tradições comuns.

11. **Religião.** É a crença ou doutrina religiosa. É a crença em relação a uma divindade ou a sua adoração.

12. **Outras formas de discriminação.** O legislador não inseriu outras formas de discriminação, como sexual, por motivo de idade, filosófica etc. Dessa forma, caso a discriminação se dê por qualquer desses motivos, a conduta será atípica em relação aos tipos penais previstos nesta lei podendo configurar outro delito.

13. **Terror social ou generalizado.** Não há um conceito de *terror social ou generalizado*. Trata-se de uma norma que coloca em risco o princípio da legalidade, na vertente da taxatividade. *Terror* significa o medo no mais alto grau, ou seja, a maior expressão do medo, que surge em razão da ocorrência ou da iminência de ocorrência de um evento que possua um risco muito alto ou que cause danos em enormes proporções, com consequências nefastas, capaz de gerar na pessoa algumas reações corporais (paralisia, suor frio, calafrios etc.) e psicológicas (perda do pensamento racional, entre outros), inclusive tendo o condão de causar a morte da pessoa em razão de parada cardíaca.

    Uma vez delineado o conceito de terror, há que se buscar o conceito de terror *social ou generalizado. Terror social* é o terror gerado a um número indeterminado de pessoas que estão inseridas dentro de uma determinada sociedade, com a imposição do medo extremo de forma difusa, fazendo com que tal sentimento nasça e permaneça vivo dentro da mente daquelas pessoas. O terror social não é o medo imposto a uma pessoa determinada ou a um grupo determinado de pessoas. A indeterminação do destinatário do medo extremo é uma característica indispensável para a caracterização do *terror social*. Note-se que os atos de terrorismo (previstos nos incisos do §1º) podem ser dirigidos a apenas uma pessoa ou a um grupo de pessoas. Entretanto, o medo que surge como consequência desse ato, é imposto a um número indeterminado de pessoas.

Pela definição de terror social, consegue-se chegar ao conceito de terror *generalizado*, que nada mais é do que o terror causado a um número indeterminado de pessoas. Na realidade, o legislador foi redundante, uma vez que se o terror é social, é porque ele é generalizado e vice-versa.

14. Exposição de pessoa, patrimônio, paz pública ou a incolumidade pública a perigo. O legislador, ao complementar as expressões *terror social ou generalizado* utilizou as expressões *expondo a perigo pessoa, patrimônio, a paz pública ou a incolumidade pública*. Tais expressões devem ser interpretadas de acordo a definição de terror social ou generalizado. O termo *exposição da paz pública* ou da *incolumidade pública* a perigo não oferece dificuldade interpretativa, tendo em vista que está perfeitamente adequada a terror social ou generalizado. De outro giro, em relação à exposição de pessoa ou de patrimônio, tais conceitos devem ser interpretados de acordo com a noção de terror social ou generalizado. Quer-se dizer com isso que, embora a exposição a perigo possa ser de uma pessoa ou de um único patrimônio, o medo criado com esse ato deve ser gerado a um número indeterminado de pessoas. Até porque, se terror social ou generalizado é um sentimento de medo extremo imposto a um número indeterminado de pessoas, não faria sentido o legislador exigir o terror social ou generalizado a apenas uma pessoa ou ao patrimônio de somente uma pessoa. Na realidade, repita-se, é possível a exposição a perigo de apenas uma pessoa ou somente um patrimônio, mas o terror é dirigido a um número indeterminado de pessoas. Note-se que a exposição a perigo de pessoa, patrimônio, paz pública ou incolumidade pública é elemento essencial ao terrorismo. Não existe terrorismo concretizado por meio de ameaça ou anúncios dirigidos à coletividade. É necessária a prática de algum ato concreto de exposição à situação de perigo.

15. O terrorista solitário. O dispositivo legal ora comentado faz menção a atos de terrorismo cometidos por "um ou mais indivíduos", positivando claramente a figura do terrorista solitário. Como se pode perceber, o legislador reconheceu que os atos de terrorismo podem ser praticados por um grupo de pessoas ou por apenas um indivíduo, deixando claro que o terrorista solitário pode ter um alto grau de periculosidade, pois em várias passagens da lei o legislador faz menção atos de terrorismo em locais onde haja grande concentração de pessoas, como "portos, aeroportos, estações ferroviárias ou rodoviárias, hospitais, casas de saúde, escolas, estádios esportivos, instalações públicas ou locais onde funcionem serviços públicos essenciais, instalações de geração ou transmissão de energia, instalações militares, instalações de exploração, refino e processamento de petróleo e gás e instituições bancárias e sua rede de atendimento" (art. 2º, §1º, IV), bem como refere-se ao uso, à ameaça de uso, ao transporte, à guarda e ao porte de "explosivos, gases tóxicos, venenos, conteúdos biológicos, químicos, nucleares ou outros meios capazes de causar danos ou promover destruição em massa" (art. 2º, §1º, IV). Note-se que o legislador, ao tratar da prática dos tipos penais e do conceito de atos de terrorismo, não fez nenhuma distinção entre os atos praticados por um ou por vários indivíduos. Ao contrário, a premissa do legislador não foi a quantidade de pessoas reunidas para a prática dos atos de terrorismo, mas, sim, a definição dos atos de terrorismo, que podem ser praticados por uma pessoa isolada, por um grupo de pessoas ou por uma Organização Terrorista. Assim, a lei trouxe expressamente a figura do terrorista solitário.

16. **§1º. Atos de terrorismo.** O legislador definiu e elencou nos incisos I, IV e V o que são atos de terrorismo. Trata-se de norma penal incriminadora, que traz nos incisos o preceito primário, com a conduta proibida, e, ao final, o preceito secundário com a sanção penal cominada abstratamente.

17. **Inciso I. Usar ou ameaçar usar, transportar, guardar, portar ou trazer consigo explosivos, gases tóxicos, venenos, conteúdos biológicos, químicos, nucleares ou outros meios capazes de causar danos ou promover destruição em massa.**

18. **Sujeito ativo.** Qualquer pessoa. Trata-se de crime comum, pois o legislador não exigiu nenhuma condição especial do sujeito ativo.

19. **Sujeito passivo.** A coletividade.

20. **Usar ou ameaçar usar, transportar, guardar, portar ou trazer consigo.** *Usar* significa empregar, realizar concretamente o objeto em sua finalidade. *Ameaçar usar* é anunciar o uso, deixar evidente a iminência do uso. *Transportar* significa levar os objetos de um local específico para outro local específico. *Guardar* é conservar, preservar, manter em local seguro. *Portar* significa carregar consigo. Por fim, *trazer consigo* consiste na conduta do agente que conduz junto a si o material. Houve redundância por parte do legislador, uma vez que *portar* e *trazer consigo* significam a mesma coisa. Percebe-se que pela diversidade de condutas típicas, o legislador procurou de todas as formas coibir qualquer espécie de manuseio de explosivos, gases tóxicos, venenos, conteúdos biológicos, químicos, nucleares ou outros meios capazes de causar danos ou promover destruição em massa, conferindo ao tipo penal uma grande abrangência.

21. **Explosivos, gases tóxicos, venenos, conteúdos biológicos, químicos, nucleares ou outros meios capazes de causar danos ou promover destruição em massa.** Todos esses objetos materiais desse delito têm a capacidade de causar danos ou de gerar destruição em massa, que significa a destruição de um número indeterminado de pessoas. Em relação a "explosivos", tem-se, aqui, uma norma penal em branco heterogênea. Já em relação a "conteúdos nucleares", trata-se de norma penal em branco homogênea heterovitelina. Com efeito, explosivo é um "tipo de matéria que, quando iniciada, sofre decomposição muito rápida em produtos mais estáveis, com grande liberação de calor e desenvolvimento súbito de pressão." (art. 3º, LI do Decreto 3.665/2000). Conteúdo nuclear, que é a mesma coisa que material

nuclear, é "o combustível nuclear e os produtos ou rejeitos radioativos" (art. 1º, IV, da lei 6.453/1977). Os demais meios (gases tóxicos, venenos, conteúdos biológicos, químicos) também são meios altamente danosos ou capazes de gerar destruição em massa.

22. Interpretação analógica. Além desses objetos materiais, o legislador abrangeu qualquer outro objeto que tenha o condão de causar danos ou de promover destruição em massa.

23. Tipo penal misto alternativo. Caso o agente pratique mais de uma conduta descrita no tipo penal, responderá por um delito apenas, não havendo concurso de crimes.

24. Crime permanente. Nas condutas *transportar, guardar, portar* e *trazer consigo* o crime é permanente. Logo, a prisão em flagrante pode ocorrer a qualquer momento.

25. Crime de perigo concreto. No final do *caput* do art. 2º §1º o legislador inseriu as expressões "expondo a perigo pessoa, patrimônio, a paz pública ou a incolumidade pública". Com essas expressões o legislador deixou claro que se trata de um delito de perigo concreto. Assim, para a consumação do delito, não basta a prática da conduta, é necessário provar a efetiva situação de perigo gerada ao bem jurídico no caso concreto.

26. Especiais fins de agir. Sempre devem estar presentes neste tipo penal, de forma cumulativa, os dois especiais fins de agir descritos no *caput* do art. 2º: razões de xenofobia, discriminação ou preconceito de raça, cor, etnia e religião; e a finalidade de provocar terror social ou generalizado.

27. Consumação. O delito consuma-se com a prática das condutas descritas no tipo penal. Trata-se de crime formal.

28. Classificação. Crime comum; formal; doloso; de perigo concreto; comissivo; instantâneo nas condutas *usar* e *ameaçar usar* e permanente nas condutas *transportar, guardar, portar* e *trazer consigo*; admite tentativa.

29. Suspensão condicional do processo. Incabível, pois a pena mínima cominada ultrapassa 1 ano (art. 89 da lei 9.099/95).

→ **Aplicação em concurso.**

- **Promotor de Justiça. MPE/GO. 2016. MPE/GO.**

  É ato de terrorismo a conduta de apenas uma pessoa que, movida por preconceito religioso, ameaça usar gases tóxicos capazes de promover destruição em massa com a finalidade de provocar terror generalizado mediante a exposição da paz pública a perigo.

  A alternativa está correta.

30. Inciso IV. Sabotar o funcionamento ou apoderar-se, com violência, grave ameaça a pessoa ou servindo-se de mecanismos cibernéticos, do controle total ou parcial, ainda que de modo temporário, de meio de comunicação ou de transporte, de portos, aeroportos, estações ferroviárias ou rodoviárias, hospitais, casas de saúde, escolas, estádios esportivos, instalações públicas ou locais onde funcionem

serviços públicos essenciais, instalações de geração ou transmissão de energia, instalações militares, instalações de exploração, refino e processamento de petróleo e gás e instituições bancárias e sua rede de atendimento.

31. **Sujeito ativo.** Qualquer pessoa. Trata-se de crime comum, pois o legislador não exigiu nenhuma condição especial do sujeito ativo.

32. **Sujeito passivo.** A coletividade.

33. **Sabotar o funcionamento ou apoderar-se do controle total ou parcial com violência, grave ameaça a pessoa ou servindo-se de mecanismos cibernéticos.** *Sabotar o funcionamento* significa danificar, prejudicar, agir de forma sorrateira para que ocorra a interrupção do funcionamento do serviço prestado, causando prejuízo. *Apoderar-se* consiste em tomar o controle, assumir o comando, passar a gerir os meios de comunicação ou de transporte, de portos, aeroportos, estações ferroviárias ou rodoviárias, hospitais, casas de saúde, escolas, estádios esportivos, instalações públicas ou locais onde funcionem serviços públicos essenciais, instalações de geração ou transmissão de energia, instalações militares, instalações de exploração, refino e processamento de petróleo e gás e instituições bancárias e sua rede de atendimento.

34. **Delito de livre execução e de execução vinculada.** O delito é de livre execução na conduta *"sabotar o funcionamento"* e de execução vinculada na conduta *"apoderar-se, com violência, grave ameaça a pessoa ou servindo-se de mecanismos cibernéticos, do controle total ou parcial"*.

35. **Meio de comunicação ou de transporte, de portos, aeroportos, estações ferroviárias ou rodoviárias, hospitais, casas de saúde, escolas, estádios esportivos, instalações públicas ou locais onde funcionem serviços públicos essenciais, instalações de geração ou transmissão de energia, instalações militares, instalações de exploração, refino e processamento de petróleo e gás e instituições bancárias e sua rede de atendimento.** Neste tipo penal podemos destacar três hipóteses definidas pelo legislador: 1. *Meio de comunicação ou de transporte*. O primeiro alcança um número indeterminado de pessoas. O segundo é utilizado igualmente por um número indeterminado de pessoas; 2. Locais que têm como ponto comum uma grande concentração e circulação de pessoas, para que seja evitado um dano a um número indeterminado de indivíduos (portos, aeroportos, estações ferroviárias ou rodoviárias, hospitais, casas de saúde, escolas, estádios esportivos, instalações públicas, locais onde funcionem serviços públicos essenciais e instituições bancárias e sua rede de atendimento); e 3. Locais que têm um perigo ínsito (instalações de geração ou transmissão de energia, instalações militares e instalações de exploração, refino e processamento de petróleo e gás).

36. **Tipo penal misto alternativo.** Caso o agente pratique mais de uma conduta descrita no tipo penal (sabotar o funcionamento e apoderar-se), responderá por um delito apenas, não havendo concurso de crimes.

37. **Especiais fins de agir.** Sempre devem estar presentes neste tipo penal, de forma cumulativa, os dois especiais fins de agir descritos no *caput* do art. 2º: razões de

xenofobia, discriminação ou preconceito de raça, cor, etnia e religião; e a finalidade de provocar terror social ou generalizado.

38. Crime de perigo concreto. No final do *caput* do art. 2º §1º o legislador inseriu as expressões "expondo a perigo pessoa, patrimônio, a paz pública ou a incolumidade pública". Com essas expressões o legislador deixou claro que se trata de um delito de perigo concreto. Assim, para a consumação do delito, não basta a prática da conduta, é necessário provar a efetiva situação de perigo gerada ao bem jurídico no caso concreto.

39. Consumação. O delito consuma-se com a prática das condutas típicas descritas no tipo penal (sabotar o funcionamento ou apoderar-se do controle total ou parcial com violência, grave ameaça a pessoa ou servindo-se de mecanismos cibernéticos), independentemente de qualquer resultado ulterior. Trata-se de crime formal.

40. Classificação. Crime comum; formal; doloso; de perigo concreto; comissivo; instantâneo; admite tentativa.

41. Suspensão condicional do processo. Incabível, pois a pena mínima cominada ultrapassa 1 ano (art. 89 da lei 9.099/95).

42. Inciso V. Atentar contra a vida ou a integridade física de pessoa.

43. Sujeito ativo. Qualquer pessoa. Trata-se de crime comum, pois o legislador não exigiu nenhuma condição especial do sujeito ativo.

44. Sujeito passivo. A pessoa que sofre o atentado.

45. Atentar contra a vida ou a integridade física de pessoa. Atentar significa qualquer conduta que tenha a potencialidade de causar um dano à vida ou à integridade física da pessoa. No presente tipo penal o legislador não exigiu a provocação de um dano efetivo aos bens jurídicos mencionados. Ao contrário, antevendo a probabilidade de dano, o legislador contentou-se com uma situação de perigo gerada ao bem. O legislador preferiu ficar um passo atrás e punir a conduta antes da efetiva causação de um dano. Assim, o fato de o agente colocar uma bomba de alto poder de destruição em uma praça pública já é o suficiente para atentar contra a vida ou contra a integridade física de alguém. Mesmo que a bomba não estoure, esse fato, por si só, já satisfaz a tipicidade formal desse delito.

46. Delito de atentado. O tipo penal ora comentado constitui um delito de atentado, que é aquele que já traz a figura da tentativa como elemento do tipo. Note-se que o tipo penal dispõe *atentar contra*, de modo que o mero atentar já significa consumar, uma vez que o agente esgota a figura típica com o mero ato de atentar, consumando o delito. Portanto, a tentativa já consuma o tipo penal, razão pela qual o delito não admite a figura da tentativa.

47. Crime de perigo concreto. No final do *caput* do art. 2º §1º o legislador inseriu as expressões "expondo a perigo pessoa, patrimônio, a paz pública ou a incolumidade pública". Com essas expressões o legislador deixou claro que se trata de um delito de perigo concreto. Assim, para a consumação do delito, não basta a prática da conduta, é necessário provar a efetiva situação de perigo gerada ao bem jurídico no caso concreto.

48. Concurso de crimes com o inciso I. É possível que haja concurso de crimes entre esse inciso e o inciso I. Basta pensar na hipótese de o agente guardar e trazer consigo explosivos ou gases tóxicos (inciso I) e, depois, colocar o explosivo ou o gás tóxico em um ponto de ônibus (indico V), mesmo que o explosivo não seja detonado ou que o gás tóxico não seja liberado.

49. Concurso de crimes com os delitos de homicídio e de lesão corporal. Questão relevante versa sobre a hipótese de o agente atentar conta a vida ou a integridade física de alguém e, efetivamente, causar a morte ou a lesão corporal da vítima. Nesse caso haveria concurso de crimes entre o presente tipo penal e o tipo penal de homicídio ou de lesão corporal? Pensamos que a resposta seja negativa. Isso porque, como dito, o tipo penal ora comentado é um crime de perigo e os delitos de homicídio e de lesão corporal são delitos de dano. Aplica-se, portanto, o princípio da consunção na vertente do crime progressivo, segundo a qual o crime de dano absorve o crime de perigo. Portanto, o agente responde apenas pelo delito de homicídio ou de lesão corporal. Até porque se o presente tipo penal é um crime de perigo, o dolo do agente não pode ser de efetivamente causar um dano ao bem jurídico. Ou o agente gera uma situação de perigo aos bens jurídicos e reponde por esse tipo penal, ou causa um dano efetivamente (com dolo de dano) e responde por homicídio ou por lesão corporal.

50. Concurso de crimes com os delitos de homicídio e de lesão corporal tentados. Outra questão relevante versa sobe a possibilidade de concurso de crimes entre esse tipo penal o de tentativa de homicídio ou tentativa de lesão corporal. Para que se fale em tentativa de homicídio ou tentativa de lesão corporal, o agente deve ter o dolo de consumar tais delitos, ou seja, a intenção do agente é efetivamente causar a morte ou a lesão corporal da vítima, mas não atinge esse resultado por circunstâncias alheias à sua vontade. Nesse caso, se o agente age com dolo de dano, deve responder de acordo com o seu dolo, isso é, por esses delitos tentados. A tentativa desses delitos é incompatível com o dolo de perigo do presente tipo penal. Quem age com dolo de perigo não pode responder criminalmente por um dolo de dano tentado. São dolos incompatíveis. Portanto, ou o agente age com dolo de perigo ao atentar contra a vida ou a integridade física de alguém e responde por esse tipo penal ora comentado, ou o agente age com dolo de dano e reponde por homicídio ou por lesão corporal consumada ou tentada, sendo inviável o concurso de crimes.

51. Especiais fins de agir. Sempre devem estar presentes neste tipo penal, de forma cumulativa, os dois especiais fins de agir descritos no *caput* do art. 2º: razões de xenofobia, discriminação ou preconceito de raça, cor, etnia e religião; e a finalidade de provocar terror social ou generalizado.

52. Consumação. O delito consuma-se com a prática da conduta típica descrita no tipo penal. Trata-se de crime formal.

53. Classificação. Crime comum; formal; doloso; de perigo concreto; comissivo; de atentado; instantâneo; não admite tentativa por se tratar de delito de atentado.

54. Suspensão condicional do processo. Incabível, pois a pena mínima cominada ultrapassa 1 ano (art. 89 da lei 9.099/95).

55. **Cumulação de penas.** Em todos os incisos do §1º o legislador estabeleceu o cúmulo material das penas correspondentes à ameaça ou à violência. Trata-se de cúmulo material, ou seja, o Juiz deverá aplicar a pena do delito previsto nos incisos do §1º e a elas somar a pena da lesão corporal (art. 129, do Código Penal) ou da ameaça (art. 147, do Código Penal).

56. **§2º. Causa de atipicidade formal.** Ao mesmo tempo em que o legislador definiu o que sejam atos de terrorismo, ele excluiu do seu âmbito de incidência a conduta individual ou coletiva em manifestações políticas, movimentos sociais, sindicais, religiosos, de classe ou de categoria profissional, direcionados por propósitos sociais ou reivindicatórios, visando a contestar, criticar, protestar ou apoiar, com o objetivo de defender direitos, garantias e liberdades constitucionais. Portanto, a norma contida no §2º possui natureza jurídica de causa de atipicidade formal, pois a norma retira essas hipóteses do seu âmbito de incidência. Demais disso, percebe-se que a intenção do agente nesses casos é bem diferente da finalidade terrorista definida na lei. Em outras palavras, no §2º o agente não tem a intenção de discriminação ou preconceito por razões de xenofobia, de raça, de cor, de etnia e de religião, com a finalidade de provocar terror social ou generalizado. Ao contrário, como a norma dispõe, a finalidade é um propósito social ou reivindicatório, visando a contestar, criticar, protestar ou apoiar, com o objetivo de defender direitos, garantias e liberdades constitucionais. Tratam-se de finalidades muito diversas, deixando clara a hipótese de atipicidade formal.

57. **Configuração de outros delitos.** Embora esses atos não configurem o delito terrorismo, podem configurar outros crimes diversos dele, uma vez que na parte final o legislador fez a seguinte ressalva: "sem prejuízo da tipificação penal contida em lei." Tal ressalva é desnecessária. O fato de a conduta não configurar o delito de terrorismo não impede, de forma definitiva, que possa estar configurado outro delito. A prática ou não de uma infração penal não decorre da dicção legal, mas, sim, da prática de uma conduta que se subsuma à norma penal incriminadora. A norma penal surge da lei, a prática da infração penal não. A previsão do crime está na lei, mas a sua prática depende de uma conduta praticada que seja perfeitamente adequada à lei. Portanto, é possível que em uma manifestação política com o propósito reivindicatório um prédio público seja depredado, caso em que os agentes não responderão pelo delito de terrorismo, mas responderão pelo crime de dano.

Art. 3º Promover, constituir, integrar ou prestar auxílio, pessoalmente ou por interposta pessoa, a **organização terrorista**:

Pena – reclusão, de cinco a oito anos, e multa.

§ 1º (VETADO).

§ 2º (VETADO).

Art. 4º (VETADO).

1. **Delito de Organização terrorista.** O art. 3º trouxe para o ordenamento jurídico brasileiro o delito de Organização Terrorista, espécie de crime associativo, por

meio do qual duas pessoas promovem, constituem ou integram uma organização com a finalidade de praticar atos de terrorismo. Além dessas condutas, o legislador inseriu também a conduta de quem presta auxílio à Organização Terrorista.

2. **Sujeito ativo.** Trata-se de crime comum, uma vez que pode ser praticado por qualquer pessoa.

3. **Sujeito passivo.** O Estado e a coletividade.

4. **Número mínimo de pessoas.** Embora o tipo penal não faça menção expressa, cremos que bastam duas pessoas para a configuração de uma organização terrorista. Quando o legislador exige expressamente um número mínimo de pessoas, como no caso do art. 288 do Código Penal (três pessoas), deve-se respeitar esse número mínimo. Contudo, quando não há determinação expressa, deve-se questionar quantas pessoas são necessárias para a formação de uma organização. Cremos que duas pessoas são suficientes para promover, constituir ou integrar uma organização terrorista. É possível que duas pessoas se reúnam, com estabilidade e permanência, para a prática de atos de terrorismo? A reposta é positiva. A Organização não reside no número mínimo de pessoas, mas, sim, na reunião de pessoas de forma estável e permanente, com a finalidade específica de praticar atos de terrorismo, o que pode ser feito por duas pessoas.

5. **Estabilidade e permanência.** É necessário que a organização terrorista tenha estabilidade e permanência, não podendo ser uma organização eventual, sob pena de não estar configurada e organização, mas, sim, mera coautoria no delito de terrorismo. São justamente a estabilidade e a permanência que irão diferenciar o delito de organização terrorista da simples coautoria em atos de terrorismo.

6. **Especial fim de agir.** Embora não expresso no tipo penal, os agentes que compuserem a organização terrorista devem ter o especial fim de agir de praticar atos de terrorismo. Não faria sentido algum o legislador criar o deito de organização terrorista com finalidade diversa do terrorismo. Caso essa finalidade específica esteja ausente, a associação pode configurar o delito de associação criminosa previsto no art. 288 do Código Penal se presentes os requisitos exigidos.

7. **Promover, constituir, integrar ou prestar auxílio.** *Promover* significa efetuar, gerar, originar, criar, ou seja, dar início à organização terrorista. *Constituir* significa formar, organizar. Ao que parece, o legislador foi repetitivo ao dispor promover e constituir, uma vez que os verbos se confundem. *Integrar* é fazer parte da organização criminosa. Por fim, *prestar auxílio* significa a prática de qualquer ato material que contribua para a organização terrorista.

8. **Prestação de auxílio.** A conduta prestar auxílio configura, em princípio, participação na organização terrorista. Contudo, o legislador optou por tratar essa conduta como espécie de autoria. Essa conduta não configura o delito de organização terrorista propriamente dito, ou seja, o agente não promove, constitui, nem integra a organização. Ele apenas pratica um ato de ajuda à organização. O agente não faz parte da organização, não a integra, não é um componente dela, apenas presta um determinado auxílio, que pode ser de qualquer natureza.

9. **Tipo misto alternativo.** A prática de duas ou mais condutas descritas no tipo não gera concurso de crimes, respondendo o agente por apenas um delito.

10. **Concurso de crimes com outros tipos penais praticados.** Caso a organização terrorista pratique um delito de terrorismo previsto nesta lei ou qualquer outro delito, haverá concurso material de crimes entre o tipo penal de organização terrorista e o(s) delito(s) praticado(s), na forma do art. 69 do Código Penal.

11. **Irretroatividade.** Antes dessa lei, a conduta de promover, constituir, integrar ou prestar auxílio à organização terrorista nunca foi um delito na ordem jurídica brasileira, até porque nunca existiu o delito de terrorismo. Portanto, a criação desse tipo penal constitui uma *novatio legis in pejus,* que não pode retroagir em homenagem ao princípio da irretroatividade da lei penal mais severa positivado no art. 5º, XL da CR/88. Entretanto, no verbo que configura crime permanente (*integrar*), caso a consumação ainda estivesse ocorrendo quando a lei entrou em vigor, ela pode ser aplicada, nos moldes da súmula 711 do STF (*"A lei penal mais grave aplica-se ao crime continuado ou ao crime permanente, se a sua vigência é anterior à cessação da continuidade ou da permanência."*).

12. **Princípio da especialidade.** O tipo legal de crime ora estudado constitui especialidade em relação aos seguintes delitos, sendo certo que o elemento especializante reside na finalidade de praticar atos de terrorismo: **1.** Art. 288 do Código Penal (*"Associarem-se 3 (três) ou mais pessoas, para o fim específico de cometer crimes: Pena – reclusão, de 1 (um) a 3 (três) anos."); **2.** Art. 35 da lei 11.343/2006 (*"Associarem-se duas ou mais pessoas para o fim de praticar, reiteradamente ou não, qualquer dos crimes previstos nos arts. 33, caput e § 1º, e 34 desta Lei: Pena – reclusão, de 3 (três) a 10 (dez) anos, e pagamento de 700 (setecentos) a 1.200 (mil e duzentos) dias-multa."*); **3.** Art. 2º da Lei 12.850/2013 (*"Promover, constituir, financiar ou integrar, pessoalmente ou por interposta pessoa, organização criminosa: Pena – reclusão, de 3 (três) a 8 (oito) anos, e multa, sem prejuízo das penas correspondentes às demais infrações penais praticadas."*); **4.** Art. 2º da lei 2.889/1956 (*"Associarem-se mais de 3 (três) pessoas para prática dos crimes mencionados no artigo anterior: Pena: Metade da cominada aos crimes ali previstos".*); **5.** Art. 16 da lei 7.170/1983 (*"Integrar ou manter associação, partido, comitê, entidade de classe ou grupamento que tenha por objetivo a mudança do regime vigente ou do Estado de Direito, por meios violentos ou com o emprego de grave ameaça. Pena: reclusão, de 1 (um) a 5 (cinco) anos").*

13. **Consumação.** Com a efetiva realização das condutas descritas no tipo. Trata-se de crime formal.

14. **Classificação.** Crime comum; formal; doloso; comissivo; instantâneo nos verbos *promover, constituir* e *prestar auxílio* e permanente na conduta *integrar*; admite tentativa.

15. **Suspensão condicional do processo.** Incabível, pois a pena mínima cominada ultrapassa 1 ano (art. 89 da lei 9.099/95).

Art. 5º Realizar **atos preparatórios de terrorismo** com o propósito inequívoco de consumar tal delito:

Pena - a correspondente ao delito consumado, diminuída de um quarto até a metade.

§ 1º Incorre nas mesmas penas o agente que, com o **propósito de praticar atos de terrorismo**:

I - recrutar, organizar, transportar ou municiar indivíduos que viajem para país distinto daquele de sua residência ou nacionalidade; ou

II - fornecer ou receber treinamento em país distinto daquele de sua residência ou nacionalidade.

§ 2º Nas hipóteses do § 1º, quando a conduta não envolver treinamento ou viagem para país distinto daquele de sua residência ou nacionalidade, a pena será a correspondente ao delito consumado, diminuída de metade a dois terços.

1. **Sujeito ativo.** Trata-se de crime comum, uma vez que pode ser praticado por qualquer pessoa.
2. **Sujeito passivo.** O Estado e a coletividade.
3. **Antecipação da tutela penal.** Atualmente, são reconhecidas cinco formas de antecipação da tutela penal: 1. Delitos de perigo abstrato; 2. Delitos de atentado ou de empreendimento; 3. Punição autônoma de atos preparatórios; 4. Delitos de intenção; e 5. Proteção de bens jurídicos supraindividuais. O presente tipo penal, por consistir na punição autônoma de atos preparatórios, é uma forma de antecipação da tutela penal e consiste na intervenção penal em momento prévio à lesão a bens jurídicos. O legislador antecipa-se para fazer o Direito Penal incidir antes que sejam praticados atos de terrorismo.
4. **Atos preparatórios.** Por ato preparatório deve ser entendido qualquer conduta que tenha o condão de proporcionar condições para a execução do delito, desde que ultrapassada a fase interna da cogitação e que ainda não haja o ingresso nos atos de execução. Como regra geral, assim como ocorre na cogitação, os atos preparatórios não são puníveis, uma vez que a tentativa da prática de um delito exige que o agente ingresse nos atos executórios. Porém, em alguns casos excepcionais, o legislador entende pela necessidade de punir os atos preparatórios de forma autônoma por questões de política criminal, como a importância do bem ameaçado e a especial periculosidade do comportamento do agente. Na presente lei, podemos definir como ato preparatório qualquer ato anterior ao ato do art. 2º, §1º, desde que tenha a finalidade de provocar terror social ou generalizado.
5. **Realizar atos preparatórios de terrorismo. Ausência de definição legal. Aplicação inviável do *caput*.** O legislador inovou na ordem jurídica brasileira para incriminar os atos preparatórios, chamando-os, efetivamente, de "atos preparatórios". Até então não existia previsão semelhante na legislação penal pátria. Trata-se de uma incriminação vaga e imprecisa, que fere de morte o princípio da legalidade, na vertente da taxatividade. Isso porque uma das vertentes do princípio da legalidade reside no *nullum crimen, nulla poena sine lege certa*, segundo o qual a lei penal deve ser clara,

certa e precisa, proibindo-se o emprego de conceitos vagos e imprecisos que gerem incerteza na interpretação e na aplicação da norma penal incriminadora. Quanto mais conceitos vagos e imprecisos o tipo penal contiver, mais intensa é insegurança jurídica gerada. Vejamos. O que seriam "atos preparatórios de terrorismo"? Não há a individualização de uma conduta delituosa. Não há a identificação dos elementos do tipo penal. Todo tipo penal descreve uma conduta humana em seu preceito primário. Neste tipo penal, o legislador não traz uma conduta determinada, individualizada. Trata-se de um tipo penal de aplicação inviável. É bem verdade que em tantos outros momentos o legislador brasileiro pune atos preparatórios. No entanto, em todos esses casos, o tipo penal descreve uma conduta criminosa individualizada, com elementos típicos que permitem a sua interpretação a aplicação, sem a fórmula genérica *realizar atos preparatórios,* como ocorre no presente tipo penal. Note-se que nos incisos I e II do §1º o legislador fez de forma diversa, na medida em que, embora também tenha punido atos preparatórios, descreveu e individualizou as condutas delituosas com elementos que permitem a sua interpretação e aplicação. É perfeitamente possível identificar e interpretar o que seja *recrutar, organizar, transportar ou municiar indivíduos que viajem para país distinto daquele de sua residência ou nacionalidade* (inciso I), bem como o que seja *fornecer ou receber treinamento em país distinto daquele de sua residência ou nacionalidade* (inciso II). De forma diversa, como ocorre no *caput,* é impossível identificar e interpretar o que seja *realizar atos preparatórios.* Frise-se que a inviabilidade de aplicação deste dispositivo não decorre especificamente da punição de atos preparatórios, mas, sim, da ausência de definição da conduta incriminada.

6. **Especial fim de agir.** Propósito inequívoco de consumar qualquer delito de terrorismo previsto na lei.

7. **§1º. Condutas equiparadas.** No §1º o legislador trouxe condutas equiparadas, punidas de forma autônoma, que serão tratadas adiante.

8. **Especial fim de agir.** Nos dois incisos deste parágrafo o legislador exigiu o especial fim de agir consistente no propósito de praticar atos de terrorismo. Ausente esse elemento subjetivo, esses delitos não se configuram.

9. **Norma penal em branco.** Os dois incisos do §1º constituem normas penais em branco homogêneas homovitelinas, uma vez o que o complemento deles reside na própria lei, que define o que são atos de terrorismo no art. 2º, §1º, I, IV e V.

10. **Inciso I. Recrutar, organizar, transportar ou municiar indivíduos que viajem para país distinto daquele de sua residência ou nacionalidade.**

11. **Atos preparatórios.** O inciso I também pune atos preparatórios para a prática de atos de terrorismo. O legislador pretendeu evitar o recrutamento, a organização, o transporte ou o municiamento de pessoas que viajem para país diverso da sua residência ou da sua nacionalidade para praticarem atos de terrorismo no país de destino. Mais uma vez está-se diante da antecipação da tutela penal para o momento anterior à lesão ao bem jurídico. Na mente do legislador, evitando-se que essas pessoas sejam recrutadas, organizadas, transportadas ou municiadas, evita-se, consequentemente, a prática de atos futuros de terrorismo.

12. **Recrutar, organizar, transportar ou municiar.** *Recrutar* é reunir os indivíduos para uma única finalidade. *Organizar* consiste também em reunir os indivíduos. Como se pode perceber, o legislador foi redundante, pois recrutar e organizar têm o mesmo significado. *Transportar* significa levar os indivíduos de um local específico para outro local específico. Por fim, *Municiar* significa abastecer os indivíduos com munição para ser utilizada em arma de fogo.

13. **Necessidade da efetiva viagem.** O legislador inseriu as expressões "indivíduos que viajem para país distinto". Pela redação típica, não basta que o agente recrute, organize, transporte ou municie os indivíduos. É necessário que eles efetivamente viajem para país distinto daquele de sua residência ou de sua nacionalidade. Caso não ocorra a efetiva viagem, o fato será atípico em relação a esse dispositivo legal.

14. **Tipo misto alternativo.** A prática de duas ou mais condutas descritas no tipo penal não gera concurso de crimes, respondendo o agente por apenas um delito.

15. **Crime permanente.** A conduta *transportar* configura crime permanente.

16. **Consumação.** Com a efetiva realização das condutas descritas no tipo e a efetiva viagem para país distinto, independentemente da prática posterior de atos de terrorismo. Trata-se de crime formal.

17. **Classificação.** Crime comum; formal; doloso; comissivo; instantâneo nos verbos *recrutar, organizar* e *municiar* e permanente na conduta *transportar*; admite tentativa.

18. **Inciso II. Fornecer ou receber treinamento em país distinto daquele de sua residência ou nacionalidade.**

19. **Atos preparatórios.** Da mesma forma feita no inciso anterior, o inciso II também pune atos preparatórios para a prática de atos de terrorismo. O legislador pretendeu evitar o fornecimento ou o recebimento de treinamento em país distinto daquele de residência ou de nacionalidade do agente. O legislador não disse em que consiste esse treinamento. Por questões de hermenêutica, como o inciso deve ser interpretado em conjunto com o parágrafo em que está inserido, a interpretação sistemática deste inciso impõe que o treinamento deve ser destinado a prática de atos de terrorismo. O legislador pretendeu evitar o treinamento para impedir, em consequência, atos futuros de terrorismo em outro país.

20. **Fornecer ou receber treinamento.** *Fornecer treinamento* é proporcionar a alguém uma habilidade específica para a prática de atos de terrorismo. *Receber treinamento* significa obter de outrem essas mesmas habilidades.

21. **Tipo misto alternativo.** A prática de duas ou mais condutas descritas no tipo (*Fornecer* e *receber* treinamento) não gera concurso de crimes, respondendo o agente por apenas um delito.

22. **Local da prática da conduta.** É necessário que o agente forneça ou receba o treinamento em país diverso daquele de sua residência ou de sua nacionalidade, sob pena de atipicidade formal da conduta.

23. **Consumação.** Com a efetiva realização das condutas descritas no tipo, independentemente da prática posterior de atos de terrorismo. Trata-se de crime formal.

24. **Classificação.** Crime comum; formal; doloso; comissivo; instantâneo; admite tentativa.

25. **§2º. Causa de diminuição de pena. Dispositivo inaplicável.** A diminuição de pena estaria justificada pela menor periculosidade da conduta por não envolver treinamento ou viagem para país distinto daquele da residência ou da nacionalidade do agente, tendo em vista a ausência de internacionalidade dos atos de terrorismo. Entretanto, cremos que o dispositivo é inaplicável. Isso porque nos dois incisos do §1º as condutas típicas exigem a viagem ou o treinamento em país distinto daquele de residência ou de nacionalidade do agente. No inciso I, como dissemos, o tipo penal exige a efetiva viagem para o país distinto daquele de residência ou de nacionalidade do agente. No inciso II, por sua vez, o tipo exige o fornecimento ou o recebimento do treinamento, igualmente, em país distinto daquele de residência ou de nacionalidade do agente. Logo, a hipótese contemplada pelo §2º não existe, ou seja, é inviável a possibilidade de a conduta do agente não envolver viagem ou treinamento em país distinto daquele de sua residência ou de sua nacionalidade, razão pela qual esse dispositivo torna-se inaplicável.

Art. 6º Receber, prover, oferecer, obter, guardar, manter em depósito, solicitar, investir, de qualquer modo, direta ou indiretamente, recursos, ativos, bens, direitos, valores ou serviços de qualquer natureza, **para o planejamento, a preparação ou a execução dos crimes previstos nesta Lei**:

Pena – reclusão, de quinze a trinta anos.

Parágrafo único. Incorre na mesma pena quem oferecer ou receber, obtiver, guardar, mantiver em depósito, solicitar, investir ou de qualquer modo contribuir para a obtenção de ativo, bem ou recurso financeiro, com a **finalidade de financiar**, total ou parcialmente, pessoa, grupo de pessoas, associação, entidade, organização criminosa que tenha como atividade principal ou secundária, mesmo em caráter eventual, a prática dos crimes previstos nesta Lei.

1. **Sujeito ativo.** Qualquer pessoa. Trata-se de crime comum, pois o legislador não exigiu nenhuma condição especial do sujeito ativo.

2. **Sujeito passivo.** A coletividade.

3. **Receber, prover, oferecer, obter, guardar, manter em depósito, solicitar, investir, de qualquer modo, direta ou indiretamente.** Neste tipo penal o legislador inseriu condutas ligadas ao financiamento do terrorismo. Os verbos, autoexplicativos, denotam qualquer forma de destinar recursos, ativos, bens, direitos, valores ou serviços para o terrorismo. A conduta consiste em uma espécie de financiamento, uma contribuição para o terrorismo.

4. **Recursos, ativos, bens, direitos, valores ou serviços de qualquer natureza** São o objeto material do delito. Todos têm destinação específica para o terrorismo. O tipo

penal não fez menção a "dinheiro", porém, ele está contido na expressão "recursos". Os bens podem ser móveis ou imóveis. Assim, o agente pode, por exemplo, obter um imóvel onde os atos de terrorismo são planejados, como pode, também, comprar automóveis ou aviões que servirão para a execução de atos de terrorismo. O agente pode, ainda, solicitar ou receber dinheiro que será empregado no treinamento de pessoas que praticarão atos de terrorismo.

5. **Para o planejamento, a preparação ou a execução dos crimes previstos nesta lei.** Mais uma vez o legislador antecipou a tutela penal e buscou reprimir a conduta delituosa antes da prática efetiva dos atos de terrorismo. Note-se que ainda não foram praticados atos de terrorismo. O presente tipo penal abrangeu as três primeiras fases do *iter criminis:* a cogitação (que o legislador denominou planejamento), a preparação e a execução dos atos de terrorismo previstos nesta lei.

6. **Tipo penal misto alternativo.** Caso o agente pratique mais de uma conduta descrita no tipo penal, responderá por um delito apenas, não havendo concurso de crimes.

7. **Crime permanente.** Os verbos *guardar* e *manter em depósito* configuram crime permanente, podendo ocorrer a prisão em flagrante a qualquer momento.

8. **Especiais fins de agir.** O tipo descreve como especial fim de agir a prática dos verbos típicos para o planejamento, a preparação ou a execução dos crimes previstos nesta Lei

9. **Consumação.** O delito consuma-se com a prática das condutas típicas descritas no tipo penal. Trata-se de crime formal.

10. **Classificação.** Crime comum; formal; doloso; comissivo; instantâneo nas condutas *receber, prover, oferecer, obter, solicitar, investir* e permanente nas condutas *guardar* e *manter em depósito*; admite tentativa.

11. **Suspensão condicional do processo.** Incabível, pois a pena mínima cominada ultrapassa 1 ano (art. 89 da lei 9.099/95).

12. **Parágrafo único. Financiamento do terrorismo.** O parágrafo único traz uma conduta equiparada consistente no financiamento do terrorismo propriamente dito.

13. **Sujeito ativo.** Qualquer pessoa. Trata-se de crime comum, pois o legislador não exigiu nenhuma condição especial do sujeito ativo.

14. **Sujeito passivo.** A coletividade.

15. **Oferecer, receber, obter, guardar, manter em depósito, solicitar, investir ou de qualquer modo contribuir para a obtenção de ativo, bem ou recurso financeiro.** Os verbos típicos, parecidos com os do *caput,* e também autoexplicativos, abrangem as formas pelas quais o agente movimenta ativos, bens ou recursos financeiros para o financiamento do terrorismo.

16. **Ativo, bem ou recurso financeiro.** São o objeto material do delito. De mesma forma que dissermos em relação ao *caput,* os bens abrangem os móveis e os imóveis, e, embora o legislador não tenha utilizado a expressão "dinheiro", entende-se que ele está inserido na expressão "recurso financeiro".

17. **Especiais fins de agir.** O tipo descreve como especial fim de agir a prática dos verbos típicos com a específica finalidade de financiar o terrorismo, de forma total ou parcial.

18. **Pessoa, grupo de pessoas, associação, entidade, organização criminosa que tenha como atividade principal ou secundária, mesmo em caráter eventual, a prática dos crimes previstos nesta lei.** Tentando ser o mais abrangente possível, o legislador abrangeu a pessoa ou as pessoas, associadas em grupo, que possua como atividade a prática de atos de terrorismo. A organização criminosa a que o tipo penal faz menção é a organização contida no art. 3º desta lei. Cabe aqui uma distinção: Ao comentarmos o art. 3º, dissemos que a organização terrorista deve ter caráter permanente e estável. No presente tipo penal, o legislador abrangeu a organização de caráter permanente ou eventual. Assim, caso a organização tenha caráter permanente, será a disposta no art. 3º. De outro giro caso a organização tenha caráter eventual, não poderá ser a do art. 3º, mas, sim, um grupo de pessoas que age em coautoria na prática do terrorismo.

19. **Tipo penal misto alternativo.** Caso o agente pratique mais de uma conduta descrita no tipo penal, responderá por um delito apenas, não havendo concurso de crimes.

20. **Crime permanente.** Os verbos *guardar* e *manter em depósito* configuram crime permanente, podendo ocorrer a prisão em flagrante a qualquer momento.

21. **Consumação.** O delito consuma-se com a prática das condutas típicas descritas no tipo penal. Trata-se de crime formal.

22. **Classificação.** Crime comum; formal; doloso; comissivo; instantâneo nas condutas *oferecer, receber, obter, solicitar, investir* e *contribuir* e permanente nas condutas *guardar* e *manter em depósito*; admite tentativa.

23. **Suspensão condicional do processo.** Incabível, pois a pena mínima cominada ultrapassa 1 ano (art. 89 da lei 9.099/95).

Art. 7º Salvo quando for elementar da prática de qualquer crime previsto nesta Lei, se de algum deles **resultar lesão corporal grave**, aumenta-se a pena de um terço, se **resultar morte**, aumenta-se a pena da metade.

Art. 8º (VETADO).

Art. 9º (VETADO).

1. **Causa de aumento de pena.** O art. 7º trata de uma causa de aumento de pena que incidirá sempre que de qualquer crime previsto nesta lei resultar lesão corporal grave (que são os resultados previstos no art. 129, §§1º e 2º, do Código Penal), ou morte.

2. **Resultados lesão corporal grave e morte.** Os resultados majorantes podem resultar de dolo ou de culpa.

3. **Ausência de *bis in idem* e inaplicabilidade.** O legislador teve o cuidado de não fazer a majorante incidir quando os resultados lesão corporal grave e morte forem

elementos do tipo penal praticado. Porém, ao que parece, o legislador não sabe o significado de elemento do tipo, uma vez que, embora tenha feito essa ressalva para evitar o *bis in idem*, em nenhum tipo penal da lei há a lesão corporal grave ou a morte como elemento do tipo. Isso torna a primeira parte do dispositivo legal inaplicável. Agiu certo o legislador ao tentar evitar a dupla punição, porém, a norma não tem nenhuma utilidade. Poderia ser questionado se o art. 2º, §1º, V seria uma hipótese em que a lesão corporal grave ou a morte seria elemento do tipo. A reposta é negativa, pois como dito nos comentários a esse dispositivo, tem-se, ali, um atentado à vida ou à integridade física, e não a efetiva lesão corporal ou a efetiva morte.

Art. 10. Mesmo **antes de iniciada a execução** do crime de terrorismo, na hipótese do art. 5º desta Lei, aplicam-se as disposições do art. 15 do Decreto-Lei nº 2.848, de 7 de dezembro de 1940 – Código Penal

Inaplicabilidade do dispositivo. O art. 15 do Código Penal trata dos institutos da desistência voluntária e do arrependimento eficaz, com a seguinte redação: *"O agente que, voluntariamente, desiste de prosseguir na execução ou impede que o resultado se produza, só responde pelos atos já praticados."* Tratam-se de institutos que visam a fazer com que o agente desista de prosseguir na execução do delito por ele inicialmente cogitado. Portanto, para que esses institutos incidam, é necessário que o agente ingresse nos atos executórios. O legislador determinou a aplicação do art. 15 do Código Penal mesmo antes de iniciada a execução. Trata-se de hipótese absolutamente impossível, que torna essa norma inaplicável. Se é verdade que para a incidência do art. 15 do Código Penal é necessário o início dos atos executórios, não é menos verdade que sem o início deles não há como aplicar o dispositivo do Código. Como o agente pode desistir de prosseguir na execução de um delito se ele sequer a iniciou. Note-se que, nos moles definidos no art. 15, o agente *desiste de prosseguir.* Prosseguir em quê? No ato executório. Mas como o agente poderia desistir de prosseguir nos atos executórios se ele não os iniciou? Portanto, cremos que a aplicação do art. 10 é inviável, por absoluta incompatibilidade com o art. 15 do Código Penal.

Art. 11. Para todos os efeitos legais, considera-se que os crimes previstos nesta Lei são praticados contra o interesse da União, **cabendo à Polícia Federal a investigação criminal**, em sede de inquérito policial, **e à Justiça Federal o seu processamento e julgamento**, nos termos do inciso IV do art. 109 da Constituição Federal.

Parágrafo único. (VETADO).

1. **Competência da Justiça Federal.** O *caput* do dispositivo determina a competência da Justiça Federal para o processo e o julgamento dos crimes de terrorismo previstos nesta lei. O legislador estabeleceu que a prática do delito de terrorismo viola interesse da União Federal, devendo incidir o art. 109, IV, da CR/88.

2. **Atribuição da Polícia Federal.** Como a atribuição segue a competência, se cabe à Justiça federal processar e julgar os delitos previstos na presente lei, cabe à Polícia Federal investigá-los.

3. **Crime conexo ao terrorismo.** Na hipótese de haver um crime de competência da Justiça Estadual, conexo ao delito de terrorismo, a Justiça Federal será competente para processar e julgar ambos, aplicando-se a súmula 122 do STJ.

> **Súmula 122 do STJ.** "Compete à Justiça Federal o processo e julgamento unificado dos crimes conexos de competência federal e estadual, não se aplicando a regra do art. 78, II, *a*, do Código de Processo Penal."

→ **Aplicação em concurso.**

- **Promotor de Justiça. MPE/GO. 2016. MPE/GO.**

A Lei do Terrorismo considerou que os crimes nela previstos são praticados contra o interesse da União, cabendo à Polícia Federal a investigação criminal, em sede de inquérito policial, e à Justiça Federal o seu processamento e julgamento, nos termos do inciso IV do art. 109 da Constituição da República.
A alternativa está correta.

Art. 12. O juiz, de ofício, a requerimento do Ministério Público ou mediante representação do delegado de polícia, ouvido o Ministério Público em vinte e quatro horas, havendo indícios suficientes de crime previsto nesta Lei, poderá decretar, no curso da investigação ou da ação penal, **medidas assecuratórias de bens, direitos ou valores** do investigado ou acusado, ou existentes em nome de interpostas pessoas, que sejam instrumento, produto ou proveito dos crimes previstos nesta Lei.

§ 1º Proceder-se-á à **alienação antecipada** para preservação do valor dos bens sempre que estiverem sujeitos a qualquer grau de deterioração ou depreciação, ou quando houver dificuldade para sua manutenção.

§ 2º O juiz determinará a **liberação, total ou parcial**, dos bens, direitos e valores quando **comprovada a licitude de sua origem e destinação**, mantendo-se a constrição dos bens, direitos e valores necessários e suficientes à reparação dos danos e ao pagamento de prestações pecuniárias, multas e custas decorrentes da infração penal.

§ 3º Nenhum pedido de liberação **será conhecido sem o comparecimento pessoal do acusado ou de interposta pessoa** a que se refere o *caput* deste artigo, podendo o juiz determinar a prática de atos necessários à conservação de bens, direitos ou valores, sem prejuízo do disposto no § 1º.

§ 4º Poderão ser decretadas **medidas assecuratórias** sobre bens, direitos ou valores para **reparação do dano** decorrente da infração penal antecedente ou da prevista nesta Lei ou para pagamento de prestação pecuniária, multa e custas.

1. ***Caput.*** A lei traz as denominadas medidas assecuratórias, que decorrem do poder geral de cautela do Juiz no processo penal. Tais medidas assecuratórias têm por finalidade fazer a coisa retornar ao seu possuidor legítimo e permitir que o juiz tenha conhecimento dos elementos do delito, sobretudo no que se refere à

atividade probatória. A lei possibilitou a decretação de medidas assecuratórias de bens, direitos ou valores existentes em nome de interpostas pessoas, que são conhecidas como "laranjas" e são utilizadas pelo verdadeiro autor do delito para desviar a atenção das autoridades de segurança pública.

2. **Momento para a decretação.** As medidas assecuratórias podem ser decretadas tanto na fase do Inquérito Policial, quanto na fase da ação penal.

3. § 1º. Alienação antecipada. O legislador permitiu a alienação antecipada dos bens que tiverem sido objeto da medida assecuratória, nos mesmos moldes do art. 144-A do Código de Processo Penal, evitando-se, com isso, que haja a deterioração do bem ou a perda do seu valor, caso em que a medida assecuratória não teria efetividade. Trata-se de uma medida que possui grande utilidade prática, sobretudo em razão de o Poder Judiciário não ter uma estrutura que permita a conservação do bem até o trânsito em julgado da decisão jurisdicional definitiva. Por meio da alienação antecipada, evita-se o risco de deterioração ou depreciação dos objetos apreendidos com a medida assecuratória.

4. § 2º. **Liberação dos bens, direitos ou valores.** Comprovada a licitude da origem e da destinação dos bens, direitos e valores apreendidos, o juiz deverá determinar a sua liberação. Entretanto, a lei determina a manutenção da constrição dos bens direitos e valores, desde que seja medida necessária e suficiente para a reparação do dano e ao pagamento de prestações pecuniárias, multas e custas processuais.

5. § 3º. **Comparecimento pessoal do acusado ou de interposta pessoa.** A lei exige o comparecimento pessoal do acusado ou da interposta pessoa como condição para o conhecimento do pedido de restituição. Entre os atos necessários à conservação dos bens, direitos e valores, o legislador permitiu a alienação antecipada nos moldes do §1º.

6. **§ 4º. Medidas assecuratórias para a reparação do dano.** A presente lei ampliou a finalidade da decretação das medidas assecuratórias para permiti-las como forma de garantir pagamentos futuros, como a reparação do dano, prestação pecuniária, multa e custas processuais. Note-se que o legislador fez menção à "infração penal antecedente", o que não faz nenhum sentido, tendo em vista que o delito de terrorismo não é um crime acessório, como é o delito de lavagem de dinheiro. Ao que parece, o legislador copiou o art. 4º da lei de Lavagem de Dinheiro 9.613/98 sem o cuidado devido.

Art. 13. Quando as circunstâncias o aconselharem, o juiz, ouvido o Ministério Público, nomeará pessoa física ou jurídica qualificada para a **administração dos bens**, direitos ou valores sujeitos a medidas assecuratórias, mediante termo de compromisso.

Art. 14. A pessoa responsável pela administração dos bens:

I – fará jus a uma **remuneração**, fixada pelo juiz, que será satisfeita preferencialmente com o produto dos bens objeto da administração;

II – prestará, por determinação judicial, **informações periódicas** da situação dos bens sob sua administração, bem como explicações e detalhamentos sobre investimentos e reinvestimentos realizados.

Parágrafo único. Os atos relativos à administração dos bens serão levados ao conhecimento do Ministério Público, que requererá o que entender cabível.

Administração dos bens. A conservação e a administração dos bens decorrem das medidas assecuratórias, visando a evitar o perecimento dos bens, direitos e valores apreendidos, para que futuramente possam ser restituídos plenamente ao legítimo proprietário. O legislador trouxe a possibilidade de o administrador dos bens, direitos ou valores nomeado pelo Juiz ser pessoa física ou pessoa jurídica, com direito à remuneração.

Art. 15. O juiz determinará, na hipótese de existência de tratado ou convenção internacional e por solicitação de autoridade estrangeira competente, medidas assecuratórias sobre bens, direitos ou valores oriundos de crimes descritos nesta Lei **praticados no estrangeiro**.

§ 1º Aplica-se o disposto neste artigo, independentemente de tratado ou convenção internacional, quando houver **reciprocidade** do governo do país da autoridade solicitante.

§ 2º **Na falta de tratado ou convenção**, os bens, direitos ou valores sujeitos a medidas assecuratórias por solicitação de autoridade estrangeira competente ou os recursos provenientes da sua alienação serão repartidos entre o Estado requerente e o Brasil, na proporção de metade, ressalvado o direito do lesado ou de terceiro de boa-fé.

1. ***Caput.*** Trata da determinação de medidas assecuratórias sobre bens, direitos e valores oriundos de crimes praticados no estrangeiro.
2. **Requisitos**. O primeiro requisito é a existência de tratado internacional autorizando a determinação da medida assecuratória ou reciprocidade, no caso de ausência de tratado internacional (§1º). O segundo requisito consiste na solicitação da autoridade estrangeira competente.
3. **§1º. Dispensa de tratado internacional.** A necessidade de existência de tratado internacional é dispensada no caso de haver reciprocidade do governo do país da autoridade solicitante.
4. § 2º. Repartição dos valores. A repartição dos valores depende do trânsito em julgado da sentença penal condenatória.

Art. 16. Aplicam-se as disposições da Lei 12.850, de 2 de agosto de 2013, para a investigação, processo e julgamento dos crimes previstos nesta Lei.

Art. 17. Aplicam-se as disposições da Lei 8.072, de 25 de julho de 1990, aos crimes previstos nesta Lei.

1. **Art. 16. Aplicabilidade da lei 12.850/2013.** O legislador determinou a aplicação dos dispositivos da lei 12.850/2013, para possibilitar uma maior amplitude e eficácia na investigação e no curso do processo criminal. Aplicam-se todos os dispositivos sem nenhuma espécie de limitação.

2. **Art. 17. Aplicabilidade da lei 8.072/90.** Esse dispositivo legal é desnecessário, tendo em vista que tanto a Constituição da República (art. 5º, XLIII), quanto a lei de crimes hediondos (lei 8.072/90, art. 2º, *caput)* equipararam o terrorismo a crime hediondo. Logo, diante da equiparação, devem ser aplicadas ao delito de terrorismo todas as normas penais e processuais penais previstas na lei de crimes hediondos, independentemente de qualquer outra previsão legal, naquilo em que esta lei específica, ora comentada, não conflitar.

Art. 18. O inciso III do art. 1º da Lei nº 7.960, de 21 de dezembro de 1989, passa a vigorar acresci°o ....

....

III – ....

....

p) crimes previstos na Lei de Terrorismo.”

Art. 20. Esta Lei entra em vigor na data de sua publicação.

Lei de Drogas.
Lei nº 11.343, de 23 de agosto de 2006

TÍTULO I
DISPOSIÇÕES PRELIMINARES

Art. 1º Esta Lei institui o **Sistema Nacional de Políticas Públicas sobre Drogas – SISNAD**; prescreve **medidas para prevenção do uso indevido**, atenção e reinserção social de usuários e dependentes de drogas; estabelece normas para **repressão à produção não autorizada e ao tráfico ilícito de drogas** e define crimes.

Parágrafo único. Para fins desta Lei, **consideram-se como drogas** as substâncias ou os produtos capazes de causar dependência, assim especificados em lei ou relacionados em listas atualizadas periodicamente pelo Poder Executivo da União.

1. **Objeto da lei.** A presente lei cria e institui o Sistema Nacional de Políticas Públicas sobre Drogas-SISNAD e trata de medidas de prevenção e de repressão à movimentação de drogas ilícitas de forma não autorizada pelo Poder Público.

2. **SISNAD.** O SISNAD tem suas finalidades, seus princípios e seus objetivos definidos nos arts. 3º, 4º, e 5º, para onde remetemos o leitor a fim de evitar repetições desnecessárias.

3. **Drogas. Norma penal em branco.** De acordo com o parágrafo único, consideram-se drogas as substâncias ou os produtos especificados em lei ou relacionados em listas atualizadas periodicamente pelo Poder Executivo da União, capazes de causar dependência. Portanto, a presente lei contém várias normas penais em branco, tendo em vista que todos os tipos penais da lei fazem menção à expressão *drogas*. Tratam-se, assim, de tipos penais em branco heterogêneos, pois o complemento deles, que dispõe sobre o que se considera droga, está previsto em ato normativo do Poder Executivo Federal, que é a Portaria 344/98, da Secretaria de Vigilância Sanitária, do Ministério da Saúde.

4. **Portaria no 344/1998, da Secretaria de Vigilância Sanitária, do Ministério da Saúde.** Trata-se do ato normativo mais importante que complementa a lei de Drogas, por trazer as listas que definem quais substâncias são consideradas drogas (são mais de 400 substâncias) para efeitos da presente lei.

5. **Legislação relacionada.** Existem diversos atos normativos, além da Portaria no 344/1998, relacionados à lei de Drogas: Resolução no 1, de 7/11/1995, da ANVISA; Portaria nº 1.274/2003, do Ministério da Saúde; Decreto no 5.912/2006 (regulamenta a lei de Drogas); lei no 10.357/2001; Decreto no 4.262/2002; Decreto no 7.179/2010.

6. **Tráfico de drogas. Infrações penais da lei que são consideradas *tráfico de drogas*.** Logo no início do estudo da presente lei é de suma importância definir o que se deve entender por *tráfico de drogas*. Em outras palavras, é necessário definir quais os tipos penais que configuram o delito de *tráfico de drogas* para o legislador. A todo o momento a lei faz menção ao "tráfico de drogas", como ocorre nos arts. 1º, 3º, 4º, 5º, 17, 33, 40, 53, 61, 62, 64, 65, 68 e 73. E não é só. A Constituição da República no art. 5º, XLIII, faz menção ao tráfico de drogas e veda-lhe os institutos da fiança, da graça e da anistia, equiparando-o a crime hediondo. De forma semelhante, o art. 2º, § 2º, da lei de crimes Hediondos (8.072/90) também faz essa equiparação e essa vedação, incluindo a vedação do indulto. Quais os tipos penais, então, configuram *tráfico de drogas* para fins de interpretação e de aplicação dessa lei? O legislador não definiu, não elencou o rol dos tipos penais que configuram tráfico. Para delimitar o âmbito da nossa resposta, inicialmente deve ser frisado que os tipos penais estão previstos no art. 28, bem como nos arts. 33 ao 37 da lei. Pensamos que a expressão *tráfico de drogas* abrange apenas os delitos previstos nos arts. 33, *caput* e § 1º, e 34. Os demais tipos penais não configuram tráfico de drogas, pelos motivos e fundamentos que passamos a expor.

O tipo penal do art. 28 trata do delito de porte para uso, não podendo, de forma clara a todas as luzes, configurar o tráfico de drogas.

O delito do art. 33, §2º trata do *induzimento, da instigação ou do auxílio a alguém ao uso indevido de droga*. Não se trata de tráfico. Na realidade, essa conduta seria, em princípio, uma espécie de participação no delito de porte de drogas para uso praticado por outrem, mas que o legislador preferiu punir como crime autônomo. Não há, nessa conduta, nenhum elemento ligado ao tráfico de drogas, nenhuma conduta ligada à movimentação de drogas. O agente simplesmente contribui para o uso indevido praticado por outra pessoa, razão pela qual não pode ser considerado tráfico.

O tipo penal do art. 33, §3º trata do crime de *uso compartilhado*. Como o *nomen juris* sugere, nesse delito o agente oferece droga a alguém para que ambos a consumam em conjunto. O tipo penal não faz menção a qualquer elemento que possa denotar tráfico de drogas. Como veremos nos comentários a esse tipo penal, o delito de uso compartilhado possui o verbo *oferecer*, que significa entregar, disponibilizar. É bem verdade que o mero ato de oferecer (ainda que eventualmente) a droga pode configurar o delito de tráfico do art. 33, *caput,* uma vez que esse tipo penal também possui o verbo *oferecer.* Entretanto, para que o ato de oferecer configure o delito de uso compartilhado, a oferta deve ser feita nos moldes descritos no art. 33, §3º, ou seja, a oferta deve ser feita a pessoa de relacionamento do agente para juntos consumirem a droga, o que não acontece no delito de tráfico de drogas. Delineada de forma clara a diferença entre esse delito e o tráfico de droga, conclui-se que o legislador não quis que o delito de uso compartilhado fosse classificado tráfico de drogas.

O delito do art. 35, que dispõe sobre o crime de *associação para o tráfico,* igualmente não configura tráfico de drogas. Ao contrário, é justamente a associação *para a* prática do tráfico. Trata-se de uma conduta que ocorre anteriormente ao tráfico de drogas. Com efeito, primeiro os agentes associam-se, depois decidem praticar o tráfico. Note-se que, como veremos nos comentários a esse artigo da lei, para a sua consumação não se exige que os agentes associados pratiquem efetivamente o tráfico de drogas. O delito de associação para o tráfico consuma-se com a mera associação dos agentes, desde que haja a permanência e a estabilidade. Seria confusão inexplicável o delito de associação *para o* tráfico ser etiquetado de tráfico de drogas. O delito consiste na mera reunião de pessoas para prática do tráfico de drogas. O próprio legislador deixou clara a diferença na redação típica, tendo em vista que inseriu o tráfico como especial fim de agir. Por fim, para que não reste nenhuma dúvida, a redação típica do art. 35 confirma a tese defendida por nós, no sentido de que se deve entender por *tráfico de drogas* apenas os delitos previstos nos arts. 33, *caput* e § 1º, e 34, senão vejamos: o art. 35 menciona o tráfico de drogas como especial fim de agir, e, ao fazê-lo, especifica apenas os artigos arts. 33, *caput*, 33, §1º e art. 34. Em outras palavras, ao tratar especificamente do tráfico de drogas (como especial fim de agir), o legislador mencionou esses tipos penais, deixando claro que, na sua visão, apenas eles configuram o tráfico de drogas. Se a associação é para o tráfico, e o legislador mencionou aqueles tipos penais, eles – e somente eles – configuram o tráfico de drogas. Quisesse o legislador considerar outros delitos também como tráfico de drogas, os teria inserido na redação típica, e, no entanto, não o fez.

Em relação ao delito do art. 36, esse delito constitui o crime de *financiamento ou custeio do tráfico.* A conduta do agente não consiste na traficância, mas, apenas, na contribuição financeira de forma ilícita no tráfico de drogas. Não se trata da conduta do traficante, e sim na conduta daquele que auxilia o traficante financiando ou custeando a atividade de tráfico. As duas condutas não podem ser confundidas, uma vez que o legislador tratou-as de forma diversa. Da mesma forma que dissemos no parágrafo anterior, se é verdade que o tipo penal trata da conduta de financiamento *para o tráfico,* e que o legislador, no próprio art. 36, fez menção aos arts. 33, *caput* e § 1º, e 34, não é menos verdade que o financiamento ocorre para aqueles tipos penais. Mais uma vez, ao referir-se ao tráfico de drogas, o legislador mencionou aqueles tipos penais, deixando fora de dúvidas que eles – e somente eles – configuram tráfico de drogas. Como dissemos em relação ao artigo anterior, quisesse o legislador considerar outros delitos também como tráfico de drogas, os teria inserido na redação típica, e, no entanto, não o fez.

O tipo penal do art. 37 trata do delito de *colaboração com o tráfico.* Colaborar como informante significa ajudar, cooperar, contribuir com grupo, organização ou qualquer associação destinada à prática do tráfico de drogas. A conduta incriminada não diz respeito ao tráfico de drogas em si mesmo. Ao contrário, diz respeito a uma conduta que está fora do contexto da traficância, que consiste tão somente em contribuir para o tráfico, sem confundir-se com o tráfico propriamente dito. Não faria nenhum sentido o legislador incriminar a conduta de contribuir para o tráfico na qualidade de informante confundindo-a com o tráfico em si mesmo. Mais uma vez, da mesma forma que dissemos em relação aos arts. 35 e 36, a redação típica do art. 37 deixa claro que se deve entender por tráfico de drogas apenas os delitos previstos nos arts. 33, *caput* e § 1º, e 34 da lei. Isso porque ao incriminar, no art. 37, a conduta de colaborar com o tráfico, o legislador dispôs *"colaborar, como informante, com grupo, organização ou associação destinados à prática de qualquer dos crimes previstos nos arts. 33, caput e § 1º, e 34 desta Lei."* Note-se que ao mencionar na parte final aqueles tipos penais, o legislador designou-os como tráfico de drogas. Repita-se o que se disse em relação aos arts. 35 e 36: quisesse o legislador considerar outros delitos também como tráfico de drogas, os teria inserido na redação típica, e, no entanto, não o fez.

O delito do art. 38 traz a conduta de *"prescrever ou ministrar, culposamente, drogas, sem que delas necessite o paciente, ou fazê-lo em doses excessivas ou em desacordo com determinação legal ou regulamentar"*. Trata-se de crime próprio, que só pode ser praticado por médico ou por dentista na conduta *prescrever* ou por médico, dentista, farmacêutico ou profissional de enfermagem na conduta *ministrar.* Trata-se de tipo penal exclusivamente *culposo.* Tais características tornam esse delito absolutamente incompatível com o tráfico de drogas. A uma porque o legislador não poderia restringir a sujeição ativa do tráfico de drogas a apenas aquelas pessoas. A duas porque a natureza culposa é absolutamente incompatível com a atividade ilícita mais rentável do mundo – o tráfico de drogas. A três porque não é aceitável equiparar uma conduta culposa aos crimes hediondos, dando-lhes o mesmo tratamento legal.

Por fim, o art. 39 trata do delito de *"conduzir embarcação ou aeronave após o consumo de drogas, expondo a dano potencial a incolumidade de outrem"*. Não se trata, por óbvio, de tráfico de drogas. Nesse delito o agente não realiza nenhuma conduta que denote a traficância. Ele apenas conduz embarcação ou aeronave após ter consumido drogas.

É bem verdade que o art. 40, ao tratar das causas de aumento de pena, faz menção aos delitos do art. 33 ao 37 e isso poderia levar o intérprete a pensar que todas essas infrações penais configuram o tráfico de drogas. Entretanto, tal pensamento não deve ser acolhido. O art. 40 da lei não é um dispositivo legal que elenca os delitos considerados tráfico de drogas. Trata-se, apenas, de causas de aumento de pena que devem incidir nos delitos ali mencionados. Não se deve confundir a incidência das majorantes especificamente nos tipos penais ali mencionados com a classificação daqueles tipos penais como tráfico. Até porque naquele rol estão inseridos os delitos de *induzimento, da instigação ou do auxílio a alguém ao uso indevido de droga* (art. 33, §2º), bem como o de *uso compartilhado* (art. 33, §3º), que, por óbvio, não são considerados tráfico de drogas.

Poderia ser dito ainda que, como art. 44 dispõe que *"os crimes previstos nos arts. 33, caput e § 1º, e 34 a 37 desta Lei são inafiançáveis e insuscetíveis de sursis, graça, indulto, anistia e liberdade provisória, vedada a conversão de suas penas em restritivas de direitos,"* tais tipos penais seriam considerados tráfico de drogas. Cremos que esse raciocínio não se sustenta. Não se trata de dispositivo legal que enumera os delitos etiquetados de tráfico de drogas. Como se pode perceber pela redação legal, trata-se de um dispositivo que veda alguns benefícios a alguns delitos da lei, independentemente de serem considerados tráfico. O critério do legislador não foi os delitos considerados tráfico de drogas – e nem poderia sê-lo, tendo em vista que o próprio legislador em momento algum elenca os delitos que são considerados tráfico. O mero fato de o artigo da lei fazer menção àqueles tipos penais, não quer dizer que eles sejam classificados como tráfico de drogas. Até porque, pelos motivos expostos acima, quando tratamos especificamente de cada tipo penal da lei, vimos que os delitos dos arts. 35, 36 e 37 não podem ser considerados tráfico de drogas. Note-se que o art. 83, V, do Código Penal, ao tratar do prazo para o livramento condicional nos delitos hediondos e equiparados, menciona, também, o delito de tráfico de pessoas introduzido no art. 149-A do Código Penal pela lei nº 13.344/2016, e nem por isso esse delito é considerado crime hediondo. Assim, não é porque o dispositivo legal menciona o tipo penal de tráfico de pessoas que ele será considerado hediondo. Essa mesma lógica aplica-se à lei de Drogas, na medida em que, não é porque o art. 44 menciona os arts. 33, caput e § 1º, e 34 a 37, que todos eles devem ser considerados tráfico de drogas.

Por fim, uma questão de hermenêutica: como dito acima, a Constituição da República no art. 5º, XLIII, e o art. 2º, § 2º, da lei de crimes Hediondos (8.072/90) fazem menção ao tráfico de drogas, equiparando-o a crime hediondo e vedando-lhe os institutos da fiança, da graça, da anistia e do indulto. Portanto, as normas que tratam do *tráfico de drogas* são normas restritivas de direitos, e, como toda norma que restringe direitos, deve ser interpretada restritivamente. Assim, conferir interpretação extensiva à definição de quais tipos seriam considerados tráfico de drogas, sem que houvesse – como realmente não há – um dispositivo legal definindo quais tipos penais são considerados tráfico, colocaria em risco a boa hermenêutica, uma vez que não se pode conferir interpretação extensiva a uma norma restritiva de direitos.

Dessa forma, pensamos que são considerados *tráfico de drogas* apenas os delitos previstos nos arts. 33, *caput* e § 1º, e 34.

Art. 2º Ficam proibidas, em todo o território nacional, as drogas, bem como o plantio, a cultura, a colheita e a exploração de vegetais e substratos dos quais possam ser extraídas ou produzidas drogas, ressalvada a hipótese de autorização legal ou regulamentar, bem como o que estabelece a Convenção de Viena, das Nações Unidas, sobre Substâncias Psicotrópicas, de 1971, a respeito de plantas de uso estritamente ritualístico-religioso.

Parágrafo único. Pode a **União autorizar** o plantio, a cultura e a colheita dos vegetais referidos no caput deste artigo, exclusivamente para fins medicinais ou científicos, em local e prazo predeterminados, mediante fiscalização, respeitadas as ressalvas supramencionadas.

1. **Proibição genérica.** A lei fez uma proibição genérica. Não se trata de um tipo penal, mas, sim, de uma norma proibitiva, sem sanção penal, que veda as drogas, bem

como o plantio, a cultura, a colheita e a exploração dos vegetais e substratos que possam servir de base para a extração ou a produção de drogas. Nessa segunda hipótese a droga ainda não existe. O legislador preocupou-se com a matéria-prima da droga. Entenda-se por proibição a ausência de autorização legal ou regulamentar.

2. **Objeto material da proibição.** Drogas e vegetais ou substratos dos quais possam ser extraídas ou produzidas as drogas.

3. **Plantio, cultura, colheita e exploração.** *Plantar* consiste em semear, jogar as sementes para que possam germinar na terra. *Cultivar* é trabalhar a terra, tratar a terra (regar, revirar etc.). Cultiva-se a planta já germinada. *Colher* consiste em recolher os produtos, os "frutos" que surgem do cultivo. *Explorar* é fazer o cultivo desenvolver-se, retirar proveito. Todas essas condutas estão ligadas aos vegetais e substratos dos quais seja possível a extração ou a produção da droga. Note-se que a droga ainda não existe.

4. **Ressalva.** O legislador teve a preocupação de retirar da proibição e permitir as hipóteses nas quais existe autorização legal ou regulamentar ou, então, as plantas de uso estritamente ritualístico-religioso, nos moldes definidos na Convenção de Viena. Nesse sentido, o art. 32, item 4 do Decreto 79.388/1977, que promulgou a mencionada Convenção: "O Estado em cujo território cresçam plantas silvestres que contenham substâncias psicotrópicas dentre as incluídas na Lista I, e que são tradicionalmente utilizadas por pequenos grupos, nitidamente caracterizados, em rituais mágicos ou religiosos, poderão, no momento da assinatura, ratificação ou adesão, formular reservas em relação a tais plantas, com respeito às disposições do artigo 7º, exceto quanto às disposições relativas ao comércio internacional."

5. **Parágrafo único. Autorização da União exclusivamente para fins medicinais e científicos.** A competência para a autorização prevista no parágrafo único deste artigo é da União Federal, por meio do seu órgão ANVISA. O requerente deverá provar no seu requerimento a finalidade exclusivamente medicinal ou científica, o local onde o plantio, a cultura e a colheita serão efetivados, bem como o prazo. Note-se que o legislador não permitiu apenas a autorização. Para evitar o desvio de finalidade, o parágrafo único dispõe que também fará a fiscalização. Caso posteriormente à autorização o plantio, a cultura ou a colheita for praticada de forma diversa da finalidade exclusivamente medicinal ou científica, declarada no requerimento, a ANVISA deverá cassar a autorização e providenciar o encaminhamento dessa constatação ao Ministério Público para a responsabilização penal dos agentes.

6. **Desapropriação.** As propriedades rurais ou urbanas cultivadas com plantações ilícitas serão desapropriadas pelo Poder Público. Sobre esse tema, ver comentários ao art. 32 da lei.

TÍTULO II
DO SISTEMA NACIONAL DE POLÍTICAS PÚBLICAS SOBRE DROGAS

Art. 3º O **SISNAD** tem a finalidade de articular, integrar, organizar e coordenar as atividades relacionadas com:

I – a **prevenção** do uso indevido, a atenção e a reinserção social de usuários e dependentes de drogas;

II – a **repressão** da produção não autorizada e do tráfico ilícito de drogas.

CAPÍTULO I
DOS PRINCÍPIOS E DOS OBJETIVOS DO SISTEMA NACIONAL DE POLÍTICAS PÚBLICAS SOBRE DROGAS

Art. 4º São princípios do SISNAD:

I – o respeito aos direitos fundamentais da pessoa humana, especialmente quanto à sua autonomia e à sua liberdade;

II – o respeito à diversidade e às especificidades populacionais existentes;

III – a promoção dos valores éticos, culturais e de cidadania do povo brasileiro, reconhecendo-os como fatores de proteção para o uso indevido de drogas e outros comportamentos correlacionados;

IV – a promoção de consensos nacionais, de ampla participação social, para o estabelecimento dos fundamentos e estratégias do SISNAD;

V – a promoção da responsabilidade compartilhada entre Estado e Sociedade, reconhecendo a importância da participação social nas atividades do SISNAD;

VI – o reconhecimento da intersetorialidade dos fatores correlacionados com o uso indevido de drogas, com a sua produção não autorizada e o seu tráfico ilícito;

VII – a integração das estratégias nacionais e internacionais de prevenção do uso indevido, atenção e reinserção social de usuários e dependentes de drogas e de repressão à sua produção não autorizada e ao seu tráfico ilícito;

VIII – a articulação com os órgãos do Ministério Público e dos Poderes Legislativo e Judiciário visando à cooperação mútua nas atividades do SISNAD;

IX – a adoção de abordagem multidisciplinar que reconheça a interdependência e a natureza complementar das atividades de prevenção do uso indevido, atenção e reinserção social de usuários e dependentes de drogas, repressão da produção não autorizada e do tráfico ilícito de drogas;

X – a observância do equilíbrio entre as atividades de prevenção do uso indevido, atenção e reinserção social de usuários e dependentes de drogas e de repressão à sua produção não autorizada e ao seu tráfico ilícito, visando a garantir a estabilidade e o bem-estar social;

XI – a observância às orientações e normas emanadas do Conselho Nacional Antidrogas – CONAD.

Art. 5º O SISNAD tem os seguintes **objetivos**:

I – contribuir para a inclusão social do cidadão, visando a torná-lo menos vulnerável a assumir comportamentos de risco para o uso indevido de drogas, seu tráfico ilícito e outros comportamentos correlacionados;

II – promover a construção e a socialização do conhecimento sobre drogas no país;

III – promover a integração entre as políticas de prevenção do uso indevido, atenção e reinserção social de usuários e dependentes de drogas e de repressão à sua produção não autorizada e ao tráfico ilícito e as políticas públicas setoriais dos órgãos do Poder Executivo da União, Distrito Federal, Estados e Municípios;

IV - assegurar as condições para a coordenação, a integração e a articulação das atividades de que trata o art. 3º desta Lei.

CAPÍTULO II
DA COMPOSIÇÃO E DA ORGANIZAÇÃO DO SISTEMA NACIONAL DE POLÍTICAS PÚBLICAS SOBRE DROGAS

Art. 6º (VETADO)

Art. 7º A **organização do SISNAD** assegura a orientação central e a execução descentralizada das atividades realizadas em seu âmbito, nas esferas federal, distrital, estadual e municipal e se constitui matéria definida no regulamento desta Lei.

Art. 8º (VETADO)

1. **Finalidades, princípios, objetivos e organização.** Tudo o que se refere ao SISNAD na presente lei está disposto nos arts. 3º ao 7º, que dispõem sobre as finalidades, os princípios, os objetivos e organização do SISNAD.

2. **Composição do SISNAD.** De acordo com o art. 2º, do Decreto 5.912/2006 (Decreto que regulamenta a lei de Drogas), "Integram o SISNAD: I – Conselho Nacional Antidrogas – CONAD, órgão normativo e de deliberação coletiva do sistema, vinculado ao Ministério da Justiça; II – a Secretaria Nacional Antidrogas – SENAD, na qualidade de secretaria-executiva do colegiado; III – o conjunto de órgãos e entidades públicos que exerçam atividades de que tratam os incisos I e II do art. 1º: a) do Poder Executivo federal; b) dos Estados, dos Municípios e do Distrito Federal, mediante ajustes específicos; e IV – as organizações, instituições ou entidades da sociedade civil que atuam nas áreas da atenção à saúde e da assistência social e atendam usuários ou dependentes de drogas e respectivos familiares, mediante ajustes específicos."

3. **CONAD.** O Conselho Nacional Antidrogas – CONAD é um órgão normativo e de deliberação coletiva do sistema, vinculado ao Ministério da Justiça. Como órgão superior do SISNAD compete-lhe: "I – acompanhar e atualizar a política nacional sobre drogas, consolidada pela SENAD; II – exercer orientação normativa sobre as atividades previstas no art. 1º; III – acompanhar e avaliar a gestão dos recursos do Fundo Nacional Antidrogas – FUNAD e o desempenho dos planos e programas da política nacional sobre drogas; IV – propor alterações em seu Regimento Interno; e V – promover a integração ao SISNAD dos órgãos e entidades congêneres dos Estados, dos Municípios e do Distrito Federal. (Art. 4º, do Decreto 5.912/2006).

CAPÍTULO III
(VETADO)

Art. 9º (VETADO)

Art. 10. (VETADO)

Art. 11. (VETADO)

Art. 12. (VETADO)

Art. 13. (VETADO)

Art. 14. (VETADO)

CAPÍTULO IV
DA COLETA, ANÁLISE E DISSEMINAÇÃO DE INFORMAÇÕES SOBRE DROGAS

Art. 15. (VETADO)

Art. 16. As **instituições com atuação nas áreas da atenção à saúde e da assistência social** que atendam usuários ou dependentes de drogas devem comunicar ao órgão competente do respectivo sistema municipal de saúde os casos atendidos e os óbitos ocorridos, preservando a identidade das pessoas, conforme orientações emanadas da União.

1. **Dever de colaboração com o Poder Público.** O dispositivo dirige-se, especificamente, às instituições que possuam atuação na área de saúde e de assistência social e que atendam o usuário ou o dependente de drogas. A norma traz o dever de colaboração no sentido de comunicar ao órgão municipal todos os atendimentos e os óbitos.
2. **Finalidade de comunicação.** Essa comunicação é importante para que autoridade municipal de saúde tenha ciência do estado de saúde dos usuários e dependentes e dos casos em que se chega ao extremo do óbito, para que o Município possa tomar as medidas que entender necessárias, bem como traçar as diretrizes de sua atuação, com a realização de políticas públicas municipais voltadas para a prevenção ao uso indevido e não autorizado de drogas.
3. **Sigilo da identidade.** Para que seja preservada a intimidade e a vida privada dos usuários ou dos dependentes de drogas (art. 5º, X, da CR/88), a identidade das pessoas atendidas e falecidas deve ser preservada.

Art. 17. Os **dados estatísticos nacionais** de repressão ao tráfico ilícito de drogas integrarão sistema de informações do Poder Executivo.

1. **Dados estatísticos.** Os dados estatísticos referem-se ao delito de tráfico de drogas. Não há exigência de estatísticas relacionadas ao delito porte de drogas para uso, nem a nenhum outro delito previsto nesta lei. Esses dados devem ser recolhidos de todos os órgãos de prevenção e de repressão ao tráfico de drogas, como autoridades sanitárias, policiais, judiciárias, alfandegárias e de transporte, pertencentes a qualquer esfera de poder (federal, estadual ou municipal).
2. **Finalidade da norma.** A reunião dos dados estatísticos no sistema de informações do Poder Executivo tem por finalidade a definição de critérios de atuação do Poder Público no tocante à prevenção e à repressão ao delito de tráfico de drogas.

TÍTULO III
DAS ATIVIDADES DE PREVENÇÃO DO USO INDEVIDO, ATENÇÃO E REINSERÇÃO SOCIAL DE USUÁRIOS E DEPENDENTES DE DROGAS

CAPÍTULO I
DA PREVENÇÃO

Art. 18. Constituem **atividades de prevenção do uso indevido de drogas**, para efeito desta Lei, aquelas direcionadas para a redução dos fatores de vulnerabilidade e risco e para a promoção e o fortalecimento dos fatores de proteção.

Art. 19. As atividades de prevenção do uso indevido de drogas devem observar os seguintes **princípios e diretrizes**:

I – o reconhecimento do uso indevido de drogas como fator de interferência na qualidade de vida do indivíduo e na sua relação com a comunidade à qual pertence;

II – a adoção de conceitos objetivos e de fundamentação científica como forma de orientar as ações dos serviços públicos comunitários e privados e de evitar preconceitos e estigmatização das pessoas e dos serviços que as atendam;

III – o fortalecimento da autonomia e da responsabilidade individual em relação ao uso indevido de drogas;

IV – o compartilhamento de responsabilidades e a colaboração mútua com as instituições do setor privado e com os diversos segmentos sociais, incluindo usuários e dependentes de drogas e respectivos familiares, por meio do estabelecimento de parcerias;

V – a adoção de estratégias preventivas diferenciadas e adequadas às especificidades socioculturais das diversas populações, bem como das diferentes drogas utilizadas;

VI – o reconhecimento do "não-uso", do "retardamento do uso" e da redução de riscos como resultados desejáveis das atividades de natureza preventiva, quando da definição dos objetivos a serem alcançados;

VII – o tratamento especial dirigido às parcelas mais vulneráveis da população, levando em consideração as suas necessidades específicas;

VIII – a articulação entre os serviços e organizações que atuam em atividades de prevenção do uso indevido de drogas e a rede de atenção a usuários e dependentes de drogas e respectivos familiares;

IX – o investimento em alternativas esportivas, culturais, artísticas, profissionais, entre outras, como forma de inclusão social e de melhoria da qualidade de vida;

X – o estabelecimento de políticas de formação continuada na área da prevenção do uso indevido de drogas para profissionais de educação nos 3 (três) níveis de ensino;

XI – a implantação de projetos pedagógicos de prevenção do uso indevido de drogas, nas instituições de ensino público e privado, alinhados às Diretrizes Curriculares Nacionais e aos conhecimentos relacionados a drogas;

XII – a observância das orientações e normas emanadas do CONAD;

XIII – o alinhamento às diretrizes dos órgãos de controle social de políticas setoriais específicas.

Parágrafo único. As atividades de prevenção do uso indevido de drogas dirigidas à criança e ao adolescente deverão estar em consonância com as diretrizes emanadas pelo Conselho Nacional dos Direitos da Criança e do Adolescente - CONANDA.

1. **Atividades de prevenção do uso indevido de drogas.** Os arts. 18 e 19 tratam das atividades de prevenção ao uso indevido de drogas, que visam à redução de fatores de vulnerabilidade e de risco, bem como à promoção e ao fortalecimento dos fatores de proteção, conforme expresso no art. 18.

2. **Usuário de drogas.** É a pessoa que faz uso de qualquer das substâncias caracterizadas como drogas, porém sem ser dependente delas, possuindo o domínio da sua vontade.

3. **Art. 19, parágrafo único. CONANDA.** O Conselho Nacional dos Direitos da Criança e do Adolescente-CONANDA foi criado pela lei no 8.242/1991, que estabelece em seu art. 2º que compete ao CONANDA: elaborar as normas gerais da política nacional de atendimento dos direitos da criança e do adolescente, fiscalizando as ações de execução, observadas as linhas de ação e as diretrizes estabelecidas nos arts. 87 e 88 da Lei nº 8.069, de 13 de julho de 1990 (Estatuto da Criança e do Adolescente); zelar pela aplicação da política nacional de atendimento dos direitos da criança e do adolescente; dar apoio aos Conselhos Estaduais e Municipais dos Direitos da Criança e do Adolescente, aos órgãos estaduais, municipais, e entidades não-governamentais para tornar efetivos os princípios, as diretrizes e os direitos estabelecidos na Lei nº 8.069, de 13 de junho de 1990; avaliar a política estadual e municipal e a atuação dos Conselhos Estaduais e Municipais da Criança e do Adolescente; acompanhar o reordenamento institucional propondo, sempre que necessário, modificações nas estruturas públicas e privadas destinadas ao atendimento da criança e do adolescente; apoiar a promoção de campanhas educativas sobre os direitos da criança e do adolescente, com a indicação das medidas a serem adotadas nos casos de atentados ou violação dos mesmos; acompanhar a elaboração e a execução da proposta orçamentária da União, indicando modificações necessárias à consecução da política formulada para a promoção dos direitos da criança e do adolescente; gerir o fundo de que trata o art. 6º da lei e fixar os critérios para sua utilização, nos termos do art. 260 da Lei nº 8.069, de 13 de julho de 1990; elaborar o seu regimento interno, aprovando-o pelo voto de, no mínimo, dois terços de seus membros, nele definindo a forma de indicação do seu Presidente.

CAPÍTULO II
DAS ATIVIDADES DE ATENÇÃO E DE REINSERÇÃO SOCIAL DE USUÁRIOS OU DEPENDENTES DE DROGAS

Art. 20. Constituem **atividades de atenção ao usuário e dependente de drogas e respectivos familiares**, para efeito desta Lei, aquelas que visem à melhoria da qualidade de vida e à redução dos riscos e dos danos associados ao uso de drogas.

Art. 21. Constituem atividades de reinserção social do usuário ou do dependente de drogas e respectivos familiares, para efeito desta Lei, aquelas direcionadas para sua **integração ou reintegração em redes sociais**.

Art. 22. As atividades de atenção e as de reinserção social do usuário e do dependente de drogas e respectivos familiares devem observar os seguintes **princípios e diretrizes**:

I – respeito ao usuário e ao dependente de drogas, independentemente de quaisquer condições, observados os direitos fundamentais da pessoa humana, os princípios e diretrizes do Sistema Único de Saúde e da Política Nacional de Assistência Social;

II – a adoção de estratégias diferenciadas de atenção e reinserção social do usuário e do dependente de drogas e respectivos familiares que considerem as suas peculiaridades socioculturais;

III – definição de projeto terapêutico individualizado, orientado para a inclusão social e para a redução de riscos e de danos sociais e à saúde;

IV – atenção ao usuário ou dependente de drogas e aos respectivos familiares, sempre que possível, de forma multidisciplinar e por equipes multiprofissionais;

V – observância das orientações e normas emanadas do CONAD;

VI – o alinhamento às diretrizes dos órgãos de controle social de políticas setoriais específicas.

Art. 23. As redes dos serviços de saúde da União, dos Estados, do Distrito Federal, dos Municípios desenvolverão **programas de atenção ao usuário e ao dependente de drogas**, respeitadas as diretrizes do Ministério da Saúde e os princípios explicitados no art. 22 desta Lei, obrigatória a previsão orçamentária adequada.

Art. 24. A União, os Estados, o Distrito Federal e os Municípios poderão conceder benefícios às **instituições privadas que desenvolverem programas de reinserção no mercado de trabalho**, do usuário e do dependente de drogas encaminhados por órgão oficial.

Art. 25. As instituições da sociedade civil, sem fins lucrativos, com atuação nas áreas da atenção à saúde e da assistência social, que atendam usuários ou dependentes de drogas poderão **receber recursos do FUNAD**, condicionados à sua disponibilidade orçamentária e financeira.

Atenção e reinserção social de usuários ou dependentes de drogas. Os arts. 20 ao 26 tratam das atividades de atenção e de reinserção dos usuários ou dependentes de drogas, visando à melhoria da qualidade de vida e à redução dos riscos e dos danos relacionados ao uso de drogas, o respeito ao usuário de drogas, a definição de projeto terapêutico individualizado, atenção ao usuário ou dependente de drogas e aos respectivos familiares, o desenvolvimento de programas de atenção ao usuário e ao dependente de drogas pelas redes dos serviços de saúde da União, dos Estados, do Distrito Federal, dos Municípios, concessão de benefícios às instituições privadas que desenvolverem programas de reinserção no mercado de trabalho, do usuário e do dependente de drogas encaminhados por órgão oficial, entre outras medidas expressas nos dispositivos legais.

Art. 26. O usuário e o dependente de drogas que, em razão da prática de infração penal, estiverem cumprindo pena privativa de liberdade ou submetidos a medida de segurança, têm **garantidos os serviços de atenção à sua saúde**, definidos pelo respectivo sistema penitenciário.

1. **Atenção à saúde do usuário ou do dependente.** O presente dispositivo legal concede ao usuário e ao dependente a garantia de atenção à sua saúde.

2. **Cumprimento de pena privativa de liberdade.** Refere-se ao usuário que estiver cumprindo pena privativa de liberdade em razão da prática de qualquer outra infração penal, tendo em vista que na presente lei não é mais cabível pena privativa de liberdade ao usuário de drogas. Mesmo que o usuário se encontre nessa situação, o legislador garantiu-lhe o direito de assistência à sua saúde.

3. **Sujeição a medida de segurança.** A medida de segurança à qual o legislador fez menção é a sanção penal cumprida pelo dependente de drogas, imposta em sentença. Também é garantido a ele o direito de assistência à sua saúde.

CAPÍTULO III
DOS CRIMES E DAS PENAS

Art. 27. As penas previstas neste Capítulo poderão ser **aplicadas isolada ou cumulativamente**, bem como substituídas a qualquer tempo, ouvidos o Ministério Público e o defensor.

1. **Aplicação das penas.** As penas às quais o dispositivo legal refere-se são as penas previstas no art. 28 da lei (advertência sobre os efeitos das drogas, prestação de serviços à comunidade e medida educativa de comparecimento a programa ou curso educativo), aplicáveis somente ao usuário de drogas, e não ao agente que pratique os demais crimes da presente lei. Trata-se de uma faculdade conferida ao Juiz no momento da aplicação da pena na sentença. As três penas podem ser aplicadas de forma isolada ou de forma cumulativa, bem como ser substituídas. Podem ser cumuladas duas ou mesmo as três penas.

2. **Aplicação isolada ou cumulativa das penas previstas. Critério de escolha.** A definição de qual pena será aplicada isoladamente ou de quais penas serão cumuladas deve ser norteada pelos princípios que regem a teoria da pena, sobretudo pelos princípios da individualização da pena, da culpabilidade e da proporcionalidade. Tendo em vista que o art. 59 do Código Penal estabelece que o Juiz fixará a pena que seja *necessária* e *suficiente* para a prevenção e a reprovação do crime, o Juiz deverá analisar o caso concreto e, a partir dele, fixar a pena isolada ou as penas cumuladas que sejam mais adequadas a cada caso, sempre de forma fundamentada, conforme exige o art. 93, IX, da CR/88.

3. **Substituição da pena a qualquer tempo.** Apesar de o dispositivo ora comentado dispor que as penas podem ser substituídas a qualquer tempo, deve-se notar que nem todas as penas poderão ser substituídas. Isso porque a pena de advertência sobre os efeitos das drogas é aplicada e esgotada na própria audiência, em que o Juiz faz a advertência ao condenado, de forma que não há o que se substituir posteriormente. Logo, conclui-se que as únicas penas que podem ser substituídas são as penas de prestação de serviços à comunidade e de medida educativa de comparecimento a programa ou curso educativo. O legislador permitiu a substituição das

penas *a qualquer tempo*. Note-se que na sentença condenatória a pena é aplicada, e não substituída. Portanto, a possibilidade de substituição só pode ocorrer posteriormente à sentença, depois de fixada a pena.

4. **Competência para a substituição da pena.** Após a fixação das penas de prestação de serviços à comunidade e de medida educativa de comparecimento a programa ou curso educativo, o condenado ingressa na terceira fase do princípio da individualização da pena (fase executória), que é acompanhada e fiscalizada pelo Juízo da Execução Penal. Assim, cremos que a competência para a substituição das penas fixadas na sentença condenatória seja do Juízo da Execução Penal.

5. **Oitiva das partes.** Trata-se de medida salutar, pois a oitiva das partes é um meio de dar efetividade aos princípios da ampla defesa e do contraditório.

6. **Não aplicabilidade à multa ou à admoestação verbal.** O disposto no artigo ora comentado não se aplica à admoestação verbal e à multa previstas no art. 28, §6º, da presente lei, tendo em vista que elas não têm natureza de pena, e sim de medidas de coerção que podem ser aplicadas caso o condenado não cumpra as penas fixadas na sentença.

Art. 28. Quem adquirir, guardar, tiver em depósito, transportar ou trouxer consigo, **para consumo pessoal**, drogas sem autorização ou em desacordo com determinação legal ou regulamentar será submetido às seguintes penas:

I – advertência sobre os efeitos das drogas;

II – prestação de serviços à comunidade;

III – medida educativa de comparecimento a programa ou curso educativo.

§ 1º Às mesmas medidas submete-se quem, **para seu consumo pessoal**, semeia, cultiva ou colhe plantas destinadas à preparação de pequena quantidade de substância ou produto capaz de causar dependência física ou psíquica.

§ 2º Para **determinar se a droga destinava-se a consumo pessoal**, o juiz atenderá à natureza e à quantidade da substância apreendida, ao local e às condições em que se desenvolveu a ação, às circunstâncias sociais e pessoais, bem como à conduta e aos antecedentes do agente.

§ 3º As **penas** previstas nos incisos II e III do caput deste artigo serão aplicadas pelo prazo **máximo** de **5 (cinco) meses**.

§ 4º Em caso de reincidência, as penas previstas nos incisos II e III do caput deste artigo serão aplicadas pelo prazo máximo de 10 (dez) meses.

§ 5º A **prestação de serviços à comunidade** será cumprida em programas comunitários, entidades educacionais ou assistenciais, hospitais, estabelecimentos congêneres, públicos ou privados sem fins lucrativos, que se ocupem, preferencialmente, da prevenção do consumo ou da recuperação de usuários e dependentes de drogas.

§ 6º Para **garantia do cumprimento** das medidas educativas a que se refere o caput, nos incisos I, II e III, a que injustificadamente se recuse o agente, poderá o juiz submetê-lo, sucessivamente a:

I – admoestação verbal;

II – multa.

§ 7º O juiz determinará ao Poder Público que coloque à disposição do infrator, gratuitamente, estabelecimento de saúde, preferencialmente ambulatorial, para **tratamento especializado**.

1. **Art. 28, *caput*.** O art. 28, *caput* trata da conduta de porte de drogas para o consumo pessoal. Embora o tipo contenha vários verbos típicos, além do porte, a doutrina e a jurisprudência convencionaram denominá-lo dessa forma.

2. **Natureza jurídica da infração.** Assim que a lei de Drogas teve o seu advento, instalou-se uma grande controvérsia na doutrina para determinar qual seria a natureza jurídica da infração de porte de drogas para uso. Parte da doutrina passou a sustentar que o porte de drogas para uso não seria mais uma infração penal, uma vez que a lei não mais cominava pena privativa de liberdade. Argumentava-se que, de acordo com o art. 1º da Lei de Introdução ao Código Penal (Decreto-Lei 3.914/41), somente é possível considerar infração de natureza penal aquela a que a lei comine pena privativa de liberdade ("Art 1º Considera-se crime a infração penal que a lei comina pena de reclusão ou de detenção, quer isoladamente, quer alternativa ou cumulativamente com a pena de multa; contravenção, a infração penal a que a lei comina, isoladamente, pena de prisão simples ou de multa, ou ambas, alternativa ou cumulativamente."). Como o legislador não fez previsão de pena privativa de liberdade, o porte de drogas teria deixado de ser uma infração penal. Contudo, tal orientação não merece ser acolhida. Com efeito, o porte de drogas para uso continua sendo uma infração de natureza penal. Em primeiro lugar, o art. 28 está previsto no capítulo III da lei, que dispõe "*Dos crimes e das penas*". Logo, se o legislador inseriu a infração dentro desse capítulo, com esse tema, fica clara a sua opção em classificá-la como infração de caráter penal. Em segundo lugar, a parte final do art. 28, *caput,* dispõe "será submetido às seguintes penas". Mais uma vez o legislador deixou claro que a consequência jurídica para quem praticar a conduta prevista no art. 28 da lei é uma sanção penal. Em terceiro lugar, há várias infrações de natureza penal às quais o legislador não comina pena privativa de liberdade, e nem por isso deixam de ser consideradas crimes, a exemplo dos arts. 292, 303, 304 e 306 do Código Eleitoral (lei no 4.737/1965). Portanto, o art. 28, que dispõe sobre a conduta de porte de drogas para uso, continua sendo infração penal.

3. **Despenalização, descriminalização e legalização.** Para a determinação do ocorrido com o art. 28 da lei, faz-se necessário traçar as características e diferenças entre *despenalização, descriminalização* e *legalização*. Na *despenalização,* a conduta continua sendo um crime e a resposta estatal continua sendo uma pena. Embora seja uma pena, é uma sanção penal mais suave, sem que haja a privação da liberdade. O legislador, por meio desse instituto, mantém a intenção de aplicar ao agente uma sanção penal, porém, uma sanção mais branda, que não implique a privação de liberdade. Por essa razão, temos que a expressão *despenalização* é equivocada, uma vez que, se a intenção é evitar o cárcere, o mais correto seria denominá-la descarcerização. É importante notar que a conduta continua sendo crime e continua havendo uma pena, ou seja, a conduta continua sendo uma infração penal, contrária,

portanto, à ordem jurídica. Pelo instituto da *descriminalização*, como o nome sugere, a conduta deixa de ser criminosa. A conduta continua configurando uma infração, mas não uma infração penal, e sim uma infração extrapenal, podendo configurar, por exemplo, uma infração civil, como aconteceu com o crime de adultério (art. 240 do Código Penal), que foi revogado pela lei no 11.106/2005 e deixou de configurar uma infração penal, mas continuou sendo uma infração civil, pela violação de um dos deveres decorrentes do casamento. É de se notar que tanto na despenalização, quanto na descriminalização, a conduta continua a configurar uma infração, isso é, a conduta permanece ilícita, contrária à ordem jurídica. Na *legalização*, a conduta passa a ser lícita, legal, conformada à ordem jurídica. A conduta deixa de configurar qualquer espécie de infração e passa a amoldar-se à ordem jurídica, diferente da despenalização e da descriminalização, em que a conduta continua sendo uma infração e, portanto, contrária à ordem jurídica.

4. **Despenalização e o art. 28, *caput*.** O que ocorreu com o delito de porte de drogas para uso foi justamente o fenômeno da despenalização, tendo em vista que o legislador o manteve com natureza de infração penal, porém com uma sanção mais leve, mais branda, consistente em advertência sobre os efeitos das drogas, prestação de serviços à comunidade e medida educativa de comparecimento a programa ou curso educativo.

5. **Não ocorrência de *abolitio criminis* em relação ao uso de drogas.** Tendo em vista que, como dito acima, pelo instituto da despenalização a conduta não deixa e ser criminosa e não deixa de haver uma pena cominada, não ocorreu a *abolitio criminis* em relação ao uso de drogas previsto no art. 16 da revogada lei 6.368/1976 (antiga lei de Drogas). Na realidade, ocorreu a incidência princípio da continuidade normativo-típica.

6. **Bem jurídico protegido.** Na lei de Drogas protege-se a saúde pública, o equilíbrio sanitário da coletividade, que pode ser abalado pela prática das condutas previstas na lei.

7. **Natureza dos delitos na lei de Drogas.** Os delitos previstos na presente lei constituem, em regra, crimes de perigo abstrato, razão pela qual para a configuração deles, basta a prática da conduta pelo agente, que ela, por si só, já gera uma situação de perigo ao bem jurídico saúde pública, não sendo necessária a produção de prova do perigo. Porém, há uma exceção: o art. 39 da lei é um crime de perigo concreto.

8. **Sujeito ativo.** Qualquer pessoa. Trata-se de crime comum, pois o legislador não exigiu nenhuma condição especial do sujeito ativo.

9. **Sujeito passivo.** A coletividade.

10. **Redação típica.** A redação do tipo é atécnica, uma vez que o legislador destoou do costume legislativo em redigir os tipos penais iniciando com os verbos típicos. O presente tipo penal começa com a palavra "quem" e nisso há um grande equívoco. Ora, sempre será alguém a praticar o esse delito. O mais correto seria começar o tipo pelos verbos típicos ("Adquirir, guardar, ter em depósito, transportar ou trazer consigo, para consumo pessoal etc").

11. "Drogas". Droga é o objeto material do delito. A expressão "drogas" está empregada de forma equivocada, pois a interpretação literal pode levar o intérprete a pensar que para que haja qualquer dos crimes previstos nesta lei, é necessário que o agente pratique a conduta típica relacionada a mais de uma espécie de droga, quando, na realidade, basta que a conduta do agente tenha por objeto apenas um tipo de droga.

12. Norma penal em branco heterogênea. Como dito alhures, o presente tipo penal constitui um tipo penal em branco heterogêneo e o seu complemento está na Portaria 344/1998, da Secretaria de Vigilância Sanitária, do Ministério da Saúde.

13. Não incriminação do uso de drogas. Não se pune o efetivo uso de droga, mas, sim, condutas ligadas ao uso. O uso, por si só, é fato atípico. Assim, se A e flagrado injetando uma droga na veia de B, a conduta de B é atípica. É bem verdade que B consentiu na conduta de A, contudo, B, embora esteja fazendo uso da droga naquele momento, não praticou nenhum dos verbos típicos descritos no tipo penal. Ou, então, se o agente for surpreendido por policiais logo depois de ter usado a droga o fato será atípico, não havendo que se falar em flagrante.

14. Adquirir, guardar, ter em depósito, transportar e trazer consigo. *Adquirir* consiste na conduta de obter, conseguir, independentemente do meio (compra e venda, doação, troca etc.). *Guardar* é conservar, preservar, manter em local seguro, ocultar a droga. *Ter em depósito* consiste em guardar, armazenar a droga, tê-la ao alcance. *Transportar* significa levar a droga de um local específico para outro local específico. Não precisa o agente estar fisicamente com a droga, podendo, por exemplo, a pessoa que está dentro do ônibus, transportar a droga na mala dentro do porão do ônibus. Por fim, *trazer consigo* consiste na conduta do agente que conduz a droga junto a si.

15. Crime permanente. As condutas *guardar, ter em depósito, transportar e trazer consigo* configuram crime permanente.

16. Tipo penal misto alternativo. Caso o agente pratique mais de uma conduta descrita no tipo penal, responderá por um delito apenas, não havendo concurso de crimes. Assim, o agente que guarda a droga em casa, retira uma pequena porção e a leva consigo na rua para uso, responde por apenas um delito.

17. Especial fim de agir. O delito de porte de droga para uso possui como especial fim de agir a finalidade de a droga destinar-se ao consumo pessoal, por meio da expressão *"para consumo pessoal"* descrita no tipo penal. Note-se que todos os verbos típicos do art. 28, *caput,* estão positivados no art. 33 da lei, que trata do delito de tráfico de drogas. O especial fim de agir é o elemento que diferencia esses dois delitos. Assim, a conduta de quem adquire a droga pode estar tipificada tanto no art. 28, quanto no art. 33, a depender da presença ou não do especial fim de agir. Sem a análise desse elemento subjetivo específico do tipo é inviável juridicamente a tipificação da conduta do agente. Portanto, o agente que é flagrado com 1 Kg de cocaína pratica porte de droga para uso ou tráfico de drogas? A reposta a essa pergunta passa necessariamente pela análise da presença do especial fim de agir. Se a aquisição da droga se deu para consumo pessoal, está configurado o delito do art. 28. Contudo, se a aquisição da droga ocorreu para outra finalidade que não seja essa, estar-se-á diante da prática do delito de tráfico previsto no art. 33 da lei.

18. **Aquisição de droga para outra pessoa.** Configura o delito de tráfico (art. 33), tendo em vista a ausência do especial fim de agir.

19. **Sem autorização ou em desacordo com determinação legal ou regulamentar.** Possuir autorização é uma hipótese excepcional de alguém que tenha, por exemplo, autorização da ANVISA para possuir a droga em residência com a finalidade curativa de alguma doença ou algo semelhante, caso em que a conduta será atípica.

20. **Possibilidade de transação penal e de suspensão condicional do processo.** De acordo com o art. 48, §5º, desta lei, é cabível o instituto da transação penal ao acusado. Da mesma forma, é cabível o instituto da suspensão condicional do processo previsto no art. 89, da lei 9.099/1995.

> **STJ.** HABEAS CORPUS. LEI DE DROGAS. DESCLASSIFICAÇÃO DO DELITO DE TRÁFICO PARA O DE USO DE ENTORPECENTES, QUANDO DO JULGAMENTO DO RECURSO DE APELAÇÃO INTERPOSTO PELO PACIENTE. CONDUTA QUE ADMITE TANTO A TRANSAÇÃO PENAL QUANTO A SUSPENSÃO CONDICIONAL DO PROCESSO. (...) 1. A conduta prevista no art. 28 da Lei n.º 11.343/06 admite, em tese, tanto a transação penal quanto a suspensão condicional do processo. 2. Os institutos despenalizadores da Lei n.º 9.099/95 devem ser aplicados quando ocorre a desclassificação do delito, conforme entendimento sedimentado na súmula n.º 337 desta Corte. (...) **(HC 162.807/SP, Rel. Min. Laurita Vaz, julgado em 08/05/2012).**

21. **Penas não privativas de liberdade.** O art. 28 dispõe sobre três espécies de penas: advertência sobre os efeitos das drogas; prestação de serviços à comunidade; e medida educativa de comparecimento a programa ou curso educativo.

22. **Inciso I. Advertência sobre os efeitos das drogas**. Essa pena ocorre em uma audiência especificamente marcada para esse fim e tem por finalidade advertir formalmente o acusado sobre os efeitos nocivos das drogas e suas consequências no âmbito da família, da consideração social, dos valores comunitários etc.

23. **Inciso II. Prestação de serviços à comunidade**. Essa pena é cumprida nos moldes previstos no art. 46, §1º, do Código Penal, sempre de forma adequada à condenação pelo delito previsto nesta lei, nos moldes do § 5º do art. 28 da presente lei, que dispõe que a pena será cumprida em programas comunitários, entidades educacionais ou assistenciais, hospitais, estabelecimentos congêneres, públicos ou privados sem fins lucrativos, que se ocupem, preferencialmente, da prevenção do consumo ou da recuperação de usuários e dependentes de drogas.

24. **Inciso III. Medida educativa de comparecimento a programa ou curso educativo.** O programa ou curso educativo deve ter por objeto tema voltado à questão do uso de drogas.

→ **Aplicação em concurso.**

- **Investigador de Polícia. PC/SP. 2014. VUNESP.**

  Roberval Taylor consumiu droga sem autorização ou em desacordo com determinação legal ou regulamentar. Essa conduta, segundo a Lei sobre Drogas (Lei n.º 11.343/06), pode submeter Roberval, entre outras, às seguintes penas:

A) prisão e prestação de serviços à comunidade.

B) advertência sobre os efeitos das drogas e prestação de serviços à comunidade

C) medida educativa de comparecimento a programa ou curso educativo e detenção

D) cassação dos direitos políticos e advertência sobre os efeitos das drogas.

E) multa e reclusão.

Alternativa correta: letra B.

25. **Critério para a escolha da pena:** o Juiz escolherá a pena mais adequada, atento ao princípio da individualização de pena, da necessidade e suficiência, a depender do tipo de droga, do grau de envolvimento do agente com a droga, da realidade do agente etc., sempre tendo como norte o disposto no art. 59 do Código Penal.

26. **Possibilidade de aplicação de duas ou das três penas cumulativamente.** De acordo com o art. 27 desta lei, o Juiz pode aplicar duas ou três penas cumulativamente, devendo analisar o caso concreto e, a partir dele, fixar as penas cumulativamente de forma mais adequada a cada caso.

27. **Sentença.** As três penas devem ser aplicadas por sentença. Como sanções penais que são, somente podem ser impostas ao final do processo em primeira instância, após toda a instrução probatória.

28. **Geração de reincidência.** A fixação de qualquer das penas previstas neste artigo, com o trânsito em julgado, gera futura reincidência em caso de prática de nova infração penal, uma vez que se tratam de sanções penais, como dito anteriormente.

29. **Não cabimento de ordem de *habeas corpus*.** Tendo em vista a impossibilidade de aplicação de pena privativa de liberdade, não é cabível ordem de *habeas corpus* em favor do usuário que praticou este tipo penal. Essa é a regra geral. Contudo, fazemos uma ressalva: cremos que seja cabível a impetração de ordem de *habeas corpus* quando for necessário utilizá-lo em relação ao art. 28 desta lei para obter algum benefício libertário que diga respeito a outro processo ou a outros fatos.

Sobre a regra geral do não cabimento, pode-se pegar por empréstimo o teor da súmula 693 do STF.

> **Súmula 693 do STF:** *"Não cabe habeas corpus contra decisão condenatória a pena de multa, ou relativo a processo em curso por infração penal a que a pena pecuniária seja a única cominada."*

▶ **STF**

Informativo nº 887

Primeira Turma

Repercussão geral e sobrestamento de processo-crime – 2

O "habeas corpus" não é o meio adequado para discutir crime que não enseja pena privativa de liberdade. Esse é o entendimento da Primeira Turma, que, por maioria, não conheceu de "habeas corpus", no qual se discutia a suspensão de processo-crime, na hipótese de o tema estar submetido ao Supremo Tribunal Federal (STF) em sede de repercussão geral (vide Informativo 871). O paciente foi denunciado como incurso no art. 28 da lei 11.343/2006 (Lei de Drogas). A Turma assentou que, ante a previsão desse artigo e na impossibilidade de imposição de pena que possa restringir a liberdade de ir e vir, tem-se como imprópria a impetração de "habeas corpus". Vencido o ministro Marco Aurélio (relator), que deferiu a ordem para determinar a suspensão do processo-crime. **(HC 127834/MG, rel. orig. Min. Marco Aurélio, red. p/ o ac. Min. Alexandre de Moraes, julgamento em 05.12.2017).**

30. **Retroatividade do tipo penal.** Em comparação com o tipo penal de porte para uso do art. 16 da revogada lei 6.368/1976, que previa pena privativa de liberdade de detenção de 6 meses a 2 anos e 50 dias-multa, o tipo penal ora comentado constitui uma *novatio legis in mellius*. Assim, é possível haver a sua retroatividade. Não cabe a retroatividade apenas no preceito secundário do art. 28, mas de todo o tipo penal.

STJ. Súmula 501: "É cabível a aplicação retroativa da Lei n. 11.343/2006, desde que o resultado da incidência das suas disposições, na íntegra, seja mais favorável ao réu do que o advindo da aplicação da Lei n. 6.368/1976, sendo vedada a combinação de leis".

31. **Competência.** De acordo com o art. 48, §1º da lei, a competência para o processo e o julgamento desse delito é do Juizado Especial Criminal, na Justiça Estadual.

STJ. (...) POSSE DE DROGA PARA CONSUMO PRÓPRIO. CONDUTA QUE SE AMOLDA À POSSE DE DROGAS PARA USO PRÓPRIO. DELITO DE MENOR POTENCIAL OFENSIVO. COMPETÊNCIA DO JUIZADO ESPECIAL. 1. O crime de uso de entorpecente para consumo próprio, previsto no art. 28 da Lei 11.343/06, é de menor potencial ofensivo, o que determina a competência do Juizado Especial estadual, já que ele não está previsto em tratado internacional e o art. 70 da Lei n. 11.343/2006 não o inclui dentre os que devem ser julgados pela Justiça Federal. (...) (CC 144.910/MS, Rel. Min. Reynaldo Soares da Fonseca, julgado em 13/04/2016).

32. **Competência da Justiça Federal.** Caso esteja presente algum dos motivos para a fixação de competência da Justiça Federal (art. 109 da CR/88), a competência será do Juizado Especial Criminal Federal.

33. **Competência e crime praticado a bordo de navio ou de aeronave.** Nos moldes do art. 109, IX da CR/88, a competência é do Juizado Especial Federal.

Mesmo que a aeronave esteja em solo e com a porta aberta, a competência não se desloca para o Juizado Especial Criminal da Justiça Estadual. Sobre esse tema, o STJ tem posição pacífica, como demonstra o julgado abaixo, que tratou de crime de roubo, podendo-se aplicar o mesmo entendimento no delito ora comentado.

- **STJ**

Informativo 464

Quinta Turma.

COMPETÊNCIA. ROUBO. INTERIOR. AERONAVE.

Trata-se de *habeas corpus* impetrado em favor de paciente condenado por roubo e formação de quadrilha em continuidade delitiva (arts. 288 e 157, § 2º, I e II, ambos do CP). Alega o impetrante a incompetência da Justiça Federal para processar e julgar o crime, visto que, apesar de o roubo dos malotes (com mais de R$ 4 milhões) ter ocorrido a bordo de aeronave, deu-se em solo (aeroporto) contra a transportadora, sendo a vítima o banco, que possui capital privado e público; nessas circunstâncias, não deslocaria a competência para a Justiça Federal. Para o Min. Relator, não há falar em qualidade da empresa lesada diante do entendimento jurisprudencial e do disposto no art. 109, IX, da CF/1988, que afirmam a competência dos juízes federais para processar e julgar os delitos cometidos a bordo de aeronaves, independentemente de elas se encontrarem no solo. Com esse entendimento, a Turma denegou a ordem. Precedentes citados do STF: RHC 86.998-SP, DJ 27/4/2007; do STJ: HC 40.913-SP, DJ 15/8/2005, e HC 6.083-SP, DJ 18/5/1998. **HC 108.478-SP, Rel. Min. Adilson Vieira Macabu (Desembargador convocado do TJ-RJ), julgado em 22/2/2011.**

34. Navio. Deve-se tomar cuidado com a expressão *navio*. Tendo em vista que a CR/88 não conceituou o que seria navio, a doutrina e a jurisprudência pacificaram os seus entendimentos no sentido de conferir à expressão *navio* interpretação restritiva. Assim, *navio* não pode ser entendido como qualquer embarcação que se desloque sob águas, independentemente de qualquer outro critério. Por navio entenda-se a embarcação de grande porte, que possua tamanho e autonomia consideráveis para gerar o seu deslocamento para águas internacionais. Além disso, o navio deve encontrar-se em situação de deslocamento internacional ou em situação de potencial deslocamento.

STJ. CONFLITO DE COMPETÊNCIA. DESENVOLVIMENTO CLANDESTINO DE ATIVIDADES DE TELECOMUNICAÇÃO. CRIME COMETIDO A BORDO DE NAVIO ANCORADO NO PORTO DE PARANAGUÁ. SITUAÇÃO DE POTENCIAL DESLOCAMENTO. COMPETÊNCIA DA JUSTIÇA FEDERAL. 1. A Constituição Federal, em seu art. 109, IX, expressamente aponta a competência da Justiça Federal para processar e julgar "os crimes cometidos a bordo de navios ou aeronaves, ressalvada a competência da Justiça Militar". 2. Em razão da imprecisão do termo "navio" utilizado no referido dispositivo constitucional, a doutrina e a jurisprudência construíram o entendimento de que "navio" seria embarcação de grande porte o que, evidentemente, excluiria a competência para processar e julgar crimes cometidos a bordo de outros tipos de embarcações, isto é, aqueles que não tivessem tamanho e autonomia consideráveis que pudessem ser deslocados para águas internacionais. 3. Restringindo-se ainda mais o alcance do termo "navio", previsto no art. 109, IX, da Constituição, a interpretação que se dá ao referido dispositivo deve agregar outro aspecto, a saber, que ela se encontre em situação de deslocamento internacional ou em situação de potencial deslocamento. 4. Os tripulantes do navio que se beneficiavam da utilização de centrais telefônicas clandestinas, para realizar chamadas internacionais, pertenciam a embarcação que estava em trânsito no Porto de Paranaguá, o que caracteriza, sem dúvida, situação de potencial deslocamento. Assim, a competência, vista sob esse viés, é da Justiça Federal. 5. Conflito conhecido para declarar competente o Juízo Federal e Juizado Especial de Paranaguá – SJ/PR. **(CC 118.503/PR, Rel. Min. Rogerio Schietti Cruz, julgado em 22/04/2015).**

35. Competência e foro especial por prerrogativa de função. Caso o acusado possua foro especial por prerrogativa de função, ele será o competente para o processo e o julgamento, e não o Juizado Especial Criminal.

36. Não imposição de prisão em flagrante. No caso da prática deste delito, de acordo com o art. 48, §2º, não será imposta ao acusado a prisão em flagrante, devendo ser lavrado termo circunstanciado e o autor do fato deve ser encaminhado imediatamente ao Juizado Especial Criminal ou assumir o compromisso de a ele comparecer. Contudo, deve-se atentar que a prisão que se proíbe é a lavratura do auto de prisão em flagrante e o recolhimento ao cárcere. A prisão captura pode ocorrer normalmente.

37. Princípio da insignificância. De acordo com o a jurisprudência, não se aplica o princípio da insignificância, em razão de o delito ser de perigo abstrato.

> **STJ.** AGRAVO REGIMENTAL NO RECURSO ORDINÁRIO EM HABEAS CORPUS. ART. 28 DA LEI N. 11.343/2006. APLICAÇÃO DO PRINCÍPIO DA INSIGNIFICÂNCIA. IMPOSSIBILIDADE. 1. De acordo com a jurisprudência do Superior Tribunal de Justiça, a pequena quantidade de substância entorpecente apreendida, por ser característica própria do crime descrito no art. 28 da Lei n. 11.343/2006, não afasta a tipicidade material da conduta. Além disso, trata-se de delito de perigo abstrato, dispensando-se a demonstração de efetiva lesão ao bem jurídico tutelado pela norma – saúde pública. Precedentes. 2. Agravo regimental a que se nega provimento. (AgRg no RHC 68.686/MS, Rel. Min. Antonio Saldanha Palheiro, julgado em 01/09/2016).

38. Consumação. O delito consuma-se com a prática dos verbos típicos descritos no tipo penal.

39. Classificação. Crime comum; formal; doloso; comissivo; de perigo abstrato; instantâneo na conduta *adquirir* e permanente nas condutas *guardar, ter em depósito, transportar e trazer consigo*; admite tentativa.

40. Princípio da especialidade: O delito e porte de droga para uso estão especializados no art. 290 do Código Penal Militar (DL 1.001/1969): ("Art. 290. Receber, preparar, produzir, vender, fornecer, ainda que gratuitamente, ter em depósito, transportar, trazer consigo, ainda que para uso próprio, guardar, ministrar ou entregar de qualquer forma a consumo substância entorpecente, ou que determine dependência física ou psíquica, em lugar sujeito à administração militar, sem autorização ou em desacôrdo com determinação legal ou regulamentar: Pena – reclusão, até cinco anos").

41. §1º. Conduta equiparada.

42. Sujeito ativo. Qualquer pessoa. Trata-se de crime comum, pois o legislador não exigiu nenhuma condição especial do sujeito ativo.

43. Sujeito passivo. A coletividade.

44. Semear, cultivar e colher. *Semear* significa lançar, jogar sementes para germinarem. *Cultivar* é trabalhar a terra. *Colher* consiste em recolher os produtos, os "frutos" que surgem do cultivo.

45. Especial fim de agir. O tipo penal contém um especial fim de agir previsto na expressão *"para consumo pessoal"*. A ausência desse especial fim de agir configura o tipo penal do art. 33, parágrafo 1º, II da lei.

46. Objeto material. Plantas destinadas à preparação de pequena quantidade de substância ou produto capaz de causar dependência física ou psíquica. Note-se que a droga ainda não existe. O agente semeia, cultiva ou colhe a planta destinada à preparação da droga.

47. **Pequena quantidade de substância.** A pequena quantidade é um dos requisitos para a aplicação deste tipo penal. Porém, não há regulamentação do que seja pequena quantidade. Cremos que tudo vai depender do caso concreto.

48. **Agente flagrado levando as sementes de maconha para o plantio.** A conduta não se tipifica no §1º. Na realidade, vai configurar o delito do art. 28, *caput*.

49. **Tipo penal misto alternativo.** Caso o agente pratique mais de uma conduta descrita no tipo penal, responderá por um delito apenas, não havendo concurso de crimes.

50. **Consumação.** O delito consuma-se com a prática dos verbos típicos descritos no tipo penal.

51. **Classificação.** Crime comum; formal; doloso; de perigo abstrato; comissivo; admite tentativa.

52. **§2º. Destinação da droga ao consumo pessoal.** Neste parágrafo o legislador cuidou de estabelecer critérios para a determinação se a droga se destina ou não ao consumo pessoal. Isso é fundamental para a determinação da correta tipificação da conduta, se porte para uso ou tráfico de drogas, com todas as consequências legais decorrentes dessas duas tipificações. Os critérios são: natureza; quantidade da substância apreendida; local e condições em que se desenvolveu a ação; circunstâncias sociais e pessoais do agente; e, por fim, conduta e antecedentes do agente. Não existe um critério que prepondere sobre os outros. Todos os critérios têm igual peso e a análise deve ser em conjunto, nunca de forma isolada considerando apenas um dos critérios. Portanto, não se pode afirmar que se a droga apreendida com o agente era cocaína trata-se de tráfico. Como também não se pode afirmar que a pequena quantidade de maconha, por exemplo, é porte para uso. Também não se pode dizer que se trata de tráfico somente porque o agente possui antecedentes de tráfico de drogas ou que a conduta configura porte para uso porque o agente tem boas condições financeiras e pode comprar a droga para consumi-la ou, então, porque tem um trabalho lícito. Repita-se: em todos os casos, o Juiz deverá analisar todos os requisitos em conjunto, cotejados com o caso concreto.

53. **Caso de dúvida.** Se houver dúvida em relação à classificação, em razão de as circunstâncias do caso concreto não permitirem ao Juiz chegar a uma conclusão, a tipificação deverá ser no delito de porte para uso, em homenagem aos princípios do *in dubio pro reo, favor rei, favor libertatis.*

54. **§3º. Tempo de duração das penas dos incisos II e III.** De forma diversa das penas restritivas de direitos previstas no Código Penal (que têm, em regra, a mesma duração da pena privativa de liberdade aplicada – art. 55 do Código Penal), as penas previstas nos incisos I e II possuem duração máxima de 5 meses. Note-se que a pena não é de 5 meses, e sim possui duração *máxima* de cinco meses. Para a determinação do tempo de duração da pena, o Juiz deverá basear-se no art. 59 do Código Penal e no art. 42 desta lei.

→ **Aplicação em concurso.**

- **Investigador de Polícia. PC/SP. 2013. VUNESP.**

Nos termos do que estabelece a Lei sobre Drogas (Lei n.º 11.343/2006), quem adquirir, guardar, tiver em depósito, transportar ou trouxer consigo, para consumo pessoal, drogas sem autorização ou em desacordo com determinação legal ou regulamentar poderá sofrer a seguinte pena:

A) medida educativa de comparecimento a programa ou curso educativo, pelo prazo máximo de cinco meses, se não reincidente.

B) detenção.

C) reclusão.

D) pagamento de multa a ser revertida ao patrimônio da Defensoria Pública.

E) prestação de serviços à comunidade, pelo prazo máximo de um ano, a ser cumprida em programas comunitários ou entidades que se ocupem da prevenção do consumo ou da recuperação de usuários e dependentes de drogas.

Alternativa correta: letra A.

55. **§4º. Reincidência.** Em caso de reincidência, o prazo estabelecido no §3º dobra para o máximo de 10 meses. Questão relevante versa sobre a necessidade de essa reincidência ser específica, havendo vozes na doutrina em sentido positivo. Contudo, onde a lei não distingue, não cabe ao intérprete distinguir. Tendo em vista que o legislador não especificou que se tratava de reincidência específica, como fê-lo no art. 83, V, do Código Penal, somos levados a afirmar que essa reincidência não precisa ser específica no delito de porte de drogas para uso, podendo ser em qualquer delito.

56. **§5º. Locais onde a prestação de serviços deverá ser cumprida.** O legislador estabeleceu locais diversos do Código Penal para o cumprimento da pena de prestação de serviços à comunidade prevista no inciso II, que deve prevalecer sobre o regramento do Código Penal por força do princípio da especialidade.

57. **§6º. Medidas de coerção.** Não são penas criminais. São medidas de coerção para obrigar o réu a cumprir as penas impostas, em caso de recusa injustificada. O legislador estabeleceu uma ordem: primeiro a admoestação verbal. Depois a multa.

58. **Inaplicabilidade em relação ao inciso I do art. 28.** A primeira pena é a de advertência sobre os efeitos das drogas, aplicada em audiência específica para esse fim. Cremos que as medidas de coerção não possuem compatibilidade com essa pena. Caso o réu não compareça à audiência para receber a pena de advertência, também não comparecerá para receber a admoestação verbal. Nesse caso, o Juiz deve substituir a pena de advertência por outra, como permite o art. 27 da lei, e aí sim, caso o condenado não a cumpra, o Juiz poderá aplicar essas medidas de coerção.

59. **I. Admoestação verbal.** Trata-se de uma repreensão oral, também realizada em audiência específica para esse fim. Não pode ser aplicada na mesma audiência em que a pena é aplicada, pois ela pressupõe o descumprimento da pena aplicada. Logo, a sua aplicação deve esperar o descumprimento da pena imposta na sentença.

60. **II. Multa.** A multa só pode ser aplicada após a aplicação da admoestação verbal.

61. Critério para a aplicação. A aplicação da medida de coerção de multa deve seguir os critérios do art. 29 e deve atender aos seguintes elementos: reprovabilidade da conduta e capacidade econômica do agente.

62. Diferenças entre a medida de multa na lei de Drogas e a pena de multa no Código Penal. A primeira diferença está relacionada à natureza jurídica: No Código penal, a multa é uma pena autônoma, uma espécie de sanção penal; na lei de Drogas a multa é apenas uma medida de correção, que é aplicada após o descumprimento injustificado da pena imposta na sentença. A segunda diferença está ligada ao destinatário da multa: No Código Penal a multa destina-se ao Fundo Penitenciário (art. 49); na lei de Drogas a multa destina-se ao Fundo Nacional Antidrogas-FUNAD.

63. Execução da multa: Caso a medida de coerção de multa não seja paga, caberá a sua execução, que deverá ser promovida pela Fazenda Pública, na Vara de Fazenda Pública. Trata-se de entendimento semelhante ao da execução da pena de multa do Código Penal, previsto na súmula 521 do STJ.

> **STJ. Súmula 521:** A legitimidade para a execução fiscal de multa pendente de pagamento imposta em sentença condenatória é exclusiva da Procuradoria da Fazenda Pública.

64. §7º. Tratamento especializado. Trata-se de uma obrigação para o Juiz. Embora a lei fale em *tratamento ambulatorial*, pode acontecer de ser necessária a *internação*, caso em que o Juiz também deverá garanti-la ao réu. A determinação é feita na sentença que condenar o réu ou que homologar a transação penal.

65. Destinatário. Como a lei não especificou, parece-nos que o tratamento deve destinar-se tanto ao usuário, quanto ao dependente. De qualquer forma, a disponibilização do tratamento dependerá de cada caso concreto.

66. Tempo de duração do tratamento. A lei não especificou. Vai depender da recomendação do caso concreto, sobretudo – se for o caso – de acordo com o recomendado pela perícia.

> **Art. 29.** Na imposição da medida educativa a que se refere o inciso II do § 6º do art. 28, o juiz, **atendendo à reprovabilidade da conduta**, fixará o número de dias-multa, em quantidade nunca inferior a 40 (quarenta) nem superior a 100 (cem), atribuindo depois a cada um, segundo a capacidade econômica do agente, o valor de um trinta avos até 3 (três) vezes o valor do maior salário mínimo.
>
> Parágrafo único. Os valores decorrentes da imposição da multa a que se refere o § 6º do art. 28 serão creditados à conta do Fundo Nacional Antidrogas.

1. **Etapas para encontrar a multa.** A partir do elemento reprovabilidade da conduta, o Juiz fixará a multa atendendo a dois passos: 1. Fixa o número de dias-multa entre 40 e 100 dias-multa, 2. Encontra o valor de cada dia-multa, de 30 avos até 3 vezes o valor do salário mínimo, tendo como critério a situação econômica do réu.

2. **Destinatário da multa.** De acordo com o parágrafo único, o destinatário da multa é o Fundo Nacional Antidrogas-FUNAD, criado pela lei 7.560/1986.

Art. 30. Prescrevem em 2 (dois) anos a imposição e a execução das penas, observado, no tocante à interrupção do prazo, o disposto nos arts. 107 e seguintes do Código Penal.

1. **Prescrição penal.** De forma diversa dos critérios do Código Penal, a lei de Drogas previu prazo específico de prescrição para o delito de porte de drogas para uso: 2 anos.

→ **Aplicação em concurso.**

- **Juiz de Direito Substituto/DF. 2015. CESPE.**

Assinale a opção correta à luz da Lei nº 11.343/2006 (Lei de Drogas), do CP e da jurisprudência do STF.

O crime de porte de entorpecentes para consumo pessoal, sem autorização ou em desacordo com determinação legal ou regulamentar, está sujeito aos prazos prescricionais do CP.

A alternativa está errada.

2. **Termo inicial da prescrição.** Tendo em vista que a lei de Drogas não mencionou o termo inicial, devem ser aplicadas a normas do Código Penal (arts. 111 e 112).

3. **Espécies de prescrição.** Tendo em vista que o legislador mencionou "a imposição e a execução das penas", o prazo de 2 anos aplica-se à prescrição da pretensão punitiva e à prescrição da pretensão executória.

4. **Interrupção do prazo.** Há dois erros de redação: em primeiro lugar, a interrupção do prazo prescricional prevista no Código Penal está positivada no art. 117, e não no art. 107; em segundo lugar, não há artigos seguintes ao art. 117 que tratem das causas interruptivas do prazo, é só o art. 117 mesmo.

5. **Suspensão do prazo.** Embora a lei de Drogas não tenha mencionado, é possível haver a suspensão do prazo prescricional com base no art. 116 do Código Penal.

TÍTULO IV
DA REPRESSÃO À PRODUÇÃO NÃO AUTORIZADA E AO TRÁFICO ILÍCITO DE DROGAS

CAPÍTULO I
DISPOSIÇÕES GERAIS

Art. 31. É indispensável a **licença prévia da autoridade competente** para produzir, extrair, fabricar, transformar, preparar, possuir, manter em depósito, importar, exportar, reexportar, remeter, transportar, expor, oferecer, vender, comprar, trocar, ceder ou adquirir, para qualquer fim, drogas ou matéria-prima destinada à sua preparação, observadas as demais exigências legais.

1. **Licença da autoridade competente.** A competência para a autorização prevista neste artigo é da União Federal, por meio da ANVISA (art. 2º, parágrafo único, da lei 8.257/1991).

2. **Objeto material.** Drogas ou matéria-prima destinada à sua preparação.
3. **Qualquer finalidade.** A licença destina-se a qualquer finalidade, não havendo qualquer limitação prevista em lei.

Art. 32. As **plantações ilícitas serão imediatamente destruídas** pelo delegado de polícia na forma do art. 50-A, que recolherá quantidade suficiente para exame pericial, de tudo lavrando auto de levantamento das condições encontradas, com a delimitação do local, asseguradas as medidas necessárias para a preservação da prova.

§ 1º (Revogado). (Redação dada pela Lei nº 12.961, de 2014)

§ 2º (Revogado). (Redação dada pela Lei nº 12.961, de 2014)

§ 3º Em caso de ser utilizada a **queimada para destruir a plantação**, observar-se-á, além das cautelas necessárias à proteção ao meio ambiente, o disposto no Decreto nº 2.661, de 8 de julho de 1998, no que couber, dispensada a autorização prévia do órgão próprio do Sistema Nacional do Meio Ambiente - SISNAMA.

§ 4º As **glebas** cultivadas com plantações ilícitas serão **expropriadas**, conforme o disposto no art. 243 da Constituição Federal, de acordo com a legislação em vigor.

1. **Plantações ilícitas.** São as plantações não autorizadas pela União Federal.
2. **Desnecessidade de autorização judicial.** Para a destruição das plantações ilícitas, não se exige autorização judicial. Mas é necessária a prova de que se tratam de plantações ilícitas de droga. Para isso, o Delegado de Polícia deve recolher amostras suficientes para o exame pericial para a efetiva comprovação.

   → **Aplicação em concurso.**

   - **Delegado de Polícia/GO. 2017. CESPE**

     Considerando o disposto na Lei 11.343/2006 e o posicionamento jurisprudencial e doutrinário dominantes sobre a matéria regida por essa lei, assinale a opção correta.

     É vedada à autoridade policial a destruição de plantações ilícitas de substâncias entorpecentes antes da realização de laudo pericial definitivo, por perito oficial, no local do plantio.

     A alternativa está errada.

3. **Destruição de plantações ilícitas.** A destruição a que esse artigo menciona é a destruição sem que tenha ocorrido a prisão em flagrante.
4. **Forma de destruição.** O art. 50-A prevê que a destruição será feita por incineração.
5. **Prazo para destruição.** A destruição deve ser imediata, tão logo o Delegado de Polícia localize as plantações ilícitas.
6. **§3º. Observância de proteção ao meio ambiente.** A incineração ocorre normalmente pela retirada da toda a plantação, a junção dela e apenas um local e a colocação de fogo. Contudo, essa forma de destruição deve obedecer às cautelas devidas e as normas pertinentes para não agredir o meio ambiente.

7. **§4º. Desapropriação.** O art. 243 da CR/88 determina a desapropriação de glebas onde forem localizadas culturas ilegais de plantas psicotrópicas, sem direito à indenização. ("Art. 243. As propriedades rurais e urbanas de qualquer região do País onde forem localizadas culturas ilegais de plantas psicotrópicas ou a exploração de trabalho escravo na forma da lei serão expropriadas e destinadas à reforma agrária e a programas de habitação popular, sem qualquer indenização ao proprietário e sem prejuízo de outras sanções previstas em lei, observado, no que couber, o disposto no art. 5º.").

8. **Previsão infraconstitucional. Lei 8.257/1991.** A lei 8.257/91 dispõe sobre a desapropriação das glebas nas quais haja a cultura ilegal de plantas psicotrópicas, nos seguintes moldes: "Art. 1º As glebas de qualquer região do país onde forem localizadas culturas ilegais de plantas psicotrópicas serão imediatamente expropriadas e especificamente destinadas ao assentamento de colonos, para o cultivo de produtos alimentícios e medicamentosos, sem qualquer indenização ao proprietário e sem prejuízo de outras sanções previstas em lei, conforme o art. 243 da Constituição Federal. Parágrafo único. Todo e qualquer bem de valor econômico apreendido em decorrência do tráfico ilícito de entorpecentes e drogas afins será confiscado e reverterá em benefício de instituições e pessoal especializado no tratamento e recuperação de viciados e no aparelhamento e custeio de atividades de fiscalização, controle, prevenção e repressão do crime de tráfico dessas substâncias. Art. 2º Para efeito desta lei, plantas psicotrópicas são aquelas que permitem a obtenção de substância entorpecente proscrita, plantas estas elencadas no rol emitido pelo órgão sanitário competente do Ministério da Saúde. Parágrafo único. A autorização para a cultura de plantas psicotrópicas será concedida pelo órgão competente do Ministério da Saúde, atendendo exclusivamente a finalidades terapêuticas e científicas. Art. 3º A cultura das plantas psicotrópicas caracteriza-se pelo preparo da terra destinada a semeadura, ou plantio, ou colheita. Art. 4º As glebas referidas nesta lei, sujeitas à expropriação, são aquelas possuídas a qualquer título. Parágrafo único. (Vetado) (...)".

9. **Previsão infraconstitucional. Decreto 577/1992.** O Decreto 577/1992 determina que é de atribuição da Polícia Federal diligenciar para localizar culturas ilegais de plantas psicotrópicas para que seja efetivada a desapropriação. Confira-se a norma: "Art. 1º Compete à Polícia Federal promover as diligências necessárias à localização de culturas ilegais de plantas psicotrópicas, a fim de que seja promovida a imediata expropriação do imóvel em que forem localizadas e que será especialmente destinado ao assentamento de colonos, para o cultivo de produtos alimentícios e medicamentosos, sem qualquer indenização ao proprietário, ao possuidor ou ocupante a qualquer título, sem prejuízo de outras sanções previstas em lei. Art. 2º Para os devidos efeitos, plantas psicotrópicas são aquelas que permitem a obtenção de substância entorpecente proscritas, catalogadas em portaria do Ministério da Saúde. (...)"

10. **Objeto de desapropriação.** Questão relevante versa sobre a área a ser desapropriada, se será apenas a área onde havia a cultura ilegal ou se todo o imóvel. Imagine-se

um imóvel (área rural) com 500.000 (quinhentos mil) metros quadrados. Em apenas 1.000 (mil) metros quadrados há a cultura ilegal de plantas psicotrópicas. Nesse caso, serão desapropriados os 500.000 metros quadrados (toda a propriedade) ou apenas os 1.000 metros onde localizava-se a cultura ilegal? Essa questão chegou ao STF que, ao interpretar a expressão "gleba" contida no art. 243 da CR/88, entendeu que gleba é a propriedade como um todo. Assim, no caso apresentado, todo o imóvel, no total de 500.000 metros quadrados, seria objeto de desapropriação.

> **STF.** "RECURSO EXTRAORDINÁRIO. CONSTITUCIONAL. EXPROPRIAÇÃO. GLEBAS. CULTURAS ILEGAIS. PLANTAS PSICOTRÓPICAS. ARTIGO 243 DA CONSTITUIÇÃO DO BRASIL. INTERPRETAÇÃO DO DIREITO. LINGUAGEM DO DIREITO. LINGUAGEM JURÍDICA. ARTIGO 5º, LIV DA CONSTITUIÇÃO DO BRASIL. O CHAMADO PRINCÍPIO DA PROPORCIONALIDADE. 1. Gleba, no artigo 243 da Constituição do Brasil, só pode ser entendida como a propriedade na qual sejam localizadas culturas ilegais de plantas psicotrópicas. O preceito não refere áreas em que sejam cultivadas plantas psicotrópicas, mas as glebas, no seu todo. 2. A gleba expropriada será destinada ao assentamento de colonos, para o cultivo de produtos alimentícios e medicamentosos. 3. A linguagem jurídica corresponde à linguagem natural, de modo que é nesta linguagem natural, que se há de buscar o significado das palavras e expressões que se compõem naquela. Cada vocábulo nela assume significado no contexto no qual inserido. O sentido de cada palavra há de ser discernido em cada caso. No seu contexto e em face das circunstâncias do caso. Não se pode atribuir à palavra qualquer sentido distinto do que ela tem em estado de dicionário, ainda que não baste a consulta aos dicionários, ignorando-se o contexto no qual ela é usada, para que esse sentido seja em cada caso discernido. A interpretação/aplicação do direito se faz não apenas a partir de elementos colhidos do texto normativo [mundo do dever-ser], mas também a partir de elementos do caso ao qual será ela aplicada, isto é, a partir de dados da realidade [mundo do ser]. 4. O direito, qual ensinou CARLOS MAXIMILIANO, deve ser interpretado "inteligentemente, não de modo que a ordem legal envolva um absurdo, prescreva inconveniências, vá ter a conclusões inconsistentes ou impossíveis". 5. O entendimento sufragado no acórdão recorrido não pode ser acolhido, conduzindo ao absurdo de expropriar-se 150 m² de terra rural para nesses mesmos 150 m² assentar-se colonos, tendo em vista o cultivo de produtos alimentícios e medicamentosos. 6. Não violação do preceito veiculado pelo artigo 5º, LIV da Constituição do Brasil e do chamado "princípio" da proporcionalidade. Ausência de "desvio de poder legislativo" Recurso extraordinário a que se dá provimento." (RE 543974, Rel. Min. Eros Grau, julgado em 26/03/2009).

11. **Bem de família.** Outra questão relevante versa sobre a possibilidade de haver a desapropriação em se tratando de bem de família. Cremos que a resposta é positiva. É bem verdade que a lei 8.009/1990 trata de impenhorabilidade do imóvel que se constitua bem de família. Porém, no art. 3º da lei há exceções, entre elas a do inciso VI ("por ter sido adquirido com produto de crime ou para execução de sentença penal condenatória a ressarcimento, indenização ou perdimento de bens"). Se há exceção legal para o imóvel que é adquirido com produto de crime, é possível também haver a desapropriação caso haja a cultura ilegal de plantas psicotrópicas.

CAPÍTULO II
DOS CRIMES

Art. 33. Importar, exportar, remeter, preparar, produzir, fabricar, adquirir, vender, expor à venda, oferecer, ter em depósito, transportar, trazer consigo, guardar, prescrever, ministrar, entregar a consumo ou fornecer **drogas**, ainda que gratuitamente, sem autorização ou em desacordo com determinação legal ou regulamentar:

Pena - reclusão de 5 (cinco) a 15 (quinze) anos e pagamento de 500 (quinhentos) a 1.500 (mil e quinhentos) dias-multa.

§ 1º Nas mesmas penas incorre quem:

I - importa, exporta, remete, produz, fabrica, adquire, vende, expõe à venda, oferece, fornece, tem em depósito, transporta, traz consigo ou guarda, ainda que gratuitamente, sem autorização ou em desacordo com determinação legal ou regulamentar, **matéria-prima, insumo ou produto químico** destinado à preparação de drogas;

II - **semeia, cultiva ou faz a colheita**, sem autorização ou em desacordo com determinação legal ou regulamentar, de plantas que se constituam em matéria-prima para a preparação de drogas;

III - **utiliza local ou bem** de qualquer natureza de que tem a propriedade, posse, administração, guarda ou vigilância, **ou consente** que outrem dele se utilize, ainda que gratuitamente, sem autorização ou em desacordo com determinação legal ou regulamentar, para o tráfico ilícito de drogas.

§ 2º Induzir, instigar ou auxiliar alguém ao **uso** indevido de droga:

Pena - detenção, de 1 (um) a 3 (três) anos, e multa de 100 (cem) a 300 (trezentos) dias-multa.

§ 3º Oferecer droga, eventualmente e sem objetivo de lucro, a pessoa de seu relacionamento, para **juntos a consumirem**:

Pena - detenção, de 6 (seis) meses a 1 (um) ano, e pagamento de 700 (setecentos) a 1.500 (mil e quinhentos) dias-multa, sem prejuízo das penas previstas no art. 28.

§ 4º Nos delitos definidos no caput e no § 1º deste artigo, as **penas poderão ser reduzidas** de um sexto a dois terços, vedada a conversão em penas restritivas de direitos, desde que o agente seja primário, de bons antecedentes, não se dedique às atividades criminosas nem integre organização criminosa.

1. **Art. 33, *caput*. Tráfico de drogas.** O art. 33, *caput* trata do delito de tráfico de drogas, dispondo sobre várias condutas típicas ligadas ao comércio e à movimentação da droga.

2. **Bem jurídico protegido.** Na lei de Drogas protege-se a saúde pública, o equilíbrio sanitário da coletividade, que pode ser abalado pela prática das condutas previstas na lei.

3. **Crime de perigo abstrato.** O delito previsto neste artigo constitui crime de perigo abstrato, razão pela qual para a sua configuração, basta a prática da conduta pelo agente, que ela, por si só, já gera uma situação de perigo ao bem jurídico saúde pública, não sendo necessária a produção de prova do perigo.

4. **Sujeito ativo.** O crime é próprio no verbo *prescrever*, pois somente pode ser praticado por médico ou dentista. Nos demais verbos típicos, trata-se de crime comum.

5. **Sujeito passivo.** A coletividade.

6. **Verbos típicos.** ***Importar*** é internalizar a droga vinda do exterior. ***Exportar*** é remeter a droga para o exterior. ***Remeter*** significa enviar a droga, mandá-la a algum lugar. ***Preparar*** consiste em elaborar, preparar a droga. ***Produzir*** é dar origem à droga, fazê-la surgir. ***Fabricar*** tem o mesmo significado de *produzir*. ***Adquirir*** consiste na conduta de obter, conseguir, a droga, independentemente do meio (compra e venda, doação, troca etc.). ***Vender*** quer dizer trocar a droga por dinheiro ou qualquer outro bem que sirva como meio de pagamento, comercializar. ***Expor à venda*** é exibir a droga para que terceiras pessoas se interessem na sua compra. ***Oferecer*** significa entregar, disponibilizar de forma gratuita ou onerosa. ***Ter em depósito*** consiste em guardar, armazenar a droga, tê-la ao alcance. ***Transportar*** significa levar a droga de um local específico para outro local específico. Não precisa o agente estar fisicamente com a droga, podendo, por exemplo, a pessoa que está dentro do ônibus, transportar a droga na mala dentro do porão do ônibus. ***Trazer consigo*** é conduzir a droga junto a si. ***Guardar*** é conservar, preservar, manter em local seguro, ocultar a droga. ***Prescrever*** é receitar, aconselhar a utilização da droga. ***Ministrar*** significa introduzir no organismo alheio. ***Entregar a consumo*** é disponibilizar a droga para que alguém a consuma. ***Fornecer, ainda que gratuitamente,*** consiste em dar a droga a alguém, cedê-la a um terceiro, sem que seja mediante remuneração.

7. **Propriedade da droga. Irrelevância.** Nos verbos típicos deste artigo, para o crime consumar-se, não é necessário que a droga seja do agente.

8. **Agente que tem em depósito ou que guarda diversas espécies de drogas.** Crime único.

9. **Agente que guarda drogas em sua residência em nome de terceiro.** Pratica o delito de tráfico. Não precisa ser o dono da droga para a configuração do delito.

10. **Adquirir droga para outra pessoa.** Configura o delito de tráfico.

11. **Negociação por telefone, mesmo que não receba a droga. Consumação.** A conduta de **negociar a aquisição de droga por telefone é o suficiente para a configuração do delito de tráfico consumado na modalidade *adquirir*, mesmo que haja a intervenção policial e a consequente apreensão da droga, fazendo com que ela não chegue até o agente.**

► **STJ**

Informativo nº 569.

Sexta Turma

DIREITO PENAL. CONSUMAÇÃO DO CRIME DE TRÁFICO DE DROGAS NA MODALIDADE ADQUIRIR.

A conduta consistente em negociar por telefone a aquisição de droga e também disponibilizar o veículo que seria utilizado para o transporte do entorpecente configura o crime de tráfico de drogas em sua forma consumada – e não tentada —,

ainda que a polícia, com base em indícios obtidos por interceptações telefônicas, tenha efetivado a apreensão do material entorpecente antes que o investigado efetivamente o recebesse. Inicialmente, registre-se que o tipo penal em análise é de ação múltipla ou conteúdo variado, pois apresenta várias formas de violação da mesma proibição, bastando, para a consumação do crime, a prática de uma das ações ali previstas. Nesse sentido, a Segunda Turma do STF (HC 71.853-RJ, DJ 19/5/1995) decidiu que a modalidade de tráfico "adquirir" completa-se no instante em que ocorre a avença entre comprador e vendedor. De igual forma, conforme entendimento do STJ, incide no tipo penal, na modalidade "adquirir", o agente que, embora sem receber a droga, concorda com o fornecedor quanto à coisa, não havendo necessidade, para a configuração do delito, de que se efetue a tradição da droga adquirida, pois que a compra e venda se realiza pelo consenso sobre a coisa e o preço (REsp 1.215-RJ, Sexta Turma, DJ 12/3/1990). Conclui-se, pois, que a negociação com aquisição da droga e colaboração para seu transporte constitui conduta típica, encontrando-se presente a materialidade do crime de tráfico de drogas. **(HC 212.528-SC, Rel. Min. Nefi Cordeiro, julgado em 1º/9/2015).**

→ **Aplicação em concurso.**

- **Delegado de Polícia/PE. 2016. CESPE.**

Na análise das classificações e dos momentos de consumação, busca-se, por meio da doutrina e da jurisprudência pátria, enquadrar consumação e tentativa nos diversos tipos penais. A esse respeito, assinale a opção correta.

Segundo o STJ, configura crime consumado de tráfico de drogas a conduta consistente em negociar, por telefone, a aquisição de entorpecente e disponibilizar veículo para o seu transporte, ainda que o agente não receba a mercadoria, em decorrência de apreensão do material pela polícia, com o auxílio de interceptação telefônica.

A alternativa está correta.

12. **Estado de necessidade.** Não cabe, em razão do bem jurídico protegido saúde pública ser de maior valor.

13. **Estado de flagrância de venda da droga. Não é necessário o flagrante da venda. Basta que o agente traga consigo para a venda.**

14. **Intuito de lucro.** O fim de lucro, em princípio, é elemento ínsito no delito de tráfico de drogas. Entretanto, a lei pune as condutas descritas mesmo que praticadas de forma gratuita, com exceção dos verbos *vender* e *expor à venda*. Assim, pratica esse delito quem, por exemplo, importa, exporta, transporta, guarda, traz consigo droga de forma gratuita.

15. **"Drogas".** Droga é o objeto material do delito. A expressão "drogas" está empregada de forma equivocada, pois a interpretação literal pode levar o intérprete a pensar que para que haja a prática deste delito ou de qualquer outro previsto nesta lei, é necessário que o agente pratique a conduta típica relacionada a mais de uma espécie de droga quando na realidade, basta que a conduta do agente tenha por objeto apenas um tipo de droga.

16. **Norma penal em branco heterogênea.** O presente tipo penal constitui um tipo penal em branco heterogêneo e o seu complemento está na Portaria 344/1998, da Secretaria de Vigilância Sanitária, do Ministério da Saúde.

17. Tipo penal misto alternativo. Caso o agente pratique mais de uma conduta descrita no tipo penal, no mesmo contexto fático, responderá por um delito apenas, não havendo concurso de crimes. Dessa forma, caso o agente, por exemplo, *importe, tenha em depósito, traga consigo* e depois *venda* a droga, responde por apenas um delito.

18. Crime permanente. As condutas *expor à venda, ter em depósito, transportar, trazer consigo e guardar* configuram crime permanente.

19. Sem autorização ou em desacordo com determinação legal ou regulamentar. Caso o agente possua autorização ou esteja de acordo com determinação legal ou regulamentar a conduta será atípica.

20. Consumação. Com a prática de qualquer das condutas típicas. Trata-se de crime formal.

> **STJ.** "A conduta prevista no art. 33, caput, da Lei n. 11.343/2006 constitui delito formal, multinuclear, e, para sua consumação, basta a execução de quaisquer das condutas previstas no tipo penal, quais sejam: importar, exportar, remeter, preparar, produzir, fabricar, adquirir, vender, expor à venda, oferecer, ter em depósito, transportar, trazer consigo, guardar, prescrever, ministrar, entregar a consumo ou fornecer drogas. (...). (CC 133.560/RJ, Rel. Min. Rogerio Schietti Cruz, julgado em 11/06/2014)."

21. Classificação. Crime próprio na conduta *prescrever* e comum nas demais condutas; formal; doloso; comissivo; de perigo abstrato; instantâneo nas condutas *importar, exportar, remeter, preparar, produzir, fabricar, adquirir, vender, oferecer, prescrever, ministrar, entregar a consumo e fornecer* e permanente nas condutas *expor à venda, ter em depósito, transportar, trazer consigo e guardar*; embora prevaleça na doutrina a opinião de que o delito de tráfico não admite a tentativa, em razão da quantidade e condutas típicas, cremos que nada impede, por exemplo, que o agente tente importar a droga, mas ela não chegue a ingressar no território brasileiro.

22. Suspensão condicional do processo. Incabível, pois a pena mínima cominada ultrapassa 1 ano (art. 89 da lei 9.099/95).

23. Grau de pureza da droga. Não gera nenhuma influência na configuração do delito.

> **STJ.** PROCESSUAL PENAL. RECURSO ORDINÁRIO EM HABEAS CORPUS. TRÁFICO INTERNACIONAL DE DROGAS. PERÍCIA TÉCNICA. COMPLEMENTAÇÃO. GRAU DE PUREZA DA SUBSTÂNCIA APREENDIDA. CONSTATAÇÃO. DESNECESSIDADE. RECURSO DESPROVIDO. (...) A aferição do grau de pureza é dispensável para a identificação da natureza e da quantidade da substância transportada, sendo notório que a cocaína, pelo seu alto custo, é misturada a outros produtos para aumentar o lucro dos traficantes, vários deles igualmente nocivos para a saúde pública". (...) **(RHC 55.172/SP, Rel. Min. Ribeiro Dantas, julgado em 12/04/2016).**

24. Pequena quantidade de droga. Não influencia a configuração do delito.

25. Princípio da insignificância. Não se aplica, em razão do bem jurídico tutelado e de o crime ser de perigo abstrato.

> **STJ.** ATIPICIDADE MATERIAL DA CONDUTA. PRINCÍPIO DA INSIGNIFICÂNCIA NÃO APLICÁVEL. (...) Esta Corte Superior de Justiça há muito consolidou seu entendimento no

sentido de que não se aplica o princípio da insignificância ao delito de tráfico ilícito de drogas, uma vez que o bem jurídico protegido é a saúde pública, sendo o delito de perigo abstrato, afigurando-se irrelevante a quantidade de droga apreendida (...). (RHC 67.379/RN, Rel. Min. Ribeiro Dantas, julgado em 20/10/2016).

26. **"Mulas do tráfico". Ingestão de drogas. Exame de raio-X.** O exame de raio-X realizado na pessoa que apenas transporta a droga, denominada "mula", não viola o princípio da proibição da autoacusação, conhecido como *nemo tenetur se detegere.*

▶ **STJ**

Informativo nº 468

Sexta Turma

EXAME. RAIOS X. TRÁFICO. ENTORPECENTES.

Uma das questões suscitadas pela defesa no *writ* afirma a ilegalidade da prova produzida, sob o fundamento de que a submissão dos pacientes ao exame de raios x, a fim de constatar a ingestão de cápsulas de cocaína, ofende o princípio segundo o qual ninguém pode ser compelido a produzir prova contra si (*nemo tenetur se detegere*). A Turma entendeu que não houve violação do referido princípio, uma vez que não ficou comprovada qualquer recusa na sujeição à radiografia abdominal; ao contrário, os pacientes teriam assumido a ingestão da droga, narrando, inclusive, detalhes da ação que culminaria no tráfico internacional do entorpecente. Ressaltou que os exames de raios x não exigiram qualquer agir ou fazer por parte dos pacientes, tampouco constituíram procedimentos invasivos ou até mesmo degradantes que pudessem violar seus direitos fundamentais, acrescentando, ainda, que a postura adotada pelos policiais não apenas acelerou a colheita da prova, como também visou à salvaguarda do bem jurídico vida, já que o transporte de droga de tamanha nocividade no organismo pode ocasionar a morte. Assim, a Turma, entre outras questões, denegou a ordem. **HC 149.146-SP, Rel. Min. Og Fernandes, julgado em 5/4/2011.**

27. **Norma penal em branco e *abolitio criminis*.** Questão relevante versa sobre a consequência da revogação posterior do complemento da lei penal em branco. Basta pensar na hipótese em que o cloreto de etila (também conhecido como lança perfume), que figura como droga na Portaria 344/1998, é retirado da lista da mencionada Portaria. Isso geraria a *abolitio criminis*? A resposta é positiva. Na norma penal em branco, o complemento figura como elemento do tipo. É o complemento que completa a adequação típica formal. Sem ele a conduta é atípica. Logo, uma vez revogado o complemento, o delito desaparece do ordenamento jurídico, passando aquele fato, agora, a ser penalmente irrelevante

Essa hipótese realmente ocorreu e o questionamento chegou ao STF, que reconheceu a *abolitio criminis.*

▶ **STF**

Informativo nº 578.

"Abolitio Criminis" e Cloreto de Etila – 1

"A Turma deferiu *habeas corpus* para declarar extinta a punibilidade de denunciado pela suposta prática do delito de tráfico ilícito de substância entorpecente

(Lei 6.368/76, art. 12) em razão de ter sido flagrado, em 18.2.98, comercializando frascos de cloreto de etila (lança-perfume). Tratava-se de *writ* em que se discutia a ocorrência, ou não, de *abolitio criminis* quanto ao cloreto de etila ante a edição de resolução da Agência Nacional de Vigilância Sanitária – ANVISA que, 8 dias após o haver excluído da lista de substâncias entorpecentes, novamente o incluíra em tal listagem. Inicialmente, assinalou-se que o Brasil adota o sistema de enumeração legal das substâncias entorpecentes para a complementação do tipo penal em branco relativo ao tráfico de entorpecentes. (...) Consignou-se que o problema surgira com a Resolução ANVISA RDC 104, de 7.12.2000, que retirara o cloreto de etila da Lista F2 — lista das substâncias psicotrópicas de uso proscrito no Brasil, da Portaria SVS/MS 344, de 12.5.98 — para incluí-lo na Lista D2 — lista de insumos utilizados como precursores para fabricação e síntese de entorpecentes e/ ou psicotrópicos.

"Abolitio Criminis" e Cloreto de Etila – 2

(...) Concluiu-se que atribuir eficácia retroativa à nova redação da Resolução ANVISA RDC 104 — que tornou a definir o cloreto de etila como substância psicotrópica — representaria flagrante violação ao art. 5º, XL, da CF. Em suma, assentou-se que, a partir de 7.12.2000 até 15.12.2000, o consumo, o porte ou o tráfico da aludida substância já não seriam alcançados pela Lei de Drogas e, tendo em conta a disposição da lei constitucional mais benéfica, que se deveria julgar extinta a punibilidade dos agentes que praticaram quaisquer daquelas condutas antes de 7.12.2000." **HC 94397/BA, rel. Min. Cezar Peluso, 9.3.2010.**

28. **Irretroatividade do tipo penal**. Em comparação com o tipo penal de tráfico de drogas previsto no art. 12 da revogada lei 6.368/1976, que previa pena privativa de liberdade de reclusão de 3 a 15 anos e 50 a 360 dias-multa, o tipo penal ora comentado constitui uma *novatio legis in pejus,* tendo em vista que sua pena é maior. Assim, não retroage, por força do princípio da irretroatividade da lei penal mais severa (Art. 5º, XL, da CR/88).

29. **Competência.** Ver comentários ao art. 70 da lei.

30. **Equiparação a hediondo.** O tráfico de drogas é crime equiparado a hediondo. Tal equiparação foi feita tanto pela Constituição da República (art. 5º, XLIII), quanto pela lei de crimes hediondos (lei 8.072/90, art. 2º, *caput*). Logo, devem ser aplicadas ao delito de tráfico todas as normas penais e processuais penais previstas na lei de crimes hediondos. Porém, em homenagem ao princípio da especialidade, as normas contidas na lei de crimes hediondos serão aplicadas somente naquilo em que não conflitarem com a lei de Drogas.

31. **Consequências da equiparação a crime hediondo.** Há algumas consequências decorrentes da equiparação do tráfico de drogas a crime hediondo, sobretudo ao nível do regime de cumprimento de pena, da progressão de regimes e da substituição da pena privativa de liberdade por pena restritiva de direitos, conforme será visto nos próximos tópicos.

32. **Concurso de crimes com o art. 35 da lei – Associação para o tráfico.** É possível o concurso de crimes entre os delitos de tráfico e o de associação para o tráfico.

> STJ. (...) TRÁFICO DE DROGAS E ASSOCIAÇÃO PARA O TRÁFICO. (...) CONCURSO MATERIAL. (...) Hipótese em que embora o regime prisional mais gravoso tenha sido fundamentado no referido dispositivo declarado inconstitucional, reconhecida a ocorrência de concurso material com o consequente somatório das reprimendas impostas para os delitos de associação e tráfico de drogas, verifica-se que a pena restou definitiva em 8 anos e 6 meses de reclusão, acarretando a manutenção do regime prisional fechado, por força de expressa previsão legal (art. 33, § 2º, "a", do Código Penal e art. 111 da LEP). (...) **(HC 355.725/RJ, Rel. Min. Ribeiro Dantas, julgado em 10/11/2016).**

33. Regime de cumprimento de pena. Aplicação da lei de crimes hediondos. Como a lei de Drogas não fez nenhuma previsão específica em relação ao regime de cumprimento de pena, todo o seu regramento deveria ser regido pelo Código Penal. Contudo, em razão da equiparação a crime hediondo, esse regramento está previsto na lei de crimes hediondos.

34. Do regime integralmente fechado ao regime aberto. Trataremos da evolução da questão legislativa referente ao regime de cumprimento de pena, para que o leitor tenha a visão global do tema.

35. O regime integralmente fechado. Antes da edição da lei 11.464, de 28 de março de 2007, que deu nova redação ao art. 2º, § 1º, a lei de crimes hediondos em sua redação originária previa o regime **integralmente** fechado. Tal regime sempre teve sua constitucionalidade contestada por parte da doutrina e jurisprudência, à luz do princípio constitucional da individualização da pena, previsto no art. 5º, XLVI da CRFB/88. O princípio da individualização da pena preconiza, como o seu próprio nome está a sugerir, que a pena criminal deve ser individualizada de acordo com as condições pessoais de cada delinquente. Ao aplicar a pena criminal, o juiz deve sempre encontrar a pena justa, que seja a pena necessária e suficiente para a reprovação e prevenção do delito praticado. E é por meio de mencionado princípio que o julgador vai encontrar a pena justa. Assim, poderia o legislador estabelecer o mesmo regime de cumprimento de pena para todos os condenados indistintamente, impedindo o Juiz de realizar a individualização? Esse questionamento será respondido nos próximos tópicos.

36. Declaração de inconstitucionalidade do regime integralmente fechado pelo STF. Em 23/02/2006, na ordem de *habeas corpus* nº 82.959/SP, o STF declarou a inconstitucionalidade do regime integralmente fechado, previsto no § 1º, do art. 2º da lei de crimes hediondos, por violação do princípio da individualização da pena. Eis a ementa:

> PENA – REGIME DE CUMPRIMENTO – PROGRESSÃO – RAZÃO DE SER. A progressão no regime de cumprimento da pena, nas espécies fechado, semi-aberto e aberto, tem como razão maior a ressocialização do preso que, mais dia ou menos dia, voltará ao convívio social. PENA – CRIMES HEDIONDOS – REGIME DE CUMPRIMENTO – PROGRESSÃO – **ÓBICE** – ARTIGO 2º, § 1º, DA LEI Nº 8.072/90 – INCONSTITUCIONALIDADE – EVOLUÇÃO JURISPRUDENCIAL. Conflita com a garantia da individualização da pena – artigo 5º, inciso XLVI, da Constituição Federal – a imposição, mediante norma, do cumprimento da pena em regime integralmente

fechado. Nova inteligência do princípio da individualização da pena, em evolução jurisprudencial, assentada a inconstitucionalidade do artigo 2º, § 1º, da Lei nº 8.072/90. (HC 82.959/SP. Rel. Min. Marco Aurélio. Julgamento em 23/02/2006. DJ 01-09-2006).

Ao declarar a inconstitucionalidade do regime integralmente fechado, o STF acabou por permitir a progressão de regime de cumprimento de pena privativa de liberdade nos crimes hediondos e equiparados.

Tal controle de constitucionalidade foi feito no método difuso, com eficácia *inter partes*. Entretanto, para serem coerentes com o STF, o STJ e os demais tribunais brasileiros começaram, também, a conceder a progressão de regime aos condenados por crimes hediondos ou equiparados.

37. Regime inicialmente fechado. A lei 11.464, de 28 de março de 2007 deu nova redação ao § 1º da lei de crimes hediondos para inserir o regime **inicialmente** fechado, positivando a jurisprudência do STF. Tal modificação reforçou a jurisprudência do STF no sentido de não mais se exigir que o apenado cumpra todo o período de pena privativa de liberdade em regime fechado, possibilitando, dessa forma, a progressão de regimes. Entretanto, mesmo com a nova redação legal, o art. 2º, §1º continuou a estabelecer o *mesmo regime inicial* de cumprimento de pena para todos os condenados por crimes hediondos e equiparados, e, consequentemente, continuou a impedir que o julgador individualizasse a pena criminal no momento da prolação da sentença condenatória, uma vez que ele não poderá fixar nenhum outro regime diverso do fechado, independentemente do juízo de necessidade e de adequação a ser feito em cada caso concreto à luz das condições pessoais de cada condenado. Por essa razão, o regime *inicialmente* fechado continua a violar o princípio constitucional da individualização da pena ao estabelecer genericamente o mesmo regime inicial para todos os condenados. Com esse fundamento, o STF também declarou a inconstitucionalidade do regime *inicialmente* fechado contido no art. 2º, §1º da lei de crimes hediondos. O STJ seguiu o mesmo entendimento.

STF. A Corte Constitucional, no julgamento do HC nº 111.840/ES, de relatoria do Ministro Dias Toffoli, removeu o óbice constante do § 1º do art. 2º da Lei nº 8.072/90, com a redação dada pela Lei nº 11.464/07, o qual determinava que "[a] pena por crime previsto nes[s]e artigo será cumprida inicialmente em regime fechado", declarando, de forma incidental, a inconstitucionalidade da obrigatoriedade de fixação do regime fechado para o início do cumprimento de pena decorrente da condenação por crime hediondo ou equiparado. 5. Esse entendimento abriu passagem para que a fixação do regime prisional — mesmo nos casos de tráfico ilícito de entorpecentes ou de outros crimes hediondos e equiparados — seja devidamente fundamentada, como ocorre nos demais delitos dispostos no ordenamento. 6. No caso, as instâncias ordinárias indicaram elementos concretos e individualizados aptos a demonstrar a necessidade da prisão do paciente em regime fechado, impondo-lhe o regime mais severo mediante fundamentação adequada, nos termos do que dispõe o art. 33, caput e parágrafos, do CP. 7. Ordem denegada. **(HC 119382. Rel. Min. Dias Toffoli, julgado em 26/11/2013).**

▶ **STJ**

Informativo 540

Quinta Turma

DIREITO PENAL. REGIME INICIAL DE CUMPRIMENTO DE PENA NO CRIME DE TORTURA.

Não é obrigatório que o condenado por crime de tortura inicie o cumprimento da pena no regime prisional fechado. Dispõe o art. 1º, § 7º, da Lei 9.455/1997 – lei que define os crimes de tortura e dá outras providências – que "O condenado por crime previsto nesta Lei, salvo a hipótese do § 2º, iniciará o cumprimento da pena em regime fechado". Entretanto, cumpre ressaltar que o Plenário do STF, ao julgar o HC 111.840-ES (DJe 17.12.2013), afastou a obrigatoriedade do regime inicial fechado para os condenados por crimes hediondos e equiparados, devendo-se observar, para a fixação do regime inicial de cumprimento de pena, o disposto no art. 33 c/c o art. 59, ambos do CP. Assim, por ser equiparado a crime hediondo, nos termos do art. 2º, *caput* e § 1º, da Lei 8.072/1990, é evidente que essa interpretação também deve ser aplicada ao crime de tortura, sendo o caso de se desconsiderar a regra disposta no art. 1º, § 7º, da Lei 9.455/1997, que possui a mesma disposição da norma declarada inconstitucional. (...). Portanto, seguindo a orientação adotada pela Suprema Corte, deve-se utilizar, para a fixação do regime inicial de cumprimento de pena, o disposto no art. 33 c/c o art. 59, ambos do CP e as Súmulas 440 do STJ e 719 do STF. (...). Precedente citado: REsp 1.299.787-PR, Quinta Turma, DJe 3/2/2014. HC 286.925-RR, **Rel. Min. Laurita Vaz, julgado em 13/5/2014.**

38. **Cabimento de regime semiaberto ou aberto.** De tudo o que foi visto, a jurisprudência do STF e do STJ passou a admitir a fixação do regime semiaberto ou do regime aberto aos condenados por crimes hediondos ou equiparados, inclusive o tráfico.

▶ **STF**

Informativo nº 859.

Segunda Turma.

Tráfico de drogas e fixação de regime inicial.

A Segunda Turma, por maioria, concedeu a ordem em "habeas corpus" no qual se pretendia a alteração do regime prisional imposto ao paciente condenado pela prática do crime de tráfico de drogas — disposto no art. 33 da Lei 11.343/2006 — a pena em regime inicial fechado, por força de decisão exarada pelo Superior Tribunal de Justiça (STJ). (...) A Turma asseverou que o condenado não reincidente, cuja pena seja superior a 4 anos e não exceda a 8 anos, tem o direito de cumprir a pena corporal em regime semiaberto, segundo o art. 33, § 2º, "b", do CP, caso as circunstâncias judiciais do art. 59 do mesmo diploma lhe sejam favoráveis. (...) **(HC 140441/MG, rel. Min. Ricardo Lewandowski, julgamento em 28.3.2017).**

STJ. HABEAS CORPUS SUBSTITUTIVO DE RECURSO PRÓPRIO. NÃO CABIMENTO. TRÁFICO DE DROGAS. REGIME FECHADO. PENA INFERIOR A 4 ANOS. PENA-BASE NO MÍNIMO LEGAL. HEDIONDEZ DO DELITO. FUNDAMENTAÇÃO INIDÔNEA. SUBSTITUIÇÃO DA PENA PRIVATIVA DE LIBERDADE POR RESTRITIVAS DE DIREITO.

PREENCHIMENTO DOS REQUISITOS DO ART. 44 DO CP. POSSIBILIDADE. CONSTRANGIMENTO ILEGAL EVIDENCIADO. HABEAS CORPUS NÃO CONHECIDO. ORDEM CONCEDIDA DE OFÍCIO. (...) É pacífica nesta Corte Superior a orientação segundo a qual a fixação de regime mais gravoso do que o imposto em razão da pena deve ser feita com base em fundamentação concreta, a partir das circunstâncias judiciais dispostas no art. 59 do Código Penal – CP ou de outro dado concreto que demonstre a extrapolação da normalidade do tipo, de acordo com o enunciado n. 440 da Súmula desta Corte, bem como os enunciados n. 718 e 719 da Súmula do Supremo Tribunal Federal. In casu, em razão da primariedade do paciente, do quantum de pena aplicado, inferior a 4 anos (art. 33, § 2º, "c", do CP), da inexistência de circunstância judicial desfavorável (art. 59 do CP), bem como da fixação da pena-base no mínimo legal, o regime a ser imposto deve ser o aberto. (...) Habeas corpus não conhecido. Ordem concedida de ofício para fixar o regime inicial aberto, substituindo-se a pena privativa de liberdade por duas restritivas de direito a serem especificadas pelo Juízo de Execuções. **(HC 370.507/SP, Rel. Min. Joel Ilan Paciornik, julgado em 22/11/2016).**

→ **Aplicação em concurso.**

- **Delegado de Polícia/PE. 2016. CESPE**

O ordenamento penal brasileiro adotou a sistemática bipartida de infração penal — crimes e contravenções penais —, cominando suas respectivas penas, por força do princípio da legalidade. Acerca das infrações penais e suas respectivas reprimendas, assinale a opção correta.

No crime de tráfico de entorpecente, é cabível a substituição da pena privativa de liberdade por restritiva de direitos, bem como a fixação de regime aberto, quando preenchidos os requisitos legais.

A alternativa está correta.

39. Progressão de regimes. A progressão de regimes deve ser vista antes e depois do advento da lei 11.464/2007.

40. Marco inicial da possibilidade de progressão de regimes no tráfico de drogas. Em termos práticos, a progressão de regimes pelos condenados por crimes hediondos e equiparados passou a ser possível a partir do julgamento da ordem de *habeas corpus* nº 82.959/SP, e, não, da edição da lei 11.464, de 28 de março de 2007.

41. Progressão de regimes antes da lei 11.464 de 28 de março de 2007. A progressão de regimes de cumprimento de pena sempre foi prevista no art. 112 da lei 7.210/84 – lei de execução penal, que a partir da sua alteração pela lei 10.792/2003 passou a exigir apenas dois requisitos, quais sejam: um requisito objetivo, consistente no cumprimento de 1/6 de pena privativa de liberdade no regime anterior, e um requisito subjetivo, que é o de o apenado ostentar bom comportamento carcerário, comprovado pelo diretor do estabelecimento. Logo, a progressão dava-se com o cumprimento de um 1/6 da pena.

42. Progressão de regimes depois da lei 11.464 de 28 de março de 2007. A lei 11.464 de 28 de março de 2007 trouxe novos prazos para a progressão de regimes para os condenados por crimes hediondos e equiparados, quais sejam: 2/5, se o apenado for primário, e 3/5, se reincidente, que só serão aplicados aos condenados por crimes hediondos ou equiparados.

Note-se que a mencionada lei apenas fez menção aos novos prazos, nada dispondo sobre o requisito da ostentação de bom comportamento carcerário, comprovado pelo diretor do estabelecimento. Embora a novel lei tenha sido incompleta, os novos prazos por ela trazidos devem ser combinados com o requisito subjetivo do bom comportamento carcerário previsto no art. 112 da lei de execução penal.

Dessa forma, atualmente a legislação brasileira apresenta três prazos para a progressão de regimes: 1/6 para o apenado por qualquer delito (art. 112 da Lei de Execução Penal) e 2/5 ou 3/5 para o apenado por crime hediondo ou equiparado, se primário ou reincidente, respectivamente (art. 2º, § 2º da lei 8.072/90, com a redação que lhe deu a lei 11.464 de 28 de março de 2007).

43. Progressão de regime e condenado reincidente. A reincidência que determina o cumprimento de 3/5 quintos para progressão de regime não precisa ser reincidência específica, tendo em vista que a lei não fez nenhuma distinção. Assim, seja a reincidência comum, seja a reincidência específica, o prazo para progressão de regimes é de 3/5.

▶ **STJ**

> **Informativo nº 563.**
>
> **Sexta Turma**
>
> **DIREITO PROCESSUAL PENAL. PROGRESSÃO DE REGIME DO REINCIDENTE CONDENADO POR CRIME HEDIONDO.**
>
> **A progressão de regime para os condenados por crime hediondo dar-se-á, se o sentenciado for reincidente, após o cumprimento de 3/5 da pena, ainda que a reincidência não seja específica em crime hediondo ou equiparado.** Isso porque, conforme o entendimento adotado pelo STJ, a Lei dos Crimes Hediondos não faz distinção entre a reincidência comum e a específica. Desse modo, havendo reincidência, ao condenado deverá ser aplicada a fração de 3/5 da pena cumprida para fins de progressão do regime. Precedentes citados: HC 173.992-MS, Quinta Turma, DJe 10/5/2012, HC 273.774-RS, Rel. Quinta Turma, DJe 10/10/2014, HC 310.649-RS, Sexta Turma, DJe 27/2/2015. (**HC 301.481-SP, Rel. Min. Ericson Maranho (Desembargador convocado do TJ-SP), julgado em 2/6/2015).**

44. Progressão de regimes e princípio da irretroatividade da lei penal mais severa. A lei 11.464 de 28 de março de 2007 é evidentemente lei posterior mais severa denominada *lex gravior* ou *novatio legis in pejus,* por ter aumentado os prazos para a progressão de regimes aos condenados por delitos hediondos e equiparados. Por tratar-se de lei posterior mais severa, deve-se trabalhar com o princípio da irretroatividade da lei penal mais severa, previsto no art. 5º, XL CRFB/88. Dessa forma, a novel legislação deve ter irretroatividade absoluta não alcançando os crimes praticados antes do seu início de vigência. Tendo em conta que a publicação de mencionada lei se deu em 29 de março de 2007, o agente que cometeu um delito hediondo ou equiparado até o dia 28 de março de 2007 terá direito a progressão de regime, desde que cumprido 1/6 da pena no regime anterior. Por outro lado, quem cometeu um delito hediondo ou equiparado, do dia 29 de março de 2007 em diante, terá que cumprir 2/5, se primário, ou 3/5, se reincidente, da pena no regime anterior para obter a progressão.

STJ. Súmula 471: Os condenados por crimes hediondos ou assemelhados cometidos antes da vigência da Lei n. 11.464/2007 sujeitam-se ao disposto no art. 112 da Lei n. 7.210/1984 (Lei de Execução Penal) para a progressão de regime prisional.

► **STF**

Informativo nº 706

REPERCUSSÃO GERAL

Progressão de regime em crimes hediondos e lei penal no tempo

A exigência de cumprimento de um sexto da pena para a progressão de regime se aplica a crimes hediondos praticados antes da vigência da Lei 11.464/2007, que, ao alterar a redação do art. 2º da Lei 8.072/90, exigiria o cumprimento de dois quintos da pena, para condenado primário, e três quintos, para reincidente. Essa a conclusão do Plenário que desproveu o recurso extraordinário. Asseverou-se que a irretroatividade de lei seria condição da segurança jurídica e que, no âmbito penal, essa regra teria especificidades (CF, art. 5º, XL). Registrou-se que, no caso, a prática delituosa de crime hediondo teria ocorrido antes do advento da referida lei. O Min. Teori Zavascki rememorou o teor do julgamento do RHC 91300/DF (DJe de 3.4.2009), oportunidade em que decidido que o sistema jurídico anterior à edição da Lei 11.464/2007 seria mais benéfico ao condenado em matéria de requisito temporal. Ademais, nos autos do HC 94025/SP (DJe de 1º.8.2008), deliberara-se que, relativamente aos crimes hediondos perpetrados antes da vigência do aludido diploma, a progressão de regime deveria observar o critério previsto nos artigos 33 do CP e 112 da LEP, a preconizar a fração de um sexto. Nesse sentido, o art. 1º, § 2º, da Lei 8.072/90, na sua redação original, não poderia ser usado como parâmetro de comparação com a Lei 11.464/2007, porque declarado inconstitucional no julgamento do HC 82959/SP (DJU de 1º.9.2006). O Min. Luiz Fux lembrou, ainda, precedente firmado no AI 757480/RJ (DJe de 27.11.2009), no sentido de que a Lei 11.464/2007 apenas seria aplicável aos fatos cometidos após o início de sua vigência. RE 579167/AC, rel. Min. Marco Aurélio, 16.5.2013.

45. Substituição de pena privativa de liberdade por pena restritiva de direitos. Antes do julgamento da ordem de *habeas corpus* nº 82.959/SP pelo STF, a jurisprudência não admitia a substituição de pena privativa de liberdade por pena restritiva de direitos nos crimes hediondos e equiparados, ao argumento de ser o regime de cumprimento de pena integralmente fechado, havendo plena incompatibilidade entre esse regime e a pena restritiva de direitos, que permite ao condenado cumprir a pena em liberdade.

Após o julgamento da ordem de *habeas corpus* nº 82.959/SP pelo STF, a jurisprudência passou a admitir a substituição de pena privativa de liberdade por pena restritiva de direitos nos crimes hediondos e equiparados, uma vez que o único óbice que existia (regime integralmente fechado) não mais existe, em razão da declaração de sua inconstitucionalidade.

▶ **STF**

Informativo nº 821

Segunda Turma

Tráfico de entorpecentes: fixação do regime e substituição da pena

Não sendo o paciente reincidente, nem tendo contra si circunstâncias judiciais desfavoráveis (CP, art. 59), a gravidade em abstrato do crime do art. 33, "caput", da Lei 11.343/2006, não constitui motivação idônea para justificar a fixação do regime mais gravoso. Com esse entendimento, a Segunda Turma, após superar o óbice do Enunciado 691 da Súmula do STF, concedeu "habeas corpus" de ofício para garantir ao paciente, condenado à pena de um ano e oito meses de reclusão pela prática do delito de tráfico de drogas, a substituição da reprimenda por duas penas restritivas de direitos, a serem estabelecidas pelo juízo das execuções criminais, bem assim a fixação do regime inicial aberto. O Colegiado entendeu que o paciente atende aos requisitos do art. 44 do CP, razão pela qual o juízo deve considerá-los ao estabelecer a reprimenda, de acordo com o princípio constitucional da individualização da pena. HC 133028/SP, rel. Min. Gilmar Mendes, 12.4.2016.

→ **Aplicação em concurso.**

- **Delegado de Polícia/PE. 2016. CESPE.**

O ordenamento penal brasileiro adotou a sistemática bipartida de infração penal — crimes e contravenções penais —, cominando suas respectivas penas, por força do princípio da legalidade. Acerca das infrações penais e suas respectivas reprimendas, assinale a opção correta.

No crime de tráfico de entorpecente, é cabível a substituição da pena privativa de liberdade por restritiva de direitos, bem como a fixação de regime aberto, quando preenchidos os requisitos legais.

A alternativa está correta.

46. Absorção dos arts. 33, §1º, I e 34. O art. 33, *caput,* pode absorver os delitos previstos nos arts. 33, §1º e 34, desde que se constituam meios necessários ou fases normais de preparação para a prática do art. 33, *caput*.

▶ **STF**

Informativo nº 791

Segunda Turma

Lei de drogas e princípio da consunção.

(...) A Turma (...) entendeu que, dadas as circunstâncias do caso concreto, seria possível a aplicação do princípio da consunção, que se consubstanciaria pela absorção dos delitos tipificados nos artigos 33, § 1º, I, e 34 da Lei 11.343/2006, pelo delito previsto no art. 33, "caput", do mesmo diploma legal. Ambos os preceitos buscariam proteger a saúde pública e tipificariam condutas que — no mesmo contexto fático, evidenciassem o intento de traficância do agente e a utilização dos aparelhos e insumos para essa mesma finalidade — poderiam ser consideradas meros atos preparatórios do delito de tráfico previsto no art. 33, "caput", da Lei 11.343/2006. (...). **(HC 109708/SP, rel. Min. Teori Zavascki, 23.6.2015).**

47. **Desclassificação do delito de tráfico para o delito de porte para uso ou para uma infração que caiba a suspensão condicional do processo.** Caso o agente seja denunciado por tráfico de drogas e durante a instrução processual descubra-se que, na realidade, o delito praticado foi outro da lei de Drogas, operando-se a desclassificação para outro delito que admita a suspensão condicional do processo, deverá ser aplicada a súmula 337 do STJ. (*"É cabível a suspensão condicional do processo na desclassificação do crime e na procedência parcial da pretensão punitiva"*).

> **STJ.** HABEAS CORPUS. LEI DE DROGAS. DESCLASSIFICAÇÃO DO DELITO DE TRÁFICO PARA O DE USO DE ENTORPECENTES, QUANDO DO JULGAMENTO DO RECURSO DE APELAÇÃO INTERPOSTO PELO PACIENTE. CONDUTA QUE ADMITE TANTO A TRANSAÇÃO PENAL QUANTO A SUSPENSÃO CONDICIONAL DO PROCESSO. (...) 1. A conduta prevista no art. 28 da Lei n.º 11.343/06 admite, em tese, tanto a transação penal quanto a suspensão condicional do processo. 2. Os institutos despenalizadores da Lei n.º 9.099/95 devem ser aplicados quando ocorre a desclassificação do delito, conforme entendimento sedimentado na súmula n.º 337 desta Corte. (...) **(HC 162.807/SP, Rel. Min. Laurita Vaz, julgado em 08/05/2012).**

48. **Princípio da especialidade. Código Penal Militar.** O delito de tráfico de drogas está especializado no art. 290 do Código Penal Militar (DL 1.001/1969): ("Art. 290. Receber, preparar, produzir, vender, fornecer, ainda que gratuitamente, ter em depósito, transportar, trazer consigo, ainda que para uso próprio, guardar, ministrar ou entregar de qualquer forma a consumo substância entorpecente, ou que determine dependência física ou psíquica, em lugar sujeito à administração militar, sem autorização ou em desacôrdo com determinação legal ou regulamentar: Pena – reclusão, até cinco anos.").

49. **Princípio da especialidade. ECA.** O delito de tráfico de drogas é especial em relação ao crime previsto no art. 243 do ECA ("Vender, fornecer, servir, ministrar ou entregar, ainda que gratuitamente, de qualquer forma, a criança ou a adolescente, bebida alcoólica ou, sem justa causa, outros produtos cujos componentes possam causar dependência física ou psíquica."). O elemento especializante reside no objeto material, de forma que se o objeto material da conduta for droga (previsto na Portaria 344/1998), aplica-se a lei de Drogas, com a majorante prevista no art. 40 VI da lei. De outro giro, se o objeto material que o agente vendeu, ministrou ou entregou for qualquer outra substância que possa causar dependência física ou psíquica, mas que não seja considerada droga, como cigarro, cola de sapateiro, bebida etc., aplica-se o ECA.

50. **Princípio da especialidade. Contrabando.** O delito de tráfico de drogas, nos verbos *importar* e *exportar,* é especial em relação ao delito de contrabando (Art. 334-A, do Código Penal). O elemento especializante reside no objeto material, que, enquanto no contrabando é qualquer produto proibido, na lei de Drogas o objeto da importação ou da exportação é droga.

51. **§1º. Condutas equiparadas.** O §1º traz em seus três incisos condutas equiparadas ao *caput*.

52. **Inciso I. Matéria-prima, insumo ou produto químico destinado à preparação da droga.**

53. **Bem jurídico protegido.** A saúde pública, o equilíbrio sanitário da coletividade.
54. **Sujeito ativo.** Crime comum. Qualquer pessoa pode praticar.
55. **Sujeito passivo.** A coletividade.
56. **Verbos típicos.** Os mesmos do *caput*.
57. **Objeto material.** Matéria-prima, insumo ou produto químico destinado à preparação de drogas.
58. **Diferença em relação ao *caput*.** Neste tipo penal a droga ainda não existe. O tipo penal pune a preparação da droga.
59. **Matéria-prima.** É a substância principal utilizada na fabricação da droga.
60. **Insumo.** É o elemento necessário à preparação da droga.
61. **Produto químico.** Trata-se da substância resultante de preparação química.
62. **Abrangência de qualquer substância.** A incriminação abrange não só as substâncias destinadas exclusivamente à preparação da droga, como, também, qualquer substância que possa ser empregada nesta finalidade, a exemplo do éter e da acetona que servem para o refino da cocaína.
63. **Controle e fiscalização sobre produtos químicos que direta ou indiretamente possam ser destinados à elaboração ilícita de drogas.** A lei 10.357/2001 trata da fiscalização e do controle dos produtos químicos que possam ser destinados à elaboração ilícita de drogas, nos seguintes moldes: "Art. 1º Estão sujeitos a controle e fiscalização, na forma prevista nesta Lei, em sua fabricação, produção, armazenamento, transformação, embalagem, compra, venda, comercialização, aquisição, posse, doação, empréstimo, permuta, remessa, transporte, distribuição, importação, exportação, reexportação, cessão, reaproveitamento, reciclagem, transferência e utilização, todos os produtos químicos que possam ser utilizados como insumo na elaboração de substâncias entorpecentes, psicotrópicas ou que determinem dependência física ou psíquica. § 1º Aplica-se o disposto neste artigo às substâncias entorpecentes, psicotrópicas ou que determinem dependência física ou psíquica que não estejam sob controle do órgão competente do Ministério da Saúde. § 2º Para efeito de aplicação das medidas de controle e fiscalização previstas nesta Lei, considera-se produto químico as substâncias químicas e as formulações que as contenham, nas concentrações estabelecidas em portaria, em qualquer estado físico, independentemente do nome fantasia dado ao produto e do uso lícito a que se destina. Art. 2º O Ministro de Estado da Justiça, de ofício ou em razão de proposta do Departamento de Polícia Federal, da Secretaria Nacional Antidrogas ou da Agência Nacional de Vigilância Sanitária, definirá, em portaria, os produtos químicos a serem controlados e, quando necessário, promoverá sua atualização, excluindo ou incluindo produtos, bem como estabelecerá os critérios e as formas de controle (...)." O Decreto 4.262/2002 regulamenta essa lei: "Art. 1º O Departamento de Polícia Federal do Ministério da Justiça, por meio de seu Órgão Central de Controle de Produtos Químicos, coordenará e executará as ações de controle e fiscalização dos produtos químicos e substâncias a que se refere o art. 1º da Lei nº 10.357, de 27 de dezembro de 2001 (...)."

64. Importação de sementes de maconha. Configura este delito.

> **STJ.** (...) INTRODUÇÃO ILEGAL EM TERRITÓRIO NACIONAL DE INSUMO DE ENTORPECENTES. IMPORTAÇÃO CLANDESTINA DE SEMENTES DE CANNABIS SATIVA. MATÉRIA-PRIMA DESTINADA À PREPARAÇÃO DE SUBSTÂNCIA ENTORPECENTE. CONDUTA TÍPICA. (...). A importação clandestina de sementes de cannabis sativa linneu (maconha) configura o tipo penal descrito no art. 33, § 1º, I, da Lei n. 11.343/2006. (...) **(EDcl no AgRg no REsp 1442224/SP, Rel. Min. Sebastião Reis Júnior, julgado em 13/09/2016.)**

65. Tipo penal misto alternativo. Caso o agente pratique mais de uma conduta descrita no tipo penal, no mesmo contexto fático, responderá por um delito apenas, não havendo concurso de crimes.

66. Crime permanente. As condutas *expor à venda, ter em depósito, transportar, trazer consigo e guardar* configuram crime permanente.

67. Sem autorização ou em desacordo com determinação legal ou regulamentar. Caso o agente possua autorização ou esteja de acordo com determinação legal ou regulamentar a conduta será atípica.

68. Consumação. Com a prática de qualquer das condutas típicas. Trata-se de crime formal.

69. Classificação. Crime comum; formal; doloso; comissivo; de perigo abstrato; instantâneo nas condutas *importar, exportar, remeter, preparar, produzir, fabricar, adquirir, vender, oferecer, prescrever, ministrar, entregar a consumo e fornecer* e permanente nas condutas *expor à venda, ter em depósito, transportar, trazer consigo e guardar*; admite a tentativa.

70. Suspensão condicional do processo. Incabível, pois a pena mínima cominada ultrapassa 1 ano (art. 89 da lei 9.099/95).

71. Equiparação a hediondo. Trata-se de delito equiparado a hediondo, com todos os consectários legais e jurisprudenciais vistos no *caput*.

72. Absorção pelo delito do art. 33, *caput*. É possível que este delito seja absorvido pelo art. 33, *caput,* desde que sejam praticados no mesmo contexto fático e seja um meio necessário para a prática do art. 33, *caput.*

▶ **STF**

> **INFORMATIVO nº 791**
>
> **SEGUNDA TURMA**
>
> ***Lei de drogas e princípio da consunção.***
>
> (...) A Turma (...) entendeu que, dadas as circunstâncias do caso concreto, seria possível a aplicação do princípio da consunção, que se consubstanciaria pela absorção dos delitos tipificados nos artigos 33, § 1º, I, e 34 da Lei 11.343/2006, pelo delito previsto no art. 33, "caput", do mesmo diploma legal. Ambos os preceitos buscariam proteger a saúde pública e tipificariam condutas que — no mesmo contexto fático, evidenciassem o intento de traficância do agente e a utilização

dos aparelhos e insumos para essa mesma finalidade — poderiam ser consideradas meros atos preparatórios do delito de tráfico previsto no art. 33, "caput", da Lei 11.343/2006. (...). **(HC 109708/SP, rel. Min. Teori Zavascki, 23.6.2015).**

73. Inciso II. Semear, cultivar ou colher de plantas que se constituam em matéria--prima para a preparação de drogas.

74. Sujeito ativo. Crime comum, que pode ser praticado por qualquer pessoa.

75. Sujeito passivo. A coletividade.

76. Semear, cultivar e fazer a colheita. *Semear* significa lançar, jogar as sementes para germinarem. *Cultivar* é trabalhar a terra. *Fazer a colheita* consiste em recolher os produtos, os "frutos" que surgem do cultivo.

77. Objeto material. Plantas que se constituam em matéria-prima para a preparação de drogas.

Neste tipo penal a droga ainda não existe. O agente semeia, cultiva ou faz a colheita da matéria-prima destinada à preparação da droga.

78. Matéria-prima. É a substância principal utilizada na fabricação da droga.

79. Diferença em relação ao art. 28, §1º. No art. 28, §1º tratam-se de plantas destinadas à preparação de pequena quantidade e para consumo pessoal. No tipo penal ora comentado, a matéria-prima não é de pequena quantidade e não se destina ao consumo pessoal.

80. Tipo penal misto alternativo. Caso o agente pratique mais de uma conduta descrita no tipo penal, no mesmo contexto fático, responderá por um delito apenas, não havendo concurso de crimes.

81. Sem autorização ou em desacordo com determinação legal ou regulamentar. Caso o agente possua autorização ou esteja de acordo com determinação legal ou regulamentar a conduta será atípica.

82. Desapropriação. Ver comentários ao art. 32, §4º.

83. Destruição de plantações ilícitas. Ver comentários ao art. 32.

84. Consumação. Com a prática de qualquer das condutas típicas. Trata-se de crime formal.

85. Classificação. Crime comum; formal; doloso; comissivo; de perigo abstrato; instantâneo; admite a tentativa.

86. Suspensão condicional do processo. Incabível, pois a pena mínima cominada ultrapassa 1 ano (art. 89 da lei 9.099/95).

87. Inciso III. Utilização de local ou de bem para o tráfico ilícito de drogas.

88. Sujeito ativo. Crime próprio. Só quem tem a propriedade, a posse, a administração, a guarda ou a vigilância do local ou do bem.

89. Sujeito passivo. A coletividade.

90. **Utilizar ou consentir.** *Utilizar* significa fazer uso de algo para certa finalidade, tirar proveito. *Consentir* é permitir, anuir na utilização por outrem.

91. **Local ou bem de qualquer natureza.** Este tipo penal não trata da conduta de tráfico de drogas especificamente, mas, sim, da utilização ou do consentimento para utilização de local ou de bem, qualquer que seja a sua natureza, para o tráfico de drogas. Local é o espaço territorial. O bem pode ser um imóvel (casa, apartamento, sítio, fazenda etc) ou móvel (veículo terrestre, marítimo ou aéreo). Assim, por exemplo, pratica esse delito quem consente na utilização de um automóvel para que outrem leve droga a alguém.

92. **Especial fim de agir.** O agente dever ter a finalidade específica da prática do tráfico de drogas. Ausente esse especial fim de agir a conduta é atípica.

93. **Absorção pelo art. 33, *caput*.** Caso o agente utilize um local para ele mesmo vender a droga, esse delito torna-se meio necessário para a prática do delito do art. 33, *caput,* ficando absorvido em razão do princípio da consunção.

94. **Tipo penal misto alternativo.** Caso o agente pratique mais de uma conduta descrita no tipo penal, no mesmo contexto fático, responderá por um delito apenas, não havendo concurso de crimes.

95. **Sem autorização ou em desacordo com determinação legal ou regulamentar.** Caso o agente possua autorização ou esteja de acordo com determinação legal ou regulamentar a conduta será atípica.

96. **Consumação.** Com a prática de qualquer das condutas típicas. Trata-se de crime formal.

97. **Classificação.** Crime próprio; formal; doloso; comissivo; de perigo abstrato; instantâneo; admite a tentativa. Porém, no verbo *consentir* a tentativa somente é admitida se o consentimento for feito por escrito.

98. **Suspensão condicional do processo.** Incabível, pois a pena mínima cominada ultrapassa 1 ano (art. 89 da lei 9.099/95).

99. **§2º. Indução, instigação ou auxílio ao uso.**

100. **Bem jurídico protegido.** A saúde pública, o equilíbrio sanitário da coletividade.

101. **Sujeito ativo.** Crime comum. Qualquer pessoa pode praticar.

102. **Sujeito passivo.** A coletividade e a pessoa induzida.

103. **Induzir, instigar e auxiliar.** *Induzir* é fazer nascer na mente da vítima a ideia de usar a droga. *Instigar* significa alimentar essa ideia, ou seja, a vítima já cogitou o uso da droga e o agente reforça essa ideia. *Auxiliar* consiste na prestação de qualquer ajuda material prestada à vítima para que ela use a droga.

104. **Limites do verbo auxiliar.** O auxílio não pode ser praticado por meio de condutas que configurem o delito de tráfico do art. 33, *caput,* como no caso de o agente *trazer consigo* ou *transportar* droga para outrem usá-la. Tais condutas configuram o delito de tráfico de drogas. Da mesma forma, se o agente, a título de auxílio, for

ao ponto de venda de droga, comprar a droga e entregá-la a um amigo para que ele a use, comete o delito de tráfico na modalidade *entregar a consumo.*

105. Não necessidade do efetivo uso. Não é preciso que a outra pessoa venha a efetivamente usar a droga para a configuração deste delito. Assim, se, por exemplo, A instiga B a usar droga indevidamente, A pratica esse delito, ainda que B não venha a efetivamente usá-la.

106. Absorção pelo art. 33, *caput*. Caso o agente induza, instigue ou auxilie alguém a usar a droga e depois venda-a a essa mesma pessoa, essa conduta de induzir, instigar ou auxiliar fica absorvida e configura um meio necessário para a prática do delito do art. 33, *caput,* de forma que o agente responde apenas pelo delito de tráfico de drogas.

107. Tipo penal misto alternativo. Caso o agente pratique mais de uma conduta descrita no tipo penal, no mesmo contexto fático, responderá por um delito apenas, não havendo concurso de crimes.

108. Consumação. Com a prática de qualquer das condutas típicas. Trata-se de crime formal.

109. Classificação. Crime comum; formal; doloso; comissivo; de perigo abstrato; instantâneo; admite a tentativa.

110. Suspensão condicional do processo. Cabível, pois a pena mínima cominada não ultrapassa 1 ano (art. 89 da lei 9.099/95).

111. Princípio da especialidade. Este delito é especial em relação ao delito de incitação ao crime, previsto no art. 286 do Código Penal.

112. Manifestações públicas dirigidas à liberação do uso de drogas. As manifestações públicas realizadas, nas quais se pleiteia a liberação do uso de drogas, não configuram esse delito, em razão da garantia constitucional do direito de manifestação de pensamento, do direito de expressão, do direito de acesso à informação e do direito de reunião, positivados no art. 5º, IV, IX, XIV e XVI, da CR/88.

> **STF.** AÇÃO DIRETA DE INCONSTITUCIONALIDADE. PEDIDO DE "INTERPRETAÇÃO CONFORME À CONSTITUIÇÃO" DO § 2º DO ART. 33 DA LEI Nº 11.343/2006, CRIMINALIZADOR DAS CONDUTAS DE "INDUZIR, INSTIGAR OU AUXILIAR ALGUÉM AO USO INDEVIDO DE DROGA". 1. Cabível o pedido de "interpretação conforme à Constituição" de preceito legal portador de mais de um sentido, dando-se que ao menos um deles é contrário à Constituição Federal. 2. A utilização do § 3º do art. 33 da Lei 11.343/2006 como fundamento para a proibição judicial de eventos públicos de defesa da legalização ou da descriminalização do uso de entorpecentes ofende o direito fundamental de reunião, expressamente outorgado pelo inciso XVI do art. 5º da Carta Magna. Regular exercício das liberdades constitucionais de manifestação de pensamento e expressão, em sentido lato, além do direito de acesso à informação (incisos IV, IX e XIV do art. 5º da Constituição Republicana, respectivamente). 3. Nenhuma lei, seja ela civil ou penal, pode blindar-se contra a discussão do seu próprio conteúdo. Nem mesmo a Constituição está a salvo da ampla, livre e aberta discussão dos seus defeitos e das suas virtudes, desde que sejam obedecidas as condicionantes ao direito constitucional de reunião, tal como

a prévia comunicação às autoridades competentes. 4. Impossibilidade de restrição ao direito fundamental de reunião que não se contenha nas duas situações excepcionais que a própria Constituição prevê: o estado de defesa e o estado de sítio (art. 136, § 1º, inciso I, alínea "a", e art. 139, inciso IV). 5. Ação direta julgada procedente para dar ao § 2º do art. 33 da Lei 11.343/2006 "interpretação conforme à Constituição" e dele excluir qualquer significado que enseje a proibição de manifestações e debates públicos acerca da descriminalização ou legalização do uso de drogas ou de qualquer substância que leve o ser humano ao entorpecimento episódico, ou então viciado, das suas faculdades psicofísicas. (ADI 4274, Rel. Min. Ayres Britto, Tribunal Pleno, julgado em 23/11/2011).

113. §3º. Crime de uso compartilhado.

114. Bem jurídico protegido. A saúde pública, o equilíbrio sanitário da coletividade.

115. Sujeito ativo. Crime comum, de forma que qualquer pessoa pode praticá-lo.

116. Sujeito passivo. A coletividade.

117. Oferecer. O verbo oferecer significa entregar, disponibilizar. O mero ato de oferecer (ainda que eventualmente) a droga constitui tráfico do art. 33, *caput*. Para que o ato de oferecer configure o delito ora comentado, a oferta deve ser feita nos moldes nele descritos, ou seja, a pessoa de seu relacionamento para juntos consumirem a droga.

118. Eventualmente. A oferta deve ser ocasional, não reiterada. Basta que a oferta ocorra apenas uma vez. Todavia, não se exige que seja tão somente uma única vez, podendo até ser mais de uma. O importante é que a oferta não seja feita de forma reiterada. Caso a oferta seja frequente, estará configurado o tráfico do art. 33, *caput*.

119. Sem objetivo de lucro. Neste delito, exige-se a oferta graciosa, sem intenção lucrativa. Isso porque o lucro é elemento ínsito ao delito de tráfico de drogas, de forma que se o agente oferecer droga com o objetivo de lucro, pratica o art. 33, *caput*.

120. Pessoa de seu relacionamento. O legislador não fez qualquer limitação referente à natureza do relacionamento. Logo, abrange qualquer espécie de relacionamento: amizade, amoroso, familiar, profissional etc, independentemente da intensidade do relacionamento. Ademais, a pessoa a quem a droga é oferecida pode ser imputável ou inimputável, uma vez que o legislador não fez distinção.

121. Especial fim de agir. O especial fim de agir está previsto na expressão "para juntos a consumirem". É justamente nesse elemento que reside o uso compartilhado. O agente que faz a oferta deve ter a intenção específica de consumir a droga juntamente com a pessoa a quem ele oferece. Caso contrário, estará configurado o delito de tráfico de drogas do art. 33, *caput*.

→ **Aplicação em concurso.**

- **Delegado de Polícia Federal. 2013. CESPE.**

  No que diz respeito aos crimes previstos na legislação penal extravagante, julgue o item subsequente.

Na Lei de Drogas, é prevista como crime a conduta do agente que oferte drogas, eventualmente e sem objetivo de lucro, a pessoa do seu relacionamento, para juntos a consumirem, não sendo estabelecida distinção entre a oferta dirigida a pessoa imputável ou inimputável.

A alternativa correta.

122. Oferecer a duas ou mais pessoas. Há concurso de crimes, material, formal ou crime continuado, a depender do caso concreto.

123. Cumulação de penas. O preceito secundário do tipo penal determina a aplicação cumulativa da pena referente ao delito do art. 28, caso haja a sua efetiva prática.

124. Consumação. Com a oferta. Não é preciso que a pessoa aceite a oferta ou que venha a usar a droga, pois o uso é um especial fim de agir. Trata-se de crime formal.

125. Classificação. Crime comum; formal; doloso; comissivo; de perigo abstrato; instantâneo; admite a tentativa.

126. Suspensão condicional do processo. Cabível, pois a pena mínima cominada não ultrapassa 1 ano (art. 89 da lei 9.099/95).

127. § 4º. Causa de diminuição de pena.

128. Natureza jurídica. Causa de diminuição de pena. Incide na 3ª fase da dosimetria da pena, podendo conduzir a pena a abaixo do mínimo legal.

129. Tráfico privilegiado. Em razão da redução de pena de um sexto a dois terços, a doutrina e a jurisprudência convencionaram chamar de *tráfico privilegiado* o delito de tráfico quando há a incidência do §4º.

130. Destinatário. Esta causa de diminuição de pena destina-se ao traficante eventual, e não ao profissional. O legislador teve o cuidado de diferenciar a pessoa que pratica o tráfico de drogas eventualmente daquela pessoa que pratica o tráfico de drogas de forma reiterada, fazendo dessa atividade ilícita o seu meio de vida. Para essa pessoa, que eventualmente praticou o tráfico de drogas, o legislador permitiu a incidência dessa causa de diminuição de pena, deixando claro em seus requisitos que não se trata de alguém que se dedique às atividades criminosas ou que faça parte de uma organização criminosa. Note-se que o agente deve ser primário e ter bons antecedentes, condições que comprovam ter o agente praticado a conduta de forma eventual.

131. Aplicabilidade. Delitos do *caput* e do § 1º.

→ **Aplicação em concurso.**

- **Juiz de Direito Substituto/DF. 2015. CESPE.**

  Assinale a opção correta à luz da Lei n.º 11.343/2006 (Lei de Drogas), do CP e da jurisprudência do STF.

  Na dosimetria da pena pela prática do crime de induzir, instigar ou auxiliar alguém ao uso indevido de droga, poderá ser aplicada causa de redução de pena se o agente for primário, tiver bons antecedentes e não se dedicar a atividades criminosas ou integrar organização criminosa.

  A alternativa está errada.

132. Requisitos. São 4 requisitos: 1. Primariedade do agente; 2. Bons antecedentes; 3. Não se dedicar às atividades criminosas; 4. Não integrar organização criminosa.

133. Cumulatividade dos requisitos. Os requisitos são cumulativos. A ausência de qualquer deles impede a aplicação da causa de diminuição de pena.

→ **Aplicação em concurso.**

- **Delegado de Polícia/GO. 2017. CESPE.**

Considerando o disposto na Lei 11.343/2006 e o posicionamento jurisprudencial e doutrinário dominantes sobre a matéria regida por essa lei, assinale a opção correta. Em processo de tráfico internacional de drogas, basta a primariedade para a aplicação da redução da pena.

A alternativa está errada.

134. Retroatividade do tipo penal. A revogada lei 6.368/1976 não continha previsão semelhante, razão pela qual a lei atual, nesse ponto é mais benéfica. Seria possível a retroatividade e a aplicação apenas desse §4º ao condenado por tráfico de drogas com base no art. 12 da lei 6.368/76? A resposta é negativa, uma vez que as duas leis não podem ser aplicadas em conjunto. Ou aplica-se a lei antiga por completo, ou aplica-se a lei atual por completo. A lei atual até pode retroagir, mas desde que seja uma retroatividade integral, e não apenas do §4º do art. 33.

> **STJ. Súmula 501:** "É cabível a aplicação retroativa da Lei n. 11.343/2006, desde que o resultado da incidência das suas disposições, na íntegra, seja mais favorável ao réu do que o advindo da aplicação da Lei n. 6.368/1976, sendo vedada a combinação de leis."

135. Não equiparação a crime hediondo. De acordo com o STF e o STJ, o tráfico privilegiado não é crime equiparado a hediondo, por haver incompatibilidade entre o privilégio do tráfico, com o tratamento distinto conferido pelo legislador, e a natureza hedionda do delito. Com efeito, a possibilidade de redução da pena traduz um menor juízo de reprovabilidade pessoal sobre o agente que é condenado pelo delito de tráfico privilegiado. Por questões de política criminal, o fato de o agente ser primário, ter bons antecedentes, não se dedicar às atividades criminosas, nem integrar organização criminosa permite ao Juiz analisar as condições e as realidades individuais de cada autor, de forma a permitir uma maior flexibilidade na gestão da política de drogas. Portanto, as normas contidas na lei de crimes hediondos não são aplicáveis ao tráfico privilegiado.

Note-se que a súmula nº 512 do STJ (que dizia que a aplicação da causa de diminuição de pena prevista no art. 33, § 4º, da Lei n. 11.343/2006 não afasta a hediondez do crime de tráfico de drogas) foi cancelada.

▶ **STF**

INFORMATIVO nº 831

Plenário

Tráfico privilegiado e crime hediondo – 4

O crime de tráfico privilegiado de drogas não tem natureza hedionda. Por conseguinte, não são exigíveis requisitos mais severos para o livramento condicional (Lei

11.343/2006, art. 44, parágrafo único) e tampouco incide a vedação à progressão de regime (Lei 8.072/1990, art. 2º, § 2º) para os casos em que aplicada a causa de diminuição prevista no art. 33, §4º, Lei 11.343/2006. Com base nessa orientação, o Plenário, por maioria, concedeu a ordem de "habeas corpus" para afastar a natureza hedionda de tal delito. (...) O Tribunal superou a jurisprudência que se firmara no sentido da hediondez do tráfico privilegiado. Sublinhou que a previsão legal seria indispensável para qualificar um crime como hediondo ou equiparado. Assim, a partir da leitura dos preceitos legais pertinentes, apenas as modalidades de tráfico de entorpecentes definidas no art. 33, "caput" e § 1º, da Lei 11.343/2006 seriam equiparadas a crimes hediondos. Entendeu que, para alguns delitos e seus autores, ainda que se tratasse de tipos mais gravemente apenados, deveriam ser reservadas algumas alternativas aos critérios gerais de punição. A legislação alusiva ao tráfico de drogas, por exemplo, prevê a possibilidade de redução da pena, desde que o agente seja primário e de bons antecedentes, não se dedique a atividades criminosas e nem integre organização criminosa. Essa previsão legal permitiria maior flexibilidade na gestão da política de drogas, pois autorizaria o juiz a avançar sobre a realidade pessoal de cada autor. Além disso, teria inegável importância do ponto de vista das decisões de política criminal. **(HC 118533/MS, rel. Min. Cármen Lúcia, 23.6.2016).**

Tráfico privilegiado e crime hediondo – 5

A Corte observou que, no caso do tráfico privilegiado, a decisão do legislador fora no sentido de que o agente deveria receber tratamento distinto daqueles sobre os quais recairia o alto juízo de censura e de punição pelo tráfico de drogas. As circunstâncias legais do privilégio demonstrariam o menor juízo de reprovação e, em consequência, de punição dessas pessoas. Não se poderia, portanto, chancelar-se a hediondez a essas condutas, por exemplo. Assim, a imposição de pena não deveria estar sempre tão atrelada ao grau de censura constante da cominação abstrata dos tipos penais. O juiz deveria ter a possibilidade de exame quanto à adequação da sanção imposta e o respectivo regime de cumprimento, a partir do exame das características específicas na execução de determinados fatos, cujo contexto em que praticados apresentasse variantes socialmente relevantes em relação ao juízo abstrato de censura cominada na regra geral. De outro lado, o art. 33, § 4º, da Lei 11.343/2006 mereceria crítica na medida em que proíbe a substituição da pena privativa de liberdade por restritiva de direito. Assentou, ainda, que a etiologia do crime privilegiado seria incompatível com a natureza hedionda. Além disso, os Decretos 6.706/2008 e 7.049/2009 beneficiaram com indulto os condenados pelo tráfico de entorpecentes privilegiado, a demonstrar inclinação no sentido de que esse delito não seria hediondo. Demais disso, cumpre assinalar que o crime de associação para o tráfico, que reclama liame subjetivo estável e habitual direcionado à consecução da traficância, não seria equiparado a hediondo. Dessa forma, afirmar que o tráfico minorado fosse considerado hediondo significaria que a lei ordinária conferiria ao traficante ocasional tratamento penal mais severo que o dispensado ao agente que se associa de forma estável para exercer a traficância de modo habitual, a escancarar que tal inferência consubstanciaria violação aos limites que regem a edição legislativa penal. Vencidos os Ministros Luiz Fux, Dias Toffoli e Marco Aurélio, que denegavam o "writ". Reajustaram os votos os Ministros Edson Fachin, Teori Zavascki e Rosa Weber. **(HC 118533/MS, rel. Min. Cármen Lúcia, 23.6.2016).**

▶ **STJ**

Informativo nº 595.

Tráfico ilícito de drogas na sua forma privilegiada. Art. 33, § 4º, da Lei n. 11.343/2006. Crime não equiparado a hediondo. Entendimento recente do Supremo Tribunal Federal, no julgamento do HC 118.533-MS. Revisão do tema analisado pela Terceira Seção sob o rito dos recursos repetitivos. (...) O tráfico ilícito de drogas na sua forma privilegiada (art. 33, § 4º, da Lei n. 11.343/2006) não é crime equiparado a hediondo e, por conseguinte, deve ser cancelado o Enunciado 512 da Súmula do Superior Tribunal de Justiça. (...) Saliente-se, outrossim, que o conceito de hediondez é de todo incompatível ao de privilégio, conforme há muito já vem decidindo o STJ, *mutatis mutandis*, no que toca ao homicídio qualificado-privilegiado. (...) Dessarte, é o caso de revisão do entendimento consolidado por esta Terceira Seção no julgamento do Recurso Especial Representativo da Controvérsia n. 1.329.088/RS – Tema 600 (Rel. Min. Sebastião Reis Júnior, Terceira Seção, julgado em 13/3/2013, DJe 26/4/2013), com o consequente cancelamento do Enunciado 512 da Súmula deste Superior Tribunal de Justiça. **(Pet 11.796-DF, Rel. Min. Maria Thereza de Assis Moura, Terceira Seção, por unanimidade, julgado em 23/11/2016).**

136. Obrigatoriedade da diminuição. Preenchidos os requisitos legais, a diminuição da pena torna-se um direito subjetivo do réu.

137. *Quantum* de diminuição. A diminuição varia de um sexo a dois terços.

138. Critério para a diminuição. Embora o legislador tenha trazido a possibilidade de diminuição de pena, ele não estabeleceu qual deveria ser o critério de definição do *quantum* a diminuir entre o mínimo de um sexto e o máximo de dois terços. Em razão da falta do estabelecimento de um critério pelo legislador, pensamos que o Juiz deve utilizar o art. 59 do Código Penal.

139. Quantidade de droga apreendida não é requisito para a incidência da diminuição. Os requisitos para a incidência da diminuição estão previstos de forma exaustiva no do §4º do art. 33 da presente lei. Assim, o Juiz não pode considerar como requisito nenhum outro critério para a incidência do privilégio, como a quantidade de droga apreendida. A quantidade de droga é levada em consideração na fixação da pena-base, conforme dispõe o art. 42 da lei, não podendo ser utilizada como requisito para negar a aplicação do §4º.

▶ **STF**

Informativo nº 866.

Segunda Turma.

Participação em organização criminosa e quantidade de drogas.

A Segunda Turma, por unanimidade, deu parcial provimento a recurso ordinário em "habeas corpus" para reconhecer a incidência da causa de diminuição da pena prevista no art. 33, § 4º, da Lei 11.343/2006 e determinar que o juízo "a quo", após definir o patamar de redução, recalcule a pena e proceda ao reexame do regime inicial do cumprimento da sanção e da substituição da pena privativa de liberdade por sanções restritivas de direitos, se preenchidos os requisitos do art. 44 do Código Penal. (...) O Colegiado assentou que a grande quantidade de entorpecente, apesar de não ter sido o único fundamento apontado para afastar a aplicação do redutor do art. 33, § 4º, da Lei 11.343/2006, foi isoladamente utilizada como elemento para presumir-se a participação da paciente em uma organização criminosa e, assim, negar-lhe o direito à minorante. Ressaltou que, conforme a jurisprudência do Supremo Tribunal Federal, a quantidade de drogas não pode automaticamente levar ao entendimento de que a paciente faria do tráfico seu meio de vida ou integraria uma organização criminosa. (...) **(RHC 138715/MS, rel. Min. Ricardo Lewandowski, julgamento em 23.5.2017).**

140. Quantidade de droga apreendida não pode ser critério para a determinação do *quantum* de diminuição. O Juiz não pode utilizar a quantidade de droga como critério para a determinação do *quantum* de diminuição. Isso porque a quantidade de droga já é considerada no momento da fixação da pena-base, conforme determina o art. 42 da lei. Caso o Juiz utilizasse esse critério para também determinar o *quantum* de diminuição de pena, haveria *bis in idem.* Explica-se: Imagine-se que tenha sido apreendida com o agente grande quantidade de droga. Com base nesse fator (grande quantidade), o Juiz pode aumentar a pena-base com fundamento no art. 42. Além desse aumento, no momento da aplicação do §4º, o Juiz deixaria de reduzir na fração máxima de dois terços e aplicaria uma fração menor (por exemplo um sexto) *também* em razão da grande quantidade de droga. Assim, o mesmo fator (grande quantidade de droga) estaria sendo empregado duas vezes: uma para aumentar a pena-base e outra para aplicar a fração menor de diminuição. Note-se que o *bis in idem* reside justamente na não aplicação da fração máxima de dois terços (quando, na realidade, poderia fazê-lo), fundamentada especificamente na grande quantidade de droga. Portanto, ou a quantidade de droga incide na pena-base, ou incide como critério de definição da fração a incidir (um sexto a dois terços). Pensamos que o mais correto é a quantidade de droga incidir na pena-base, por força do mandamento legal contido no art. 42 da lei.

STF. Recurso extraordinário com agravo. Repercussão Geral. 2. Tráfico de Drogas. 3. Valoração da natureza e da quantidade da droga apreendida em apenas uma das fases do cálculo da pena. Vedação ao bis in idem. Precedentes. 4. Agravo conhecido e recurso extraordinário provido para determinar ao Juízo da 3ª VECUTE da Comarca de Manaus/AM que proceda a nova dosimetria da pena. 5. Reafirmação de jurisprudência. **(ARE 666334 RG, Rel. Min. Gilmar Mendes, julgado em 03/04/2014).**

STF. HABEAS CORPUS. PENAL. TRÁFICO DE DROGAS. NATUREZA DA DROGA APREENDIDA. CIRCUNSTÂNCIA UTILIZADA SOMENTE NA APLICAÇÃO DA CAUSA DE DIMINUIÇÃO DE PENA PREVISTA NO ART. 33, § 4º, DA LEI 11.343/06. LEGITIMIDADE. SUBSTITUIÇÃO DA PENA PRIVATIVA DE LIBERDADE POR RESTRITIVA DE DIREITOS. PACIENTE CONDENADO À PENA DE RECLUSÃO SUPERIOR A QUATRO ANOS. NÃO CUMPRIMENTO DO REQUISITO OBJETIVO PREVISTO NO ART. 44, I, DO CP. ORDEM DENEGADA. 1. Segundo o art. 42 da Lei 11.343/06, "o juiz, na fixação das penas, considerará, com preponderância sobre o previsto no art. 59 do Código Penal, a natureza e a quantidade da substância ou do produto, a personalidade e a conduta social do agente". Configura ilegítimo bis in idem considerar a natureza e a quantidade da substância ou do produto para fixar a pena base (primeira etapa) e, simultaneamente, para a escolha da fração de redução a ser imposta na terceira etapa da dosimetria (§ 4º do art. 33 da Lei 11.343/2006). Todavia, nada impede que essa circunstância seja considerada para incidir, alternativamente, na primeira etapa (pena-base) ou na terceira (fração de redução). Essa opção permitirá ao juiz aplicar mais adequadamente o princípio da individualização da pena (art. 5º, XLVI, da CF) em cada caso concreto. 2. No caso, a natureza da droga apreendida foi utilizada somente na terceira etapa da dosimetria, ou seja, para fixar o fator de redução da causa de diminuição do art. 33, § 4º da Lei 11.343/2006 na fração de 1/6, não havendo, portanto, violação ao princípio do ne bis in idem. Ademais, aplicar qualquer fração de diminuição diversa daquela imposta pelas instâncias ordinárias demandaria o revolvimento de fatos e provas, o que é inviável em sede de habeas corpus. 3. Não é viável proceder à substituição da pena privativa de liberdade por restritivas de direito, pois a pena imposta ao paciente – quatro anos e dois meses de reclusão – afasta o requisito objetivo previsto no art. 44, I, do Código Penal. 4. Ordem denegada. **(HC 109193, Rel. Min. Teori Zavascki, Tribunal Pleno, julgado em 19/12/2013).**

STJ. PENAL. (...) TRÁFICO DE DROGAS. DOSIMETRIA. FLAGRANTE ILEGALIDADE. PENA-BASE FIXADA ACIMA DO MÍNIMO LEGAL COM BASE NA QUANTIDADE E NA NATUREZA DO ENTORPECENTE APREENDIDO. FUNDAMENTO TAMBÉM UTILIZADO NA TERCEIRA FASE DO CÁLCULO DA REPRIMENDA PARA OBSTAR A INCIDÊNCIA DA CAUSA ESPECIAL DE DIMINUIÇÃO PREVISTA NO ART. 33, § 4º, DA LEI N. 11.343/2006. BIS IN IDEM. RETORNO DOS AUTOS AO TRIBUNAL DE ORIGEM. (...) 2. O Superior Tribunal de Justiça passou a seguir o entendimento externado pelo Supremo Tribunal Federal no julgamento dos Habeas Corpus n. 109.193/MG e 112.776/MS, nos quais o Plenário consagrou a orientação de que a utilização da quantidade e qualidade da droga tanto na fixação da pena-base como na aplicação da minorante prevista no art. 33, § 4º, da Lei n. 11.343/2006 configura dupla valoração inadmissível. Além disso, em repercussão geral no ARE n. 666.334/AM, de relatoria do eminente Ministro Gilmar Mendes, reafirmou-se que as circunstâncias da natureza e da quantidade de entorpecentes apreendidos devem ser levadas em consideração apenas em uma das fases da dosimetria. 3. Na espécie, as instâncias ordinárias aumentaram a pena-base, tendo em vista a quantidade e a natureza da substância entorpecente apreendida em poder do paciente. Entretanto, afastou a aplicação do benefício descrito no art. 33, § 4º, da Lei n. 11.343/2006 em seu patamar máximo, em vista, também, da quantidade e natureza da droga apreendida, incidindo em inaceitável bis in idem. Não apresentou a Corte Estadual outros elementos concretos que pudessem demonstrar a dedicação do sentenciado a atividades criminosas, situação de manifesto constrangimento ilegal. Precedentes. 4. Habeas corpus não conhecido. Ordem concedida de ofício para determinar que o Tribunal de Justiça do Estado de Minas Gerais realize nova dosimetria da pena, considerando a natureza e a quantidade de droga apreendida em apenas uma etapa do critério trifásico. **(HC 239.113/MG, Rel. Min. Antonio Saldanha Palheiro, julgado em 06/12/2016).**

141. Prática do crime nas dependências de estabelecimento prisional não pode ser critério para a diminuição. Tendo em vista que essa circunstância já foi levada em consideração pelo legislador no art. 40, III, da presente lei para aumentar a pena, possuindo a natureza jurídica de causa de aumente de pena, incidindo na

3ª fase da dosimetria, o Juiz não pode considerá-la, também, como critério para determinar o *quantum* de redução no tráfico privilegiado, sob pena de incidir em *bis in idem.*

▶ **STJ**

Informativo nº 586

Quinta Turma

DIREITO PENAL. BIS IN IDEM E TRÁFICO COMETIDO NAS DEPENDÊNCIAS DE ESTABELECIMENTO PRISIONAL.

É indevido o emprego da circunstância de o crime ter sido cometido nas dependências de estabelecimento prisional para fundamentar tanto o *quantum* de redução na aplicação da minorante prevista no art. 33, § 4º, da Lei n. 11.343/2006 como a incidência da majorante prevista no art. 40, III, da mesma lei. Isso porque essa situação configura *bis in idem*. **HC 313.677-RS, Rel. Min. Reynaldo Soares da Fonseca, julgado em 21/6/2016, DJe 29/6/2016.**

142. Inquéritos policiais e/ou ações penais em curso podem ser utilizados para afastar a aplicação do privilégio. De acordo com o STJ, a existência de inquéritos policiais e/ou ações penais em curso denotam que o réu se dedica às atividades criminosas, servindo de fundamento para afastar a aplicação do privilégio.

▶ **STJ**

Informativo nº 596

Terceira Seção

É possível a utilização de inquéritos policiais e/ou ações penais em curso para formação da convicção de que o réu se dedica a atividades criminosas, de modo a afastar o benefício legal previsto no artigo 33, § 4º, da Lei 11.343/06. A divergência existente no âmbito da Terceira Seção do STJ consiste na possibilidade (ou não) de utilização de inquéritos e processos penais em tramitação para avaliar a possível dedicação do réu a atividades criminosas, de modo a afastar a causa de diminuição prevista no artigo 33, § 4º, da Lei de Drogas. Enquanto a Quinta Turma entende plenamente possível a utilização de inquéritos e ações penais em andamento para afastar a causa de diminuição, a Sexta Turma tem entendimento oposto. A Lei 11.343/06 inovou na ordem jurídica em diversos fatores, dentre eles, inseriu uma causa de diminuição de pena para o delito de tráfico de drogas e equiparados, prevista no § 4º do artigo 33. Os requisitos cumulativos previstos para diminuição de pena são: i) primariedade; ii) bons antecedentes; iii) não se dedicar às atividades criminosas; iv) não integrar organização criminosa. A inserção no ordenamento dessa causa de diminuição teve por escopo diferenciar aquele que não é dedicado a ilícitos penais, daquele que efetivamente se dedica ao tráfico de drogas com maior potencialidade lesiva à sociedade. Assim, a regra não deve ser a aplicação da benesse de forma desmedida, mas sua aplicação somente deve ocorrer em casos singulares, quando preenchidos os requisitos, os quais merecem interpretação restritiva, de modo a prestigiar quem efetivamente mereça redução de pena. É consabido que inquéritos e ações penais em curso não podem ser valorados como maus antecedentes, de modo a agravar a pena do réu quando das circunstâncias judiciais avaliadas em dosimetria de pena na primeira fase, para fins de aumentar a pena-base. Contudo, na espécie, não se trata de avaliação de inquéritos ou ações penais para agravar a situação do réu condenado por tráfico de drogas, mas como forma de afastar um benefício legal, desde que existentes elementos concretos para concluir que ele se dedique a atividades criminosas, sendo inquestionável que em determinadas situações, a existência de investigações e/ou ações penais em andamento possam ser elementos aptos para formação da convicção do magistrado. Ademais, como os princípios constitucionais devem ser interpretados de forma harmônica, não merece ser interpretado de forma absoluta o princípio da inocência, de modo a impedir que a existência de inquéritos ou ações penais impeça a interpretação em cada caso para mensurar a dedicação do Réu em atividade criminosa. Assim não o fazendo, conceder o benefício do artigo 33, § 4º, da Lei 11.343/06 para aquele que responde a inúmeras ações penais ou seja investigado, é equipará-lo com quem numa única ocasião na vida se envolveu com as drogas, situação que ofende o princípio também previsto na Constituição Federal de individualização da pena. Por fim, mister salientar que não se pretende tornar regra que a existência de inquérito ou ação penal obste o benefício em todas as situações, mas sua avaliação para concluir se o réu é dedicado a atividades criminosas também não pode ser vedada de forma irrestrita, de modo a permitir a avaliação pelo magistrado em cada caso concreto. **(EREsp 1.431.091-SP, Rel. Min. Felix Fischer, por maioria, julgado em 14/12/2016, DJe 1/2/2017).**

143. Não se aplica essa causa e diminuição ao réu condenado também por associação para o tráfico. Caso o réu seja condenado por tráfico de drogas e, também, por associação para o tráfico, essa condenação denota que ele se dedica à atividade criminosa, ficando excluído o terceiro requisito legal para a incidência do §4º.

STJ. HABEAS CORPUS SUBSTITUTIVO DE RECURSO PRÓPRIO. INADEQUAÇÃO NA VIA ELEITA. TRÁFICO DE ENTORPECENTES E ASSOCIAÇÃO PARA O TRÁFICO. PLEITO DE RECONHECIMENTO DO TRÁFICO PRIVILEGIADO. IMPOSSIBILIDADE. PACIENTE CONDENADO PELO DELITO DE ASSOCIAÇÃO PARA O TRÁFICO. (...) Não se aplica a causa especial de diminuição da pena prevista no § 4º do art. 33 da Lei n. 11.343/2006 ao réu condenado também pelo crime de associação para o tráfico de drogas. (...) **(HC 371.310/SP, Rel. Min. Reynaldo Soares da Fonseca, julgado em 06/12/2016).**

144. Dedicação a atividade criminosa e exercício de atividade lícita concomitantemente. Caso o agente dedique-se a alguma atividade criminosa, não tem direito à incidência da diminuição da pena, mesmo que ele possua alguma atividade lícita e a exerça concomitantemente à atividade criminosa. Imagine-se a hipótese em que o agente é dentista e exerça essa atividade com regularidade. Porém, *oferece* ou *vende* drogas aos seus pacientes sem autorização. Nesse caso, não estão presentes, de forma integral, os requisitos elencados no §4º.

▶ **STJ**

Informativo nº 582

Sexta Turma

DIREITO PENAL. INAPLICABILIDADE DA MINORANTE PREVISTA NO ART. 33, § 4º, DA LEI DE DROGAS.

Ainda que a dedicação a atividades criminosas ocorra concomitantemente com o exercício de atividade profissional lícita, é inaplicável a causa especial

de diminuição de pena prevista no art. 33, § 4º, da Lei n. 11.343/2006 (Lei de Drogas). De início, destaca-se que, para viabilizar a aplicação da causa de diminuição de pena prevista no art. 33, § 4º, da Lei n. 11.343/2006, são exigidos, além da primariedade e dos bons antecedentes do acusado, que este não integre organização criminosa e que não se dedique a atividades delituosas. De fato, a razão de ser da mencionada minorante é justamente punir com menor rigor o pequeno traficante, ou seja, aquele indivíduo que não faz do tráfico de drogas o seu meio de vida. Nesse contexto, o aludido § 4º do art. 33, ao prever que o acusado não deve se dedicar a atividades criminosas, não exige, em nenhum momento, que essa dedicação seja exercida com exclusividade. Portanto, a aplicação da minorante é obstada ainda que o agente exerça, concomitantemente, atividade profissional lícita. **(REsp 1.380.741-MG, Rel. Min. Rogerio Schietti Cruz, julgado em 12/4/2016, DJe 25/4/2016).**

145. Vedação de substituição da pena privativa de liberdade por pena restritiva de direitos. Declaração de inconstitucionalidade. O STF declarou inconstitucional essa vedação por entender que a vedação genérica e abstrata viola o princípio da individualização da pena. A partir declaração de inconstitucionalidade, o STF e o STJ passaram a permitir a substituição. Note-se que a declaração de inconstitucionalidade deu-se tanto em relação ao §4º, do art. 33, quanto ao art. 44.

STF. HABEAS CORPUS. TRÁFICO DE DROGAS. ART. 44 DA LEI 11.343/2006: IMPOSSIBILIDADE DE CONVERSÃO DA PENA PRIVATIVA DE LIBERDADE EM PENA RESTRITIVA DE DIREITOS. DECLARAÇÃO INCIDENTAL DE INCONSTITUCIONALIDADE. OFENSA À GARANTIA CONSTITUCIONAL DA INDIVIDUALIZAÇÃO DA PENA (INCISO XLVI DO ART. 5º DA CF/88). ORDEM PARCIALMENTE CONCEDIDA. 1. O processo de individualização da pena é um caminhar no rumo da personalização da resposta punitiva do Estado, desenvolvendo-se em três momentos individuados e complementares: o legislativo, o judicial e o executivo. Logo, a lei comum não tem a força de subtrair do juiz sentenciante o poder-dever de impor ao delinqüente a sanção criminal que a ele, juiz, afigurar-se como expressão de um concreto balanceamento ou de uma empírica ponderação de circunstâncias objetivas com protagonizações subjetivas do fato-tipo. Implicando essa ponderação em concreto a opção jurídico-positiva pela prevalência do razoável sobre o racional; ditada pelo permanente esforço do julgador para conciliar segurança jurídica e justiça material. 2. No momento sentencial da dosimetria da pena, o juiz sentenciante se movimenta com ineliminável discricionariedade entre aplicar a pena de privação ou de restrição da liberdade do condenado e uma outra que já não tenha por objeto esse bem jurídico maior da liberdade física do sentenciado. Pelo que é vedado subtrair da instância julgadora a possibilidade de se movimentar com certa discricionariedade nos quadrantes da alternatividade sancionatória. 3. As penas restritivas de direitos são, em essência, uma alternativa aos efeitos certamente traumáticos, estigmatizantes e onerosos do cárcere. Não é à toa que todas elas são comumente chamadas de penas alternativas, pois essa é mesmo a sua natureza: constituir-se num substitutivo ao encarceramento e suas seqüelas. E o fato é que a pena privativa de liberdade corporal não é a única a cumprir a função retributivo-ressocializadora ou restritivo-preventiva da sanção penal. As demais penas também são vocacionadas para esse geminado papel da retribuição-prevenção-ressocialização, e ninguém melhor do que o juiz natural da causa para saber, no caso concreto, qual o tipo alternativo de reprimenda é suficiente para castigar e, ao mesmo tempo, recuperar socialmente o apenado, prevenindo comportamentos do gênero. 4. No plano dos tratados e convenções internacionais, aprovados e promulgados pelo Estado brasileiro, é conferido tratamento diferenciado ao tráfico ilícito de entorpecentes que se caracterize pelo seu menor potencial ofensivo. Tratamento diferenciado, esse, para possibilitar alternativas ao encarceramento. É o caso da Convenção Contra o Tráfico Ilícito de Entorpecentes e de Substâncias Psicotrópicas, incorporada ao direito interno pelo Decreto 154, de 26 de junho de 1991. Norma supralegal de hierarquia intermediária, portanto, que autoriza cada Estado soberano a adotar norma comum interna que viabilize a aplicação da pena substitutiva (a restritiva de direitos) no aludido crime de tráfico ilícito de entorpecentes. 5. Ordem parcialmente concedida tão-somente para remover o óbice da parte final do art. 44 da Lei 11.343/2006, assim como da expressão análoga "vedada a conversão em penas restritivas de direitos", constante do § 4º do art. 33 do mesmo diploma legal. Declaração incidental de inconstitucionalidade, com efeito ex nunc, da proibição de substituição da pena privativa de liberdade pela pena restritiva de direitos; determinando-se ao Juízo da execução penal que faça a avaliação das condições objetivas e subjetivas da convolação em causa, na concreta situação do paciente. **(HC 97256, Rel. Min. Ayres Britto, Tribunal Pleno, julgado em 01/09/2010).**

STF. HABEAS CORPUS. PENAL. TRÁFICO DE DROGAS. CAUSA DE DIMINUIÇÃO DA PENA. (...) SUBSTITUIÇÃO DA PENA RESTRITIVA DE LIBERDADE POR RESTRITIVAS DE DIREITOS. POSSIBILIDADE. ORDEM CONCEDIDA PARA RESTABELECER A SENTENÇA DE PRIMEIRO GRAU. (...) **(HC 138160, Rel. Min. Ricardo Lewandowski, julgado em 06/12/2016).**

STJ. PROCESSUAL PENAL. HABEAS CORPUS. TRÁFICO DE DROGAS. (...) Tratando-se de ré primária e sem antecedentes, absolvida em primeira instância, que adentrava em presídio com maconha escondida em sua genitália, não havendo, aparentemente, qualquer indício de que se dedique a atividades criminosas ou integre organização criminosa, entendo que há real possibilidade de que o recurso especial interposto venha a ser provido para permitir a aplicação da causa de diminuição em patamar máximo e possibilitar o cumprimento da pena em regime aberto e/ou a sua substituição por penas restritivas de direitos. (...) **(HC 368.219/SP, Rel. Min. Ribeiro Dantas, julgado em 06/12/2016).**

146. Resolução nº 5/2012 do Senado. Como consequência da declaração de inconstitucionalidade, o Senado, por meio da Resolução nº 5/2012 suspendeu a execução da expressão "vedada a conversão em pena restritiva de direitos" prevista no art. 33, §4º da lei de Drogas. Embora a Resolução não tenha contemplado o art. 44, ele também foi declarado inconstitucional pelo STF na parte que veda a substituição da pena privativa de liberdade pela pena restritiva de direitos.

147. Simples condição de "mula". O fato de o agente que transporta a droga estar na condição de "mula" (expressão que designa a pessoa que faz apenas o transporte da droga) não significa que ele, automaticamente, seja integrante de organização criminosa. Assim, o agente nessa situação tem direito à causa de diminuição de pena do privilégio previsto no §4º do art. 33 da lei de Drogas.

▶ **STJ**

Informativo nº 602

Quinta Turma

Tráfico de drogas. Dosimetria da pena. Causa de diminuição do art. 33, § 4º, da Lei n. 11.343/2006. Agente na condição de "mula". Ausência de prova de que integra organização criminosa. É possível o reconhecimento do tráfico privilegiado ao agente transportador de drogas, na qualidade de "mula", uma vez que a simples atuação nessa condição não induz, automaticamente, à conclusão de que ele seja integrante de organização criminosa. Cinge-se a controvérsia em definir a possibilidade de reconhecimento do tráfico privilegiado ao agente transportador de drogas, na qualidade de 'mula' do tráfico. Inicialmente, convém anotar que a Quinta e a Sexta Turmas deste Superior Tribunal de Justiça têm entendimento oscilante sobre a matéria. Diante da jurisprudência hesitante desta Corte, entende-se por bem acolher e acompanhar o entendimento uníssono do Supremo Tribunal Federal, no sentido de que a simples atuação como "mula" não induz automaticamente a conclusão de que o agente integre organização criminosa, sendo imprescindível, para tanto, prova inequívoca do seu envolvimento, estável e permanente, com o grupo criminoso. Portanto, a exclusão da causa de diminuição prevista no § 4º do art. 33 da Lei n. 11.343/2006, somente se justifica quando indicados expressamente os fatos concretos que comprovem que a "mula" integre a organização criminosa (HC 132.459, Rel. Min. Ricardo Lewandowski, DJe 13/2/2017). Ainda sobre a matéria, firmou-se também no Pretório Excelso o entendimento de que a atuação do agente na condição de "mula", embora não seja suficiente para denotar que integre, de forma estável e permanente, organização criminosa, configura circunstância concreta e idônea para se valorar negativamente na terceira fase da dosimetria, modulando a aplicação da causa especial de diminuição de pena pelo tráfico privilegiado (HC 120.985, Rel. Min. Rosa Weber, DJe 30/6/2016). Logo, devidamente comprovado que a conduta do paciente se reveste de maior grau de reprovabilidade, pois tinha conhecimento de estar a serviço do crime organizado no tráfico internacional, o percentual de redução, pela incidência da minorante do art. 33, § 4º, da Lei n. 11.343/2006, deve ser estabelecido no mínimo legal. **(HC 387.077-SP, Rel. Min. Ribeiro Dantas, julgado em 6/4/2017).**

Art. 34. Fabricar, adquirir, utilizar, transportar, oferecer, vender, distribuir, entregar a qualquer título, possuir, guardar ou fornecer, ainda que gratuitamente, **maquinário, aparelho, instrumento ou qualquer objeto** destinado à fabricação, preparação, produção ou transformação de drogas, sem autorização ou em desacordo com determinação legal ou regulamentar:

Pena – reclusão, de 3 (três) a 10 (dez) anos, e pagamento de 1.200 (mil e duzentos) a 2.000 (dois mil) dias-multa.

1. **Condutas típicas.** O art. 34 incrimina condutas ligadas à fabricação, à preparação, à produção ou à transformação de drogas.
2. **Bem jurídico protegido.** A saúde pública, o equilíbrio sanitário da coletividade.

3. **Sujeito ativo.** Crime comum. Qualquer pessoa pode praticar o delito.

4. **Sujeito passivo.** A coletividade.

5. **Verbos típicos.** ***Fabricar*** consiste em elaborar, preparar. ***Adquirir*** é obter, conseguir, independentemente do meio (compra e venda, doação, troca etc.). ***Utilizar*** significa fazer uso de algo para certa finalidade, tirar proveito. ***Transportar*** consiste em levar a droga de um local específico para outro local específico. ***Oferecer*** significa entregar, disponibilizar de forma gratuita ou onerosa. ***Vender*** quer dizer trocar a droga por dinheiro ou qualquer outro bem que sirva como meio de pagamento, comercializar. ***Distribuir*** é entregar a várias pessoas. ***Entregar*** é disponibilizar a alguém. ***Possuir*** significa ter para si. ***Guardar*** consiste em conservar, preservar, manter em local seguro. Por fim, ***fornecer, ainda que gratuitamente*** consiste em dar a alguém, ceder a um terceiro, sem que seja mediante remuneração.

6. **Crime permanente.** Os verbos *utilizar, transportar, possuir* e *guardar* configuram crime permanente.

7. **Maquinário, aparelho, instrumento ou qualquer objeto.** É o objeto material do delito, ligado à manufatura da droga. A incriminação abrange qualquer objeto que possa ser empregado na fabricação, na preparação, na produção ou na transformação de drogas, ainda que tenham sido fabricados para uma finalidade lícita. Até porque não existem instrumentos destinados exclusivamente às drogas. São exemplos desses objetos materiais: balança de precisão, estufa, pipetas, destiladores, bico de Bunsen etc.

8. **Necessidade de prova da finalidade.** Não basta o maquinário, o aparelho, o instrumento ou o objeto. É necessária a prova de que ele se destinava ao tráfico.

9. **Lâmina de barbear, papelotes, sacos plásticos, fita crepe e tampa de caneta.** Não estão englobados neste tipo penal, pois não se destinam à fabricação, à preparação, à produção ou à transformação, mas, sim, apenas à separação e à embalagem para consumo.

10. **Fabricação, preparação, produção ou transformação de drogas.** *Fabricação* é a conduta ligada à produção da droga. *Preparação* consiste na composição de elementos para fazer a droga surgir. *Produção* é a manufatura, tendo o mesmo significado da fabricação. *Transformação* consiste na alteração da composição original da droga.

11. **Tipo penal misto alternativo.** Caso o agente pratique mais de uma conduta descrita no tipo penal, no mesmo contexto fático, responderá por um delito apenas, não havendo concurso de crimes.

12. **Sem autorização ou em desacordo com determinação legal ou regulamentar.** Caso o agente possua autorização ou esteja de acordo com determinação legal ou regulamentar a conduta será atípica.

13. **Absorção pelo art. 33, *caput*.** O art. 34 fica absorvido pelo art. 33, se ambos foram praticados no mesmo contexto, por ser considerado *ante factum* impunível, com fundamento no princípio da consunção, na modalidade crime progressivo, fazendo com que o agente responda apenas pelo art. 33.

▶ **STF**

INFORMATIVO nº 791

Segunda Turma

Lei de drogas e princípio da consunção.

(...) A Turma assinalou não haver nulidade quanto às transcrições de interceptações telefônicas, que teriam sido devidamente disponibilizadas, sem que a defesa, entretanto, houvesse solicitado a transcrição total ou parcial ao longo da instrução. Ademais, entendeu que, dadas as circunstâncias do caso concreto, seria possível a aplicação do princípio da consunção, que se consubstanciaria pela absorção dos delitos tipificados nos artigos 33, § 1º, I, e 34 da Lei 11.343/2006, pelo delito previsto no art. 33, "caput", do mesmo diploma legal. Ambos os preceitos buscariam proteger a saúde pública e tipificariam condutas que — no mesmo contexto fático, evidenciassem o intento de traficância do agente e a utilização dos aparelhos e insumos para essa mesma finalidade — poderiam ser consideradas meros atos preparatórios do delito de tráfico previsto no art. 33, "caput", da Lei 11.343/2006. (...). **(HC 109708/SP, rel. Min. Teori Zavascki, 23.6.2015).**

14. **Consumação:** Com a prática de qualquer das condutas típicas. Trata-se de crime formal.
15. **Classificação.** Crime comum; formal; doloso; comissivo; de perigo abstrato; instantâneo nas condutas *fabricar, adquirir, oferecer, vender, distribuir, entregar e fornecer* e permanente nas condutas *utilizar, transportar, possuir* e *guardar*; cabe tentativa.
16. **Suspensão condicional do processo.** Incabível, pois a pena mínima cominada ultrapassa 1 ano (art. 89 da lei 9.099/95).

Art. 35. Associarem-se duas ou mais pessoas para o fim de praticar, reiteradamente ou não, qualquer dos crimes previstos nos arts. 33, caput e § 1º, e 34 desta Lei:

Pena – reclusão, de 3 (três) a 10 (dez) anos, e pagamento de 700 (setecentos) a 1.200 (mil e duzentos) dias-multa.

Parágrafo único. Nas mesmas penas do *caput* deste artigo incorre quem se associa para a prática reiterada do crime definido no **art. 36 desta Lei.**

1. **Associação para o tráfico.** O art. 35, *caput* trata do delito de associação para o tráfico de drogas.
2. **Bem jurídico protegido.** A saúde pública, o equilíbrio sanitário da coletividade e a paz pública.
3. **Sujeito ativo.** Crime comum.
4. **Sujeito passivo.** A coletividade.
5. **Crime plurissubjetivo ou de concurso necessário.** O legislador exigiu o mínimo de duas pessoas para a prática deste delito.
6. **Duas ou mais pessoas.** Nesse número computam-se os inimputáveis.

► **STJ**

Informativo nº 576

Sexta Turma

DIREITO PENAL. APLICAÇÃO DE CAUSA DE AUMENTO DE PENA DA LEI DE DROGAS AO CRIME DE ASSOCIAÇÃO PARA O TRÁFICO DE DROGAS COM CRIANÇA OU ADOLESCENTE.

A participação do menor pode ser considerada para configurar o crime de associação para o tráfico (art. 35) e, ao mesmo tempo, para agravar a pena como causa de aumento do art. 40, VI, da Lei n. 11.343/2006. (...) Assim, é cabível a aplicação da majorante se o crime envolver ou visar a atingir criança ou adolescente em delito de associação para o tráfico de drogas configurado pela associação do agente com menor de idade. (...) **(HC 250.455-RJ, Rel. Min. Nefi Cordeiro, julgado em 17/12/2015).**

7. **Especial fim de agir.** A associação deve ter a finalidade específica de praticar os delitos de tráfico descritos no tipo (arts. 33, *caput* e § 1º, e 34). Ausente esse especial fim de agir, a conduta é atípica. A prática desses delitos pode ocorrer de forma reiterada ou não.

8. **Crime permanente.** A associação deve ser permanente. Não existe associação para o tráfico eventual.

9. **Estabilidade.** Exige-se um *animus* associativo. A associação deve ser estável, contínua. Não existe esse delito sem a estabilidade. É justamente essa estabilidade, associada à permanência, que caracteriza o delito de associação para o tráfico. Ausente essa estabilidade, ou seja, se a associação se formar para a prática de um ou outro ato isolado de tráfico tem-se apenas uma coautoria no delito de tráfico de drogas.

► **STJ**

Informativo nº 509.

Sexta Turma

DIREITO PENAL. REQUISITOS PARA CONFIGURAÇÃO DO DELITO DE ASSOCIAÇÃO PARA O TRÁFICO.

Exige-se o dolo de se associar com permanência e estabilidade para a caracterização do crime de associação para o tráfico, previsto no art. 35 da Lei n. 11.343/2006. Dessa forma, é atípica a conduta se não houver ânimo associativo permanente (duradouro), mas apenas esporádico (eventual). (...). **(HC 139.942-SP, Rel. Min. Maria Thereza de Assis Moura, julgado em 19/11/2012).**

10. **Crime não equiparado a hediondo.** A associação para o tráfico não é equiparada a crime hediondo, pois está fora da equiparação feita pela CR/88 e pela lei de crimes hediondos. Considerá-la como crime equiparado a hediondo significa analogia *in malam partem.*

STJ. O Superior Tribunal de Justiça firmou compreensão de que o crime de associação para o tráfico não é equiparado a hediondo, já que não está abrangido pelos ditames da Lei nº 8.072, de 25/07/1990. **(HC 284.176/RJ, Rel. Min. Laurita Vaz, julgado em 26/08/2014).**

→ **Aplicação em concurso.**

- **Juiz de Direito Substituto/DF. 2015. CESPE.**

  Assinale a opção correta à luz da Lei nº 11.343/2006 (Lei de Drogas), do CP e da jurisprudência do STF.

  O crime de associação para o tráfico, caracterizado pela associação de duas ou mais pessoas para a prática de alguns dos crimes previstos na Lei de Drogas, é delito equiparado a crime hediondo.

  A alternativa está errada.

11. Desnecessidade de apreensão e de exame pericial na droga. Não se exige a perícia na droga para a configuração desse delito. Com efeito, o delito consiste na associação de pessoas, e não na traficância de drogas. Assim, para a configuração do delito basta comprovar a estabilidade, a permanência e o especial fim de agir dos agentes associados.

> **STJ.** RECURSOS ESPECIAIS. PENAL E PROCESSO PENAL. TRÁFICO DE DROGAS, ASSOCIAÇÃO PARA O TRÁFICO (...). Para a configuração do delito previsto no art. 35 da Lei nº 11.343/06 é desnecessária a comprovação da materialidade quanto ao delito de tráfico, sendo prescindível a apreensão da droga ou o laudo toxicológico. É indispensável, tão somente, a comprovação da associação estável e permanente, de duas ou mais pessoas, para a prática da narcotraficância. (...) **(REsp 1598820, Rel. Min. Maria Thereza de Assis Moura, julgado em 30/06/2016).**

12. Concurso de crimes com o art. 33, *caput*. É possível haver concurso de crimes entre a associação para o tráfico e o tráfico de drogas, tendo em vista que a associação não é meio necessário para o tráfico, não incidindo, portanto, o princípio da consunção.

> **STJ.** Assim, para o crime de associação para o tráfico, fixo a pena-base em 3 anos e 6 meses de reclusão, mais 400 dias-multa, no valor unitário de 1/30 do salário mínimo vigente à época dos fatos; para o crime de tráfico, estabeleço a pena-base em 5 anos e 6 meses de reclusão, mais 400 dias-multa, no valor unitário de 1/30 do salário mínimo vigente à época dos fatos, totalizando, em razão do concurso material, 9 anos de reclusão, em regime inicial fechado. Habeas Corpus não conhecido. Ordem concedida, de ofício. **(HC 238.219/PB, Rel. Min. Walter de Almeida Guilherme (Desembargador convocado do TJ/SP), julgado em 23/10/2014).**

13. Princípio da especialidade. A associação para o tráfico é especial em relação ao delito de associação criminosa previsto no art. 288 do Código Penal.

14. Consumação. Com a efetiva a associação, de forma estável e permanente. Não é necessário que os agentes pratiquem efetivamente as infrações descridas no tipo penal. Trata-se de crime formal.

→ **Aplicação em concurso.**

- **Delegado de Polícia/GO. 2017. CESPE.**

  Considerando o disposto na Lei 11.343/2006 e o posicionamento jurisprudencial e doutrinário dominantes sobre a matéria regida por essa lei, assinale a opção correta.

O crime de associação para o tráfico se consuma com a mera união dos envolvidos, ainda que de forma individual e ocasional.

A alternativa está errada.

15. **Classificação.** Crime comum; formal; doloso; comissivo; permanente; de perigo abstrato; não admite a tentativa.

16. **Suspensão condicional do processo.** Incabível, pois a pena mínima cominada ultrapassa 1 ano (art. 89 da lei 9.099/95).

17. **Parágrafo único. Associação para o financiamento do tráfico.** O parágrafo único traz a conduta equiparada consistente na associação para o delito de financiamento do tráfico. Trata-se de conduta que em tudo assemelha-se à associação do *caput,* aplicando-se a ela tudo o que se disse em relação ao *caput,* tendo como marcos distintivos dois fatores: 1. Exigência de que a conduta ocorra de forma reiterada; 2. Associação dirigida ao delito de financiamento do tráfico.

Art. 36. Financiar ou custear a prática de qualquer dos crimes previstos nos arts. 33, caput e § 1º, e 34 desta Lei:

Pena – reclusão, de 8 (oito) a 20 (vinte) anos, e pagamento de 1.500 (mil e quinhentos) a 4.000 (quatro mil) dias-multa.

1. **Crime de financiamento ou custeio do tráfico.** O art. 36 trata da conduta do agente financiador do tráfico de drogas. Não se trata propriamente do agente que realiza o tráfico, mas, sim, de quem injeta recursos financeiros na atividade ilícita de tráfico de drogas.

2. **Bem jurídico protegido.** A saúde pública, o equilíbrio sanitário da coletividade.

3. **Sujeito ativo.** Crime comum. Qualquer pessoa pode praticá-lo.

4. **Sujeito passivo.** A coletividade.

5. **Financiar ou custear.** Os dois verbos típicos possuem significados diferentes. *Financiar* consiste em o agente injetar o recurso financeiro na atividade ilícita de tráfico para obter o retorno financeiro que não decorra direta e especificamente do tráfico de drogas, e sim da sua lucratividade, podendo, inclusive, receber juros com o resultado do financiamento, atividade que se assemelha a de um banco, que empresta o dinheiro para uma finalidade específica (por exemplo, financiamento de um imóvel ou de um veículo) e recebe juros por ter antecipado o dinheiro a alguém, independentemente da lucratividade da atividade ilícita de tráfico. No verbo c*ustear* o agente injeta dinheiro no tráfico de drogas para obter o retorno financeiro decorrente diretamente do tráfico de drogas. A sua lucratividade decorre especificamente da traficância custeada, da própria atividade na qual ele empregou o dinheiro, tendo participação direta no lucro proveniente do tráfico.

6. **Reiteração e estabilidade.** A configuração deste delito exige que a conduta seja praticada de forma estável e reiterada, não podendo consistir em uma conduta eventual, isolada.

7. **Exceção à teoria monista do concurso de pessoas.** A conduta de financiar ou de custear o tráfico de drogas seria, em princípio, uma forma de participação no tráfico de drogas praticado por outrem. Entretanto, neste tipo penal, o legislador optou por criminalizar a conduta como autoria de um tipo penal autônomo. A opção legislativa implica uma exceção à teoria monista do concurso de pessoas, uma vez que se agente financia o tráfico praticado por outrem, eles não respondem pelo mesmo crime. Cada um responde pelo seu próprio crime autônomo. Um por tráfico de drogas (art. 33, *caput*), outro por financiamento ou custeio do tráfico de drogas (art. 36). Trata-se de hipótese em que não há identidade de infração penal praticada por ambos, implicando a adoção da teoria pluralista, como exceção à teoria monista. O agente que financia ou custeia não pratica o tráfico de drogas, não sendo coautor, nem partícipe do tráfico.

> **STJ.** HABEAS CORPUS. FINANCIAMENTO OU CUSTEIO AO TRÁFICO DE DROGAS. CONDUTA AUTÔNOMA. IMPOSSIBILIDADE DE CONDENAÇÃO, EM CONCURSO MATERIAL, PELA PRÁTICA DOS CRIMES PREVISTOS NO ART. 33, CAPUT, E NO ART. 36 DA LEI DE DROGAS. CONSTRANGIMENTO ILEGAL EVIDENCIADO. ORDEM CONCEDIDA DE OFÍCIO. 1. O art. 36 da Lei n. 11.343/2006 diz respeito a crime praticado por agente que não se envolve nas condutas de traficância, ou seja, que financia ou custeia os crimes a que se referem os arts. 33, caput e § 1º, e 34 da Lei n. 11.343/2006, sem, contudo, ser autor ou partícipe (art. 29 do Código Penal) das condutas ali descritas. 2. Em relação aos casos de tráfico de drogas cumulado com o financiamento ou custeio da prática do crime, o legislador previu, de maneira expressa, a causa especial de aumento de pena prevista no inciso VII do art. 40 da Lei n. 11.343/2006. 3. O agente que atua diretamente na traficância – executando, pessoalmente, as condutas tipificadas no art. 33 da legislação de regência – e que também financia ou custeia a aquisição das drogas, deve responder pelo crime previsto no art. 33 com a incidência causa de aumento prevista no art. 40, VII, da Lei n. 11.343/2006 (por financiar ou custear a prática do crime), afastando-se, por conseguinte, a conduta autônoma prevista no art. 36 da referida legislação. (...) **(HC 306.136/MG, Rel. Min. Rogerio Schietti Cruz, julgado em 03/11/2015).**

8. **Autofinanciamento.** O presente tipo penal não se confunde com o autofinaciamento do tráfico de drogas, que é aquele que ocorre quando o próprio agente financia ou custeia a sua própria atividade ilícita, ou seja, não há ninguém por trás do agente injetando o dinheiro. Ele mesmo garante o negócio financeiramente. Neste caso, o agente que se autofinancia não responde pelo art. 36 da lei, mas, tão somente, pelo delito de tráfico de drogas (art. 33, *caput*), caso em que se aplica a causa de aumento de pena prevista no art. 40, VII, da lei.

▶ **STJ**

> **Informativo nº 534**
>
> **Sexta Turma**
>
> **DIREITO PENAL. AUTOFINANCIAMENTO PARA O TRÁFICO DE DROGAS.**
>
> **Na hipótese de autofinanciamento para o tráfico ilícito de drogas, não há concurso material entre os crimes de tráfico (art. 33, *caput*, da Lei 11.343/2006) e de financiamento ao tráfico (art. 36), devendo, nessa situação, ser o agente**

condenado às penas do crime de tráfico com incidência da causa de aumento de pena prevista no art. 40, VII. De acordo com a doutrina especialista no assunto, denomina-se autofinanciamento a situação em que o agente atua, ao mesmo tempo, como financiador e como traficante de drogas. (...). Observa-se, ademais, que, para os casos de tráfico cumulado com o financiamento ou custeio da prática do crime, expressamente foi estabelecida a aplicação da causa de aumento de pena do art. 40, VII, da referida lei, cabendo ressaltar, entretanto, que a aplicação da aludida causa de aumento de pena cumulada com a condenação pelo financiamento ou custeio do tráfico configuraria inegável *bis in idem*. De outro modo, atestar a impossibilidade de aplicação daquela causa de aumento em casos de autofinanciamento para o tráfico levaria à conclusão de que a previsão do art. 40, VII, seria inócua quanto às penas do art. 33, *caput*. **(REsp 1.290.296-PR, Rel. Min. Maria Thereza de Assis Moura, julgado em 17/12/2013).**

9. **Tipo penal misto alternativo.** Caso o agente pratique mais de uma conduta descrita no tipo penal, no mesmo contexto fático, responderá por um delito apenas, não havendo concurso de crimes.

10. **Causa de aumento do art. 40, VII.** Não se aplica a esse delito, pois o financiamento ou custeio já é elemento do tipo, sob pena de *bis in idem*.

11. **Consumação.** Com a prática de qualquer das condutas típicas. Trata-se de crime formal.

12. **Classificação.** Crime comum; formal; doloso; comissivo; instantâneo; de perigo abstrato; admite a tentativa.

13. **Suspensão condicional do processo.** Incabível, pois a pena mínima cominada ultrapassa 1 ano (art. 89 da lei 9.099/95).

Art. 37. Colaborar, como **informante**, com grupo, organização ou associação destinados à prática de qualquer dos crimes previstos nos arts. 33, caput e § 1º, e 34 desta Lei:

Pena – reclusão, de 2 (dois) a 6 (seis) anos, e pagamento de 300 (trezentos) a 700 (setecentos) dias-multa.

1. **Colaboração com o tráfico.** O art. 37, buscando evitar a tentativa de impedir a repressão ao tráfico ilícito de drogas, criminalizou a colaboração com o tráfico, na qualidade de informante.

2. **Bem jurídico protegido.** A saúde pública, o equilíbrio sanitário da coletividade.

3. **Sujeito ativo.** Crime comum. Qualquer pessoa pode praticá-lo.

4. **Sujeito passivo.** A coletividade.

5. **Exceção à teoria monista do concurso de pessoas.** A conduta de colaborar com o tráfico seria, em princípio, uma forma de participação no tráfico de drogas praticado por outrem. Entretanto, neste tipo penal, o legislador optou por criminalizar a conduta como autoria de um tipo penal autônomo. O agente não pratica o tráfico de drogas especificamente, ele apenas colabora na qualidade e informante. Mais uma

vez, houve a quebra da teoria monista do concurso de pessoas, com a adoção da teoria pluralista, fazendo com que cada agente responda pelo seu crime específico.

6. **Colaborar como informante.** Significa cooperar, contribuir com grupo, organização ou qualquer associação destinada à prática de qualquer dos crimes previstos nos arts. 33, *caput* e § 1º, e 34 da lei, passando determinada informação relevante ao bom funcionamento do tráfico de drogas.

7. **Só a colaboração como informante configura o crime.** O legislador foi claro ao descrever no tipo penal a conduta de "Colaborar, como informante". Assim, somente configura este delito a colaboração feita por meio de informações. Qualquer outra forma de colaboração não configura esse delito, podendo configurar coautoria ou participação no delito de tráfico de drogas ou até mesmo configurar o art. 36 se o agente colaborar com o financiamento ou o custeio.

8. **Formas de colaboração como informante.** O delito é de livre execução. Existem diversas formas de passar a informação ao grupo, à organização ou à associação, como passar a informação específica diretamente de forma verbal, por sinais, ou então o simples fato de soltar pipas ou fogos de artifício para informar a chegada da polícia no local onde se pratica o tráfico de drogas.

> **STJ.** RECURSO EM HABEAS CORPUS. CRIME PREVISTO NO ART. 37 DA LEI N.º 11.343/2006. (...) A denúncia descreve, com todos os elementos indispensáveis, previstos no art. 41 do Código de Processo Penal, a existência de crime em tese, bem como a respectiva autoria, com indícios suficientes para a deflagração da persecução penal, possibilitando à acusada o pleno exercício do direito de defesa. De fato, está suficientemente claro que a Recorrente teria colaborado, como informante, com associação voltada à prática do crime de tráfico ilícito de entorpecentes, fornecendo informações a líder da organização, que se encontrava preso, tais como o nome de pessoas que estariam sendo presas, bem como dados sobre "a pessoa e sobre a família" do Delegado responsável pelas investigações, o qual foi, inclusive, ameaçado pelo mencionado corréu. (...) **(RHC 41.439/BA, Rel. Min. Laurita Vaz, julgado em 05/08/2014).**

9. **Grupo, organização ou associação.** Reunião de pessoas que se destinam ao tráfico de drogas.

10. **Subsidiariedade em relação aos arts. 33 e 35.** O crime de colaboração com o tráfico de drogas é um tipo penal subsidiário em relação aos delitos dos arts. 33 e 35. Somente pode ser considerado informante o agente que não integre o grupo, a organização ou a associação, nem seja coautor ou partícipe do delito de tráfico, pois nesses casos ele pratica o art. 35 da lei (associação para o tráfico) ou então será coautor ou partícipe do tráfico de drogas (art. 33).

▶ **STJ**

> **Informativo nº 527**
>
> **Quinta Turma**
>
> **DIREITO PENAL. SUBSIDIARIEDADE DO TIPO DO ART. 37 EM RELAÇÃO AO DO ART. 35 DA LEI 11.343/2006.**
>
> **Responderá apenas pelo crime de associação do art. 35 da Lei 11.343/2006 – e não pelo mencionado crime em concurso com o de colaboração como**

informante, previsto no art. 37 da mesma lei – o agente que, já integrando associação que se destine à prática do tráfico de drogas, passar, em determinado momento, a colaborar com esta especificamente na condição de informante. A configuração do crime de associação para o tráfico exige a prática, reiterada ou não, de condutas que visem facilitar a consumação dos crimes descritos nos arts. 33, *caput* e § 1º, e 34 da Lei 11.343/2006, sendo necessário que fique demonstrado o ânimo associativo, um ajuste prévio referente à formação de vínculo permanente e estável. Por sua vez, o crime de colaboração como informante constitui delito autônomo, destinado a punir específica forma de participação na empreitada criminosa, caracterizando-se como colaborador aquele que transmite informação relevante para o êxito das atividades do grupo, associação ou organização criminosa destinados à prática de qualquer dos crimes previstos nos arts. 33, *caput* e § 1º, e 34 da Lei 11.343/2006. O tipo penal do art. 37 da referida lei (colaboração como informante) reveste-se de verdadeiro caráter de subsidiariedade, só ficando preenchida a tipicidade quando não se comprovar a prática de crime mais grave. De fato, cuidando-se de agente que participe do próprio delito de tráfico ou de associação, a conduta consistente em colaborar com informações já será inerente aos mencionados tipos. A referida norma incriminadora tem como destinatário o agente que colabora como informante com grupo, organização criminosa ou associação, desde que não tenha ele qualquer envolvimento ou relação com atividades daquele grupo, organização criminosa ou associação em relação ao qual atue como informante. Se a prova indica que o agente mantém vínculo ou envolvimento com esses grupos, conhecendo e participando de sua rotina, bem como cumprindo sua tarefa na empreitada comum, a conduta não se subsume ao tipo do art. 37, podendo configurar outros crimes, como o tráfico ou a associação, nas modalidades autoria e participação. Com efeito, o exercício da função de informante dentro da associação é próprio do tipo do art. 35 da Lei 11.343/2006 (associação), no qual a divisão de tarefas é uma realidade para consecução do objetivo principal. Portanto, se a prova dos autos não revela situação em que a conduta do paciente seja específica e restrita a prestar informações ao grupo criminoso, sem qualquer outro envolvimento ou relação com as atividades de associação, a conduta estará inserida no crime de associação, o qual é mais abrangente e engloba a mencionada atividade. Dessa forma, conclui-se que só pode ser considerado informante, para fins de incidência do art. 37 da Lei 11.343/2006, aquele que não integre a associação, nem seja coautor ou partícipe do delito de tráfico. Nesse contexto, considerar que o informante possa ser punido duplamente – pela associação e pela colaboração com a própria associação da qual faça parte –, além de contrariar o princípio da subsidiariedade, revela indevido *bis in idem*, punindo-se, de forma extremamente severa, aquele que exerce função que não pode ser entendida como a mais relevante na divisão de tarefas do mundo do tráfico. **(HC 224.849-RJ, Rel. Min. Marco Aurélio Bellizze, julgado em 11/6/2013).**

11. **Consumação.** Com a efetiva colaboração. Trata-se de crime formal.

12. **Classificação.** Crime comum; formal; doloso; comissivo; de perigo abstrato; instantâneo; admite a tentativa.

13. **Suspensão condicional do processo.** Incabível, pois a pena mínima cominada ultrapassa 1 ano (art. 89 da lei 9.099/95).

Art. 38. Prescrever ou ministrar, **culposamente**, drogas, sem que delas necessite o paciente, ou fazê-lo em doses excessivas ou em desacordo com determinação legal ou regulamentar:

Pena – detenção, de 6 (seis) meses a 2 (dois) anos, e pagamento de 50 (cinqüenta) a 200 (duzentos) dias-multa.

Parágrafo único. O juiz comunicará a condenação ao Conselho Federal da categoria profissional a que pertença o agente.

1. **Tipo penal exclusivamente culposo.** O presente tipo penal pune a conduta apenas a título de culpa.
2. **Bem jurídico protegido.** A saúde pública, o equilíbrio sanitário da coletividade e a vida ou a saúde da vítima desse delito.
3. **Sujeito ativo**. Trata-se de crime próprio. Na conduta *prescrever* somente pode ser sujeito ativo o médico ou o dentista. Na conduta *ministrar* pode ser o médico, o dentista, o farmacêutico ou o profissional de enfermagem.
4. **Sujeito passivo.** A coletividade e a vítima do crime.
5. **Prescrever ou ministrar.** *Prescrever* é receitar. *Ministrar* significa aplicar, introduzir no organismo alheio.
6. **É necessário que o sujeito ativo esteja no exercício da profissão.** Para que este crime seja praticado, faz-se necessário que o agente esteja, no momento da conduta, exercendo a profissão, para que possa haver a configuração da conduta culposa, com a violação do dever objetivo de cuidado por parte do agente.
7. **Três hipóteses da prática do delito**. Este delito é praticado somente nas três hipóteses previstas no tipo: 1. Droga desnecessária ao paciente (sem que o paciente dela precise); 2. Droga necessária, mas em quantidade excessiva (quantidade além da necessária para o tratamento específico); 3. Droga necessária, mas em desacordo com determinação legal ou regulamentar (fora dos casos em que haja autorização do Poder Público). Fora dessas hipóteses o delito não se configura.
8. **Agente que prescreve ou ministra com dolo.** Configura o delito de tráfico de drogas (art. 33, *caput*).
9. **Ocorrência dos resultados morte ou lesão corporal.** Se, em consequência da conduta culposa, a vítima morrer ou sofrer lesão corporal, o agente responde por esses delitos, igualmente de forma culposa, havendo concurso de crimes.
10. **Norma penal em branco heterogênea.** O presente tipo penal constitui um tipo penal em branco heterogêneo e o seu complemento (drogas) está na Portaria 344/1998, da Secretaria de Vigilância Sanitária, do Ministério da Saúde.
11. **Tipo penal misto alternativo.** Caso o agente pratique mais de uma conduta descrita no tipo penal, no mesmo contexto fático, responderá por um delito apenas, não havendo concurso de crimes.

12. Consumação. Na conduta *prescrever*, com a entrega da receita ao paciente. Não basta o preenchimento da receita. Na conduta *ministrar*, com a aplicação da droga, independentemente de qualquer consequência ulterior. Trata-se de crime formal.

13. Classificação. Crime próprio; formal; culposo; comissivo; de perigo abstrato; instantâneo; não admite a tentativa por ser culposo.

14. Suspensão condicional do processo. Cabível, pois a pena mínima cominada não ultrapassa 1 ano (art. 89 da lei 9.099/95).

15. Parágrafo único. A comunicação é obrigatória e serve para a adoção das providências administrativas. Segundo a norma expressa, a comunicação deve ser feita apenas em caso de condenação. À luz do princípio da presunção de inocência, cremos que a comunicação somente deve ocorrer com o trânsito em julgado da condenação.

Art. 39. Conduzir embarcação ou aeronave após o consumo de drogas, expondo a dano potencial a incolumidade de outrem:

Pena – detenção, de 6 (seis) meses a 3 (três) anos, além da apreensão do veículo, cassação da habilitação respectiva ou proibição de obtê-la, pelo mesmo prazo da pena privativa de liberdade aplicada, e pagamento de 200 (duzentos) a 400 (quatrocentos) dias-multa.

Parágrafo único. As penas de prisão e multa, aplicadas **cumulativamente** com as demais, serão de 4 (quatro) a 6 (seis) anos e de 400 (quatrocentos) a 600 (seiscentos) dias-multa, se o veículo referido no caput deste artigo for de transporte coletivo de passageiros.

1. **Condução de embarcação ou de aeronave após o consumo de drogas.** O presente tipo penal visa a evitar o perigo evidente gerado às pessoas pela condução de embarcação ou de aeronave por alguém após o consumo de drogas.
2. **Bem jurídico protegido.** A saúde pública, o equilíbrio sanitário da coletividade e a incolumidade pública.
3. **Sujeito ativo.** Crime comum. Qualquer pessoa pode praticá-lo.
4. **Sujeito passivo.** A coletividade e as pessoas expostas à situação de perigo.
5. **Conduzir**. O verbo *conduzir* significa guiar, pilotar, dirigir.
6. **Embarcação.** Por *embarcação* entenda-se qualquer estrutura flutuante que se destine ao transporte de pessoas ou de coisas.
7. **Aeronave.** Aeronave é qualquer aparelho de condução pelo ar destinado ao transporte de pessoas ou de coisas.
8. **Veículo terrestre.** Não está abrangido pelo tipo penal. Neste caso, há a prática do delito contido no art. 306 do Código de Trânsito Brasileiro.
9. **Após o consumo de drogas.** Como dito, o legislador buscou evitar a geração do perigo consistente na condução de embarcação ou de aeronave por alguém após o consumo de drogas. Não há um critério de tempo definido no tipo penal. O

importante é que o agente tenha consumido a droga. Note-se que o tipo penal não exige que o agente esteja "sob o efeito" da droga, bastando o seu consumo.

10. **Prova do consumo de droga. É necessária a produção de prova do consumo da droga pelo agente. Essa prova pode ser pericial ou testemunhal.**

11. **Crime de perigo concreto.** O perigo foi exigido expressamente pelo legislador por meio da expressão "expondo a dano potencial a incolumidade de outrem". Assim, para a configuração do delito não basta que o agente conduza a embarcação ou a aeronave após o consumo de drogas, é necessário que fique provado o efetivo perigo à incolumidade de outrem. Sem a prova do efetivo perigo o fato é atípico.

12. **Norma penal em branco heterogênea.** O presente tipo penal constitui um tipo penal em branco heterogêneo e o seu complemento (drogas) está na Portaria 344/1998, da Secretaria de Vigilância Sanitária, do Ministério da Saúde.

13. **Art. 34 da Lei de Contravenções Penais.** O tipo penal ora comentado derrogou o art. 34 da LCP (*"Art. 34. Dirigir veículos na via pública, ou embarcações em águas públicas, pondo em perigo a segurança alheia."*), uma vez que revogou especificamente a parte referente à condução de embarcações.

14. **Princípio da especialidade.** O art. 39 da lei de Drogas é especial em relação ao art. 306 do CTB, que se aplica em caso de veículo automotor. (*"art. 306. Conduzir veículo automotor com capacidade psicomotora alterada em razão da influência de álcool ou de outra substância psicoativa que determine dependência."*).

15. **Consumação.** Com a condução da embarcação ou da aeronave, expondo a perigo a incolumidade de outrem. Trata-se de crime formal.

16. **Classificação.** Crime comum; formal; doloso; comissivo; de perigo concreto; instantâneo; admite a tentativa.

17. **Suspensão condicional do processo.** Cabível, pois a pena mínima cominada não ultrapassa 1 ano (art. 89 da lei 9.099/95).

18. **Penas aplicadas em conjunto com a pena privativa de liberdade.** O preceito secundário do tipo penal prevê as seguintes medidas a serem aplicadas junto com a pena: apreensão do veículo, cassação da habilitação ou proibição de obtê-la pelo dobro do prazo da pena privativa de liberdade aplicada.

19. **Parágrafo único. Veículo destinado ao transporte coletivo de passageiros.** Por se tratar de crime de perigo concreto, para a incidência da qualificadora basta que haja um passageiro no momento da conduta.

20. **Suspensão condicional do processo.** Com a incidência do parágrafo único, é incabível, pois a pena mínima cominada ultrapassa 1 ano (art. 89 da lei 9.099/95).

Art. 40. As **penas** previstas nos arts. 33 a 37 desta Lei são **aumentadas** de um sexto a dois terços, se:

I – a natureza, a procedência da substância ou do produto apreendido e as circunstâncias do fato evidenciarem a **transnacionalidade** do delito;

II – o agente praticar o crime **prevalecendo-se** de função pública ou no desempenho de missão de educação, poder familiar, guarda ou vigilância;

III – a infração tiver sido cometida nas **dependências ou imediações** de estabelecimentos prisionais, de ensino ou hospitalares, de sedes de entidades estudantis, sociais, culturais, recreativas, esportivas, ou beneficentes, de locais de trabalho coletivo, de recintos onde se realizem espetáculos ou diversões de qualquer natureza, de serviços de tratamento de dependentes de drogas ou de reinserção social, de unidades militares ou policiais ou em transportes públicos;

IV – o crime tiver sido praticado **com** violência, grave ameaça, emprego de arma de fogo, ou qualquer processo de intimidação difusa ou coletiva;

V – caracterizado o tráfico entre **Estados da Federação** ou entre **estes e o Distrito Federal**;

VI – sua prática envolver ou visar a atingir **criança ou adolescente** ou a quem tenha, por qualquer motivo, diminuída ou suprimida a capacidade de entendimento e determinação;

VII – o agente **financiar ou custear** a prática do crime.

1. **Causas de aumento de pena.** O art. 40 da lei trata de causas de aumento de pena, que deverão incidir na 3ª fase da dosimetria da pena (Art. 68 do Código Penal).

2. **Aplicabilidade.** Conforme o dispositivo legal deixa claro a todas as luzes, a causa de aumento de pena incide somente nos delitos dos arts. 33 ao 37 desta lei.

3. **Inciso I. Tráfico transnacional.** A transnacionalidade do tráfico gera dois efeitos: 1. Determina o aumento da pena e 2. Fixa a competência na Justiça Federal.

4. **Conceito de Transnacionalidade.** Ver comentários ao art. 70 desta lei.

5. **Inciso II. Função pública, missão de educação, poder familiar, guarda ou vigilância.** O aumento da pena justifica-se em razão da maior gravidade da conduta praticada por pessoas que se insiram dentro da previsão desse inciso.

6. **Inciso III. Dependências ou imediações de locais específicos.** A pena aumenta-se se o delito for praticado nas dependências ou imediações dos locais descritos no inciso III, por serem locais onde há grande concentração de pessoas ou que têm uma função importante na coletividade. Para que a causa de aumento de pena incida, é necessário que o agente tenha por finalidade a prática do delito nesses locais.

7. **Transporte público.** A causa de aumento incide se o agente efetivamente praticar o delito no transporte público. Em outras palavras, o agente deve praticar o tráfico (venda, entrega etc.) dentro do transporte. Não basta, portanto, que o agente apenas utilize o transporte público, como no caso de o agente tomar um ônibus portando droga para vendê-la no local de destino, quando deixar o ônibus. Portanto, se o agente apenas utilizar o transporte público, não incide a majorante.

   STJ. HABEAS CORPUS. SUBSTITUTIVO DE RECURSO PRÓPRIO. NÃO CABIMENTO. TRÁFICO ILÍCITO DE ENTORPECENTES. DOSIMETRIA DA PENA. MAJORANTE PREVISTA NO ART. 40, INCISO III, DA LEI N. 11.343/06.

INAPLICABILIDADE SE NÃO DEMONSTRADA A EFETIVA MERCANCIA ILÍCITA NO INTERIOR DO TRANSPORTE PÚBLICO. CONSTRANGIMENTO ILEGAL EVIDENCIADO. PENA REDIMENSIONADA. ORDEM CONCEDIDA. (...) 2. Extrai-se do texto legal que a incidência da majorante prevista no art. 40, inciso III, da Lei n. 11.343/06 pressupõe que o crime efetivamente seja praticado no interior do transporte público, em razão do maior risco ao meio social que representa a disseminação das drogas ilícitas em ambientes com grande circulação e concentração de pessoas. Partindo dessa diretriz, ambas as Turmas do Supremo Tribunal Federal firmaram o entendimento de que a mera utilização do transporte público pelo suposto criminoso, sem indícios de prática da mercancia ilícita no interior do veículo, não justifica a aplicação da causa de aumento de pena prevista no art. 40, inciso III, da Lei n. 11.343/06. No âmbito do Superior Tribunal de Justiça, todavia, prevalecia o entendimento contrário, o que perdurou até o julgamento do REsp 1345827/AC, Rel. Ministro MARCO AURÉLIO BELLIZZE, em 18.3.2014, ocasião em que esta Corte Superior passou a alinhar-se à jurisprudência da Corte Suprema, afastando a incidência da causa de aumento de pena quando não evidenciado o uso do transporte público para mercancia ilícita de drogas. No caso concreto, as instâncias ordinárias aumentaram a pena do paciente, na terceira fase da dosimetria, na fração de 1/6 (um sexto), pelo simples fato de que foi flagrado portando os entorpecentes no interior de veículo de transporte público urbano. Assim, em atenção à jurisprudência dos Tribunais Superiores, impõe-se o afastamento da aludida majorante prevista no art. 40, inciso III, da Lei n. 11.343/06. Habeas corpus não conhecido. Ordem concedida de ofício para afastar a majorante do art. 40, inciso III, da Lei n. 11.343/06, redimensionando a pena do paciente para o patamar de 5 anos de reclusão, mantido o regime inicial semiaberto, e ao pagamento de 500 dias-multa. **(HC 329.560/RJ, Rel. Min. Joel Ilan Paciornik, julgado em 02/08/2016).**

8. **Estabelecimentos prisionais.** Esta causa de aumento abrange qualquer espécie de estabelecimento prisional, independentemente do regime de cumprimento de pena ao qual o estabelecimento destina-se (fechado, semiaberto ou aberto) e pode ser aplicada a qualquer pessoa que esteja em suas imediações ou em suas dependências, mesmo que não seja um dos reclusos ou detentos custodiados no estabelecimento prisional ou mesmo que o agente não tenha como destinatários os frequentadores do local.

▶ **STF**

Informativo nº 858

Segunda Turma

Tráfico de drogas e imediações de estabelecimento prisional

A Segunda Turma denegou a ordem de "habeas corpus" em que se pretendia afastar a aplicação da causa de aumento prevista no art. 40, III, da Lei 11.343/2006 em condenação por tráfico de drogas realizado nas imediações de estabelecimento prisional. (...) salientou que a aplicação da referida causa de aumento se justifica quando constatada a comercialização de drogas nas imediações de estabelecimentos prisionais, sendo irrelevante se o agente infrator visa ou não aos frequentadores daquele local. **(HC 138944/SC, rel. Min. Dias Toffoli, julgamento em 21.3.2017).**

9. **Inciso IV. Emprego de violência, grave ameaça, arma de fogo, ou qualquer processo de intimidação difusa ou coletiva.** Os delitos dos arts. 33 ao 37 da lei não possuem violência, grave ameaça, emprego de arma ou qualquer forma de intimidação coletiva como elemento do tipo. Assim, além da gravidade desses delitos, caso haja o emprego desses meios descritos neste inciso, justifica-se a pena maior.

10. **Inciso V. Tráfico interestadual.** É o tráfico praticado entre Estados da Federação ou entre eles e o Distrito Federal, constituindo justamente o oposto do tráfico transnacional, uma vez que a droga não se destina a local fora do território brasileiro. A droga destina-se a um Estado diverso da Federação ou do Distrito Federal. A competência para o processo e o julgamento nesses casos é da Justiça Estadual.

    Súmula 522 do STF: "Salvo ocorrência de tráfico para o exterior, quando, então, a competência será da Justiça Federal, compete à Justiça dos Estados o processo e julgamento dos crimes relativos a entorpecentes."

11. **Desnecessidade de transposição da fronteira.** Para a incidência dessa causa de aumento de pena, não se exige que a droga efetivamente transponha a fronteira entre os Estados da Federação ou entre o Estado e o Distrito Federal. Basta que haja prova do dolo do agente de praticar o tráfico interestadual.

    VERIFICAR PARÁGRAFO ABAIXO - ESTÁ ASSIM NO ORIGINAL

    ços. mento comercial ou de servial preciseve-se buscar o nra ido, mas vamos pensar positivo.to nada acontece

    STJ. Súmula 587: Para a incidência da majorante prevista no art. 40, V, da Lei n. 11.343/2006, é desnecessária a efetiva transposição de fronteiras entre estados da Federação, sendo suficiente a demonstração inequívoca da intenção de realizar o tráfico interestadual.

12. **Incidência dos incisos I e V concomitantemente. Análise do dolo do agente.** O fato de a droga ser proveniente de fora do território brasileiro já é suficiente para caracterização do tráfico transnacional. Acontece que, muitas vezes, para que a droga chegue até algum determinado Estado brasileiro, ela precisa passar pelo espaço territorial de outros Estados que fazem fronteira com países vizinhos. Nesses casos, embora droga ultrapasse as fronteiras de mais de um Estado da Federação, somente haverá a incidência da causa de aumento do inciso V se a intenção do agente for a disseminação da droga entre vários Estados. Caso o dolo do agente seja apenas fazer a droga entrar no país, mas para que ela chegue ao Estado de destino, tenha que necessariamente ultrapassar as fronteiras de vários Estados, não haverá incidência da causa de aumento do inciso V. Nesse caso, incidirá apenas a majorante do inciso I.

- **STJ**

Informativo nº 586

Sexta Turma

DIREITO PENAL. HIPÓTESE DE INAPLICABILIDADE SIMULTÂNEA DE TRANSNACIONALIDADE E DE INTERESTADUALIDADE EM TRÁFICO DE DROGAS.

No tráfico ilícito de entorpecentes, é inadmissível a aplicação simultânea das causas especiais de aumento de pena relativas à transnacionalidade e à

interestadualidade do delito (art. 40, I e V, da Lei n. 11.343/2006), quando não comprovada a intenção do importador da droga de difundi-la em mais de um estado do território nacional, ainda que, para chegar ao destino final pretendido, imperativos de ordem geográfica façam com que o importador transporte a substância através de estados do país. De fato, sem a existência de elementos concretos acerca da intenção do importador dos entorpecentes de pulverizar a droga em outros estados do território nacional, não se vislumbra como subsistir a majorante prevista no inciso V do art. 40 da Lei n. 11.343/2006 (Lei de Drogas) em concomitância com a causa especial de aumento relativa à transnacionalidade do delito (art. 40, I, da Lei de Drogas), sob pena de *bis in idem*. (...). **(HC 214.942-MT, Rel. Min. Rogerio Schietti Cruz, julgado em 16/6/2016, DJe 28/6/2016).**

13. **Inciso VI.** Trata de duas hipóteses da prática dos delitos dos arts. 33 ao 37: **1.** Envolver ou visar a atingir criança ou adolescente; **2.** Envolver ou visar a atingir quem tenha, por qualquer motivo, diminuída ou suprimida a capacidade de entendimento e determinação. A majorante justifica-se em razão da ausência de discernimento das vítimas descritas no dispositivo.

14. **Envolver ou visar.** *Envolver* significa trazer a pessoa para dentro do cenário do tráfico de drogas, inserindo-a nele, praticando as infrações penais com a criança, o adolescente ou quem tenha, por qualquer motivo, diminuída ou suprimida a capacidade de entendimento e determinação. *Visar* a essas pessoas significa ter como objetivo, como meta, fazer a droga chegar a elas.

15. **Relação com o delito de corrupção de menores (art. 244-B do ECA).** Caso o agente envolva menor na prática de qualquer dos crimes previstos nos arts. 33 ao 37 da lei, deverá incidir a causa de aumento de pena ora comentada. Tendo em vista que o legislador já trouxe para dentro desses tipos penais essa hipótese como majorante, não haverá concurso de crimes com o delito de corrupção de menores previsto no art. 244-B do ECA, sob pena de *bis in idem*.

▶ **STJ**

Informativo 595.

Sexta Turma

Tráfico de drogas e corrupção de menores. Causa de aumento de pena do art. 40, VI, da Lei de Drogas e crime de corrupção de menores. Princípio da especialidade. Na hipótese de o delito praticado pelo agente e pelo menor de 18 anos não estar previsto nos arts. 33 a 37 da Lei de Drogas, o réu poderá ser condenado pelo crime de corrupção de menores, porém, se a conduta estiver tipificada em um desses artigos (33 a 37), não será possível a condenação por aquele delito, mas apenas a majoração da sua pena com base no art. 40, VI, da Lei n. 11.343/2006. O debate consistiu no enquadramento da conduta de adulto que pratica tráfico em concurso eventual com criança ou adolescente. Para configuração do crime previsto no art. 244-B do Estatuto da Criança e do Adolescente (ECA), basta a participação de menor de 18 anos no cometimento do delito, pois, de acordo com a jurisprudência do STJ, o crime é formal e, por isso, independe da prova da efetiva corrupção do menor (Súmula 500/STJ). Por sua vez, para incidir a majorante do art. 40, VI, da Lei de Drogas, faz-se necessário que, ao praticar os delitos previstos nos arts. 33

a 37, o réu envolva ou vise atingir criança, adolescente ou quem tenha capacidade de entendimento e determinação diminuída. (...) A solução deve ser encontrada no princípio da especialidade. Assim, se a hipótese versar sobre concurso de agentes envolvendo menor de dezoito anos com a prática de qualquer dos crimes tipificados nos arts. 33 a 37 da Lei de Drogas, afigura-se juridicamente correta a imputação do delito em questão, com a causa de aumento do art. 40, VI. Para os demais casos, aplica-se o art. 244-B, do Estatuto da Criança e do Adolescente, conforme entendimento doutrinário. **(REsp 1.622.781-MT, Rel. Min. Sebastião Reis Júnior, julgado em 22/11/2016).**

16. **Agente que envolve menor e retribui com drogas.** O agente que envolve menor na conduta delituosa e, além disso, retribui o menor com drogas, induzindo ao consumo ou ao tráfico, pode ter a incidência desta causa de aumento em fração superior ao mínimo legal, em razão da gravidade da sua conduta.

▶ **STJ**

Informativo nº 576

DIREITO PENAL. APLICAÇÃO DE CAUSA DE AUMENTO DE PENA DA LEI DE DROGAS ACIMA DO PATAMAR MÍNIMO.

O fato de o agente ter envolvido um menor na prática do tráfico e, ainda, tê-lo retribuído com drogas, para incentivá-lo à traficância ou ao consumo e dependência, justifica a aplicação, em patamar superior ao mínimo, da causa de aumento de pena do art. 40, VI, da Lei n. 11.343/2006, ainda que haja fixação de pena-base no mínimo legal. Isso porque a jurisprudência do STJ posiciona-se no sentido de que a aplicação da causa de aumento em patamar acima do mínimo é plenamente válida desde que fundamentada na gravidade concreta do delito. **(HC 250.455-RJ, Rel. Min. Nefi Cordeiro, julgado em 17/12/2015).**

17. **Envolvimento de menor e incidência da majorante.** Como visto no delito do art. 35, os penalmente inimputáveis são computados para fins de associação para o tráfico. É possível que a presença do inimputável seja empregada, ao mesmo tempo, para caracterizar o delito de associação para o tráfico e para fazer incidir a presente causa de aumento de pena, sem que isso configure *bis in idem.*

▶ **STJ**

Informativo nº 576

Sexta Turma

DIREITO PENAL. APLICAÇÃO DE CAUSA DE AUMENTO DE PENA DA LEI DE DROGAS AO CRIME DE ASSOCIAÇÃO PARA O TRÁFICO DE DROGAS COM CRIANÇA OU ADOLESCENTE.

A participação do menor pode ser considerada para configurar o crime de associação para o tráfico (art. 35) e, ao mesmo tempo, para agravar a pena como causa de aumento do art. 40, VI, da Lei n. 11.343/2006. (...) Assim, é cabível a aplicação da majorante se o crime envolver ou visar a atingir criança ou adolescente em delito de associação para o tráfico de drogas configurado pela associação do agente com menor de idade. (...) **(HC 250.455-RJ, Rel. Min. Nefi Cordeiro, julgado em 17/12/2015).**

18. Aplicabilidade da causa de aumento a mais de um delito. Caso dois ou mais delitos previstos nesta lei sejam praticados em concurso de crimes envolvendo criança ou adolescente, a causa de aumento pode incidir em cada delito isoladamente, sem que isso configure *bis in idem,* em razão da autonomia entre os delitos praticados.

▶ **STJ**

> **Informativo nº 576**
>
> **DIREITO PENAL. APLICAÇÃO DA MESMA CAUSA DE AUMENTO DE PENA DA LEI DE DROGAS A MAIS DE UM CRIME.**
>
> **A causa de aumento de pena do art. 40, VI, da Lei n. 11.343/2006 pode ser aplicada tanto para agravar o crime de tráfico de drogas (art. 33) quanto para agravar o de associação para o tráfico (art. 35) praticados no mesmo contexto.** Isso porque a causa especial de aumento de pena incidiu sobre delitos diversos e totalmente autônomos, com motivação e finalidades distintas. (...) **(HC 250.455-RJ, Rel. Min. Nefi Cordeiro, julgado em 17/12/2015).**

19. Inciso VII. Essa causa de aumento não se aplica aos delitos dos arts. 35, parágrafo único e 36, sob pena de *bis in idem,* uma vez que nesses delitos o financiamento ou o custeio já é elemento do tipo.

20. Financiamento ou custeio ocasional. Essa causa de aumento de pena somente incidirá nos arts. 33 a 37 da lei se o financiamento ou o custeio for ocasional, não reiterado. Caso ele seja feito de forma reiterada e com estabilidade, a conduta configurará o delito do art. 36 da lei.

> **Art. 41.** O indiciado ou acusado que **colaborar voluntariamente** com a investigação policial e o processo criminal na identificação dos demais coautores ou partícipes do crime e na recuperação total ou parcial do produto do crime, no caso de condenação, terá pena reduzida de um terço a dois terços.

1. **Colaboração premiada.** Também conhecida como delação premiada, por esse instituto o acusado colabora com a persecução penal e identifica outras pessoas como igualmente responsáveis pela prática da infração penal, resultando na recuperação total e parcial do produto do crime. Diz-se premiada porque o delator recebe algum benefício do Estado em troca das informações prestadas. No artigo ora comentado, o "prêmio" consiste na redução de um terço a dois terços de pena aplicada.

2. **Natureza jurídica.** Trata-se de causa especial de diminuição de pena, aplicada na terceira fase da dosimetria da pena, podendo conduzi-la a abaixo do mínimo legal.

→ **Aplicação em concurso.**

- **Delegado de Polícia/GO. 2017. CESPE.**

  Considerando o disposto na Lei 11.343/2006 e o posicionamento jurisprudencial e doutrinário dominantes sobre a matéria regida por essa lei, assinale a opção correta.

  Dado o instituto da delação premiada previsto nessa lei, ao acusado que colaborar voluntariamente com a investigação policial podem ser concedidos os benefícios da redução de pena, do perdão judicial ou da aplicação de regime penitenciário mais brando.

A alternativa está errada.

3. **Requisitos.** São quatro: 1. Investigação policial e processo criminal instaurados; 2. Identificação dos demais coautores ou partícipes do delito; 3. Recuperação total ou parcial do produto do crime; 4. Voluntariedade da colaboração.

4. **Momento para a colaboração.** A colaboração premiada pode ser feita tanto na fase do inquérito policial, quanto na fase do processo criminal.

5. **Cumulatividade dos requisitos.** Os requisitos são cumulativos. Para que o delator tenha direito à redução da pena, deve satisfazer todos os requisitos elencados no artigo.

6. **O colaborador deve ser coautor ou partícipe do delito.** Tendo em vista que o legislador utilizou a expressão "identificação dos *demais* coautores ou partícipes do crime", o delator deve ter praticado o mesmo delito que a pessoa delatada, seja na condição de coautor, seja na condição de partícipe.

7. **Identificação dos demais coautores ou partícipes.** A identificação pode se dar de qualquer forma, ou seja, por meio do fornecimento do nome, endereço, características pessoais etc., desde que ela seja eficaz. Basta que o delator identifique um dos coautores ou partícipes, não sendo necessária a identificação de todos.

8. **Recuperação total ou parcial do produto do crime.** Produto do crime é a droga, o maquinário, o aparelho ou o instrumento do delito. A sua recuperação e a sua apreensão têm o efeito de evitar que ela seja disseminada e chegue ao alcance de outras pessoas, evitando-se a produção dos seus males.

9. **Não abrangência do proveito do crime.** O requisito para a aplicação da colaboração premiada é a recuperação total ou parcial do "produto do crime", e não do "proveito do crime". Assim, não está abrangida a recuperação, por exemplo, do lucro auferido pela prática do tráfico de drogas, dos bens adquiridos com o dinheiro oriundo do tráfico, como automóveis, aeronaves, casas etc. Como dito anteriormente o legislador pretendeu evitar um dano maior que seria a disseminação da droga ou a utilização do maquinário, do aparelho ou do instrumento do delito.

10. **Voluntariedade.** Colaboração voluntária é a colaboração que o agente presta por vontade própria, sem que ninguém o tenha constrangido a tal. Note-se que o legislador não exigiu que a colaboração fosse espontânea, bastando que seja voluntária. Dessa forma, não importa o motivo pelo qual o agente colabora, podendo se dar, por exemplo, por pedido ou influência de alguém.

11. ***Quantum* de diminuição.** Cremos que o melhor critério para a determinação do *quantum* da fração de redução (de um terço a dois terços) seja a efetividade da colaboração, de forma que quantos mais coautores ou partícipes o colaborador identificar e quanto maior for quantidade de recuperação do produto do crime, maior deve ser a fração de redução.

12. Possibilidade de aplicação em conjunto com circunstância atenuante. Questão relevante versa sobre a possibilidade de aplicação, a um só tempo, de circunstância atenuante, a exemplo da confissão, e da causa de diminuição de pena prevista no artigo ora comentado. Como sabido, a circunstância atenuante incide na segunda fase da dosimetria da pena criminal, enquanto a causa de diminuição de pena incide na terceira fase de aplicação da pena. A confissão versa sobre os fatos imputados na denúncia; a delação premiada versa sobre a identificação dos demais coautores ou partícipes do crime e na recuperação total ou parcial do seu produto. Tendo em vista as naturezas diversas dos dois institutos, bem como as suas incidências em momentos distintos da aplicação da pena criminal, pensamos que nada obsta a aplicação conjunta deles.

13. Aplicabilidade apenas para efeito de redução de pena. A redução de pena prevista neste artigo é considerada somente para efeitos de redução da pena criminal a ser efetivada na sentença condenatória. Não gera efeitos para, por exemplo, determinar a competência do Juizado Especial Criminal, incidindo na pena máxima cominada ao delito, fazendo que ela fique no limite de dois anos, como poderia acontecer com o tipo penal do art. 39 da lei.

14. Incomunicabilidade. A delação premiada é ato pessoal do delator. Portanto, em caso de concurso de pessoas, não se comunica aos outros coautores e partícipes do delito.

> **Art. 42.** O juiz, na **fixação das penas**, considerará, com preponderância sobre o previsto no art. 59 do Código Penal, a **natureza e a quantidade** da substância ou do produto, a personalidade e a conduta social do agente.

1. **Dosimetria da pena.** O art. 42 trata dos elementos a serem considerados na fixação da pena-base, que incidem, portanto, na primeira fase da dosimetria da pena.

2. **Preponderância sobre o art. 59 do Código Penal.** Preponderar sobre o art. 59 do Código Penal não significa deixar de aplicar o Código, e sim dar uma maior preferência, um peso maior aos elementos descritos na lei de Drogas, em detrimento dos elementos contidos no art. 59 do Código. Todavia, é de se notar que os elementos *personalidade* e *conduta social* do agente já figuram no art. 59 do Código Penal, não havendo o que preponderar. Na realidade, os elementos que devem efetivamente preponderar são a *natureza* e a *quantidade da substância ou do produto*, podendo aumentar a pena-base aplicada. A reprovabilidade da conduta do agente aumenta na medida em que a droga tenha um potencial maior de causar dependência, com um maior potencial de causar dependência e em maior quantidade, justificando a exasperação da pena-base.

> **STF.** "Recurso ordinário em habeas corpus. Penal. Tráfico de drogas (art. 33 da Lei nº 11.343/06). Condenação. Dosimetria. Majoração da pena-base acima do mínimo legal. Violação do princípio da proporcionalidade. Inexistência. Natureza e quantidade da droga (385 pedras de crack e 2 tabletes de maconha). Valoração como circunstâncias desfavoráveis. Admissibilidade. Inteligência do art. 42 da

Lei nº 11.343/06. (...) Consoante inteligência do art. 42 da Lei nº 11.343/06, a quantidade e a natureza da droga apreendida, entre outros aspectos, devem ser sopesadas no cálculo da pena (...). **(RHC 135524, Rel. Min. Dias Toffoli, julgado em 23/08/2016).**

STJ. "PENAL. AGRAVO REGIMENTAL NO AGRAVO EM RECURSO ESPECIAL. TRÁFICO INTERNACIONAL DE DROGAS. DOSIMETRIA. PENA-BASE. EXASPERAÇÃO. NATUREZA E ELEVADA QUANTIDADE DE DROGA APREENDIDA. FUNDAMENTAÇÃO VÁLIDA. (...). A natureza e a quantidade da droga justificam a exasperação da pena-base acima no mínimo legal, nos termos do art. 42 da Lei n. 11.343/06. **(AgRg no AREsp 634.411/SP, Rel. Min. Nefi Cordeiro, julgado em 13/12/2016).**

3. **Grau de pureza da droga.** Não gera nenhuma influência na dosimetria da pena.

▶ **STF**

Informativo nº 818

Segunda Turma

Pureza da droga e dosimetria da pena

O grau de pureza da droga é irrelevante para fins de dosimetria da pena. Essa a conclusão da Segunda Turma, que indeferiu a ordem em "habeas corpus" impetrado em favor de denunciado pela suposta prática do crime descrito no art. 33, "caput", c/c o art. 40, I e III, todos da Lei 11.343/2006. A defesa sustentava que deveria ser realizado laudo pericial a aferir a pureza da droga apreendida, para que fosse possível verificar a dimensão do perigo a que exposta a saúde pública, de modo que a reprimenda fosse proporcional à potencialidade lesiva da conduta. A Turma entendeu ser desnecessário determinar a pureza do entorpecente. De acordo com a lei, preponderam apenas a natureza e a quantidade da droga apreendida para o cálculo da dosimetria da pena. **(HC 132909/SP, rel. Min. Cármen Lúcia, julgado em 15.3.2016).**

Art. 43. Na **fixação da multa** a que se referem os arts. 33 a 39 desta Lei, o juiz, atendendo ao que dispõe o art. 42 desta Lei, determinará o número de dias-multa, atribuindo a cada um, segundo as condições econômicas dos acusados, valor não inferior a um trinta avos nem superior a 5 (cinco) vezes o maior salário-mínimo.

Parágrafo único. As multas, que em caso de concurso de crimes serão impostas sempre **cumulativamente**, podem ser aumentadas até o décuplo se, em virtude da situação econômica do acusado, considerá-las o juiz ineficazes, ainda que aplicadas no máximo.

1. **Fixação da pena de multa.** O presente artigo trata dos critérios para a fixação da pena de multa pelo Juiz na sentença condenatória.

2. **Critério bifásico.** O legislador estabeleceu o critério bifásico, de forma que a aplicação da pena de multa desdobra-se em duas fases, quais sejam: 1. Fixação do número de dias-multa; 2. Determinação do valor de cada dia-multa.

3. **Diferença para o Código Penal.** O Código Penal, no art. 42, também estabelece o sistema bifásico para a fixação da pena de multa. Porém, no tocante à fixação da

pena de multa, há uma distinção: na primeira fase da fixação da pena, o Código estabelece o mínimo de 10 e o máximo de 360 dias-multa, ao passo que a lei de Drogas não tem previsão do número mínimo e do número máximo de dias-multa, pois os números mínimo e máximo da quantidade de dias-multa estão previstos nos preceitos secundários dos tipos penais.

4. **Concurso de crimes. Parágrafo único.** Nos mesmos moldes do art. 72 do Código Penal, em caso de concurso de crimes as penas de multa são sempre somadas.

5. **Aumento até o décuplo.** O parágrafo único permite ao Juiz aumentar a pena até o décuplo em razão da situação econômica do acusado, caso o Juiz considere a multa ineficaz, embora aplicada no máximo. Tendo em vista que o tráfico de drogas é a atividade ilícita mais rentável do mundo, o legislador permitiu esse aumento em até dez vezes. Todavia, o critério para esse aumento é a situação econômica do acusado, que sempre deverá ser considerado pelo Juiz, não sendo cabível a aplicação desse aumento, por exemplo, a uma "mula" do tráfico, que é a pessoa cooptada pelo tráfico de drogas apenas para fazer o transporte da droga, constituindo uma peça descartável de engrenagem do tráfico, recebendo, na imensa maioria das vezes, um valor muito baixo pelo transporte. Existe previsão semelhante no Código Penal, no art. 60, §1º, que permite o aumento até o triplo.

Art. 44. Os crimes previstos nos **arts. 33, caput e § 1º, e 34 a 37** desta Lei são inafiançáveis e insuscetíveis de sursis, graça, indulto, anistia e liberdade provisória, vedada a conversão de suas penas em restritivas de direitos.

Parágrafo único. Nos crimes previstos no caput deste artigo, dar-se-á o **livramento condicional** após o cumprimento de dois terços da pena, vedada sua concessão ao reincidente específico.

1. **Vedação de institutos.** O presente dispositivo legal fez vedação expressa de vários institutos aos condenados pelo delito de tráfico de drogas. Este artigo deve ser interpretado de acordo com a atual jurisprudência do STF e do STJ, que faz o cotejo da vedação legal desses institutos com o princípio constitucional da individualização da pena (art. 5º, XLVI, da CR/88),

2. **Vedação de fiança.** No tocante à proibição de concessão de fiança, a jurisprudência já se consolidou no sentido de que toda e qualquer prisão provisória somente deve ser decretada ou mantida se for necessária, e, ainda assim, de forma excepcional. Portanto, não se mantém a prisão do preso em flagrante, automaticamente, só porque a lei proíbe a fiança abstratamente. Em qualquer hipótese, é preciso que seja demonstrada a necessidade da prisão, por meio da presença dos requisitos da prisão preventiva previstos no art. 312 do Código de Processo Penal. Portanto, a fiança é cabível no delito de tráfico de drogas. Note-se que não apenas no tráfico de drogas, mas também em qualquer crime em que haja vedação genérica e abstrata da fiança pelo legislador. Ademais, relembre-se a vedação da fiança acaba sendo inócua, uma vez que essa vedação não impede a concessão de liberdade provisória sem fiança.

STJ. PROCESSO PENAL. HABEAS CORPUS. TRÁFICO DE DROGAS. PRISÃO CAUTELAR. AUSÊNCIA DE MOTIVAÇÃO IDÔNEA. OCORRÊNCIA. FALTA DE INDICAÇÃO DE ELEMENTOS CONCRETOS A JUSTIFICAR A MEDIDA. ORDEM CONCEDIDA. 1. A prisão processual deve ser configurada no caso de situações extremas, em meio a dados sopesados da experiência concreta, porquanto o instrumento posto a cargo da jurisdição reclama, antes de tudo, o respeito à liberdade. 2. In casu, a custódia provisória, medida extrema cujo traço marcante é a excepcionalidade, foi decretada – em sede de recurso em sentido estrito – sem respaldo em quaisquer circunstâncias colhidas da situação concreta. Pelo contrário, limitou-se o colegiado estadual a presumir, sem respaldo em quaisquer elementos, que o paciente poderia voltar a delinquir. Destacou-se, ainda, a ausência de comprovação de atividade lícita e a quantidade de droga (17,89 gramas de cocaína), o que, a meu sentir, sob o prisma da proporcionalidade, não conduz à necessidade do encarceramento cautelar. 3. Ordem concedida, confirmando a liminar outrora deferida, para restabelecer a decisão do Juízo da Primeira Vara Criminal da Comarca de Jacareí/SP, que concedera, independente de fiança, a liberdade provisória ao ora paciente na Ação Penal n.º 0003083-65.2016.8.26.0292, mediante o cumprimento das medidas cautelares previstas no art. 319, IV e V, do Código de Processo Penal. **(HC 391.705/SP, Rel. Min. Maria Thereza de Assis Moura, julgado em 20/06/2017).**

STJ. RECURSO ORDINÁRIO EM HABEAS CORPUS. TRÁFICO DE DROGAS. PRISÃO PREVENTIVA. ART. DO 312 CPP. PERICULUM LIBERTATIS. INDICAÇÃO NECESSÁRIA. FUNDAMENTAÇÃO INSUFICIENTE. RECURSO PROVIDO. 1. A jurisprudência desta Corte Superior é remansosa no sentido de que a determinação de segregar o réu, antes de transitada em julgado a condenação, deve efetivar-se apenas se indicada, em dados concretos dos autos, a necessidade da cautela (periculum libertatis), à luz do disposto no art. 312 do CPP. 2. Assim, a prisão provisória se mostra legítima e compatível com a presunção de inocência somente se adotada, em caráter excepcional, mediante decisão suficientemente motivada. Não basta invocar, para tanto, aspectos genéricos, posto que relevantes, relativos à modalidade criminosa atribuída ao acusado ou às expectativas sociais em relação ao Poder Judiciário, decorrentes dos elevados índices de violência urbana. 3. O juiz de primeira instância – não obstante tenha relatado minuciosamente os indícios de autoria, bem como a materialidade do delito – apontou genericamente a presença dos vetores contidos no art. 312 do Código de Processo Penal, sem indicar motivação suficiente para justificar a necessidade de colocar o recorrente cautelarmente privado de sua liberdade, uma vez que se limitou a afirmar – equivocadamente, diga-se – que o delito de tráfico, "segundo [a Lei n. 8072/1990], [é] insuscetível de fiança, estando a liberdade provisória reservada a situações excepcionalíssimas, como o caso em que não se vislumbre, desde logo, qualquer envolvimento do autuado, o que não caracteriza o caso destes autos". 4. Recurso provido para que o recorrente possa responder ao processo em liberdade até o trânsito em julgado da ação penal, se por outro motivo não estiver preso, sem prejuízo da possibilidade de nova decretação da prisão preventiva, se concretamente demonstrada sua necessidade cautelar, independentemente de imposição de medida alternativa, nos termos do art. 319 do CPP. **(RHC 48.230/MG, Rel. Min. Rogerio Schietti Cruz, julgado em 18/09/2014).**

3. **Vedação de *sursis*.** A vedação apriorística e genérica da concessão do instituto da suspensão condicional da execução da pena (*sursis* da pena) no delito de tráfico de drogas viola o princípio constitucional da individualização da pena (art. 5º, XLVI,

da CR/88), uma vez que a sua concessão depende de cada caso concreto, independentemente de vedação legal. Portanto é cabível a concessão do *sursis* da pena ao condenado por tráfico de drogas.

> **STJ.** PENAS ALTERNATIVAS E SURSIS. VEDAÇÃO GENÉRICA E APRIORÍSTICA. INCONSTITUCIONALIDADE INDIVIDUALIZAÇÃO DA PENA. HABEAS CORPUS DE OFÍCIO... «É desproporcional e carece de razoabilidade a negativa de concessão de sursis se já resta superada a própria vedação legal à conversão da pena, mormente porque inexiste óbice à concessão dos benefícios na conduta do parágrafo 2º do art. 33 da Lei nº 11.343/06, que pode até ser sancionada com reprimenda mais severa que a do caput quando concedido o benefício do parágrafo 4º do mesmo artigo» (REsp 1287561, Rel. Ministra MARIA THEREZA DE ASSIS MOURA). Habeas corpus não conhecido, mas concedida a ordem de ofício, para determinar que o juízo da execução proceda à fixação do regime inicial de cumprimento da pena com expressa observância das regras do art. 33 do CP, bem como à verificação do cabimento das penas alternativas e do sursis, excluída a vedação genérica do art. 44 da Lei de Drogas. **(HC 187.874/MG, Rel. Min. Nefi Cordeiro, julgado em 17/03/2015).**

4. **Vedação da graça, indulto e anistia.** Em relação à vedação da graça, do indulto e da anistia, cremos que o entendimento deveria seguir a mesma linha de pensamento em relação aos demais institutos previstos no *caput* deste artigo. Entretanto, o STF e o STJ entendem que a vedação é compatível com a CR/88.

> **STF.** AGRAVO REGIMENTAL NO RECURSO EXTRAORDINÁRIO COM AGRAVO. MATÉRIA CRIMINAL. CRIME DE TRÁFICO ILÍCITO DE ENTORPECENTES. IMPOSSIBILIDADE DE CONCESSÃO DE INDULTO. PRECEDENTES. AGRAVO REGIMENTAL A QUE SE NEGA PROVIMENTO. 1. A jurisprudência do STF segue no sentido de reputar inconstitucional a concessão de indulto a condenado por tráfico de drogas, independentemente da pena imposta. 2. Agravo regimental a que se nega provimento. (ARE 899195 AgR, Rel. Min. Edson Fachin, Primeira Turma, julgado em 03/05/2016).

> **STJ.** (...) TRÁFICO ILÍCITO DE ENTORPECENTES. (...) Na hipótese vertente, mostra-se inviável a concessão de indulto ao paciente, uma vez que a legislação de regência da matéria veda, expressamente, a concessão da benesse aos condenados por crimes hediondos e equiparados. (...) **(HC 357.401/SP, Rel. Min. Reynaldo Soares da Fonseca, julgado em 16/06/2016).**

5. **Vedação de liberdade provisória.** Em relação à vedação da liberdade provisória, o legislador quis proibir que o preso em flagrante pelos delitos mencionados permanecesse em liberdade, proibindo a liberdade provisória. A prisão em flagrante, como toda e qualquer prisão imposta antes do trânsito em julgado da sentença condenatória constitui uma prisão provisória, e como tal deve ser encarada, sob pena de a mesma ser utilizada como instrumento de vingança privada do próprio Estado, bem como antecipação do cumprimento de uma pena que ainda não existe, e que pode nem existir por razões diversas. Toda e qualquer prisão provisória, medida cautelar que é, deve ser regida pelos Princípios da Necessidade e Excepcionalidade. Assim, toda e qualquer prisão provisória somente deve ser decretada ou mantida se for necessária, e, ainda assim, de forma excepcional. Portanto, não se mantém a prisão do preso em flagrante, automaticamente, só porque a lei proíbe a liberdade provisória de forma abstrata. Em qualquer hipótese, é preciso que seja demonstrada

a necessidade da prisão, por meio da presença dos requisitos da prisão preventiva previstos no art. 312 do Código de Processo Penal. Note-se que a lei 12.403/2011, que alterou a sistemática das prisões, positivou o princípio da necessidade no art. 282 do Código de Processo Penal.

É com base nesse raciocínio que os Tribunais Superiores solidificaram suas jurisprudências no sentido de não existir prisão provisória *ex lege*, isto é, prisão que decorra meramente da lei, sem motivação, sem que estejam presentes os requisitos da prisão preventiva previstos no art. 312 do Código de Processo Penal, sob pena de violação dos princípios da presunção de inocência, devido processo legal, contraditório e ampla defesa. O STF já se posicionou no sentido da inconstitucionalidade da vedação genérica da liberdade provisória, independentemente da presença dos critérios previstos no art. 312 do Código de Processo Penal.

▶ **STF**

INFORMATIVO nº 836

Tóxico – Tráfico – Recurso em Liberdade – Lei de Drogas, Art. 44 – Inconstitucionalidade (Transcrições).

"Entorpecentes. Tráfico. Quantidade: cocaína (*10,61g*) e maconha (*6g*). Associação criminosa *para o tráfico*. Posse irregular de munição *de uso permitido*. Condenação penal *ainda não transitada em julgado*. Interposição de apelação criminal pela paciente. Denegação do direito de recorrer em liberdade. Inconstitucionalidade da cláusula legal que, fundada no art. 44 da Lei nº 11.343/2006, veda, *aprioristicamente*, a concessão *de liberdade provisória*. Precedente (Plenário). Inexistência de obstáculo jurídico ***à outorga de liberdade provisória***. Sentença que, no capítulo referente à manutenção da prisão cautelar da paciente, apoia-se em fundamentos *que se mostram divorciados* dos critérios adotados pela jurisprudência do Supremo Tribunal Federal. Ausência, no caso, *de requisitos mínimos de cautelaridade*. Insubsistência da prisão cautelar da paciente. Parecer da Procuradoria-Geral da República pela concessão do "*writ*" constitucional. Reconhecimento, *em favor da paciente*, do direito *de aguardar em liberdade* a conclusão da causa principal até que *nela* sobrevenha *o trânsito em julgado* da decisão que a encerrar. "*Habeas Corpus*" deferido. – A privação cautelar da liberdade individual constitui *medida qualificada pela nota da excepcionalidade*, somente se justificando *em situações de real necessidade* evidenciadas *por circunstâncias concretas* efetivamente *comprovadas* e *referidas* na decisão que a decretar, observados, sempre, *os pressupostos* e *os fundamentos* a que alude o art. 312 do CPP. Precedentes. – Revela-se inconstitucional *a cláusula legal* que, fundada no art. 44 da Lei nº 11.343/2006 (*Lei de Drogas*), veda, *aprioristicamente*, a concessão *de liberdade provisória* nas hipóteses dos delitos *de tráfico ilícito de entorpecentes* e *de associação criminosa para o tráfico*, entre outros. Precedente: HC 104.339/SP, Rel. Min. GILMAR MENDES, Pleno. – Impõe-se repelir, *por inaceitáveis*, discursos judiciais consubstanciados em tópicos sentenciais *meramente retóricos*, eivados *de generalidade*, destituídos *de fundamentação substancial* e reveladores, muitas vezes, *de linguagem típica* dos partidários *do "direito penal simbólico"* ou, até mesmo, *do "direito penal do inimigo"*, e que, manifestados com o intuito de decretar *indevidas* prisões cautelares ou de proceder *a inadequadas* exacerbações punitivas, culminam por vulnerar, *gravemente*, os grandes princípios liberais consagrados pela ordem democrática na qual se estrutura o Estado de Direito, expondo, *com esse comportamento*, uma inadmissível *visão autoritária* e *nulificadora do regime das liberdades fundamentais* em nosso País. **(HC 132.615/SP. Min. Rel. Celso de Mello, julgado em 1º/07/2016).**

6. **Vedação de pena restritiva de direitos.** Em relação à vedação da pena restritiva de direitos, o STF já declarou a sua inconstitucionalidade por violar o princípio constitucional da individualização da pena. A partir declaração de inconstitucionalidade, o STF e o STJ passaram a permitir a substituição. Note-se que a declaração de inconstitucionalidade deu-se tanto em relação ao §4º, do art. 33, quanto ao art. 44.

> **STF.** HABEAS CORPUS. TRÁFICO DE DROGAS. ART. 44 DA LEI 11.343/2006: IMPOSSIBILIDADE DE CONVERSÃO DA PENA PRIVATIVA DE LIBERDADE EM PENA RESTRITIVA DE DIREITOS. DECLARAÇÃO INCIDENTAL DE INCONSTITUCIONALIDADE. OFENSA À GARANTIA CONSTITUCIONAL DA INDIVIDUALIZAÇÃO DA PENA (INCISO XLVI DO ART. 5º DA CF/88). ORDEM PARCIALMENTE CONCEDIDA. 1. O processo de individualização da pena é um caminhar no rumo da personalização da resposta punitiva do Estado, desenvolvendo-se em três momentos individuados e complementares: o legislativo, o judicial e o executivo. Logo, a lei comum não tem a força de subtrair do juiz sentenciante o poder-dever de impor ao delinqüente a sanção criminal que a ele, juiz, afigurar-se como expressão de um concreto balanceamento ou de uma empírica ponderação de circunstâncias objetivas com protagonizações subjetivas do fato-tipo. Implicando essa ponderação em concreto a opção jurídico-positiva pela prevalência do razoável sobre o racional; ditada pelo permanente esforço do julgador para conciliar segurança jurídica e justiça material. 2. No momento sentencial da dosimetria da pena, o juiz sentenciante se movimenta com ineliminável discricionariedade entre aplicar a pena de privação ou de restrição da liberdade do condenado e uma outra que já não tenha por objeto esse bem jurídico maior da liberdade física do sentenciado. Pelo que é vedado subtrair da instância julgadora a possibilidade de se movimentar com certa discricionariedade nos quadrantes da alternatividade sancionatória. 3. As penas restritivas de direitos são, em essência, uma alternativa aos efeitos certamente traumáticos, estigmatizantes e onerosos do cárcere. Não é à toa que todas elas são comumente chamadas de penas alternativas, pois essa é mesmo a sua natureza: constituir-se num substitutivo ao encarceramento e suas seqüelas. E o fato é que a pena privativa de liberdade corporal não é a única a cumprir a função retributivo-ressocializadora ou restritivo-preventiva da sanção penal. As demais penas também são vocacionadas para esse geminado papel da retribuição-prevenção-ressocialização, e ninguém melhor do que o juiz natural da causa para saber, no caso concreto, qual o tipo alternativo de reprimenda é suficiente para castigar e, ao mesmo tempo, recuperar socialmente o apenado, prevenindo comportamentos do gênero. 4. No plano dos tratados e convenções internacionais, aprovados e promulgados pelo Estado brasileiro, é conferido tratamento diferenciado ao tráfico ilícito de entorpecentes que se caracterize pelo seu menor potencial ofensivo. Tratamento diferenciado, esse, para possibilitar alternativas ao encarceramento. É o caso da Convenção Contra o Tráfico Ilícito de Entorpecentes e de Substâncias Psicotrópicas, incorporada ao direito interno pelo Decreto 154, de 26 de junho de 1991. Norma supralegal de hierarquia intermediária, portanto, que autoriza cada Estado soberano a adotar norma comum interna que viabilize a aplicação da pena substitutiva (a restritiva de direitos) no aludido crime de

tráfico ilícito de entorpecentes. 5. Ordem parcialmente concedida tão-somente para remover o óbice da parte final do art. 44 da Lei 11.343/2006, assim como da expressão análoga "vedada a conversão em penas restritivas de direitos", constante do § 4º do art. 33 do mesmo diploma legal. Declaração incidental de inconstitucionalidade, com efeito ex nunc, da proibição de substituição da pena privativa de liberdade pela pena restritiva de direitos; determinando-se ao Juízo da execução penal que faça a avaliação das condições objetivas e subjetivas da convolação em causa, na concreta situação do paciente. **(HC 97.256, Rel. Min. Ayres Britto, Tribunal Pleno, julgado em 01/09/2010).**

STF. HABEAS CORPUS. PENAL. TRÁFICO DE DROGAS. CAUSA DE DIMINUIÇÃO DA PENA. (...) SUBSTITUIÇÃO DA PENA RESTRITIVA DE LIBERDADE POR RESTRITIVAS DE DIREITOS. POSSIBILIDADE. ORDEM CONCEDIDA PARA RESTABELECER A SENTENÇA DE PRIMEIRO GRAU. (...) **(HC 138160, Rel. Min. Ricardo Lewandowski, julgado em 06/12/2016).**

STJ. PROCESSUAL PENAL. HABEAS CORPUS. TRÁFICO DE DROGAS. (...) Tratando-se de ré primária e sem antecedentes, absolvida em primeira instância, que adentrava em presídio com maconha escondida em sua genitália, não havendo, aparentemente, qualquer indício de que se dedique a atividades criminosas ou integre organização criminosa, entendo que há real possibilidade de que o recurso especial interposto venha a ser provido para permitir a aplicação da causa de diminuição em patamar máximo e possibilitar o cumprimento da pena em regime aberto e/ou a sua substituição por penas restritivas de direitos. (...) **(HC 368.219/SP, Rel. Min. Ribeiro Dantas, julgado em 06/12/2016).**

7. **Parágrafo único. Livramento condicional.** Na lei de Drogas, o livramento condicional tem prazo específico: 2/3. Deve-se tomar cuidado com o prazo previsto no art. 83, V, do Código Penal, que também prevê o prazo para a concessão do livramento condicional ao condenado por crimes hediondos e equiparados, entre eles o tráfico, qual seja: *mais de* 2/3. Em homenagem ao princípio da especialidade, o prazo da lei de Drogas (2/3) deve prevalecer sobre o prazo da lei de crimes hediondos. Isso porque, em relação ao tráfico de drogas, a lei de crimes hediondos é lei geral e a lei de Drogas é lei especial.

8. **Proibição de concessão do livramento condicional ao reincidente específico.** Reincidente específico é aquele que foi condenado com uma sentença penal condenatória transitada em julgado por um dos delitos contidos nos arts. 33, caput e § 1º, e 34 a 37 da lei de Drogas e, depois, pratica outro crime descrito nos mesmos artigos.

Art. 45. É **isento de pena** o agente que, em razão da dependência, ou sob o efeito, proveniente de caso fortuito ou força maior, de droga, era, ao tempo da ação ou da omissão, qualquer que tenha sido a infração penal praticada, inteiramente incapaz de entender o caráter ilícito do fato ou de determinar-se de acordo com esse entendimento.

Parágrafo único. Quando absolver o agente, reconhecendo, por força pericial, que este apresentava, à época do fato previsto neste artigo, as condições referidas no *caput* deste artigo, poderá determinar o juiz, na sentença, o seu encaminhamento para **tratamento médico adequado.**

1. **Causa de exclusão da culpabilidade. Isenção de pena.** O presente dispositivo legal traz uma causa de exclusão da culpabilidade. O afirmar a isenção de pena, apesar de o agente ter praticado o fato típico ilícito, exclui-se sua culpabilidade pelo fato praticado.
2. **Aplicabilidade.** O dispositivo comentado prevê duas hipóteses: 1. Trata-se de caso de inimputabilidade penal, em razão de dependência de droga (vício), situação assemelhada à do art. 26, *caput,* do Código Penal, que trata da inimputabilidade pelo critério biopsicológico, no qual o agente, no momento da conduta delituosa, não tem a capacidade de compreender o caráter ilícito do fato criminoso que pratica ou não consegue comportar-se de acordo com esse entendimento. O agente é absolvido (absolvição imprópria) e a ele é aplicada uma medida de segurança; 2. Agente sob o efeito da droga proveniente de caso fortuito (como no caso de o agente consumir a droga sem saber, induzido em erro) ou de força maior (como no caso de o agente ser forçado a ingerir a droga, constrangido a consumi-la contra a sua vontade). Nessa segunda hipótese, não parece correto encaminhar o agente ao tratamento adequado, tendo em vista que ele não é dependente (viciado), ocorrendo apenas a isenção de pena.
3. **Constatação da inimputabilidade.** A hipótese de inimputabilidade prevista neste artigo deve ser constatada por meio de perícia.
4. **Não basta a dependência da droga.** Para que haja a isenção de pena, não basta a condição de dependente (viciado) da droga. Essa condição, por si só, é insuficiente para a isenção de pena. Deve haver prova de que efetivamente o agente não possuía, ao tempo da conduta, condições de entender o caráter ilícito do fato ou de determinar-se de acordo com esse entendimento.

> **STJ.** (...) TRÁFICO DE DROGAS. ALEGAÇÃO DE OFENSA AOS ARTIGOS 45 E 46 DA LEI N. 11.343/06. (...) A redução ou isenção das penas previstas nos arts 45 e 46 da Lei n. 11.343/2006 somente é aplicável quando comprovado que o agente, ao tempo da ação, não tinha plena capacidade de entender o caráter ilícito do fato ou de determinar-se de acordo com esse entendimento, visto que a dependência química, por si só, não afasta a responsabilidade penal. (...) (AgRg no REsp 1065536/AC, Rel. Min. Og Fernandes, julgado em 05/09/2013).

5. **Infração penal praticada.** A infração praticada pode ser qualquer infração, e não somente os delitos previstos na lei de Drogas.
6. **Parágrafo único.** Embora o dispositivo legal disponha que a absolvição do agente ocorre "por força pericial", com o encaminhamento para o tratamento médico adequado, a absolvição ocorre acordo com o livre convencimento motivado do Juiz, que pode ser baseado no laudo pericial, além de outros elementos de prova constantes dos autos.

→ **Aplicação em concurso.**

- **Delegado de Polícia/GO. 2017. CESPE.**

  Vantuir e Lúcio cometeram, em momentos distintos e sem associação, crimes previstos na Lei de Drogas (Lei no 11.343/2006). No momento da ação, Vantuir, em razão de dependência química e de estar sob influência de entorpecentes, era inteiramente incapaz de entender o caráter ilícito do fato. Lúcio, ao agir, estava sob efeito de droga, proveniente de caso fortuito, sendo também incapaz de entender o caráter ilícito do fato. Nessas situações hipotéticas, qualquer que tenha sido a infração penal praticada,

A) Vantuir terá direito à redução de pena de um a dois terços e Lúcio será isento de pena.

B) somente Vantuir será isento de pena.

C) Lúcio e Vantuir serão isentos de pena.

D) somente Lúcio terá direito à redução de pena de um a dois terços.

E) Lúcio e Vantuir terão direito à redução de pena de um a dois terços.

Alternativa correta: letra C.

- **Juiz de Direito Substituto/DF. 2015. CESPE.**

Assinale a opção correta à luz da Lei n.º 11.343/2006 (Lei de Drogas), do CP e da jurisprudência do STF.

Quanto aos crimes previstos na Lei de Drogas, será isento de pena o agente que, por ser dependente de drogas, for, ao tempo do fato, totalmente incapaz de entender o caráter ilícito da ação praticada.

A alternativa está correta.

Art. 46. As penas podem ser reduzidas de um terço a dois terços se, por força das circunstâncias previstas no art. 45 desta Lei, o **agente não possuía**, ao tempo da ação ou da omissão, a **plena capacidade** de entender o caráter ilícito do fato ou de determinar-se de acordo com esse entendimento.

1. **Semi-imputabilidade.** Da mesma forma que prevê o art. 26, parágrafo único, do Código Penal, o dispositivo legal ora comentado trata de caso de semi-imputabiidade, tendo em vista que o agente não possuía, ao tempo da ação ou da omissão, a plena capacidade de entender o caráter ilícito do fato ou de determinar-se de acordo com esse entendimento. Ou seja, embora não possuísse a plena capacidade, alguma capacidade ele possuía, subsistindo, portanto, a sua responsabilidade penal. Trata-se, dessa forma, de hipótese diversa da prevista no art. 45.

2. **Não exclusão da culpabilidade.** No caso de semi-imputabiidade prevista neste artigo, não há a isenção de pena. O agente é condenado, aplica-se uma pena a ele, porém, com a diminuição de um terço a dois terços.

3. **Constatação da semi-imputabilidade.** A hipótese de semi-imputabilidade prevista neste artigo deve ser constatada por meio de perícia.

4. **Redução obrigatória da pena.** Embora a lei disponha que as penas *podem* ser reduzidas, trata-se de obrigação imposta ao Juiz.

5. **Natureza jurídica.** Trata-se de causa de diminuição de pena, que incide na terceira fase da dosimetria da pena.

Art. 47. Na sentença condenatória, o juiz, com base em avaliação que ateste a **necessidade de encaminhamento do agente para tratamento**, realizada por profissional de saúde com competência específica na forma da lei, determinará que a tal se proceda, observado o disposto no art. 26 desta Lei.

Aplicabilidade. A hipótese prevista neste artigo aplica-se ao semi-imputável, tendo relação com o disposto no artigo 46 da lei. Isso porque o agente que se encaixe nos moldes do art. 45 é isento de pena. De outro giro, para a hipótese do art. 46, o Juiz, na sentença condenatória, diante de avaliação que ateste a real necessidade de tratamento, realizada por profissional de saúde com competência específica, determinará a sua realização. Trata-se de preocupação especial que o legislador teve com o semi-imputável, devendo ser observado o art. 26 desta lei, que trata do usuário ou do dependente de droga que estiver cumprindo pena privativa de liberdade.

CAPÍTULO III
DO PROCEDIMENTO PENAL

Art. 48. O **procedimento** relativo aos processos por crimes definidos neste Título rege-se pelo disposto neste Capítulo, aplicando-se, subsidiariamente, as disposições do Código de Processo Penal e da Lei de Execução Penal.

§ 1º O agente de qualquer das condutas previstas no art. 28 desta Lei, salvo se houver concurso com os crimes previstos nos arts. 33 a 37 desta Lei, será **processado e julgado** na forma dos arts. 60 e seguintes da Lei nº 9.099, de 26 de setembro de 1995, que dispõe sobre os **Juizados Especiais Criminais.**

§ 2º Tratando-se da conduta prevista no art. 28 desta Lei, **não se imporá prisão em flagrant**e, devendo o autor do fato ser imediatamente encaminhado ao juízo competente ou, na falta deste, assumir o compromisso de a ele comparecer, lavrando-se termo circunstanciado e providenciando-se as requisições dos exames e perícias necessários.

§ 3º Se ausente a autoridade judicial, as providências previstas no § 2º deste artigo serão tomadas de imediato pela **autoridade policial**, no local em que se encontrar, vedada a detenção do agente.

§ 4º Concluídos os procedimentos de que trata o § 2º deste artigo, o agente será submetido a **exame de corpo de delito**, se o requerer ou se a autoridade de polícia judiciária entender conveniente, e em seguida liberado.

§ 5º Para os fins do disposto no art. 76 da Lei nº 9.099, de 1995, que dispõe sobre os Juizados Especiais Criminais, o Ministério Público poderá propor a **aplicação imediata de pena prevista no art. 28 desta Lei**, a ser especificada na proposta.

1. **Procedimento específico.** Em razão do princípio da especialidade, o procedimento a ser seguido é o previsto na lei de Drogas, com a aplicação subsidiária do Código de Processo Penal e da Lei de Execução Penal. Embora a lei não tenha dito, aplica-se, também, subsidiariamente, o Código Penal.

2. **§1º. Competência.** O delito de porte de droga para uso é infração penal de menor potencial ofensivo e será julgado pelo Juizado Especial Criminal, com a aplicação de todas as fases do procedimento do Juizado, inclusive a fase pré-processual, salvo se houver concurso de crimes com as outras infrações penais previstas na Lei de Drogas, caso em que o delito de porte de drogas para uso será julgado por outro Juízo.

3. **§2º. Impossibilidade de prisão em flagrante.** Como visto anteriormente, o agente que praticar o delito de porte de droga para uso não será preso em flagrante (lavratura de auto de prisão em flagrante e recolhimento ao cárcere). Ele será detido e encaminhado ao Juizado Especial Criminal ou deverá assumir o compromisso de comparecer ao Juizado e lá deverá ser lavrado termo circunstanciado. Diferente do que ocorre na lei 9.099/95, caso o agente recuse-se a comparecer ao Juizado, não será possível a imposição de prisão em flagrante.

4. **§3º. Ausência de autoridade judicial. Vedação de detenção do agente.** Caso na localidade não haja autoridade judicial, o agente deverá ser encaminhado à autoridade policial para que sejam tomadas as providências previstas no parágrafo anterior.

5. **§4º. Realização de perícia. Exame de corpo de delito.** Não se trata de exame para determinar se o agente é dependente de droga ou para comprovar que a substância era droga ou coisa parecida. O legislador exigiu o exame de corpo de delito realizado na pessoa do agente para constatar eventuais lesões causadas nele.

6. **§5º. Transação penal.** O legislador permitiu que a transação penal tenha por objeto uma das penas previstas no art. 28 da lei. Trata-se de faculdade do Ministério Público, uma vez que transação penal pode ter por objeto outra prestação.

7. **Impossibilidade de aplicação da pena do art. 28 na transação penal.** Cremos que o legislador andou mal, não sendo cabível a aplicação da pena criminal no acordo de transação penal. A transação penal é uma medida despenalizadora prevista na lei 9.099/1995, que não se confunde com uma pena criminal. Ela não é uma sanção penal. Trata-se, na realidade, de um acordo que decore de um modelo de justiça consensual. Não há formação de culpabilidade do réu, não há uma condenação. De outro lado, como visto, a advertência é uma sanção penal, uma pena que é aplicada após a formação do juízo de certeza da prática de uma infração penal e de culpabilidade do réu, devendo, justamente por isso ser aplicada por sentença. A transação penal não pode ter por objeto uma pena. Isso seria disfarçar uma pena de acordo, dando-lhe uma roupagem diversa da que ela realmente possui. Demais disso, não se pode aplicar uma pena criminal sem que tenha havido o esgotamento da instrução processual, com a observância de todo o devido processo legal e respeitados os princípios do contraditório e da ampla defesa. Chegaríamos a situação teratológica de haver a aplicação de uma pena criminal sem que tenha havido a instrução processual. Portanto, cremos que esse parágrafo não pode ser aplicado, de forma que a transação penal deveria ter outro objeto que não as sanções penais do art. 28 da lei.

Art. 49. Tratando-se de condutas tipificadas nos arts. 33, caput e § 1º, e 34 a 37 desta Lei, o juiz, sempre que as circunstâncias o recomendem, empregará os **instrumentos protetivos de colaboradores e testemunhas** previstos na Lei nº 9.807, de 13 de julho de 1999.

Lei de proteção às vítimas e às testemunhas ameaçadas. A depender da necessidade do caso concreto, o Juiz poderá determinar a aplicação dos institutos de proteção previstos na lei de proteção às vítimas e às testemunhas ameaçadas (lei 9.807/99), para garantir e integridade física e moral da testemunha.

Seção I
Da Investigação

Art. 50. Ocorrendo prisão em flagrante, a autoridade de polícia judiciária fará, imediatamente, comunicação ao juiz competente, remetendo-lhe cópia do auto lavrado, do qual será dada vista ao órgão do Ministério Público, em 24 (vinte e quatro) horas.

§ 1º Para efeito da lavratura do auto de prisão em flagrante e estabelecimento da materialidade do delito, é suficiente o **laudo de constatação da natureza e quantidade da droga**, firmado por perito oficial ou, na falta deste, por pessoa idônea.

§ 2º O perito que subscrever o laudo a que se refere o § 1º deste artigo não ficará impedido de participar da elaboração do **laudo definitivo**.

§ 3º Recebida cópia do auto de prisão em flagrante, o juiz, no prazo de 10 (dez) dias, certificará a regularidade formal do laudo de constatação e determinará a **destruição das drogas apreendidas**, guardando-se amostra necessária à realização do laudo definitivo.

§ 4º A destruição das drogas será executada pelo **delegado de polícia** competente no prazo de 15 (quinze) dias na presença do Ministério Público e da autoridade sanitária.

§ 5º O **local será vistoriado antes e depois** de efetivada a destruição das drogas referida no § 3º, sendo lavrado auto circunstanciado pelo delegado de polícia, certificando-se neste a destruição total delas.

1. **Prisão em flagrante.** O dispositivo ora comentado trata da investigação com a efetivação da prisão em flagrante. Nesse caso, a autoridade policial deverá fazer a comunicação da prisão em flagrante ao Juízo competente, que, por sua vez, deverá, em 24 horas, dar vista ao Ministério Público para requerer o que entender cabível. Como a lei não fez menção ao prazo para o Juiz manter a prisão em flagrante, com a sua conversão em prisão preventiva ou aplicar uma medida cautelar diversa da prisão, aplica-se o prazo de 24 horas disposto no art. 306 c/c art. 310 do Código de Processo Penal. Embora a lei disponha que a autoridade policial deverá enviar o auto de prisão em flagrante, na realidade autoridade policial deverá enviar além do auto, todos os documentos que compõem a documentação do flagrante, como a oitiva do preso, a oitiva das de testemunhas, auto de apreensão de coisas, nota de culpa etc.

→ **Aplicação em concurso.**

- **Agente de Investigação e Agente de Polícia. PC/PB. 2009. CESPE.**

Considerando que uma pessoa tenha sido presa em flagrante pelo crime de tráfico de drogas, assinale a opção correta acerca da investigação desse caso.

A) A autoridade de polícia judiciária deve fazer, imediatamente, comunicação ao juiz competente, remetendo-lhe cópia do auto lavrado, do qual será dada vista ao órgão do MP, em 24 horas.

B) Para efeito da lavratura do auto de prisão em flagrante e estabelecimento da materialidade do delito, é prescindível o laudo de constatação da natureza e quantidade da droga.

C) O inquérito policial será concluído no prazo de 30 dias, se o indiciado estiver preso, e de 45 dias, se estiver solto.

D) A ausência do relatório circunstanciado torna nulo o inquérito policial.

E) A autoridade policial, após relatar o inquérito, deverá remeter os autos à justiça, que os encaminhará ao MP. Depois disso, a autoridade policial não poderá, de ofício, continuar a investigação, colhendo outras provas.

Alternativa correta: letra A.

2. **Juízo competente.** É o Juízo com competência para processar a julgar o fato delituoso. Aqui a autoridade policial deve-se atentar para as variações nas hipóteses e competência, podendo tratar-se, por exemplo, de tráfico transnacional, de incidência de foro especial por prerrogativa de função, caso em que a comunicação deverá ser feita ao Juízo com a competência específica. Note-se que a prisão em flagrante ganhou mais um requisito, que é a comunicação prevista neste artigo. Caso a comunicação não seja feita ou seja feita ao Juízo incompetente, a prisão em flagrante torna-se ilegal e deve ser relaxada.

3. **Prazo da comunicação.** A lei utilizou a expressão *imediatamente,* o que significa dizer que a comunicação deve ser feita assim que a autoridade policial terminar a lavratura do auto de prisão e flagrante, sem nenhuma demora. Não cremos que deva ser aplicado o prazo de 24 horas previsto no art. 306 do Código de Processo Penal, em razão da previsão específica prevista na lei de Drogas.

4. **§1º. Laudo de constatação da natureza e quantidade da droga.** O laudo pericial sobre a natureza e a quantidade da droga é o que vai certificar a materialidade do delito, afirmando que a substância apreendida é droga e está prevista na lista da Portaria 344/98. Trata-se do laudo preliminar (e não definitivo), que é necessário para o recebimento da denúncia, elaborado por perito oficial ou por pessoa idônea que, embora a lei não diga, deve ter conhecimentos técnicos.

5. **Natureza jurídica do laudo preliminar.** O laudo preliminar constitui condição objetiva de procedibilidade, o que significa dizer que a denúncia não pode ser oferecida sem ele. Caso a denúncia seja oferecida e recebida sem o laudo de constatação, não haverá justa causa para a ação penal, cabendo a impetração de ordem de *habeas corpus.*

> **STJ.** "(...) 3. O artigo 50, § 1º, da Lei 11.343/06 não admite a prisão em flagrante e o recebimento da denúncia sem que seja demonstrada, ao menos em juízo inicial, a materialidade da conduta por meio de laudo de constatação preliminar da substância entorpecente, que configura condição de procedibilidade para a apuração do ilícito de tráfico. Precedentes. 4. Na hipótese em exame, verifica-se que nenhuma droga foi encontrada em poder do acusado ou das menores que com ele se encontravam, e, por conseguinte, não foi efetivada qualquer perícia que ateste que ele

teria fornecido às adolescentes substâncias entorpecentes, circunstância que impede que seja incriminado pelo ilícito tipificado no artigo 33 da Lei 11.343/2006, já que ausente a comprovação da materialidade delitiva. 5. Recurso parcialmente provido apenas para determinar o trancamento da ação penal no tocante ao crime de tráfico de drogas." **(RHC 65.205/RN, Rel. Min. Jorge Mussi, julgado em 12/04/2016).**

6. **§2º. Não impedimento do perito.** Embora a diversidade de peritos seja saudável, não há impedimento para que o perito que tenha elaborado o laudo preliminar elabore também o laudo definitivo.

7. **§3º. Destruição das drogas apreendidas.** O Juiz, no prazo de 10 dias, determinará a destruição da droga. Todavia para elaboração do laudo definitivo, deve-se guardar quantidade necessária para tal.

8. **Situação de prisão em flagrante.** O procedimento previsto neste artigo para a destruição da droga aplica-se apenas para a hipótese de apreensão de drogas em situação de prisão em flagrante. Se não se tratar de prisão em flagrante, a destruição faz-se nos moldes do art. 50-A.

9. **§4º. Prazo para destruição das drogas apreendidas.** 15 dias, a contar da determinação judicial a que se refere o parágrafo anterior. A exigência da presença do Ministério Público e da autoridade sanitária tem por finalidade apenas acompanhar a destruição, nada podendo ser requerido nesse momento, após a decisão do Juiz de destruir a droga.

10. **§5º. Vistoria do local e lavratura do auto circunstanciado.** Embora a lei não diga, a vistoria do local, antes e depois da destruição, deve ser feita por todos os que a lei determina estejam presentes no momento da destruição (autoridade policial, Ministério Público e da autoridade sanitária). Logo após o ato de destruição, todos devem assinar o auto circunstanciado, que deverá registrar as etapas da atividade de destruição da droga.

→ **Aplicação em concurso.**

- **Juiz Substituto. TJ/AL. 2015. FCC.**

  De acordo com a Lei nº 11.343/2006, o procedimento correto com relação às drogas apreendidas é a sua

A) conservação em local adequado por constituir prova material do delito, e sua destruição será determinada pela autoridade judicial ao final do processo penal, em homenagem à ampla defesa.

B) destruição total, após a lavratura do auto de prisão e flagrante e elaboração do laudo de constatação, determinada pelo juiz no prazo de 10 dias e realizada pelo delegado de polícia.

C) destruição pelo delegado de polícia competente, na presença do Ministério Público e da autoridade sanitária, lavrando-se auto circunstanciado.

D) destruição imediata após a apreensão, por meio de incineração de todo o volume apreendido, quando não houver prisão em flagrante.

E) incineração, após manifestação do ministério público e decisão judicial, logo após o término do inquérito policial que dará início a um processo penal, inquérito este que terá o prazo de 30 dias se o indiciado estiver preso e 90 se estiver solto.

Alternativa correta: letra C.

Art. 50-A. A destruição de drogas apreendidas sem a ocorrência de prisão em flagrante será feita por incineração, no prazo máximo de 30 (trinta) dias contado da data da apreensão, guardando-se amostra necessária à realização do laudo definitivo, aplicando-se, no que couber, o procedimento dos §§ 3º a 5º do art. 50.

1. **Destruição da droga sem situação de prisão em flagrante.** O presente dispositivo, diferente do artigo anterior, trata da destruição da droga sem que haja prisão em flagrante. A destruição será feita por incineração e o prazo máximo concedido pelo legislador foi de 30 dias, contados a partir da apreensão da droga. Entretanto, deve-se guardar quantidade necessária e suficiente para a elaboração do laudo definitivo.
2. **Desnecessidade de autorização judicial.** A destruição prevista neste artigo deverá ser feita pela autoridade policial, sem que haja necessidade de autorização judicial, na presença do Ministério Público e da autoridade sanitária, uma vez que se trata de um mandamento legal.
3. **Aplicação do procedimento dos §§ 3º** a **5º** do art. 50, no que couber. Trata-se da aplicação dos §§ 4º e 5º do art. 50, tendo em vista que não há situação de flagrante.

Art. 51. O **inquérito policial será concluído** no prazo de 30 (trinta) dias, se o indiciado estiver preso, e de 90 (noventa) dias, quando solto.

Parágrafo único. Os prazos a que se refere este artigo podem ser **duplicados** pelo juiz, ouvido o Ministério Público, mediante pedido justificado da autoridade de polícia judiciária.

1. **Prazo para a conclusão do inquérito policial.** Em caso de indiciado preso, 30 dias. Em caso de indiciado solto, 90 dias. Trata-se de prazo previsto especificamente na lei de Drogas, diferente do prazo estabelecido no art. 10 do Código de Processo Penal. À luz do princípio da especialidade, o prazo a ser observado é o prazo próprio da lei de Drogas.
2. **Possibilidade de duplicação do prazo.** Apenas em caso de pedido justificado da autoridade policial. Isso porque somente a autoridade policial que conduz a investigação tem condições de determinar a necessidade de mais prazo para a conclusão do inquérito policial. A duplicação do prazo é cabível mesmo em se tratando de investigado preso.

Art. 52. Findos os prazos a que se refere o art. 51 desta Lei, a autoridade de polícia judiciária, remetendo os autos do inquérito ao juízo:

I - relatará sumariamente as circunstâncias do fato, justificando as razões que a levaram à classificação do delito, indicando a quantidade e natureza da substância ou do produto apreendido, o local e as condições em que se desenvolveu a ação criminosa, as circunstâncias da prisão, a conduta, a qualificação e os antecedentes do agente; ou

II - requererá sua devolução para a realização de diligências necessárias.

Parágrafo único. A remessa dos autos far-se-á sem prejuízo de diligências complementares:

I - necessárias ou úteis à plena elucidação do fato, cujo resultado deverá ser encaminhado ao juízo competente até 3 (três) dias antes da audiência de instrução e julgamento;

II - necessárias ou úteis à indicação dos bens, direitos e valores de que seja titular o agente, ou que figurem em seu nome, cujo resultado deverá ser encaminhado ao juízo competente até 3 (três) dias antes da audiência de instrução e julgamento.

1. **Relatório final elaborado pela autoridade policial.** Após o esgotamento do prazo para conclusão do inquérito policial, a autoridade policial deverá elaborar relatório, que deve conter todos os elementos mencionados no inciso I. Caso autoridade policial entenda pela necessidade de realização de diligências, deverá requerer ao Juízo competente a devolução do inquérito policial para tal finalidade (inciso II). Essa hipótese do inciso II somente aplica-se em caso de indiciado solto.

2. **Parágrafo único. Diligências complementares.** Ligadas ao fato criminoso, bem como a bens, direitos e valores, as diligências complementares são praticadas em autos diversos dos autos do inquérito policial, para que não haja atraso no cumprimento do prazo para a sua conclusão.

Art. 53. Em qualquer fase da persecução criminal relativa aos crimes previstos nesta Lei, são permitidos, além dos previstos em lei, mediante autorização judicial e ouvido o Ministério Público, os **seguintes procedimentos investigatórios**:

I - a **infiltração por agentes de polícia**, em tarefas de investigação, constituída pelos órgãos especializados pertinentes;

II - a **não-atuação policial** sobre os portadores de drogas, seus precursores químicos ou outros produtos utilizados em sua produção, que se encontrem no território brasileiro, com a finalidade de identificar e responsabilizar maior número de integrantes de operações de tráfico e distribuição, sem prejuízo da ação penal cabível.

Parágrafo único. Na hipótese do inciso II deste artigo, a autorização será concedida desde que sejam conhecidos o itinerário provável e a identificação dos agentes do delito ou de colaboradores.

1. **Momento para a realização dos procedimentos investigatórios.** Como o legislador utilizou as expressões "em qualquer fase da persecução criminal", conclui-se que tais procedimentos podem ocorrer tanto na fase do inquérito policial, quanto na fase da ação penal. Note-se que o legislador exigiu a necessidade de autorização judicial e de oitiva do Ministério Público.

2. **Autorização judicial.** A autorização deve ser oriunda do Juízo competente para o processo e o julgamento do delito a ser investigado, devendo-se observar as hipóteses específicas de competência criminal, como o foro especial por prerrogativa de função.

3. **Inciso I. Infiltração de agentes de polícia.** O legislador trouxe a figura do agente infiltrado, por meio da qual permitiu a infiltração do agente de polícia com o fim de verificar o funcionamento da atividade de tráfico de drogas, com o objetivo de obter o maior número de elementos e informações possíveis que possam servir de base para investigação policial. Cabe à autoridade policial requer a infiltração de agentes.

4. **Agente da Polícia.** É o agente da Polícia Judiciária, que tem por função apurar a prática da infração penal e a sua respectiva autoria.

5. **Particular.** Não pode ser agente infiltrado, em razão da inexistência de previsão legal.

6. **Tempo de duração.** Não há. A infiltração será pelo tempo necessário à colheita das informações. Caso o Juiz fixe prazo para a duração da infiltração, esse prazo pode ser prorrogado, a depender da necessidade determinada pela autoridade policial.

7. **Inciso II. Ação controlada.** Também conhecida como flagrante retardado, flagrante diferido ou flagrante postergado, trata-se de permissivo legal para que a autoridade policial deixe de efetuar a intervenção policial no momento em que o autor do delito já está em flagrante da prática da infração penal para intervir no momento mais eficaz do ponto de vista da formação de provas e fornecimento de informações, com a finalidade de identificar e responsabilizar maior número de integrantes de operações de tráfico e distribuição. Assim, embora o agente esteja em flagrante delito, a autoridade policial poderá esperar o momento mais oportuno para intervir e efetivar o flagrante. O legislador exigiu a necessidade de autorização judicial e de oitiva do Ministério Público.

8. **Diferença entre a ação controlada e o flagrante esperado.** Na ação controlada, o agente já está em flagrante da prática do crime. No flagrante esperado, o agente ainda não está em flagrante da prática do delito, e a autoridade policial fica na expectativa da sua ocorrência para efetivar a prisão.

9. **Parágrafo único.** Trata dos requisitos para a autorização judicial da ação controlada, sem os quais ela não poderá ser autorizada pelo Juiz.

Seção II
Da Instrução Criminal

Art. 54. Recebidos em juízo os autos do inquérito policial, de Comissão Parlamentar de Inquérito ou peças de informação, dar-se-á vista ao Ministério Público para, no prazo de 10 (dez) dias, adotar uma das seguintes providências:

I – requerer o arquivamento;

II – requisitar as diligências que entender necessárias;

III – oferecer denúncia, arrolar até 5 (cinco) testemunhas e requerer as demais provas que entender pertinentes.

1. **Recebimento dos autos pelo Ministério Público.** O recebimento dos autos pelo Ministério Público ocorre, em regra, após a conclusão da investigação, ocorrida em sede de inquérito policial, de Comissão Parlamentar de Inquérito ou de peças de informação. Uma vez recebidos os autos, o Ministério Público poderá tomar uma das providências descritas nos incisos.

2. **Inciso I. Requerimento de arquivamento.** Essa previsão é desnecessária, uma vez que já existe previsão no art. 28 do Código de Processo Penal, que deve ser aplicado em sua íntegra.

3. **Inciso II. Requisição de diligências.** A requisição de diligências ocorre em caso de o Ministério Público entender pela necessidade de outras diligências, a fim de colher outros elementos indiciários para a formação da sua *opinio delicti* e oferecer a denúncia.

4. **Inciso III. Oferecimento de denúncia.** Caso o Ministério Público, ao receber os autos do inquérito policial, da Comissão Parlamentar de Inquérito ou de peças de informação, entender que a justa causa está presente e que não há necessidade de reunião de nenhum outro elemento indiciário, deverá oferecer denúncia, arrolando até cinco testemunhas. O Ministério Público pode, também, requerer as demais provas que entender pertinentes. Note-se que nesse caso, já há elementos necessários ao oferecimento de denúncia (diferente do inciso II).

5. **Rol exemplificativo.** O rol descrito nos incisos é exemplificativo, podendo o Ministério público tomar outras providências que entender cabíveis, como requerer a extinção da punibilidade por alguma causa do art. 107 do Código Penal, requerer a declaração de incompetência do Juízo etc.

6. **Prazo.** Como o legislador não fez distinção em relação ao prazo, ele aplica-se ao indiciado preso e ao indiciado solto, de forma que o prazo de 10 dias é aplicado em qualquer hipótese.

7. **Ultrapassagem do prazo.** A ultrapassagem desse prazo somente gerará consequências em se tratado de indiciado preso, uma vez que não há nenhum prejuízo se o indiciado estiver solto. Caso o indiciado esteja preso, a ultrapassagem do prazo ocasionará a sua soltura, por configurar constrangimento ilegal.

Art. 55. Oferecida a denúncia, o juiz ordenará a notificação do acusado para oferecer **defesa prévia**, por escrito, no prazo de 10 (dez) dias.

§ 1º Na resposta, consistente em defesa preliminar e exceções, o acusado poderá argüir preliminares e invocar **todas as razões de defesa**, oferecer documentos e justificações, especificar as provas que pretende produzir e, até o número de 5 (cinco), arrolar testemunhas.

§ 2º As **exceções** serão processadas em apartado, nos termos dos arts. 95 a 113 do Decreto-Lei nº 3.689, de 3 de outubro de 1941 – Código de Processo Penal.

§ 3º Se a resposta não for apresentada no prazo, o juiz **nomeará defensor** para oferecê-la em 10 (dez) dias, concedendo-lhe vista dos autos no ato de nomeação.

§ 4º Apresentada a **defesa**, o juiz decidirá em 5 (cinco) dias.

§ 5º Se entender **imprescindível**, o juiz, no prazo máximo de 10 (dez) dias, determinará a apresentação do preso, realização de diligências, exames e perícias.

1. **Procedimento especial em relação ao procedimento do Código de Processo Penal.** O presente dispositivo traz um procedimento especial, diferente do procedimento disposto nos arts. 394 e seguintes do Código de Processo Penal. Em homenagem ao princípio da especialidade, o procedimento descrito na lei de Drogas deve prevalecer sobre o procedimento do Código de Processo Penal. Ademais, o próprio art. 394, §2º do Código exclui a sua incidência quando houver previsão diversa em lei especial ("Art. 394. O procedimento será comum ou especial. (...) §2º Aplica-se a todos os processos o procedimento comum, salvo disposições em contrário deste Código ou de lei especial").

2. **Notificação do acusado. Defesa prévia.** A lei de Drogas tem um procedimento prévio, com a notificação do acusado para o oferecimento da defesa prévia. Até esse momento, o Juiz ainda não recebeu a denúncia. A defesa prévia, como o nome sugere, é uma defesa ainda no início do procedimento, antes mesmo de o Juiz receber a denúncia.

3. **§1º. Defesa prévia. Conteúdo.** O legislador garantiu ao réu a maior amplitude na sua defesa prévia, de forma que, segundo a redação legal, ele pode alegar, além de preliminares e exceções, "todas as razões de defesa", apresentando provas documentais. Além de todas as providências, a defesa prévia é o momento de o réu arrolar as testemunhas e especificar as provas que pretende produzir. Note-se que, passado esse prazo, o réu não mais poderá arrolar as suas testemunhas, ocorrendo a preclusão.

4. **§2º. Exceções autuadas em apartado.** Processamento em apartado significa em outros autos, diferentes dos autos principais.

5. **§3º. Obrigatoriedade da defesa prévia.** A defesa prévia é obrigatória e, em razão dos princípios da ampla defesa e do contraditório, não pode deixar de ser apresentada. Expirado o prazo de 10 dias sem a sua apresentação, o processo não prosseguirá sem ela, caso em que, o Juiz deverá nomear defensor para apresentá-la, concedendo-lhe vista dos autos. Nos locais onde houver Defensoria Pública, o Juiz deverá intimar o Defensor para oferecer a defesa prévia. Caso não haja Defensoria Pública, a nomeação recairá sobre um advogado.

6. **§4º. Prazo para o Juiz "decidir".** Após apresentada a defesa prévia, o Juiz tem um prazo de cinco dias para "decidir". A lei não disse o que Juiz deveria "decidir". Tendo em vista que o próximo passo é o recebimento da denúncia e a marcação da audiência de instrução julgamento, a conclusão é que o Juiz deverá decidir se recebe ou se rejeita a denúncia. Se a receber, segue-se o procedimento da lei descrito nos próximos artigos.

7. **§5º. Providências complementares imprescindíveis.** A apresentação do preso e a realização de diligências, exames e perícias devem ser imprescindíveis. A análise da imprescindibilidade é feita pelo Juiz.

Art. 56. Recebida a denúncia, o juiz designará dia e hora para a audiência de instrução e julgamento, ordenará a citação pessoal do acusado, a intimação do Ministério Público, do assistente, se for o caso, e requisitará os laudos periciais.

§ 1º Tratando-se de condutas tipificadas como infração do disposto nos arts. 33, caput e § 1º, e 34 a 37 desta Lei, o juiz, ao receber a denúncia, poderá decretar o **afastamento cautelar do denunciado** de suas atividades, se for funcionário público, comunicando ao órgão respectivo.

§ 2º A **audiência** a que se refere o caput deste artigo será realizada dentro dos 30 (trinta) dias seguintes ao recebimento da denúncia, salvo se determinada a realização de avaliação para atestar dependência de drogas, quando se realizará em 90 (noventa) dias.

1. **Recebimento da denúncia.** Ultrapassada a fase preliminar do art. 55 da lei, o Juiz deverá receber denúncia e marcar audiência de instrução julgamento com a citação pessoal do acusado, a intimação do Ministério Público e do assistente.
2. **Citação pessoal do acusado.** Nos moldes da lei, a citação do réu é pessoal, por oficial de justiça. Embora o réu já esteja ciente da acusação deduzida contra ele no momento da notificação prevista no artigo anterior, é necessária a sua citação pessoal para comparecer à audiência designada pelo Juiz.
3. **§1º. Afastamento cautelar do funcionário público.** O afastamento cautelar somente pode ocorrer nos delitos previstos nos arts. 33, *caput* e § 1º, e 34 a 37 da lei, por expressa disposição legal. Para fins desse dispositivo, entenda-se por funcionário público a pessoa que que se encaixar nos moldes descritos no art. 327 do Código Penal. O afastamento não é automático, depende de decisão fundamentada do Juiz. Essa natureza cautelar do afastamento não oferece problemas em relação ao princípio da presunção de inocência, tendo em vista que não se trata de perda do cargo. Trata-se de medida provisória, e não definitiva. A perda definitiva do cargo somente pode ocorrer após o trânsito em julgado da condenação, com o juízo de certeza acerca da autoria do funcionário público.
4. **§2º. Prazo para a audiência.** O termo inicial dos 30 dias é a data do recebimento da denúncia. Ultrapassado esse prazo, caso réu esteja preso, estará configurado o constrangimento ilegal, devendo a prisão ser relaxada. Caso o réu esteja solto, não haverá nenhum prejuízo em relação ao seu direito de liberdade. Esse prazo passa a ser de 90 dias caso seja determinada a avaliação para atestar a dependência de drogas por parte do réu.

Art. 57. Na **audiência de instrução e julgamento**, após o interrogatório do acusado e a inquirição das testemunhas, será dada a palavra, sucessivamente, ao representante do Ministério Público e ao defensor do acusado, para sustentação oral, pelo prazo de 20 (vinte) minutos para cada um, prorrogável por mais 10 (dez), a critério do juiz.

Parágrafo único. Após proceder ao interrogatório, o juiz indagará das partes se restou **algum fato para ser esclarecido**, formulando as perguntas correspondentes se o entender pertinente e relevante.

1. **Audiência de instrução e julgamento.** A audiência de instrução e julgamento (denominada no meio jurídico como AIJ) tem a finalidade, como o nome sugere, de instruir o processo e de o Juiz proferir o julgamento. As partes promovem a produção probatória, instruindo o processo, e, ao final, o Juiz, com base na prova produzida, julga o conflito de interesses entre o Estado e o réu.
2. **Interrogatório como o** último **ato da instrução processual.** Na lei de Drogas, o interrogatório é o primeiro ato de instrução na AIJ. No Código de Processo Penal também era assim. Contudo, o art. 400 do Código de Processo Penal foi alterado pela lei 11.719/2008 e o interrogatório passou a ser o último ato de instrução processual ("Art. 400. Na audiência de instrução e julgamento, a ser realizada no prazo máximo de 60 (sessenta) dias, proceder-se-á à tomada de declarações do ofendido, à inquirição das testemunhas arroladas pela acusação e pela defesa, nesta ordem, ressalvado o disposto no art. 222 deste Código, bem como aos esclarecimentos dos peritos, às acareações e ao reconhecimento de pessoas e coisas, interrogando-se, em seguida, o acusado."). A alteração operada no Código foi salutar, pois a ampla defesa e o contraditório são melhores exercidos se o réu já conhecer todas as provas produzidas conta si. Inegavelmente, a defesa do réu é muito mais efetiva se ele já tiver ciência de todo o acervo probatório produzido contra si nos autos, tendo a oportunidade de contraditá-lo.

   Dessa forma, instalou-se a seguinte celeuma: na lei de Drogas o interrogatório é o primeiro ato da instrução processual. No Código de Processo Penal, o interrogatório é a último ato de instrução processual. A norma contida no Código é posterior e mais benéfica para o réu, do ponto de vista da sua defesa. Dessa forma, qual procedimento deveria ser aplicado, o do Código, por ser posterior e mais benéfico ou o da lei de Drogas, por ser específico? O conflito aqui dá-se entre a cronologia e o princípio da especialidade.

   O STF e o STJ pacificaram-se no sentido de que deve ser dada preferência ao critério cronológico por ser mais benéfico ao réu, aplicando-se o art. 400 do Código de Processo Penal, de forma que, mesmo que a lei de Drogas seja lei especial e preveja procedimento específico, o interrogatório deve ser o último ato da instrução processual.

   > **STF.** Habeas corpus. Penal e processual penal militar. Posse de substância entorpecente em local sujeito à administração militar (CPM, art. 290). Crime praticado por militares em situação de atividade em lugar sujeito à administração militar. Competência da Justiça Castrense configurada (CF, art. 124 c/c CPM, art. 9º, I, b). Pacientes que não integram mais as fileiras das Forças Armadas. Irrelevância para fins de fixação da competência. Interrogatório. Realização ao final da instrução (art. 400, CPP). Obrigatoriedade. Aplicação às ações penais em trâmite na Justiça Militar dessa alteração introduzida pela Lei nº 11.719/08, em detrimento do art. 302 do Decreto-Lei nº 1.002/69. Precedentes. Adequação do sistema acusatório

democrático aos preceitos constitucionais da Carta de República de 1988. Máxima efetividade dos princípios do contraditório e da ampla defesa (art. 5º, inciso LV). Incidência da norma inscrita no art. 400 do Código de Processo Penal comum aos processos penais militares cuja instrução não se tenha encerrado, o que não é o caso. Ordem denegada. Fixada orientação quanto a incidência da norma inscrita no art. 400 do Código de Processo Penal comum a partir da publicação da ata do presente julgamento, aos processos penais militares, aos processos penais eleitorais e a todos os procedimentos penais regidos por legislação especial, incidindo somente naquelas ações penais cuja instrução não se tenha encerrado. 1. Os pacientes, quando soldados da ativa, foram surpreendidos na posse de substância entorpecente (CPM, art. 290) no interior do 1º Batalhão de Infantaria da Selva em Manaus/AM. Cuida-se, portanto, de crime praticado por militares em situação de atividade em lugar sujeito à administração militar, o que atrai a competência da Justiça Castrense para processá-los e julgá-los (CF, art. 124 c/c CPM, art. 9º, I, b). 2. O fato de os pacientes não mais integrarem as fileiras das Forças Armadas em nada repercute na esfera de competência da Justiça especializada, já que, no tempo do crime, eles eram soldados da ativa. 3. Nulidade do interrogatório dos pacientes como primeiro ato da instrução processual (CPPM, art. 302). 4. A Lei nº 11.719/08 adequou o sistema acusatório democrático, integrando-o de forma mais harmoniosa aos preceitos constitucionais da Carta de República de 1988, assegurando-se maior efetividade a seus princípios, notadamente, os do contraditório e da ampla defesa (art. 5º, inciso LV). 5. Por ser mais benéfica (lex mitior) e harmoniosa com a Constituição Federal, há de preponderar, no processo penal militar (Decreto-Lei nº 1.002/69), a regra do art. 400 do Código de Processo Penal. 6. De modo a não comprometer o princípio da segurança jurídica (CF, art. 5º, XXXVI) nos feitos já sentenciados, essa orientação deve ser aplicada somente aos processos penais militares cuja instrução não se tenha encerrado, o que não é o caso dos autos, já que há sentença condenatória proferida em desfavor dos pacientes desde 29/7/14. 7. Ordem denegada, com a fixação da seguinte orientação: a norma inscrita no art. 400 do Código de Processo Penal comum aplica-se, a partir da publicação da ata do presente julgamento, aos processos penais militares, aos processos penais eleitorais e a todos os procedimentos penais regidos por legislação especial incidindo somente naquelas ações penais cuja instrução não se tenha encerrado. **(HC 127900, Rel. Min. Dias Toffoli, Tribunal Pleno, julgado em 03/03/2016).**

- **STJ**

Informativo nº 609.

Sexta Turma

Tráfico de entorpecentes. Momento do interrogatório. Último ato da instrução. (...). Os procedimentos regidos por leis especiais devem observar, a partir da publicação da ata de julgamento do HC 127.900/AM do STF (11.03.2016), a regra disposta no art. 400 do CPP, cujo conteúdo determina ser o interrogatório o último ato da instrução criminal. (...) **Rel. Min. Maria Thereza de Assis Moura, julgado em 3/8/2017).**

3. **Alegações finais orais.** As alegações finais das partes devem ser feitas oralmente na própria audiência. Porém, a depender da complexidade do caso concreto, o Juiz poderá permitir que as alegações sejam feitas por escrito.

4. **Parágrafo único. Esclarecimento de fatos.** Tratam-se apenas de esclarecimentos sobre os fatos objetos do processo. Não pode configurar um novo interrogatório ou uma nova oitiva de testemunhas. Da mesma forma, as partes não podem inovar nesse momento, com fatos pertinentes ao caso do processo, mas que não foram deduzidos nos autos em momento algum. Na realidade, trata-se de esclarecimentos sobre fatos *já deduzidos e debatidos* nos autos. O critério de relevância e de pertinência é feito pelo Juiz.

Art. 58. Encerrados os debates, proferirá o juiz **sentença** de imediato, ou o fará em 10 (dez) dias, ordenando que os autos para isso lhe sejam conclusos.

1. **Sentença em audiência.** Tendo em vista que a audiência é de *instrução* e de *julgamento*, a sentença deve ser proferida na própria audiência, após as alegações orais das partes. Contudo, a depender da complexidade do processo, o legislador permitiu que a sentença fosse proferida em 10 dias após a audiência. Cremos que a sentença deva, preferencialmente, ser proferida na própria audiência. Somente em último caso o Juiz poderá proferi-la no prazo de 10 dias previsto no presente dispositivo legal.

2. **Laudo definitivo.** O laudo definitivo confirmando que a substância era droga deve estar nos autos até o momento imediatamente anterior ao da sentença, ou seja, até a audiência de instrução e julgamento. Quando a AIJ se iniciar, o laudo definitivo já deve constar dos autos. Contudo, o STJ admite que o laudo definitivo seja juntado aos autos mesmo após as alegações finais, desde que antes da sentença, por óbvio.

> **STJ.** PENAL E PROCESSO PENAL. RECURSO EM HABEAS CORPUS. 1. TRÁFICO DE DROGAS. (...) 3. LAUDO DEFINITIVO JUNTADO APÓS ALEGAÇÕES FINAIS. CONFIRMAÇÃO DO LAUDO PROVISÓRIO. INEXISTÊNCIA DE NULIDADE. 4. RECURSO EM HABEAS CORPUS CONHECIDO EM PARTE E IMPROVIDO. (...) A jurisprudência do STJ e do STF é assente no sentido de que, "em que pese a materialidade delitiva do crime previsto no artigo 33 da Lei 11.343/2006 ser comprovada apenas com o laudo toxicológico definitivo, não há óbices, quer na própria Lei de Drogas, quer na legislação processual penal existente, a que a referida perícia seja juntada aos autos após as alegações finais" (HC 233.111/MG, Rel. Ministro Jorge Mussi, DJe 16/10/2013). Ademais, a Terceira Seção, no julgamento dos EREsp n. 1.544.057/RJ, assentou que o laudo definitivo não se reveste de nota de imprescindibilidade, podendo ser suprido pelo laudo provisório, nos casos em que for possível a obtenção do mesmo grau de certeza. (...) **(RHC 69.242/MG, Rel. Min. Reynaldo Soares da Fonseca, julgado em 22/11/2016).**

3. **Ausência do laudo definitivo.** Como regra, o laudo definitivo atesta a materialidade do delito. Assim, a sua ausência deve implicar a absolvição do réu por falta de provas. Entretanto, excepcionalmente o STJ admite a condenação do réu mesmo que não haja o laudo definitivo, ou seja, apenas com base no laudo preliminar, desde que esse laudo preliminar ofereça um grau de certeza idêntico ao do laudo definitivo e que tenha sido elaborado por perito oficial.

> **STJ.** (...) LAUDO PRELIMINAR ASSINADO POR PERITO CRIMINAL QUE PODE EMBASAR A MATERIALIDADE DO ATO INFRACIONAL. (...) – No julgamento do EREsp

n. 1544057/RJ, a Terceira Seção desta Corte pacificou o entendimento de que o laudo toxicológico definitivo é imprescindível à comprovação da materialidade dos delitos envolvendo entorpecentes, sem o qual é forçosa a absolvição do acusado, admitindo-se, no entanto, em situações excepcionais, que a materialidade do crime de drogas seja feita por laudo de constatação provisório, desde que ele permita grau de certeza idêntico ao do laudo definitivo e tenha sido elaborado por perito oficial. – O laudo preliminar de constatação, assinado por perito criminal, identificando o material apreendido como cocaína e maconha, constitui uma das exceções em que a materialidade do delito pode ser provada apenas com base no laudo preliminar de constatação. (...) **(HC 365.599/PE, Rel. Min. Reynaldo Soares da Fonseca, julgado em 01/12/2016).**

Art. 59. Nos crimes previstos nos arts. 33, caput e § 1º, e 34 a 37 desta Lei, o **réu não poderá apelar sem recolher-se à prisão**, salvo se for primário e de bons antecedentes, assim reconhecido na sentença condenatória.

Exigência de recolhimento à prisão para recorrer. Trata-se de norma que há muito foi superada, à luz do princípio da presunção de inocência. Toda prisão imposta antes do trânsito em julgado da sentença condenatória constitui uma prisão provisória, e como tal deve ser encarada, sob pena de ser utilizada como instrumento de vingança privada do próprio Estado, bem como antecipação do cumprimento de uma pena que ainda não existe, e que pode nem existir por razões diversas. Toda e qualquer prisão provisória, medida cautelar que é, deve ser regida pelos Princípios da Necessidade e Excepcionalidade. Assim, a prisão provisória somente deve ser decretada se for necessária, e, ainda assim, de forma excepcional. Portanto, não se pode exigir o recolhimento do réu à prisão para que ele possa recorrer. Em qualquer hipótese, é preciso que seja demonstrada a necessidade da prisão, por meio da presença dos requisitos da prisão preventiva previstos no art. 312 do Código de Processo Penal. Assim, pensamos que esse artigo é inconstitucional por violar o princípio da presunção de inocência previsto no CR/88. Nada impede que o Juiz decrete a prisão preventiva na sentença, desde que – repita-se – estejam presentes os requisitos do art. 312 do Código de Processo Penal.

CAPÍTULO IV
DA APREENSÃO, ARRECADAÇÃO E DESTINAÇÃO DE BENS DO ACUSADO

Art. 60. O juiz, de ofício, a requerimento do Ministério Público ou mediante representação da autoridade de polícia judiciária, ouvido o Ministério Público, havendo indícios suficientes, poderá decretar, no curso do inquérito ou da ação penal, a **apreensão e outras medidas assecuratórias** relacionadas aos bens móveis e imóveis ou valores consistentes em produtos dos crimes previstos nesta Lei, ou que constituam proveito auferido com sua prática, procedendo-se na forma dos arts. 125 a 144 do Decreto-Lei nº 3.689, de 3 de outubro de 1941 – Código de Processo Penal.

§ 1º Decretadas quaisquer das medidas previstas neste artigo, o juiz facultará ao acusado que, no prazo de 5 (cinco) dias, apresente ou requeira a produção de provas acerca da **origem lícita** do produto, bem ou valor objeto da decisão.

§ 2º Provada a origem lícita do produto, bem ou valor, o juiz decidirá pela sua **liberação**.

§ 3º Nenhum pedido de restituição será conhecido sem o **comparecimento pessoal** do acusado, podendo o juiz determinar a prática de atos necessários à conservação de bens, direitos ou valores.

§ 4º A **ordem** de apreensão ou seqüestro de bens, direitos ou valores poderá ser **suspensa** pelo juiz, ouvido o Ministério Público, quando a sua execução imediata possa comprometer as investigações.

1. **Apreensão e outras medidas assecuratórias.** A lei permite ao Juiz decretar a apreensão ou outras medidas assecuratórias. As medidas assecuratórias decorrem do poder geral de cautela do Juiz no processo penal, tendo como objeto os produtos dos crimes previstos nesta lei, bem como o proveito auferido com prática desses delitos.
2. **Momento para a decretação.** As medidas assecuratórias podem ser decretadas tanto na fase do Inquérito Policial, quanto na fase da ação penal.
3. §§1º e **2º. Prova da licitude do bem.** Comprovada a licitude da origem dos bens objetos da apreensão e das outras medidas assecuratórias, no prazo de 5 dias, o juiz deverá determinar a sua liberação.
4. §3º. **Comparecimento pessoal do acusado.** A lei exige o comparecimento pessoal do acusado como condição para o conhecimento do pedido de restituição, com a finalidade de restituir os bens ao legítimo proprietário ou possuidor.
5. §4º. **Suspensão da ordem de apreensão ou sequestro de bens.** Tem por finalidade a preservação da investigação, para que ela não seja atrapalhada ou frustrada.

Art. 61. Não havendo prejuízo para a produção da prova dos fatos e comprovado o interesse público ou social, ressalvado o disposto no art. 62 desta Lei, mediante autorização do juízo competente, ouvido o Ministério Público e cientificada a SENAD, os **bens apreendidos poderão ser utilizados** pelos órgãos ou pelas entidades que atuam na prevenção do uso indevido, na atenção e reinserção social de usuários e dependentes de drogas e na repressão à produção não autorizada e ao tráfico ilícito de drogas, exclusivamente no interesse dessas atividades.

Parágrafo único. Recaindo a autorização sobre **veículos, embarcações ou aeronaves**, o juiz ordenará à autoridade de trânsito ou ao equivalente órgão de registro e controle a expedição de certificado provisório de registro e licenciamento, em favor da instituição à qual tenha deferido o uso, ficando esta livre do pagamento de multas, encargos e tributos anteriores, até o trânsito em julgado da decisão que decretar o seu perdimento em favor da União.

Destinação dos bens apreendidos. Como forma de dar um destino efetivo aos bens apreendidos e aparelhar o Estado no combate ao tráfico de drogas, o legislador permitiu que tais bens fossem utilizados pelos órgãos ou pelas entidades que atuam na prevenção do uso indevido, na atenção e reinserção social de usuários e dependentes de drogas e na repressão à produção não autorizada e ao tráfico ilícito de drogas.

Art. 62. Os veículos, embarcações, aeronaves e quaisquer outros meios de transporte, os maquinários, utensílios, instrumentos e objetos de qualquer natureza, utilizados para a prática dos crimes definidos nesta Lei, após a sua regular apreensão, ficarão sob custódia da autoridade de polícia judiciária, **excetuadas as armas**, que serão recolhidas na forma de legislação específica.

§ 1º Comprovado o interesse público na utilização de qualquer dos bens mencionados neste artigo, a autoridade de polícia judiciária poderá deles **fazer uso**, sob sua responsabilidade e com o objetivo de sua conservação, mediante autorização judicial, ouvido o Ministério Público.

§ 2º Feita a apreensão a que se refere o *caput* deste artigo, e tendo recaído sobre **dinheiro ou cheques emitidos como ordem de pagamento**, a autoridade de polícia judiciária que presidir o inquérito deverá, de imediato, requerer ao juízo competente a intimação do Ministério Público.

§ 3º Intimado, o Ministério Público deverá requerer ao juízo, em caráter cautelar, a **conversão do numerário apreendido em moeda nacional**, se for o caso, a compensação dos cheques emitidos após a instrução do inquérito, com cópias autênticas dos respectivos títulos, e o depósito das correspondentes quantias em conta judicial, juntando-se aos autos o recibo.

§ 4º Após a instauração da competente ação penal, o Ministério Público, mediante petição autônoma, requererá ao juízo competente que, em caráter cautelar, proceda à **alienação dos bens apreendidos**, excetuados aqueles que a União, por intermédio da SENAD, indicar para serem colocados sob uso e custódia da autoridade de polícia judiciária, de órgãos de inteligência ou militares, envolvidos nas ações de prevenção ao uso indevido de drogas e operações de repressão à produção não autorizada e ao tráfico ilícito de drogas, exclusivamente no interesse dessas atividades.

§ 5º Excluídos os bens que se houver indicado para os fins previstos no § 4º deste artigo, o **requerimento de alienação** deverá conter a relação de todos os demais bens apreendidos, com a descrição e a especificação de cada um deles, e informações sobre quem os tem sob custódia e o local onde se encontram.

§ 6º Requerida a alienação dos bens, a respectiva petição será **autuada em apartado**, cujos autos terão tramitação autônoma em relação aos da ação penal principal.

§ 7º Autuado o requerimento de alienação, os autos serão conclusos ao juiz, que, verificada a presença de **nexo de instrumentalidade entre o delito e os objetos utilizados para a sua prática e risco de perda de valor econômico pelo decurso do tempo**, determinará a avaliação dos bens relacionados, cientificará a SENAD e intimará a União, o Ministério Público e o interessado, este, se for o caso, por edital com prazo de 5 (cinco) dias.

§ 8º Feita a avaliação e dirimidas eventuais divergências sobre o respectivo laudo, o juiz, por sentença, homologará o valor atribuído aos bens e determinará sejam alienados em **leilão**.

§ 9º **Realizado o leilão**, permanecerá depositada em conta judicial a quantia apurada, até o final da ação penal respectiva, quando será transferida ao FUNAD, juntamente com os valores de que trata o § 3º deste artigo.

§ 10. Terão apenas **efeito devolutivo** os recursos interpostos contra as decisões proferidas no curso do procedimento previsto neste artigo.

§ 11. Quanto aos bens indicados na forma do § 4º deste artigo, recaindo a autorização sobre **veículos, embarcações ou aeronaves**, o juiz ordenará à autoridade de trânsito ou ao equivalente órgão de registro e controle a expedição de certificado provisório de registro e licenciamento, em favor da autoridade de polícia judiciária ou órgão aos quais tenha deferido o uso, ficando estes livres do pagamento de multas, encargos e tributos anteriores, até o trânsito em julgado da decisão que decretar o seu perdimento em favor da União.

1. ***Caput.*** Todos os meios de transporte, os maquinários, os utensílios, os instrumentos e objetos de qualquer natureza que tiverem sido utilizados para a prática dos crimes definidos na lei ora comentada, após a sua regular apreensão, ficarão sob custódia da autoridade policial. Há uma ressalva feita em relação às armas, que não poderão ficar custodiadas, devendo ser recolhidas, nos moldes do art. 25 da lei 10.826/2003 (Estatuto do desarmamento).

2. **§1º. Utilização dos bens.** Os bens mencionados no *caput* do artigo podem ser utilizados no combate ao tráfico de drogas, desde que autorizados pelo Juiz competente e comprovado o interesse público na utilização deles.

3. **Sistema Capitalista de Combate ao Crime Organizado.** O *Sistema Capitalista de Combate ao Crime Organizado* consiste na possibilidade de os bens apreendidos das próprias organizações criminosas especializadas no tráfico de drogas (e em outras atividades ilícitas) possam ser utilizados pelo órgão policial para a atividade investigativa e para o combate ao delito praticado. Em outras palavras, esse sistema permite à polícia combater o crime organizado valendo-se da própria riqueza gerada por ele. É justamente do dispositivo legal ora comentado que se pode implementar esse sistema, tendo em vista que o legislador permitiu que, após a regular apreensão dos bens definidos nesse artigo, eles fiquem sob custódia da autoridade de polícia judiciária, de forma que possam ser utilizados posteriormente para a atividade investigativa, nos moldes do §4º.

4. **§§ 2º e 3º. Apreensão de dinheiro ou cheques emitidos como ordem de pagamento.** A intimação do Ministério Público tem como finalidade provocar a sua atuação para que ele requeira a conversão do numerário apreendido em moeda nacional, a compensação dos cheques emitidos e o depósito das correspondentes quantias em conta judicial, tudo nos moldes dos parágrafos comentados.

5. **§§ 4º ao 11. Alienação, avaliação e leilão dos bens apreendidos.** O Ministério Público deverá requerer a alienação dos bens apreendidos, excetuados os bens que a União indicar para serem colocados sob uso e custódia da autoridade de polícia judiciária, de órgãos de inteligência ou militares, envolvidos nas ações de prevenção ao uso indevido de drogas e operações de repressão à produção não autorizada e ao tráfico ilícito de drogas. Realizada a avaliação dos bens, eles serão leiloados

e o valor arrecadado será depositado em conta judicial até o final da ação penal respectiva, após o que será transferido ao FUNAD.

Art. 63. Ao proferir a sentença de mérito, o juiz decidirá sobre o **perdimento** do produto, bem ou valor apreendido, seqüestrado ou declarado indisponível.

§ 1º Os valores apreendidos em decorrência dos crimes tipificados nesta Lei e que não forem objeto de tutela cautelar, após decretado o seu **perdimento em favor da União**, serão revertidos diretamente ao FUNAD.

§ 2º Compete à SENAD a **alienação dos bens apreendidos** e não leiloados em caráter cautelar, cujo perdimento já tenha sido decretado em favor da União.

§ 3º A SENAD poderá firmar **convênios de cooperação**, a fim de dar imediato cumprimento ao estabelecido no § 2º deste artigo.

§ 4º Transitada em julgado a sentença condenatória, o juiz do processo, de ofício ou a requerimento do Ministério Público, remeterá à SENAD relação dos bens, direitos e valores **declarados perdidos em favor da União**, indicando, quanto aos bens, o local em que se encontram e a entidade ou o órgão em cujo poder estejam, para os fins de sua destinação nos termos da legislação vigente.

Perdimento dos bens ilícitos. O presente dispositivo trata do perdimento e do destino dos bens ilícitos relacionados ao tráfico de drogas, operados após a sentença de mérito. Os bens abrangidos por esse inciso são os bens ilícitos, pois os bens lícitos, uma vez comprovada a origem da sua licitude, serão devolvidos ao legítimo proprietário ou possuidor (art. 60, §2º da lei).

Art. 64. A União, por intermédio da SENAD, poderá firmar **convênio com os Estados, com o Distrito Federal** e com organismos orientados para a prevenção do uso indevido de drogas, a atenção e a reinserção social de usuários ou dependentes e a atuação na repressão à produção não autorizada e ao tráfico ilícito de drogas, com vistas na liberação de equipamentos e de recursos por ela arrecadados, para a implantação e execução de programas relacionados à questão das drogas.

Convênios firmados. Os convênios têm por finalidade a liberação de equipamentos e de recursos arrecadados pela União, para a implantação e a execução de programas relacionados à questão das drogas, como o próprio dispositivo deixa claro.

TÍTULO V
DA COOPERAÇÃO INTERNACIONAL

Art. 65. De conformidade com os princípios da não-intervenção em assuntos internos, da igualdade jurídica e do respeito à integridade territorial dos Estados e às leis e aos regulamentos nacionais em vigor, e observado o espírito das Convenções das Nações Unidas e outros instrumentos jurídicos internacionais relacionados à questão das drogas, de que o Brasil é parte, o governo brasileiro prestará, quando solicitado, **cooperação** a outros países e organismos internacionais e, quando necessário, deles solicitará a colaboração, nas áreas de:

I – intercâmbio de informações sobre legislações, experiências, projetos e programas voltados para atividades de prevenção do uso indevido, de atenção e de reinserção social de usuários e dependentes de drogas;

II – intercâmbio de inteligência policial sobre produção e tráfico de drogas e delitos conexos, em especial o tráfico de armas, a lavagem de dinheiro e o desvio de precursores químicos;

III – intercâmbio de informações policiais e judiciais sobre produtores e traficantes de drogas e seus precursores químicos.

Cooperação internacional. A cooperação internacional recíproca é fundamental para o sucesso estatal na questão relacionada às drogas, especificamente ligadas aos temas descritos nos incisos.

TÍTULO VI
DISPOSIÇÕES FINAIS E TRANSITÓRIAS

Art. 66. Para fins do disposto no parágrafo único do art. 1º desta Lei, até que seja atualizada a terminologia da lista mencionada no preceito, denominam-se drogas substâncias entorpecentes, psicotrópicas, precursoras e outras sob controle especial, da **Portaria SVS/MS nº** 344, de 12 de maio de 1998.

Conceito de drogas. Norma penal em branco. Para evitar repetição desnecessária, remetemos o leitor aos comentários ao art. 1º, parágrafo único, da lei.

Art. 67. A **liberação dos recursos** previstos na Lei nº 7.560, de 19 de dezembro de 1986, em favor de Estados e do Distrito Federal, dependerá de sua adesão e respeito às diretrizes básicas contidas nos convênios firmados e do fornecimento de dados necessários à atualização do sistema previsto no art. 17 desta Lei, pelas respectivas polícias judiciárias.

Liberação dos recursos do FUNAD. A lei 7.560/86 criou o FUNCAB, que teve o seu nome alterado para FUNAD, conforme o art. 6º, §3º, da lei 9.649/98, com a redação que lhe deu a Medida Provisória 2.216-37/01. O artigo ora comentado dispõe sobre a liberação dos recursos do FUNCAB em favor de Estados e do Distrito Federal, desde que eles adiram às diretrizes básicas constantes dos convênios firmados e forneçam os dados necessários à atualização do sistema previsto no art. 17 da presente lei pelas respectivas polícias judiciárias. O art. 17 trata dos dados estatísticos nacionais de repressão ao tráfico ilícito de drogas que integram o sistema de informações do Poder Executivo.

Art. 68. A União, os Estados, o Distrito Federal e os Municípios poderão criar **estímulos fiscais** e outros, destinados às pessoas físicas e jurídicas que colaborem na prevenção do uso indevido de drogas, atenção e reinserção social de usuários e dependentes e na repressão da produção não autorizada e do tráfico ilícito de drogas.

1. **Incentivo fiscal.** É o ato pelo qual o ente com competência tributária reduz a carga tributária, renunciando à sua receita, em troca de atividades de seu interesse. No presente caso, as atividades que configuram a retribuição pelo incentivo fiscal estão ligadas à questão das drogas.

2. **Destinatários do incentivo fiscal.** O incentivo fiscal previsto neste artigo tem como destinatárias, como o artigo deixa claro, as pessoas físicas e jurídicas que colaborem na prevenção do uso indevido de drogas, atenção e reinserção social de usuários e dependentes e na repressão da produção não autorizada e do tráfico ilícito de drogas.

Art. 69. No caso de **falência ou liquidação extrajudicial** de empresas ou estabelecimentos hospitalares, de pesquisa, de ensino, ou congêneres, assim como nos serviços de saúde que produzirem, venderem, adquirirem, consumirem, prescreverem ou fornecerem drogas ou de qualquer outro em que existam essas substâncias ou produtos, incumbe ao juízo perante o qual tramite o feito:

I – determinar, imediatamente à ciência da falência ou liquidação, sejam lacradas suas instalações;

II – ordenar à autoridade sanitária competente a urgente adoção das medidas necessárias ao recebimento e guarda, em depósito, das drogas arrecadadas;

III – dar ciência ao órgão do Ministério Público, para acompanhar o feito.

§ 1º Da **licitação** para alienação de substâncias ou produtos não proscritos referidos no inciso II do caput deste artigo, só podem participar pessoas jurídicas regularmente habilitadas na área de saúde ou de pesquisa científica que comprovem a destinação lícita a ser dada ao produto a ser arrematado.

§ 2º Ressalvada a hipótese de que trata o § 3º deste artigo, o produto não arrematado será, ato contínuo à hasta pública, **destruído** pela autoridade sanitária, na presença dos Conselhos Estaduais sobre Drogas e do Ministério Público.

§ 3º Figurando entre o praceado e **não arrematadas especialidades farmacêuticas** em condições de emprego terapêutico, ficarão elas depositadas sob a guarda do Ministério da Saúde, que as destinará à rede pública de saúde.

Caso de falência ou de liquidação extrajudicial. Em caso de falência ou de liquidação extrajudicial dos estabelecimentos descritos no dispositivo legal ora comentado, devem ser tomadas as providências descritas nos incisos, a título de controle prévio, a fim de evitar o destino ilícito das drogas. Para um maior controle, da licitação somente poderão participar pessoas jurídicas regularmente habilitadas na área de saúde ou de pesquisa científica, que comprovem a destinação lícita a ser dada ao produto a ser arrematado. O produto que não for arrematado deverá ser destruído.

Art. 70. O processo e o julgamento dos crimes previstos nos arts. 33 a 37 desta Lei, se caracterizado ilícito **transnacional**, são da competência da Justiça Federal.

Parágrafo único. Os crimes praticados nos **Municípios que não sejam sede de vara federal** serão processados e julgados na vara federal da circunscrição respectiva.

1. **Competência.** Como regra geral, a competência para o processo e o julgamento dos delitos previstos na lei é da Justiça Estadual.
2. **Tráfico transnacional.** A transnacionalidade fixa a competência na Justiça Federal.
3. **Tráfico internacional e tráfico transnacional.** Para que fique caracterizado o tráfico *internacional*, é necessário provar o vínculo existente entre dois países soberanos, como no caso de provar-se que a droga iria sair do Brasil e teria como destino a Espanha. Caso esse vínculo não seja comprovado, não se pode falar em tráfico internacional. É tráfico nacional, de competência da Justiça Estadual. Mesmo que na droga estivessem gravados o nome e o endereço do remetente em país diverso, como a Colômbia, se não houvesse prova do efetivo vínculo de traficância entre o Brasil e a Colômbia, não se pode falar que se trata de tráfico internacional. Como o nome sugere: internacional (*inter nações*). O simples fato de a droga ser oriunda de outro país não é suficiente para caracterizar o tráfico internacional. Droga comercializada no Brasil, mas de origem estrangeira, não configura tráfico internacional. É necessária a prova do vínculo entre os dois países.

De outro giro, para a caracterização do tráfico *transnacional*, basta a prova de que a droga veio de fora do país ou que ela se destina a algum local fora do país, ou seja, não é necessário provar que a droga iria ou viria de algum país específico, não é preciso comprovar o vínculo entre dois países soberanos, bastando a comprovação de que a droga tenha como origem ou como destino qualquer local que ultrapasse a fronteira do país. Como o nome sugere: transnacional (*trans nação*. Basta que a droga transcenda o território nacional). Basta que a droga seja **oriunda de** ou **enviada para** fora do território brasileiro. Não precisa sequer que a droga ultrapasse a fronteira do país. Assim, se uma pessoa for flagrada com droga na bagagem ainda no salão de embarque de um aeroporto internacional, isso, por si só, é o suficiente para caracterizar o tráfico transnacional, pois há a evidência de que a droga se destina a algum local fora do país, mesmo que não haja nenhuma prova que permita fazer uma ligação entre a pessoa que transporta a droga e outra pessoa em algum país específico. O certo é que, se a pessoa estava no salão de embarque do aeroporto internacional, é evidente que a droga destinar-se-ia a algum local fora do território brasileiro. Da mesma forma, caso o agente seja preso em flagrante ingressando no Brasil e trazendo consigo uma espécie de droga que não seja produzida no Brasil, há a certeza de que a droga é proveniente do exterior, caso em que está caracterizado o tráfico transnacional, embora não haja nenhum elemento de prova que traga a certeza e a identificação do país específico de origem.

> **Súmula 522 do STF**: "Salvo ocorrência de tráfico para o exterior, quando, então, a competência será da Justiça Federal, compete à Justiça dos Estados o processo e julgamento dos crimes relativos a entorpecentes."

→ **Aplicação em concurso.**

- **Delegado de Polícia/GO. 2017. CESPE**

Considerando o disposto na Lei 11.343/2006 e o posicionamento jurisprudencial e doutrinário dominantes sobre a matéria regida por essa lei, assinale a opção correta.

Para a configuração da transnacionalidade do delito de tráfico ilícito de drogas, não se exige a efetiva transposição de fronteiras nem efetiva coautoria ou participação de agentes de estados diversos.

A alternativa está correta.

4. **Competência da Justiça Federal.** Além da transnacionalidade, caso esteja presente algum dos motivos para a fixação de competência da Justiça Federal (art. 109, da CR/88), dela será a competência para o processo e para o julgamento.

5. **Competência e crime praticado a bordo de ou de aeronave.** Nos moldes do art. 109, IX da CR/88, no delito de tráfico praticado a bordo de navio ou de aeronave, a competência é da Justiça Federal. Basta pensar na hipótese em que o agente vende a droga para alguém que se encontre dentro de um navio ou dentro de um avião.

Mesmo que a aeronave esteja em solo e com a porta aberta, a competência permanece fixada da Justiça Federal, não se deslocando para a Justiça Estadual. Sobre esse tema, o STJ tem posição pacífica, como demonstra o julgado abaixo, que tratou de crime de roubo, podendo-se aplicar o mesmo entendimento ao delito de tráfico de drogas.

▶ **STJ**

Informativo 464

Quinta Turma.

COMPETÊNCIA. ROUBO. INTERIOR. AERONAVE.

Trata-se de *habeas corpus* impetrado em favor de paciente condenado por roubo e formação de quadrilha em continuidade delitiva (arts. 288 e 157, § 2º, I e II, ambos do CP). Alega o impetrante a incompetência da Justiça Federal para processar e julgar o crime, visto que, apesar de o roubo dos malotes (com mais de R$ 4 milhões) ter ocorrido a bordo de aeronave, deu-se em solo (aeroporto) contra a transportadora, sendo a vítima o banco, que possui capital privado e público; nessas circunstâncias, não deslocaria a competência para a Justiça Federal. Para o Min. Relator, não há falar em qualidade da empresa lesada diante do entendimento jurisprudencial e do disposto no art. 109, IX, da CF/1988, que afirmam a competência dos juízes federais para processar e julgar os delitos cometidos a bordo de aeronaves, independentemente de elas se encontrarem no solo. Com esse entendimento, a Turma denegou a ordem. Precedentes citados do STF: RHC 86.998-SP, DJ 27/4/2007; do STJ: HC 40.913-SP, DJ 15/8/2005, e HC 6.083-SP, DJ 18/5/1998. **HC 108.478-SP, Rel. Min. Adilson Vieira Macabu (Desembargador convocado do TJ-RJ), julgado em 22/2/2011.**

6. **Navio.** Deve-se tomar cuidado com a expressão *navio*. Tendo em vista que a CR/88 não conceituou o que seria navio, a doutrina e a jurisprudência pacificaram os seus entendimentos no sentido de conferir à expressão *navio* interpretação restritiva. Assim, *navio* não pode ser entendido como qualquer embarcação que se desloque

sob águas, independentemente de qualquer outro critério. Por navio entenda-se a embarcação de grande porte, que possua tamanho e autonomia consideráveis para gerar o seu deslocamento para águas internacionais. Além disso, o navio deve encontrar-se em situação de deslocamento internacional ou em situação de potencial deslocamento.

> **STJ.** CONFLITO DE COMPETÊNCIA. DESENVOLVIMENTO CLANDESTINO DE ATIVIDADES DE TELECOMUNICAÇÃO. CRIME COMETIDO A BORDO DE NAVIO ANCORADO NO PORTO DE PARANAGUÁ. SITUAÇÃO DE POTENCIAL DESLOCAMENTO.
>
> COMPETÊNCIA DA JUSTIÇA FEDERAL. 1. A Constituição Federal, em seu art. 109, IX, expressamente aponta a competência da Justiça Federal para processar e julgar "os crimes cometidos a bordo de navios ou aeronaves, ressalvada a competência da Justiça Militar". 2. Em razão da imprecisão do termo "navio" utilizado no referido dispositivo constitucional, a doutrina e a jurisprudência construíram o entendimento de que "navio" seria embarcação de grande porte o que, evidentemente, excluiria a competência para processar e julgar crimes cometidos a bordo de outros tipos de embarcações, isto é, aqueles que não tivessem tamanho e autonomia consideráveis que pudessem ser deslocados para águas internacionais. 3. Restringindo-se ainda mais o alcance do termo "navio", previsto no art. 109, IX, da Constituição, a interpretação que se dá ao referido dispositivo deve agregar outro aspecto, a saber, que ela se encontre em situação de deslocamento internacional ou em situação de potencial deslocamento. 4. Os tripulantes do navio que se beneficiavam da utilização de centrais telefônicas clandestinas, para realizar chamadas internacionais, pertenciam a embarcação que estava em trânsito no Porto de Paranaguá, o que caracteriza, sem dúvida, situação de potencial deslocamento. Assim, a competência, vista sob esse viés, é da Justiça Federal. 5. Conflito conhecido para declarar competente o Juízo Federal e Juizado Especial de Paranaguá – SJ/PR. **(CC 118.503/PR, Rel. Min. Rogerio Schietti Cruz, julgado em 22/04/2015).**

7. **Competência e foro especial por prerrogativa de função.** Caso o acusado possua foro especial por prerrogativa de função, ele será o competente para o processo e o julgamento.

8. **Tráfico interestadual.** Caracteriza-se pela traficância entre dois Estados da Federação ou entre eles e o Distrito Federal. A competência é da Justiça Estadual.

9. **Envio da droga pelos correios. É tráfico transnacional. A competência é do Juízo Federal do local onde a droga foi apreendida.**

> **Súmula 528 do STJ**: "Compete ao juiz federal do local da apreensão da droga remetida do exterior pela via postal processar e julgar o crime de tráfico internacional."

Art. 71. (VETADO)

Art. 72. Encerrado o processo penal ou arquivado o inquérito policial, o juiz, de ofício, mediante representação do delegado de polícia ou a requerimento do Ministério Público, **determinará a destruição das amostras guardadas para contraprova**, certificando isso nos autos.

Destruição das amostras guardadas para contraprova. As amostras guardadas deverão ser destruídas após o encerramento do processo ou após o arquivamento do inquérito policial. Se a única finalidade delas era a produção probatória em sede de inquérito e de processo, uma vez que eles terminem, impõe-se a sua destruição, tendo em vista que tais amostras não têm nenhuma outra finalidade ulterior. A destruição deve ser feita mediante incineração pelo Delegado de Polícia, nos moldes do art. 50, §§4º e 5º da lei.

Art. 73. A União poderá estabelecer **convênios** com os Estados e o com o Distrito Federal, visando à prevenção e repressão do tráfico ilícito e do uso indevido de drogas, e com os Municípios, com o objetivo de prevenir o uso indevido delas e de possibilitar a atenção e reinserção social de usuários e dependentes de drogas.

Convênios. Os convênios celebrados entre a União e os demais entes federativos têm como finalidade a prevenção e repressão do tráfico ilícito e do uso indevido de drogas, bem como prevenir o uso indevido delas e possibilitar a atenção e reinserção social de usuários e dependentes de drogas.

Art. 74. Esta Lei **entra em vigor** 45 (quarenta e cinco) dias após a sua publicação.

Vacatio legis. Considerando os 45 dias de *vacatio legis* a partir da sua publicação ocorrida em 28 de agosto de 2006, a presente lei entrou em vigor dia 8 de outubro de 2006.

Art. 75. Revogam-se a Lei nº 6.368, de 21 de outubro de 1976, e a Lei nº 10.409, de 11 de janeiro de 2002.

Revogação das leis 6.368/76 e 10.409/2009. Tais leis eram as antigas leis de drogas, que foram expressamente revogadas com o advento da lei ora comentada.

Lei de Improbidade Administrativa. Lei nº 8.429, de 2 junho de 1992

CAPÍTULO I
Das Disposições Gerais

Art. 1º Os **atos de improbidade** praticados por qualquer agente público, servidor ou não, contra a administração direta, indireta ou fundacional de qualquer dos Poderes da União, dos Estados, do Distrito Federal, dos Municípios, de Território, de empresa incorporada ao patrimônio público ou de entidade para cuja criação ou custeio o erário haja concorrido ou concorra com mais de cinqüenta por cento do patrimônio ou da receita anual, **serão punidos na forma desta lei.**

Parágrafo único. **Estão também sujeitos às penalidades desta lei** os atos de improbidade praticados contra o patrimônio de entidade que receba subvenção, benefício ou incentivo, fiscal ou creditício, de órgão público bem como daquelas para cuja criação ou custeio o erário haja concorrido ou concorra com menos de cinqüenta por cento do patrimônio ou da receita anual, limitando-se, nestes casos, a sanção patrimonial à repercussão do ilícito sobre a contribuição dos cofres públicos.

Art. 2º Reputa-se agente público, para os efeitos desta lei, todo aquele que exerce, ainda que transitoriamente ou sem remuneração, por eleição, nomeação, designação, contratação ou qualquer outra forma de investidura ou vínculo, mandato, cargo, emprego ou função nas entidades mencionadas no artigo anterior.

1. **Previsão constitucional.** Os atos de improbidade administrativa possuem previsão constitucional, no art. 37, §4º da CRFB/88, que tem a seguinte redação: *"Art. 37. A administração pública direta e indireta de qualquer dos Poderes da União, dos Estados, do Distrito Federal e dos Municípios obedecerá aos princípios de legalidade, impessoalidade, moralidade, publicidade e eficiência e, também, ao seguinte:...§4º Os atos de improbidade administrativa importarão a suspensão dos direitos políticos, a perda da função pública, a indisponibilidade dos bens e o ressarcimento ao erário, na forma e gradação previstas em lei, sem prejuízo da ação penal cabível."*

2. **Ato de improbidade.** Os atos de improbidade estão elencados nos arts. 9º (*Atos de Improbidade Administrativa que Importam Enriquecimento Ilícito*), 10 (*Atos de Improbidade Administrativa que Causam Prejuízo ao Erário*), 10-A (*Atos de Improbidade*

Administrativa Decorrentes de Concessão ou Aplicação Indevida de Benefício Financeiro ou Tributário) e 11 (*Atos de Improbidade Administrativa que Atentam Contra os Princípios da Administração Pública*) da presente lei, e, como dito alhures, não configuram ilícitos penais, mas sim ilícitos civis, que são apurados em ação civil própria, a ação civil pública.

3. **Conceito de agente público.** O agente público é o destinatário da conduta delituosa prevista no art. 19 desta lei. Embora semelhante, o conceito fornecido pelo art. 2º é diverso do fornecido pelo art. 327 do Código Penal. Na lei de improbidade administrativa, o conceito é mais abrangente, não importando a forma de investidura ou vínculo com o Estado, uma vez que tal vínculo pode se dar por *eleição, nomeação, designação, contratação* ou *qualquer outra forma de investidura ou vínculo.* O conceito é tão abrangente que o legislador utilizou a fórmula de interpretação analógica nas expressões *ou qualquer outra forma de investidura ou vínculo,* para alcançar qualquer outra forma de vínculo com o Estado que não esteja prevista no dispositivo ora comentado. Note-se, ainda, que o legislador abarcou, inclusive, o cargo transitório ou sem remuneração.

(...)

CAPÍTULO VI

Das Disposições Penais

Art. 19. Constitui crime a **representação por ato de improbidade** contra agente público ou terceiro beneficiário, **quando o autor da denúncia o sabe inocente.**

Pena: detenção de seis a dez meses e multa.

Parágrafo único. Além da sanção penal, o denunciante está sujeito a **indenizar o denunciado** pelos danos materiais, morais ou à imagem que houver provocado.

1. **Bem jurídico protegido.** A honra e integridade moral do agente público.
2. **Sujeito ativo.** Crime comum, pois o legislador não exigiu nenhuma condição especial do sujeito ativo.
3. **Sujeito passivo.** É o agente público, definido no art. 2º da lei.
4. **Especialidade.** O tipo penal ora comentado configura especialidade em relação aos delitos de calúnia (art. 138) e denunciação caluniosa (art. 339), ambos previstos no Código Penal. O elemento especializante reside no dolo do agente de provocar a instauração de procedimento administrativo contra o agente público para a apuração da prática de ato de improbidade administrativa.
5. **Dolo direto.** O tipo penal exige que o autor da representação saiba da inocência do representado. Pela expressão *sabe,* utilizada, conclui-se que o tipo somente comporta o dolo direto, não abrangendo o dolo indireto eventual.
6. **Representação.** A representação a que se refere o tipo penal não guarda nenhuma relação com a representação exigida como condição de procedibilidade na ação penal pública condicionada à representação. Até porque os atos de improbidade administrativa previstos nos arts. 9º, 10, 10-A e 11 da presente lei não configuram

ilícitos penais, mas sim ilícitos civis, que são apurados em ação civil própria, a ação civil pública. Para fins da presente lei, entenda por representação uma mera comunicação da ocorrência de um ato de improbidade administrativa imputado a algum agente público. A representação está prevista no art. 14 da lei: *"Art. 14. Qualquer pessoa poderá representar à autoridade administrativa competente para que seja instaurada investigação destinada a apurar a prática de ato de improbidade. § 1º A representação, que será escrita ou reduzida a termo e assinada, conterá a qualificação do representante, as informações sobre o fato e sua autoria e a indicação das provas de que tenha conhecimento. § 2º A autoridade administrativa rejeitará a representação, em despacho fundamentado, se esta não contiver as formalidades estabelecidas no § 1º deste artigo. A rejeição não impede a representação ao Ministério Público, nos termos do art. 22 desta lei. § 3º Atendidos os requisitos da representação, a autoridade determinará a imediata apuração dos fatos que, em se tratando de servidores federais, será processada na forma prevista nos arts. 148 a 182 da Lei nº 8.112, de 11 de dezembro de 1990 e, em se tratando de servidor militar, de acordo com os respectivos regulamentos disciplinares."*

7. **Destinatário da representação.** É a autoridade administrativa com atribuição para apurar a prática do ato de improbidade administrativa.

8. **Inocência do agente público.** A inocência do agente público é elemento do tipo. Dessa forma, a sua não inocência conduzirá a conduta do autor da representação à atipicidade formal.

9. **Consumação.** O delito consuma-se no momento da realização da representação. O tipo penal não exigiu, para a sua consumação, a efetiva instauração do procedimento administrativo.

10. **Classificação.** Crime comum; doloso; formal; comissivo; instantâneo; admite tentativa.

11. **Suspensão condicional do processo.** Cabível, pois a pena mínima cominada não ultrapassa 1 ano (art. 89 da lei 9.099/95).

12. **Reparação pelos danos morais e materiais causados ao agente público.** No parágrafo único o legislador permitiu a possibilidade de reparação civil por danos morais e materiais causados ao agente público com a representação. Trata-se de dispositivo desnecessário, uma vez que a CRFB/88, no seu art. 5º, X, ao dispor que *são invioláveis a intimidade, a vida privada, a honra e a imagem das pessoas, assegurado o direito a indenização pelo dano material ou moral decorrente de sua violação* já assegura a reparação civil dos danos causados a qualquer pessoa.

→ **Aplicação em concurso.**

- **Delegado de Polícia/GO. 2017. CESPE**

  Se uma pessoa, maior e capaz, representar contra um delegado de polícia por ato de improbidade sabendo que ele é inocente, a sua conduta poderá ser considerada, conforme o disposto na Lei 8.429/1992,

A) A crime, estando essa pessoa sujeita a detenção e multa.

B) ilícito administrativo, por atipicidade penal da conduta.

C) contravenção penal.

D) crime, estando essa pessoa sujeita apenas a multa.

E) crime, estando essa pessoa sujeita a reclusão e multa.

Alternativa correta: letra A.

- **Notário-MA/2008. IESES**

É certo afirmar:

Constitui crime a representação por ato de improbidade contra agente público ou terceiro beneficiário quando o autor da denúncia o sabe inocente, estando o denunciante sujeito além da sanção penal, a indenizar o denunciado pelos danos materiais, morais ou à imagem que houver provocado, tudo conforme prevê a Lei nº 8.429/92.

A alternativa está certa

CAPÍTULO VIII
Das Disposições Finais

Art. 24. Esta lei entra em vigor na data de sua publicação.

Art. 25. Ficam revogadas as Leis nºs 3.164, de 1º de junho de 1957, e 3.502, de 21 de dezembro de 1958 e demais disposições em contrário.

Licitações.
Lei nº 8.666, de 21 de junho de 1993

Art. 83. Os crimes definidos nesta Lei, ainda que simplesmente tentados, sujeitam os seus autores, quando servidores públicos, além das **sanções penais**, à **perda do cargo, emprego, função ou mandato eletivo.**

1. **Fundamento constitucional da licitação.** O processo licitatório tem seu fundamento no art. 37, da CRFB/88, segundo o qual *"ressalvados os casos especificados na legislação, as obras, serviços, compras e alienações serão contratados mediante processo de licitação pública que assegure igualdade de condições a todos os concorrentes, com cláusulas que estabeleçam obrigações de pagamento, mantidas as condições efetivas da proposta, nos termos da lei, o qual somente permitirá as exigências de qualificação técnica e econômica indispensáveis à garantia do cumprimento das obrigações."* Esse inciso foi regulamentado pela lei 8.666/93, que traz toda a disciplina legal do procedimento licitatório.

2. **Licitação e sua finalidade.** Licitação é um procedimento administrativo que se desenvolve por meio de uma sucessão de atos por parte da Administração Pública, composto por várias etapas, que proporciona oportunidades idênticas a todos os que pretendem contratar com o Poder Público, com a finalidade de selecionar a proposta mais vantajosa para a Administração Pública.

3. **Objeto da licitação.** O procedimento licitatório pode ter por objeto obras, serviços, inclusive de publicidade, compras, alienações, concessões, permissões e locações (art. 2º, da lei 8.666/93).

4. **Entidades obrigadas a licitar.** São obrigados a realizar o procedimento licitatório os "órgãos da administração direta, os fundos especiais, as autarquias, as fundações públicas, as empresas públicas, as sociedades de economia mista e demais entidades controladas direta ou indiretamente pela União, Estados, Distrito Federal e Municípios." (art. 1º, parágrafo único, da lei 8.666/93).

5. **Bem jurídico tutelado.** Na lei 8.666/93 o bem jurídico tutelado pelo direito penal é a moralidade administrativa.

6. **Sanções aplicáveis ao servidor público autor de crime contra as licitações.** O legislador estabeleceu duas espécies de sanção, a penal e a administrativa de perda

do cargo, emprego, função ou mandato eletivo. As duas sanções são autônomas e podem ser aplicadas cumulativamente, em razão de possuírem naturezas diversas.

7. **Competência e atribuição para a aplicação das sanções.** As duas sanções devem ser aplicadas pelo órgão jurisdicional.

8. **Comparação com o art. 92, I, do Código Penal.** No Código Penal, a perda do cargo não é automática, dependendo de motivação expressa na sentença penal condenatória, quando aplicada pena privativa de liberdade por tempo igual ou superior a um ano, nos crimes praticados com abuso de poder ou violação de dever para com a Administração Pública ou, então, quando for aplicada pena privativa de liberdade por tempo superior a 4 (quatro) anos nos demais casos. Na lei de licitações, a perda do cargo, emprego, função ou mandato eletivo é automática, independentemente do *quantum* de pena aplicada.

→ **Aplicação em concurso.**

- **Delegado de Polícia/DF. 2015. FUNIVERSA.**

  Os crimes definidos na lei de licitações podem sujeitar os seus autores, quando servidores públicos, às sanções penais e à perda do cargo, do emprego, da função ou do mandato eletivo, mas, apenas, se os delitos, de fato, se consumarem.

  A alternativa está errada.

- **(MPE-MS – Promotor de Justiça – MS/2013).**

  Nos casos de sentença condenatória por prática de crime envolvendo licitação (Lei nº 8.666/93), quando o réu é servidor público está sujeito à perda

A) do emprego na hipótese exclusiva do delito ter sido consumado.

B) do cargo, da função ou do emprego, mesmo que se trate de delito tentado.

C) da função, mas não do mandato eletivo, mesmo que a hipótese seja delito tentado.

D) do cargo, somente se consumado o delito.

E) do cargo, mas não da função, ainda que se trate de delito tentado.

Alternativa correta: letra B.

- **Promotor de Justiça/CE. 2009. FCC.**

  O autor de crime envolvendo licitação, quando servidor público, está sujeito à perda

A) do cargo, mas não da função, ainda que se trate de delito tentado.

B) do cargo, da função ou do emprego, ainda que se trate de delito tentado.

C) do cargo apenas se o delito alcançar a consumação.

D) da função, mas não do mandato eletivo, ainda que se trate de delito tentado.

E) do emprego no caso exclusivo de o delito atingir a consumação.

Alternativa correta: Letra B.

9. **Competência para processo e julgamento.** Nos moldes do art. 109, IV da CRFB/88, quando as infrações penais previstas nesta lei forem praticadas com violação a bens, interesse ou serviço da União, suas autarquias ou empresas públicas, a competência para processo e julgamento será da Justiça Federal. Nos demais casos, a competência será da Justiça Estadual.

10. Competência para processo e julgamento de crime praticado por militar. Na hipótese de um crime contra as licitações ser praticado por um militar, ainda que contra a Administração Pública militar, a competência para o processo e o julgamento do delito continua sendo da Justiça Comum, Federal ou Estadual. Não será deslocada para a Justiça Militar, uma vez que se trata de um delito comum, e não de um delito militar por não estar previsto no Código Penal Militar (DL 1001/69).

▶ **STJ**

Informativo nº 586

Terceira Seção

DIREITO PROCESSUAL PENAL. COMPETÊNCIA DA JUSTIÇA COMUM FEDERAL PARA JULGAR MILITAR DA ATIVA.

Compete à Justiça Comum Federal – e não à Justiça Militar – processar e julgar a suposta prática, por militar da ativa, de crime previsto apenas na Lei n. 8.666/1993 (Lei de Licitações), ainda que praticado contra a administração militar. A CF preceitua no art. 124 que "À Justiça Militar compete processar e julgar os crimes militares definidos em lei". Os arts. 9º e 10 do CPM são normas de interpretação de quais são exatamente os crimes militares. Quanto ao inciso II do art. 9º, são crimes militares os "previstos neste Código, embora também o sejam com igual definição na lei penal comum, quando praticados: [...] e) por militar em situação de atividade, ou assemelhado, contra patrimônio sob administração militar, ou a ordem administrativa militar". O crime licitatório, no caso, não está previsto no CPM e, embora supostamente praticado por militar da ativa contra a administração militar, não encontra respaldo jurídico no Código Penal Militar para se atribuir a competência à Justiça Castrense, uma vez que o art. 9º, II, *e*, do CPM exige que o crime esteja expressamente previsto nesse código. Desse modo, para configurar crime militar com base no art. 9º, I e II, necessariamente o delito deve constar do rol de crimes previstos expressamente no CPM, sob pena de não ser considerado crime militar e, por sua vez, ser afastada a competência da justiça especializada. Interpretar de forma diversa é ampliar os crimes militares quando o legislador expressamente inseriu nos incisos I e II que crime militar é aquele expresso no Código Penal Militar. **CC 146.388-RJ, Rel. Min. Felix Fischer, julgado em 22/6/2016, DJe 1/7/2016.**

Art. 84. Considera-se servidor público, para os fins desta Lei, aquele que exerce, mesmo que transitoriamente ou sem remuneração, cargo, função ou emprego público.

§ 1º **Equipara-se a servidor público**, para os fins desta Lei, quem exerce cargo, emprego ou função em entidade paraestatal, assim consideradas, além das fundações, empresas públicas e sociedades de economia mista, as demais entidades sob controle, direto ou indireto, do Poder Público.

§ 2º A pena imposta será acrescida da terça parte, quando os autores dos crimes previstos nesta Lei forem ocupantes de **cargo em comissão ou de função de confiança** em órgão da Administração direta, autarquia, empresa pública, sociedade de economia mista, fundação pública, ou outra entidade controlada direta ou indiretamente pelo Poder Público.

1. **Conceito de funcionário público.** Com a mesma redação contida no art. 327 do Código Penal, o legislador pretendeu abarcar todas as hipóteses em que o agente tenha algum vínculo formal com o Estado, inclusive de forma transitória ou sem remuneração.

2. **Funcionário Público por equiparação.** No § 1º, o legislador trouxe uma formulação mais abrangente do que a equiparação prevista no art. 327, § 1º do Código Penal, fazendo menção expressa a fundações públicas, empresa pública, sociedade de economia mista e as demais entidades controladas pelo Poder Público.

→ **Aplicação em concurso.**

- **Delegado de Polícia/GO. 2017. CESPE.**

  Considerando o disposto na legislação referente às licitações e contratos da administração pública e aos crimes contra a economia popular, bem como na Lei 12.846/2013, assinale a opção correta.

  Tratando-se dos crimes previstos na Lei de Licitações, equipara-se a servidor público quem exerce mandato, cargo, emprego ou função em entidade privada que receba subvenção, benefício ou incentivo fiscal ou creditício de órgão público.

  A alternativa está errada.

3. **Conflito aparente de normas.** Considerando a diversidade das normas que trazem a equiparação a funcionário público contidas no Código Penal e na lei 8.666/93, tem-se que o conflito deve ser resolvido à luz do princípio da especialidade contido no art. 12 do Código Penal, não sendo, portanto, aplicável aos crimes contra as licitações o conceito de funcionário público por equiparação contido no Código Penal, e, sim, o constante da lei 8.666/93.

→ **Aplicação em concurso.**

- **AGU/2008. CESPE.**

  Acerca dos crimes relativos à licitação, julgue os itens que se seguem. Não interfere na pena aplicada ao agente o fato de ser ele ocupante de cargo em comissão ou de função de confiança em órgão da administração direta, autarquia, empresa pública, sociedade de economia mista, fundação pública ou em outra entidade controlada direta ou indiretamente pelo poder público.

  A alternativa está errada.

Art. 85. As infrações penais previstas nesta Lei pertinem às licitações e aos contratos celebrados pela União, Estados, Distrito Federal, Municípios, e respectivas autarquias, empresas públicas, sociedades de economia mista, fundações públicas, e quaisquer outras entidades sob seu controle direto ou indireto.

1. **Aplicabilidade das infrações penais.** As normas referentes aos delitos previstos na lei de licitações são aplicáveis a todos os entes mencionados no art. 85 da lei. O legislador pretendeu ser o mais abrangente possível, para resguardar ao máximo o respeito à lei, para que se garanta sempre a lisura no procedimento daqueles que pretendem contratar com o Poder Público.

Seção III
Dos Crimes e das Penas

Art. 89. Dispensar ou inexigir licitação **fora das hipóteses previstas em lei**, ou deixar de observar as formalidades pertinentes à **dispensa ou à inexigibilidade**:

Pena – detenção, de 3 (três) a 5 (cinco) anos, e multa.

Parágrafo único. Na mesma pena incorre aquele que, tendo **comprovadamente concorrido** para a consumação da ilegalidade, beneficiou-se da dispensa ou inexigibilidade ilegal, para celebrar contrato com o Poder Público.

1. **Dispensar.** Significa prescindir, isentar. O delito consiste em isentar a licitação fora das hipóteses permitidas pela lei 8.666/93.

2. **Inexigir.** Significa desobrigar, deixar de impor como obrigação.

3. **Norma penal em branco.** O art. 89 da lei 8.666/93 configura norma penal em branco homogênea ou de complementação homóloga, pois precisa ser complementada, uma vez que as hipóteses de dispensa estão previstas na própria lei 8.666/93, em seu art. 24. Por outro lado, as hipóteses legais de inexigibilidade estão previstas no art. 25 da mesma lei.

4. **Não-observância das formalidades pertinentes à dispensa ou à inexigibilidade.** O legislador puniu a não observância de qualquer formalidade relativa à dispensa ou à inexigibilidade, que está prevista no art. 26 da lei 8.666/93.

5. **Especial fim de agir.** Embora não expresso no tipo penal, a jurisprudência do STF e do STJ exige que para a configuração do presente delito o agente pratique a conduta com o especial fim de agir de causar dano ao erário.

▸ **STF**

Informativo nº 861.

Primeira Turma.

Crime de dispensa irregular de licitação e dolo específico.

A Primeira Turma, por maioria, rejeitou denúncia oferecida contra deputado federal, pela suposta prática do crime de dispensa de licitação fora das hipóteses previstas em lei [Lei 8.666/1993, art. 89]. No caso, o investigado, na qualidade de secretário estadual de Educação e com base em parecer da Procuradoria Jurídica, teria homologado procedimento de inexigibilidade de licitação para aquisição de licenças de "software" para a sistematização organizacional de horários e grades escolares na rede pública estadual de Santa Catarina. (...) Por fim, asseverou que o crime previsto no art. 89 da Lei 8.666/1993 reclama o dolo, consubstanciado na vontade livre e consciente de praticar o ilícito penal, que não se faz presente quando o acusado atua com fulcro em parecer da Procuradoria Jurídica no sentido da inexigibilidade da licitação. Vencido o ministro Marco Aurélio, que recebia a denúncia. Para ele, o crime de afastamento de licitação teria natureza formal, sem necessidade, portanto, da exigência de dolo específico. **(Inq 3753/DF, rel. Min. Luiz Fux, julgamento em 18.4.2017).**

STF. PENAL. PROCESSUAL PENAL. PREFEITO. (...) INEXIGIBILIDADE. CRIME DO ARTIGO 89 DA LEI 8.666/93. (...) O delito do artigo 89 da Lei 8.666/93 exige, além do dolo genérico – representado pela vontade consciente de dispensar ou inexigir licitação fora das hipóteses legais -, a configuração do especial fim de agir, consistente no dolo específico de causar dano ao erário. Desnecessário o efetivo prejuízo patrimonial à administração pública. (...) **(AP 580, Rel. Min. Rosa Weber, 13/12/2016).**

STJ. (....) DISPENSA DE LICITAÇÃO. ART. 89 DA LEI N. 8.666/1993. IMPRESCINDIBILIDADE DA DEMONSTRAÇÃO DO PREJUÍZO E DO DOLO. (...) 1. A jurisprudência dominante deste Superior Tribunal orienta que "Os crimes previstos nos artigos 89 da Lei n. 8.666/1993 (dispensa de licitação mediante, no caso concreto, fracionamento da contratação) e 1º, inciso V, do Decreto-lei n. 201/1967 (pagamento realizado antes da entrega do respectivo serviço pelo particular) exigem, para que sejam tipificados, a presença do dolo específico de causar dano ao erário e da caracterização do efetivo prejuízo" (...) **(AgRg no AREsp 1104577/RN, Rel. Min. Rogerio Schietti Cruz, , julgado em 21/09/2017, DJe 02/10/2017).**

6. **Tipo misto alternativo.** O tipo penal em análise traz três condutas. Por se tratar de tipo penal misto alternativo, a prática de duas ou mais condutas descritas no tipo não gera concurso de crimes, respondendo o agente por apenas um delito.

7. **Consumação.** A consumação se dá com a dispensa, inexigibilidade ou não-observância das formalidades pertinentes à dispensa ou à inexigibilidade, somente na forma dolosa, não sendo necessário causar nenhum prejuízo ao erário, pois se trata de crime formal.

   → **Aplicação em concurso.**

   - **Delegado de Polícia/GO. 2017. CESPE.**

     Considerando o disposto na legislação referente às licitações e contratos da administração pública e aos crimes contra a economia popular, bem como na Lei 12.846/2013, assinale a opção correta.

     O servidor responsável que negligentemente dispensa processo licitatório exigido por lei na contratação de obra ou serviço pela administração pública pratica crime na modalidade culposa.

     A alternativa está errada.

8. **Necessidade de resultado danoso.** O tema não é pacífico no STF e no STJ. Segundo o STJ, o delito somente será punível se causar resultado danoso. Entretanto, segundo o STF, não é necessário o resultado danoso para a consumação do delito, uma vez que o crime se caracteriza pelo simples *dispensar* ou *inexigir* o certame, não podendo o resultado naturalístico ser considerado condição imprescindível à consumação do delito.

STJ. RECURSO ESPECIAL. ART. 89, CAPUT, E PARÁGRAFO ÚNICO DA LEI 8.666/1993. DISPENSA INDEVIDA DE LICITAÇÃO PARA ELABORAÇÃO DE TERMO DE PERMISSÃO DE USO. DOLO ESPECÍFICO DE CAUSAR PREJUÍZO AO ERÁRIO NÃO DEMONSTRADO. ATIPICIDADE DA CONDUTA. (...) Esta Corte, após inicial divergência, pacificou o entendimento de que, para a configuração do crime previsto no art. 89 da Lei n. 8.666/1993 exige-se a presença do dolo específico de causar dano ao erário e a caracterização do efetivo prejuízo. (...) **(REsp 1485384/SP, Rel. Min. Reynaldo Soares da Fonseca, julgado em 26/09/2017, DJe 02/10/2017).**

▶ **STF**

Informativo nº 856

Primeira Turma

Crime de dispensa ou inexigibilidade indevida de licitação e viabilidade da denúncia – 2

A Primeira Turma, em conclusão e por maioria, rejeitou denúncia oferecida em face de deputado federal pela suposta prática dos crimes previstos no art. 89 da Lei 8.666/1993 (...) e no art. 1º, XIII, do Decreto-Lei 201/1967 (...). No tocante ao crime previsto no art. 89 da Lei 8.666/1993, consignou que a dispensa ou inexigibilidade é incriminada, de acordo com o tipo penal, quando o fato não se enquadra nas hipóteses legais de dispensa ou de inexigibilidade (Lei 8.666/1993, arts. 24 e 25), ou as formalidades pertinentes à dispensa ou à inexigibilidade não são observadas (Lei 8.666/1993, art. 26). Ressaltou, ademais, que o tipo penal do art. 89 da Lei de Licitações prevê crime formal, que dispensa o resultado danoso para o erário. (...) **(Inq 3674/RJ, rel. Min. Luiz Fux, julgamento em 7.3.2017).**

STF. PENAL. PROCESSUAL PENAL. PREFEITO. (...) INEXIGIBILIDADE. CRIME DO ARTIGO 89 DA LEI 8.666/93. (...) O delito do artigo 89 da Lei 8.666/93 exige, além do dolo genérico – representado pela vontade consciente de dispensar ou inexigir licitação fora das hipóteses legais -, a configuração do especial fim de agir, consistente no dolo específico de causar dano ao erário. Desnecessário o efetivo prejuízo patrimonial à administração pública. (...) **(AP 580, Plenário. Rel. Min. Rosa Weber, 13/12/2016).**

9. **Prefeito municipal.** Se o sujeito ativo for o Prefeito Municipal, ele responde também pelo crime de responsabilidade, previsto no art. 1º, XI do Decreto-lei 201/67, que tem a seguinte redação: *"Art. 1º São crimes de responsabilidade dos Prefeitos Municipal, sujeitos ao julgamento do Poder Judiciário, independentemente do pronunciamento da Câmara dos Vereadores: XI – Adquirir bens, ou realizar serviços e obras, sem concorrência ou coleta de preços, nos casos exigidos em lei."*.

10. **Classificação.** Crime próprio, pois só pode ser praticado pelo servidor público nos moldes do art. 84 da lei; formal; instantâneo; doloso; de perigo abstrato; comissivo nas condutas *dispensar* e *inexigir*, admitindo a tentativa, mas omissivo próprio na conduta *deixar de observar as formalidades pertinentes à dispensa ou à inexigibilidade*, que, por ser omissivo próprio, não admite a tentativa.

→ **Aplicação em concurso.**

- **(Cespe – Procurador do Município – Prefeitura Boa Vista-RR/2010)**

  Acerca dos crimes previstos na Lei de Licitações e Contratos da Administração Pública (Lei n.º 8.666/1993) e nas disposições da Lei de Improbidade Administrativa (Lei nº 8.429/1992), julgue os itens subsequentes.

  A autoridade competente que, fora das hipóteses previstas em lei, determinar dispensa ou inexigibilidade de licitação incorrerá em crime previsto na Lei nº 8.666/1993.

  A alternativa está certa.

11. **Suspensão condicional do processo.** Incabível, pois a pena mínima cominada ultrapassa 1 ano (art. 89 da lei 9.099/95).

12. **Parágrafo único.** O parágrafo único do art. 89 da lei faz menção expressa àquele que comprovadamente concorreu para a consumação do delito, referindo-se, portanto, ao contratado particular. Note-se que o legislador exigiu prova da concorrência do contratado, com a prática de condutas que resultem na prática do delito do *caput* pelo servidor público. Caso o contratado se beneficie da ilegalidade, mas assumindo uma conduta passiva, sem ter efetivamente praticado qualquer conduta, não responderá por crime nenhum, uma vez que sua conduta será atípica.

13. **Desnecessidade do parágrafo único.** Caso o parágrafo único não existisse, seria possível a punição da conduta do contratado particular como partícipe do art. 89 da presente lei, com base no art. 30 do Código Penal, uma vez que a condição de servidor público é elemento do tipo penal.

Art. 90. Frustrar ou fraudar, mediante ajuste, combinação ou qualquer outro expediente, o caráter competitivo do procedimento licitatório, **com o intuito de obter**, para si ou para outrem, vantagem decorrente da adjudicação do objeto da licitação:

Pena - detenção, de 2 (dois) a 4 (quatro) anos, e multa.

1. **Frustrar.** Significa enganar a expectativa, não suceder o que se esperava.

2. **Fraudar.** Consiste em iludir, induzir ou manter em erro, enganar.

3. **Ajuste, combinação ou qualquer outro expediente.** O legislador estabeleceu a forma da prática da conduta de frustração ou fraude, que é o ajuste e a combinação. Utilizou, também, a técnica de interpretação analógica nas expressões *ou qualquer outro expediente,* para abranger outras formas diversas da prática do delito, que não sejam o ajuste e a combinação. Com essas condutas, o legislador quis evitar que se anule o maior mérito da lei de licitações, que é o caráter competitivo em igualdade dos pretendentes contratantes com o Poder Público.

4. **Especial fim de agir.** O tipo penal traz um especial fim de agir contido na expressão *com o intuito de obter,* que deve estar presente na conduta do agente, sob pena de atipicidade. Caso não fique provado nos autos o especial fim de agir, a conduta do agente será atípica.

→ **Aplicação em concurso.**

- **Analista Administrativo. TJ/SC. 2015. FGV.**

Cometeu crime previsto na Lei de Licitações e Contratos (Lei nº 8.666/93), aquele que:

A) praticou delito de homicídio, matando um funcionário público que, à época do ilícito, era integrante da Comissão Permanente de Licitação.

B) apropriou-se, na qualidade de funcionário público, de valor de que detinha a posse em razão do cargo, que seria utilizado para pagar sociedade empresária vencedora de licitação.

C) desviou, para si, valendo-se da função pública que exerce, os bens adquiridos pelo poder público após processo licitatório.

D) frustrou, mediante ajuste, o caráter competitivo do procedimento licitatório, com o intuito de obter, para si, vantagem decorrente da adjudicação do objeto da licitação.

E) subtraiu, para si, coisa alheia móvel decorrente da adjudicação do objeto da licitação, mediante grave ameaça ou violência à pessoa.

Alternativa correta: Letra D.

5. **Tipo misto alternativo.** A prática das duas condutas descritas no tipo (*frustrar* e *fraudar*) não gera concurso de crimes, respondendo o agente por apenas um delito.

6. **Anulação do procedimento licitatório.** Não afasta a tipicidade da conduta do agente.

7. **Condomínio edilício formado por frações pertencentes ao Poder Público e a particulares. Ausência de necessidade de licitação.** O condomínio edilício formado por frações pertencentes ao Poder Público e a particulares não precisa instaurar procedimento de licitação para conceder a uma sociedade empresária o direito de explorar área destinada a estacionamento. Isso porque a presença do Poder Público como proprietário de fração ideal do condomínio, independentemente de possuir a maior ou a menor parte das frações, não significa que os atos devem ser praticados nos moldes do Direito Administrativo. Os condomínios não estão incluídos no rol do art. 37, XII, da CRFB/88. Assim, a conduta de conceder a uma sociedade empresária o direito de explorar a área do condomínio destinada a estacionamento sem licitação não configura o delito ora comentado, sendo, portanto, penalmente atípica.

▸ **STJ**

Informativo nº 569

Quinta Turma

DIREITO PENAL. NÃO OBRIGATORIEDADE DE LICITAÇÃO POR PARTE DE CONDOMÍNIO EDILÍCIO EM QUE ENTE PÚBLICO SEJA PROPRIETÁRIO DE FRAÇÃO IDEAL.

O síndico de condomínio edilício formado por frações ideais pertencentes a entes públicos e particulares, ao conceder a sociedade empresária o direito de explorar serviço de estacionamento em área de uso comum do prédio sem procedimento licitatório, não comete o delito previsto no art. 90 da Lei 8.666/1993 (...). O condomínio edilício é ente despersonalizado regido pelo Direito Privado (arts. 1.331 e seguintes do Código Civil e Lei 4.591/1964 e alterações posteriores). Registre-se que os condomínios edilícios não figuram dentre aqueles entes obrigados a licitar mencionados no art. 37, XXI, da CF ou na Lei 8.666/1993. Com efeito, o só fato de entes públicos serem proprietários de frações ideais de um imóvel não determina que os atos do condomínio necessitem ser praticados à luz do Direito Público, mormente a contratação de bens e serviços, como a exploração de área comum (estacionamento). O Poder Público, quando participa de um condomínio edilício, por si só, não tem prevalência sobre os demais condôminos. Assim, não pode obrigá-los a seguir regras aplicáveis apenas à Administração Pública, sob pena de subverter a própria natureza do instituto, obstando os procedimentos rotineiros indispensáveis ao cumprimento das atividades de gestão do condomínio. Sendo assim, não há necessidade da discussão sequer sobre se há maioria de fração ideal do imóvel pelo o Poder Público. O STJ, em julgado relativo à extinção de condomínio em que uma das partes era o Poder Público, já se pronunciou pela aplicação do Direito Privado, não obstante o regime especial de alienação de bens públicos (REsp 655.787-MG, DJU de 5/9/2005). Dessa forma, desnecessário seguir a Lei 8.666/1993, por não se tratar de órgão público ou ente público obrigado a licitar ou, ainda, de relação de Direito Público, mas de Direito Privado, sendo atípica a conduta em análise. **REsp 1.413.804-MG, Rel. Min. Reynaldo Fonseca, julgado em 8/9/2015, DJe 16/9/2015.**

8. **Consumação.** Com a prática das condutas de *frustrar* ou *fraudar* o caráter competitivo da licitação, com o especial fim de agir por parte do agente de obter a vantagem a que o tipo faz menção, mesmo que não a obtenha, pois se trata se crime formal.
9. **Classificação.** Crime próprio, pois só pode ser praticado pelo participante do procedimento licitatório; formal; instantâneo; doloso; de perigo abstrato; comissivo; admite a tentativa.
10. **Suspensão condicional do processo.** Incabível, pois a pena mínima cominada ultrapassa 1 ano (art. 89 da lei 9.099/95).
11. **Imunidade de advogado.** Não afasta a tipicidade da conduta
12. **Possibilidade de concurso de crimes com o art. 96, I desta lei. É possível a ocorrência de concurso de crimes entre o art. 90 e o art. 96, I, ambos da presente lei, sem que isso configure** *bis in idem.*

▶ **STJ**

Informativo 530

Quinta Turma

DIREITO PENAL. CONCURSO DE CRIMES PREVISTOS NA LEI 8.666/1993.

Não configura *bis in idem* **a condenação pela prática da conduta tipificada no art. 90 da Lei 8.666/1993 (fraudar o caráter competitivo do procedimento licitatório) em concurso formal com a do art. 96, I, da mesma lei (fraudar licitação mediante elevação arbitraria dos preços). Isso porque** se trata de tipos penais totalmente distintos. Com efeito, enquanto no crime do art. 90 o agente busca eliminar a competição ou fazer com que esta seja apenas aparente, no crime do art. 96, I, atinge-se diretamente a licitação, elevando arbitrariamente os preços em prejuízo da Fazenda Pública. Dessa forma, caracterizadas as duas espécies delitivas, um crime não estará absorvido pelo outro. **REsp 1.315.619-RJ, Rel. Min. Campos Marques (Desembargador convocado do TJ-PR), julgado em 15/8/2013.**

Art. 91. Patrocinar, direta ou indiretamente, **interesse privado perante a Administração,** dando causa à instauração de licitação ou à celebração de contrato, **cuja invalidação vier a ser decretada pelo Poder Judiciário:**

Pena – detenção, de 6 (seis) meses a 2 (dois) anos, e multa.

1. **Patrocinar.** Significa defender, proteger, beneficiar.
2. **Interesse privado.** É o interesse que pertence ao particular, desvinculado e contrário ao interesse público. Mesmo que o interesse privado seja legítimo, haverá a prática do delito.
3. **Exigência de instauração de licitação ou celebração do contrato.** O tipo penal exigiu que fosse dado causa à instauração do processo licitatório ou à celebração do contrato, sem os quais o crime não estará configurado, não bastando, portanto, o simples patrocínio.
4. **Invalidação da licitação ou do contrato pelo Poder Judiciário.** O legislador exigiu, como condição objetiva de punibilidade, a invalidação da licitação ou do contrato pelo Poder Judiciário, em ação cível pertinente. Dessa forma, caso haja a instauração do processo licitatório ou celebração do contrato, mas não haja a sua invalidação pelo Poder Judiciário, não haverá punibilidade.

   → **Aplicação em concurso.**

   - **(FUNCAB – Delegado de Polícia – ES/2013).**

     Em razão do pleito de Mário, chefe de departamento da Secretaria de Obras, em favor de seu amigo José, que era proprietário de uma empresa de recapeamento, foi celebrado um contrato entre a empresa de José e a referida Secretaria, objetivando o recapeamento de várias ruas. Esse contrato posteriormente foi invalidado por decisão judicial, haja vista ferir vários preceitos legais. Logo, Mário:

   A) praticou o crime preceituado na Lei nº 8.666/1993.

   B) praticou o crime de advocacia administrativa, preceituado no artigo 321 do CP.

   C) praticou o crime de prevaricação, preceituado no artigo 319 do CP.

   D) praticou o crime de corrupção passiva, preceituado no artigo 317 do CP.

   E) tem sua conduta justificada, em face da decisão de invalidade do contrato.

   Alternativa correta: letra A.

5. **Princípio da especialidade.** O tipo penal é especial em relação ao art. 321 do Código Penal.
6. **Consumação.** Com a efetiva instauração do processo licitatório ou celebração do contrato e a sua consequente invalidação pelo Poder Judiciário, por expressa exigência típica. O crime é material.
7. **Classificação.** Crime próprio, pois só pode ser praticado pelo servidor público nos moldes do art. 84 da lei; material; instantâneo; doloso; comissivo; de dano; não admite a tentativa, em razão da condição objetiva de punibilidade.
8. **Suspensão condicional do processo.** Cabível, pois a pena mínima cominada não ultrapassa 1 ano (art. 89 da lei 9.099/95).
9. **Infração de menor potencial ofensivo.** Tendo em vista que a pena máxima não ultrapassa dois anos, a competência para o processo e o julgamento é dos Juizados Especiais Criminais, admitindo a aplicação das medidas despenalizadoras.

→ **Aplicação em concurso.**

- **MP/ES – Promotor de Justiça – 2010. CESPE.**

No que se refere à recusa, ao retardamento ou à omissão de dados técnicos requisitados pelo MP para proposição de ação civil pública, às exigências discriminatórias para fins de admissão ou permanência da relação jurídica de trabalho, aos crimes previstos na Lei de Licitações e às disposições da Lei de Proteção de Vítimas e Testemunhas, assinale a opção correta.

Patrocinar, direta ou indiretamente, interesse privado perante a administração, dando causa à instauração de licitação ou à celebração de contrato, cuja invalidação vier a ser decretada pelo Poder Judiciário, constitui o delito de advocacia administrativa previsto no CP, por ausência de previsão expressa na Lei n.º 8.666/1993.

A alternativa está errada.

- **PC/GO – Delegado de Polícia – 2008. UEG.**

Os agentes administrativos que praticarem atos em desacordo com os preceitos legais ou visarem à frustração dos objetivos da licitação sujeitam-se às sanções administrativas, civis e criminais. Sobre as condutas criminais, no chamado Direito Penal das Licitações, é CORRETO afirmar:

D) o servidor público que patrocina interesse privado em confronto com o da Administração, promovendo o início de procedimento licitatório ou a celebração de contrato, pratica o crime descrito no art. 321 do Código Penal (advocacia administrativa).

A alternativa está errada.

Art. 92. Admitir, possibilitar ou dar causa a qualquer modificação ou vantagem, inclusive prorrogação contratual, em favor do adjudicatário, **durante a execução dos contratos** celebrados com o Poder Público, sem autorização em lei, no ato convocatório da licitação ou nos respectivos instrumentos contratuais, ou, ainda, pagar fatura com preterição da ordem cronológica de sua exigibilidade, observado o disposto no art. 121 desta Lei: (Redação dada pela Lei nº 8.883, de 1994)

Pena – detenção, de dois a quatro anos, e multa. (Redação dada pela Lei nº 8.883, de 1994)

Parágrafo único. Incide na mesma pena o contratado que, tendo **comprovadamente concorrido** para a consumação da ilegalidade, obtém vantagem indevida ou se beneficia, injustamente, das modificações ou prorrogações contratuais.

1. **Admitir, possibilitar ou dar causa.** Admitir significa acolher, aceitar. Possibilitar consiste em viabilizar. Dar causa é originar, produzir. O legislador puniu a conduta de favorecer o contratado durante a execução do contrato oriundo do procedimento licitatório, com vantagem não-prevista em lei, no ato convocatório ou no próprio contrato. Busca-se, com o presente tipo penal, a manutenção e a observância do princípio da legalidade, com obediência aos estritos termos do contrato, evitando-se qualquer desvio de finalidade.

2. **Durante a execução dos contratos celebrados.** O tipo penal, nas três primeiras condutas, exigiu que o contrato já estivesse em andamento. Dessa forma, o crime

não estará configurado se as mencionadas condutas forem praticadas durante o processo de licitação, antes da efetiva celebração do contrato.

3. **Pagar fatura com preterição da ordem cronológica.** A quarta conduta típica é *pagar*, que significa satisfazer débito. Nessa conduta, o legislador buscou reprimir qualquer preterição na ordem de pagamento, com prejuízo a credores, que já esperavam anteriormente a satisfação de seus créditos pelo Poder Público.
4. **Tipo misto alternativo.** A prática de duas ou mais condutas descritas no tipo não gera concurso de crimes, respondendo o agente por apenas um delito.
5. **Ausência de especial fim de agir.** De acordo com a jurisprudência do STJ, o tipo penal possui apenas o dolo com elemento subjetivo, não se exigindo especial fim de agir.

> **STJ** "O tipo subjetivo no injusto do art. 92 da Lei nº 8.666/93 se esgota no dolo, sendo despiciendo qualquer outro elemento subjetivo diverso. (REsp 702628/PR. Rel. Min. Felix Fischer. DJ 05/09/2005)."

6. **Consumação.** Com a prática das condutas típicas descritas no *caput* do artigo, não se exigindo qualquer prejuízo para o Poder Público. O crime é formal.

Embora sustentemos que o delito se consuma com a prática das condutas típicas, tendo em vista que o tipo penal não exige a ocorrência de nenhum resultado naturalístico, o STJ entende que para a consumação desse delito é necessário o efetivo dano ao erário. Com isso, para o STJ, o delito seria material.

> **STJ.** AGRAVO REGIMENTAL. RECURSO ESPECIAL. PENAL. LEI N. 8.666/93. ART. 92. NECESSIDADE DE DEMONSTRAÇÃO DE EFETIVO DANO AO ERÁRIO E DO DOLO ESPECÍFICO. 1. Esta Corte Superior entende que a configuração do delito do art. 92 da Lei n. 8.666/1993 depende da demonstração do dolo específico do agente e da ocorrência de prejuízo ao erário. (...). **(AgRg no REsp 1360216/SP, Rel. Min. Jorge Mussi, julgado em 03/03/2015, DJe 11/03/2015).**

7. **Classificação.** Crime próprio, pois só pode ser praticado pelo servidor público nos moldes do art. 84 da lei; formal; instantâneo; doloso; de perigo abstrato; comissivo; admite a tentativa.
8. **Suspensão condicional do processo.** Incabível, pois a pena mínima cominada ultrapassa 1 ano (art. 89 da lei 9.099/95).
9. **Parágrafo único.** O parágrafo único do art. 92 da lei faz menção expressa ao contratado que, tendo comprovadamente concorrido para a consumação do delito, obtém a vantagem indevida ou o benefício resultante das modificações ou prorrogações contratuais. Da mesma forma que fez no parágrafo único do art. 89, o legislador exigiu prova da concorrência do contratado, com a prática de condutas que resultem na prática do delito do *caput* pelo servidor público. Caso o contratado obtenha a vantagem indevida ou o benefício, mas assumindo uma conduta passiva, sem ter efetivamente praticado qualquer conduta, não responderá por crime nenhum, uma vez que sua conduta será atípica.

Art. 93. Impedir, perturbar ou fraudar a realização de **qualquer ato de procedimento licitatório**:

Pena – detenção, de 6 (seis) meses a 2 (dois) anos, e multa.

1. **Impedir, perturbar ou fraudar.** Impedir significa obstar, não permitir. Perturbar consiste em atrapalhar, embaraçar. Fraudar é iludir, induzir ou manter em erro, enganar.
2. **Qualquer ato de procedimento licitatório.** Como visto acima, licitação é um procedimento administrativo que se desenvolve por meio de uma sucessão de atos por parte da Administração Pública, com a finalidade de selecionar a proposta mais vantajosa para o Poder Público. Com o tipo penal ora comentado, quis o legislador reprimir qualquer ato atentatório à manutenção da estrita ordem, garantia da lisura e da obediência ao procedimento licitatório.
3. **Tipo misto alternativo.** A prática de duas ou mais condutas descritas no tipo não gera concurso de crimes, respondendo o agente por apenas um delito.
4. **Revogação do art. 335 do Código Penal.** O art. 93 da lei 8.666/93 revogou tacitamente o art. 335 do Código Penal.
5. **Consumação.** Com a prática das condutas descritas no tipo, não se exigindo qualquer resultado causador de prejuízo à Administração Pública. O delito é formal.
6. **Classificação.** Crime comum; formal; instantâneo; doloso; de perigo abstrato; comissivo; admite a tentativa.
7. **Suspensão condicional do processo.** Cabível, pois a pena mínima cominada não ultrapassa 1 ano (art. 89 da lei 9.099/95).
8. **Infração de menor potencial ofensivo.** Tendo em vista que a pena máxima não ultrapassa dois anos, a competência para o processo e o julgamento é dos Juizados Especiais Criminais, admitindo a aplicação das medidas despenalizadoras.

Art. 94. Devassar o sigilo de proposta apresentada em procedimento licitatório, ou proporcionar a terceiro o ensejo de devassá-lo:

Pena – detenção, de 2 (dois) a 3 (três) anos, e multa.

1. **Devassar ou proporcionar.** Devassar significa descobrir. Proporcionar consiste em propiciar, oportunizar.
2. **Sigilo da proposta.** O legislador quis manter íntegro o sigilo das propostas, pois estaria frustrado o caráter competitivo do procedimento licitatório caso um concorrente pudesse ter acesso à proposta oferecida por outro concorrente. O sigilo das propostas está garantido pelo art. 3º, § 3º da lei 8.666/93, ao dispor que *"a licitação não será sigilosa, sendo públicos e acessíveis ao público os atos de seu procedimento, salvo quanto ao conteúdo das propostas, até a respectiva abertura."*

3. **Tipo misto alternativo.** A prática das duas condutas descritas no tipo (*devassar* e *proporcionar*) não gera concurso de crimes, respondendo o agente por apenas um delito.

4. **Revogação do art. 326 do Código Penal.** O art. 94 da lei 8.666/93 revogou tacitamente o art. 326 do Código Penal.

5. **Consumação.** O delito se consuma com a prática das condutas descritas no tipo, não se exigindo qualquer resultado causador de prejuízo à Administração Pública. O crime é formal.

6. **Classificação.** Crime comum; formal; instantâneo; doloso; de perigo abstrato; comissivo; admite a tentativa.

7. **Suspensão condicional do processo.** Incabível, pois a pena mínima cominada ultrapassa 1 ano (art. 89 da lei 9.099/95).

Art. 95. Afastar ou procurar afastar licitante, por meio de violência, grave ameaça, fraude ou oferecimento de vantagem de qualquer tipo:

Pena – detenção, de 2 (dois) a 4 (quatro) anos, e multa, além da pena correspondente à violência.

Parágrafo único. Incorre na mesma pena quem se abstém ou desiste de licitar, em razão da vantagem oferecida.

1. **Afastar ou procurar afastar.** A conduta *afastar* significa tirar do caminho. Já a conduta *procurar afastar* consiste em qualquer ato que objetive afastar alguém, o que pode se dar de qualquer forma.

2. **Violência, grave ameaça, fraude ou oferecimento de vantagem de qualquer tipo.** *Violência* consiste em força física. *Grave ameaça* é a promessa de mal injusto e grave. *Fraude* significa induzir ou manter alguém em erro. *Oferecer vantagem* é dar algo em troca de alguma coisa, como no caso, o agente oferece alguma vantagem ao licitante para afastá-lo do procedimento licitatório. Mais uma vez, o legislador quis evitar a frustração do caráter competitivo da licitação, coibindo condutas por parte dos próprios licitantes.

3. **Cumulação de penas.** No preceito secundário do tipo penal, o legislador determinou que se cumulasse a pena correspondente à violência. Em primeiro lugar, esclareça-se que isso somente poderá ocorrer se o meio empregado pelo agente for a violência, e, não, grave ameaça, fraude ou oferecimento de vantagem. Em segundo lugar, não se está diante de concurso de crimes, mas, sim, cumulação de penas. Dessa forma, caso o agente utilize violência para afastar ou procurar afastar licitante, a sua conduta estará tipificada somente no art. 95 da lei 8.666/93, não havendo adequação típica em relação ao art. 129 do Código Penal. Entretanto, no momento de o juiz aplicar a pena criminal correspondente ao tipo penal do art. 95 da lei, ele deverá aplicar também a pena do art. 129 do Código Penal.

4. **Tipo misto alternativo.** A prática das duas condutas descritas no tipo (*afastar* ou *procurar afastar*) não gera concurso de crimes, respondendo o agente por apenas um delito.

5. **Revogação do art. 335 do Código Penal.** O art. 95 da lei 8.666/93 revogou tacitamente o art. 335 do Código Penal.

6. **Delito de atentado.** O crime previsto no art. 95 da lei é classificado como delito de atentado, que é aquele que já traz a figura da tentativa como elemento do tipo. Note-se que o *procurar afastar licitante* seria a tentativa de *afastar* o licitante. Se a tentativa da conduta incriminada já esgota a figura típica na conduta do agente, com a sua prática, o delito já está consumado. A tentativa já consuma o tipo penal. Dessa forma, o delito não admite a figura da tentativa.

7. **Consumação.** O delito se consuma com a prática das condutas descritas no tipo (afastar ou procurar afastar), não se exigindo qualquer resultado causador de prejuízo à Administração Pública. O crime é formal.

8. **Classificação.** Crime comum; material no verbo *afastar* e formal no verbo procurar afastar*;* instantâneo; doloso; de perigo abstrato; comissivo; não admite a tentativa por se tratar de crime de atentado.

9. **Suspensão condicional do processo.** Incabível, pois a pena mínima cominada ultrapassa 1 ano (art. 89 da lei 9.099/95).

10. **Parágrafo único.** O legislador puniu a conduta do licitante que se absteve ou desistiu de licitar em razão da vantagem oferecida pelo autor do *caput.* No parágrafo único, o delito é próprio, pois só pode ser praticado pelo licitante. Comissivo na conduta *desistir,* admitindo a tentativa, mas omissivo próprio na conduta *se abster,* não admitindo a tentativa.

Art. 96. Fraudar, **em prejuízo da Fazenda Pública**, licitação instaurada para aquisição ou venda de bens ou mercadorias, ou contrato dela decorrente:

I – elevando arbitrariamente os preços;

II – vendendo, como verdadeira ou perfeita, mercadoria falsificada ou deteriorada;

III – entregando uma mercadoria por outra;

IV – alterando substância, qualidade ou quantidade da mercadoria fornecida;

V – tornando, por qualquer modo, injustamente, mais onerosa a proposta ou a execução do contrato:

Pena – detenção, de 3 (três) a 6 (seis) anos, e multa.

1. **Fraudar.** Fraudar é iludir, induzir ou manter em erro, enganar.

2. **Exigência de prejuízo.** O legislador exigiu o efetivo prejuízo à Administração Pública para a consumação do delito. Assim, está-se diante de um crime material.

3. **Alcance dos elementos *bens ou mercadorias.*** Conforme visto anteriormente, o procedimento licitatório pode ter por objeto obras, serviços, inclusive de publicidade,

compras, alienações, concessões, permissões e locações (art. 2º da lei 8.666/93). No tipo legal de crime ora comentado, o legislador foi claro ao estabelecer a conduta delituosa apenas no tocante a *bens ou mercadorias*. Questão relevante versa sobre a abrangência das expressões típicas *bens ou mercadorias,* se se deve dar interpretação restritiva ou extensiva. Em outras palavras, no conceito de *bens ou mercadorias* estariam abrangidos serviços? Temos para nós que, em homenagem ao princípio da legalidade penal positivado no art. 5º, XXXIX da CR/88, bem como no art. 1º do Código Penal, a interpretação somente pode ser restritiva, sobretudo por se tratar de norma restritiva de direitos, uma vez que se trata de um tipo legal de crime.

Assim, caso o agente pratique a conduta descrita no tipo legal ora comentado, mas relacionada a serviços, a conduta será atípica. Note-se que admitir a presença do delito, nessa hipótese, consistiria flagrante analogia *in mallan partem,* violando-se, assim, o princípio da legalidade, na vertente *nullun crimem, nulla poena sine lege stricta.*

▶ **STJ**

Informativo 592

Sexta Turma

FRAUDE EM LICITAÇÃO. ART. 96, I E V, DA LEI N. 8.666/1993. CONTRATAÇÃO DE SERVIÇOS. CONDUTA NÃO PREVISTA NO TIPO PENAL. PRINCÍPIO DA TAXATIVIDADE.

O art. 96 da Lei n. 8.666/1993 apresenta hipóteses estreitas de penalidade, entre as quais não se encontra a fraude na licitação para fins de contratação de serviços. Cingiu-se a controvérsia a saber se a conduta de contratar serviços de forma fraudulenta está abrangida ou não pelo tipo penal previsto no art. 96, I e V, da Lei n. 8.666/1993. Da leitura da referida normal legal, percebe-se que nela se pune aquele que frauda licitação instaurada para a aquisição de bens ou mercadorias, ou o contrato dela decorrente, elevando arbitrariamente os preços ou tornando, por qualquer modo, injustamente mais onerosa a proposta ou a execução do contrato. Entende-se que, no caso, o art. 96 da Lei n. 8.666/1993 apresenta hipóteses estreitas de penalidade, entre as quais não se encontra a fraude na licitação para fins de contratação de serviços. Ocorre que o tipo penal deveria prever expressamente a conduta de contratação de serviços fraudulentos para que fosse possível a condenação do réu, uma vez que o Direito Penal deve obediência ao princípio da taxatividade, não podendo haver interpretação extensiva em prejuízo do réu. REsp 1.571.527-RS, Rel. Min. Sebastião Reis, por unanimidade, julgado em 16/10/2016, DJe 25/10/2016.

4. **Inciso I.** O legislador pretendeu punir a conduta do licitante ou contratado que eleva os preços oferecidos ao Poder Público, evitando enriquecimento indevido à custa da Administração Pública.

5. **Inciso II.** Trata-se de punição do licitante ou contratado que engana o Poder Público, oferecendo ao mesmo mercadoria falsa ou deteriorada, como se fosse verdadeira ou perfeita. Aqui a fraude incide no objeto material do delito, que é a mercadoria.

6. **Inciso III.** Nesse inciso, a exemplo do anterior, a fraude reside no objeto material do delito, uma vez que o agente engana o Poder Público, entregando mercadoria diversa da realmente contratada.

7. **Inciso IV.** Mais uma vez a fraude reside na mercadoria, objeto material do crime. O agente altera sua substância, qualidade ou quantidade.

8. **Inciso V.** A exemplo do inciso I, pretendeu-se reprimir a conduta do licitante ou contratado que tornasse, de qualquer modo, mais onerosa a proposta ou a execução do contrato, evitando, ao mesmo tempo, prejuízo para o Poder Público e enriquecimento indevido à sua custa.

9. **Consumação.** O crime se consuma com a ocorrência de prejuízo à Administração Pública. Trata-se de crime material.

10. **Classificação.** Crime próprio, pois só pode ser praticado pelo licitante ou contratado; material; instantâneo; doloso; de dano; comissivo; admite a tentativa.

11. **Suspensão condicional do processo.** Incabível, pois a pena mínima cominada ultrapassa 1 ano (art. 89 da lei 9.099/95).

Art. 97. Admitir à licitação ou celebrar contrato com **empresa ou profissional declarado inidôneo:**

Pena – detenção, de 6 (seis) meses a 2 (dois) anos, e multa.

Parágrafo único. Incide na mesma pena aquele que, declarado inidôneo, venha a licitar ou a contratar com a Administração.

1. **Admitir ou celebrar.** O verbo admitir significa aceitar, permitir. Celebrar, por sua vez, consiste em executar, concluir.

2. **Empresa ou profissional declarado inidôneo.** Empresa ou profissional considerado inidôneo é aquele considerado nocivo à Administração Pública, que pode, com sua conduta, causar dano ao Poder Público, estando, assim, proibido de contratar com o Poder Público. As declarações de inidoneidade estão previstas na legislação, como o art. 87, IV, da lei 8.666/93 ao dispor que *"pela inexecução total ou parcial do contrato a Administração poderá, garantida a prévia defesa, aplicar ao contratado as seguintes sanções: IV – declaração de inidoneidade para licitar ou contratar com a Administração Pública enquanto perdurarem os motivos determinantes da punição ou até que seja promovida a reabilitação perante a própria autoridade que aplicou a penalidade, que será concedida sempre que o contratado ressarcir a Administração pelos prejuízos resultantes e após decorrido o prazo da sanção aplicada com base no inciso anterior."*

3. **Tipo misto alternativo.** A prática das duas condutas descritas no tipo (*admitir* e *celebrar*) não gera concurso de crimes, respondendo o agente por apenas um delito.

4. **Consumação.** Com a admissão à licitação ou celebração do contrato, não se exigindo qualquer resultado causador de prejuízo à Administração Pública. O crime é formal.

5. **Classificação.** Crime próprio, pois só pode ser praticado pelo servidor público nos moldes do art. 84 da lei; formal; instantâneo; doloso; de perigo abstrato; comissivo; admite a tentativa.
6. **Suspensão condicional do processo.** Cabível, pois a pena mínima cominada não ultrapassa 1 ano (art. 89 da lei 9.099/95).
7. **Infração de menor potencial ofensivo.** Tendo em vista que a pena máxima não ultrapassa dois anos, a competência para o processo e o julgamento é dos Juizados Especiais Criminais, admitindo a aplicação das medidas despenalizadoras.
8. **Parágrafo único.** No parágrafo único, pune-se a conduta do licitante que, sabendo ser inidôneo para contratar com o Poder Público, participe do procedimento licitatório ou celebre contrato com o Poder Público. Isso porque o declarado inidôneo tem o dever de abster-se de participar da licitação ou celebrar contrato. A violação desse dever configura o delito do parágrafo único. No parágrafo único o crime é comum.

Art. 98. Obstar, impedir ou dificultar, injustamente, a **inscrição** de qualquer interessado nos registros cadastrais ou promover indevidamente a **alteração**, **suspensão** ou **cancelamento** de **registro do inscrito**:

Pena – detenção, de 6 (seis) meses a 2 (dois) anos, e multa.

1. **Obstar, impedir, dificultar ou promover.** Obstar é não deixar realizar, obstaculizar. Impedir significa embaraçar, obstruir. Dificultar consiste em complicar, não ceder. Por fim, promover é provocar, impulsionar. As condutas *obstar* e *impedir* têm o mesmo significado, razão pela qual se conclui que o legislador foi redundante. O legislador pretendeu com esse tipo penal garantir a manutenção da integridade das informações constantes dos registros cadastrais referentes ao procedimento licitatório.
2. **Injustamente e indevidamente.** O legislador inseriu as expressões *injustamente* ou *indevidamente,* como elementos do tipo. Assim, se a inscrição do interessado for obstada, impedida ou dificultada de forma *justa,* ou então, se a promoção da alteração, suspensão ou cancelamento do registro for *devida,* a conduta do agente será atípica, estando excluída, portanto, a tipicidade formal da conduta do agente.
3. **Registro cadastral.** Vem disciplinado no art. 34 da lei 8.666/93, com a seguinte redação: *"Art. 34. Para os fins desta Lei, os órgãos e entidades da Administração Pública que realizem freqüentemente licitações manterão registros cadastrais para efeito de habilitação, na forma regulamentar, válidos por, no máximo, um ano. § 1º O registro cadastral deverá ser amplamente divulgado e deverá estar permanentemente aberto aos interessados, obrigando-se a unidade por ele responsável a proceder, no mínimo anualmente, através da imprensa oficial e de jornal diário, a chamamento público para a atualização dos registros existentes e para o ingresso de novos interessados. § 2º* É facultado às unidades administrativas utilizarem-se de registros cadastrais de outros órgãos ou entidades da Administração Pública."

4. **Tipo misto alternativo.** A prática de duas ou mais condutas descritas no tipo não gera concurso de crimes, respondendo o agente por apenas um delito.

5. **Consumação.** O delito se consuma com a prática das condutas descritas no tipo (obstar, impedir, dificultar ou promover), não se exigindo qualquer resultado causador de prejuízo à Administração Pública. O crime é formal.

6. **Classificação.** Crime próprio, pois só pode ser praticado pelo servidor público nos moldes do art. 84 da lei; formal; instantâneo; doloso; de perigo abstrato; comissivo; admite a tentativa.

7. **Suspensão condicional do processo.** Cabível, pois a pena mínima cominada não ultrapassa 1 ano (art. 89 da lei 9.099/95).

8. **Infração de menor potencial ofensivo.** Tendo em vista que a pena máxima não ultrapassa dois anos, a competência para o processo e o julgamento é dos Juizados Especiais Criminais, admitindo a aplicação das medidas despenalizadoras.

Art. 99. A **pena de multa** cominada nos arts. 89 a 98 desta Lei consiste no pagamento de quantia fixada na sentença e calculada em índices percentuais, cuja base corresponderá ao valor da vantagem efetivamente obtida ou potencialmente auferível pelo agente.

§ 1º Os índices a que se refere este artigo não poderão ser inferiores a 2% (dois por cento), nem superiores a 5% (cinco por cento) do valor do contrato licitado ou celebrado com dispensa ou inexigibilidade de licitação.

§ 2º O produto da arrecadação da multa reverterá, conforme o caso, à Fazenda Federal, Distrital, Estadual ou Municipal.

1. **Destinatário da multa.** O valor arrecadado com a multa será revertido em favor da Fazenda Federal, Distrital, Estadual ou Municipal, diferente da multa prevista no Código Penal, que tem como destinatário o fundo penitenciário (art. 49 do Código Penal).

→ Aplicação em concurso.

- **(Cespe – Delegado de Polícia – BA/2013)**

  Em relação aos crimes contra a administração pública e aos delitos praticados em detrimento da ordem econômica e tributária e em licitações e contratos públicos, julgue os itens.

  Considere a seguinte situação hipotética.

  Pedro e Paulo simularam contrato de gestão com o objetivo de dispensar licitação em situação que não configurava hipótese de dispensa autorizada por lei. Em processo criminal, Pedro foi condenado à pena de dois anos e um mês de detenção e Paulo, à pena de três anos e dois meses de detenção e, apesar de não ter sido comprovada a obtenção de vantagem econômica, ambos foram condenados, ainda, ao pagamento de multa. Nessa situação hipotética, o juiz agiu corretamente ao aplicar a pena pecuniária.

  A alternativa está errada.

- **(MPE-PB – Promotor de Justiça – PB/2011).**

  Para o cálculo da pena de multa cominada aos crimes previstos na Lei de Licitações (Lei Federal nº 8.666/93), o Juiz poderá adotar a regra dos dias-multa, fixada no Código Penal, bem como, se entender ter havido potencialidade lesiva ao erário, poderá adotar **índices percentuais incidentes sobre o valor da vantagem indevida visada pelo agente.**

  A alternativa está errada.

- **MP/ES – Promotor de Justiça – 2010. CESPE.**

  E A pena de multa cominada nos crimes previstos na Lei n.º 8.666/1993 consiste no pagamento de quantia fixada na sentença e calculada em índices percentuais, cuja base corresponde ao valor da vantagem efetivamente obtida ou potencialmente auferível pelo agente.

  A alternativa está correta.

- **(Cespe – Procurador do Município – Prefeitura Boa Vista-RR/2010).**

  Acerca dos crimes previstos na Lei de Licitações e Contratos da Administração Pública (Lei n.º 8.666/1993) e nas disposições da Lei de Improbidade Administrativa (Lei nº 8.429/1992), julgue os itens subsequentes.

  Nos casos de sentença condenatória por prática de algum dos crimes previstos na Lei n.º 8.666/1993, a pena de multa deverá ser fixada em percentual, cuja base deverá corresponder ao valor da vantagem obtida ou potencialmente auferível pelo agente.

  A alternativa está certa.

Seção IV
Do Processo e do Procedimento Judicial

Art. 100. Os crimes definidos nesta Lei são de **ação penal pública incondicionada**, cabendo ao Ministério Público promovê-la.

1. Trata-se de dispositivo legal desnecessário, aplicando-se a regra geral, segundo a qual, quando a lei não dispuser de modo diverso, a ação penal é pública incondicionada.

→ **Aplicação em concurso.**

- **(FCC – Analista Judiciário – Execução de Mandados – TRF 5/2012).**

  A ação penal em crimes previstos na Lei de Licitações (Lei nº 8.666/1993) é

A) pública condicionada, legitimados os vencidos no processo licitatório.

B) pública condicionada à representação pelo órgão público lesado.

C) exclusivamente privada, legitimados os vencidos no processo licitatório.

D) pública incondicionada em todas as hipóteses.

E) pública condicionada, legitimados os vencidos no processo licitatório e o órgão público lesado.

Alternativa correta: letra D.

Art. 101. Qualquer pessoa poderá provocar, para os efeitos desta Lei, a **iniciativa do Ministério Público**, fornecendo-lhe, por escrito, informações sobre o fato e sua autoria, bem como as circunstâncias em que se deu a ocorrência.

Parágrafo único. Quando a comunicação for verbal, mandará a autoridade reduzi-la a termo, assinado pelo apresentante e por duas testemunhas.

1. ***Delatio criminis.*** O legislador positivou neste artigo a *delatio criminis*, nos mesmos moldes do art. 5º, § 3º e 27, ambos do Código de Processo Penal.

Art. 102. Quando em autos ou documentos de que conhecerem, os magistrados, os membros dos Tribunais ou Conselhos de Contas ou os titulares dos órgãos integrantes do sistema de controle interno de qualquer dos Poderes verificarem a **existência dos crimes definidos nesta Lei, remeterão ao Ministério Público as cópias e os documentos necessários ao oferecimento da denúncia**.

1. O legislador trouxe o dever de comunicação ao Ministério Público a possível prática de qualquer dos delitos previstos nesta lei, para que seja formada a *opinio delicti,* com o oferecimento de denúncia, se for o caso. Trata-se de dever que já é imposto pelo art. 40 do Código de Processo Penal.

Art. 103. Será admitida **ação penal privada subsidiária da pública**, se esta não for ajuizada no prazo legal, aplicando-se, no que couber, o disposto nos arts. 29 e 30 do Código de Processo Penal.

1. **Ação penal privada subsidiária da pública.** Com o fim de evitar uma possível impunidade, o legislador fez menção expressa à ação penal privada subsidiária da pública, caso o Ministério Público não ofereça a denúncia no prazo legal.

→ **Aplicação em concurso.**

- **Promotor de Justiça/BA. 2015. MPE-BA.**

  A integralidade dos delitos previstos na Lei nº 8.666/93 – Lei de Licitações abrange licitações de empresas públicas; é de ação penal pública incondicionada, sendo incabível ação penal privada subsidiária da ação penal pública; e segue o trâmite do procedimento comum previsto no Código de Processo Penal.

  A alternativa está errada.

Art. 104. Recebida a denúncia e citado o réu, terá este o prazo de 10 (dez) dias para apresentação de defesa escrita, contado da data do seu interrogatório, podendo juntar documentos, arrolar as testemunhas que tiver, em número não superior a 5 (cinco), e indicar as demais provas que pretenda produzir.

Art. 105. Ouvidas as testemunhas da acusação e da defesa e praticadas as diligências instrutórias deferidas ou ordenadas pelo juiz, abrir-se-á, sucessivamente, o prazo de 5 (cinco) dias a cada parte para alegações finais.

Art. 106. Decorrido esse prazo, e conclusos os autos dentro de 24 (vinte e quatro) horas, terá o juiz 10 (dez) dias para proferir a **sentença**.

1. **Diferença para o Código de Processo Penal.** A lei de licitações era compatível com o procedimento comum ordinário previsto no Código de Processo Penal, segundo o qual o interrogatório do réu era o primeiro ato de instrução processual, seguido da oitiva das testemunhas arroladas pela acusação e pela defesa. Sucede que a lei 11.719/2008 alterou a sistemática do procedimento comum ordinário no Código de Processo Penal, trazendo no art. 400, uma audiência concentrada, na qual se tomam as declarações do ofendido, se ouvem as testemunhas arroladas pela acusação e defesa, e, só ao final, se interroga o réu. Percebe-se, portanto, que, no Código, diferentemente da sistemática antiga, atualmente, o interrogatório é o último ato da instrução processual. A lei de 8.666/93 mantém o interrogatório como o primeiro ato de instrução. Nesse conflito de leis, prevalece a lei especial sobre a lei geral, razão pela qual o procedimento nos crimes contra as licitações continuará a ser o previsto na lei especial.

> **STJ.** (..) CRIME TIPIFICADO NO ART. 90 DA LEI 8.666/93. ALEGAÇÃO DE NULIDADE EM RAZÃO DA INOBSERVÂNCIA DO PROCEDIMENTO PREVISTO NO CPP, ALTERADO PELA LEI 11.719/08. NULIDADE AFASTADA. LEI DE LICITAÇÕES PREVÊ NORMAS PRÓPRIAS PARA APURAÇÃO DE CRIMES. PRINCÍPIO DA ESPECIALIDADE. HABEAS CORPUS NÃO CONHECIDO (...). 2. Aplica-se o procedimento comum ordinário somente quando houver omissão em lei especial, consoante o princípio da especialidade. 3. A Lei de Licitações prevê normas próprias sobre o procedimento para apuração de crimes, motivo pelo qual incabível, na hipótese, a incidência do procedimento comum ordinário, visto que há regras específicas para o exercício do direito de defesa no âmbito da lei de regência, obstando consequentemente a combinação de leis processuais, por força do art. 394, § 2º do CPP (...). 5. Habeas corpus não conhecido. (HC 132.807, Rel. Min. Nefi Cordeiro, julgado em 06/10/2015.)

Art. 107. Da sentença cabe apelação, interponível no prazo de 5 (cinco) dias.

1. **Recurso de apelação.** O prazo para interposição é de cinco dias, igual ao prazo previsto no art. 593 do Código de Processo Penal.
2. **Prazo para o oferecimento das razões recursais.** Embora o legislador tenha previsto o prazo de cinco dias para a interposição do recurso de apelação, não disciplinou o prazo para oferecimento das razões recursais. Nesse caso de omissão legal, deve ser aplicado, de forma subsidiária, o Código de Processo Penal, que prevê no art. 600 o prazo de oito dias.

Art. 108. No processamento e julgamento das infrações penais definidas nesta Lei, assim como nos recursos e nas execuções que lhes digam respeito, aplicar-se-ão, subsidiariamente, o Código de Processo Penal e a Lei de Execução Penal.

....

Capítulo VI
DISPOSIÇÕES FINAIS E TRANSITÓRIAS

Art. 125. Esta Lei entra em vigor na data de sua publicação.

Art. 126. Revogam-se as disposições em contrário, especialmente os Decretos-leis nºs 2.300, de 21 de novembro de 1986, 2.348, de 24 de julho de 1987, 2.360, de 16 de setembro de 1987, a Lei nº 8.220, de 4 de setembro de 1991, e o art. 83 da Lei nº 5.194, de 24 de dezembro de 1966.(Renumerado por força do disposto no art. 3º da Lei nº 8.883, de 1994).

Ordem Econômica. Lei nº 8.137, de 27 de dezembro de 1990

CAPÍTULO II
Dos crimes Contra a Economia e as Relações de Consumo

Art. 4º Constitui crime contra a ordem econômica:

I - abusar do poder econômico, **dominando o mercado ou eliminando, total ou parcialmente, a concorrência** mediante qualquer forma de ajuste ou acordo de empresas;

a) (revogada);

b) (revogada);

c) (revogada);

d) (revogada);

e) (revogada);

f) (revogada);

1. **Fundamento constitucional.** A Ordem Econômica é um bem jurídico previsto constitucionalmente no art. 170 da CR/88, com a seguinte redação: "A ordem econômica, fundada na valorização do trabalho humano e na livre iniciativa, tem por fim assegurar a todos existência digna, conforme os ditames da justiça social, observados os seguintes princípios: I – soberania nacional; II – propriedade privada; III – função social da propriedade; IV – livre concorrência; V – defesa do consumidor; VI – defesa do meio ambiente, inclusive mediante tratamento diferenciado conforme o impacto ambiental dos produtos e serviços e de seus processos de elaboração e prestação; VII – redução das desigualdades regionais e sociais; VIII – busca do pleno emprego; IX – tratamento favorecido para as empresas de pequeno porte constituídas sob as leis brasileiras e que tenham sua sede e administração no País. Parágrafo único. É assegurado a todos o livre exercício de qualquer atividade econômica, independentemente de autorização de órgãos públicos, salvo nos casos previstos em lei."
2. **Bem jurídico tutelado.** A integridade e a regularidade da economia nacional.
3. **Sujeito ativo.** O empresário. Trata-se de crime próprio.

4. **Sujeito passivo.** A sociedade. Não é o Estado, tendo em vista que o Estado não sofre com o abuso, mas, sim, a sociedade.

5. **Competência.** A competência para processar e julgar esses delitos pode ser tanto da Justiça Estadual, quanto da Justiça Federal. Nesse último caso, a depender da presença de uma das hipóteses do art. 109, da CR/88, sobretudo o inciso IV.

▶ **STJ**

Informativo nº 384.

Quinta Turma.

COMPETÊNCIA. CRIME CONTRA A ORDEM ECONÔMICA.

Trata-se de *habeas corpus* preventivo em que o paciente e demais co-réus, todos representantes legais de sociedades empresariais, foram denunciados pela suposta prática dos crimes previstos no art. 4º, III, **a**, **b** e **c**, da Lei n. 8.137/1990 (cartel) (...) nos crimes contra a ordem econômica, já que a Lei n. 8.137/1990 não contém dispositivo fixando a competência da Justiça Federal, o julgamento de tais crimes compete, em regra, à Justiça estadual. Porém, a norma não afasta, de plano, a competência da Justiça Federal desde que se verifiquem as hipóteses elencadas no art. 109, IV, da CF/1988. (...). **(HC 117.169-SP, Rel. Min. Napoleão Nunes Maia Filho, julgado em 19/2/2009).**

STJ: (...) CRIMES CONTRA A ORDEM ECONÔMICA (...) Na esfera penal, somente se verifica a competência da Justiça Federal caso tenha havido ofensa direta e efetiva a bens, serviços ou interesse da União ou de suas entidades autárquicas ou empresas públicas. Apesar de a comercialização de combustível estar sujeita a fiscalização federal, basicamente de responsabilidade da ANP, a colocação desse produto adulterado no mercado, em desconformidade com as normas vigentes, tem como agentes passivos, em tese, a ordem econômica e as relações de consumo. Não tendo as Leis 8.137/90 e 8.176/91 disposto expressamente sobre a competência da Justiça Federal para o processo e o julgamento dos crimes nelas previstos, nos termos do inciso VI do art. 109 da CF, não há que se falar na incompetência do Juízo singular estadual para conduzir o feito instaurado contra os pacientes. Ordem parcialmente conhecida e denegada. **(HC 38.580/SP, Rel. Min. Gilson Dipp, julgado em 04/08/2005).**

6. **Inciso I. Abuso do poder econômico.** Configura-se pelo excesso no uso do poder econômico. Trata-se, portanto, da prática de conduta que ultrapassa os atos normais praticados pelo agente. Portanto, o uso normal não constitui fato típico.

7. **Conceito de abuso do poder econômico previsto na cartilha distribuída pelo CADE** (Conselho Administrativo de Defesa Econômica): "O abuso do poder econômico ocorre toda a vez que uma empresa se aproveita de sua condição de superioridade econômica para prejudicar a concorrência, inibir o funcionamento do mercado ou ainda, aumentar arbitrariamente seus lucros. Em outras palavras, poderíamos dizer que o agente abusivo faz mau uso ou o uso ilegítimo do poder que detém no mercado. Este abuso não se dá a partir de práticas específicas, mas sim, quando o detentor de substancial parcela do mercado age em desconformidade com os seus fins, desvirtuando, ultrapassando as fronteiras da razoabilidade. Por prejudicar a

ordem econômica e os consumidores, o abuso não encontra qualquer amparo legal, até porque é ato praticado com exercício irregular do direito de livre iniciativa e de propriedade."

8. **Domínio do mercado ou eliminação da concorrência.** Apesar de o legislador descrever as duas hipóteses, dominar o mercado e eliminar a concorrência acabam sendo causa e efeito. Isso porque o domínio do mercado gera a eliminação total ou parcial da concorrência, tendo em vista que ela perde o seu espaço dentro do mercado. Por outro lado, a ausência de concorrência gera o abuso, pois quem domina o mercado (sem concorrentes) cobra o preço que quiser e o consumidor é obrigado a pagar o valor para ter acesso àquele determinado produto ou serviço, configurando-se, portanto, o abuso. Por tais razões, o sistema capitalista deve sofrer a intervenção e o controle do Estado para evitar esse abuso. São exemplos de domínio de mercado e eliminação da concorrência: formação de cartel, sistemas seletivos de distribuição, preços predatórios etc.

9. **Trecho que trata da concorrência, previsto na cartilha distribuída pelo CADE** (Conselho Administrativo de Defesa Econômica): "É essencial a presença da concorrência no contexto de uma economia de mercado, posto que a mesma possibilita um aumento na variedade e na qualidade de produtos, e ainda corrobora para a diminuição dos preços dos mesmos. É a concorrência, o fator determinante para que os preços exprimam a relação de equilíbrio entre a oferta e a procura. Para que se obtenham os benefícios derivados da concorrência, é necessário que as empresas invistam em tecnologia, bem como realizem um estudo de mercado com o intuito de conhecer e atender as expectativas e desejos dos consumidores. Poderíamos dizer que a concorrência é um instrumento existente em benefício dos cidadãos, vez que são estes os consumidores finais dos produtos e que experimentam as melhorias decorrentes das circunstâncias concorrenciais. Além de conferir benefícios aos consumidores, a disputa entre as empresas ocasionada pelo ambiente concorrencial propicia que a economia brasileira entre com uma melhor estrutura no mercado externo."

10. **Qualquer forma de ajuste ou acordo de empresas.** Trata-se do meio executório, que significa qualquer modalidade de pacto, de combinação, de conluio entre as empresas. O presente tipo penal configura um delito de execução vinculada.

11. **Consumação.** Com o efetivo prejuízo gerado para a coletividade. Crime material.

12. **Classificação.** Crime próprio; material; doloso; comissivo; instantâneo de efeitos permanentes; de execução vinculada; admite a tentativa.

> II – **formar** acordo, convênio, ajuste ou aliança entre ofertantes, **visando**:
>
> a) à fixação artificial de preços ou quantidades vendidas ou produzidas;
>
> b) ao controle regionalizado do mercado por empresa ou grupo de empresas;
>
> c) ao controle, em detrimento da concorrência, de rede de distribuição ou de fornecedores.

Pena – reclusão, de 2 (dois) a 5 (cinco) anos e multa.

III – (revogado);

IV – (revogado);

V – (revogado);

VI – (revogado);

VII – (revogado).

1. **Inciso II.** Trata da conjugação de esforços entre os ofertantes de produtos ou de serviços com as finalidades específicas descritas nos incisos. Contudo, como se pode perceber pela leitura desse dispositivo legal, o inciso II é desnecessário, tendo em vista que essas condutas incriminadas já configuram o delito do inciso I.
2. **Sujeito ativo.** O empresário. Trata-se de crime próprio.
3. **Sujeito passivo.** A sociedade. Não é o Estado, tendo em vista que o Estado não sofre com o abuso, mas, sim, a sociedade.
4. **Especial fim de agir.** O agente pratica a conduta descrita no inciso II com as três finalidades específicas descritas nas alíneas *a, b* e *c*. Ausentes tais finalidades específicas, esse tipo penal não se configura.
5. **Alínea *a*. Fixação artificial de preços ou quantidades vendidas ou produzidas.** Com essa intenção específica, o agente visa a elevar ou a abaixar o preço de maneira ilusória, sem que corresponda à realidade, artificial. O agente passa uma falsa ideia da quantidade de produto ou de serviço que possa ser ofertada no mercado. Nessa modalidade os agentes dominam o mercado por meio da manipulação da oferta de bens e de serviços, conseguindo, com isso, enganar concorrência e os consumidores. Essa conduta poderia ser perfeitamente tipificada no inciso I, razão pela qual essa alínea ora comentada é desnecessária.
6. **Alínea *b*. Controle regionalizado do mercado por empresa ou grupo de empresas.** Ao formar o acordo, o convênio, o ajuste ou a aliança, os agentes pretendem dominar o espaço regionalizado do mercado de consumo de produtos ou de serviços. Note-se que esse domínio de espaço já geraria, por si só, um domínio de mercado (embora limitado ao espaço físico de determinada região), resultando na eliminação da concorrência, conduta já tipificada no inciso I, razão pela qual essa alínea também é desnecessária.
7. **Alínea *c*. Controle, em detrimento da concorrência, de rede de distribuição ou de fornecedores.** Nessa alínea, a formação do acordo, do convênio, do ajuste ou da aliança tem por finalidade controlar a rede de distribuição ou de fornecedores de determinado produto ou de serviço, de forma que haveria uma manipulação da distribuição deles e, com isso, os agentes conseguiriam manipular e controlar o mercado. Mais uma vez trata-se de domínio de mercado e de eliminação da concorrência, de forma que tal conduta já está inserida na previsão típica do inciso I. Por isso, tal alínea é, também, desnecessária.

8. **Acordo, convênio, ajuste ou aliança.** Trata-se do meio executório, que significa qualquer modalidade de pacto, de combinação, de conluio entre as empresas. Tem-se um delito de execução vinculada.

9. **Consumação.** Com a formação do acordo, do convênio, do ajuste ou da aliança. Crime formal.

10. **Classificação.** Crime próprio; formal; doloso; comissivo; instantâneo; de execução vinculada; admite a tentativa.

Ordem Tributária.
Lei nº 8.137, de 27 de dezembro de 1990

CAPÍTULO I
Dos Crimes Contra a Ordem Tributária

1. **Bem jurídico protegido.** Nos crimes contra a ordem tributária, o bem jurídico protegido é o erário, o patrimônio do Estado e a ordem econômica. São bens de natureza supraindividual. Por isso não pode incidir sobre esse bem jurídico o chamado consentimento do ofendido como causa de exclusão da ilicitude. O Estado pode conceder a remissão, isenção, ou incentivo fiscal, porém não pode consentir na supressão ou redução do tributo por parte do contribuinte. A lei 8.137/90, nos arts. 4º ao 6º, trata dos crimes contra a ordem econômica, e no art. 7º trata dos crimes contra as relações de consumo, que serão comentados na parte referente ao estudo desses delitos.

2. **Direito Tributário Penal x Direito Penal Tributário.** O Direito Tributário Penal estuda as infrações e sanções administrativas ligadas à sonegação de tributos. O Direito Penal Tributário estuda as infrações penais que causem lesões ao erário, ao patrimônio do Estado, à ordem econômica, ou seja, os crimes contra a ordem tributária.

3. **Competência tributária.** É a competência para instituir e majorar tributos. Todos os entes da Federação Brasileira possuem competência tributária para instituir e majorar tributos federais, estaduais e municipais.

4. **Competência para o processo e o julgamento dos crimes contra a Ordem Tributária.** A competência para o processo e o julgamento dos delitos varia de acordo com a competência tributária. É de competência da União Federal instituir, entre outros, o imposto de renda. Assim, sendo esse o tributo sonegado, a competência será da Justiça Federal. De outra forma, é da competência dos Estados instituir, entre outros, o IPVA, e, dos municípios, entre outros, o ISS, fixando a competência da Justiça Estadual para processo e julgamento no caso de sonegação desses tributos.

   Questão relevante versa sobre a competência para o processo e o julgamento da conduta delituosa envolvendo o emplacamento de automóveis em Estado diverso daquele em que o seu adquirente reside, para se reduzir o valor da alíquota do IPVA. Considerando que o IPVA é tributo de competência dos Estados, não é raro o comprador de um automóvel declarar-se residente em Estado diverso, onde a alíquota do IPVA é menor, conduta que se amolda ao art. 1º, I da presente lei, uma vez que o agente presta informação falsa ao fisco para reduzir tributo. Isso ocorre com frequência em relação aos Estados do Paraná e do Espírito Santo (nesse último a alíquota de IPVA é de 1%). Tome-se como exemplo a hipótese na qual o agente, residente em São Paulo, adquire um veículo automotor e o emplaca no Estado do Paraná. Nessa hipótese, a competência para o processo e julgamento seria do Estado lesado pelo não recolhimento do IPVA, onde a conduta delituosa foi praticada (São Paulo) ou do Estado onde o automóvel foi emplacado (Paraná)? Segundo a jurisprudência do STJ, a competência para o processo e o julgamento seguirá os critérios processuais, sendo a competência, portanto, do local onde o delito se consumou, nos moldes do art. 70 do Código de Processo Penal. Logo, no exemplo acima, a competência para o processo e o julgamento será do Estado de São Paulo.

▶ **STJ**

> **Informativo nº 388**
>
> **Terceira Seção**
>
> **SONEGAÇÃO FISCAL. IPVA.**
>
> No caso, verifica-se que a denominada "Operação de Olho na Placa" teve por objeto a investigação de empresas de locação de veículos sediadas em São Paulo que registravam seus automóveis no Estado do Paraná com a finalidade de reduzir o valor do IPVA devido, já que a alíquota da exação nesta Unidade Federativa seria de 1%. (...). Fixado tal ponto, verifica-se que o crime previsto no art. 1º da Lei n. 8.137/1990 exige, para sua consumação, a ocorrência de efetivo dano ao erário, consistente na redução ou supressão do tributo, classificando-se como delito material. Salientou o Min. Relator que o referido momento consumativo não deve ser confundido com aquele em que a fraude é praticada. *In casu*, observou que o prejuízo decorrente de eventual conduta delituosa será suportado pelo Estado de São Paulo, sede da empresa proprietária do veículo e, por conseguinte, local em que deveria ter sido recolhido o IPVA. Portanto, aplicando-se o disposto no art. 70, *caput*, do CPP, o qual determina que a competência será, de regra, determinada pelo lugar em que se consumar a infração, a Seção conheceu do conflito para declarar a competência do juízo de Direito de São Paulo, o suscitado. Precedentes citados: HC 75.599-SP, DJ 8/10/2007; CC 75.170-MG, DJ 27/9/2007; REsp 705.281-MT, DJ 1º/8/2005, e REsp 172.375-RS, DJ 18/10/1999. CC 102.866-PR, **Rel. Min. Jorge Mussi, julgado em 25/3/2009.**

5. **Conexão entre delitos de competência da Justiça Federal e Estadual.** Pode acontecer de haver conexão entre crimes de competência da Justiça Federal e Estadual, como na hipótese de em uma das condutas delituosas, haver a supressão de IR e em outra, a supressão de ICMS. Nesse caso, a competência será fixada na Justiça Federal, com fundamento na súmula 122 do STJ.

> **Súmula 122 do STJ**. "Compete à Justiça Federal o processo e julgamento unificado dos crimes conexos de competência federal e estadual, não se aplicando a regra do art. 78, II, *a*, do Código de Processo Penal."

6. **Conceito de tributo.** Existem quatro classificações que disputam a abrangência do gênero tributo. Para a classificação bipartida, tributo compreende impostos e taxas. Para a classificação tripartida, tributo compreende impostos, taxas e contribuições de melhoria (art. 5º do CTN). Já para a classificação quadripartida, tributo compreende impostos, taxas, contribuições de melhoria e empréstimos compulsórios. (art. 5º. do CTN c/c 148 da CRFB/88). Por fim, para a classificação quinquipartida, tributo compreende impostos, taxas, contribuições de melhoria, empréstimos compulsórios e contribuições especiais (art. 5º. do CTN c/c 148 e 149 da CRFB/88). O STF adota a classificação quinquipartida. Portanto, a lei foi redundante no art. 1º ao dispor sobre *tributo ou contribuição social,* uma vez que essa é espécie daquele.

7. **Natureza dos delitos.** No art. 1º, há crimes materiais, pois há uma conduta instrumental, que é a fraude descrita nos incisos, e uma conduta final, que é a supressão ou redução do tributo. Portanto, além da conduta fraudulenta do agente, exige-se que a conduta produza uma modificação no mundo externo, que é a supressão ou redução do tributo. No art. 2º, há crimes formais, uma vez que, para sua consumação, basta a conduta instrumental, isto é, a fraude descrita nos incisos, independentemente de haver a supressão ou a redução do tributo.

8. **Crime contra a Ordem Tributária e estelionato.** O delito contra a ordem tributária absorve o delito de estelionato, por ser esse um crime-meio.

9. **Crime contra a Ordem Tributária e falsidade ideológica ou uso de documento falso.** De acordo com a jurisprudência do STF e do STJ, caso o delito de falsidade ou o de uso de documento falso tenha sido perpetrado como meio para a prática do delito contra a Ordem Tributária, esse (crime fim) absorve aquele (crime meio), com base no princípio da consunção, na vertente crime progressivo, como na hipótese de a falsidade ocorrer em documento destinado a prestar informações ao Fisco. Entretanto, de forma diversa, caso tais delitos não tenham nenhuma relação com o delito contra a Ordem Tributária, ou seja, se a falsidade ou o uso não se der em documento destinado exclusivamente a prática do delito tributário, não se poderá falar em absorção, deixando, portanto, de ser um meio necessário. Nessa última hipótese, haverá concurso de crimes.

▶ **STJ**

Informativo 535

Terceira Seção

DIREITO PENAL. ABSORÇÃO DOS CRIMES DE FALSIDADE IDEOLÓGICA E DE USO DE DOCUMENTO FALSO PELO DE SONEGAÇÃO FISCAL.

O crime de sonegação fiscal absorve o de falsidade ideológica e o de uso de documento falso praticados posteriormente àquele unicamente para assegurar a evasão fiscal. Após evolução jurisprudencial, o STJ passou a considerar aplicável o princípio da consunção ou da absorção quando os crimes de uso de documento falso e falsidade ideológica – crimes meio – tiverem sido praticados para facilitar ou encobrir a falsa declaração, com vistas à efetivação do pretendido crime de sonegação fiscal – crime fim –, localizando-se na mesma linha de desdobramento causal de lesão ao bem jurídico, integrando, assim, o *iter criminis* do delito fim.

Cabe ressalvar que, ainda que os crimes de uso de documento falso e falsidade ideológica sejam cometidos com o intuito de sonegar o tributo, a aplicação do princípio da consunção somente tem lugar nas hipóteses em que os crimes meio não extrapolem os limites da incidência do crime fim. Aplica-se, assim, *mutatis mutandis*, o comando da Súmula 17 do STJ (*Quando o falso se exaure no estelionato, sem mais potencialidade lesiva, é por este absorvido*). Precedentes citados: AgRg no REsp 1.366.714-MG, Quinta Turma, DJe 5/11/2013; AgRg no REsp 1.241.771-SC, Sexta Turma, DJe 3/10/2013. EREsp 1.154.361-MG, Rel. Min. Laurita Vaz, julgado em 26/2/2014.

▶ **STF**

Informativo nº 601

Segunda Turma.

Princípio da Consunção: Crime contra a Ordem Tributária e Falsidade Ideológica – 1

(...) Reputou-se claro que o delito alegadamente praticado seria aquele definido no art. 1º da Lei 8.137/90, tendo em conta que o *crimen falsi* teria constituído meio para o cometimento do delito-fim, resolvendo-se o conflito aparente de normas pela aplicação do postulado da consunção, de tal modo que a vinculação entre a falsidade ideológica e a sonegação fiscal permitiria reconhecer, em referido contexto, a preponderância do delito contra a ordem tributária. HC 101900/SP, rel. Min. Celso de Mello, 21.9.2010.

→ **Aplicação em concurso.**

- **TRF 5ª Região. Juiz Federal Substituto. 2009. CESPE.**

A respeito dos crimes contra a ordem tributária, assinale a opção correta com base na jurisprudência do STF.

C- Havendo conexão entre os crimes de sonegação tributária e falsidade ideológica, ainda que esta não tenha sido perpetrada em documento exclusivamente destinado à prática do primeiro crime, aplica-se o princípio da consunção, devendo o agente responder unicamente pelo crime contra a ordem tributária.

A alternativa está errada.

10. **Responsabilidade penal das pessoas jurídicas.** O STF e o STJ têm posições firmes no sentido de que pessoas jurídicas somente podem praticar crimes ambientais, com fundamento no art. 3º da lei 9.605/98. Contudo, não é possível que a pessoa jurídica pratique crimes contra a Ordem Tributária.

Em relação aos crimes ambientais, a jurisprudência do STJ era firme no sentido de que era necessária a denominada *dupla imputação* ou *imputação simultânea* à pessoa jurídica e à pessoa física que atua em seu nome e em seu benefício, ou seja, a imputação do delito deveria ser feita às duas pessoas concomitantemente. Logo, ambas deveriam figurar na denúncia.

Posteriormente, o STJ mudou o seu posicionamento, seguindo a orientação do STF, no sentido de que não é necessária a *dupla imputação,* uma vez que a Constituição da República não fez essa exigência expressamente, ou seja, não condicionou a responsabilização penal da pessoa jurídica à responsabilização penal da pessoa física que atua em seu nome e em seu benefício.

▶ **STF**

Informativo nº 714

Primeira Turma

Crime ambiental: absolvição de pessoa física e responsabilidade penal de pessoa jurídica.

É admissível a condenação de pessoa jurídica pela prática de crime ambiental, ainda que absolvidas as pessoas físicas ocupantes de cargo de presidência ou de direção do órgão responsável pela prática criminosa. (...) No mérito, anotou-se que a tese do STJ, no sentido de que a persecução penal dos entes morais somente se poderia ocorrer se houvesse, concomitantemente, a descrição e imputação de uma ação humana individual, sem o que não seria admissível a responsabilização da pessoa jurídica, afrontaria o art. 225, § 3º, da CF. Sublinhou-se que, ao se condicionar a imputabilidade da pessoa jurídica à da pessoa humana, estar-se-ia quase que a subordinar a responsabilização jurídico-criminal do ente moral à efetiva condenação da pessoa física. Ressaltou-se que, ainda que se concluísse que o legislador ordinário não estabelecera por completo os critérios de imputação da pessoa jurídica por crimes ambientais, não haveria como pretender transpor o paradigma de imputação das pessoas físicas aos entes coletivos. Vencidos os Ministros Marco Aurélio e Luiz Fux, que negavam provimento ao extraordinário. (...). **(RE 548181/PR, rel. Min. Rosa Weber, 6.8.2013).**

▶ **STJ**

Informativo nº 566

Quinta Turma

DIREITO PENAL E PROCESSUAL PENAL. DESNECESSIDADE DE DUPLA IMPUTAÇÃO EM CRIMES AMBIENTAIS.

É possível a responsabilização penal da pessoa jurídica por delitos ambientais independentemente da responsabilização concomitante da pessoa física que agia em seu nome. Conforme orientação da Primeira Turma do STF, "O art. 225, § 3º, da Constituição Federal não condiciona a responsabilização penal da pessoa jurídica por crimes ambientais à simultânea persecução penal da pessoa física em tese responsável no âmbito da empresa. A norma constitucional não impõe a necessária dupla imputação" (RE 548.181, Primeira Turma, DJe 29/10/2014). Diante dessa interpretação, o STJ modificou sua anterior orientação, de modo a entender que é possível a responsabilização penal da pessoa jurídica por delitos ambientais independentemente da responsabilização concomitante da pessoa física que agia em seu nome. Precedentes citados: RHC 53.208-SP, Sexta Turma, DJe 1º/6/2015; HC 248.073-MT, Quinta Turma, DJe 10/4/2014; e RHC 40.317-SP, Quinta Turma, DJe 29/10/2013. **(RMS 39.173-BA, Rel. Min. Reynaldo Soares da Fonseca, julgado em 6/8/2015, DJe 13/8/2015).**

11. Denúncia nos crimes societários. Os delitos contra a ordem tributária são *crimes de gabinete* ou *crimes societários,* uma vez que são delitos praticados a portas fechadas, dentro de gabinetes, dificultando a descrição na denúncia da *exposição do fato criminoso, com todas as suas circunstâncias,* conforme exigido pelo art. 41 do Código de Processo Penal. Para evitar a inviabilização da persecução penal, a jurisprudência do STF e do STJ permite que a denúncia descreva o fato criminoso sem individualizar a conduta do agente com todas as suas circunstâncias, mitigando o art. 41 do Código de Processo Penal. Entretanto, a denúncia não pode deixar de descrever o *nexo de imputação*, a *vinculação mínima* entre a conduta do agente e o delito praticado, que significa descrever como o agente concorreu para a prática do delito, isso é, de que forma o agente que está denunciado teria concorrido para a prática da infração penal. Não se exige a descrição detalhada da conduta delituosa em todas as suas circunstâncias, mas um mínimo de nexo de imputação deve ser descrito na denúncia.

▶ **STF**

Informativo nº 758

Segunda Turma

Crime societário e recebimento da denúncia

A 2ª Turma recebeu, em parte, denúncia oferecida contra deputado federal pela suposta prática dos crimes previstos no art. 55 da Lei 9.605/1998 (...) e no art. 2º da Lei 8.176/1991 (...). Com relação ao crime previsto no art. 2º da Lei 8.176/1991, o Colegiado recebeu a denúncia. Consignou, primeiramente, que a jurisprudência do STF seria no sentido de que, mesmo em relação aos delitos societários, a denúncia deveria conter, ainda que minimamente, a descrição individualizada da conduta supostamente praticada pela pessoa física dela integrante. Acrescentou que seria suficiente, para a aptidão da denúncia por crimes societários, a indicação, na peça acusatória, de que a pessoa física denunciada tivesse participação na gestão da pessoa jurídica, e que não fosse infirmada, de plano, pelo ato constitutivo desta última, a responsabilidade daquela na condução da sociedade. (...). Inq 3644/AC, rel. Min. Cármen Lúcia, 9.9.2014.

STJ. RECURSO ORDINÁRIO EM HABEAS CORPUS. CRIMES AMBIENTAIS (ARTIGOS 40 E 48 DA LEI 9.605/1998). INÉPCIA DA DENÚNCIA. PEÇA INAUGURAL QUE ATENDE AOS REQUISITOS LEGAIS EXIGIDOS E DESCREVE CRIME EM TESE. AMPLA DEFESA GARANTIDA. CONSTRANGIMENTO ILEGAL NÃO EVIDENCIADO. (...). Nos chamados crimes societários, embora a vestibular acusatória não possa ser de todo genérica, é válida quando, apesar de não descrever minuciosamente as atuações individuais dos acusados, demonstra um liame entre o seu agir e a suposta prática delituosa, estabelecendo a plausibilidade da imputação e possibilitando o exercício da ampla defesa, caso em que se consideram preenchidos os requisitos do artigo 41 do Código de Processo Penal. RHC 51488. Rel. Min. Jorge Mussi, julgado em 14/10/2014.

12. **Condição de sócio e responsabilidade penal.** A mera condição de sócio não é suficiente para caracterizar a responsabilidade penal do agente, devendo haver prova de que o agente concorreu efetivamente para a prática da infração penal, sob pena de caracterização de responsabilidade penal objetiva.

▶ **STF**

Informativo nº 880

Segunda Turma

Teoria do domínio do fato e autoria.

A teoria do domínio do fato não preceitua que a mera posição de um agente na escala hierárquica sirva para demonstrar ou reforçar o dolo da conduta. Do mesmo modo também não permite a condenação de um agente com base em conjecturas. Com base nessa orientação, a Segunda Turma deu provimento ao recurso de apelação a fim de absolver o réu, com base no art. 386, V, do CPP. (...) A razão para a ausência de argumentos mais concretos a comprovar o dolo e autoria, ao que tudo indica pela frequente menção à "superioridade hierárquica do réu", é a consideração pelo Ministério Público de que a adoção da teoria do domínio do fato dispensaria o aprofundamento do papel por ele desenvolvido nas fraudes denunciadas. (...) É por isso que a adoção da teoria do domínio do fato, nos moldes em que utilizada pelo juízo de primeiro grau, não socorre ao apelo acusatório. Antes disso, acaba por infirmá-lo, na medida em que restringe o conceito aberto de autor preceituado pelo art. 29 do CP. **(AP 975/AL, rel. Min. Edson Fachin, julgamento em 3.10.2017).**

▶ **STF**

Informativo nº 866

Segunda Turma

Crime societário, individualização da conduta e teoria do domínio do fato.

A Segunda Turma, por unanimidade, concedeu ordem em "habeas corpus" para trancar ação penal envolvendo ex-diretores de empresa de telefonia por crimes contra a Fazenda Pública [art. 1º, II, da Lei 8.137/1990 c/c. art. 71 do Código Penal]. De acordo com a denúncia, os impetrantes, com domínio dos fatos na administração da sociedade anônima, teriam fraudado a Fazenda Pública de Pernambuco por meio da inserção de elementos inexatos em livros fiscais. Créditos tributários supostamente inexistentes teriam sido destacados em notas fiscais de aquisição de serviços de telecomunicações para reduzir o valor do Imposto sobre Circulação de Mercadorias e Serviços (ICMS). Além disso, os acusados não apenas detinham poder para decidir sobre a ilicitude, como também para persuadir os funcionários contratados a executarem o ato, sendo responsáveis pela ocorrência da redução do tributo. O ministro Ricardo Lewandowski (relator) asseverou que não se pode invocar a teoria do domínio do fato, pura e simplesmente, sem nenhuma outra prova, citando de forma genérica os diretores estatutários da empresa, espalhados pelo Brasil, para lhes imputar um crime fiscal que teria sido supostamente praticado no Estado-membro. O Colegiado pontuou que, em matéria de crimes societários, a denúncia deve apresentar, suficiente e adequadamente, a conduta atribuível a cada um dos agentes, de modo a possibilitar a identificação do papel desempenhado pelos denunciados na estrutura jurídico-administrativa da empresa. Ressaltou que, no caso, a acusação feita aos pacientes deriva apenas dos cargos por eles ocupados na empresa de telefonia, estando ausente descrição mínima dos supostos atos ilícitos por eles praticados. **(HC 136250/PE, rel. Min. Ricardo Lewandowski, julgamento em 23.5.2017).**

▶ **STJ**

Informativo 543

Sexta Turma

DIREITO PROCESSUAL PENAL. INÉPCIA DA DENÚNCIA QUE NÃO INDIVIDUALIZA A CONDUTA DE SÓCIO E ADMINISTRADOR DE PESSOA JURÍDICA.

É inepta a denúncia que, ao imputar a sócio a prática dos crimes contra a ordem tributária previstos nos incisos I e II do art. 1º da Lei 8.137/1990, limita-se

a transcrever trechos dos tipos penais em questão e a mencionar a condição do denunciado de administrador da sociedade empresária que, em tese, teria suprimido tributos, sem descrever qual conduta ilícita supostamente cometida pelo acusado haveria contribuído para a consecução do resultado danoso. (...). Nesse contexto, observa-se que o simples fato de o acusado ser sócio e administrador da empresa constante da denúncia não pode levar a crer, necessariamente, que ele tivesse participação nos fatos delituosos, a ponto de se ter dispensado ao menos uma sinalização de sua conduta, ainda que breve, sob pena de restar configurada a repudiada responsabilidade criminal objetiva. Não se pode admitir que a narrativa criminosa seja resumida à simples condição de acionista, sócio, ou representante legal de uma pessoa jurídica ligada a eventual prática criminosa. Vale dizer, admitir a chamada denúncia genérica nos crimes societários e de autoria coletiva não implica aceitar que a acusação deixe de correlacionar, com o mínimo de concretude, os fatos considerados delituosos com a atividade do acusado. Não se deve admitir que o processo penal se inicie com uma imputação que não pode ser rebatida pelo acusado, em face da indeterminação dos fatos que lhe foram atribuídos, o que, a toda evidência, contraria as bases do sistema acusatório, de cunho constitucional, mormente a garantia insculpida no inciso LV do artigo 5º da Constituição Federal. **(HC 224.728-PE, Rel. Min. Rogerio Schietti Cruz, julgado em 10/6/2014).**

→ **Aplicação em concurso.**

- **Defensor Público da União 2007. CESPE.**

No caso de crime societário praticado contra o meio ambiente, mediante conduta relacionada a poluição sonora, a autoria nem sempre se mostra claramente comprovada, não se exigindo a descrição pormenorizada da conduta de cada agente na denúncia. Sendo assim, o simples fato de o réu ser sócio-proprietário da empresa autoriza a instauração de processo criminal, conforme precedentes do STJ.

A alternativa está errada.

13. Princípio da insignificância no STF e STJ. O STF e o STJ não são uníssonos quanto ao valor limite para a incidência do princípio da insignificância. O STJ pacificou a sua jurisprudência no sentido de que o princípio da insignificância deve ser aplicado aos crimes contra a ordem tributária, tendo como critério o valor do tributo suprimido ou reduzido, com base no art. 20 da lei 10.522/2002, que determina o arquivamento dos autos da ação de execução fiscal, sem baixa na distribuição, que dispõe: *"serão arquivados, sem baixa na distribuição, mediante requerimento do Procurador da Fazenda Nacional, os autos das execuções fiscais de débitos inscritos como Dívida Ativa da União pela Procuradoria-Geral da Fazenda Nacional ou por ela cobrados, de valor consolidado igual ou inferior a R$ 10.000,00 (dez mil reais)"*. Assim, se o valor do tributo suprimido ou reduzido não ultrapassar o limite de R$ 10.000,00, reconhece-se o princípio da insignificância. O mesmo entendimento aplica-se a outros crimes de natureza tributária, como o descaminho (art. 334 do Código Penal). O STF também tinha jurisprudência pacífica nesse sentido. Porém, posteriormente ao advento da lei 10.522/2001 foi editada a Portaria MF nº 75, de 22 de março de 2012, posteriormente alterada pela Portaria MF nº 130, de 19 de abril de 2012, que no seu art. 2º estabelece que *"o Procurador da Fazenda Nacional requererá o arquivamento, sem baixa na distribuição, das execuções fiscais* *de débitos com a Fazenda Nacional, cujo valor consolidado seja igual ou inferior a R$ 20.000,00 (vinte mil reais), desde que não conste dos autos garantia, integral ou parcial,* útil à satisfação do crédito". O teor da redação dessa Portaria é quase igual ao previsto no art. 20 da lei 10.522/2002, no sentido de serem arquivados os autos das execuções fiscais nas quais o valor delas constante não ultrapasse um determinado limite. Porém, nota-se a diferença justamente em relação ao valor estabelecido, pois, enquanto o previsto na lei 10.522/2002 é de R$ 10.000,00, o previsto na mencionada Portaria 75/2012 é de R$ 20.000,00, desde que não conste dos autos qualquer garantia (integral ou parcial) útil à satisfação do crédito. Assim, o STF mudou o seu posicionamento para entender que o princípio da insignificância aplica-se quando o valor sonegado não ultrapassar o limite de R$ 20.000,00, em consonância com a Portaria. O mesmo entendimento se aplica a outros crimes de natureza tributária, como o descaminho (art. 334 do Código Penal).

► **STF**

Informativo nº 739

Segunda Turma

"**Princípio da insignificância: alteração de valores por portaria e execução fiscal**

(...) A Turma observou que o art. 20 da Lei 10.522/2002 determinava o arquivamento das execuções fiscais, sem cancelamento da distribuição, quando os débitos inscritos como dívidas ativas da União fossem iguais ou inferiores a R$ 10.000,00. Destacou que, no curso dos processos, advieram as Portarias 75/2012 e 130/2012, do Ministério da Fazenda, que atualizaram os valores para R$ 20.000,00. Asseverou que, por se tratar de normas mais benéficas aos réus, deveriam ser imediatamente aplicadas, nos termos do art. 5º, XL, da CF. Aduziu que, nesses julgados, além de o valor correspondente ao não recolhimento dos tributos ser inferior àquele estabelecido pelo Ministério da Fazenda, a aplicação do princípio da bagatela seria possível porque não haveria reiteração criminosa ou introdução, no País, de produto que pudesse causar dano à saúde. (...). HC 120620/RS e HC 121322/PR, rel. Min. Ricardo Lewandowski, 18.2.2014. (HC-120620)."

► **STJ**

Informativo nº 551

Terceira Seção

DIREITO PENAL. PARÂMETRO PARA APLICAÇÃO DO PRINCÍPIO DA INSIGNIFICÂNCIA AO CRIME DE DESCAMINHO.

O valor de R$ 20 mil fixado pela Portaria MF 75/2012 – empregado como critério para o arquivamento, sem baixa na distribuição, das execuções fiscais de débitos inscritos na Dívida Ativa da União – não pode ser utilizado como parâmetro para fins de aplicação do princípio da insignificância aos crimes de descaminho. Inicialmente, importante ressaltar que o entendimento, tanto do STF quanto do STJ (REsp 1.112.748-TO, julgado sob o rito do art. 543-C do CPC, DJe 13/10/2009), tem sido o de que incide o princípio da insignificância no crime de descaminho quando o valor dos tributos iludidos não ultrapassar o montante de R$ 10 mil, valor este fixado pela Lei 10.522/2002 para servir como piso para arquivamento, sem baixa nos autos, de execuções fiscais. Mais recentemente, o Ministério da

Fazenda editou a Portaria MF 75/2012, a qual elevou o valor de arquivamento para R$ 20 mil. Desde então, o STF tem, em alguns de seus julgados, empregado o referido patamar para reconhecer a aplicação do princípio da insignificância ao descaminho, quando o valor dos tributos iludidos não ultrapassar o montante de R$ 20 mil. Não obstante esse entendimento, importante analisar a validade formal da elevação do parâmetro pela Portaria MF 75/2012. Nesse passo, ressalte-se que, atualmente, com o advento da Lei 10.522/2002, o Ministro da Fazenda possui autonomia tão somente para estabelecer o cronograma, determinando as prioridades e as condições a serem obedecidas quando forem remetidos os débitos passíveis de inscrição em Dívida Ativa da União e cobrança judicial pela Procuradoria da Fazenda Nacional. A lei não previu a competência para que o Ministro da Fazenda, por meio de portaria, altere o valor fixado como parâmetro para arquivamento de execução fiscal, sem baixa na distribuição. Com isso, a alteração do valor para arquivamento de execução fiscal só pode ser realizada por meio de lei, não sendo a referida portaria, portanto, meio normativo válido para esse fim. Ademais, da leitura da aludida portaria, extrai-se que o valor foi estabelecido para orientar a ação em sede executivo-fiscal, com base apenas no custo benefício da operação; claramente, portanto, como uma opção de política econômico-fiscal. Em vista disso, importante ponderar: pode-se aceitar que o Poder Judiciário se veja limitado por parâmetro definido por autoridade do Poder Executivo, estabelecido unicamente por critérios de eficiência, economicidade, praticidade e as peculiaridades regionais e/ou do débito? Afigura-se inusitada a compreensão de que o Ministro da Fazenda, por meio de portaria, ao alterar o patamar de arquivamento de execuções fiscais de débitos com a Fazenda Pública, determine o rumo da jurisdição criminal de outro Poder da República. Por fim, não há como aplicar os princípios da fragmentariedade e da subsidiariedade do Direito Penal ao caso analisado. O caráter fragmentário orienta que o Direito Penal só pode intervir quando se trate de tutelar bens fundamentais e contra ofensas intoleráveis; já o caráter subsidiário significa que a norma penal exerce uma função meramente suplementar da proteção jurídica em geral, só valendo a imposição de suas sanções quando os demais ramos do Direito não mais se mostrem eficazes na defesa dos bens jurídicos. Os referidos princípios penais ganhariam relevo se o atuar do Direito Administrativo eliminasse a lesão ao erário, e não na situação ora analisada, em que, por opção decorrente da confessada ineficiência da Procuradoria da Fazenda Nacional, queda-se inerte a Administração Pública quanto ao seu dever de cobrar judicialmente os tributos iludidos. REsp 1.393.317-PR, Rel. Min. Rogerio Schietti Cruz, julgado em 12/11/2014.

Princípio da insignificância	
STF	**STJ**
R$ 20.000,00	R$ 10.000,00

→ **Aplicação em concurso.**

- **(MPE-SC – Promotor de Justiça – SC/2012)**

  Assinale a alternativa correta:

  Previsão legal expressa impede a aplicação do princípio da insignificância aos crimes contra a ordem tributária, cujo bem jurídico protegido é o patrimônio público.

  A alternativa está errada.

- **STF. Analista Judiciário/2008. CESPE.**

  É cabível a aplicação do princípio da insignificância para fins de trancamento de ação penal em que se imputa ao acusado a prática de crime de descaminho.

  A alternativa está correta.

14. Não aplicabilidade do princípio da insignificância a delitos concernentes a tributos que não sejam da competência da União. De acordo com o STJ, não se aplica o princípio da insignificância se o delito praticado tiver como objeto um tributo que não seja da competência da União Federal.

▶ **STJ**

Informativo 540

Sexta Turma

DIREITO PENAL. PRINCÍPIO DA INSIGNIFICÂNCIA NO CASO DE CRIMES RELACIONADOS A TRIBUTOS QUE NÃO SEJAM DA COMPETÊNCIA DA UNIÃO.

É inaplicável o patamar estabelecido no art. 20 da Lei 10.522/2002, no valor de R$ 10 mil, para se afastar a tipicidade material, com base no princípio da insignificância, de delitos concernentes a tributos que não sejam da competência da União. (...) para a aplicação desse entendimento aos delitos tributários concernentes a tributos que não sejam da competência da União, seria necessária a existência de lei do ente federativo competente, porque a arrecadação da Fazenda Nacional não se equipara à dos demais entes federativos. (...). Precedente citado: HC 180.993-SP, Quinta Turma, DJe 19/12/2011. HC 165.003-SP, **Rel. Min. Sebastião Reis Júnior, julgado em 20/3/2014.**

15. Prisão nos crimes contra a Ordem Tributária. Embora no delito do art. 1º desta lei, bem como nos demais delitos de natureza tributária, como o descrito no art. 168-A do Código Penal, haja a sonegação, a prisão decorrente dos crimes contra a Ordem Tributária configura prisão penal, e não prisão civil, uma vez que possui a finalidade de prevenção e de retribuição típicas da prisão penal, e não finalidade coercitiva como ocorre na prisão civil do devedor de alimentos. Assim, o STF e o STJ consideram a prisão constitucional.

TRF, 4ª REGIÃO. SÚMULA 65: "A pena decorrente do crime de omissão no recolhimento de contribuições previdenciárias não constitui prisão por dívida."

16. Prova nos crimes contra a Ordem Tributária. Se os vestígios da fraude praticada para suprimir ou reduzir tributo desaparecerem, como na hipótese de incineração de nota fiscal ou documento contábil, pode ser realizado o exame indireto de corpo de delito, com base no art. 167 do Código de Processo Penal.

TRF, 4ª REGIÃO. SÚMULA 67: "A prova da materialidade nos crimes de omissão no recolhimento de contribuições previdenciárias pode ser feita pela autuação e notificação da fiscalização, sendo desnecessária a realização de perícia."

17. Prévio exaurimento da instância administrativa. Súmula Vinculante no 24. Justa causa e condição objetiva de punibilidade para a ação penal. O STF, na ordem de *habeas corpus* 81.611/DF, publicada no boletim informativo de jurisprudência nº 333, entendeu que a decisão definitiva no processo administrativo fiscal, concluindo pela efetiva supressão ou redução do tributo, constitui justa causa e condição objetiva de punibilidade em relação aos crimes definidos no art. 1º da lei 8.137/90, por terem a natureza de crimes materiais. Explica-se: A justa causa consiste na prova da existência do crime e indícios suficientes de autoria. A condição objetiva de punibilidade pode ser vista de duas formas: A primeira forma é a consideração dela como um acontecimento futuro e incerto, cuja realização é necessária para a integração jurídica do crime. É um elemento exterior ao tipo legal de crime, um elemento suplementar do tipo, de forma que caso não haja a sua implementação, o delito não se configura. A segunda forma é a consideração da condição objetiva de punibilidade como elemento imprescindível à punição, ao exercício do *jus puniendi*, mas não essencial à integração do crime, que já existe com todos os seus elementos constitutivos. Assim, a condição objetiva de punibilidade, como o nome sugere, é um acontecimento futuro e incerto que condiciona a punibilidade propriamente dita. O delito já existe e já se aperfeiçoou. Contudo, a sua punição fica condicionada ao advento desse acontecimento futuro e incerto. Portanto, ela influencia a punição, e não a existência do delito. Nesse julgado, o STF adotou a primeira orientação, no sentido de que as condições objetivas de punibilidade são elementos exteriores ao tipo legal de crime, elementos suplementares do tipo, de forma que caso não haja a sua implementação, o delito não se configura. Dessa forma, segundo o entendimento do STF, se a supressão ou redução do tributo é elemento do tipo legal do crime, que somente poderá ser apurada mediante o regular processo administrativo fiscal, enquanto não houver a decisão definitiva no processo administrativo fiscal concluindo pela efetiva supressão ou redução do tributo, não há prova de que o crime ocorreu (justa causa), não sendo, portanto, satisfeita a condição objetiva de punibilidade. Assim, o delito somente estará consumado após o término do processo administrativo fiscal, razão pela qual não pode o órgão acusatório oferecer denúncia por esses delitos sem que haja decisão definitiva no processo administrativo fiscal, chamado de lançamento definitivo.

Note-se que, ainda de acordo com o STF, enquanto não houver o lançamento definitivo, o prazo prescricional não corre, iniciando-se no dia da constituição definitiva do crédito tributário, ou seja, no dia em que o crime consumou-se. Essa posição também é seguida pelo STJ.

De forma contrária, caso fique apurado no curso do processo administrativo fiscal a não ocorrência de supressão ou de redução do tributo, não haverá a prática do delito.

> **STF. Súmula Vinculante nº 24**: *"Não se tipifica crime material contra a ordem tributária, previsto no artigo 1º, incisos I a IV, da Lei nº 8.137/90, antes do lançamento definitivo do tributo".*
>
> **STF.** Agravo regimental no habeas corpus. Constitucional. Penal. Prescrição da pretensão punitiva estatal. Crime de sonegação fiscal (Lei nº 8.137/90). Consumação do delito com a constituição definitiva do crédito tributário (Súmula Vinculante nº 24/STF), que é o termo a quo para a contagem do prazo prescricional. Precedentes. Regimental ao qual se nega provimento. 1. Segundo o entendimento da Corte, "a consumação do crime tipificado no art. 1º da Lei 8.137/90 somente se verifica com a constituição do crédito fiscal, começando a correr, a partir daí, a prescrição" (HC nº 85.051/MG, Segunda Turma, Relator o Ministro Carlos Velloso,

DJ de 1º/7/05). Esse entendimento encontra-se cristalizado no enunciado Súmula Vinculante nº 24 da Corte. 2. É ilógico permitir que a prescrição seguisse seu curso normal no período de duração do processo administrativo necessário à consolidação do crédito tributário. Se assim o fosse, o recurso administrativo, por iniciativa do contribuinte, serviria mais como uma estratégia de defesa para alcançar a prescrição com o decurso do tempo do que a sua real finalidade, que é, segundo o Ministro Sepúlveda Pertence, propiciar a qualquer cidadão questionar, perante o Fisco, a exatidão do lançamento provisório de determinado tributo (HC nº 81.611/DF, Tribunal Pleno, DJ de 13/5/05). 3. Agravo regimental ao qual se nega provimento. **(HC 126072 AgR, Rel. Min. Dias Toffoli, julgado em 02/02/2016).**

STJ. (...) CONTRA A ORDEM TRIBUTÁRIA. ART. 1º, I, E IV, DA LEI 8.137/1990. CRIME MATERIAL. PRESCRIÇÃO. TERMO A QUO. CONSUMAÇÃO. CONSTITUIÇÃO DEFINITIVA DO CRÉDITO TRIBUTÁRIO. DIVERGÊNCIA. (...) 3. A jurisprudência desta Corte Superior de Justiça e do Supremo Tribunal Federal é no sentido de que o crime de sonegação fiscal é crime material, exigindo para sua consumação a ocorrência de resultado naturalístico, consistente em dano ao Erário. Sujeitam-se, pois, ao enunciado 24 da Súmula Vinculante do Pretório Excelso (Não se tipifica crime material contra a ordem tributária, previsto no art. 1º, incisos I a IV, da Lei n. 8.137/1990, antes do lançamento definitivo do tributo). (...) **(AgRg no AREsp 765.951, Rel. Min. Reynaldo Soares da Fonseca, julgado em 20/09/2016).**

18. Natureza jurídica do delito contido no inciso V do art. 1º da lei 8.137/90. Muito embora a Súmula Vinculante no 24 não tenha contemplado o inciso V do art. 1º, em nossa opinião o inciso V continua a ser classificado como crime material, tendo em vista que se o agente nega ou deixa de fornecer, quando obrigatório, nota fiscal ou documento equivalente, relativa à venda de mercadoria ou prestação de serviço, efetivamente realizada, ou se a fornece em desacordo com a legislação, ocorre a supressão ou a redução do tributo. A conduta descrita no inciso V é a *conduta instrumental*, ao passo que a supressão ou a redução do tributo descrita no *caput* é a *conduta final*.

Entretanto, embora tenhamos a convicção de que se trata de crime material, o STJ entende que o delito do inciso V é formal, por não estar abrangido pela Súmula Vinculante nº 24.

STJ. PENAL E PROCESSO PENAL. RHC. CRIME CONTRA A ORDEM TRIBUTÁRIA (ART. 1º, V, DA LEI N. 8.137/1990). TRANCAMENTO DA AÇÃO PENAL. AUSÊNCIA DE JUSTA CAUSA. SÚMULA VINCULANTE 24. INAPLICABILIDADE. CRIME FORMAL. DESNECESSIDADE DE EXAURIMENTO DA ESFERA ADMINISTRATIVA. RECURSO DESPROVIDO. (...) 2. Cinge-se a controvérsia à análise da necessidade de esgotamento da instância administrativo-fiscal para o desencadeamento da persecução penal na hipótese do inciso V do artigo 1º da Lei n. 8.137/1990, considerando que o Supremo Tribunal Federal, na Súmula Vinculante n. 24, reconheceu tão somente que "não se tipifica crime material contra a ordem tributária, previsto no art. 1º, incisos I a IV, da Lei n. 8.137/90, antes do lançamento definitivo do tributo". 3. Nos termos da jurisprudência desta Corte, o crime descrito no art. 1º, V, da Lei n. 8.137/1990 ostenta natureza formal, ao contrário das condutas elencadas nos incisos I e IV do referido dispositivo, e a sua consumação prescinde da constituição definitiva do crédito tributário. Por consectário, o prévio exaurimento da via administrativa não configura condição objetiva de punibilidade. Precedentes. 4. Recurso desprovido. **(RHC 31.062/DF, Rel. Min. Ribeiro Dantas, julgado em 02/08/2016).**

19. **Previsão legal do teor da Súmula Vinculante no 24.** Após a solidificação desse entendimento do STF com a edição da Súmula Vinculante nº 24, ocorreu o advento das leis 12.350, de 20 de dezembro de 2010 e 12.382, de 25 de fevereiro de 2011 que, entre outras providências, alteraram a redação do art. 83 da lei 9.430/96 e trataram da representação fiscal para fins penais, da suspensão da pretensão punitiva e da extinção da punibilidade pelo pagamento. No que concerne a este tópico, é importante frisar que a 12.350/2010 deu nova redação ao *caput* do art. 83 da lei 9.430/96 e positivou a orientação contida na Súmula Vinculante no 24 do STF, ao dispor que *"a representação fiscal para fins penais relativa aos crimes contra a ordem tributária previstos nos arts. 1º e 2º da Lei nº 8.137, de 27 de dezembro de 1990, e aos crimes contra a Previdência Social, previstos nos arts. 168-A e 337-A do Decreto-Lei nº 2.848, de 7 de dezembro de 1940 (Código Penal), será encaminhada ao Ministério Público depois de proferida a decisão final, na esfera administrativa, sobre a exigência fiscal do crédito tributário correspondente."* Assim, o processo criminal somente será instaurado após o término do processo administrativo fiscal, se nele ocorrer o lançamento definitivo do tributo. Embora a novel lei tenha abrangido os crimes do art. 2º, da lei 8.137/90, eles continuam tendo a natureza de crimes formais e não estão abrangidos pela Súmula Vinculante no 24.

→ **Aplicação em concurso.**

- **Delegado de Polícia/GO. 2017. CESPE**

  Considere os seguintes atos, praticados com o objetivo de suprimir tributo:

1) Marcelo prestou declaração falsa às autoridades fazendárias;
2) Hélio negou-se a emitir, quando isso era obrigatório, nota fiscal relativa a venda de determinada mercadoria;
3) Joel deixou de fornecer nota fiscal relativa a prestação de serviço efetivamente realizado.

   Nessas situações, conforme a Lei 8.137/1990 e o entendimento do STF, para que o ato praticado tipifique crime material contra a ordem tributária, será necessário o prévio lançamento definitivo do tributo em relação a

A) Hélio e Joel.

B) Marcelo apenas.

C) Hélio apenas.

D) Joel apenas.

E) Hélio, Marcelo e Joel.

Alternativa correta: letra B.

- **Delegado de Polícia/PE. 2016. CESPE**

  A respeito da legislação penal extravagante brasileira, assinale a opção correta.

  Para o STF, haverá crime contra a ordem tributária, ainda que esteja pendente de recurso administrativo que discuta o débito tributário em procedimento fazendário especifico, haja vista independência dos poderes.

  A alternativa está errada.

- **Juiz de Direito do TJ/DF. 2014. CESPE.**

  O prazo prescricional do delito material contra a ordem tributária começa a correr do dia da prática do fato reputado como criminoso.

  A alternativa está errada.

- **(FCC – Analista Judiciário – Área Judiciária – TRF 3/2014)**

  Não se tipifica crime material contra a ordem tributária, previsto no art. 1º, incisos I a IV, da Lei nº 8.137/90, antes do lançamento definitivo do tributo.

  O enunciado da Súmula Vinculante 24 do STF, citado acima, mais diretamente implica que

A) o erro sobre elemento do tipo penal exclui o dolo.

B) reduz-se a pena quando, até o recebimento da denúncia, o agente de crime cometido sem violência ou grave ameaça reparar o dano ou restituir a coisa.

C) a prescrição começa a correr do dia em que o crime se consumou.

D) o erro inevitável sobre a ilicitude do fato isenta de pena.

E) a confissão espontânea da autoria do crime atenua a pena.

Alternativa correta: letra C.

- **(Vunesp – Procurador Município – Prefeitura São Paulo – SP/2014)**

  De acordo com a dominante jurisprudência do STF, inclusive já sumulada, não se tipifica ______ contra a ordem tributária, previsto no art. 1º, incisos I a IV, da Lei n.º 8.137/90, antes ______. Completam adequada e respectivamente as lacunas as expressões

A) crime ... da emissão da CDA (certidão de dívida ativa)

B) crime ... do esgotamento da via de discussão administrativa

C) crime ... da decisão judicial, ainda que provisória, confirmando o lançamento do tributo

D) crime material ... do lançamento definitivo do tributo

E) crime material ... da decisão judicial definitiva confirmando lançamento do tributo

Alternativa correta: letra D.

- **(TJ/SC – Juiz de Direito Substituto – SC/2013)**

  Assinale a alternativa correta:

  Não se tipifica crime material contra a ordem tributária, previsto no art. 1º, incisos I a IV, da Lei nº 8.137/90, antes do lançamento definitivo do tributo.

  A alternativa está certa

- **(MPF – Procurador da República/2013).**

  O momento consumativo dos crimes de sonegação fiscal, tipificados nos arts. 1º e 2º, da Lei n. 8.137/1990, depende da conformação do elemento normativo do tipo que, por sua vez, somente ocorre com o lançamento definitivo do tributo, consoante construção pretoriana consolidada na Súmula Vinculante n. 24, do STF.

  A alternativa está errada.

- **(MPF – Procurador da República/2012)**

  Relativamente à persecução penal dos delitos que integram o assim chamado direito penal tributário, analise as seguintes assertivas:

Embora não condicionada a denúncia à representação da autoridade fiscal, falta justa causa para a ação penal pela prática do crime tipificado no art. 1º, inc. I, da Lei n. 8.137/90, enquanto não houver decisão definitiva do processo administrativo, quer se considere o lançamento definitivo COMO condição objetiva de punibilidade ou COMO elemento normativo do tipo;

A alternativa está certa

- **(IESES – Cartório – TJ – RO/2012)**

É certo afirmar:

Não se tipifica crime material contra a ordem tributária, previsto no art. 1º, incisos I a IV, da Lei nº 8.137/90, antes do lançamento definitivo do tributo.

A alternativa está certa.

- **TRF 5ª Região. Juiz Federal Substituto. 2009. CESPE.**

A respeito dos crimes contra a ordem tributária, assinale a opção correta com base na jurisprudência do STF.

B) O cancelamento do crédito tributário por decisão definitiva do Conselho de Contribuintes, após o lançamento fiscal prévio, não influencia a ação penal em curso por delito de sonegação fiscal, dada a independência das instâncias penal e administrativa.

D) Enquanto não efetivado o lançamento definitivo do débito tributário, não há justa causa para a ação penal, o que não influi no lapso prescricional penal, que não se suspende.

Todas as alternativas estão erradas.

- **Titularidade de Serviços Notariais e de Registro TJDFT 2008. CESPE.**

Crime formal contra a ordem tributária não se tipifica antes do lançamento definitivo do tributo devido.

A alternativa está errada.

- **STF. Analista Judiciário. Execução de mandados 2008. CESPE.**

No que concerne aos crimes contra a ordem tributária, julgue os seguintes itens, com base no entendimento do STF.

Dispõe o art. 1.º da Lei n.º 8.137/1990 que constitui crime contra a ordem tributária suprimir ou reduzir tributo, ou contribuição social e qualquer acessório, mediante determinadas condutas ali descriminadas. Em tais casos, se o crédito não houver sido lançado definitivamente, o crime não se tipifica, pois o delito é material.

A alternativa está correta.

- **Defensor Público da União/2007. CESPE.**

Carece de justa causa a **ação penal quanto ao crime contra a ordem tributária, caso a denúncia não esteja lastreada em decisão administrativa conclusiva concernente à investigação de sonegação fiscal, sendo cabível, na espécie, habeas corpus com o fim de** trancamento da ação penal.

A alternativa está correta.

- **MPE/AM – Promotor de Justiça 2007. CESPE.**

Acerca dos crimes contra a ordem tributária, assinale a opção correta.

A) Não há previsão legal de delação premiada nos casos de cometimento de crimes contra a ordem tributária praticados em quadrilha ou co-autoria.

B) Antes da definitiva constituição do crédito tributário, com o reconhecimento da exigibilidade do crédito tributário (an debeatur) e determinação do respectivo valor (quantum debeatur), o comportamento do agente será penalmente irrelevante, porque manifestamente atípico.

C) O início do lapso prescricional em caso de supressão de tributo ocorre no momento da efetiva supressão e não quando da constituição definitiva do crédito.

D) Os crimes de sonegação fiscal são crimes formais.

E) O parcelamento administrativo do débito fiscal determina a extinção da pretensão punitiva.

Alternativa correta: Letra B.

- **Inspetor da Polícia Civil/RJ. 2007. FGV.**

O Supremo Tribunal Federal decidiu que os crimes previstos no art. 1º da Lei 8.137/90 são crimes materiais. Isso significa que:

A) é preciso aguardar o término do procedimento administrativo-fiscal em que seja constatada a efetiva redução ou supressão do tributo para ajuizar a ação penal por crime de sonegação fiscal.

B) é preciso que a denúncia venha acompanhada de laudo pericial subscrito por dois peritos oficiais atestando a falsificação da Certidão Negativa de Débitos Fiscais.

C) o autor do crime terá a pena aumentada em 1/3 a 2/3.

D) não será instaurado inquérito para apuração da conduta do funcionário que patrocinar, direta ou indiretamente, interesse privado perante a administração fazendária, valendo-se da qualidade de funcionário público.

E) a lei foi revogada.

Alternativa correta: Letra A.

20. Súmula Vinculante no 24. Não aplicabilidade ao Inquérito Policial. O entendimento jurisprudencial concretizado na Súmula Vinculante no 24 não se aplica à fase investigatória, ou seja, o lançamento definitivo não é necessário para a instauração do Inquérito Policial, de forma que o Inquérito pode ter início independentemente da instância administrativa, mesmo que não haja o lançamento definitivo. Em outras palavras, não se exige a conclusão do processo administrativo fiscal concluindo pela efetiva supressão ou redução do tributo, culminando no lançamento definitivo para que o Inquérito Policial seja instaurado para a apuração do crime do art. 1º da lei 8.137/90.

▶ **STF**

Informativo nº 819

Primeira Turma

HC: denúncias anônimas e lançamento definitivo – 3

Quanto ao argumento de nulidade da investigação porquanto iniciada antes da existência de lançamento tributário definitivo, a Turma citou a atual jurisprudência do STF, que condicionaria a persecução por crime contra a ordem tributária à realização do lançamento fiscal. O lançamento definitivo do crédito tributário constituiria atividade privativa da autoridade administrativa e, sem tributo constituído, não haveria como caracterizar o crime de sonegação tributária (HC 81.611/DF, DJU de 13.5.2005). Apesar de a jurisprudência do STF condicionar a persecução penal à existência do lançamento tributário definitivo, o mesmo não ocorreria relativamente à investigação preliminar. Crimes poderiam ser tentados e consumados e jamais se entendera pela impossibilidade da investigação preliminar durante a execução de um crime e mesmo antes da consumação. A afirmação seria válida tanto para crimes contra a ordem tributária como para qualquer outra modalidade delitiva. (..). HC 106152/MS, rel. Min. Rosa Weber, 29.3.2016.

21. **Informações prestadas pelo contribuinte em processo administrativo. Suficiência para a subsidiar a instauração de Inquérito Policial.** Em processo de fiscalização regularmente instaurado contra o contribuinte, no qual são assegurados a ampla defesa e o contraditório, os dados obtidos pela autoridade fazendária, fornecidos regularmente pelo contribuinte, podem servir de elementos probatórios para que seja instaurado Inquérito Policial para apurar a prática de crime contra a Ordem Tributária. Note-se que, embora a jurisprudência do STJ admita a quebra do sigilo bancário pelo Fisco sem a prévia autorização judicial para fins de constituição de crédito tributário, essa permissão não existe para a instauração de investigação criminal. Porém, no caso de o próprio contribuinte fornecer ao Fisco as informações dentro de um processo administrativo de fiscalização, regularmente instaurado, assegurados a ampla defesa e o contraditório, essas informações podem ser utilizadas para subsidiar a instauração de Inquérito Policial para apurar a prática de crime contra a Ordem Tributária.

► **STJ**

Informativo nº 577

Quinta Turma

DIREITO PROCESSUAL PENAL. UTILIZAÇÃO NO PROCESSO PENAL DE PROVAS OBTIDAS PELA ADMINISTRAÇÃO TRIBUTÁRIA.

Os dados bancários entregues à autoridade fiscal pela sociedade empresária fiscalizada, após regular intimação e independentemente de prévia autorização judicial, podem ser utilizados para subsidiar a instauração de inquérito policial para apurar suposta prática de crime contra a ordem tributária. De fato, a Primeira Seção do STJ, ao apreciar o REsp 1.134.665-SP (DJe 18/12/2009), submetido ao rito do art. 543-C do CPC, consolidou o entendimento de que a quebra do sigilo bancário sem prévia autorização judicial para fins de constituição de crédito tributário é autorizada pela Lei n. 8.021/1990 e pela LC n. 105/2001, normas procedimentais cuja aplicação é imediata. Contudo, conquanto atualmente o STJ admita o intercâmbio de informações entre as instituições financeiras e a autoridade fiscal para fins de constituição de crédito tributário, o certo é que tal entendimento não se estende à utilização de tais dados para que seja deflagrada a persecução penal. Isso porque, como é cediço, o sigilo bancário é garantido no art. 5º da CF, e para que haja o seu afastamento exige-se ordem judicial que, também por determinação constitucional, precisa ser fundamentada (art. 93, IX). Na hipótese, todavia, consta do termo de constatação, retenção e intimação, firmado por auditor fiscal da Receita Federal, que a sociedade empresária apresentou diversas notas fiscais e cópias dos extratos bancários das contas por ela movimentadas após ser regularmente intimada. **RHC 66.520-RJ, Rel. Min. Jorge Mussi, julgado em 2/2/2016, DJe 15/2/2016.**

22. **Prévio exaurimento da via administrativa não é condição para a concessão de extradição de estrangeiro.** O prévio exaurimento da via administrativa não é condição para a concessão de extradição de estrangeiro. Logo, a extradição pode ser levada a efeito independentemente do prévio esgotamento da via administrativa.

▶ **STF**

Informativo nº 716

Segunda Turma

Extradição e constituição de crédito tributário

Não há que se falar na exigência de comprovação da constituição definitiva do crédito tributário para se conceder extradição. Com base nesse entendimento, a 2ª Turma deferiu pedido de extradição instrutória, fundado em promessa de reciprocidade, para que nacional alemão responda por crime de sonegação de impostos. Observou-se ser necessário aplicar ao caso o que disposto no art. 89 da Lei 6.815/80 (...), tendo em vista que o extraditando fora condenado pela prática de delito diverso no Brasil. Enfatizou-se que se exigiria a tipicidade em ambos os Estados para o reconhecimento do pedido, e não que o Estado requerente seguisse as mesmas regras fazendárias existentes no Brasil. Ext 1222/República Federal da Alemanha, 20.8.2013. (Ext-1222).

23. **Possibilidade de a Súmula Vinculante no 24 ser aplicada aos delitos praticados anteriormente à sua edição.** O teor da Súmula Vinculante no 24 pode ser aplicado aos delitos praticados anteriormente à sua edição, sem que isso configure retroatividade *in malam partem*, tendo em vista que a Súmula Vinculante apenas consolidou uma interpretação que já existia na jurisprudência do STF sobre a matéria.

▶ **STF**

Informativo nº 786

Primeira Turma

Crime tributário e prescrição – 2

Não há que se falar em aplicação retroativa "in malam partem" do Enunciado 24 da Súmula Vinculante (...) aos fatos ocorridos anteriormente à sua edição, uma vez que o aludido enunciado apenas consolidou interpretação reiterada do STF sobre a matéria. Com base nessa orientação, a Primeira Turma, em conclusão de julgamento, desproveu recurso ordinário em "habeas corpus" no qual se pleiteava o reconhecimento da prescrição da pretensão punitiva estatal em razão da alegada impossibilidade de incidência retroativa do referido enunciado. Na espécie, o recorrente fora denunciado pela suposta prática do crime previsto no art. 1º, I, II e III, da Lei 8.137/1990, em virtude de condutas que teriam sido perpetradas entre 1990 e 1992. Após o recebimento da denúncia em 18.9.2009, o ora recorrente fora condenado à pena de três anos e nove meses de reclusão, por sentença proferida em 2.5.2012 — v. Informativo 753. A Turma afirmou que o Enunciado 24 da Súmula

Vinculante não teria inovado no ordenamento jurídico. Com o julgamento do HC 81.611/DF (DJU de 13.5.2005), o Plenário teria assentado sua jurisprudência no sentido de que "a consumação do crime tipificado no art. 1º da Lei 8.137/1990 somente se verifica com a constituição do crédito fiscal, começando a correr, a partir daí, a prescrição" (HC 85.051/MG, DJU de 1º.7.2005). Assim, a prescrição não estaria caracterizada, tendo em conta que os crimes imputados ao recorrente teriam como termo de constituição o momento em que finalizado o processo administrativo tributário, em 24.9.2003. (HC 85.051/MG, DJU de 1º.7.2005). RHC 122774/RJ, rel. Min. Dias Toffoli, 19.5.2015.

24. **Prévio exaurimento da instância administrativa e pessoa jurídica.** Quando se tratar de pessoa jurídica, basta que em relação a ela ocorra o exaurimento da instância administrativa, não sendo necessária igual medida em relação às pessoas físicas que, sócias ou não da pessoa jurídica, tenham relação com o fato criminoso. Em outras palavras, não se exige que haja a instauração de um processo administrativo fiscal em relação a cada uma das pessoas físicas para que haja o lançamento definitivo e a consumação do crime.

▶ **STJ**

Informativo n. 462

Sexta Turma

SONEGAÇÃO FISCAL. PROCEDIMENTO ADMINISTRATIVO.

Para a promoção da ação penal referente ao delito de sonegação fiscal (art. 1º da Lei n. 8.137/1990), não é necessário que se instaure procedimento administrativo fiscal contra cada um dos corréus na qualidade de pessoas físicas, se já transcorreu outro procedimento de igual natureza em que se apurou haver a prática do crime por meio da pessoa jurídica. O fato de o paciente não ser sócio da empresa em questão não afasta a possibilidade de imputar-lhe o aludido crime, visto que há liame causal, estabelecido em razão de sua qualidade de procurador da sociedade, além de existir suficiente descrição na denúncia de sua participação no crime. Precedentes citados: HC 40.994-SC, DJ 24/4/2006; HC 41.310-MA, DJ 29/8/2005, e HC 89.386-RJ, DJe 20/10/2008. HC 86.309-MS, Rel. Min. Maria Thereza de Assis Moura, julgado em 8/2/2011.

25. **Impetração de mandado de segurança e início da ação penal.** O mandado de segurança constitui ação autônoma, que tem por objeto um direito líquido e certo, posto à disposição do sujeito passivo da relação jurídico tributária, que lhe permite proteger-se contra os atos estatais abusivos ou ilegais, como um lançamento abusivo ou indevido ou então uma autuação do fisco feita com aplicação de uma multa abusiva. Como visto alhures, uma vez lançado definitivamente o crédito tributário, com o esgotamento da via administrativa, o delito está consumado. Assim, a impetração de mandado de segurança, após o lançamento definitivo do crédito tributário não impede o início da ação penal.

→ **Aplicação em concurso.**

- **TRF 5ª Região. Juiz Federal Substituto. 2009. CESPE.**

A respeito dos crimes contra a ordem tributária, assinale a opção correta com base na jurisprudência do STF.

E) A impetração de mandado de segurança, após o lançamento definitivo do crédito tributário, impede o início da ação penal.

A alternativa está errada.

26. Aplicabilidade do prévio exaurimento da instância administrativa a outros delitos. O mesmo entendimento é aplicado aos delitos de apropriação indébita de contribuição previdenciária (art. 168-A do Código Penal) e de sonegação de contribuição previdenciária (art. 337-A do Código Penal). Como dissemos alhures, a 12.350/2010 deu nova redação ao *caput* do art. 83 da lei 9.430/96 e positivou a orientação contida na Súmula Vinculante no 24 do STF, ao dispor que *"a representação fiscal para fins penais relativa aos crimes contra a ordem tributária previstos nos arts. 1º e 2º da Lei nº 8.137, de 27 de dezembro de 1990, e aos crimes contra a Previdência Social, previstos nos arts. 168-A e 337-A do Decreto-Lei nº 2.848, de 7 de dezembro de 1940 (Código Penal), será encaminhada ao Ministério Público depois de proferida a decisão final, na esfera administrativa, sobre a exigência fiscal do crédito tributário correspondente."* Assim, a mencionada lei abrangeu expressamente os delitos dos arts. 168-A e 337-A, ambos do Código Penal.

> **STJ.** PENAL. HABEAS CORPUS. APROPRIAÇÃO INDÉBITA PREVIDENCIÁRIA. (1) REMÉDIO HEROICO EMPREGADO COMO SUCEDÂNEO RECURSAL. IMPROPRIEDADE. (2) ART. 168-A DO CP. CRIME MATERIAL. TIPICIDADE. EXAURIMENTO DA VIA ADMINISTRATIVA. NECESSIDADE. APLICABILIDADE DA SÚMULA VINCULANTE 24. (3) MANDAMUS NÃO CONHECIDO. ORDEM CONCEDIDA DE OFÍCIO...2. É pacífico na jurisprudência desta Corte, a partir do quanto assentado pelo Plenário do STF, (Inq 2537 AgR, Relator(a): Min. MARCO AURÉLIO, Tribunal Pleno, julgado em 10/03/2008, DJe-107 DIVULG 12-06-2008 PUBLIC 13-06-2008 EMENT VOL-02323-01 PP-00113 RET v. 11, n. 64, 2008, p. 113-122 LEXSTF v. 30, n. 357, 2008, p. 430-441), que o crime do artigo 168-A do Código Penal é material, e, por força do princípio da isonomia, sujeita-se ao enunciado 24 da Súmula Vinculante do Pretório Excelso (Não se tipifica crime material contra a ordem tributária, previsto no art. 1º, incisos I a IV, da Lei nº 8.137/90, antes do lançamento definitivo do tributo). 3. Habeas corpus não conhecido. Ordem concedida, de ofício, a fim de determinar o trancamento da ação penal (com voto vencido). HC 270027. Rel. Min. Rogerio Schietti Cruz, julgado em 05/08/2014.

27. Não aplicabilidade do prévio exaurimento da instância administrativa ao delito de descaminho. O teor da súmula Vinculante nº 24 do STF, no sentido da necessidade do prévio exaurimento da via administrativa para a consumação do delito, não se aplica ao crime de descaminho, uma vez que se trata de delito formal.

> **STF.** HABEAS CORPUS. DESCAMINHO. CONSTITUIÇÃO DEFINITIVA DO CRÉDITO TRIBUTÁRIO. CONDIÇÃO DE PROCEDIBILIDADE DA PERSECUÇÃO PENAL. PRESCINDIBILIDADE. PENA ACESSÓRIA. (...). 1. Os crimes de descaminho, cuja consumação pressupõe a transposição das barreiras alfandegárias sem o recolhimento dos tributos devidos pelo produto, prescindem da constituição definitiva do crédito tributário. (...) (HC 129302, Rel. Min. Teori Zavascki, julgado em 23/08/2016).

▶ **STJ**

Informativo nº 555

Quinta Turma

DIREITO PENAL. DESCAMINHO E EXTINÇÃO DA PUNIBILIDADE.

O pagamento do tributo devido não extingue a punibilidade do crime de descaminho (art. 334 do CP). A partir do julgamento do HC 218.961-SP (DJe 25/10/2013), a Quinta Turma do STJ, alinhando-se ao entendimento da Sexta Turma e do STF, passou a considerar ser desnecessária, para a persecução penal do crime de descaminho, a apuração administrativa do montante de tributo que deixou de ser recolhido, tendo em vista a natureza formal do delito, o qual se configura com o simples ato de iludir o pagamento do imposto devido pela entrada de mercadoria no país. Na ocasião, consignou-se que o bem jurídico tutelado pelo art. 334 do CP vai além do valor do imposto sonegado, pois, além de lesar o Fisco, atinge a estabilidade das atividades comerciais dentro do país, dá ensejo ao comércio ilegal e à concorrência desleal, gerando uma série de prejuízos para a atividade empresarial brasileira. Verifica-se, assim, que o descaminho não pode ser equiparado aos crimes materiais contra a ordem tributária (...). **RHC 43.558-SP, Rel. Min. Jorge Mussi, julgado em 5/2/2015, DJe 13/2/2015.**

TRF, 4ª Região. Súmula 123: "A caracterização do delito de descaminho prescinde da constituição do crédito tributário."

28. Prévio exaurimento da instância administrativa e concurso de crimes. No caso de concurso de crimes entre um crime contra a Ordem Tributária e outro delito, a ausência de lançamento definitivo por não ter sido concluído o processo administrativo fiscal, bem como a suspensão da pretensão punitiva pelo parcelamento ou extinção da punibilidade pelo pagamento, não impede que a persecução penal prossiga em relação a outros delitos praticados em concurso.

▶ **STJ**

Informativo nº 502.

Quinta Turma.

MEDIDAS INVESTIGATÓRIAS. DELITOS CONEXOS A CRIMES CONTRA A ORDEM TRIBUTÁRIA. AUSÊNCIA DE LANÇAMENTO DEFINITIVO.

Não há nulidade na decretação de medidas investigatórias para apurar crimes autônomos conexos ao crime de sonegação fiscal quando o crédito tributário ainda pende de lançamento definitivo. Conforme a jurisprudência do STF, à qual esta Corte vem aderindo, não há justa causa para a persecução penal do crime de sonegação fiscal antes do lançamento do crédito tributário, sendo este condição objetiva de punibilidade. No caso, foram decretadas medidas investigatórias (interceptação telefônica, busca e apreensão e quebra de sigilo bancário e fiscal) antes do lançamento do crédito tributário. Porém, buscava-se apurar não apenas crimes contra a ordem tributária, mas também os de formação de quadrilha e falsidade ideológica. Portanto, não há ilegalidade na autorização das medidas investigatórias, visto que foram decretadas para apurar outros crimes nos quais não há necessidade de instauração de processo administrativo-tributário. Nesse caso, incumbe ao juízo criminal investigar o esquema criminoso, cabendo à autoridade administrativo-fiscal averiguar o montante de tributo que não foi pago. Assim, a Turma entendeu que não são nulas as medidas decretadas, pois atenderam os pressupostos e fundamentos de cautelaridade, sobretudo porque, quando do oferecimento da denúncia, os créditos tributários já tinham sido definitivamente lançados. Precedentes do STF: HC 81.611-DF, DJ 13/5/2005, e do STJ: RHC 24.049-SP, DJe 7/2/2011. HC 148.829-RS, **Rel. Min. Laurita Vaz, julgado em 21/8/2012.**

→ **Aplicação em concurso.**

- **MP/ES – Promotor de Justiça – 2010. CESPE.**

  Com referência aos delitos contra a natureza e o meio ambiente, contra a ordem econômica e tributária e as relações de consumo, de responsabilidade dos prefeitos e vereadores e contra a criança e o adolescente, assinale a opção correta.

  E Considerando os delitos tributários, não obstante a ausência de constituição definitiva do crédito tributário, em razão de o procedimento administrativo em curso acarretar a suspensão da pretensão punitiva estatal, tal providência não implica ausência de justa causa para o processo por crime conexo de formação de quadrilha.

  A alternativa está correta.

- **Titularidade de Serviços Notariais e de Registro TJDFT 2008. CESPE.**

  O trancamento de ação penal referente a crimes contra a ordem tributária, ipso facto, estende-se aos crimes conexos.

  A alternativa está errada.

29. Invalidação do lançamento definitivo e atipicidade. A invalidação do lançamento definitivo por ato ulterior gera a sua inexistência. Consequentemente, a conduta torna-se atípica. No caso do acórdão da ordem de *habeas corpus* abaixo citado, a denúncia foi oferecida quando já havia a constituição definitiva do crédito tributário por não ter havido o conhecimento do recurso administrativo interposto pelo paciente, em razão do descumprimento do requisito do arrolamento de bens e direitos. Sucede que posteriormente o Secretário da Receita Federal editou um ato normativo (Ato Declaratório 16/2007) declarando a nulidade das decisões de não recebimento dos recursos voluntários com fundamento no descumprimento daquele requisito. Dessa forma, o STF entendeu a invalidação dessa decisão torna sem efeito a constituição definitiva do crédito tributário, tendo em vista que ainda ocorreria o julgamento do recurso voluntário do contribuinte. Assim, enquanto o processo administrativo fiscal não tiver o seu término, não se poderá falar em constituição definitiva do crédito tributário e a conduta será atípica.

> **STF.** *Habeas Corpus.* 2. Crime contra a ordem tributária (Lei 8.137/90, art. 1º, I e II). 3. Denúncia oferecida quando o crédito tributário já havia sido devidamente constituído. Ato expedido pelo Secretário da Receita Federal declarando a nulidade das decisões que não tenham admitido o recurso voluntário dos contribuintes por descumprimento do requisito do arrolamento de bens e direitos. 4. Inexistência de lançamento definitivo. 5. Atipicidade da conduta. Trancamento da ação penal. 6. Ordem concedida. (HC N. 102.477/SP. Rel. Min. Gilmar Mendes, DJ 10/08/2011).

30. Concurso de crimes. Se o agente, com uma única conduta der causa à supressão ou à redução de diversos tributos, como na hipótese de suprimir ou reduzir ICMS,

COFINS, CSL, mediante a única conduta de falsificar uma nota fiscal, não haverá concurso de crimes, e sim crime único, uma vez que o bem jurídico tutelado nesses delitos é a Ordem Tributária em sua totalidade e não a ordem tributária de cada entidade (União, Estados, DF e Municípios).

- **STJ.** *RECURSO ESPECIAL. DIREITO PENAL E PROCESSUAL PENAL. CRIME CONTRA A ORDEM TRIBUTÁRIA. SUPRESSÃO DE MAIS DE UM TRIBUTO. CONCURSO FORMAL. INOCORRÊNCIA. CRIME ÚNICO. 1. No crime de sonegação fiscal o bem jurídico tutelado não é o patrimônio ou erário de cada pessoa jurídica de direito público titular de competência para instituir e arrecadar tributos – fiscais (entes federativos) ou parafiscais (entidades autárquicas) – mas, sim, a ordem jurídica tributária como um todo. 2. A conduta consistente em praticar qualquer uma ou todas as modalidades descritas nos incisos I a V do art. 1 da Lei nº 8.137/90 (crime misto alternativo) conduz à consumação de crime de sonegação fiscal quando houver supressão ou redução de tributo, pouco importando se atingidos um ou mais impostos ou contribuições sociais. 3. Não há concurso formal, mas crime único, na hipótese em que o contribuinte, numa única conduta, declara Imposto de Renda de Pessoa Jurídica com a inserção de dados falsos, ainda que tal conduta tenha obstado o lançamento de mais de um tributo ou contribuição. 4. Recurso improvido. REsp 1294687. Rel. Min. Maria Thereza de Assis Moura, julgado em 15/10/2013.*

31. Dificuldades financeiras como causa supralegal de inexigibilidade de conduta diversa como causa de exclusão da culpabilidade. A doutrina e a jurisprudência reconhecem a existência de outras causas de inexigibilidade de conduta diversa que não estão positivadas na legislação brasileira (art. 22, do Código Penal), razão pela qual são denominadas supralegais. Essa tese, atualmente, tem aplicabilidade nos crimes contra a Ordem Tributária previstos na lei 8.137/90, no delito de apropriação indébita de contribuição previdenciária, descrito no art. 168-A do Código Penal e no tipo penal de descaminho, previsto no art. 334 do Código Penal. Exemplo: Uma pessoa física ou jurídica vê-se em situação de dificuldade financeira, tendo de optar entre recolher o valor do tributo aos cofres públicos ou pagar o salário dos empregados; optar entre recolher o valor do tributo aos cofres públicos ou pagar os títulos protestados; optar entre recolher o valor do tributo aos cofres públicos ou pagar as despesas fixas do estabelecimento empresarial para manter a empresa funcionando; optar entre recolher o valor do tributo aos cofres públicos ou fazer o depósito elisivo porque há um requerimento de falência ajuizado. Nessas hipóteses, tem sido reconhecida e aplicada a tese da inexigibilidade de conduta diversa como causa supra-legal de exclusão da culpabilidade, afastando-se o crime, com a consequente absolvição do réu, desde que tais dificuldades financeiras estejam cabalmente comprovadas.

> **STF.** PENAL E PROCESSUAL PENAL. HABEAS CORPUS. APROPRIAÇÃO INDÉBITA PREVIDENCIÁRIA (ART. 168, § 1º, I, DO CP). ELEMENTO SUBJETIVO DO TIPO. DOLO ESPECÍFICO. NÃO-EXIGÊNCIA. PRECÁRIA CONDIÇÃO FINANCEIRA DA EMPRESA. NÃO-COMPROVAÇÃO. EXCLUDENTE DE CULPABILIDADE. INEXIGIBILIDADE DE CONDUTA DIVERSA. INAPLICABILIDADE. ORDEM DENEGADA...A inexigibilidade de conduta diversa consistente na precária condição financeira da empresa, quando extrema ao ponto de não restar alternativa socialmente menos danosa do que o não recolhimento das contribuições previdenciárias, pode ser admitida como

causa supralegal de exclusão da culpabilidade do agente. Precedente: AP 516, Plenário, Relator o Ministro Ayres Britto, DJe de 20.09.11. **HC 113418. Rel. Min. Luiz Fux, julgado em 24/09/2013.**

TRF, 4ª REGIÃO. SÚMULA Nº 68. "A prova de dificuldades financeiras, e conseqüente inexigibilidade de outra conduta, nos crimes de omissão no recolhimento de contribuições previdenciárias, pode ser feita através de documentos, sendo desnecessária a realização de perícia."

32. Suspensão da pretensão punitiva. O art. 9º, *caput* da lei 10.684/2003, lei que criou o plano de Recuperação Fiscal (REFIS), também chamado de Parcelamento Especial (PAES), trouxe o instituto da suspensão da pretensão punitiva estatal, que se dá enquanto o agente estiver incluído no regime de parcelamento. O mencionado artigo dispõe que "é suspensa a pretensão punitiva do Estado, referente aos crimes previstos nos *arts. 1º e 2º da Lei nº 8.137, de 27 de dezembro de 1990, e nos arts. 168A e 337A do Decreto-Lei n. 2.848, de 7 de dezembro de 1940 – Código Penal, durante o período em que a pessoa jurídica relacionada com o agente dos aludidos crimes estiver incluída no regime de parcelamento.*" Assim, enquanto tiver suspensa a pretensão punitiva, não pode haver o oferecimento de denúncia.

▶ **STJ**

Informativo n. 477

Sexta Turma

SONEGAÇÃO FISCAL. PARCELAMENTO. DÉBITO.

Trata-se de *habeas corpus* contra acórdão que, segundo a impetrante, procedera ao julgamento *extra petita,* submetendo a ora paciente, sem justa causa, a procedimento investigatório e à circunstância de ver contra si instaurada ação penal por crime tributário cuja dívida encontra-se parcelada e regularmente adimplida. Dessarte, pretende obstar o formal prosseguimento da investigação em desfavor da paciente, bem como suspender a pretensão punitiva e o curso do prazo prescricional, segundo dispõe o art. 9º da Lei n. 10.684/2003. A Turma, entre outras questões, entendeu que o acórdão ora atacado, ao restabelecer o procedimento investigatório, providência não pleiteada na insurgência do MPF, extrapolou os limites recursais, julgando *extra petita* e divergindo do entendimento deste Superior Tribunal, qual seja, parcelado o débito fiscal nos termos do referido dispositivo, suspende-se também a pretensão punitiva e a prescrição, pois o escopo maior da norma penal é o pagamento do tributo. Observou-se, ademais, não se tratar, na hipótese, de nenhuma violação da independência das esferas administrativa e judicial. Trata-se de uma questão de competência, pois só à autoridade administrativa cabe efetuar o lançamento definitivo do tributo. Diante disso, concedeu-se a ordem para suspender o curso do procedimento investigatório até o resultado definitivo do parcelamento do débito administrativamente concedido à ora paciente pela Receita Federal. Precedentes citados do STF: HC 81.611-DF, DJ 13/5/2005; AgRg no Inq 2.537-GO, DJe 13/6/2008; do STJ: HC 29.745-SP, DJ 6/2/2006; RHC 16.218-SP, DJe 12/8/2008; HC 68.407-SP, DJ 26/3/2007, e HC 40.515-MT, DJ 16/5/2005. HC 100.954-DF, Rel. Min. Maria Thereza de Assis Moura, julgado em 14/6/2011.

33. **Prazo para inclusão no regime de parcelamento.** A lei 10.684/2003 não estabeleceu prazo para o agente aderir ao REFIS. Esse marco temporal limite ficou a cargo da jurisprudência. De acordo com o STF a inclusão no regime de parcelamento pode ser feita até o trânsito em julgado da sentença condenatória.

> **STF.** QUESTÃO DE ORDEM NA AÇÃO PENAL. CONSTITUCIONAL. PROCESSUAL PENAL. CRIME DE APROPRIAÇÃO INDÉBITA PREVIDENCIÁRIA. SUSPENSÃO DA PRETENSÃO PUNITIVA E EXTINÇÃO DA PUNIBILIDADE. PARCELAMENTO E PAGAMENTO DO DÉBITO ANTES DO TRÂNSITO EM JULGADO DA SENTENÇA PENAL CONDENATÓRIA: EXTINÇÃO DA PUNIBILIDADE. PRECEDENTES. 1. A jurisprudência deste Supremo Tribunal é firme no sentido da possibilidade de suspensão da pretensão punitiva e de extinção da punibilidade nos crimes de apropriação indébita previdenciária, admitindo a primeira se a inclusão do débito tributário em programa de parcelamento ocorrer em momento anterior ao trânsito em julgado da sentença penal condenatória e a segunda quando o débito previdenciário for incluído – e pago – no programa de parcelamento ordinário de débitos tributários. Precedentes. 2. Questão de ordem resolvida no sentido de declarar extinta a punibilidade do réu em relação ao crime de apropriação indébita previdenciária, pela comprovação da quitação dos débitos discutidos no presente processo-crime, nos termos das Leis ns. 10.684/03 e 11.941/09. AP 613 QO, Rel. Min. Cármen Lúcia, julgado em 15/05/2014.

▶ **STF**

Informativo nº 582

Primeira Turma

Parcelamento dos Débitos Tributários e Suspensão da Pretensão Punitiva – 1

A Turma deferiu, em parte, *habeas corpus* em que acusados pela suposta prática dos delitos previstos no art. 1º, II e IV, da Lei 8.137/90 — na medida em que teriam implementado atos com o objetivo de se furtarem à incidência tributária — requeriam a suspensão da pretensão punitiva em razão do parcelamento dos débitos tributários. No caso, os pacientes foram condenados em primeira instância, decisão essa confirmada pelo TRF da 3ª Região, sendo intentados, em seguida, os recursos especial e extraordinário. Ocorre que, diante do parcelamento do débito tributário, os pacientes requereram a suspensão da pretensão punitiva ao TRF, tendo seu pleito sido negado ao fundamento de que não teria sido demonstrada, a partir de prova inequívoca, a inserção do débito tributário no programa de parcelamento ou o integral pagamento da dívida fiscal. Contra essa decisão, fora impetrado *habeas corpus* no STJ, o qual fora denegado. Reitera a presente impetração, que, nos termos do art. 9º da Lei 10.684/2003, suspendem-se a pretensão punitiva e o prazo prescricional durante o período no qual a pessoa jurídica relacionada com o agente a quem imputada a prática dos crimes estiver incluída no regime de parcelamento, não se justificando, portanto, determinar o início da execução da pena. HC 96681/SP, rel. Min. Marco Aurélio, 13.4.2010.

Parcelamento dos Débitos Tributários e Suspensão da Pretensão Punitiva – 2

Assentou-se que, consoante o art. 9º da Lei 10.684/2003, fica suspensa a pretensão punitiva do Estado atinente aos crimes previstos nos artigos 1º e 2º da Lei

8.137/90 e nos artigos 168-A e 337-A do CP, durante o período no qual a pessoa jurídica relacionada com o agente dos citados delitos fizer-se incluída no regime de parcelamento. Ressaltou-se que a interpretação teleológica do preceito conduziria a assentar-se que, ainda em curso o processo penal, poderia dar-se a suspensão aludida, pouco importando já existir sentença condenatória no cenário. Registrou-se que o que caberia perquirir é se ainda não teria havido a preclusão, no campo da recorribilidade, do decreto condenatório. Salientou-se que o objetivo maior da norma seria impedir a ocorrência de glosa penal, o prosseguimento do processo-crime, esteja em que fase estiver, quando verificado o parcelamento e, portanto, o acerto de contas entre os integrantes da relação jurídica reveladora do débito fiscal. Nesta óptica, implementou-se a suspensão do título executivo judicial tal como prevista no art. 9º da Lei 10.684/2003. Enfatizou-se que a empresa aderira ao programa excepcional de parcelamento de débitos antes do trânsito em julgado da decisão, permanecendo ela na situação própria ao parcelamento, tendo jus à suspensão de eficácia do título executivo judicial, sendo que, cumpridas as condições do parcelamento, com a liquidação integral do débito, dar-se-á a extinção da punibilidade. HC 96681/SP, rel. Min. Marco Aurélio, 13.4.2010.

A lei 12.382, de 25 de fevereiro de 2011, ao dar nova redação ao art. 83, §2º da lei 9.430/96, dispôs que "é suspensa a pretensão punitiva do Estado referente aos crimes previstos no caput, durante o período em que a pessoa física ou a pessoa jurídica relacionada com o agente dos aludidos crimes estiver incluída no parcelamento, desde que o pedido de parcelamento tenha sido formalizado antes do recebimento da denúncia criminal". Na parte final do dispositivo, o legislador estabeleceu o *recebimento da denúncia* como marco temporal limite para o pedido de parcelamento gerar a suspensão da pretensão punitiva. Essa parte final deve ser confrontada com o art. 9º, *caput* da lei 10.684/2003. Tendo em vista que a lei 10.684/2003 nada dispôs sobre o assunto, a jurisprudência concluiu que o parcelamento poderia ser feito até o trânsito em julgado da sentença penal condenatória, conforme demonstrado acima. A lei 12.382/2011, ao dar nova redação ao art. 83, §2º da lei 9.430/96, estabeleceu uma restrição temporal que não existia no regime da lei 10.684/2003, qual seja: o recebimento da denúncia. Com isso, questiona-se qual lei deveria ser aplicada. Tendo em vista o quadro normativo, percebe-se que a novel lei é uma verdadeira *novatio legis in pejus,* por restringir o limite temporal do pedido de parcelamento, criando uma situação nova prejudicial para o réu. Com efeito, antes dela o parcelamento poderia ser feito até o trânsito em julgado da sentença penal condenatória. Após o seu advento, o parcelamento só pode ser pedido até o recebimento da denúncia. Dessa forma, em razão do princípio da irretroatividade da lei penal mais severa, previsto no art. 5º, XL da CRFB/88 e no art. 1º do Código Penal, esse novo marco temporal limite somente pode ser aplicado aos delitos praticados após a vigência da lei 12.382/2011. Em outras palavras, em relação aos delitos praticados antes do seu advento, o trânsito em julgado da sentença penal condenatória continua a ser o limite temporal para o parcelamento e para a suspensão da pretensão punitiva.

→ Aplicação em concurso.

- **(MPF – Procurador da República/2013).**

Segundo o art. 6º, da Lei n. 12.382/2011, que alterou o art. 83, da Lei n. 9.430/1996, a suspensão da pretensão punitiva dos crimes de sonegação fiscal tipificados na Lei

n. 8.137/1990, e dos crimes dos arts. 168-A e 337-A, do Código Penal, encontra-se limitada aos casos nos quais o parcelamento do débito tenha sido formalizado antes do recebimento da denúncia.

A alternativa está certa

34. **Adesão ao REFIS e bens sob constrição judicial.** A adesão ao plano do REFIS não autoriza o levantamento dos bens sob constrição judicial, tendo em vista que a adesão ao REFIS implica a suspensão da pretensão punitiva, e não a extinção da punibilidade, que só ocorre com o pagamento integral dos tributos. Dessa forma, impossibilita-se o levantamento dos bens sob constrição judicial.

35. **Suspensão do prazo prescricional.** Dispõe o art. 9º, § 1º, da lei 10.684/2003 que *"a prescrição criminal não corre durante o período de suspensão da pretensão punitiva."* A mesma previsão está contida no art. 83, §3º, da lei 9.430/96, com a redação que lhe deu a lei 12.382/2011.

36. **Suspensão da pretensão punitiva e sua aplicabilidade às pessoas físicas.** De acordo com a jurisprudência do STJ, o art. 9º da Lei 10.684/2003 se aplica também às pessoas físicas.

Recentemente ocorreu o advento da lei 11.941 de 27 de maio de 2009, que possibilitou às pessoas físicas a realização do parcelamento ou do pagamento, positivando, assim, a jurisprudência do STJ. Eis a redação da novel lei: *"**Art. 1º** Poderão ser pagos ou parcelados, em até 180 (cento e oitenta) meses, nas condições desta Lei, os débitos administrados pela Secretaria da Receita Federal do Brasil e os débitos para com a Procuradoria-Geral da Fazenda Nacional, inclusive o saldo remanescente dos débitos consolidados no Programa de Recuperação Fiscal – REFIS, de que trata a Lei n. 9.964, de 10 de abril de 2000, no Parcelamento Especial – PAES, de que trata a Lei n. 10.684, de 30 de maio de 2003, no Parcelamento Excepcional – PAEX, de que trata a Medida Provisória nº 303, de 29 de junho de 2006, no parcelamento previsto no art. 38 da Lei n. 8.212, de 24 de julho de 1991, e no parcelamento previsto no art. 10 da Lei n. 10.522, de 19 de julho de 2002, mesmo que tenham sido excluídos dos respectivos programas e parcelamentos, bem como os débitos decorrentes do aproveitamento indevido de créditos do Imposto sobre Produtos Industrializados – IPI oriundos da aquisição de matérias-primas, material de embalagem e produtos intermediários relacionados na Tabela de Incidência do Imposto sobre Produtos Industrializados – TIPI, aprovada pelo Decreto nº 6.006, de 28 de dezembro de 2006, com incidência de alíquota 0 (zero) ou como não-tributados...* § 15. *A pessoa física responsabilizada pelo não pagamento ou recolhimento de tributos devidos pela pessoa jurídica poderá efetuar, nos mesmos termos e condições previstos nesta Lei, em relação à totalidade ou à parte determinada dos débitos: I – pagamento; II – parcelamento, desde que com anuência da pessoa jurídica, nos termos a serem definidos em regulamento. **Art. 68.*** É suspensa a pretensão punitiva do Estado, referente aos crimes previstos nos *arts. 1º e 2º da Lei nº 8.137, de 27 de dezembro de 1990, e nos arts. 168-A e 337-A do Decreto-Lei nº 2.848, de 7 de dezembro de 1940 – Código Penal, limitada a suspensão aos débitos que tiverem sido objeto de concessão de parcelamento, enquanto não forem rescindidos os parcelamentos de que tratam os arts. 1º a 3º desta Lei, observado o disposto no art. 69 desta Lei. **Parágrafo único.** A prescrição* *criminal não corre durante o período de suspensão da pretensão punitiva.* ***Art. 69.*** *Extingue-se a punibilidade dos crimes referidos no art. 68 quando a pessoa jurídica relacionada com o agente efetuar o pagamento integral dos débitos oriundos de tributos e contribuições sociais, inclusive acessórios, que tiverem sido objeto de concessão de parcelamento.* ***Parágrafo único.*** *Na hipótese de pagamento efetuado pela pessoa física prevista no* § 15 do art. 1º *desta Lei, a extinção da punibilidade ocorrerá com o pagamento integral dos valores correspondentes à ação penal".*

A lei 12.382/2011, que alterou a redação do no art. 83, §2º, da lei 9.430/96, também concedeu às pessoas físicas a possibilidade do parcelamento, com a consequente suspensão da pretensão punitiva.

37. Suspensão da pretensão punitiva e denúncia. Suspensa a pretensão punitiva, a denúncia não pode ser oferecida, nem recebida.

→ **Aplicação em concurso**

- **PGE/E.S. 2008. CESPE.**

Determinado contribuinte, após ter negociado o parcelamento de débito tributário, foi denunciado por crime contra a ordem tributária, tendo o juiz competente recebido a peça acusatória, inaugurando, assim, a ação penal. Nessa situação, foi correta a instauração da ação penal, pois, conforme reiteradas decisões dos tribunais superiores, o parcelamento do débito tributário antes do recebimento da denúncia não acarreta a extinção da punibilidade, sendo necessário o pagamento integral da dívida, inclusive acessórios.

A alternativa está errada.

38. Suspensão da pretensão punitiva pelo parcelamento e manutenção de competência. Se houver conexão entre o delito contra a Ordem Tributária a ser julgado pela Justiça Federal e outro delito qualquer, de acordo com a súmula 122 do STJ a Justiça Federal tem competência para processar e julgar os dois delitos. Caso tenha havido, em relação ao delito contra a Ordem Tributária, a suspensão da pretensão punitiva pela adesão ao parcelamento, a Justiça Federal permanece com a competência para processar e julgar o crime conexo. Assim, o parcelamento do débito referente ao crime contra a Ordem Tributária, de competência da Justiça Federal, não altera a competência modificada pela conexão para processar e julgar outro delito conexo.

▶ **STJ**

Informativo nº 506

Primeira Seção

DIREITO PROCESSUAL PENAL. COMPETÊNCIA. CONEXÃO ENTRE CRIMES DE PECULATO E SONEGAÇÃO FISCAL. IRRELEVÂNCIA DO PARCELAMENTO TRIBUTÁRIO.

Compete à Justiça Federal o julgamento de crime de peculato se houver possibilidade de utilização da prova do referido crime para elucidar crime de sonegação fiscal consistente na falta de declaração à Receita Federal do recebimento dos valores indevidamente apropriados, ainda que suspenso o curso da ação penal quanto ao crime fiscal por adesão ao programa de recuperação

(parcelamento). Conforme preceitua o art. 76, III, do CPP, a competência será determinada pela conexão quando a prova de uma infração ou de qualquer de suas circunstâncias elementares influir na prova de outra infração. Essa conexão, chamada de probatória ou instrumental, tem como objetivo evitar decisões conflitantes, bem como contribuir para a economia processual, além de possibilitar ao Juízo uma visão mais completa dos fatos. Presente a conexão entre os fatos delituosos e sendo um deles da competência da Justiça Federal, aplica-se a Súm. n. 122/STJ. O fato de a ação penal relativa ao crime de sonegação tributária estar suspensa, em razão da adesão ao programa de recuperação fiscal, em nada altera a competência da Justiça Federal para processar e julgar o crime de peculato, aplicando-se, por analogia, o disposto no art. 81, *caput*, do CPP, segundo o qual "verificada a reunião dos processos por conexão ou continência, ainda que no processo da sua competência própria venha o juiz ou tribunal a proferir sentença absolutória ou que desclassifique a infração para outra que não se inclua na sua competência, continuará competente em relação aos demais processos." Ora, se no mais – absolvição ou desclassificação do crime – a competência permanece, não há razão para o menos – suspensão da ação penal – modificar a competência atraída pela conexão. Precedentes citados: CC 39.681-RS, DJ 2/3/2005, e AgRg no CC 111.962-AC, DJe 22/6/2012. CC 121.022-AC, **Rel. Min. Marco Aurélio Bellizze, julgado em 10/10/2012.**

39. Extinção da punibilidade pelo pagamento. O art. 9º, § 2º, da lei 10.684/2003 trouxe a possibilidade de o pagamento integral do tributo suprimido ou reduzido, inclusive acessórios, extinguir a punibilidade, dispondo que *"extingue-se a punibilidade dos crimes referidos neste artigo quando a pessoa jurídica relacionada com o agente efetuar o pagamento integral dos débitos oriundos de tributos e contribuições sociais, inclusive acessórios".*

A lei 12.382/2011 alterou o art. 83, §4º, da lei 9.430/96 conferindo-lhe a seguinte redação: *"Extingue-se a punibilidade dos crimes referidos no caput quando a pessoa física ou a pessoa jurídica relacionada com o agente efetuar o pagamento integral dos débitos oriundos de tributos, inclusive acessórios, que tiverem sido objeto de concessão de parcelamento".*

Verifica-se que a novel lei possibilitou a extinção da punibilidade pelo pagamento à pessoa jurídica e à pessoa física.

A parte final desse dispositivo pode gerar alguma dúvida se confrontado com o art. 9º, §2º, da lei 10.684/2003. Isso porque o art. 83, §4º, da lei 9.430/96, com a redação dada pela lei 12.382/2011, dispõe sobre o pagamento integral dos débitos oriundos de tributos, inclusive acessórios, *que tiverem sido objeto de concessão de parcelamento.* Ao assim dispor, o legislador excluiu da possibilidade de pagamento os valores referentes aos tributos que *não foram objeto de parcelamento.* Em outras palavras, no regime da lei 10.684/2003, o agente pode efetivar o pagamento de qualquer valor, independentemente de ter sido objeto de parcelamento anterior, ao passo que no regime introduzido pela lei 12.382/2011, *somente* podem ser objetos de pagamento os tributos que tiverem sido parcelados. Assim, as duas leis têm âmbitos de aplicação diversos. O pagamento do valor que tiver sido parcelado deve ser feito com base no art. 83, §4º, da lei 9.430/96, com a redação que lhe deu a lei 12.382/2011. De outro giro, o pagamento do valor que não tiver sido objeto de parcelamento deverá ser efetivado com base no art. 9º, § 2º, da lei 10.684/2003.

40. Momento para a efetivação do pagamento. De acordo com o STF e o STJ, o pagamento pode ocorrer a qualquer tempo, mesmo após o trânsito em julgado da condenação. Esse mesmo entendimento deve ser aplicado ao regime introduzido pela lei 12.382/2011, que alterou o art. 83, §4º, da lei 9.430/96, tendo em vista que ela não estabeleceu nenhum marco temporal limite para a efetivação do pagamento.

> **STF.** (...) Art. 9º, § 2º, da Lei nº 10.684/03. (...) Tratando-se de apropriação indébita previdenciária (art. 168-A, § 1º, I, CP), o pagamento integral do débito tributário, ainda que após o trânsito em julgado da condenação, é causa de extinção da punibilidade do agente, nos termos do art. 9º, § 2º, da Lei nº 10.684/03. Precedentes. **(RHC 128245, Rel. Min. Dias Toffoli, Segunda Turma, julgado em 23/08/2016).**

▶ **STF**

Informativo nº 715

Primeira Turma

Extinção da punibilidade e pagamento integral de débito – 1

O pagamento integral de débito fiscal — devidamente comprovado nos autos — empreendido pelo paciente em momento anterior ao trânsito em julgado da condenação que lhe foi imposta é causa de extinção de sua punibilidade, conforme opção político-criminal do legislador pátrio (Lei 10.684/2003: *"Art. 9º É suspensa a pretensão punitiva do Estado, referente aos crimes previstos nos arts. 1º e 2º da Lei nº 8.137, de 27 de dezembro de 1990, e nos arts. 168A e 337A do Decreto-Lei nº 2.848, de 7 de dezembro de 1940 – Código Penal, durante o período em que a pessoa jurídica relacionada com o agente dos aludidos crimes estiver incluída no regime de parcelamento. ... § 2º Extingue-se a punibilidade dos crimes referidos neste artigo quando a pessoa jurídica relacionada com o agente efetuar o pagamento integral dos débitos oriundos de tributos e contribuições sociais, inclusive acessórios"*). Com base nesse entendimento, a 1ª Turma concedeu, de ofício, *habeas corpus* para reconhecer a extinção da punibilidade de paciente condenado por supostamente fraudar a fiscalização tributária (Lei 8.137/90, art. 1º, II, c/c art. 71 do CP) (...). **(HC 116828/SP, rel. Min. Dias Toffoli, 13.8.2013).**

▶ **STJ**

Informativo nº 611

Quinta Turma

Crime contra a ordem tributária. Condenação transitada em julgado. Pagamento do tributo. Causa de extinção da punibilidade. Artigo 9º, § 2º, da Lei n. 10.684/2003. Coação ilegal caracterizada. O pagamento do débito tributário, a qualquer tempo, até mesmo após o advento do trânsito em julgado da sentença penal condenatória, é causa de extinção da punibilidade do acusado. (...) Com a instituição do Programa de Recuperação Fiscal (REFIS) pela Lei n. 9.964/2000, a extinção da punibilidade apenas poderia ser declarada com o pagamento integral do débito tributário, e desde que isto ocorresse antes do recebimento da denúncia, conforme a redação do art. 15, § 3º, da referida legislação. O advento da Lei n. 10.684/2003 resultou na ampliação do lapso temporal durante o qual o adimplemento do débito tributário redundaria na extinção da punibilidade do agente responsável pela redução ou supressão de tributo. Da leitura do art. 9º, § 2º, da lei supracitada, depreende-se que o legislador ordinário não fixou um limite temporal dentro do qual o adimplemento da obrigação tributária e seus acessórios significaria a extinção da punibilidade do agente pela prática da sonegação fiscal, deixando transparecer que, uma vez em dia com o Fisco, o Estado não teria mais interesse em atribuir-lhe uma reprimenda corporal em razão da sonegação verificada. (...) Portanto, se no histórico das leis que regulamentam o tema o legislador ordinário, no exercício da sua função constitucional e de acordo com a política criminal adotada, optou por retirar o marco temporal previsto para o adimplemento da obrigação tributária redundar na extinção da punibilidade do agente sonegador, é vedado ao Poder Judiciário estabelecer tal limite, ou seja, dizer o que a Lei não diz, em verdadeira interpretação extensiva não cabível na hipótese, porquanto incompatível com a *ratio* da legislação em apreço. **(HC 362.478-SP, Rel. Min. Jorge Mussi, julgado em 14/9/2017).**

→ **Aplicação em concurso.**

- **(TRF 2 – Juiz Federal Substituto 2ª região/2014).**

Quando o acusado de suprimir o pagamento de tributo devido (em conduta típica descrita no art. 1º da Lei n. 8.137/90) realiza, posteriormente ao recebimento da denúncia, o pagamento integral das exações respectivas, ocorre:

A) O arrependimento posterior.

B) A desistência voluntária.

C) Uma circunstância que atenua a pena.

D) A extinção da punibilidade.

E) A suspensão da pretensão punitiva.

Alternativa correta: letra D.

41. O pagamento da penalidade pecuniária não gera a extinção da punibilidade.

O pagamento de multa (penalidade pecuniária) imposta porque o contribuinte deixou de atender às exigências da autoridade tributária quanto à exibição de livros e documentos fiscais (art. 1.º, V e parágrafo único da Lei n. 8.137/90) não está inserida na causa de extinção da punibilidade prevista no art. 9º, § 2º, da lei nº 10.684/03. Com efeito, de acordo com a norma mencionada, o que gera a extinção da punibilidade é o pagamento do tributo sonegado, inclusive os acessórios, e não da multa aplicada. Dentro do conceito de tributo descrito no art. 3º do CTN, não está englobada a multa, entre outros motivos, porque tributo não pode ser sanção de ato ilícito, como ocorre com a multa imposta.

▶ **STJ**

Informativo nº 598

Sexta Turma

Direito penal tributário. Delito consistente em deixar de atender à determinação de autoridade fiscal (Art. 1.º, V e Parágrafo único da Lei n. 8.137/90). Não exibição de livros e documentos fiscais. Pagamento da penalidade pecuniária. Extinção da punibilidade. Impossibilidade. O pagamento da penalidade pecuniária imposta ao contribuinte que deixa de atender às exigências da autoridade tributária estadual quanto à exibição de livros e documentos fiscais não se adequa a nenhuma das hipóteses de extinção de punibilidade previstas no parágrafo 2º do artigo 9º da Lei n. 10.864/03. Cinge-se a controvérsia dos autos a saber se o pagamento da multa sancionatória imposta pelo descumprimento de obrigação tributária acessória gera ou não a extinção da punibilidade nos termos parágrafo 2º do art. 9º da Lei n. 10.864/03. De acordo com o artigo 3º do CTN, os tributos – por serem prestações pecuniárias compulsórias, não sancionatórias, instituídas *ex lege* – são inconfundíveis com as multas, porquanto estas têm natureza sancionatória. Quando o art. 113 do CTN estatui que a obrigação tributária principal tem por objeto o pagamento de tributo "ou penalidade pecuniária", tal disposição significa apenas que os valores devidos em razão de eventuais sanções decorrentes do inadimplemento da prestação tributária devem ser exigidos conjuntamente com a prestação tributária. A "obrigação tributária principal", portanto, compreende o tributo e eventuais acréscimos legais, dentre os quais a multa decorrente do inadimplemento da prestação tributária. As obrigações tributárias acessórias, por sua vez, são as obrigações de fazer ou não fazer fixadas na legislação tributária, existentes independentemente de uma prestação tributária. Desse modo, também o § 3º do artigo 113 do CTN significa, somente, que os valores devidos em razão de eventuais sanções decorrentes do inadimplemento dessa obrigação tributária acessória devem ser exigidos, ainda que isoladamente, como se constituíssem "obrigação principal". Assim, a penalidade pecuniária imposta ao contribuinte que deixa de atender a requisição da autoridade fiscal constitui obrigação tributária principal, mas não configura 'tributo' por força do comando expresso da norma contida no artigo 3º do Código Tributário Nacional que exclui inequivocamente do conceito de tributo a sanção decorrente de ato ilícito. Destarte, o pagamento da penalidade pecuniária imposta ao contribuinte que deixa de atender às exigências da autoridade tributária estadual quanto à exibição de livros e documentos fiscais não se adequa a qualquer das hipóteses previstas no parágrafo 2º do artigo 9º da Lei n. 10.864/03. Por fim, há de se atentar, ainda, para a intenção do legislador em prestigiar o interesse arrecadatório do Estado na instituição da causa de extinção da punibilidade do parágrafo 2º do artigo 9º da Lei n. 10.864/03. Com efeito, a par das críticas doutrinárias acerca de tal modalidade de exclusão da punibilidade, visto que o Direito Penal não constitui instrumento de coerção de inadimplentes, o certo é que quis o legislador anistiar o contribuinte que efetua o pagamento integral do débito tributário com o objetivo de aplacar a sonegação fiscal. E no delito do artigo 1º, inciso V, parágrafo único, da Lei n. 8.137/90 não há supressão ou a redução de tributos, mas, sim, desobediência das requisições da autoridade fiscal pelo contribuinte que não cumpre com obrigação de fazer, deixando de exibir livros ou documentos necessários à atividade fiscalizatória do Estado. No delito em questão, o bem jurídico tutelado é a preservação da própria função institucional do Fisco. **(REsp 1.630.109-RJ, Rel. Min. Maria Thereza de Assis Moura, julgado em 14/2/2017).**

42. Não aplicabilidade do 9º, §2º, da lei 10.684/2003 ao delito de descaminho (art. 334 do Código Penal). De acordo com a jurisprudência do STJ, a possibilidade de o pagamento extinguir a punibilidade do agente com base no 9º, §2º, da lei 10.684/2003, não se aplica ao delito de descaminho por ausência de previsão legal e porque o bem jurídico tutelado no delito de descaminho é diverso do bem jurídico tutelado nos crimes contra a Ordem Tributária (arts. 1º e 2º, da lei 8.137/90).

▶ **STJ**

Informativo nº 555

Quinta Turma

DIREITO PENAL. DESCAMINHO E EXTINÇÃO DA PUNIBILIDADE.

O pagamento do tributo devido não extingue a punibilidade do crime de descaminho (art. 334 do CP). A partir do julgamento do HC 218.961-SP (DJe 25/10/2013), a Quinta Turma do STJ, alinhando-se ao entendimento da Sexta Turma e do STF, passou a considerar ser desnecessária, para a persecução penal do crime de descaminho, a apuração administrativa do montante de tributo que deixou de ser recolhido, tendo em vista a natureza formal do delito, o qual se configura com o simples ato de iludir o pagamento do imposto devido pela entrada de mercadoria no país. Na ocasião, consignou-se que o bem jurídico tutelado pelo art. 334 do CP vai além do valor do imposto sonegado, pois, além de lesar o Fisco, atinge a estabilidade das atividades comerciais dentro do país, dá ensejo ao comércio ilegal e à concorrência desleal, gerando uma série de prejuízos para a atividade empresarial brasileira. Verifica-se, assim, que o descaminho não pode ser equiparado aos crimes materiais contra a ordem tributária, o que revela a impossibilidade de que o agente acusado da prática do crime de descaminho tenha a sua punibilidade extinta pelo pagamento do tributo. Ademais, o art. 9º da Lei 10.684/2003 prevê a extinção da punibilidade pelo pagamento dos débitos fiscais apenas no que se refere aos crimes contra a ordem tributária e de apropriação ou sonegação de contribuição previdenciária – arts. 1º e 2º da Lei 8.137/1990, 168-A e 337-A do CP. Nesse sentido, se o crime de descaminho não se assemelha aos crimes acima mencionados, notadamente em razão dos diferentes bens jurídicos por cada um deles tutelados, inviável a aplicação analógica da Lei 10.684/2003. **RHC 43.558-SP, Rel. Min. Jorge Mussi, julgado em 5/2/2015, DJe 13/2/2015.**

43. **Não aplicabilidade do 9º, §2º, da lei 10.684/2003 ao delito de estelionato (171, *caput*, do Código Penal).** De acordo com a jurisprudência do STF, a possibilidade de o pagamento extinguir a punibilidade do agente com base no 9º, §2º, da lei 10.684/2003, não se aplica ao delito de estelionato previsto no art. 171, *caput*, do Código Penal.

▶ **STF**

Informativo nº 796

Segunda Turma

Estelionato e extinção de punibilidade

A causa especial de extinção de punibilidade prevista no § 2º do art. 9º da Lei 10.684/2003, relativamente ao pagamento integral do crédito tributário, não se aplica ao delito de estelionato (CP, art. 171). Esse o entendimento da Segunda Turma, que negou provimento a recurso ordinário em "habeas corpus" em que se pleiteava a declaração da extinção da punibilidade em razão do ressarcimento integral do dano causado à vitima do estelionato. RHC 126917/SP, rel. Min. Teori Zavascki, 25.8.2015.

44. **Não aplicabilidade do 9º, §2º, da lei 10.684/2003 ao delito de estelionato previdenciário (art. 171, §3º do Código Penal).** De acordo com a jurisprudência do STJ, a possibilidade de o pagamento extinguir a punibilidade do agente com base no 9º, §2º, da lei 10.684/2003, não se aplica ao delito de estelionato previdenciário por ausência de previsão legal.

▶ **STJ**

Informativo nº 559

Sexta Turma

DIREITO PENAL. ESTELIONATO CONTRA A PREVIDÊNCIA SOCIAL E DEVOLUÇÃO DA VANTAGEM INDEVIDA ANTES DO RECEBIMENTO DA DENÚNCIA.

Não extingue a punibilidade do crime de estelionato previdenciário (art. 171, § 3º, do CP) a devolução à Previdência Social, antes do recebimento da denúncia, da vantagem percebida ilicitamente, podendo a iniciativa, eventualmente, caracterizar arrependimento posterior, previsto no art. 16 do CP. O art. 9º da Lei 10.684/2003 prevê hipótese excepcional de extinção de punibilidade, "quando a pessoa jurídica relacionada com o agente efetuar o pagamento integral dos débitos oriundos de tributos e contribuições sociais, inclusive acessórios", que somente abrange os crimes de sonegação fiscal, apropriação indébita previdenciária e sonegação de contribuição previdenciária, ontologicamente distintos do estelionato previdenciário, no qual há emprego de ardil para o recebimento indevido de benefícios. Dessa forma, não é possível aplicação, por analogia, da causa extintiva de punibilidade prevista no art. 9º da Lei 10.684/2003 pelo pagamento do débito ao estelionato previdenciário, pois não há lacuna involuntária na lei penal a demandar o procedimento supletivo, de integração do ordenamento jurídico. Precedente citado: AgRg no Ag 1.351.325-PR, Quinta Turma, DJe 5/12/2011. **REsp 1.380.672-SC, Rel. Min. Rogerio Schietti Cruz, julgado em 24/3/2015, DJe 6/4/2015.**

45. **Retroatividade da lei 10.684/2003.** Por tratar-se de nova lei mais benéfica, a lei 10.684/2003 deve retroagir para alcançar os fatos praticados antes do seu início de vigência, em homenagem ao princípio constitucional da retroatividade da lei penal mais benéfica previsto no art. 5º, XL da CRFB/88. A retroatividade dá-se tanto em relação à suspensão da pretensão punitiva, quanto à extinção da punibilidade pelo pagamento.

46. **Extinção da punibilidade com base no Regime Especial de Regularização Cambial e Tributária (RERCT).** A lei 13.254/2016 estatuiu o Regime Especial de Regularização Cambial e Tributária (RERCT) e positivou no art. 5, § 1º, uma causa de extinção da punibilidade em relação aos delitos do art. 1º e do art. 2º I, II e V, da lei 8.137/90. Esse Regime Especial consiste na regularização por meio da declaração voluntária de recursos, bens ou direitos de origem lícita, não declarados ou declarados com omissão ou incorreção em relação a dados essenciais, remetidos ou mantidos no exterior, ou repatriados por residentes ou domiciliados no país, conforme a legislação cambial ou tributária. Segundo o art. 2º, II, dessa lei, consideram-se recursos ou patrimônio de origem lícita: os bens e os direitos adquiridos com recursos oriundos de atividades permitidas ou não proibidas pela lei, bem como o objeto, o produto ou o proveito dos crimes previstos no § 1º, do art. 5º, da mesma lei.

A adesão ao RERCT dá-se por meio da apresentação, pela pessoa física ou jurídica, à Secretaria da Receita Federal do Brasil (RFB) e, em cópia para fins de registro, ao Banco Central do Brasil da ***declaração única de regularização específica*** contendo a descrição pormenorizada dos recursos, bens e direitos de qualquer natureza de que seja titular em 31 de dezembro de 2014 a serem regularizados, com o respectivo valor em real, ou, no caso de inexistência de saldo ou título de propriedade em 31 de dezembro de 2014, a descrição das condutas praticadas pelo declarante que se enquadrem nos crimes previstos no § 1º, do art. 5º, da lei e dos respectivos bens e recursos que possuiu (art. 4º da lei 13.254/2016).

Por sua vez, o art. 5º da lei 13.254/2016 traz a hipótese de extinção da punibilidade, especificamente em seu § 1º. Eis a sua redação: "*a adesão ao programa dar-se-á mediante entrega da declaração dos recursos, bens e direitos sujeitos à regularização prevista no caput do art. 4º e pagamento integral do imposto previsto no art. 6º e da multa prevista no art. 8º desta Lei. § **1º O cumprimento das condições previstas no caput antes de decisão criminal extinguirá, em relação a recursos, bens e direitos a serem regularizados nos termos desta Lei, a punibilidade dos crimes a seguir previstos, praticados até a data de adesão ao RERCT:** I – no art. 1º e nos incisos I, II e V do art. 2º da Lei n. 8.137, de 27 de dezembro de 1990; II – na Lei n. 4.729, de 14 de julho de 1965; III – no art. 337-A do Decreto-Lei n. 2.848, de 7 de dezembro de 1940 (Código Penal); IV – nos seguintes arts. do Decreto-Lei n. 2.848, de 7 de dezembro de 1940 (Código Penal), quando exaurida sua potencialidade lesiva com a prática dos crimes previstos nos incisos I a III: A) 297; b) 298; c) 299; d) 304; V – (vetado); VI – no caput e no parágrafo único do art. 22 da Lei n. 7.492, de 16 de junho de 1986; VII – no art. 1º da Lei n. 9.613, de 3 de março de 1998, quando o objeto do crime for bem, direito ou valor proveniente, direta ou indiretamente, dos crimes previstos nos incisos I a VI; VIII – (vetado). § 2º A extinção da punibilidade a que se refere o § 1º: I – (vetado); II – somente ocorrerá se o cumprimento das condições se der antes do trânsito em julgado da decisão criminal condenatória; III – produzirá, em relação à administração pública, a extinção de todas as obrigações de natureza cambial ou financeira, principais ou acessórias, inclusive as meramente formais, que pudessem ser exigíveis em relação aos bens e direitos declarados, ressalvadas as previstas nesta Lei. § 3º (vetado). § 4º (vetado). § 5º Na hipótese dos incisos V e VI do § 1º, a extinção da punibilidade será restrita aos casos em que os recursos utilizados na operação de câmbio não autorizada, as divisas ou moedas saídas do País sem autorização legal ou os depósitos mantidos no exterior e não declarados à repartição federal competente possuírem origem lícita ou forem provenientes, direta ou indiretamente, de quaisquer dos crimes previstos nos incisos I, II, III, VII ou VIII do § 1º.*" (grifamos).

Em relação ao rol de crimes contidos no art. 5º, § 1º, duas observações merecem ser feitas: a Lei n. 4.729/1965 está tacitamente revogada pela lei 8.137/1990; em relação ao art. 1º da Lei n. 9.613/1998 (Lavagem de Dinheiro), o rol de incisos foi suprimido pela lei 12.683/2012, não existindo mais.

Como é possível perceber, conforme a redação do art. 5º, § 1º, da lei 13.254/2016, a adesão ao RERCT nos moldes preconizados no art. 4º da mesma lei tem o condão de extinguir a punibilidade do agente.

Em relação a essa causa de extinção da punibilidade, alguns pontos merecem destaque. Em primeiro lugar, há um limite temporal para a efetivação da adesão ao RERCT (art. 4º) e o cumprimento das demais condições dispostas no art. 5º, *caput*, da lei, que é o trânsito em julgado da sentença penal condenatória (art. 5º, § 2º, II). E mais: a adesão ao RERCT deve feita no prazo disposto no art. 7º da lei (*"a adesão ao RERCT poderá ser feita no prazo de 210 (duzentos e dez) dias, contado a partir da data de entrada em vigor do ato da RFB de que trata o art. 10, com declaração da situação patrimonial em 31 de dezembro de 2014 e o consequente pagamento do tributo e da multa"*).

Em segundo lugar, o art. 5º, § 5º, traz uma restrição da extinção da punibilidade para o caso do delito de evasão de divisas previsto no art. 22, *caput* e parágrafo único, da lei 7.492/1986, ao dispor que *"a extinção da punibilidade será restrita aos casos em que os recursos utilizados na operação de câmbio não autorizada, as divisas ou moedas saídas do País sem autorização legal ou os depósitos mantidos no exterior e não declarados à repartição federal competente possuírem origem lícita ou forem provenientes, direta ou indiretamente, de quaisquer dos crimes previstos nos incisos I, II, III, VII ou VIII do § 1º."*

Em terceiro lugar, a *declaração única de regularização específica* de que trata o art. 4º da lei 13.254/2016 não pode ser, por qualquer modo, utilizada como único indício ou elemento para efeitos de expediente investigatório ou procedimento criminal (art. 4º, § 12, I, da lei 13.254/2016). Com isso, o legislador procurou impedir que a confissão espontânea do agente sirva como elemento que possa, por si só, deflagrar a persecução penal contra ele, sob pena de tornar a regularização desinteressante para o agente, que se virá alvo de investigação criminal a partir das suas declarações.

Em quarto lugar, a regularização de ativos mantidos em nome de interposta pessoa, normalmente conhecida como "laranja" ou "testa de ferro", técnica utilizada para ocultar o verdadeiro proprietário, estenderá a ela a extinção da punibilidade prevista no § 1º, do art. 5º, da lei 13.254/2016. O legislador trouxe a possibilidade de extensão da extinção da punibilidade para a interposta pessoa como forma de incentivar a regularização dos ativos mantidos em seu nome e descobrir o real proprietário dos ativos.

Em quinto lugar, conforme preconiza o art. 5º, § 1º, IV, da lei 13.254/2016, ocorre a extinção da punibilidade em relação aos delitos de falsificação de documento público (art. 297 do Código Penal), falsificação de documento particular (art. 298 do Código Penal), falsidade ideológica (art. 299 do Código Penal) e uso de documento falso (art. 304 do Código Penal), quando a potencialidade lesiva desses delitos exaurir-se no delito previsto no art. 1º e no art. 2º, I, II e V, da lei 8.137/1990, bem como no delito previsto no art. 337-A do Código Penal. Essa previsão deve-se ao fato de que cada um desses delitos de falsidade muitas vezes configura meio para a prática desses últimos delitos e fica absorvido por força do princípio da consunção, na vertente do crime progressivo, configurando, dessa forma, *ante factum* impunível, quando a sua potencialidade lesiva esgotar-se nos crimes contra a ordem tributária (lei 8.137/1990) e de sonegação de contribuição previdenciária (art. 337-A do Código Penal). É bem verdade que caso haja a extinção da punibilidade em relação ao crime contra a ordem tributária (lei 8.137/1990) e ao delito de sonegação de contribuição previdenciária (art. 337-A do Código Penal), o delito de falso não pode subsistir, justamente por já ter sido absorvido. Entretanto, para evitar qualquer entendimento diverso a ser eventualmente adotado na prática, fazendo com que o delito de falso subsista, o legislador determinou expressamente a extinção da punibilidade também em relação a essas falsidades, desde que a potencialidade lesiva deles tenha sido exaurida nos crimes contra a ordem tributária (art. 1º e art. 2º, I, II e V, da lei 8.137/1990) e de sonegação de contribuição previdenciária (art. 337-A do Código Penal), de forma a não subsistir responsabilidade penal alguma.

47. **Prescrição da cobrança do crédito tributário. Não influência na configuração do crime.** Questão relevante versa sobre a influência da prescrição da cobrança do crédito tributário na configuração do crime. O fato de ter havido a prescrição da cobrança do crédito por não ter o Estado ajuizado a Execução Fiscal em tempo hábil gera alguma influência na configuração do crime do art. 1º da lei 8.137/90? É importante lembrar que prescrição tributária tem natureza jurídica de causa de extinção do crédito tributário (art.156 do CTN). Há uma absoluta independência entre a prescrição tributária e a configuração do delito, de forma que um não influencia o outro. Uma vez constituído o crédito tributário, por meio do trânsito em julgado na esfera administrativa, com a conclusão do processo administrativo fiscal concluindo pela efetiva supressão ou redução do tributo (Súmula Vinculante no 24), o delito do art. 1º da lei 8.137/90 configura-se, independentemente da posterior cobrança do crédito tributário em tempo hábil pelo Fisco. O critério estabelecido pela Súmula Vinculante no 24 é o lançamento definitivo, e não a efetiva satisfação do crédito tributário. Assim, a ocorrência da prescrição da cobrança do crédito tributário não impede a configuração do delito.

▶ **STJ**

Informativo no 579

Sexta Turma

DIREITO PENAL. PRESCRIÇÃO TRIBUTÁRIA EM EXECUÇÃO FISCAL E TRANCAMENTO DA AÇÃO PENAL POR CRIME MATERIAL CONTRA A ORDEM TRIBUTÁRIA.

O reconhecimento de prescrição tributária em execução fiscal não é capaz de justificar o trancamento de ação penal referente aos crimes contra a ordem tributária previstos nos incisos II e IV do art. 1º da Lei n. 8.137/1990. Isso porque a constituição regular e definitiva do crédito tributário é suficiente para tipificar as condutas previstas no art. 1º, I a IV, da Lei n. 8.137/1990, não influindo o eventual reconhecimento da prescrição tributária. De fato, são independentes as esferas penal e tributária. Assim, o fato de ter escoado o prazo para a cobrança do crédito tributário, em razão da prescrição – fato jurídico extintivo do crédito tributário -, não significa que o crime tributário não se consumou, pois a consumação dos delitos de sonegação fiscal se dá por ocasião do trânsito em julgado na esfera administrativa. É dizer, uma vez regular e definitivamente constituído o crédito tributário, sua eventual extinção na esfera tributária, pela prescrição (art. 156 do CTN), em nada afeta *o jus puniendi* estatal, que também resta ileso diante da prescrição para a ação de cobrança do referido crédito (art. 174 do CTN). (...) **RHC 67.771-MG, Rel. Min. Nefi Cordeiro, julgado em 10/3/2016, DJe 17/3/2016.**

Seção I
Dos crimes praticados por particulares

Art. 1º Constitui crime contra a ordem tributária **suprimir ou reduzir tributo, ou contribuição social** e qualquer acessório, mediante as **seguintes condutas**:

I - omitir informação, ou prestar declaração falsa às autoridades fazendárias;

II - fraudar a fiscalização tributária, inserindo elementos inexatos, ou omitindo operação de qualquer natureza, em documento ou livro exigido pela lei fiscal;

III - falsificar ou alterar nota fiscal, fatura, duplicata, nota de venda, ou qualquer outro documento relativo à operação tributável;

IV - elaborar, distribuir, fornecer, emitir ou utilizar documento que saiba ou deva saber falso ou inexato;

V - negar ou deixar de fornecer, quando obrigatório, nota fiscal ou documento equivalente, relativa à venda de mercadoria ou prestação de serviço, efetivamente realizada, ou fornecê-la em desacordo com a legislação.

Pena - reclusão de 2 (dois) a 5 (cinco) anos, e multa.

Parágrafo único. A falta de atendimento da exigência da autoridade, no prazo de 10 (dez) dias, que poderá ser convertido em horas em razão da maior ou menor complexidade da matéria ou da dificuldade quanto ao atendimento da exigência, caracteriza a infração prevista no inciso V.

1. **Art. 1º, *Caput*.** Os delitos previstos nos incisos são próprios, uma vez que só podem ser praticados pelo contribuinte. Por contribuinte entende-se a pessoa que *"tenha relação pessoal e direta com a situação que constitua o respectivo fato gerador"* (art. 121, parágrafo único, I, do CTN). Exige-se o especial fim de agir, consistente na intenção de fraudar o fisco, devendo estar presente na conduta do agente, sob pena de atipicidade da conduta. *Suprimir* significa omitir, não recolher ao fisco o que deveria ter sido recolhido. *Reduzir* é diminuir, recolher um valor menor do que aquele que deveria ter sido recolhido. Percebe-se, portanto, que na conduta *suprimir* não há o pagamento do tributo, enquanto que na conduta *reduzir*, há o pagamento do tributo, só que de forma parcial.

2. **Inciso I.** Omissão de informação ou prestação de informação falsa às autoridades fazendárias.

3. **Omitir informação.** Por *informação* entende-se qualquer dado relevante referente ao fato gerador da obrigação tributária. O agente omite a informação com a finalidade de suprimir ou de reduzir o tributo. Trata-se de conduta omissiva. Segundo a jurisprudência, a mera omissão na entrega da Declaração de Informações Econômico-Fiscais da Pessoa Jurídica (DIPJ) é suficiente para configurara o delito ora analisado.

▶ **STJ**

Informativo nº 505

Sexta Turma

DIREITO PENAL. CRIME CONTRA A ORDEM TRIBUTÁRIA. OMISSÃO DE RECEITA. TIPICIDADE.

A incompatibilidade entre os rendimentos informados na declaração de ajuste anual e valores movimentados no ano calendário caracteriza a presunção relativa

de omissão de receita. Por ser relativa, a presunção pode ser afastada por prova contrária do contribuinte. O dolo do tipo manifesta-se na conduta dirigida à omissão de receita e à redução do IRPF, concretizada na apresentação de declaração de imposto de renda sem informar a realização da respectiva movimentação financeira Precedentes citados: RHC 20.438-SP, DJ 17/12/2007, e REsp 792.812-RJ, DJ 2/4/2007. REsp 1.326.034-PE, **Rel. Min. Og Fernandes, julgado em 2/10/2012.**

▶ **STJ**

Informativo no 579

Sexta Turma

DIREITO PENAL. TIPICIDADE DA OMISSÃO NA APRESENTAÇÃO DE DECLARAÇÃO AO FISCO.

A omissão na entrega da Declaração de Informações Econômico-Fiscais da Pessoa Jurídica (DIPJ) consubstancia conduta apta a firmar a tipicidade do crime de sonegação fiscal previsto no art. 1º, I, da Lei n. 8.137/1990, ainda que o FISCO disponha de outros meios para constituição do crédito tributário. O crime de sonegação fiscal, na modalidade do inciso I do art. 1º da Lei n. 8.137/1990, prescinde de fraude ou falsidade, já que, pela leitura do dispositivo, é possível deduzir que a simples omissão, apta a acarretar a supressão ou redução de tributo, revela-se suficiente, em tese, para a prática do crime (...). Essa omissão pode ser uma simples informação constante de uma declaração ou até mesmo da declaração em si; se a omissão atingir o resultado almejado pelo agente (supressão ou redução de tributo), o crime estará consumado. Ora, a constituição do crédito tributário, por vezes, depende de uma obrigação acessória do contribuinte, como declarar um fato gerador da obrigação tributária (lançamento por declaração). Se o contribuinte não realiza esse ato com vistas a não pagar o tributo devido, certamente comete o mesmo crime daquele que presta informação incompleta. De fato, não há lógica em punir quem declara, mas omite informação, e livrar aquele que sequer cumpre a obrigação de declarar. Nesse sentido, inclusive, há precedentes do STJ (AgRg no REsp 1.252.463-SP, Quinta Turma, DJe 21/10/2015). Ressalte-se, contudo, que essa assertiva não implica dizer que a simples omissão em apresentar uma declaração seja suficiente para a consumação do crime de sonegação fiscal, pois é imprescindível que exista o dolo do agente de não prestar declaração com vistas a suprimir ou reduzir determinado tributo e que o resultado almejado tenha sido efetivamente alcançado (crime material). Ademais, não há que se falar em atipicidade da conduta em decorrência da circunstância de o FISCO ter arbitrado o valor do tributo devido mesmo na falta da declaração. Isso porque o FISCO sempre possuirá meios de apurar o valor do tributo devido ante a omissão do contribuinte em declarar o fato gerador. O motivo disso é óbvio: o sistema tenta evitar a evasão fiscal. Se esse mecanismo existe, isso não quer dizer que a omissão do contribuinte é atípica. Na realidade, o arbitramento efetivado pelo FISCO para constituir o crédito tributário, ante a omissão do contribuinte em declarar o fato gerador, é uma medida para reparar o dano causado pela omissão, sendo uma evidência de que a conduta omissiva foi apta a gerar a supressão ou, ao menos, a redução do tributo na apuração. **REsp 1.561.442-SP, Rel. Min. Sebastião Reis Júnior, julgado em 23/2/2016, DJe 9/3/2016.**

4. **Prestar declaração falsa.** Declaração falsa é a que diverge em qualquer sentido da realidade dos fatos. Conduta comissiva.

5. **Autoridades fazendárias.** Agentes públicos que têm a atribuição prevista em lei para receber dos contribuintes ou responsáveis as informações e declarações necessárias, como os auditores fiscais da Receita Federal.
6. **Diferença para o art. 2º, I.** O delito do art. 1º, I é material, exigindo para a sua consumação a redução ou a supressão do tributo. Por sua vez, o delito previsto no art. 2º, I, é formal, bastando a prática da conduta fraudulenta.
7. **Princípio da especialidade.** Especialidade em relação ao art. 299 do Código Penal.
8. **Consumação.** Com o lançamento definitivo confirmando a redução ou a supressão do tributo (Súmula Vinculante no 24 do STF).
9. **Classificação.** Crime próprio, pois só pode ser praticado pelo contribuinte; material; instantâneo; doloso; omissivo próprio na conduta *omitir informação*, não admitindo a tentativa; comissivo na conduta *prestar declaração*, admitindo a tentativa.
10. **Suspensão condicional do processo.** Incabível, pois a pena mínima cominada ultrapassa 1 ano (art. 89 da lei 9.099/95).
11. **Inciso II.** Fraude à fiscalização tributária.
12. **Relação com o art. 1º, I.** O inciso II é um desdobramento do inciso I. A diferença é que no inciso II a falsidade reside em documento ou livro exigido pela lei fiscal.
13. **Inserir informação inexata.** Significa introduzir informações que não correspondem à realidade, como no caso de venda de mercadoria, o agente inserir na nota fiscal valor menor do que o realmente praticado, fraude conhecida como *nota vazada ou meia nota*. Conduta comissiva.
14. **Omitir operação de qualquer natureza.** Significa não incluir no livro ou documento exigido pela lei fiscal operação que dá nascimento ao fato gerador da obrigação tributária. Conduta omissiva.
15. **Livro ou documento exigido pela lei fiscal.** Trata-se de elemento normativo do tipo que dá a ele a natureza de norma penal em branco, devendo-se ir à legislação tributária para se saber quais são os livros ou documentos por ela exigidos.
16. **Fiscalização tributária.** Atividade desempenhada pelos agentes públicos com atribuição fiscalizatória, zelando pela regularidade das operações do sujeito passivo da obrigação tributária.
17. **Princípio da especialidade.** Especialidade em relação ao art. 299 do Código Penal.
18. **Consumação.** Com o lançamento definitivo confirmando a redução ou a supressão do tributo (Súmula Vinculante no 24 do STF).
19. **Classificação.** Crime próprio, pois só pode ser praticado pelo contribuinte; material; instantâneo; doloso; omissivo próprio na conduta *omitindo,* não admitindo a tentativa; comissivo na conduta *inserindo*, admitindo a tentativa.
20. **Suspensão condicional do processo.** Incabível, pois a pena mínima cominada ultrapassa 1 ano (art. 89 da lei 9.099/95).

21. Inciso III. Falsificação ou alteração de nota fiscal, fatura, duplicata, nota de venda, ou qualquer outro documento relativo à operação tributável.

22. Falsificação. Pode se dar por meio de *fabricação*, em que se forma um documento falso que não corresponda a um verdadeiro semelhante ou por meio da *contrafação*, em que se cria um documento falso, similar a um verdadeiro.

23. Alteração. Ocorre por meio de modificação de parte de um documento, mediante adição, alteração ou supressão de elementos, tornando-o diverso do original.

24. Qualquer outro documento. O legislador utilizou a técnica de interpretação denominada interpretação analógica para abranger outros documentos não descritos no tipo, mas relativos à operação tributável.

25. Operação tributável. Operação tributável é a que gera receita para os cofres públicos, excluindo-se, portanto, as operações não tributáveis, como as operações imunes, isentas e as com alíquota zero.

26. Princípio da especialidade. Especialidade em relação aos arts. 297 (falsificação de documento público) e 298 (falsificação de documento particular), ambos do Código Penal.

27. Consumação. Com o lançamento definitivo confirmando a redução ou a supressão do tributo (Súmula Vinculante no 24 do STF).

28. Classificação. Crime próprio, pois só pode ser praticado pelo contribuinte; material; instantâneo; doloso; comissivo; admite a tentativa.

29. Suspensão condicional do processo. Incabível, pois a pena mínima cominada ultrapassa 1 ano (art. 89 da lei 9.099/95).

30. Inciso IV. Elaboração, distribuição, fornecimento, emissão ou utilização de documento que saiba ou deva saber falso ou inexato. Busca-se, com este tipo penal, coibir o comércio e a circulação ilegal de documentos que podem servir de meio para praticar a conduta fraudulenta, com redução ou supressão de tributo.

31. Documento falso ou inexato. Por *documento* entende-se todo e qualquer escrito destinado a servir como meio de prova de um fato juridicamente relevante.

32. Diferenças para o art. 172 do Código Penal. A primeira diferença reside no bem jurídico tutelado, que, enquanto no art. 172 do Código Penal é o patrimônio, no art. 1º, IV da lei 8.137/90 é a ordem tributária, o erário. A segunda diferença reside no fato de que no art. 172 do Código Penal a duplicata é emitida sem que tenha ocorrido a operação correspondente, enquanto no art. 1º, IV, da lei 8.137/90 a operação ensejadora da criação da duplicata efetivamente ocorreu, mas não foi formalizada nesse título. A terceira diferença reside no dolo do agente, uma vez que no art. 172 do Código Penal o dolo do agente é tão-somente emitir a duplicata simulada, ao passo que no art. 1º, IV, da lei 8.137/90, o dolo do agente é suprimir ou reduzir tributo.

33. Saiba ou deva saber. Abrange o dolo direto e o dolo indireto eventual.

34. **Princípio da especialidade.** Especialidade em relação aos arts. 297 (falsificação de documento público), 298 (falsificação de documento particular), 299 (falsidade ideológica) e 304 (uso de documento falso), todos do Código Penal.

35. **Consumação.** Com o lançamento definitivo confirmando a redução ou a supressão do tributo (Súmula Vinculante no 24 do STF).

36. **Classificação.** Crime próprio, pois só pode ser praticado pelo contribuinte; material; instantâneo; doloso; comissivo; admite a tentativa.

37. **Suspensão condicional do processo.** Incabível, pois a pena mínima cominada ultrapassa 1 ano (art. 89 da lei 9.099/95).

38. **Inciso V.** Negativa ou não fornecimento de nota fiscal ou documento equivalente.

39. **Negar, deixar de fornecer ou fornecer.** Negar é recusar, configurando uma conduta comissiva. Deixar de fornecer significa não entregar, caracterizando conduta omissiva. Fornecer é entregar e configura conduta comissiva.

40. **Documento equivalente à nota fiscal.** O legislador utilizou a técnica de interpretação denominada interpretação analógica para abranger outros documentos equivalentes à nota fiscal.

41. **Consumação.** Com a prática da conduta.

42. **Não aplicação da Súmula Vinculante nº 24 do STF.** Por ausência de previsão expressa, a Súmula Vinculante nº 24 do STF não se aplica ao presente inciso (Súmula Vinculante nº 24: "*Não se tipifica crime material contra a ordem tributária, previsto no artigo 1º, incisos I a IV, da Lei nº 8.137/90, antes do lançamento definitivo do tributo*").

43. **Classificação.** Crime próprio, pois só pode ser praticado pelo contribuinte; formal; doloso; comissivo nas condutas *negar e fornecer*; admitindo a tentativa; omissivo na conduta *deixar de fornecer,* não admitindo a tentativa.

44. **Suspensão condicional do processo.** Incabível, pois a pena mínima cominada ultrapassa 1 ano (art. 89 da lei 9.099/95).

45. **Parágrafo único.** Falta de atendimento às exigências da autoridade fazendária.

46. **Não atendimento da exigência da autoridade.** O agente descumpre a exigência feita. A conduta é omissiva.

47. **Exigência da autoridade.** A exigência concretiza-se e formaliza-se com a notificação do contribuinte ou responsável. Autoridade é o agente público com atribuição fiscalizatória.

48. **Prazo de 10 dias ou em horas.** Tem como termo *a quo* o recebimento da notificação.

49. **Princípio da especialidade.** Especialidade em relação ao art. 330 do Código Penal.

50. **Consumação.** Com a prática da conduta.

51. **Classificação.** Crime próprio, pois só pode ser praticado pelo contribuinte; formal; instantâneo; doloso; omissivo próprio; não admite tentativa.

52. **Suspensão condicional do processo.** Incabível, pois a pena mínima cominada ultrapassa 1 ano (art. 89 da lei 9.099/95).

Art. 2º Constitui crime da **mesma natureza**:

I – fazer declaração falsa ou omitir declaração sobre rendas, bens ou fatos, ou empregar outra fraude, para eximir-se, total ou parcialmente, de pagamento de tributo;

II – deixar de recolher, no prazo legal, valor de tributo ou de contribuição social, descontado ou cobrado, na qualidade de sujeito passivo de obrigação e que deveria recolher aos cofres públicos;

III – exigir, pagar ou receber, para si ou para o contribuinte beneficiário, qualquer percentagem sobre a parcela dedutível ou deduzida de imposto ou de contribuição como incentivo fiscal;

IV – deixar de aplicar, ou aplicar em desacordo com o estatuído, incentivo fiscal ou parcelas de imposto liberadas por órgão ou entidade de desenvolvimento;

V – utilizar ou divulgar programa de processamento de dados que permita ao sujeito passivo da obrigação tributária possuir informação contábil diversa daquela que é, por lei, fornecida à Fazenda Pública.

Pena – detenção, de 6 (seis) meses a 2 (dois) anos, e multa.

1. **Inciso I.** Fazer declaração falsa ou omitir declaração sobre rendas, bens ou fatos.
2. **Fazer declaração falsa.** Significa prestar ao fisco informação diversa da verdadeira. Conduta comissiva.
3. **Omitir declaração.** Não prestar ao fisco as informações referentes aos fatos geradores da obrigação tributária. Conduta omissiva.
4. **Emprego de outra fraude.** O legislador utilizou fórmula que permite a denominada interpretação analógica. Assim, qualquer outro meio fraudulento está inserido no tipo penal.
5. **Especial fim de agir.** O tipo exige que o agente haja com o fim de eximir-se total ou parcialmente de pagamento de tributo.
6. **Diferença para o art. 1º, I.** O delito do art. 1º, I é material, exigindo para a sua consumação a redução ou a supressão do tributo, enquanto o delito previsto no art. 2º, I é formal, bastando a prática da conduta fraudulenta.
7. **Princípio da especialidade.** Especialidade em relação ao art. 299 do Código Penal.
8. **Termo inicial do prazo prescricional.** Tendo em vista que os delitos do art. 2º da presente lei são crimes formais, o termo inicial do prazo prescricional segue a regra geral do art. 111, I, do Código Penal (*Art. 111 – A prescrição, antes de transitar em julgado a sentença final, começa a correr: I – do dia em que o crime se consumou*), de forma que o termo inicial do prazo prescricional é o dia da prática da fraude.

► **STJ**

Informativo nº 568

Quinta Turma

DIREITO PENAL. TERMO INICIAL DO PRAZO PRESCRICIONAL DO CRIME PREVISTO NO ART. 2º, I, DA LEI 8.137/1990.

O termo inicial do prazo prescricional da pretensão punitiva do crime previsto no art. 2º, I, da Lei 8.137/1990 (...) **é a data em que a fraude é perpetrada, e não**

a data em que ela é descoberta. Isso porque o referido tipo tem natureza de crime formal, instantâneo, sendo suficiente a conduta instrumental, haja vista não ser necessária a efetiva supressão ou redução do tributo para a sua consumação, bastando o emprego da fraude. Assim, o fato de a fraude ter sido empregada em momento determinado, ainda que irradie efeitos até ser descoberta, não revela conduta permanente, mas sim, crime instantâneo de efeitos permanentes – os quais perduraram até a descoberta do engodo. Precedente citado do STJ: RHC 9.625-CE, Sexta Turma, DJ 27/8/2001. Precedente citado do STF: RHC 90.532 ED, Tribunal Pleno, DJe 5/11/2009. **RHC 36.024-ES, Rel. Min. Reynaldo Soares da Fonseca, julgado em 25/8/2015, DJe 1º/9/2015.**

9. **Consumação.** Com a prática das condutas descritas no tipo, independentemente de qualquer resultado ulterior.

10. **Classificação.** Crime próprio, pois só pode ser praticado pelo contribuinte; formal; instantâneo; doloso; omissivo próprio na conduta *omitir,* não admitindo a tentativa; comissivo na conduta *fazer,* admitindo a tentativa.

11. **Suspensão condicional do processo.** Cabível, pois a pena mínima cominada não ultrapassa 1 ano (art. 89 da lei 9.099/95).

12. **Inciso II.** Não recolhimento de tributo.

13. **Deixar de recolher.** Consiste na conduta omissiva de não repassar ao fisco o valor do tributo descontado ou cobrado do contribuinte, como ocorre, em algumas situações, no imposto de renda, em que, por exemplo, uma instituição de ensino desconta do seu professor o valor do imposto de renda para repassá-lo ao fisco, e não repassa. Outro exemplo é o IOF, tributo que a instituição financeira (banco) desconta do contribuinte para repassá-los ao fisco. Ou então o caso do administrador da pessoa jurídica que cobra o valor correspondente de ICMS do consumidor e não o repassa ao fisco estadual.

→ **Aplicação em concurso**

- **AGU/2003. CESPE.**

Em cada um dos itens que se seguem, é apresentada uma situação hipotética, seguida de uma assertiva a ser julgada.

– Rubens, sócio-gerente de uma sociedade comercial, deixou de recolher, de forma consciente, no prazo legal, o ICMS, referente aos meses de março e abril de 2002, escriturado nos livros fiscais e declarado à administração fazendária. Nessa situação, Rubens praticou, em tese, crime contra a ordem tributária.

A alternativa está correta.

14. **Desconto ou cobrança.** O tipo exige que o valor do tributo seja efetivamente descontado ou cobrado do contribuinte. Caso contrário, a conduta será atípica.

15. **Prazo legal.** Trata-se de tipo penal em branco, que remete o intérprete à legislação tributária para se saber qual é o prazo legal.

16. **Diferença para o art. 168-A do Código Penal.** Enquanto o art. 168-A do Código Penal tem sua aplicabilidade restrita à contribuição previdenciária, o art. 2º, II,

da lei 8.137/90 é aplicado para qualquer outro tributo que não seja contribuição previdenciária.

17. **Princípio da especialidade.** O art. 168-A do Código Penal é especial em relação ao art. 2º, II, da lei 8137/90. O elemento especializante reside no objeto material do delito, que é a contribuição previdenciária.

18. **Consumação.** Com a prática das condutas descritas no tipo, independentemente de qualquer resultado ulterior.

19. **Classificação.** Crime próprio, pois só pode ser praticado pelo contribuinte; material; instantâneo; doloso; omissivo próprio; não admite a tentativa.

20. **Suspensão condicional do processo.** Cabível, pois a pena mínima cominada não ultrapassa 1 ano (art. 89 da lei 9.099/95).

21. **Inciso III.** Exigência, pagamento ou recebimento de qualquer percentagem sobre a parcela dedutível ou deduzida de imposto ou de contribuição como incentivo fiscal.

22. **Exigir, pagar ou receber.** *Exigir* significa impor como obrigação. *Pagar* é dar dinheiro. *Receber* consiste em aceitar valor como pagamento.

23. **Incentivo fiscal.** É o ato pelo qual o ente com competência tributária reduz a carga tributária, renunciando à sua receita, em troca de atividades de seu interesse.

24. **Consumação.** Com a prática das condutas descritas no tipo, independentemente de qualquer resultado ulterior.

25. **Classificação.** Crime próprio, pois só pode ser praticado pelo contribuinte; formal; instantâneo; doloso; comissivo; admite a tentativa.

26. **Suspensão condicional do processo.** Cabível, pois a pena mínima cominada não ultrapassa 1 ano (art. 89 da lei 9.099/95).

27. **Inciso IV.** Não-aplicação ou aplicação em desacordo com o estatuído, incentivo fiscal ou parcelas de imposto liberadas por órgão ou entidade de desenvolvimento.

28. **Deixar de aplicar.** Não aplicar na forma anteriormente avençada. Conduta omissiva.

29. **Aplicar em desacordo com o estatuído.** Aplicar de forma diversa da anteriormente acordada. Conduta comissiva.

30. **Incentivo fiscal.** É o ato pelo qual o ente com competência tributária reduz a carga tributária, renunciando à sua receita, em troca de atividades de seu interesse.

31. **Consumação.** Com a prática das condutas descritas no tipo, independentemente de qualquer resultado ulterior.

32. **Classificação.** Crime próprio, pois só pode ser praticado pelo beneficiário do incentivo fiscal; formal; instantâneo; doloso; omissivo próprio na conduta *deixar,* não admitindo a tentativa; comissivo na conduta *aplicar,* admitindo a tentativa.

33. **Suspensão condicional do processo.** Cabível, pois a pena mínima cominada não ultrapassa 1 ano (art. 89 da lei 9.099/95).

34. Inciso V. Utilização ou divulgação de programa de processamento de dados que permita ao sujeito passivo da obrigação tributária possuir informação contábil diversa daquela que é, por lei, fornecida à Fazenda Pública. Trata-se do delito denominado *contabilidade paralela* ou *contabilidade dupla*, também chamado de *caixa dois*.

35. Utilizar ou divulgar. *Utilizar* significa fazer uso do programa. *Divulgar* é dar-lhe publicidade.

36. Relação com o art. 1º, I. Se o agente utilizar o *software* e com isso suprimir ou reduzir tributo, sua conduta estará tipificada no art. 1º, I.

37. Relação com o art. 2º, I. O inciso V é similar ao inciso I. Entretanto, a diferença entre tais artigos reside no fato de que o inciso V especifica o meio fraudulento utilizado pelo agente, que é o *software*.

38. Princípio da especialidade. Se a contabilidade paralela for utilizada em instituição financeira, o crime será o do art. 11 da lei 7.492/86 (crimes contra o sistema financeiro nacional).

39. Consumação. Com a prática das condutas descritas no tipo, independentemente de qualquer resultado ulterior.

40. Classificação. Crime comum; formal; instantâneo; doloso; comissivo; admite a tentativa.

41. Suspensão condicional do processo. Cabível, pois a pena mínima cominada não ultrapassa 1 ano (art. 89 da lei 9.099/95).

→ **Aplicação em concurso**

- **DPF/2004-Nacional. CESPE.**

  A fiscalização tributária apreendeu em estabelecimento farmacêutico controle paralelo de vendas de três anos anteriores à fiscalização, sem emissão de notas fiscais, de cápsulas para emagrecimento compostas de substância capaz de causar dependência psíquica e acionou imediatamente a polícia, que efetuou a prisão em flagrante do sócio-gerente por tráfego de entorpecente, já que tal substância estava estocada em prateleira, vindo a ser proferida sentença condenatória com trânsito em julgado. Com base na situação hipotética acima, julgue os itens a seguir.

  – O proprietário do estabelecimento cometeu, em tese, crime contra a ordem tributária. *A alternativa está correta.*

Seção II
Dos crimes praticados por funcionários públicos

Art. 3º Constitui **crime funcional** contra a ordem tributária, além dos previstos no Decreto-Lei nº 2.848, de 7 de dezembro de 1940 – Código Penal (Título XI, Capítulo I):

I – **extraviar livro oficial, processo fiscal ou qualquer documento**, de que tenha a guarda em razão da função; sonegá-lo, ou inutilizá-lo, total ou parcialmente, acarretando pagamento indevido ou inexato de tributo ou contribuição social;

II – **exigir**, **solicitar** ou **receber**, para si ou para outrem, direta ou indiretamente, ainda que fora da função ou antes de iniciar seu exercício, mas em razão dela, vantagem indevida; ou **aceitar** promessa de tal vantagem, **para deixar de lançar ou cobrar tributo ou contribuição social, ou cobrá-los parcialmente**. Pena – reclusão, de 3 (três) a 8 (oito) anos, e multa.

III – patrocinar, direta ou indiretamente, **interesse privado perante a administração fazendária**, valendo-se da qualidade de funcionário público.

Pena – reclusão, de 1 (um) a 4 (quatro) anos, e multa.

1. **Art. 3º, *caput*.** O art. 3º traz crimes funcionais específicos, que causam lesão ao bem jurídico tutelado Ordem Tributária. Trata-se de norma penal em branco, uma vez que o conceito de funcionário público deve ser buscado no art. 327 do Código Penal. Assim, os delitos previstos nos três incisos configuram crimes próprios, tendo em vista que o legislador exigiu a condição de funcionário público.
2. **Concurso de pessoas.** É possível que um particular aja em concurso de pessoas com o agente público fazendário e que ambos respondam por esse delito, desde que o particular tenha consciência dessa condição, na forma do art. 30 do Código Penal.

► **STJ**

Informativo n. 465
Quinta turma

ADVOCACIA ADMINISTRATIVA FAZENDÁRIA. PARTÍCIPE.

A Turma, ao prosseguir o julgamento, por maioria, denegou a ordem de *habeas corpus* por entender que, no delito de advocacia administrativa fazendária (art. 3º, III, da Lei n. 8.137/1990), o particular pode figurar como partícipe, desde que saiba da condição de funcionário público do autor, a teor dos arts. 11 da mencionada lei e 29, *caput*, do CP. Em voto vista que acompanhou a Min. Relatora, o Min. Gilson Dipp consignou que a suposta participação do paciente diz respeito à condição de servidor público do autor, que é elementar do crime e da qual ele tinha conhecimento, razão por que a ele pode se comunicar nos termos do art. 30 do CP. Precedentes citados: HC 93.352-SC, DJe 9/11/2009; HC 30.832-PB, DJ 19/4/2004, e RHC 5.779-SP, DJ 1º/12/1997. HC 119.097-DF, Rel. Min. Laurita Vaz, julgado em 1º/3/2011.

3. **Inciso I.** Extravio, sonegação e inutilização de livro oficial, processo fiscal ou qualquer outro documento, acarretando pagamento indevido ou inexato de tributo.
4. **Tributo ou contribuição social.** Como visto alhures, contribuição social é espécie de tributo, tendo o legislador sido redundante ao dispor *tributo ou contribuição social*.
5. **Extraviar, sonegar e inutilizar.** *Extraviar* significa desviar do destino. *Sonegar* consiste em ocultar. *Inutilizar* é tornar inútil, imprestável.
6. **Tipo misto alternativo e cumulativo.** Em relação às condutas *extraviar* e *sonegar* ou *inutilizar*, o tipo penal é misto cumulativo, ensejando o concurso de crimes, no

caso da prática das duas condutas. Entretanto, em relação às condutas *sonegar* e *inutilizar*, o tipo é misto alternativo. Logo, a prática das duas condutas não gera concurso de crimes, respondendo o agente por apenas um delito.

7. **Qualquer outro documento.** O legislador utilizou a técnica de interpretação denominada interpretação analógica, para abranger outros documentos, equivalentes a livro oficial ou processo fiscal, que contenham registros referentes aos contribuintes.

8. **Acarretando pagamento indevido ou inexato de tributo.** Não basta o extravio, a sonegação ou a inutilização de livro oficial, processo fiscal ou qualquer outro documento, pois o tipo penal exige o pagamento indevido ou inexato de tributo para a sua consumação.

9. **Princípio da especialidade.** Especialidade em relação ao art. 314 do Código Penal.

10. **Consumação.** Com a ocorrência do pagamento indevido ou inexato do tributo.

11. **Classificação.** Crime próprio, pois só pode ser praticado pelo funcionário público que tenha a guarda do livro oficial, do processo fiscal ou de qualquer outro documento; material; instantâneo; doloso; comissivo; admite a tentativa.

12. **Suspensão condicional do processo.** Incabível, pois a pena mínima cominada ultrapassa 1 ano (art. 89 da lei 9.099/95).

13. **Inciso II.** Exigência, solicitação, recebimento ou aceitação de vantagem indevida para deixar de lançar ou cobrar tributo ou contribuição social ou cobrá-los parcialmente.

14. **Exigir, solicitar, receber e aceitar.** *Exigir* significa impor como obrigação. *Solicitar* é requerer. *Receber* consiste em aceitar valor como pagamento. *Aceitar* significa concordar.

15. **Funcionário público de férias ou de licença.** Mesmo nessa hipótese, há a prática do delito, uma vez que o tipo penal utilizou as expressões *ainda que fora da função ou antes de iniciar seu exercício, mas em razão dela.*

De acordo com o STF, o funcionário autor desse delito não precisa ter a atribuição específica para efetuar o lançamento do tributo. Nesse sentido, mesmo que o funcionário público não seja o encarregado de levar a efeito o lançamento tributário, ele pode ser autor desse delito.

▶ **STF**

Informativo nº 695

Segunda Turma

Lei 8.137/90: atribuição funcional e suspensão de débito – 1

A 2ª Turma negou provimento a recurso ordinário em habeas corpus interposto, por condenado pela prática de crime funcional contra a ordem tributária, sob a alegação de que: a) o indeferimento de diligências, pleiteadas na fase do art. 499 do CPP, o prejudicara; e b) o tipo penal em questão somente poderia ser cometido por funcionário público competente para o lançamento ou a cobrança do tributo.

Consignou-se que o acórdão recorrido estaria consoante a jurisprudência do STF no sentido de que para configuração do cerceamento de defesa impenderia a demonstração de efetivo prejuízo sofrido com o indeferimento da diligência. RHC 108822/GO, rel. Min. Gilmar Mendes, 19.2.2013. (RHC-108822)

Lei 8.137/90: atribuição funcional e suspensão de débito – 2

No tocante à tese de atipicidade de conduta, inicialmente, mencionou-se o teor do dispositivo em que fundada a condenação [Lei 8.137/90: "Art. 3º Constitui crime funcional contra a ordem tributária, além dos previstos no Decreto-Lei nº 2.848, de 7 de dezembro de 1940 – Código Penal (Título XI, Capítulo I): ... II – exigir, solicitar ou receber, para si ou para outrem, direta ou indiretamente, ainda que fora da função ou antes de iniciar seu exercício, mas em razão dela, vantagem indevida; ou aceitar promessa de tal vantagem, para deixar de lançar ou cobrar tributo ou contribuição social, ou cobrá-los parcialmente. Pena – reclusão, de 3 (três) a 8 (oito) anos, e multa"]. Observou-se consistir tipo especial, mas característico da própria corrupção passiva. Esclareceu-se constar da decisão do STJ que, mesmo fora da função ou antes de iniciar seu exercício, seria possível a funcionário público perpetrar o referido crime. Frisou-se que a circunstância de não ser encarregado do lançamento tributário não impedira o paciente de suspender ilicitamente o débito de empresas que, para tanto, teriam lhe oferecido vantagem indevida. RHC 108822/GO, rel. Min. Gilmar Mendes, 19.2.2013. (RHC-108822).

16. **Tributo ou contribuição social.** Contribuição social é espécie de tributo. Assim, o legislador foi redundante ao dispor *tributo ou contribuição social.*

17. **Especial fim de agir.** O tipo exige que o agente exija, solicite, receba ou aceite a vantagem indevida *para deixar de lançar ou cobrar tributo ou contribuição social, ou cobrá-los parcialmente.* Caso o agente pratique as condutas típicas, mas não tenha essa finalidade específica, a sua conduta será penalmente atípica em relação a esse delito, podendo configurar, conforme o caso concreto, os delitos de concussão (art. 316 do Código Penal) ou corrupção passiva (art. 317 do Código Penal).

18. **Vantagem indevida.** Não se exige que tenha natureza econômica.

19. **Princípio da especialidade.** Especialidade em relação aos arts. 316 (na conduta *exigir*) e 317 (nas condutas *solicitar, receber* e *aceitar*), ambos do Código Penal.

20. **Consumação.** Com a prática das condutas típicas, não sendo necessário que o funcionário público deixe de lançar ou de cobrar tributo, ou os cobre parcialmente.

21. **Classificação.** Crime próprio, pois só pode ser praticado pelo funcionário público; formal; instantâneo; doloso; comissivo; admite a tentativa.

22. **Suspensão condicional do processo.** Incabível, pois a pena mínima cominada ultrapassa 1 ano (art. 89 da lei 9.099/95).

→ **Aplicação em concurso.**

- **(Cespe – Delegado de Polícia – BA/2013)**

  Em relação aos crimes contra a administração pública e aos delitos praticados em detrimento da ordem econômica e tributária e em licitações e contratos públicos, julgue os itens.

Servidor público que, na qualidade de agente fiscal, exigir vantagem indevida para deixar de emitir auto de infração por débito tributário e de cobrar a consequente multa responderá, independentemente do recebimento da vantagem, pela prática do crime de concussão, previsto na parte especial do Código Penal (CP).

A alternativa está errada.

- **(TRF 4 – Juiz Federal Substituto 4ª região/ 2010)**

  Dadas as assertivas abaixo, assinale a alternativa correta.

  Constitui crime funcional contra a ordem tributária, previsto na Lei 8.137/90, a conduta do servidor que, com violação do dever, exigir vantagem pecuniária para deixar de lançar tributo devido.

  A alternativa está certa.

- **(ESAF – Auditor-Fiscal do Trabalho – MTE /2010)**

  Assinale a opção correta, entre as assertivas abaixo, relacionadas aos crimes praticados por funcionários públicos contra a ordem tributária, nos termos da legislação penal (Lei n. 8.137, de 27/12/1990).

  O crime de exigir, solicitar ou receber, para si ou para outrem, direta ou indiretamente, ainda que fora da função ou antes de iniciar seu exercício, mas em razão dela, vantagem indevida; ou aceitar promessa de tal vantagem, para deixar de lançar ou cobrar tributo ou contribuição social, ou cobrá-los parcialmente, admite a suspensão do processo.

  A alternativa está errada.

23. **Inciso III.** Patrocínio de interesse privado perante e administração pública fazendária.
24. **Patrocinar.** Significa defender, proteger.
25. **Interesse privado.** Mesmo que o interesse privado seja legítimo, haverá a prática do delito.
26. **Valendo-se da qualidade de funcionário.** Caso o agente público não se valha dessa condição, a conduta será penalmente atípica.
27. **Princípio da especialidade.** Especialidade em relação ao art. 321 do Código Penal.
28. **Consumação.** Com a prática de qualquer ato que configure a defesa de interesse privado.
29. **Classificação.** Crime próprio, pois só pode ser praticado pelo funcionário público; formal; instantâneo; doloso; comissivo; admite a tentativa.
30. **Suspensão condicional do processo.** Cabível, pois a pena mínima cominada não ultrapassa 1 ano (art. 89 da lei 9.099/95).

→ **Aplicação em concurso.**

- **Agente de Polícia Civil/DF. 2013. CESPE.**

  Quem, valendo-se da qualidade de funcionário público, patrocinar, direta ou indiretamente, interesse privado perante a administração fazendária praticará, em tese, crime funcional contra a ordem tributária.

  A alternativa está correta.

- **TRF-Juiz Federal Substituto 4ª região/2012**

  Dadas as assertivas abaixo, assinale a alternativa correta.

  Funcionário público que se vale da sua condição funcional para patrocinar, direta ou indiretamente, interesse privado perante a Administração Fazendária comete crime contra a ordem tributária, previsto na Lei nº 8.137/1990 (Lei dos Crimes contra a Ordem Tributária).

  A alternativa está certa.

→ Aplicação em concurso.

- **(ESAF – Auditor-Fiscal do Trabalho – MTE /2010)**

  Assinale a opção correta, entre as assertivas abaixo, relacionadas aos crimes praticados por funcionários públicos contra a ordem tributária, nos termos da legislação penal (Lei n. 8.137, de 27/12/1990).

A) O crime de patrocinar, direta ou indiretamente, interesse privado perante a administração fazendária, valendo-se da qualidade de funcionário público, pode ser apenado cumulativamente com multa.

B) O crime de exigir, solicitar ou receber, para si ou para outrem, direta ou indiretamente, ainda que fora da função ou antes de iniciar seu exercício, mas em razão dela, vantagem indevida; ou aceitar promessa de tal vantagem, para deixar de lançar ou cobrar tributo ou contribuição social, ou cobrá-los parcialmente, admite a suspensão do processo.

C) O crime de patrocinar, direta ou indiretamente, interesse privado perante a administração fazendária, valendo-se da qualidade de funcionário público, é crime de menor potencial ofensivo.

D) Não é possível que particular responda pelos delitos previstos no Capítulo I, Seção II – Dos crimes contra a Administração Pública previstos na Lei n. 8.137/1990.

E) O crime de patrocinar, direta ou indiretamente, interesse privado perante a administração fazendária, valendo-se da qualidade de funcionário público, não admite a tentativa.

Alternativa correta: letra A.

- **TJ / AC JUIZ 2007. CESPE.**

  Os crimes praticados por funcionário público contra a ordem tributária não incluem:

A) o recebimento, para si ou para outrem, direta ou indiretamente, ainda que fora da função ou antes de iniciar seu exercício, mas em razão dela, de vantagem indevida, para deixar de lançar ou cobrar tributo ou contribuição social.

B) a utilização ou a divulgação de programas de processamento de dados que permita ao sujeito passivo da obrigação tributária possuir informação contábil diversa daquela que é, por lei, fornecida à fazenda pública.

C) o extravio de livro oficial, processo fiscal ou qualquer documento de que tenha a guarda em razão da função.

D) o patrocínio, direto ou indireto, de interesse privado perante a administração fazendária, valendo-se da qualidade de funcionário público.

Alternativa correta: letra B.

- **PGE/E.S. 2008. CESPE.**

  Os tipos penais da lei dos crimes contra a ordem tributária, econômica e contra as relações de consumo são, de regra, dolosos; todavia, em sede de crimes contra a ordem tributária, não se cogita da existência da modalidade culposa, encontrada na referida legislação apenas em alguns tipos relativos aos crimes contra as relações de consumo.

  A alternativa está correta.

  Os arts. 5º ao 7º tratam dos crimes contra a economia e as relações de consumo, razão pela qual não serão tratados em conjunto com a presente lei.

CAPÍTULO III
Das Multas

Art. 8º Nos crimes definidos nos arts. 1º a 3º desta lei, a **pena de multa** será fixada entre 10 (dez) e 360 (trezentos e sessenta) dias-multa, conforme seja necessário e suficiente para reprovação e prevenção do crime.

Parágrafo único. O dia-multa será fixado pelo juiz em valor não inferior a 14 (quatorze) nem superior a 200 (duzentos) Bônus do Tesouro Nacional BTN.

Art. 9º A pena de detenção ou reclusão poderá ser **convertida em multa** de valor equivalente a:

I - 200.000 (duzentos mil) até 5.000.000 (cinco milhões) de BTN, nos crimes definidos no art. 4º;

II - 5.000 (cinco mil) até 200.000 (duzentos mil) BTN, nos crimes definidos nos arts. 5º e 6º;

III - 50.000 (cinqüenta mil) até 1.000.000 (um milhão) de BTN, nos crimes definidos no art. 7º.

Art. 10. Caso o juiz, considerado o ganho ilícito e a situação econômica do réu, verifique a insuficiência ou excessiva onerosidade das penas pecuniárias previstas nesta lei, poderá diminuí-las até a décima parte ou elevá-las ao décuplo.

CAPÍTULO IV
Das Disposições Gerais

Art. 11. Quem, de qualquer modo, inclusive por meio de pessoa jurídica, concorre para os crimes definidos nesta lei, incide nas penas a estes cominadas, na medida de sua culpabilidade.

Parágrafo único. Quando a venda ao consumidor for efetuada por sistema de entrega ao consumo ou por intermédio de distribuidor ou revendedor, seja em regime de concessão comercial ou outro em que o preço ao consumidor é estabelecido ou sugerido pelo fabricante ou concedente, o ato por este praticado não alcança o distribuidor ou revendedor.

1. O art. 11 *caput* é desnecessário, em razão da norma já contida no art. 29 do Código Penal. O dispositivo ora comentado é a positivação do princípio da culpabilidade, que serve de elemento para que o Juiz aplique a pena criminal, conforme o art. 59, *caput* do Código Penal, bem como do princípio da responsabilidade penal subjetiva.

2. O parágrafo único refere-se aos delitos cometidos contra as relações de consumo, também tipificados na lei 8.137/90.

Art. 12. São **circunstâncias** que podem **agravar** de 1/3 (um terço) até a metade as penas previstas nos arts. 1º, 2º e 4º a 7º:

I – ocasionar grave dano à coletividade;

II – ser o crime cometido por servidor público no exercício de suas funções;

III – ser o crime praticado em relação à prestação de serviços ou ao comércio de bens essenciais à vida ou à saúde.

1. **Causa de aumento de pena.** Embora o legislador tenha utilizado a expressão *agravar,* trata-se, na verdade, de causa de aumento de pena, que deverá incidir na terceira fase de aplicação da pena criminal.
2. **Não aplicabilidade e *bis in idem*.** A causa de aumento previsto no inciso II não é aplicada aos delitos descritos no art. 3º da lei. Em primeiro lugar, porque o legislador não fez menção expressa a esse dispositivo no *caput* do artigo em análise. Em segundo lugar porque, mesmo que o fizesse, estaria incidindo em flagrante *bis in idem,* uma vez que no art. 3º da lei a condição de funcionário público figura como elemento do tipo.

Art. 13. (Vetado).

Art. 14. (Revogado pela Lei 8383/1991).

Art. 15. Os crimes previstos nesta lei são de **ação penal pública**, aplicando-se-lhes o disposto no art. 100 do Decreto-Lei nº 2.848, de 7 de dezembro de 1940 – Código Penal.

Art. 16. Qualquer pessoa poderá provocar a iniciativa do Ministério Público nos crimes descritos nesta lei, fornecendo-lhe por escrito informações sobre o fato e a autoria, bem como indicando o tempo, o lugar e os elementos de convicção.

Parágrafo único. Nos crimes previstos nesta Lei, cometidos em quadrilha ou co-autoria, o co-autor ou partícipe que através de confissão espontânea revelar à autoridade policial ou judicial toda a trama delituosa terá a sua pena reduzida de um a dois terços. (Parágrafo incluído pela Lei nº 9.080, de 19.7.1995).

1. **Ação penal.** A ação penal é púbica incondicionada.

   Súmula 609 do STF: "É pública incondicionada a ação penal por crime de sonegação fiscal."

2. ***Caput.*** O *caput* do art. 16 traz o instituto da *delatio criminis.*
3. **Parágrafo único.** Trata-se do instituto da delação premiada.

→ **Aplicação em concurso.**

- **MP/SP – Promotor de Justiça – 2010.**

  Assinale a alternativa correta:

E) nos crimes previstos na Lei nº 8.137/90 (Crimes contra a Ordem Tributária), cometidos em quadrilha ou co-autoria, a possibilidade de redução da pena favorecerá o co-autor ou partícipe que revelar a trama delituosa à autoridade policial ou judicial, por meio de confissão espontânea.

A alternativa está correta.

....

Art. 19. O *caput* do art. 172 do Decreto-Lei nº 2.848, de 7 de dezembro de 1940 – Código Penal, passa a ter a seguinte redação:

"Art. 172. Emitir fatura, duplicata ou nota de venda que não corresponda à mercadoria vendida, em quantidade ou qualidade, ou ao serviço prestado.

Pena – detenção, de 2 (dois) a 4 (quatro) anos, e multa".

Art. 20. O § 1º do art. 316 do Decreto-Lei nº 2 848, de 7 de dezembro de 1940 Código Penal, passa a ter a seguinte redação:

"Art. 316. ....

§ 1º Se o funcionário exige tributo ou contribuição social que sabe ou deveria saber indevido, ou, quando devido, emprega na cobrança meio vexatório ou gravoso, que a lei não autoriza;

Pena – reclusão, de 3 (três) a 8 (oito) anos, e multa".

Art. 21. O art. 318 do Decreto-Lei nº 2.848, de 7 de dezembro de 1940 Código Penal, quanto à fixação da pena, passa a ter a seguinte redação:

"Art. 318. ....

Pena – reclusão, de 3 (três) a 8 (oito) anos, e multa".

Art. 22. Esta lei entra em vigor na data de sua publicação.

Art. 23. Revogam-se as disposições em contrário e, em especial, o art. 279 do Decreto-Lei nº 2.848, de 7 de dezembro de 1940 – Código Penal.

Organizações Criminosas.
Lei nº 12.850, de 2 de agosto de 2013

CAPÍTULO I
DA ORGANIZAÇÃO CRIMINOSA

Art. 1º Esta Lei **define organização criminosa** e dispõe sobre a investigação criminal, os meios de obtenção da prova, infrações penais correlatas e o procedimento criminal a ser aplicado.

§ 1º **Considera-se organização criminosa** a associação de 4 (quatro) ou mais pessoas estruturalmente ordenada e caracterizada pela divisão de tarefas, ainda que informalmente, com objetivo de obter, direta ou indiretamente, vantagem de qualquer natureza, mediante a prática de infrações penais cujas penas máximas sejam superiores a 4 (quatro) anos, ou que sejam de caráter transnacional.

§ 2º Esta Lei se aplica também:

I – às **infrações penais previstas em tratado ou convenção internacional** quando, iniciada a execução no País, o resultado tenha ou devesse ter ocorrido no estrangeiro, ou reciprocamente;

II – às **organizações terroristas,** entendidas como aquelas voltadas para a prática dos atos de terrorismo legalmente definidos. (Redação dada pela lei nº 13.260, de 2016).

1. **Objeto da lei.** A lei possui cinco objetivos: Em primeiro lugar, ela traz a conceituação de organização criminosa; em segundo lugar, dispõe sobre a investigação criminal das organizações criminosas; em terceiro lugar, trata dos meios de obtenção de prova que poderão levar ao conhecimento do Poder Judiciário; em quarto lugar, cria infrações penais correlatas às organizações criminosas; por fim, em quinto lugar, trata do procedimento criminal aplicável.

2. **§1º. Norma penal explicativa.** O art. 1º, §1º positivou uma norma penal de natureza explicativa, uma vez que explicita o conceito de organização criminosa e traz os seus elementos identificadores.

3. **§1º. Conceituação de organização criminosa.** Para a perfeita compreensão desse tópico, faz-se necessário trazer a evolução histórica da noção de organização criminosa. Assim, dividiremos esse tópico em três partes. Inicialmente, trataremos

da conceituação de organização criminosa quando vigorava a lei 9.034/95. Depois, abordaremos essa questão após o advento da lei 12.694/2012. Por fim, trataremos da conceituação de organização criminosa trazida pela lei 12.850/2013.

4. **§1º. Conceito de organização criminosa quando vigorava a Lei 9.034/95.** Sempre houve grande crítica da doutrina no sentido de que o legislador teria violado o princípio da reserva legal, na vertente da taxatividade, em razão de não ter conceituado o que seria organização criminosa. A celeuma se instalou em razão de a lei 9.034/95 ter feito menção à *organização criminosa* na sua ementa e em diversos de seus dispositivos sem ter, entretanto, conceituado tal instituto. Na redação originária do art. 1º da lei 9.034/95, só havia menção a *bando ou quadrilha* (atualmente denominado associação criminosa), *in verbis*: *"Art. 1º Esta lei define e regula meios de prova e procedimentos investigatórios que versarem sobre crime resultante de ações de quadrilha ou bando"*. Sucede que a lei 9.034/95 teve a sua redação alterada pela lei 10.217, de 11 de abril de 2001, que inseriu no seu art. 1º as *associações criminosas* e as *organizações criminosas*. Mesmo depois de muitos anos após a edição da lei 9.034/95 o legislador não havia conceituado o que seria uma organização criminosa. Não se via em nenhum dispositivo legal a conceituação, nem os elementos típicos do que seria a organização criminosa. Assim, tal conceituação ficou a cargo da doutrina, o que é inaceitável, uma vez que, segundo o princípio da legalidade penal, todo e qualquer elemento típico deve estar previsto em lei. À doutrina, como fonte de conhecimento mediata do direito penal, cabe interpretar a lei, mas não criar tipos penais, sob pena de se gerar insegurança jurídica. Tal falha legislativa tinha o condão de comprometer todos os dispositivos da lei 9.034/95, no tocante à aplicação dos mesmos às organizações criminosas. Entretanto, a jurisprudência do **STJ** considerou que o conceito de organização criminosa estava positivado no art. 2º da *Convenção das Nações Unidas contra o Crime Organizado Transnacional*, adotada em Nova York, em 15 de novembro de 2000, chamada de Convenção de Palermo, promulgada pelo Decreto 5.015, de 12 de março de 2004, que diz: *"Para efeitos da presente Convenção, entende-se por: a) "Grupo criminoso organizado" – grupo estruturado de três ou mais pessoas, existente há algum tempo e atuando concertadamente com o propósito de cometer uma ou mais infrações graves ou enunciadas na presente Convenção, com a intenção de obter, direta ou indiretamente, um benefício econômico ou outro benefício material"*.

► **STJ**

Informativo nº 467

Sexta Turma

ORGANIZAÇÃO CRIMINOSA. DESCAMINHO. LAVAGEM. DINHEIRO.

Trata-se de paciente denunciada em decorrência de operação policial a qual investigava as atividades de sociedades empresárias pertencentes ao mesmo grupo empresarial, como incursa nos arts. 288 e 334 do CP c/c art. 1º, V e VII, da Lei n. 9.613/1998, em continuidade delitiva. Na impetração, busca-se o trancamento parcial da ação penal quanto à acusação de lavagem de dinheiro (art. 1º, VII, da Lei n. 9.613/1998) e em relação à acusação por formação de quadrilha (art. 288 do CP). Alega haver inépcia da peça vestibular no que diz respeito ao crime previsto no art. 288 do CP, sustentando que não existe conceito legal da expressão "organização criminosa". Para o Min. Relator, o trancamento da ação penal em *habeas corpus* é medida excepcional e a tese da impetração não merece prosperar. Explica que a expressão "organização criminosa" ficou estabelecida no ordenamento jurídico brasileiro com o Dec. n. 5.015/2004, o qual promulgou a Convenção das Nações Unidas contra o Crime Organizado Transnacional (Convenção de Palermo, que, no art. 2, a, definiu tal conceito), aprovado pelo Dec. Legislativo n. 231/2003. Segundo o Min. Relator, a definição jurídica de organização criminosa não se submete ao princípio da taxatividade como entende a impetração, pois o núcleo do tipo penal previsto na norma é "ocultar ou dissimular a natureza, origem, localização, disposição, movimentação ou propriedade de bens, direitos ou valores provenientes, direta ou indiretamente, de crime", sendo a expressão "organização criminosa" um complemento normativo do tipo, tratando-se, no caso, de uma norma penal em branco heteróloga ou em sentido estrito, que independe de complementação por meio de lei formal. Assevera que entender o contrário, de acordo com a tese defendida pelos impetrantes, seria não admitir a existência de normas penais em branco em nosso ordenamento jurídico, situação que implicaria o completo esvaziamento de inúmeros tipos penais. Também destaca que a Recomendação n. 3/2006 do Conselho Nacional de Justiça (CNJ) propõe a adoção do conceito de "crime organizado" estabelecido na Convenção de Palermo, bem como a jurisprudência do STF e do STJ não diverge desse entendimento. Por fim, ressalta que não procedem as alegações de inépcia da inicial, pois a denúncia aponta fatos que, em tese, configuram o crime de formação de quadrilha para prática de crimes de lavagem de dinheiro e contra a Administração Pública, bem como que somente o detalhamento das provas na instrução criminal esclarecerá se houve e qual foi a participação da paciente nos delitos imputados pelo *Parquet*. Diante do exposto, a Turma denegou a ordem. Precedentes citados do STF: RHC 102.046-SP, DJe 10/11/2010; HC 100.637-BA, DJe 24/6/2010; HC 91.516-PI, DJe 4/12/2008; do STJ: APn 460-RO, DJ 25/6/2007; HC 77.771-SP, DJe 22/9/2009; HC 63.716-SP, DJ 17/12/2007; HC 89.696-SP, DJe 23/8/2010; HC 89.472-PR, DJe 3/8/2009, e HC 102.292-SP, DJe 22/9/2008. HC 138.058-RJ, Rel. Min. Haroldo Rodrigues (Desembargador convocado do TJ-CE), julgado em 22/3/2011.

5. §1º. **Características da organização criminosa quando vigorava a lei 9.034/95.** De acordo com o disposto no Decreto 5.015/2004, são elementos caracterizadores da organização criminosa: **1.** Grupo estruturado de três ou mais pessoas; **2.** Existência do grupo há algum tempo; **3.** Propósito de cometer uma ou mais infrações graves ou enunciadas na própria Convenção de Palermo e **4.** Intenção de obter, direta ou indiretamente, um benefício econômico ou outro benefício material.

6. §1º. Resolução nº **517 do Conselho da Justiça Federal.** Em 30 de junho de 2006, o Conselho da Justiça Federal editou a Resolução nº 517, que alterou a Resolução nº 314, de 12 de maio de 2003, autorizando a criação, pelos Tribunais Regionais Federais, de Varas Especializadas para o processo e julgamento os crimes praticados por organizações criminosas, independentemente do caráter transnacional ou não das infrações. Além disso, a Resolução nº 314, no parágrafo único do art. 1º dispõe que deverão ser adotados os conceitos previstos na Convenção das Nações Unidas contra o Crime Organizado Transnacional promulgada pelo Decreto nº 5.015, de 12 de março de 2004.

Eis as mencionadas Resoluções:

> ***Conselho da Justiça Federal.***
>
> ***Resolução nº 517, de 30 de junho de 2006.***
>
> *"Art. 1º O art. 1º da Resolução nº 314, de 12 de maio de 2003, passa a vigorar com a seguinte redação: "Art. 1º Os Tribunais Regionais Federais, na sua área de jurisdição, poderão especializar varas federais criminais com competência exclusiva ou concorrente para processar e julgar: I – os crimes contra o sistema financeiro nacional e de lavagem ou ocultação de bens, direitos e valores; e II – os crimes praticados por organizações criminosas, independentemente do caráter transnacional ou não das infrações." Parágrafo único. Deverão ser adotados os conceitos previstos na Convenção das Nações Unidas contra o Crime Organizado Transnacional promulgada pelo Decreto nº 5.015, de 12 de março de 2004."*
>
> ***Resolução nº 314, de 12 de maio de 2003.***
>
> *"Dispõe sobre a especialização de varas federais criminais para processar e julgar, na Justiça Federal, crimes contra o sistema financeiro nacional e de lavagem ou ocultação de bens, direitos e valores. O PRESIDENTE DO CONSELHO DA JUSTIÇA FEDERAL, usando de suas atribuições legais e tendo em vista o decidido na sessão ordinária realizada em 31 de março de 2003, resolve: Art. 1º Os Tribunais Regionais Federais, na sua área de jurisdição, especializarão varas federais criminais com competência exclusiva ou concorrente, no prazo de sessenta dias, para processar e julgar os crimes contra o sistema financeiro nacional e de lavagem ou ocultação de bens, direitos e valores. Art. 2º Esta Resolução entrará em vigor na data de sua publicação."*

7. §1º. **Recomendação nº 3 do CNJ – Conselho Nacional de Justiça.** Em 30 de maio de 2006, o CNJ editou a Recomendação número 3, na qual recomendou ao Sistema Judiciário Federal, bem como aos Tribunais de Justiça dos Estados, a criação de Varas Criminais especializadas em Organizações Criminosas, sugerindo, ainda, a adoção do disposto na Convenção das Nações Unidas contra o Crime Organizado Transnacional, conhecida como Convenção de Palermo, para fins de definição de Organização Criminosa.

> ***"CNJ – Conselho Nacional de Justiça.***
>
> ***RECOMENDAÇÃO Nº 3, DE 30 DE MAIO DE 2006.***
>
> *Recomenda a especialização de varas criminais para processar e julgar delitos praticados por organizações criminosas e dá outras providências.*
>
> *A **PRESIDENTE DO CONSELHO NACIONAL DE JUSTIÇA,** no uso de suas atribuições, tendo em vista o decidido na Sessão de 30 de maio de 2006, e **CONSIDERANDO** a necessidade de o Estado combater o crime organizado, mediante a concentração de esforços e de recursos públicos e informações; **CONSIDERANDO** a necessidade de resposta judicial ágil e pronta, em relação às medidas especiais de investigação aplicáveis no combate ao crime organizado, nos termos da Lei nº 9.034/95 e da Convenção de Palermo; **CONSIDERANDO** que a especialização ao combate ao crime organizado já foi levada a efeito pelo Ministério Público e pelas Forças Policiais; **CONSIDERANDO** que a especialização de varas tem se revelado medida salutar,*

com notável incremento na qualidade e na celeridade da prestação jurisdicional, em especial para o processamento de delitos de maior complexidade, seja quanto ao modus operandi, seja quanto ao número de pessoas envolvidas; ***CONSIDERANDO*** *que os Tribunais Regionais Federais possuem autorização legal para especializar varas, de acordo com o disposto nos artigos 11 e 12 da Lei nº 5.010/66, c/c o artigo 11, parágrafo único, da Lei nº 7.727/89 e que os Tribunais de Justiça dos Estados estão também autorizados a especializar varas nos termos da legislação de organização judiciária local, resolve*

RECOMENDAR

1. *Ao Conselho da Justiça Federal e aos Tribunais Regionais Federais, no que respeita ao Sistema Judiciário Federal, bem como aos Tribunais de Justiça dos Estados, a especialização de varas criminais, com competência exclusiva ou concorrente, para processar e julgar delitos praticados por organizações criminosas.*

2. *Para os fins desta recomendação, sugere-se:*

a) *a adoção do conceito de crime organizado estabelecido na Convenção das Nações Unidas sobre Crime Organizado Transnacional, de 15 de novembro de 2000 (Convenção de Palermo), aprovada pelo Decreto Legislativo nº 231, de 29 de maio de 2003 e promulgada pelo Decreto nº 5.015, de 12 de março de 2004, ou seja, considerando o "grupo criminoso organizado" aquele estruturado, de três ou mais pessoas, existente há algum tempo e atuando concertadamente com o propósito de cometer uma ou mais infrações graves ou enunciadas na Convenção das Nações Unidas sobre Crime Organizado Transnacional, com a intenção de obter, direta ou indiretamente, um benefício econômico ou outro benefício material."*

8. **§1º. Conceito de organização criminosa após a lei 12.694/2012.** Com o advento da lei 12.694/2012, toda essa questão da ausência de definição do que seria organização criminosa ficou superada. Com efeito, o art. 2º da lei 12.694/2012 trouxe para o ordenamento jurídico brasileiro o conceito de organização criminosa ao dispor que se considera organização criminosa a associação, de 3 (três) ou mais pessoas, estruturalmente ordenada e caracterizada pela divisão de tarefas, ainda que informalmente, com objetivo de obter, direta ou indiretamente, vantagem de qualquer natureza, mediante a prática de crimes cuja pena máxima seja igual ou superior a 4 (quatro) anos ou que sejam de caráter transnacional.

9. **§1º. Características da organização criminosa na lei 12.694/2012.** Podemos destacar os seguintes elementos da organização criminosa, no conceito trazido pela lei 12.694/2012: **1.** Associação, de 3 (três) ou mais pessoas; **2.** Estruturalmente ordenada e caracterizada pela divisão de tarefas, ainda que informalmente; **3.** Objetivo de obter, direta ou indiretamente, vantagem de qualquer natureza e **4.** Prática de crimes cuja pena máxima seja igual ou superior a 4 (quatro) anos ou que sejam de caráter transnacional.

10. **§1º. Conceito de organização criminosa na lei 12.850/2013.** A lei 12.850/2013, a exemplo da lei 12.692/2012, trouxe o conceito de organização criminosa e no art. 1º, §1º dispõe que "*considera-se organização criminosa a associação de 4 (quatro) ou mais pessoas estruturalmente ordenada e caracterizada pela divisão de tarefas, ainda que informalmente, com objetivo de obter, direta ou indiretamente, vantagem*

de qualquer natureza, mediante a prática de infrações penais cujas penas máximas sejam superiores a 4 (quatro) anos, ou que sejam de caráter transnacional".

11. **§1º. Características da organização criminosa na lei 12.850/2013.** Podemos destacar os seguintes elementos da organização criminosa, no conceito trazido pela lei 12.850/2013: **1.** Associação, de 4 (quatro) ou mais pessoas; **2.** Estruturalmente ordenada e caracterizada pela divisão de tarefas, ainda que informalmente; **3.** Objetivo de obter, direta ou indiretamente, vantagem de qualquer natureza e **4.** Prática de infrações penais cujas penas máximas sejam superiores a 4 (quatro) anos, ou que sejam de caráter transnacional. Note-se que nesse último elemento, caso a infração penal seja de caráter transnacional, não importará o *quantum* de pena máxima cominada.

12. **§1º. Diferenças entre o conceito de organização criminosa na lei 12.694/2012 e na lei 12.850/2013.** Como é possível notar, houve pouca modificação em relação ao conceito de organização criminosa entre as leis 12.694/2012 e 12.850/2013. Destacam-se três modificações: em primeiro lugar, o número mínimo de pessoas que compõem a organização aumentou de três para quarto; em segundo lugar, enquanto a lei 12.694/2012 referia-se a *crimes*, excluindo, dessa forma, a prática de contravenções penais, a lei 12.850/2013 refere-se a *infrações penais,* conferindo uma maior abrangência à lei para abarcar também as contravenções penais; em terceiro lugar, a lei 12.694/2012 fazia menção a *crimes com pena igual ou superior a quatro anos.* A lei 12.850/2013 foi mais restritiva ao dispor *infrações penais cujas penas máximas sejam superiores a 4 (quatro) anos.*

13. **§1º. Irretroatividade da lei 12.850/2013.** Conforme destacado acima, a lei 12.850/2013 tem um ponto no qual é mais severa do que a lei 12.694/2012, qual seja: enquanto a lei 12.694/2012 referia-se a *crimes*, excluindo, dessa forma, a prática de contravenções penais, a lei 12.850/2013 refere-se a *infrações penais,* conferindo uma maior abrangência à lei para abarcar também as contravenções penais. Portanto, trata-se, nesse ponto específico, de *novatio legis in pejus* que não pode retroagir em obediência ao princípio da irretroatividade da lei penal mais severa positivado no art. 5º, XL da CRFB/88.

14. §1º. **Diferenças entre Associação Criminosa no art. 288 do Código Penal e organização criminosa.** Da análise dos elementos típicos previstos no art. 288 do Código Penal e no art. 2º, §1º da lei 12.850/2013, extraem-se as seguintes diferenças entre ambos: **1.** No delito de Associação Criminosa exige-se o mínimo de 3 pessoas. Para a configuração da organização criminosa, basta a reunião de, no mínimo, 4 pessoas; **2.** O delito de Associação Criminosa somente pode estar configurado se a sua destinação for para a prática de crimes, uma vez que o legislador utilizou tal expressão *crimes* no plural, ou seja, jamais haverá uma associação criminosa com destinação à prática de apenas um delito, independentemente do *quantum* de pena cominada. A organização criminosa pode existir para a prática de infrações penais cujas penas máximas sejam superiores a 4 (quatro) anos, ou que sejam de caráter transnacional; **3.** O delito de Associação Criminosa não exige a divisão de tarefas entre os agentes para a sua configuração. A organização criminosa requer que a associação seja estruturalmente ordenada e seja também caracterizada pela divisão

de tarefas, ainda que informalmente; e **4.** Na Associação Criminosa, o legislador exigiu expressamente especial fim de agir de cometer crimes. A organização criminosa exige como especial fim de agir o objetivo de obter, direta ou indiretamente, vantagem de qualquer natureza.

Associação Criminosa	Organização criminosa
Exige-se o mínimo de 3 pessoas	Exige-se a reunião de, no mínimo, 4 pessoas
Destina-se à prática de crimes, independentemente da pena cominada.	Destina-se à prática de infrações penais cujas penas máximas sejam superiores a 4 (quatro) anos, ou que sejam de caráter transnacional
Não se exige a divisão de tarefas entre os agentes para a sua configuração.	Exige-se que a organização criminosa seja estruturalmente ordenada e seja também caracterizada pela divisão de tarefas.
Exige-se o especial fim de agir de cometer crimes.	Exige-se como especial fim de agir o objetivo de obter, direta ou indiretamente, vantagem de qualquer natureza.

15. §1º. Revogação do art. 2º da lei 12.694/2012. Como é possível notar, o art. 1º, §1º da lei 12.850/2013 e o art. 2º da lei 12.694/2012 tratam da mesma coisa: conceituação de organização criminosa. Está instalada, assim, uma clara antinomia entre ambas, que deve ser solucionada pelos critérios da hierarquia, especialidade ou cronológico. Como as duas normas têm a mesma hierarquia e ambas tratam especificamente de organização criminosa, não podemos utilizar o critério da hierarquia, nem o da especialidade. Assim, resta o critério cronológico como fator de resolução da antinomia. Tendo em vista que a lei 12.850/2013 é posterior, o art. 2º da lei 12.694/2012 está tacitamente revogado.

16. §2º. Aplicabilidade da lei. O legislador preocupou-se com a possibilidade de infrações penais previstas em tratados ou convenções internacionais ou praticadas por organizações terroristas serem, de alguma forma, praticadas no território brasileiro. O legislador positivou uma manifestação da teoria da ubiquidade adotada pelo art. 6º do Código Penal brasileiro, segundo a qual se considera praticado o crime tanto no local da conduta (ação ou omissão), quanto no local do resultado. Assim, no inciso I, tendo a execução do delito ocorrido no Brasil ou então no exterior, mas o resultado ocorra ou deva ocorrer no Brasil, a lei brasileira é aplicável, desde que a infração penal praticada seja prevista em tratados ou convenções internacionais. O inciso II determina a aplicação da presente lei às organizações terroristas, que são aquelas voltadas para a prática dos atos de terrorismo legalmente definidos, nos moldes preconizados pela lei 13.260/2016.

Art. 2º Promover, **constituir**, **financiar** ou **integrar**, pessoalmente ou por interposta pessoa, organização criminosa:

Pena – reclusão, de 3 (três) a 8 (oito) anos, e multa, sem prejuízo das penas correspondentes às demais infrações penais praticadas.

§ 1º Nas mesmas penas incorre quem **impede ou**, de qualquer forma, **embaraça a investigação** de infração penal que envolva organização criminosa.

§ 2º As penas aumentam-se até a metade se na atuação da organização criminosa houver **emprego de arma de fogo**.

§ 3º A **pena** é **agravada** para quem **exerce o comando**, individual ou coletivo, da organização criminosa, ainda que não pratique pessoalmente atos de execução.

§ 4º A pena é aumentada de 1/6 (um sexto) a 2/3 (dois terços):

I – se há participação de criança ou adolescente;

II – se há concurso de funcionário público, valendo-se a organização criminosa dessa condição para a prática de infração penal;

III – se o produto ou proveito da infração penal destinar-se, no todo ou em parte, ao exterior;

IV – se a organização criminosa mantém conexão com outras organizações criminosas independentes;

V – se as circunstâncias do fato evidenciarem a transnacionalidade da organização.

§ 5º Se houver indícios suficientes de que o **funcionário público** integra organização criminosa, poderá o juiz determinar seu **afastamento cautelar do cargo, emprego ou função**, sem prejuízo da remuneração, quando a medida se fizer necessária à investigação ou instrução processual.

§ 6º A condenação com trânsito em julgado acarretará ao funcionário público a **perda do cargo, função, emprego ou mandato eletivo** e a **interdição para o exercício** de função ou cargo público pelo prazo de 8 (oito) anos subsequentes ao cumprimento da pena.

§ 7º Se houver indícios de **participação de policial** nos crimes de que trata esta Lei, a Corregedoria de Polícia instaurará inquérito policial e comunicará ao Ministério Público, que designará membro para acompanhar o feito até a sua conclusão.

1. **Sujeito ativo.** Trata-se de crime comum, uma vez que pode ser praticado por qualquer pessoa.

2. **Sujeito passivo.** O Estado e a coletividade.

3. **Promover, constituir, financiar ou integrar.** *Promover* significa efetuar, gerar, originar, ou seja, criar, dar início à organização criminosa. *Constituir* significa formar, organizar. Ao que parece, o legislador foi repetitivo ao dispor promover e constituir, uma vez que os verbos confundem-se. *Financiar* quer dizer custear, prover as despesas. Trata-se da conduta do agente que financeiramente sustenta a organização criminosa (No dicionário da língua portuguesa Aurélio os verbos financiar e custear aparecem como expressões sinônimas). *Integrar* é fazer parte da organização criminosa.

4. **Tipo misto alternativo.** A prática de duas ou mais condutas descritas no tipo não gera concurso de crimes, respondendo o agente por apenas um delito.

5. **Norma penal em branco.** Trata-se de norma penal em branco homogênea homovitelina, uma vez que o conceito de organização criminosa deve ser buscado no art. 1º, §1º da própria lei.

6. **Irretroatividade.** Antes dessa lei, a conduta de promover, constituir, financiar ou integrar organização criminosa nunca foi um delito na ordem jurídica brasileira. Desde quando vigorava a lei 9.034/1995, atualmente revogada pela lei ora comentada, não existia um tipo penal nesses moldes. Portanto, a criação desse tipo penal constitui uma *novatio legis in pejus,* que não pode retroagir em homenagem ao princípio da irretroatividade da lei penal mais severa positivado no art. 5º, XL da CR/88. Dessa forma, quem já promoveu, constituiu, financiou ou integrou organização criminosa antes da lei 12.850/2013 entrar em vigor não pode ser penalmente responsabilizado, salvo se a conduta admitir a forma de crime permanente, como é o caso das condutas *financiar* e *integrar,* nas quais a sua consumação pode arrastar-se no tempo. Especificamente em relação ao verbo *financiar,* a conduta pode ou não configurar um crime permanente. Não será permanente na hipótese de o financiador investir o seu capital uma única vez para depois obter o ganho de capital; será permanente no caso de o financiador constantemente, de forma repetida, injetar capital próprio na organização para obter lucro de sua atividade, fazendo o seu capital girar dentro da organização criminosa. Em relação ao verbo *integrar,* temos que ele configura um crime permanente. Dessa forma, se as condutas *financiar* (na modalidade permanente) e *integrar* estivessem sendo praticadas quando a lei 12.850/2013 entrou em vigor, o agente poderá ser penalmente responsabilizado. Na jurisprudência, confira-se a Súmula 711 do STF: *"A lei penal mais grave aplica-se ao crime continuado ou ao crime permanente, se a sua vigência é anterior à cessação da continuidade ou da permanência"*.

7. **Cumulação de penas.** De acordo com o preceito secundário do tipo penal, caso o agente pratique outro delito, além do ora comentado, haverá cumulação de penas entre esse crime e o praticado, somando-se as penas.

8. **Princípio da especialidade.** O tipo legal de crime ora estudado constitui especialidade em relação ao delito de *Associação Criminosa,* previsto no art. 288 do Código Penal, que tem a seguinte redação: *"Art. 288. Associarem-se 3 (três) ou mais pessoas, para o fim específico de cometer crimes."*

9. **Consumação.** Com a efetiva realização das condutas descritas no tipo.

10. **Classificação.** Crime comum; formal; doloso; comissivo; instantâneo nos verbos *promover, constituir* e *financiar* (se for o caso) e permanente nas condutas *financiar* (se for o caso) e *integrar*; admite tentativa.

11. **Suspensão condicional do processo.** Incabível, pois a pena mínima cominada ultrapassa 1 ano (art. 89 da lei 9.099/95).

→ Aplicação em concurso.

- **Inspetor de Polícia/CE. 2015. VUNESP.**

  Sobre a Lei 12.850/2013 (combate às organizações criminosas), está correto afirmar que

  A) a interceptação telefônica e a infiltração de agentes somente serão admitidas após iniciada a ação penal.

B) a infiltração de agentes de polícia em tarefas de investigação dependerá de autorização do Delegado de Polícia, que estabelecerá seus limites.

C) a participação de policial nos crimes de que trata essa lei será investigada em inquérito policial instaurado pela Corregedoria de Polícia e acompanhado por membro específico designado pelo Ministério Público até sua conclusão.

D) para sua aplicação, dentre outros requisitos, exige-se a associação de três pessoas para a prática de infrações penais cujas penas máximas sejam superiores a três anos quando não tiverem caráter transnacional.

E) a colaboração premiada, de acordo com o artigo 4º, prevê redução da pena corporal ao agente ou substituição da pena corporal por restritiva de direitos, não contemplando em nenhuma hipótese, o perdão judicial.

Alternativa correta: Letra C.

12. **§1º. Condutas equiparadas. Impedir ou embaraçar.** *Impedir* significa obstar, não permitir. *Embaraçar* consiste em atrapalhar, perturbar. Trata-se da conduta do agente que quer obstaculizar a investigação criminal de uma infração penal praticada por uma organização criminosa.

13. **Sujeito ativo.** Trata-se de crime comum, uma vez que pode ser praticado por qualquer pessoa.

14. **Sujeito passivo.** O Estado e a coletividade.

15. **Norma penal em branco.** Trata-se de norma penal em branco homogênea homovitelina, uma vez que o conceito de organização criminosa deve ser buscado no art. 1º, §1º da própria lei.

16. **Consumação.** Com o efetivo ato de impedir ou embaraçar a investigação criminal.

17. **Classificação.** Crime comum; material no verbo *impedir* e formal no verbo *embaraçar*; doloso; comissivo; instantâneo; admite tentativa.

→ **Aplicação em concurso.**

- **Juiz de Direito Substituto/RJ. 2016. VUNESP.**

  No que diz respeito aos crimes previstos na Lei que Define Organização Criminosa (Lei n. 12.850/13), é correto afirmar que

  Aquele que impede ou, de qualquer forma, embaraça a investigação de infração penal que envolva organização criminosa terá, além da pena relativa ao crime de promover organização criminosa, uma causa de aumento de pena.

  A alternativa está errada.

18. **§2º. Causa de aumento de pena.** Se a organização criminosa atuar com o emprego de arma de fogo, a pena é aumentada até a metade. Como a lei não fez distinção entre arma de fogo de uso permitido ou proibido, conclui-se que ambas estão inseridas no aumento de pena. Trata-se de causa de aumento de pena que deve incidir na 3ª fase da aplicação da pena criminal.

19. **Não incidência de concurso de crimes.** Tendo em vista que o emprego de arma de fogo já funciona como causa de aumento de pena nesse delito, não haverá concurso de crimes entre o delito ora comentado e o crime de porte de arma de fogo.

20. §3º. Circunstância agravante para o autor intelectual. Essa circunstância agravante é aplicada ao denominado pela doutrina autor intelectual, que é a pessoa que tem em suas mãos o comando, individual ou coletivo, da organização criminosa, mas não pratica o delito pessoalmente. Trata-se de circunstância agravante que incide na segunda fase da aplicação da pena criminal.

21. Não incidência do art. 62, I do Código Penal. O art. 62, I do Código Penal traz previsão semelhante ao dispor que "a pena será ainda agravada em relação ao agente que promove, ou organiza a cooperação no crime ou dirige a atividade dos demais agentes". A incidência da agravante do art. 2º, §3º da lei 12.850/2013 afasta a incidência do art. 62, I do Código Penal, em razão do princípio da especialidade, sob pena de incidência em *bis is idem*, não podendo incidir, ao mesmo tempo, as duas agravantes.

22. §4º. Causa de aumento de pena. Trata-se de causa de aumento de pena que deve incidir na 3ª fase da aplicação da pena criminal.

23. Inciso I. Participação de criança ou adolescente. A simples participação de criança ou adolescente na organização criminosa já denota uma corrupção na moral social do menor, desvirtuando o seu conceito de moralidade social. Assim, a incidência dessa causa de aumento de pena afasta a tipificação do delito de corrupção de menores previsto no art. 244-B do Estatuto da Criança e do Adolescente (lei 8.069/90), *in verbis: "Corromper ou facilitar a corrupção de menor de 18 (dezoito) anos, com ele praticando infração penal ou induzindo-o a praticá-la: Pena – reclusão, de 1 (um) a 4 (quatro) anos"*. Com efeito, se o agente induzir o menor a praticar o delito de promover, constituir, financiar ou integrar uma organização criminosa ou então induzir o menor a praticá-lo, ele já está corrompendo a moral social do menor, bem jurídico tutelado pelo art. 244-B do Estatuto da Criança e do Adolescente. A incidência da causa de aumento de pena e do art. 244-B ao mesmo tempo configuraria *bis in idem.*

24. Inciso II. Concurso de funcionário público. Não basta que o agente seja funcionário público. É necessário que a organização criminosa se valha dessa condição para a prática de infração penal.

→ **Aplicação em concurso.**

- **Juiz de Direito Substituto/RJ. 2016. VUNESP.**

  No que diz respeito aos crimes previstos na Lei que Define Organização Criminosa (Lei n. 12.850/13), é correto afirmar que

  O concurso de funcionário público, valendo-se a organização criminosa dessa condição para a prática de infração penal, é circunstância qualificadora do crime de promover, constituir, financiar ou integrar organização criminosa.

  A alternativa está errada.

25. Inciso III. Produto ou proveito da infração penal destinado ao exterior. Para a incidência desta majorante não é necessário que o produto ou o proveito da infração penal seja efetivamente remetido ao exterior, bastando apenas essa finalidade por parte dos agentes.

26. Inciso IV. Conexão com outras organizações criminosas independentes. A conexão com outras organizações criminosas independentes gera uma maior periculosidade da organização, uma vez que elas, juntas, conseguem formar uma rede maior de prática de infrações penais, justificando, portanto, o aumento da pena.

27. Inciso V. Transnacionalidade da organização. A transnacionalidade da organização permite-lhe uma maior influência e facilidade na prática de infrações penais, sobretudo as infrações que possam ter caráter transnacional, como o tráfico de drogas e de armas, justificando o aumento de pena.

28. §5º. Afastamento cautelar do funcionário público. O legislador determinou o afastamento cautelar do funcionário público das suas funções em caso de indícios suficientes de que ele integra uma organização criminosa, quando a medida se fizer necessária à investigação ou instrução processual. Essa natureza cautelar do afastamento não oferece problemas em relação ao princípio da presunção de inocência, tendo em vista que não se trata de perda do cargo e o afastamento ocorre sem prejuízo da remuneração do funcionário público. Trata-se de medida provisória, e não definitiva. A perda definitiva do cargo somente pode ocorrer após o trânsito em julgado da condenação, com o juízo de certeza acerca da autoria do funcionário público. De qualquer forma, deve ser rigorosamente observado o requisito legal da presença de *indícios suficientes* de que o funcionário público integra organização criminosa.

29. §6º. Perda do cargo, função, emprego ou mandato eletivo e a interdição para o exercício de função ou cargo público. O legislador tratou da *perda* do cargo, emprego, função ou mandato eletivo e da interdição para o exercício de função ou cargo público pelo prazo de 8 anos subsequentes ao cumprimento da pena. Os institutos são distintos. A perda refere-se ao cargo que já era ocupado pelo agente. A interdição refere-se à impossibilidade de o agente vir a ocupar qualquer outra função ou cargo público pelo prazo de 8 anos, isso é, com *efeitos futuros*. Trata-se de efeito da condenação que só pode ser aplicado após o trânsito em julgado da sentença penal condenatória. Esse efeito é automático e decorre da condenação, não sendo necessária motivação expressa na sentença.

→ **Aplicação em concurso.**

- **Juiz de Direito Substituto/RJ. 2016. VUNESP.**

  No que diz respeito aos crimes previstos na Lei que Define Organização Criminosa (Lei n. 12.850/13), é correto afirmar que

  A condenação com trânsito em julgado de funcionário público por integrar organização criminosa acarretará sua perda do cargo, função, emprego ou mandato eletivo e a interdição para o exercício de função ou cargo público pelo prazo de 8 (oito) anos subsequentes ao trânsito em julgado da condenação.

  A alternativa está errada.

30. Diferença entre o art. 2º, §6º da lei 12.850/2013 e o art. 92, I do Código Penal. No art. 92, I do Código Penal, a lei trata da *perda* do cargo que já era ocupado pelo condenado. No art. 2º, §6º da lei 12.850/2013, a lei trata não só da *perda* do cargo, como também da *interdição*, que é a impossibilidade de se vir a ocupar cargo ou função pública, com *efeitos futuros*. Ademais, no art. 92, I do Código Penal a perda do cargo não é automática, dependendo de motivação expressa na sentença, ao contrário do previsto no dispositivo em comento, em que a perda do cargo é automática.

31. **Não incidência do art. 92, I do Código Penal.** Tendo em vista que o legislador já inseriu nessa lei especial a perda do cargo, não incide o art. 92, I do Código Penal, em razão do princípio de especialidade.

32. **§7º. Indícios de participação de policial.** Havendo indícios de participação de policial nos crimes previstos na nesta lei, o inquérito policial será instaurado pela Corregedoria de Polícia e terá o acompanhamento do Ministério Público. Como o legislador foi genérico ao dispor *"nos crimes de que trata esta lei"*, esse dispositivo aplica-se no caso de indícios de participação de policial não somente no delito previsto no art. 2º, mas, também nos arts. 18, 19, 20 e 21 da lei.

CAPÍTULO II
DA INVESTIGAÇÃO E DOS MEIOS DE OBTENÇÃO DA PROVA

Art. 3º Em **qualquer fase** da **persecução penal**, serão permitidos, sem prejuízo de outros já previstos em lei, os seguintes **meios de obtenção da prova**:

I – colaboração premiada;

II – captação ambiental de sinais eletromagnéticos, ópticos ou acústicos;

III – ação controlada;

IV – acesso a registros de ligações telefônicas e telemáticas, a dados cadastrais constantes de bancos de dados públicos ou privados e a informações eleitorais ou comerciais;

V – interceptação de comunicações telefônicas e telemáticas, nos termos da legislação específica;

VI – afastamento dos sigilos financeiro, bancário e fiscal, nos termos da legislação específica;

VII – infiltração, por policiais, em atividade de investigação, na forma do art. 11;

VIII – cooperação entre instituições e órgãos federais, distritais, estaduais e municipais na busca de provas e informações de interesse da investigação ou da instrução criminal.

§ 1º Havendo necessidade justificada de manter sigilo sobre a capacidade investigatória, poderá ser dispensada licitação para contratação de serviços técnicos especializados, aquisição ou locação de equipamentos destinados à polícia judiciária para o rastreamento e obtenção de provas previstas nos incisos II e V. (Incluído pela lei 13.097/2015).

§ 2º No caso do § 1º, fica dispensada a publicação de que trata o parágrafo único do art. 61 da Lei nº 8.666, de 21 de junho de 1993, devendo ser comunicado o órgão de controle interno da realização da contratação. (Incluído pela lei 13.097/2015).

1. **Abrangência.** O legislador abrangeu todas as fases da persecução penal, ou seja, a primeira fase, do inquérito policial, e a segunda fase, da ação penal. O art. 3º da lei

trouxe um rol de medidas que servem como meios de obtenção de prova, ou seja, meios pelos quais os órgãos de persecução penal irão obter elementos probatórios que serão levados ao Poder Judiciário para embasar a acusação.

2. Inciso I. Colaboração premiada. Ver comentários aos arts. 4º ao 7ª da lei.

3. Inciso II. Captação ambiental de sinais eletromagnéticos, ópticos ou acústicos. A *captação ambiental* ocorre quando um interlocutor obtém dados de outro interlocutor. A conversa se dá entre ambos, havendo o contato pessoal entre os interlocutores. Aqui a gravação do teor da conversa é feita pelo próprio interlocutor. O legislador não abrangeu a *interceptação ambiental*, na qual a obtenção dos dados é feita por uma terceira pessoa, que não é nenhum dos interlocutores e grava a conversa que acontece entre outras duas ou mais pessoas.

4. Tempo de duração. Tendo em vista que a lei não fez ressalva quanto ao tempo de duração da captação, conclui-se que ela não possui prazo máximo de duração.

5. Diferenças entre o art. 3º, II da lei 12.850/2013 e a lei 9.296/96. A lei 9.296/96, que regulamentou o art. 5º, XII da CRFB/88, trouxe, em seu texto, a figura jurídica da interceptação telefônica. Embora as duas leis tratem de institutos semelhantes, há diversas diferenças entre ambas, a seguir elencadas: **1.** Na 12.850/2013 o legislador fez menção expressa à captação ambiental. Na lei 9.296/96, o legislador fez menção somente à interceptação (Art. 1º A interceptação de comunicações telefônicas, de qualquer natureza, para prova em investigação criminal e em instrução processual penal, observará o disposto nesta Lei e dependerá de ordem do juiz competente da ação principal, sob segredo de justiça); **2.** Na lei 12.850/2013 não há prazo determinado para a duração da medida. Na lei 9.296/96, o prazo é de 15 dias, renovável por igual tempo, uma vez comprovada a indispensabilidade da medida (Art. 5º A decisão será fundamentada, sob pena de nulidade, indicando também a forma de execução da diligência, que não poderá exceder o prazo de quinze dias, renovável por igual tempo uma vez comprovada a indispensabilidade do meio de prova); **3.** A lei 12.850/2013 permite a captação ambiental de sinais eletromagnéticos, óticos ou acústicos. A lei 9.296/96 permite a interceptação do fluxo de comunicações em sistemas de informática e telemática (Art. 1º... Parágrafo único. O disposto nesta Lei aplica-se à interceptação do fluxo de comunicações em sistemas de informática e telemática); **4.** Na lei 12.850/2013 a captação ambiental pode ser feita de forma incondicional. Na lei 9.296/96, a interceptação possui natureza de meio subsidiário de prova, uma vez que o legislador dispôs que tal medida somente será cabível se não houver outro meio disponível para a formação da prova (Art. 2º Não será admitida a interceptação de comunicações telefônicas quando ocorrer qualquer das seguintes hipóteses...II – a prova puder ser feita por outros meios disponíveis); **5.** Na lei 12.850/2013 é possível a captação ambiental para a investigação de qualquer infração penal praticada no âmbito de uma organização criminosa. Na lei 9.296/96, a interceptação somente pode ser autorizada para fins de investigação de delito apenado com reclusão (Art. 2º Não será admitida a interceptação de comunicações telefônicas quando ocorrer qualquer das seguintes hipóteses... III – o fato investigado constituir infração penal punida, no máximo, com pena de detenção).

Art. 3º, II da lei 12.850/2013	Lei 9.296/96
Captação ambiental.	Interceptação telefônica.
Não há prazo determinado para a duração.	O prazo é de 15 dias, renovável por igual tempo.
Captação ambiental de sinais eletromagnéticos, óticos ou acústicos.	Interceptação do fluxo de comunicações em sistemas de informática e telemática.
A captação pode ser feita de forma incondicional.	A interceptação possui natureza de meio subsidiário de prova.
É possível a captação ambiental para a investigação de qualquer infração penal praticada no âmbito de uma organização criminosa.	A interceptação somente pode ser autorizada para fins de investigação de delito apenado com reclusão

6. **Direito à intimidade.** A CRFB/88, no art. 5º, X, dispõe que "são invioláveis a intimidade, a vida privada, a honra e a imagem das pessoas, assegurado o direito a indenização pelo dano material ou moral decorrente de sua violação". Dessa forma, a intimidade e a vida privada têm proteção constitucional. Assim, se a conversa entre os interlocutores se der em um ambiente privado, ou de forma reservada, deve haver autorização judicial.

7. **Inciso III. Ação controlada.** Ver comentários aos arts. 8º e 9º da lei.

8. **Inciso IV. Acesso a registros de ligações telefônicas e telemáticas, a dados cadastrais constantes de bancos de dados públicos ou privados e a informações eleitorais ou comerciais.** Ver comentários aos arts. 15 ao 17.

9. **Inciso V. Interceptação de comunicações telefônicas e telemáticas, nos termos da legislação específica.** A interceptação de comunicações telefônicas e telemáticas deve ser feita nos moldes definidos na lei 9.296/96, à qual remetemos o leitor.

10. **Inciso VI. Afastamento dos sigilos financeiro, bancário e fiscal, nos termos da legislação específica.** O legislador permitiu como meio de obtenção de prova o afastamento dos sigilos financeiro, bancário e fiscal. A CRFB/88, no art. 5º, X, dispõe que "são invioláveis a intimidade, a vida privada, a honra e a imagem das pessoas, assegurado o direito a indenização pelo dano material ou moral decorrente de sua violação". Apesar de não haver exigência expressa, justamente em razão da proteção constitucional que a vida privada e a intimidade recebem, é que deve ser exigida autorização judicial para o afastamento do sigilo referente às informações financeiras, bancárias e fiscais.

11. **Quebra do sigilo pelo Ministério Público.** Questão relevante versa sobre a possibilidade de o Ministério Público afastar diretamente tais sigilos, independentemente de autorização judicial. A Lei Complementar 75/93, que dispõe sobre a organização, as atribuições e o estatuto do Ministério Público da União, prevê, em seu art. 8º, incisos II, IV e VIII que "para o exercício de suas atribuições, o Ministério Público da União poderá, nos procedimentos de sua competência: II – requisitar informações, exames, perícias e documentos de autoridades da Administração Pública direta ou

indireta; IV – requisitar informações e documentos a entidades privadas; VIII – ter acesso incondicional a qualquer banco de dados de caráter público ou relativo a serviço de relevância pública". Apesar da redação do dispositivo legal, o Ministério Público não pode quebrar o sigilo diretamente, independentemente de autorização judicial, em razão da cláusula de reserva de jurisdição, face à proteção constitucional da intimidade e vida privada assegurada no art. 5º, X, da CRFB/88.

▶ **STJ**

Informativo nº 482

Quinta Turma

SIGILO FISCAL. QUEBRA. MP. IMPOSSIBILIDADE.

A Turma reiterou o entendimento de que o Ministério Público, no uso de suas prerrogativas institucionais, não está autorizado a requisitar documentos fiscais e bancários sigilosos diretamente ao Fisco e às instituições financeiras, sob pena de violar os direitos e garantias constitucionais de intimidade da vida privada dos cidadãos. Somente quando precedida da devida autorização judicial, tal medida é válida. (...). HC 160.646-SP, Rel. Min. Jorge Mussi, julgado em 1º/9/2011.

12. Inciso VII. Infiltração, por policiais, em atividade de investigação, na forma do art. 11. Ver comentários aos arts. 10 ao 14 da lei.

13. Inciso VIII. Cooperação entre instituições e órgãos federais, distritais, estaduais e municipais na busca de provas e informações de interesse da investigação ou da instrução criminal. Trata-se de obrigação que é ínsita aos órgãos estatais, motivada pelo dever de colaboração entre entes públicos em prol da investigação criminal, para que se tenha a maior gama de informações possíveis sobre o investigado ou sobre o réu.

→ **Aplicação em concurso.**

- **(Cespe – Defensor Público – TO/2013)**

No que diz respeito ao crime organizado, assinale a opção correta.

A) De acordo com a lei de regência, os procedimentos para a investigação da organização criminosa e a formação de provas podem ser executados em qualquer fase da persecutio criminis, na apuração de qualquer infração penal, sem prazo de duração da medida.

B) A autorização judicial circunstanciada para a adoção dos procedimentos de investigação da organização criminosa e de formação de provas, previstos na lei de regência, fica condicionada à prévia demonstração do esgotamento da colheita da prova por outro meio.

C) A caracterização de organização criminosa depende de prévia consumação do crime de formação de quadrilha ou bando e do caráter transnacional das infrações penais perpetradas.

D) A prática de contravenções penais pela organização criminosa afasta a incidência da norma de regência pelo princípio da legalidade penal.

E) Para a investigação desse crime, a lei de regência autoriza expressamente a captação ambiental de sinais eletromagnéticos e a interceptação telefônica, no prazo máximo de quinze dias, renovável por igual período, mediante circunstanciada autorização judicial, desde que não haja outro meio para a formação da prova.

Alternativa correta: letra A.

14. §§ 1º e 2º. Dispensa de licitação. As medidas investigatórias previstas nos incisos II e V (captação ambiental de sinais eletromagnéticos, ópticos ou acústicos e interceptação de comunicações telefônicas e telemáticas) demandam a contratação de serviços técnicos especializados, a aquisição ou a locação de equipamentos específicos. Para que seja mantido o sigilo das investigações, em caso de necessidade justificada, o legislador dispensou a licitação para a aquisição desses bens ou para a contratação desses serviços, ficando dispensada a publicação resumida do instrumento de contrato ou de seus aditamentos na imprensa oficial. Trata-se de medida salutar, para que seja mantido, em caso de necessidade, o sigilo da investigação criminal, que, na maioria das vezes, é necessário para o seu sucesso.

Seção I
Da Colaboração Premiada

Art. 4º O juiz poderá, a requerimento das partes, **conceder o perdão judicial**, **reduzir** em até 2/3 (dois terços) a **pena privativa de liberdade** ou **substituí-la por restritiva de direitos** daquele que tenha **colaborado efetiva e voluntariamente** com a **investigação** e com o processo criminal, desde que dessa colaboração advenha um ou mais dos seguintes **resultados**:

I – a identificação dos demais coautores e partícipes da organização criminosa e das infrações penais por eles praticadas;

II – a revelação da estrutura hierárquica e da divisão de tarefas da organização criminosa;

III – a prevenção de infrações penais decorrentes das atividades da organização criminosa;

IV – a recuperação total ou parcial do produto ou do proveito das infrações penais praticadas pela organização criminosa;

V – a localização de eventual vítima com a sua integridade física preservada.

§ 1º Em qualquer caso, a **concessão do benefício levará em conta** a personalidade do colaborador, a natureza, as circunstâncias, a gravidade e a repercussão social do fato criminoso e a eficácia da colaboração.

§ 2º Considerando a relevância da colaboração prestada, o Ministério Público, a qualquer tempo, e o delegado de polícia, nos autos do inquérito policial, com a manifestação do Ministério Público, poderão requerer ou representar ao juiz pela **concessão de perdão judicial** ao colaborador, ainda que esse benefício não tenha sido previsto na proposta inicial, aplicando-se, no que couber, o art. 28 do Decreto-Lei nº 3.689, de 3 de outubro de 1941 (Código de Processo Penal).

§ 3º O prazo para oferecimento de denúncia ou o processo, relativos ao colaborador, poderá ser suspenso por até 6 (seis) meses, prorrogáveis por igual período, até que sejam cumpridas as medidas de colaboração, suspendendo-se o respectivo prazo prescricional.

§ 4º Nas mesmas hipóteses do caput, o Ministério Público poderá deixar de oferecer denúncia se o colaborador:

I – não for o líder da organização criminosa;

II – for o primeiro a prestar efetiva colaboração nos termos deste artigo.

§ 5º Se a **colaboração for posterior à sentença**, a pena poderá ser reduzida até a metade ou será admitida a progressão de regime ainda que ausentes os requisitos objetivos.

§ 6º O **juiz não participará das negociações realizadas entre as partes** para a formalização do acordo de colaboração, que ocorrerá entre o delegado de polícia, o investigado e o defensor, com a manifestação do Ministério Público, ou, conforme o caso, entre o Ministério Público e o investigado ou acusado e seu defensor.

§ 7º Realizado o acordo na forma do § 6º, o respectivo termo, acompanhado das declarações do colaborador e de cópia da investigação, será **remetido ao juiz para homologação**, o qual deverá **verificar sua regularidade, legalidade e voluntariedade**, podendo para este fim, sigilosamente, ouvir o colaborador, na presença de seu defensor.

§ 8º O **juiz poderá recusar homologação** à proposta que não atender aos requisitos legais, ou adequá-la ao caso concreto.

§ 9º **Depois de homologado o acordo**, o **colaborador** poderá, sempre acompanhado pelo seu defensor, **ser ouvido** pelo membro do Ministério Público ou pelo delegado de polícia responsável pelas investigações.

§ 10. As **partes podem retratar-se da proposta**, caso em que as provas autoincriminatórias produzidas pelo colaborador não poderão ser utilizadas exclusivamente em seu desfavor.

§ 11. A sentença apreciará os **termos** do acordo homologado e sua **eficácia**.

§ 12. Ainda que **beneficiado por perdão judicial** ou **não denunciado**, o colaborador poderá ser ouvido em juízo a requerimento das partes ou por iniciativa da autoridade judicial.

§ 13. Sempre que possível, o **registro dos atos de colaboração** será feito pelos meios ou recursos de gravação magnética, estenotipia, digital ou técnica similar, inclusive audiovisual, destinados a obter maior fidelidade das informações.

§ 14. Nos depoimentos que prestar, o **colaborador renunciará**, na presença de seu defensor, **ao direito ao silêncio** e estará sujeito ao compromisso legal de dizer a verdade.

§ 15. Em **todos os atos** de negociação, confirmação e execução da colaboração, o **colaborador** deverá estar **assistido por defensor**.

§ 16. Nenhuma sentença condenatória será proferida com fundamento **apenas nas declarações de agente colaborador**.

1. **Colaboração premiada.** A colaboração premiada consiste em um acordo que o investigado ou réu faz com o Estado, no sentido de obter um benefício em troca de informações prestadas por ele. Diz-se premiada porque o colaborador recebe um benefício do Estado em troca das informações prestadas. Na lei ora comentada, o “prêmio” consiste na concessão do perdão judicial, na redução da pena ou na substituição da pena privativa de liberdade por pena restritiva de direitos.

2. **Beneficiário da colaboração premiada.** O beneficiário da colaboração somente pode ser um agente integrante da organização criminosa. Mesmo que um estranho à organização, como no caso de um integrante de organização criminosa rival que tenha informações relevantes sobre aquela organização e possa fornecê-las com o fim de destrui-la, ele não poderá valer-se da colaboração premiada, uma vez que o legislador deixou claro que o colaborador deve integrar a organização criminosa ao fazer menção expressa aos *"demais coautores e partícipes da organização criminosa"*, deixando claro que o colaborador deva fazer parte da organização sobre a qual ele presta as informações.

3. **Perdão judicial.** A primeira consequência da colaboração é a concessão, pelo Juiz, do perdão judicial, previsto no art. 120 do Código Penal, que constitui causa de extinção da punibilidade prevista no art. 107, IX do Código Penal. A sentença que o concede tem natureza jurídica de sentença declaratória de extinção da punibilidade, não subsistindo qualquer efeito condenatório (súmula 18 do STJ), bem como não será considerada para efeitos de reincidência, de acordo com o art. 120 do Código Penal.

4. **Diminuição da pena.** A segunda consequência da colaboração é redução da pena privativa de liberdade em até 2/3. Essa redução de pena tem natureza jurídica de causa especial de diminuição de pena, que deve ser aplicada na terceira fase da aplicação da pena, nos moldes do art. 68 do Código Penal. Nessa fase a pena pode ficar abaixo do mínimo legal.

5. **Possibilidade de aplicação em conjunto com circunstância atenuante.** Questão relevante versa sobre a possibilidade de aplicação, a um só tempo, de uma circunstância atenuante e da causa de diminuição de pena prevista no artigo ora comentado, como na hipótese de o réu confessar a prática da infração penal e fornecer informações relevantes no acordo de colaboração premiada. Nesse caso, ele pode ter aplicada a si a atenuante da confissão e a causa de diminuição de pena em conjunto? Como sabido, a circunstância atenuante incide na segunda fase da aplicação da pena criminal, enquanto a causa de diminuição de pena incide na terceira fase. A confissão versa sobre os fatos imputados na denúncia; a colaboração premiada versa sobre as informações que o investigado ou o réu fornece sobre a organização criminosa. Tendo em vista as naturezas diversas dos dois institutos, bem como as suas incidências em momentos distintos da aplicação da pena criminal, pensamos que nada obsta a aplicação conjunta dos dois institutos.

6. **Substituição da pena privativa de liberdade por pena restritiva de direitos.** A terceira consequência da colaboração é a substituição da pena privativa de liberdade por pena restritiva de direitos. As espécies de penas restritivas de direitos e os requisitos para a substituição estão previstos, respectivamente, nos art. 43 e 44 do Código Penal.

7. **Subordinação ao requerimento das partes.** Pela redação legal percebe-se que o Juiz somente pode homologar o acordo de colaboração premiada e aplicar as suas consequências (concessão do perdão judicial, na redução da pena ou na substituição da pena privativa de liberdade por pena restritiva de direitos), se houver

requerimento das partes (Ministério Público e réu), o que significa afirmar que o Juiz não pode oferecer o acordo de colaboração premiada de ofício.

8. **Possibilidade de aplicar as consequências da colaboração premiada.** Questão relevante versa sobre a obrigatoriedade ou a faculdade de o Juiz aplicar as consequências da colaboração premiada. Seria uma obrigação ou uma faculdade do Juiz? Tendo em vista que o legislador utilizou as expressões "o juiz poderá", parece que a sua vontade foi no sentido de ser uma faculdade do Juiz.

9. **Colaboração efetiva e voluntária.** *Colaboração efetiva* é aquela que resulta, segundo o dispositivo legal, na identificação dos demais coautores e partícipes da organização criminosa e das infrações penais por eles praticadas, na revelação da estrutura hierárquica e da divisão de tarefas da organização criminosa, na prevenção de infrações penais decorrentes das atividades da organização, na recuperação total ou parcial do produto ou do proveito das infrações penais praticadas pela organização e na localização de eventual vítima com a sua integridade física preservada. *Colaboração voluntária* é a colaboração que o agente presta por vontade própria, sem que ninguém o tenha constrangido a tal. Note-se que o legislador não exigiu que a colaboração fosse espontânea, bastando que seja voluntária. Dessa forma, não importa o motivo pelo qual o agente colabora, podendo ocorrer, por exemplo, por pedido ou influência de alguém.

10. **Momento para a colaboração premiada.** A colaboração premiada pode ser feita tanto na fase do inquérito policial, quanto na fase do processo criminal.

11. **Alternatividade dos resultados.** A colaboração premiada se sujeita ao advento dos resultados previstos nos incisos do art. 4º, que podem ser alternativos, conforme a redação legal.

    → **Aplicação em concurso.**

    - **Juiz de Direito Substituto/RJ. 2016. VUNESP.**

      No que diz respeito aos crimes previstos na Lei que Define Organização Criminosa (Lei n. 12.850/13), é correto afirmar que

      Não poderá ser concedido perdão judicial ao colaborador cuja colaboração resultar na recuperação parcial do produto ou do proveito das infrações penais praticadas pela organização criminosa mas sem que ele tenha revelado a estrutura hierárquica e a divisão de tarefas da organização criminosa.

      A alternativa está errada.

12. **Incomunicabilidade.** A colaboração premiada é ato pessoal do colaborador. Portanto, em caso de concurso de pessoas, não se comunica aos outros coautores e partícipes da organização criminosa.

13. **Inciso I. Identificação dos demais coautores e partícipes da organização criminosa e das infrações penais por eles praticadas.** A identificação dos demais coautores e partícipes da organização criminosa pode se dar de qualquer forma, ou seja, por meio do fornecimento do nome, endereço, características pessoais etc, desde que seja eficaz na identificação. Basta que o delator identifique um dos coautores ou partícipes, não sendo necessária a identificação de todos. Além da identificação dos

demais coautores e partícipes, o legislador exigiu que o colaborador identificasse também as infrações penais por eles praticadas. Tratam-se, portanto, de requisitos cumulativos, não bastando a identificação somente de pessoas ou somente de infrações por ele praticadas.

14. **Inciso II. Revelação da estrutura hierárquica e da divisão de tarefas da organização criminosa.** A estrutura hierárquica e a divisão de tarefas são elementos da organização criminosa, segundo o conceito trazido pelo art. 1º, §1º da lei. A revelação desses elementos facilita aos órgãos de persecução penal uma forma mais eficaz de desfazimento da organização criminosa, além de permitir que se tenha acesso a todos os membros da organização, desde o "baixo escalão" até o "alto escalão".

15. **Inciso III. Prevenção de infrações penais decorrentes das atividades da organização criminosa.** No inciso III o legislador buscou uma forma de obter informações que possibilitem aos órgãos de persecução penal a prevenção da prática de infrações penais pela organização criminosa. De forma diversa do inciso I, aqui se quer evitar a prática de infrações futuras.

16. **Inciso IV. Recuperação total ou parcial do produto ou do proveito das infrações penais praticadas pela organização criminosa.** Tal requisito somente será exigido quando, a depender do delito praticado, for possível a recuperação do seu produto, como no caso do tráfico de drogas ou de receptação. Entretanto, tal requisito seria inviável em outros casos, como na hipótese do delito de extorsão mediante sequestro, em que embora consumado pela privação da liberdade da vítima, o pagamento do valor correspondente ao resgate ainda não foi efetuado.

17. **Inciso V. Localização de eventual vítima com a sua integridade física preservada.** O legislador exigiu que a vítima fosse encontrada com a sua integridade física preservada. Pensamos que essa exigência é irrazoável, uma vez que a vítima encontrar-se com a sua integridade física preservada independe da vontade do colaborador. Mesmo que o agente queira colaborar com as investigações, terá que contar com a sorte de a vítima estar com a sua integridade física preservada no momento em que for encontrada.

18. **Não revogação dos arts. 13 e 14 da lei 9.807/99.** A lei 12.850/2013 não revogou os arts. 13 e 14 da lei 9.807/99 por dois motivos: em primeiro lugar, não houve revogação expressa; em segundo lugar, os dispositivos não são incompatíveis entre si, podendo conviver perfeitamente.

19. **§1º. Elementos para a concessão do benefício da colaboração premiada.** Além de a concessão dos benefícios advindos da colaboração depender dos requisitos estabelecidos no *caput* do art. 4º, o legislador estabeleceu outros requisitos ligados à pessoa do colaborador, ao fato criminoso e à eficácia da colaboração.

20. **§2º. Concessão do perdão judicial sem previsão na proposta de colaboração.** Mesmo que o perdão judicial não faça parte da proposta de colaboração, é possível a sua aplicação ao colaborador, em razão da relevância da colaboração. O legislador não estabeleceu o que seria a relevância da colaboração. Pensamos que essa relevância

deva estar ligada aos resultados descritos nos incisos do art. 4º, *caput*. A aplicação do art. 28 do Código de Processo Penal *"no que couber"* está ligada à hipótese de o Juiz discordar da aplicação do perdão judicial, quando então deverá remeter os autos ao chefe do Ministério Público. Porém, parece-nos que essa medida é absolutamente descabida, pois caso o Juiz entenda não ser a hipótese de aplicação do perdão judicial por não constar do acordo inicial, ele simplesmente não o aplica, e aplica o resultado previsto no acordo (diminuição da pena ou substituição da pena privativa de liberdade pela pena restritiva de direitos). Com efeito, é o Juiz que tem competência para aplicar ou não o perdão judicial, não podendo essa decisão ficar a cargo do Ministério Público.

21. **§3º. Prazo para oferecimento da denúncia e suspensão do processo.** Em relação à suspensão do prazo para o oferecimento da denúncia ou suspensão do processo, se o investigado ou réu estiver solto, ela não oferece problemas. Porém, na hipótese de o investigado ou réu estar preso, a suspensão desse prazo ou do processo por 6 meses, prorrogável por igual período, é absolutamente descabida, pois haverá um alargamento indevido da prisão provisória do investigado ou réu, sendo certo que a privação da liberdade à título de prisão provisória deve estar estritamente vinculada aos requisitos descritos no art. 312 do Código de Processo Penal, e não ao cumprimento das medidas de colaboração. Assim, caso o investigado ou réu esteja preso, parece que a melhor solução seria o Juiz colocá-lo em liberdade para que o prazo ou o processo fosse suspenso; na hipótese de estarem presentes os requisitos do art. 312 do Código de Processo Penal, que impeçam a soltura do investigado ou réu, essa suspensão do prazo não pode ser aplicada.

22. **Suspensão do prazo prescricional.** Trata-se de uma causa de suspensão do prazo prescricional fora do rol do art. 116 do Código Penal, a confirmar a ideia de que esse rol é exemplificativo.

23. **§4º. Possibilidade de o Ministério Público não oferecer a denúncia.** Na hipótese de o colaborador não ser o líder da organização criminosa ou for o primeiro a prestar a efetiva colaboração nos termos deste artigo, o Ministério Público poderá deixar de oferecer a denúncia em seu desfavor. Trata-se de mais uma hipótese de mitigação do princípio da obrigatoriedade que rege a ação penal pública, uma vez que mesmo que haja prova da existência do crime e indícios suficientes de autoria – caso em que o Ministério Público é obrigado a oferecer a denúncia -, o legislador trouxe a possibilidade excepcional de a denúncia não ser oferecida, hipótese na qual o Ministério Público poderá promover o arquivamento dos autos do inquérito policial e requerê-lo ao Juiz nos moldes definidos no art. 28 do Código de Processo Penal. Nessa hipótese, não será possível a aplicação do perdão judicial, da diminuição de pena, nem da substituição da pena privativa de liberdade por pena restritiva de direitos, uma vez que sequer haverá processo instaurado. Trata-se de um simples pedido de arquivamento do inquérito policial pelo Ministério Público.

24. **§5º. Colaboração posterior à sentença.** Como regra, a colaboração deve ser feita na fase de investigação e na fase processual, conforme o art. 4º, *caput*. Porém, o legislador permitiu que a colaboração fosse posterior à sentença, caso em que

poderá haver a redução de metade da pena imposta ou a progressão de regime ainda que ausentes os requisitos objetivos previstos no art. 112 da LEP e no art. 2º, §2º da lei de crimes hediondos (lei 8.072/90). Porém, o legislador não especificou se a colaboração poderia ser posterior à sentença com o processo em fase de recurso ou com o trânsito em julgado e isso altera a competência para a concessão da diminuição da pena e para a concessão da progressão de regime. Dessa forma, algumas hipóteses poderão surgir: na *primeira hipótese*, caso o processo esteja em fase recursal, caberá ao Tribunal, como órgão recursal, aplicar a redução da pena ou conceder a progressão de regime. Lembre-se que apesar de não haver ainda o trânsito em julgado, a súmula 716 do STF admite a progressão de regime antes do trânsito em julgado da sentença condenatória ao dispor que "*admite-se a progressão de regime de cumprimento da pena ou a aplicação imediata de regime menos severo nela determinada, antes do trânsito em julgado da sentença condenatória*"; na *segunda hipótese*, caso a colaboração seja posterior à sentença com o trânsito em julgado, caberá ao Juízo da Execução Penal conceder a progressão de regime ou aplicar a redução de pena.

25. §6º. Não participação do Juiz no acordo de colaboração premiada. O acordo de colaboração é celebrado entre as partes, sem a intervenção do Juiz, que se torna somente um espectador do acordo. Justamente por não ser parte do processo, o Juiz não possui nenhuma ingerência na realização dos termos do acordo e colaboração premiada. Porém, isso não significa que o Juiz é obrigado a homologar o acordo, podendo recusar a sua homologação nos termos do §8º.

→ **Aplicação em concurso.**

- **Promotor de Justiça/BA. 2015. MPE-BA.**

  De acordo com a Lei nº 12.850/2013 (Organizações Criminosas), o juiz participará das negociações realizadas entre as partes para a formalização do acordo de colaboração premiada, que ocorrerá entre o delegado de polícia, o investigado e o defensor, com a manifestação do Ministério Público, ou, conforme o caso, entre o Ministério Público e o investigado ou acusado e seu defensor.

  A alternativa está errada.

26. §7º. Homologação do acordo. Depois de realizado entre as partes sem a intervenção judicial, o termo do acordo de colaboração é remetido ao Juiz para a sua homologação. Como cabe ao Juiz zelar pela regularidade processual, ele deverá verificar a regularidade, a legalidade e a voluntariedade dos termos do acordo de colaboração, assegurando-se da sua perfeita realização nos moldes legais e poderá, ainda, de forma sigilosa ouvir o colaborador na presença de seu defensor, para certificar-se sobre a lealdade das informações e sobre a voluntariedade da prestação das informações pelo colaborador. Constatada pelo Juiz a regularidade do acordo, ele homologará o termo.

27. Homologação do acordo em órgão colegiado. Em se tratando de órgão colegiado, compete ao relator, e não ao colegiado, a homologação do acordo de colaboração premiada. Assim, competirá ao relator a análise dos requisitos da regularidade, da legalidade e da voluntariedade para a homologação.

▶ **STF**

Informativo nº 870

Plenário

Homologação de acordo de colaboração premiada e limites de atuação do relator

O Supremo Tribunal Federal (STF), em julgamento conjunto, resolveu questão de ordem e negou provimento a agravo regimental em petição em que se discutiam, respectivamente, os limites da atuação do relator em homologação de colaboração premiada e a distribuição ao ministro Edson Fachin (relator), por prevenção, da Pet 7.003/DF, em razão do Inq 4.112/DF, cujo objeto são fatos relacionados à operação Lava Jato. (...) O Plenário, por maioria, resolveu a questão de ordem no sentido de reafirmar — nos limites dos §§ 7º e 11 do art. 4º (1) da Lei 12.850/2013 e incisos I e II do art. 21 (2) do Regimento Interno do STF (RISTF) — a atribuição do relator para, monocraticamente, homologar acordos de colaboração premiada, oportunidade na qual se limita ao juízo de regularidade, legalidade e voluntariedade da avença. Reafirmou, também, a competência colegiada do STF para avaliar, em decisão final de mérito, o cumprimento dos termos bem como a eficácia do acordo. (...) **(Pet 7074/DF, rel. Min. Edson Fachin, julgamento em 21, 22, 28 e 29.6.2017).**

28. Homologação do acordo. Prevenção e conexão. Havendo conexão entre o conteúdo dos termos da colaboração premiada e o delito investigado, a competência para a homologação do acordo **é do Juízo que supervisiona a investigação, ou seja, do Juízo prevento**. Consequentemente, a distribuição do pedido de homologação do acordo de colaboração premiada dá-se por prevenção.

▶ **STF**

Informativo nº 870

Plenário

Colaboração premiada: prevenção e conexão

(...) verificada a existência de liame de natureza objetiva, subjetiva ou probatória entre o conteúdo de termos de depoimento prestados pelo colaborador e o objeto de investigação em curso, incumbe à autoridade judicial responsável pela supervisão do procedimento investigatório, por força da prevenção, homologar o acordo de colaboração celebrado e adotar, subsequentemente, as providências acerca de cada fato relatado. Tal conclusão resguarda o jurisdicionado dos efeitos da litispendência e da coisa julgada. O Colegiado frisou ser o juízo prevento o detentor de condições mais adequadas para analisar os pontos de contato entre as declarações dos colaboradores e as outras investigações em curso, impondo, se for o caso, a tramitação conjunta. (...) Por todas essas razões, o Plenário julgou não se verificar qualquer ilegalidade na distribuição por prevenção do pedido de homologação do acordo de colaboração premiada em análise, diante da evidente existência de fatos relatados conexos com investigações em curso sob a relatoria do ministro Edson Fachin. (..) Por fim, concluiu não haver qualquer mácula no procedimento adotado na Pet 7.003/DF, seja na sua distribuição por prevenção, seja nas providências deferidas na decisão de 18.5.2017. **(Pet 7074 QO/DF, rel. Min. Edson Fachin, julgamento em 21, 22, 28 e 29.6.2017).**

29. Competência para a homologação do acordo. Autoridade com foro especial por prerrogativa de função. Questão relevante versa sobre a validade da homologação do acordo de colaboração premiada feita por Juízo de 1º grau de jurisdição, caso de haja, no acordo, menção à autoridade que possua foro especial por prerrogativa de função. Será que haveria usurpação de competência do foro especial e a homologação tornar-se-ia nula e sem efeitos, de forma que somente o Juízo do foro especial poderia realizar a homologação? Nesse caso, a competência para a homologação é do Juízo inicial e aparentemente competente para processar e julgar o caso concreto, ou seja, o Juízo de 1º grau. Isso porque de acordo com a teoria do Juízo aparente, inicialmente aquele era o Juízo com competência para processar e julgar os autores do fato delituoso, não se tendo notícia da incidência do foro especial por prerrogativa de função, pois tal notícia foi verificada apenas após a ciência dos termos do acordo. Assim, não há que se falar em nulidade da decisão de homologação do acordo de colaboração premiada, não havendo, portanto, usurpação de competência do foro especial.

Contudo, nesse caso, os autos deverão ser remetidos ao foro especial posteriormente para que lá seja decidido acerca da existência ou não de conexão, de continência, ou de eventual conveniência do desmembramento do processo.

▶ **STJ**

Informativo no 612

Corte Especial

Colaboração premiada. Encontro fortuito de provas. Autoridade com prerrogativa de foro. Competência para homologação do acordo. Teoria do juiz aparente. A homologação de acordo de colaboração premiada por juiz de primeiro grau de jurisdição, que mencione autoridade com prerrogativa de foro no STJ, não traduz em usurpação de competência desta Corte Superior. A colaboração premiada é um instituto de cooperação processual, cuja natureza jurídica está relacionada à comunicação da ocorrência de um crime ou à provocação da iniciativa do Ministério Público a esse respeito. Por esse motivo, tem a característica de *delatio criminis*, de mero recurso à formação da convicção do acusador, e não de elemento de prova. (...) Outra consequência do encontro fortuito de provas é, portanto, a incidência da teoria do juízo aparente, segundo a qual é legítima a obtenção de elementos relacionados a pessoa que detenha foro por prerrogativa de função por juiz que até aquele momento era competente para o processamento dos fatos. Aliás, a tese foi ratificada pela Suprema Corte, segundo a qual: *"as provas colhidas ou autorizadas por juízo aparentemente competente à época da autorização ou produção podem ser ratificadas a posteriori, mesmo que venha aquele a ser considerado incompetente, ante a aplicação no processo investigativo da teoria do juízo aparente"* (HC 106.152, Primeira Turma, Rel. Min. Rosa Weber, DJe de 24/5/2016 e HC 128.102, Primeira Turma, Rel. Min. Marco Aurélio, DJe de 23/6/2016). Na hipótese, como as investigações até então se referiam a pessoas sem prerrogativa de foro e a informação a respeito do possível envolvimento de autoridade com prerrogativa de foro no STJ somente surgiu com a formalização do acordo de colaboração premiada, o juízo de primeiro grau de jurisdição era competente para sua homologação, não havendo, portanto, nulidade a ser declarada em relação ao ponto. **(Rcl 31.629-PR, Rel. Min. Nancy Andrighi, julgado em 20/09/2017).**

▶ **STJ**

Informativo no 612

Corte Especial

Colaboração premiada. Encontro fortuito de provas. Autoridade com prerrogativa de foro. Remessa imediata dos autos ao foro prevalente. Inexistência. Usurpação de competência. Caracterização. Ocorrendo a descoberta fortuita de indícios do envolvimento de pessoa com prerrogativa de foro, os autos devem ser encaminhados imediatamente ao foro prevalente, definido segundo o art. 78, III, do CPP, o qual é o único competente para resolver sobre a existência de conexão ou continência e acerca da conveniência do desmembramento do processo. (...) Sendo assim, a existência da probabilidade de condutas atribuíveis a autoridade com prerrogativa de foro nesta Corte estarem envolvidas com os fatos inicialmente apurados no primeiro grau de jurisdição acarreta a modificação da competência para o processamento da investigação, devendo o STJ passar a examinar sua efetiva ocorrência e, se for o caso, deliberar a respeito da existência de conexão ou continência, bem como sobre eventual conveniência do desmembramento do processo. **(Rcl 31.629-PR, Rel. Min. Nancy Andrighi, julgado em 20/09/2017).**

30. §8º. **Recusa de homologação do acordo.** Conforme mencionado acima, cabe ao Juiz assegurar a regularidade, a legalidade e a voluntariedade dos termos do acordo de colaboração, zelando pela sua realização nos moldes legais. Caso o Juiz verifique que o termo do acordo de colaboração não atende aos requisitos legais, ele poderá recusar a sua homologação ou então poderá adequar o acordo de colaboração ao caso concreto. No caso de recusa de homologação do acordo, as informações dele constantes podem ser usadas? Parece-nos que não. O legislador deixou claro que a produção dos efeitos do acordo está subordinada à sua homologação pelo Juiz. Se o acordo não foi homologado pelo Juiz, ele não produz efeitos, e, consequentemente, nada poderia ser aproveitado dele, sobretudo as informações fornecidas pelo colaborador. O acordo não homologado não tem o condão de produzir efeitos.

→ **Aplicação em concurso.**

- **Juiz de Direito Substituto/DF. 2016. CESPE.**

A respeito da colaboração premiada prevista na Lei n.º 12.850/2013, que trata das organizações criminosas, é correto afirmar que

A) o juiz não participará das negociações realizadas entre as partes para a formalização do acordo de colaboração, mas, se esse for realizado, o respectivo termo, com as declarações do colaborador e a cópia da investigação, será remetido, para homologação, ao magistrado, que poderá recusá-la, em caso de não atendimento dos requisitos legais, ou adequá-la ao caso concreto.

B) o juiz poderá homologar a proposta de acordo de colaboração premiada, mas não poderá alterá-la por ser essa decorrente de ato negocial entre as partes, devendo, em caso de necessidade de adequação, remetê-la ao procurador-geral do MP, para suprimento dos requisitos legais e ajuste ao caso concreto.

C) as partes não podem mais se retratar da proposta no caso de o acordo de colaboração já ter sido homologado pelo juiz, sob pena de se ferir o princípio da estabilidade das decisões judiciais e as preclusões consumativas e pro judicato.

D) o juiz não participará das negociações realizadas entre as partes para a formalização do acordo de colaboração, mas, se esse for realizado, o respectivo termo, com as declarações do colaborador e a cópia da investigação, será remetido ao magistrado para homologação, que não poderá recusá-la.

E) o juiz participará da fase das negociações realizadas entre as partes para formalização do acordo de colaboração, dada a previsão constitucional de que a lei não excluirá da apreciação do Poder Judiciário lesão ou ameaça a direito, e, sendo o magistrado imparcial, incumbe-lhe zelar para que o colaborador não seja pressionado.

Alternativa correta: letra A.

31. §9º. Posterior oitiva do colaborador. O legislador trouxe a possibilidade de o colaborador ser ouvido pelo Delegado de Polícia ou pelo membro do Ministério Público após a homologação do acordo, sempre acompanhado de seu defensor. Ao que parece, nessa oitiva posterior à homologação do acordo, o colaborador poderá apenas prestar esclarecimentos sobre as informações já fornecidas anteriormente que constem do acordo, e não fornecer novas informações, pois as informações que ele se prontificou a prestar já foram colhidas no momento da elaboração dos termos do acordo antes de sua homologação. Não se trata de nova colaboração (até porque se fosse isso ela teria que ser novamente homologada pelo Juiz), e sim prestação de esclarecimentos.

32. §10. Retratação da proposta de colaboração premiada. Depois de homologado o acordo de colaboração premiada, as partes poderão retratar-se da proposta. Nesse caso, as provas autoincriminatórias produzidas pelo colaborador não poderão ser utilizadas exclusivamente em seu desfavor. Há uma questão ligada à possibilidade ou não do uso das demais provas que o legislador não resolveu, ou seja, se as provas autoincriminatórias produzidas pelo colaborador não poderão ser utilizadas exclusivamente em seu desfavor, as demais provas poderiam ser usadas? Pensamos que a resposta é negativa. A colaboração premiada é um acordo de vontade concretizado pelas partes. Se as partes resolveram realizá-lo, depois de homologado ele passará a produzir todos os seus efeitos. Porém, se após a sua homologação as partes retratam-se dele, é porque elas não o querem mais, logo ele não mais poderá produzir efeitos. Se a manifestação de vontade das partes é fundamental para a sua validade, a manifestação de vontade das partes tem também o condão de fazer com que ele não produza efeitos a partir do momento da retratação. Se houve a retratação, houve mudança de vontade das partes. Se as partes se retratam de todo o acordo, ele não pode produzir efeitos parcialmente fazendo com que somente as provas autoincriminatórias produzidas pelo colaborador não sejam utilizadas exclusivamente em seu desfavor. Assim, pensamos que ou o acordo produz efeitos em sua integralidade, ou não produz nenhum efeito no caso de retratação das partes. Ainda uma questão importante: Pode haver retratação parcial? Pensamos que não. O legislador não trouxe essa possibilidade. Quando o legislador dispôs "*as partes podem retratar-se da proposta*", parece que ele quis referir-se à integralidade da proposta.

33. §11. Apreciação do acordo de colaboração na sentença. Na sentença, o Juiz deverá novamente verificar a regularidade do acordo de colaboração e a sua eficácia, justamente por ser nessa fase processual que ele aplica o perdão judicial, a diminuição de pena ou a substituição da pena privativa de liberdade pela pena restritiva de direitos.

34. **§12. Posterior oitiva do colaborador.** Mesmo que o colaborador já tenha sido beneficiado pelo perdão judicial ou que não tenha sido denunciado nos moldes do §4º, o legislador permitiu que ele fosse ouvido em Juízo por meio de requerimento das partes ou por iniciativa do Juiz. Parece-nos que essa oitiva seja apenas para esclarecer alguns pontos sobre informações já prestadas, e não para fornecer novas informações, pois caso contrário esse dispositivo constituiria um verdadeiro abuso por parte do Estado, pois se o colaborador já forneceu anteriormente todas as informações eficazes – e tanto foram eficazes que ele foi beneficiado pelo perdão judicial ou não foi denunciado -, por qual motivo ele seria ouvido novamente em Juízo? Se a colaboração é premiada e se o colaborador já recebeu o prêmio de sua colaboração (perdão judicial ou ausência de denúncia), qual seria o prêmio para essa nova oitiva em Juízo? O Estado poderia fazer uso do colaborador *ad eternum* como meio de obtenção de prova, como se ele fizesse parte do aparelho estatal de persecução penal? A resposta só pode ser negativa. Por essas razões, pensamos que essa oitiva posterior à concessão do perdão judicial ou a ausência de denúncia somente pode ser feita para fins de prestar esclarecimentos sobre informações já fornecidas anteriormente. Da mesma forma que ocorre no §9º, não se trata de nova colaboração (até porque se fosse isso ela teria que ser novamente homologada pelo Juiz), e sim prestação de esclarecimentos.

35. **§13. Registro dos atos de colaboração.** Para a obtenção da maior fidelidade possível dos termos da colaboração, o legislador inseriu diversas possibilidades de registro dos atos de colaboração.

36. **§14. Obrigatoriedade de renúncia ao direito ao silêncio.** O legislador trouxe a obrigatoriedade de o agente colaborador renunciar ao direito ao silêncio e obrigar-se a dizer a verdade. Trata-se de dispositivo flagrantemente inconstitucional por violação do princípio do direito ao silêncio positivado no art. 5º, LXIII da CR/88, segundo o qual *"o preso será informado de seus direitos, entre os quais o de permanecer calado, sendo-lhe assegurada a assistência da família e de advogado"*. O agente colaborador tem a posição de investigado ou réu, e não de testemunha. Se ele é investigado ou réu, tem constitucionalmente assegurado a si o direito ao silêncio, não podendo o legislador ordinário impor a sua renúncia ao direito ao silêncio. Em nenhum momento o colaborador transforma-se em testemunha. Com efeito, o art. 4º, *caput* trata da realização do acordo de colaboração *entre as partes*, bem como o inciso I do art. 4º dispõe que o colaborador deve identificar os demais coautores e partícipes, tratando-o também como réu. Em nenhum momento o legislador transformou o colaborador em testemunha. E nem poderia fazê-lo. Não se desconhece que os direitos fundamentais têm a característica da relatividade, não sendo, portanto, absolutos. Porém, a sua relatividade não implica renúncia automática a eles. Demais disso, não se desconhece também que os direitos fundamentais podem ser renunciados pelos seus titulares, mas isso depende exclusivamente de livre manifestação deles. É bem verdade que se o agente se dispuser

a fazer a colaboração, é evidente que ele não ficará em silêncio. Todavia, o que não se admite é que o legislador imponha essa renúncia à garantia fundamental ao direito ao silêncio. O titular de um direito fundamental pode renunciá-lo, mas o legislador não pode impor-lhe essa renúncia de forma obrigatória. O que confirma o que dissemos é a exigência legal de voluntariedade do agente na realização da colaboração premiada, reforçando a ideia de que é uma liberalidade do agente. Por tais razões, a inconstitucionalidade do dispositivo é patente.

37. §15. Assistência por defensor. Em todos os atos que guardem pertinência com a colaboração premiada o colaborador deverá estar assistido por seu defensor para que seja resguardada a observância dos postulados constitucionais de proteção dos direitos individuais, bem como para que sejam evitados abusos.

38. §16. Sentença condenatória. A sentença condenatória pode basear-se nas declarações do colaborador, mas não exclusivamente nelas, que deverão ser corroboradas com outros elementos probatórios. Caso o Juiz somente disponha das declarações do colaborador, sem nenhum outro elemento de prova, impõe-se a absolvição por ausência de provas.

39. Descumprimento do acordo e prisão preventiva. O descumprimento de acordo de colaboração premiada anteriormente realizado, bem como a sua frustração, não autoriza, por si só, a decretação da prisão preventiva do colaborador. A presente lei não trouxe essa consequência do descumprimento do acordo. Ademais, é consabido que toda e qualquer prisão provisória somente pode ser decretada ou mantida se for necessária e excepcional, desde que estejam presentes os requisitos da prisão preventiva previstos no art. 312 do Código de Processo Penal.

▶ **STF**

Informativo nº 862

Segunda Turma

Prisão preventiva e acordo de colaboração premiada

A Segunda Turma concedeu "habeas corpus" para revogar prisão preventiva decretada em razão de descumprimento de acordo de colaboração premiada. A prisão preventiva do paciente foi restabelecida quando prolatada a sentença que o condenou a dezesseis anos e dois meses de prisão por corrupção ativa, lavagem de dinheiro e por integrar organização criminosa, com fundamento no descumprimento dos termos do acordo celebrado. O Colegiado entendeu não haver relação direta entre a prisão preventiva e o acordo de colaboração premiada. Por essa razão, o descumprimento do acordado não justifica a decretação de nova custódia cautelar. Na liminar confirmada pela Turma, foi determinada a substituição da prisão por medidas cautelares alternativas. Naquela ocasião, observou-se não haver, do ponto de vista jurídico, relação direta entre o acordo de colaboração premiada e a prisão preventiva. A Lei 12.850/2013 não apresenta a revogação da prisão preventiva como benefício previsto pela realização de acordo de colaboração premiada. Tampouco há previsão de que, em decorrência do descumprimento do acordo, seja restabelecida prisão preventiva anteriormente revogada. Portanto, a celebração de acordo de colaboração premiada não é, por si só, motivo para revogação de prisão preventiva. A Turma concluiu no sentido de ser necessário verificar, no caso concreto, a presença dos requisitos da prisão preventiva, não podendo o decreto prisional ter como fundamento apenas a quebra do acordo. **(HC 138207/PR, Rel. Min. Edson Fachin, julgamento em 25.4.2017).**

▸ **STJ**

Informativo nº 609

Sexta Turma

Prisão Preventiva. Fundamentação deficiente. Frustração na realização de delação premiada não autoriza a imposição de segregação cautelar. O descumprimento de acordo de delação premiada ou a frustração na sua realização, isoladamente, não autoriza a imposição da segregação cautelar. A questão controvertida consiste em analisar se a frustração na realização de acordo de delação premiada consiste em fundamentação apta a justificar a imposição de prisão preventiva. Inicialmente, vale destacar que a decretação da prisão preventiva, em qualquer hipótese, deve observar a presença dos requisitos delineados no art. 312 do Código de Processo Penal. A prisão provisória, por esse motivo, somente pode ser imposta se for necessária para garantir a ordem pública, a ordem econômica, por conveniência da instrução criminal, ou para assegurar a aplicação da lei penal. Por outro lado, o simples fato de ter sido frustrado acordo de colaboração premiada, ou mesmo o seu descumprimento, por si só, não justifica a imposição do cárcere (Nesse sentido: HC 138.207, 2ª Turma, Rel. Min. Edson Fachin). Em outras palavras, a prisão provisória não pode ser utilizada como "moeda de troca" ou punição antecipada àquele que, réu em processo penal, celebra ou está em vias de celebrar o mencionado acordo. Outrossim, como se depreende do julgado da Suprema Corte, A Lei n. 12.850/2013 não apresenta a revogação da prisão preventiva como benefício previsto pela realização de acordo de colaboração premiada. Tampouco há previsão de que, em decorrência do descumprimento do acordo, seja restabelecida prisão preventiva anteriormente revogada. Portanto, a celebração de acordo de colaboração premiada não é, por si só, motivo para revogação de prisão preventiva. **(HC 396.658-SP, Rel. Min. Antônio Saldanha Palheiro, julgado em 27/6/2017).**

Art. 5º São **direitos do colaborador**:

I - usufruir das medidas de proteção previstas na legislação específica;

II - ter nome, qualificação, imagem e demais informações pessoais preservados;

III - ser conduzido, em juízo, separadamente dos demais coautores e partícipes;

IV - participar das audiências sem contato visual com os outros acusados;

V - não ter sua identidade revelada pelos meios de comunicação, nem ser fotografado ou filmado, sem sua prévia autorização por escrito;

VI - cumprir pena em estabelecimento penal diverso dos demais corréus ou condenados.

1. **Direitos do colaborador.** A fim de resguardar a integridade do agente colaborador, o legislador conferiu-lhe alguns direitos, como medidas protetivas, preservação do

seu nome, qualificação, imagem, separação dos demais coautores ou partícipes da organização criminosa e o cumprimento da pena em estabelecimento penal diverso dos demais corréus ou condenados.

Art. 6º O **termo de acordo** da colaboração premiada **deverá** ser feito por escrito e **conter**:

I – o relato da colaboração e seus possíveis resultados;

II – as condições da proposta do Ministério Público ou do delegado de polícia;

III – a declaração de aceitação do colaborador e de seu defensor;

IV – as assinaturas do representante do Ministério Público ou do delegado de polícia, do colaborador e de seu defensor;

V – a especificação das medidas de proteção ao colaborador e à sua família, quando necessário.

1. **Forma e conteúdo do termo e colaboração.** A forma do termo de colaboração é a escrita, para que possa acompanhar os autos do inquérito policial e do processo criminal e deve conter os elementos descritos nos incisos. É importante notar que de acordo com o inciso V, as medidas de proteção do agente colaborador descritas nos incisos I, II e V do art. 5ª da lei deverão constar previamente do acordo de colaboração.

2. **Necessidade de aceitação do defensor.** A exigência pelo legislador da assinatura do defensor do colaborador no termo de acordo (inciso III) é uma garantia conferida ao próprio colaborador para que seja a ele assegurada a observância não só dos seus direitos e garantias fundamentais, como também da regularidade do ato de colaboração.

Art. 7º O **pedido de homologação** do acordo será **sigilosamente distribuído**, contendo apenas informações que não possam identificar o colaborador e o seu objeto.

§ 1º As informações pormenorizadas da colaboração serão dirigidas diretamente ao juiz a que recair a distribuição, que decidirá no prazo de 48 (quarenta e oito) horas.

§ 2º O acesso aos autos será restrito ao juiz, ao Ministério Público e ao delegado de polícia, como forma de garantir o êxito das investigações, assegurando-se ao defensor, no interesse do representado, amplo acesso aos elementos de prova que digam respeito ao exercício do direito de defesa, devidamente precedido de autorização judicial, ressalvados os referentes às diligências em andamento.

§ 3º O acordo de colaboração premiada **deixa de ser sigiloso** assim que recebida a denúncia, observado o disposto no art. 5º.

1. **Sigilo da distribuição do termo de colaboração.** O sigilo é fundamental para o sucesso das investigações, de modo a não possibilitar a identificação do colaborador e o objeto do termo.

2. **§1º. Prazo para decidir.** Após a distribuição sigilosa do termo de colaboração, o Juiz tem o prazo de 48 horas para decidir sobre a homologação.

3. **§2º. Acesso aos autos.** Segundo o dispositivo, o acesso aos autos será restrito ao Juiz, ao Ministério Público e à Autoridade Policial. O defensor do colaborador tem amplo acesso aos elementos de prova que digam respeito ao exercício do direito de defesa, devidamente precedido de autorização judicial. A parte final do dispositivo é flagrantemente inconstitucional por violação dos princípios do contraditório e da ampla defesa, pois o defensor do colaborador deve ter acesso aos autos independentemente de autorização judicial. De acordo com a Súmula Vinculante nº 14 do STF *"é direito do defensor, no interesse do representado, ter acesso amplo aos elementos de prova que, já documentados em procedimento investigatório realizado por órgão com competência de polícia judiciária, digam respeito ao exercício do direito de defesa"*. Dessa forma, deve ser assegurado ao defensor do colaborador o amplo acesso aos autos independentemente de autorização judicial, desprezando-se a parte final do dispositivo ora comentado. Demais disso, é importante lembrar que o defensor acompanhou o colaborador em todos os momentos da prestação da colaboração. O art. 4º, §15 é categórico ao trazer a obrigatoriedade da participação do defensor *"em todos os atos de negociação, confirmação e execução da colaboração"*. Qual seria então a razão para o defensor não ter acesso direto aos autos e depender de autorização judicial? Dessa forma, deve ser garantido ao defensor o acesso direto aos autos, independentemente de autorização judicial.

4. **§3º. Cessação do sigilo.** O sigilo é fundamental para o sucesso das investigações, bem como pela preservação dos nomes dos investigados e do colaborador, visado a proteger os seus direitos fundamentais. Contudo, o sigilo cessa no momento do recebimento da denúncia pelo Juiz.

▶ **STF**

Informativo nº 877

Primeira Turma

Delação premiada e sigilo

O sigilo sobre o conteúdo de colaboração premiada deve perdurar, no máximo, até o recebimento da denúncia. (...) O sigilo do que ajustado é elemento essencial para a efetividade da colaboração firmada, como forma de garantir o êxito das investigações (Lei 12.850/2013, art. 7º, § 2º), e para assegurar a proteção da pessoa do colaborador e das pessoas próximas (Lei 12.850/2013, art. 5º, II). A Lei, visando a consecução desses objetivos, estabeleceu diversas cautelas a serem adotadas. O art. 7º dispõe que o pedido de homologação do acordo será sigilosamente distribuído, contendo apenas informações que não revelem a identificação do colaborador e do objeto. O sigilo sobre o conteúdo da colaboração premiada, consoante versa o § 3º do citado artigo, deve permanecer, como regra, até o recebimento da denúncia. (...) **Inq 4435 AgR/DF, rel. Min. Marco Aurélio, julgamento em 12.9.2017.**

Seção II
Da Ação Controlada

Art. 8º Consiste a **ação controlada** em **retardar a intervenção policial ou administrativa** relativa à ação praticada por organização criminosa ou a ela vinculada, desde que mantida sob observação e acompanhamento para que a medida legal **se concretize no momento mais eficaz à formação de provas e obtenção de informações.**

§ 1º O retardamento da intervenção policial ou administrativa será **previamente comunicado ao juiz competente** que, se for o caso, estabelecerá os seus limites e comunicará ao Ministério Público.

§ 2º A **comunicação será sigilosamente distribuída** de forma a não conter informações que possam indicar a operação a ser efetuada.

§ 3º Até o encerramento da diligência, o acesso aos autos será restrito ao juiz, ao Ministério Público e ao delegado de polícia, como forma de garantir o êxito das investigações.

§ 4º Ao **término** da diligência, elaborar-se-á **auto circunstanciado acerca da ação controlada.**

1. **Ação controlada.** Também conhecida como flagrante retardado, flagrante diferido ou flagrante postergado, trata-se de permissivo legal para que Autoridade Policial deixe de efetuar a intervenção policial no momento em que o autor do delito já está em flagrante da prática da infração penal para intervir no momento mais eficaz do ponto de vista da formação de provas e fornecimento de informações. Assim, embora o agente esteja em flagrante delito, a Autoridade Policial poderá esperar o momento mais oportuno para intervir.

→ **Aplicação em concurso.**

- **(Vunesp – Delegado de Polícia – SP/2014)**

  Pertinente à Lei de combate às organizações criminosas, consiste a intervenção administrativa na

  A) forma de ação controlada existente.

  B) escolha do momento mais oportuno à formação de provas.

  C) ação realizada por agentes de polícia, exclusivamente.

  D) observação e acompanhamento da infiltração policial.

  E) infiltração feita por agentes não policiais.

  Alternativa correta: letra A.

2. **Diferença entre a ação controlada e o flagrante esperado.** Na ação controlada, o agente já está em flagrante da prática do crime. No flagrante esperado, o agente ainda não está em flagrante da prática do delito, e a Autoridade Policial fica na expectativa da sua ocorrência para efetivar a prisão.

Ação controlada	Flagrante esperado
O agente já está em flagrante da prática do crime.	O agente ainda não está em flagrante da prática do delito. A Autoridade Policial fica na expectativa da sua ocorrência para efetivar a prisão.

3. **§1º. Desnecessidade de autorização judicial.** Não é necessária autorização judicial para a efetivação da ação controlada. Note-se que o dispositivo dispõe que o retardamento da intervenção policial ou administrativa somente será previamente comunicado ao juiz competente, sem que haja necessidade de autorização.

4. **Ação controlada na lei de drogas.** A lei de drogas (lei 11.343/2006) prevê no art. 53, II, a ação controlada, permitindo a não-atuação policial em relação aos portadores de drogas, com a seguinte redação: *"Art. 53. Em qualquer fase da persecução criminal relativa aos crimes previstos nesta Lei, são permitidos, além dos previstos em lei, mediante autorização judicial e ouvido o Ministério Público, os seguintes procedimentos investigatórios: .II – a não-atuação policial sobre os portadores de drogas, seus precursores químicos ou outros produtos utilizados em sua produção, que se encontrem no território brasileiro, com a finalidade de identificar e responsabilizar maior número de integrantes de operações de tráfico e distribuição, sem prejuízo da ação penal cabível. Parágrafo único. Na hipótese do inciso II deste artigo, a autorização será concedida desde que sejam conhecidos o itinerário provável e a identificação dos agentes do delito ou de colaboradores.".* Como se pode deduzir da leitura do dispositivo legal citado, a diferença existente entre a ação controlada na lei de crime organizado e na lei de drogas reside na necessidade de autorização judicial, exigida pela última, enquanto que na lei ora comentada, basta a comunicação ao Juiz.

5. **§2º. Sigilo da comunicação.** Impõe-se o sigilo da comunicação para garantir o sucesso da ação controlada sem indicar a operação a ser levada a efeito.

6. **§3º. Acesso restrito aos autos.** Com a mesma intenção do §2º, o legislador restringiu o acesso aos autos para garantir maior eficácia da medida.

7. **§4º. Termo circunstanciado.** Ao final da diligência, devem ser documentados em um termo circunstanciado todos os atos praticados na ação controlada.

> **Art. 9º** Se a ação controlada envolver **transposição de fronteiras**, o retardamento da intervenção policial ou administrativa **somente** poderá **ocorrer** com a **cooperação das autoridades dos países** que figurem como provável itinerário ou destino do investigado, de modo a reduzir os riscos de fuga e extravio do produto, objeto, instrumento ou proveito do crime.

1. **Transnacionalidade da ação controlada.** Caso a ação controlada transponha a fronteira brasileira, as autoridades locais deverão contar com a cooperação das autoridades dos países que figurarem como possível itinerário ou destino do investigado, como forma de garantir uma maior eficácia no resultado da medida.

→ **Aplicação em concurso.**

- **Promotor de Justiça/BA. 2015. MPE-BA.**

Segundo o disposto na Lei nº 12.850/2013 (Organizações Criminosas), se a ação controlada envolver transposição de fronteiras, o retardamento da intervenção policial ou administrativa não dependerá da cooperação das autoridades dos países que figurem como provável itinerário ou destino do investigado, o que garantirá a efetividade da investigação criminal.

A alternativa está errada.

Seção III
Da Infiltração de Agentes

Art. 10. A **infiltração de agentes** de polícia em tarefas de investigação, representada pelo delegado de polícia ou requerida pelo Ministério Público, após manifestação técnica do delegado de polícia quando solicitada no curso de inquérito policial, será precedida de circunstanciada, motivada e sigilosa autorização judicial, que estabelecerá seus limites.

§ 1º Na hipótese de representação do delegado de polícia, o juiz competente, antes de decidir, ouvirá o Ministério Público.

§ 2º **Será admitida a infiltração** se houver indícios de infração penal de que trata o art. 1º e se a prova não puder ser produzida por outros meios disponíveis.

§ 3º A infiltração será autorizada pelo **prazo de até 6 (seis) meses**, sem prejuízo de **eventuais renovações**, desde que comprovada sua necessidade.

§ 4º Findo o prazo previsto no § 3º, o relatório circunstanciado será apresentado ao juiz competente, que imediatamente cientificará o Ministério Público.

§ 5º No curso do inquérito policial, o delegado de polícia poderá determinar aos seus agentes, e o Ministério Público poderá requisitar, a qualquer tempo, **relatório da atividade de infiltração.**

1. **Infiltração de agentes.** O legislador trouxe a figura do agente infiltrado, por meio da qual permitiu a infiltração do agente de polícia na organização criminosa com o fim de, uma vez dentro da organização, verificar o seu funcionamento, a sua hierarquia, a sua estrutura, o funcionamento da divisão de tarefas, os delitos por ela praticados, os locais onde os seus componentes estão sediados e os locais que eles frequentam etc. Enfim, efetivar a colheita do maior número de elementos e informações possíveis que possam servir de base para investigação e repressão ao crime organizado.

2. **Obrigação assumida em Tratado Internacional.** O Brasil foi signatário da Convenção das Nações Unidas contra o Crime Organizado Transnacional, adotada em Nova York, em 15 de novembro de 2000, que trata do tema no seu art. 20. 1, com a seguinte redação: "Artigo 20. Técnicas especiais de investigação. 1. Se os princípios fundamentais do seu ordenamento jurídico nacional o permitirem, cada Estado Parte, tendo em conta as suas possibilidades e em conformidade com as condições prescritas no seu direito interno, adotará as medidas necessárias para permitir o recurso apropriado a entregas vigiadas e, quando o considere adequado, o recurso a outras técnicas especiais de investigação, como a vigilância eletrônica ou outras formas de vigilância e as operações de infiltração, por parte das autoridades competentes no seu território, a fim de combater eficazmente a criminalidade organizada".

3. **Agente da Polícia.** É o agente da Polícia Judiciária, que tem por função apurar a prática da infração penal e a sua respectiva autoria.

4. **Particular.** Não pode ser agente infiltrado, face à inexistência de previsão legal.
5. **Autorização judicial circunstanciada, motivada e sigilosa.** Autorização judicial circunstanciada e motivada é, na verdade, autorização detalhada e bem fundamentada, em consonância com o art. 93, IX da CRFB/88, que positivou o princípio da motivação das decisões judiciais. O sigilo imposto é necessário à garantia do sucesso das investigações, da infiltração e da segurança do próprio agente infiltrado.

→ **Aplicação em concurso.**

- **Policial Rodoviário Federal. 2014. CESPE.**

Durante o inquérito policial, é necessária a autorização judicial para que um agente policial se infiltre em organização criminosa com fins investigativos.

A alternativa está correta.

6. **§1º. Necessidade da oitiva do Ministério Público.** Caso a infiltração seja representada ao Juiz pela Autoridade Policial, o Juiz ouvirá o Ministério Público, que deverá verificar o atendimento dos requisitos legais e a regularidade da infiltração, manifestando-se pelo seu deferimento ou não.
7. **§2º. Subsidiariedade da infiltração.** A autorização da infiltração está condicionada à existência de indícios de infração penal praticada por organização criminosa. Demais disso, o legislador deixou clara a natureza subsidiária do instituto, uma vez que a infiltração somente será deferida pelo Juiz se não houver outro meio de prova disponível. Essa subsidiariedade deve ser demonstrada na representação da Autoridade Policial ou no requerimento do Ministério Público dirigido ao Juiz.
8. **§3º. Tempo de duração.** Seis meses, sem prejuízo de eventuais renovações, desde que comprovada sua necessidade. Note-se que não há limite de renovações. O legislador não se limitou a permitir uma renovação. O número de renovações é ilimitado e elas poderão ocorrer tantas vezes quantas forem necessárias.
9. **§4º. Termo circunstanciado.** Ao final do prazo da infiltração, a Autoridade Policial deverá elaborar um relatório circunstanciado, detalhado, com todos os elementos que foram colhidos durante a infiltração e apresentá-lo ao Juiz, que dele dará ciência ao Ministério Público.
10. **§5º. Relatório da infiltração no curso do inquérito policial.** Pela redação legal, esse relatório de atividade de infiltração durante o curso do inquérito policial deve ser elaborado a qualquer tempo, o que nos permite concluir que ele deve ser elaborado durante a infiltração, não se confundindo com o relatório circunstanciado do qual trata o §4º. Com efeito, enquanto o relatório circunstanciado previsto no §4º é um relatório definitivo, elaborado após o prazo da infiltração (6 meses) noticiando todos os elemento colhidos durante a infiltração, o relatório de que trata o §5º é um relatório não conclusivo sobre a atividade de infiltração que está em andamento. Até porque não faria nenhum sentido o legislador permitir um relatório definitivo antes do término da infiltração que, como visto, pode durar o tempo que for necessário.

→ **Aplicação em concurso.**

- **Analista Judiciário. TJ/BA. 2015. FGV.**

De acordo com a Lei nº 12.850/13, a infiltração de agentes:

A) é técnica que pode ser aplicada na investigação de crimes sancionados com pena mínima de quatro anos de reclusão;

B) é técnica de investigação preliminar que torna o agente infiltrado imune à responsabilidade criminal;

C) será deferida pelo prazo de sessenta dias, sem prejuízo de eventuais renovações, desde que comprovada a sua necessidade;

D) depende de requerimento que contenha demonstração, dentre outros, da necessidade da medida e alcance das tarefas dos agentes;

E) demanda que a autoridade responsável pela sua implementação apresente relatório circunstanciado a cada quinze dias.

Alternativa correta: Letra D.

Art. 11. O **requerimento** do Ministério Público ou a representação do delegado de polícia **para a infiltração de agentes** conterão a **demonstração** da **necessidade da medida**, o alcance das tarefas dos agentes e, quando possível, os nomes ou apelidos das pessoas investigadas e o local da infiltração.

1. **Necessidade e detalhamento da infiltração.** A necessidade da infiltração deve ser demonstrada pela Autoridade Policial ou pelo Ministério Público, sobretudo por tratar-se, como visto anteriormente, de uma medida de cunho subsidiário. Ademais, deve ser demonstrado o alcance das tarefas dos agentes de infiltração e, caso seja possível, os nomes ou apelidos das pessoas investigadas e o local da infiltração. Em relação à demonstração do alcance das tarefas de infiltração, parece não ser possível antes de ela ocorrer, tendo em vista que, uma vez infiltrado, o agente deverá seguir as normas de conduta da organização, não sendo possível saber previamente quais serão as suas tarefas dentro dela. Assim, caso esse elemento não possa ser demonstrado na representação da Autoridade Policial ou no requerimento do Ministério Público, o Juiz não poderá indeferir a medida apenas com esse fundamento.

Art. 12. O pedido de infiltração será **sigilosamente distribuído**, de forma a não conter informações que possam indicar a operação a ser efetivada ou identificar o agente que será infiltrado.

§ 1º As informações quanto à necessidade da operação de infiltração serão dirigidas diretamente ao juiz competente, que decidirá no prazo de 24 (vinte e quatro) horas, após manifestação do Ministério Público na hipótese de representação do delegado de polícia, devendo-se adotar as medidas necessárias para o êxito das investigações e a segurança do agente infiltrado.

§ 2º Os autos contendo as informações da operação de infiltração acompanharão a denúncia do Ministério Público, quando serão disponibilizados à defesa, assegurando-se a preservação da identidade do agente.

§ 3º Havendo indícios seguros de que o agente infiltrado sofre risco iminente, a **operação será sustada** mediante requisição do Ministério Público ou pelo delegado de polícia, dando-se imediata ciência ao Ministério Público e à autoridade judicial.

1. **Sigilo da distribuição do pedido de infiltração.** O sigilo da distribuição, não identificando a operação a ser efetivada e o agente que será infiltrado é necessário à garantia do sucesso da medida de infiltração e da segurança do agente infiltrado.
2. **§1º. Prazo para deferimento.** O prazo de 24 horas estabelecido pelo legislador é para o deferimento ou não da medida pelo Juiz. Porém, o legislador não estabeleceu o prazo para a manifestação do Ministério Público no caso de a medida ser representada ao Juiz pela Autoridade Policial. Por questões e coerência, pensamos que o prazo também deve ser de 24 horas.
3. **§2º. Acesso da defesa.** A defesa dos acusados somente terá acesso aos autos com as informações da infiltração após o oferecimento da denúncia pelo Ministério Público.
4. **§3º. Sustação da infiltração por indícios de risco iminente ao agente infiltrado.** A atividade de infiltração deverá ser suspensa caso haja indícios seguros de risco iminente ao agente infiltrado. O legislador não exigiu que fosse a hipótese de risco de morte, razão pela qual qualquer risco, de qualquer natureza, que o agente infiltrado possa sofrer, a infiltração será suspensa. A suspensão é uma obrigação, e não uma faculdade.

Art. 13. O agente que não guardar, em sua atuação, a devida proporcionalidade com a finalidade da investigação, responderá pelos **excessos praticados**.

Parágrafo único. Não é punível, no âmbito da infiltração, a prática de crime pelo agente infiltrado no curso da investigação, quando inexigível conduta diversa.

1. **Responsabilidade pelos excessos.** O legislador estabeleceu a responsabilidade do agente infiltrado no caso de excesso, devendo o agente guardar, em sua atuação, a devida proporcionalidade com a finalidade da investigação, o que significa afirmar que o agente não pode praticar nenhum ato com desvio de finalidade, como a morte por vingança pessoal de um desafeto que faça parte da organização criminosa, a venda de droga ilícita objetivando o lucro pessoal ou qualquer outro ato que não guarde pertinência com a finalidade da investigação.
2. **Exclusão de responsabilidade penal do agente infiltrado.** Evidentemente, uma vez infiltrado e com o dever de seguir as normas de conduta da organização criminosa, o agente poderá ver-se obrigado a praticar delitos. Evidentemente, também, não se pode atribuir responsabilidade penal ao agente infiltrado pelos delitos que vier a

cometer em razão da infiltração. A natureza jurídica da exclusão da responsabilidade penal do agente infiltrado é a inexigibilidade de conduta diversa, causa excludente da culpabilidade do agente.

Art. 14. São **direitos do agente**:

I – recusar ou fazer cessar a atuação infiltrada;

II – ter sua identidade alterada, aplicando-se, no que couber, o disposto no art. 9º da Lei n. 9.807, de 13 de julho de 1999, bem como usufruir das medidas de proteção a testemunhas;

III – ter seu nome, sua qualificação, sua imagem, sua voz e demais informações pessoais preservadas durante a investigação e o processo criminal, salvo se houver decisão judicial em contrário;

IV – não ter sua identidade revelada, nem ser fotografado ou filmado pelos meios de comunicação, sem sua prévia autorização por escrito.

1. **Direitos do agente infiltrado.** A fim de resguardar a integridade do agente infiltrado, o legislador conferiu-lhe alguns direitos, como a possibilidade de recusar ou fazer cessar a infiltração, medidas de proteção à testemunha previstas na lei 9.807/99 e preservação do seu nome, identidade, qualificação, imagem, voz e demais informações pessoas.

Seção IV
Do Acesso a Registros, Dados Cadastrais, Documentos e Informações

Art. 15. O delegado de polícia e o Ministério Público terão **acesso, independentemente de autorização judicial**, apenas aos dados cadastrais do investigado que informem exclusivamente a qualificação pessoal, a filiação e o endereço mantidos pela Justiça Eleitoral, empresas telefônicas, instituições financeiras, provedores de internet e administradoras de cartão de crédito.

1. **Acesso às informações do investigado.** Trata-se da possibilidade de a Autoridade Policial e o Ministério Público terem acesso exclusivo aos dados cadastrais do investigado que informam qualificação pessoal, a filiação e o endereço, independentemente de autorização judicial, mantidos pela Justiça Eleitoral, pelas empresas telefônicas, pelas instituições financeiras, pelos provedores de internet e pelas administradoras de cartão de crédito. Questão relevante versa sobre a constitucionalidade desse dispositivo. Como é possível notar, o legislador afastou a necessidade de autorização judicial para que o acesso seja efetivado. O afastamento do prévio controle jurisdicional viola o princípio da reserva da intimidade da vida privada? O acesso a esses dados exige a cláusula de reserva de jurisdição? Cremos que os dados a que o legislador fez menção (qualificação pessoal, a filiação e o endereço) não estão inseridos na intimidade da vida privada do cidadão. Não são dados que interferem ou revelam a intimidade de uma pessoa. As informações referentes ao

nome, estado civil, nacionalidade, nome do pai e da mãe e o endereço não denotam intimidade da pessoa, algo que não possa ser revelado à Autoridade Policial ou ao Ministério Público. Parece que a finalidade do legislador foi unicamente a busca do local onde o investigado possa ser encontrado, e não obter informações cobertas pela intimidade da vida privada do investigado. Assim, pensamos que o dispositivo é constitucional e não viola o princípio da reserva da intimidade da vida privada do indivíduo investigado, razão pela qual o afastamento do prévio controle jurisdicional não oferece nenhum problema no plano constitucional.

Art. 16. As **empresas de transporte** possibilitarão, pelo prazo de 5 (cinco) anos, acesso direto e permanente do juiz, do Ministério Público ou do delegado de polícia aos bancos de dados de **reservas e registro de viagens.**

1. **Acesso aos bancos de dados de reservas e registro de viagens.** O legislador impôs às empresas de transporte a obrigação de permitir, pelo prazo de 5 anos, o acesso direto e permanente por parte da Autoridade Judiciária, do Ministério Público e da Autoridade Policial, às informações sobre reservas e registros de viagens, viabilizando, dessa forma, a ciência por parte dos órgãos de persecução penal e da Autoridade Judiciária, não só do paradeiro da pessoa investigada, mas, também, dos locais para onde a pessoa viajou. Note-se que o legislador não exigiu prévia autorização judicial para que a Autoridade Policial e o Ministério Público tenham acesso às informações, expressando, inclusive, a previsão do acesso direto. Pelas mesmas razões expostas no artigo anterior, pensamos que o dispositivo é constitucional e não viola o princípio da reserva da intimidade da vida privada do indivíduo investigado, razão pela qual o afastamento do prévio controle jurisdicional não oferece nenhum problema no plano constitucional.
2. **Espécie de transporte.** Tendo em vista que o legislador não especificou a espécie de transporte, entende-se que o dispositivo abrange qualquer espécie de transporte terrestre, aéreo e marítimo.

Art. 17. As **concessionárias de telefonia fixa ou móvel** manterão, pelo prazo de 5 (cinco) anos, à disposição das autoridades mencionadas no art. 15, registros de identificação dos números dos terminais de origem e de destino das ligações telefônicas internacionais, interurbanas e locais.

1. **Acesso aos registros telefônicos.** Da mesma forma do artigo anterior, o legislador impôs às concessionárias de telefonia fixa ou móvel a obrigação de possibilitar à Autoridade Policial e ao Ministério Público o acesso, pelo prazo de 5 anos, aos registros de identificação dos números dos terminais de origem e de destino das ligações telefônicas internacionais, interurbanas e locais, independentemente de prévia autorização judicial. Note-se que não se trata de acesso ao fluxo das comunicações telefônicas, e sim aos registros de identificação dos números dos terminais de origem e destino das ligações telefônicas, ou seja, o acesso é apenas

aos registros dos números, e não ao conteúdo das conversas por meio telefônico. Por essa razão, pelas mesmas razões expostas nos dois artigos anteriores, pensamos que o dispositivo é constitucional e não viola o princípio da reserva da intimidade da vida privada do indivíduo investigado.

Seção V
Dos Crimes Ocorridos na Investigação e na Obtenção da Prova

Art. 18. Revelar a identidade, fotografar ou filmar o colaborador, **sem sua prévia autorização por escrito:**

Pena – reclusão, de 1 (um) a 3 (três) anos, e multa.

1. **Sujeito ativo.** Trata-se de crime comum, uma vez que pode ser praticado por qualquer pessoa.
2. **Sujeito passivo.** O agente colaborador.
3. **Descumprimento dos direitos do agente colaborador.** O art. 5º, V dessa lei dispõe que é direito do agente colaborador não ter a sua identidade revelada pelos meios de comunicação, nem ser fotografado ou filmado, sem sua prévia autorização por escrito, a fim de resguardar a sua integridade física e moral. O descumprimento desse direito do agente colaborador configura o delito ora comentado.
4. **Revelar a identidade, fotografar ou filmar o colaborador.** A revelação da identidade pode dar-se de qualquer forma, com a publicação em qualquer meio de comunicação do seu nome, número de identidade, CPF e qualquer outro elemento que possa levar à identificação do agente colaborador. A fotografia ou a filmagem pode ser em local público ou privado, não havendo distinção pelo legislador.
5. **Tipo misto alternativo.** A prática de duas ou mais condutas descritas no tipo não gera concurso de crimes, respondendo o agente por apenas um delito.
6. **Autorização por escrito.** A autorização verbal ou tácita não tem validade para efeitos desse delito. A ausência de autorização escrita do agente colaborador é elemento do tipo. Assim, caso ele forneça a autorização por escrito, a conduta será atípica.
7. **Consumação.** Com a efetiva prática das condutas típicas.
8. **Classificação.** Crime comum; formal; doloso; comissivo; instantâneo; admite tentativa.
9. **Suspensão condicional do processo.** Cabível, pois a pena mínima cominada não ultrapassa 1 ano (art. 89 da lei 9.099/95).

Art. 19. Imputar falsamente, sob pretexto de colaboração com a Justiça, a prática de infração penal a **pessoa que sabe ser inocente**, ou **revelar informações** sobre a **estrutura de organização criminosa** que **sabe inverídicas:**

Pena – reclusão, de 1 (um) a 4 (quatro) anos, e multa.

1. **Sujeito ativo.** Trata-se de crime comum, uma vez que pode ser praticado por qualquer pessoa.
2. **Sujeito passivo.** A administração da Justiça e a pessoa imputada.
3. **Imputação falsa.** O agente imputa a alguém a prática de uma infração penal no âmbito de uma organização criminosa, sabendo que a pessoa é inocente.
4. **Não abrangência de dolo eventual.** Tendo em vista que o legislador empregou as expressões "*sabe ser inocente*" não se admite o dolo eventual, somente o dolo direto por parte do agente.
5. **Princípio da especialidade.** A primeira parte do tipo legal de crime ora comentado constitui especialidade em relação ao delito de *calúnia,* previsto no art. 138 do Código Penal.
6. **Revelação de informações sobre a estrutura de organização criminosa que sabe inverídicas.** O agente fornece informações inverídicas sobre a estrutura da organização criminosa. Note-se que se a informação inverídica recair sobre outro elemento que não seja a estrutura da organização criminosa não haverá a prática desse delito em razão do princípio da legalidade penal.
7. **Não abrangência de dolo eventual.** Tendo em vista que o legislador empregou as expressões "*que sabe inverídicas*" não se admite o dolo eventual, somente o dolo direto por parte do agente.
8. **Destinatário da imputação e das informações.** O legislador não deixou claro quem é o destinatário da imputação e da informação. Apesar de não estar expresso, pensamos que os destinatários são o Juiz, a Autoridade Policial e o membro do Ministério Público.
9. **Tipo misto alternativo.** A prática das duas condutas descritas no tipo (imputar e revelar) não gera concurso de crimes, respondendo o agente por apenas um delito.
10. **Norma penal em branco.** Trata-se de norma penal em branco homogênea homovitelina, uma vez que o conceito de organização criminosa deve ser buscado no art. 1º, §1º da própria lei.
11. **Consumação.** Com a conduta de imputação falsa ou com a revelação inverídica.
12. **Classificação.** Crime comum; formal; doloso; comissivo; instantâneo; admite tentativa.
13. **Suspensão condicional do processo.** Cabível, pois a pena mínima cominada não ultrapassa 1 ano (art. 89 da lei 9.099/95).

Art. 20. Descumprir determinação de sigilo das investigações que envolvam a **ação controlada e a infiltração de agentes**:

Pena – reclusão, de 1 (um) a 4 (quatro) anos, e multa.

1. **Sujeito ativo.** Trata-se de crime comum, uma vez que pode ser praticado por qualquer pessoa.

2. **Sujeito passivo.** A administração da Justiça e o agente infiltrado.

3. **Descumprimento de sigilo.** Os arts. 8º, §2 e 10, *caput* c/c 12, *caput* impõem, respectivamente, o sigilo da ação controlada e da infiltração do agente justamente para assegurar o sucesso das medidas investigatórias. O descumprimento desses sigilos configura o delito ora comentado. O descumprimento pode dar-se por meio de qualquer forma de divulgação e por qualquer veículo de comunicação.

4. **Consumação.** Com o descumprimento da determinação do sigilo.

5. **Classificação.** Crime comum; formal; doloso; comissivo; instantâneo; admite tentativa.

6. **Suspensão condicional do processo.** Cabível, pois a pena mínima cominada não ultrapassa 1 ano (art. 89 da lei 9.099/95).

Art. 21. Recusar ou omitir dados cadastrais, registros, documentos e informações **requisitadas pelo juiz, Ministério Público ou delegado de polícia**, no curso de investigação ou do processo:

Pena – reclusão, de 6 (seis) meses a 2 (dois) anos, e multa.

Parágrafo único. Na mesma pena incorre quem, de forma indevida, se apossa, propala, divulga ou faz uso dos dados cadastrais de que trata esta Lei.

1. **Sujeito ativo.** Trata-se de crime comum, uma vez que pode ser praticado por qualquer pessoa.

2. **Sujeito passivo.** A administração da Justiça

3. **Recusar ou omitir.** Recusar significa rejeitar, não admitir. Omitir consiste em não atender. Busca-se, com o tipo legal de crime ora analisado, evitar qualquer espécie de demora ou omissão na prestação de informações referentes a dados cadastrais, registros, documentos e informações, quando requisitados pelo Juiz, pelo membro do Ministério Público ou pelo Delegado de Polícia, no curso de investigação ou do processo. A conduta *recusar* constitui um crime comissivo, por meio do qual o agente rejeita o fornecimento dos dados cadastrais, registros, documentos e informações. A conduta *omitir* configura um crime omissivo próprio, não admitindo, portanto, a figura da tentativa.

4. **Dados cadastrais, registros, documentos e informações.** Os dados, registros, documentos e informações podem constar de qualquer banco de dados ou repositório de informações, público ou particular, oficial ou extraoficial.

5. **Princípio da especialidade.** O tipo legal de crime ora estudado constitui especialidade em relação ao delito de *desobediência* previsto no art. 330 do Código Penal, que tem a seguinte redação: *"Art. 330 – Desobedecer a ordem legal de funcionário público: Pena – detenção, de quinze dias a seis meses, e multa."*

6. **Consumação.** Com a efetiva recusa ou com a omissão.

7. **Classificação.** Crime comum; formal; doloso; comissivo na conduta *recusar* e omissivo próprio na conduta *omitir*; instantâneo; admite tentativa na conduta *recusar* e não admite tentativa na conduta *omitir*.
8. **Suspensão condicional do processo.** Cabível, pois a pena mínima cominada não ultrapassa 1 ano (art. 89 da lei 9.099/95).

→ **Aplicação em concurso.**

- **Juiz de Direito Substituto/RJ. 2016. VUNESP.**

No que diz respeito aos crimes previstos na Lei que Define Organização Criminosa (Lei n. 12.850/13), é correto afirmar que

Os funcionários de empresas telefônicas e provedores de internet que descumprirem requisição do delegado de polícia, expedida durante o curso de investigação criminal e independentemente de autorização judicial, por meio da qual são solicitados dados cadastrais do investigado relativos exclusivamente à sua qualificação pessoal, filiação e endereço cometerão crime de recusa de dados, previsto na Lei n. 12.850/13.

A alternativa está correta.

9. **Parágrafo único. Conduta equiparada.** O legislador buscou coibir a manipulação e a publicidade dos registros previstos no tipo penal.
10. **Sujeito ativo.** Trata-se de crime comum, uma vez que pode ser praticado por qualquer pessoa.
11. **Sujeito passivo.** A administração da Justiça.
12. **Se apossar, propalar, divulgar ou fazer uso.** *Se apossar* é tomar a coisa para si. *Propalar* e *divulgar* são expressões sinônimas e significam tornar público. Logo, o legislador foi redundante nesse aspecto. *Fazer uso* consiste em utilizar.
13. **Dados cadastrais.** Os dados cadastrais podem constar de qualquer banco de dados ou repositório de informações, público ou particular, oficial ou extraoficial.
14. **Consumação.** Com a prática das condutas descritas no tipo penal.
15. **Classificação.** Crime comum; material na conduta *se apossar* e formal nas condutas *propalar, divulgar* e *fazer uso*; doloso; instantâneo; admite tentativa.
16. **Suspensão condicional do processo.** Cabível, pois a pena mínima cominada não ultrapassa 1 ano (art. 89 da lei 9.099/95).

CAPÍTULO III
DISPOSIÇÕES FINAIS

Art. 22. Os crimes previstos nesta Lei e as infrações penais conexas serão apurados mediante **procedimento ordinário** previsto no Decreto-Lei nº 3.689, de 3 de outubro de 1941 (Código de Processo Penal), observado o disposto no parágrafo único deste artigo.

Parágrafo único. A **instrução criminal** deverá ser **encerrada** em **prazo razoável**, o qual **não** poderá **exceder a 120 (cento e vinte) dias quando** o **réu** estiver **preso, prorrogáveis** em até igual período, por decisão fundamentada, devidamente motivada pela complexidade da causa ou por fato procrastinatório atribuível ao réu.

1. **Procedimento e prazo para o encerramento da instrução processual.** O procedimento escolhido pelo legislador para o processo e o julgamento dos delitos previstos na lei, bem como das infrações penais que lhes forem conexas foi o procedimento comum ordinário. Estabeleceu, ainda, que a instrução criminal deverá ser encerrada em prazo razoável, em consonância com o princípio da duração razoável do processo positivado no art. 5º, LXXVIII da CRFB/88, segundo o qual *"a todos, no âmbito judicial e administrativo, são assegurados a razoável duração do processo e os meios que garantam a celeridade de sua tramitação"*. Porém, na hipótese de o réu encontrar-se preso o prazo máximo é de 120 dias. Esse prazo pode ser excepcionalmente prorrogado em até igual período por decisão fundamentada, motivada pela complexidade do processo ou por ato procrastinatório por parte do réu. Note-se que o mencionado prazo é para o término da fase instrutória do processo, e não para o término do processo. Ultrapassado esse prazo, o preso deverá ser posto em liberdade, uma vez que tal prisão configurará verdadeiro constrangimento ilegal.

→ **Aplicação em concurso.**

- **Defensor Público/GO. 2014. CS-UFG.**

  Os crimes previstos na Lei n. 12.850/2013, que define organização criminosa, e as infrações penais conexas, serão apurados mediante procedimento.

A) sumaríssimo, previsto na Lei n. 9.099/1995

B) sumário, previsto no Código de Processo Penal.

C) ordinário, previsto no Código de Processo Penal.

D) especial, previsto na Constituição Federal.

E) extraordinário, previsto na Constituição Federal.

Alternativa correta: Letra C.

Art. 23. O **sigilo da investigação** poderá ser decretado pela autoridade judicial competente, para garantia da celeridade e da eficácia das diligências investigatórias, assegurando-se ao defensor, no interesse do representado, amplo acesso aos elementos de prova que digam respeito ao exercício do direito de defesa, devidamente precedido de autorização judicial, ressalvados os referentes às diligências em andamento.

Parágrafo único. Determinado o depoimento do investigado, seu defensor terá assegurada a prévia vista dos autos, ainda que classificados como sigilosos, no prazo mínimo de 3 (três) dias que antecedem ao ato, podendo ser ampliado, a critério da autoridade responsável pela investigação.

Sigilo da investigação. O sigilo da investigação é medida necessária ao seu sucesso. Segundo o dispositivo ora comentado, o defensor, no interesse de seu representado, tem amplo acesso aos elementos de prova que digam respeito ao exercício do direito de defesa, devidamente precedido de autorização judicial. A parte final do dispositivo é flagrantemente inconstitucional por violação dos princípios do contraditório e da ampla defesa, pois o defensor deve ter acesso aos autos independentemente de autorização judicial. De acordo com a Súmula Vinculante nº 14 do STF "é direito do defensor, no interesse do representado, ter acesso amplo aos elementos de prova que, já documentados em procedimento investigatório realizado por órgão com competência de polícia judiciária, digam respeito ao exercício do direito de defesa". Dessa forma, deve ser assegurado ao defensor o amplo acesso aos autos independentemente de autorização judicial, desprezando-se a parte final do dispositivo ora comentado.

→ **Aplicação em concurso.**

- **Juiz de Direito Substituto/AM. 2016. CESPE.**

  Assinale a opção correta com base no disposto na Lei n.º 12.850/2013.

A) Se a colaboração for posterior à sentença, a pena poderá ser reduzida até a metade ou poderá ser admitida a progressão de regime, ainda que ausentes os requisitos objetivos e subjetivos.

B) Não se exige do colaborador a renúncia ao direito de silêncio nos depoimentos nem o compromisso legal de dizer a verdade, devendo a renúncia ser espontânea.

C) Em caso de decretação do sigilo da investigação, é assegurado ao defensor, no interesse do representado e mediante prévia autorização judicial, amplo acesso aos elementos de prova relacionados ao exercício do direito de defesa, ressalvados os referentes às diligências em andamento.

D) Pode-se considerar organização criminosa o grupo de pessoas que se estruturem para cometer infrações penais para as quais seja prevista pena máxima de três anos.

E) O consentimento de perdão judicial por colaboração premiada que possibilite um dos resultados previstos em lei depende do requerimento do MP.

Alternativa correta: letra C.

Art. 24. O art. 288 do Decreto-Lei n. 2.848, de 7 de dezembro de 1940 (Código Penal), passa a vigorar com a seguinte redação:

"Associação Criminosa

Art. 288. Associarem-se 3 (três) ou mais pessoas, para o fim específico de cometer crimes:

Pena – reclusão, de 1 (um) a 3 (três) anos.

Parágrafo único. A pena aumenta-se até a metade se a associação é armada ou se houver a participação de criança ou adolescente." (NR)

Art. 25. O art. 342 do Decreto-Lei nº 2.848, de 7 de dezembro de 1940 (Código Penal), passa a vigorar com a seguinte redação:

"Art. 342. ....

Pena – reclusão, de 2 (dois) a 4 (quatro) anos, e multa.

...." (NR)

Art. 26. Revoga-se a Lei n. 9.034, de 3 de maio de 1995.

Art. 27. Esta Lei entra em vigor após decorridos 45 (quarenta e cinco) dias de sua publicação oficial.

1. **Alteração do Código Penal.** A alteração do Código Penal pela lei 12.850/2013 não será comentada por não ser o objeto desta obra.

Organizações Criminosas. Lei nº 12.694, de 24 de julho de 2012

Art. 1º Em processos ou procedimentos que tenham por objeto crimes praticados por organizações criminosas, o juiz poderá decidir pela **formação de colegiado para a prática de qualquer ato processual**, especialmente:

I – decretação de prisão ou de medidas assecuratórias;

II – concessão de liberdade provisória ou revogação de prisão;

III – sentença;

IV – progressão ou regressão de regime de cumprimento de pena;

V – concessão de liberdade condicional;

VI – transferência de preso para estabelecimento prisional de segurança máxima; e

VII – inclusão do preso no regime disciplinar diferenciado.

§ 1º O juiz poderá instaurar o colegiado, indicando os motivos e as circunstâncias que acarretam **risco à sua integridade física** em decisão fundamentada, da qual será dado conhecimento ao órgão correicional.

§ 2º O **colegiado será formado pelo juiz do processo e por 2 (dois) outros juízes** escolhidos por sorteio eletrônico dentre aqueles de competência criminal em exercício no primeiro grau de jurisdição.

§ 3º A **competência do colegiado** limita-se ao ato para o qual foi convocado.

§ 4º As reuniões poderão ser sigilosas sempre que houver risco de que a publicidade resulte em prejuízo à eficácia da decisão judicial.

§ 5º A reunião do colegiado composto por juízes domiciliados em cidades diversas poderá ser feita pela via eletrônica.

§ 6º As **decisões do colegiado**, devidamente fundamentadas e **firmadas, sem exceção, por todos os seus integrantes**, serão publicadas sem qualquer referência a voto divergente de qualquer membro.

§ 7º Os tribunais, no âmbito de suas competências, expedirão normas regulamentando a composição do colegiado e os procedimentos a serem adotados para o seu funcionamento.

1. **Objeto da formação do colegiado.** O colegiado tem por objeto processos nos quais são julgados crimes praticados por organização criminosa, independentemente do delito praticado. O critério utilizado pelo legislador foi objetivo, qual seja: espécie de crime praticado, e não um critério subjetivo a partir de características pessoais do autor do crime.

2. **Formação de colegiado para decidir questões processuais. Rol exemplificativo.** O rol disposto nos incisos é meramente exemplificativo, uma vez que o legislador, antes de elencar as hipóteses, utilizou as expressões *qualquer ato processual, especialmente*. Percebe-se com isso que apesar de haver a enumeração dos atos processuais, o legislador permitiu a interpretação analógica para abranger também outros atos que não estão dispostos no rol do art. 1º. Deve-se atentar, entretanto, que o ato a ser praticado somente pode ter natureza processual.

3. **Decisão do Juízo natural.** Quem decide sobre a formação do colegiado é o Juízo natural do processo. Na decisão sobre a conveniência da formação do colegiado não pode haver a interferência de nenhum outro órgão do Poder Judiciário. Isso se explica porque somente o Juízo natural do processo é que tem condições de saber se determinado caso concreto oferece risco à sua integridade física.

4. **Momento da formação do colegiado.** Tendo em vista que o legislador utilizou as expressões *processos ou procedimentos*, o colegiado pode ser formado não apenas durante o processo criminal, mas também no curso do Inquérito Policial. Da mesma forma, como não houve menção ao momento para a formação do colegiado, pode-se afirmar que ele pode formar-se antes do processo criminal (por exemplo, a formação do colegiado para decidir sobre uma interceptação telefônica), durante o curso do processo (como no caso da formação do colegiado para proferir a sentença) ou após o término do processo criminal (formação do colegiado para decidir sobre a concessão de livramento condicional, regressão de regime, perda dos dias remidos pelo trabalho etc.).

5. **Especificação do ato.** A decisão que formar o colegiado deverá especificar os atos que serão objetos de sua competência.

6. **Natureza do ato a ser praticado pelo colegiado.** O colegiado pode praticar tanto atos instrutórios, quanto atos decisórios. O art. 1º dispõe *ato processual*, independentemente da sua natureza.

7. **§1º Motivação da formação do colegiado.** A motivação da formação do colegiado é o risco que o julgamento do processo ou a prática de algum ato processual possa acarretar à integridade física do Juiz. Os motivos e as circunstâncias devem ser concretos, e não apenas mera possibilidade, devendo o Juiz indicá-los na decisão de formação do colegiado. Apesar de a lei mencionar apenas o risco à integridade física do Juiz, parece lógico que o dispositivo está a abranger também o risco à integridade física de seus familiares. Note-se que a formação do colegiado é uma faculdade do Juiz e ele pode decidir não formá-lo e correr o risco à sua integridade física.

8. **§2º Composição do colegiado.** O colegiado é formado pelo Juízo natural do processo e por outros dois Juízes com competência criminal em exercício no 1 º grau

de jurisdição, sorteados de forma eletrônica. O legislador teve dois cuidados nesse ponto: o primeiro foi determinar que a composição do colegiado fosse formada por Juízes que atuem na área criminal, em 1º grau de jurisdição; o segundo foi a obrigatoriedade do sorteio eletrônico, que é uma forma de estabelecer um critério objetivo e impessoal para a formação do colegiado.

9. **Recusa do Magistrado sorteado.** Questão relevante versa sobre a possibilidade do Juiz sorteado para compor o colegiado recusar. Pensamos que a recusa pode existir, desde que motivada, por exemplo, em motivo de foro íntimo ou outro motivo funcional plausível. A recusa do Juiz sorteado pode fundamentar-se na sua independência funcional? Parece que não. Se o Juiz foi sorteado, ele deve assumir o encargo, como em qualquer outra hipótese em que a Vara Criminal onde ele atua seja sorteada no setor de distribuição para receber um processo criminal. A negativa do Juiz com base na sua independência funcional seria negativa de prestação jurisdicional, vedada pelo princípio da inafastabilidade do Poder Judiciário.

10. **§3º Competência limitada do colegiado.** O legislador limitou a competência do colegiado à prática somente do ato para o qual foi convocado. É de se notar que o colegiado não se torna competente para prosseguir no julgamento do processo até o seu fim, limitando-se somente ao ato para o qual foi formado. E se for necessária a prática de vários atos no mesmo processo? Cremos que nada impede que a formação do colegiado seja feita para a prática de mais de um ato processual, desde todos os atos que serão praticados estejam especificados na decisão de sua formação.

11. **§4º e 5º Sigilo das reuniões do colegiado.** O sigilo das reuniões é uma faculdade, e não uma obrigação. A regra é a publicidade das reuniões. Mas o sigilo poderá ser decretado se houver risco de a publicidade causar prejuízo à eficácia da decisão. O fato de os Juízes morarem em cidades diversas não inviabiliza a reunião, devendo ele ser feita por via eletrônica. Note-se que o legislador não exigiu a videoconferência, o que nos leva a concluir que qualquer meio eletrônico pode servir para a realização da reunião, como a troca de e-mails com certificação de autenticidade.

12. **Competência para a decretação do sigilo das reuniões.** Questão relevante versa sobra a competência para a decretação do sigilo. Quem tem competência para decretar o sigilo das reuniões, o Juízo natural do processo ou o colegiado? Pela redação legal, parece que a competência é do órgão colegiado. Com efeito, primeiro forma-se o colegiado, depois da análise do caso concreto pelos três Juízes é que se poderá decretar o sigilo. A partir do momento em que o colegiado se forma a competência para decidir pelo sigilo passa a ser dele.

13. **§6º Publicação das decisões do colegiado.** A publicação da decisão sem qualquer referência a voto divergente de qualquer membro foi um meio que o legislador encontrou de manter o sigilo das votações para evitar a identificação e a individualização dos votos, por motivos de segurança dos Juízes.

14. **§7º Normatização do funcionamento do colegiado.** O legislador deixou a cargo dos Tribunais a possibilidade de regulamentação da composição do colegiado e os procedimentos a serem adotados para o seu funcionamento, de acordo com as suas necessidades e conveniências.

15. **Processos já em curso. Possibilidade da formação do colegiado.** O colegiado pode ser formado para a prática de atos processuais nos processos já em curso quando do advento da lei. A lei tem natureza processual e deve ter aplicação imediata. Entretanto, se o ato processual já foi praticado antes do seu início de vigência, ele não poderá ser novamente praticado pelo colegiado, uma vez que de acordo com o art. 2º do Código de Processo Penal, a lei processual tem aplicação imediata, mas são respeitados os atos praticados antes da sua vigência.

16. **Violação ao princípio do Juízo natural.** Questão da mais alta relevância versa sobre a formação do colegiado e o princípio do Juízo natural previsto no art. 5º, XXXVII e LIII da CRFB/88. Segundo esse princípio, o Juízo natural é aquele que possui a sua competência definida em lei antes da prática do fato criminoso. Em outras palavras, o Juízo natural é aquele que já tem competência para o processo e o julgamento do fato criminoso na data da sua prática. Trata-se de uma garantia constitucional para que seja assegurado um julgamento imparcial e isento por parte do Poder Judiciário. A lei 12.694/2012 permite a formação de um órgão colegiado para a prática de um ato processual. Com isso, estar-se-ia permitindo a formação do órgão judiciário após a prática do fato delituoso, trazendo para o processo dois Juízes que não eram, em tese, competentes para processar e julgar o fato quando ele ocorreu. Em face disso, surge a seguinte questão: ao se permitir a formação de um colegiado para a prática de atos processuais após o fato criminoso estar-se-ia violando o princípio do Juízo natural? Apesar de algumas vozes terem sido levantadas nesse sentido, cremos que o colegiado trazido pela novel lei não causa nenhuma violação ao princípio do Juízo natural. Ao contrário, pensamos que quando o legislador criou a possibilidade da formação do órgão colegiado, já considerou o princípio do Juízo natural. Inicialmente, deve ser ressaltado que ao criar o colegiado, o legislador teve a preocupação em manter o Juízo natural dentro dele. Note-se que é o Juízo natural que vai instaurar o colegiado, dele fazendo parte. O legislador fez questão de mantê-lo na composição do colegiado. Não há a possibilidade de o colegiado ser formado apenas por Juízes que nunca tiveram competência para processar e julgar aquele determinado fato. A formação do colegiado parte do próprio Juízo natural. Ele permanece no processo. Não se retira o Juízo natural do processo e coloca-se outro em seu lugar para efetuar o julgamento. O Juízo natural já tinha a competência para o processo e o julgamento do fato criminoso quando ele foi praticado. Não há a designação de um Juiz excepcionalmente para julgar um fato. Ao contrário. O julgamento é feito pelo Juízo natural, em conjunto com outros dois Juízes. Seria diferente se a lei permitisse a designação de outro órgão competente para processar e julgar o fato após a sua ocorrência. Mas não foi isso o que o legislador estabeleceu. Demais disso, afirmamos acima que o Juízo natural é aquele que possui a sua competência definida em lei antes da prática do fato criminoso, ou seja, aquele que já tem competência para o processo e o julgamento do fato criminoso na data da sua prática. Como sabido, a competência é do órgão jurisdicional, e não da pessoa do Juiz (aliás e por isso que utilizamos a expressão Juízo natural, e não Juiz natural). Se a competência é do órgão jurisdicional e deve estar previamente prevista em lei antes da prática do fato criminoso, a conclusão lógica é de que o colegiado é o Juízo natural para processar e julgar o fato criminoso.

Note-se que o órgão jurisdicional competente é o colegiado. Criado regularmente pela lei 12.694/2012, o colegiado passa a ser o Juízo natural para processar e julgar o fato criminoso no momento em que ele foi praticado, independentemente dos Juízes (pessoas) que irão compô-lo. É o que se passa nos julgamentos conjuntos proferidos pelos Tribunais, em que a competência é da Turma julgadora, independentemente de quem irá compô-la. Na hipótese de férias de um Desembargador ou licença por motivos de saúde etc., por exemplo, é designado outro Magistrado para compor a Turma julgadora após a prática do delito, e nunca se sustentou que essa hipótese também violaria o princípio do Juízo natural. O órgão jurisdicional continua com a competência para o processo e julgamento do fato delituoso, apesar de haver mudança na sua composição. Da mesma forma, em uma Vara Criminal, caso o Juiz titular entre em férias ou de licença outro Juiz será designado para o seu lugar para dar seguimento aos processos e praticar todos os atos processuais, e nunca se sustentou que isso violaria o princípio do Juízo natural. E a razão é lógica: a competência é do órgão jurisdicional, e não da pessoa do Juiz. Na hipótese do colegiado previsto na lei 12.694/2012, o Juízo natural passa a ser o próprio órgão colegiado, que já é obrigatoriamente composto pelo Juízo natural, independentemente dos demais Juízes que irão compô-lo. Ressalte-se, também, que o colegiado é formado por outros dois Juízes com competência criminal, mantendo-se, assim, a competência em razão da matéria, designados por sorteio eletrônico, o que garante e assegura a total objetividade e lisura do processo seletivo, não havendo que se falar em designação casuística para determinado caso concreto. Em face do exposto, pensamos que a norma ora comentada antes afirma do que contraria a existência do princípio do Juízo natural.

17. Violação ao princípio da identidade física do Juiz. Questão relevante versa sobre a possível violação do princípio da identidade física do Juiz. A formação do colegiado, permitindo o ingresso de outros Juízes nele, que não colheram as provas, não ouviram as testemunhas e não interrogaram o acusado estaria a afastar a exigência da identidade física do Juiz? O § 2º do art. 399 do CPP, com a redação que lhe deu a lei 11.719/2008, dispõe que o Juiz que presidiu a instrução processual deverá proferir a sentença. Inicialmente, deve ser destacado que a questão apenas oferece dificuldade se o colegiado for formado para proferir a sentença. Isso porque o princípio da identidade física do Juiz é tema afeto à sentença e a exigência do dispositivo processual acima mencionado está ligada à sentença. Com efeito, pode acontecer que o colegiado seja formado para praticar um ato processual antes mesmo do início da instrução processual, como a decretação de uma prisão preventiva ou então para a prática de um ato processual durante a instrução criminal. Essas hipóteses não oferecem nenhuma dificuldade, uma vez que não está a se tratar do ato de proferir a sentença. No que tange à formação do colegiado para a elaboração da sentença, cremos que não há nenhuma violação ao princípio da identidade física do Juiz. Com efeito, quando o legislador permitiu a formação do colegiado, ele manteve o Juiz que concluiu a instrução em sua composição. O Juiz que concluiu a instrução processual faz parte obrigatoriamente do colegiado. O Juiz que colheu todas as provas participará do julgamento do processo, em conjunto com mais dois Juízes com competência criminal. O legislador não afastou do julgamento o Juiz que concluiu a instrução processual. Ao contrário. O legislador o manteve dentro do colegiado. Assim, a sentença será proferida pelo juiz que concluiu a instrução processual, em conjunto com outros dois Juízes. Por essas razões, cremos que não há violação ao princípio da identidade física do Juiz.

18. **Posição do STF em caso semelhante.** O STF foi instado a manifestar-se sobre esse tema em hipótese semelhante, ao julgar a Ação Direta de Inconstitucionalidade nº 4414, na qual se impugnou a lei nº 6.806/2007 do Estado de Alagoas, que prevê hipótese semelhante no seu art. 12 e dispõe que "qualquer juiz poderá solicitar, nos casos em que esteja sendo ameaçado no desempenho de suas atividades jurisdicionais, o apoio da 17ª Vara Criminal da Capital, cujos membros assinarão, em conjunto com aquele, os atos processuais que possuam relação com a ameaça". O STF entendeu que esse dispositivo da lei alagoana é inconstitucional por violação ao princípio do Juízo Natural. Contudo, alertamos que a declaração de inconstitucionalidade foi em relação à lei alagoana, e não em relação ao art. 1º da lei 12.694/2012, embora as situações sejam muito semelhantes.

▶ **STF**

Informativo nº 668

Organização criminosa e vara especializada – 11

De igual modo, declarou-se a inconstitucionalidade dos artigos 7º ("Podem ser delegados a qualquer outro juízo os atos de instrução ou execução sempre que isso não importe prejuízo ao sigilo, à celeridade ou à eficácia das diligências") e 12 ("Qualquer juiz poderá solicitar, nos casos em que esteja sendo ameaçado no desempenho de suas atividades jurisdicionais, o apoio da 17ª Vara Criminal da Capital, cujos membros assinarão, em conjunto com aquele, os atos processuais que possuam relação com a ameaça"). Reconheceu-se transgressão à garantia constitucional do juiz natural, resguardo contra arbitrariedade política e judiciária. Revelou-se que o postulado asseguraria: a) a imparcialidade do julgador, a evitar designações com finalidades obscuras, em prejuízo do réu; b) o direito, a qualquer pessoa, a processo e julgamento pelo mesmo órgão; e c) o reforço à independência do magistrado, imune a ameaças por parte de superiores na hipótese de não seguir eventual determinação. Assinalou-se que os preceitos confrontar-se-iam, também, com o princípio da identidade física do juiz e com o art. 22, I, da CF. Sobressaiu-se inadmissível que o magistrado, sem justificativa calcada em sua competência territorial ou funcional, delegasse ato de instrução para ser praticado em outro órgão, o que dificultaria, inclusive, a ampla defesa. Ademais, inaceitável que o juiz responsável pelo feito, sob alegação de sofrer ameaças, instaurasse verdadeiro tribunal de exceção. **ADI 4414/AL, rel. Min. Luiz Fux, 30 e 31.5.2012.**

Art. 2º Para os efeitos desta Lei, **considera-se organização criminosa** a associação, de 3 (três) ou mais pessoas, estruturalmente ordenada e caracterizada pela divisão de tarefas, ainda que informalmente, com objetivo de obter, direta ou indiretamente, vantagem de qualquer natureza, mediante a prática de crimes cuja pena máxima seja igual ou superior a 4 (quatro) anos ou que sejam de caráter transnacional.

1. **Conceito de Organização Criminosa.** Ver comentários ao art. 1º, §1º da lei 12.850/2013.

Art. 3º Os tribunais, no âmbito de suas competências, são autorizados a tomar medidas para reforçar a **segurança dos prédios da Justiça**, especialmente:

I - controle de acesso, com identificação, aos seus prédios, especialmente aqueles com varas criminais, ou às áreas dos prédios com varas criminais;

II - instalação de câmeras de vigilância nos seus prédios, especialmente nas varas criminais e áreas adjacentes;

III - instalação de aparelhos detectores de metais, aos quais se devem submeter todos que queiram ter acesso aos seus prédios, especialmente às varas criminais ou às respectivas salas de audiência, ainda que exerçam qualquer cargo ou função pública, ressalvados os integrantes de missão policial, a escolta de presos e os agentes ou inspetores de segurança próprios.

1. **Medidas de reforço da segurança.** Pela redação do dispositivo legal, percebe-se que a grande preocupação do legislador foi com a segurança dos Magistrados que atuem em Varas Criminais. O legislador preferiu deixar a cargo da cada Tribunal a decisão de quais seriam as medidas necessárias para o reforço da segurança, o que é salutar, pois somente cada Tribunal tem condições de saber quais as medidas mais necessárias e mais relevantes, sendo certo que tais medidas podem variar de acordo com a localidade do Tribunal e com o tipo de risco que o local oferece à segurança dos Magistrados.

Os arts. 4º ao 8º tratam de alterações legislativas, razão pela qual não serão objetos de comentário.

Art. 9º Diante de **situação de risco, decorrente do exercício da função**, das autoridades judiciais ou membros do Ministério Público e de seus familiares, o fato será comunicado à polícia judiciária, que avaliará a necessidade, o alcance e os parâmetros da proteção pessoal.

§ 1º A **proteção pessoal** será prestada de acordo com a avaliação realizada pela polícia judiciária e após a comunicação à autoridade judicial ou ao membro do Ministério Público, conforme o caso:

I - pela própria polícia judiciária;

II - pelos órgãos de segurança institucional;

III - por outras forças policiais;

IV - de forma conjunta pelos citados nos incisos I, II e III.

§ 2º Será prestada **proteção pessoal imediata nos casos urgentes**, sem prejuízo da adequação da medida, segundo a avaliação a que se referem o caput e o § 1º deste artigo.

§ 3º A prestação de proteção pessoal será comunicada ao Conselho Nacional de Justiça ou ao Conselho Nacional do Ministério Público, conforme o caso.

§ 4º Verificado o descumprimento dos procedimentos de segurança definidos pela polícia judiciária, esta encaminhará relatório ao Conselho Nacional de Justiça – CNJ ou ao Conselho Nacional do Ministério Público – CNMP.

Art. 10. Esta Lei entra em vigor após decorridos 90 (noventa) dias de sua publicação oficial.

1. **Situação de risco decorrente do exercício da função.** O legislador trouxe, no presente dispositivo, a medida de proteção pessoal prestada às autoridades judiciárias e aos membros do Ministério Público, quando eles ou seus familiares estiverem diante de uma situação de risco. A situação caracterizadora do risco deve se concreta, não podendo cingir-se ao âmbito da mera possibilidade. O legislador não limitou o risco à integridade física das pessoas mencionadas no dispositivo legal, razão pela qual deve ser abrangida qualquer espécie de risco a que a pessoa estiver sujeita.

2. **Nexo funcional.** Exige-se que o risco seja decorrente do exercício da função, de forma que o risco oriundo de um fato diverso não justifica a proteção pessoal.

3. **Destinatários da proteção pessoal.** As autoridades judiciárias, os membros do Ministério Público e os seus familiares.

4. **§ 1º. Discricionariedade da polícia judiciária.** Pela redação legal, a polícia judiciária tem a discricionariedade para avaliar a necessidade, o alcance e os parâmetros da proteção pessoal. Portanto, quem decidirá se haverá ou não a efetivação da proteção pessoal será a polícia judiciária, e não a autoridade judiciária ou o membro do Ministério Público.

5. **§ 1º. Órgãos encarregados da proteção pessoal.** A proteção pessoal será prestada pela polícia judiciária, pelos órgãos de segurança institucional, por outras forças policiais ou pelos três órgãos em conjunto. O que irá determinar a definição do órgão que prestará a proteção pessoal será a avaliação da polícia judiciária.

6. **§ 2º. Proteção pessoal imediata.** Em casos de urgência, a proteção pessoal será imediata. O que se deve entender por *imediata*? Cremos que no exato momento em que a situação de risco ficar caracterizada e a polícia judiciária tomar conhecimento dela. Estamos certos de que somente o caso concreto dirá, mas o legislador determinou a obrigatoriedade da proteção imediata, podendo ser posteriormente adequada. Em todo caso, conforme a redação legal, a avaliação da urgência é feita pela polícia judiciária.

7. **§ 3º. Obrigatoriedade da comunicação.** A comunicação ao Conselho Nacional de Justiça ou ao Conselho Nacional do Ministério Público é obrigatória, a depender do destinatário da proteção pessoal.

8. **§ 4º. Descumprimento dos procedimentos de segurança.** O encaminhamento do relatório ao Conselho Nacional de Justiça ou ao Conselho Nacional do Ministério Público tem por finalidade apurar a responsabilidade daquele que descumprir os procedimentos de segurança definidos pela polícia judiciária.

Planejamento Familiar. Lei nº 9.263, de 12 de janeiro de 1996

Art. 1º O **planejamento familiar** é direito de todo cidadão, observado o disposto nesta Lei.

Art. 2º Para fins desta Lei, **entende-se planejamento familiar** como o conjunto de ações de regulação da fecundidade que garanta direitos iguais de constituição, limitação ou aumento da prole pela mulher, pelo homem ou pelo casal.

Parágrafo único – É proibida a utilização das ações a que se refere o caput para qualquer tipo de controle demográfico.

Art. 3º O planejamento familiar é parte integrante do conjunto de ações de atenção à mulher, ao homem ou ao casal, dentro de uma visão de atendimento global e integral à saúde.

Parágrafo único – As instâncias gestoras do Sistema Único de Saúde, em todos os seus níveis, na prestação das ações previstas no caput, obrigam-se a garantir, em toda a sua rede de serviços, no que respeita a atenção à mulher, ao homem ou ao casal, programa de atenção integral à saúde, em todos os seus ciclos vitais, que inclua, como atividades básicas, entre outras:

I – a assistência à concepção e contracepção;

II – o atendimento pré-natal;

III – a assistência ao parto, ao puerpério e ao neonato;

IV – o controle das doenças sexualmente transmissíveis;

V – o controle e prevenção do câncer cérvico-uterino, do câncer de mama e do câncer de pênis.

Art. 4º O planejamento familiar orienta-se por **ações preventivas e educativas** e pela **garantia de acesso** igualitário a informações, meios, métodos e técnicas disponíveis para a regulação da fecundidade.

Parágrafo único – O Sistema Único de Saúde promoverá o treinamento de recursos humanos, com ênfase na capacitação do pessoal técnico, visando a promoção de ações de atendimento à saúde reprodutiva.

Art. 5º – É **dever do Estado**, através do Sistema Único de Saúde, em associação, no que couber, às instâncias componentes do sistema educacional, promover condições e recursos informativos, educacionais, técnicos e científicos que assegurem o livre exercício do planejamento familiar.

Art. 6º As ações de planejamento familiar serão exercidas pelas **instituições públicas e privadas, filantrópicas ou não**, nos termos desta Lei e das normas de funcionamento e mecanismos de fiscalização estabelecidos pelas instâncias gestoras do Sistema Único de Saúde.

Parágrafo único – Compete à direção nacional do Sistema Único de Saúde definir as normas gerais de planejamento familiar.

Art. 7º – É permitida a participação direta ou indireta de empresas ou capitais estrangeiros nas ações e pesquisas de planejamento familiar, desde que autorizada, fiscalizada e controlada pelo órgão de direção nacional do Sistema Único de Saúde.

Art. 8º A realização de experiências com seres humanos no campo da regulação da fecundidade somente será permitida se previamente autorizada, fiscalizada e controlada pela direção nacional do Sistema Único de Saúde e atendidos os critérios estabelecidos pela Organização Mundial de Saúde.

Art. 9º Para o exercício do direito ao planejamento familiar, serão oferecidos todos os métodos e técnicas de concepção e contracepção cientificamente aceitos e que não coloquem em risco a vida e a saúde das pessoas, garantida a liberdade de opção.

Parágrafo único. A prescrição a que se refere o caput só poderá ocorrer mediante avaliação e acompanhamento clínico e com informação sobre os seus riscos, vantagens, desvantagens e eficácia.

Art. 10. Somente é permitida a **esterilização voluntária** nas seguintes situações:

I – em homens e mulheres com capacidade civil plena e maiores de vinte e cinco anos de idade ou, pelo menos, com dois filhos vivos, desde que observado o prazo mínimo de sessenta dias entre a manifestação da vontade e o ato cirúrgico, período no qual será propiciado à pessoa interessada acesso a serviço de regulação da fecundidade, incluindo aconselhamento por equipe multidisciplinar, visando desencorajar a esterilização precoce;

II – risco à vida ou à saúde da mulher ou do futuro concepto, testemunhado em relatório escrito e assinado por dois médicos.

§ 1º É condição para que se realize a esterilização o registro de expressa manifestação da vontade em documento escrito e firmado, após a informação a respeito dos riscos da cirurgia, possíveis efeitos colaterais, dificuldades de sua reversão e opções de contracepção reversíveis existentes.

§ 2º É vedada a esterilização cirúrgica em mulher durante os períodos de parto ou aborto, exceto nos casos de comprovada necessidade, por cesarianas sucessivas anteriores.

§ 3º Não será considerada a manifestação de vontade, na forma do § 1º, expressa durante ocorrência de alterações na capacidade de discernimento por influência de álcool, drogas, estados emocionais alterados ou incapacidade mental temporária ou permanente.

§ 4º A esterilização cirúrgica como método contraceptivo somente será executada através da laqueadura tubária, vasectomia ou de outro método cientificamente aceito, sendo vedada através da histerectomia e o oforectomia.

§ 5º Na vigência de sociedade conjugal, a esterilização depende do consentimento expresso de ambos os cônjuges.

§ 6º A esterilização cirúrgica em pessoas absolutamente incapazes somente poderá ocorrer mediante autorização judicial, regulamentada na forma da Lei.

Art. 11. Toda esterilização cirúrgica será objeto de **notificação compulsória** à direção do Sistema Único de Saúde.

Art. 12. É **vedada** a **indução ou instigamento** individual ou coletivo à prática da esterilização cirúrgica.

Art. 13. É vedada a **exigência de atestado** de esterilização ou de teste de gravidez para quaisquer fins.

Art. 14. Cabe à instância gestora do Sistema Único de Saúde, guardado o seu nível de competência e atribuições, cadastrar, fiscalizar e controlar as instituições e serviços que realizam ações e pesquisas na área do planejamento familiar.

Parágrafo único. Só podem ser autorizadas a realizar esterilização cirúrgica as instituições que ofereçam todas as opções de meios e métodos de contracepção reversíveis.

CAPÍTULO II
DOS CRIMES E DAS PENALIDADES

Art. 15. Realizar **esterilização cirúrgica** em desacordo com o estabelecido no art. 10 desta Lei.

Pena – reclusão, de dois a oito anos, e multa, se a prática não constitui crime mais grave.

Parágrafo único – A pena é aumentada de um terço se a esterilização for praticada:

I – durante os períodos de parto ou aborto, salvo o disposto no inciso II do art. 10 desta Lei.

II – com manifestação da vontade do esterilizado expressa durante a ocorrência de alterações na capacidade de discernimento por influência de álcool, drogas, estados emocionais alterados ou incapacidade mental temporária ou permanente;

III – através de histerectomia e ooforectomia;

IV – em pessoa absolutamente incapaz, sem autorização judicial;

V – através de cesária indicada para fim exclusivo de esterilização.

1. **Sujeito ativo.** O médico cirurgião que realiza a esterilização cirúrgica. Trata-se de crime próprio.

2. **Sujeito passivo.** A pessoa submetida à esterilização cirúrgica.

3. **Esterilização cirúrgica.** Por esterilização cirúrgica entenda-se o procedimento irreversível que pode ser feito no homem, por meio da chamada *vasectomia*, que consiste na secção dos canais deferentes, impedindo que os espermatozoides saiam na ejaculação, e na mulher, por meio da denominada *salpingotripsia* (ligadura das trompas), consistente no procedimento cirúrgico que tem por objetivo bloquear o trajeto das trompas uterinas, impedindo o contato entre espermatozoide e óvulo. O art. 10, §4º dispõe que "a esterilização cirúrgica como método contraceptivo somente será executada através da laqueadura tubária, vasectomia ou de outro método cientificamente aceito, sendo vedada através da histerectomia e ooforectomia".

4. **Norma penal em branco.** O presente tipo penal configura uma norma penal em branco homogênea homovitelina, pois para a sua aplicação e sua interpretação precisa ser complementada pelo art. 10 da própria lei, que estabelece as normas e procedimentos para a realização da esterilização cirúrgica. Portanto, o delito consiste na realização da esterilização de forma contrária às normas contidas no art. 10 desta lei.

5. **Subsidiariedade expressa.** O preceito secundário do tipo penal expressa a sua natureza subsidiária. Assim, caso do fato ocorrido resulte algum delito mais grave, como a lesão corporal ou o homicídio, esses delitos estarão configurados, afastando-se a incidência do tipo penal ora comentado.

6. **Parágrafo único. Causas de aumento de pena.**

7. **Inciso I. Durante os períodos de parto ou aborto, salvo o disposto no inciso II do art. 10 desta Lei.** O art. 10, §2º dispõe que é vedada a esterilização cirúrgica em mulher durante os períodos de parto ou aborto, exceto nos casos de comprovada necessidade, por cesarianas sucessivas anteriores. Tendo em vista que há proibição expressa, a esterilização realizada neste período é mais grave, razão pela qual se justifica o aumento de pena.

8. **Inciso II. Com manifestação da vontade do esterilizado expressa durante a ocorrência de alterações na capacidade de discernimento por influência de álcool, drogas, estados emocionais alterados ou incapacidade mental temporária ou permanente.** O art. 10, §1º desta lei exige a manifestação de vontade expressa e escrita como condição para a realização da esterilização cirúrgica. A pessoa que está sob a influência álcool ou drogas, ou a que está com o estado emocional alterado ou, ainda, acometida de incapacidade mental temporária ou permanente, não pode manifestar a sua vontade livremente. Isso faz com que a sua manifestação de vontade seja nula e por essa razão a pena é aumentada para o agente que realiza a esterilização cirúrgica na vítima que se encontra nessas condições. Demais disso, o art. 10, §3º dispõe que "não será considerada a manifestação de vontade, na forma do § 1º, expressa durante ocorrência de alterações na capacidade de discernimento por influência de álcool, drogas, estados emocionais alterados ou incapacidade mental temporária ou permanente".

9. **Inciso III. Através de histerectomia e ooforectomia.** Os procedimentos de histerectomia e ooforectomia são vedados pelo art. 10, §4º da lei. Dessa forma, caso a esterilização seja feita por meio de tais procedimentos, vedados pela própria lei, a reprovabilidade da conduta do agente será maior e a pena será aumentada.

10. **Inciso IV. Em pessoa absolutamente incapaz, sem autorização judicial.** Tendo em vista que a pessoa é absolutamente incapaz e não possui o discernimento mental necessário para compreender o ato de esterilização cirúrgica, o art. 10, §6º exige autorização judicial. O aumento de pena justifica-se em razão justamente da ausência de discernimento mental da vítima para consentir na esterilização, tornando a conduta do agente mais reprovável a justificar o aumento de pena.

11. **Inciso V. Através de cesárea indicada para fim exclusivo de esterilização.** Nesse inciso, há um desvio de finalidade no procedimento de cesárea, uma vez que ela é

marcada não para o parto, mas, sim, com o fim exclusivo de realizar a esterilização cirúrgica, razão pela qual a reprovabilidade do agente é maior e justifica o aumento da pena.

12. **Consumação.** O delito consuma-se com a conclusão do procedimento cirúrgico de esterilização. Trata-se de crime material.

13. **Classificação.** Crime próprio; material; doloso; comissivo; instantâneo; admite tentativa.

14. **Suspensão condicional do processo.** Incabível, pois a pena mínima cominada ultrapassa 1 ano (art. 89 da lei 9.099/95).

Art. 16. Deixar o médico de **notificar à autoridade sanitária** as esterilizações cirúrgicas que realizar.

Pena – detenção, de seis meses a dois anos, e multa.

1. **Sujeito ativo.** O médico cirurgião que realizar a esterilização cirúrgica. Trata-se de crime próprio.
2. **Sujeito passivo.** A coletividade.
3. **Notificação obrigatória.** O art. 11 dispõe que "toda esterilização cirúrgica será objeto de notificação compulsória à direção do Sistema Único de Saúde". Esse foi o meio que o legislador encontrou para controlar e fiscalizar a realização das esterilizações cirúrgicas. Assim, esse delito consiste no descumprimento da norma contida no art. 11 desta lei.
4. **Norma penal em branco.** O presente tipo penal configura uma norma penal em branco homogênea homovitelina, pois para a sua aplicação e sua interpretação precisa ser complementada pelo art. 10 §4º desta lei.
5. **Crime omissivo.** A conduta típica consiste em "deixar o médico de notificar". Trata-se de crime omissivo próprio, uma vez que o agente deixa de agir, omitindo-se, quando deveria agir para notificar à autoridade sanitária as esterilizações que realizar.
6. **Consumação.** O delito consuma-se com a omissão do médico.
7. **Classificação.** Crime próprio; formal; doloso; omissivo próprio; instantâneo; não admite tentativa por ser omissivo próprio.
8. **Infração penal de menor potencial ofensivo.** Tendo em vista que a pena máxima não é superior a dois anos, trata-se de infração penal de menor potencial ofensivo (art. 61 da lei 9.099/95).
9. **Suspensão condicional do processo.** Cabível, pois a pena mínima cominada não ultrapassa 1 ano (art. 89 da lei 9.099/95).

Art. 17. Induzir ou instigar dolosamente a prática de esterilização cirúrgica.

Pena – reclusão, de um a dois anos.

Parágrafo único – Se o crime for cometido **contra a coletividade**, caracteriza-se como genocídio, aplicando-se o disposto na Lei nº 2.889, de 1º de outubro de 1956.

1. **Sujeito ativo.** Qualquer pessoa. Trata-se de crime comum, pois o legislador não exigiu nenhuma condição especial do sujeito ativo.

2. **Sujeito passivo.** A pessoa submetida à esterilização cirúrgica.

3. **Induzir ou instigar.** Na conduta *induzir*, a vítima não cogitou a possibilidade de realizar a esterilização genética, e o agente incute essa ideia em sua mente. Na conduta *instigar*, a vítima já cogitou a realização da mencionada esterilização, e o agente reforça, alimenta essa ideia em sua mente.

4. **Norma penal em branco.** O presente tipo penal configura uma norma penal em branco homogênea homovitelina, pois para a sua aplicação e sua interpretação precisa ser complementada pelo art. 10 §4º desta lei.

5. **Tipo penal misto alternativo.** Caso o agente pratique mais de uma conduta descrita no tipo penal, responderá por um delito apenas, não havendo concurso de crimes.

6. **Princípio da Especialidade.** Se a indução ou a instigação à realização da esterilização for para fins de concessão de emprego, a conduta configura o delito previsto no art. 2º, II, alínea *a* da lei 9.029/1995: "Constituem crime as seguintes práticas discriminatórias: II – a adoção de quaisquer medidas, de iniciativa do empregador, que configurem; a) indução ou instigamento à esterilização genética".

7. **Consumação.** O delito consuma-se com a prática das condutas de induzir ou instigar a vítima à prática da esterilização cirúrgica, mesmo que a vítima não venha a efetivamente submeter-se à esterilização. Trata-se de crime formal.

8. **Parágrafo único.** Caso a indução ou a instigação seja dirigida à coletividade, estará configurado o delito de genocídio previsto no art. 1º, alínea *d,* da lei 2.889/1956, que tem a seguinte redação: "Art. 1º Quem, com a intenção de destruir, no todo ou em parte, grupo nacional, étnico, racial ou religioso, como tal: d) adotar medidas destinadas a impedir os nascimentos no seio do grupo; será punido: com as penas do art. 125, no caso da letra d". A previsão do parágrafo único é absolutamente desnecessária, uma vez que a tipificação na lei de genocídio é uma decorrência do princípio da especialidade.

9. **Classificação.** Crime comum; formal; doloso; comissivo; instantâneo; admite tentativa.

10. **Infração penal de menor potencial ofensivo.** Tendo em vista que a pena máxima não é superior a dois anos, trata-se de infração penal de menor potencial ofensivo (art. 61 da lei 9.099/95).

11. **Suspensão condicional do processo.** Cabível, pois a pena mínima cominada não ultrapassa 1 ano (art. 89 da lei 9.099/95).

Art. 18. Exigir atestado de esterilização para qualquer fim.

Pena – reclusão, de um a dois anos, e multa.

1. **Sujeito ativo.** Qualquer pessoa. Trata-se de crime comum, pois o legislador não exigiu nenhuma condição especial do sujeito ativo.
2. **Sujeito passivo.** A pessoa de quem o atestado é exigido.
3. **Exigir.** A conduta *exigir* significa ordenar, impor como uma obrigação.
4. **Norma penal em branco.** O presente tipo penal configura uma norma penal em branco homogênea homovitelina, pois, para a sua aplicação e sua interpretação, precisa ser complementada pelo art. 10, §4º, desta lei.
5. **Princípio da Especialidade.** Se a exigência de atestado de esterilização for para fins de concessão de emprego, a conduta configura o delito previsto no art. 2º, I, da lei 9.029/1995: "Constituem crime as seguintes práticas discriminatórias: a exigência de teste, exame, perícia, laudo, atestado, declaração ou qualquer outro procedimento relativo à esterilização ou a estado de gravidez". O tipo penal ora comentado constitui, também, especialidade do art. 146 do Código Penal por também consistir em uma espécie de constrangimento ilegal. Com efeito, em ambos os tipos penais, o agente realiza um constrangimento sobre a vítima, sendo que no art. 146 o constrangimento é realizado por meio de violência ou grave ameaça. No tipo penal ora comentado, o constrangimento é feito mediante a exigência, por parte do agente, de atestado de esterilização para qualquer fim.
6. **Diferença para o art. 17.** No art. 17 desta lei, o agente apenas induz ou instiga o sujeito passivo à realização da esterilização. No artigo ora comentado, o agente exige o atestado de esterilização.
7. **Consumação.** O delito consuma-se com o ato de exigir. Basta a exigência para a consumação, mesmo que a vítima não venha a entregar o atestado ou a realizar a esterilização. O crime é formal.
8. **Classificação.** Crime comum; formal; doloso; comissivo; instantâneo; admite tentativa.
9. **Infração penal de menor potencial ofensivo.** Tendo em vista que a pena máxima não é superior a dois anos, trata-se de infração penal de menor potencial ofensivo (art. 61 da lei 9.099/95).
10. **Suspensão condicional do processo.** Cabível, pois a pena mínima cominada não ultrapassa 1 ano (art. 89 da lei 9.099/95).

Art. 19. Aplica-se aos gestores e responsáveis por instituições que permitam a prática de qualquer dos atos ilícitos previstos nesta Lei o disposto no caput e nos §§ 1º e 2º do art. 29 do Decreto-lei nº 2.848, de 7 de dezembro de 1940 – Código Penal.

1. **Concurso de pessoas.** O art. 19 determina a aplicação do instituto do concurso de pessoas previsto no Código Penal a esta lei. Trata-se de norma desnecessária, uma vez que a aplicação do referido instituto decorre dos fatos praticados, e não da norma. Assim, caso algum delito previsto nesta lei seja praticado com a contribuição dos gestores e responsáveis por instituições que permitam a sua prática, haverá a incidência do instituto do concurso de pessoas, independentemente da previsão do art. 19.

Art. 20. As instituições a que se refere o artigo anterior sofrerão as seguintes **sanções**, sem prejuízo das aplicáveis aos agentes do ilícito, aos co-autores ou aos partícipes:

I – se particular a instituição:

A) de duzentos a trezentos e sessenta dias-multa e, se reincidente, suspensão das atividades ou descredenciamento, sem direito a qualquer indenização ou cobertura de gastos ou investimentos efetuados;

B) proibição de estabelecer contratos ou convênios com entidades públicas e de se beneficiar de créditos oriundos de instituições governamentais ou daquelas em que o Estado é acionista;

II – se pública a instituição, afastamento temporário ou definitivo dos agentes do ilícito, dos gestores e responsáveis dos cargos ou funções ocupados, sem prejuízo de outras penalidades.

Art. 21. Os agentes do ilícito e, se for o caso, as instituições a que pertençam ficam obrigados a reparar os danos morais e materiais decorrentes de esterilização não autorizada na forma desta Lei, observados, nesse caso, o disposto nos arts. 159, 1.518 e 1.521 e seu parágrafo único do Código Civil, combinados com o art. 63 do Código de Processo Penal.

1. **Sanção cível e administrativa.** Os arts. 20 e 21 trazem sanções de natureza cível e administrativa aplicadas às instituições a que se refere o artigo anterior. Tais sanções podem ser aplicadas em conjunto com as sanções penais previstas nos tipos penais, em razão de possuírem naturezas diversas, sem que isso implique *bis in idem*.

CAPÍTULO III
DAS DISPOSIÇÕES FINAIS

Art. 22. Aplica-se subsidiariamente a esta Lei o disposto no Decreto-lei nº 2.848, de 7 de dezembro de 1940 – Código Penal, e, em especial, nos seus arts. 29, caput, e §§ 1º e 2º; 43, caput e incisos I , II e III ; 44, caput e incisos I e II e III e parágrafo único; 45, caput e incisos I e II; 46, caput e parágrafo único; 47, caput e incisos I, II e III; 48, caput e parágrafo único; 49, caput e §§ 1º e 2º; 50, caput, § 1º e alíneas e § 2º; 51, caput e §§ 1º e 2º; 52; 56; 129, caput e § 1º, incisos I, II e III, § 2º, incisos I, III e IV e § 3º.

Art. 23. O Poder Executivo regulamentará esta Lei n. prazo de noventa dias, a contar da data de sua publicação.

Art. 24. Esta Lei entra em vigor na data de sua publicação.

Art. 25. Revogam-se as disposições em contrário.

Portadores de Deficiência. Lei nº 7.853, de 24 de outubro de 1989

Art. 1º Ficam estabelecidas **normas gerais que asseguram o pleno exercício dos direitos individuais e sociais das pessoas portadoras de deficiências**, e sua efetiva integração social, nos termos desta Lei.

§ 1º Na **aplicação e interpretação desta Lei**, serão considerados os valores básicos da igualdade de tratamento e oportunidade, da justiça social, do respeito à dignidade da pessoa humana, do bem-estar, e outros, indicados na Constituição ou justificados pelos princípios gerais de direito.

§ 2º As **normas desta Lei visam garantir às pessoas portadoras de deficiência** as ações governamentais necessárias ao seu cumprimento e das demais disposições constitucionais e legais que lhes concernem, afastadas as discriminações e os preconceitos de qualquer espécie, e entendida a matéria como obrigação nacional a cargo do Poder Público e da sociedade.

1. **Decreto regulamentador.** O Decreto 3.298, de 20 de dezembro de 1999 regulamentou a presente lei, prevendo, em relação à proteção dos portadores de deficiência, as disposições gerais, os princípios, as diretrizes, os objetivos, os instrumentos, os aspectos institucionais, a equiparação de oportunidades, a política de capacitação de profissionais especializados, a acessibilidade na Administração Pública Federal e o Sistema Integrado de Informações.

2. **Princípios da política nacional para a integração das pessoas portadoras de deficiência.** De acordo com o art. 5º do Decreto 3.298/1999, a Política Nacional para a Integração da Pessoa Portadora de Deficiência obedecerá aos seguintes princípios: o desenvolvimento de ação conjunta do Estado e da sociedade civil, de modo a assegurar a plena integração da pessoa portadora de deficiência no contexto socioeconômico e cultural; o estabelecimento de mecanismos e instrumentos legais e operacionais que assegurem às pessoas portadoras de deficiência o pleno exercício de seus direitos básicos que, decorrentes da Constituição e das leis, propiciam o seu bem-estar pessoal, social e econômico; e, por fim, o respeito às pessoas portadoras de deficiência, que devem receber igualdade

de oportunidades na sociedade por reconhecimento dos direitos que lhes são assegurados, sem privilégios ou paternalismos.

3. **Diretrizes da política nacional para a integração das pessoas portadoras de deficiência.** O art. 6º do Decreto 3.298/1999 estabeleceu as seguintes diretrizes da Política Nacional para a Integração da Pessoa Portadora de Deficiência: o estabelecimento de mecanismos que acelerem e favoreçam a inclusão social da pessoa portadora de deficiência; a adoção de estratégias de articulação com órgãos e entidades públicos e privados, bem assim com organismos internacionais e estrangeiros para a implantação desta Política; a inclusão da pessoa portadora de deficiência, respeitadas as suas peculiaridades, em todas as iniciativas governamentais relacionadas à educação, à saúde, ao trabalho, à edificação pública, à previdência social, à assistência social, ao transporte, à habitação, à cultura, ao esporte e ao lazer; a viabilidade da participação da pessoa portadora de deficiência em todas as fases de implementação da Política Nacional, por intermédio de suas entidades representativas; a ampliação das alternativas de inserção econômica da pessoa portadora de deficiência, proporcionando a ela qualificação profissional e incorporação no mercado de trabalho e garantir o efetivo atendimento das necessidades da pessoa portadora de deficiência, sem o cunho assistencialista.

4. **Objetivos da política nacional para a integração das pessoas portadoras de deficiência.** No art. 7º do Decreto 3.298/1999, ficaram consignados os objetivos da Política Nacional para a Integração da Pessoa Portadora de Deficiência, quais sejam: o acesso, o ingresso e a permanência da pessoa portadora de deficiência em todos os serviços oferecidos à comunidade; a integração das ações dos órgãos e das entidades públicos e privados nas áreas de saúde, educação, trabalho, transporte, assistência social, edificação pública, previdência social, habitação, cultura, desporto e lazer, visando à prevenção das deficiências, à eliminação de suas múltiplas causas e à inclusão social; o desenvolvimento de programas setoriais destinados ao atendimento das necessidades especiais da pessoa portadora de deficiência; a formação de recursos humanos para atendimento da pessoa portadora de deficiência e a garantia da efetividade dos programas de prevenção, de atendimento especializado e de inclusão social.

5. **Deficiência.** Para efeitos da presente lei, considera-se *deficiência* "toda perda ou anormalidade de uma estrutura ou função psicológica, fisiológica ou anatômica que gere incapacidade para o desempenho de atividade, dentro do padrão considerado normal para o ser humano". (art. 3º, I do Decreto 3.298/1999).

6. **Deficiência permanente.** Entende-se por *deficiência permanente "aquela que ocorreu ou se estabilizou durante um período de tempo suficiente para não permitir recuperação ou ter probabilidade de que se altere, apesar de novos tratamentos"* (art. 3º, II do Decreto 3.298/1999).

7. **Incapacidade.** *Incapacidade* significa *"uma redução efetiva e acentuada da capacidade de integração social, com necessidade de equipamentos, adaptações, meios ou recursos especiais para que a pessoa portadora de deficiência possa receber ou transmitir informações necessárias ao seu bem-estar pessoal e ao desempenho de função ou atividade a ser exercida."* (art. 3º, III do Decreto 3.298/1999).

8. **Categorias de deficiência.** O Decreto 3.298/1999 estabeleceu diversas categorias de deficiência, quais sejam: *deficiência física; deficiência auditiva; deficiência visual; deficiência mental* e *deficiência múltipla*. Todas as modalidades serão expostas abaixo.

Deficiência	Física	Auditiva	Visual	Mental	Múltipla

9. **Deficiência física.** Considera-se deficiência física a *"alteração completa ou parcial de um ou mais segmentos do corpo humano, acarretando o comprometimento da função física, apresentando-se sob a forma de paraplegia, paraparesia, monoplegia, monoparesia, tetraplegia, tetraparesia, triplegia, triparesia, hemiplegia, hemiparesia, ostomia, amputação ou ausência de membro, paralisia cerebral, nanismo, membros com deformidade congênita ou adquirida, exceto as deformidades estéticas e as que não produzam dificuldades para o desempenho de funções."* (art. 4º, I do Decreto 3.298/1999).

10. **Deficiência auditiva.** Por deficiência auditiva entenda-se a *"perda bilateral, parcial ou total, de quarenta e um decibéis (dB) ou mais, aferida por audiograma nas freqüências de 500HZ, 1.000HZ, 2.000Hz e 3.000Hz"*. (art. 4º, II do Decreto 3.298/1999).

11. **Deficiência visual.** A deficiência visual consiste na *"cegueira, na qual a acuidade visual é igual ou menor que 0,05 no melhor olho, com a melhor correção óptica; a baixa visão, que significa acuidade visual entre 0,3 e 0,05 no melhor olho, com a melhor correção óptica; os casos nos quais a somatória da medida do campo visual em ambos os olhos for igual ou menor que 60o; ou a ocorrência simultânea de quaisquer das condições anteriores."* (art. 4º, III do Decreto 3.298/1999).

12. **Deficiência mental.** Deficiência mental significa o *"funcionamento intelectual significativamente inferior à média, com manifestação antes dos dezoito anos e limitações associadas a duas ou mais áreas de habilidades adaptativas, tais como: a)* comunicação; *b) cuidado pessoal; c) habilidades sociais; d) utilização dos recursos da comunidade; e) saúde e segurança; f) habilidades acadêmicas; g) lazer; e h) trabalho."* (art. 4º, IV do Decreto 3.298/1999).

13. **Deficiência múltipla.** A deficiência múltipla é a *"associação de duas ou mais deficiências."* (art. 4º, V do Decreto 3.298/1999).

Art. 2º Ao Poder Público e seus órgãos cabe assegurar às pessoas portadoras de deficiência o **pleno exercício de seus direitos básicos**, inclusive dos direitos à educação, à saúde, ao trabalho, ao lazer, à previdência social, ao amparo à infância e à maternidade, e de outros que, decorrentes da Constituição e das leis, propiciem seu bem-estar pessoal, social e econômico.

Parágrafo único. Para o fim estabelecido no caput deste artigo, os órgãos e entidades da administração direta e indireta devem dispensar, no âmbito de sua competência e finalidade, aos assuntos objetos esta Lei, tratamento prioritário e adequado, tendente a viabilizar, sem prejuízo de outras, as seguintes medidas:

I – na área da educação:

a) a inclusão, no sistema educacional, da Educação Especial como modalidade educativa que abranja a educação precoce, a pré-escolar, as de 1º e 2º graus, a supletiva, a habilitação e reabilitação profissionais, com currículos, etapas e exigências de diplomação próprios;

b) a inserção, no referido sistema educacional, das escolas especiais, privadas e públicas;

c) a oferta, obrigatória e gratuita, da Educação Especial em estabelecimento público de ensino;

d) o oferecimento obrigatório de programas de Educação Especial a nível pré-escolar, em unidades hospitalares e congêneres nas quais estejam internados, por prazo igual ou superior a 1 (um) ano, educandos portadores de deficiência;

e) o acesso de alunos portadores de deficiência aos benefícios conferidos aos demais educandos, inclusive material escolar, merenda escolar e bolsas de estudo;

f) a matrícula compulsória em cursos regulares de estabelecimentos públicos e particulares de pessoas portadoras de deficiência capazes de se integrarem no sistema regular de ensino;

II – na área da saúde:

a) a promoção de ações preventivas, como as referentes ao planejamento familiar, ao aconselhamento genético, ao acompanhamento da gravidez, do parto e do puerpério, à nutrição da mulher e da criança, à identificação e ao controle da gestante e do feto de alto risco, à imunização, às doenças do metabolismo e seu diagnóstico e ao encaminhamento precoce de outras doenças causadoras de deficiência;

b) o desenvolvimento de programas especiais de prevenção de acidente do trabalho e de trânsito, e de tratamento adequado a suas vítimas;

c) a criação de uma rede de serviços especializados em reabilitação e habilitação;

d) a garantia de acesso das pessoas portadoras de deficiência aos estabelecimentos de saúde públicos e privados, e de seu adequado tratamento neles, sob normas técnicas e padrões de conduta apropriados;

e) a garantia de atendimento domiciliar de saúde ao deficiente grave não internado;

f) o desenvolvimento de programas de saúde voltados para as pessoas portadoras de deficiência, desenvolvidos com a participação da sociedade e que lhes ensejem a integração social;

III – na área da formação profissional e do trabalho:

a) o apoio governamental à formação profissional, e a garantia de acesso aos serviços concernentes, inclusive aos cursos regulares voltados à formação profissional;

b) o empenho do Poder Público quanto ao surgimento e à manutenção de empregos, inclusive de tempo parcial, destinados às pessoas portadoras de deficiência que não tenham acesso aos empregos comuns;

c) a promoção de ações eficazes que propiciem a inserção, nos setores públicos e privado, de pessoas portadoras de deficiência;

d) a adoção de legislação específica que discipline a reserva de mercado de trabalho, em favor das pessoas portadoras de deficiência, nas entidades da Administração Pública e do setor privado, e que regulamente a organização de oficinas e congêneres integradas ao mercado de trabalho, e a situação, nelas, das pessoas portadoras de deficiência;

IV – na área de recursos humanos:

a) a formação de professores de nível médio para a Educação Especial, de técnicos de nível médio especializados na habilitação e reabilitação, e de instrutores para formação profissional;

b) a formação e qualificação de recursos humanos que, nas diversas áreas de conhecimento, inclusive de nível superior, atendam à demanda e às necessidades reais das pessoas portadoras de deficiências;

c) o incentivo à pesquisa e ao desenvolvimento tecnológico em todas as áreas do conhecimento relacionadas com a pessoa portadora de deficiência;

V – na área das edificações:

a) a adoção e a efetiva execução de normas que garantam a funcionalidade das edificações e vias públicas, que evitem ou removam os óbices às pessoas portadoras de deficiência, permitam o acesso destas a edifícios, a logradouros e a meios de transporte.

1. **Pleno exercício dos direitos dos portadores de deficiência.** O legislador trouxe a obrigatoriedade do Poder Público e seus órgãos assegurar às pessoas portadoras de deficiência o pleno exercício de seus direitos, impondo, no parágrafo único, o tratamento prioritário e adequado, aos portadores de deficiência, tendente a viabilizar direitos e garantias na área da educação, saúde, formação profissional e do trabalho, recursos humanos e edificações.

2. **Reconhecimentos dos direitos dos portadores de deficiência.** Além dos direitos mencionados acima, previstos na presente lei, várias outras se sucederam no tempo positivando o tratamento adequado que deve ser dispensado aos portadores de deficiência. Algumas serão analisadas abaixo.

3. **Acesso a concurso público.** A lei 8.112/90, que instituiu o Estatuto dos Servidores Públicos civis da União, das Autarquias e das Fundações Públicas Federais, estabeleceu no art. 5º, §2º que "Às pessoas portadoras de deficiência é assegurado o direito de se inscrever em concurso público para provimento de cargo cujas atribuições sejam compatíveis com a deficiência de que são portadoras; para tais pessoas serão reservadas até 20% (vinte por cento) das vagas oferecidas no concurso."

4. **Benefício de prestação continuada.** A lei 8.742/93, garantiu ao portador de deficiência o recebimento do *benefício de prestação continuada,* ao dispor no art. 20 que "*O benefício de prestação continuada é a garantia de 1 (um) salário mínimo mensal à pessoa portadora de deficiência e ao idoso com 70 (setenta) anos ou mais e que comprovem não possuir meios de prover a própria manutenção e nem de tê-la provida por sua família. § 1º Para os efeitos do disposto no caput, entende-se como família o conjunto de pessoas elencadas no art. 16 da Lei n. 8.213, de 24 de julho de 1991, desde que vivam sob o mesmo teto. § 2º Para efeito de concessão deste benefício, a pessoa portadora de deficiência é aquela incapacitada para a vida independente e para o trabalho. 3º Considera-se incapaz de prover a manutenção da pessoa portadora de deficiência ou idosa a família cuja renda mensal per capita seja inferior a 1/4 (um quarto) do salário mínimo. § 4º O benefício de que trata este artigo não pode ser acumulado pelo beneficiário com qualquer outro no âmbito da*

seguridade social ou de outro regime, salvo o da assistência médica. § 5º A situação de internado não prejudica o direito do idoso ou do portador de deficiência ao benefício. § 6º A concessão do benefício ficará sujeita a exame médico pericial e laudo realizados pelos serviços de perícia médica do Instituto Nacional do Seguro Social – INSS. § 7º Na hipótese de não existirem serviços no município de residência do beneficiário, fica assegurado, na forma prevista em regulamento, o seu encaminhamento ao município mais próximo que contar com tal estrutura. § 8º A renda familiar mensal a que se refere o § 3º deverá ser declarada pelo requerente ou seu representante legal, sujeitando-se aos demais procedimentos previstos no regulamento para o deferimento do pedido.

5. **Passe livre no meio de transporte interestadual.** A lei 8.894/94 estabelece no art. 1º que *"É concedido passe livre às pessoas portadoras de deficiência, comprovadamente carentes, no sistema de transporte coletivo interestadual."*

6. **Atendimento prioritário.** A lei 10.048/2000, com a redação que lhe deu o Estatuto do Idoso (lei 10.741/2003), garante aos portadores de deficiência atendimento prioritário (art. 1º), dispondo que as repartições públicas, as empresas concessionárias de serviços públicos e as instituições financeiras ficam obrigadas a dispensar atendimento imediato e prioritário aos portadores de deficiência por meio de serviços individualizados que lhes assegurem o tratamento diferenciado (art. 2º). Da mesma forma, as empresas públicas de transporte e as concessionárias de transporte coletivo ficam obrigadas a reservas assentos aos portadores de deficiência, inclusive com a identificação de se tratar de assentos a eles destinados (art. 3º).

7. **Condições adequadas de acessibilidade.** A lei 10.048/2000 estabelece que *os logradouros e sanitários públicos, bem como os edifícios de uso público, terão normas de construção, para efeito de licenciamento da respectiva edificação, baixadas pela autoridade competente, destinadas a facilitar o acesso e uso desses locais pelas pessoas portadoras de deficiência* (art. 4º). No que toca ao serviço de transporte coletivo, dispõe que *"os veículos de transporte coletivo a serem produzidos após doze meses da publicação desta Lei serão planejados de forma a facilitar o acesso a seu interior das pessoas portadoras de deficiência. Os proprietários de veículos de transporte coletivo em utilização terão o prazo de cento e oitenta dias, a contar da regulamentação desta Lei, para proceder às adaptações necessárias ao acesso facilitado das pessoas portadoras de deficiência."* (art. 5º, *caput* e §2º).

   No mesmo ano, foi promulgada a lei 10.098/2000, que também estabeleceu normas gerais e critérios básicos para a promoção da acessibilidade das pessoas portadoras de deficiência ou com mobilidade reduzida, estabelecendo, entre ouras medidas, a supressão de barreiras e de obstáculos nas vias e espaços públicos, no mobiliário urbano, na construção e reforma de edifícios e nos meios de transporte e de comunicação. Em linhas gerais, essa lei tratou dos seguintes tópicos em benefício dos portadores de deficiência: elementos da urbanização; desenho e localização do mobiliário urbano; acessibilidade nos edifícios públicos ou de uso coletivo; acessibilidade nos edifícios de uso privado; acessibilidade nos veículos de transporte coletivo; acessibilidade nos sistemas de comunicação e sinalização; disposições sobre as ajudas técnicas; medidas de fomento à eliminação das barreiras.

8. **Critérios para o tratamento de deficiência mental.** Ao deficiente mental, a lei 10.216/2001 estabeleceu direitos e critérios que devem ser seguidos para o seu tratamento, como, entre outros, o direito a ter acesso ao melhor tratamento do sistema de saúde, consentâneo às suas necessidades; ser tratado com humanidade e respeito e no interesse exclusivo de beneficiar sua saúde, visando alcançar sua recuperação pela inserção na família, no trabalho e na comunidade; proteção contra qualquer forma de abuso e exploração; garantia de sigilo nas informações prestadas ao estabelecimento de saúde; direito à presença médica, em qualquer tempo, para esclarecer a necessidade ou não de sua hospitalização involuntária; livre acesso aos meios de comunicação disponíveis; receber o maior número de informações a respeito de sua doença e de seu tratamento; tratamento em ambiente terapêutico pelos meios menos invasivos possíveis e ser tratado, preferencialmente, em serviços comunitários de saúde mental; e a exigência de laudo médico indicando os motivos da internação psiquiátrica para a sua realização.

9. **Facilidade na votação.** O art. 135, §6º-A, do Código Eleitoral (lei 4.737/65), com a redação que lhe deu a lei 10.226/2001, estabelece que os Juízes Eleitorais devem ser orientados pelo Tribunal Regional Eleitoral a escolher o local de votação de mais fácil acesso ao eleitor deficiente físico.

10. **Língua Brasileira de Sinais – Libras.** No intuito de facilitar o entendimento da comunicação por parte de deficientes auditivos, a lei 10.436/2002 reconheceu como meio legal de comunicação e expressão a Língua Brasileira de Sinais – Libras e outros recursos de expressão a ela associados. Por *Língua Brasileira de Sinais – Libras* entenda-se *"a forma de comunicação e expressão, em que o sistema lingüístico de natureza visual-motora, com estrutura gramatical própria, constituem um sistema lingüístico de transmissão de idéias e fatos, oriundos de comunidades de pessoas surdas do Brasil."* (art. 1º, parágrafo único).

Art. 8º Constitui crime punível com reclusão de 2 (dois) a 5 (cinco) anos, e multa: (Redação dada pela lei 13.146/2015).

1. **Redação não técnica.** Fugindo à técnica redacional das leis no Brasil, o legislador optou por trazer a pena criminal antes da conduta delituosa. As condutas criminosas estão previstas nos incisos.

I – recusar, cobrar valores adicionais, suspender, procrastinar, cancelar ou fazer cessar inscrição de aluno em estabelecimento de ensino de qualquer curso ou grau, público ou privado, **em razão de sua deficiência**;

1. **Sujeito ativo.** Trata-se de crime comum. Qualquer pessoa pode praticá-lo, tendo em vista que o legislador não exigiu nenhuma condição específica do agente.

2. **Especial fim de agir.** O tipo contém um especial fim de agir, contido na expressão *em razão de sua deficiência.* Tal elemento subjetivo específico do tipo penal deve

estar presente na mente do agente, no momento da prática do delito, sob pena de atipicidade da sua conduta. Assim, caso a conduta ocorra por outro motivo que não a deficiência, a conduta será atípica.

3. **Recusar, cobrar valores adicionais, suspender, procrastinar, cancelar e fazer cessar.** *Recusar* significa rejeitar, não admitir. *Cobrar valores adicionais* consiste na cobrança de valor além do praticado para os demais alunos. *Suspender* é interromper temporariamente. Por *procrastinar* entenda-se adiar. *Fazer cessar* denota interromper de forma não temporária.

4. **Tipo misto alternativo.** A prática de duas ou mais duas condutas descritas no tipo (*recusar, cobrar valores adicionais, suspender, procrastinar, cancelar* e *fazer cessar*) não gera concurso de crimes, respondendo o agente por apenas um delito.

5. **Estabelecimento de ensino de qualquer curso ou grau, público ou privado.** O legislador procurou ser o mais abrangente possível, ao dispor sobre *estabelecimento de ensino de qualquer curso ou grau, público ou privado,* nos moldes determinados pelo Decreto 3.298/1999. A inclusão da pessoa portadora de deficiência em estabelecimento de ensino está prevista no art. 24 do Decreto 3.298/1999, ao dispor que *"os órgãos e as entidades da Administração Pública Federal direta e indireta responsáveis pela educação dispensarão tratamento prioritário e adequado aos assuntos objeto deste Decreto, viabilizando, sem prejuízo de outras, as seguintes medidas: I – a matrícula compulsória em cursos regulares de estabelecimentos públicos e particulares de pessoa portadora de deficiência capazes de se integrar na rede regular de ensino; II – a inclusão, no sistema educacional, da educação especial como modalidade de educação escolar que permeia transversalmente todos os níveis e as modalidades de ensino; III – a inserção, no sistema educacional, das escolas ou instituições especializadas públicas e privadas; IV – a oferta, obrigatória e gratuita, da educação especial em estabelecimentos públicos de ensino; V – o oferecimento obrigatório dos serviços de educação especial ao educando portador de deficiência em unidades hospitalares e congêneres nas quais esteja internado por prazo igual ou superior a um ano; e VI – o acesso de aluno portador de deficiência aos benefícios conferidos aos demais educandos, inclusive material escolar, transporte, merenda escolar e bolsas de estudo."* Da mesma forma, o art. 25 do Decreto estabelece que *"os serviços de educação especial serão ofertados nas instituições de ensino público ou privado do sistema de educação geral, de forma transitória ou permanente, mediante programas de apoio para o aluno que está integrado no sistema regular de ensino, ou em escolas especializadas exclusivamente quando a educação das escolas comuns não puder satisfazer as necessidades educativas ou sociais do aluno ou quando necessário ao bem-estar do educando."*

6. **Consumação.** Com a prática das condutas descritas no tipo penal, ou seja, com a recusa, a cobrança de valores adicionais, a suspensão, a procrastinação, o cancelamento ou a cessação da inscrição de aluno em estabelecimento de ensino, pois se trata de crime formal.

7. **Classificação.** Crime comum; formal; doloso; comissivo; instantâneo; admite tentativa.

8. **Suspensão condicional do processo.** Incabível, pois a pena mínima cominada ultrapassa 1 ano (art. 89 da lei 9.099/95).

II – obstar inscrição em concurso público ou acesso de alguém a qualquer cargo ou emprego público, **em razão de sua deficiência**;

1. **Sujeito ativo.** Trata-se de crime comum. Qualquer pessoa pode praticá-lo, tendo em vista que o legislador não exigiu nenhuma condição específica do agente.
2. **Especial fim de agir.** O tipo contém um especial fim de agir, contido na expressão *em razão de sua deficiência*. Tal elemento subjetivo específico do tipo penal deve estar presente na mente do agente, no momento da prática do delito, sob pena de atipicidade da sua conduta. Assim, caso o agente pratique a conduta típica motivado por outra razão que não seja a deficiência da vítima, a conduta será atípica.
3. **Obstar.** *Obstar* significa impedir, negar.
4. **Inscrição em concurso público, cargo ou emprego público.** Como o legislador não especificou, está abrangido pela incriminação o óbice a qualquer espécie de concurso público, em qualquer esfera (federal, estadual, distrital ou municipal). Da mesma forma, o tipo penal abrange qualquer espécie de cargo ou emprego público. Conforme exposto alhures, o legislador brasileiro se encarregou de editar uma série de leis, com o objetivo de integrar o portador de deficiência à sociedade. Exemplo disso foi a edição da lei 8.112/90, que, ao instituir o Estatuto dos Servidores Públicos civis da União, das Autarquias e das Fundações Públicas Federais, estabeleceu no art. 5º, §2º que "Às pessoas portadoras de deficiência é assegurado o direito de se inscrever em concurso público para provimento de cargo cujas atribuições sejam compatíveis com a deficiência de que são portadoras; para tais pessoas serão reservadas até 20% (vinte por cento) das vagas oferecidas no concurso." Da mesma forma, os arts. 37 ao 41 do Decreto 3.298/99 dispõem sobre o acesso dos portadores de deficiência a cargos públicos, nos seguintes termos: *"Art. 37. Fica assegurado à pessoa portadora de deficiência o direito de se inscrever em concurso público, em igualdade de condições com os demais candidatos, para provimento de cargo cujas atribuições sejam compatíveis com a deficiência de que é portador. § 1º O candidato portador de deficiência, em razão da necessária igualdade de condições, concorrerá a todas as vagas, sendo reservado no mínimo o percentual de cinco por cento em face da classificação obtida. § 2º Caso a aplicação do percentual de que trata o parágrafo anterior resulte em número fracionado, este deverá ser elevado até o primeiro número inteiro subseqüente. Art. 38. Não se aplica o disposto no artigo anterior nos casos de provimento de: I – cargo em comissão ou função de confiança, de livre nomeação e exoneração; e II – cargo ou emprego público integrante de carreira que exija aptidão plena do candidato. Art. 39. Os editais de concursos públicos deverão conter: I – o número de vagas existentes, bem como o total correspondente à reserva destinada à pessoa portadora de deficiência; II – as atribuições e tarefas essenciais dos cargos; III – previsão de adaptação das provas, do curso de formação e do estágio probatório, conforme a deficiência do candidato; e IV – exigência de*

apresentação, pelo candidato portador de deficiência, no ato da inscrição, de laudo médico atestando a espécie e o grau ou nível da deficiência, com expressa referência ao código correspondente da Classificação Internacional de Doença – CID, bem como a provável causa da deficiência. Art. 40. É vedado à autoridade competente obstar a inscrição de pessoa portadora de deficiência em concurso público para ingresso em carreira da Administração Pública Federal direta e indireta. § *1º No ato da inscrição, o candidato portador de deficiência que necessite de tratamento diferenciado nos dias do concurso deverá requerê-lo, no prazo determinado em edital, indicando as condições diferenciadas de que necessita para a realização das provas. § 2º O candidato portador de deficiência que necessitar de tempo adicional para realização das provas deverá requerê-lo, com justificativa acompanhada de parecer emitido por especialista da área de sua deficiência, no prazo estabelecido no edital do concurso. Art. 41. A pessoa portadora de deficiência, resguardadas as condições especiais previstas neste Decreto, participará de concurso em igualdade de condições com os demais candidatos no que concerne: I – ao conteúdo das provas; II –* à avaliação e aos critérios de aprovação; III – *ao horário e ao local de aplicação das provas; e IV –* à nota mínima exigida para todos os demais candidatos."

5. **Consumação.** Com a prática de qualquer ato que caracterize o óbice à inscrição em concurso público ou o acesso de alguém a qualquer cargo ou emprego público, pois se trata de crime formal.

6. **Classificação.** Crime comum; formal; doloso; comissivo; instantâneo; admite tentativa.

7. **Suspensão condicional do processo.** Incabível, pois a pena mínima cominada ultrapassa 1 ano (art. 89 da lei 9.099/95).

> III - negar ou obstar emprego, trabalho ou promoção à pessoa **em razão de sua deficiência**;

1. **Sujeito ativo.** Trata-se de crime comum. Qualquer pessoa pode praticá-lo, tendo em vista que o legislador não exigiu nenhuma condição específica do agente.

2. **Especial fim de agir.** O tipo contém um especial fim de agir, contido na expressão *em razão de sua deficiência.* Tal elemento subjetivo específico do tipo penal deve estar presente na mente do agente, no momento da prática do delito, sob pena de atipicidade da sua conduta. Dessa forma, conclui-se que, caso a negativa ou o óbice se dê por qualquer outro motivo que não seja a deficiência da pessoa, a conduta será atípica.

3. **Negar ou obstar.** Significa recusar, não admitir. Obstar consiste em impedir. O legislador foi redundante, tendo em vista que os dois verbos significam a mesma coisa.

4. **Emprego, trabalho ou promoção.** O legislador, no intuito de integrar o portador de deficiência no mercado formal de trabalho estabeleceu, no art. 34 do Decreto 3.298/99, como finalidade primordial da política de emprego, a inserção da pessoa

portadora de deficiência no mercado de trabalho ou sua incorporação ao sistema produtivo mediante regime especial de trabalho protegido. No mesmo sentido, o art. 36 do aludido Decreto estabeleceu que a empresa que tenha, em seu quadro, cem ou mais empregados é obrigada a preencher de dois a cinco por cento de seus cargos com beneficiários da Previdência Social reabilitados ou com pessoa portadora de deficiência habilitada, nas seguintes proporções: até duzentos empregados, dois por cento; de duzentos e um a quinhentos empregados, três por cento; de quinhentos e um a mil empregados, quatro por cento; mais de mil empregados, cinco por cento.

5. **Consumação.** Com a negativa ou o óbice, de qualquer forma, ao trabalho, ao emprego ou à promoção, pois se trata de crime formal.

6. **Classificação.** Crime comum; formal; doloso; comissivo; instantâneo; admite tentativa.

7. **Suspensão condicional do processo.** Incabível, pois a pena mínima cominada ultrapassa 1 ano (art. 89 da lei 9.099/95).

> IV – recusar, retardar ou dificultar internação ou deixar de prestar assistência médico-hospitalar e ambulatorial à pessoa com deficiência;

1. **Sujeito ativo.** Na primeira parte do dispositivo, o crime é comum, uma vez que qualquer pessoa pode recusar, retardar ou dificultar internação de pessoa portadora de deficiência, como o atendente da recepção do estabelecimento hospitalar. Na segunda parte, em que a conduta é deixar de prestar assistência médico-hospitalar e ambulatorial, o crime é próprio, pois somente o profissional de saúde pode deixar de prestar tal assistência, como o médico e o profissional de enfermagem.

2. **Especial fim de agir.** Embora não expresso, o tipo contém um especial fim de agir, que reside na deficiência da vítima. Tal elemento subjetivo específico do tipo penal deve estar presente na mente do agente, no momento da prática do delito, sob pena de atipicidade da sua conduta. Dessa forma, conclui-se que, caso a negativa se dê por qualquer outro motivo que não seja a deficiência da pessoa, a conduta será atípica.

3. **Recusar, retardar ou dificultar internação.** *Recusar* significa rejeitar, não admitir. *Retardar* é atrasar, demorar. *Dificultar* consiste em criar embaraço.

4. **Deixar de prestar assistência médico-hospitalar e ambulatorial.** *Deixar de prestar assistência* significa não atender, não fornecer os cuidados necessários.

5. **Acesso garantido e tratamento adequado nos estabelecimentos de saúde.** O art. 16 do Decreto 3.298/1999 dispõe que *"os órgãos e as entidades da Administração Pública Federal direta e indireta responsáveis pela saúde devem dispensar aos assuntos objeto deste Decreto tratamento prioritário e adequado, viabilizando, sem prejuízo de outras, as seguintes medidas: IV – a garantia de acesso da pessoa portadora de deficiência aos estabelecimentos de saúde públicos e privados e de seu adequado tratamento sob normas técnicas e padrões de conduta apropriados."*

6. **Tipo misto alternativo.** A prática de duas ou mais condutas descritas no tipo (*recusar, retardar, dificultar* e *deixar*) não gera concurso de crimes, respondendo o agente por apenas um delito.

7. **Consumação.** As condutas *recusar* e *dificultar* configuram crimes comissivos. A consumação ocorre no momento em que ocorrer a recusa ou com qualquer ato que caracterize a criação de dificuldades no sentido de impedir a internação. As condutas *retardar* e *deixar de prestar assistência* configuram crimes omissivos próprios e se consumam no momento em que o agente se omite.

8. **Classificação.** Crime comum nas condutas *recusar, retardar* ou *dificultar* internação e próprio na conduta *deixar de prestar assistência*; formal; doloso; comissivo nas condutas *recusar* e *dificultar* e omissivo próprio nas condutas *retardar* e *deixar de prestar assistência*; instantâneo; admite a tentativa nos verbos comissivos (*recusar* e *dificultar*), mas não a admite nos verbos que configuram crime omissivo próprio (*retardar* e *deixar de prestar*).

9. **Suspensão condicional do processo.** Incabível, pois a pena mínima cominada ultrapassa 1 ano (art. 89 da lei 9.099/95).

> V – deixar de cumprir, retardar ou frustrar execução de ordem judicial expedida na **ação civil a que alude esta Lei**;

1. **Sujeito ativo.** Trata-se de crime comum. Qualquer pessoa pode praticá-lo, tendo em vista que o legislador não exigiu nenhuma condição específica do agente.

2. **Deixar de cumprir, retardar ou frustrar.** *Deixar de cumprir* significa não cumprir, se omitir. *Retardar* é atrasar, demorar. *Frustrar* consiste em enganar a expectativa, não suceder o que se esperava.

3. **Tipo misto alternativo.** A prática de duas ou mais duas condutas descritas no tipo (*deixar de cumprir, retardar* e *frustrar*) não gera concurso de crimes, respondendo o agente por apenas um delito.

4. **Execução de ordem judicial expedida na ação civil a que alude a lei.** O legislador referiu-se à ordem judicial emitida na ação civil de que trata o art. 3º desta lei.

5. **Consumação.** Com a prática das condutas típicas de *deixar de cumprir, retardar* ou *frustrar,* pois se trata de crime formal.

6. **Classificação.** Crime comum; formal; doloso; comissivo na conduta *frustrar* e omissivo próprio nas condutas *deixar de cumprir* e *retardar*; instantâneo; admite a tentativa na conduta *frustrar,* mas não admite a tentativa nas condutas *retardar* e *frustrar* por tratar de crimes omissivos próprios.

7. **Suspensão condicional do processo.** Incabível, pois a pena mínima cominada ultrapassa 1 ano (art. 89 da lei 9.099/95).

> VI – recusar, retardar ou omitir dados técnicos indispensáveis à propositura da **ação civil pública objeto desta Lei**, quando requisitados.

1. **Sujeito ativo.** Trata-se de crime comum. Qualquer pessoa pode praticá-lo, tendo em vista que o legislador não exigiu nenhuma condição específica do agente.
2. **Recusar, retardar ou omitir.** *Recusar* significa rejeitar. *Retardar* é atrasar, demorar. *Omitir* consiste em deixar de fazer algo.
3. **Tipo misto alternativo.** A prática de duas ou mais duas condutas descritas no tipo (*recusar, retardar* e *omitir*) não gera concurso de crimes, respondendo o agente por apenas um delito.
4. **Dados técnicos indispensáveis à propositura de ação civil** pública. São os dados e informações que podem servir de suporte probatório para a propositura da ação civil pública.
5. **Consumação.** Com a prática das condutas de recusar, retardar ou omitir, pois se trata de crime formal. A conduta *recusar* configura conduta comissiva, como no caso de o agente responder à requisição do Ministério Público recusando-se, expressamente, ao fornecimento dos dados. As condutas *retardar* e *omitir* configuram condutas omissivas.
6. **Classificação.** Crime comum; formal; doloso; comissivo na conduta *recusar*; e omissivo próprio nas condutas *retardar* e *omitir;* instantâneo; admite a tentativa na conduta comissiva *retardar*, mas não admite a tentativa nas condutas *retardar* e *omitir,* por tratar de crimes omissivos próprios.
7. **Suspensão condicional do processo.** Incabível, pois a pena mínima cominada ultrapassa 1 ano (art. 89 da lei 9.099/95).

§ 1º Se o crime for praticado contra pessoa com deficiência menor de 18 (dezoito) anos, a pena é agravada em 1/3 (um terço).

Causa de aumento de pena. Embora o legislador tenha dito "agravante", trata-se de causa de aumento de pena, que se justifica em razão da maior reprovabilidade do agente, uma vez que a vítima, além de ser deficiente, é menor de 18 anos de idade.

§ 2º A pena pela adoção deliberada de critérios subjetivos para indeferimento de inscrição, de aprovação e de cumprimento de estágio probatório em concursos públicos não exclui a responsabilidade patrimonial pessoal do administrador público pelos danos causados.

Responsabilidade patrimonial pessoal do administrador público. Trata-se de norma voltada para a discriminação no estágio probatório nos concursos públicos. O legislador estabeleceu a responsabilidade pessoal do administrador público. Assim, em eventual condenação em ação de natureza cível, o administrador responde diretamente com o seu patrimônio.

§ 3º Incorre nas mesmas penas quem impede ou dificulta o ingresso de pessoa com deficiência em planos privados de assistência à saúde, inclusive com cobrança de valores diferenciados.

1. **Conduta equiparada.** O §3º trata de conduta equiparada às condutas criminosas previstas nos incisos. Essa incriminação deveria constar, também, de um inciso, mas o legislador, de forma atécnica, inseriu-a em um parágrafo.
2. **Sujeito ativo.** Trata-se de crime próprio. O sujeito ativo é a pessoa que trabalha na empresa de plano privado de assistência à saúde, que possua a atribuição para admitir novos clientes.
3. **Especial fim de agir.** O tipo contém um especial fim de agir, tendo em vista que o impedimento ou a dificuldade criada ocorre em razão da deficiência da vítima do delito. Assim, caso o agente pratique a conduta típica motivado por outra razão que não seja a deficiência da vítima, a conduta será atípica.
4. **Impedir ou dificultar.** *Impedir* é criar óbice, inviabilizar. *Dificultar* consiste em criar embaraço.
5. **Tipo misto alternativo.** A prática de duas ou mais duas condutas descritas no tipo não gera concurso de crimes, respondendo o agente por apenas um delito.
6. **Cobrança de valores diferenciados.** São valores que vão além dos praticados pela empresa de plano de saúde. Ou seja, valores acima dos cobrados de pessoas que não possuem deficiência, e nisso consiste a discriminação.
7. **Consumação.** Com a prática das condutas típicas impedir ou dificultar, pois se trata de crime formal. Logo, o crime estará consumado mesmo que posteriormente a pessoa consiga ingressar no plano de saúde por meio de medida judicial.
8. **Classificação.** Crime próprio; formal; doloso; comissivo; instantâneo; admite a tentativa.
9. **Suspensão condicional do processo.** Incabível, pois a pena mínima cominada ultrapassa 1 ano (art. 89 da lei 9.099/95).

§ 4º Se o crime for praticado em atendimento de urgência e emergência, a pena é agravada em 1/3 (um terço).

1. **Causa de aumento de pena.** Da mesma forma que dissemos no comentário ao §1º, embora o legislador tenha dito "agravante", trata-se de causa de aumento de pena. Essa majorante justifica-se em razão da situação concreta em que a conduta é praticada, ou seja, no local em que seja de atendimento de urgência e emergência, onde o atendimento deve ser mais célere do que o normal.
2. **Aplicabilidade.** Tendo em vista que o legislador utilizou a expressão "atendimento", essa causa de aumento de pena só pode ser aplicada aos tipos penais nos quais o objeto da incriminação seja a negativa de atendimento médico. Por essa razão, cremos que essa majorante aplica-se somente ao delito do inciso IV.

Preconceito de Raça ou de Cor. Lei nº 7.716, de 5 de janeiro de 1989

Art. 1º Serão punidos, na forma desta Lei, os crimes resultantes de discriminação ou preconceito de **raça, cor, etnia, religião** ou **procedência nacional.**

1. **Bem jurídico tutelado.** Na presente lei, o legislador pretendeu proteger a dignidade da pessoa humana, positivada como princípio e fundamento da República Federativa Brasileira no art. 1º, III da CRFB/88, bem como o direito à igualdade, também erigido à categoria de princípio fundamental, garantia individual de toda e qualquer pessoa, independentemente de qualquer critério distintivo entre os seres humanos (art. 5º, I da CRFB/88).
2. **Previsão constitucional.** A vedação ao tratamento discriminatório e o asseguramento do direito à igualdade estão previstos nos seguintes artigos da CRFB/88: art. 1º, III (*A República Federativa do Brasil, formada pela união indissolúvel dos Estados e Municípios e do Distrito Federal, constitui-se em Estado Democrático de Direito e tem como fundamentos: III – a dignidade da pessoa humana*); art. 3º, IV (*Constituem objetivos fundamentais da República Federativa do Brasil: IV – promover o bem de todos, sem preconceitos de origem, raça, sexo, cor, idade e quaisquer outras formas de discriminação*); art. 4º, VIII (*A República Federativa do Brasil rege-se nas suas relações internacionais pelos seguintes princípios: VIII – repúdio ao terrorismo e ao racismo*).
3. **Imprescritibilidade e inafiançabilidade.** Tendo em conta a gravidade do delito, o legislador constitucional entendeu por bem impedir que o instituto da prescrição penal atingisse tal delito, possibilitando ao Estado Brasileiro soberano, a qualquer momento, exercer o *jus puniendi,* contra o autor do delito. Nesse sentido, art. 5º, XLII: *"a prática do racismo constitui crime inafiançável e imprescritível, sujeito à pena de reclusão, nos termos da lei".* Como se pode perceber, a CRFB/88 apenas fez menção expressa ao *racismo,* como sendo imprescritível e inafiançável, nada dispondo em relação às demais formas de discriminação previstas na lei (cor, etnia, religião ou procedência nacional). Dessa forma, conclui-se que a imprescritibilidade e a inafiançabilidade se referem tão somente à discriminação em razão de *raça,* não podendo o preceito constitucional ser aplicado às demais formas de discriminação, sob pena de incidência em analogia *in mallam partem.*

4. **Conselho Nacional de Combate à Discriminação – CNCD.** O Decreto 5.397/2005 criou o Conselho Nacional de Combate à Discriminação – CNCD, dispondo sobre a sua composição, competência e funcionamento. Eis o seu teor: *"Art. 1º O Conselho Nacional de Combate à Discriminação – CNCD, órgão colegiado, integrante da estrutura básica da Secretaria Especial dos Direitos Humanos da Presidência da República, compete propor, acompanhar e avaliar as políticas públicas afirmativas de promoção da igualdade e da proteção dos direitos de indivíduos e grupos sociais e étnicos afetados por discriminação racial e demais formas de intolerância. Art. 2º O CNCD será integrado: I – pelo Secretário Especial dos Direitos Humanos, que o presidirá; II – por um representante de cada órgão e entidade a seguir indicados: a) Casa Civil da Presidência da República; b) Ministério das Relações Exteriores; c) Ministério da Educação; d) Ministério da Saúde; e) Ministério do Trabalho e Emprego; f) Ministério do Desenvolvimento Agrário; g) Ministério da Defesa; h) Ministério do Desenvolvimento Social e Combate à Fome; i) Ministério da Justiça; j) Ministério da Cultura; l) Secretaria Especial de Políticas de Promoção da Igualdade Racial da Presidência da República; m) Secretaria Especial de Políticas para as Mulheres, da Presidência da República; n) Instituto de Pesquisa Econômica Aplicada – IPEA; o) Fundação Nacional do Índio – FUNAI; e III – quinze representantes de entidades e organizações não governamentais das populações negra, indígena e do segmento de "Gays", Lésbicas, Transgêneros e Bissexuais – GLTB. § 1º Poderão ainda participar das reuniões do CNCD, sem direito a voto: I – um representante do Ministério Público Federal; II – um representante do Ministério Público do Trabalho; III – um representante da Magistratura Federal; e IV – um representante da Comissão de Direitos Humanos da Câmara dos Deputados. § 2º Haverá um suplente para cada membro do CNCD. § 3º Os membros e respectivos suplentes do CNCD serão indicados pelos titulares dos órgãos e entidades mencionados neste artigo e designados pelo Secretário Especial dos Direitos Humanos, para um período de dois anos, permitida a recondução. Art. 3º Nas reuniões do CNCD será necessária a presença de, no mínimo, dezesseis membros, sendo oito dentre os referidos no inciso II e oito dentre os mencionados no inciso III do caput do art. 2º. § 1º As decisões do CNCD serão tomadas por maioria de votos dos presentes. § 2º Em caso de empate, o Presidente do CNCD tem o voto de qualidade. § 3º O CNCD poderá convidar para participar de reuniões, sem direito a voto, representantes de órgãos e entidades públicas, bem assim demais personalidades com especialização e experiência na promoção dos direitos humanos e no combate à discriminação, para prestar assessoria a atividades específicas do colegiado. Art. 4º O CNCD poderá constituir comissões para a análise de assuntos específicos relacionados às matérias de sua competência. Art. 5º O CNCD, no exercício de sua competência, poderá solicitar informações a órgãos e entidades governamentais e não governamentais, examinar as denúncias que lhe forem submetidas e encaminhá-las às autoridades competentes. Art. 6º Os serviços de secretaria-executiva do CNCD serão prestados pela Secretaria Especial dos Direitos Humanos. Art. 7º As dúvidas decorrentes da aplicação deste Decreto serão dirimidas pelo CNCD. Art. 8º O regimento interno do CNCD, após aprovação do colegiado, será homologado pelo Secretário Especial dos Direitos Humanos. Art. 9º A participação no CNCD será considerada prestação de serviço público relevante, não remunerada. Art. 10. Este Decreto entra em vigor na data de sua publicação. Art. 11. Fica revogado o Decreto no 3.952, de 4 de outubro de 2001."*

5. **Impropriedade do *nomen juris* da lei.** A lei ora comentada traz, em sua ementa, as seguintes expressões: *"Define os crimes resultantes de preconceitos de raça ou de cor"*. Faltou, ao legislador, técnica na elaboração da ementa, uma vez que utilizou conceito restritivo, diverso da positivação legal dos delitos. Pela ementa da lei, poder-se-ia concluir que os únicos fatores discriminantes nela dispostos seriam a *raça* ou a *cor.* Trata-se, evidentemente, de absoluto engano. A simples leitura da Lei n.s leva à conclusão diversa, uma vez que a todo o momento os tipos penais fazem menção expressa à *raça, cor, etnia, religião ou procedência nacional.* Dessa forma, melhor e mais técnica seria a opção do legislador pela seguinte ementa, para que fosse dada a correta abrangência legal: *"Define os crimes resultantes de preconceitos de raça, cor, etnia, religião ou procedência nacional"*.

6. **Discriminação.** Discriminar significa diferençar, distinguir, tratar de forma diferente e prejudicial.

7. **Preconceito.** A expressão *preconceito* deriva do latim *praejudicium. Prae* significa anterior e *judicium* quer dizer julgamento. Por preconceito entenda-se o conceito, opinião, sentimento ou juízo antecipado, formado pela pessoa antes de possuir ou formar dados e elementos adequados para formar um conceito ou uma opinião, independentemente de qualquer razão.

8. **Raça.** É o conjunto dos indivíduos identificados pela semelhança de características corporais, como estrutura, cor da pele, forma física etc., como produto de sua hereditariedade.

9. **Cor.** A expressão *cor* é utilizada para determinar o aspecto cromático de alguma matéria. No sentido da lei, cor é expressão utilizada para denotar a tonalidade da pele da pessoa, como cor branca, preta, amarela e vermelha.

10. **Etnia.** A expressão etnia é utilizada para caracterizar o conjunto de pessoas identificadas pela similitude de linguagem, cultura, traços físicos e mentais e tradição comuns.

11. **Religião.** É a crença ou doutrina religiosa. É a crença em relação a uma divindade ou a sua adoração.

12. **Procedência nacional.** É o elemento identificador da origem da pessoa.

13. **Outras formas de discriminação.** O legislador não inseriu outras formas de discriminação, como sexual, idade, filosófica, política ou preferência esportiva. Dessa forma, caso a discriminação se dê por qualquer desses motivos, a conduta será atípica em relação aos tipos penais previstos nesta lei.

→ **Aplicação em concurso.**

- **Promotor de Justiça/BA. 2015. MPE-BA.**

  A Lei nº 7.716/89 tipifica e estabelece punição de crimes resultantes de discriminação ou preconceito de raça, cor, etnia, religião ou procedência nacional, estando excluída a discriminação ou preconceito relativo à orientação sexual.

  A alternativa está correta.

14. Princípio da especialidade. Lei de crimes de tortura. A lei 9.455/97, que traz os delitos de tortura, no art. 1º, I, alínea *c*, dispõe sobre a denominada *tortura discriminatória, tortura preconceituosa ou tortura racismo.* Eis a redação legal: *"Art. 1º Constitui crime de tortura: I – constranger alguém com emprego de violência ou grave ameaça, causando-lhe sofrimento físico ou mental: c) em razão de discriminação racial ou religiosa".* Dessa forma, se o dolo do agente for causar sofrimento físico ou mental na vítima, por meio de violência ou grave ameaça, movido por motivo de discriminação racial ou religiosa, a sua conduta estará tipificada na lei de tortura, e não na lei ora comentada.

15. Especial fim de agir. Todos os tipos penais da lei ora comentada possuem um especial fim de agir, consistente na discriminação de alguém em razão de raça, cor, etnia, religião e procedência nacional. Ausente o especial fim de agir, a conduta será atípica, como na hipótese de uma brincadeira feita entre amigos, em que não há a vontade específica de discriminar.

16. Outras formas de discriminação. Lei 7.437/85. A lei 7.437/85 traz formas de discriminação em razão de *raça, cor, sexo* ou *estado civil*, que constituem contravenções penais. Eis a sua redação: *"Art. 1º. Constitui contravenção, punida nos termos desta lei, a prática de atos resultantes de preconceito de raça, de cor, de sexo ou de estado civil. Art. 2º. Será considerado agente de contravenção o diretor, gerente ou empregado do estabelecimento que incidir na prática referida no artigo 1º. desta lei. Das Contravenções Art. 3º. Recusar hospedagem em hotel, pensão, estalagem ou estabelecimento de mesma finalidade, por preconceito de raça, de cor, de sexo ou de estado civil. Pena – prisão simples, de 3 (três) meses a 1 (um) ano, e multa de 3 (três) a 10 (dez) vezes o maior valor de referência (MVR). Art. 4º. Recusar a venda de mercadoria em lojas de qualquer gênero ou o atendimento de clientes em restaurantes, bares, confeitarias ou locais semelhantes, abertos ao público, por preconceito de raça, de cor, de sexo ou de estado civil. Pena – Prisão simples, de 15 (quinze) dias a 3 (três) meses, e multa de 1 (uma) a 3 (três) vezes o maior valor de referência (MVR). Art. 5º. Recusar a entrada de alguém em estabelecimento público, de diversões ou de esporte, por preconceito de raça, de cor, de sexo ou de estado civil. Pena – Prisão simples, de 15 (quinze dias a 3 (três) meses, e multa de 1 (uma) a 3 (três) vezes o maior valor de referência (MVR). Art. 6º. Recusar a entrada de alguém em qualquer tipo de estabelecimento comercial ou de prestação de serviço, por preconceito de raça, de cor, de sexo ou de estado civil. Pena – prisão simples, de 15 (quinze) dias e 3 (três) meses, e multa de 1 (uma) a 3 (três) vezes o maior valor de referência (MVR). Art. 7º. Recusar a inscrição de aluno em estabelecimento de ensino de qualquer curso ou grau, por preconceito de raça, de cor, de sexo ou de estado civil. Pena – prisão simples, de 3 (três) meses a 1 (um) ano, e multa de 1(uma) a três) vezes o maior valor de referência (MVR). Parágrafo único. Se se tratar de estabelecimento oficial de ensino, a pena será a perda do cargo para o agente, desde que apurada em inquérito regular. Art. 8º. Obstar o acesso de alguém a qualquer cargo público civil ou militar, por preconceito de raça, de cor, de sexo ou de estado civil. Pena – perda do cargo, depois de apurada a responsabilidade em inquérito regular, para o funcionário dirigente da repartição de que dependa a inscrição no concurso de habilitação dos candidatos. Art. 9º. Negar emprego ou trabalho a alguém em* *autarquia, sociedade de economia mista, empresa concessionária de serviço público ou empresa privada, por preconceito de raça, de cor, de sexo ou de estado civil. Pena – prisão simples, de 3 (três) meses a 1 (um) ano, e multa de 1 (uma) a 3 (três) vezes o maior valor de referência (MVR), no caso de empresa privada; perda do cargo para o responsável pela recusa, no caso de autarquia, sociedade de economia mista e empresa concessionária de serviço público. Art. 10. Nos casos de reincidência havidos em estabelecimentos particulares, poderá o juiz determinar a pena adicional de suspensão do funcionamento, por prazo não superior a 3 (três) meses. Art. 11. Esta lei entra em vigor na data de sua publicação. Art. 12. Revogam-se as disposições em contrário."*

Muitos tipos penais são idênticos ou quase idênticos aos tipos penais previstos na lei ora comentada. No que toca à discriminação em razão de *raça* e *cor*, os tipos penais da mencionada lei encontram-se derrogados, em razão do critério cronológico, uma vez que a lei ora comentada é posterior à lei 7.437/85. Entretanto, os tipos penais permanecem em vigor quando se tratar de discriminação em razão de *sexo* ou *estado civil*.

Art. 2º (Vetado).

Art. 3º Impedir ou obstar o acesso de alguém, devidamente habilitado, a qualquer **cargo da Administração Direta ou Indireta, bem como das concessionárias de serviços públicos**.

Pena: reclusão de dois a cinco anos.

Parágrafo único. Incorre na mesma pena quem, por motivo de discriminação de raça, cor, etnia, religião ou procedência nacional, **obstar a promoção funcional**. (Inserido pela lei 12.288/2010).

1. **Sujeito ativo.** Trata-se de crime próprio, uma vez que somente pode ser sujeito ativo do delito o funcionário público que tenha atribuição para a admissão da pessoa habilitada à ocupação do cargo público.
2. **Sujeito passivo.** A pessoa discriminada.
3. **Impedir ou obstar.** *Impedir* significa não permitir, obstruir, proibir. *Obstar* é causar embaraço, servir de obstáculo. Pelos significados das expressões utilizadas pelo legislador, verifica-se que houve clara redundância, uma vez que os verbos *impedir* e *obstar* significam a mesma coisa.
4. **Tipo misto alternativo.** A prática das duas condutas descritas no tipo (*impedir* ou *obstar*) não gera concurso de crimes, respondendo o agente por apenas um delito.
5. **Administração Direta e Indireta.** A Administração Direta é composta pelas pessoas jurídicas de direito público interno, que são a União, Estados membros, Distrito Federal e Municípios. Por sua vez, a Administração Pública Indireta é formada por autarquias, empresas públicas, sociedades de economia mista e fundações.
6. **Concessionárias de serviços públicos.** Concessionárias de serviços públicos são pessoas jurídicas que exercem atividades por delegação do Poder Público. A concessão

é contrato administrativo, por meio do qual a Administração Pública (concedente) delega à uma pessoa jurídica (concessionário) a execução de determinada atividade de interesse coletivo.

7. **Habilitação para a ocupação do cargo.** A habilitação significa que a pessoa está apta, com todos os requisitos preenchidos, sem nenhuma condição pendente, para ocupar o cargo. Com isso, o legislador quis deixar claro que o óbice ou impedimento tem unicamente motivo discriminatório, em razão de raça, cor, etnia, religião ou procedência nacional.

8. **Cargo público.** Tanto o Direito Administrativo quanto o Direito Penal fazem menção a *cargo, emprego* ou *função pública.* Questão relevante versa sobre a abrangência, no tipo penal ora comentado, de *emprego* ou *função pública.* Em homenagem ao princípio da legalidade penal, conclui-se que o tipo penal não abrange tais formas de exercício de função pública. Assim, caso o óbice ou impedimento se dê para o acesso de alguém a *emprego* ou *função pública,* por motivos de discriminação, a conduta será atípica em relação ao tipo penal ora comentado.

9. **Especial fim de agir.** O tipo penal possui um especial fim de agir, consistente na discriminação de alguém em razão de raça, cor, etnia, religião e procedência nacional. Ausente o especial fim de agir, a conduta será atípica.

10. **Consumação.** Com a prática das condutas descritas no tipo penal, ou seja, com o impedimento ou o óbice causado ao pretendente ao acesso a cargo na Administração Pública Direta ou Indireta ou em concessionárias, pois se trata de crime formal. Mesmo que posteriormente o pretendente consiga a ocupação do cargo por força de ação judicial, como o Mandado de Segurança, o delito estará consumado.

11. **Princípio da especialidade.** O tipo penal ora comentado constitui especialidade em relação aos arts. 8º e 9º da lei 7.437/85. Entretanto, a especialidade somente será aplicada, com a prevalência do artigo ora comentado, se se tratar de discriminação em razão de *raça* e *cor.* Se, todavia, a discriminação se der em razão de *sexo* ou *estado civil,* permanece a aplicação da lei 7.437/85. Outra especialidade reside no Estatuto do Idoso (lei 10.741/2003). Assim, caso a conduta descrita no presente tipo penal tenha como vítima idoso, isso é, pessoa com idade igual ou superior a sessenta anos, o delito praticado será o previsto no art. 100, I, da lei 10.741/2003, que tem a seguinte redação: *"Art. 100. Constitui crime punível com reclusão de 6 (seis) meses a 1 (um) ano e multa: I – obstar o acesso de alguém a qualquer cargo público por motivo de idade".*

12. **Parágrafo único. Conduta equiparada.** O parágrafo único do artigo ora comentado foi inserido pela lei 12.288/2010, com o fim de criminalizar a conduta de se criar óbice à *promoção funcional,* em razão das espécies de discriminação descritas no *caput* do artigo.

    Seguindo a mesma linha do *caput* do artigo, o novel parágrafo exige o especial fim de agir consistente na discriminação da vítima, em razão de raça, cor, etnia, religião e procedência nacional, sem o qual a conduta do agente se torna atípica. Por *promoção funcional* entenda-se o ato de elevar o funcionário à classe imediatamente superior a que pertence, na estrutura da Administração Pública Direta ou Indireta, bem como das concessionárias de serviço público, com todas as vantagens inerentes ao cargo alcançadas pela promoção.

Disso se conclui que a vítima do delito ora comentado já deve integrar os quadros funcionais da Administração Pública Direta ou Indireta, ou das concessionárias de serviço público. Assim, fica nítida a distinção entre o *caput* e o parágrafo único do delito ora comentado. Com efeito, enquanto no *caput* do tipo legal de crime, a vítima ainda não integra os quadros funcionais da Administração Pública Direta ou Indireta, ou das concessionárias de serviço público (e o delito consiste justamente na criação de óbice ao acesso ao cargo), no parágrafo único a vítima já integra os quadros funcionais.

Questão relevante versa sobre a abrangência do delito inserido pelo novel parágrafo único, uma vez que apenas fez menção a *promoção funcional*, não especificando se a promoção seria em *cargo, emprego* ou *função pública*. Em homenagem ao princípio da legalidade penal, é forçosa a conclusão de que parágrafo único deve ser interpretado em consonância com o *caput* do artigo, razão pela qual, se o *caput* apenas menciona *cargo*, não está abrangido pela nova incriminação o óbice à promoção funcional em *emprego* ou *função pública*. Assim, caso o óbice à promoção funcional ocorra em *emprego* ou *função pública,* por motivos de discriminação, a conduta será atípica em relação ao tipo penal ora comentado.

A consumação do delito se dá coma prática da conduta descrita no parágrafo único, ou seja, com o óbice causado ao pretendente à promoção funcional, pois se trata de crime formal. Mesmo que posteriormente o pretendente consiga a ocupação do cargo por força de ação judicial, como o Mandado de Segurança, o delito estará consumado.

13. **Classificação.** Crime próprio; formal; doloso; comissivo; instantâneo; admite tentativa.

14. **Suspensão condicional do processo.** Incabível, pois a pena mínima cominada ultrapassa 1 ano (art. 89 da lei 9.099/95).

15. **Princípio da especialidade. Estatuto do Idoso. Lei 10.741/2003.** Caso a conduta do agente seja a de impedir ou obstar o acesso de pessoa idosa, devidamente habilitada, a qualquer cargo da Administração Direta ou Indireta, bem como das concessionárias de serviços públicos, em razão dessa condição, a conduta estará tipificada no art. 100, I da lei 10.741/2003 – Estatuto do Idoso, que possui a seguinte redação: *"Art. 100. Constitui crime punível com reclusão de 6 (seis) meses a 1 (um) ano e multa: I – obstar o acesso de alguém a qualquer cargo público por motivo de idade."*

Art. 4º Negar ou obstar emprego em **empresa privada**.

§ 1º Incorre na mesma pena quem, por motivo de discriminação de raça ou de cor ou práticas resultantes do preconceito de descendência ou origem nacional ou étnica: (Incluído pela Lei nº 12.288, de 2010)

I – deixar de conceder os **equipamentos necessários** ao empregado em igualdade de condições com os demais trabalhadores; (Incluído pela Lei nº 12.288, de 2010)

II – impedir a **ascensão funcional** do empregado ou obstar outra forma de **benefício profissional**; (Incluído pela Lei nº 12.288, de 2010)

III – proporcionar ao empregado **tratamento diferenciado** no ambiente de trabalho, especialmente quanto ao **salário**. (Incluído pela Lei nº 12.288, de 2010)

§ 2º Ficará **sujeito às penas de multa e de prestação de serviços à comunidade**, incluindo atividades de promoção da igualdade racial, quem, em anúncios ou qualquer outra forma de recrutamento de trabalhadores, exigir aspectos de aparência próprios de raça ou etnia para emprego cujas atividades não justifiquem essas exigências. (Incluído pela Lei nº 12.288, de 2010).

Pena: reclusão de dois a cinco anos.

1. **Sujeito ativo.** Trata-se de crime próprio, uma vez que somente pode ser sujeito ativo do delito o administrador da pessoa jurídica ou o funcionário que tenha a função de admitir ou não os empregados na sociedade (empresa no sentido subjetivo).
2. **Sujeito passivo.** A pessoa discriminada.
3. **Negar ou obstar.** *Negar* significa recusar, não admitir. *Obstar* é causar embaraço, servir de obstáculo.
4. **Tipo misto alternativo.** A prática das duas condutas descritas no tipo (*negar* ou *obstar*) não gera concurso de crimes, respondendo o agente por apenas um delito.
5. **Emprego.** Compreende qualquer espécie de trabalho, independentemente do título que se dê à função ou ao cargo ou duração, isso é, mesmo que se trate de estágio por prazo determinado. Segundo o art. 3º da CLT, *"considera-se empregado toda pessoa física que prestar serviços de natureza não eventual a empregador, sob a dependência deste e mediante salário."*
6. **Empresa privada.** Trata-se de pessoa jurídica que exerce qualquer atividade lícita, que não tenha natureza pública.
7. **Especial fim de agir.** O tipo penal possui um especial fim de agir, consistente na discriminação de alguém em razão de raça, cor, etnia, religião e procedência nacional. Ausente o especial fim de agir, a conduta será atípica.
8. **Consumação.** Com a prática das condutas descritas no tipo penal, ou seja, com a negação ou o óbice ao pretendente ao emprego na empresa privada, pois se trata de crime formal.
9. **Classificação.** Crime próprio; formal; doloso; comissivo; instantâneo; admite tentativa.
10. **Suspensão condicional do processo.** Incabível, pois a pena mínima cominada ultrapassa 1 ano (art. 89 da lei 9.099/95).
11. **Princípio da especialidade. Estatuto do Idoso. Lei 10.741/2003.** Caso a conduta do agente seja a de negar ou obstar emprego em empresa privada, de idoso, em

razão dessa condição, a conduta estará tipificada no art. 100, II da lei 10.741/2003 – Estatuto do Idoso, que possui a seguinte redação: *"Art. 100. Constitui crime punível com reclusão de 6 (seis) meses a 1 (um) ano e multa: II – negar a alguém, por motivo de idade, emprego ou trabalho."*

12. § 1º. Condutas equiparadas. A lei 12.288/2010 inseriu três incisos no artigo ora comentado, que configuram condutas equiparadas ao delito positivado no *caput,* que serão objeto de comentários abaixo.

13. § 1º, inciso I. Deixar de conceder os equipamentos necessários ao empregado em igualdade de condições com os demais trabalhadores.

14. Sujeito ativo. Trata-se de crime próprio, uma vez que somente pode ser sujeito ativo do delito o administrador da pessoa jurídica ou o funcionário que tenha a função de distribuir os equipamentos a serem utilizados pelos empregados da pessoa jurídica.

15. Sujeito passivo. A pessoa discriminada.

16. Deixar de conceder os equipamentos necessários. O delito constitui a violação em alto grau do princípio da isonomia, uma vez que a discriminação reside justamente no tratamento diferenciado em não se proporcionar condições regulares de trabalho ao trabalhador discriminado. Trata-se de norma que visa a garantir, em primeiro lugar, a segurança do trabalhador, pois o tipo legal dispõe *equipamentos necessários,* o que faz concluir que se trata de equipamentos fundamentais, indispensáveis ao desempenho de determinada função. Naturalmente, os equipamentos necessários irão variar de acordo com a atividade desempenhada, razão pela qual não poderia o legislador enumerar os equipamentos que considera necessários. Assim, na análise da configuração do delito, o Juiz deverá levar em consideração as normas técnicas que definem o regular desempenho daquela função.

→ **Aplicação em concurso.**

- **(Cespe – Delegado de Polícia – BA/2013)**

  Considerando o que dispõe a legislação atual acerca de discriminação, julgue os itens que se seguem.

  Pratica crime o empregador que, por motivo de discriminação de raça ou cor, deixar de conceder equipamentos necessários ao empregado, em igualdade de condições com os demais trabalhadores.

  A alternativa está certa.

17. Causa de atipicidade. A incriminação consiste em não conceder os equipamentos necessários *em igualdade de condições com os demais trabalhadores.* Pode acontecer que determinado empregador deixe de fornecer os equipamentos necessários para todos os trabalhadores, sem distinção. Basta pensar na hipótese em que o empregador de uma construtora não fornece o capacete para nenhum dos trabalhadores. Nesse caso, a sua conduta será formalmente atípica em relação ao delito ora comentado, uma vez que todos os trabalhadores estão na mesma situação, não havendo, portanto, situação de desigualdade em relação aos trabalhadores. É verdade que a conduta do empregador não obedece às determinações técnicas. Entretanto, não se amolda ao tipo legal de crime ora comentado.

18. **Crime omissivo próprio.** Trata-se de crime omissivo próprio, uma vez que o agente deixa de fazer o que está obrigado.

19. **Especial fim de agir.** O tipo penal possui um especial fim de agir, consistente na discriminação de alguém em razão de raça ou de cor ou práticas resultantes do preconceito de descendência ou origem nacional ou étnica. Ausente o especial fim de agir, a conduta será atípica.

20. **Consumação.** Com a omissão do agente.

21. **Classificação.** Crime próprio; de mera conduta; doloso; omissivo próprio; instantâneo; não admite tentativa por ser omissivo próprio.

22. **Suspensão condicional do processo.** Incabível, pois a pena mínima cominada ultrapassa 1 ano (art. 89 da lei 9.099/95).

23. § 1º, inciso II. Impedir a ascensão funcional do empregado ou obstar outra forma de benefício profissional.

24. **Sujeito ativo.** Trata-se de crime próprio, uma vez que somente pode ser sujeito ativo do delito o administrador da pessoa jurídica ou o funcionário que tenha a função de promover a ascensão funcional ou conceder benefícios profissionais.

25. **Sujeito passivo.** A pessoa discriminada.

26. **Impedir ou obstar.** *Impedir* significa atrapalhar, dificultar. *Obstar* é causar embaraço. O legislador foi repetitivo, pois os dois verbos típicos denotam o mesmo significado.

27. **Ascensão funcional e benefício profissional.** *Ascensão funcional* compreende qualquer espécie de crescimento profissional na empresa privada, como a promoção para o exercício de um cargo superior. *Benefício profissional* pode ser entendido como qualquer vantagem concedida ao empregado, vinculada ao cargo exercido e em razão dele, como uma gratificação financeira, auxílio financeiro ligado à moradia, à alimentação, ao combustível, concessão de veículo automotor para ser utilizado no emprego, custeio de cursos de especialização no país e no exterior, entre outros.

→ **Aplicação em concurso.**

- **(Cespe – Advogado da União/2012).**

  Com relação aos delitos de preconceito e de lavagem de dinheiro e dos delitos:

  O fato de um empresário, por preconceito em relação à cor de determinado empregado, impedir a sua ascensão funcional na empresa, configurará delito contra a organização do trabalho, e não crime resultante de preconceito.

  A alternativa está errada.

28. **Especial fim de agir.** O tipo penal possui um especial fim de agir, consistente na discriminação de alguém em razão de raça ou de cor ou práticas resultantes do preconceito de descendência ou origem nacional ou étnica. Ausente o especial fim de agir, a conduta será atípica.

29. **Consumação.** Com a prática das condutas descritas no tipo penal, ou seja, com o impedimento ou o óbice a ascensão funcional ou ao benefício profissional ao

empregado discriminado, pois se trata de crime formal. Mesmo que futuramente o empregado discriminado venha a obter a ascensão ou o benefício, o delito estará consumado.

30. Classificação. Crime próprio; formal; doloso; comissivo; instantâneo; admite tentativa.

31. Suspensão condicional do processo. Incabível, pois a pena mínima cominada ultrapassa 1 ano (art. 89 da lei 9.099/95).

32. § 1º, inciso III. Proporcionar ao empregado tratamento diferenciado no ambiente de trabalho, especialmente quanto ao salário.

33. Sujeito ativo. Trata-se de crime próprio, uma vez que somente pode ser sujeito ativo do delito o administrador da pessoa jurídica.

34. Sujeito passivo. A pessoa discriminada.

35. Proporcionar. *Proporcionar* significa oferecer.

36. Tratamento diferenciado no ambiente de trabalho, especialmente quanto ao salário. Da mesma forma do inciso I, o presente delito constitui a violação do princípio da isonomia, justamente pela distinção que é feita ao empregado discriminado no ambiente de trabalho. A diferença reside justamente na maior especificidade do inciso I que faz menção específica a *equipamentos necessários.* Por *ambiente de trabalho* entenda-se o local onde a função é exercida pela pessoa discriminada. O legislador deu destaque à discriminação referente ao salário. Isso não significa que no inciso ora comentado a discriminação de refira exclusivamente ao salário, mas, também, abrange tal critério de discriminação. Pensamos que o legislador, como em tantas outras hipóteses, foi repetitivo, uma vez que a discriminação referente ao salário já está abrangida na forma genérica de discriminação.

37. Causa de atipicidade. É de se notar que, para que haja discriminação quanto ao salário, é necessário que se esteja diante de cargos equiparados. Caso não haja equivalência de cargos, não há que se falar em discriminação, uma vez que a própria distinção de cargos gerará, naturalmente, a distinção de salários.

38. Especial fim de agir. O tipo penal possui um especial fim de agir, consistente na discriminação de alguém em razão de raça ou de cor ou práticas resultantes do preconceito de descendência ou origem nacional ou étnica. Ausente o especial fim de agir, a conduta será atípica.

39. Consumação. Com a prática da conduta descrita no tipo penal, ou seja, com a concessão do tratamento diferenciado. Trata-se de crime formal.

40. Classificação. Crime próprio; formal; doloso; comissivo; instantâneo; admite tentativa.

41. Suspensão condicional do processo. Incabível, pois a pena mínima cominada ultrapassa 1 ano (art. 89 da lei 9.099/95).

42. § 2º. Exigência de aspectos de aparência próprios de raça ou etnia para emprego cujas atividades não justifiquem essas exigências. Esse parágrafo foi inserido pela lei 12.288/2010.

43. **Natureza da infração.** Embora o legislador tenha fugido das regras de normalidade na criação dos tipos legais de crime, pensamos que a presente infração constitui uma infração de natureza penal.

44. **Sujeito ativo.** Trata-se de crime próprio, uma vez que somente pode ser sujeito ativo do delito o administrador da pessoa jurídica ou o funcionário que tenha a função de recrutar trabalhadores.

45. **Sujeito passivo.** As pessoas que não reunirem os aspectos de aparência próprios de raça ou etnia exigidos.

46. **Exigir.** *Exigir* significa impor como condição para algo. Assim, o delito consiste na exigência feita, ligada a aspectos de aparência próprios de raça ou etnia, para a concessão de emprego.

47. **Aspectos de aparência próprios de raça ou etnia para emprego cujas atividades não justifiquem essas exigências.** Estão ligados à aparência física, como formato do rosto, do corpo, dos olhos etc.

48. **Anúncios ou qualquer outra forma de recrutamento de trabalhadores.** O *anúncio* para o recrutamento pode ser feito por qualquer meio de comunicação, como a escrita, a falada, a televisionada etc.

49. **Penas de multa e de prestação de serviços à comunidade, incluindo atividades de promoção da igualdade racial.** A pena de multa a que se refere o artigo é aquela prevista e regulamentada pelo art. 49 e seguintes do Código Penal. O mesmo se diga em relação à pena de prestação de serviços à comunidade, que está regulamentada no art. 43, IV c/c art. 46, ambos do Código Penal.

50. **Especial fim de agir.** O tipo penal possui um especial fim de agir, consistente na discriminação de pessoas que não possuem os aspectos de aparência próprios de raça ou etnia exigida. Ausente o especial fim de agir, a conduta será atípica.

51. **Consumação.** Com a exigência. Trata-se de crime formal.

52. **Classificação.** Crime próprio; formal; doloso; comissivo; instantâneo; admite tentativa.

> **Art. 5º** Recusar ou impedir acesso a **estabelecimento comercial**, negando-se a servir, atender ou receber cliente ou comprador.
>
> Pena: reclusão de um a três anos.

1. **Sujeito ativo.** Trata-se de crime próprio, uma vez que somente pode ser sujeito ativo do delito o administrador do estabelecimento empresarial.

2. **Sujeito passivo.** A pessoa discriminada.

3. **Recusar ou impedir.** *Recusar* consiste em rejeitar, não aceitar, *Impedir* significa não permitir, obstruir, proibir.

4. **Tipo misto alternativo.** A prática das duas condutas descritas no tipo (*recusar* ou *impedir*) não gera concurso de crimes, respondendo o agente por apenas um delito.

5. **Negativa de serviço, atendimento ou recebimento.** A negativa de servir significa não destinar à pessoa discriminada o serviço prestado pelo estabelecimento. A negativa de atender consiste em não dirigir-se à pessoa discriminada para dar-lhe o atendimento dado aos demais clientes do estabelecimento. Por fim, a negativa de receber o impedimento do ingresso ou permanência da pessoa discriminada no estabelecimento empresarial.

6. **Estabelecimento comercial.** O legislador fez menção expressa a *estabelecimento comercial.* Em observância e obediência ao princípio da legalidade, não está abrangido na incriminação a recusa ou o impedimento de acesso a estabelecimento *industrial.*

7. **Especial fim de agir.** O tipo penal possui um especial fim de agir, consistente na discriminação de alguém em razão de raça, cor, etnia, religião e procedência nacional. Ausente o especial fim de agir, a conduta será atípica.

8. **Consumação.** Com a prática das condutas descritas no tipo penal, isso é, com a recusa ou o impedimento de acesso ao estabelecimento comercial, associado à negativa de serviço, atendimento ou recebimento.

9. **Princípio da especialidade.** O tipo penal ora comentado constitui especialidade em relação ao art. 6º da lei 7.437/85. Entretanto, a especialidade somente será aplicada, com a prevalência do artigo ora comentado, se se tratar de discriminação em razão de *raça* e *cor.* Se, todavia, a discriminação se der em razão de *sexo* ou *estado civil,* permanece a aplicação da lei 7.437/85.

10. **Classificação.** Crime próprio; formal; doloso; comissivo; instantâneo; admite tentativa.

11. **Suspensão condicional do processo.** Cabível, pois a pena mínima cominada não ultrapassa 1 ano (art. 89 da lei 9.099/95).

Art. 6º Recusar, negar ou impedir a **inscrição ou ingresso de aluno em estabelecimento de ensino público ou privado** de qualquer grau.

Pena: reclusão de três a cinco anos.

Parágrafo único. Se o crime for praticado contra menor de dezoito anos a pena é agravada de 1/3 (um terço).

1. **Sujeito ativo.** Trata-se de crime próprio, uma vez que somente pode ser sujeito ativo do delito a pessoa que tiver a atribuição específica para efetivar a inscrição ou o ingresso do aluno no estabelecimento de ensino.

2. **Sujeito passivo.** A pessoa discriminada.

3. **Recusar, negar ou impedir.** *Recusar* consiste em rejeitar, não aceitar. *Negar* significa recusar, não admitir. *Impedir é* não permitir, obstruir, proibir. Mais uma vez verifica-se que houve clara redundância, uma vez que os verbos típicos têm o mesmo significado.

4. **Tipo misto alternativo.** A prática de duas ou mais condutas descritas no tipo (*recusar, negar* ou impedir) não gera concurso de crimes, respondendo o agente por apenas um delito.

5. **Estabelecimento de ensino público ou privado de qualquer grau.** O legislador quis evitar a prática de discriminação em qualquer estabelecimento de ensino, independentemente do grau, razão pela qual não fez qualquer distinção entre estabelecimentos de natureza pública ou privada, abrangendo ambas, de qualquer grau. Logo, a conduta pode ser praticada em escola de natureza pública ou privada, em qualquer nível de graduação. Tendo em vista a abrangência do tipo penal, estão abrangidos os ensinos de nível médio, superior e pós-graduação.

6. **Causa de aumento de pena.** No parágrafo único, o legislador inseriu o aumento de pena em um terço na hipótese de o crime ser praticado contra menor de dezoito anos. Embora a lei tenha utilizado a palavra *agravada,* trata-se, na verdade, de causa especial de aumento de pena, que incide na terceira fase de aplicação da pena criminal.

7. **Especial fim de agir.** O tipo penal possui um especial fim de agir, consistente na discriminação de alguém em razão de raça, cor, etnia, religião e procedência nacional. Ausente o especial fim de agir, a conduta será atípica.

8. **Consumação.** Com a prática das condutas descritas no tipo penal, ou seja, com a recusa, a negativa ou o impedimento de inscrição ou ingresso de aluno no estabelecimento mencionado no tipo penal. Trata-se de crime formal. Mesmo que posteriormente o aluno consiga a inscrição ou o ingresso no estabelecimento de ensino por força de ação judicial, como o Mandado de Segurança, o delito estará consumado.

9. **Princípio da especialidade.** O tipo penal ora comentado constitui especialidade em relação ao art. 7º da lei 7.437/85. Entretanto, a especialidade somente será aplicada, com a prevalência do artigo ora comentado, se se tratar de discriminação em razão de *raça* e *cor.* Se, todavia, a discriminação se der em razão de *sexo* ou *estado civil,* permanece a aplicação da lei 7.437/85.

10. **Classificação.** Crime próprio; formal; doloso; comissivo; instantâneo; admite tentativa.

11. **Suspensão condicional do processo.** Incabível, pois a pena mínima cominada ultrapassa 1 ano (art. 89 da lei 9.099/95).

> **Art. 7º** Impedir o acesso ou recusar **hospedagem** em **hotel, pensão, estalagem,** ou qualquer estabelecimento **similar.**
>
> Pena: reclusão de três a cinco anos.

1. **Sujeito ativo.** Trata-se de crime próprio, uma vez que somente pode ser sujeito ativo do delito o administrador do hotel, pensão ou estalagem.

2. **Sujeito passivo.** A pessoa discriminada.

3. **Impedir ou recusar.** *Impedir* significa não permitir, obstruir, proibir. *Recusar* consiste em rejeitar, não aceitar. Novamente a redundância se impõe. Os verbos impedir e recusar têm o mesmo significado.
4. **Tipo misto alternativo.** A prática das duas condutas descritas no tipo (*impedir* ou *recusar*) não gera concurso de crimes, respondendo o agente por apenas um delito.
5. **Hotel, pensão e estalagem.** *Hotel* é lugar onde as pessoas ficam alocadas por determinado espaço de tempo, por meio do aluguel de quartos ou apartamentos mobiliados, com ou sem refeições, usufruindo de sua estrutura, podendo ser utilizado como moradia ou lazer. *Pensão* consiste em um pequeno hotel de caráter familiar. Por fim, *estalagem* é o local destinado a albergue, pousada, hospedaria, normalmente utilizadas para curtas hospedagens, como hotéis localizados em beira de estradas, para os motoristas profissionais dormirem durante uma noite.
6. **Interpretação analógica.** O legislador, após elencar os locais onde o delito é praticado (Hotel, pensão e estalagem), utilizou a técnica de interpretação denominada *interpretação analógica* ao positivar as expressões *ou qualquer estabelecimento similar.* Dessa forma, estão abrangidos outros locais similares a hotel, pensão ou estalagem, como a residência localizada na beira da estrada, na qual se alugam quartos para passar um dia ou uma noite.
7. **Especial fim de agir.** O tipo penal possui um especial fim de agir, consistente na discriminação de alguém em razão de raça, cor, etnia, religião e procedência nacional. Ausente o especial fim de agir, a conduta será atípica.
8. **Consumação.** Com a prática das condutas descritas no tipo penal, ou seja, com o impedimento de acesso ou a recusa de hospedagem à pessoa discriminada, pois se trata de crime formal.
9. **Princípio da especialidade.** O tipo penal ora comentado constitui especialidade em relação ao art. 3º da lei 7.437/85. Entretanto, a especialidade somente será aplicada, com a prevalência do artigo ora comentado, se se tratar de discriminação em razão de *raça* e *cor.* Se, todavia, a discriminação se der em razão de *sexo* ou *estado civil,* permanece a aplicação da lei 7.437/85.
10. **Classificação.** Crime próprio; formal; doloso; comissivo; instantâneo; admite tentativa.
11. **Suspensão condicional do processo.** Incabível, pois a pena mínima cominada ultrapassa 1 ano (art. 89 da lei 9.099/95).

> **Art. 8º** Impedir o acesso ou recusar atendimento **em restaurantes, bares, confeitarias,** ou **locais semelhantes** abertos ao público.
>
> Pena: reclusão de um a três anos.

1. **Sujeito ativo.** Trata-se de crime próprio, uma vez que somente pode ser sujeito ativo do delito o administrador dos locais mencionados no tipo penal.

2. **Sujeito passivo.** A pessoa discriminada.

3. **Impedir ou recusar.** *Impedir* significa não permitir, obstruir, proibir. Nessa hipótese, a pessoa discriminada é impedida de ingressar no estabelecimento empresarial. *Recusar* consiste em rejeitar, não aceitar. Já nessa conduta, a pessoa discriminada ingressa no estabelecimento, mas não é atendida.

4. **Tipo misto alternativo.** A prática das duas condutas descritas no tipo (*impedir* ou *recusar*) não gera concurso de crimes, respondendo o agente por apenas um delito.

5. **Restaurantes, bares, confeitarias.** *Restaurante* é o local onde se servem refeições ao público, mediante pagamento. *Bares* são os locais onde se servem bebidas, mediante pagamento. Por fim, *confeitarias* consistem nos locais onde se fabricam ou se vendem confeitos ou outros doces. Tais estabelecimentos devem ser *abertos ao público.* Chega-se a essa conclusão pela redação do tipo penal, que, em sua parte final, ao utilizar a interpretação analógica dispõe *ou locais semelhantes abertos ao público,* o que significa que os locais definidos no tipo penal (restaurantes, bares, confeitarias) também devem ser abertos ao público, isso é, frequentáveis por qualquer pessoa.

6. **Interpretação analógica.** O legislador, após elencar os locais onde o delito é praticado (restaurantes, bares, confeitarias), utilizou a técnica de interpretação denominada *interpretação analógica* nas expressões *ou locais semelhantes abertos ao público.* Dessa forma, estão abrangidos outros locais similares, abertos ao público.

7. **Especial fim de agir.** O tipo penal possui um especial fim de agir, consistente na discriminação de alguém em razão de raça, cor, etnia, religião e procedência nacional. Ausente o especial fim de agir, a conduta será atípica.

8. **Princípio da especialidade.** O tipo penal ora comentado constitui especialidade em relação ao art. 4º da lei 7.437/85. Entretanto, a especialidade somente será aplicada, com a prevalência do artigo ora comentado, se se tratar de discriminação em razão de *raça* e *cor.* Se, todavia, a discriminação se der em razão de *sexo* ou *estado civil,* permanece a aplicação da lei 7.437/85.

9. **Consumação.** Com a prática das condutas descritas no tipo penal, ou seja, com o impedimento de acesso ou a recusa de atendimento à pessoa discriminada, pois se trata de crime formal.

10. **Classificação.** Crime próprio; formal; doloso; comissivo; instantâneo; admite tentativa.

11. **Suspensão condicional do processo.** Cabível, pois a pena mínima cominada não ultrapassa 1 ano (art. 89 da lei 9.099/95).

> **Art. 9º** Impedir o acesso ou recusar atendimento em **estabelecimentos esportivos, casas de diversões**, ou **clubes sociais abertos ao público**.
>
> Pena: reclusão de um a três anos.

1. **Sujeito ativo.** Trata-se de crime próprio, uma vez que somente pode ser sujeito ativo do delito o administrador dos locais mencionados no tipo penal.

2. **Sujeito passivo.** A pessoa discriminada.

3. **Impedir ou recusar.** *Impedir* significa não permitir, obstruir, proibir. Na conduta *impedir o acesso,* a pessoa discriminada é impedida de ingressar no estabelecimento empresarial. *Recusar* consiste em rejeitar, não aceitar. Na conduta *recusar atendimento,* à pessoa discriminada é permitido o ingresso no estabelecimento esportivo, casa de diversões ou clubes sociais abertos ao público, todavia ela não é atendida.

4. **Tipo misto alternativo.** A prática das duas condutas descritas no tipo (*impedir* ou *recusar*) não gera concurso de crimes, respondendo o agente por apenas um delito.

5. **Estabelecimentos esportivos.** Estabelecimentos onde se praticam esportes, como academias, salas de ginástica etc.

6. **Casas de diversões.** Por *casa de diversões* entenda-se locais de entretenimento, onde se exercem atividades destinadas ao lazer das pessoas, como teatros, cinemas etc.

7. **Clubes sociais abertos ao público.** Locais abertos ao público destinados à atividades compartilhadas por todos.

8. **Especial fim de agir.** O tipo penal possui um especial fim de agir, consistente na discriminação de alguém em razão de raça, cor, etnia, religião e procedência nacional. Ausente o especial fim de agir, a conduta será atípica.

9. **Consumação.** Com a prática das condutas descritas no tipo penal, ou seja, com o impedimento de acesso ou a recusa de atendimento à pessoa discriminada, pois se trata de crime formal.

10. **Princípio da especialidade.** O tipo penal ora comentado constitui especialidade em relação ao art. 5º da lei 7.437/85. Entretanto, a especialidade somente será aplicada, com a prevalência do artigo ora comentado, se se tratar de discriminação em razão de *raça* e *cor.* Se, todavia, a discriminação se der em razão de *sexo* ou *estado civil,* permanece a aplicação da lei 7.437/85.

11. **Classificação.** Crime próprio; formal; doloso; comissivo; instantâneo; admite tentativa.

12. **Suspensão condicional do processo.** Cabível, pois a pena mínima cominada não ultrapassa 1 ano (art. 89 da lei 9.099/95).

→ **Aplicação em concurso.**

- **Policial Rodoviário Federal. 2014. CESPE.**

  Constitui crime o fato de determinado clube social recusar a admissão de um cidadão em razão de preconceito de raça, salvo se o respectivo estatuto atribuir à diretoria a faculdade de recusar propostas de admissão, sem declinação de motivos.

  A alternativa está errada.

- **PGE/CE. Procurador. 2008. CESPE.**

  Acerca das leis penais especiais, assinale a opção correta.

  C) A recusa de admissão no quadro associativo de clube social em razão de preconceito de raça não caracteriza crime de racismo, em face da natureza jurídica do clube, pessoa jurídica de direito privado.

  A alternativa está errada.

Art. 10. Impedir o acesso ou recusar atendimento em **salões de cabeleireiros, barbearias, termas** ou **casas de massagem** ou **estabelecimento** com as **mesmas finalidades.**

Pena: reclusão de um a três anos.

1. **Sujeito ativo.** Trata-se de crime próprio, uma vez que somente pode ser sujeito ativo do delito o administrador dos locais mencionados no tipo penal.
2. **Sujeito passivo.** A pessoa discriminada.
3. **Impedir ou recusar.** *Impedir* significa não permitir, obstruir, proibir. Na conduta *impedir o acesso,* a pessoa discriminada é impedida de ingressar nos estabelecimentos descritos no tipo penal. *Recusar* consiste em rejeitar, não aceitar. Na conduta *recusar atendimento,* à pessoa discriminada é permitido o acesso aos estabelecimentos, porém ela não é atendida.
4. **Tipo misto alternativo.** A prática das duas condutas descritas no tipo (*impedir* ou *recusar*) não gera concurso de crimes, respondendo o agente por apenas um delito.
5. **Salões de cabeleireiros.** Estabelecimentos empresariais onde se cuidam dos cabelos femininos.
6. **Barbearias.** Estabelecimentos empresariais onde se cuidam dos cabelos masculinos, barba e bigode.
7. **Termas.** Locais destinados ao relaxamento com aparatos para esse fim, como piscinas, saunas etc.
8. **Casas de massagem.** Estabelecimentos destinados ao tratamento do corpo humano por meio técnicas de manipulação.
9. **Interpretação analógica.** O legislador, após elencar os locais onde o delito é praticado (salões de cabeleireiros, barbearias, termas ou casas de massagem), utilizou a técnica de interpretação denominada *interpretação analógica* nas expressões *ou estabelecimentos com a mesma finalidade.* Dessa forma, estão abrangidos outros locais similares aos descritos no tipo penal, como locais específicos onde se exerce a técnica da acupuntura ou *shiatsu.*
10. **Especial fim de agir.** O tipo penal possui um especial fim de agir, consistente na discriminação de alguém em razão de raça, cor, etnia, religião e procedência nacional. Ausente o especial fim de agir, a conduta será atípica.

11. **Consumação.** Com a prática das condutas descritas no tipo penal, ou seja, com o impedimento de acesso ou a recusa de atendimento à pessoa discriminada, pois se trata de crime formal.

12. **Princípio da especialidade.** O tipo penal ora comentado constitui especialidade em relação ao art. 6º da lei 7.437/85. Entretanto, a especialidade somente será aplicada, com a prevalência do artigo ora comentado, se se tratar de discriminação em razão de *raça* e *cor*. Se, todavia, a discriminação se der em razão de *sexo* ou *estado civil*, permanece a aplicação da lei 7.437/85.

13. **Classificação.** Crime próprio; formal; doloso; comissivo; instantâneo; admite tentativa.

14. **Suspensão condicional do processo.** Cabível, pois a pena mínima cominada não ultrapassa 1 ano (art. 89 da lei 9.099/95).

Art. 11. Impedir o acesso às **entradas sociais** em edifícios públicos ou residenciais e **elevadores ou escada** de acesso aos mesmos:

Pena: reclusão de um a três anos.

1. **Sujeito ativo.** Trata-se de crime próprio, uma vez que somente pode ser sujeito ativo do delito a pessoa que tiver a atribuição de permitir o acesso de pessoas às entradas sociais, elevadores ou escadas dos edifícios, como o porteiro, o segurança ou o síndico.
2. **Sujeito passivo.** A pessoa discriminada.
3. **Impedir.** *Impedir* significa não permitir, obstruir, proibir.
4. **Entradas sociais.** Entrada dos prédios destinada aos moradores e visitantes em condições corriqueiras, que não estejam, por exemplo, que não estejam em trajes de banho ou acompanhados de animais.
5. **Especial fim de agir.** O tipo penal possui um especial fim de agir, consistente na discriminação de alguém em razão de raça, cor, etnia, religião e procedência nacional. Ausente o especial fim de agir, a conduta será atípica. Assim, o impedimento de acesso ao elevador social, por se tratar de uma entrega de mercadoria, transporte de material de obra, por estar acompanhado de um cachorro ou por a pessoa estar trajando roupas de banho, como comumente ocorre, não há a prática desse delito.
6. **Consumação.** Com a prática da conduta de impedimento de acesso, pois se trata de crime formal. Mesmo que posteriormente, após pequena confusão, desentendimento ou até mesmo a chegada da polícia, a pessoa discriminada consiga ter acesso, por exemplo, à entrada social do prédio, o delito estará consumado.
7. **Classificação.** Crime próprio; formal; doloso; comissivo; instantâneo; admite tentativa.
8. **Suspensão condicional do processo.** Cabível, pois a pena mínima cominada não ultrapassa 1 ano (art. 89 da lei 9.099/95).

Art. 12. Impedir o acesso ou uso de **transportes públicos**, como aviões, navios barcas, barcos, ônibus, trens, metrô ou qualquer outro meio de transporte concedido.

Pena: reclusão de um a três anos.

1. **Sujeito ativo.** Trata-se de crime próprio, uma vez que somente pode ser sujeito ativo do delito a pessoa que tiver a atribuição de permitir e/ou controlar o acesso de pessoas aos meios de transportes descritos no tipo penal.
2. **Sujeito passivo.** A pessoa discriminada.
3. **Impedir.** *Impedir* significa não permitir, obstruir, proibir. O legislador fez referência a *impedir o acesso ou o uso.* Parece que as duas expressões denotam a mesma coisa. Com efeito, em se tratando de transporte, o acesso a ele já significa o próprio uso. O fato de alguém estar dentro, por exemplo, de um ônibus, já significa usá-lo para se locomover de um local para outro.
4. **Interpretação analógica.** O legislador, após elencar os meios de transporte públicos (aviões, navios, barcas, barcos, ônibus, trens, metrô), utilizou a técnica de interpretação denominada *interpretação analógica* nas expressões *ou qualquer outro meio de transporte concedido.* Conclui-se daí que estão abrangidos outros meios de transportes públicos não elencados no tipo penal, como táxi ou as *vans* autorizadas pelo Poder Público para o transporte de pessoas.
5. **Meios de transporte privado.** Não estão abrangidos pelo tipo penal, uma vez que o legislador fez menção expressa a *transportes públicos,* restringindo, assim, o alcance da incriminação.
6. **Especial fim de agir.** O tipo penal possui um especial fim de agir, consistente na discriminação de alguém em razão de raça, cor, etnia, religião e procedência nacional. Ausente o especial fim de agir, a conduta será atípica. Assim, o impedimento de acesso ao meio de transporte elencado no tipo penal por qualquer outro motivo que não seja a discriminação, como no caso de impedimento em razão de lotação ou de ausência de dinheiro para pagar a passagem antecipadamente, não há a prática desse delito.
7. **Consumação.** Com a prática da conduta de impedimento de acesso, pois se trata de crime formal. Assim, mesmo que após o impedimento, a pessoa discriminada consiga ingressar no meio de transporte, o delito estará consumado.
8. **Classificação.** Crime próprio; formal; doloso; comissivo; instantâneo; admite tentativa.
9. **Suspensão condicional do processo.** Cabível, pois a pena mínima cominada não ultrapassa 1 ano (art. 89 da lei 9.099/95).
10. **Princípio da especialidade. Estatuto do Idoso. Lei 10.741/2003.** Casoacondutado agente seja a de impedir o acesso aos meios de transporte público, de pessoa idosa, em razão dessa condição, a conduta estará tipificada no art. 96 da lei 10.741/2003 – Estatuto do Idoso, que possui a seguinte redação: *"Art. 96. Discriminar pessoa*

idosa, impedindo ou dificultando seu acesso a operações bancárias, aos meios de transporte, ao direito de contratar ou por qualquer outro meio ou instrumento necessário ao exercício da cidadania, por motivo de idade: Pena – reclusão de 6 (seis) meses a 1 (um) ano e multa. § 1º Na mesma pena incorre quem desdenhar, humilhar, menosprezar ou discriminar pessoa idosa, por qualquer motivo. § 2º A pena será aumentada de 1/3 (um terço) se a vítima se encontrar sob os cuidados ou responsabilidade do agente."

Art. 13. Impedir ou obstar o acesso de alguém ao serviço em qualquer ramo das **Forças Armadas.**

Pena: reclusão de dois a quatro anos.

1. **Sujeito ativo.** Trata-se de crime próprio, uma vez que somente pode ser sujeito ativo do delito o funcionário público que tenha atribuição para a admissão da pessoa nas Forças Armadas.
2. **Sujeito passivo.** A pessoa discriminada.
3. **Impedir ou obstar.** *Impedir* significa não permitir, obstruir, proibir. *Obstar* é causar embaraço, servir de obstáculo. Mais uma vez, o legislador foi redundante, uma vez que os verbos *impedir* e *obstar* significam a mesma coisa.
4. **Tipo misto alternativo.** A prática das duas condutas descritas no tipo (*impedir* ou *obstar*) não gera concurso de crimes, respondendo o agente por apenas um delito.
5. **Qualquer ramo das Forças Armadas.** Abrange o Exército, a Marinha e a Aeronáutica. Segundo o art. 142 da CRFB/88, *"as Forças Armadas, constituídas pela Marinha, pelo Exército e pela Aeronáutica, são instituições nacionais permanentes e regulares, organizadas com base na hierarquia e na disciplina, sob a autoridade suprema do Presidente da República, e destinam-se à defesa da Pátria, à garantia dos poderes constitucionais e, por iniciativa de qualquer destes, da lei e da ordem."*
6. **Especial fim de agir.** O tipo penal possui um especial fim de agir, consistente na discriminação de alguém em razão de raça, cor, etnia, religião e procedência nacional. Ausente o especial fim de agir, a conduta será atípica.
7. **Consumação.** Com a prática das condutas descritas no tipo penal, ou seja, com o impedimento ou o óbice causado ao pretendente ao acesso nas Forças Armadas, pois se trata de crime formal. Ainda que posteriormente o pretendente consiga a sua aceitação no Exército, na Marinha ou na Aeronáutica por força de ação judicial, como o Mandado de Segurança, o delito estará consumado.
8. **Princípio da especialidade.** O tipo penal ora comentado constitui especialidade em relação ao art. 8º da lei 7.437/85. Entretanto, a especialidade somente será aplicada, com a prevalência do artigo ora comentado, se se tratar de discriminação em razão de *raça* e *cor*. Se, todavia, a discriminação se der em razão de *sexo* ou *estado civil*, permanece a aplicação da lei 7.437/85.

9. **Classificação.** Crime próprio; formal; doloso; comissivo; instantâneo; admite tentativa.

10. **Suspensão condicional do processo.** Incabível, pois a pena mínima cominada ultrapassa 1 ano (art. 89 da lei 9.099/95).

Art. 14. Impedir ou obstar, por qualquer meio ou forma, o **casamento ou convivência familiar e social.**

Pena: reclusão de dois a quatro anos.

1. **Sujeito ativo.** Trata-se de crime comum.

2. **Sujeito passivo.** A pessoa discriminada.

3. **Impedir ou obstar.** *Impedir* significa não permitir, obstruir, proibir. *Obstar* é causar embaraço, servir de obstáculo. Como os verbos *impedir* e *obstar* significam a mesma coisa, o legislador incidiu novamente em desnecessária redundância.

4. **Tipo misto alternativo.** A prática das duas condutas descritas no tipo (*impedir* ou *obstar*) não gera concurso de crimes, respondendo o agente por apenas um delito.

5. **Casamento.** Consiste na união de duas pessoas de sexos opostos, reconhecida na CRFB/88 como uma das formas de constituição de família, ao lado da união estável e da família monoparental.

6. **Convivência familiar ou social.** *Convivência familiar* é a convivência com pessoas ligadas pelos laços de parentesco, não importando o seu grau. *Convivência social* reside na convivência com pessoas de determinada sociedade, determinada coletividade, não importando o local ou o nível social das demais pessoas.

7. **Especial fim de agir.** O tipo penal possui um especial fim de agir, consistente na discriminação de alguém em razão de raça, cor, etnia, religião e procedência nacional. Ausente o especial fim de agir, a conduta será atípica.

8. **Consumação.** Com a prática das condutas descritas no tipo penal, ou seja, com o impedimento ou o óbice causado à pessoa que queira o casamento ou a convivência familiar ou social, pois se trata de crime formal. Mesmo que posteriormente a pessoa discriminada consiga o casamento ou a convivência por qualquer meio, o delito estará consumado.

9. **Classificação.** Crime comum; formal; doloso; comissivo; instantâneo; admite tentativa.

10. **Suspensão condicional do processo.** Incabível, pois a pena mínima cominada ultrapassa 1 ano (art. 89 da lei 9.099/95).

→ **Aplicação em concurso.**

- **Inspetor da Polícia Civil/RJ. 2007. FGV.**

  Segundo a Lei 7.716/89, as condutas relacionadas a seguir constituem crime de racismo, à exceção de uma. Assinale-a.

A) impedir o acesso ou recusar atendimento em restaurantes, bares, confeitarias, ou locais semelhantes abertos ao público

B) impedir o acesso ou recusar hospedagem em hotel, pensão, estalagem, ou qualquer estabelecimento similar

C) constranger alguém com emprego de violência ou ameaça, causando-lhe sofrimento físico em razão de discriminação racial ou religiosa

D) impedir o acesso às entradas sociais em edifícios públicos ou residenciais e elevadores ou escada de acesso a eles

E) negar ou obstar emprego em empresa privada

Alternativa correta: Letra C.

Art. 15. (Vetado).

Art. 16. Constitui **efeito da condenação** a perda do cargo ou função pública, para o servidor público, e a suspensão do funcionamento do estabelecimento particular por prazo não superior a três meses.

Art. 17. (Vetado).

Art. 18. Os efeitos de que tratam os arts. 16 e 17 desta Lei **não são automáticos**, devendo ser motivadamente declarados na sentença.

1. **Efeito da condenação.** No art. 16, o legislador inseriu dois efeitos da condenação criminal transitada em julgado. O primeiro é a perda do cargo ou função pública para o servidor público. O segundo é a suspensão do funcionamento do estabelecimento particular por prazo não superior a três meses.

2. **Perda do cargo ou função pública.** O legislador trouxe a perda do cargo ou função pública para o servidor público, como efeito secundário da condenação, nos mesmos moldes do previsto no art. 92, I do Código Penal, que só pode produzir efeitos com o trânsito em julgado da sentença condenatória, em homenagem ao princípio constitucional da presunção de inocência, positivado no art. 5º, LVII, da CRFB/88, segundo o qual *ninguém será considerado culpado até o trânsito em julgado da sentença penal condenatória.*

3. **Diferença em relação ao art. 92, I do Código Penal.** O art. 92, I do Código Penal faz uma distinção, em relação ao *quantum* da pena privativa de liberdade aplicada, se delito foi praticado com abuso de poder ou violação de dever para com a Administração Pública. Assim, na primeira hipótese, prevista na *alínea a,* a perda do cargo ou função pública se dá quando aplicada pena privativa de liberdade igual ou superior a um ano, nos crimes praticados com abuso de poder ou violação de dever para com a Administração Pública. Na segunda hipótese, prevista na *alínea b,* a perda do cargo ou função pública se dá quando aplicada pena privativa de liberdade superior a quatro anos nos demais casos, isso é, se o crime não for praticado com abuso de poder ou violação de dever para com a Administração Pública. No art. 16 da lei ora comentada, o legislador não fez tal distinção, razão pela qual é de

se concluir que a perda do cargo ou função pública se dá independentemente do *quantum* de pena privativa de liberdade aplicada na sentença condenatória.

Art. 92, I do Código Penal	Art. 16 da lei 7.716/89
A perda do cargo depende do *quantum* de pena aplicada na sentença	A perda do cargo independe do *quantum* de pena aplicada na sentença

4. **Diferença em relação ao art. 43, V do Código Penal.** Dispõe o art. 43, V do Código Penal: *"Art. 43. As penas restritivas de direitos são:...V – interdição temporária de direitos;...Art. 47 – As penas de interdição temporária de direitos são: I – proibição do exercício de cargo, função ou atividade pública, bem como de mandato eletivo"* A perda do cargo prevista na lei ora comentada não se confunde com a proibição do exercício de cargo, função ou atividade pública, bem como de mandato eletivo prevista no Código Penal, uma vez que, enquanto essa tem natureza de pena criminal, aquela é efeito secundário da condenação.

Art. 43, V do Código Penal	Art. 16 da lei 7.716/89
A proibição do exercício de cargo, função, atividade pública ou mandato eletivo tem natureza de pena criminal.	A perda do cargo ou função pública tem natureza de efeito secundário da condenação

5. **Suspensão do funcionamento do estabelecimento particular.** Da mesma forma que ocorre com a perda do cargo ou função pública vista acima, a suspensão do funcionamento do estabelecimento particular constitui efeito secundário da condenação, que só pode produzir efeitos com o trânsito em julgado da sentença condenatória, em homenagem ao princípio constitucional da presunção de inocência, positivado no art. 5º, LVII, da CRFB/88, segundo o qual *ninguém será considerado culpado até o trânsito em julgado da sentença penal condenatória.*

6. **Prazo da suspensão do funcionamento do estabelecimento particular.** O prazo máximo é de três meses. Note-se que, segundo o disposto no art. 16, a suspensão não será por três meses, mas sim por prazo não superior a três meses. Assim, o prazo da suspensão pode ser por prazo inferior, devendo o Juiz deve definir o prazo de acordo com os princípios da razoabilidade, individualização da pena e preservação da empresa, para que tal suspensão não resulte no fechamento do estabelecimento ou a sua falência, e o efeito secundário da pena não se torne, com isso, uma "pena perpétua".

7. **Efeito não automático.** Nos mesmos moldes do art. 92, parágrafo único do Código Penal, os efeitos da perda do cargo ou função pública ou suspensão do funcionamento do estabelecimento particular não são automáticos, devendo ser declarados expressamente na sentença condenatória. Dessa forma, caso o Juiz não os estabeleça expressamente, tais efeitos não incidirão.

→ **Aplicação em concurso.**

- **Delegado de Polícia/PE. 2016. CESPE**

  Da sentença penal se extraem diversas consequências jurídicas e, quando for condenatória, emergem-se os efeitos penais e extrapenais. Acerca dos efeitos da condenação penal, assinale a opção correta.

A condenação por crime de racismo cometido por proprietário de estabelecimento comercial sujeita o condenado à suspensão do funcionamento de seu estabelecimento, pelo prazo de até três meses, devendo esse efeito ser motivadamente declarado na sentença penal condenatória.

A alternativa está correta.

- **Juiz de Direito do TJ/PB. 2015. CESPE.**

A perda do cargo ou função pública pelo servidor público está prevista como efeito da condenação por crimes resultantes de preconceito de raça ou de cor, no entanto, para que isso ocorra, deve o juiz declará-lo motivadamente na sentença.

A alternativa está correta.

- **TJ/PI. Juiz de Direito. 2007. CESPE.**

Assinale a opção correta com relação aos crimes em espécie.

A) Nos crimes resultantes de preconceito de raça ou cor, constitui efeito automático da condenação a perda do cargo ou função pública, para o servidor público no exercício da função que for sujeito ativo do delito.

A alternativa está errada.

Art. 19. (Vetado).

Art. 20. Praticar, induzir ou incitar a discriminação ou preconceito de raça, cor, etnia, religião ou procedência nacional.

Pena: reclusão de um a três anos e multa.

§ 1º Fabricar, comercializar, distribuir ou veicular símbolos, emblemas, ornamentos, distintivos ou propaganda que utilizem a cruz suástica ou gamada, **para fins de divulgação do nazismo**.

Pena: reclusão de dois a cinco anos e multa.

§ 2º Se qualquer dos crimes previstos no *caput* é cometido por intermédio dos meios de comunicação social ou publicação de qualquer natureza:

Pena: reclusão de dois a cinco anos e multa.

§ 3º No caso do parágrafo anterior, o juiz poderá determinar, ouvido o Ministério Público ou a pedido deste, ainda antes do inquérito policial, sob pena de desobediência:

I – o recolhimento imediato ou a busca e apreensão dos exemplares do material respectivo;

II – a cessação das respectivas transmissões radiofônicas ou televisivas.

III – a interdição das respectivas mensagens ou páginas de informação na rede mundial de computadores. (Inserido pela lei 12.288/2010).

§ 4º Na hipótese do § 2º, constitui efeito da condenação, após o trânsito em julgado da decisão, a destruição do material apreendido.

1. **Sujeito ativo.** Trata-se de crime comum, uma vez que pode ser praticado por qualquer pessoa.

2. **Sujeito passivo.** A pessoa discriminada.

3. **Praticar.** *Praticar* significa executar, realizar. Aqui houve grande impropriedade do legislador. Na verdade, em todos os tipos penais dessa lei, o agente *pratica* a discriminação. O que varia de um tipo penal para outro, é o local onde a discriminação é realizada ou o *modus operandi.* Mas, é inegável que em todos os tipos penais há a prática de discriminação. Dessa forma, o art. 20 constitui, no verbo *praticar,* verdadeira redundância, repetição de uma conduta que já é prevista nos tipos penais anteriores. Com isso, o tipo penal ora comentado, no verbo *praticar* ficaria esvaziado. Entretanto, o mesmo pode ser utilizado de forma subsidiária, isso é, a prática de qualquer discriminação que não esteja prevista nos demais tipos penais na lei, seria tipificada no art. 20. Essa é a única forma de aplicar verbo típico *praticar* contido no o art. 20 da lei.

4. **Induzir e incitar.** *Induzir* é inspirar, fazer a ideia nascer. *Incitar* consiste em instigar. A princípio, o agente que induz ou incita a prática de discriminação seria partícipe do delito praticado pelo autor. Entretanto, o legislador entendeu por bem punir essa "participação" como crime autônomo no art. 20, por meio dos verbos típicos *induzir* e *incitar.* Disso se conclui que se A induz B a impedir o acesso de alguém ao ônibus, em razão de raça, cor, etnia, religião ou procedência nacional (art. 12), será autor do delito previsto no art. 20 da lei, e não partícipe no crime de B. Assim, as condutas serão tipificadas da seguinte forma: A será autor do delito previsto no art. 12 da lei e B será, também, autor, mas do crime descrito no art. 20 da lei.

5. **Tipo misto alternativo.** A prática de duas ou mais condutas descritas no tipo (*praticar, induzir* ou *incitar*) não gera concurso de crimes, respondendo o agente por apenas um delito.

6. **Especial fim de agir.** O tipo penal possui um especial fim de agir, consistente na discriminação de alguém em razão de raça, cor, etnia, religião e procedência nacional. Ausente o especial fim de agir, a conduta será atípica.

7. **Consumação.** Com a prática das condutas descritas no tipo penal, ou seja, com a prática, o induzimento ou a incitação da discriminação ou preconceito, pois se trata de crime formal.

8. **Classificação.** Crime comum; formal; doloso; comissivo; instantâneo; admite tentativa.

9. **Suspensão condicional do processo.** Cabível, pois a pena mínima cominada não ultrapassa 1 ano (art. 89 da lei 9.099/95).

10. **Diferença em relação ao delito de injúria discriminatória.** O Código Penal traz a figura da injúria discriminatória no art. 140, §3º, que tem a seguinte redação: *"Art. 140 – Injuriar alguém, ofendendo-lhe a dignidade ou o decoro: Pena – detenção, de um a seis meses, ou multa...§ 3º Se a injúria consiste na utilização de elementos referentes a raça, cor, etnia, religião, origem ou a condição de pessoa idosa ou portadora de deficiência: Pena – reclusão de um a três anos e multa"*. As condutas incriminadas, embora se pareçam demais, não se confundem, em razão de suas várias distinções. A *primeira diferença* reside no bem jurídico tutelado,

que, enquanto no Código Penal é a honra subjetiva da pessoa, na lei especial é dignidade da pessoa humana e o direito à igualdade. A *segunda diferença* reside no dolo do agente, uma vez que no crime de injúria, o dolo do agente é ofender a pessoa, emitindo conceitos depreciativos, qualidades negativas em direção à pessoa da vítima, ao passo que, no crime previsto na lei ora comentada, o dolo do agente é fazer a distinção da pessoa justamente em razão de sua raça, cor, etnia, religião ou procedência nacional, sem emitir qualquer conceito depreciativo. A *terceira diferença* reside no sujeito passivo do delito, uma vez que na injúria discriminatória, como o dolo do agente é de ofender a honra de pessoa determinada, ela é o sujeito passivo. No delito ora comentado, considerando que o dolo do agente é a ofensa a toda uma coletividade da mesma raça, cor, etnia, religião ou procedência nacional, não há um sujeito passivo determinado.

Art. 140, §3º, do Código Penal	Art. 20 da lei 7.716/89
O bem jurídico tutelado é a honra subjetiva da pessoa	O bem jurídico tutelado é a dignidade da pessoa humana e o direito à igualdade
O dolo do agente é ofender a pessoa, emitindo conceitos depreciativos, qualidades negativas em direção à pessoa da vítima	O dolo do agente é fazer a distinção da pessoa justamente em razão de sua raça, cor, etnia, religião ou procedência nacional, sem emitir qualquer conceito depreciativo
Há um sujeito passivo determinado.	Não há um sujeito passivo determinado.

→ **Aplicação em concurso.**

- **Delegado de Polícia/GO. 2017. CESPE**

  Uma jovem de vinte e um anos de idade, moradora da região Sudeste, inconformada com o resultado das eleições presidenciais de 2014, proferiu, em redes sociais na Internet, diversas ofensas contra nordestinos. Alertada de que estava cometendo um crime, a jovem apagou as mensagens e desculpou-se, tendo afirmado estar arrependida. Suas mensagens, porém, têm sido veiculadas por um sítio eletrônico que promove discurso de ódio contra nordestinos.

  No que se refere à situação hipotética precedente, assinale a opção correta, com base no disposto na Lei 7.716/1989, que define os crimes resultantes de preconceito de raça e cor.

A) Independentemente de autorização judicial, a autoridade policial poderá determinar a interdição das mensagens ou do sítio eletrônico que as veicula.

B) Configura-se o concurso de pessoas nessa situação, visto que o material produzido pela jovem foi utilizado por outra pessoa no sítio eletrônico mencionado.

C) O crime praticado pela jovem não se confunde com o de injuria racial.

D) Como se arrependeu e apagou as mensagens, a jovem não responderá por nenhum crime.

E) A conduta da jovem ano configura crime tipificado na Lei 7.716/1989.

Alternativa correta: letra C.

- **(FUNCAB – Delegado de Polícia – ES/2013)**

  No interior de uma aeronave de uma companhia americana, quando esta sobrevoava o estado da Bahia, Patrícia, que embarcara no aeroporto de Vitória – ES, viajando para os Estados Unidos da América, teve um desentendimento com uma comissária de bordo do avião, por causa do assento em que estava posicionada. Em razão do tratamento dispensado pela comissária de bordo, Patrícia solicitou seu nome, ocasião em que a funcionária da companhia aérea disse que não daria, inclusive afirmou: "Amanhã vou acordar jovem, bonita, orgulhosa, rica e sendo uma poderosa americana, e você vai acordar como safada, depravada, repulsiva, canalha e miserável brasileira." Assim, essa aeromoça:

  A) não praticou crime perante a lei brasileira, em face do princípio do pavilhão.

  B) praticou o crime de injúria racial, com fulcro no artigo 140, §3º do CP.

  C) praticou o crime de tortura (Lei nº 9.455/1997), pois constrangeu a vítima, causando-lhe sofrimento mental, em razão de discriminação racial.

  D) praticou o crime de racismo, preceituado na Lei nº 7.716/1989.

  E) praticou o crime de difamação, com fulcro no artigo 139 do CP.

  Alternativa correta: letra D.

- **(MPT – Procurador do Trabalho/2012).**

  NÃO constitui crime previsto na Lei nº 7.716/1989, que tipifica os ilícitos resultantes de preconceito:

  A) Impedir o acesso ou recusar atendimento em restaurantes, bares, confeitarias, ou locais semelhantes abertos ao público.

  B) Impedir o acesso às entradas sociais em edifícios públicos ou residenciais e elevadores ou escada de acesso aos mesmos.

  C) Praticar, induzir ou incitar a discriminação ou preconceito de raça, cor, etnia, religião ou procedência nacional.

  D) Ofender ou ameaçar alguém, por palavra, gesto, ou qualquer outro meio simbólico, de causar- lhe mal injusto e grave, em virtude de raça, cor, etnia, religião ou procedência nacional.

  E) Não respondida.

  Alternativa correta: letra D.

- **MP/RO. Promotor de Justiça. 2008. CESPE.**

  Acerca das leis penais especiais, julgue os seguintes itens.

  V Nos crimes de injúria preconceituosa, a finalidade do agente, ao fazer uso de elementos ligados a raça, cor, etnia, origem e outros, é atingir a honra subjetiva da vítima, enquanto que no crime de racismo há manifestação de sentimento em relação a toda uma raça, cor, etnia, religião ou procedência nacional, não havendo uma vítima determinada.

  A alternativa está correta.

11. § 1º. Discriminação relacionada ao nazismo.

12. Sujeito ativo. Trata-se de crime comum, uma vez que pode ser praticado por qualquer pessoa.

13. **Sujeito passivo.** A coletividade.

14. **Fabricar, comercializar, distribuir ou veicular.** *Fabricar* significa produzir. *Comercializar* consiste em comprar ou vender, negociar. *Distribuir* é dar ou entregar a diversas pessoas. *Veicular* significa difundir, propagar.

15. **Cruz suástica ou gamada.** Cruz que simboliza o movimento nazista, liderado por Adolf Hitler, com os seus braços apontando para o sentido horário.

16. **Tipo misto alternativo.** A prática de duas ou mais condutas descritas no tipo (*fabricar, comercializar, distribuir ou veicular*) não gera concurso de crimes, respondendo o agente por apenas um delito.

17. **Especial fim de agir.** O tipo penal possui dois especiais fins de agir. O primeiro consiste na discriminação de alguém em razão de raça, cor, etnia, religião e procedência nacional. O segundo está relacionado à finalidade de divulgação do nazismo. Ausentes tais especiais fins de agir, a conduta será atípica.

→ **Aplicação em concurso.**

- **Escrivão de Polícia/CE. 2015. VUNESP.**

De acordo com a Lei nº 7.716/89, é típica a conduta de fabricar bandeiras estampadas com a cruz suástica?

A) Sim, mas se trata de crime que se processa mediante ação pública condicionada à representação do ofendido.

B) Não, em atenção ao princípio constitucional da liberdade de expressão.

C) Sim, se trata de crime que se processa mediante ação privada.

D) Sim, desde que fabricada com o fim de divulgar o nazismo.

E) Sim, desde que sem prévia autorização da autoridade competente.

Alternativa correta: Letra D.

18. **Consumação.** Com a prática das condutas descritas no tipo penal, ou seja, com a fabricação, a comercialização, a distribuição ou a veiculação dos símbolos, emblemas, ornamentos, distintivos ou propaganda que utilizem a cruz suástica ou gamada, para fins de divulgação do nazismo, pois se trata de crime formal.

19. **Classificação.** Crime comum; formal; doloso; comissivo; instantâneo; admite tentativa.

20. **Suspensão condicional do processo.** Incabível, pois a pena mínima cominada ultrapassa 1 ano (art. 89 da lei 9.099/95).

21. **§ 2º. Forma qualificada.** O legislador inseriu uma forma qualificada do *caput* do artigo ora comentada, na hipótese de a sua prática se dar por intermédio dos meios de comunicação social ou publicação de qualquer natureza. A forma qualificada se justifica, em razão do maior número de pessoas que a prática da discriminação pode atingir.

22. **Suspensão condicional do processo.** Incabível, pois a pena mínima cominada ultrapassa 1 ano (art. 89 da lei 9.099/95).

23. § 3º. O legislador inseriu medidas que façam cessar imediatamente a prática da discriminação. O inciso III foi inserido pela lei 12.288/2010 e trata da interdição das *mensagens* ou *páginas de informação* na rede mundial de computadores, na hipótese da prática de qualquer dos crimes previstos no *caput* por meio de rede mundial de computadores, como sites de relacionamentos exibidos na internet (*Facebook, Twitter* etc.). Nesse ponto específico, questão relevante versa sobre a possibilidade de o Poder Judiciário Brasileiro ter alguma forma de ingerência em sites estrangeiros, como os acima citados.

Ao que parece, andou mal o legislador ao determinar essa providência. É que não vemos como o Poder Judiciário Brasileiro teria o poder de determinar a efetiva interdição da página da internet, em se tratando de site estrangeiro. Quer nos parecer que a solução legal é inviável.

O mesmo se diga em relação à interdição de mensagens que versem sobre discriminação. É bem verdade que, caso a mensagem seja enviada do Brasil, é mais fácil e possível que o Judiciário consiga a sua efetiva interdição. Entretanto, caso a mensagem contendo a discriminação seja enviada de outro país, será bem mais difícil – para não dizer impossível – a determinação da interdição da mensagem, pelos mesmos motivos acima expostos.

Por fim, uma questão de ordem prática precisa ser tratada: como localizar o endereço da página da internet ou o computador de onde foi enviada a mensagem contendo a discriminação? Podemos afirmar com segurança que será impossível se descobrir o local, no exterior, de onde a mensagem foi enviada, uma vez que o IP (*internet protocol* – endereço que indica o local do equipamento) pode ser facilmente alterado (dificuldade encontrada pelos órgãos de execução penal, atualmente, para descobrir a autoria dos delitos praticados por meio da internet, como a pedofilia).

Dessa forma, embora salutar, a medida inserida pela novel lei parece que não passará do papel.

→ **Aplicação em concurso.**

- **(UEL – Delegado de Polícia – PR/2013).**

  Quantos aos crimes de racismo definidos na Lei nº 7.716/1989, assinale a alternativa correta.

A) A incitação pública ao racismo constitui delito de incitação ao crime definido no Art. 286 do Código Penal, não havendo na referida Lei disposição sobre tal conduta.

B) No caso de incitação ou induzimento ao preconceito racial praticado através da rede mundial de computadores, poderá o juiz determinar a interdição da mensagem ou página de informação.

C) São crimes de ação penal pública condicionada, dependendo de representação da vítima para propositura da ação penal.

D) A injúria qualificada pelo preconceito racial é crime definido na referida Lei, não se aplicando o crime de injúria definido no Art. 140 do Código Penal.

E) Não constitui crime definido na referida Lei o empregador que, motivado pelo preconceito racial, não conceder os equipamentos necessários ao empregado em igualdade de condições com os demais trabalhadores.

Alternativa correta: letra B.

24. § 4º. Efeitos da condenação. Destruição do material apreendido. Trata-se de efeito secundário a condenação, que somente poderá ocorrer após o trânsito em julgado da sentença penal condenatória.

Art. 21. Esta Lei entra em vigor na data de sua publicação.

Art. 22. Revogam-se as disposições em contrário.

Propriedade Intelectual de Programa de Computador Lei 9.609, de 19 de fevereiro de 1998

CAPÍTULO I
DISPOSIÇÕES PRELIMINARES

Art. 1º Programa de computador é a expressão de um conjunto organizado de instruções em linguagem natural ou codificada, contida em suporte físico de qualquer natureza, de emprego necessário em máquinas automáticas de tratamento da informação, dispositivos, instrumentos ou equipamentos periféricos, baseados em técnica digital ou análoga, para fazê-los funcionar de modo e para fins determinados.

....

CAPÍTULO V
DAS INFRAÇÕES E DAS PENALIDADES

Art. 12. Violar **direitos de autor** de **programa de computador**:

Pena – Detenção de seis meses a dois anos ou multa.

1. **Fundamento constitucional.** A CRFB/88 confere especial proteção à propriedade intelectual, no art. 5º, incisos XXVII, XXVIII e XXIX, que possuem as seguintes redações: *"XXVII – aos autores pertence o direito exclusivo de utilização, publicação ou reprodução de suas obras, transmissível aos herdeiros pelo tempo que a lei fixar; XXVIII – são assegurados, nos termos da lei: a) a proteção às participações individuais em obras coletivas e à reprodução da imagem e voz humanas, inclusive nas atividades desportivas; b) o direito de fiscalização do aproveitamento econômico das obras que criarem ou de que participarem aos criadores, aos intérpretes e às respectivas representações sindicais e associativas; XXIX – a lei assegurará aos autores de inventos industriais privilégio temporário para sua utilização, bem como proteção às criações industriais, à propriedade das marcas, aos nomes de empresas e a outros signos distintivos, tendo em vista o interesse social e o desenvolvimento tecnológico e econômico do País."*

2. **Pirataria.** A expressão *pirataria* veio da linguagem popular, para denotar formas de violação de direitos intelectuais. Entretanto, tal expressão foi positivada na legislação brasileira, estando prevista especificamente no parágrafo único do art. 1º do Decreto nº 5.244/2004, que possui a seguinte redação: *"Entende-se por pirataria, para os fins deste Decreto, a violação aos direitos autorais de que tratam as Leis nºs 9.609 e 9.610, ambas de 19 de fevereiro de 1998."*

3. **Conselho Nacional de Combate à Pirataria e Delitos contra a Propriedade Intelectual.** O Conselho Nacional de Combate à Pirataria e Delitos contra a Propriedade Intelectual, órgão colegiado consultivo, integrante da estrutura básica do Ministério da Justiça, tem por finalidade elaborar as diretrizes para a formulação e proposição de plano nacional para o combate à pirataria, à sonegação fiscal dela decorrente e aos delitos contra a propriedade intelectual (art. 2º do Decreto nº 5.244/2004).

4. **Competência do Conselho Nacional de Combate à Pirataria e Delitos contra a Propriedade Intelectual.** As competências do Conselho estão dispostas no art. 2º do Decreto nº 5.244/2004. Segundo o dispositivo mencionado *"Compete ao Conselho: I – estudar e propor medidas e ações destinadas ao enfrentamento da pirataria e combate a delitos contra a propriedade intelectual no País; II – criar e manter banco de dados a partir das informações coletadas em âmbito nacional, integrado ao Sistema Único de Segurança Pública; III – efetuar levantamentos estatísticos com o objetivo de estabelecer mecanismos eficazes de prevenção e repressão da pirataria e de delitos contra a propriedade intelectual; IV – apoiar as medidas necessárias ao combate à pirataria junto aos Estados da Federação; V – incentivar e auxiliar o planejamento de operações especiais e investigativas de prevenção e repressão à pirataria e a delitos contra a propriedade intelectual; VI – propor mecanismos de combate à entrada de produtos piratas e de controle do ingresso no País de produtos que, mesmo de importação regular, possam vir a se constituir em insumos para a prática de pirataria; VII – sugerir fiscalizações específicas nos portos, aeroportos, postos de fronteiras e malha rodoviária brasileira; VIII – estimular, auxiliar e fomentar o treinamento de agentes públicos envolvidos em operações e processamento de informações relativas à pirataria e a delitos contra a propriedade intelectual; IX – fomentar ou coordenar campanhas educativas sobre o combate à pirataria e delitos contra a propriedade intelectual; X – acompanhar, por meio de relatórios enviados pelos órgãos competentes, a execução das atividades de prevenção e repressão à violação de obras protegidas pelo direito autoral; e XI – estabelecer mecanismos de diálogo e colaboração com os Poderes Legislativo e Judiciário, com o propósito de promover ações efetivas de combate à pirataria e a delitos contra a propriedade intelectual."*

5. **Formação do Conselho Nacional de Combate à Pirataria e Delitos contra a Propriedade Intelectual.** O Conselho será integrado por um representante de cada um dos seguintes órgãos: Ministério da Justiça, que o presidirá; Ministério da Fazenda; Ministério das Relações Exteriores; Ministério do Desenvolvimento, Indústria e Comércio Exterior; Ministério da Cultura; Ministério da Ciência e Tecnologia; Ministério do Trabalho e Emprego; Departamento de Polícia Federal; Departamento de Polícia Rodoviária Federal; Secretaria da Receita Federal e Secretaria Nacional

de Segurança Pública. Além dessas pessoas, também integram o Conselho sete representantes da sociedade civil, escolhidos pelo Ministro de Estado da Justiça, após indicação de entidades, organizações ou associações civis reconhecidas. De forma facultativa, poderão compor o Conselho um representante do Senado Federal e outro da Câmara dos Deputados. (art. 3º do Decreto nº 5.244/2004). Todos exercem funções não remuneradas e os seus exercícios são considerados serviço público relevante (art. 8º do Decreto nº 5.244/2004).

6. **Prazo de duração da proteção dos direitos relativos a programa de computador.** Nos moldes do art. 2º, § 2º, da lei 9.609.98, o prazo é de 50 anos, tendo como termo *a quo* o dia 1º de janeiro do ano subsequente ao da sua publicação, ou, na ausência de publicação, da sua criação.

7. **Bem jurídico tutelado.** A propriedade intelectual, especificamente a de programa de computador.

8. **Sujeito ativo.** Qualquer pessoa, uma vez que o tipo penal não exige nenhuma condição especial do sujeito ativo.

9. **Sujeito passivo.** O autor do programa de computador.

10. **Violar.** Significa desrespeitar, infringir, devassar.

11. **Objeto material.** O objeto material do delito é o programa de computador, que, segundo o art. 1º desta lei, é a expressão de um conjunto organizado de instruções em linguagem natural ou codificada, contida em suporte físico de qualquer natureza, de emprego necessário em máquinas automáticas de tratamento da informação, dispositivos, instrumentos ou equipamentos periféricos, baseados em técnica digital ou análoga, para fazê-los funcionar de modo e para fins determinados.

12. **Especialidade.** O tipo penal ora comentado configura especialidade em relação ao delito de violação de direito autoral, previsto no art. 184 do Código Penal. O *elemento especializante* reside no objeto material, ou seja, propriedade intelectual de programa de computador.

13. **Causas de atipicidade da conduta.** O legislador, no art. 6º da lei 9.609/98, trouxe hipóteses nas quais as condutas ali elencadas não configuram violação de direitos do titular de programa de computador. Segundo o dispositivo citado, *"não constituem ofensa aos direitos do titular de programa de computador: I – a reprodução, em um só exemplar, de cópia legitimamente adquirida, desde que se destine à cópia de salvaguarda ou armazenamento eletrônico, hipótese em que o exemplar original servirá de salvaguarda; II – a citação parcial do programa, para fins didáticos, desde que identificados o programa e o titular dos direitos respectivos; III – a ocorrência de semelhança de programa a outro, preexistente, quando se der por força das características funcionais de sua aplicação, da observância de preceitos normativos e técnicos, ou de limitação de forma alternativa para a sua expressão; IV – a integração de um programa, mantendo-se suas características essenciais, a um sistema aplicativo ou operacional, tecnicamente indispensável às necessidades*

do usuário, desde que para o uso exclusivo de quem a promoveu." Pela redação legal, se poderia questionar qual seria a natureza jurídica do dispositivo, isso é, se em tais hipóteses estaria excluída a tipicidade da conduta do agente ou a sua ilicitude. Pensamos que o dispositivo exclui a própria tipicidade da conduta do agente, tornando-a um fato penalmente irrelevante. Com efeito, na mesma lei, o legislador inseriu condutas criminosas e abriu uma exceção, dispondo que *"não constituem ofensa aos direitos do titular de programa de computador..."*. Ora, se o objeto da tutela penal na presente lei é a repressão à ofensa direitos do titular de programa de computador, e se o próprio legislador dispôs que determinadas condutas não constituem tal ofensa, é sinal de que, para ele, tais condutas são penalmente irrelevantes, não chegando sequer a ser típicas, portanto.

14. **Pirataria e Princípio da Adequação Social.** O STF e o STJ foram questionados acerca da possibilidade de aplicação do princípio da adequação social ao delito de violação de direitos autorais (art. 184, § 2º, do Código Penal). Os dois Tribunais Superiores entenderam que o mencionado princípio não seria aplicado à hipótese, uma vez que o fato de a sociedade tolerar a prática do delito não implicaria dizer que a conduta delituosa poderia ser considerada lícita. Embora o STF e o STJ tenham firmado tal posicionamento em relação ao delito previsto no art. 184, § 2º, do Código Penal, o mesmo raciocínio pode ser feito para o delito ora comentado, em razão da identidade de fundamentos.

▶ **STF**

INFORMATIVO 583

PRIMEIRA TURMA

"Pirataria" e Princípio da Adequação Social

A Turma indeferiu habeas corpus em que a Defensoria Pública do Estado de São Paulo requeria, com base no princípio da adequação social, a declaração de atipicidade da conduta imputada a condenado como incurso nas penas do art. 184, § 2º, do CP (...). Sustentava-se que a referida conduta seria socialmente adequada, haja vista que a coletividade não recriminaria o vendedor de CD's e DVD's reproduzidos sem a autorização do titular do direito autoral, mas, ao contrário, estimularia a sua prática em virtude dos altos preços desses produtos, insuscetíveis de serem adquiridos por grande parte da população. Asseverou-se que o fato de a sociedade tolerar a prática do delito em questão não implicaria dizer que o comportamento do paciente poderia ser considerado lícito. Salientou-se, ademais, que a violação de direito autoral e a comercialização de produtos "piratas" sempre fora objeto de fiscalização e repressão. Afirmou-se que a conduta descrita nos autos causaria enormes prejuízos ao Fisco pela burla do pagamento de impostos, à indústria fonográfica e aos comerciantes regularmente estabelecidos. Rejeitou-se, por fim, o pedido formulado na tribuna de que fosse, então, aplicado na espécie o princípio da insignificância — já que o paciente fora surpreendido na posse de 180 CD's "piratas" — ao fundamento de que o juízo sentenciante também denegara o pleito tendo em conta a reincidência do paciente em relação ao mesmo delito. HC 98898/SP, rel. Min. Ricardo Lewandowski, 20.4.2010. (HC-98898)

▶ **STJ**

INFORMATIVO n. 456QUINTA TURMA.

HC. CONDUTA SOCIALMENTE ADEQUADA. TIPICIDADE.

(...) No caso, os pacientes foram surpreendidos por policiais quando comercializavam DVDs e CDs adulterados e reproduzidos com violação de direito autoral. A tese alegada de que a conduta do paciente é socialmente adequada não deve prosperar, pois o fato de que parte da população adquire referidos produtos não leva à conclusão de impedir a incidência do tipo previsto no art. 184, § 2º, do CP. (...). Assim, a Turma denegou a ordem pela atipicidade da conduta e expediu *habeas corpus* de ofício para conceder o regime aberto mediante condições a serem estabelecidas pelo juiz da execução. **HC 147.837-MG, Rel. Min. Napoleão Nunes Maia Filho, julgado em 16/10/2010.**

15. **Infração penal de menor potencial ofensivo.** Considerando que a pena máxima cominada não ultrapassa dois anos, trata-se de infração penal de menor potencial ofensivo (art. 61 da lei 9.099/95).

16. **Suspensão condicional do processo.** Cabível, pois a pena mínima cominada não ultrapassa 1 ano (art. 89 da lei 9.099/95).

17. **Competência para processo e julgamento.** Por tratar-se de infração penal de menor potencial ofensivo, a competência para o processo e o julgamento é dos Juizados Especiais Criminais, nos moldes do art. 61 da lei 9.099/95.

18. **Consumação.** Com a prática da efetiva violação, ou seja, com a prática de qualquer conduta que configure transgressão ou desrespeito aos direitos relativos a programa de computador. O delito é de livre execução.

19. **Classificação.** Crime comum; formal; doloso; comissivo; instantâneo; admite tentativa.

§ 1º Se a violação consistir na **reprodução**, por qualquer meio, de programa de computador, no todo ou em parte, **para fins de comércio**, sem autorização expressa do autor ou de quem o represente:

Pena – Reclusão de um a quatro anos e multa.

1. **§ 2º. Reprodução de programa de computador não autorizada. Forma qualificada.** O legislador inseriu uma forma qualificada do delito, consistente na reprodução não autorizada, por qualquer meio, de programa de computador.

2. **Sujeito ativo.** Qualquer pessoa, uma vez que o tipo penal não exige nenhuma condição especial do sujeito ativo.

3. **Sujeito passivo.** O autor do programa de computador.

4. **Reprodução.** Reproduzir significa copiar, imitar. Trata-se de conduta comum atualmente, em que pessoas copiam programas de computador, com *software* e outros mais com destinação ao comércio irregular.

5. **Relação com o delito de receptação (art. 180 do Código Penal).** A pessoa que adquire, recebe, transporta ou oculta o programa de computador comercializado pratica o delito de receptação previsto no art. 180 do Código Penal, uma vez que a cópia reproduzida sem autorização expressa do autor ou de quem o represente configura produto de crime.

6. **Objeto material.** O objeto material do delito é o programa de computador, que, segundo o art. 1º desta lei, é a expressão de um conjunto organizado de instruções em linguagem natural ou codificada, contida em suporte físico de qualquer natureza, de emprego necessário em máquinas automáticas de tratamento da informação, dispositivos, instrumentos ou equipamentos periféricos, baseados em técnica digital ou análoga, para fazê-los funcionar de modo e para fins determinados.

7. **Especial fim de agir.** O tipo contém um especial fim de agir, contido na expressão *para fins de comércio.* Tal elemento subjetivo específico do tipo penal deve estar presente na mente do agente, no momento da prática do delito, sob pena de atipicidade da sua conduta.

8. **Causa de atipicidade da conduta.** O tipo penal dispõe sobre a reprodução *sem autorização expressa do autor ou de quem o represente.* A ausência de autorização configura elemento do tipo penal. Dessa forma, caso haja essa autorização, a conduta do agente será atípica.

9. **Consumação.** Com a reprodução de programa de computador não autorizada pelo autor ou por quem o represente, independentemente da obtenção de qualquer vantagem econômica.

10. **Classificação.** Crime comum; formal; doloso; comissivo; instantâneo; admite tentativa.

11. **Suspensão condicional do processo.** Cabível, pois a pena mínima cominada não ultrapassa 1 ano (art. 89 da lei 9.099/95).

→Aplicação em concurso.

- **(ACADEPOL – Delegado de Polícia – RS/2009).**

  É crime violar direitos de autor de programa de computador, punível com pena de detenção de seis meses a dois anos ou multa. Caso a violação consistir na reprodução de programa de computador para fins de comércio, sem autorização expressa do autor ou de quem o represente, a pena é de reclusão de um a quatro anos e multa. Trata-se de crime cujo objeto material é o programa de computador e o objeto jurídico a propriedade intelectual.

  A alternativa está certa.

§ 2º Na mesma pena do parágrafo anterior incorre quem vende, expõe à venda, introduz no País, adquire, oculta ou tem em depósito, para fins de comércio, original ou cópia de programa de computador, produzido com violação de direito autoral.

1. **Condutas equiparadas. Forma qualificada.** O legislador inseriu outra forma qualificada do delito, cominando a mesma pena do § 1º.

2. **Sujeito ativo.** Qualquer pessoa, uma vez que o tipo penal não exige nenhuma condição especial do sujeito ativo.

3. **Sujeito passivo.** O autor do programa de computador.

4. **Condutas típicas.** *Vender* significa alienar mediante certo preço; *expor à venda* consiste em oferecer ao público para a aquisição; *introduzir* é fazer entrar no país; *adquirir* significa obter; *ocultar* é encobrir, esconder; por fim, *ter em depósito* consiste em guardar, armazenar.

5. **Objeto material.** O objeto material do delito é o programa de computador, que, segundo o art. 1º desta lei, é a expressão de um conjunto organizado de instruções em linguagem natural ou codificada, contida em suporte físico de qualquer natureza, de emprego necessário em máquinas automáticas de tratamento da informação, dispositivos, instrumentos ou equipamentos periféricos, baseados em técnica digital ou análoga, para fazê-los funcionar de modo e para fins determinados.

6. **Especial fim de agir.** O tipo contém um especial fim de agir, contido na expressão *para fins de comércio.* Tal elemento subjetivo específico do tipo penal deve estar presente na mente do agente, no momento da prática do delito, sob pena de atipicidade da sua conduta.

7. **Especialidade.** O tipo penal ora comentado, nas condutas *adquirir* e *ocultar* configura especialidade em relação ao delito de receptação previsto no art. 180 do Código Penal, uma vez que o programa de computador produzido com violação de direito autoral configura produto de crime. Por sua vez, na conduta i*ntroduzir no país,* configura especialidade em relação ao delito de contrabando previsto no art. 334-A do Código Penal. O *elemento especializante* reside no objeto material, ou seja, programa de computador produzido com violação de direito autoral

8. **Consumação.** Com a prática das condutas típicas, independentemente da obtenção de qualquer vantagem econômica.

9. **Classificação.** Crime comum; formal; doloso; comissivo; instantâneo nas condutas *vender, introduzir* e *adquirir;* permanente nas condutas *expor à venda, ocultar* e ter em depósito; admite tentativa.

10. **Suspensão condicional do processo.** Cabível, pois a pena mínima cominada não ultrapassa 1 ano (art. 89 da lei 9.099/95).

§ 3º Nos crimes previstos neste artigo, somente se procede **mediante queixa, salvo**:

I – quando praticados em prejuízo de entidade de direito público, autarquia, empresa pública, sociedade de economia mista ou fundação instituída pelo poder público;

II – quando, em decorrência de ato delituoso, resultar sonegação fiscal, perda de arrecadação tributária ou prática de quaisquer dos crimes contra a ordem tributária ou contra as relações de consumo.

§ 4º No caso do inciso II do parágrafo anterior, a exigibilidade do tributo, ou contribuição social e qualquer acessório, processar-se-á independentemente de representação.

1. **Ação penal.** O legislador instituiu como regra geral a ação penal de iniciativa privada para os delitos previstos nesta lei, trazendo, entretanto, duas exceções nos incisos I e II. No que toca à segunda exceção, prevista no inciso II, é de se notar que no caso de resultar crime contra a ordem tributária o órgão acusatório não pode oferecer denúncia sem que haja o lançamento definitivo, por força da Súmula Vinculante 24 do STF

→Aplicação em concurso.

- **MP/AM. Promotor de Justiça. 2007. CESPE.**

  A respeito de aspectos penais das leis especiais, assinale a opção correta.

  B) A ação penal em relação a crime de violação de direitos de autor de programa de computador é, via de regra, pública incondicionada.

  A alternativa está errada.

Art. 13. A **ação penal e as diligências preliminares de busca e apreensão**, nos casos de violação de direito de autor de programa de computador, serão **precedidas de vistoria**, podendo o juiz ordenar a apreensão das cópias produzidas ou comercializadas com violação de direito de autor, suas versões e derivações, em poder do infrator ou de quem as esteja expondo, mantendo em depósito, reproduzindo ou comercializando.

1. **Vistoria.** O legislador impôs como condição de procedibilidade a vistoria, podendo, inclusive, haver a busca e a apreensão do material objeto do delito.

....

CAPÍTULO VI
DISPOSIÇÕES FINAIS

Art. 15. Esta Lei entra em vigor na data de sua publicação.

Art. 16. Fica revogada a Lei nº 7.646, de 18 de dezembro de 1987.

Proteção a Vítimas e a Testemunhas Ameaçadas. Lei nº 9.807, de 13 de julho de 1999

CAPÍTULO I
DA PROTEÇÃO ESPECIAL A VÍTIMAS E A TESTEMUNHAS

Art. 1º As medidas de proteção requeridas por vítimas ou por testemunhas de crimes que estejam coagidas ou expostas a grave ameaça em razão de colaborarem com a investigação ou processo criminal serão prestadas pela União, pelos Estados e pelo Distrito Federal, no âmbito das respectivas competências, na forma de programas especiais organizados com base nas disposições desta Lei.

§ 1º A União, os Estados e o Distrito Federal poderão celebrar convênios, acordos, ajustes ou termos de parceria entre si ou com entidades não-governamentais objetivando a realização dos programas.

§ 2º A supervisão e a fiscalização dos convênios, acordos, ajustes e termos de parceria de interesse da União ficarão a cargo do órgão do Ministério da Justiça com atribuições para a execução da política de direitos humanos.

1. **Decreto regulamentador.** A lei 9.807/1999 foi regulamentada pelo Decreto nº 3.518/2000, que regulamentou o Programa Federal de Assistência a Vítimas e a Testemunhas.

2. **Vítima de crime.** *Vítima* é o sujeito passivo da infração penal, o titular do direito violado ou posto em perigo pela conduta do agente.

3. **Testemunha de crime.** *Testemunha* é a pessoa não envolvida no delito que comparece a presença da autoridade policial ou autoridade judiciária para se manifestar acerca de suas impressões sobre um fato criminoso que tenha presenciado, ouvido, visto etc. O legislador exigiu que a vítima ou a testemunha esteja coagida ou exposta a grave ameaça em razão de colaborarem com a investigação ou processo criminal. Caso contrário, não será compreendida no programa de proteção.

4. **Depoente Especial.** A figura do depoente especial aparece no art. 10 do Decreto nº 3.518/2000. Segundo o mencionado artigo, *"entende-se por depoente especial: I – o*

réu detido ou preso, aguardando julgamento, indiciado ou acusado sob prisão cautelar em qualquer de suas modalidades, que testemunhe em inquérito ou processo judicial, se dispondo a colaborar efetiva e voluntariamente com a investigação e o processo criminal, desde que dessa colaboração possa resultar a identificação de autores, co-autores ou partícipes da ação criminosa, a localização da vítima com sua integridade física preservada ou a recuperação do produto do crime; e II – a pessoa que, não admitida ou excluída do Programa, corra risco pessoal e colabore na produção da prova."

5. **Tratamento diferenciado ao Depoente Especial.** Os arts. 11 ao 14 do Decreto nº 3.518/2000 conferem ao depoente especial um tratamento diferenciado, distinto do conferido às vítimas e testemunhas. O tratamento diverso se justifica, sobretudo em relação ao inciso I do art. 10, em razão de ser ele réu na ação penal ou indiciado no inquérito policial. Eis o tratamento diferenciado previsto nos artigos mencionados: *"Art. 11. O Serviço de Proteção ao Depoente Especial consiste na prestação de medidas de proteção assecuratórias da integridade física e psicológica do depoente especial, aplicadas isoladas ou cumulativamente, consoante as especificidades de cada situação, compreendendo, dentre outras: I – segurança na residência, incluindo o controle de telecomunicações; II – escolta e segurança ostensiva nos deslocamentos da residência, inclusive para fins de trabalho ou para a prestação de depoimentos; III – transferência de residência ou acomodação provisória em local compatível com a proteção; IV – sigilo em relação aos atos praticados em virtude da proteção concedida; e V – medidas especiais de segurança e proteção da integridade física, inclusive dependência separada dos demais presos, na hipótese de o depoente especial encontrar-se sob prisão temporária, preventiva ou decorrente de flagrante delito. § 1º A escolta de beneficiários do Programa, sempre que houver necessidade de seu deslocamento para prestar depoimento ou participar de ato relacionado a investigação, inquérito ou processo criminal, será efetuada pelo Serviço de Proteção. § 2º Cabe ao Departamento de Polícia Federal, do Ministério da Justiça, o planejamento e a execução do Serviço de Proteção, para tanto podendo celebrar convênios, acordos, ajustes e termos de parceria com órgãos da Administração Pública e entidades não-governamentais. Art. 12. O encaminhamento das pessoas que devem ser atendidas pelo Serviço de Proteção será efetuado pelo Conselho e pelo Ministro de Estado da Justiça. Parágrafo único. O atendimento pode ser dirigido ou estendido ao cônjuge ou companheiro, descendente ou ascendente e dependentes que tenham convivência habitual com o depoente especial, conforme o especificamente necessário em cada caso. Art. 13. A exclusão da pessoa atendida pelo Serviço de Proteção poderá ocorrer a qualquer tempo: I – mediante sua solicitação expressa ou de seu representante legal; II – por decisão da autoridade policial responsável pelo Serviço de Proteção; ou III – por deliberação do Conselho. Parágrafo único. Será lavrado termo de exclusão, nele constando a ciência do excluído e os motivos do ato. Art. 14. Compete ao Serviço de Proteção acompanhar a investigação, o inquérito ou processo criminal, receber intimações endereçadas ao depoente especial ou a quem se encontre sob sua proteção, bem como providenciar seu comparecimento, adotando as medidas necessárias à sua segurança."*

6. **Colaboração com a investigação ou processo criminal.** O legislador abrangeu as duas fases da persecução penal, quais sejam: a fase policial e a fase processual, uma vez que usou as expressões *investigação* e *processo criminal*. Logo, as medidas

protetivas às vítimas e testemunhas podem ser efetivas na fase do inquérito policial e na fase da ação penal.

7. **Requerimento.** O requerimento de inclusão no programa de proteção a vítimas e testemunhas pode ser requerido pelo próprio interessado, pelo membro do Ministério Público, pela autoridade policial que conduzir a investigação policial, pelo Juiz competente para a instrução processual e pelos órgãos e entidades com atribuição de defesa dos direitos humanos (art. 5º, *caput* do Decreto nº 3.518/2000). De acordo com o parágrafo único do art. 5º do Decreto nº 3.518/2000, os pedidos de admissão no Programa de Proteção a vítimas e testemunhas devem ser encaminhados ao Órgão Executor, instruído com a qualificação da pessoa cuja proteção se pleiteia, o breve relato da situação motivadora da ameaça ou coação, a descrição da ameaça ou coação sofrida, as informações sobre antecedentes criminais e vida pregressa da pessoa cuja proteção se pleiteia e a informação sobre eventuais inquéritos ou processos judiciais em curso, em que figure a pessoa cuja proteção se pleiteia.

8. **Destinatário do requerimento de admissão no programa de proteção.** O requerimento de admissão é encaminhado ao Conselho Deliberativo Federal, que é o órgão com atribuição para decidir sobre a admissão ou exclusão no programa de proteção a vítimas e testemunhas.

9. **Entes federativos encarregados da proteção.** O legislador estabeleceu que as medidas de proteção sejam prestadas pela União, pelos Estados e pelo Distrito Federal, no âmbito das respectivas competências. Dessa forma, a determinação da pessoa jurídica de direito público que prestará as medidas protetivas irá variar de acordo com a competência para o processo e o julgamento do delito.

Art. 2º A **proteção** concedida pelos programas **e** as **medidas dela decorrentes** levarão em conta a **gravidade da coação ou da ameaça à integridade física ou psicológica, a dificuldade de preveni-las ou reprimi-las pelos meios convencionais e a sua importância para a produção da prova.**

§ 1º A **proteção poderá ser dirigida ou estendida** ao cônjuge ou companheiro, ascendentes, descendentes e dependentes que tenham convivência habitual com a vítima ou testemunha, conforme o especificamente necessário em cada caso.

§ 2º **Estão excluídos da proteção** os indivíduos cuja personalidade ou conduta seja incompatível com as restrições de comportamento exigidas pelo programa, os condenados que estejam cumprindo pena e os indiciados ou acusados sob prisão cautelar em qualquer de suas modalidades. Tal exclusão não trará prejuízo a eventual prestação de medidas de preservação da integridade física desses indivíduos por parte dos órgãos de segurança pública.

§ 3º O **ingresso no programa**, as restrições de segurança e demais medidas por ele adotadas terão sempre a anuência da pessoa protegida, ou de seu representante legal.

§ 4º Após ingressar no programa, o protegido ficará obrigado ao **cumprimento das normas por ele prescritas.**

§ 5º As medidas e providências relacionadas com os programas serão adotadas, executadas e mantidas **em sigilo** pelos protegidos e pelos agentes envolvidos em sua execução.

1. **Critérios para a concessão da proteção.** O legislador elencou os seguintes critérios para a admissão da vítima ou testemunha no programa de proteção: a gravidade da coação ou da ameaça à integridade física ou psicológica; a dificuldade de preveni-las ou reprimi-las pelos meios convencionais e a sua importância para a produção da prova. Por meios convencionais entendam-se os meios já existentes colocados à disposição do Poder Público, como a intervenção policial e a decretação de prisão provisória para garantia da ordem pública, conveniência da instrução criminal ou garantia de aplicação da lei penal (art. 312 do Código de Processo Penal).

2. **§ 1º. Extensão da proteção.** As medidas de proteção podem ser estendidas ao cônjuge ou companheiro, ascendentes, descendentes e dependentes que tenham convivência habitual com a vítima ou testemunha.

3. **§ 2º. Exclusão do programa. Incompatibilidade de personalidade ou de conduta.** A proteção estatal conferida às vítimas e às testemunhas possui regras específicas a serem seguidas, para que sejam garantidas a sua segurança, a sua integridade física e a sua vida. Tais regras dependem também do comportamento do protegido. Logo, a vítima ou testemunha deve se comprometer a seguir as regras estabelecidas para a proteção, sob pena de sua exclusão. Como exemplo, podemos citar a testemunha que não quer se sujeitar à escolta para o seu deslocamento à área de seu trabalho, a vítima que não preserva o sigilo de sua imagem e identidade ou então a vítima que não mantém o sigilo em relação aos atos praticados em virtude da proteção concedida. Estão excluídos, também, os condenados que estejam cumprindo pena e os indiciados ou acusados sob prisão cautelar em qualquer de suas modalidades.

   →Aplicação em concurso.

   - **Delegado de Polícia/GO. 2017. CESPE**

     Com base no disposto nas legislações referentes ao Estatuto de Defesa do Torcedor, à proteção às vítimas e testemunhas de crime e ao regramento que regula a identificação no âmbito do processo criminal, assinale a opção correta.

     Aos condenados em cumprimento de pena e aos indiciados ou condenados sob prisão cautelar aplicam-se as medidas de proteção a vítimas ou testemunhas de crimes, desde que demonstrada sua relevância como garantia de produção de prova.

     A alternativa está errada.

4. **§ 2º. Exclusão do programa. Condenados que estejam cumprindo pena e os indiciados ou acusados sob prisão cautelar em qualquer de suas modalidades.** Como tais pessoas já estão sob a custódia estatal, o legislador não viu necessidade de conferi-las proteção. Até porque as medidas protetivas elencadas no art. 7º são incompatíveis com o indivíduo que está preso.

   →Aplicação em concurso.

   - **(Cespe – Promotor de Justiça – TO/2012)**

     Considerando o disposto nas Leis nº 9.807/1999 e nº 9.434/1997, assinale a opção correta.

   A) De acordo com o que dispõe a Lei nº 9.434/1997, constatada a morte encefálica de menor de idade, a remoção post mortem de seus órgãos para fins de transplante somente poderá ocorrer após a permissão expressa de um dos pais do menor ou de um de seus responsáveis legais.

B) A lei brasileira veda à pessoa juridicamente capaz dispor, ainda que gratuitamente, de partes do corpo vivo para fins terapêuticos.

C) Suponha que Lúcio, condenado a pena privativa de liberdade, seja testemunha de gravíssimo crime, ocorrido antes do início do cumprimento de sua reprimenda. Nessa situação, nos termos da Lei nº 9.807/1999, Lúcio está excluído do programa de proteção especial a testemunhas.

D) Compete ao MP fiscalizar e supervisionar termos de parceria firmados entre os estados, com vistas à realização de programas de proteção especial a vítimas e testemunhas.

E) Entre as medidas previstas no programa de proteção especial a testemunhas, destaca-se a mudança do nome da testemunha protegida, podendo a medida abranger, excepcionalmente, filhos menores de idade e cônjuge, mas não ascendentes da mesma.

Alternativa correta: letra C.

5. **§ 3º. Anuência do protegido ou de seu representante legal.** A vítima ou a testemunha que estiver disposta a colaborar com a persecução penal pode obter a proteção conferida pela lei ora comentada. Entretanto, tal proteção não pode ser imposta como uma obrigação para a pessoa protegida. Isso porque as medidas protetivas implicam, em certa medida, na privação de algumas atividades da pessoa protegida. Assim somente a ele ou ao seu representante legal cabe decidir se quer ou não ser admitida no programa de proteção.

6. **§ 4º. Adequação às normas do programa de proteção.** As normas do programa de proteção a que o protegido fica obrigado a cumprir são, entre outras, a segurança nos deslocamentos; a transferência de residência ou acomodação provisória em local sigiloso, compatível com a proteção; a preservação da identidade, imagens e dados pessoais; a ajuda financeira mensal; a suspensão temporária das atividades funcionais; a assistência social, médica e psicológica; o apoio para o cumprimento de obrigações civis e administrativas que exijam comparecimento pessoal; e alteração de nome completo, em casos excepcionais. (art. 1º, parágrafo único do Decreto nº 3.518/2000).

7. **§ 5º. Sigilo das medidas.** O sigilo das medidas está relacionado ao sucesso delas. Evidentemente, a proteção de vítimas e testemunhas só terá eficácia diante de seu sigilo. Segundo o art. 15 do Decreto nº 3.518/2000, *"o Conselho, o Órgão Executor, o Serviço de Proteção e demais órgãos e entidades envolvidos nas atividades de assistência e proteção aos admitidos no Programa devem agir de modo a preservar a segurança e a privacidade dos indivíduos protegidos. Parágrafo único. Serão utilizados mecanismos que garantam a segurança e o sigilo das comunicações decorrentes das atividades de assistência e proteção."*

Art. 3º Toda admissão no programa ou exclusão dele **será precedida de consulta ao Ministério Público** sobre o disposto no art. 2º e deverá ser subseqüentemente comunicada à autoridade policial ou ao juiz competente.

1. **Consulta ao Ministério Público.** De acordo com o art. 5º, § 1º do Decreto nº 3.518/2000, o Ministério Público manifestar-se-á sobre todos os pedidos de admissão, antes de serem submetidos à apreciação do Conselho, atuando, como fiscal da correta aplicação da lei.

Art. 4º Cada programa será dirigido por um conselho deliberativo em cuja **composição haverá representantes** do Ministério Público, do Poder Judiciário e de órgãos públicos e privados relacionados com a segurança pública e a defesa dos direitos humanos.

§ 1º A execução das atividades necessárias ao programa ficará a cargo de um dos órgãos representados no conselho deliberativo, devendo os agentes dela incumbidos ter formação e capacitação profissional compatíveis com suas tarefas.

§ 2º Os órgãos policiais prestarão a colaboração e o apoio necessários à execução de cada programa.

1. **Composição do Conselho Deliberativo Federal.** De acordo com o art. 7º, Decreto nº 3.518/2000, o Conselho Deliberativo Federal é composto por membros designados pelo Ministro de Estado da Justiça, com mandato de dois anos, sendo permitida a recondução, compreendendo, entre eles, um representante da Secretaria de Estado dos Direitos Humanos; um representante da Secretaria Nacional de Segurança Pública; um representante da Secretaria Nacional de Justiça; um representante do Departamento de Polícia Federal; um representante do Ministério Público Federal; um representante do Poder Judiciário Federal, indicado pelo Superior Tribunal de Justiça; um representante de entidade não governamental com atuação na proteção de vítimas e testemunhas ameaçadas, indicado pelo Secretário de Estado dos Direitos Humanos.

Art. 5º A **solicitação objetivando ingresso no programa** poderá ser encaminhada ao órgão executor:

I - pelo interessado;

II - por representante do Ministério Público;

III - pela autoridade policial que conduz a investigação criminal;

IV - pelo juiz competente para a instrução do processo criminal;

V - por órgãos públicos e entidades com atribuições de defesa dos direitos humanos.

§ 1º A solicitação será instruída com a qualificação da pessoa a ser protegida e com informações sobre a sua vida pregressa, o fato delituoso e a coação ou ameaça que a motiva.

§ 2º Para fins de instrução do pedido, o órgão executor poderá solicitar, com a aquiescência do interessado:

I - documentos ou informações comprobatórios de sua identidade, estado civil, situação profissional, patrimônio e grau de instrução, e da pendência de obrigações civis, administrativas, fiscais, financeiras ou penais;

II - exames ou pareceres técnicos sobre a sua personalidade, estado físico ou psicológico.

§ 3º Em **caso de urgência** e levando em consideração a **procedência, gravidade e a iminência da coação ou ameaça**, a vítima ou testemunha poderá ser colocada provisoriamente sob a custódia de órgão policial, pelo órgão executor, no aguardo de decisão do conselho deliberativo, com comunicação imediata a seus membros e ao Ministério Público.

1. **Órgão Executor Federal.** O Órgão Executor Federal tem atribuição para adotar as providências necessárias à aplicação das medidas do Programa, com vistas a garantir a integridade física e psicológica das pessoas ameaçadas, fornecer subsídios ao Conselho e possibilitar o cumprimento de suas decisões. Tem, ainda, as seguintes atribuições, que são exercidas pela Secretaria de Estado dos Direitos Humanos: elaborar relatório sobre o fato que originou o pedido de admissão no Programa e a situação das pessoas que buscam proteção, propiciando elementos para a análise e deliberação do Conselho; promover acompanhamento jurídico e assistência social e psicológica às pessoas protegidas; providenciar apoio para o cumprimento de obrigações civis e administrativas que exijam o comparecimento pessoal dos indivíduos admitidos no Programa; formar e capacitar equipe técnica para a realização das tarefas desenvolvidas no Programa; requerer ao Serviço de Proteção ao Depoente Especial a custódia policial, provisória, das pessoas ameaçadas, até a deliberação do Conselho sobre a admissão no Programa, ou enquanto persistir o risco pessoal e o interesse na produção da prova, nos casos de exclusão do Programa; promover o traslado dos admitidos no Programa; formar a Rede Voluntária de Proteção; confeccionar o Manual de Procedimentos do Programa; adotar procedimentos para a preservação da identidade, imagem e dados pessoais dos protegidos e dos protetores; garantir a manutenção de arquivos e bancos de dados com informações sigilosas; notificar as autoridades competentes sobre a admissão e a exclusão de pessoas do Programa; promover intercâmbio com os Estados e o Distrito Federal acerca de programas de proteção a vítimas e a testemunhas ameaçadas. (art. 8º do Decreto nº 3.518/2000).

2. **Requerimento de ingresso no Programa de Proteção.** O requerimento de inclusão no programa de proteção a vítimas e testemunhas pode ser feito pelo próprio interessado, pelo membro do Ministério Público, pela autoridade policial que conduzir a investigação policial, pelo Juiz competente para a instrução processual e pelos órgãos e entidades com atribuição de defesa dos direitos humanos (art. 5º, *caput* do Decreto nº 3.518/2000). De acordo com o parágrafo único do art. 5º do Decreto nº 3.518/2000, os pedidos de admissão no Programa de Proteção a vítimas e testemunhas devem ser encaminhados ao Órgão Executor, instruído com a qualificação da pessoa cuja proteção se pleiteia, o breve relato da situação motivadora da ameaça ou coação, a descrição da ameaça ou coação sofrida, as informações sobre antecedentes criminais e vida pregressa da pessoa cuja proteção se pleiteia e a informação sobre eventuais inquéritos ou processos judiciais em curso, em que figure a pessoa cuja proteção se pleiteia.

3. **§ 3º. Proteção provisória.** Trata-se de hipótese excepcional, justificada pela urgência da medida, procedência, gravidade e a iminência da coação ou ameaça, enquanto se aguarda a decisão do Conselho Deliberativo Federal sobre a admissão da vítima ou testemunha no Programa de Proteção.

Art. 6º O **conselho deliberativo** decidirá sobre:

I – o ingresso do protegido no programa ou a sua exclusão;

II – as providências necessárias ao cumprimento do programa.

Parágrafo único. As deliberações do conselho serão tomadas por maioria absoluta de seus membros e sua execução ficará sujeita à disponibilidade orçamentária.

1. **Conselho deliberativo.** O Conselho Deliberativo Federal, órgão de instância de direção superior, possui as seguintes atribuições: decidir sobre os pedidos de admissão e exclusão do Programa; solicitar às autoridades competentes medidas de proteção; solicitar ao Ministério Público as providências necessárias à obtenção de medidas judiciais acautelatórias; encaminhar as pessoas que devem ser atendidas pelo Serviço de Proteção ao Depoente Especial, de que trata o Capítulo II deste Decreto; adotar as providências necessárias para a obtenção judicial de alteração da identidade civil; fixar o valor máximo da ajuda financeira mensal aos beneficiários da proteção; deliberar sobre questões relativas ao funcionamento e aprimoramento do Programa. As decisões do Conselho são tomadas pela maioria dos votos de seus membros. (art. 6º, do Decreto nº 3.518/2000).

→Aplicação em concurso.

- **Delegado de Polícia/GO. 2017. CESPE**

  Com base no disposto nas legislações referentes ao Estatuto de Defesa do Torcedor, à proteção às vítimas e testemunhas de crime e ao regramento que regula a identificação no âmbito do processo criminal, assinale a opção correta.

  Compete, exclusivamente, ao Ministério público a deliberação sobre o ingresso ou a exclusão de beneficiado em programa de proteção a vítimas e testemunhas.

  A alternativa está errada.

2. **Disponibilidade orçamentária.** Como o legislador estabeleceu que as medidas de proteção sejam prestadas pela União, pelos Estados e pelo Distrito Federal, no âmbito das respectivas competências, a disponibilidade orçamentária será aferida de acordo com a pessoa jurídica de direito público interno que executar o Programa de Proteção.

Art. 7º Os **programas compreendem**, dentre outras, as seguintes **medidas**, aplicáveis isolada ou cumulativamente em benefício da pessoa protegida, segundo a gravidade e as circunstâncias de cada caso:

I – segurança na residência, incluindo o controle de telecomunicações;

II – escolta e segurança nos deslocamentos da residência, inclusive para fins de trabalho ou para a prestação de depoimentos;

III – transferência de residência ou acomodação provisória em local compatível com a proteção;

IV – preservação da identidade, imagem e dados pessoais;

V – ajuda financeira mensal para prover as despesas necessárias à subsistência individual ou familiar, no caso de a pessoa protegida estar impossibilitada de desenvolver trabalho regular ou de inexistência de qualquer fonte de renda;

VI – suspensão temporária das atividades funcionais, sem prejuízo dos respectivos vencimentos ou vantagens, quando servidor público ou militar;

VII – apoio e assistência social, médica e psicológica;

VIII – sigilo em relação aos atos praticados em virtude da proteção concedida;

IX – apoio do órgão executor do programa para o cumprimento de obrigações civis e administrativas que exijam o comparecimento pessoal.

Parágrafo único. A ajuda financeira mensal terá um teto fixado pelo conselho deliberativo no início de cada exercício financeiro.

1. **Composição do Programa de Proteção.** Fazem parte do Programa o Conselho Deliberativo Federal, o Órgão Executor Federal e Rede Voluntária de Proteção. (art. 2º do Decreto nº 3.518/2000).

2. **Rede Voluntária de Proteção.** A Rede Voluntária de Proteção compreende o conjunto de associações civis, entidades e demais organizações não governamentais que se dispõem a receber, sem auferir lucros ou benefícios, os admitidos no Programa, proporcionando-lhes moradia e oportunidades de inserção social em local diverso de sua residência. Integram a Rede Voluntária de Proteção as organizações sem fins lucrativos que gozem de reconhecida atuação na área de assistência e desenvolvimento social, na defesa de direitos humanos ou na promoção da segurança pública e que tenham firmado com o Órgão Executor ou com entidade com ele conveniada, termo de compromisso para o cumprimento dos procedimentos e das normas estabelecidos no Programa. (Art. 9º do Decreto nº 3.518/2000).

3. **Medidas de proteção.** As medidas de proteção objetivam garantir a integridade física e psicológica das pessoas Outras medidas de proteção estão elencadas no art. 1º, parágrafo único do Decreto nº 3.518/2000, sendo compreendidas como tais: a segurança nos deslocamentos; a transferência de residência ou acomodação provisória em local sigiloso, compatível com a proteção; a preservação da identidade, imagens e dados pessoais; a ajuda financeira mensal; a suspensão temporária das atividades funcionais; a assistência social, médica e psicológica; o apoio para o cumprimento de obrigações civis e administrativas que exijam comparecimento pessoal; e alteração de nome completo, em casos excepcionais.

4. **Rol exemplificativo.** O rol das medidas não é taxativo, uma vez que o legislador utilizou as expressões *dentre outras,* podendo outras medidas ser tomadas com o fim de se preservar o colaborador com a persecução penal.

Art. 8º Quando entender necessário, poderá o conselho deliberativo solicitar ao Ministério Público que requeira ao juiz a concessão de **medidas cautelares** direta ou indiretamente relacionadas com a eficácia da proteção.

1. **Requerimento de medidas cautelares.** Trata-se de permissivo legal para que o Conselho Deliberativo Federal requeira ao Ministério Público que se dirija ao Juiz, pleiteando a concessão de medidas cautelares que visem a assegurar a eficácia das medidas protetivas a serem tomadas futuramente.

2. **Obrigação do Ministério Público de requerer a medida ao juiz.** Parece que o membro do Ministério Público está obrigado a dirigir-se ao Juiz, pleiteando a concessão de medidas cautelares, uma vez que a aferição da necessidade da medida cautelar compete ao Conselho Deliberativo Federal.

Art. 9º Em casos excepcionais e considerando as características e gravidade da coação ou ameaça, poderá o conselho deliberativo encaminhar requerimento da pessoa protegida ao juiz competente para registros públicos objetivando a **alteração de nome completo**.

§ 1º A alteração de nome completo poderá estender-se às pessoas mencionadas no § 1º do art. 2º desta Lei, inclusive aos filhos menores, e será precedida das providências necessárias ao resguardo de direitos de terceiros.

§ 2º O requerimento será sempre fundamentado e o juiz ouvirá previamente o Ministério Público, determinando, em seguida, que o procedimento tenha rito sumaríssimo e corra em segredo de justiça.

§ 3º Concedida a alteração pretendida, o juiz determinará na sentença, observando o sigilo indispensável à proteção do interessado:

I – a averbação no registro original de nascimento da menção de que houve alteração de nome completo em conformidade com o estabelecido nesta Lei, com expressa referência à sentença autorizatória e ao juiz que a exarou e sem a aposição do nome alterado;

II – a determinação aos órgãos competentes para o fornecimento dos documentos decorrentes da alteração;

III – a remessa da sentença ao órgão nacional competente para o registro único de identificação civil, cujo procedimento obedecerá às necessárias restrições de sigilo.

§ 4º O conselho deliberativo, resguardado o sigilo das informações, manterá controle sobre a localização do protegido cujo nome tenha sido alterado.

§ 5º Cessada a coação ou ameaça que deu causa à alteração, ficará facultado ao protegido solicitar ao juiz competente o retorno à situação anterior, com a alteração para o nome original, em petição que será encaminhada pelo conselho deliberativo e terá manifestação prévia do Ministério Público.

1. **Alteração do nome completo.** Trata-se de medida que visa a ocultar a real identidade do protegido.

2. **Excepcionalidade da medida.** A alteração do nome da pessoa obrigatoriamente gerará reflexos em toda a sua órbita dos direitos da personalidade, podendo, inclusive, gerar prejuízos a terceiros. Assim, trata-se de medida de caráter excepcional, condicionada às características e gravidade da coação ou ameaça.

3. **§ 3º, III. Remessa da sentença ao órgão nacional competente para o registro único de identificação civil.** A Lei de Registros Públicos dispõe: *"Art. 57 – Qualquer*

alteração posterior de nome, somente por exceção e motivadamente, após audiência do Ministério Público, será permitida por sentença do juiz a que estiver sujeito o registro, arquivando-se o mandato e publicando-se a alteração pela imprensa. § 7º Quando a alteração de nome for concedida em razão de fundada coação ou ameaça decorrente de colaboração com a apuração de crime, o juiz competente determinará que haja a averbação no registro de origem de menção da existência de sentença concessiva da alteração, sem a averbação do nome alterado, que somente poderá ser procedida mediante determinação posterior, que levará em consideração a cessação da coação ou ameaça que deu causa à alteração. Art. 58. O prenome será definitivo, admitindo-se, todavia, a sua substituição por apelidos públicos notórios. Parágrafo único. A substituição do prenome será ainda admitida em razão de fundada coação ou ameaça decorrente da colaboração com a apuração de crime, por determinação, em sentença, de juiz competente, ouvido o Ministério Público."

4. **§ 5º. Cessação da coação ou da ameaça.** Cessada a coação ou a ameaça o retorno ao *status quo*, com o retorno ao uso do nome original por parte do protegido não é automático, dependendo se requerimento seu ao Juízo competente. Trata-se de faculdade conferida ao protegido, e não obrigação.

Art. 10. A **exclusão da pessoa protegida de programa** de proteção a vítimas e a testemunhas poderá ocorrer a qualquer tempo:

I – por solicitação do próprio interessado;

II – por decisão do conselho deliberativo, em conseqüência de:

a) cessação dos motivos que ensejaram a proteção;

b) conduta incompatível do protegido.

Art. 11. A proteção oferecida pelo programa terá a **duração máxima de dois anos**.

Parágrafo único. Em circunstâncias excepcionais, perdurando os motivos que autorizam a admissão, a **permanência poderá ser prorrogada**.

1. **Exclusão da pessoa do programa de proteção.** Compete ao Conselho Deliberativo Federal, por decisão tomada pela maioria absoluta dos votos (art. 6º, parágrafo único) de seus membros, decidir sobre a exclusão do protegido do Programa, na forma do art. 6º, do Decreto nº 3.518/2000.

2. **Inciso I.** Como dito acima, a proteção conferida à vítima ou a testemunha não pode ser imposta como uma obrigação, pois as medidas protetivas implicam, em certa medida, na privação de algumas atividades da pessoa protegida. Assim pode o protegido manifestar, a qualquer tempo, o interesse em ser excluído do Programa de Proteção.

3. **Inciso II. Cessação dos motivos.** A duração do Programa de Proteção está condicionada à permanência das ameaças ou coações. Assim, por não se tratar de medidas eternas, uma vez que a ameaça ou coação tenha cessado, cessará também a proteção estatal concedida.

4. **Inciso II. Conduta incompatível do protegido.** Ver comentário ao art. 2º.

5. **Tempo de duração do programa e prorrogação.** O legislador estabeleceu o prazo máximo de dois anos para a duração do Programa de Proteção, permitindo a sua prorrogação em circunstâncias excepcionais, desde que perdurem os motivos que autorizaram a admissão do protegido no Programa de Proteção. É razoável que se entenda que a prorrogação também durará enquanto persistirem os motivos que a justificaram.

Art. 12. Fica instituído, no âmbito do órgão do Ministério da Justiça com atribuições para a execução da política de direitos humanos, o **Programa Federal de Assistência a Vítimas e a Testemunhas Ameaçadas**, a ser regulamentado por decreto do Poder Executivo.

1. **Programa Federal de Assistência a Vítimas e a Testemunhas Ameaçadas.** O Programa Federal de Assistência a Vítimas e a Testemunhas Ameaçadas compreende todas as medidas já comentadas nos artigos acima. O Decreto regulamentador a que o artigo ora comentado faz alusão é o já citado Decreto nº 3.518/2000.

CAPÍTULO II
DA PROTEÇÃO AOS RÉUS COLABORADORES

Art. 13. Poderá o juiz, de ofício ou a requerimento das partes, **conceder o perdão judicial e a conseqüente extinção da punibilidade** ao acusado que, sendo primário, tenha colaborado efetiva e voluntariamente com a investigação e o processo criminal, desde que dessa colaboração tenha resultado:

I – a identificação dos demais co-autores ou partícipes da ação criminosa;

II – a localização da vítima com a sua integridade física preservada;

III – a recuperação total ou parcial do produto do crime.

Parágrafo único. A concessão do perdão judicial levará em conta a personalidade do beneficiado e a natureza, circunstâncias, gravidade e repercussão social do fato criminoso.

1. **Colaboração premiada.** A colaboração premiada também é conhecida como delação premiada. Delatar significa apontar o responsável pela infração penal praticada. Pelo instituto da delação, o acusado aponta outras pessoas como igualmente responsáveis pela prática da infração penal. Diz-se premiada porque o delator recebe algum benefício do Estado em troca das informações prestadas, úteis à elucidação do delito praticado. No artigo ora comentado, o "prêmio" consiste na concessão do perdão judicial.

2. **Momento para a realização da colaboração premiada.** A colaboração premiada pode ser feita tanto na fase do inquérito policial, quanto na fase do processo criminal.

3. **Identidade de infração penal.** O delator deve ter praticado o mesmo delito que a pessoa que ele vai delatar.

4. **Perdão judicial.** A consequência da delação efetiva é a concessão, pelo Juiz, do perdão judicial, que, previsto no art. 120 do Código Penal, constitui causa de extinção da punibilidade prevista no art. 107, IX do Código Penal. A sentença que o concede tem natureza jurídica de sentença declaratória de extinção da punibilidade, não subsistindo qualquer efeito condenatório (súmula 18 do STJ), bem como não será considerada para efeitos de reincidência, de acordo com o art. 120 do Código Penal.

5. **Primariedade do acusado.** Primário, para a lei brasileira, é aquele que não é reincidente. Importante ressaltar que o Brasil adotou a teoria bipartida da infração penal, segundo a qual infração penal é gênero que abrange duas espécies, quais sejam: crimes ou delitos (como expressões sinônimas) e contravenções. A reincidência está prevista no art. 63 do Código Penal e no art. 7º da Lei de Contravenções Penais (Decreto-Lei 3.688/41). Da conjugação desses dois dispositivos legais chega-se à seguinte conclusão: O réu será reincidente se praticar um crime (condenado com trânsito em julgado) e depois outro crime; uma contravenção penal (condenado com trânsito em julgado) e depois outra contravenção penal; um crime (condenado com trânsito em julgado) e depois uma contravenção penal. Entretanto, não será reincidente se praticar uma contravenção penal e depois um crime, por absoluta falta de previsão legal.

6. **Colaboração efetiva e voluntária.** *Colaboração efetiva* é aquela que resulta, segundo o dispositivo legal ora comentado, na identificação dos demais coautores ou partícipes da ação criminosa, na localização da vítima com a sua integridade física preservada ou na recuperação total ou parcial do produto do crime. *Colaboração voluntária* é a colaboração que o agente presta por vontade própria, sem que ninguém o tenha constrangido a tal. Note-se que o legislador não exigiu que a colaboração fosse espontânea, bastando que seja voluntária. Dessa forma, não importa o motivo pelo qual o agente colabora, podendo se dar, por exemplo, por pedido ou influência de alguém.

▶ **STJ**

> (...) DELAÇÃO PREMIADA OU PERDÃO JUDICIAL. LEI Nº 9.807/99. AUSÊNCIA DOS PRESSUPOSTOS PARA A CONCESSÃO DO BENEFÍCIO. (...). Não estão presentes, na hipótese, os requisitos para a concessão da delação premiada ou do perdão judicial (arts. 13 e 14 da Lei nº 9.807/99), uma vez que o Tribunal de origem, fundamentadamente, consignou que o depoimento do Agravante não contribuiu de forma eficaz e relevante para o deslinde do caso, mormente para o resgate das vítimas. AgRg no REsp 1254534. Rel. Min. Laurita Vaz, julgado em 23/04/2013.

7. **Inciso I. Identificação dos demais coautores ou partícipes.** A identificação pode se dar de qualquer forma, ou seja, por meio do fornecimento do nome, endereço, características pessoais etc., desde que seja eficaz na identificação. Basta que o delator identifique um dos coautores ou partícipes, não sendo necessária a identificação de todos.

8. **Inciso II. Localização da vítima com a sua integridade física preservada.** O legislador exigiu que a vítima fosse encontrada com a sua integridade física preservada. Irrazoável tal exigência, uma vez que a vítima encontrar-se com a sua integridade

física preservada independe da vontade do delator. Mesmo que o delator queira colaborar com as investigações, terá que contar com o fator sorte.

9. **Inciso III. Recuperação total ou parcial do produto do crime.** Tal requisito somente será exigido quando, a depender do delito praticado, for possível a recuperação do seu produto, como no caso do tráfico de drogas ou receptação. Entretanto, tal requisito seria inviável, por exemplo, no delito de extorsão mediante sequestro, em que ainda embora consumado pela privação da liberdade de vítima, o pagamento do valor correspondente ao resgate ainda não foi efetuado.

10. **Cumulatividade dos requisitos.** Os requisitos são cumulativos. Isso é, é necessário que todos estejam satisfeitos para que o réu delator tenha direito ao perdão judicial.

▶ **STJ**

> "HABEAS CORPUS. DIREITO PENAL (...). PEDIDO DE APLICAÇÃO DO INSTITUTO DA DELAÇÃO PREMIADA. REQUISITOS NÃO PREENCHIDOS. (...). Para a configuração da delação premiada (arts. 13 e 14 da Lei 9.807/99), é preciso o preenchimento cumulativo dos requisitos legais exigidos. Precedente do Supremo Tribunal Federal. Na espécie, as instâncias ordinárias, fundamentadamente, consignaram que o depoimento do Paciente não contribuiu de forma eficaz e relevante para o deslinde do caso". HC 233855. Rel. Min. Laurita Vaz, julgado em 12/11/2013.

11. **Parágrafo único.** Tratam-se dos requisitos subjetivos para a concessão do perdão judicial.

12. **Análise da configuração da delação premiada em sede de ordem de *habeas corpus*.** Tendo em vista que a ação de ordem de *habeas corpus* não comporta dilação probatória, não é possível se aferir, em seu bojo, a configuração do instituto da delação premiada.

13. **Incomunicabilidade.** A delação premiada é ato pessoal do delator. Portanto, em caso de concurso de pessoas, não se comunica aos outros coautores e partícipes.

> **Art. 14.** O indiciado ou acusado que colaborar voluntariamente com a investigação policial e o processo criminal na identificação dos demais co-autores ou partícipes do crime, na localização da vítima com vida e na recuperação total ou parcial do produto do crime, no caso de condenação, terá **pena reduzida de um a dois terços**.

1. **Colaboração premiada.** Conforme dito no comentário feito ao artigo anterior, delatar significa apontar o responsável pela infração penal praticada. Pelo instituto da delação, o acusado aponta outras pessoas como igualmente responsáveis pela prática da infração penal. Diz-se premiada porque o delator recebe algum benefício do Estado em troca das informações prestadas, úteis à elucidação do delito praticado. No artigo ora comentado, o "prêmio" consiste na aplicação de causa especial de diminuição da pena. Por tratar-se de *novatio legis in mellius,* a causa de diminuição de pena prevista no artigo ora comentado deve retroagir para alcançar delitos praticados antes do início de vigência desta lei, por força do princípio da retroatividade da lei penal mais benéfica, positivado no art. 5º, XL da CRFB/88.

→Aplicação em concurso.

- **MP/RO. Promotor de Justiça. 2008. CESPE.**

  No que se refere a delação premiada e com base no entendimento jurisprudencial dado ao tema, assinale a opção correta.

B) Em caso de delito praticado antes da vigência da lei que previu o benefício da delação premiada como causa de redução de pena, não há que se falar em retroatividade da lei posterior para beneficiar o agente, pois, tratando-se de lei processual penal, tempus regit actum.

A alternativa está errada.

2. **Diferença para o art. 13.** No art. 13, acima comentado, o legislador exigiu a primariedade do delator; no art. 14, ora comentado, não se exige tal requisito. No art. 13 há a exigência da presença dos requisitos subjetivos contidos no seu parágrafo único, o que não se exige no art. 14.

Art. 13	Art. 14
Exige-se a primariedade do delator	Não se exige a primariedade do delator
Exige-se a presença dos requisitos subjetivos descritos no parágrafo único	Não se exige a presença de requisitos subjetivos

3. **Identidade de infração penal.** O delator deve ter praticado o mesmo delito que a pessoa que ele vai delatar.

4. **Causa de diminuição da pena.** No art. 14, diferente do art. 13, a delação tem como consequência a redução da pena de um a dois terços. Trata-se de causa especial de diminuição de pena, que é aplicada na terceira fase da aplicação da pena, podendo conduzi-la a abaixo do mínimo legal.

   →Aplicação em concurso.

   - **TRF 5ª Região. Juiz Federal Substituto. 2009. CESPE.**

     Ainda com relação ao direito penal, julgue os seguintes itens.

   I. A lei de proteção a vítimas e testemunhas (delação premiada) prevê benefícios ao indiciado que colaborar voluntariamente com a investigação policial e o processo criminal na identificação dos demais coautores ou partícipes do crime, na localização da vítima com vida e na recuperação total ou parcial do produto do crime. Tais benefícios, similares ao instituto do *plea bargaining* do direito norte-americano, não interferem na pena aplicada, mas no processo e podem ser oferecidos pelo MP.

   A alternativa está errada.

5. **Possibilidade de aplicação em conjunto com circunstância atenuante.** Questão relevante versa sobre a possibilidade de aplicação, a um só tempo, de circunstância atenuante e da causa de diminuição de pena prevista no artigo ora comentado. Como sabido, a circunstância atenuante incide na segunda fase da aplicação da pena criminal, enquanto a causa de diminuição de pena incide na terceira fase da aplicação da pena. A confissão versa sobre os fatos imputados na denúncia; a delação premiada versa sobre as informações que o réu fornece a identificação

dos demais coautores ou partícipes do crime, na localização da vítima com vida e na recuperação total ou parcial do produto do crime. Tendo em vista as naturezas diversas dos dois institutos, bem como as suas incidências em momentos distintos da aplicação da pena criminal, pensamos que nada obsta a aplicação conjunta dos dois institutos.

6. **Momento para a realização da colaboração premiada.** A colaboração premiada pode ser feita tanto na fase do inquérito policial, quanto na fase do processo criminal.

7. **Cumulatividade dos requisitos.** Os requisitos são cumulativos. Isso é, para que o delator tenha direito à redução da pena, deve satisfazer todos os requisitos elencados no artigo.

▶ **STJ**

> "HABEAS CORPUS. DIREITO PENAL (...). PEDIDO DE APLICAÇÃO DO INSTITUTO DA DELAÇÃO PREMIADA. REQUISITOS NÃO PREENCHIDOS. (...). Para a configuração da delação premiada (arts. 13 e 14 da Lei 9.807/99), é preciso o preenchimento cumulativo dos requisitos legais exigidos. Precedente do Supremo Tribunal Federal. Na espécie, as instâncias ordinárias, fundamentadamente, consignaram que o depoimento do Paciente não contribuiu de forma eficaz e relevante para o deslinde do caso". HC 233855. Rel. Min. Laurita Vaz, julgado em 12/11/2013.

8. **Colaboração voluntária e eficaz.** *Colaboração voluntária* é a colaboração que o agente presta por vontade própria, sem que ninguém o tenha constrangido a tal. Note-se que o legislador não exigiu que a colaboração fosse espontânea, bastando que seja voluntária. Dessa forma, não importa o motivo pelo qual o agente colabora, podendo se dar, por exemplo, por pedido ou influência de alguém. Ademais, a colaboração deve ser efetiva, ou seja, deve resultar identificação dos demais coautores ou partícipes do crime, na localização da vítima com vida e na recuperação total ou parcial do produto do crime.

▶ **STJ**

> (...) DELAÇÃO PREMIADA OU PERDÃO JUDICIAL. LEI Nº 9.807/99. AUSÊNCIA DOS PRESSUPOSTOS PARA A CONCESSÃO DO BENEFÍCIO. (...). Não estão presentes, na hipótese, os requisitos para a concessão da delação premiada ou do perdão judicial (arts. 13 e 14 da Lei nº 9.807/99), uma vez que o Tribunal de origem, fundamentadamente, consignou que o depoimento do Agravante não contribuiu de forma eficaz e relevante para o deslinde do caso, mormente para o resgate das vítimas. AgRg no REsp 1254534. Rel. Min. Laurita Vaz, julgado em 23/04/2013.

9. **Identificação dos demais coautores ou partícipes.** Da mesma forma que no artigo anterior, a identificação pode se dar de qualquer forma, ou seja, por meio do fornecimento do nome, endereço, características pessoais etc. desde que seja eficaz na identificação. Basta que o delator identifique um dos coautores ou partícipes, não sendo necessária a identificação de todos.

10. **Localização da vítima com vida.** O legislador exigiu que a vítima fosse encontrada com vida. Da mesma forma que ocorre no artigo anterior, é irrazoável tal exigência,

uma vez que isso independe da vontade do delator. Mesmo que o delator queira colaborar com as investigações, terá que contar com o fator sorte. Note-se que, mesmo que a vítima não esteja com a integridade física preservada, estando, por exemplo, com ferimentos leves ou graves, haverá a incidência da diminuição da pena.

11. **Recuperação total ou parcial do produto do crime.** Como ocorre no artigo anterior, tal requisito somente será exigido quando, a depender do delito praticado, for possível a recuperação do seu produto, como no caso do tráfico de drogas ou receptação. Entretanto, tal requisito seria inviável, por exemplo, no delito de extorsão mediante sequestro, em que ainda embora consumado pela privação da liberdade de vítima, o pagamento do valor correspondente ao resgate ainda não foi efetuado.

12. **Incomunicabilidade.** A delação premiada é ato pessoal do delator. Portanto, em caso de concurso de pessoas, não se comunica aos outros coautores e partícipes.

→Aplicação em concurso.

- **MP/RO. Promotor de Justiça. 2008. CESPE.**
- *No que se refere a delação premiada e com base no entendimento jurisprudencial dado ao tema, assinale a opção correta.*

D) A minorante da delação premiada, por ser circunstância, e não elementar, é incomunicável e incabível no que se refere à aplicação automática, por extensão, no caso de concurso de pessoas.

A alternativa está correta.

Art. 15. Serão aplicadas em benefício do colaborador, na prisão ou fora dela, **medidas especiais de segurança e proteção a sua integridade física**, considerando ameaça ou coação eventual ou efetiva.

§ 1º Estando sob prisão temporária, preventiva ou em decorrência de flagrante delito, o colaborador será custodiado em dependência separada dos demais presos.

§ 2º Durante a instrução criminal, poderá o juiz competente determinar em favor do colaborador qualquer das medidas previstas no art. 8º desta Lei.

§ 3º No caso de cumprimento da pena em regime fechado, poderá o juiz criminal determinar medidas especiais que proporcionem a segurança do colaborador em relação aos demais apenados.

1. **§ 1º. Delator preso.** A custódia separada dos demais presos é medida salutar, uma vez que, como consabido, a prisão é local onde impera a violência e a "lei do silêncio". Dessa forma, a custódia do delator junto com os demais reclusos ou detentos poderia implicar risco de morte para ele.

2. **§ 2º. Medidas cautelares no curso da instrução criminal.** Trata-se das medidas cautelares que o Conselho Deliberativo Federal pode requerer ao Juiz, por meio do Ministério Público, pleiteando a concessão de medidas cautelares que visem a assegurar a eficácia das medidas protetivas a serem tomadas futuramente.

DISPOSIÇÕES GERAIS

Art. 16. O art. 57 da Lei nº 6.015, de 31 de dezembro de 1973, fica acrescido do seguinte § 7º:

"§ 7º Quando a alteração de nome for concedida em razão de fundada coação ou ameaça decorrente de colaboração com a apuração de crime, o juiz competente determinará que haja a averbação no registro de origem de menção da existência de sentença concessiva da alteração, sem a averbação do nome alterado, que somente poderá ser procedida mediante determinação posterior, que levará em consideração a cessação da coação ou ameaça que deu causa à alteração."

Art. 17. O parágrafo único do art. 58 da Lei nº 6.015, de 31 de dezembro de 1973, com a redação dada pela Lei nº 9.708, de 18 de novembro de 1998, passa a ter a seguinte redação:

"Parágrafo único. A substituição do prenome será ainda admitida em razão de fundada coação ou ameaça decorrente da colaboração com a apuração de crime, por determinação, em sentença, de juiz competente, ouvido o Ministério Público." (NR)

Art. 18. O art. 18 da Lei nº 6.015, de 31 de dezembro de 1973, passa a ter a seguinte redação:

"Art. 18. Ressalvado o disposto nos arts. 45, 57, § 7º, e 95, parágrafo único, a certidão será lavrada independentemente de despacho judicial, devendo mencionar o livro de registro ou o documento arquivado no cartório." (NR)

Art. 19. A União poderá utilizar **estabelecimentos especialmente destinados ao cumprimento de pena de condenados que tenham prévia e voluntariamente prestado a colaboração** de que trata esta Lei.

Parágrafo único. Para fins de utilização desses estabelecimentos, poderá a União celebrar convênios com os Estados e o Distrito Federal.

1. **Cumprimento da pena pelo delator.** A medida é salutar, pois aquele que se dispõe a colaborar com o Estado, na persecução penal, além de demonstrar interesse na ressocialização (função preventiva especial da pena), merece tratamento diferenciado, com o cumprimento de sua pena em local diverso dos demais reclusos ou detentos, além do próprio risco de morte que corre caso permaneça preso juntamente com as que forem por ele delatados.

Art. 19-A. Terão prioridade na tramitação o inquérito e o processo criminal em que figure indiciado, acusado, vítima ou réu colaboradores, vítima ou testemunha protegidas pelos programas de que trata esta Lei.

Parágrafo único. Qualquer que seja o rito processual criminal, o juiz, após a citação, tomará antecipadamente o depoimento das pessoas incluídas nos programas de proteção previstos nesta Lei, devendo justificar a eventual impossibilidade de fazê-lo no caso concreto ou o possível prejuízo que a oitiva antecipada traria para a instrução criminal. (artigo inserido pela lei 12.483/2011).

1. **Prioridade na tramitação do inquérito ou do processo criminal.** A prioridade estabelecida pelo legislador tem por finalidade dar maior celeridade ao inquérito

ou processo judicial que envolva a situação da presente lei, para que a pessoa não seja exposta, bem como para que a sua vida possa voltar ao normal o mais rápido possível.

Art. 20. As despesas decorrentes da aplicação desta Lei, pela União, correrão à conta de dotação consignada no orçamento.

Art. 21. Esta Lei entra em vigor na data de sua publicação.

Relações de Consumo. Lei nº 8.078, de 11 de setembro de 1990 e Lei nº 8.137, de 27 de dezembro de 1990

Lei nº 8.078, de 11 de setembro de 1990

TÍTULO II
Das Infrações Penais

Art. 61. Constituem crimes contra as relações de consumo previstas neste código, sem prejuízo do disposto no Código Penal e leis especiais, as condutas tipificadas nos artigos seguintes.

Art. 62. (Vetado).

1. **Bem jurídico tutelado.** Nos crimes contra as relações de consumo protegem-se a transparência e o equilíbrio entre as pessoas envolvidas nas relações consumeristas.
2. **Fundamento constitucional da tutela do consumidor.** O legislador constituinte fez previsão da proteção do consumidor em dois lugares: em primeiro lugar, no art. 5º, XXXII ("art. 5º Todos são iguais perante a lei, sem distinção de qualquer natureza, garantindo-se aos brasileiros e aos estrangeiros residentes no País a inviolabilidade do direito à vida, à liberdade, à igualdade, à segurança e à propriedade, nos termos seguintes: XXXII – o Estado promoverá, na forma da lei, a defesa do consumidor."), e, em segundo lugar, no art. 170, V ("art. 170. A ordem econômica, fundada na valorização do trabalho humano e na livre iniciativa, tem por fim assegurar a todos existência digna, conforme os ditames da justiça social, observados os seguintes princípios: V – defesa do consumidor").
3. **Norma penal em branco.** Muitos tipos penais da presente lei configuram normas penais em branco, tendo em vista que fazem menção expressa a *consumidor*, *produto*, *serviço*, além de outros conceitos próprios da legislação consumerista.
4. **Fornecedor.** "Fornecedor é toda pessoa física ou jurídica, pública ou privada, nacional ou estrangeira, bem como os entes despersonalizados, que desenvolvem atividade de produção, montagem, criação, construção, transformação, importação,

exportação, distribuição ou comercialização de produtos ou prestação de serviços." (Art. 3º da lei).

5. **Consumidor.** "Consumidor é toda pessoa física ou jurídica que adquire ou utiliza produto ou serviço como destinatário final. Parágrafo único. Equipara-se a consumidor a coletividade de pessoas, ainda que indetermináveis, que haja intervindo nas relações de consumo." (Art. 2º da lei).
6. **Produto.** "Produto é qualquer bem, móvel ou imóvel, material ou imaterial." (Art. 3º, § 1º da lei).
7. **Serviço.** "Serviço é qualquer atividade fornecida no mercado de consumo, mediante remuneração, inclusive as de natureza bancária, financeira, de crédito e securitária, salvo as decorrentes das relações de caráter trabalhista." (Art. 3º, § 2º da lei).

Art. 63. Omitir dizeres ou sinais ostensivos sobre **a nocividade ou periculosidade de produtos**, nas embalagens, nos invólucros, recipientes ou publicidade:

Pena – Detenção de seis meses a dois anos e multa.

§ 1º Incorrerá nas mesmas penas quem **deixar de alertar**, mediante recomendações escritas ostensivas, sobre a periculosidade do serviço a ser prestado.

§ 2º Se o crime é **culposo**:

Pena Detenção de um a seis meses ou multa.

1. **Sujeito ativo.** O fornecedor do produto ou do serviço.
2. **Sujeito passivo.** O consumidor.
3. **Crime omissivo.** O verbo *omitir* confere ao tipo penal a natureza de crime omissivo próprio, uma vez que o agente deixa de inserir dizeres ou sinais ostensivos sobre a nocividade ou periculosidade do produto.
4. **Nocividade ou periculosidade de produtos e serviços.** Tudo o que possa causar dano ao consumidor.
5. **Embalagens, invólucros, recipientes ou publicidade.** A expressão *embalagens* é genérica e abrangente, de forma a englobar invólucros e recipientes. *Invólucro* é tudo o que se destina a embrulhar, cobrir o produto, a exemplo de caixas, pacotes etc. *Recipiente* é tudo o que serve para acondicionar o produto, como frascos, vidros, latas etc. Os dizeres ou sinais devem estar de forma ostensiva nas embalagens, invólucros e recipientes. Caso haja os dizeres ou os sinais, mas eles estejam escondidos, ocultos ou de forma que não seja possível vê-los, há a prática do delito. *Publicidade* significa a mensagem dirigida ao público com o objetivo de despertar ou incentivar o seu interesse por produtos ou serviços.
6. **Violação dos arts. 8º, 9º,10 e 31 da lei.** O delito ora comentado constitui clara violação aos artigos 8º, 9º,10 e 31 do próprio Código de Defesa do Consumidor, que possuem as seguintes redações: "Art. 8º Os produtos e serviços colocados no mercado de consumo não acarretarão riscos à saúde ou segurança dos consumidores,

exceto os considerados normais e previsíveis em decorrência de sua natureza e fruição, obrigando-se os fornecedores, em qualquer hipótese, a dar as informações necessárias e adequadas a seu respeito. Parágrafo único. Em se tratando de produto industrial, ao fabricante cabe prestar as informações a que se refere este artigo, através de impressos apropriados que devam acompanhar o produto"; "Art. 9º O fornecedor de produtos e serviços potencialmente nocivos ou perigosos à saúde ou segurança deverá informar, de maneira ostensiva e adequada, a respeito da sua nocividade ou periculosidade, sem prejuízo da adoção de outras medidas cabíveis em cada caso concreto"; "Art. 10. O fornecedor não poderá colocar no mercado de consumo produto ou serviço que sabe ou deveria saber apresentar alto grau de nocividade ou periculosidade à saúde ou segurança. § 1º O fornecedor de produtos e serviços que, posteriormente à sua introdução no mercado de consumo, tiver conhecimento da periculosidade que apresentem, deverá comunicar o fato imediatamente às autoridades competentes e aos consumidores, mediante anúncios publicitários. § 2º Os anúncios publicitários a que se refere o parágrafo anterior serão veiculados na imprensa, rádio e televisão, às expensas do fornecedor do produto ou serviço. § 3º Sempre que tiverem conhecimento de periculosidade de produtos ou serviços à saúde ou segurança dos consumidores, a União, os Estados, o Distrito Federal e os Municípios deverão informá-los a respeito"; "Art. 31. A oferta e apresentação de produtos ou serviços devem assegurar informações corretas, claras, precisas, ostensivas e em língua portuguesa sobre suas características, qualidades, quantidade, composição, preço, garantia, prazos de validade e origem, entre outros dados, bem como sobre os riscos que apresentam à saúde e segurança dos consumidores."

7. **§ 1º. Serviço.** Faz menção ao serviço para englobá-lo na previsão típica. Nesse caso, o alerta deve ser feito por recomendações escritas ostensivas São exemplos de serviços que oferecem periculosidade: cirurgia, dedetização com substância tóxica etc.

8. **§ 2º. Modalidade culposa.** A modalidade culposa pode dar-se, nesse caso, por negligência, em razão da omissão ao agente.

→Aplicação em concurso.

- **Juiz de Direito do TJ/RN. 2012. CESPE.**

  De acordo com o CDC, constitui crime, punido apenas na modalidade dolosa, a omissão de dizeres ou sinais ostensivos sobre a nocividade ou periculosidade do produto na sua embalagem, invólucro, recipiente ou publicidade.

  A alternativa está errada.

9. **Consumação.** O delito consuma-se com a mera omissão do agente. Trata-se de crime omissivo próprio.

10. **Classificação.** Crime próprio; de mera conduta; doloso ou culposo; omissivo próprio; de perigo abstrato; instantâneo; não admite tentativa por ser omissivo próprio.

11. **Infração penal de menor potencial ofensivo.** Tendo em vista que a pena máxima não é superior a dois anos, trata-se de infração penal de menor potencial ofensivo (art. 61 da lei 9.099/95).

12. **Suspensão condicional do processo.** Cabível, pois a pena mínima cominada não ultrapassa 1 ano (art. 89 da lei 9.099/95).

Art. 64. Deixar de comunicar à autoridade competente e aos consumidores a **nocividade ou periculosidade de produtos** cujo conhecimento seja **posterior** à sua colocação no mercado:

Pena – Detenção de seis meses a dois anos e multa.

Parágrafo único. Incorrerá nas mesmas penas quem **deixar de retirar do mercado**, imediatamente quando determinado pela autoridade competente, os produtos nocivos ou perigosos, na forma deste artigo.

1. **Sujeito ativo.** O fornecedor do produto.
2. **Sujeito passivo.** O consumidor, a coletividade e o Estado.
3. **Crime omissivo.** Trata-se de crime omissivo, uma vez que o agente deixa de fazer a comunicação sobre a nocividade ou a periculosidade de produtos à autoridade competente e aos consumidores.
4. **Nocividade ou periculosidade de produtos.** Tudo o que possa causar dano ao consumidor.
5. **Violação do art. 10, § 1º da lei.** O delito ora comentado constitui violação ao artigo 10, § 1º do Código de Defesa do Consumidor, que possui a seguinte redação: "Art. 10. O fornecedor não poderá colocar no mercado de consumo produto ou serviço que sabe ou deveria saber apresentar alto grau de nocividade ou periculosidade à saúde ou segurança. § 1º O fornecedor de produtos e serviços que, posteriormente à sua introdução no mercado de consumo, tiver conhecimento da periculosidade que apresentem, deverá comunicar o fato imediatamente às autoridades competentes e aos consumidores, mediante anúncios publicitários."
6. **Comunicação. Dupla obrigação.** A comunicação deve ser feita à autoridade competente e aos consumidores, de forma que se ela for feita a apenas uma dessas pessoas, há crime. A comunicação pode ser feita por qualquer veículo, como anúncio na televisão, rádios, jornais escritos, "outdoors" etc.
7. **Autoridade competente.** É a pessoa vinculada ao Poder Público que tem a função de regular e fiscalizar a exposição de produtos à venda aos fornecedores, como o PROCON, a vigilância sanitária, entre outros órgãos.
8. **Conhecimento posterior à colocação do produto no mercado.** Neste delito, o agente não expõe à venda um produto com a consciência da nocividade ou da periculosidade do produto. Essa constatação é feita posteriormente. Trata-se do chamado *recall.*
9. **Parágrafo único.** A conduta equiparada no parágrafo único refere-se ao agente que não retira da oferta no mercado de consumo o produto nocivo ou perigoso, quando determinado pela autoridade competente. Trata-se de uma especialidade

do delito de desobediência (art. 330 do Código Penal). Por *imediatamente* entenda-se no exato momento em que o fornecedor teve ciência da ordem da autoridade competente.

10. **Consumação.** Tanto no *caput,* quanto no parágrafo único, o delito consuma-se com a mera omissão do agente. Trata-se de crime omissivo próprio.
11. **Classificação.** Crime próprio; de mera conduta; doloso; omissivo próprio; de perigo abstrato; instantâneo; não admite tentativa por ser omissivo próprio.
12. **Infração penal de menor potencial ofensivo.** Tendo em vista que a pena máxima não é superior a dois anos, trata-se de infração penal de menor potencial ofensivo (art. 61 da lei 9.099/95).
13. **Suspensão condicional do processo.** Cabível, pois a pena mínima cominada não ultrapassa 1 ano (art. 89 da lei 9.099/95).

Art. 65. Executar **serviço de alto grau de periculosidade**, contrariando determinação de autoridade competente:

Pena Detenção de seis meses a dois anos e multa.

§ 1º As penas deste artigo são aplicáveis sem prejuízo das correspondentes à **lesão corporal e à morte**. (Redação dada pela Lei 13.425, de 2017).

§ 2º A prática do disposto no inciso XIV do art. 39 desta Lei **também caracteriza o crime** previsto no caput deste artigo. (Incluído pela Lei 13.425, de 2017).

1. **Sujeito ativo.** O fornecedor do serviço.
2. **Sujeito passivo.** O consumidor, a coletividade e o Estado.
3. **Executar serviço.** Significa a realização, o ato de concretizar um serviço a ser prestado pelo fornecedor. Por serviço, valemo-nos do conceito trazido pelo art. 3º, § 2º da lei, segundo o qual "serviço é qualquer atividade fornecida no mercado de consumo, mediante remuneração, inclusive as de natureza bancária, financeira, de crédito e securitária, salvo as decorrentes das relações de caráter trabalhista."
4. **Serviço de alto grau de periculosidade.** Trata-se de norma penal em branco. O legislador não esclareceu o que seria um *serviço de alto grau de periculosidade.* Entendemos que, em qualquer caso, o serviço de alto grau de periculosidade é aquele que oferece um risco de lesão corporal ou morte além do normal à pessoa que o executa, bem como a terceiras pessoas.
5. **Contradição à determinação de autoridade competente.** É a autoridade administrativa com atribuição para regulamentar e fiscalizar a espécie de serviço que será realizado. Para que haja o delito, o agente deve conhecer as normas da autoridade competente e, ao executar o serviço, violá-las.
6. **§ 1º. Cumulação de penas.** No § 1º o legislador estabeleceu expressamente que à pena prevista no tipo penal, deve ser cumulada a pena do delito de lesão corporal ou de morte.

7. **§ 2º. Conduta equiparada.** No § 2º o legislador trouxe uma conduta equiparada, afirmando que configura o delito do *caput* a conduta descrita no art. 39, XIV, da presente lei (*"Art. 39. É vedado ao fornecedor de produtos ou serviços, dentre outras práticas abusivas: (...) XIV – permitir o ingresso em estabelecimentos comerciais ou de serviços de um número maior de consumidores que o fixado pela autoridade administrativa como máximo"*). Trata-se de forma atécnica de previsão típica. O tipo penal deve trazer os elementos típicos, e não remeter à conduta descrita em outro dispositivo legal. Essa conduta equiparada constitui norma penal em branco, uma vez que se deve buscar o número máximo de consumidores fixado pela autoridade administrativa no ato administrativo que trouxer tal previsão, a depender da espécie de estabelecimento comercial ou de serviços, a exemplo da Prefeitura, que determina um número máximo de pessoas que podem frequentar uma casa de shows ao conceder o alvará de funcionamento.

8. **Consumação.** O delito consuma-se com a execução do serviço.

9. **Classificação.** Crime próprio; formal; doloso; de perigo abstrato; instantâneo; admite tentativa.

10. **Infração penal de menor potencial ofensivo.** Tendo em vista que a pena máxima não é superior a dois anos, trata-se de infração penal de menor potencial ofensivo (art. 61 da lei 9.099/95).

11. **Suspensão condicional do processo.** Cabível, pois a pena mínima cominada não ultrapassa 1 ano (art. 89 da lei 9.099/95).

Art. 66. Fazer **afirmação falsa ou enganosa**, ou omitir **informação relevante** sobre a natureza, característica, qualidade, quantidade, segurança, desempenho, durabilidade, preço ou garantia de produtos ou serviços:

Pena - Detenção de três meses a um ano e multa.

§ 1º Incorrerá nas mesmas penas quem patrocinar a oferta.

§ 2º Se o crime é culposo;

Pena Detenção de um a seis meses ou multa.

1. **Sujeito ativo.** O fornecedor do produto ou do serviço.

2. **Sujeito passivo.** O consumidor e a coletividade.

3. **Fazer afirmação falsa ou omitir informação relevante.** O legislador reuniu neste tipo penal as duas formas de conduta relevantes para o Direito Penal: a comissiva e a omissiva. Portanto, o agente pode praticar o tipo penal tanto por ação, quanto por omissão.

4. **Natureza, característica, qualidade, quantidade, segurança, desempenho, durabilidade, preço ou garantia.** São dados referentes ao produto ou ao serviço que devem ser informados ao consumidor no momento da aquisição do produto ou do serviço. Trata-se do dever de transparência que o fornecedor do serviço ou do produto está obrigado a cumprir.

5. **Princípio da Especialidade.** O tipo penal ora comentado constitui uma especialidade do delito de falsidade ideológica previsto no art. 299 do Código Penal.

6. **Violação dos arts. 6º, III e 31.** O delito ora comentado constitui violação aos artigos 6º, III e 31 do próprio Código de Defesa do Consumidor, que possuem as seguintes redações: "Art. 6º São direitos básicos do consumidor: III – a informação adequada e clara sobre os diferentes produtos e serviços, com especificação correta de quantidade, características, composição, qualidade, tributos incidentes e preço, bem como sobre os riscos que apresentem"; "Art. 31. A oferta e apresentação de produtos ou serviços devem assegurar informações corretas, claras, precisas, ostensivas e em língua portuguesa sobre suas características, qualidades, quantidade, composição, preço, garantia, prazos de validade e origem, entre outros dados, bem como sobre os riscos que apresentam à saúde e segurança dos consumidores".

7. **Consumação.** O delito consuma-se com a afirmação falsa ou com a omissão da informação relevante.

8. **Classificação.** Crime próprio; formal na modalidade comissiva e de mera conduta na modalidade omissiva; doloso; de perigo abstrato; instantâneo; admite tentativa na forma comissiva e não a admite na forma omissiva.

→Aplicação em concurso.

- **Delegado de Polícia/DF. 2015. FUNIVERSA.**

  A chamada propaganda enganosa, ou seja, a afirmação falsa ou enganosa sobre natureza, característica ou qualidade de produto ou serviço nas relações de consumo, pode gerar indenização por danos morais, mas não constitui infração penal.

  A alternativa está errada.

- **(Cespe – Defensor Público – SE/ 2012)**

  Constitui conduta tipificada no CDC como crime contra as relações de consumo

A) falsificar ou alterar substância ou produto alimentício destinado a consumo, tornando-o nocivo à saúde ou reduzindo lhe o valor nutritivo.

B) empregar, no fabrico de produto destinado a consumo, revestimento, gaseificação artificial, matéria corante, substância aromática, antisséptica, conservadora ou qualquer outra não expressamente permitida pela legislação sanitária.

C) exigir cheque-caução, nota promissória ou qualquer garantia, bem como o preenchimento prévio de formulários administrativos, como condição para o atendimento médico-hospitalar emergencial.

D) fazer afirmação falsa ou enganosa, ou omitir informação relevante sobre a natureza, característica, qualidade, quantidade, segurança, desempenho, durabilidade, preço ou garantia de produtos ou serviços.

E) fabricar, sem licença da autoridade competente, substância ou engenho explosivo, gás tóxico ou asfixiante, ou material destinado à sua fabricação.

Alternativa correta: letra D.

9. **§ 1º. Conduta equiparada. Patrocínio da oferta.** O legislador quis abranger também no tipo penal o agente que patrocinar a oferta do produto ou do serviço. *Patrocinar*

significa favorecer, auxiliar, financeiramente ou não. O tipo abrange qualquer forma de patrocínio. A gravidade da conduta consiste no patrocínio de um produto ou de um serviço que é fornecido ou prestado de forma enganosa ao consumidor, razão pela qual o legislador optou por criminalizá-la como delito autônomo.

10. **Oferta.** Por *oferta* entenda-se "toda informação ou publicidade, suficientemente precisa, veiculada por qualquer forma ou meio de comunicação com relação a produtos e serviços oferecidos ou apresentados, obriga o fornecedor que a fizer veicular ou dela se utilizar e integra o contrato que vier a ser celebrado." (Art. 30 da lei).
11. **Consumação.** O delito consuma-se com a realização do patrocínio.
12. **Classificação.** Crime comum; formal; doloso; de perigo abstrato; instantâneo; admite tentativa.
13. **§ 2º. Modalidade culposa.** A modalidade culposa refere-se à conduta do *caput* e do § 1º.
14. **Consumação.** O delito consuma-se com a mera omissão do agente. Trata-se de crime omissivo próprio.
15. **Classificação.** Crime próprio em relação ao *caput* e comum em relação ao § 1º; de mera conduta; culposo; comissivo ou omissivo próprio; de perigo abstrato; instantâneo; não admite tentativa na forma omissiva própria.
16. **Infração penal de menor potencial ofensivo.** Tendo em vista que a pena máxima não é superior a dois anos, trata-se de infração penal de menor potencial ofensivo (art. 61 da lei 9.099/95).
17. **Suspensão condicional do processo.** Cabível, pois a pena mínima cominada não ultrapassa 1 ano (art. 89 da lei 9.099/95).

Art. 67. Fazer ou promover **publicidade** que sabe ou deveria saber ser **enganosa ou abusiva**:

Pena Detenção de três meses a um ano e multa.

Parágrafo único. (Vetado).

1. **Sujeito ativo.** O fornecedor do produto ou do serviço, bem como quem promove a publicidade deles.
2. **Sujeito passivo.** O consumidor e a coletividade.
3. **Fazer ou promover a publicidade.** *Fazer* consiste em elaborar, criar a publicidade. *Promover* significa executar, veicular na mídia. *Publicidade* é a mensagem dirigida ao público com o objetivo de despertar ou incentivar o seu interesse por produtos ou serviços.
4. **Elemento subjetivo. Sabe ou deveria saber.** Nas expressões *sabe* ou *deveria saber*, o legislador previu, respectivamente, o dolo direto e o dolo eventual.

5. **Violação do art. 37.** Este delito constitui violação ao art. 37 do Código de Defesa do Consumidor, que tem a seguinte redação: "Art. 37. É proibida toda publicidade enganosa ou abusiva. § 1º É enganosa qualquer modalidade de informação ou comunicação de caráter publicitário, inteira ou parcialmente falsa, ou, por qualquer outro modo, mesmo por omissão, capaz de induzir em erro o consumidor a respeito da natureza, características, qualidade, quantidade, propriedades, origem, preço e quaisquer outros dados sobre produtos e serviços. § 2º É abusiva, dentre outras a publicidade discriminatória de qualquer natureza, a que incite à violência, explore o medo ou a superstição, se aproveite da deficiência de julgamento e experiência da criança, desrespeita valores ambientais, ou que seja capaz de induzir o consumidor a se comportar de forma prejudicial ou perigosa à sua saúde ou segurança. § 3º Para os efeitos deste código, a publicidade é enganosa por omissão quando deixar de informar sobre dado essencial do produto ou serviço."
6. **Publicidade enganosa ou abusiva.** Ver os conceitos mencionados no item acima.
7. **Princípio da Especialidade.** O tipo penal ora comentado constitui uma especialidade do delito de falsidade ideológica previsto no art. 299 do Código Penal.
8. **Consumação.** O delito consuma-se com realização ou com a promoção da publicidade enganosa ou abusiva.
9. **Classificação.** Crime próprio; de mera conduta; doloso; de perigo abstrato; instantâneo; admite tentativa.
10. **Infração penal de menor potencial ofensivo.** Tendo em vista que a pena máxima não é superior a dois anos, trata-se de infração penal de menor potencial ofensivo (art. 61 da lei 9.099/95).
11. **Suspensão condicional do processo.** Cabível, pois a pena mínima cominada não ultrapassa 1 ano (art. 89 da lei 9.099/95).

Art. 68. Fazer ou promover **publicidade** que sabe ou deveria saber ser capaz de **induzir** o consumidor a se comportar de forma **prejudicial ou perigosa a sua saúde ou segurança:**

Pena – Detenção de seis meses a dois anos e multa:

Parágrafo único. (Vetado).

1. **Sujeito ativo.** O fornecedor do produto ou do serviço, bem como quem promove a publicidade deles.
2. **Sujeito passivo.** O consumidor e a coletividade.
3. **Fazer ou promover a publicidade.** *Fazer* consiste em elaborar, criar a publicidade. *Promover* significa executar, veicular na mídia. *Publicidade* é a mensagem dirigida ao público com o objetivo de despertar ou incentivar o seu interesse por produtos ou serviços.
4. **Elemento subjetivo. Sabe ou deveria saber.** Nas expressões *sabe* ou *deveria saber*

o legislador previu, respectivamente, o dolo direto e o dolo eventual.

5. **Publicidade capaz de induzir o consumidor a se comportar de forma prejudicial ou perigosa a sua saúde ou segurança.** Existem produtos e serviços que o mero uso deles oferece um perigo à saúde ou à segurança do consumidor. Como exemplo, podemos citar a publicidade que incentiva o uso de cigarro, o ato de dirigir uma motocicleta sem o uso do capacete, andar de *skate* ou de bicicleta em alta velocidade sem o uso de equipamentos de segurança, a utilização de uma furadeira juntamente com uma criança etc. Note-se que não possui previsão legal como típica a realização de publicidade que explore alguns sentimentos humanos, como o medo, a compaixão etc.

→Aplicação em concurso.

- **Promotor de Justiça/BA. 2015. MPE-BA.**

  A promoção de publicidade de bens ou serviços que explore o medo ou a superstição constitui tipo penal previsto na Lei nº 8.078/90 – Código de Defesa do Consumidor.

  A alternativa está errada.

6. **Consumação.** O delito consuma-se com realização ou com a promoção da publicidade, independentemente da produção de qualquer dano ao consumidor.

→Aplicação em concurso.

- **Delegado de Polícia/GO. 2017. CESPE**

  Considerando o atual entendimento dos tribunais superiores quanto aos institutos do Código de Defesa do Consumidor, do Estatuto do Desarmamento e do Estatuto da Criança e do Adolescente (ECA), assinale a opção correta.

  A conduta daquele que promove propaganda enganosa capaz de induzir o consumidor a se comportar de maneira prejudicial à sua saúde somente é penalmente punível diante da ocorrência de resultado danoso.

  A alternativa está errada.

7. **Classificação.** Crime próprio; formal; doloso; de perigo abstrato; instantâneo; admite tentativa.

8. **Infração penal de menor potencial ofensivo.** Tendo em vista que a pena máxima não é superior a dois anos, trata-se de infração penal de menor potencial ofensivo (art. 61 da lei 9.099/95).

9. **Suspensão condicional do processo.** Cabível, pois a pena mínima cominada não ultrapassa 1 ano (art. 89 da lei 9.099/95).

Art. 69. Deixar de organizar **dados fáticos, técnicos e científicos** que dão base à publicidade:

Pena Detenção de um a seis meses ou multa.

1. **Sujeito ativo.** O fornecedor do produto ou do serviço.

2. **Sujeito passivo.** O consumidor e a coletividade.

3. **Crime omissivo.** O crime é omissivo, pois o agente deixa de organizar os dados quando deveria fazê-lo.

4. **Publicidade.** É a mensagem dirigida ao público com o objetivo de despertar ou incentivar o seu interesse por produtos ou serviços.

5. **Dados fáticos, técnicos e científicos que dão base à publicidade.** Existem produtos ou serviços que, em suas publicidades, são veiculadas informações que podem influenciar seriamente o consumidor a adquiri-los, em razão justamente do efeito anunciado na publicidade. O consumidor adquire-os na expectativa da produção do efeito esperado e veiculado na publicidade. Assim, o legislador criminalizou a conduta do fornecedor de produtos ou de serviços que não reúne os elementos fáticos, técnicos e científicos que são capazes de comprovar a produção do efeito anunciado. Assim, se, por exemplo, se o fornecedor faz a publicidade de um produto que faz a pessoa emagrecer, ele deve ter em seu poder, reunidos, todos os dados fáticos, técnicos e científicos que comprovem a produção do efeito emagrecedor anunciado na publicidade. O mesmo passa-se com um produto veiculado na mídia que tira a celulite, que faz a pessoa parar de fumar, a cirurgia que promete a cura, o iogurte que promove a regulação da função intestinal, o produto que retira arranhaduras da lataria do veículo, além de outros exemplos. O delito consiste justamente em o fornecedor não possuir os dados fáticos, técnicos e científicos que dão base à publicidade, ou seja, que comprovem o efeito do produto ou do serviço anunciado na publicidade.

6. **Violação do art. 36, parágrafo único.** Esse delito configura violação ao art. 36, parágrafo único do Código de Defesa do Consumidor, que possui a seguinte redação: "O fornecedor, na publicidade de seus produtos ou serviços, manterá, em seu poder, para informação dos legítimos interessados, os dados fáticos, técnicos e científicos que dão sustentação à mensagem".

7. **Consumação.** O delito consuma-se com a mera omissão do agente. Trata-se de crime omissivo próprio.

8. **Classificação.** Crime próprio; omissivo próprio; de mera conduta; doloso; de perigo abstrato; instantâneo; não admite tentativa por ser omissivo próprio.

9. **Infração penal de menor potencial ofensivo.** Tendo em vista que a pena máxima não é superior a dois anos, trata-se de infração penal de menor potencial ofensivo (art. 61 da lei 9.099/95).

10. **Suspensão condicional do processo.** Cabível, pois a pena mínima cominada não ultrapassa 1 ano (art. 89 da lei 9.099/95).

→Aplicação em concurso.

- **(Cespe – Defensor Público – AC/ 2012)**

  A respeito das infrações penais, assinale a opção correta.

A) O fornecedor que deixa de organizar dados fáticos, técnicos e científicos que dão base à publicidade pratica crime contra as relações de consumo.

B) O CDC, assim como o CP e as leis extravagantes, prevê circunstâncias agravantes e atenuantes para os crimes que tipifica.

C) As condutas tipificadas no CDC constituem crime de dano, sendo imprescindível para a caracterização do delito a comprovação do efetivo dano ao consumidor.

D) Os crimes contra as relações de consumo estão previstos no CDC de forma exclusiva e taxativa.

E) O tipo penal consistente em fazer afirmação falsa ou enganosa, ou omitir informação relevante sobre a natureza de produto ou serviço inadmite a forma culposa.

Alternativa correta: letra A.

Art. 70. Empregar na reparação de produtos, peça ou componentes de reposição usados, **sem autorização do consumidor**:

Pena Detenção de três meses a um ano e multa.

1. **Sujeito ativo.** O fornecedor do serviço de reparo.
2. **Sujeito passivo.** O consumidor.
3. **Empregar na reparação de produtos.** Significa utilizar alguma peça ou componente que seja essencial ou que melhore o funcionamento do produto defeituoso.
4. **Sem autorização do consumidor.** A autorização deve ser expressa e prévia. O delito não consiste em o fornecedor do serviço de reparo utilizar uma peça ou um componente usado. Isso é lícito. Até porque em muitos casos, a única forma de consertar um produto defeituoso é o emprego de uma peça ou componente usado, por vários motivos, como no caso de a peça ou o componente não ser mais fabricado pelo fornecedor ou porque a importação deles (se se tratar de produto importado) não é mais feita pelo representante ou foi proibida por lei ou pela autoridade administrativa, além de outros motivos. Na realidade, o delito consiste no emprego da peça ou do componente usado *sem a autorização do consumidor.*

→Aplicação em concurso.

- **Delegado de Polícia/PE. 2016. CESPE**

  Ana contratou Cláudio, prestador de serviços, para consertar seu aparelho de televisão. Sem autorização de Ana e sem motivo justo, Cláudio utilizou, dolosamente, peças de reposição usadas na reparação do aparelho. Nessa situação hipotética, a conduta de Cláudio é considerada

A) crime previsto no Código de Defesa do Consumidor (CDC).

B) crime previsto no CP.

C crime previsto na Lei 8.137/1990, que define crimes contra a ordem tributária, econômica e contra as relações de consumo, e dá outras providências.

D) atípica, pois não há lei que preveja essa conduta como crime.

E) contravenção penal.

Alternativa correta: letra A.

- **(ACADEPOL – Delegado de Polícia – RS/2009)**

  Considerando as disposições penais previstas na Lei nº 8.078/90 – Código de Defesa do Consumidor – identifique a alternativa em que está descrita situação não tipificada como crime.

  (A) Omitir, de forma culposa, dizeres ou sinais ostensivos sobre a nocividade ou periculosidade de produtos, nas embalagens, nos invólucros, recipientes ou publicidade.

  (B) Executar serviço de alto grau de periculosidade, contrariando determinação de autoridade competente.

  (C) Empregar na reparação de produtos peça ou componentes de reposição usados, ainda que haja autorização do consumidor.

  (D) Utilizar, na cobrança de dívidas, de procedimento que exponha o consumido injustificadamente, a ridículo ou interfira com seu trabalho, descanso ou lazer.

  (E) Dificultar o acesso do consumidor às informações que sobre ele constem em cadastros, banco de dados, fichas e registros.

  Alternativa correta: letra C.

5. **Concordância posterior.** Por óbvio, a autorização é algo que se faz anteriormente. Não existe autorização posterior. Autoriza-se algo a ser feito. Caso o fornecedor do serviço de reparo do produto tenha empregado uma peça ou um componente usado sem a autorização do consumidor, mas depois o consumidor manifeste a concordância, em tese, haveria a prática desse delito. Contudo, parece que essa concordância posterior retira qualquer lesividade da conduta do fornecedor do serviço de reparo, uma vez que o suposto lesado – consumidor – manifestou a concordância com o serviço prestado, não havendo, dessa forma, a prática do crime.

6. **Violação do art. 21.** Esse delito configura violação ao art. 21 do Código de Defesa do Consumidor, que possui a seguinte redação: "Art. 21. No fornecimento de serviços que tenham por objetivo a reparação de qualquer produto considerar-se-á implícita a obrigação do fornecedor de empregar componentes de reposição originais adequados e novos, ou que mantenham as especificações técnicas do fabricante, salvo, quanto a estes últimos, autorização em contrário do consumidor."

7. **Consumação.** O delito consuma-se com o emprego das peças ou dos componentes usados.

8. **Classificação.** Crime próprio; material; doloso; de perigo abstrato; instantâneo; admite tentativa.

9. **Infração penal de menor potencial ofensivo.** Tendo em vista que a pena máxima não é superior a dois anos, trata-se de infração penal de menor potencial ofensivo (art. 61 da lei 9.099/95).

10. **Suspensão condicional do processo.** Cabível, pois a pena mínima cominada não ultrapassa 1 ano (art. 89 da lei 9.099/95).

Art. 71. Utilizar, na cobrança de dívidas, de ameaça, coação, constrangimento físico ou moral, afirmações falsas incorretas ou enganosas ou de qualquer outro procedimento que exponha o consumidor, injustificadamente, a ridículo ou interfira com seu trabalho, descanso ou lazer:

Pena Detenção de três meses a um ano e multa.

1. **Sujeito ativo.** O fornecedor do produto ou do serviço.
2. **Sujeito passivo.** O consumidor e a coletividade.
3. **Dívidas.** As dívidas a que se refere o tipo penal devem ser relacionadas à relação de consumo. Caso seja dúvida de outra natureza, não haverá a prática desse delito.
4. **Meios de cobrança. Interpretação analógica.** O legislador elencou alguns meios vexatórios ou constrangedores, como ameaça, coação, constrangimento físico ou moral, afirmações falsas incorretas ou enganosas. Mas, também, utilizou-se de interpretação analógica nas expressões "ou de qualquer outro procedimento" para abranger qualquer forma de expor o consumidor ao ridículo de forma injustificada ou que interfira em seu trabalho, descanso ou lazer.
5. **Dano moral.** Além da prática do delito, é cabível indenização por dano moral em favor do consumidor, em razão da sua exposição à situação de ridículo.
6. **Violação do art. 42.** Esse delito configura violação ao art. 42 do Código de Defesa do Consumidor, que possui a seguinte redação: "Art. 42. Na cobrança de débitos, o consumidor inadimplente não será exposto a ridículo, nem será submetido a qualquer tipo de constrangimento ou ameaça. Parágrafo único. O consumidor cobrado em quantia indevida tem direito à repetição do indébito, por valor igual ao dobro do que pagou em excesso, acrescido de correção monetária e juros legais, salvo hipótese de engano justificável."
7. **Princípio da Especialidade.** O tipo penal ora comentado constitui uma especialidade dos arts. 146 e 147 do Código Penal.
8. **Consumação.** O delito consuma-se com a utilização dos meios coercitivos, enganosos ou vexatórios descritos no tipo penal.
9. **Classificação.** Crime próprio; formal; doloso; de dano, instantâneo; admite tentativa.
10. **Infração penal de menor potencial ofensivo.** Tendo em vista que a pena máxima não é superior a dois anos, trata-se de infração penal de menor potencial ofensivo (art. 61 da lei 9.099/95).
11. **Suspensão condicional do processo.** Cabível, pois a pena mínima cominada não ultrapassa 1 ano (art. 89 da lei 9.099/95).

Art. 72. Impedir ou dificultar o acesso do consumidor às **informações que sobre ele constem** em cadastros, banco de dados, fichas e registros:

Pena Detenção de seis meses a um ano ou multa.

1. **Sujeito ativo.** O organizador das informações referentes ao consumidor.
2. **Sujeito passivo.** O consumidor.
3. **Impedir ou dificultar.** O delito consiste em o agente impedir ou dificultar o acesso do consumidor. A conduta *impedir* significa criar obstáculos. A conduta *dificultar* consiste em criar dificuldades, embaraçar.
4. **Tipo penal misto alternativo.** Caso o agente pratique mais de uma conduta descrita no tipo penal, responderá por um delito apenas, não havendo concurso de crimes.
5. **Violação do art. 43.** Esse delito configura violação ao art. 43 do Código de Defesa do Consumidor, que possui a seguinte redação: "Art. 43. O consumidor, sem prejuízo do disposto no art. 86, terá acesso às informações existentes em cadastros, fichas, registros e dados pessoais e de consumo arquivados sobre ele, bem como sobre as suas respectivas fontes".
6. **Consumação.** O delito consuma-se com a prática das condutas impedir ou dificultar.
7. **Classificação.** Crime próprio; material no verbo *impedir* e formal no verbo *dificultar*; doloso; de perigo abstrato; instantâneo; admite tentativa.
8. **Infração penal de menor potencial ofensivo.** Tendo em vista que a pena máxima não é superior a dois anos, trata-se de infração penal de menor potencial ofensivo (art. 61 da lei 9.099/95).
9. **Suspensão condicional do processo.** Cabível, pois a pena mínima cominada não ultrapassa 1 ano (art. 89 da lei 9.099/95).

Art. 73. Deixar de corrigir imediatamente **informação sobre consumidor** constante de cadastro, banco de dados, fichas ou registros que sabe ou deveria saber ser inexata:

Pena Detenção de um a seis meses ou multa.

1. **Sujeito ativo.** O possuidor das informações referentes ao consumidor.
2. **Sujeito passivo.** O consumidor.
3. **Crime omissivo.** Tendo em vista que o possuidor das informações referentes ao consumidor deixa de corrigir imediatamente a informação, violando o seu dever de agir, trata-se de crime omissivo.
4. **Imediatamente.** Por *imediatamente* entenda-se no exato momento em que o possuidor das informações referentes ao consumidor tiver ciência da inexatidão das informações.
5. **Elemento subjetivo. Sabe ou deveria saber.** Nas expressões *sabe* ou *deveria saber*, o legislador previu, respectivamente, o dolo direto e o dolo eventual.
6. **Violação do art. 43, § 3º.** Esse delito configura violação ao art. 43, § 3º do Código de Defesa do Consumidor, que possui a seguinte redação: "Art. 43. O consumidor, sem prejuízo do disposto no art. 86, terá acesso às informações existentes em cadastros,

fichas, registros e dados pessoais e de consumo arquivados sobre ele, bem como sobre as suas respectivas fontes. § 3º O consumidor, sempre que encontrar inexatidão nos seus dados e cadastros, poderá exigir sua imediata correção, devendo o arquivista, no prazo de cinco dias úteis, comunicar a alteração aos eventuais destinatários das informações incorretas".

7. **Consumação.** O delito consuma-se com a mera omissão do agente. Trata-se de crime omissivo próprio.

8. **Classificação.** Crime próprio; de mera conduta; doloso; de perigo abstrato; instantâneo; não admite tentativa por ser omissivo próprio.

9. **Infração penal de menor potencial ofensivo.** Tendo em vista que a pena máxima não é superior a dois anos, trata-se de infração penal de menor potencial ofensivo (art. 61 da lei 9.099/95).

10. **Suspensão condicional do processo.** Cabível, pois a pena mínima cominada não ultrapassa 1 ano (art. 89 da lei 9.099/95).

Art. 74. Deixar de entregar ao consumidor o **termo de garantia** adequadamente preenchido e com especificação clara de seu conteúdo;

Pena Detenção de um a seis meses ou multa.

1. **Sujeito ativo.** O fornecedor do produto ou do serviço.

2. **Sujeito passivo.** O consumidor.

3. **Crime omissivo.** Trata-se de crime omissivo, uma vez que o fornecedor do produto ou do serviço deixa de entregar ao consumidor o termo de garantia, violando, dessa forma, o seu dever de agir.

4. **Termo de garantia.** Trata-se da garantia adicional fornecida pelo sujeito ativo, além da garantia legal.

5. **Violação do art. 50.** Esse delito configura violação ao art. 50 do Código de Defesa do Consumidor, que possui a seguinte redação: "Art. 50. A garantia contratual é complementar à legal e será conferida mediante termo escrito. Parágrafo único. O termo de garantia ou equivalente deve ser padronizado e esclarecer, de maneira adequada em que consiste a mesma garantia, bem como a forma, o prazo e o lugar em que pode ser exercitada e os ônus a cargo do consumidor, devendo ser-lhe entregue, devidamente preenchido pelo fornecedor, no ato do fornecimento, acompanhado de manual de instrução, de instalação e uso do produto em linguagem didática, com ilustrações".

6. **Consumação.** O delito consuma-se com a mera omissão do agente. Trata-se de crime omissivo próprio.

7. **Classificação.** Crime próprio; de mera conduta; doloso; omissivo próprio; de perigo abstrato; instantâneo; não admite tentativa por ser omissivo próprio.

8. **Infração penal de menor potencial ofensivo.** Tendo em vista que a pena máxima não é superior a dois anos, trata-se de infração penal de menor potencial ofensivo (art. 61 da lei 9.099/95).

9. **Suspensão condicional do processo.** Cabível, pois a pena mínima cominada não ultrapassa 1 ano (art. 89 da lei 9.099/95).

Art. 75. Quem, de qualquer forma, concorrer para os crimes referidos neste código, incide as penas a esses cominadas **na medida de sua culpabilidade**, bem como o **diretor, administrador ou gerente** da pessoa jurídica que promover, permitir ou por qualquer modo aprovar o fornecimento, oferta, exposição à venda ou manutenção em depósito de produtos ou a oferta e prestação de serviços nas condições por ele proibidas.

1. **Concurso de pessoas.** A primeira parte do artigo ora comentado constitui uma repetição do disposto no art. 29 do Código Penal, razão pela qual se torna desnecessária.

2. **Responsabilidade penal do diretor, administrador ou gerente da pessoa jurídica.** Para que se evite a imposição de uma responsabilidade penal objetiva, é necessário haver prova de que essas pessoas agiram com dolo, isso é, que tinham vontade e consciência da conduta criminosa.

Art. 76. São **circunstâncias agravantes** dos crimes tipificados neste código:

I – serem cometidos em época de grave crise econômica ou por ocasião de calamidade;

II – ocasionarem grave dano individual ou coletivo;

III – dissimular-se a natureza ilícita do procedimento;

IV – quando cometidos:

a) por servidor público, ou por pessoa cuja condição econômico-social seja manifestamente superior à da vítima;

b) em detrimento de operário ou rurícola; de menor de dezoito ou maior de sessenta anos ou de pessoas portadoras de deficiência mental interditadas ou não;

V – serem praticados em operações que envolvam alimentos, medicamentos ou quaisquer outros produtos ou serviços essenciais.

1. **Circunstâncias agravantes.** O legislador inseriu agravantes específicas que são aplicadas somente aos delitos previstos na presente lei. Como agravantes, incidem na segunda fase da dosimetria da pena criminal.

→Aplicação em concurso.

- **(TRF 4 – Juiz Federal Substituto 4ª região/2012)**

  Dadas as assertivas abaixo, assinale a alternativa correta.

  Servidor público que pratica delito contra direito do consumidor, tipificado na Lei nº 8.078/1990 (Código de Defesa do Consumidor), tem sempre agravada sua pena.

  A alternativa está certa.

Art. 77. A **pena pecuniária** prevista nesta Seção será fixada em dias-multa, correspondente ao mínimo e ao máximo de dias de duração da pena privativa da liberdade cominada ao crime. Na individualização desta multa, o juiz observará o disposto no art. 60, § 1º do Código Penal.

1. **Pena pecuniária.** O legislador estabeleceu penas pecuniárias aos condenados pelos delitos previstos na lei e fixou como critério o mesmo do Código Penal, qual seja: sistema do dias-multa.

2. **Princípio da Especialidade em relação ao Código Penal.** De forma diversa da prevista no Código Penal, a pena pecuniária é estabelecida de acordo com o mínimo e o máximo de dias de duração da pena privativa de liberdade cominada ao delito pelo qual o agente foi condenado. Trata-se de norma especial em relação ao critério do Código Penal, uma vez que no Código o mínimo é de 10 e o máximo é de 360 dias-multa (art. 49 do Código Penal: "A pena de multa consiste no pagamento ao fundo penitenciário da quantia fixada na sentença e calculada em dias-multa. Será, no mínimo, de 10 (dez) e, no máximo, de 360 (trezentos e sessenta) dias-multa.").

Art. 78. Além **das penas privativas de liberdade e** de **multa**, podem ser impostas, **cumulativa ou alternadamente**, observado o disposto nos arts. 44 a 47, do Código Penal:

I – a interdição temporária de direitos;

II – a publicação em órgãos de comunicação de grande circulação ou audiência, às expensas do condenado, de notícia sobre os fatos e a condenação;

III – a prestação de serviços à comunidade.

1. **Imposição de pena restritiva de direitos.** O legislador estabeleceu a possibilidade de imposição das penas restritivas de direitos previstas nos incisos do presente artigo, de forma cumulativa ou alternativa em relação à pena privativa de liberdade e à de multa. A regulamentação das penas nos incisos I e III será a prevista pelo Código Penal, o que não ocorre com a pena do inciso II por tratar-se de pena não existente no Código.

2. **Princípio da Especialidade em relação ao Código Penal.** Note-se que as penas restritivas de direitos podem ser cumuladas com as privativas de liberdade. Trata-se de uma normatização muito diferente da prevista no Código Penal. Com efeito, no Código Penal não é possível essa cumulação. Ao contrário, o art. 44 deixa claro que as penas restritivas de direitos são substitutivas das penas privativas de liberdade, não permitindo a imposição delas de forma cumulativa. Contudo, o sistema de aplicação de pena restritiva de direitos previsto no Código de Defesa do Consumidor constitui uma especialidade em relação às normas do Código Penal.

→Aplicação em concurso.

- **Promotor de Justiça/BA. 2015. MPE-BA.**

  As penas restritivas de direito previstas na Lei nº 8.078/90 – Código de Defesa do Consumidor não podem ser cumulativamente aplicadas com pena privativa de liberdade.

  A alternativa está errada.

Art. 79. O **valor da fiança**, nas infrações de que trata este código, será fixado pelo juiz, ou pela autoridade que presidir o inquérito, entre cem e duzentas mil vezes o valor do Bônus do Tesouro Nacional (BTN), ou índice equivalente que venha a substituí-lo.

Parágrafo único. Se assim recomendar a situação econômica do indiciado ou réu, a fiança poderá ser:

a) reduzida até a metade do seu valor mínimo;

b) aumentada pelo juiz até vinte vezes.

1. **Valor da fiança em BTN.** O Bônus do Tesouro Nacional-BTN é um índice que atualmente está extinto. Assim, o valor da fiança deve ser fixado de acordo com o critério da vinculação ao salário-mínimo estabelecido pelo Código de Processo Penal.

Art. 80. No processo penal atinente aos crimes previstos neste código, bem como a outros crimes e contravenções que envolvam relações de consumo, **poderão intervir**, como assistentes do Ministério Público, os legitimados indicados no art. 82, inciso III e IV, aos quais também é facultado propor **ação penal subsidiária**, se a denúncia não for oferecida no prazo legal.

1. **Ação penal privada subsidiária da pública.** O legislador permitiu às pessoas a que faz menção no presente artigo, a propositura da ação penal privada subsidiária da pública.

Lei nº 8.137, de 27 de dezembro de 1990

CAPÍTULO II
Dos crimes Contra a Economia e as Relações de Consumo

Art. 7º Constitui crime contra as relações de consumo:

I – **favorecer ou preferir**, sem justa causa, comprador ou freguês, ressalvados os sistemas de entrega ao consumo por intermédio de distribuidores ou revendedores;

II – vender ou expor à venda mercadoria cuja embalagem, tipo, especificação, peso ou composição esteja em desacordo com as prescrições legais, ou que **não corresponda à respectiva classificação oficial**;

III – misturar gêneros e mercadorias de espécies diferentes, para vendê-los ou expô-los à venda **como puros**; misturar gêneros e mercadorias de qualidades desiguais para vendê-los ou expô-los à venda por **preço estabelecido para os demais mais alto custo**;

IV – **fraudar preços** por meio de:

a) alteração, **sem modificação essencial ou de qualidade**, de elementos tais como denominação, sinal externo, marca, embalagem, especificação técnica, descrição, volume, peso, pintura ou acabamento de bem ou serviço;

b) **divisão em partes** de bem ou serviço, habitualmente oferecido à venda em conjunto;

c) **junção de bens ou serviços**, comumente oferecidos à venda em separado;

d) aviso de inclusão de **insumo não empregado** na produção do bem ou na prestação dos serviços;

V – elevar o valor cobrado nas vendas a prazo de bens ou serviços, mediante a exigência de **comissão ou de taxa de juros ilegais**;

VI – sonegar insumos ou bens, recusando-se a vendê-los a quem pretenda comprá-los **nas condições publicamente ofertadas**, ou retê-los **para o fim de especulação**;

VII – **induzir o consumidor ou usuário a erro**, por via de indicação ou afirmação falsa ou enganosa sobre a natureza, qualidade do bem ou serviço, utilizando-se de qualquer meio, inclusive a veiculação ou divulgação publicitária;

VIII – destruir, inutilizar ou danificar matéria-prima ou mercadoria, **com o fim de provocar alta de preço**, em proveito próprio ou de terceiros;

IX – vender, ter em depósito para vender ou expor à venda ou, de qualquer forma, entregar matéria-prima ou mercadoria, em **condições impróprias ao consumo**;

Pena – detenção, de 2 (dois) a 5 (cinco) anos, ou multa.

Parágrafo único. Nas hipóteses dos incisos II, III e IX pune-se a **modalidade culposa**, reduzindo-se a pena e a detenção de 1/3 (um terço) ou a de multa à quinta parte.

1. **Inciso I. Favorecimento de comprador ou do freguês.**

2. **Sujeito ativo.** O fornecedor do produto ou do serviço.

3. **Sujeito passivo.** O consumidor.

4. **Favorecer ou preferir.** Os verbos *favorecer* e *preferir* possuem o mesmo significado, no sentido de beneficiar, criar privilégio, escolher. O legislador buscou evitar a discriminação entre consumidores. Nesse delito, o produto ou o serviço está ao alcance de todos, mas o fornecedor beneficia um comprador em detrimento de outro sem justa causa. O favorecimento deve ocorrer sem justa causa, ou seja, sem nenhum motivo plausível que justifique a discriminação.

5. **Tratamento VIP.** O tratamento VIP configura esse delito, desde que os consumidores estejam em igualdade de condições e o produto ou o serviço seja oferecido pelo mesmo preço. O tratamento VIP nessas condições configura, naturalmente, uma discriminação entre consumidores. Contudo, isso não ocorre quando o produto ou o serviço não for oferecido em igualdade de condições, ou seja, quando houver preços diferentes para tratamentos diferentes, como no caso do estacionamento de um shopping center que cobra mais caro para os manobristas estacionarem os carros de quem se dispuser a pagar mais caro, ou, então, no caso de um hotel oferecer um quarto luxuoso por um preço maior. Nesses casos, quem se dispuser a pagar mais caro pelo produto ou pelo serviço com algo a mais agregado, paga a mais justamente para ter o acréscimo no produto ou no serviço. Nesse caso, não se trata de discriminação, mas, sim, de uma questão mercadológica de qualquer país capitalista, de forma que não estará configurado esse delito.

6. **Ressalva.** O legislador ressalvou os sistemas de entrega ao consumo por intermédio de distribuidores ou revendedores, caso em que não haverá a prática desse delito, como no caso da fabricação de automóveis, que somente podem ser vendidos aos consumidores por meio das denominadas concessionárias ou também no caso de distribuidoras de bebidas.

7. **Revogação do art. 2º, II, da lei 1.521/51.** O tipo penal ora comentado revogou tacitamente o delito previsto no art. 2º, II, da lei 1.521/51.

8. **Consumação.** O delito consuma-se com a prática de qualquer conduta que denote o favorecimento ou a preferência.

9. **Classificação.** Crime próprio; de mera conduta; doloso; instantâneo; admite tentativa.

10. **Suspensão condicional do processo.** Incabível, pois a pena mínima cominada ultrapassa 1 ano (art. 89 da lei 9.099/95).

11. **Inciso II. Venda ou exposição à venda irregular de mercadoria.**

12. **Sujeito ativo.** O fornecedor do produto.

13. **Sujeito passivo.** O consumidor.

14. **Vender ou expor à venda.** O legislador equiparou as duas condutas: vender ou expor à venda. Na segunda conduta, para a configuração do delito, basta que o fornecedor oferte o produto, por qualquer meio, aos consumidores, mesmo que a venda não seja efetivada. O legislador antecipou a incriminação para o momento anterior à realização do contrato de compra e venda.

15. **Embalagem, tipo, especificação, peso ou composição em desacordo com as prescrições legais ou que não corresponda à respectiva classificação oficial.** Alguns produtos, sobretudo os alimentícios, têm a forma de venda ou exposição à venda determinada pelas autoridades administrativas (Vigilância Sanitária, entre outras) como ocorre, por exemplo, como o arroz e o feijão que somente podem ser acondicionados em embalagens transparentes. Outros possuem o peso, especificação ou composição previstos, também, em normas administrativas. A incriminação reside na não correspondência entre o produto vendido ou exposto à venda e a regulamentação deles.

16. **Norma penal em branco.** O tipo penal ora comentado constitui norma penal em branco, uma vez que em relação à embalagem, tipo, especificação, peso ou composição em desacordo com as prescrições legais, ou que não corresponda à respectiva classificação oficial, para definirmos o seu alcance é necessário complementar o tipo penal com as normas administrativas sobre o tema.

17. **Revogação do art. 2º, III, da lei 1.521/51.** O tipo penal ora comentado revogou tacitamente o delito previsto no art. 2º, III, da lei 1.521/51.

18. **Necessidade de perícia.** Para a comprovação de que o produto está em embalagem, tipo, especificação, peso ou composição em desacordo com as prescrições legais ou que não corresponda à respectiva classificação oficial, é necessária a realização de perícia.

▶ **STJ**

(...) CRIME CONTRA AS RELAÇÕES DE CONSUMO. (ARTIGO 7º, INCISOS II e IX, DA LEI 8.137/1990). (...). EXISTÊNCIA DE LAUDO PERICIAL ATESTANDO QUE PARTE DAS MERCADORIAS ESTAVA EMBALADA EM DESACORDO COM AS NORMAS LEGAIS, E PARTE COM O PRAZO DE VALIDADE EXPIRADO. PROVA IDÔNEA DA MATERIALIDADE DELITIVA. DESPROVIMENTO DO RECLAMO. 1. Da leitura do artigo 7º, incisos II e IX, da Lei 8.137/1990, percebe-se que se trata de delito contra as relações de consumo não transeunte, que deixa vestígios materiais, sendo indispensável, portanto, a realização de perícia para a sua comprovação, nos termos do artigo 158 do Código de Processo Penal. Doutrina. Precedentes do STJ e do STF. 2. Na espécie, o laudo pericial acostado aos autos, ao explicitar conteúdo das embalagens dos produtos apreendidos no estabelecimento do recorrente, bem como a data de validade de algumas das mercadorias ali encontradas, é suficiente para a comprovação da materialidade do delito em tela, uma vez que, nos termos do artigo 18, § 6º, incisos I e II, do Código de Defesa do Consumidor, são impróprios ao uso e consumo os produtos cujos prazos de validade estejam vencidos, bem como aqueles em desacordo com as normas regulamentares de distribuição e apresentação. 3. Se a própria legislação consumerista considera imprestáveis para utilização os produtos com a data de validade expirada ou em desacordo com as normas de distribuição ou apresentação, revela-se totalmente improcedente o argumento de que seria necessária a realização de exame pericial de natureza diversa da que foi realizada na hipótese, sendo suficiente a constatação de que o prazo de validade dos produtos já se encontrava expirado no momento da apreensão, bem como de que alguns deles estariam embalados em desacordo com as prescrições legais. 4. Recurso improvido. RHC 40921. Rel. Min. Jorge Mussi, julgado em 22/04/2014.

19. **Consumação.** O delito consuma-se com a efetivação da venda ou com a simples exposição à venda. Trata-se de crime formal.

20. **Parágrafo único. Forma culposa.** A modalidade culposa constitui uma causa de diminuição de pena, diferente do Código Penal em que os delitos culposos são punidos com uma pena específica mínima e máxima.

21. **Classificação.** Crime próprio; formal; doloso; de perigo abstrato; instantâneo na conduta *vender* e permanente na conduta *expor à venda*; admite tentativa.

22. **Suspensão condicional do processo.** Incabível, pois a pena mínima cominada ultrapassa 1 ano (art. 89 da lei 9.099/95).

23. **Inciso III. Mistura de gêneros e mercadorias.**

24. **Sujeito ativo.** O fornecedor do produto.

25. **Sujeito passivo.** O consumidor.

26. **Misturar gêneros e mercadorias de espécies diferentes e de qualidades desiguais.** Um mesmo produto pode ter diversas espécies, como ocorre com a gasolina comum e a gasolina aditivada e com o uísque que pode ser envelhecido 8 ou 12 anos, por exemplo. Isso também ocorre com produtos de qualidades desiguais, como grãos de café de diversas qualidades (como existem o café árabe, o colombiano, o brasileiro etc.) ou arroz de qualidades diversas. Normalmente, os produtos de espécie

ou qualidade superior é mais caro, em razão da matéria-prima que é empregada neles. O tipo penal incrimina a conduta do fornecedor que mistura produtos ou gêneros de espécies diferentes ou de qualidades desiguais para vendê-los pelo preço correspondente ao de melhor espécie ou de maior qualidade. Assim, comete esse delito o fornecedor de combustível que mistura gasolina comum com aditivada para vender ou expor à venda essa mistura pelo preço da gasolina aditivada.

27. **Elemento subjetivo.** O agente faz a mistura com o intuito de vender ou expor o produto à venda por preço estabelecido para o de mais alto custo. Caso a mistura ocorra, mas a intenção do fornecedor não seja essa, a conduta será atípica em relação a esse delito.

28. **Revogação do art. 2º, V, da lei 1.521/51.** O tipo penal ora comentado revogou tacitamente o delito previsto no art. 2º, V, da lei 1.521/51.

29. **Consumação.** O delito consuma-se com a mistura.

30. **Parágrafo único. Forma culposa.** A modalidade culposa constitui uma causa de diminuição de pena, diferente do Código Penal em que os delitos culposos são punidos com uma pena específica mínima e máxima.

31. **Classificação.** Crime próprio; formal; doloso; de perigo abstrato; admite tentativa.

32. **Suspensão condicional do processo.** Incabível, pois a pena mínima cominada ultrapassa 1 ano (art. 89 da lei 9.099/95).

33. **Inciso IV. Fraude de preços.**

34. **Sujeito ativo.** O fornecedor do produto ou do serviço.

35. **Sujeito passivo.** O consumidor.

36. **Fraude de preços.** A incriminação está diretamente ligada ao preço de venda do produto. O fornecedor engana o consumidor por meio das condutas descritas nos incisos e com isso frauda o preço do produto, cobrando um preço acima do que o produto realmente vale.

37. **Alínea *a*.** Nesta modalidade ocorre a denominada venda de "gato por lebre", como diz o ditado popular. Também conhecida como "maquiagem do produto", nesta forma de conduta o agente eleva o preço do produto sem nenhuma modificação nele.

38. **Diferença para o inciso II.** Na presente alínea do inciso IV, há a fraude no preço do produto. Na conduta prevista no inciso II não há alteração do preço do produto.

39. **Alínea *b*.** Nesta modalidade, um produto ou um serviço que era vendido de forma conjunta com outro é separado em partes para que cada parte tenha o seu preço distinto, fazendo com que o fornecedor do produto ou do serviço faça a cobrança de dois valores diversos. O fornecedor separa as partes do produto ou do serviço justamente para cobrar pelos dois separadamente e aumentar o seu lucro. A título de exemplo, imaginemos que uma concessionária de automóveis ofereça na revisão de seus veículos o serviço de: alinhamento e balanceamento por R$ 200,00. Nitidamente são dois serviços prestados em conjunto por um só preço. Haverá a prática

desse delito caso o fornecedor separe-os e passe a vendê-los por R$ 150,00 cada um. Note-se que o valor total de forma separada é de R$ 300,00, R$ 100,00 mais caro de quando eles eram vendidos conjuntamente. Todavia, é necessário provar que o fornecedor oferecia o produto ou o serviço comumente de forma conjunta. Caso o fornecedor separe o produto ou o serviço em partes para vendê-los separadamente, mas isso não implique alteração no preço, não há a prática desse delito, como no caso de, no exemplo acima citado, o fornecedor vender o serviço de alinhamento e de balanceamento por R$ 100,00 cada um. Nesse caso houve a separação do serviço, mas não houve a fraude no preço.

40. **Alínea *c*.** Esta modalidade constitui o inverso da anterior. Neste caso, o fornecedor junta dois produtos ou serviços que são comumente vendidos separadamente. Por exemplo, esse delito configurar-se-ia se, no exemplo da alínea anterior, o alinhamento e o balanceamento fossem vendidos separadamente por R$ 100,00 cada um e o fornecedor resolvesse juntá-los para cobrar R$ 300,00 pelo serviço de alinhamento *e* balanceamento. Da mesma forma que ocorre na alínea anterior, é necessário provar que o fornecedor oferecia o produto ou o serviço comumente de forma separada. Além disso, caso o fornecedor junte o produto ou o serviço, mas isso não implique alteração no preço, não há a prática desse delito, como no caso de, no exemplo acima citado, o fornecedor vender o serviço de alinhamento *e* de balanceamento por R$ 200,00. Nesse caso houve a junção do serviço, mas não houve a fraude no preço.

41. **Alínea *d*.** Nesta modalidade de fraude do preço, o fornecedor avisa aos consumidores que determinado produto possui um insumo (elemento que compõe algum bem) que, na verdade, ele não possui, para torná-lo mais atrativo e gerar no consumidor a vontade de adquiri-lo. É o caso, por exemplo, do anúncio de que determinado iogurte contém cálcio, mas, na verdade, ele não tem. Trata-se, portanto, de uma fraude, com a intenção de aumentar o preço.

42. **Consumação.** O delito consuma-se com a realização das condutas descritas nos incisos associada à fraude no preço do produto ou do serviço.

43. **Classificação.** Crime próprio; formal; doloso; de perigo abstrato; instantâneo; admite tentativa.

44. **Suspensão condicional do processo.** Incabível, pois a pena mínima cominada ultrapassa 1 ano (art. 89 da lei 9.099/95).

45. **Inciso V. Exigência ilegal de comissão ou de taxa de juros.**

46. **Sujeito ativo.** O fornecedor do produto.

47. **Sujeito passivo.** O consumidor.

48. **Exigência de comissão ou de taxa de juros ilegais.** *Juros* são valores pagos a alguém por utilizar o dinheiro dessa pessoa por determinado tempo. *Comissão* significa uma espécie de gratificação. Nada impede que o fornecedor cobre um valor maior na venda a prazo de um produto. Entretanto, o valor do acréscimo, a título de juros ou de comissão, não pode ser maior do que o fixado por lei.

49. **Norma penal em branco.** O tipo penal ora comentado constitui norma penal em branco, uma vez que é necessário complementar o tipo penal com a norma referente ao limite de cobrança de juros ou comissão.

50. **Consumação.** O delito consuma-se com a efetiva elevação do preço.

51. **Classificação.** Crime próprio; formal; doloso; de perigo abstrato; instantâneo; admite tentativa.

52. **Suspensão condicional do processo.** Incabível, pois a pena mínima cominada ultrapassa 1 ano (art. 89 da lei 9.099/95).

53. **Inciso VI. Sonegação de insumos ou bens.**

54. **Sujeito ativo.** O fornecedor do produto.

55. **Sujeito passivo.** O consumidor.

56. **Sonegar insumos ou bens recusando-se a vendê-los a quem pretenda comprá-los nas condições publicamente ofertadas.** *Sonegar* significa ocultar, esconder. Nesse delito, o fornecedor veicula anteriormente a oferta de determinado produto como forma de atrair os consumidores e gerar neles o desejo de adquiri-lo e depois se recusa a vendê-los nas condições anteriormente ofertadas. Note-se que para que haja a prática do delito, a dissonância deve ocorrer entre as condições da oferta anterior e as condições de venda posterior.

57. **Reter insumos ou bens para fins de especulação.** Na retenção de produtos, que significa a guarda dos produtos, o agente deve ter o especial fim de agir de especulação. Como a escassez valoriza o produto, a especulação consiste na falta do produto no mercado de forma a torná-lo mais escasso para fazer com que o valor dele aumente, com o intuito de lucro.

58. **Especial fim de agir.** Existe apenas na segunda conduta de reter os insumos ou bens.

59. **Tipo penal misto alternativo.** Caso o agente pratique mais de uma conduta descrita no tipo penal (sonegar e reter), responderá por um delito apenas, não havendo concurso de crimes.

60. **Revogação do art. 2º, I, da lei 1.521/51.** O tipo penal ora comentado revogou tacitamente o delito previsto no art. 2º, I, da lei 1.521/51.

61. **Consumação.** O delito consuma-se com a sonegação ou a retenção do produto.

62. **Classificação.** Crime próprio; formal; doloso; de perigo abstrato; instantâneo na conduta sonegar e permanente na conduta reter; admite tentativa.

63. **Suspensão condicional do processo.** Incabível, pois a pena mínima cominada ultrapassa 1 ano (art. 89 da lei 9.099/95).

64. **Inciso VII. Indução do consumidor ou do usuário a erro.**

65. **Sujeito ativo.** O fornecedor do produto ou do serviço.

66. **Sujeito passivo.** O consumidor.

67. **Induzir o consumidor ou o usuário a erro.** Induzir a erro significa plantar uma falsa noção da realidade na mente do consumidor. O agente, por meio da indicação ou da afirmação falsa ou enganosa sobre a natureza, qualidade do bem ou serviço, faz nascer na mente do consumidor uma situação que não corresponda à realidade. A informação falsa ou enganosa refere-se à natureza ou à qualidade do produto ou do serviço. Com a afirmação falsa, o fornecedor gera no consumidor a intenção de adquirir o produto. Assim, o consumidor adquire um produto pensando que ele tem determinada natureza ou qualidade que, na realidade, ele não tem.

68. **Diferença para o art. 66 da lei 8.078/90.** No art. 66 da lei 8.078/90 o fornecedor apenas faz a afirmação falsa ou enganosa, sem que seja necessário induzir o consumidor a uma situação de erro. No tipo penal ora comentado, não basta que o fornecedor faça a indicação ou a afirmação falsa sobre o bem ou o serviço, sendo necessário que o consumidor seja efetivamente induzido ao erro. No presente tipo penal a indicação ou a afirmação falsa constitui um meio executório para a indução do consumidor a uma situação de erro.

69. **Consumação.** O delito consuma-se com a efetiva indução do consumidor a erro.

70. **Classificação.** Crime próprio; formal; doloso; de perigo abstrato; instantâneo; admite tentativa.

71. **Suspensão condicional do processo.** Incabível, pois a pena mínima cominada ultrapassa 1 ano (art. 89 da lei 9.099/95).

72. **Inciso VIII. Destruição de matéria-prima ou de mercadoria.**

73. **Sujeito ativo.** O fornecedor do produto ou da matéria-prima.

74. **Sujeito passivo.** O consumidor.

75. **Destruir, inutilizar ou danificar matéria-prima ou mercadoria.** Os três verbos denotam a mesma coisa, ou seja, a perda da utilidade de mercadoria ou do produto, a sua deterioração, a impossibilidade de uso. Com a inutilização da matéria-prima ou do produto, o agente deseja provocar a alta no preço e aumentar a sua lucratividade em prejuízo do consumidor.

76. **Especial fim de agir.** Nas expressões *com o fim de provocar alta de preço, em proveito próprio ou de terceiros* reside o especial fim de agir do agente.

77. **Diferença para o art. 163 do Código Penal.** No delito ora comentado, o agente destrói a coisa própria. No delito de dano, previsto no art. 163 do Código Penal, o agente destrói coisa alheia.

78. **Revogação do art. 3º, I, da lei 1.521/51.** O tipo penal ora comentado revogou tacitamente o delito previsto no art. 3º, I, da lei 1.521/51.

79. **Consumação.** O delito consuma-se com a realização das condutas típicas.

80. **Classificação.** Crime próprio; formal; doloso; instantâneo; admite tentativa.

81. **Suspensão condicional do processo.** Incabível, pois a pena mínima cominada ultrapassa 1 ano (art. 89 da lei 9.099/95).

82. Inciso IX. Venda de matéria-prima ou mercadoria, em condições impróprias ao consumo.

83. Sujeito ativo. O fornecedor do produto ou da matéria-prima.

84. Sujeito passivo. O consumidor.

85. Vender, ter em depósito para vender ou expor à venda ou, de qualquer forma, entregar matéria-prima ou mercadoria. Preocupando-se com a saúde do consumidor, o legislador pretendeu impedir o comércio de mercadoria ou de matéria-prima em condições impróprias para serem consumidas e incriminou várias formas de condutas que possuem ligação com esse fato. Ao invés de esperar a efetiva venda da mercadoria, o legislador antecipou-se e incriminou a simples conduta de expor à venda e de manter em depósito para a venda. Mas não somente a venda é incriminada no presente tipo penal. O legislador também incluiu a conduta de entregar o produto nas condições narradas no tipo, o que significa dizer que o tipo penal alcança inclusive uma simples doação.

86. Norma penal em branco. Trata-se de norma penal em branco, uma vez que o conceito de mercadoria em condições impróprias ao consumo está no art. 18, § 3º do Código de Defesa do Consumidor (lei 8.078/90), que tem a seguinte redação: "Art. 18. Os fornecedores de produtos de consumo duráveis ou não duráveis respondem solidariamente pelos vícios de qualidade ou quantidade que os tornem impróprios ou inadequados ao consumo a que se destinam ou lhes diminuam o valor, assim como por aqueles decorrentes da disparidade, com a indicações constantes do recipiente, da embalagem, rotulagem ou mensagem publicitária, respeitadas as variações decorrentes de sua natureza, podendo o consumidor exigir a substituição das partes viciadas. § 6º São impróprios ao uso e consumo: I – os produtos cujos prazos de validade estejam vencidos; II – os produtos deteriorados, alterados, adulterados, avariados, falsificados, corrompidos, fraudados, nocivos à vida ou à saúde, perigosos ou, ainda, aqueles em desacordo com as normas regulamentares de fabricação, distribuição ou apresentação; III – os produtos que, por qualquer motivo, se revelem inadequados ao fim a que se destinam."

87. Elemento subjetivo. O tipo penal contém um especial fim de agir apenas na conduta *ter em depósito*. Nesse caso, o agente deve ter a mercadoria ou a matéria-prima em depósito com o fim específico de venda.

→Aplicação em concurso.

- **Agente de Polícia Civil/DF. 2013. CESPE.**

  Constitui crime contra as relações de consumo ter em depósito, mesmo que não seja para vender ou para expor à venda, mercadoria em condições impróprias para o consumo.

  A alternativa está errada.

88. Tipo penal misto alternativo. Caso o agente pratique mais de uma conduta descrita no tipo penal (vender, ter em depósito para vender, expor à venda ou entregar) responderá por um delito apenas, não havendo concurso de crimes.

89. Revogação do art. 175, I do Código Penal. O tipo penal ora comentado revogou tacitamente o delito previsto no art. 175, I do Código Penal.

90. Necessidade de perícia. Para a comprovação de que a mercadoria ou a matéria-prima encontra-se em condições impróprias ao consumo, é necessária a realização de perícia.

▶ **STJ**

INFORMATIVO nº 560

Quinta Turma

DIREITO PENAL. NECESSIDADE DE PERÍCIA PARA DEMONSTRAR QUE A MERCADORIA ESTÁ IMPRÓPRIA PARA O CONSUMO EM CRIME CONTRA A RELAÇÃO DE CONSUMO.

Para caracterizar o delito previsto no art. 7º, IX, da Lei 8.137/1990 (crime contra relação de consumo), é imprescindível a realização de perícia a fim de atestar se as mercadorias apreendidas estão em condições impróprias para o consumo, não sendo suficiente, para a comprovação da materialidade delitiva, auto de infração informando a inexistência de registro do Serviço de Inspeção Estadual (SIE) nas mercadorias expostas à venda (art. 18, § 6º, II, do CDC, c/c decreto estadual que conceitua os requisitos da propriedade ao consumo de alimentos e bebidas para fins de comercialização). (...) Uma persecução criminal condizente com os princípios e objetivos de um Estado Democrático de Direito deve ser acompanhada de comprovação idônea da materialidade delitiva, conforme preceitua o art. 158 do CPP, não sendo admissível a presunção de impropriedade ao consumo de produtos expostos à venda com base exclusivamente no conteúdo de normas locais. **RHC 49.752-SC, Rel. Min. Jorge Mussi, julgado em 14/4/2015, DJe 22/4/2015.**

91. Consumação. O delito consuma-se com realização das condutas típicas vender, ter em depósito para vender, expor à venda ou entregar.

92. Parágrafo único. Forma culposa. A modalidade culposa constitui uma causa de diminuição de pena, diferente do Código Penal em que os delitos culposos são punidos com uma pena específica mínima e máxima.

93. Classificação. Crime próprio; formal; doloso; de perigo abstrato; instantâneo nas condutas *vender* e *entregar* e permanente nas condutas *ter em depósito* e *expor à venda*; admite tentativa.

94. Suspensão condicional do processo. Incabível, pois a pena mínima cominada ultrapassa 1 ano (art. 89 da lei 9.099/95).

→Aplicação em concurso.

(FUNCAB – Delegado de Polícia – RJ/2012) Constitui crime contra as relações de consumo, EXCETO:

(A) fraudar preços por meio de divisão em partes de bem ou serviço, habitualmente oferecido à venda em conjunto.

(B) formar acordo, convênio, ajuste ou aliança entre ofertantes, visando à fixação artificial de preços ou quantidades vendidas ou produzidas.

(C) deixar de organizar dados fáticos, técnicos e científicos que dão base à publicidade.

(D) favorecer ou preferir, sem justa causa, comprador ou freguês, ressalvados os sistemas de entrega ao consumo por intermédio de distribuidores ou revendedores.

(E) fraudar preços por meio de junção de bens ou serviços, comumente oferecidos à venda em separado.

Alternativa correta: letra B.

(...)

CAPÍTULO IV
Das Disposições Gerais

Art. 11. Quem, de qualquer modo, inclusive por meio de pessoa jurídica, concorre para os crimes definidos nesta lei, incide nas penas a estes cominadas, na medida de sua culpabilidade.

Parágrafo único. Quando a venda ao consumidor for efetuada por sistema de entrega ao consumo ou por intermédio de distribuidor ou revendedor, seja em regime de concessão comercial ou outro em que o preço ao consumidor é estabelecido ou sugerido pelo fabricante ou concedente, o ato por este praticado não alcança o distribuidor ou revendedor.

1. ***Caput.*** O art. 11, *caput,* é desnecessário, em razão da norma já contida no art. 29 do Código Penal. O dispositivo ora comentado é a positivação do princípio da culpabilidade, que serve de elemento para que o Juiz aplique a pena criminal, conforme o art. 59, *caput* do Código Penal, bem como do princípio da responsabilidade penal subjetiva.

2. **Parágrafo único.** Trata da separação da responsabilidade entre o distribuidor ou o vendedor e o fabricante ou concedente.

Art. 12. São **circunstâncias** que podem **agravar** de 1/3 (um terço) até a metade as penas previstas nos arts. 1º, 2º e 4º a 7º:

I – ocasionar grave dano à coletividade;

II – ser o crime cometido por servidor público no exercício de suas funções;

III – ser o crime praticado em relação à prestação de serviços ou ao comércio de bens essenciais à vida ou à saúde.

1. **Causa de aumento de pena.** Embora o legislador tenha utilizado a expressão *agravar,* trata-se, na verdade, de causa de aumento de pena, que deverá incidir na terceira fase de aplicação da pena criminal.

2. **Inciso I.** O grave dano à coletividade significa um dano difuso, causado em um número indeterminado de pessoas. A gravidade, entretanto, deverá ser analisada no caso concreto, sendo impossível definir previamente qual seria a extensão do dano para classificá-lo como grave.

3. **Inciso II.** Pela redação legal, percebe-se que não basta que o agente seja funcionário público. Ele deve estar, no momento da conduta delituosa, exercendo a sua função, para que se faça presente o nexo funcional entre o delito praticado e a condição de funcionário público.

4. **Inciso III.** Serviços ou bens essenciais à vida ou à saúde são aqueles fundamentais para a manutenção da saúde ou da vida de qualquer pessoa, como serviços ou bens ligados à higiene pessoal, alimentos, água e medicamentos.

▶ **STJ**

INFORMATIVO nº 574

Sexta Turma

DIREITO PENAL. VENDA DE MEDICAMENTOS VENCIDOS COMO CAUSA DE AUMENTO DE PENA PREVISTA NO ART. 12, III, DA LEI 8.137/1990.

Quando o produto vendido for medicamento vencido, será possível aplicar a causa de aumento prevista no art. 12, III, da Lei n. 8.137/1990 na dosimetria da pena do crime previsto no art. 7º, IX, da mesma Lei ("vender, ter em depósito para vender ou expor à venda ou, de qualquer forma, entregar matéria-prima ou mercadoria, em condições impróprias ao consumo"). (...) Nesse contexto, não há esforço exegético capaz de infirmar que medicamento seja bem essencial, no mínimo, à saúde. (...) Portanto, a venda de medicamentos vencidos pode ensejar a causa de aumento de pena prevista no art. 12, III, da Lei n. 8.037/1990, porquanto medicamentos, *primo ictu oculi*, são bens essenciais à vida e à saúde. **REsp 1.207.442-SC, Rel. Min. Nefi Cordeiro, julgado em 1º/12/2015, DJe 11/12/2015.**

Art. 13. (Vetado).

Art. 14. (Revogado pela Lei 8383/1991).

Art. 15. Os crimes previstos nesta lei são de **ação penal pública**, aplicando-se-lhes o disposto no art. 100 do Decreto-Lei nº 2.848, de 7 de dezembro de 1940 – Código Penal.

Art. 16. Qualquer pessoa poderá provocar a iniciativa do Ministério Público nos crimes descritos nesta lei, fornecendo-lhe por escrito informações sobre o fato e a autoria, bem como indicando o tempo, o lugar e os elementos de convicção.

Parágrafo único. Nos crimes previstos nesta Lei, cometidos em quadrilha ou co-autoria, o co-autor ou partícipe que através de confissão espontânea revelar à autoridade policial ou judicial toda a trama delituosa terá a sua pena reduzida de um a dois terços. (Parágrafo incluído pela Lei nº 9.080, de 19.7.1995).

1. ***Caput.*** O *caput* do art. 16 traz o instituto da *delatio criminis*.

2. **Parágrafo único.** Trata-se do instituto da delação premiada.

Retenção de Documento. Lei nº 5.553, de 6 de dezembro de 1968

Art. 1º – A **nenhuma pessoa física**, bem como a nenhuma **pessoa jurídica**, de direito público ou de direito privado, **é lícito reter qualquer documento de identificação pessoal**, ainda que apresentado por fotocópia autenticada ou pública-forma, inclusive comprovante de quitação com o serviço militar, título de eleitor, carteira profissional, certidão de registro de nascimento, certidão de casamento, comprovante de naturalização e carteira de identidade de estrangeiro.

Art. 2º – Quando, para a realização de determinado ato, for exigida a apresentação de documento de identificação, a pessoa que fizer a exigência fará extrair, **no prazo de até 5 (cinco) dias**, os **dados que interessarem devolvendo em seguida o documento ao seu exibidor**.

§ 1º – Além do prazo previsto neste artigo, **somente por ordem judicial** poderá ser retido qualquer documento de identificação pessoal.

§ 2º – Quando o documento de identidade for indispensável para a entrada de pessoa em órgãos públicos ou particulares, serão seus dados anotados no ato e devolvido o documento imediatamente ao interessado.

Art. 3º – **Constitui contravenção penal**, punível com pena de prisão simples de 1 (um) a 3 (três) meses ou multa de NCR$ 0,50 (cinqüenta centavos) a NCR$ 3,00 (três cruzeiros novos), a **retenção de qualquer documento a que se refere esta Lei**.

Parágrafo único – Quando a infração for praticada por **preposto ou agente de pessoa jurídica**, considerar-se-á responsável **quem houver ordenado o ato que ensejou a retenção**, a menos que haja, pelo executante, desobediência ou inobservância de ordens ou instruções expressas, quando, então, será este o infrator.

Art. 4º – O Poder Executivo regulamentará a presente Lei dentro do prazo de 60 (sessenta) dias, a contar da data de sua publicação.

Art. 5º – Revogam-se as disposições em contrário.

1. **Bem jurídico tutelado.** O direito de todo cidadão de ter consigo o documento de identidade ou os demais documentos a que o tipo penal faz menção, para que cumpram as suas respectivas funções, quais sejam: a de se identificar como indivíduo ou qualquer outra função a que o documento retido servir, como comprovar a paternidade pela certidão de nascimento, comprovar um vínculo laboral por meio da carteira de trabalho ou comprovar um matrimônio por intermédio da certidão de casamento.

2. **Sujeito ativo.** Qualquer pessoa, uma vez que o tipo penal não exige nenhuma condição especial do sujeito ativo. O parágrafo único do art. 3º dispõe quando a infração for praticada por preposto ou agente de pessoa jurídica, considerar-se-á responsável quem houver ordenado o ato que ensejou a retenção. Trata-se de hipótese bastante comum que ocorre em âmbito de pessoa jurídica, em que ordens são emanadas de superiores hierárquicos e são fielmente cumpridas por subordinados. Dessa forma, nos moldes positivados no parágrafo único do art. 3º, primeira parte, caso o preposto ou agente da pessoa jurídica emita a ordem para o preposto ou funcionário reter o documento, a responsabilidade penal recairá toda sobre ele, não havendo, portanto, que se falar em responsabilidade penal do subordinado. Trata-se de verdadeira hipótese de autoria mediata. Entretanto, é de se notar que o mesmo dispositivo traz uma exceção na segunda parte, ao dispor que, caso haja, por parte da pessoa que retém o documento, desobediência ou inobservância de ordens ou instruções expressas, ele responderá pelo delito em comento. Essa segunda parte se justifica em razão da contrariedade entre a conduta do agente que retém o documento e a ordem de superior hierárquico em sentido contrário. Em outras palavras, se há uma ordem expressa no sentido de ser proibida a retenção de documentos, o agente que a descumprir terá plenamente a consciência e a vontade (elementos do dolo) em relação à conduta que pratica; ademais, terá também a potencial consciência da ilicitude de sua conduta, sabendo que a sua conduta é ilícita, respondendo por ela penalmente.
3. **Sujeito passivo.** A pessoa que teve o documento retido indevidamente.
4. **Objeto material.** *Qualquer documento de identificação pessoal* (ainda que apresentado por fotocópia autenticada ou pública-forma); *comprovante de quitação com o serviço militar; título de eleitor; carteira profissional; certidão de registro de nascimento; certidão de casamento; comprovante de naturalização* e, por fim, *carteira de identidade de estrangeiro*. O legislador estabeleceu o objeto material da contravenção ora comentada em dois momentos. Em um primeiro momento, ao dispor sobre *qualquer documento de identificação pessoal* o legislador utilizou enumeração exemplificativa para se referir a qualquer documento que tenha por finalidade a identificação pessoal, não especificando qual seja, podendo ser o documento oficial de identificação que é expedido pela Secretaria de Segurança Pública do Estado do qual o sujeito passivo é natural ou então documento emitido por qualquer órgão público, como a Defensoria Pública, Magistratura, Ministérios ou Procuradorias. Entenda-se também abrangida nessa hipótese a Carteira Nacional de Habilitação, uma vez o art. 159 da lei 9.503/97 (Código de Trânsito Brasileiro) dispõe que ela equivale a documento de identidade em todo o território nacional (*Art. 159. A Carteira Nacional de Habilitação, expedida em modelo único e de acordo com as especificações do CONTRAN, atendidos os pré-requisitos estabelecidos neste Código, conterá fotografia, identificação e CPF do condutor, terá fé pública e equivalerá a documento de identidade em todo o território nacional.)* Em um segundo momento, o legislador elencou todos os documentos que são retidos indevidamente pelo agente, de forma exaustiva, quais sejam: *comprovante de quitação com o serviço militar; título de eleitor; carteira profissional; certidão de registro de nascimento; certidão de casamento; comprovante de naturalização* e, por fim, *carteira de identidade de*

estrangeiro. Diferentemente da hipótese anterior, não cabe aqui o emprego de analogia para se abranger na incriminação outros documentos não previstos no tipo, sob pena de flagrante violação do princípio do *nullum crimem, nulla poena sine lege stricta,* que veda o emprego de analogia *in mallan partem,* de forma que a retenção de qualquer outro documento que não esteja previsto no tipo penal ora comentado, não configurará essa contravenção penal, podendo configurar outro delito, como a apropriação indébita (art. 168 do Código Penal). Ademais, o legislador também não empregou a técnica da interpretação analógica, uma vez que, depois de elencar os documentos, não trouxe a fórmula que a caracteriza, pois não dispôs, por exemplo, *ou outro documento qualquer.*

→Aplicação em concurso.

- **Delegado de Polícia/DF. 2015. FUNIVERSA.**

  Configura contravenção penal a retenção de documento de identificação pessoal, ainda que apresentado por meio de fotocópia autenticada.

  A alternativa está correta.

5. **Infração penal de menor potencial ofensivo.** Como o próprio título da lei, bem como o seu art. 3º está a sugerir, a infração penal nela contida constitui contravenção penal, e não crime. Logo, é infração penal de menor potencial ofensivo (art. 61 da lei 9.099/95).
6. **Competência para processo e julgamento.** Por tratar-se de contravenção penal, a competência para o processo e o julgamento é dos Juizados Especiais Criminais, nos moldes do art. 61 da lei 9.099/95.
7. **Diferença entre crime e contravenção.** A infração penal prevista no art. 3º da lei ora comentada configura contravenção, e não crime. Sabe-se que o Direito Penal Brasileiro adotou a teoria bipartida acerca das infrações penais. Segundo a teoria bipartida, infração penal é gênero que comporta duas espécies: *crimes* ou *delitos* (sinônimos) e *contravenções penais*. Entretanto, a despeito de serem espécies do mesmo gênero (infração penal), há diversas diferenças entre ambas. São elas: Em *primeiro lugar*, há uma diferença *ex lege,* prevista no art. 1º da Lei de Introdução ao Código Penal (Decreto Lei nº 3.914/41), segundo o qual *"considera-se crime a infração penal que a lei comina pena de reclusão ou de detenção, quer isoladamente, quer alternativa ou cumulativamente com a pena de multa; contravenção, a infração penal a que a lei comina, isoladamente, pena de prisão simples ou de multa, ou ambas, alternativa ou cumulativamente.";* Em *segundo lugar*, os crimes podem ser de ação penal pública incondicionada, pública condicionada ou de ação penal de iniciativa privada. As contravenções penais são todas de ação penal pública incondicionada (art. 17 da LCP – Decreto Lei nº 3.688/41); Em *terceiro lugar*, as contravenções penais não admitem a tentativa (art. 4º da LCP – Decreto Lei nº 3.688/1941). Os crimes podem admitir ou não, a depender da sua natureza; Em *quarto lugar,* todas as contravenções são consideradas infrações penais de menor potencial ofensivo (art. 61 da lei 9.099/95). Nem todos os crimes são considerados infrações penais de menor potencial ofensivo; Em *quinto lugar,* nas contravenções penais, a lei brasileira só é aplicável às contravenções penais praticadas no território

brasileiro, de acordo com o princípio da territorialidade positivado no art. 2º da LCP – Decreto Lei nº 3.688/1941. Em relação aos crimes, a lei brasileira pode ser aplicada aos delitos praticados no território nacional ou fora dele, nos moldes dos princípios da territorialidade e da extraterritorialidade, positivados, respectivamente, nos arts. 5º e 7º do Código Penal.

Crime	Contravenção penal
Infração penal que a lei comina pena de reclusão ou de detenção, quer isoladamente, quer alternativa ou cumulativamente com a pena de multa	Infração penal a que a lei comina, isoladamente, pena de prisão simples ou de multa, ou ambas, alternativa ou cumulativamente
Pode ser de ação penal pública incondicionada, pública condicionada ou de ação penal de iniciativa privada	São todas de ação penal pública incondicionada
Admitem ou não a tentativa, a depender da sua natureza	Não admitem tentativa
Nem todos são considerados infrações penais de menor potencial ofensivo	Todas são consideradas infrações penais de menor potencial ofensivo
A lei brasileira pode ser aplicada aos crimes praticados no território nacional ou fora dele	A lei brasileira só é aplicável às contravenções penais praticadas no território brasileiro

8. **Especialidade.** O tipo penal ora comentado configura especialidade em relação ao delito de apropriação indébita, previsto no art. 168 do Código Penal. O *elemento especializante* reside no objeto material, ou seja, os documentos mencionados no art. 1º da lei.

9. **Diferença em relação ao crime de furto.** O tipo penal em comento não tem nenhuma relação com o delito de furto. Conforme dito anteriormente, a contravenção de retenção de documento configura especialidade do delito de apropriação indébita, previsto no art. 168 do Código Penal. Com efeito, no delito de furto, o agente, por não ter a posse ou detenção anterior da coisa, a subtrai; na contravenção ora analisada, o agente não subtrai o documento, mas o retém, aproveitando-se da sua posse ou detenção anterior.

10. **Retenção devida.** Muito embora o tipo penal não faça menção expressa à retenção *indevida,* nada obsta que possa haver por parte do agente uma retenção devida do documento. Basta pensar na hipótese de haver fundada suspeita de ser falso o documento apresentado, como no caso de uma pessoa ir ao INSS para dar entrada em toda documentação referente à sua aposentadoria e o funcionário da referida autarquia desconfiar da falsidade da carteira profissional, retendo-a; ou então no caso de um agente policial reter um documento de identificação pessoal, por fundadas suspeitas de sua falsidade; ou ainda na hipótese de apreensão da Carteira Nacional de Habilitação com base no Código de Trânsito Brasileiro. Nesses casos, parece que a conduta do agente é, ao mesmo tempo, atípica e lícita. Com efeito, é atípica em razão de o dolo do agente não ser reter o documento, mas sim, impedir a circulação ou utilização de um documento falso. É, também, lícita, uma vez que

o agente policial, por exemplo, estaria amparado pela excludente de ilicitude do estrito cumprimento do dever legal.

11. **Pena.** O legislador estabeleceu como pena a prisão simples de um a três meses ou multa de NCR$ 0,50 (cinqüenta centavos) a NCR$ 3,00 (três cruzeiros novos). Note-se que as sanções penais são alternativas e não cumulativas. Assim, não pode haver a aplicação conjunta de ambas. Quanto à pena de multa prevista em cruzeiros novos, deve ser aplicada nos moldes do art. 49 e seguintes do Código Penal.

12. **Consumação.** No momento da retenção do documento não o restituindo ao proprietário.

13. **Classificação.** Contravenção comum; material; dolosa; comissiva ou omissiva própria; instantânea; não admite tentativa.

→Aplicação em concurso.

- **Delegado de Polícia Civil/MT. 2005. UFMT.**

  É possível reter documento de identificação para a realização de ato determinado, no prazo máximo de cinco dias, devendo, ao final, ser devolvido. Para ser retido qualquer documento de identificação pessoal, é exigível

A) ordem de autoridade policial.

B) ordem de qualquer funcionário público.

C) sentença judicial no devido processo legal.

D) ordem judicial.

E) determinação de órgão do Ministério Público.

Alternativa correta: letra D.

Sistema Financeiro Nacional.
Lei nº 7.492, de 16 de junho de 1986

Art. 1º Considera-se instituição financeira, para efeito desta lei, a pessoa jurídica de direito público ou privado, que tenha como atividade principal ou acessória, cumulativamente ou não, a captação, intermediação ou aplicação de recursos financeiros (Vetado) de terceiros, em moeda nacional ou estrangeira, ou a custódia, emissão, distribuição, negociação, intermediação ou administração de valores mobiliários.

Parágrafo único. **Equipara-se** à instituição financeira:

I – a **pessoa jurídica** que capte ou administre seguros, câmbio, consórcio, capitalização ou qualquer tipo de poupança, ou recursos de terceiros;

II – a **pessoa natural** que exerça quaisquer das atividades referidas neste artigo, ainda que de forma eventual.

1. **Fundamento constitucional.** O Sistema Financeiro Nacional tem previsão no art. 192 da CR/88 e está estruturado de forma a promover o desenvolvimento equilibrado do país e a servir aos interesses da coletividade ("Art. 192. O sistema financeiro nacional, estruturado de forma a promover o desenvolvimento equilibrado do País e a servir aos interesses da coletividade, em todas as partes que o compõem, abrangendo as cooperativas de crédito, será regulado por leis complementares que disporão, inclusive, sobre a participação do capital estrangeiro nas instituições que o integram.")

2. **Bem jurídico protegido.** O bem jurídico protegido por esta lei é o Sistema Financeiro Nacional consistente no conjunto de instituições (monetárias, bancárias e sociedades por ações) e do mercado financeiro (de capitais e valores mobiliários).

3. **Tipos penais e norma penal em branco.** Diversos tipos penais da presente lei constituem norma penal em branco homogênea homovitelina, uma vez que para que se dê a plena aplicação dos seus preceitos primários, é necessário buscar o significado de instituição financeira contido no art. 1º da lei.

4. **Norma penal explicativa.** Dentro da classificação tradicional de normas penais, podemos classificar o art. 1º desta lei como norma penal explicativa, uma vez que ela traz o conceito de instituição financeira, de forma a complementar os tipos penais que fazem menção expressa à instituição financeira, a exemplo dos art. 3º e 4º.

5. **Instituição financeira.** O critério que o legislador utilizou para a definição de instituição financeira é um critério objetivo, qual seja: a atividade desenvolvida pela pessoa jurídica. Nos moldes do artigo ora comentado, instituição financeira é a pessoa jurídica, que pode ser de direito público (Conselho Monetário Nacional, Banco Central do Brasil, Banco do Brasil S.A., Banco Nacional do Desenvolvimento Econômico e demais instituições financeiras, conforme o art. 1º da lei 4.595/1964) ou de direito privado (instituições de seguro, previdência privada, capitalização, fundos de investimentos, de crédito imobiliário, cooperativas de crédito, de poupança, entre outras) que tenha como atividade principal ou acessória, cumulativamente ou não, a captação (reunião de capitais), a intermediação (transferência dos recursos financeiros captados de uma instituição para outra) ou a aplicação (investimento) de recursos financeiros de terceiros, em moeda nacional ou estrangeira, ou a custódia (guarda), a emissão (colocação em circulação), a distribuição (entrega), a negociação (comercialização), a intermediação (fazer a ponte de contato entre duas partes) ou a administração (gestão) de valores mobiliários. Em relação aos recursos financeiros, é de notar-se que não está abrangida a pessoa jurídica que utilize recursos financeiros próprios. No tocante aos valores mobiliários, eles constituem instrumentos de captação de recursos financeiros, por meio de títulos emitidos por uma sociedade por ações.

6. **Parágrafo único. Equiparação à instituição financeira.** O parágrafo único do art. 1º trata de outras pessoas, físicas ou jurídicas, que se equiparam à instituição financeira para efeitos da presente lei.

7. **Inciso I.** Trata da pessoa jurídica que capte (reúna) ou administre (faça a gestão) seguros, câmbio, consórcio, capitalização ou qualquer tipo de poupança, ou recursos de terceiros. O legislador foi bastante genérico para abranger qualquer pessoa jurídica que de alguma forma trabalhe com os recursos financeiros de terceiros.

8. **Inciso II.** Trata da pessoa física que exerça de forma clandestina as atividades previstas no art. 1º desta lei. Tais atividades são conferidas legalmente às pessoas jurídicas, sob o estrito controle e fiscalização do Banco Central. Visando a coibir a prática dessas atividades de forma clandestina por qualquer pessoa física, o legislador fez essa equiparação.

9. **Agiotagem.** Segundo a jurisprudência, o agiota não é equiparado à instituição financeira. O delito que ele pratica é o previsto no art. 4º da lei de crimes contra a Economia Popular, lei nº 1.521/51: "Art. 4º. Constitui crime da mesma natureza a usura pecuniária ou real, assim se considerando: a) cobrar juros, comissões ou descontos percentuais, sobre dívidas em dinheiro superiores à taxa permitida por lei; cobrar ágio superior à taxa oficial de câmbio, sobre quantia permutada por moeda estrangeira; ou, ainda, emprestar sob penhor que seja privativo de instituição oficial de crédito". E não poderia ser diferente, tendo em vista que o agiota utiliza recursos financeiros próprios, e não de terceiros.

▶ **STJ**

PROCESSUAL PENAL. CONFLITO DE COMPETÊNCIA. CRIME DE USURA PECUNIÁRIA. "AGIOTAGEM". COMPETENTE A JUSTIÇA COMUM ESTADUAL. SÚMULA 498/STF.

A prática de agiotagem atribuída ao indiciado configura o crime tipificado no art. 4º, da Lei 1.521/51, usura pecuniária ou real, conduta lesiva à economia popular e não ao Sistema Financeiro Nacional. Compete à Justiça dos Estados, em ambas as instâncias, o processo e o julgamento dos crimes contra a economia popular (Súmula 498/STF). Conflito conhecido. Competência da Justiça Estadual. CC 36011. Rel. Min. Vicente Leal, julgado em 25/09/2002.

DOS CRIMES CONTRA O SISTEMA FINANCEIRO NACIONAL

Art. 2º Imprimir, reproduzir ou, de qualquer modo, fabricar ou pôr em circulação, sem autorização escrita da sociedade emissora, **certificado, cautela ou outro documento representativo de título ou valor mobiliário**:

Pena – Reclusão, de 2 (dois) a 8 (oito) anos, e multa.

Parágrafo único. Incorre na mesma pena quem imprime, fabrica, divulga, distribui ou faz distribuir prospecto ou material de propaganda relativo aos papéis referidos neste artigo.

1. **Sujeito ativo.** Qualquer pessoa.
2. **Sujeito passivo.** O Estado e os investidores lesados.
3. **Imprimir, reproduzir, fabricar ou pôr em circulação.** São vários os verbos que compõem a incriminação descrita neste tipo penal. *Imprimir* significa fazer a impressão de algo em papel, reproduzir ou representar algo com sinais gráficos ou outro material qualquer. *Reproduzir* consiste em copiar, multiplicar, imitar de forma fiel. *Fabricar* quer dizer criar, produzir. Por fim, *pôr em circulação* é fazer circular livremente. O legislador pretendeu evitar qualquer forma de criação ou de circulação irregular ou clandestina de certificado, cautela ou outro documento representativo de título ou valor mobiliário no mercado sem a devida autorização da sociedade emissora, de forma que isso pode gerar um desequilíbrio no Sistema Financeiro Nacional, dificultando, inclusive, a fiscalização pelo Banco Central.
4. **Sem autorização escrita da sociedade emissora.** A ausência da autorização da sociedade emissora foi trazida pelo legislador para dentro do tipo penal, funcionando como seu elemento. Por essa razão, caso haja a regular autorização da sociedade emissora, a conduta torna-se formalmente atípica.
5. **Certificado, cautela ou outro documento representativo de título ou valor mobiliário.** Certificado é o documento que atesta a compra e venda de ações. Cautela é o título provisório de ações, enquanto o definitivo não é expedido. Ao final, o legislador utilizou a interpretação analógica para abranger qualquer "outro documento representativo de título ou valor mobiliário". Esse tipo penal está praticamente em desuso, tendo em vista que atualmente toda a movimentação de ações é feita *on-line*, pelo computador estando a pessoa conectada à internet. Assim, não existem mais certificados impressos ou cautelas impressas.
6. **Tipo misto alternativo.** Caso o agente pratique mais de uma conduta descrita no tipo penal, responderá por um delito apenas, não havendo concurso de crimes.

7. **Consumação.** O delito consuma-se com a prática das condutas, independentemente de causar qualquer prejuízo aos investidores. Trata-se de crime formal.

8. **Classificação.** Crime comum; formal; comissivo; de perigo abstrato; instantâneo; admite tentativa nas condutas *imprimir, reproduzir* e *fabricar*. Não admite tentativa na conduta *pôr em circulação* por ser crime unissubsistente.

9. **Suspensão condicional do processo.** Incabível, pois a pena mínima cominada ultrapassa 1 ano (art. 89 da lei 9.099/95).

10. **Parágrafo único. Conduta equiparada.** O legislador equiparou ao *caput* a conduta ligada à divulgação, publicação do material descrito no *caput*. Portanto, além de coibir no *caput* a criação ou a circulação irregular ou clandestina de certificado, cautela ou outro documento representativo de título ou valor mobiliário no mercado sem a devida autorização da sociedade emissora, no parágrafo único incrimina a conduta de divulgar, publicar por meio de prospecto ou de material de propaganda. *Imprimir* e *fabricar* têm os mesmos significados do *caput*. *Divulgar* significa publicar. *Distribuir* é entregar a um número indeterminado de pessoas. *Fazer distribuir* consiste em distribuir por intermédio de outra ou outras pessoas. Todas essas condutas estão ligadas ao prospecto ou material de propaganda relativo aos papéis referidos no *caput*. Como o legislador não especificou, entende-se que pode ser qualquer espécie de material de propaganda ou prospecto, do mais simples e resumido ao mais elaborado e rico em informações sobre certificado, cautela ou outro documento representativo de título ou valor mobiliário.

11. **Tipo misto alternativo.** Caso o agente pratique mais de uma conduta descrita no tipo penal (como imprimir e distribuir o prospecto), responderá por um delito apenas, não incidindo em concurso de crimes.

12. **Consumação.** O delito consuma-se com a prática das condutas, independentemente de qualquer prejuízo causado aos investidores. Trata-se de crime formal.

13. **Classificação.** Crime comum; formal; comissivo; de perigo abstrato; instantâneo; admite tentativa.

14. **Suspensão condicional do processo.** Incabível, pois a pena mínima cominada ultrapassa 1 ano (art. 89 da lei 9.099/95).

> **Art. 3º** Divulgar **informação falsa** ou **prejudicialmente incompleta** sobre instituição financeira:
>
> Pena – Reclusão, de 2 (dois) a 6 (seis) anos, e multa.

1. **Sujeito ativo.** Qualquer pessoa.

2. **Sujeito passivo.** O Estado, os investidores lesados e a instituição financeira.

3. **Divulgar informação falsa ou prejudicialmente incompleta.** *Divulgar* significa publicar. Informação falsa é a que não corresponda à verdade. A falsidade da informação pode versar sobre qualquer dado da instituição financeira, como a sua

saúde financeira, a realização ou o inadimplemento de um contrato etc. Informação prejudicialmente incompleta é a informação que tenha o potencial de causar alguma espécie de dano à instituição financeira. Note-se que neste caso a informação até pode ser verdadeira, mas a sua divulgação parcial pode causar um prejuízo, como no caso de divulgação de uma fusão entre as instituições financeiras A e B para que elas consigam honrar os seus contratos. Somente essa informação pode levar a uma interpretação de que a saúde financeira das duas não está boa, quando na realidade as duas instituições financeiras estão com a saúde financeira perfeita e a fusão dar-se-á como forma de ampliar os investimentos para gerar mais lucro para ambas. A sonegação da segunda parte da informação pode levar o investidor a pensar que a instituição financeira A está em situação financeira precária e, consequentemente, não investir nela. Nesse caso, a informação divulgada é incompleta e prejudicial. O delito é de livre execução, de forma que a informação pode ser divulgada por qualquer meio, como jornal, revista, televisão, e-mail, mensagem de texto SMS, publicação em algum site da internet, inclusive verbalmente.

4. **Diferença em relação ao art. 177, § 1º, I, do Código Penal.** São quatro as diferenças entre os dois tipos penais: No art. 177, § 1º, I, do Código Penal, o bem jurídico protegido é o patrimônio. No art. 3º da lei 7.492/86 o bem jurídico protegido é o Sistema Financeiro Nacional; O art. 177, § 1º, I, do Código Penal abrange qualquer Sociedade por Ações. O art. 3º da lei 7.492/86 abarca instituições financeiras, sendo, portanto, mais restrito; o art. 177, § 1º, I, do Código Penal constitui crime próprio. O art. 3º da lei 7.492/86 é crime comum; no art. 177, § 1º, I, do Código Penal o delito é de execução vinculada, uma vez que especifica os meios utilizados para fazer a afirmação falsa. O art. 3º da lei 7.492/86 é crime de livre execução. Confira-se a redação do art. 177, § 1º, I, do Código Penal: "Art. 177 – Promover a fundação de sociedade por ações, fazendo, em prospecto ou em comunicação ao público ou à assembléia, afirmação falsa sobre a constituição da sociedade, ou ocultando fraudulentamente fato a ela relativo: Pena – reclusão, de um a quatro anos, e multa, se o fato não constitui crime contra a economia popular. § 1º – Incorrem na mesma pena, se o fato não constitui crime contra a economia popular: I – o diretor, o gerente ou o fiscal de sociedade por ações, que, em prospecto, relatório, parecer, balanço ou comunicação ao público ou à assembléia, faz afirmação falsa sobre as condições econômicas da sociedade, ou oculta fraudulentamente, no todo ou em parte, fato a elas relativo."

Art. 177, § 1º, I, do Código Penal	Art. 3º da lei 7.492/86
Protege-se o patrimônio.	Protege-se o Sistema Financeiro Nacional
Abrange qualquer Sociedade por Ações	Abrange apenas instituições financeiras
Crime próprio	Crime comum
Delito de execução vinculada	Delito de livre execução.

5. **Princípio da Especialidade.** O presente tipo penal está especializado no art. 170 da lei de Falência (lei 11.101/2005), que possui a seguinte redação: "Art. 170. Divulgar ou propalar, por qualquer meio, informação falsa sobre devedor em recuperação

judicial, com o fim de levá-lo à falência ou de obter vantagem: Pena – reclusão, de 2 (dois) a 4 (quatro) anos, e multa."

6. **Norma penal em branco.** O presente tipo penal constitui norma penal em branco homogênea homovitelina, uma vez que deve ser complementado pelo art. 1º desta lei para que se determine o significado de instituição financeira.
7. **Consumação.** O delito consuma-se com a simples divulgação da informação falsa ou prejudicialmente incompleta, independentemente de causar qualquer prejuízo a ela ou aos investidores. Trata-se de crime formal.
8. **Classificação.** Crime comum; formal; comissivo; de perigo abstrato; instantâneo; admite tentativa (salvo se a divulgação for verbal).
9. **Suspensão condicional do processo.** Incabível, pois a pena mínima cominada ultrapassa 1 ano (art. 89 da lei 9.099/95).

Art. 4º Gerir **fraudulentamente** instituição financeira:

Pena – Reclusão, de 3 (três) a 12 (doze) anos, e multa.

Parágrafo único. Se a gestão é **temerária**:

Pena – Reclusão, de 2 (dois) a 8 (oito) anos, e multa.

1. **Sujeito ativo.** O administrador da instituição financeira descrito no art. 25 da lei. Trata-se de crime próprio.
2. **Sujeito passivo.** O Estado, os investidores e a instituição financeira.
3. **Gerir fraudulentamente.** *Gerir* consiste na prática de atos de gestão, ou seja, atos de administração, direção da instituição financeira, tomada de decisões importantes. A fraude consiste em o agente induzir ou manter alguém em erro, fazendo nascer na mente de outrem ou mantendo nela uma falsa noção da realidade. Trata-se do emprego de ardil, malícia, engodo. Dessa forma, ato fraudulento é qualquer ato idôneo a plantar uma situação irreal no tocante à gestão da instituição financeira. Portanto, gere a instituição financeira fraudulentamente o agente que pratica desvio de ativos, maquiagem de balanços patrimoniais etc.
4. **Norma penal em branco.** O presente tipo penal constitui norma penal em branco homogênea homovitelina, uma vez que deve ser complementado pelo art. 1º desta lei para que se determine o significado de instituição financeira.
5. **Consumação.** O delito consuma-se com a prática de qualquer ato de gestão com fraude. Basta a prática de apenas um ato que o crime já está consumado. Trata-se de crime formal.
6. **Não incidência do princípio da insignificância.** De acordo com a jurisprudência, o princípio da insignificância não se aplica ao delito de gestão fraudulenta, uma vez que o delito tutela a credibilidade do mercado, a proteção ao investidor e a estabilidade e higidez do Sistema Financeiro Nacional. Demais disso, o Estado é o

sujeito passivo principal do delito, razão pela qual a conduta do agente não possui a mínima ofensividade para fazer incidir esse princípio.

▶ **STJ**

RECURSO ESPECIAL. PENAL. CRIME CONTRA O SISTEMA FINANCEIRO NACIONAL. GESTÃO FRAUDULENTA. ART. 4º, CAPUT, DA LEI Nº 7.492/86. PRINCÍPIO DA INSIGNIFICÂNCIA. INAPLICABILIDADE. DESCARACTERIZADA A MÍNIMA OFENSIVIDADE DA CONDUTA. RECURSO MINISTERIAL PROVIDO. 1. O crime de gestão fraudulenta, previsto no art. 4º, caput, da Lei nº 7.492/86, é classificado como formal e visa tutelar a credibilidade do mercado e a proteção ao investidor. Sistematicamente, busca-se a estabilidade e a higidez do Sistema Financeiro Nacional, para cumprir a finalidade de "promover o desenvolvimento equilibrado do País e a servir aos interesses da coletividade" (art. 192 da Constituição Federal). 2. O Estado é o sujeito passivo principal do delito, e os eventuais prejuízos às instituições financeiras não são relevantes para a adequação típica, o que descaracteriza a mínima ofensividade da conduta do agente para a exclusão de sua tipicidade. 3. Recurso especial provido. REsp 1015971. Rel. Min. Laurita Vaz, julgado em 27/03/2012.

7. **Classificação.** Crime próprio; formal; comissivo; de perigo concreto, instantâneo; admite tentativa.
8. **Suspensão condicional do processo.** Incabível, pois a pena mínima cominada ultrapassa 1 ano (art. 89 da lei 9.099/95).
9. **Gestão temerária. Parágrafo único.** O conceito de *gestão* é o mesmo da conduta do *caput* do artigo. *Gestão temerária* é a gestão arriscada, que ultrapassa os limites da prudência. Nesta modalidade de gestão não há fraude, mas, sim, uma conduta de administração que gera um grau de risco à instituição financeira, como a concessão de um empréstimo sem a exigência de garantia.
10. **Sujeito ativo.** O administrador da instituição financeira descrito no art. 25 da lei. Trata-se de crime próprio.
11. **Sujeito passivo.** O Estado, os investidores e a instituição financeira.
12. **Violação do princípio da taxatividade.** O princípio da legalidade, na vertente da taxatividade, está retratado na expressão latina *nullun crimen nulla poena sine lege certa,* segundo o qual a lei penal deve ser clara, certa, precisa e taxativa, proibindo-se conceitos vagos e imprecisos. Com efeito, o que se busca com o mencionado princípio é a segurança jurídica. Não é outra a razão pela qual o tipo penal possui, entre outras, a função da garantia, no sentido de garantir ao indivíduo que ele não receberá uma sanção penal caso a sua conduta não seja criminosa, bem como garantir ao indivíduo a aplicação somente da pena prevista abstratamente na lei para o delito que for praticado. Assim, toda vez que o tipo penal utiliza conceitos vagos e imprecisos, está ferindo de morte o princípio da legalidade penal, na vertente taxatividade. O delito de gestão temerária é merecedor de críticas, uma vez que o legislador utilizou um conceito muito vago e impreciso ao dispor "se a gestão é temerária", dificultando a sua interpretação e a sua aplicação prática. Com efeito, a noção do que seja temerário demanda uma avaliação perigosa por parte do intérprete. Se tudo o que gerar risco a uma instituição financeira é temerário, esse

tipo penal vai ser aplicado em abundância e todo administrador de uma pessoa jurídica que vise ao lucro responderia por esse delito, uma vez que o risco faz parte de qualquer negócio que tenha a finalidade lucrativa.

Porém, na tentativa de suprir a falha legislativa, o STJ buscou definir o que seriam atos de gestão temerária para fins dessa lei ao afirmar que eles consistem na prática de condutas de administração que violem dolosamente os deveres extrapenais, que ultrapassem os limites das normas administrativas estabelecidas por órgãos como a Comissão de Valores Mobiliários-CVM, o Conselho Monetário Nacional-CMN ou Banco Central-BACEN.

▶ **STJ**

INFORMATIVO nº 588

Sexta Turma

DIREITO PENAL. CONTEÚDO DO DOLO NO CRIME DE GESTÃO TEMERÁRIA.

Está presente o dolo do delito de gestão temerária (art. 4º, parágrafo único, da Lei n. 7.492/1986) na realização, por alguma das pessoas mencionadas no art. 25 da Lei n. 7.492/1986, de atos que transgridam, voluntária e conscientemente, normas específicas expedidas pela CVM, CMN ou Bacen. Desde logo, frise-se que, de acordo com a jurisprudência do STJ, o delito de gestão temerária somente admite a forma dolosa, tendo em conta a inexistência de previsão expressa da modalidade culposa, nos termos do art. 18, parágrafo único, do CP (AgRg no REsp 1.205.967-SP, Quinta Turma, DJe 15/9/2015; e PExt no RHC 7.982-RJ, Quinta Turma, DJ 9/9/2002). Admitida a constitucionalidade do tipo penal, a saída que se apresenta, para compreendê-lo como válido, é submetê-lo a uma "interpretação conforme" à Constituição, através de uma redução teleológica do seu campo de incidência. Para tanto, é preciso afastar da incidência da norma penal os casos que se encontrem cobertos pelo risco permitido na esfera da atividade financeira. Desse modo, *a contrario sensu*, deve-se entender que o tipo penal de gestão temerária pressupõe a violação de deveres extrapenais. Inicialmente, destaque-se que, nos termos do art. 153 da Lei n. 6.404/1976 (Lei das S.A.) – aplicável às instituições financeiras privadas, pois, por força do art. 24 da Lei n. 4.595/1964, à exceção das cooperativas de crédito, todas elas deverão constituir-se sob a forma de sociedade anônima – "o administrador da companhia deve empregar, no exercício de suas funções, o cuidado e a diligência que todo homem ativo e probo costuma empregar na administração dos seus próprios negócios". Esse princípio, aliás, também se acha estatuído no art. 1.011 do CC. São as primeiras diretrizes a indicar o que é uma gestão responsável – e, portanto, não temerária – de uma sociedade qualquer. Mais do que cuidado e diligência, quem lida profissionalmente com bens, valores ou dinheiro alheio tem de possuir o conhecimento técnico adequado. Tais normas, porém, são ainda muito genéricas para serem utilizadas como critério de determinação do risco proibido. É preciso examinar as regras específicas, veiculadas por órgãos como o CMN, o Bacen e a CVM, para perquirir se os administradores das instituições financeiras superaram o risco admitido pelas normas pressupostas pelo tipo penal. E tal violação às normas de regência da atividade financeira tem de ser dolosa. Mas é preciso que se compreenda exatamente qual é o conteúdo do dolo de que deve estar imbuído o agente. A temeridade da gestão (art. 4º, parágrafo único, da Lei n. 7.492/1986) é elemento valorativo global do fato (Roxin), e, como tal, sua valoração é de competência exclusiva da ordem jurídica, e não do agente. Para a caracterização do elemento subjetivo do delito não é necessária a vontade de atuar temerariamente; o que se exige é que o agente, conhecendo as circunstâncias de seu agir, transgrida voluntariamente as normas regentes da sua condição de administrador da instituição financeira. O que deve ser comprovado é a "consciência e vontade da inobservância dos cuidados obrigatórios, segundo as regras do Banco Central" (HC 87.440-GO, Primeira Turma, DJ 2/3/2007) ou, de outros entes reguladores da atividade financeira. É irrelevante se o agente considera que age temerariamente. **REsp 1.613.260-SP, Rel. Min. Maria Thereza de Assis Moura, julgado em 9/8/2016, DJe 24/8/2016.**

13. **Crime doloso.** Embora a noção de gestão temerária seja de gestão imprudente, que é uma das formas de conduta culposa, esse delito somente pode ser praticado de forma dolosa, não abrangendo, portanto, a forma culposa. Isso porque o crime culposo é regido pelo princípio da excepcionalidade, positivado no art. 18, parágrafo único do Código Penal, segundo o qual um delito somente pode ser punido a título de culpa se a lei assim expressamente dispuser, o que não é o caso do delito de gestão temerária, em que não há nenhuma menção expressa à forma culposa de conduta. Confira-se a redação do art. 18, parágrafo único, do Código Penal: "Art. 18 – Diz-se o crime: ...Parágrafo único – Salvo os casos expressos em lei, ninguém pode ser punido por fato previsto como crime, senão quando o pratica dolosamente."

▶ **STJ**

INFORMATIVO nº 448.

Sexta Turma.

AÇÃO PENAL. ATIPICIDADE. GESTÃO TEMERÁRIA.

A Turma, ao prosseguir o julgamento, concedeu a ordem de *habeas corpus* para trancar a ação penal em razão da atipicidade da conduta (...). Por outro lado, anota também que a denúncia, enquanto faz acusação de delito doloso, narra condutas culposas, revelando assim carência de justa causa. O Min. Og Fernandes, em voto vista, ressalta também que, como se trata de tipo punido somente na modalidade dolosa, não seria viável o prosseguimento da persecução penal quando a peça acusatória narra condutas culposas. Precedentes citados: HC 82.589-MS, DJ 19/11/2007; HC 95.344-RJ, DJe 15/12/2009; HC 92.952-RN, DJe 8/9/2008; RHC 6.368-SP, DJ 22/9/1997, e RHC 7.982-RJ, DJ 29/11/1999. **HC 101.570-RJ, Rel. Min. Maria Thereza de Assis Moura, julgado em 21/9/2010.**

14. **Tipo de perigo concreto.** Os delitos de gestão fraudulenta e de gestão temerária constituem crimes de perigo concreto. Assim, não basta a prática do ato de gestão, é necessário que se prove que o bem jurídico efetivamente correu perigo com o ato fraudulento ou temerário praticado.

▶ **STJ**

(...) GESTÃO FRAUDULENTA DE INSTITUIÇÃO FINANCEIRA. ART. 4º, CAPUT, DA LEI N. 7.492/86 (...). CRIME FORMAL E DE PERIGO CONCRETO (...). Cumpre registrar que o delito descrito no art. 4º da Lei n. 7.492/86 é formal e de perigo concreto, bastando para sua consumação a comprovação da gestão fraudulenta, independentemente da existência ou não da efetiva lesão ao patrimônio de instituição financeira e prejuízo dos investidores, poupadores ou assemelhados. Em outras palavras, para a consumação do delito em comento, não é necessária a verificação de um resultado natural externo à conduta do agente, devendo ser demonstrada a potencialidade do perigo, mas não a sua ocorrência. AgRg no REsp 1133948. Rel. Min. Marco Aurélio Bellizze, julgado em 10/06/2014.

15. **Crime habitual impróprio.** Os delitos de gestão fraudulenta e de gestão temerária não constituem crimes habituais. Isso significa que não se exige que os atos de gestão tenham contornos de reiteração para o delito estar configurado. Basta, portanto, a prática de apenas um ato isolado para a configuração e a consumação desse delito. Para o STJ esses delitos são crimes habituais impróprios, que é a mesma coisa que afirmar que não são habituais.

▶ **STJ**

CRIME DE GESTÃO TEMERÁRIA. ART. 71 DO CP. CONTINUIDADE DELITIVA. ILEGALIDADE NA APLICAÇÃO. CRIME HABITUAL IMPRÓPRIO. ILEGALIDADE PATENTEADA. AUMENTO AFASTADO. Este Superior Tribunal de Justiça já decidiu que "o crime de gestão fraudulenta, consoante a doutrina, pode ser visto como crime habitual impróprio, em que uma só ação tem relevância para configurar o tipo, ainda que a sua reiteração não configure pluralidade de crimes" HC 196207. Rel. Min. Jorge Mussi, julgado em 21/02/2013.

→Aplicação em concurso.

- **(MPF – Procurador da República/2013)**

Com relação aos crimes tipificados no art. 4º, caput, e seu parágrafo único, da lei n. 7.492/1986, assinale a alternativa correta:

A) Parte da doutrina classifica-os como crimes habituais impróprios ou acidentalmente habituais, nos quais uma única ação no sentido de gerir fraudulenta ou temerariamente tem relevância para consubstanciar o tipo, embora sua reiteração não configure pluralidade de crimes. Apesar da existência de jurisprudência em sentido inverso, a maior parte dos julgados, tanto do STJ quanto do STF, corrobora esta assertiva.

B) Parte da doutrina considera que o elemento normativo jurídico temerário, contido no parágrafo único, do art. 4º, não ofende o princípio constitucional da legalidade, na vertente da taxatividade, sendo, a temeridade, associada à gestão altamente afoita, arrojada ou arriscada. Contudo, a jurisprudência do STJ e do STF tem sido no sentido do reconhecimento da sua inconstitucionalidade, em razão do seu caráter vago e indeterminado.

C) Consoante doutrina e jurisprudência majoritária, a redação do art. 4[8] e seu parágrafo único, ao retirar a previsão, contida na lei anterior, de as condutas acarretarem falência ou insolvência da instituição financeira, ou prejuízos aos investidores, transformou-os em crimes de dano, no caso de gestão fraudulenta, e de perigo abstrato, no caso de gestão temerária, tendo em conta o bem jurídico Sistema Financeiro Nacional.

D) Com relação ao sujeito ativo, cuidam-se de crimes próprios, sendo penalmente responsáveis o controlador e o administrador de instituição financeira, assim considerados os diretores e os gerentes. Não obstante, a jurisprudência do STJ e do STF é pacífica no sentido de excluir daquele rol os gerentes de agências bancárias, pois os atos de gestão que lhes incumbe realizar não têm aptidão para ofender o Sistema Financeiro Nacional. *Alternativa correta: letra A.*

- **(Cespe – Advogado da União/2012)**

  Com relação aos delitos de preconceito e de lavagem de dinheiro e dos delitos contra o sistema financeiro nacional, julgue os próximos itens.

  O crime de gestão fraudulenta pode ser considerado crime habitual impróprio, tendo uma só ação relevância para configurar o tipo.

  A alternativa está certa.

16. Diferença em relação ao art. 3º, IX da lei 1.521/51. São três as diferenças entre os dois tipos penais: no art. 3º, IX da lei 1.521/51 o bem jurídico protegido é a Economia Popular. No art. 4º da lei 7.492/86 o bem jurídico protegido é o Sistema Financeiro Nacional; o art. 3º, IX da lei 1.521/51 é mais específico, pois enumera as instituições financeiras por ele abarcadas. O art. 4º da lei 7.492/86 é mais genérico e abrange qualquer instituição financeira que pratique as atividades enumeradas em seu art. 1º; o art. 3º, IX da lei 1.521/51 é crime material, pois exige a falência, a insolvência ou o descumprimento das cláusulas contratuais com prejuízo aos interessados. O art. 4º da lei 7.492/86 é crime formal, pois não depende de geração de prejuízo à instituição financeira, nem aos investidores. Confira-se a redação do art. 3º, IX da lei 1.521/51: "Art. 3º. São também crimes desta natureza: IX – gerir fraudulenta ou temerariamente bancos ou estabelecimentos bancários, ou de capitalização; sociedades de seguros, pecúlios ou pensões vitalícias; sociedades para empréstimos ou financiamento de construções e de vendas e imóveis a prestações, com ou sem sorteio ou preferência por meio de pontos ou quotas; caixas econômicas; caixas Raiffeisen; caixas mútuas, de beneficência, socorros ou empréstimos; caixas de pecúlios, pensão e aposentadoria; caixas construtoras; cooperativas; sociedades de economia coletiva, levando-as à falência ou à insolvência, ou não cumprindo qualquer das cláusulas contratuais com prejuízo dos interessados."

Art. 3º, IX da lei 1.521/51	Art. 4º da lei 7.492/86
Protege-se a Economia Popular	Protege-se o Sistema Financeiro Nacional
Enumera as instituições financeiras por ele abarcadas	Abrange qualquer instituição financeira que pratique as atividades descritas no art. 1º
Crime material	Crime formal

17. Consumação. O delito consuma-se com a prática de qualquer ato de gestão com temeridade. Basta a prática de apenas um ato que o crime já está consumado. Trata-se de crime formal.

18. Classificação. Crime próprio; formal; comissivo; de perigo concreto, instantâneo; admite tentativa.

19. Suspensão condicional do processo. Incabível, pois a pena mínima cominada ultrapassa 1 ano (art. 89 da lei 9.099/95).

Art. 5º Apropriar-se, quaisquer das pessoas mencionadas no art. 25 desta lei, de dinheiro, título, valor ou qualquer outro bem móvel **de que tem a posse**, ou desviá-lo em proveito próprio ou alheio:

Pena – Reclusão, de 2 (dois) a 6 (seis) anos, e multa.

Parágrafo único. Incorre na mesma pena qualquer das pessoas mencionadas no art. 25 desta lei, que **negociar** direito, título ou qualquer outro bem móvel ou imóvel de que tem a posse, **sem autorização de quem de direito**.

1. **Sujeito ativo.** As pessoas enumeradas no art. 25 desta lei. Trata-se de crime próprio.

2. **Sujeito passivo.** O Estado, a instituição financeira e os investidores.

3. **Apropriar-se ou desviar.** *Apropriar-se* consiste em o agente tomar a posse de algo que pertença a outrem. *Desviar* é dar destinação diversa da que realmente deveria ter sido dada. O legislador pretendeu preservar os bens pertencentes à instituição financeira e incriminou a conduta do agente que se apropria deles ou desvia-os em proveito próprio ou alheio.

4. **Dinheiro, título, valor ou qualquer outro bem móvel de que tem a posse.** Em razão da interpretação analógica empregada pelo legislador, qualquer espécie de bem móvel que pertença à instituição financeira pode ser objeto material desse delito. O tipo penal deve ser interpretado sistemática e restritivamente, de forma que o bem deve pertencer à instituição financeira. Caso o bem não pertença à instituição financeira, e sim, por exemplo, a um cliente dela ou a um funcionário, o delito praticado poderá ser o de apropriação indébita previsto no Código Penal (art. 168), o de peculato-apropriação (art. 312, *caput,* 1ª parte) ou o de peculato-desvio (art. 312, *caput,* 2ª parte), a depender do caso concreto.

5. **Posse anterior. Pressuposto.** A posse anterior do bem móvel é pressuposto para esse delito. Com efeito, o agente somente poderá apropriar-se ou desviar um bem se ele tiver a posse anterior.

6. **Princípio da Especialidade.** O presente tipo penal constitui especialidade em relação aos seguintes delitos: apropriação indébita previsto no art. 168 do Código Penal (Art. 168 – Apropriar-se de coisa alheia móvel, de que tem a posse ou a detenção: Pena – reclusão, de um a quatro anos, e multa); peculato-apropriação ou peculato-desvio previsto no art. 312, *caput,* do Código Penal (Art. 312 – Apropriar-se o funcionário público de dinheiro, valor ou qualquer outro bem móvel, público ou particular, de que tem a posse em razão do cargo, ou desviá-lo, em proveito próprio ou alheio: Pena – reclusão, de dois a doze anos, e multa).

7. **Tipo misto alternativo.** Caso o agente pratique mais de uma conduta descrita no tipo penal, responderá por um delito apenas, não havendo concurso de crimes.

8. **Consumação.** O delito consuma-se com a efetiva apropriação ou o efetivo desvio do bem. Trata-se de crime material.

9. **Classificação.** Crime próprio; material; comissivo; de dano, instantâneo; admite tentativa.

10. **Suspensão condicional do processo.** Incabível, pois a pena mínima cominada ultrapassa 1 ano (art. 89 da lei 9.099/95).

11. **Parágrafo único. Conduta equiparada.** No parágrafo único o legislador previu a conduta de negociar direito, título ou qualquer outro bem móvel ou imóvel de que tem a posse, sem autorização de quem de direito. Em relação ao objeto material do delito, mais uma vez empregou a interpretação analógica para abranger qualquer bem, móvel ou imóvel. *Negociar* significa comerciar, fazer negócio com o bem. Nessa conduta equiparada, o bem móvel ou imóvel deve pertencer à instituição financeira, conforme dito no *caput*. Caso contrário, poderá configurar o delito de estelionato na modalidade disposição de coisa alheia como própria prevista no art. 171, § 2º, I, do Código Penal (Art. 171 – Obter, para si ou para outrem, vantagem ilícita, em prejuízo alheio, induzindo ou mantendo alguém em erro, mediante artifício, ardil, ou qualquer outro meio fraudulento: Pena – reclusão, de um a cinco anos, e multa...§ 2º – Nas mesmas penas incorre quem: I – vende, permuta, dá em pagamento, em locação ou em garantia coisa alheia como própria).

12. **Posse anterior. Pressuposto.** A posse anterior do bem móvel é pressuposto para esse delito.

13. **Consumação.** O delito consuma-se com a negociação do bem. Trata-se de crime material.

14. **Classificação.** Crime próprio; material; comissivo; de dano, instantâneo; admite tentativa.

15. **Suspensão condicional do processo.** Incabível, pois a pena mínima cominada ultrapassa 1 ano (art. 89 da lei 9.099/95).

> **Art. 6º** Induzir ou manter em erro, sócio, investidor ou repartição pública competente, **relativamente a operação ou situação financeira**, sonegando-lhe informação ou prestando-a falsamente:
>
> Pena – Reclusão, de 2 (dois) a 6 (seis) anos, e multa.

1. **Sujeito ativo.** Qualquer pessoa. Trata-se de crime comum.

▶ **STJ**

INFORMATIVO nº 569.

Sexta Turma

DIREITO PENAL. SUJEITO ATIVO DE CRIME CONTRA O SISTEMA FINANCEIRO NACIONAL.

Podem ser sujeitos ativos do crime previsto no art. 6º da Lei 7.492/1986 pessoas naturais que se fizeram passar por membro ou representante de pessoa jurídica que não tinha autorização do Bacen para funcionar como instituição financeira. (...) Segundo entendimento doutrinário, o tipo penal em questão visa "resguardar a confiança inerente às relações jurídicas e negociais existentes entre os agentes em atuação no sistema financeiro – sócios das instituições financeiras, investidores e os órgãos públicos que atuam na fiscalização do mercado – e, secundariamente, protegê-los contra prejuízos potenciais, decorrentes da omissão ou prestação falsa de informações pertinentes a operações financeiras da instituição, ou acerca de sua situação financeira". (...) Tutela-se, portanto, o exercício clandestino e desautorizado de atividades financeiras. Trata-se de crime comum, que não exige peculiar qualidade do sujeito ativo. **REsp 1.405.989-SP, Rel. originário Min. Sebastião Reis Júnior, Rel. para o acórdão Min. Nefi Cordeiro, julgado em 18/8/2015, DJe 23/9/2015.**

2. **Sujeito passivo.** O Estado, o sócio, o investidor e a instituição financeira.

3. **Induzir ou manter em erro sonegando informação ou prestando-a falsamente.** Os verbos *induzir* e *manter* em erro consistem no emprego de fraude. Com efeito, a fraude reside justamente na indução ou na manutenção de alguém em erro. Na conduta *induzir,* o agente faz a falsa noção da realidade nascer na mente da vítima. No verbo *manter,* a vítima já está com a falsa noção da realidade em mente e o agente apenas impede que ela descubra a verdade. A conduta *induzir* configura crime comissivo. A conduta *manter* constitui crime omissivo próprio. A sonegação da informação ou a sua prestação falsamente constitui o meio executório desse delito. Portanto, o agente induz ou mantém a vítima em erro por meio da sonegação de informação ou da prestação de informação falsa. Na conduta *sonegar* a informação é verdadeira e o agente não a presta quando deveria fazê-lo. Na conduta *prestar,* as informações são falsas. Assim, o tipo deve ser interpretado da seguinte forma: sonegando-lhe informações verdadeiras ou prestando informações falsas. A informação verdadeira sonegada ou a informação falsa prestada deve referir-se, necessariamente, à operação ou à situação financeira da instituição, como esconder o ingresso de ativos no último mês ou que a instituição efetivou diversos contratos de financiamento nos últimos dois anos, ou então afirmar falsamente que a instituição financeira está com débitos impagáveis em curto prazo.

4. **Repartição pública competente.** São as instituições encarregadas da normatização e da fiscalização do Sistema Financeiro Nacional, como o Banco Central e a Comissão de Valores Mobiliários (CVM).

5. **Princípio da Especialidade.** O presente tipo penal constitui especialidade em relação ao delito de estelionato previsto no art. 171 do Código Penal.

▶ **STJ**

INFORMATIVO nº 569.

Sexta Turma

DIREITO PENAL. DIFERENÇA ENTRE ESTELIONATO E CRIME CONTRA O SISTEMA FINANCEIRO NACIONAL.

Configura o crime contra o Sistema Financeiro do art. 6º da Lei 7.492/1986 – e não estelionato, do art. 171 do CP – a falsa promessa de compra de valores mobiliários feita por falsos representantes de investidores estrangeiros para induzir investidores internacionais a transferir antecipadamente valores que diziam ser devidos para a realização das operações. Não obstante a aparente semelhança com o delito de estelionato (...), entre eles há clara distinção. O delito do art. 6º da Lei 7.492/1986 (...) constitui crime formal, e não material (não é necessária a ocorrência de resultado, eventual prejuízo econômico caracteriza mero exaurimento); não prevê o especial fim de agir do sujeito ativo ("para si ou para outrem"); não exige, como elemento obrigatório, o meio fraudulento (artifício, ardil, etc.), apenas a prestação de informação falsa ou omissão de informação verdadeira. Ademais, eventual conflito aparente de normas penais resolve-se pelo critério da especialidade do delito contra o Sistema Financeiro (art. 6º da Lei 7.492/1986) em relação ao estelionato (art. 171 do CP). Por fim, a conduta em análise, configura dano ao Sistema Financeiro Nacional, pois abalada a confiança inerente às relações negociais no mercado mobiliário, induzindo em erro investidores que acreditaram na existência e na legitimidade de quem se apresentou como instituição financeira. REsp 1.405.989-SP, **Rel. originário Min. Sebastião Reis Júnior, Rel. para o acórdão Min. Nefi Cordeiro, julgado em 18/8/2015, DJe 23/9/2015.**

6. **Tipo misto alternativo.** Caso o agente pratique mais de uma conduta descrita no tipo penal, responderá por um delito apenas, não havendo concurso de crimes.

7. **Consumação.** O delito consuma-se com a prática das condutas de induzir ou manter as vítimas em erro. Trata-se de crime formal.

8. **Classificação.** Crime comum; formal; comissivo na conduta *induzir* e omissivo próprio na conduta *manter*; de perigo abstrato; instantâneo na conduta *induzir* e permanente na conduta *manter*; admite tentativa na conduta *induzir* por ser comissiva, mas não a admite na conduta *manter* por configurar crime omissivo próprio.

9. **Suspensão condicional do processo.** Incabível, pois a pena mínima cominada ultrapassa 1 ano (art. 89 da lei 9.099/95).

Art. 7º Emitir, oferecer ou negociar, de qualquer modo, **títulos ou valores mobiliários**:

I – falsos ou falsificados;

II – sem registro prévio de emissão junto à autoridade competente, em condições divergentes das constantes do registro ou irregularmente registrados;

III – sem lastro ou garantia suficientes, nos termos da legislação;

IV – sem autorização prévia da autoridade competente, quando legalmente exigida:

Pena – Reclusão, de 2 (dois) a 8 (oito) anos, e multa.

1. **Sujeito ativo.** No verbo *emitir,* somente a pessoa que tenha essa atribuição. Nas condutas *oferecer* e *negociar*, qualquer pessoa.

2. **Sujeito passivo.** O Estado e as pessoas adquirentes dos títulos.

3. **Emitir, oferecer ou negociar, de qualquer modo, títulos ou valores mobiliários.** *Emitir* significa colocar em circulação. *Oferecer* quer dizer apresentar, dar. *Negociar* consiste em comerciar, fazer negócio com o bem. Os três verbos típicos estão ligados à circulação de títulos e valores mobiliários inidôneos. O legislador quis proibir neste tipo penal qualquer conduta que tenha por finalidade fazer circularem títulos

ou valores mobiliários falsos, de forma clandestina, ainda não autorizados. A mera circulação de um título ou de um valor mobiliário inidôneo já tem o condão de causar um perigo ao equilíbrio do Sistema Financeiro Nacional. Títulos são documentos que representam algum direito. Valores mobiliários são instrumentos de captação de recursos financeiros, por meio de títulos emitidos por uma sociedade por ações. Os incisos contêm as hipóteses de inaptidão dos títulos para circularem.

4. **Inciso I. Títulos ou valores mobiliários falsos ou falsificados.** O legislador foi redundante, pois título falso e título falsificado significam a mesma coisa. Entende-se por título falso aquele que não corresponda à realidade, que contenha informações inverídicas ou que não foi emitido pela autoridade com atribuição para emiti-lo. A falsidade do título pode ser material ou ideológica.

5. **Inciso II. Títulos ou valores mobiliários sem registro prévio de emissão junto à autoridade competente, em condições divergentes das constantes do registro ou irregularmente registrados.** As autoridades competentes para o registro prévio de emissão são o Banco Central, nos termos do art. 3º da lei 4.728/65 (Compete ao Banco Central: V – registrar títulos e valores mobiliários para efeito de sua negociação nas Bolsas de Valores; VI – registrar as emissões de títulos ou valores mobiliários a serem distribuídos no mercado de capitais) e a Comissão de Valores Mobiliários-CVM, nos termos do art. 19 da lei 6.385/76 (Art. 19. Nenhuma emissão pública de valores mobiliários será distribuída no mercado sem prévio registro na Comissão). Este inciso também abarca títulos ou valores mobiliários em condições divergentes das constantes do registro ou registrados irregularmente nas autoridades acima referidas.

6. **Inciso III. Títulos ou valores mobiliários sem lastro ou garantia suficientes, nos termos da legislação.** Lastro e garantia são a base dos títulos ou dos valores mobiliários. Incrimina-se a falta de suporte financeiro suficiente para a circulação de títulos ou de valores mobiliários, de forma a causar um desequilíbrio no Sistema Financeiro Nacional.

7. **Inciso IV. Títulos ou valores mobiliários sem autorização prévia da autoridade competente, quando legalmente exigida.** As autoridades competentes para a autorização da emissão e da circulação de títulos ou de valores mobiliários, como dito acima, são o Banco Central e a Comissão de Valores Mobiliários-CVM.

8. **Norma penal em branco.** O presente tipo penal constitui norma penal em branco homogênea heterovitelina, uma vez que deve ser complementado pelas leis 4.728/65 e 6.385/76, conforme dito anteriormente.

9. **Tipo misto alternativo.** Caso o agente pratique mais de uma conduta descrita no tipo penal (emitir e negociar), responderá por um delito apenas, não havendo concurso de crimes.

10. **Consumação.** O delito consuma-se com a prática das condutas típicas, independentemente de qualquer resultado lesivo. Trata-se de crime formal.

11. **Classificação.** Crime próprio na conduta *emitir* e comum nas condutas *oferecer* e *negociar*; formal; comissivo; instantâneo; admite tentativa.

12. **Suspensão condicional do processo.** Incabível, pois a pena mínima cominada ultrapassa 1 ano (art. 89 da lei 9.099/95).

> **Art. 8º** Exigir, em desacordo com a legislação (Vetado), **juro, comissão ou qualquer tipo de remuneração** sobre operação de crédito ou de seguro, administração de fundo mútuo ou fiscal ou de consórcio, serviço de corretagem ou distribuição de títulos ou valores mobiliários:
>
> Pena – Reclusão, de 1 (um) a 4 (quatro) anos, e multa.

1. **Sujeito ativo.** Qualquer pessoa. Trata-se de crime comum.
2. **Sujeito passivo.** O Estado e a pessoa lesada pela exigência.
3. **Exigir em desacordo com a legislação.** A conduta *exigir* significa ordenar, impor como obrigação. Nesse delito, o agente exige da vítima juro, comissão ou qualquer tipo de remuneração em desacordo com a legislação, ou seja, de forma ilícita.
4. **Norma penal em branco.** O presente tipo penal constitui norma penal em branco homogênea, tendo em vista que se faz necessário complementar o tipo penal com a norma específica para cada elemento contido no tipo (juro, comissão ou qualquer tipo de remuneração sobre operação de crédito ou de seguro, administração de fundo mútuo ou fiscal ou de consórcio, serviço de corretagem ou distribuição de títulos ou valores mobiliários).
5. **Princípio da Especialidade.** O presente tipo penal constitui especialidade em relação aos seguintes delitos: extorsão, previsto no art. 158 do Código Penal (Art. 158 – Constranger alguém, mediante violência ou grave ameaça, e com o intuito de obter para si ou para outrem indevida vantagem econômica, a fazer, tolerar que se faça ou deixar fazer alguma coisa: Pena – reclusão, de quatro a dez anos, e multa); concussão, previsto no art. 316 do Código Penal (Art. 316 – Exigir, para si ou para outrem, direta ou indiretamente, ainda que fora da função ou antes de assumi-la, mas em razão dela, vantagem indevida: Pena – reclusão, de dois a oito anos, e multa); e crime contra a ordem tributária previsto no art. 3º, II, da lei 8.137/90 (Art. 3º Constitui crime funcional contra a ordem tributária, além dos previstos no Decreto-Lei nº 2.848, de 7 de dezembro de 1940 – Código Penal (Título XI, Capítulo I): II – exigir, solicitar ou receber, para si ou para outrem, direta ou indiretamente, ainda que fora da função ou antes de iniciar seu exercício, mas em razão dela, vantagem indevida; ou aceitar promessa de tal vantagem, para deixar de lançar ou cobrar tributo ou contribuição social, ou cobrá-los parcialmente. Pena – reclusão, de 3 (três) a 8 (oito) anos, e multa).
6. **Diferença em relação ao delito do art. 4º da lei 1.521/51.** O delito ora comentado é específico para a cobrança de juro, comissão ou qualquer outro tipo de remuneração referente à operação de crédito ou de seguro, administração de fundo mútuo ou fiscal ou de consórcio, serviço de corretagem ou distribuição de títulos ou valores mobiliários, sendo, portanto, mais específico. Por sua vez, o delito previsto no art. 4º da lei 1.521/51 é mais abrangente e não especifica

a operação em que o juro, por exemplo, é cobrado. Confira-se a sua redação: "Art. 4º. Constitui crime da mesma natureza a usura pecuniária ou real, assim se considerando: a) cobrar juros, comissões ou descontos percentuais, sobre dívidas em dinheiro superiores à taxa permitida por lei; cobrar ágio superior à taxa oficial de câmbio, sobre quantia permutada por moeda estrangeira; ou, ainda, emprestar sob penhor que seja privativo de instituição oficial de crédito").

7. **Consumação.** O delito consuma-se com a simples exigência, independentemente da obtenção da vantagem. Trata-se de crime formal.
8. **Classificação.** Crime comum; formal; comissivo; instantâneo; admite tentativa.
9. **Suspensão condicional do processo.** Cabível, pois a pena mínima cominada não ultrapassa 1 ano (art. 89 da lei 9.099/95).

Art. 9º Fraudar a fiscalização ou o investidor, inserindo ou fazendo inserir, **em documento comprobatório de investimento em títulos ou valores mobiliários**, declaração falsa ou diversa da que dele deveria constar:

Pena – Reclusão, de 1 (um) a 5 (cinco) anos, e multa.

1. **Sujeito ativo.** Qualquer pessoa. Trata-se de crime comum.
2. **Sujeito passivo.** O Estado e os investidores lesados.
3. **Fraudar a fiscalização ou o investidor, inserindo ou fazendo inserir declaração falsa ou diversa da que dele deveria constar.** *Fraudar* consiste em enganar, iludir, ludibriar. A fraude ocorre por meio da inserção de declaração falsa ou diversa da que deveria constar no documento comprobatório de investimento em títulos ou valores mobiliários. No verbo *inserindo* é o próprio agente que faz a inserção; no verbo *fazer inserir*, o agente precisa de uma outra pessoa, de boa-fé, que age sem dolo, a quem ele faz inserir a declaração falsa.
4. **Princípio da Especialidade.** O presente tipo penal constitui especialidade em relação ao delito de falsidade ideológica previsto no art. 299 do Código Penal, que tem a seguinte redação: "Art. 299 – Omitir, em documento público ou particular, declaração que dele devia constar, ou nele inserir ou fazer inserir declaração falsa ou diversa da que devia ser escrita, com o fim de prejudicar direito, criar obrigação ou alterar a verdade sobre fato juridicamente relevante: Pena – reclusão, de um a cinco anos, e multa, se o documento é público, e reclusão de um a três anos, e multa, se o documento é particular."
5. **Consumação.** O delito consuma-se com a concretização da fraude, por meio da inserção da declaração falsa ou diversa da que deveria constar. Trata-se de crime formal.
6. **Classificação.** Crime comum; formal; comissivo; instantâneo; admite tentativa.
7. **Suspensão condicional do processo.** Cabível, pois a pena mínima cominada não ultrapassa 1 ano (art. 89 da lei 9.099/95).

Art. 10. Fazer inserir elemento falso ou omitir elemento exigido pela legislação, **em demonstrativos contábeis** de instituição financeira, seguradora ou instituição integrante do sistema de distribuição de títulos de valores mobiliários:

Pena – Reclusão, de 1 (um) a 5 (cinco) anos, e multa.

1. **Sujeito ativo.** Qualquer pessoa na conduta *fazer inserir*, configurando crime comum. Na conduta *omitir*, somente a pessoa que tiver essa atribuição, tratando-se de crime próprio.
2. **Sujeito passivo.** O Estado e os investidores lesados.
3. **Fazer inserir elemento falso ou omitir elemento exigido pela legislação.** Na conduta *fazer inserir* o agente precisa de outra pessoa. Ele não faz a inserção, e sim faz com que a outra pessoa insira o elemento falso. A outra pessoa age sem dolo, sem saber que está inserindo o elemento falso. O dolo pertence ao agente. Trata-se de conduta que configura crime comissivo. Na conduta *omitir* o agente deixa de inserir elemento que deveria constar dos demonstrativos contábeis, configurando delito omissivo próprio. Note-se que nessa segunda conduta, os elementos que o agente deixa de inserir são verdadeiros. São elementos que deveriam constar dos demonstrativos contábeis e o agente omite-os propositadamente. Logo, são elementos verdadeiros. Assim, o tipo requer a seguinte releitura: fazer inserir elemento falso ou omitir elemento *verdadeiro* exigido pela legislação.
4. **Princípio da Especialidade.** O presente tipo penal constitui especialidade em relação ao delito de falsidade ideológica previsto no art. 299 do Código Penal, que tem a seguinte redação: "Art. 299 – Omitir, em documento público ou particular, declaração que dele devia constar, ou nele inserir ou fazer inserir declaração falsa ou diversa da que devia ser escrita, com o fim de prejudicar direito, criar obrigação ou alterar a verdade sobre fato juridicamente relevante: Pena – reclusão, de um a cinco anos, e multa, se o documento é público, e reclusão de um a três anos, e multa, se o documento é particular."
5. **Diferença em relação ao art. 9º.** No delito do art. 10 a falsidade dá-se em demonstrativos contábeis de instituição financeira, seguradora ou instituição integrante do sistema de distribuição de títulos de valores mobiliários. No delito do art. 9º a falsidade ocorre em documento comprobatório de investimento em títulos ou valores mobiliários.
6. **Norma penal em branco.** O presente tipo penal constitui norma penal em branco homogênea, tendo em vista que se faz necessário complementar o tipo penal com as normas que especificam quais são os elementos exigidos pela legislação, em demonstrativos contábeis de instituição financeira, seguradora ou instituição integrante do sistema de distribuição de títulos de valores mobiliários.
7. **Tipo misto alternativo.** Caso o agente pratique mais de uma conduta descrita no tipo penal (se ele *fizer* um terceiro *inserir* elemento falso e posteriormente *omitir* um elemento verdadeiro), responderá por um delito apenas, não havendo concurso de crimes.

8. **Consumação.** O delito consuma-se com a efetiva inserção pelo terceiro ou com a omissão do agente. Trata-se de crime formal.

9. **Classificação.** Crime comum na conduta *fazer inserir* e crime próprio na conduta *omitir;* formal; comissivo na conduta *fazer inserir* e omissivo próprio da conduta *omitir*; instantâneo; admite tentativa na conduta *fazer inserir*, mas não a admite na conduta *omitir* por configurar crime omissivo próprio.

10. **Suspensão condicional do processo.** Cabível, pois a pena mínima cominada não ultrapassa 1 ano (art. 89 da lei 9.099/95).

Art. 11. Manter ou movimentar recurso ou valor **paralelamente à contabilidade exigida pela legislação**:

Pena – Reclusão, de 1 (um) a 5 (cinco) anos, e multa.

1. **Sujeito ativo.** As pessoas constantes do art. 25 da lei. Trata-se de crime próprio.
2. **Sujeito passivo.** O Estado e os investidores.
3. **Manter ou movimentar.** *Manter* a contabilidade paralela significa conservar, sustentar essa contabilidade, dando a ela um caráter de permanência. *Movimentar* consiste em desenvolver a contabilidade paralela. O verbo *manter* configura crime habitual e permanente. Assim, somente haverá a prática do delito se o agente mantiver a contabilidade paralela de forma reiterada. Se ele praticar um ou outro ato isolado o delito não se configura. Além disso, com a manutenção a consumação prolonga-se no tempo, possibilitando, inclusive, a prisão em flagrante a qualquer momento durante a permanência da consumação. De outro giro, o verbo *movimentar* não constitui crime habitual e basta a prática de um ato isolado para a configuração do delito.

4. **Contabilidade paralela.** Também conhecida como "caixa dois", a contabilidade paralela constitui uma maquiagem da real contabilidade da instituição financeira. A contabilidade real é aquela que retrata a verdadeira situação fiscal, financeira e econômica da instituição financeira. A contabilidade paralela é aquela que é apresentada ao fisco, resultante dos ajustes e alterações feitas na contabilidade real. Por meio dela praticam-se sonegações fiscais e outros delitos afins.

5. **Norma penal em branco.** O presente tipo penal constitui norma penal em branco, tendo em vista que se faz necessário complementar o tipo penal com as normas que especificam os moldes da contabilidade exigida pela legislação.

6. **Tipo misto alternativo.** Caso o agente pratique mais de uma conduta descrita no tipo penal (manter e movimentar) responderá por um delito apenas, não havendo concurso de crimes.

7. **Consumação.** O delito consuma-se com a simples manutenção de forma habitual ou com a simples movimentação. Trata-se de crime formal.

8. **Classificação.** Crime próprio; formal; comissivo; habitual e permanente na conduta *manter;* instantâneo na conduta *movimentar*; admite tentativa na conduta *movimentar*, mas não admite na conduta *manter* por ser crime habitual.
9. **Suspensão condicional do processo.** Cabível, pois a pena mínima cominada não ultrapassa 1 ano (art. 89 da lei 9.099/95).

Art. 12. Deixar, o ex-administrador de instituição financeira, de apresentar, ao interventor, liqüidante, ou síndico, nos prazos e condições estabelecidas em lei as informações, **declarações ou documentos de sua responsabilidade**:

Pena – Reclusão, de 1 (um) a 4 (quatro) anos, e multa.

1. **Sujeito ativo.** O ex-administrador de instituição financeira. Trata-se de crime próprio.
2. **Sujeito passivo.** O Estado e as demais pessoas prejudicadas pela omissão do agente.
3. **Crime omissivo.** O verbo *deixar* confere ao tipo penal a natureza de crime omissivo próprio, uma vez que o ex-administrador deixa de apresentar nos prazos e condições estabelecidas em lei as informações, declarações ou documentos de sua responsabilidade, violando, dessa forma, o seu dever de agir. Quando é decretada a intervenção judicial ou a liquidação, há a nomeação, respectivamente, um interventor ou um liquidante. Para que ele tenha a real noção da situação financeira da instituição, é necessário que o ex-administrador forneça a ele todas as informações, declarações ou documentos de sua responsabilidade. O delito consiste justamente na violação desse dever por parte do ex-administrador.
4. **Norma penal em branco.** O presente tipo penal constitui norma penal em branco, uma vez que os prazos e as condições estabelecidas para a entrega das informações, declarações ou documentos de sua responsabilidade devem ser buscados nas leis de regência (intervenção, liquidação e falência).
5. **Consumação.** O delito consuma-se com a simples omissão do agente. Trata-se de crime formal.
6. **Classificação.** Crime próprio; formal; omissivo próprio; instantâneo; não admite tentativa por ser omissivo próprio.
7. **Suspensão condicional do processo.** Cabível, pois a pena mínima cominada não ultrapassa 1 ano (art. 89 da lei 9.099/95).

Art. 13. Desviar (Vetado) **bem alcançado pela indisponibilidade legal** resultante de intervenção, liqüidação extrajudicial ou falência de instituição financeira.

Pena – Reclusão, de 2 (dois) a 6 (seis) anos, e multa.

Parágrafo único. Na mesma pena incorre o interventor, o liqüidante ou o síndico que se apropriar de bem abrangido pelo caput deste artigo, ou desviá-lo em proveito próprio ou alheio.

1. **Sujeito ativo.** Qualquer pessoa. Trata-se de crime comum.
2. **Sujeito passivo.** O Estado, a instituição financeira e as pessoas prejudicadas pelo desvio.
3. **Desviar.** *Desviar* significa dar um rumo diverso. Quando é decretada a intervenção, a liquidação extrajudicial ou a falência da instituição financeira, os seus bens são arrecadados e indisponibilizados para satisfazer os créditos. Se alguém desvia os bens alcançados pela indisponibilidade resultante de lei, acaba frustrando a satisfação dos créditos.
4. **Bem alcançado pela indisponibilidade legal resultante de intervenção, liquidação extrajudicial ou falência.** A indisponibilidade a que o tipo penal refere-se é a indisponibilidade legal, que decorre das leis de regência da intervenção, da liquidação e da falência. Nesse sentido, o art. 36 da lei 6.024/74: "Art. 36. Os administradores das instituições financeiras em intervenção, em liquidação extrajudicial ou em falência, ficarão com todos os seus bens indisponíveis não podendo, por qualquer forma, direta ou indireta, aliená-los ou onerá-los, até apuração e liquidação final de suas responsabilidades. § 1º A indisponibilidade prevista neste artigo decorre do ato que decretar a intervenção, a extrajudicial ou a falência, atinge a todos aqueles que tenham estado no exercício das funções nos doze meses anteriores ao mesmo ato. § 2º Por proposta do Banco Central do Brasil, aprovada pelo Conselho Monetário Nacional, a indisponibilidade prevista neste artigo poderá ser estendida: a) aos bens de gerentes, conselheiros fiscais e aos de todos aqueles que, até o limite da responsabilidade estimada de cada um, tenham concorrido, nos últimos doze meses, para a decretação da intervenção ou da liquidação extrajudicial, b) aos bens de pessoas que, nos últimos doze meses, os tenham a qualquer título, adquirido de administradores da instituição, ou das pessoas referidas na alínea anterior desde que haja seguros elementos de convicção de que se trata de simulada transferência com o fim de evitar os efeitos desta Lei. § 3º Não se incluem nas disposições deste artigo os bens considerados inalienáveis ou impenhoráveis pela legislação em vigor. § 4º Não são igualmente atingidos pela indisponibilidade os bens objeto de contrato de alienação, de promessa de compra e venda, de cessão de direito, desde que os respectivos instrumentos tenham sido levados ao competente registro público, anteriormente à data da decretação da intervenção, da liquidação extrajudicial ou da falência." Confira-se, também, o art. 82 da lei de falência: "Art. 82. A responsabilidade pessoal dos sócios de responsabilidade limitada, dos controladores e dos administradores da sociedade falida, estabelecida nas respectivas leis, será apurada no próprio juízo da falência, independentemente da realização do ativo e da prova da sua insuficiência para cobrir o passivo, observado o procedimento ordinário previsto no Código de Processo Civil...§ 2º O juiz poderá, de ofício ou mediante requerimento das partes interessadas, ordenar a indisponibilidade de bens particulares dos réus, em quantidade compatível com o dano provocado, até o julgamento da ação de responsabilização." Note-se que embora o art. 2º, II da lei de falência exclua da sua incidência as instituições financeiras, é possível a sua decretação, por força do art. 21, alínea *b* da lei 6.024/1974, após a intervenção e a liquidação (Art. 21. A vista do relatório ou da proposta previstos no artigo 11,

apresentados pelo liquidante na conformidade do artigo anterior o Banco Central do Brasil poderá autorizá-lo a: b) requerer a falência da entidade, quando o seu ativo não for suficiente para cobrir pelo menos a metade do valor dos créditos quirografários, ou quando houver fundados indícios de crimes falimentares).

5. **Diferença para o art. 5º.** No presente tipo penal, os bens estão alcançados pela indisponibilidade legal decorrente de intervenção, de liquidação ou de falência.

6. **Norma penal em branco.** O presente tipo penal constitui norma penal em branco homogênea heterovitelina, uma vez que deve ser complementado pelos arts. 36 da lei 6.024/74 e 82 da lei 11.101/2005 para a definição de indisponibilidade legal.

7. **Consumação.** O delito consuma-se com o efetivo desvio do bem, independentemente de causar qualquer prejuízo a alguém. Trata-se de crime formal.

8. **Classificação.** Crime comum; formal; comissivo; instantâneo; admite tentativa.

9. **Suspensão condicional do processo.** Incabível, pois a pena mínima cominada ultrapassa 1 ano (art. 89 da lei 9.099/95).

10. **Parágrafo único. Conduta equiparada.** Apropriação ou desvio praticado pelo interventor, pelo liquidante ou pelo administrador judicial.

11. **Sujeito ativo.** O interventor, o liquidante ou o administrador judicial. Trata-se de crime próprio.

12. **Sujeito passivo.** O Estado, a instituição financeira e as pessoas prejudicadas pelo desvio.

13. **Apropriar e desviar.** *Apropriar-se* consiste em o agente tomar a posse de algo que pertença a outrem. *Desviar* é dar destinação diversa que realmente deveria ter sido dada. Neste delito, o agente, que justamente tem o dever de zelar pelo fiel cumprimento da finalidade da intervenção, da liquidação e da falência, frustra a finalidade desses institutos apropriando-se ou desviando bens alcançados pela indisponibilidade legal.

14. **Consumação.** O delito consuma-se com a efetiva apropriação ou com o efetivo desvio do bem. Trata-se de crime formal.

15. **Classificação.** Crime próprio; formal; comissivo; instantâneo; admite tentativa.

16. **Suspensão condicional do processo.** Incabível, pois a pena mínima cominada ultrapassa 1 ano (art. 89 da lei 9.099/95).

Art. 14. Apresentar, em liquidação extrajudicial, ou em falência de instituição financeira, **declaração de crédito ou reclamação falsa**, ou juntar a elas **título falso ou simulado**:

Pena – Reclusão, de 2 (dois) a 8 (oito) anos, e multa.

Parágrafo único. Na mesma pena incorre o ex-administrador ou falido que reconhecer, como verdadeiro, crédito que não o seja.

1. **Sujeito ativo.** Qualquer pessoa. Trata-se de crime comum.

2. **Sujeito passivo.** O Estado e as pessoas prejudicadas.

3. **Apresentar declaração de crédito ou reclamação falsa.** Apresentar significa exibir a alguém. O agente apresenta-se como credor da instituição financeira. A *reclamação* consiste na impugnação de qualquer crédito em desacordo com o realmente devido segundo o entendimento do credor. O legislador quis evitar a frustração da *par conditio creditorum* ao incriminar a conduta de apresentação de créditos falsos e inexistentes. Com efeito, a apresentação de crédito ou a reclamação falsa ocasionará uma distribuição errada dos valores entre os credores e a frustração da igualdade entre eles.

4. **Juntar título falso ou simulado.** Título falso e título simulado significam a mesma coisa. Se um título é falso, é porque ele é simulado e vice-versa. Aqui não faz diferença a falsidade ser material ou ideológica, tendo em vista que o legislador não especificou e ambas constituem falsidade. Da mesma forma que dissemos no item anterior, a apresentação de títulos falsos vai gerar uma distribuição errada dos créditos e provocará a frustração da *par conditio creditorum*.

5. **Tipo misto alternativo.** Caso o agente pratique mais de uma conduta descrita no tipo penal, responderá por um delito apenas, não havendo concurso de crimes.

6. **Princípio da Especialidade.** O presente tipo penal constitui especialidade em relação ao delito previsto no art. 175 da Lei de Falência, que tem a seguinte redação: "Art. 175. Apresentar, em falência, recuperação judicial ou recuperação extrajudicial, relação de créditos, habilitação de créditos ou reclamação falsas, ou juntar a elas título falso ou simulado: Pena – reclusão, de 2 (dois) a 4 (quatro) anos, e multa."

7. **Consumação.** O delito consuma-se com a prática das condutas típicas. Trata-se de crime formal.

8. **Classificação.** Crime comum; formal; comissivo; de perigo abstrato; instantâneo; admite tentativa.

9. **Suspensão condicional do processo.** Incabível, pois a pena mínima cominada ultrapassa 1 ano (art. 89 da lei 9.099/95).

10. **Parágrafo único. Conduta equiparada.** O legislador equiparou ao *caput* a conduta paralela a ela por parte do ex-administrador ou do falido que reconhecer, como verdadeiro, crédito que não o seja.

11. **Sujeito ativo.** O ex-administrador ou o falido. Trata-se de crime próprio.

12. **Sujeito passivo.** O Estado e as pessoas prejudicadas.

13. **Reconhecimento de crédito falso.** Reconhecer significa afirmar como verdadeiro. O ex-administrador ou o falido reconhece como verdadeiro um crédito inexistente ou falso. Nesta conduta tem-se o outro lado da moeda em relação à conduta do *caput*. Caso seja reconhecido como verdadeiro um crédito que realmente não o seja, haverá a frustração da *par conditio creditorum*.

14. **Suspensão condicional do processo.** Incabível, pois a pena mínima cominada ultrapassa 1 ano (art. 89 da lei 9.099/95).

Art. 15. Manifestar-se falsamente o interventor, o liqüidante ou o síndico, (Vetado) à respeito de assunto relativo a intervenção, liquidação extrajudicial ou falência de instituição financeira:

Pena – Reclusão, de 2 (dois) a 8 (oito) anos, e multa.

1. **Sujeito ativo.** O interventor, o liquidante ou o administrador judicial.
2. **Sujeito passivo.** O Estado e as pessoas prejudicadas.
3. **Manifestar-se falsamente.** *Manifestar* significa declarar, publicar, revelar algo. Neste tipo penal o agente emite um pronunciamento que não corresponde à verdade sobre assunto relativo à intervenção, à liquidação extrajudicial ou à falência de instituição financeira. Trata-se da mentira, da falta com a verdade por parte do agente. Com efeito, quando é decretada a intervenção, a liquidação ou a falência, o interventor, o liquidante ou o administrador judicial deve cumprir fielmente a sua tarefa da garantir a finalidade desses institutos.
4. **Princípio da Especialidade.** O presente tipo penal constitui especialidade em relação ao delito previsto no art. 171 da Lei de Falência, que tem a seguinte redação: "Art. 171. Sonegar ou omitir informações ou prestar informações falsas no processo de falência, de recuperação judicial ou de recuperação extrajudicial, com o fim de induzir a erro o juiz, o Ministério Público, os credores, a assembléia-geral de credores, o Comitê ou o administrador judicial: Pena – reclusão, de 2 (dois) a 4 (quatro) anos, e multa."
5. **Consumação.** O delito consuma-se com a simples manifestação falsa. Trata-se de crime formal.
6. **Classificação.** Crime próprio; formal; comissivo; de perigo abstrato; instantâneo; admite tentativa.
7. **Suspensão condicional do processo.** Incabível, pois a pena mínima cominada ultrapassa 1 ano (art. 89 da lei 9.099/95).

Art. 16. Fazer operar, sem a devida autorização, ou com autorização obtida mediante declaração (Vetado) falsa, **instituição financeira**, inclusive de distribuição de valores mobiliários ou de câmbio:

Pena – Reclusão, de 1 (um) a 4 (quatro) anos, e multa.

1. **Sujeito ativo.** Qualquer pessoa. Trata-se de crime comum.
2. **Sujeito passivo.** O Estado e as pessoas eventualmente prejudicadas.

3. **Fazer operar.** Significa fazer funcionar. O legislador quis coibir a conduta de fazer funcionar uma instituição financeira de forma clandestina, impedindo ou dificultando a fiscalização por parte do Poder Público.
4. **Sem a devida autorização ou com autorização obtida mediante declaração falsa.** Seja de forma não autorizada, seja com a autorização obtida de forma falsa, o agente faz operar instituição financeira de forma clandestina. A autorização para fazer operar uma instituição financeira é do Banco Central, nos moldes do art. 10, X da lei 4.595/1964: "Art. 10. Compete privativamente ao Banco Central da República do Brasil: X – Conceder autorização às instituições financeiras, a fim de que possam: a) funcionar no País; b) instalar ou transferir suas sedes, ou dependências, inclusive no exterior; c) ser transformadas, fundidas, incorporadas ou encampadas; d) praticar operações de câmbio, crédito real e venda habitual de títulos da dívida pública federal, estadual ou municipal, ações Debêntures, letras hipotecárias e outros títulos de crédito ou mobiliários; e) ter prorrogados os prazos concedidos para funcionamento; f) alterar seus estatutos; g) alienar ou, por qualquer outra forma, transferir o seu controle acionário."
5. **Norma penal em branco.** O presente tipo penal constitui norma penal em branco homogênea heterovitelina, uma vez que deve ser complementado pelo art. 10, X da lei 4.595/1964.
6. **Consumação.** O delito consuma-se com o simples funcionamento da instituição financeira, independentemente de causar qualquer prejuízo a alguém. Trata-se de crime formal.
7. **Classificação.** Crime comum; formal; comissivo; de perigo abstrato; instantâneo; admite tentativa.
8. **Suspensão condicional do processo.** Cabível, pois a pena mínima cominada não ultrapassa 1 ano (art. 89 da lei 9.099/95).

Art. 17. Tomar ou receber, qualquer das pessoas mencionadas no art. 25 desta lei, direta ou indiretamente, **empréstimo ou adiantamento**, ou deferi-lo a controlador, a administrador, a membro de conselho estatutário, aos respectivos cônjuges, aos ascendentes ou descendentes, a parentes na linha colateral até o 2º grau, consangüíneos ou afins, ou a sociedade cujo controle seja por ela exercido, direta ou indiretamente, ou por qualquer dessas pessoas: **Redação antiga**

Art. 17. Tomar ou receber crédito, na qualidade de qualquer das pessoas mencionadas no art. 25, ou **deferir** operações de crédito vedadas, observado o disposto no art. 34 da Lei nº 4.595, de 31 de dezembro de 1964: (Redação dada pela Lei nº 13.506, de 2017)

Pena – Reclusão, de 2 (dois) a 6 (seis) anos, e multa.

Parágrafo único. Incorre na mesma pena quem:

I – em nome próprio, como controlador ou na condição de administrador da sociedade, **conceder ou receber adiantamento** de honorários, remuneração, salário ou qualquer outro pagamento, nas condições referidas neste artigo;

II – de **forma disfarçada**, promover a distribuição ou receber lucros de instituição financeira.

1. **Sujeito ativo.** As pessoas do art. 25 desta lei, bem como a pessoa com atribuição específica para conceder créditos dentro da instituição financeira. Trata-se de crime próprio.
2. **Sujeito passivo.** O Estado e as pessoas eventualmente prejudicadas.
3. **Tomar, receber ou deferir.** *Tomar* tem o sentido de obter, contrair. *Receber* significa obter para si de outrem. Os dois primeiros verbos têm basicamente o mesmo significado. *Deferir* é conceder, outorgar. O legislador quis impedir qualquer espécie de simulação em relação às pessoas do art. 25 e a instituição financeira, tendo em vista que essa simulação poderia resultar em um desvio de ativos da instituição financeira. No verbo *deferir,* o legislador vedou a concessão de operações de crédito com as pessoas mencionadas no art. 34 e seus parágrafos da lei 4.595/64, para, também, evitar qualquer tipo de simulação.
4. **Norma penal em branco.** O presente tipo penal constitui norma penal em branco homogênea heterovitelina, uma vez que se deve buscar o conceito de *operações de crédito vedadas* no art. 34 da lei 4.595/64.
5. **Tipo misto alternativo.** Caso o agente pratique mais de uma conduta descrita no tipo penal, responderá por um delito apenas, não havendo concurso de crimes.
6. **Princípio da Especialidade.** O presente tipo penal constitui especialidade em relação ao delito previsto no art. 177, § 1º, III, do Código Penal, que tem a seguinte redação: "Art. 177 – Promover a fundação de sociedade por ações, fazendo, em prospecto ou em comunicação ao público ou à assembléia, afirmação falsa sobre a constituição da sociedade, ou ocultando fraudulentamente fato a ela relativo: Pena – reclusão, de um a quatro anos, e multa, se o fato não constitui crime contra a economia popular. § 1º – Incorrem na mesma pena, se o fato não constitui crime contra a economia popular: III – o diretor ou o gerente que toma empréstimo à sociedade ou usa, em proveito próprio ou de terceiro, dos bens ou haveres sociais, sem prévia autorização da assembléia geral."
7. **Consumação.** O delito consuma-se com a prática das condutas, independentemente de causar qualquer prejuízo. Trata-se de crime formal.
8. **Classificação.** Crime próprio; formal; comissivo; de perigo abstrato; instantâneo; admite tentativa.
9. **Suspensão condicional do processo.** Incabível, pois a pena mínima cominada ultrapassa 1 ano (art. 89 da lei 9.099/95).
10. **Condutas equiparadas.**
11. **Inciso I.** Trata da conduta do controlador ou do administrador da instituição financeira que concede ou que recebe adiantamento de honorários, remuneração, salário ou qualquer outro pagamento, nas condições referidas neste artigo. Mais uma vez o legislador quis coibir a simulação ao incriminar essa conduta. Os verbos *conceder* e *receber* têm os mesmos significados do *caput.* A proibição é de dar ou de receber qualquer espécie de remuneração, que pode ser honorário, salário ou qualquer outro tipo. O legislador utilizou a fórmula da interpretação analógica para coibir qualquer forma de simulação que possa ser praticada.

12. **Sujeito ativo.** O controlador ou o administrador da instituição financeira. Trata-se de crime próprio.

13. **Sujeito passivo.** O Estado e as pessoas eventualmente prejudicadas.

14. **Tipo misto alternativo.** Caso o agente pratique mais de uma conduta descrita no tipo penal, responderá por um delito apenas, não havendo concurso de crimes.

15. **Consumação.** O delito consuma-se com a prática das condutas, independentemente de causar qualquer prejuízo. Trata-se de crime formal.

16. **Classificação.** Crime próprio; formal; comissivo; de perigo abstrato; instantâneo; admite tentativa.

17. **Suspensão condicional do processo.** Incabível, pois a pena mínima cominada ultrapassa 1 ano (art. 89 da lei 9.099/95).

18. **Inciso II.** Trata da distribuição disfarçada do lucro, o que não deixa de ser uma simulação. *Promover* significa favorecer, impulsionar. *Receber* tem o mesmo significado do *caput*. Neste inciso, mais uma vez, o legislador tratou de coibir a simulação com qualquer espécie de remuneração.

19. **Sujeito ativo.** Na conduta *promover a distribuição*, somente a pessoa com o poder de efetivar a distribuição do lucro dentro da instituição financeira. Trata-se de crime próprio. Na conduta *receber,* qualquer pessoa, configurando crime comum.

20. **Sujeito passivo.** O Estado e as pessoas eventualmente prejudicadas.

21. **Tipo misto alternativo.** Caso o agente pratique mais de uma conduta descrita no tipo penal, responderá por um delito apenas, não havendo concurso de crimes.

22. **Consumação.** O delito consuma-se com a prática das condutas, independentemente de causar qualquer prejuízo. Trata-se de crime formal.

23. **Classificação.** Crime próprio na conduta *promover* e comum na conduta *receber;* formal; comissivo; de perigo abstrato; instantâneo; admite tentativa.

24. **Suspensão condicional do processo.** Incabível, pois a pena mínima cominada ultrapassa 1 ano (art. 89 da lei 9.099/95).

> **Art. 18. Violar sigilo** de operação ou de serviço prestado por instituição financeira ou integrante do sistema de distribuição de títulos mobiliários **de que tenha conhecimento, em razão de ofício**:
>
> Pena – Reclusão, de 1 (um) a 4 (quatro) anos, e multa.

1. **Revogação tácita.** O presente tipo penal está tacitamente revogado pelo art. 10 da Lei Complementar 105/2001, para onde remetemos o leitor, que trata da violação do sigilo das operações das instituições financeiras. Confiram-se as redações dos art. 1º e 10 da Lei Complementar 105/2001: "Art. 1º As instituições financeiras conservarão sigilo em suas operações ativas e passivas e serviços prestados. § 1º São consideradas instituições financeiras, para os efeitos desta Lei Complementar: I – os

bancos de qualquer espécie; II – distribuidoras de valores mobiliários; III – corretoras de câmbio e de valores mobiliários; IV – sociedades de crédito, financiamento e investimentos; V – sociedades de crédito imobiliário; VI – administradoras de cartões de crédito; VII – sociedades de arrendamento mercantil; VIII – administradoras de mercado de balcão organizado; IX – cooperativas de crédito; X – associações de poupança e empréstimo; XI – bolsas de valores e de mercadorias e futuros; XII – entidades de liquidação e compensação; XIII – outras sociedades que, em razão da natureza de suas operações, assim venham a ser consideradas pelo Conselho Monetário Nacional....Art. 10. A quebra de sigilo, fora das hipóteses autorizadas nesta Lei Complementar, constitui crime e sujeita os responsáveis à pena de reclusão, de um a quatro anos, e multa, aplicando-se, no que couber, o Código Penal, sem prejuízo de outras sanções cabíveis. Parágrafo único. Incorre nas mesmas penas quem omitir, retardar injustificadamente ou prestar falsamente as informações requeridas nos termos desta Lei Complementar."

Art. 19. Obter, **mediante fraude**, financiamento em instituição financeira:

Pena – Reclusão, de 2 (dois) a 6 (seis) anos, e multa.

Parágrafo único. A pena é aumentada de 1/3 (um terço) se o crime é cometido em detrimento de instituição financeira oficial ou por ela credenciada para o repasse de financiamento.

1. **Sujeito ativo.** Qualquer pessoa. Trata-se de crime comum.

2. **Sujeito passivo.** O Estado e a instituição financeira lesada.

3. **Obter mediante fraude.** O verbo *obter* significa alcançar, conseguir. Neste tipo penal o agente consegue efetivar um financiamento em alguma instituição financeira por meio de fraude, induzindo a instituição financeira a erro, incutindo uma falsa noção da realidade na mente da pessoa que autoriza a concessão do financiamento. Não fosse o meio fraudulento, o agente não conseguiria obter o financiamento.

4. **Financiamento.** Financiamento é uma modalidade de empréstimo, mas tem uma vinculação específica que é o custeio de algo determinado que deve ser declarado no momento da sua concessão. Em homenagem ao princípio da legalidade, a obtenção de empréstimo pessoal, empréstimo consignado, crédito direto ao consumidor e outras formas de linhas de crédito em instituição financeira não configuram esse tipo penal, e sim o delito de estelionato previsto no art. 171 do Código Penal.

▶ **STJ**

PENAL E PROCESSO PENAL. CONFLITO DE COMPETÊNCIA. 1. JUSTIÇA ESTADUAL X JUSTIÇA FEDERAL. DELITO DE ESTELIONATO X CRIME CONTRA O SISTEMA FINANCEIRO NACIONAL. DESTINAÇÃO ESPECÍFICA DO CRÉDITO. CONFIGURAÇÃO DE FINANCIAMENTO. CRIME CONTRA O SISTEMA FINANCEIRO. ART. 19 DA LEI N. 7.492/1986. PRECEDENTES. 2. CONFLITO CONHECIDO PARA RECONHECER A COMPETÊNCIA DO JUÍZO FEDERAL DA 6ª VARA CRIMINAL DA SEÇÃO JUDICIÁRIA DO ESTADO DE SÃO PAULO/SP, O SUSCITADO. 1. A jurisprudência do STJ firmou entendimento no sentido de que, a depender espécie da operação realizada, pode ou não configurar-se o crime contra o sistema financeiro. Dessa forma, caracteriza-se o crime do art. 19 da Lei n. 7.492/1986 "quando os recursos obtidos junto à instituição financeira possuem destinação específica, não se confundindo, assim, com mútuo obtido a título pessoal, conduta que caracteriza o crime de estelionato". (CC 122.257/SP). No caso, verifica-se que houve a obtenção de financiamento fraudulento perante a instituição financeira, haja vista ter ficado estabelecida destinação específica para o dinheiro. A fraude se deu exatamente pelo fato de não se ter adquirido o bem para o qual obtido o financiamento. 2. Conheço do conflito para reconhecer a competência do Juízo Federal da 6ª Vara Criminal da Seção Judiciária do Estado de São Paulo/SP, o suscitado. CC 135258. Rel. Min. Walter de Almeida Guilherme (Desembargador convocado Do TJ/SP), julgado em 22/10/2014.

▶ **STJ**

INFORMATIVO nº 436.

Terceira Seção.

COMPETÊNCIA. CRIME. SISTEMA FINANCEIRO. DESCLASSIFICAÇÃO. ESTELIONATO.

Trata-se de conflito negativo de competência entre TRF e juízo de direito de vara criminal estadual (...). Para o Min. Relator, o art. 19 da Lei n. 7.492/1986 exige, para configuração do crime contra o sistema financeiro, a utilização de fraude para obter financiamento de instituição financeira, o que difere da obtenção de empréstimo. Isso porque os financiamentos são operações realizadas com destinação específica, em que, para a obtenção de crédito, existe alguma concessão por parte do Estado como incentivo, assim há vinculação entre a concessão do crédito e o patrimônio da União. Também se exige a comprovação da aplicação desses recursos, por exemplo: os financiamentos de parques industriais, máquinas e equipamentos, bens de consumo duráveis, rurais e imobiliários. Dessarte, segundo o Min. Relator, na hipótese dos autos, tem razão o suscitante, pois não houve lesão ao patrimônio da União, de suas entidades autárquicas ou empresas públicas, conforme exigido pelo art. 109, IV, da CF/1988, visto que, em todas as vezes, a ré obteve empréstimo na modalidade de crédito direto ao consumidor (CDC); isso causou lesão exclusivamente à instituição financeira, como apontou o TRF (...). Diante do exposto, a Seção conheceu do conflito para declarar competente o juízo da vara criminal, o suscitado. Precedentes citados: CC 104.893-SE, DJe 29/3/2010; CC 106.283-SP, DJe 3/9/2009, e CC 31.125-SP, DJ 1º/7/2004. **CC 107.100-RJ, Rel. Min. Jorge Mussi, julgado em 26/5/2010.**

5. **Financiamento de veículo. *Leasing* financeiro.** O financiamento de veículo obtido com fraude configura esse delito, e não o delito de estelionato (art. 171 do Código Penal).

▶ **STJ**

PENAL E PROCESSO PENAL. CONFLITO DE COMPETÊNCIA. 1. JUSTIÇA ESTADUAL X JUSTIÇA FEDERAL ESPECIALIZADA. COMPRA DE VEÍCULO. ARRENDAMENTO MERCANTIL. UTILIZAÇÃO DE FRAUDE. CRIME CONTRA O SISTEMA FINANCEIRO X

ESTELIONATO. CONFIGURAÇÃO DO TIPO PENAL DO ART. 19 DA LEI N. 7.492/1986. FINANCIAMENTO EM SENTIDO AMPLO. COMPETÊNCIA DA JUSTIÇA FEDERAL ESPECIALIZADA. PRECEDENTES. 2. CONFLITO CONHECIDO PARA RECONHECER A COMPETÊNCIA DO JUÍZO FEDERAL DA 2ª VARA CRIMINAL ESPECIALIZADA DA SEÇÃO JUDICIÁRIA DO ESTADO DE SÃO PAULO/SP, O SUSCITANTE. 1. É assente no Superior Tribunal de Justiça o entendimento no sentido de que, embora o contrato de leasing – também denominado arrendamento mercantil – possua particularidades próprias, revela, na prática, verdadeiro tipo de financiamento bancário, para aquisição de bem específico, em instituição financeira. Dessa forma, tem-se que os fatos narrados se subsumem, ao menos em tese, ao tipo penal do art. 19 da Lei n. 7.492/1986, o que determina a competência da Justiça Federal, nos termos do art. 26 da referida lei. CC 114030. Rel. Min. Marco Aurélio Bellizze, julgado em 26/03/2014.

▶ **STJ**

INFORMATIVO nº 466.

Terceira Seção.

COMPETÊNCIA. DOCUMENTOS FALSOS. *LEASING*. CARRO.

Noticiam os autos que fora instaurado inquérito policial para apurar a autoria e materialidade de estelionato a partir da apresentação de documentos falsos para obtenção de recursos financeiros junto à instituição bancária em contrato de arrendamento mercantil na modalidade de *leasing* financeiro de veículo (...). Para a Min. Relatora, a matéria em exame é complexa, tendo sido apreciada neste Superior Tribunal uma única vez, na Sexta Turma, na qual o voto da relatoria do Min. Celso Limongi (Desembargador convocado do TJ-SP), com base em precedente do STF, asseverou que o fato de o *leasing* financeiro não constituir financiamento não afasta, por si só, a configuração do delito previsto no art. 19 da Lei n. 7.492/1986. Naquela ocasião, o colegiado concluiu que, ao fazer um *leasing* financeiro, obtém-se invariavelmente um financiamento e o tipo penal em análise descrito no citado art. 19 refere-se exatamente à obtenção de financiamento mediante fraude, sem exigir que isso ocorra num contrato de financiamento propriamente dito. Observa ainda a Min. Relatora que o *leasing* financeiro possui certas particularidades, mas que não se pode, de pronto, afastar a incidência do tipo penal descrito no art. 19 em comento, no qual se refere à obtenção de financiamento mediante fraude, porque, embora não seja financiamento propriamente dito, ele constitui o núcleo ou elemento preponderante dessa modalidade de arrendamento mercantil. Com esse entendimento, a Seção declarou competente para processar e julgar o feito o juízo federal da vara criminal especializada em crimes contra o sistema financeiro nacional e lavagem, ocultação de bens e direitos e valores, o suscitante. Precedentes citados do STF: RE 547.245-SC, DJe 4/3/2010; do STJ: REsp 706.871-RS, DJe 2/8/2010. **CC 114.322-SP, Rel. Min. Maria Thereza de Assis Moura, julgado em 14/3/2011.**

6. **Causa de aumento de pena.** Por instituição financeira oficial ou por ela credenciada entenda-se a instituição financeira de natureza pública, que trabalha com recursos financeiros públicos, a exemplo do BNDES e da Caixa Econômica Federal, entre outras.

▶ **STJ**

RECURSOS ESPECIAIS. CRIMES CONTRA O SISTEMA FINANCEIRO NACIONAL: Outrossim, a incidência da causa de aumento do parágrafo único do art. 19 da Lei nº 7.492/86 em nada se confunde com o caput do mesmo artigo. Ao contrário do afirmado pelos Recorrentes, não há "um duplo apenamento por fato idêntico". Basta ler o dispositivo de lei indicado: "Art. 19. Obter, mediante fraude, financiamento em instituição financeira: Pena – Reclusão, de 2 (dois) a 6 (seis) anos, e multa. Parágrafo único. A pena é aumentada de 1/3 (um terço) se o crime é cometido em detrimento de instituição financeira oficial ou por ela credenciada para o repasse de financiamento." E, no caso, o crime foi cometido em detrimento do BNDES, instituição financeira oficial, como se sabe. REsp 1290073. Rel. Min. Laurita Vaz, julgado em 13/05/2014.

→Aplicação em concurso.

- **Escrivão de Polícia/CE. 2015. VUNESP.**

  O crime de "obter, mediante fraude, financiamento em instituição financeira" (art. 19 da Lei no 7.492/86) tem pena aumentada de 1/3 se cometido

A) em momento de grave recessão.

B) por agente público.

C) em detrimento de instituição financeira oficial.

D) com intuito de causar risco sistêmico.

E) por intermédio de pessoa jurídica.

Alternativa correta: letra C.

7. **Princípio da Especialidade.** O presente tipo penal constitui especialidade em relação ao delito de estelionato previsto no art. 171 do Código Penal que tem a seguinte redação: "Art. 171 – Obter, para si ou para outrem, vantagem ilícita, em prejuízo alheio, induzindo ou mantendo alguém em erro, mediante artifício, ardil, ou qualquer outro meio fraudulento: Pena – reclusão, de um a cinco anos, e multa"
8. **Consumação.** O delito consuma-se com a obtenção do financiamento. Trata-se de crime material.
9. **Classificação.** Crime comum; material; comissivo; de dano; instantâneo; admite tentativa.
10. **Suspensão condicional do processo.** Incabível, pois a pena mínima cominada ultrapassa 1 ano (art. 89 da lei 9.099/95).

Art. 20. Aplicar, **em finalidade diversa da prevista em lei ou contrato,** recursos provenientes de financiamento concedido por instituição financeira oficial ou por instituição credenciada para repassá-lo:

Pena – Reclusão, de 2 (dois) a 6 (seis) anos, e multa.

1. **Sujeito ativo.** Qualquer pessoa. Trata-se de crime comum.
2. **Sujeito passivo.** O Estado e a instituição financeira.

3. **Aplicar em finalidade diversa da prevista em lei ou contrato.** O verbo típico *aplicar* significa empregar. Neste tipo penal o agente obtém recursos financeiros de forma lícita em instituição financeira. Entretanto, após a obtenção dos recursos (repita-se: de forma lícita) ele emprega-os em finalidade diversa da prevista em lei (para os casos em que a vinculação do objeto do financiamento é legal) ou no próprio contrato de financiamento. A finalidade do legislador foi evitar que os recursos provenientes de financiamento concedido por instituição financeira oficial ou credenciada para repassá-los sejam desviados e destinados à finalidade diversa daquela que serviu de fundamento (em lei ou em contrato) para a concessão do financiamento.

4. **Financiamento.** Financiamento é uma modalidade de empréstimo, mas tem uma vinculação específica que é o custeio de algo determinado que deve ser declarado no momento da sua concessão. Em homenagem ao princípio da legalidade, a obtenção de empréstimo pessoal, empréstimo consignado, crédito direto ao consumidor e outras formas de linhas de crédito em instituição financeira não configuram esse tipo penal, e sim o delito de estelionato previsto no art. 171 do Código Penal.

5. **Diferença para o art. 19.** A diferença reside no momento em que a fraude é empregada. No art. 19 a fraude é empregada *antes* da obtenção do financiamento. No art. 20 a fraude é empregada *depois* da obtenção do financiamento.

▶ **STJ**

O tipo legal do art. 19 pressupõe a existência de fraude anterior, voltada para a finalidade de obtenção do financiamento em instituição financeira. Já o tipo inserido no art. 20 pressupõe a regular obtenção de financiamento, mas com desvio de finalidade na sua aplicação. Assim, eventualmente, pode-se admitir a absorção do art. 20 pelo art. 19, como vislumbrou a Corte Regional, quando, dentro de um mesmo contexto fático, o desvio de finalidade se apresenta como um exaurimento da conduta delituosa de fraudar a obtenção do financiamento. Ou seja: mais uma vez se está diante de uma ampliação da lesão ao bem jurídico tutelado pela norma, a ensejar a incidência da consunção. REsp 1290073. Rel. Min. Laurita Vaz, julgado em 13/05/2014.

Art. 19 da lei 7.492/86	Art. 20 da lei 7.492/86
A fraude é empregada ***antes*** da obtenção do financiamento.	A fraude é empregada ***após*** a obtenção do financiamento.

6. **Princípio da Especialidade.** O presente tipo penal constitui especialidade em relação ao delito de estelionato previsto no art. 171 do Código Penal, que tem a seguinte redação: "Art. 171 – Obter, para si ou para outrem, vantagem ilícita, em prejuízo alheio, induzindo ou mantendo alguém em erro, mediante artifício, ardil, ou qualquer outro meio fraudulento: Pena – reclusão, de um a cinco anos, e multa"

7. **Consumação.** O delito consuma-se com a efetiva aplicação dos recursos provenientes do financiamento em finalidade diversa da prevista em lei ou no contrato. Trata-se de crime material.

→Aplicação em concurso.

- **Juiz Federal da 5ª Região/2014. CESPE.**

 Considere a seguinte situação hipotética.

 José, produtor rural, obteve financiamento rural aprovado pelo PRONAMP no valor de R$ 380.000,00. Essa quantia deveria ser utilizada, conforme projeto aprovado, na reforma, ampliação e construção de instalações permanentes, na formação de lavouras permanentes, na eletrificação rural e na aquisição de caprinos e ovinos para ampliar produção de laticínios e derivados na região. Ocorre que parte dos recursos foi utilizada na aquisição de camionete cabine dupla 0 km, não prevista no projeto original, para uso na área rural e transporte de insumos. José honrou todas as parcelas do financiamento, e a compra do bem foi verificada na vistoria final do contrato. Nessa situação hipotética, a conduta do produtor rural no que se refere à compra da camionete é atípica por não trazer prejuízos ao sistema financeiro e pelo fato de os investimentos permanecerem na atividade rural original, ainda que a aquisição do bem não estivesse prevista expressamente no contrato.

 A alternativa está errada.

8. **Classificação.** Crime comum; material; comissivo; de dano; instantâneo; admite tentativa.

9. **Suspensão condicional do processo.** Incabível, pois a pena mínima cominada ultrapassa 1 ano (art. 89 da lei 9.099/95).

Art. 21. Atribuir-se, ou atribuir a terceiro, **falsa identidade**, para realização de operação de câmbio:

Pena – Detenção, de 1 (um) a 4 (quatro) anos, e multa.

Parágrafo único. Incorre na mesma pena quem, para o mesmo fim, sonega informação que devia prestar ou presta informação falsa.

1. **Sujeito ativo.** Qualquer pessoa. Trata-se de crime comum.

2. **Sujeito passivo.** O Estado e os eventuais prejudicados com a operação de câmbio.

3. **Atribuir-se ou atribuir a terceiro.** *Atribuir* significa imputar, conferir. Nesse delito o agente confere a si mesmo ou a outrem identidade diversa da verdadeira. O legislador teve por finalidade coibir a realização de operação de câmbio descontrolada, clandestina, o que inviabiliza a sua fiscalização e o controle sobre o numerário que é cambiado em outras moedas.

4. **Operação de câmbio.** É a troca de moedas de países diversos.

5. **Falsa identidade.** Identidade significa qualquer dado identificador da pessoa do agente, abrangendo o nome, o estado civil, a idade, o sexo, a profissão etc. A identidade que o agente atribui a si ou a terceiro pode ser inexistente ou pertencer a outra pessoa.

6. **Utilização de "laranjas" para aquisição de moeda estrangeira.** Trata-se de conduta que configura o presente tipo penal, tendo em vista que "laranjas" são interpostas pessoas que são utilizadas pelo verdadeiro autor do delito para desviar a atenção do órgão fiscalizador, para que ele não tenha a real ciência da identidade de quem está fazendo a operação de câmbio, burlando as regras de compra de moeda estrangeira, entre outras, do limite individual de compra.

▶ **STJ**

INFORMATIVO nº 604

Sexta Turma

Art. 21 da Lei n. 7.492/1986. Utilização de "laranjas" para aquisição de moeda estrangeira. Tipicidade configurada. A utilização de terceiros ("laranjas") para aquisição de moeda estrangeira para outrem, ainda que tenham anuído com as operações, se subsome à conduta tipificada no art. 21 da Lei n. 7.492/1986. Dos autos consta que eram realizadas operações de câmbio em favor de pessoas que se valiam de outras para fins de registro e burla legal, tratando-se os adquirentes registrados de meros "laranjas" em favor daqueles que efetivamente se beneficiavam da aquisição de moeda estrangeira. A conduta prevista no art. 21, Lei n. 7.492/86 (*Atribuir-se, ou atribuir a terceiro, falsa identidade, para realização de operação de câmbio*), pressupõe fraude que tenha o potencial de dificultar ou impossibilitar a fiscalização sobre a operação de câmbio, com o escopo de impedir ou constatar a prática de condutas delitivas diversas, ou mesmo eventuais limites legais para a aquisição de moeda estrangeira. O tipo tem como objetos jurídicos a credibilidade do mercado financeiro e a proteção do investidor. Com efeito, na busca da proteção ao mercado financeiro, é necessário que as operações de câmbio sejam fiscalizadas, sob pena de comprometimento da saúde financeira das instituições, que pode abalar a credibilidade do mercado. Assim, ainda que os terceiros tenham anuído com as operações, tal fato, por si, não é capaz de descaracterizar o tipo penal, pois o bem jurídico restou violado com a dissimulação de esconder a real identidade do adquirente da moeda estrangeira valendo-se da identidade, ainda que verdadeira, de terceiros. **(REsp 1.595.546-PR, Rel. Min. Nefi Cordeiro, julgado em 2/5/2017).**

7. **Especial fim de agir.** Este tipo contém um especial fim de agir na conduta do agente, que consiste na finalidade de realização de operação de câmbio. Ausente essa finalidade específica no momento da conduta, o delito não se configura.

8. **Norma penal em branco.** O presente tipo penal constitui norma penal em branco homogênea homovitelina, uma vez que deve ser complementado pelo art. 1º desta lei para que se determine o significado de instituição financeira.

9. **Princípio da Especialidade.** O presente tipo penal constitui especialidade em relação ao delito de falsa identidade previsto no art. 307 do Código Penal, que tem a seguinte redação: "Art. 307 – Atribuir-se ou atribuir a terceiro falsa identidade para obter vantagem, em proveito próprio ou alheio, ou para causar dano a outrem: Pena – detenção, de três meses a um ano, ou multa, se o fato não constitui elemento de crime mais grave."

10. **Tipo misto alternativo.** Caso o agente pratique mais de uma conduta descrita no tipo penal (caso o agente atribua a si próprio e atribua a terceiro a falsa identidade), responderá por um delito apenas, não havendo concurso de crimes.

11. **Consumação.** O delito consuma-se com a atribuição da falsa identidade, independentemente da obtenção de qualquer vantagem ou da realização da operação de câmbio. Trata-se de crime formal.

12. **Classificação.** Crime comum; formal; comissivo; de perigo abstrato; instantâneo; admite tentativa.

13. **Suspensão condicional do processo.** Cabível, pois a pena mínima cominada não ultrapassa 1 ano (art. 89 da lei 9.099/95).

14. **Parágrafo único. Conduta equiparada.** Sonegação de informação que devia prestar ou prestação de informação falsa.

15. **Sonegar informação ou prestar informação falsa.** O tipo penal contém duas condutas. *Sonegar* é ocultar com fraude, encobrir. *Prestar* a informação consiste em transmiti-la a outrem, fornecê-la. A conduta *sonegar* constitui crime omissivo próprio. A conduta *prestar* constitui crime comissivo. A incriminação comporta duas espécies de informações: verdadeiras e falsas. Na conduta *sonegar* a informação é verdadeira e o agente não a presta, ocultando-a. Na conduta *prestar*, as informações são falsas. Assim, o tipo deve ser interpretado da seguinte forma: sonegar informações verdadeiras ou prestar informações falsas.

16. **Sujeito ativo.** Qualquer pessoa. Trata-se de crime comum.

17. **Sujeito passivo.** O Estado e os eventuais prejudicados com a operação de câmbio.

18. **Especial fim de agir.** Este tipo contém um especial fim de agir na conduta do agente, que consiste na finalidade de realização de operação de câmbio. Ausente essa finalidade específica no momento da conduta, o delito não se configura.

19. **Tipo misto alternativo.** Caso o agente pratique mais de uma conduta descrita no tipo penal (*sonegar* e *prestar*), responderá por um delito apenas, não havendo concurso de crimes.

20. **Princípio da Especialidade.** O presente tipo penal constitui especialidade em relação ao delito de falsidade ideológica previsto no art. 299 do Código Penal, que tem a seguinte redação: "Art. 299 – Omitir, em documento público ou particular, declaração que dele devia constar, ou nele inserir ou fazer inserir declaração falsa ou diversa da que devia ser escrita, com o fim de prejudicar direito, criar obrigação ou alterar a verdade sobre fato juridicamente relevante: Pena – reclusão, de um a cinco anos, e multa, se o documento é público, e reclusão de um a três anos, e multa, se o documento é particular. Parágrafo único – Se o agente é funcionário público, e comete o crime prevalecendo-se do cargo, ou se a falsificação ou alteração é de assentamento de registro civil, aumenta-se a pena de sexta parte."

21. **Consumação.** Na conduta *sonegar* o delito consuma-se com a simples omissão do agente, pois trata-se de crime omissivo próprio. Na conduta *prestar* o delito consuma-se quando a informação falsa chega ao conhecimento do seu destinatário. Trata-se de crime formal.

22. **Classificação.** Crime comum; formal; omissivo próprio na conduta *sonegar* e comissivo na conduta *prestar*; de perigo abstrato; instantâneo; admite tentativa na conduta *prestar*, mas não a admite na conduta *sonegar* por tratar-se de crime omissivo próprio.

23. **Suspensão condicional do processo.** Cabível, pois a pena mínima cominada não ultrapassa 1 ano (art. 89 da lei 9.099/95).

Art. 22. Efetuar operação de câmbio não autorizada, **com o fim de** promover evasão de divisas do País:

Pena – Reclusão, de 2 (dois) a 6 (seis) anos, e multa.

Parágrafo único. Incorre na mesma pena quem, a qualquer título, **promove**, sem autorização legal, a **saída de moeda ou divisa** para o exterior, ou nele **mantiver depósitos não declarados** à repartição federal competente.

1. **Sujeito ativo.** Qualquer pessoa. Trata-se de crime comum.

2. **Sujeito passivo.** O Estado.

3. **Efetuar operação de câmbio não autorizada.** O presente tipo penal prevê três modalidades da prática do delito de evasão de divisas. A conduta descrita no *caput* configura a primeira forma de evasão de divisas. *Efetuar operação de câmbio* significa realizar a troca de moedas pertencentes a países diversos. Todas as operações de câmbio devem ser autorizadas pelo Banco Central. Neste tipo penal, por operação *não autorizada* entenda-se a operação de câmbio feita de forma clandestina, sem a autorização e a fiscalização do Banco Central.

4. **Evasão de divisas.** Evasão significa a saída clandestina, sem passar pela fiscalização das autoridades. Divisas são as moedas estrangeiras, bem como as letras, cheques, ordens de pagamento, entre outras, que sejam conversíveis em moeda estrangeira. Portanto, *evasão de divisas* significa a saída clandestina de moeda do país. Protegem-se, também, com esse delito, as reservas cambiais nacionais.

5. **Especial fim de agir.** Este tipo contém um especial fim de agir na conduta do agente, que consiste na finalidade de promover evasão de divisas do país. Ausente essa finalidade específica no momento da conduta, o delito não se configura.

6. **Consumação.** O delito consuma-se com o fechamento da operação de câmbio, não sendo necessário que a divisa saia efetivamente do país. Trata-se de crime formal.

7. **Classificação.** Crime comum; formal; comissivo; instantâneo; admite tentativa.

8. **Suspensão condicional do processo.** Incabível, pois a pena mínima cominada ultrapassa 1 ano (art. 89 da lei 9.099/95).

9. **Parágrafo único. Condutas equiparadas.** No parágrafo único estão as outras duas modalidades do delito de evasão de divisas.

10. **Parágrafo único. Primeira parte.** Prevê a segunda modalidade de evasão de divisas.

11. Sujeito ativo. Qualquer pessoa. Trata-se de crime comum.

12. Sujeito passivo. O Estado.

13. Promoção, sem autorização legal, da saída de moeda ou divisa para o exterior. O verbo *promover* significa dar causa, executar, dar origem a algo. Nesta modalidade de evasão de divisas, o agente efetivamente concretiza a saída da moeda ou da divisa do país sem estar autorizado a tal. Trata-se efetivamente da saída clandestina de moeda do país. O fim do legislador foi proteger as reservas cambiais nacionais por meio da incriminação da remessa clandestina de dinheiro para o exterior, sem passar pela fiscalização do Banco Central. É perfeitamente possível o envio de moeda ao exterior, desde que feita de forma lícita sob o controle e a fiscalização do Banco Central. O que a incriminação abarca é a promoção de evasão de divisas para o exterior de forma clandestina. Naturalmente, o agente deve ter o dolo de efetivar a saída de dinheiro para o exterior de forma clandestina. Ausente esse dolo a conduta é atípica.

▶ **STJ**

INFORMATIVO nº 430.

Sexta Turma.

EVASÃO. DIVISAS. TRANSFERÊNCIA REGULAR.

O paciente e outras pessoas foram acusados de remeter mais de R$ 10 milhões pertencentes a uma sociedade empresária para conta de sua subsidiária situada no exterior, mediante a suposta máscara de empréstimo bancário (contratos de *loan agreement)*, o que caracterizaria a evasão de divisas do art. 22, parágrafo único, da Lei n. 7.492/1986. Sucede que, tal como consta dos documentos acostados aos autos, tanto o Banco Central quanto a Receita Federal sequer detectaram irregularidades nessas transferências internacionais, a impor que se conceda a ordem para extinguir a ação penal com extensão a todos os acusados, tal como o fez a Turma ao prosseguir o julgamento. **HC 76.336-SP, Rel. Min. Nilson Naves, julgado em 15/4/2010.**

14. Formas de saída. A saída de divisas do país pode ocorrer de forma física ou de forma escritural, normalmente pelo sistema denominado "dolar-cabo". Por meio desse sistema, alguém (normalmente um doleiro) recebe uma determinada quantia de outrem em reais no Brasil e, no exterior, deposita o equivalente em dólar na conta da mesma pessoa que entregou o montante em reais. Ou seja, o dinheiro não sai fisicamente do Brasil, e sim deposita-se o equivalente no exterior. Isso é a saída escritural, também configuradora desse delito.

▶ **STJ**

(...) LEI N. 7.492/1986. CRIMES CONTRA O SISTEMA FINANCEIRO NACIONAL. DÓLAR-CABO. EVASÃO DE DIVISAS. FIDÚCIA. OPERAÇÃO DE CÂMBIO NÃO AUTORIZADA. TIPIFICAÇÃO (...). 1. Conceitualmente, a denominada operação dólar-cabo envolve transações com moeda estrangeira à margem do conhecimento dos órgãos oficiais. Em outros termos, trata-se de um sistema alternativo e paralelo ao sistema bancário ou financeiro chamado de tradicional, de remessa de valores, por intermédio de um sistema de compensações, o qual tem por base a fidúcia. 2. As divisas circulam em um determinado território, sem entrar ou sair efetivamente de um país, de forma escritural, o que pode ocorrer das mais diversas formas. REsp 1390827. Rel. Min. Sebastião Reis Júnior, julgado em 04/09/2014.

15. Remessa de mercadoria ao exterior. Não configura esse delito, uma vez que a incriminação abarca somente divisas, e não mercadorias.

▶ STJ

(...) CRIME CONTRA O SISTEMA FINANCEIRO NACIONAL. EVASÃO DE DIVISAS. EXPORTAÇÃO DE MERCADORIAS. AUSÊNCIA DE COMPROVAÇÃO DE INGRESSO DE MOEDA ESTRANGEIRA NO PAÍS. ART. 22, PARÁGRAFO ÚNICO, DA LEI Nº 7.492/86. INADEQUAÇÃO TÍPICA. 1. A conduta de promover a saída de mercadorias para o exterior (exportação), sem comprovar o ingresso no País da moeda estrangeira correspondente, por estabelecimento autorizado a operar em câmbio, não se enquadra na figura típica prevista no art. 22, parágrafo único, da Lei nº 7.492/86. 2. O que se proíbe com o referido dispositivo legal é a saída de moedas ou divisas do país, não podendo ser abarcada nessa previsão a remessa de mercadorias, tampouco a ausência de internalização do montante recebido, sob pena de se promover nítida interpretação ampliativa, inadmissível na seara criminal, regida pelos princípios da legalidade estrita e da taxatividade. 3. Recurso ordinário em habeas corpus a que se dá provimento para trancar a ação penal de que se cuida. RHC 34059. Rel. Min. Og Fernandes, julgado em 19/03/2013.

16. Ingresso de divisas no Brasil. O Ingresso de divisas no Brasil é conduta atípica, em homenagem ao princípio da legalidade.

17. Dosimetria da pena. Organização criminosa. O tipo penal ora comentado é de livre execução, de forma que a remessa de divisas ao exterior pode ser praticada de qualquer forma. De acordo com a jurisprudência do STJ, o fato de a remessa de divisas para o exterior ser praticado por meio de organização criminosa estruturada pode ser utilizado para aumentar a pena-base do delito, como fundamento no elemento "circunstâncias" previsto no art. 59 do Código Penal.

▶ STJ

INFORMATIVO nº 578

Sexta Turma

DIREITO PENAL. COMPLEXIDADE DO ESQUEMA CRIMINOSO COMO CIRCUNSTÂNCIA NEGATIVA NA DOSIMETRIA DA PENA DO CRIME DE EVASÃO DE DIVISAS.

Na fixação da pena do crime de evasão de divisas (art. 22, parágrafo único, da Lei n. 7.492/1986), o fato de o delito ter sido cometido por organização criminosa complexa e bem estrutura pode ser valorado de forma negativa a título de circunstâncias do crime. Apesar de a Quinta Turma do STJ, no HC 123.760-SP (DJe 28/11/2011) ter decidido que a sofisticação e a complexidade do esquema voltado à prática de operações financeiras clandestinas não poderiam ser consideradas circunstâncias judiciais desfavoráveis, pois seriam ínsitas ao tipo penal, tal entendimento não deve prosperar. Isso porque a evasão de divisas pode ser praticada de diversas formas, desde meios muito rudimentares – como a simples saída do país com porte de dinheiro em valor superior a dez mil reais sem comunicação às autoridades brasileiras – até a utilização de complexos esquemas de remessas clandestinas. Assim, não parece justo apenar da mesma forma condutas tão distintas como a mera saída física com valores não declarados e um sofisticado esquema de remessa ilícita, sendo correta, neste último caso, a valoração negativa da vetorial das circunstâncias do delito na fixação da pena-base do delito de evasão de divisas. REsp 1.535.956-RS, **Rel. Min. Maria Thereza de Assis Moura, julgado em 1º/3/2016, DJe 9/3/2016.**

18. **Operação "dólar-cabo." Saída virtual do dinheiro do país por meio de transferência bancária. Princípio da insignificância.** O art. 65 da lei 9.069/95 dispõe que a entrada ou a saída de moeda nacional ou estrangeira do país deve ser realizada exclusivamente por meio de instituição autorizada a operar no mercado de câmbio, excepcionando o porte, em espécie, de valor até R$ 10.000,00. Assim, o delito ora comentado pode ser praticado de duas formas: evasão física do dinheiro ou evasão virtual, essa última podendo realizar-se por meio de transferência bancária (operação denominada "dólar-cabo"). Em relação à saída física do dinheiro, como dito, há exceção legal possibilitando a saída de valor até R$ 10.000,00 em espécie, caso em que não estará configurado esse delito. Contudo, tal exceção não se aplica à saída virtual. Portanto, a saída virtual de moeda do país, por meio da operação "dólar-cabo", de forma ilícita, configura o delito ora comentado e, mesmo que o valor não supere R$ 10.000,00, não pode ser considerada insignificante, não incidindo o princípio da insignificância.

▶ **STJ**

INFORMATIVO nº 578

Sexta Turma

DIREITO PENAL. OPERAÇÕES "DÓLAR-CABO" E PRINCÍPIO DA INSIGNIFICÂNCIA.

Nos casos de evasão de divisas praticada mediante operação do tipo "dólar-cabo", não é possível utilizar o valor de R$ 10 mil como parâmetro para fins de aplicação do princípio da insignificância. Conforme entendimento adotado pelo STF na AP 470, as transações conhecidas como operações "dólar-cabo" – nas quais são efetuados pagamentos em reais no Brasil, com o objetivo de disponibilizar, por meio de quem recebe tal pagamento, o respectivo montante em moeda estrangeira no exterior – preenchem os elementos do delito de evasão de divisas, na forma do art. 22, parágrafo único, primeira parte, da Lei n. 7.492/1986, que tipifica a conduta daquele que, "a qualquer título, promove, sem autorização legal, a saída de moeda ou divisa para o exterior". As regras que disciplinam a transferência internacional de valores – e que, portanto, estabelecem o significado de saída de divisa ou moeda sem autorização legal – são diversas em relação à saída física e à saída eletrônica. Para bem compreender tais diferenças, transcreve-se integralmente o art. 65 da Lei n. 9.069/1995, com a redação vigente à época dos fatos: "Art. 65. O ingresso no País e a saída do País, de moeda nacional e estrangeira serão processados exclusivamente através de transferência bancária, cabendo ao estabelecimento bancário a perfeita identificação do cliente ou do beneficiário. § 1º Excetua-se do disposto no *caput* deste artigo o porte, em espécie, dos valores: I – quando em moeda nacional, até R$ 10.000,00 (dez mil reais); II – quando em moeda estrangeira, o equivalente a R$ 10.000,00 (dez mil reais); III – quando comprovada a sua entrada no País ou sua saída do País, na forma prevista na regulamentação pertinente. § 2º O Conselho Monetário Nacional, segundo diretrizes do Presidente da República, regulamentará o disposto neste artigo, dispondo, inclusive, sobre os limites e as condições de ingresso no País e saída do País da moeda nacional. § 3º A não observância do contido neste artigo, além das sanções penais previstas na legislação específica, e após o devido processo legal, acarretará a perda do valor excedente dos limites referidos no § 1º deste artigo, em favor do Tesouro Nacional". O referido dispositivo excetua apenas o porte, em espécie, do valor de até R$ 10 mil ou o equivalente em moeda estrangeira, além de remeter ao estabelecimento de outras hipóteses, na forma prevista na regulamentação pertinente. Assim, não prospera a tese de que deve ser considerado atípico o envio de moeda ou divisas ao exterior se o volume de cada operação não exceder a R$ 10 mil. Isso porque, em primeiro lugar, ressalvada a hipótese do porte de valores em espécie, o ingresso no país e a saída do país, de moeda nacional e estrangeira "serão processados exclusivamente através de transferência bancária, cabendo ao estabelecimento bancário a perfeita identificação do cliente ou do beneficiário" (art. 65, *caput*, da Lei n. 9.069/1995). Ou seja, a legislação excepcionou, em relação ao valor inferior a R$ 10 mil (ou seu equivalente em moeda estrangeira), apenas a saída física de moeda. No caso de transferência eletrônica, saída meramente escritural da moeda, a lei exige, de forma exclusiva, o processamento através do sistema bancário, com perfeita identificação do cliente ou beneficiário. Além disso, no caso da transferência clandestina internacional, por meio de operações do tipo "dólar-cabo" ou equivalente, existe uma facilidade muito grande na realização de centenas ou até milhares de operações fragmentadas sequenciais. É muito mais simples do que a transposição física, por diversas vezes, das fronteiras do país com valores inferiores a R$ 10 mil. Admitir a atipicidade das operações do tipo "dólar-cabo" com valores inferiores a R$ 10 mil é fechar a janela, mas deixar a porta aberta para a saída clandestina de divisas. REsp 1.535.956-RS, **Rel. Min. Maria Thereza de Assis Moura, julgado em 1º/3/2016, DJe 9/3/2016.**

19. **Consumação.** O delito consuma-se com a efetiva saída da moeda ou da divisa do país. Trata-se de crime material.

20. **Classificação.** Crime comum; material; comissivo; instantâneo; admite tentativa.

21. **Suspensão condicional do processo.** Incabível, pois a pena mínima cominada ultrapassa 1 ano (art. 89 da lei 9.099/95).

22. **Parágrafo único. Segunda parte.** Prevê a terceira modalidade de evasão de divisas.

23. **Sujeito ativo.** Qualquer pessoa. Trata-se de crime comum.

24. **Sujeito passivo.** O Estado.

25. **Manter depósitos no exterior não declarados à repartição federal competente.** *Manter* significa conservar, preservar algo no estado em que se encontre. Nessa última modalidade de evasão de divisas, o agente não efetua operação de câmbio (conduta do *caput*) e não promove a saída de divisas do país clandestinamente (conduta do parágrafo único, 1ª parte). Na realidade, as divisas já se encontram no exterior e o agente apenas as mantém lá, só que de forma clandestina. É perfeitamente

possível a manutenção de divisas no exterior, desde que feita de forma lícita, sob o controle e a fiscalização do Banco Central. Nada impede, portanto, que uma pessoa receba um dinheiro no exterior, como remuneração de um trabalho ou fruto de uma herança, e mantenha esse dinheiro lá. O que essa modalidade de delito incrimina é a manutenção ilegal, clandestina. A manutenção de divisas no exterior assume caráter habitual para fins dessa incriminação. Assim, a manutenção deve ser feita de forma reiterada, de forma que a eventual manutenção de valores no exterior não é suficiente para a configuração deste delito. Além disso, a manutenção de divisas no exterior constitui crime permanente.

26. **Depósitos.** A expressão depósitos denota a forma de manutenção das divisas no exterior, normalmente depositadas em alguma instituição financeira.

27. **Repartição Federal competente.** Banco Central e Receita Federal.

28. **Consumação.** O delito consuma-se com a simples manutenção dos valores no exterior de forma reiterada. Trata-se de crime formal.

29. **Classificação.** Crime comum; formal; comissivo; habitual; permanente; não admite tentativa por ser delito habitual.

30. **Suspensão condicional do processo.** Incabível, pois a pena mínima cominada ultrapassa 1 ano (art. 89 da lei 9.099/95).

31. **Concurso de crimes.** Caso o agente efetue operação de câmbio com o fim de promover evasão de divisas (1ª modalidade), depois efetivamente promova a saída clandestina das divisas para o exterior (2ª modalidade), haverá apenas um delito, tendo em vista que o bem jurídico protegido pelas duas condutas é o mesmo, de forma que a segunda conduta será considerada *post factum* impunível. Da mesma forma, caso o agente efetue a remessa de divisas ao exterior (2ª modalidade) e depois as mantenha no exterior, sem declarar à repartição federal competente (3ª modalidade), a solução é idêntica pelos mesmos fundamentos.

Evasão de divisas.		
1ª modalidade. Art. 22, *caput*.	**2ª modalidade. Art. 22, parágrafo único, 1ª parte.**	**3ª modalidade. Art. 22, parágrafo único, 2ª parte.**
Efetuar operação de câmbio não autorizada, com o fim de promover evasão de divisas do país.	**Promover a saída clandestina de divisas do país.**	**Manter depósitos clandestinos no exterior.**

32. **Extinção da punibilidade com base no Regime Especial de Regularização Cambial e Tributária (RERCT).** A lei 13.254/2016 estatuiu o Regime Especial de Regularização Cambial e Tributária (RERCT) e positivou no art. 5, § 1º, uma causa de extinção da punibilidade em relação ao presente tipo penal. Esse Regime Especial consiste na regularização por meio da declaração voluntária de recursos, bens ou direitos de origem lícita, não declarados ou declarados com omissão ou incorreção em relação a dados essenciais, remetidos ou mantidos no exterior, ou repatriados por residentes ou domiciliados no país, conforme a legislação cambial ou tributária. Segundo o art. 2º, II, dessa lei, consideram-se recursos ou patrimônio de origem lícita: os

bens e os direitos adquiridos com recursos oriundos de atividades permitidas ou não proibidas pela lei, bem como o objeto, o produto ou o proveito dos crimes previstos no § 1º, do art. 5º, da mesma lei.

A adesão ao RERCT dá-se por meio da apresentação, pela pessoa física ou jurídica, à Secretaria da Receita Federal do Brasil (RFB) e, em cópia para fins de registro, ao Banco Central do Brasil da ***declaração única de regularização específica*** contendo a descrição pormenorizada dos recursos, bens e direitos de qualquer natureza de que seja titular em 31 de dezembro de 2014 a serem regularizados, com o respectivo valor em real, ou, no caso de inexistência de saldo ou título de propriedade em 31 de dezembro de 2014, a descrição das condutas praticadas pelo declarante que se enquadrem nos crimes previstos no § 1º, do art. 5º, da lei e dos respectivos bens e recursos que possuiu (art. 4º da lei 13.254/2016).

Por sua vez, o art. 5º da lei 13.254/2016 traz a hipótese de extinção da punibilidade, especificamente em seu § 1º. Eis a sua redação: "*a adesão ao programa dar-se-á mediante entrega da declaração dos recursos, bens e direitos sujeitos à regularização prevista no caput do art. 4º e pagamento integral do imposto previsto no art. 6º e da multa prevista no art. 8º desta Lei.* ***§ 1º O cumprimento das condições previstas no caput antes de decisão criminal extinguirá, em relação a recursos, bens e direitos a serem regularizados nos termos desta Lei, a punibilidade dos crimes a seguir previstos, praticados até a data de adesão ao RERCT:*** *I – no art. 1º e nos incisos I, II e V do art. 2º da Lei nº 8.137, de 27 de dezembro de 1990; II – na Lei nº 4.729, de 14 de julho de 1965; III – no art. 337-A do Decreto-Lei nº 2.848, de 7 de dezembro de 1940 (Código Penal); IV – nos seguintes arts. do Decreto-Lei nº 2.848, de 7 de dezembro de 1940 (Código Penal), quando exaurida sua potencialidade lesiva com a prática dos crimes previstos nos incisos I a III: a) 297; b) 298; c) 299; d) 304; V – (vetado); VI – no caput e no parágrafo único do art. 22 da Lei nº 7.492, de 16 de junho de 1986; VII – no art. 1º da Lei nº 9.613, de 3 de março de 1998, quando o objeto do crime for bem, direito ou valor proveniente, direta ou indiretamente, dos crimes previstos nos incisos I a VI; VIII – (vetado). § 2º A extinção da punibilidade a que se refere o § 1º: I – (vetado); II – somente ocorrerá se o cumprimento das condições se der antes do trânsito em julgado da decisão criminal condenatória; III – produzirá, em relação à administração pública, a extinção de todas as obrigações de natureza cambial ou financeira, principais ou acessórias, inclusive as meramente formais, que pudessem ser exigíveis em relação aos bens e direitos declarados, ressalvadas as previstas nesta Lei. § 3º (vetado). § 4º (vetado). § 5º Na hipótese dos incisos V e VI do § 1º, a extinção da punibilidade será restrita aos casos em que os recursos utilizados na operação de câmbio não autorizada, as divisas ou moedas saídas do País sem autorização legal ou os depósitos mantidos no exterior e não declarados à repartição federal competente possuírem origem lícita ou forem provenientes, direta ou indiretamente, de quaisquer dos crimes previstos nos incisos I, II, III, VII ou VIII do § 1º.*" (grifamos).

Em relação ao rol de crimes contidos no art. 5º, § 1º, duas observações merecem ser feitas: a lei nº 4.729/1965 está tacitamente revogada pela lei 8.137/1990; em relação ao art. 1º da lei nº 9.613/1998 (Lavagem de Dinheiro), o rol de incisos foi suprimido pela lei 12.683/2012, não existindo mais.

Como é possível perceber, conforme a redação do art. 5º, § 1º, da lei 13.254/2016, a adesão ao RERCT nos moldes preconizados no art. 4º da mesma lei tem o condão de extinguir a punibilidade do agente.

Em relação a essa causa de extinção da punibilidade, alguns pontos merecem destaque. Em primeiro lugar, há um limite temporal para a efetivação da adesão ao RERCT (art. 4º) e o cumprimento das demais condições dispostas no art. 5º, *caput*, da lei, que é o trânsito em julgado da sentença penal condenatória (art. 5º, § 2º, II). E mais: a adesão ao RERCT deve feita no prazo disposto no art. 7º da lei (*"a adesão ao RERCT poderá ser feita no prazo de 210 (duzentos e dez) dias, contado a partir da data de entrada em vigor do ato da RFB de que trata o art. 10, com declaração da situação patrimonial em 31 de dezembro de 2014 e o consequente pagamento do tributo e da multa"*).

Em segundo lugar, o art. 5º, § 5º, traz uma restrição da extinção da punibilidade para o caso especificamente do delito de evasão de divisas, ora por nós comentado, ao dispor que *"a extinção da punibilidade será restrita aos casos em que os recursos utilizados na operação de câmbio não autorizada, as divisas ou moedas saídas do País sem autorização legal ou os depósitos mantidos no exterior e não declarados à repartição federal competente possuírem origem lícita ou forem provenientes, direta ou indiretamente, de quaisquer dos crimes previstos nos incisos I, II, III, VII ou VIII do § 1º."*

Em terceiro lugar, a *declaração única de regularização específica* de que trata o art. 4º da lei 13.254/2016 não pode ser, por qualquer modo, utilizada como único indício ou elemento para efeitos de expediente investigatório ou procedimento criminal (art. 4º, § 12, I, da lei 13.254/2016). Com isso, o legislador procurou impedir que a confissão espontânea do agente sirva como elemento que possa, por si só, deflagrar a persecução penal contra ele, sob pena de tornar a regularização desinteressante para o agente, que se virá alvo de investigação criminal a partir das suas declarações.

Em quarto lugar, a regularização de ativos mantidos em nome de interposta pessoa, normalmente conhecida como "laranja" ou "testa de ferro", técnica utilizada para ocultar o verdadeiro proprietário, estenderá a ela a extinção da punibilidade prevista no § 1º, do art. 5º, da lei 13.254/2016. O legislador trouxe a possibilidade de extensão da extinção da punibilidade para a interposta pessoa como forma de incentivar a regularização dos ativos mantidos em seu nome e descobrir o real proprietário dos ativos.

Em quinto lugar, conforme preconiza o art. 5º, § 1º, IV, da lei 13.254/2016, ocorre a extinção da punibilidade em relação aos delitos de falsificação de documento público (art. 297 do Código Penal), falsificação de documento particular (art. 298 do Código Penal), falsidade ideológica (art. 299 do Código Penal) e uso de documento falso (art. 304 do Código Penal), quando a potencialidade lesiva desses delitos exaurir-se no delito previsto no art. 1º e no art. 2º, I, II e V, da lei 8.137/1990, bem como no delito previsto no art. 337-A do Código Penal. Essa previsão deve-se ao fato de que cada um desses delitos de falsidade muitas vezes configura meio para a prática desses últimos delitos e fica absorvido por força do princípio da consunção, na vertente do crime progressivo, configurando, dessa forma, *ante factum* impunível, quando a sua potencialidade lesiva esgotar-se nos crimes contra a ordem tributária (lei 8.137/1990) e de sonegação de contribuição previdenciária (art. 337-A do Código Penal). É bem verdade que caso haja a extinção da punibilidade em relação ao crime contra a ordem tributária (lei 8.137/1990) e ao delito de sonegação de contribuição previdenciária (art. 337-A do Código Penal), o delito de falso não pode subsistir, justamente por já ter sido absorvido. Entretanto, para evitar qualquer entendimento diverso a ser eventualmente adotado na prática, fazendo com que o delito de falso subsista, o legislador determinou expressamente a extinção da punibilidade também em relação a essas falsidades, desde que a potencialidade lesiva deles tenha sido exaurida nos crimes contra a ordem tributária (art. 1º e art. 2º, I, II e V, da lei 8.137/1990) e de sonegação de contribuição previdenciária (art. 337-A do Código Penal), de forma a não subsistir responsabilidade penal alguma.

Art. 23. Omitir, retardar ou praticar, o funcionário público, **contra disposição expressa de lei, ato de ofício** necessário ao regular funcionamento do sistema financeiro nacional, bem como a preservação dos interesses e valores da ordem econômico-financeira:

Pena – Reclusão, de 1 (um) a 4 (quatro) anos, e multa.

Art. 24. (VETADO).

1. **Sujeito ativo.** O funcionário público. Trata-se de crime próprio.
2. **Sujeito passivo.** O Estado e a pessoa eventualmente prejudicada.
3. **Omitir, retardar ou praticar.** *Omitir* significa deixar de praticar. *Retardar* consiste em atrasar, não praticar a conduta no tempo devido. *Praticar* é cometer, efetivar, levar a efeito. As duas primeiras condutas constituem crimes omissivos próprios. A conduta *praticar* constitui crime comissivo. Este delito consiste na violação do dever funcional por parte do funcionário público.
4. **Ato de ofício contra disposição expressa de lei.** Ato de ofício é o ato que está inserido legalmente dentro das atribuições do agente. Caso o ato omitido, retardado ou praticado não seja de atribuição do sujeito ativo desse delito, o crime não se configura. Ademais, pela expressão *lei* devemos entender lei em sentido formal. Logo, se o ato omitido, retardado ou praticado contrariar expressamente outra espécie normativa, como decreto, portaria, medida provisória ou qualquer outro que não seja uma lei em sentido formal, esse delito não estará configurado.
5. **Norma penal em branco.** O presente tipo penal constitui norma penal em branco homogênea, pois deve ser complementado pela lei que prevê expressamente o dever de ofício do autor desse delito, a depender do caso concreto.
6. **Princípio da Especialidade.** O presente tipo penal constitui especialidade em relação ao delito de prevaricação previsto no art. 319 do Código Penal, que tem a seguinte redação: "Art. 319 – Retardar ou deixar de praticar, indevidamente, ato de ofício, ou praticá-lo contra disposição expressa de lei, para satisfazer interesse ou sentimento pessoal: Pena – detenção, de três meses a um ano, e multa."

7. **Tipo misto alternativo.** Caso o agente pratique mais de uma conduta descrita no tipo penal (omitir, retardar e praticar), responderá por um delito apenas, não havendo concurso de crimes.

8. **Consumação.** Nas condutas *omitir* e *retardar,* o delito consuma-se com a simples omissão do agente, tendo em vista que configuram crimes omissivos próprios. Na conduta *praticar,* com a efetiva prática do ato de ofício. Trata-se de crime formal.

9. **Classificação.** Crime próprio; formal; omissivo próprio nos verbos *omitir* e *retardar* e comissivo no verbo *praticar*; instantâneo; não admite tentativa nas condutas *omitir* e *retardar* por configurarem crimes omissivos próprios, mas admite tentativa na conduta *praticar.*

10. **Suspensão condicional do processo.** Cabível, pois a pena mínima cominada não ultrapassa 1 ano (art. 89 da lei 9.099/95).

→Aplicação em concurso.

- **(TRF 4 – Juiz Federal Substituto 4ª região/2012)**

Dadas as assertivas abaixo, assinale a alternativa correta.

III. Funcionário público que pratica, omite ou retarda, contra expressa disposição de lei, ato de ofício necessário à preservação dos interesses e valores da ordem econômico-financeira comete crime tipificado na Lei nº 7.492/1986 (Lei dos Crimes contra o Sistema Financeiro Nacional).

A alternativa está certa.

DA APLICAÇÃO E DO PROCEDIMENTO CRIMINAL

Art. 25. São penalmente responsáveis, nos termos desta lei, o **controlador** e os **administradores** de instituição financeira, assim considerados os diretores, gerentes (Vetado).

§ 1º **Equiparam-se** aos administradores de instituição financeira (Vetado) o interventor, o liqüidante ou o síndico.

§ 2º Nos crimes previstos nesta Lei, cometidos em quadrilha ou co-autoria, o co-autor ou partícipe que através de **confissão espontânea** revelar à autoridade policial ou judicial toda a trama delituosa terá a sua pena reduzida de um a dois terços. (Incluído pela Lei nº 9.080, de 19.7.1995)

1. **Atribuição de responsabilidade penal.** O *caput* do presente artigo fez uma previsão desnecessária, ao estabelecer a responsabilidade penal do controlador e dos administradores da instituição financeira. O § 1º equiparou o interventor, o liquidante e o administrador judicial à figura do administrador, norma também desnecessária. Isso porque a responsabilidade penal de cada pessoa que concorra para o delito está prevista no tipo penal e depende do caso concreto. Não é necessário que um dispositivo da lei estabeleça quais são os responsáveis pelo delito. A regra geral é que qualquer pessoa possa ser autor da infração penal, como ocorre nos crimes

comuns. Quando o legislador quiser uma condição específica do agente, ele exige expressamente, como ocorre nos chamados crimes próprios. Mesmo outras pessoas que não figuram no art. 25 podem ter responsabilidade penal, seja como coautores, seja como partícipes, à luz do art. 30 do Código Penal, a depender do caso concreto, independentemente da previsão contida nesse dispositivo legal.

▶ **STJ**

INFORMATIVO nº 506.

Sexta Turma.

DIREITO PENAL. GESTÃO TEMERÁRIA. PARECER OPINATIVO. PARTICIPAÇÃO. VÍNCULO SUBJETIVO.

É possível imputar àquele que emitiu parecer opinativo favorável à realização de determinado investimento a participação em crime de gestão temerária, desde que demonstrado o vínculo subjetivo entre o agente e o fato delituoso. É próprio o crime de gestão temerária, previsto no art. 4º, parágrafo único, da Lei n. 7.492/1986 (Lei dos Crimes contra o Sistema Financeiro Nacional). Dessa forma, exige, para a sua realização, especial condição do agente, descrita no art. 25 da citada lei, qual seja, que o agente tenha poderes de gestão na empresa, poderes especiais ligados à administração, controle ou direção da empresa. Entretanto, não se pode deixar de atentar para o caso em que terceiras pessoas não elencadas no rol do art. 25 da referida lei concorrem de alguma forma para a prática do crime. Nesses casos, aplica-se a norma de extensão prevista no art. 29 do Código Penal, segundo a qual, "quem, de qualquer modo, concorre para o crime incide nas penas a este cominadas, na medida de sua culpabilidade". É indeclinável que se demonstre o nexo de causalidade entre a conduta da terceira pessoa e a realização do fato típico. Esse nexo exige a presença do elemento subjetivo, consubstanciado na consciência de que sua conduta, mediante ajuste de vontades, é voltada para a ocorrência do resultado que a lei visa reprimir. **RHC 18.667-DF, Rel. Min. Og Fernandes, julgado em 9/10/2012.**

2. **Denúncia nos crimes societários.** Os delitos contra o Sistema Financeiro Nacional são classificados como *crimes de gabinete* ou *crimes societários,* uma vez que são delitos praticados a portas fechadas, dentro de gabinetes, salas etc., dificultando a descrição na denúncia da *exposição do fato criminoso, com todas as suas circunstâncias,* conforme exigido pelo art. 41 do Código de Processo Penal. Para evitar a inviabilização da persecução penal, a jurisprudência do STF e do STJ permite que a denúncia descreva o fato criminoso sem individualizar a conduta do agente com todas as suas circunstâncias, mitigando o art. 41 do Código de Processo Penal. Entretanto, embora essa mitigação seja possível, a denúncia não pode deixar de descrever o *nexo de imputação,* a *vinculação mínima* entre a conduta do agente e o delito praticado, que significa descrever como o agente concorreu para a prática do delito, isso é, de que forma o agente que está denunciado teria concorrido para a prática da infração penal. Não se exige a descrição detalhada da conduta delituosa em todas as suas circunstâncias, mas um mínimo de nexo de imputação deve ser descrito na denúncia.

▶ **STF**

INFORMATIVO nº 758

Segunda Turma

Crime societário e recebimento da denúncia

A 2ª Turma recebeu, em parte, denúncia oferecida contra deputado federal pela suposta prática dos crimes previstos no art. 55 da Lei 9.605/1998 (...) e no art. 2º da Lei 8.176/1991 (...). Com relação ao crime previsto no art. 2º da Lei 8.176/1991, o Colegiado recebeu a denúncia. Consignou, primeiramente, que a jurisprudência do STF seria no sentido de que, mesmo em relação aos delitos societários, a denúncia deveria conter, ainda que minimamente, a descrição individualizada da conduta supostamente praticada pela pessoa física dela integrante. Acrescentou que seria suficiente, para a aptidão da denúncia por crimes societários, a indicação, na peça acusatória, de que a pessoa física denunciada tivesse participação na gestão da pessoa jurídica, e que não fosse infirmada, de plano, pelo ato constitutivo desta última, a responsabilidade daquela na condução da sociedade. (...). Inq 3644/AC, rel. Min. Cármen Lúcia, 9.9.2014.

▶ **STJ**

(...) CRIMES CONTRA O SISTEMA FINANCEIRO NACIONAL (ARTIGO 5º, CAPUT E PARÁGRAFO ÚNICO, DA LEI 7.492/1986) (...). Nos chamados crimes societários, embora a vestibular acusatória não possa ser de todo genérica, é válida quando, apesar de não descrever minuciosamente as atuações individuais dos acusados, demonstra um liame entre o seu agir e a suposta prática delituosa, estabelecendo a plausibilidade da imputação e possibilitando o exercício da ampla defesa, caso em que se consideram preenchidos os requisitos do artigo 41 do Código de Processo Penal. RHC 49497. Rel. Min. Jorge Mussi, julgado em 07/10/2014.

▶ **STJ**

INFORMATIVO nº 475.

Quinta Turma.

CRIMES. SFN. GESTÃO FRAUDULENTA.

In casu, os recorrentes e outros foram condenados pelos crimes previstos nos arts. 4º, *caput*, 5º, *caput*, e 7º, III, c/c o art. 25 da Lei n. 7.492/1986 em concurso material (...). Observou-se que este Superior Tribunal, na linha do entendimento do STF, tem decidido que, nos crimes de autoria coletiva, é prescindível a descrição minuciosa e individualizada da ação de cada acusado, bastando a narrativa das condutas delituosas e da suposta autoria, com elementos suficientes para garantir o direito à ampla defesa e ao contraditório, tal como verificado na hipótese. (...). **REsp 946.653-RJ, Rel. Min. Laurita Vaz, julgado em 2/6/2011.**

3. **Condição de controlador ou de administrador e responsabilidade penal.** A mera condição de controlador ou de administrador não é, por si só, suficiente para caracterizar a responsabilidade penal do agente, devendo haver prova de que o agente concorreu efetivamente para a prática da infração penal, sob pena de caracterização de responsabilidade penal objetiva.

▶ **STF**

INFORMATIVO Nº 607

Primeira Turma.

Delitos Societários – Acusação Genérica – Inadmissibilidade (Transcrições)

EMENTA: CRIME CONTRA A ORDEM TRIBUTÁRIA. IMPUTAÇÃO PENAL DEDUZIDA CONTRA SÓCIOS DA EMPRESA. ACUSAÇÃO QUE DEVE NARRAR, *DE MODO INDIVIDUALIZADO*, A CONDUTA ESPECÍFICA QUE VINCULA CADA SÓCIO AO EVENTO SUPOSTAMENTE DELITUOSO. A QUESTÃO *DOS DELITOS SOCIETÁRIOS* E A INADMISSÍVEL FORMULAÇÃO DE ACUSAÇÕES GENÉRICAS. OFENSA AOS POSTULADOS CONSTITUCIONAIS DA PLENITUDE DE DEFESA E DA PRESUNÇÃO DE INOCÊNCIA. MEDIDA CAUTELAR DEFERIDA. – A invocação da condição de sócio e/ou de administrador de organização empresarial, sem a correspondente e individualizada descrição de determinada conduta típica que os vincule, *de modo concreto*, ao evento alegadamente delituoso, não se revela fator suficiente apto a justificar, *nos delitos societários*, a formulação de acusação estatal genérica ou a prolação de sentença penal condenatória. Precedentes (STF). (HC 105953 MC/SP). Relator. Min. Celso de Mello, julgado em 11/11/20110.

4. **§ 2º. Delação premiada.** Exige-se que o delito tenha sido praticado na modalidade de associação criminosa (embora o artigo disponha "quadrilha", o delito do art. 288 do Código Penal passou a ter o *nomen juris* de associação criminosa, com a redação que lhe deu a lei 12.850/2013). Note-se que a delação alcança qualquer concorrente para o delito, isso é, tanto o coautor, quanto o partícipe. Além disso, o legislador exigiu que a delação fosse espontânea, não bastando que seja voluntária. Tendo em vista que segundo a redação legal o delator "terá" a sua pena reduzida, cremos que a redução da pena constitui uma obrigação para o julgador, caso preenchidos os requisitos legais, e não uma faculdade.

Art. 26. A ação penal, nos crimes previstos nesta lei, será promovida pelo Ministério Público Federal, **perante a Justiça Federal.**

Parágrafo único. Sem prejuízo do disposto no art. 268 do Código de Processo Penal, aprovado pelo Decreto-lei nº 3.689, de 3 de outubro de 1941, será admitida a **assistência da Comissão de Valores Mobiliários - CVM**, quando o crime tiver sido praticado no âmbito de atividade sujeita à disciplina e à fiscalização dessa Autarquia, e do **Banco Central do Brasil** quando, fora daquela hipótese, houver sido cometido na órbita de atividade sujeita à sua disciplina e fiscalização.

1. **Competência da Justiça Federal.** O *caput* do dispositivo determina a competência da Justiça Federal para o processo e o julgamento dos crimes contra o Sistema Financeiro Nacional, dando cumprimento ao comando constitucional contido no art. 109, VI, da CR/88: "Art. 109. Aos juízes federais compete processar e julgar: VI – os crimes contra a organização do trabalho e, nos casos determinados por lei, contra o sistema financeiro e a ordem econômico-financeira."

2. **Assistência.** O parágrafo único positivou a possibilidade de assistência da Comissão de Valores Mobiliários-CVM e do Banco Central do Brasil, como pessoas jurídicas, inovando em relação ao art. 268 do Código de Processo Penal que faz previsão apenas de pessoas físicas como assistentes (Art. 268. Em todos os termos da ação pública, poderá intervir, como assistente do Ministério Público, o ofendido ou seu representante legal, ou, na falta, qualquer das pessoas mencionadas no Art. 31).

Art. 27. Quando a denúncia não for intentada no prazo legal, o ofendido poderá **representar ao Procurador-Geral da República**, para que este a ofereça, designe outro órgão do Ministério Público para oferecê-la ou determine o arquivamento das peças de informação recebidas.

1. **Representação ao Procurador-Geral da República.** Na hipótese de o prazo para o oferecimento da denúncia esgotar-se sem o seu oferecimento, o legislador possibilitou ao ofendido pela prática do delito fazer uma representação ao Procurador-Geral da República para que ele tome três atitudes: oferecer a denúncia; designar outro membro da instituição para fazê-lo; ou determinar o arquivamento das peças de informação. Note-se que se trata de uma simples representação, uma provocação para que o Procurador-Geral da República tome alguma providência. Não se trata de ação penal privada subsidiária da pública, pois o legislador não possibilitou ao ofendido oferecer a queixa-crime, mas somente representar ao Procurador-Geral da República.

Art. 28. Quando, no exercício de suas atribuições legais, o Banco Central do Brasil ou a Comissão de Valores Mobiliários – CVM, **verificar a ocorrência de crime previsto nesta lei**, disso deverá informar ao Ministério Público Federal, enviando-lhe os documentos necessários à comprovação do fato.

Parágrafo único. A conduta de que trata este artigo será observada pelo interventor, liqüidante ou síndico que, no curso de intervenção, liqüidação extrajudicial ou falência, verificar a ocorrência de crime de que trata esta lei.

1. **Comunicação ao Ministério Público.** A previsão é parecida com a redação constante do art. 40 do Código de Processo Penal ("quando, em autos ou papéis de que conhecerem, os juízes ou tribunais verificarem a existência de crime de ação pública, remeterão ao Ministério Público as cópias e os documentos necessários ao oferecimento da denúncia."). Contudo, a previsão feita nesta lei dirige-se ao Banco Central do Brasil, à Comissão de Valores Mobiliários-CVM, ao interventor, ao liquidante e ao administrador judicial.

Art. 29. O órgão do Ministério Público Federal, sempre que julgar necessário, poderá **requisitar**, a qualquer autoridade, informação, **documento ou diligência**, relativa à prova dos crimes previstos nesta lei.

Parágrafo único O **sigilo** dos serviços e operações financeiras **não pode ser invocado** como óbice ao atendimento da requisição prevista no caput deste artigo.

1. **Requisição do Ministério Público.** O poder de requisição previsto neste artigo decorre da natureza de titular da ação penal que o Ministério Público ocupa no sistema acusatório vigente no Processo Penal brasileiro. Esse poder de requisição está contido, também, na Lei Orgânica do Ministério Público (Lei Complementar 75/1993), no art. 8º, incisos II ao VII: "Art. 8º Para o exercício de suas atribuições, o Ministério Público da União poderá, nos procedimentos de sua competência: II – requisitar informações, exames, perícias e documentos de autoridades da Administração Pública direta ou indireta; III – requisitar da Administração Pública serviços temporários de seus servidores e meios materiais necessários para a realização de atividades específicas; IV – requisitar informações e documentos a entidades privadas; V – realizar inspeções e diligências investigatórias; VII – expedir notificações e intimações necessárias aos procedimentos e inquéritos que instaurar".

2. **Sigilo.** O parágrafo único dispõe que o sigilo não pode constituir um óbice à requisição do Ministério Público. Cremos que esse dispositivo deve ser interpretado à luz da Ordem Constitucional. Assim, caso a informação, documento ou diligência esteja abrangido pelo direito constitucional à intimidade, positivado no art. 5º, X (*"são invioláveis a intimidade, a vida privada, a honra e a imagem das pessoas, assegurado o direito a indenização pelo dano material ou moral decorrente de sua violação"*), cremos ser necessária a autorização judicial para a obtenção desses elementos de prova. Inegavelmente, a requisição do Ministério Público nesses casos constitui verdadeira restrição ao direito fundamental à intimidade. Ao Juiz, isento e imparcial, cabe velar pela observância do respeito aos direitos e garantias fundamentais, em busca do devido processo legal. Assim, a restrição de direitos, sobretudo de direitos fundamentais, só pode ser feita por um órgão imparcial. Só o Juiz tem condições de avaliar, caso a caso, com isenção, ponderação e equilíbrio, a necessidade de restringir-se um direito fundamental, como na hipótese de restringir-se o direito fundamental à intimidade. A intervenção judicial prévia dá-se como fator de conformação constitucional do ato a ser praticado, evitando-se os abusos e excessos estatais que colocam em perigo os direitos fundamentais. Há tempos o processo deixou de ser um mero instrumento para a satisfação do direito material, de exercício do *jus puniendi,* de satisfação da pretensão punitiva estatal e passou a ser um instrumento de exercício de garantias constitucionais que funciona como um escudo contra o arbítrio estatal. O processo penal não é um instrumento colocado somente a serviço da única finalidade de satisfação da pretensão punitiva estatal. O processo deve desempenhar a sua dupla função de, por um lado, tornar viável a aplicação da pena, e, de outro, servir de instrumento de garantia dos direitos e liberdades individuais, tendo em vista que o direito processual não é outra coisa senão o direito constitucional aplicado. Os direitos fundamentais são marcados pela característica da relatividade, que significa que não são absolutos, mas, sim, relativos, razão pela qual podem sofrer limitações em face de outros direitos. Contudo, essa relatividade, associada à necessidade de dar-se mais efetividade à busca de

elementos probatórios dentro do processo penal, não pode conduzir à supressão de direitos e garantias fundamentais fora dos moldes constitucionais. A exigência da autorização judicial, por meio da prévia intervenção do Poder Judiciário, como órgão independente, autônomo, isento e desinteressado na investigação criminal, é fruto da ponderação desses direitos envolvidos, para que esse meio de obtenção de prova seja praticado dentro das balizas constitucionais. Por isso, o controle da violação de um direito fundamental pelo Poder Judiciário deve ser sempre prévio, razão pela qual é indispensável a autorização judicial para a requisição de informação, documento ou diligência que esteja abrangido pelo direito constitucional à intimidade.

Art. 30. Sem prejuízo do disposto no art. 312 do Código de Processo Penal, aprovado pelo Decreto-lei nº 3.689, de 3 de outubro de 1941, a **prisão preventiva** do acusado da prática de crime previsto nesta lei poderá ser decretada em razão da magnitude da lesão causada (VETADO).

1. **Prisão preventiva.** Este dispositivo deve ser interpretado à luz do princípio da presunção de inocência positivado no art. 5º, LVII, da CR/88. Embora o dispositivo disponha que a "magnitude da lesão causada" enseja a possibilidade de decretação da prisão preventiva, cremos que isso, por si só, não é suficiente para a decretação dessa modalidade de prisão provisória. Pensamos que deve ser aplicado o art. 312 do Código de Processo Penal, de forma que, em qualquer hipótese, devem ser observados os requisitos ali previstos, e não somente a "magnitude da lesão causada".

Art. 31. Nos crimes previstos nesta lei e **punidos com pena de reclusão**, o réu não poderá prestar fiança, nem apelar antes de ser recolhido à prisão, ainda que primário e de bons antecedentes, se estiver configurada situação que autoriza a prisão preventiva.

Art. 32. (VETADO).

§ 1º (VETADO).

§ 2º (VETADO).

§ 3º (VETADO).

1. **Inafiançabilidade.** Ao vedar a fiança o legislador quis proibir que o preso em flagrante por qualquer delito previsto nesta lei permanecesse em liberdade. Entretanto, esqueceu-se de que, ao lado da liberdade provisória com fiança, existe a liberdade provisória sem fiança, não tendo vedado essa última. Assim, tem-se por inócua a vedação da fiança, uma vez que, se o preso não pode livrar-se solto com fiança, poderá livrar-se solto *sem fiança,* nos moldes do art. 310, III do Código de Processo Penal, com a redação que lhe deu a lei 12.403/2011.

2. **Proibição do apelo em liberdade se configurada situação que autoriza a prisão preventiva.** Trata-se de uma previsão legal inócua, pois em todo o sistema processual

penal, caso estejam presentes os requisitos que autorizam a decretação da prisão preventiva contidos no art. 312 do Código de Processo Penal, o Juiz poderá decretá-la.

Art. 33. Na **fixação da pena de multa** relativa aos crimes previstos nesta lei, o limite a que se refere o § 1º do art. 49 do Código Penal, aprovado pelo Decreto-lei nº 2.848, de 7 de dezembro de 1940, pode ser estendido até o décuplo, se verificada a situação nele cogitada.

1. **Pena de multa.** O limite do valor do dia-multa previsto pelo art. 49, § 1º do Código Penal, com o mínimo de um trigésimo do valor do salário-mínimo mensal vigente ao tempo do fato, e o máximo de cinco vezes esse valor, pode ser aumentado até o décuplo. Note-se que não é *no* décuplo, mas, sim, *até* o décuplo. Na realidade, a "situação nele cogitada" a que o legislador referiu-se é a situação do art. 60, § 1º, do Código Penal, que dispõe sobre o aumento da pena de multa se o Juiz considerar que, em virtude da situação econômica do réu, é ineficaz, embora aplicada no máximo.

Art. 34. Esta lei entra em vigor na data de sua publicação.

Art. 35. Revogam-se as disposições em contrário.

Tortura.
Lei nº 9.455, de 7 de abril de 1997

Art. 1º Constitui crime de **tortura**:

1. **Tratados Internacionais.** O Brasil foi signatário de dois tratados internacionais, por meio dos quais se obrigou a reprimir os crimes de tortura. O primeiro tratado foi a Convenção contra a Tortura e outros Tratamentos ou Penas Cruéis, Desumanos e Degradantes, de 1984. O segundo tratado foi a Convenção Interamericana para Prevenir e Punir a Tortura, de 1985.

2. **Previsão constitucional.** A CRFB/88, no art. 5º, foi o primeiro ato normativo da nova Ordem Constitucional a fazer menção expressa ao delito de tortura. Em um primeiro momento, no inciso III, segundo o qual *"ninguém será submetido a tortura nem a tratamento desumano ou degradante"*. Em um segundo momento, no inciso XLIII, ao dispor que *"a lei considerará crimes inafiançáveis e insuscetíveis de graça ou anistia a prática da tortura, o tráfico ilícito de entorpecentes e drogas afins, o terrorismo e os definidos como crimes hediondos, por eles respondendo os mandantes, os executores e os que, podendo evitá-los, se omitirem"*.

3. **Conceito de tortura.** O art. 1º da Convenção contra a Tortura e outros Tratamentos ou Penas Cruéis, Desumanos e Degradantes traz o conceito de tortura, e dispõe que *"Para os fins da presente Convenção, o termo "tortura" designa qualquer ato pelo qual dores ou sofrimentos agudos, físicos ou mentais, são infligidos intencionalmente a uma pessoa a fim de obter, dela ou de uma terceira pessoa, informações ou confissões; de castigá-la por ato cometido; de intimidar ou coagir esta pessoa ou outras pessoas; ou por qualquer motivo baseado em discriminação de qualquer natureza; quando tais dores ou sofrimento são infligidos por um funcionário público ou outra pessoa no exercício de funções públicas, ou por sua instigação, ou com o seu consentimento ou aquiescência. Não se considerará como tortura as dores ou sofrimentos conseqüência unicamente de sanções legítimas, ou que sejam inerentes a tais sanções ou delas decorram."*

4. **Bem jurídico tutelado pela lei.** A dignidade da pessoa humana, bem como a integridade física e psíquica da pessoa.

5. **Equiparação a crime hediondo.** Tanto a CRFB/88 no art. 5º**,** XLIII, quanto a lei de crimes hediondos no art. 2º, *caput* equipararam o delito de tortura a crimes

hediondos, dando-lhes o mesmo tratamento penal e processual penal. Note-se que a tortura não é considerada crime hediondo, pois não figura no rol do art. 1º da lei 8072/90, mas apenas equiparada ou assemelhada a hediondos.

6. **Competência para processo e julgamento.** Compete à Justiça Comum, Federal ou Estadual processar e julgar o delito de tortura. Caso a prática do delito cause violação a algum bem, interesse ou serviço da União Federal, suas entidades autárquicas ou empresas públicas, a competência será da Justiça Federal, na forma do art. 109, IV da CRFB/88, como na hipótese de a tortura ser praticada dentro de uma Delegacia de Polícia Federal ou dentro do INSS, autarquia federal. Caso contrário, a competência para processo e julgamento será da Justiça Estadual. Deverão ser seguidas as regras de competência do Código de Processo Penal, sendo, portanto o local da consumação do crime o competente para processar e julgar o autor da tortura (art. 70).

► **STJ**

INFORMATIVO Nº 436

Terceira Seção

COMPETÊNCIA. TORTURA. PM. PF.

In casu, o indiciado foi preso em flagrante pela suposta prática de crime de roubo e, em depoimento, alegou ter sido torturado para que confessasse os fatos a ele imputados. Feito o exame de corpo de delito, comprovaram-se as lesões corporais supostamente praticadas por policiais militares na dependência de delegacia da Polícia Federal. Esses fatos denotariam indícios de crime de tortura. Noticiam os autos que, no momento do recebimento da notícia do suposto delito de roubo, os policiais militares estavam em diligência de apoio a policiais federais. Daí o juizado especial criminal, ao acolher parecer do MP estadual, remeteu os autos à Justiça Federal de Subseção Judiciária. Por sua vez, o juízo federal de vara única, ao receber os autos, suscitou o conflito de competência ao considerar que os policiais federais não participaram do suposto ato de tortura. Para o Min. Relator, com base na doutrina, o crime de tortura é comum, porém se firma a competência conforme o lugar em que for cometido. Assim, se o suspeito é, em tese, torturado em uma delegacia da Polícia Federal, deve a Justiça Federal apurar o débito. Destaca, ainda, que a Lei n. 9.455/1997 tipifica também a conduta omissiva daqueles que possuem o dever de evitar a conduta criminosa (art. 1º, I, **a**, § 2º, da citada lei). Quanto à materialidade e autoria do suposto crime de tortura, embora não haja, nos autos, informações de que os policiais federais teriam participado ativamente do crime de tortura, os fatos, em tese, foram praticados no interior de delegacia da Polícia Federal, o que, segundo o Min. Relator, atrai a competência da Justiça Federal nos termos do art. 109, IV, da CF/1988. Nesse contexto, a Seção conheceu do conflito para declarar competente o juízo federal suscitante. **CC 102.714-GO, Rel. Min. Jorge Mussi, julgado em 26/5/2010.**

7. **Competência para processo e julgamento e ocorrência de resultado qualificador.** Questão relevante versa sobre a competência a ser fixada no caso de tortura da

qual resulte lesão corporal grave ou gravíssima ou morte da vítima (art. 1º, § 3º da lei de tortura). Em outras palavras, de quem será a competência na hipótese da presença do resultado qualificador, se a conduta de tortura ocorrer em um local e a morte da vítima, em outro local? Por exemplo, em tortura praticada no Rio de Janeiro, a vítima é transferida para São Paulo para realização de uma cirurgia e lá vem a morrer. Nesse caso, aplica-se a regra geral da competência nos crimes qualificados pelo resultado, sendo, portanto, competente o juízo criminal do local onde se verificou o resultado qualificador. Assim, no exemplo acima citado, a competência será do Juízo Criminal de São Paulo.

8. **Competência para processo e julgamento no caso de conexão entre tortura e homicídio doloso.** Outra questão relevante versa sobre a competência no caso de conexão entre esses delitos, como na hipótese de o agente torturar a vítima, causando-lhe intenso sofrimento físico ou mental para obter informação e depois matá-la, como *queima de arquivo*. Nesse caso, aplica-se a norma contida no art. 78, I do CPP, sendo o Tribunal do Júri o órgão competente para processar e julgar os dois delitos, uma vez que a conexão, como *causa de modificação de competência* que é, modificará a competência para processo e julgamento da tortura.

9. **Questão probatória.** Caso a prática da tortura deixe vestígios, a vítima deverá ser submetida a exame de corpo de delito, direto ou indireto, previstos respectivamente nos arts. 158 e 167 do Código de Processo Penal. Entretanto, não é raro ser esse delito praticado de forma clandestina, sem que haja testemunhas do fato ou qualquer outro vestígio que possa servir de base para o exame de corpo de delito. Nesta hipótese, devem ser utilizadas como elemento probatório a prova indiciária e também as palavras da vítima.

→Aplicação em concurso.

- **Policial Rodoviário Federal. 2014. CESPE.**

  Para que um cidadão seja processado e julgado por crime de tortura, é prescindível que esse crime deixe vestígios de ordem física.

  A alternativa está correta.

10. **Crime comum.** O delito de tortura, salvo as exceções legais, é crime comum, podendo ser praticado por qualquer pessoa, não se exigindo a condição especial de funcionário público.

→Aplicação em concurso.

- **TJ/AC – Juiz substituto – 2007. CESPE.**

  Sendo crime próprio, o crime de tortura é caracterizado por seu sujeito ativo, que deve ser funcionário público.

  A alternativa está errada.

- **PC/ES – Agente da Polícia Civil 2008. CESPE.**

  O crime de tortura é crime comum, podendo ser praticado por qualquer pessoa, não sendo próprio de agente público, circunstância esta que, acaso demonstrada, determinará a incidência de aumento da pena.

  A alternativa está correta.

> I – constranger alguém com emprego de violência ou grave ameaça, **causando-lhe sofrimento físico ou mental:**

1. **Constranger.** Significa obrigar alguém a fazer algo que não queira, forçar, tolher a liberdade de alguém, anular por completo a sua voluntariedade.

2. **Violência ou grave ameaça.** Por *violência* entenda-se constrangimento físico ou agressão física. Por *grave ameaça* entenda-se intimidação, promessa de mal injusto e grave, promessa de castigo. Note-se que a violência e a grave ameaça figuram como elementos do tipo penal de tortura e ficam absorvidas pela tortura, não sendo possível, portanto, a punição delas como delito autônomo.

   →Aplicação em concurso.

   - **Delegado de Polícia/CE. 2015. VUNESP.**

     Pode-se afirmar sobre o crime de tortura, regulado pela Lei no 9.455/97, que

   A) será sempre de competência da Justiça Federal, independentemente do lugar do crime.

   B) é crime equiparado ao hediondo, caso ocorra o resultado morte.

   C) quando praticado pelo militar, ele será julgado pela Justiça Militar.

   D) o condenado por crime de tortura poderá perder o cargo, função ou emprego público, desde que este efeito seja expressamente declarado na sentença.

   E) as lesões leves suportadas pela vítima serão absorvidas pelo crime de tortura.

   Alternativa correta: letra E.

3. **Sofrimento físico ou mental.** É o sofrimento exasperado, atroz, desnecessário e cruel do ser humano, que pode se dar em seu corpo (sofrimento físico) ou em sua mente (sofrimento mental), por meio da inflição de tormentos.

4. **Diferença para o art. 146 do Código Penal.** O inciso I do art. 1º da lei ora estudada é especial em relação ao delito de constrangimento ilegal, previsto no art. 146 do Código Penal. A especialidade reside no dolo do agente, uma vez que a sua pretensão é obter da vítima ou de terceira pessoa informação, declaração ou confissão; obrigar a vítima a praticar um crime ou discriminá-la em razão de raça ou religião.

5. **Substituição da pena privativa da liberdade por restritiva de direitos.** O STJ entende incabível a referida substituição, em razão da violência contida no crime de tortura, o que não satisfaz o requisito do art. 44, I do Código Penal.

▶ **STJ**

Nos crimes definidos na Lei de Tortura há óbice à substituição da pena privativa de liberdade por restritivas de direitos, com base no art. 44, inciso I, do Código Penal. HC 131828. Rel. Min. Laurita Vaz, julgado em 19/11/2013.

a) **com o fim de obter** informação, declaração ou confissão da vítima ou de terceira pessoa;

1. **Tortura probatória, tortura persecutória, tortura institucional ou tortura inquisitorial.** A alínea *a* trata de denominada *tortura probatória, persecutória, institucional ou inquisitorial.* Nessa modalidade de tortura, o agente causa à vítima sofrimento físico ou mental para obter dela ou de terceira pessoa informação, declaração ou confissão.

2. **Sujeito ativo.** Trata-se de delito comum, uma vez que a lei não fez exigência expressa de nenhuma condição especial do sujeito ativo. Portanto, seu autor pode ser funcionário público ou qualquer outra pessoa.

3. **Sujeito passivo.** A vítima da tortura pode ser qualquer pessoa, uma vez que o legislador se referiu a *alguém* no inciso I.

4. **Especial fim de agir.** O tipo contém um especial fim de agir, contido na expressão *com o fim de.* Assim, muito embora não seja necessária a obtenção da informação, declaração ou confissão da vítima ou de terceira pessoa para a consumação do delito, o especial fim de agir deve estar presente na conduta do agente, sob pena de atipicidade da conduta, caso em que se poderá configurar outro delito, como lesão corporal.

5. **Prova ilícita.** Embora não seja necessária a obtenção da informação, declaração ou confissão da vítima ou de terceira pessoa, para a consumação do delito, é certo que, uma vez obtidas, constituirão provas obtidas por meio ilícito, vedadas na forma do art. 5º, LVI da CRFB/88, e deverão ser desentranhadas dos autos do processo ou do inquérito policial.

6. **Consumação.** Trata-se de crime formal, que se consuma com o sofrimento físico ou mental causado à vítima.

   →Aplicação em concurso.

   - **(Cespe – Delegado de Polícia – ES/2010)**

     Com relação às legislações pertinentes aos crimes de abuso de autoridade, lavagem de capitais e tortura, bem como à lei que disciplina os procedimentos relativos às infrações de menor potencial ofensivo, julgue os itens.

     Considere a seguinte situação hipotética.

     Rui, que é policial militar, mediante violência e grave ameaça, infligiu intenso sofrimento físico e mental a um civil, utilizando para isso as instalações do quartel de sua corporação. A intenção do policial era obter a confissão da vítima em relação a um suposto caso extraconjugal havido com sua esposa.

Nessa situação hipotética, a conduta de Rui, independentemente de sua condição de militar e de o fato ter ocorrido em área militar, caracteriza o crime de tortura na forma tipificada em lei específica.

A alternativa está certa.

- **(Acadepol – Escrivão-SP/2010)**

Constranger alguém com emprego de violência ou grave ameaça, causando-lhe sofrimento físico ou mental, com o fito de obter informação, declaração ou confissão caracteriza

A) constrangimento ilegal.

B) extorsão.

C) crime de tortura.

D) concussão.

E) cárcere privado e extorsão.

Alternativa correta: letra C.

7. **Especialidade em relação ao delito de abuso de autoridade.** O presente tipo penal é especial em relação ao abuso de autoridade, de forma que mesmo que o autor seja autoridade pública, se o dolo dele for de causar intenso sofrimento físico ou mental na vítima para obter informação, declaração ou confissão, o delito de tortura absorve o delito de abuso de autoridade. Da mesma forma, o delito de tortura absorve também o delito de lesão corporal, tendo em vista que a lesão já é elemento do tipo.

→Aplicação em concurso.

- **Agente de Polícia Civil – PE/2016. CESPE.**

Rui e Jair são policiais militares e realizam constantemente abordagens de adolescentes e homens jovens nos espaços públicos, para verificação de ocorrências de situações de uso e tráfico de drogas e de porte de armas. Em uma das abordagens realizadas, eles encontraram José, conhecido por efetuar pequenos furtos, e, durante a abordagem, verificaram que José portava um celular caro. Jair começou a questionar a quem pertencia o celular e, à medida que José negava que o celular lhe pertencia, alegando não saber como havia ido parar em sua mochila, começou a receber empurrões do policial e, persistindo na negativa, foi derrubado no chão e começou a ser pisoteado, tendo a arma de Rui direcionada para si. Como não respondeu de forma alguma a quem pertencia o celular, José foi colocado na viatura depois de apanhar bastante, e os policiais ficaram rodando por horas com ele, com o intuito de descobrirem a origem do celular, mantendo-o preso na viatura durante toda uma noite, somente levando-o para a delegacia no dia seguinte.

Nessa situação hipotética, à luz das leis que tratam dos crimes de tortura e de abuso de autoridade e dos crimes hediondos,

A) os policiais cometeram o crime de tortura, que, no caso, absorveu o crime de lesão corporal.

B) os policiais cometeram somente crime de abuso de autoridade e lesão corporal.

C) o fato de Rui e Jair serem policiais militares configura causa de diminuição de pena.

D) os policiais cometeram o tipo penal denominado tortura-castigo.

E) caso venham a ser presos cautelarmente, Rui e Jair poderão ser soltos mediante o pagamento de fiança.

Alternativa correta: letra A.

8. **Classificação.** Crime comum; doloso; formal; comissivo; de dano; instantâneo; admite tentativa.

9. **Suspensão condicional do processo.** Incabível, pois a pena mínima cominada ultrapassa 1 ano (art. 89 da lei 9.099/95).

b) para provocar **ação ou omissão** de **natureza criminosa**;

1. **Tortura crime.** A alínea *b* trata de denominada *tortura crime.* Nesta modalidade de tortura, o agente causa à vítima sofrimento físico ou mental para obrigá-la a praticar um crime.

2. **Sujeito ativo.** Trata-se de delito comum, uma vez que a lei não fez exigência expressa de nenhuma condição especial do sujeito ativo. Portanto, seu autor pode ser funcionário público ou qualquer outra pessoa.

3. **Sujeito passivo.** A vítima da tortura pode ser qualquer pessoa, uma vez que o legislador se referiu a *alguém* no inciso I.

4. **Coação moral irresistível.** A alínea *b* trata de hipótese de coação moral irresistível, por meio da qual o agente emprega violência ou grave ameaça contra a vítima, causando-lhe sofrimento físico ou mental, coagindo-a a praticar um crime. Trata-se de coação moral irresistível, que funciona, a um só tempo, como espécie de autoria mediata e causa de *inexigibilidade de conduta diversa,* prevista no art. 22 do Código Penal, o que implica a absolvição do coagido por esse fundamento. Recairá a responsabilidade penal somente sobre o autor da tortura, que responderá pelos dois delitos, quais sejam: tortura, como autor imediato, e o delito praticado pelo coagido, como autor mediato, em concurso material (art. 69 do Código Penal).

5. **Contravenções penais.** Não são referidas no tipo penal, razão pela qual não haverá o delito de tortura se o agente constranger a vítima, causando-lhe sofrimento físico ou mental, coagindo-a a praticar uma contravenção penal, sob pena de analogia *in mallan partem.*

6. **Especial fim de agir.** O tipo contém um especial fim de agir, contido na expressão *para provocar,* que deve estar presente na conduta do agente, sob pena de atipicidade da conduta, caso em que poderá estar configurado outro delito, como lesão corporal.

7. **Consumação.** Trata-se de crime formal, que se consuma com o sofrimento físico ou mental causado à vítima.

8. **Classificação.** Crime comum; doloso; formal; comissivo; de dano; instantâneo; admite tentativa.

9. Suspensão condicional do processo. Incabível, pois a pena mínima cominada ultrapassa 1 ano (art. 89 da lei 9.099/95).

→Aplicação em concurso.

- **Delegado de Polícia Civil/MT. 2005. UFMT.**

Constitui crime de tortura:

A) Matar alguém com emprego de veneno.

B) Matar alguém com emprego de tortura ou outro meio cruel.

C) Constranger alguém, empregando violência para obter qualquer finalidade.

D) Empregar em alguém intenso sofrimento físico e moral, mediante violência ou grave ameaça, para obter qualquer finalidade indevida.

E) Constranger alguém, empregando violência ou grave ameaça que lhe cause sofrimento físico ou mental, para provocar ação ou omissão de natureza criminosa.

Alternativa correta: letra E.

c) em razão de **discriminação racial ou religiosa;**

1. Tortura discriminatória, tortura preconceituosa ou tortura racismo. A alínea *c* trata de denominada *tortura discriminatória, tortura preconceituosa ou tortura racismo.* Nessa modalidade, a discriminação é o motivo determinante da prática da tortura.

→Aplicação em concurso.

- **Defensor Público Federal. 2015. CESPE.**

Caracteriza uma das espécies do crime de tortura a conduta consistente em, com emprego de grave ameaça, constranger outrem em razão de discriminação racial, causando-lhe sofrimento mental.

A alternativa está correta.

2. Outras formas de discriminação. O legislador não inseriu outras formas de discriminação, como sexual ou política, caso em que a conduta será atípica, podendo-se configurar outro delito, como lesão corporal.

→Aplicação em concurso.

- **PC/ES – Agente da Polícia Civil 2008. CESPE.**

Considerando que X, imputável, motivado por discriminação quanto à orientação sexual de Y, homossexual, imponha a este intenso sofrimento físico e moral, mediante a prática de graves ameaças e danos à sua integridade física resultantes de choques elétricos, queimaduras de cigarros, execução simulada e outros constrangimentos, essa conduta de X enquadrar-se-á na figura típica do crime de tortura discriminatória.

A alternativa está errada.

3. Sujeito ativo. Trata-se de delito comum, uma vez que a lei não fez exigência expressa de nenhuma condição especial do sujeito ativo. Portanto, seu autor pode ser funcionário público ou qualquer outra pessoa.

4. **Sujeito passivo.** A vítima da tortura pode ser qualquer pessoa, uma vez que o legislador se referiu a *alguém* no inciso I.

   →Aplicação em concurso.

   - **Promotor de Justiça/BA. 2015. MPE-BA.**

     Configura crime de tortura a conduta de constranger criança, com emprego de grave ameaça, causando-lhe sofrimento mental, em razão de discriminação racial.

     A alternativa está correta.

5. **Consumação.** Trata-se de crime formal, que se consuma com o sofrimento físico ou mental causado à vítima.
6. **Classificação.** Crime comum; doloso; formal; comissivo; de dano; instantâneo; admite tentativa.
7. **Suspensão condicional do processo.** Incabível, pois a pena mínima cominada ultrapassa 1 ano (art. 89 da lei 9.099/95).

   →Aplicação em concurso.

   - **Notário. TJ/BA. 2014. CESPE.**

     Constitui crime de tortura a conduta do penalmente imputável que, mediante o emprego de violência, impõe intenso sofrimento físico a outrem, por sadismo.

     A alternativa está errada.

> II – submeter alguém, sob sua guarda, poder ou autoridade, com emprego de violência ou grave ameaça, a intenso sofrimento físico ou mental, **como forma de aplicar castigo pessoal ou medida de caráter preventivo.**
>
> Pena – reclusão, de dois a oito anos.

1. **Tortura castigo ou tortura punitiva.** O inciso II do art. 1º trata de denominada *tortura castigo ou tortura punitiva.* Como a própria redação legal está a sugerir, nesta modalidade de tortura, a violência ou grave ameaça provocada na vítima gerando intenso sofrimento físico ou mental, são empregadas como forma de castigar a vítima ou aplicar-lhe medida de caráter preventivo.
2. **Sujeito ativo.** Trata-se de crime próprio, que somente pode ser praticado por quem se encontre em relação de guarda, poder ou autoridade em relação à vítima.
3. **Sujeito passivo.** A vítima da tortura deve estar sob a guarda, poder ou autoridade do agente.
4. **Guarda, poder ou autoridade.** *Guarda* significa vigilância permanente. *Poder* decorre de exercício de cargo ou função pública. *Autoridade* está ligada às relações privadas, como ocorre com o tutelado, curatelado, filhos etc.
5. **Violência ou agrave ameaça.** Por *violência* entenda-se constrangimento físico ou agressão física; por *grave ameaça* significa intimidação, promessa de mal injusto e grave, promessa de castigo.

6. **Sofrimento físico ou mental.** É o sofrimento exasperado, atroz, desnecessário e cruel do ser humano, que pode se dar em seu corpo (sofrimento físico) ou em sua mente (sofrimento mental), por meio da inflição de tormentos.

7. **Especial fim de agir.** O tipo contém um especial fim de agir, contido na expressão *como forma de aplicar castigo pessoal ou medida de caráter preventivo,* que deve estar presente na conduta do agente, sob pena de atipicidade da conduta, caso em que se poderá configurar outro delito, como lesão corporal.

→Aplicação em concurso.

- **Oficial de Cartório da Polícia Civil/RJ. 2008. FGV.**

  Com relação ao crime de tortura, previsto na Lei 9.455/97, analise as afirmativas a seguir:

  II. Constitui crime de tortura submeter alguém sob sua guarda, com emprego de grave ameaça, a intenso sofrimento mental como forma de aplicar medida de caráter preventivo.

  A alternativa está correta.

- **Agente de Polícia/DF. 2009. FUNIVERSA.**

  De acordo a Lei nº 9.455, de 1997, que define os crimes de tortura, assinale a alternativa correta.

  E) Não é considerado crime de tortura submeter alguém, sob sua guarda, poder ou autoridade, com emprego de violência ou grave ameaça, a intenso sofrimento físico ou mental como forma de aplicar castigo pessoal.

  A alternativa está errada.

8. **Diferença para o art. 136 do Código Penal.** O tipo penal ora analisado se parece muito com o tipo penal do art. 136 do Código Penal, que trata do crime de maus tratos. O conflito aparente de normas deve ser resolvido pelo princípio da especialidade. Com efeito, a distinção entre ambos reside em diversos pontos, sobretudo no dolo do agente. Em relação ao dolo, enquanto o delito do art. 136 do Código Penal tem caráter educativo e o dolo do agente é a repreensão a uma indisciplina e se aperfeiçoa com a simples exposição a perigo a vida ou a saúde da vítima, em razão de excesso no uso dos meios de correção ou disciplina, no delito de tortura ora estudado, o dolo do agente é causar o padecimento à vítima, causando-lhe sofrimento físico ou mental, sem nenhum cunho educativo. A outra distinção reside no fato de que o crime do art. 136 do Código Penal é de perigo, ao passo que o delito de tortura é de dano.

→Aplicação em concurso.

- **PC/ES – Agente da Polícia Civil 2008. CESPE.**

  O artigo que tipifica o crime de maus-tratos previsto no Código Penal foi tacitamente revogado pela Lei da Tortura, visto que o excesso nos meios de correção ou disciplina passou a caracterizar a prática de tortura, porquanto também é causa de intenso sofrimento físico ou mental.

  A alternativa está errada.

9. **Consumação.** Com sofrimento físico ou mental causado à vítima.

10. **Classificação.** Crime próprio; doloso; material; comissivo; de dano; instantâneo; admite tentativa.

11. **Suspensão condicional do processo.** Incabível, pois a pena mínima cominada ultrapassa 1 ano (art. 89 da lei 9.099/95).

> § 1º Na mesma pena incorre quem submete pessoa presa ou sujeita a medida de segurança a sofrimento físico ou mental, por intermédio da **prática de ato não previsto em lei ou não resultante de medida legal.**

1. **Submeter.** Significa subjugar, dominar.

2. **Sujeito ativo.** Trata-se de crime próprio, que somente pode ser praticado por quem tiver a guarda da pessoa presa ou submetida a medida de segurança.

3. **Sujeito passivo.** Pessoa presa ou sujeita a medida de segurança.

4. **Pessoa presa.** Como o legislador não fez qualquer distinção, quis abranger qualquer espécie de prisão. Portanto, em primeiro lugar, abrange todas as espécies de prisão cautelar, quais sejam: prisão em flagrante; prisão preventiva e prisão temporária. Em segundo lugar, a prisão definitiva, que decorre de sentença condenatória transitada em julgado. Em terceiro lugar, a prisão administrativa.

▶ **STJ**

INFORMATIVO Nº 433

Quinta Turma.

TORTURA. PRESO. LESÕES GRAVES.

A vítima encontrava-se detida sob responsabilidade de agentes estatais (delegacia da polícia civil) por ter ameaçado a vida de um terceiro. Contudo, lá apresentou comportamento violento e incontido: debatia-se contra as grades, agredia outros detentos e dirigia impropérios contra os policiais. Após, os outros detentos foram retirados da cela e a vítima foi algemada, momento em que passou a provocar e ofender o policial que a guardava, que, em seguida, adentrou a cela e lhe desferiu vários golpes de cassetete, o que lhe causou graves lesões (constatadas por laudo pericial), agressão que somente cessou após a intervenção de outro policial. Então, é inegável que a vítima, enquanto estava detida, foi submetida a intenso sofrimento físico por ato que não estava previsto em lei, nem resultava de medida legal, o que configurou a tortura prevista no art. 1º, § 1º, da Lei n. 9.455/1997. Essa modalidade de tortura, ao contrário das demais, não exige especial fim de agir por parte do agente para configurar-se, bastando o dolo de praticar a conduta descrita no tipo objetivo. Já o Estado democrático de direito repudia o tratamento cruel dispensado por seus agentes a qualquer pessoa, inclusive presos. Conforme o art. 5º, XLIX, da CF/1988, os presos mantêm o direito à intangibilidade de sua integridade física e moral. Desse modo, é inaceitável impor castigos corporais aos detentos em qualquer circunstância, sob pena de censurável violação dos direitos fundamentais da pessoa humana. (...). Precedente citado: REsp 184.156-SP, DJ 9/11/1998. **REsp 856.706-AC, Rel. originária Min. Laurita Vaz, Rel. para acórdão Min. Felix Fischer, julgado em 6/5/2010.**

5. **Pessoa sujeita a medida de segurança.** Mais uma vez, como o legislador não fez distinção, entende-se que ele quis se referir a todas as espécies de medida de segurança. Portanto, abrange a medida de segurança *detentiva,* que é aquela na qual há a internação (art. 96, I do Código Penal), bem como a medida de segurança *restritiva,* em que o agente é submetido a um tratamento ambulatorial (art. 96, II do Código Penal).

6. **Sofrimento físico ou mental.** É o sofrimento exasperado, atroz, desnecessário e cruel do ser humano, que pode se dar em seu corpo (sofrimento físico) ou em sua mente (sofrimento mental), por meio da inflição de tormentos.

7. **Ato não previsto em lei ou não resultante de medida legal.** É o ato do agente que não tem previsão em lei. Ato que não está previsto, por exemplo, na Lei de Execução Penal (lei 7210/84), como a colocação do preso no Regime Disciplinar Diferenciado sem fundamento para tal.

→Aplicação em concurso.

- **Agente de Polícia Civil/DF. 2013. CESPE.**

  O agente público que submeter pessoa presa a sofrimento físico ou mental, ainda que por intermédio da prática de ato previsto em lei ou resultante de medida legal, praticará o crime de tortura.

  A alternativa está errada.

- **(Cespe– Escrivão-ES/2010)**

  Com relação à legislação especial, julgue os itens que se seguem.

  No crime de tortura em que a pessoa presa ou sujeita a medida de segurança é submetida a sofrimento físico ou mental, por intermédio da prática de ato não previsto em lei ou não resultante de medida legal, não é exigido, para seu aperfeiçoamento, especial fim de agir por parte do agente, bastando, portanto, para a configuração do crime, o dolo de praticar a conduta descrita no tipo objetivo.

  A alternativa está certa.

9. **Consumação.** Com o sofrimento físico ou mental causado na vítima.

10. **Classificação.** Crime próprio; doloso; material; comissivo; de dano; instantâneo; admite tentativa.

11. **Suspensão condicional do processo.** Incabível, pois a pena mínima cominada ultrapassa 1 ano (art. 89 da lei 9.099/95).

> § 2º Aquele que se omite em face dessas condutas, quando tinha o **dever de evitá-las ou apurá-las**, incorre na pena de detenção de um a quatro anos.

1. **Omitir.** Omitir é deixar de fazer algo a que estava obrigado. Nessa modalidade de tortura, o agente deve evitar ou apurar a prática dos delitos descritos anteriormente, e não o faz.

2. **Sujeito ativo.** Trata-se de crime próprio, que somente pode ser praticado por quem tiver o dever de evitar ou de apurar a ocorrência da prática de qualquer modalidade de tortura descrita na lei.

3. **Sujeito passivo.** Qualquer pessoa.

4. **Dever de evitar.** Consiste no dever de impedir a ocorrência da prática de qualquer modalidade de tortura descrita na lei. Nessa modalidade, o agente deve ter um vínculo legal com a vítima da tortura, sendo, portanto, agente garantidor, como ocorre com os agentes de segurança pública que têm o dever de evitar a prática de infrações penais ou então os pais, que têm o dever de evitar a prática da tortura em relação aos filhos.

   →Aplicação em concurso.

   - **Escrivão de Polícia Civil/DF. 2013. CESPE.**

     105. Considere a seguinte situação hipotética.

     O agente carcerário X dirigiu-se ao escrivão de polícia Y para informar que, naquele instante, o agente carcerário Z estava cometendo crime de tortura contra um dos presos e que Z disse que só pararia com a tortura depois de obter a informação desejada. Nessa situação hipotética, se nada fizer, o escrivão Y responderá culposamente pelo crime de tortura.

     A alternativa está errada.

5. **Dever de apurar.** Reside no dever de averiguar, investigar a ocorrência da prática de qualquer modalidade de tortura descrita na lei. Trata-se de dever que está inserido dentro das atribuições de funcionário público, sobretudo Autoridade Policial. Nessa hipótese, não deverá ser aplicada a causa de aumento de pena prevista no art. 1º, § 4º, I, da lei, sob pena de incidência em *bis in idem*.

   →Aplicação em concurso.

   - **(Cespe – Delegado de Polícia – BA/2013)**

     Determinado policial militar efetuou a prisão em flagrante de Luciano e o conduziu à delegacia de polícia. Lá, com o objetivo de fazer Luciano confessar a prática dos atos que ensejaram sua prisão, o policial responsável por seu interrogatório cobriu sua cabeça com um saco plástico e amarrou-o no seu pescoço, asfixiando-o. Como Luciano não confessou, o policial deixou-o trancado na sala de interrogatório durante várias horas, pendurado de cabeça para baixo, no escuro, período em que lhe dizia que, se ele não confessasse, seria morto. O delegado de polícia, ciente do que ocorria na sala de interrogatório, manteve-se inerte. Em depoimento posterior, Luciano afirmou que a conduta do policial lhe provocara intenso sofrimento físico e mental.

     Considerando a situação hipotética acima e o disposto na Lei Federal nº 9.455/1997, julgue os itens subsequentes.

     I. O delegado não pode ser considerado coautor ou partícipe da conduta do policial, pois o crime de tortura somente pode ser praticado de forma comissiva.

II. Para a comprovação da materialidade da conduta do policial, é imprescindível a realização de exame de corpo de delito que confirme as agressões sofridas por Luciano.

A duas alternativas estão erradas.

- **(Vunesp – Promotor de Justiça – ES/2013).**

Com relação ao crime de tortura, é correto afirmar que aquele que se omite perante a tortura quando tinha o dever de evitá-la responderá apenas pelo crime de prevaricação do Código Penal.

A alternativa está errada.

- **(Institutocidades – Defensor Público – AM/2011)**

Acerca do crime de tortura previsto pela Lei 9.455/97, marque a alternativa errada:

A) constitui crime de tortura a conduta de constranger alguém com emprego de violência ou grave ameaça, causando-lhe sofrimento físico ou mental com o fim de obter informação, declaração ou confissão da vítima ou terceira pessoa, bem como para provocar ação ou omissão de natureza criminosa, dentre outras hipóteses;

B) constitui também crime de tortura, a submissão de alguém, sob sua guarda, poder ou autoridade, com o emprego de violência ou grave ameaça, a intenso sofrimento físico ou mental, como forma de aplicar castigo pessoal ou medida de caráter preventivo, dentre outras hipóteses;

C) a pessoa que se omite em face das condutas definidas como crime de tortura, quando tenha o dever de evitá-las ou apurá-las, responde por crime também e está sujeito às mesmas penas previstas para o crime de tortura;

D) a condenação por crime de tortura praticado por funcionário público acarreta a perda do cargo, função ou emprego público, bem como a interdição para o seu exercício pelo dobro do prazo da pena aplicada;

E) os crimes de tortura são inafiançáveis e insuscetíveis de graça e anistia.

Alternativa correta: letra C.

- **(UNEMAT – Investigador de Polícia-MT/2010)**

Nos termos do que prevê a Lei nº 9.455/97, que define os crimes de tortura, assinale a alternativa correta.

A) O garante, que se omite frente ao crime de tortura, responderá por pena mais branda que a prevista para o executor.

B) O homicídio praticado mediante tortura passou a ser disciplinado por esse estatuto legal.

C) Se cidadão brasileiro for passar uma temporada de trabalho no Haiti, país onde não se pune o crime de tortura, e lá for vítima deste crime, não haverá como aplicara Lei nº 9.455/1997.

D) O crime de tortura é próprio, ou seja, somente pode ser cometido por agente especial, no caso, funcionário público.

E) Aquele que constrange alguém, com uso de violência ou grave ameaça à prática de contravenção penal, comete o crime intitulado de tortura para a prática de crime.

Alternativa correta: letra A.

- **Defensoria Pública/SP 2009. Fundação Carlos Chagas.**

  Em relação ao crime de tortura é possível afirmar:

  (A) Passou a ser previsto como crime autônomo a partir da entrada em vigor da Constituição Federal de 1988 que, no art. 5º, inciso III afirma que ninguém será submetido a tortura, nem a tratamento desumano e degradante e que a prática de tortura será considerada crime inafiançável e insuscetível de graça ou anistia.

  (B) É praticado por qualquer pessoa que causa constrangimento físico ou mental à pessoa presa ou em medida de segurança, pelo uso de instrumentos cortantes, perfurantes, queimantes ou que produzam stress, angústia, como prisão em cela escura, solitária, submissão a regime de fome etc.

  (C) É cometido por quem constrange outrem, por meio de violência física, com o fim de obter informação ou confissão da vítima ou de terceira pessoa, desde que do emprego da violência resulte lesão corporal.

  (D) Os bens jurídicos protegidos pela 'tortura discriminatória' são a dignidade da pessoa humana, a igualdade, a liberdade política e de crença.

  (E) É praticado por quem se omite diante do dever de evitar a ocorrência ou continuidade da ação ou de apurar a responsabilidade do torturador pelas condutas de constrangimento ou submissão levadas a efeito mediante violência ou grave ameaça.

  Alternativa correta: letra E.

- **Ministério Público do Estado de Roraima/2008. CESPE.**

  Daniel, delegado de polícia, estava em sua sala, quando percebeu a chegada dos agentes de polícia Irineu e Osvaldo, acompanhados por uma pessoa que havia sido detida, sob a acusação de porte de arma e de entorpecentes. O delegado permaneceu em sua sala, elaborando um relatório, antes de lavrar o auto de prisão em flagrante. Durante esse período, ouviu ruídos de tapas, bem como de gritos, vindos da sala onde se encontravam os agentes e a pessoa detida, percebendo que os agentes determinavam ao detido que ele confessasse quem era o verdadeiro proprietário da droga. Quando foi lavrar a prisão em flagrante, o delegado notou que o detido apresentava equimoses avermelhadas no rosto, tendo declinado que havia guardado a droga para um conhecido traficante da região. O delegado, contudo, mesmo constatando as lesões, resolveu nada fazer em relação aos seus agentes, uma vez que os considerava excelentes policiais. Nessa situação, o delegado praticou o crime de tortura, de forma que, sendo proferida sentença condenatória, ocorrerá, automaticamente, a perda do cargo.

  A alternativa está correta.

6. **Princípio da especialidade.** Na conduta omitir-se em relação à apuração da tortura, configura especialidade em relação aos delitos de prevaricação (art. 319 do Código Penal) e condescendência criminosa (art. 320 do Código Penal).
7. **Consumação.** Com a omissão do agente.
8. **Classificação.** Crime próprio; doloso; formal; omissivo próprio; instantâneo; não admite tentativa por ser unissubsistente.
9. **Suspensão condicional do processo.** Cabível, pois a pena mínima cominada não ultrapassa 1 ano (art. 89 da lei 9.099/95).

§ 3º Se resulta **lesão corporal de natureza grave ou gravíssima**, a pena é de reclusão de quatro a dez anos; se resulta **morte**, a reclusão é de oito a dezesseis anos.

1. **Formas qualificadas.** O parágrafo traz duas qualificadoras aplicáveis ao delito de tortura, que são a *lesão corporal grave* (art. 129, § 1º do Código Penal) ou *gravíssima* (art. 129, § 2º do Código Penal) e a *morte*. Tais resultados decorrem da violência empregada para a prática da tortura.
2. **Crime preterdoloso.** Tais resultados sempre decorrerão de culpa do agente, por tratar-se de delito preterdoloso, que é aquele em que o agente age com *dolo* na conduta, gerando um resultado qualificador mais grave à título de *culpa*. Caso o agente tenha dolo em relação à lesão corporal ou à morte, aplica-se o concurso de crimes entre esses e a tortura.
3. **Lesão corporal leve.** Se o agente causar à vítima lesões corporais leves, não incidirá a qualificadora, uma vez que a lesão corporal leve já integra o tipo penal de tortura como elemento.

→Aplicação em concurso.

- **Juiz de Direito do TJ/DF. 2014. CESPE.**

  O crime de tortura que resulta em lesão corporal de natureza grave ou gravíssima é punível conforme as penas previstas para esse delito, acrescidas das referentes ao delito de lesão corporal grave ou gravíssima.

  A alternativa está errada.

- **(Acadepol – Escrivão-SP/2010).**

  A Lei nº 9.455/97, que define os crimes de tortura, estabelece que quando da tortura resultar lesão corporal de natureza grave ou gravíssima, a pena será de

A) reclusão de 6 anos a 12 anos.

B) reclusão de 8 anos a 14 anos.

C) reclusão de 5 anos a 15 anos.

D) reclusão de 10 anos a 16 anos.

E) reclusão de 4 anos a 10 anos.

Alternativa correta: letra E.

§ 4º Aumenta-se a pena de um sexto até um terço:

I – se o crime é cometido por **agente público**;

II – se o crime é **cometido contra criança, gestante, portador de deficiência, adolescente** ou **maior de 60 (sessenta) anos**; (Redação dada pela Lei nº 10.741, de 2003)

III – se o crime é cometido **mediante seqüestro**.

1. **§ 4º.** Traz causas de aumento de pena, que devem incidir na terceira fase do critério trifásico de aplicação da pena. São aplicáveis a todas as modalidades de tortura.

2. **Inciso I.** Crime cometido por agente público. Considera-se agente público toda pessoa que possua um vínculo formal com o Estado para o exercício de cargo, emprego ou função pública na administração pública direta ou indireta. Não se aplica ao delito previsto no art. 1º, § 1º, caso seja praticado por agente público, nem ao art. 1º, § 2º, segunda parte, sob pena de incidência em *bis in idem,* uma vez que a condição de agente público já figura como elemento daqueles tipos penais.

3. **Inciso II.** Considera as condições pessoais da vítima. Em todas as hipóteses, para que incida o aumento da pena, o agente deve ter ciência da condição da vítima referida no tipo.

4. **Criança e adolescente.** De acordo com art. 2º da lei 8.069/90, que instituiu o Estatuto da Criança e do Adolescente, *"considera-se criança, para os efeitos desta Lei, a pessoa até doze anos de idade incompletos, e adolescente aquela entre doze e dezoito anos de idade."* Não incidirá a circunstância agravante prevista no art. 61, II, alínea *h,* do Código Penal, sob pena de incidência em *bis in idem.*

5. **Gestante.** Mulher grávida, em qualquer estágio da gravidez. Não incidirá a circunstância agravante prevista no art. 61, II, alínea *h,* do Código Penal sob pena de incidência em *bis in idem.*

6. **Portador de deficiência.** Abrange qualquer espécie de deficiência humana, permanente ou duradoura, física ou psíquica, visível ou invisível.

7. **Maior de 60 anos.** Não incidirá a circunstância agravante prevista no art. 61, II, alínea *h,* do Código Penal sob pena de incidência em *bis in idem.*

8. **Possibilidade de aplicação conjunta com a agravante do art. 61, II, *f,* do Código Penal.** A causa de aumento de pena prevista no art. 1º, § 4º, II da presente lei pode ser aplicada em conjunto com a agravante do art. 61, II, *f,* do Código Penal, sem que isso implique *bis in idem.* Isso porque os dois dispositivos legais possuem fundamentos de incidência diversos. Com efeito, enquanto a majorante do 1º, § 4º, II, versa sobre a maior reprovabilidade da conduta do agente que pratica o delito de tortura contra as pessoas que nitidamente possuem uma menor capacidade de resistência, a circunstância agravante do art. 61, II, *f,* justifica-se em razão de o agente violar o dever de apoio mútuo existente entre parentes e pessoas ligadas por liames domésticos, de coabitação ou hospitalidade, além dos casos de violência doméstica praticada contra a mulher. Portanto, a aplicação conjunta dos dois dispositivos não configura *bis is idem.*

▶ ***STJ***

***INFORMATIVO* nº 589**

Sexta Turma

DIREITO PENAL. AUSÊNCIA DE BIS IN IDEM NA DOSIMETRIA DA PENA DE CRIME DE TORTURA.

No caso de crime de tortura perpetrado contra criança em que há prevalência de relações domésticas e de coabitação, não configura *bis in idem* a aplicação conjunta da causa de aumento de pena prevista no art. 1º, § 4º, II, da Lei n.

9.455/1997 (Lei de Tortura) e da agravante genérica estatuída no art. 61, II, *f*, do Código Penal. (...) De fato, a citada majorante prevista na Lei de Tortura busca punir de forma mais rígida o autor de crime que demonstrou maior covardia e facilidade no cometimento da infração penal, justamente pela menor capacidade de resistência das vítimas ali elencadas. Há, pois, um nexo lógico entre a conduta desenvolvida e o estado de fragilidade da vítima. Em sentido diametralmente oposto, descortina-se a referida agravante prevista pelo Código Penal, punindo com maior rigor a violação aos princípios de apoio e assistência que deve haver nas situações em que há relação de autoridade entre a vítima e o agressor, bem como a maior insensibilidade moral do agente, que viola o dever de apoio mútuo existente entre parentes e pessoas ligadas por liames domésticos, de coabitação ou hospitalidade, sem prejuízo dos crimes praticados com violência doméstica contra a mulher. Em suma, a majorante tem por finalidade punir de forma mais severa aquele que se favorece da menor capacidade de resistência da vítima, ao passo que a agravante tem por desiderato a punição mais rigorosa do agente que afronta o dever de apoio mútuo existente entre parentes e pessoas ligadas por liames domésticos, de coabitação ou hospitalidade, além dos casos de violência doméstica praticada contra a mulher. Portanto, em se tratando de circunstâncias e objetivos distintos, não há falar na ocorrência de *bis in idem*. HC 362.634-RJ, **Rel. Min. Maria Thereza de Assis Moura, por unanimidade, julgado em 16/8/2016, DJe 29/8/2016.**

9. **Inciso III. Crime cometido mediante sequestro.** Para que incida essa causa de aumento, a privação da liberdade deve ser utilizada como meio para a prática da tortura. Caso contrário, haverá concurso de crimes entre tortura e sequestro ou cárcere privado (art. 148 do Código Penal).

→Aplicação em concurso.

- **Escrivão de Polícia/CE. 2015. VUNESP.**

  O crime de tortura (Lei nº 9.455/97) tem pena aumentada de um sexto até um terço se for praticado

A) ininterruptamente, por período superior a 24 h.

B) em concurso de pessoas.

C) por motivos políticos.

D) contra mulher.

E) por agente público.

Alternativa correta: letra E.

- **Inspetor de Polícia/CE. 2015. VUNESP.**

  Sobre a Lei no 9.455/97, que dispõe sobre a TORTURA, é correto afirmar que

A) os casos de tortura com o fim de obter informação, declaração ou confissão da vítima ou de terceira pessoa e para provocar ação ou omissão de natureza criminosa, o crime somente se consuma quando o agente obtém o resultado almejado.

B) o crime de tortura é próprio, uma vez que só pode ser cometido por policiais civis ou militares.

C) privar de alimentos pessoa sob sua guarda, poder ou autoridade é uma das formas de tortura previstas na lei, na modalidade "tortura-castigo".

D) se o agente tortura a vítima para com ele praticar um roubo, responderá por crime único, qual seja, o crime de roubo, por este ter penas maiores.

E) quando o sujeito ativo do crime de tortura for agente público, as penas são aumentadas de um sexto a um terço.

Alternativa correta: letra E.

- **Agente de Polícia/DF. 2009. FUNIVERSA.**

De acordo a Lei nº 9.455, de 1997, que define os crimes de tortura, assinale a alternativa correta.

D) A pena do crime de tortura não aumenta quando é cometido contra criança, gestante, portador de deficiência, adolescente ou maior de sessenta anos de idade.

A alternativa está errada.

- **Inspetor da Polícia Civil/RJ. 2007. FGV.**

Relativamente ao crime de tortura (Lei 9.455/97), é correto afirmar que a pena do crime é aumentada quando:

(A) o crime é cometido contra agente público.

(B) o crime é cometido por pessoa maior de sessenta anos.

(C) o crime é cometido por agente público.

(D) o crime é cometido durante o repouso noturno.

(E) a pessoa que tinha o dever de evitá-las ou apurá-las se omite em face dessas condutas.

Alternativa correta: letra C.

§ 5º A condenação acarretará a **perda do cargo, função ou emprego público e a interdição para seu exercício** pelo dobro do prazo da pena aplicada.

1. **Perda do cargo e interdição para seu exercício.** Trata-se de efeito da condenação, que só pode ser aplicado após o trânsito em julgado da sentença penal condenatória. Esse efeito é automático e decorre da condenação, não sendo necessária motivação expressa na sentença.

2. **Diferença entre o § 5º da lei de tortura e o art. 92, I do Código Penal.** No art. 92, I do Código Penal, a lei trata da *perda* do cargo que já era ocupado pelo condenado. No art. 1º § 5º da lei 9.455/97, a lei trata não só da *perda* do cargo, como também da *interdição*, que é a impossibilidade de se vir a ocupar cargo ou função pública, com *efeitos futuros*. Ademais, no art. 92, I do Código Penal a perda do cargo não é automática, dependendo de motivação expressa na sentença, ao contrário do previsto na lei de tortura, em que a perda do cargo é automática.

▶ **STJ**

Informativo 549

Sexta Turma

DIREITO PENAL E PROCESSUAL PENAL. NECESSIDADE DE FUNDAMENTAÇÃO DA SENTENÇA PENAL QUE DETERMINE A PERDA DO CARGO PÚBLICO.

A determinação da perda de cargo público fundada na aplicação de pena privativa de liberdade superior a 4 anos (art. 92, I, b, do CP) pressupõe fundamentação concreta que justifique o cabimento da medida. De fato, para que seja declarada a perda do cargo público, na hipótese descrita no art. 92, I, *b*, do CP, são necessários dois requisitos: a) que o *quantum* da sanção penal privativa de liberdade seja superior a 4 anos; e b) que a decisão proferida apresente-se de forma motivada, com a explicitação das razões que ensejaram o cabimento da medida (...). Por fim, registre-se que o tratamento jurídico-penal será diverso quando se tratar de crimes previstos no art. 1º da Lei 9.455/1997 (Lei de Tortura). Isso porque, conforme dispõe o § 5º do art. 1º deste diploma legal, a perda do cargo, função ou emprego público é efeito automático da condenação, sendo dispensável fundamentação concreta. REsp 1.044.866-MG, Rel. Min. Rogerio Schietti Cruz, julgado em 2/10/2014.

→Aplicação em concurso.

- **Delegado de Polícia/PE. 2016. CESPE**

  Da sentença penal se extraem diversas consequências jurídicas e, quando for condenatória, emergem-se os efeitos penais e extrapenais. Acerca dos efeitos da condenação penal, assinale a opção correta.

  A condenação por crime de tortura acarretará a perda do cargo público e a interdição temporária para o seu exercício pelo dobro do prazo da pena aplicada, desde que fundamentada na sentença condenatória, não sendo efeito automático da condenação.

  A alternativa está errada.

- **Juiz de Direito do TJ/PB. 2015. CESPE.**

  A condenação por crime de tortura somente importará na perda do cargo, função ou emprego público em caso de aplicação de regime semiaberto ou fechado para cumprimento de pena.

  A alternativa está errada.

- **Defensor Público/RN. 2015. CESPE.**

  A condenação de policial civil pelo crime de tortura acarreta, como efeito automático, independentemente de fundamentação específica, a perda do cargo público e a interdição para seu exercício pelo dobro do prazo da pena aplicada.

  A alternativa está correta.

- **(MPE-SC – Promotor de Justiça – SC/2013)**.

  Para fins da Lei n. 9.455/97, a perda do cargo público, função ou emprego público é efeito extrapenal da sentença condenatória; e em se tratando de condenação de oficial da Polícia Militar pela prática do crime de tortura, a competência para decretar a perda do oficialato, como efeito da condenação, é da Justiça Comum.

  A alternativa está certa.

- **(UEPI– Escrivão-PI/2012)**.

Acerca do crime de tortura, é correto afirmar que:

A) a prática do crime de tortura não acarretará a perda do cargo público, mas tão somente a suspensão de seu exercício, pelo período equivalente ao dobro da pena privativa de liberdade aplicada.

B) o condenado por crime de tortura iniciará o cumprimento da pena privativa de liberdade em regime semiaberto.

C) não constitui crime de tortura o emprego de violência, ainda que com intenso sofrimento físico, como medida de caráter preventivo, por parte de quem detenha a guarda legal de alguém.

D) a condenação por crime de tortura acarreta a perda do emprego público.

E) a condenação por crime de tortura acarreta a suspensão do exercício do emprego público.

Alternativa correta: letra D.

§ 6º O crime de tortura é **inafiançável** e **insuscetível** de **graça ou anistia**.

1. **Vedação de fiança.** No tocante à proibição de concessão de fiança, a jurisprudência já se consolidou no sentido de que toda e qualquer prisão provisória somente deve ser decretada ou mantida se for necessária, e, ainda assim, de forma excepcional. Portanto, não se mantém a prisão do preso em flagrante, automaticamente, só porque a lei proíbe a fiança abstratamente. Em qualquer hipótese, é preciso que seja demonstrada a necessidade da prisão, por meio da presença dos requisitos da prisão preventiva previstos no art. 312 do Código de Processo Penal. Portanto, a fiança é cabível no delito de tortura.

▶ **STJ**

RECURSO ORDINÁRIO EM HABEAS CORPUS. TRÁFICO DE DROGAS. PRISÃO PREVENTIVA. ART. 312 DO CPP. PERICULUM LIBERTATIS. INDICAÇÃO NECESSÁRIA. FUNDAMENTAÇÃO INSUFICIENTE. RECURSO PROVIDO. 1. A jurisprudência desta Corte Superior é remansosa no sentido de que a determinação de segregar o réu, antes de transitada em julgado a condenação, deve efetivar-se apenas se indicada, em dados concretos dos autos, a necessidade da cautela (periculum libertatis), à luz do disposto no art. 312 do CPP. 2. Assim, a prisão provisória se mostra legítima e compatível com a presunção de inocência somente se adotada, em caráter excepcional, mediante decisão suficientemente motivada. Não basta invocar, para tanto, aspectos genéricos, posto que relevantes, relativos à modalidade criminosa atribuída ao acusado ou às expectativas sociais em relação ao Poder Judiciário, decorrentes dos elevados índices de violência urbana. 3. O juiz de primeira instância – não obstante tenha relatado minuciosamente os indícios de autoria, bem como a materialidade do delito – apontou genericamente a presença dos vetores contidos no art. 312 do Código de Processo Penal, sem indicar motivação suficiente para justificar a necessidade de colocar o recorrente cautelarmente privado de sua liberdade, uma vez que se limitou a afirmar – equivocadamente, diga-se – que o delito de tráfico, "segundo [a Lei n. 8072/1990], [é] insuscetível de fiança, estando a liberdade provisória reservada a situações excepcionalíssimas, como o caso em que não se vislumbre, desde logo, qualquer envolvimento do autuado, o que não caracteriza o caso destes autos". 4. Recurso provido para que o recorrente possa responder ao processo em liberdade até o trânsito em julgado da ação penal, se por outro motivo não estiver preso, sem prejuízo da possibilidade de nova decretação da prisão preventiva, se concretamente demonstrada sua necessidade cautelar, independentemente de imposição de medida alternativa, nos termos do art. 319 do CPP. **(RHC 48.230/MG, Rel. Min. Rogerio Schietti Cruz, julgado em 18/09/2014).**

2. **Vedação da graça e da anistia.** Em relação à vedação da graça e da anistia, STF e o STJ entendem que a vedação é compatível com a CR/88. Além desses benefícios, embora a não trate expressamente do **indulto**, o STF e o STJ entendem que ele também não é cabível, em razão da vedação contida no art. 2º, I, a lei de crimes hediondos (8.072/90).

▶ **STF**

AGRAVO REGIMENTAL NO RECURSO EXTRAORDINÁRIO COM AGRAVO. MATÉRIA CRIMINAL. CRIME DE TRÁFICO ILÍCITO DE ENTORPECENTES. IMPOSSIBILIDADE DE CONCESSÃO DE INDULTO. PRECEDENTES. AGRAVO REGIMENTAL A QUE SE NEGA PROVIMENTO. 1. A jurisprudência do STF segue no sentido de reputar inconstitucional a concessão de indulto a condenado por tráfico de drogas, independentemente da pena imposta. 2. Agravo regimental a que se nega provimento. (ARE 899195 AgR, Rel. Min. Edson Fachin, Primeira Turma, julgado em 03/05/2016).

▶ **STJ**

(...) TRÁFICO ILÍCITO DE ENTORPECENTES. (...) Na hipótese vertente, mostra-se inviável a concessão de indulto ao paciente, uma vez que a legislação de regência da matéria veda, expressamente, a concessão da benesse aos condenados por crimes hediondos e equiparados. (...) **(HC 357.401/SP, Rel. Min. Reynaldo Soares da Fonseca, julgado em 16/06/2016).**

3. **Cabimento de livramento condicional aos condenados pelo crime de tortura.** De acordo com o art. 83, V do Código Penal, o condenado pelo delito de tortura só poderá obter o livramento condicional se tiver cumprido mais de dois terços da pena privativa de liberdade. Caso o apenado seja reincidente específico, não será cabível o livramento condicional.

→Aplicação em concurso. STJ. Analista Judiciário/2008. CESPE.

O condenado pela prática de crime de tortura, por expressa previsão legal, não poderá ser beneficiado por livramento condicional, se for reincidente específico em crimes dessa natureza.

A alternativa está correta.

§ 7º O condenado por crime previsto nesta Lei, **salvo** a hipótese do **§ 2º**, **iniciará** o cumprimento da pena em **regime fechado**.

1. **Regime inicial do cumprimento da pena.** Trata do regime inicial fechado de cumprimento de pena privativa de liberdade, sendo possível, posteriormente, a progressão de regimes. Entretanto, tendo em vista que o STF entende que o regime inicial fechado é inconstitucional por violar o princípio constitucional da individualização da pena, da mesma forma que entendeu em relação ao regime integralmente fechado,

não se exige a obrigatoriedade de o condenado pelo delito de tortura iniciar a pena privativa de liberdade em regime fechado. Note-se que o Plenário do STF entendeu nesse sentido ao julgar a ordem de *Habeas Corpus* 111.840.

▶ **STF**

Habeas corpus. Penal. Tráfico de entorpecentes. Crime praticado durante a vigência da Lei nº 11.464/07. Pena inferior a 8 anos de reclusão. Obrigatoriedade de imposição do regime inicial fechado. Declaração incidental de inconstitucionalidade do § 1º do art. 2º da Lei nº 8.072/90. Ofensa à garantia constitucional da individualização da pena (inciso XLVI do art. 5º da CF/88). Fundamentação necessária (CP, art. 33, § 3º, c/c o art. 59). Possibilidade de fixação, no caso em exame, do regime semiaberto para o início de cumprimento da pena privativa de liberdade. Ordem concedida. 1. Verifica-se que o delito foi praticado em 10/10/09, já na vigência da Lei nº 11.464/07, a qual instituiu a obrigatoriedade da imposição do regime inicialmente fechado aos crimes hediondos e assemelhados. 2. Se a Constituição Federal menciona que a lei regulará a individualização da pena, é natural que ela exista. Do mesmo modo, os critérios para a fixação do regime prisional inicial devem-se harmonizar com as garantias constitucionais, sendo necessário exigir-se sempre a fundamentação do regime imposto, ainda que se trate de crime hediondo ou equiparado. 3. Na situação em análise, em que o paciente, condenado a cumprir pena de seis (6) anos de reclusão, ostenta circunstâncias subjetivas favoráveis, o regime prisional, à luz do art. 33, § 2º, alínea b, deve ser o semiaberto. 4. Tais circunstâncias não elidem a possibilidade de o magistrado, em eventual apreciação das condições subjetivas desfavoráveis, vir a estabelecer regime prisional mais severo, desde que o faça em razão de elementos concretos e individualizados, aptos a demonstrar a necessidade de maior rigor da medida privativa de liberdade do indivíduo, nos termos do § 3º do art. 33, c/c o art. 59, do Código Penal. 5. Ordem concedida tão somente para remover o óbice constante do § 1º do art. 2º da Lei nº 8.072/90, com a redação dada pela Lei nº 11.464/07, o qual determina que "[a] pena por crime previsto neste artigo será cumprida inicialmente em regime fechado". Declaração incidental de inconstitucionalidade, com efeito ex nunc, da obrigatoriedade de fixação do regime fechado para início do cumprimento de pena decorrente da condenação por crime hediondo ou equiparado. HC 111.840. Plenário. Rel. Min. Dias Toffoli, julgado em 27/06/2012).

▶ **STJ**

Informativo 540

Quinta Turma

DIREITO PENAL. REGIME INICIAL DE CUMPRIMENTO DE PENA NO CRIME DE TORTURA.

Não é obrigatório que o condenado por crime de tortura inicie o cumprimento da pena no regime prisional fechado. Dispõe o art. 1º, § 7º, da Lei 9.455/1997 – lei que define os crimes de tortura e dá outras providências – que "O condenado por crime previsto nesta Lei, salvo a hipótese do § 2º, iniciará o cumprimento da pena em regime fechado". Entretanto, cumpre ressaltar que o Plenário do STF, ao julgar o HC 111.840-ES (DJe 17.12.2013), afastou a obrigatoriedade do regime inicial fechado para os condenados por crimes hediondos e equiparados, devendo-se observar, para a fixação do regime inicial de cumprimento de pena, o disposto no art. 33 c/c o art. 59, ambos do CP. Assim, por ser equiparado a crime hediondo, nos termos do art. 2º, *caput* e § 1º, da Lei 8.072/1990, é evidente que essa interpretação também deve ser aplicada ao crime de tortura, sendo o caso de se desconsiderar a regra disposta no art. 1º, § 7º, da Lei 9.455/1997, que possui a mesma disposição da norma declarada inconstitucional. (...). Portanto, seguindo a orientação adotada pela Suprema Corte, deve-se utilizar, para a fixação do regime inicial de cumprimento de pena, o disposto no art. 33 c/c o art. 59, ambos do CP e as Súmulas 440 do STJ e 719 do STF. (...). Precedente citado: REsp 1.299.787-PR, Quinta Turma, DJe 3/2/2014. HC 286.925-RR, Rel. Min. Laurita Vaz, julgado em 13/5/2014.

2. **Súmula 698 do STF.** A súmula 698 do STF dispõe o seguinte: *"Não se estende aos demais crimes hediondos a admissibilidade de progressão no regime de execução da pena aplicada ao crime de tortura."* Essa súmula foi editada quando ainda vigorava o regime integralmente fechado para os crimes hediondos, na redação originária do art. 2º, § 1º da lei de crimes hediondos (8.072/90). Isso se deu porque, quando surgiu a lei de tortura, o parágrafo ora estudado trouxe o *início* do cumprimento da pena privativa de liberdade em regime fechado, possibilitando, portanto, a progressão. Dessa forma, criou-se a seguinte celeuma: se tortura é crime equiparado a hediondo e para ela o regime é *inicialmente fechado,* permitindo a progressão de regimes, por ser lei posterior à de crimes hediondos e mais benéfica, teria revogado o regime *integralmente fechado,* previsto na lei de crimes hediondos. Com isso, a partir da lei de tortura, todos os crimes hediondos e equiparados passariam a admitir a progressão de regimes. Após muita controvérsia na doutrina, o STF pacificou a celeuma ao editar a súmula 698, adotando claramente o princípio da especialidade. Entretanto, a lei 11.464, de 28 de março de 2007, deu nova redação ao art. 2º, § 1º da lei de crimes hediondos, para inserir o regime **inicialmente** fechado, possibilitando, dessa forma, a progressão de regimes para todos os crimes hediondos ou equiparados. Com isso, a súmula perdeu aplicabilidade.

→Aplicação em concurso.

- **(Cespe– Escrivão-ES/2010).**

  Com relação à legislação especial, julgue os itens a seguir.

  Excetuando-se o caso em que o agente se omite diante das condutas configuradoras dos crimes de tortura, quando tinha o dever de evitá-las ou apurá-las, iniciará o agente condenado pela prática do crime de tortura o cumprimento da pena em regime fechado.

  A alternativa está certa.

Art. 2º O disposto nesta Lei aplica-se ainda quando o crime não tenha sido cometido em território nacional, sendo a **vítima brasileira** ou **encontrando-se o agente em local sob jurisdição brasileira**.

1. **Exceção ao princípio da territorialidade previsto no art. 5º do Código Penal.** Adotou-se o princípio da personalidade passiva, segundo o qual a lei penal brasileira

aplica-se fora do seu território, quando a vítima do crime for brasileira (art. 7º, § 3º do Código Penal). Trata-se de extraterritorialidade incondicionada, uma vez que a presente lei, por ser lei especial, não impôs qualquer condição.

→Aplicação em concurso.

- **Notário. TJ/BA. 2014. CESPE.**

  O dispositivo referente à extraterritorialidade da denominada Lei de Tortura aplica-se sempre que a vítima for brasileira e o autor, estrangeiro.

  A alternativa está errada.

- **Oficial de Cartório da Polícia Civil/RJ. 2008. FGV.**

  Com relação ao crime de tortura, previsto na Lei 9.455/97, analise as afirmativas a seguir:

  O disposto na Lei de Tortura (Lei 9.455/97) aplica-se ainda quando o crime não tenha sido cometido em território nacional, sendo a vítima brasileira.

  A alternativa está correta.

- **Agente de Polícia/DF. 2009. FUNIVERSA.**

  De acordo a Lei nº 9.455, de 1997, que define os crimes de tortura, assinale a alternativa correta.

  Se a vítima for brasileira, o disposto nessa lei aplica-se ainda quando o crime tenha sido cometido fora do território nacional.

  A alternativa está correta.

2. **Competência para o processo e o julgamento do crime de tortura praticado contra brasileiros no exterior.** A competência para o processo e o julgamento do crime de tortura praticado contra brasileiros no exterior não deve ser fixada automaticamente na Justiça Federal somente em razão de o delito ter sido praticado no exterior. Devem ser seguidos os critérios do art. 109 da CR/88 para a determinação da competência da Justiça Federal.

▶ **STJ**

Informativo 549

Terceira Seção

DIREITO PROCESSUAL PENAL. COMPETÊNCIA PARA PROCESSAR E JULGAR CRIME DE TORTURA COMETIDO FORA DO TERRITÓRIO NACIONAL.

O fato de o crime de tortura, praticado contra brasileiros, ter ocorrido no exterior não torna, por si só, a Justiça Federal competente para processar e julgar os agentes estrangeiros. De fato, o crime de tortura praticado integralmente em território estrangeiro contra brasileiros não se subsume, em regra, a nenhuma das hipóteses de competência da Justiça Federal previstas no art. 109 da CF. Esclareça-se que não há adequação ao art. 109, V, da CF, que dispõe que compete à Justiça Federal processar e julgar "os crimes previstos em tratado ou convenção internacional, quando, iniciada a execução no País, o resultado tenha ou devesse ter ocorrido no estrangeiro, ou reciprocamente", pois não se trata de crime à distância. De igual modo, não há possibilidade de aplicar o inciso IV do art. 109 da CF, visto que não se tem dano direto a bens ou serviços da União, suas entidades autárquicas ou empresas públicas. Ademais, ressalte-se que o deslocamento de competência para a jurisdição federal de crimes com violação a direitos humanos exige provocação e hipóteses extremadas e taxativas, nos termos do art. 109, V-A e § 5º, da CF. Desse modo, o incidente só será instaurado em casos de grave violação aos direitos humanos, em delitos de natureza coletiva, com grande repercussão, e para os quais a Justiça Estadual esteja, por alguma razão, inepta à melhor apuração dos fatos e à celeridade que o sistema de proteção internacional dos Direitos Humanos exige (AgRg no IDC 5-PE, Terceira Seção, DJe 3/6/2014; IDC 2-DF, Terceira Seção, DJe 22/11/2010; e IDC 1-PA, Terceira Seção, DJ 10/10/2005). CC 107.397-DF, Rel. Min. Nefi Cordeiro, julgado em 24/9/2014.

Art. 3º Esta Lei entra em vigor na data de sua publicação.

Art. 4º Revoga-se o art. 233 da Lei nº 8.069, de 13 de julho de 1990 – Estatuto da Criança e do Adolescente.

Transplante de Órgãos e Tecidos. Lei nº 9.434, de 4 de fevereiro de 1997

CAPÍTULO I
DAS DISPOSIÇÕES GERAIS

Art. 1º A **disposição gratuita** de tecidos, órgãos e partes do corpo humano, em vida ou post mortem, para fins de transplante e tratamento, é permitida na forma desta Lei.

Parágrafo único. Para os efeitos desta Lei, não estão compreendidos entre os tecidos a que se refere este artigo o sangue, o esperma e o óvulo.

Art. 2º A realização de **transplante ou enxertos de tecidos, órgãos ou partes do corpo humano** só poderá ser realizada por estabelecimento de saúde, público ou privado, e por equipes médico-cirúrgicas de remoção e transplante previamente autorizados pelo órgão de gestão nacional do Sistema Único de Saúde.

"Parágrafo único. A realização de transplantes ou enxertos de tecidos, órgãos e partes do corpo humano só poderá ser autorizada após a realização, no doador, de todos os testes de triagem para diagnóstico de infecção e infestação exigidos em normas regulamentares expedidas pelo Ministério da Saúde. (Redação dada pela Lei nº 10.211, de 23.3.2001)

CAPÍTULO II
DA DISPOSIÇÃO POST MORTEM DE TECIDOS, ÓRGÃOS E PARTES DO CORPO HUMANO PARA FINS DE TRANSPLANTE

Art. 3º A **retirada *post mortem*** de tecidos, órgãos ou partes do corpo humano destinados a transplante ou tratamento deverá ser precedida de diagnóstico de morte encefálica, constatada e registrada por dois médicos não participantes das equipes de remoção e transplante, mediante a utilização de critérios clínicos e tecnológicos definidos por resolução do Conselho Federal de Medicina.

§ 1º Os prontuários médicos, contendo os resultados ou os laudos dos exames referentes aos diagnósticos de morte encefálica e cópias dos documentos de que tratam os arts. 2º, parágrafo único; 4º e seus parágrafos; 5º; 7º; 9º, §§ 2º, 4º, 6º e 8º, e 10, quando couber, e detalhando os atos cirúrgicos relativos aos transplantes e enxertos, serão mantidos nos arquivos das instituições referidas no art. 2º por um período mínimo de cinco anos.

§ 2º Às instituições referidas no art. 2º enviarão anualmente um relatório contendo os nomes dos pacientes receptores ao órgão gestor estadual do Sistema único de Saúde.

§ 3º Será admitida a presença de médico de confiança da família do falecido no ato da comprovação e atestação da morte encefálica.

Art. 4º A retirada de tecidos, órgãos e partes do corpo de pessoas falecidas **para transplantes ou outra finalidade terapêutica**, dependerá da autorização do cônjuge ou parente, maior de idade, obedecida a linha sucessória, reta ou colateral, até o segundo grau inclusive, firmada em documento subscrito por duas testemunhas presentes à verificação da morte. (Redação dada pela Lei nº 10.211, de 23.3.2001).Parágrafo único. (VETADO) (Incluído pela Lei nº 10.211, de 23.3.2001).

Art. 5º A remoção *post mortem* de tecidos, órgãos ou partes do corpo de **pessoa juridicamente incapaz** poderá ser feita desde que permitida expressamente por ambos os pais, ou por seus responsáveis legais.

Art. 6º É vedada a remoção *post mortem* de tecidos, órgãos ou partes do corpo de **pessoas não identificadas.**

Art. 7º (VETADO)

Parágrafo único. No caso de morte sem assistência médica, de óbito em decorrência de causa mal definida ou de outras situações nas quais houver indicação de verificação da causa médica da morte, a remoção de tecidos, órgãos ou partes de cadáver para fins de transplante ou terapêutica somente poderá ser realizada após a autorização do patologista do serviço de verificação de óbito responsável pela investigação e citada em relatório de necrópsia.

Art. 8º Após a retirada de tecidos, órgãos e partes, o **cadáver será imediatamente necropsiado**, se verificada a hipótese do parágrafo único do art. 7º, e, em qualquer caso, condignamente recomposto para ser entregue, em seguida, aos parentes do morto ou seus responsáveis legais para sepultamento. (Redação dada pela Lei nº 10.211, de 23.3.2001).

CAPÍTULO III
DA DISPOSIÇÃO DE TECIDOS, ÓRGÃOS E PARTES DO CORPO HUMANO VIVO PARA FINS DE TRANSPLANTE OU TRATAMENTO

Art. 9º É permitida à pessoa juridicamente capaz **dispor gratuitamente** de tecidos, órgãos e partes do próprio corpo vivo, para fins terapêuticos ou para transplantes em cônjuge ou parentes consangüíneos até o quarto grau, inclusive, na forma do § 4º deste artigo, ou em qualquer outra pessoa, mediante autorização judicial, dispensada esta em relação à medula óssea. (Redação dada pela Lei nº 10.211, de 23.3.2001)

§ 1º (VETADO)

§ 2º (VETADO)

§ 3º Só é permitida a doação referida neste artigo quando se tratar de órgãos duplos, de partes de órgãos, tecidos ou partes do corpo cuja retirada não impeça o organismo do doador de continuar vivendo sem risco para a sua integridade e não represente grave comprometimento de suas aptidões vitais e saúde mental e não cause mutilação ou deformação inaceitável, e corresponda a uma necessidade terapêutica comprovadamente indispensável à pessoa receptora.

§ 4º O doador deverá autorizar, preferencialmente por escrito e diante de testemunhas, especificamente o tecido, órgão ou parte do corpo objeto da retirada.

§ 5º A doação poderá ser revogada pelo doador ou pelos responsáveis legais a qualquer momento antes de sua concretização.

§ 6º O indivíduo juridicamente incapaz, com compatibilidade imunológica comprovada, poderá fazer doação nos casos de transplante de medula óssea, desde que haja consentimento de ambos os pais ou seus responsáveis legais e autorização judicial e o ato não oferecer risco para a sua saúde.

§ 7º É vedado à gestante dispor de tecidos, órgãos ou partes de seu corpo vivo, exceto quando se tratar de doação de tecido para ser utilizado em transplante de medula óssea e o ato não oferecer risco à sua saúde ou ao feto.

§ 8º O auto-transplante depende apenas do consentimento do próprio indivíduo, registrado em seu prontuário médico ou, se ele for juridicamente incapaz, de um de seus pais ou responsáveis legais.

Art. 9º- A É garantido a toda mulher o acesso a informações sobre as possibilidades e os benefícios da doação voluntária de sangue do **cordão umbilical e placentário** durante o período de consultas pré-natais e no momento da realização do parto. (Incluído pela Lei nº 11.633, de 2007).

CAPÍTULO IV
DAS DISPOSIÇÕES COMPLEMENTARES

Art. 10. O transplante ou enxerto só se fará com o consentimento expresso do receptor, assim **inscrito em lista única de espera**, após aconselhamento sobre a excepcionalidade e os riscos do procedimento.(Redação dada pela Lei nº 10.211, de 23.3.2001).

§ 1º Nos casos em que o receptor seja juridicamente incapaz ou cujas condições de saúde impeçam ou comprometam a manifestação válida da sua vontade, o consentimento de que trata este artigo será dado por um de seus pais ou responsáveis legais. (Parágrafo incluído pela Lei nº 10.211, de 23.3.2001).

§ 2º A inscrição em lista única de espera não confere ao pretenso receptor ou à sua família direito subjetivo a indenização, se o transplante não se realizar em decorrência de alteração do estado de órgãos, tecidos e partes, que lhe seriam destinados, provocado por acidente ou incidente em seu transporte. (Parágrafo incluído pela Lei nº 10.211, de 23.3.2001).

Art. 11. É proibida a veiculação, através de qualquer meio de comunicação social de **anúncio** que configure:

a) publicidade de estabelecimentos autorizados a realizar transplantes e enxertos, relativa a estas atividades;

b) apelo público no sentido da doação de tecido, órgão ou parte do corpo humano para pessoa determinada identificada ou não, ressalvado o disposto no parágrafo único;

c) apelo público para a arrecadação de fundos para o financiamento de transplante ou enxerto em benefício de particulares.

Parágrafo único. Os órgãos de gestão nacional, regional e local do Sistema único de Saúde realizarão periodicamente, através dos meios adequados de comunicação social, campanhas de esclarecimento público dos benefícios esperados a partir da vigência desta Lei e de estímulo à doação de órgãos.

Art. 12. (VETADO)

Art. 13. É obrigatório, para todos os estabelecimentos de saúde notificar, às centrais de notificação, captação e distribuição de órgãos da unidade federada onde ocorrer, o **diagnóstico de morte encefálica** feito em pacientes por eles atendidos.

Parágrafo único. Após a notificação prevista no caput deste artigo, os estabelecimentos de saúde não autorizados a retirar tecidos, órgãos ou partes do corpo humano destinados a transplante ou tratamento deverão permitir a imediata remoção do paciente ou franquear suas instalações e fornecer o apoio operacional necessário às equipes médico-cirúrgicas de remoção e transplante, hipótese em que serão ressarcidos na forma da lei. (Incluído pela Lei nº 11.521, de 2007).

CAPÍTULO V
DAS SANÇÕES PENAIS E ADMINISTRATIVAS

Seção I
Dos Crimes

Art. 14. Remover tecidos, órgãos ou partes do corpo de pessoa ou cadáver, em desacordo com as disposições desta Lei:

Pena – reclusão, de dois a seis anos, e multa, de 100 a 360 dias-multa.

§ 1º Se o crime é cometido mediante **paga** ou **promessa de recompensa** ou por outro motivo **torpe**:

Pena – reclusão, de três a oito anos, e multa, de 100 a 150 dias-multa.

§ 2º Se o crime é praticado em pessoa viva, e resulta para o ofendido:

I – incapacidade para as **ocupações habituais**, por mais de trinta dias;

II – **perigo** de vida;

III – **debilidade** permanente de membro, sentido ou função;

IV – **aceleração** de parto:

Pena – reclusão, de três a dez anos, e multa, de 100 a 200 dias-multa

§ 3º Se o crime é praticado em pessoa viva e resulta para o ofendido:

I – Incapacidade para o **trabalho**;

II – Enfermidade **incurável**;

III – **perda ou inutilização** de membro, sentido ou função;

IV – **deformidade** permanente;

V – aborto:

Pena – reclusão, de quatro a doze anos, e multa, de 150 a 300 dias-multa.

§ 4º Se o crime é praticado em pessoa viva e resulta **morte**:

Pena – reclusão, de oito a vinte anos, e multa de 200 a 360 dias-multa.

1. **Decreto regulamentador.** O Decreto nº 2.268/97 regulamentou a lei ora comentada.

2. **Sujeito ativo.** Qualquer pessoa. Trata-se de crime comum, pois o legislador não exigiu nenhuma condição especial do sujeito ativo.

3. **Sujeito passivo.** A pessoa viva e a coletividade.

4. **Remoção ilegal.** A remoção de tecidos, órgãos ou partes do corpo de pessoa ou cadáver é permitida por esta lei e somente pode ser feita nos moldes preconizados nos arts. 1º ao 9º-A. A remoção feita fora desses parâmetros é considerada ilegal e objeto desse delito.

5. **Sanção administrativa do art. 21.** O art. 21 prevê como sanção administrativa que o estabelecimento de saúde e as equipes médico-cirúrgicas envolvidas poderão ser desautorizadas temporária ou permanentemente pelas autoridades competentes. Trata-se de sanção que pode ser imposta cumulativamente com a sanção penal do tipo penal ora comentado, em razão de possuírem naturezas diversas.

6. **§ 1º. Motivos qualificadores. Paga ou promessa de recompensa ou por outro motivo torpe.** A *paga* significa a vantagem que já foi dada ao agente *antes* da prática do delito. A *promessa de recompensa* consiste na vantagem futura, ou seja, é dada ao agente *depois* da prática da infração penal e o agente é movido por ela. Em razão da *mens legislatoris,* pensamos que a paga ou a recompensa prometida deve ter natureza econômica direta. Motivo torpe constitui o motivo repugnante, egoístico. A jurisprudência reconhece o motivo patrimonial como motivo torpe.

7. **§ 2º. Resultados qualificadores.** O legislador trouxe resultados qualificadores que são produzidos na pessoa viva como decorrência da remoção ilegal de tecidos, órgãos ou partes do seu corpo.

8. **Inciso I. Incapacidade para as ocupações habituais por mais de trinta dias.** Ocupações habituais são as atividades desenvolvidas rotineiramente pelos indivíduos, com ou sem fins lucrativos, desde que lícitas, como o trabalho, o lazer, o estudo, os afazeres domésticos etc. O resultado qualificador pode decorrer de dolo ou de culpa. A prova de incapacidade por mais de 30 dias é provada por meio do exame complementar de corpo de delito a que se refere o art. 168 §§ 2º e 3º do Código de Processo Penal.

9. **Inciso II. Perigo de vida.** Perigo de vida significa probabilidade de morte. É a concreta possibilidade de a vítima morrer em face da remoção ilegal de tecidos, órgãos ou partes do corpo de pessoa viva. Esta qualificadora somente pode decorrer de culpa. Trata-se de crime preterdoloso. Caso ela decorra de dolo do agente, haverá tentativa de homicídio.

10. **Inciso III. Debilidade permanente de membro, sentido ou função.** Debilidade é o enfraquecimento, a redução ou a diminuição da capacidade funcional. Por permanente entenda-se duradouro, e não perpétuo, bastando, portanto, que seja de longa duração. *Membros* dividem-se em superiores (braço, antebraço e mão) e inferiores (coxa, perna e pé). Por *sentido* entendam-se as faculdades perceptivas (visão, audição, olfato, paladar, tato). *Função* é a atividade específica desempenhada

por cada órgão, aparelho ou sistema do corpo humano, como a função digestória, circulatória, respiratória, reprodutora e locomotora. A qualificadora pode decorrer de dolo ou de culpa.

11. **Inciso IV. Aceleração de parto.** Aceleração de parto significa a antecipação do nascimento do feto com vida, o nascimento prematuro. Não se trata de aborto. Se for aborto, será a qualificadora do § 3º, V. O sujeito passivo só pode ser mulher grávida. Essa qualificadora pode decorrer de dolo ou de culpa. Não incide a agravante prevista no art. 61, II, *h* do Código Penal (crime contra mulher grávida), sob pena de *bis in idem.*

12. **§ 3º. Resultados qualificadores.** O legislador trouxe resultados qualificadores que são produzidos na pessoa viva como decorrência da remoção ilegal de tecidos, órgãos ou partes do corpo de pessoa viva. Pela sanção penal cominada, percebe-se que tais qualificadoras são mais graves do que as do § 2º.

13. **Inciso I. Incapacidade para o trabalho.** O trabalho é a atividade remunerada ligada ao sustento da vítima. Consiste no desempenho de uma atividade profissional. Por estar ligada ao sustento da vítima, a qualificadora incide se a vítima ficar incapacitada para qualquer trabalho, e não apenas para o trabalho específico que ela desempenhava. Essa qualificadora pode decorrer de dolo ou de culpa.

14. **Inciso II. Enfermidade incurável.** É a doença com séria probabilidade de incurabilidade com base no atual estágio da medicina. Essa qualificadora pode decorrer de dolo ou de culpa.

15. **Inciso III. Perda ou inutilização de membro, sentido ou função.** A *perda* ocorre com a cessação do sentido ou função, ou com a mutilação ou amputação do membro. A mutilação ocorre no momento da conduta, ao passo que a amputação decorre de intervenção cirúrgica. Em caso de órgãos duplos, como os rins, a perda de apenas um deles configura debilidade permanente da função renal (§ 2º, III), e não perda. Mas caso a vítima tenha apenas um rim, estará configurada a perda. A *inutilização* consiste na perda funcional do membro, sentido ou função, tornando-os inaptos para exercer suas funções, a exemplo da paralisia, da perda da visão, da perda de todo o movimento do braço, ainda que continue preso ao corpo etc. *Membros* dividem-se em superiores (braço, antebraço e mão) e inferiores (coxa, perna e pé). Por *sentido* entendam-se as faculdades perceptivas (visão, audição, olfato, paladar, tato). *Função* é a atividade específica desempenhada por cada órgão, aparelho ou sistema do corpo humano, como a função digestória, circulatória, respiratória, reprodutora e locomotora. A qualificadora pode decorrer de dolo ou de culpa.

16. **Inciso IV. Deformidade permanente.** É a deformidade física, que altera a forma original do corpo humano. Essa qualificadora incidirá mesmo que a deformidade seja reparada por cirurgia plástica. A qualificadora pode decorrer de dolo ou de culpa.

17. **Inciso V. Aborto.** O aborto consiste na interrupção da gravidez com a consequente morte do feto, havendo ou não a sua expulsão, qualquer que seja o seu estado evolutivo, desde a nidação até momentos antes do parto. O sujeito passivo só pode

ser mulher grávida. A qualificadora somente pode decorrer de culpa. Trata-se de crime preterdoloso. Caso ela decorra de dolo do agente, o agente responderá pelo delito ora comentado e pelo crime de aborto em concurso formal impróprio. Não incide da agravante prevista no art. 61, II, *h* do Código Penal (crime contra mulher grávida), sob pena de *bis in idem*.

18. **§ 4º. Resultado qualificador. Morte.** O resultado qualificador da morte só pode decorrer de culpa. Se houver dolo em relação à morte, há crime de homicídio.

19. **Consumação.** O delito consuma-se com a efetiva remoção dos tecidos, órgãos ou partes do corpo da pessoa viva ou do cadáver. Trata-se de crime material. No caso dos resultados qualificadores previstos nos parágrafos, eles consumam-se com o advento dos resultados ali previstos.

20. **Classificação.** Crime comum; material; doloso; comissivo; instantâneo; admite tentativa, salvo nas hipóteses do § 2º, II, do § 3º, V, e do § 4º, por configurarem crimes preterdolosos.

21. **Suspensão condicional do processo.** Incabível, pois a pena mínima cominada ultrapassa 1 ano (art. 89 da lei 9.099/95).

Art. 15. Comprar ou vender tecidos, órgãos ou partes do corpo humano:

Pena – reclusão, de três a oito anos, e multa, de 200 a 360 dias-multa.

Parágrafo único. Incorre na mesma pena quem promove, intermedeia, facilita ou aufere qualquer vantagem com a transação.

1. **Sujeito ativo.** Qualquer pessoa. Trata-se de crime comum, pois o legislador não exigiu nenhuma condição especial do sujeito ativo.

2. **Sujeito passivo.** A pessoa viva e a coletividade.

3. **Comércio ilegal.** Com o presente tipo penal o legislador buscou coibir a comercialização ilegal de tecidos, órgãos e partes do corpo humano. Note-se que o legislador incriminou não só a venda, mas, também, a compra.

4. **Tipo penal misto alternativo.** Caso o agente pratique mais de uma conduta descrita no tipo penal, responderá por um delito apenas, não havendo concurso de crimes. Questão relevante versa sobre a tipificação da conduta do agente que faz do comércio ilegal o seu meio de vida, ou seja, ele compra e vende tecidos, órgãos e partes do corpo humano. Nesse caso, a cada operação de compra e venda realizada, o agente pratica apenas um crime ou pratica dois crimes em concurso? Como se trata de tipo misto alternativo haverá apenas um delito. Contudo, se essa operação for realizada diversas vezes, haverá concurso material entre as várias condutas de comprar e vender, ou, então, crime continuado, a depender da presença dos requisitos previstos no art. 71 do Código Penal.

5. **Parágrafo único. Conduta equiparada.** O legislador equiparou à conduta do *caput* a ação do agente que promover, intermediar, facilitar ou auferir qualquer vantagem

com a transação. Os verbos *promover, intermediar, facilitar* ou *auferir vantagem* denotam meios de participação no crime ora comentado. Assim, a princípio, o agente que promover, intermediar, facilitar ou auferir vantagem da compra e venda de tecidos, órgãos ou partes do corpo humano seria partícipe desse delito. Contudo, a opção do legislador foi tratar esse agente como autor do delito ora comentado equiparando a conduta do agente que seria, a princípio, partícipe, à conduta do *caput*. Dessa forma, em relação a esses verbos, esse tipo penal não admite a figura da participação, pois quem praticar essas condutas será autor desse delito.

6. **Sanção administrativa do art. 21.** O art. 21 prevê como sanção administrativa que o estabelecimento de saúde e as equipes médico-cirúrgicas envolvidas poderão ser desautorizadas temporária ou permanentemente pelas autoridades competentes. Trata-se de sanção que pode ser imposta cumulativamente com a sanção penal do tipo penal ora comentado, em razão de possuírem naturezas diversas.

7. **Consumação.** O delito consuma-se com o fechamento do negócio de compra ou de venda dos tecidos, órgãos ou partes do corpo humano

8. **Classificação.** Crime comum; material; doloso; comissivo; instantâneo; admite tentativa.

9. **Suspensão condicional do processo.** Incabível, pois a pena mínima cominada ultrapassa 1 ano (art. 89 da lei 9.099/95).

Art. 16. Realizar **transplante ou enxerto** utilizando tecidos, órgãos ou partes do corpo humano de que se tem ciência terem sido obtidos em desacordo com os dispositivos desta Lei:

Pena – reclusão, de um a seis anos, e multa, de 150 a 300 dias-multa.

1. **Sujeito ativo.** O médico responsável pelo transplante ou pelo enxerto. Trata-se de crime próprio.

2. **Sujeito passivo.** A pessoa que recebe os tecidos, órgãos ou partes do corpo humano.

3. **Tecidos, órgãos e partes do corpo humano obtidos em desacordo com a lei.** Os tecidos, órgãos ou partes do corpo humano são os objetos materiais desse delito. Nada obsta que o médico responsável pelo transplante ou pelo enxerto utilize tecidos, órgãos ou partes do corpo humano. Contudo, ele deve fazê-lo nos moldes preconizados por esta lei. A incriminação consiste na realização do transplante ou do enxerto utilizando tecidos, órgãos ou partes do corpo humano dos quais se sabe serem obtidos em desacordo com a presente lei. Assim, por exemplo, pratica esse delito, o médico que utiliza um órgão que tenha sido comprado de um estranho, que, por sua vez, praticou o delito do art. 15 desta lei. Caso o médico tenha comprado um órgão ilegalmente e tenha utilizado-o em um transplante, ele pratica os crimes do art. 15 e art. 16 desta lei em concurso material de crimes (art. 69 do Código Penal).

4. **Dolo direto.** Tendo em vista que o legislador utilizou as expressões *"de que se tem ciência terem sido obtidos em desacordo com os dispositivos desta Lei"*, conclui-se

que o agente deve ter a plena consciência sobre a obtenção ilegal dos tecidos, órgãos ou partes do corpo humano, razão pela qual o tipo penal não admite o dolo eventual.

5. **Diferença para o art. 18.** O art. 18 desta lei incrimina a conduta de "realizar transplante ou enxerto em desacordo com o disposto no art. 10 desta Lei e seu parágrafo único", que, por sua vez, dispõe que *"O transplante ou enxerto só se fará com o consentimento expresso do receptor, assim inscrito em lista única de espera, após aconselhamento sobre a excepcionalidade e os riscos do procedimento. § 1º Nos casos em que o receptor seja juridicamente incapaz ou cujas condições de saúde impeçam ou comprometam a manifestação válida da sua vontade, o consentimento de que trata este artigo será dado por um de seus pais ou responsáveis legais. § 2º A inscrição em lista única de espera não confere ao pretenso receptor ou à sua família direito subjetivo a indenização, se o transplante não se realizar em decorrência de alteração do estado de órgãos, tecidos e partes, que lhe seriam destinados, provocado por acidente ou incidente em seu transporte"*. Assim, o crime do art. 18 consiste na realização do transplante ou do enxerto em desconformidade com essas normas. O tipo penal do art. 16 consiste na realização do transplante ou do enxerto atendendo-se a essas normas, porém, utilizando-se o médico de tecidos, órgãos ou partes do corpo humano que sabe terem sido obtidos ilicitamente, de forma contrária à presente lei.

6. **Norma penal em branco.** O presente tipo penal configura uma norma penal em branco homogênea homovitelina, pois para a sua aplicação e sua interpretação precisa ser complementada por outras normas constantes da presente lei que tratam da forma de obtenção de órgãos, tecidos ou partes do corpo humano.

7. **Sanção administrativa do art. 21.** O art. 21 prevê como sanção administrativa que o estabelecimento de saúde e as equipes médico-cirúrgicas envolvidas poderão ser desautorizadas temporária ou permanentemente pelas autoridades competentes. Trata-se de sanção que pode ser imposta cumulativamente com a sanção penal do tipo penal ora comentado, em razão de possuírem naturezas diversas.

8. **Consumação.** O delito consuma-se com a conclusão do transplante ou do enxerto. Trata-se de crime material.

9. **Classificação.** Crime próprio; material; doloso; comissivo; instantâneo; admite tentativa.

10. **Suspensão condicional do processo.** Cabível, pois a pena mínima cominada não ultrapassa 1 ano (art. 89 da lei 9.099/95).

Art. 17. Recolher, transportar, guardar ou **distribuir** partes do corpo humano de que se tem ciência terem sido obtidos em desacordo com os dispositivos desta Lei:

Pena – reclusão, de seis meses a dois anos, e multa, de 100 a 250 dias-multa.

1. **Sujeito ativo.** Qualquer pessoa. Trata-se de crime comum, pois o legislador não exigiu nenhuma condição especial do sujeito ativo.

2. **Sujeito passivo.** A coletividade.

3. **Recolher, transportar, guardar, distribuir.** *Recolher* significa arrecadar para si. *Transportar* consiste em levar as partes do corpo humano de um local específico para outro local específico. *Guardar* é manter consigo, ou seja, o agente mantém em seu poder as partes do corpo humano. Por *distribuir* entenda-se a conduta de dar, entregar.

4. **Crime permanente.** Nas condutas *transportar* e *guardar* o crime torna-se permanente. Logo, a prisão em flagrante pode ocorrer a qualquer momento.

5. **Partes do corpo humano obtidos em desacordo com a lei.** O legislador, por meio dessas condutas criminosas, pretendeu abarcar ao máximo a conduta do agente que manipula ilegalmente as partes do corpo humano sabendo que foram obtidas por meio ilícito. Tais condutas certamente favorecem o comércio ilegal de partes do corpo humano, devendo ser objeto de incriminação.

6. **Dolo direto.** Tendo em vista que o legislador utilizou as expressões *"de que se tem ciência terem sido obtidos em desacordo com os dispositivos desta Lei"*, conclui-se que o agente deve ter a plena consciência sobre a obtenção ilegal de partes do corpo humano, razão pela qual o tipo penal não admite o dolo eventual.

7. **Tipo penal misto alternativo.** Caso o agente pratique mais de uma conduta descrita no tipo penal, responderá por um delito apenas, não havendo concurso de crimes. Assim, se o agente guardar e depois transportar as partes do corpo humano, responderá por um delito apenas.

8. **Sanção administrativa do art. 21.** O art. 21 prevê como sanção administrativa que o estabelecimento de saúde e as equipes médico-cirúrgicas envolvidas poderão ser desautorizadas temporária ou permanentemente pelas autoridades competentes. Trata-se de sanção que pode ser imposta cumulativamente com a sanção penal do tipo penal ora comentado, em razão de possuírem naturezas diversas.

9. **Consumação.** O delito consuma-se com a efetiva prática das condutas descritas no tipo penal. Trata-se de crime material.

10. **Classificação.** Crime comum; material; doloso; comissivo; instantâneo nas condutas *recolher* e *distribuir* e permanente nas condutas *transportar* e *guardar*; admite tentativa.

11. **Infração penal de menor potencial ofensivo.** Tendo em vista que a pena máxima não é superior a dois anos, trata-se de infração penal de menor potencial ofensivo (art. 61 da lei 9.099/95).

12. **Suspensão condicional do processo.** Cabível, pois a pena mínima cominada não ultrapassa 1 ano (art. 89 da lei 9.099/95).

Art. 18. Realizar **transplante** ou **enxerto** em desacordo com o disposto no art. 10 desta Lei e seu parágrafo único:

Pena – detenção, de seis meses a dois anos.

1. **Sujeito ativo.** O médico responsável pelo transplante ou pelo enxerto. Trata-se de crime próprio.

2. **Sujeito passivo.** A pessoa que recebe os tecidos, órgãos ou partes do corpo humano e a coletividade.

3. **Diferença para o art. 16.** Ver comentários ao art. 16.

4. **Violação do art. 10 da lei.** O art. 10 dispõe que *"o transplante ou enxerto só se fará com o consentimento expresso do receptor, assim inscrito em lista única de espera, após aconselhamento sobre a excepcionalidade e os riscos do procedimento. § 1º Nos casos em que o receptor seja juridicamente incapaz ou cujas condições de saúde impeçam ou comprometam a manifestação válida da sua vontade, o consentimento de que trata este artigo será dado por um de seus pais ou responsáveis legais. § 2º A inscrição em lista única de espera não confere ao pretenso receptor ou à sua família direito subjetivo a indenização, se o transplante não se realizar em decorrência de alteração do estado de órgãos, tecidos e partes, que lhe seriam destinados, provocado por acidente ou incidente em seu transporte"*. Assim, o delito ora comentado consiste na realização do transplante ou do enxerto em desconformidade com essas normas. Os órgãos, tecidos e partes do corpo humano são obtidos em conformidade com as normas desta lei, mas o médico não observa o disposto no art. 10. Note-se que embora o presente tipo penal faça expressa menção ao parágrafo único do art. 10, ele não existe mais, em razão da alteração promovida pela lei 10.211/2001, de forma que o seu teor passou a estar previsto no § 1º.

5. **Norma penal em branco.** O presente tipo penal configura uma norma penal em branco homogênea homovitelina, pois para a sua aplicação e sua interpretação precisa ser complementada pelo art. 10 e seu parágrafo único.

6. **Consumação.** O delito consuma-se com a conclusão do transplante ou do enxerto. Trata-se de crime material.

7. **Classificação.** Crime próprio; material; doloso; comissivo; instantâneo; admite tentativa.

8. **Infração penal de menor potencial ofensivo.** Tendo em vista que a pena máxima não é superior a dois anos, trata-se de infração penal de menor potencial ofensivo (art. 61 da lei 9.099/95).

9. **Suspensão condicional do processo.** Cabível, pois a pena mínima cominada não ultrapassa 1 ano (art. 89 da lei 9.099/95).

Art. 19. Deixar de **recompor cadáver**, devolvendo-lhe aspecto condigno, para sepultamento ou deixar de entregar ou retardar sua **entrega aos familiares ou interessados**:

Pena – detenção, de seis meses a dois anos.

1. **Sujeito ativo.** A pessoa responsável pela recomposição do cadáver ou a sua entrega aos familiares ou interessados. Trata-se de crime próprio.
2. **Sujeito passivo.** A família da pessoa morta.
3. **Deixar de recompor cadáver, devolvendo-lhe aspecto condigno, para sepultamento ou deixar de entregar ou retardar a entrega do cadáver aos familiares ou interessados.** O tipo penal ora comentado consiste no descumprimento do art. 8º desta lei, que dispõe que "após a retirada de tecidos, órgãos e partes, o cadáver será imediatamente necropsiado, se verificada a hipótese do parágrafo único do art. 7º, e, em qualquer caso, condignamente recomposto para ser entregue, em seguida, aos parentes do morto ou seus responsáveis legais para sepultamento".
4. **Crime omissivo próprio.** Os verbos *deixar* e *retardar* conferem ao tipo penal a natureza de crime omissivo próprio, uma vez que o agente deixa de fazer algo a que é obrigado em virtude de lei.
5. **Consumação.** O delito consuma-se com a mera omissão do agente, independentemente de qualquer resultado ulterior.
6. **Classificação.** Crime próprio; formal; doloso; omissivo próprio; instantâneo; não admite tentativa por ser omissivo próprio.
7. **Infração penal de menor potencial ofensivo.** Tendo em vista que a pena máxima não é superior a dois anos, trata-se de infração penal de menor potencial ofensivo (art. 61 da lei 9.099/95).
8. **Suspensão condicional do processo.** Cabível, pois a pena mínima cominada não ultrapassa 1 ano (art. 89 da lei 9.099/95).

Art. 20. Publicar **anúncio** ou apelo público em desacordo com o disposto no art. 11:

Pena – multa, de 100 a 200 dias-multa.

1. **Sujeito ativo.** Qualquer pessoa. Trata-se de crime comum, pois o legislador não exigiu nenhuma condição especial do sujeito ativo.
2. **Sujeito passivo.** A coletividade.
3. **Publicar anúncio ou apelo público.** O legislador incriminou a conduta de tornar público qualquer espécie de anúncio ou apelo em desconformidade com os ditames legais preconizados no art. 11 desta lei. O anúncio e o apelo estão ligados a qualquer conduta que tenha por finalidade divulgar os estabelecimentos autorizados a realizar transplantes e enxertos, bem como sensibilizar outras pessoas em relação

à doação de tecido, órgão ou parte do corpo humano ou à arrecadação de fundos para o financiamento de transplante ou enxerto em benefício de particulares.

4. **Norma penal em branco.** O presente tipo penal configura uma norma penal em branco homogênea homovitelina, pois para a sua aplicação e sua interpretação precisa ser complementada pelo art. 11 desta lei, que por sua vez dispõe que "é proibida a veiculação, através de qualquer meio de comunicação social de anúncio que configure: a) publicidade de estabelecimentos autorizados a realizar transplantes e enxertos, relativa a estas atividades; b) apelo público no sentido da doação de tecido, órgão ou parte do corpo humano para pessoa determinada identificada ou não, ressalvado o disposto no parágrafo único; c) apelo público para a arrecadação de fundos para o financiamento de transplante ou enxerto em benefício de particulares. Parágrafo único. Os órgãos de gestão nacional, regional e local do Sistema único de Saúde realizarão periodicamente, através dos meios adequados de comunicação social, campanhas de esclarecimento público dos benefícios esperados a partir da vigência desta Lei e de estímulo à doação de órgãos".

5. **Infração administrativa.** A prática do presente delito também configura a infração administrativa prevista no art. 23 da presente lei, que tem a seguinte redação: *"Art. 23. Sujeita-se às penas do art. 59 da Lei nº 4.117, de 27 de agosto de 1962, a empresa de comunicação social que veicular anúncio em desacordo com o disposto no art. 11."* Pensamos que as duas sanções podem ser aplicadas cumulativamente, em razão de possuírem naturezas diversas.

6. **Consumação.** O delito consuma-se com a efetivação do anúncio ou do apelo.

7. **Classificação.** Crime comum; material; doloso; comissivo; instantâneo; admite tentativa.

8. **Sanção penal.** Fugindo da tradição, o legislador cominou para esse tipo penal apenas a pena de multa.

Seção II
Das Sanções Administrativas

Art. 21. No caso dos crimes previstos nos arts. 14, 15, 16 e 17, o estabelecimento de saúde e as equipes médico-cirúrgicas envolvidas poderão ser **desautorizadas temporária ou permanentemente** pelas autoridades competentes.

§ 1º Se a instituição é particular, a autoridade competente poderá multá-la em 200 a 360 dias-multa e, em caso de reincidência, poderá ter suas atividades suspensas temporária ou definitivamente, sem direito a qualquer indenização ou compensação por investimentos realizados.

§ 2º Se a instituição é particular, é proibida de estabelecer contratos ou convênios com entidades públicas, bem como se beneficiar de créditos oriundos de instituições governamentais ou daquelas em que o Estado é acionista, pelo prazo de cinco anos.

1. **Sanção administrativa.** O art. 21 traz sanções de natureza administrativa aplicadas aos estabelecimentos de saúde e às equipes medico-cirúrgicas envolvidas.

Violação de Sigilo das Operações de Instituições Financeiras. Lei Complementar nº 105, de 10 de janeiro de 2001

Art. 10. A quebra de sigilo, fora das hipóteses autorizadas nesta Lei Complementar, constitui crime e sujeita os responsáveis à pena de reclusão, de um a quatro anos, e multa, aplicando-se, no que couber, o Código Penal, sem prejuízo de outras sanções cabíveis.

Parágrafo único. Incorre nas mesmas penas quem omitir, retardar injustificadamente ou prestar falsamente as informações requeridas nos termos desta Lei Complementar.

1. **Bem jurídico tutelado.** O sigilo referente às operações financeiras, bem jurídico protegido constitucionalmente, inserido no direito fundamental à intimidade e vida privada, positivado no art. 5º, X, da CRFB/88.

2. **A proteção constitucional do sigilo.** O sigilo referente às operações financeiras está protegido constitucionalmente, uma vez que inserido no direito fundamental à *intimidade* e *vida privada*, positivado no art. 5º, X, da CRFB/88: *"são invioláveis a intimidade, a vida privada, a honra e a imagem das pessoas, assegurado o direito a indenização pelo dano material ou moral decorrente de sua violação."*

3. **Sujeito ativo.** Trata-se de crime próprio, uma vez que somente pode praticá-lo o funcionário da instituição financeira que tenha o dever de manutenção do sigilo.

4. **Sujeito passivo.** O indivíduo que teve o seu sigilo violado fora dos casos permitidos em lei.

5. **O dever de manutenção do sigilo.** A lei complementar 105/2001 determina que as instituições financeiras conservem o sigilo em suas operações ativas e passivas e serviços prestados, considerando instituição financeira as seguintes instituições: os bancos de qualquer espécie; as distribuidoras de valores mobiliários; as corretoras de câmbio e de valores mobiliários; as sociedades de crédito, financiamento e investimentos; as sociedades de crédito imobiliário; as administradoras de cartões de crédito; as sociedades de arrendamento mercantil; as administradoras de mercado de balcão organizado; as cooperativas de crédito; as associações de poupança e empréstimo; as bolsas de valores e de mercadorias e futuros; as entidades de

liquidação e compensação; as outras sociedades que, em razão da natureza de suas operações, assim venham a ser consideradas pelo Conselho Monetário Nacional e as empresas de fomento comercial ou factoring (art. 1º). O dever de manutenção do sigilo também é extensivo ao Banco Central do Brasil, em relação às operações que realizar e às informações que obtiver no exercício de suas atribuições.

6. **Hipóteses em que a lei autoriza a violação do sigilo. Causa de atipicidade formal da conduta.** Conforme a própria lei dispõe, nas hipóteses em que ela autorizar a violação do sigilo, não haverá a prática do delito ora comentado, resolvendo-se a questão no plano da tipicidade formal, razão pela qual a conduta será formalmente atípica. De acordo com a lei ora comentada, a violação do sigilo é autorizada nos seguintes casos: **I.** Troca de informações entre instituições financeiras, para fins cadastrais, inclusive por intermédio de centrais de risco, observadas as normas baixadas pelo Conselho Monetário Nacional e pelo Banco Central do Brasil; fornecimento de informações constantes de cadastro de emitentes de cheques sem provisão de fundos e de devedores inadimplentes, a entidades de proteção ao crédito, observadas as normas baixadas pelo Conselho Monetário Nacional e pelo Banco Central do Brasil; fornecimento das informações de que trata o § 2º do art. 11 da Lei nº 9.311, de 24 de outubro de 1996; comunicação, às autoridades competentes, da prática de ilícitos penais ou administrativos, abrangendo o fornecimento de informações sobre operações que envolvam recursos provenientes de qualquer prática criminosa; revelação de informações sigilosas com o consentimento expresso dos interessados; a prestação de informações nos termos e condições estabelecidos nos artigos 2º, 3º, 4º, 5º, 6º, 7º e 9 desta Lei Complementar (art. 1º, § 3º); **II.** Quando necessária para apuração de ocorrência de qualquer ilícito, em qualquer fase do inquérito ou do processo judicial, e especialmente nos crimes de terrorismo; de tráfico ilícito de substâncias entorpecentes ou drogas afins; de contrabando ou tráfico de armas, munições ou material destinado a sua produção; de extorsão mediante sequestro; contra o sistema financeiro nacional; contra a Administração Pública; contra a ordem tributária e a previdência social; lavagem de dinheiro ou ocultação de bens, direitos e valores; praticado por organização criminosa (art. 1º, § 4º); **III.** O fornecimento, ao Banco Central do Brasil, de informações referentes à contas de depósitos, aplicações e investimentos mantidos em instituições financeiras, nos seguintes casos: I – no desempenho de suas funções de fiscalização, compreendendo a apuração, a qualquer tempo, de ilícitos praticados por controladores, administradores, membros de conselhos estatutários, gerentes, mandatários e prepostos de instituições financeiras; II – ao proceder a inquérito em instituição financeira submetida a regime especial. (art. 2º, § 1º, I e II). Nesse último caso (procedimento de inquérito em instituição financeira submetida a regime especial), as comissões encarregadas desses inquéritos poderão examinar quaisquer documentos relativos a bens, direitos e obrigações das instituições financeiras, de seus controladores, administradores, membros de conselhos estatutários, gerentes, mandatários e prepostos, inclusive contas correntes e operações com outras instituições financeiras (art. 2º, § 2º). Tudo o que se disse nesse item III aplica-se, também, à Comissão de Valores Mobiliários, quando se tratar de fiscalização de operações e serviços no mercado de valores mobiliários, inclusive nas instituições financeiras que sejam companhias abertas (art. 2º, § 3º).

7. **Condutas. Quebrar o sigilo, omitir, retardar ou prestar informações falsamente.** A conduta *quebrar o sigilo* significa ter acesso às informações sigilosas. Omitir consiste em não atender. *Retardar* é atrasar, demorar. *Prestar* significa fornecer a informação. Busca-se, com o tipo legal de crime ora analisado, evitar o acesso ilícito às informações sigilosas, bem como qualquer espécie de demora ou omissão no fornecimento de informações requeridas com base na lei complementar ora comentada; ou a prestação falsa de tais informações. Nas condutas *omitir* e *retardar,* o crime é omissivo próprio, não admitindo a tentativa; nas condutas *quebrar* e *prestar* informação falsa o delito é comissivo. Note-se que o legislador utilizou as expressões *omitir ou retardar injustificadamente.* Dessa forma, caso haja um causa lícita que justifique a conduta do agente em omitir ou retardar a prestação das informações, a conduta será formalmente atípica.

8. **Especialidade.** O tipo legal de crime ora estudado, no seu *caput,* especializa o delito de violação de sigilo funcional, tipificado no art. 325 do Código Penal, que dispõe: *"Revelar fato de que tem ciência em razão do cargo e que deva permanecer em segredo, ou facilitar-lhe a revelação: Pena – detenção, de seis meses a dois anos, ou multa, se o fato não constitui crime mais grave. § 1º Nas mesmas penas deste artigo incorre quem: – permite ou facilita, mediante atribuição, fornecimento e empréstimo de senha ou qualquer outra forma, o acesso de pessoas não autorizadas a sistemas de informações ou banco de dados da Administração Pública; II – se utiliza, indevidamente, do acesso restrito. § 2º Se da ação ou omissão resulta dano à Administração Pública ou a outrem: Pena – reclusão, de 2 (dois) a 6 (seis) anos, e multa".* Já no seu parágrafo único, constitui especialidade em relação ao delito de *desobediência* previsto no art. 330 do Código Penal, que tem a seguinte redação: *"Art. 330 – Desobedecer a ordem legal de funcionário público: Pena – detenção, de quinze dias a seis meses, e multa."*, bem como na conduta *prestar falsamente as informações,* especializa o delito de falsidade ideológica positivado no art. 299 do Código Penal, que possui a seguinte redação: *"Art. 299 – Omitir, em documento público ou particular, declaração que dele devia constar, ou nele inserir ou fazer inserir declaração falsa ou diversa da que devia ser escrita, com o fim de prejudicar direito, criar obrigação ou alterar a verdade sobre fato juridicamente relevante: Pena – reclusão, de um a cinco anos, e multa, se o documento é público, e reclusão de um a três anos, e multa, se o documento é particular. Parágrafo único – Se o agente é funcionário público, e comete o crime prevalecendo-se do cargo, ou se a falsificação ou alteração é de assentamento de registro civil, aumenta-se a pena de sexta parte."* Por fim, o tipo legal de crime ora comentado especializa o art. 18 da lei 7.492/86, que dispõe: *"violar sigilo de operação ou de serviço prestado por instituição financeira ou integrante do sistema de distribuição de títulos mobiliários de que tenha conhecimento, em razão de ofício: Pena – Reclusão, de 1 (um) a 4 (quatro) anos, e multa."*

9. **Competência para o processo e o julgamento.** A competência para o processo e o julgamento desse delito é da Justiça Federal, com fundamento no art. 109, VI da CRFB/88.

10. **Consumação.** No *caput* do artigo, o delito se consuma com o acesso à informação sigilosa. No parágrafo único, nas condutas *omitir* e *retardar,* o delito se consuma

com a mera omissão do agente; na conduta *prestar* informação falsa, o delito se consuma com o fornecimento da informação.

11. Classificação. Crime próprio; formal; doloso; comissivo nas condutas *quebrar o sigilo* (*caput*) e *prestar* informação falsa (parágrafo único), admitindo a tentativa; omissivo próprio nas condutas *omitir* e *retardar* (parágrafo único), não admitindo a tentativa por ser omissivo próprio; instantâneo.

12. Suspensão condicional do processo. Cabível, pois a pena mínima cominada não ultrapassa 1 ano (art. 89 da lei 9.099/95).

13. Conduta equiparada. Lei 13.254/2016. A lei 13.254/2016 estatuiu o Regime Especial de Regularização Cambial e Tributária (RERCT), que consiste na regularização por meio da declaração voluntária de recursos, bens ou direitos de origem lícita, não declarados ou declarados com omissão ou incorreção em relação a dados essenciais, remetidos ou mantidos no exterior, ou repatriados por residentes ou domiciliados no país, conforme a legislação cambial ou tributária.

A adesão ao RERCT dá-se por meio da apresentação, pela pessoa física ou jurídica, à Secretaria da Receita Federal do Brasil (RFB) e, em cópia para fins de registro, ao Banco Central do Brasil da ***declaração única de regularização específica*** contendo a descrição pormenorizada dos recursos, bens e direitos de qualquer natureza de que seja titular em 31 de dezembro de 2014 a serem regularizados, com o respectivo valor em real, ou, no caso de inexistência de saldo ou título de propriedade em 31 de dezembro de 2014, a descrição das condutas praticadas pelo declarante que se enquadrem nos crimes previstos no § 1º, do art. 5º, da lei e dos respectivos bens e recursos que possuiu (art. 4º da lei 13.254/2016).

Uma vez feita a adesão ao RERCT e apresentada a *declaração única de regularização específica*, a opção de repatriação pelo declarante de ativos financeiros no exterior deverá ocorrer por intermédio de instituição financeira autorizada a funcionar no país e a operar no mercado de câmbio, mediante apresentação do protocolo de entrega da declaração única de regularização específica (art. 4º, § 4º, da lei 13.254/2016).

Nos moldes do art. 7º, § 1º, da lei 13.254/2016, *"a divulgação ou a publicidade das informações presentes no RERCT implicarão efeito equivalente à quebra do sigilo fiscal, sujeitando o responsável às penas previstas na Lei Complementar nº 105, de 10 de janeiro de 2001, e no art. 325 do Decreto-Lei nº 2.848, de 7 de dezembro de 1940 (Código Penal), e, no caso de funcionário público, à pena de demissão."*

Vê-se, portanto, que o legislador inseriu na lei 13.254/2016 uma conduta equiparada à conduta de violação de sigilo prevista na presente lei, inclusive fazendo menção expressa a ela, no mesmo intuito de preservação do sigilo das informações constantes do RERCT.

Violência Doméstica e Familiar Contra a Mulher. Lei nº 11.340, de 7 de agosto de 2006

TÍTULO I
DISPOSIÇÕES PRELIMINARES

Art. 1º Esta Lei cria **mecanismos para coibir e prevenir a violência doméstica e familiar contra a mulher**, nos termos do § 8º do art. 226 da Constituição Federal, da Convenção sobre a Eliminação de Todas as Formas de Violência contra a Mulher, da Convenção Interamericana para Prevenir, Punir e Erradicar a Violência contra a Mulher e de outros tratados internacionais ratificados pela República Federativa do Brasil; dispõe sobre a criação dos Juizados de Violência Doméstica e Familiar contra a Mulher; e estabelece medidas de assistência e proteção às mulheres em situação de violência doméstica e familiar.

1. **Previsão constitucional.** A coibição da violência doméstica e familiar contra a mulher atende ao comando constitucional positivado no art. 226, § 8º da CR/88 (*"Art. 226. A família, base da sociedade, tem especial proteção do Estado. § 8º – O Estado assegurará a assistência à família na pessoa de cada um dos que a integram, criando mecanismos para coibir a violência no âmbito de suas relações"*). Apesar de a norma constitucional ser genérica e tratar de violência no âmbito de suas relações familiares de forma ampla, a presente lei especificou o seu objeto de incidência relacionado à violência doméstica contra *a mulher*, que tem a sua abrangência delineada nos artigos posteriores da lei.

2. **Natureza da lei.** Não se pode dizer que a presente lei tem conteúdo penal, uma vez que ela não prevê tipos penais que configurem violência doméstica e familiar contra a mulher. Da mesma forma, o seu conteúdo não tem nenhuma norma ligada ao exercício do *jus puniendi*. Na realidade, esta lei tem conteúdo processual penal (arts. 12, 15, 18, 19, 20, entre outros), mas, também trata de questões ligadas ao direito civil (arts. 23, 24, 25, ente outros). Assim, pode-se dizer que a lei tem conteúdo misto.

3. **Objeto da lei.** A lei nº 11.340/2006 positivou no Direito brasileiro a coibição da violência doméstica e familiar contra a mulher e disciplinou diversas questões ligadas a

essa temática, como a assistência à mulher em situação de violência doméstica, as medidas de integração e de prevenção, o atendimento da mulher pela autoridade policial e os procedimentos a serem adotados, a competência para o processo e o julgamento de casos que envolvam a violência doméstica e familiar contra a mulher, as medidas protetivas de urgência, a atuação do Ministério Público, a assistência judiciária e a equipe de atendimento multidisciplinar, além de outras questões.

4. **Conceito de violência doméstica e familiar contra a mulher.** O conceito de violência doméstica e familiar contra a mulher será delineado quando da análise do art. 7º desta lei.

Art. 2º Toda mulher, independentemente de classe, raça, etnia, orientação sexual, renda, cultura, nível educacional, idade e religião, goza dos **direitos fundamentais inerentes à pessoa humana**, sendo-lhe asseguradas as oportunidades e facilidades para viver sem violência, preservar sua saúde física e mental e seu aperfeiçoamento moral, intelectual e social.

Art. 3º Serão asseguradas às mulheres as condições para o exercício efetivo dos direitos à vida, à segurança, à saúde, à alimentação, à educação, à cultura, à moradia, ao acesso à justiça, ao esporte, ao lazer, ao trabalho, à cidadania, à liberdade, à dignidade, ao respeito e à convivência familiar e comunitária.

§ 1º O poder público desenvolverá **políticas que visem garantir os direitos humanos das mulheres** no âmbito das relações domésticas e familiares no sentido de resguardá-las de toda forma de negligência, discriminação, exploração, violência, crueldade e opressão.

§ 2º Cabe à família, à sociedade e ao poder público criar as condições necessárias para o efetivo exercício dos direitos enunciados no *caput*.

1. **Assento constitucional.** Os arts. 2º e 3º retratam o reconhecimento dos direitos fundamentais às mulheres, bem como asseguram às mulheres as condições para o exercício efetivo dos direitos à vida, à segurança, à saúde, à alimentação, à educação, à cultura, à moradia, ao acesso à justiça, ao esporte, ao lazer, ao trabalho, à cidadania, à liberdade, à dignidade, ao respeito e à convivência familiar e comunitária. Trata-se de norma que decorre do princípio da igualdade constitucional previsto no art. 5º, *caput* da CR/88 (*"todos são iguais perante a lei, sem distinção de qualquer natureza, garantindo-se aos brasileiros e aos estrangeiros residentes no País a inviolabilidade do direito à vida, à liberdade, à igualdade, à segurança e à propriedade, nos termos seguintes")*, da igualdade entre o homem e a mulher na sociedade conjugal, conforme previsto no art. 226, § 5º da CR/88 (*"a família, base da sociedade, tem especial proteção do Estado. § 5º – Os direitos e deveres referentes à sociedade conjugal são exercidos igualmente pelo homem e pela mulher"*), e, por fim, do princípio da dignidade da pessoa humana, positivado no art. 1º, III da CR/88 (*"a República Federativa do Brasil, formada pela união indissolúvel dos Estados e Municípios e do Distrito Federal, constitui-se em Estado Democrático de Direito e tem como fundamentos: III – a dignidade da pessoa humana"*). Justamente porque já há norma constitucional tratando desse tema, pensamos que os artigos ora comentados são absolutamente desnecessários.

Art. 4º Na **interpretação** desta Lei, serão considerados os **fins sociais a que ela se destina** e, especialmente, as condições peculiares das mulheres em situação de violência doméstica e familiar.

1. **Interpretação teleológica da lei.** O legislador determinou que a interpretação da presente lei atendesse aos fins a que ela destina-se. Se a presente lei tem a finalidade de coibir a violência doméstica e familiar contra a mulher, os seus dispositivos devem ser interpretados de forma a melhor atender a essa finalidade. Na realidade, o legislador está a exigir do intérprete faça, em qualquer hipótese, a interpretação teleológica, que consiste na busca da finalidade da norma, ou seja, busca-se o que o legislador quis quando a elaborou. Trata-se de dispositivo desnecessário, uma vez que qualquer intérprete irá analisar as normas da presente lei com a interpretação voltada à proteção da mulher em situação de violência doméstica e familiar.

TÍTULO II
DA VIOLÊNCIA DOMÉSTICA E FAMILIAR CONTRA A MULHER

CAPÍTULO I
DISPOSIÇÕES GERAIS

Art. 5º Para os efeitos desta Lei, **configura violência doméstica e familiar contra a mulher** qualquer ação ou omissão baseada no gênero que lhe cause morte, lesão, sofrimento físico, sexual ou psicológico e dano moral ou patrimonial:

I – no **âmbito da unidade doméstica**, compreendida como o espaço de convívio permanente de pessoas, com ou sem vínculo familiar, inclusive as esporadicamente agregadas;

II – no **âmbito da família**, compreendida como a comunidade formada por indivíduos que são ou se consideram aparentados, unidos por laços naturais, por afinidade ou por vontade expressa;

III – em **qualquer relação íntima de afeto**, na qual o agressor conviva ou tenha convivido com a ofendida, independentemente de coabitação.

Parágrafo único. As relações pessoais enunciadas neste artigo **independem de orientação sexual**.

1. **Configuração da violência doméstica e familiar contra a mulher.** O legislador discriminou o que configura a violência doméstica e familiar contra a mulher. Nesse sentido, abrangeu qualquer ação ou omissão, o que significa que estão abrangidas as duas formas de conduta relevante para o Direito Penal (comissão e omissão), que possa configurar a morte, a lesão, o sofrimento físico, sexual ou psicológico e o dano moral ou patrimonial na mulher em situação de violência doméstica e familiar. O legislador apenas disse o que configura a violência doméstica e familiar contra a mulher. Porém, deixou para o art. 7º a sua conceituação.
2. **Âmbitos da configuração da violência doméstica e familiar contra a mulher.** Estabeleceram-se nos incisos os três âmbitos onde estará configurada a violência doméstica e familiar contra a mulher.

3. **Inciso I. Âmbito da unidade doméstica.** No âmbito da *unidade doméstica* o legislador abrangeu o espaço de convívio permanente de pessoas, com ou sem vínculo familiar, inclusive as esporadicamente agregadas. Nessa hipótese, o importante é que a mulher deve fazer parte desse convívio permanente. O problema é que não há um conceito do que seja *permanente* e é justamente esse o requisito para configurar a violência doméstica contra a mulher. Na ausência de especificação legal, pensamos que o convívio permanente significa um convívio habitual, duradouro, e não fugaz, passageiro. Não há um limite de tempo pré-determinado. Não se exige o vínculo familiar, o que significa dizer que a violência doméstica contra a mulher pode ocorrer fora dos casos de marido e mulher, podendo ocorrer entre irmãos, pai e filha, amigos, namorados, noivos etc.

▶ **STJ**

INFORMATIVO nº 499.

Sexta Turma

LEI MARIA DA PENHA. BRIGA ENTRE IRMÃOS.

A hipótese de briga entre irmãos – que ameaçaram a vítima de morte – amolda-se àqueles objetos de proteção da Lei n. 11.340/2006 (Lei Maria da Penha). *In casu*, caracterizada a relação íntima de afeto familiar entre os agressores e a vítima, inexiste a exigência de coabitação ao tempo do crime, para a configuração da violência doméstica contra a mulher. Com essas e outras ponderações, a Turma, por maioria, denegou a ordem de *habeas corpus*. Precedentes citados do STF: HC 106.212-MS, DJe 13/6/2011; do STJ: HC 115.857-MG, DJe 2/2/2009; REsp 1.239.850-DF, DJe 5/3/2012, e CC 103.813-MG, DJe 3/8/2009. **HC 184.990-RS, Rel. Min. Og Fernandes, julgado em 12/6/2012.**

▶ **STJ**

INFORMATIVO nº 491.

Quinta Turma

LEI MARIA DA PENHA. CRIME DE AMEÇA ENTRE IRMÃOS.

A Turma, cassando o acórdão recorrido, deu provimento ao recurso para estabelecer a competência de uma das varas do Juizado de Violência Doméstica e Familiar contra a Mulher para examinar processo em que se apura a prática do crime de ameaça. Na hipótese, o recorrido foi ao apartamento da sua irmã, com vontade livre e consciente, fazendo várias ameaças de causar-lhe mal injusto e grave, além de ter provocado danos materiais em seu carro, causando-lhe sofrimento psicológico e dano moral e patrimonial, no intuito de forçá-la a abrir mão do controle da pensão que a mãe de ambos recebe. Para os integrantes da Turma, a relação existente entre o sujeito ativo e o passivo deve ser analisada em face do caso concreto, para verificar a aplicação da Lei Maria da Penha, tendo o recorrido se valido de sua autoridade de irmão da vítima para subjugar a sua irmã, com o fim de obter para si o controle do dinheiro da pensão, sendo desnecessário configurar a coabitação entre eles. Precedentes citados: CC 102.832-MG, DJe 22/4/2009, e HC 115.857-MG, DJe 2/2/2009. **REsp 1.239.850-DF, Rel. Min. Laurita Vaz, julgado em 16/2/2012.**

→Aplicação em concurso.

- **Agente de Polícia Civil/DF. 2013. CESPE.**

  Nos termos da Lei no. 11.340/2006 — Lei Maria da Penha —, a empregada doméstica poderá ser sujeito passivo de violência praticada por seus empregadores.

  A alternativa está correta.

- **(Cespe – Defensor Público – ES/ 2012)**

  Com relação às disposições do ECA, da lei que trata da violência doméstica e familiar e da lei referente à lavagem de dinheiro, julgue os itens subsequentes.

  Considere que Lúcia, maior, capaz, tenha trabalhado por seis meses na residência da família Silva, como empregada doméstica, tendo abandonado a relação laboral após ter sofrido agressão física da filha mais velha do casal, que a acusara, injustamente, de furto. Nessa situação hipotética, por ser a agressora do sexo feminino e estar ausente o vínculo familiar, afasta-se a incidência da norma de violência doméstica e familiar.

  A alternativa está errada.

4. **Inciso II. Âmbito da família.** Como *família*, o legislador conceituou a comunidade formada por indivíduos que são ou se consideram aparentados, unidos por laços naturais, por afinidade ou por vontade expressa. Nesse caso, entende-se por família o casamento, a união estável (heterossexual ou homossexual) e a família monoparental.

→Aplicação em concurso.

- **Escrivão de Polícia Civil/DF. 2013. CESPE.**

  Se duas mulheres mantiverem uma relação homoafetiva há mais de dois anos, e uma delas praticar violência moral e psicológica contra a outra, tal conduta estará sujeita à incidência da Lei Maria da Penha, ainda que elas residam em lares diferentes.

  A alternativa está correta.

- **(Cespe – Defensor Público – RR/2013)**

  Com base no disposto na Lei Maria da Penha — Lei nº 11.340/2006 —, assinale a opção correta.

A) A lei em pauta estabelece a habitualidade das condutas como requisito configurador das infrações nela contempladas, ou seja, como elemento constitutivo do tipo.

B) Caso uma empregada doméstica, maior e capaz, ao receber a notícia que será despedida, sob a suspeita da prática de furtos, agrida seu patrão — este com sessenta e sete anos de idade — e fuja, tal conduta da empregada em face do patrão caracterizará violência doméstica expressamente tipificada na lei em questão.

C) A violência familiar, assim considerada para efeitos da lei em pauta, engloba a praticada entre pessoas unidas por vínculo jurídico de natureza familiar ou por vontade expressa.

D) O conflito entre vizinhas de que resulte violência física e agressões verbais constitui evento que integra a esfera da violência doméstica e familiar de que trata a lei em apreço.

E) Para a caracterização de violência doméstica e familiar é imprescindível a existência de vínculo familiar entre o agente e o paciente.

Alternativa correta: letra C.

5. **Inciso III. Qualquer relação íntima de afeto.** Ao referir-se a *qualquer relação íntima de afeto*, o legislador abarcou a necessidade de o agressor conviver ou ter convivido com a ofendida, independentemente de coabitação. Na relação íntima de afeto, o importante é que haja um relacionamento entre duas pessoas, seja ele baseado na amizade, seja ele baseado em qualquer sentimento que um tiver pelo outro. É possível o reconhecimento da violência doméstica e familiar contra a mulher entre filha e mãe, desde que os fatos tenham sido praticados em razão da relação de intimidade e afeto existente entre ambas.

▶ **STJ**

INFORMATIVO nº 551

Quinta Turma

DIREITO PENAL E PROCESSUAL PENAL. APLICAÇÃO DA LEI MARIA DA PENHA NA RELAÇÃO ENTRE MÃE E FILHA.

É possível a incidência da Lei 11.340/2006 (Lei Maria da Penha) nas relações entre mãe e filha. Isso porque, de acordo com o art. 5º, III, da Lei 11.340/2006, configura violência doméstica e familiar contra a mulher qualquer ação ou omissão baseada no gênero que lhe cause morte, lesão, sofrimento físico, sexual ou psicológico e dano moral ou patrimonial em qualquer relação íntima de afeto, na qual o agressor conviva ou tenha convivido com a ofendida, independentemente de coabitação. Da análise do dispositivo citado, infere-se que o objeto de tutela da Lei é a mulher em situação de vulnerabilidade, não só em relação ao cônjuge ou companheiro, mas também qualquer outro familiar ou pessoa que conviva com a vítima, independentemente do gênero do agressor. Nessa mesma linha, entende a jurisprudência do STJ que o sujeito ativo do crime pode ser tanto o homem como a mulher, desde que esteja presente o estado de vulnerabilidade caracterizado por uma relação de poder e submissão. Precedentes citados: HC 175.816-RS, Quinta Turma, DJe 28/6/2013; e HC 250.435-RJ, Quinta Turma, DJe 27/9/2013. **HC 277.561-AL, Rel. Min. Jorge Mussi, julgado em 6/11/2014.**

▶ **STJ**

(...) CRIMES PRATICADOS POR PADRASTO CONTRA ENTEADA. LEI MARIA DA PENA. INCIDÊNCIA. DESNECESSIDADE DE COABITAÇÃO. EXISTÊNCIA DE RELAÇÃO DE INTIMIDADE E AFETO ENTRE AGRESSOR E VÍTIMA. (...). Nos termos do artigo 5º, inciso III, da Lei 11.340/2006, é perfeitamente possível a prática de violência doméstica e familiar nas relações entre o convivente da mãe e a filha desta, ainda que não tenham coabitado, exigindo-se, contudo, que os fatos tenham sido praticados em razão da relação de intimidade e afeto existente entre o agressor e a vítima. Precedente. RHC 42092. Rel. Min. Jorge Mussi, julgado em 25/03/2014.

→Aplicação em concurso.

- **Policial Rodoviário Federal. 2014. CESPE.**

  Considerando que, inconformado com o término do namoro de mais de vinte anos, José tenha agredido sua ex-namorada Maria, com quem não coabitava, ele estará sujeito à aplicação da lei de combate à violência doméstica e familiar contra a mulher, conhecida como Lei Maria da Penha.

  A alternativa está correta.

- **(MPE-MS – Promotor de Justiça – MS/2013)**

  Considere as seguintes assertivas em relação à Lei nº 11.340/2006 (Lei Maria da Penha):

  O Superior Tribunal de Justiça entende que não há a necessidade de coabitação para a aplicação da lei, bastando que se configure relação íntima de afeto entre agressor e vítima para atrair o rigor maior da lei.

  A alternativa está certa.

6. **Parágrafo único. Irrelevância da orientação sexual.** O legislador pretendeu excluir qualquer forma de discriminação e dar à lei a maior abrangência possível.

→Aplicação em concurso.

- **Delegado de Polícia/GO. 2017. CESPE**

  À luz do posicionamento jurisprudencial e doutrinário dominantes acerca das disposições da Lei 11.340/2006 (Lei Maria da Penha), assinale a opção correta.

  Afasta-se a incidência da Lei Maria da Penha na violência havida em relações homoafetivas se o sujeito ativo é uma mulher.

  A alternativa está errada.

- **(ACAFE– Escrivão-SC/2010)**

  Assinale a alternativa correta que completa o enunciado a seguir:

  Para os efeitos da Lei n. 11.340, de 7 de agosto de 2006, configura violência doméstica e familiar contra a mulher qualquer ação ou omissão baseada no gênero que lhe cause morte, lesão, sofrimento físico, sexual ou psicológico e dano moral ou patrimonial (...)

A) em qualquer relação íntima de afeto, na qual o agressor conviva ou tenha convivido com a ofendida, independentemente de coabitação.

B) no âmbito da família, compreendida como a comunidade formada por indivíduos que são juridicamente aparentados, unidos por laços naturais, excetuados os que se consideram aparentados os agregados somente por afinidade ou por ato vontade expressa.

C) em qualquer relação íntima de afeto, na qual o agressor conviva ou tenha convivido com a ofendida, tendo como requisito necessário a coabitação

D) no âmbito da unidade doméstica, compreendida como o espaço de convívio permanente de pessoas, com ou sem vínculo familiar, exceto as esporadicamente agregadas.

Alternativa correta: letra A.

- **(Institutocidades – Defensor Público – AM/2011)**

  Acerca da violência familiar e doméstica contra a mulher (lei 11.340/2006), marque a opção correta:

A) são formas de violência doméstica e familiar contra a mulher, dentre outras: a violência física, a violência psicológica, a violência sexual, a violência patrimonial e a violência moral, desde que não praticadas pelo cônjuge;

B) constitui violência doméstica e familiar contra a mulher qualquer ação ou omissão baseada no gênero que lhe cause morte, lesão, sofrimento físico, sexual ou psicológico e dano moral ou patrimonial, seja no âmbito da unidade doméstica, no âmbito da família ou em qualquer relação íntima de afeto;

C) somente são cabíveis medidas de proteção e urgência em favor da mulher quando houver sido praticada uma conduta que cause violência doméstica e familiar e haja pedido formal do Ministério Público;

D) nas ações penais públicas condicionadas à representação da ofendida de que trata a lei 11.340/06 somente será admitida a renúncia à representação na presença do juiz, independentemente da oitiva do Ministério Público;

E) a lei 11.340/06 veda a aplicação de penas de prestação de serviços comunitários ou de penas de cestas básicas, mas possibilita a substituição da pena privativa por pagamento isolado de multa.

Alternativa correta: letra B.

7. **Desnecessidade de coabitação entre autor e vítima.** A coabitação não é requisito para a configuração da violência doméstica e familiar contra a mulher.

▶ **STJ**

Súmula 600: Para a configuração da violência doméstica e familiar prevista no artigo 5º da Lei n. 11.340/2006 (Lei Maria da Penha) não se exige a coabitação entre autor e vítima.

8. **Diferença entre a violência doméstica e familiar contra mulher na lei 11.340/2006 e a violência doméstica no art. 129, § 9º do Código Penal.** A violência doméstica e familiar contra a mulher prevista na lei 11.340/2006 refere-se, como o nome sugere, à violência contra a *mulher* especificamente. Leva-se em consideração a condição da vítima, que tem que ser necessariamente do sexo feminino. O critério definidor é o sexo da vítima-mulher. Ademais, o termo "violência" é empregado de forma ampla, englobando qualquer espécie de violência, como descrito no art. 7º desta lei. De outro giro, a violência doméstica prevista no art. 129, § 9º do Código Penal refere-se à violência no âmbito doméstico, independentemente da condição da vítima, podendo essa violência ser exercida contra ascendente, descendente, irmão, cônjuge ou companheiro, ou com quem conviva ou tenha convivido, ou, ainda, prevalecendo-se o agente das relações domésticas, de coabitação ou de hospitalidade. Assim, a vítima da violência doméstica do Código Penal pode ser qualquer pessoa que se encaixe na previsão legal, inclusive o homem. Demais disso, a violência aqui prevista é a violência configuradora da lesão corporal, que consiste somente na ofensa à integridade corporal ou à saúde de outrem. Confira-se a redação do art. 129, § 9º, do Código Penal: "§ 9º Se a lesão for praticada contra ascendente, descendente, irmão, cônjuge ou companheiro, ou com quem conviva ou tenha convivido, ou, ainda, prevalecendo-se o agente das relações domésticas, de coabitação ou de hospitalidade: Pena – detenção, de 3 (três) meses a 3 (três) anos."

▶ **STJ**

INFORMATIVO nº 501.

Quinta Turma

QUALIFICADORA. LESÃO CORPORAL CONTRA HOMEM. VIOLÊNCIA DOMÉSTICA.

O aumento de pena do § 9º do art. 129 do CP, alterado pela Lei n. 11.340/2006, aplica-se às lesões corporais cometidas contra homem no âmbito das relações domésticas. Apesar da Lei Maria da Penha ser destinada à proteção da mulher, o referido acréscimo visa tutelar as demais desigualdades encontradas nas relações domésticas. *In casu,* o paciente empurrou seu genitor, que com a queda sofreu lesões corporais. Assim, não há irregularidade em aplicar a qualificadora de violência doméstica às lesões corporais contra homem. Contudo, os institutos peculiares da citada lei só se aplicam quando a vítima for mulher. **RHC 27.622-RJ, Rel. Min. Jorge Mussi, julgado em 7/8/2012.**

→Aplicação em concurso.

- **Juiz de Direito do TJ/PB. 2015. CESPE.**

  Acerca dos crimes em espécie previstos no CP e na legislação penal especial, assinale a opção correta.

  O crime de lesão corporal praticado por um indivíduo contra seu irmão, no âmbito doméstico, configura apenas o crime de lesão corporal simples, dada a inaplicabilidade da Lei Maria da Penha em casos em que a vítima seja do sexo masculino.

  A alternativa está errada.

Art. 6º A violência doméstica e familiar contra a mulher constitui uma das formas de violação dos direitos humanos.

1. **Violação dos direitos humanos.** Trata-se de dispositivo desnecessário, uma vez que qualquer agressão contra qualquer pessoa, seja homem, seja mulher, configura violação dos direitos humanos.

CAPÍTULO II
DAS FORMAS DE VIOLÊNCIA DOMÉSTICA E FAMILIAR CONTRA A MULHER

Art. 7º São **formas de violência doméstica e familiar contra a mulher**, entre outras:

I – a **violência física**, entendida como qualquer conduta que ofenda sua integridade ou saúde corporal;

II – a **violência psicológica**, entendida como qualquer conduta que lhe cause dano emocional e diminuição da auto-estima ou que lhe prejudique e perturbe o pleno desenvolvimento ou que vise degradar ou controlar suas ações, comportamentos, crenças e decisões, mediante ameaça, constrangimento, humilhação, manipulação, isolamento, vigilância constante, perseguição contumaz, insulto, chantagem, ridicularização, exploração e limitação do direito de ir e vir ou qualquer outro meio que lhe cause prejuízo à saúde psicológica e à autodeterminação;

III – a **violência sexual**, entendida como qualquer conduta que a constranja a presenciar, a manter ou a participar de relação sexual não desejada, mediante intimidação, ameaça, coação ou uso da força; que a induza a comercializar ou a utilizar, de qualquer modo, a sua sexualidade, que a impeça de usar qualquer método contraceptivo ou que a force ao matrimônio, à gravidez, ao aborto ou à prostituição, mediante coação, chantagem, suborno ou manipulação; ou que limite ou anule o exercício de seus direitos sexuais e reprodutivos;

IV – a **violência patrimonial**, entendida como qualquer conduta que configure retenção, subtração, destruição parcial ou total de seus objetos, instrumentos de trabalho, documentos pessoais, bens, valores e direitos ou recursos econômicos, incluindo os destinados a satisfazer suas necessidades;

V – a **violência moral**, entendida como qualquer conduta que configure calúnia, difamação ou injúria.

1. **Formas de violência doméstica e familiar contra a mulher.** Para dar uma maior abrangência ao conceito de violência no âmbito da violência doméstica e familiar contra a mulher e não ter um alcance restrito, o legislador elencou as diversas formas de violência, quais sejam: física; psicológica, sexual; patrimonial e moral.

2. **Rol exemplificativo.** Apesar de o legislador ter enumerado diversas formas de violência, o rol do presente artigo é exemplificativo, em razão das expressões "entre outras" contidas no *caput*.

3. **Inciso I. Violência física.** A violência física é entendida como qualquer conduta que ofenda a integridade ou à saúde corporal da vítima. É a conduta por meio da qual qualquer pessoa, sem *animus necandi,* ofende o bem jurídico integridade corporal humana, ou agrava uma situação já existente, produzindo, por qualquer meio, uma alteração física prejudicial, anatômica ou funcional, local ou generalizada em outrem. A ofensa à integridade corporal é a lesão que afeta órgãos, tecidos ou aspectos externos do corpo, como fraturas, ferimentos, equimoses e lesão de um músculo.

4. **Inciso II. Violência psicológica.** A violência psicológica foi conceituada pelo legislador como qualquer conduta que cause dano emocional e diminuição da autoestima da mulher ou que lhe prejudique e perturbe o pleno desenvolvimento ou que vise a degradar ou controlar suas ações, comportamentos, crenças e decisões. Trata-se da ofensa que consiste na lesão causada por mecanismos não violentos e consiste na perturbação das funções fisiológicas do organismo, inclusive a alteração do psiquismo, a exemplo de neuroses, depressão, entre outras, ainda que de forma transitória. Logo após esse conceito, o legislador elencou os meios executórios em um rol exemplificativo, em razão das expressões "ou qualquer outro meio que lhe cause prejuízo à saúde psicológica e à autodeterminação".

→Aplicação em concurso.

- **(Cespe – Delegado de Polícia – BA/2013)**

  Considerando o que dispõe a legislação atual acerca de discriminação, julgue os itens que se seguem.

  A violência psicológica, uma das espécies de violência contra a mulher previstas na Lei Maria da Penha, resulta de conduta que cause, entre outros problemas, dano emocional e diminuição da autoestima da vítima.

  A alternativa está certa.

5. **Inciso III. Violência sexual.** Pelo longo conceito fornecido pelo legislador, percebe-se que a violência sexual consiste em qualquer conduta ligada à dignidade sexual da mulher de forma não consentida por ela.

6. **Inciso IV. Violência patrimonial.** Por violência patrimonial entenda-se qualquer conduta ligada aos objetos, instrumentos de trabalho da vítima, bem como seus documentos pessoais, bens, valores e direitos ou recursos econômicos, incluindo os destinados a satisfazer suas necessidades. Note-se que nesse caso não deverá haver a incidência das imunidades absolutas e relativas previstas, respectivamente, nos arts. 181 e 182 do Código Penal, em razão do maior rigor de punição dos delitos praticados em âmbito de violência doméstica e familiar contra a mulher. Isso porque deve ser considerado o âmbito de proteção da norma e a intenção do legislador de impedir a aplicação de qualquer espécie de benefício ao autor da infração penal no âmbito de violência contra a mulher, como fê-lo expressamente no art. 41 da presente lei ao afastar a incidência das medidas despenalizadoras previstas na lei nº 9.099/95, dispositivo que já foi declarado constitucional pelo STF. Ver comentários ao art. 41 desta lei.

7. **Inciso V. Violência moral.** A violência moral consiste na conduta ofensiva à honra da vítima, tendo em vista que ao referir-se a ela o legislador elencou os crimes contra a honra: calúnia, difamação ou injúria.

→Aplicação em concurso.

- **Juiz de Direito substituto/MS. 2015. VUNESP.**

  DULCE mantém relacionamento afetivo com ANA por cerca de dez anos, sendo diariamente ofendida, por meio de palavras e gestos. Deprimida, DULCE perdeu o emprego e assinou procuração à companheira ANA, que vem dilapidando o patrimônio comum do casal e bens particulares da companheira, sem prestação de contas ou partilha. DULCE se dirigiu à Delegacia de Defesa da Mulher, onde

  A) foi lavrado Termo Circunstanciado pela possível prática de delito de menor potencial ofensivo, regido pela Lei dos Juizados Especiais Criminais (Lei 9.099/99).

  B) foi lavrado Boletim de Ocorrência, após notícia dos fatos, porque DULCE foi vítima de violência patrimonial e psicológica, por condição de gênero feminino.

  C) não foi lavrado Boletim de Ocorrência, após notícia dos fatos, porque ANA, autora dos fatos, é mulher, e, portanto, DULCE não está em situação de vulnerabilidade.

  D) não foi lavrado Boletim de Ocorrência, após notícia dos fatos, porque a violência patrimonial implica ilícito civil, não contemplado pela Lei Maria da Penha (Lei nº 11.340/06).

  E) recebeu notificação para entrega à companheira ANA comparecer, na condição de averiguada, perante a Autoridade Policial, para prestar esclarecimentos.

  Alternativa correta: letra B.

- **(Movens – Delegado de Polícia – PA/2009).**

  Acerca dos crimes cometidos na condução de veículo automotor, da Lei nº 11.340/2006 (violência doméstica), dos crimes contra o meio ambiente e do Estatuto do Idoso, assinale a opção correta.

Configura violência doméstica e familiar contra a mulher apenas a ação ou omissão baseada no gênero que cause a morte da vítima, excluindo-se as situações de lesão corporal.

A alternativa está errada.

8. **Princípio da insignificância.** Em razão da gravidade e da expressiva ofensividade da conduta delituosa praticada no âmbito da violência doméstica e familiar contra a mulher, não se aplica o princípio da insignificância.

▶ STJ

Súmula 589: É inaplicável o princípio da insignificância nos crimes ou contravenções penais praticados contra a mulher no âmbito das relações domésticas.

▶ STF

INFORMATIVO nº 825

SEGUNDA TURMA

Princípio da insignificância e violência doméstica

Inadmissível a aplicação do princípio da insignificância aos delitos praticados em situação de violência doméstica. Com base nessa orientação, a Segunda Turma negou provimento a recurso ordinário em "habeas corpus" no qual se pleiteava a incidência de tal princípio ao crime de lesão corporal cometido em âmbito de violência doméstica contra a mulher (Lei 11.340/2006, Lei Maria da Penha). **RHC 133043/MT, rel. Min. Cármen Lúcia, 10.5.2016.**

TÍTULO III
DA ASSISTÊNCIA À MULHER EM SITUAÇÃO DE VIOLÊNCIA DOMÉSTICA E FAMILIAR

CAPÍTULO I
DAS MEDIDAS INTEGRADAS DE PREVENÇÃO

Art. 8º A política pública que visa coibir a violência doméstica e familiar contra a mulher far-se-á por meio de um **conjunto articulado de ações** da **União**, dos **Estados**, do **Distrito Federal** e dos **Municípios** e de **ações não-governamentais**, tendo por diretrizes:

I – a integração operacional do Poder Judiciário, do Ministério Público e da Defensoria Pública com as áreas de segurança pública, assistência social, saúde, educação, trabalho e habitação;

II – a promoção de estudos e pesquisas, estatísticas e outras informações relevantes, com a perspectiva de gênero e de raça ou etnia, concernentes às causas, às conseqüências e à freqüência da violência doméstica e familiar contra a mulher, para a sistematização de dados, a serem unificados nacionalmente, e a avaliação periódica dos resultados das medidas adotadas;

III – o respeito, nos meios de comunicação social, dos valores éticos e sociais da pessoa e da família, de forma a coibir os papéis estereotipados que legitimem ou exacerbem a violência doméstica e familiar, de acordo com o estabelecido no inciso III do art. 1º, no inciso IV do art. 3º e no inciso IV do art. 221 da Constituição Federal;

IV – a implementação de atendimento policial especializado para as mulheres, em particular nas Delegacias de Atendimento à Mulher;

V – a promoção e a realização de campanhas educativas de prevenção da violência doméstica e familiar contra a mulher, voltadas ao público escolar e à sociedade em geral, e a difusão desta Lei e dos instrumentos de proteção aos direitos humanos das mulheres;

VI – a celebração de convênios, protocolos, ajustes, termos ou outros instrumentos de promoção de parceria entre órgãos governamentais ou entre estes e entidades não-governamentais, tendo por objetivo a implementação de programas de erradicação da violência doméstica e familiar contra a mulher;

VII – a capacitação permanente das Polícias Civil e Militar, da Guarda Municipal, do Corpo de Bombeiros e dos profissionais pertencentes aos órgãos e às áreas enunciados no inciso I quanto às questões de gênero e de raça ou etnia;

VIII – a promoção de programas educacionais que disseminem valores éticos de irrestrito respeito à dignidade da pessoa humana com a perspectiva de gênero e de raça ou etnia;

IX – o destaque, nos currículos escolares de todos os níveis de ensino, para os conteúdos relativos aos direitos humanos, à eqüidade de gênero e de raça ou etnia e ao problema da violência doméstica e familiar contra a mulher.

1. **Política pública de coibição à violência doméstica e diretrizes.** O presente artigo, autoexplicativo, trata da política pública que visa a coibir a violência doméstica e familiar contra a mulher por meio da articulação entre ações da União, dos Estados, do Distrito Federal e dos Municípios e de ações não governamentais, com as diretrizes enumeradas nos incisos.

2. **Delegacias de Atendimento à Mulher.** Merece destaque o inciso IV que trata da implementação de Delegacias especializadas no atendimento à mulher vítima de violência doméstica e familiar contra a mulher, denominadas em determinados locais DEAM. A vítima de violência doméstica e familiar contra a mulher deve ser encaminhada a esta Delegacia especializada para que lá seja adequadamente atendida e para que lá sejam tomadas todas as providências em relação a essa espécie de delito. Nos locais em que não houver Delegacia especializada, a vítima deve ser encaminhada à Delegacia comum. Assim, por exemplo, é a autoridade policial da Delegacia especializada no atendimento à mulher vítima de violência doméstica que tomará as providências contidas nos arts. 10 a 12 desta lei, entre outras.

CAPÍTULO II
DA ASSISTÊNCIA À MULHER EM SITUAÇÃO DE VIOLÊNCIA DOMÉSTICA E FAMILIAR

Art. 9º A **assistência à mulher** em situação de violência doméstica e familiar será prestada de forma articulada e conforme os princípios e as diretrizes previstos na Lei Orgânica da Assistência Social, no Sistema Único de Saúde, no Sistema Único de Segurança Pública, entre outras normas e políticas públicas de proteção, e emergencialmente quando for o caso.

§ 1º O juiz determinará, por prazo certo, a **inclusão da mulher** em situação de violência doméstica e familiar no **cadastro de programas assistenciais do governo federal, estadual e municipal**.

§ 2º O **juiz assegurará à mulher** em situação de violência doméstica e familiar, para preservar sua integridade física e psicológica:

I - **acesso prioritário à remoção** quando **servidora pública**, integrante da administração direta ou indireta;

II - **manutenção do vínculo trabalhista**, quando necessário o afastamento do local de trabalho, por até seis meses.

§ 3º A assistência à mulher em situação de violência doméstica e familiar compreenderá o acesso aos benefícios decorrentes do desenvolvimento científico e tecnológico, incluindo os serviços de contracepção de emergência, a profilaxia das Doenças Sexualmente Transmissíveis (DST) e da Síndrome da Imunodeficiência Adquirida (AIDS) e outros procedimentos médicos necessários e cabíveis nos casos de violência sexual.

1. **Assistência à mulher em situação de violência doméstica e familiar.** Ao tratar da assistência à mulher que se encontre em situação de violência doméstica e familiar, o legislador estabeleceu a possibilidade de o Juiz determinar, por prazo certo, a inclusão da mulher no cadastro de programas assistenciais do governo federal, estadual e municipal, desde que seja por prazo determinado, bem como assegurar à mulher, a fim de preservar sua integridade física e psicológica, o acesso prioritário à remoção quando servidora pública, integrante da administração direta ou indireta e a manutenção do vínculo trabalhista, quando necessário o afastamento do local de trabalho, por até seis meses. O legislador trouxe medidas que impeçam que a mulher seja prejudicada pela sua inclusão nos programas de assistência do governo, evitando o risco de ela perder o seu emprego e assegurando-lhe a remoção prioritária quando ela for servidora pública.

CAPÍTULO III
DO ATENDIMENTO PELA AUTORIDADE POLICIAL

Art. 10. Na hipótese da **iminência ou da prática de violência doméstica** e familiar contra a mulher, a **autoridade policial** que tomar conhecimento da ocorrência **adotará, de imediato, as providências legais cabíveis.**

Parágrafo único. Aplica-se o disposto no caput deste artigo ao **descumprimento de medida protetiva de urgência deferida**.

1. **Providências da autoridade policial.** O art. 10 é genérico e determina à autoridade policial que tome "as providências legais cabíveis". Trata-se de dispositivo desnecessário, uma vez que o Delegado de Polícia sempre deve tomar todas as medidas legais cabíveis quando tiver conhecimento da prática de qualquer infração penal, conforme determinam os arts. 4º a 20 do Código de Processo Penal, no que não conflitarem com a presente lei, à luz do princípio da especialidade. Demais disso, há ainda as providências legais a que se referem os arts. 11 e 12 da presente lei.

Art. 10-A. É **direito da mulher** em situação de violência doméstica e familiar o **atendimento policial e pericial especializado**, ininterrupto e prestado por servidores – preferencialmente do sexo feminino – previamente capacitados. (Redação dada pela lei nº 13.505, de 2017)

§ 1º A inquirição de mulher em situação de violência doméstica e familiar ou de testemunha de violência doméstica, quando se tratar de crime contra a mulher, obedecerá às seguintes diretrizes:

I – salvaguarda da integridade física, psíquica e emocional da depoente, considerada a sua condição peculiar de pessoa em situação de violência doméstica e familiar;

II – garantia de que, em nenhuma hipótese, a mulher em situação de violência doméstica e familiar, familiares e testemunhas terão contato direto com investigados ou suspeitos e pessoas a eles relacionadas;

III – não revitimização da depoente, evitando sucessivas inquirições sobre o mesmo fato nos âmbitos criminal, cível e administrativo, bem como questionamentos sobre a vida privada.

§ 2º Na inquirição de mulher em situação de violência doméstica e familiar ou de testemunha de delitos de que trata esta Lei, adotar-se-á, preferencialmente, o seguinte procedimento:

I – a inquirição será feita em recinto especialmente projetado para esse fim, o qual conterá os equipamentos próprios e adequados à idade da mulher em situação de violência doméstica e familiar ou testemunha e ao tipo e à gravidade da violência sofrida;

II – quando for o caso, a inquirição será intermediada por profissional especializado em violência doméstica e familiar designado pela autoridade judiciária ou policial;

III – o depoimento será registrado em meio eletrônico ou magnético, devendo a degravação e a mídia integrar o inquérito.

1. **Atendimento policial e pericial especializado e ininterrupto.** O legislador inseriu o art. 10-A para trazer para a ordem jurídica, como direito da mulher, a obrigatoriedade de atendimento policial e pericial especializado e ininterrupto. A preferência de servidores do sexo feminino é salutar para que a vítima e as testemunhas sintam-se mais à vontade para contribuir com a persecução penal nos casos de violência doméstica. Note-se que não basta que o servidor público seja preferencialmente do sexo feminino. Além disso, ele deve passar por um processo prévio de capacitação nos moldes definidos na parte final do *caput*.

2. **§ 1º. Diretrizes da inquirição de mulher em situação de violência doméstica e familiar.** As diretrizes são os passos a serem seguidos pelo servidor público quando da inquirição da vítima, bem como da oitiva de testemunhas em sede policial. Tais diretrizes devem ser observados por qualquer servidor em sede policial, inclusive pela autoridade policial que conduzir as investigações. Essa *inquirição* a que o § 1º faz menção é a oitiva da vítima e das testemunhas em sede policial, nos moldes do art. 12, I e V, da presente lei. A não observância dessas diretrizes pode implicar falta funcional.

3. **Inciso I. Salvaguarda da integridade da vítima.** O legislador determinou a salvaguarda da integridade física, psíquica e emocional da depoente como forma de preservação de tais fatores em relação à vítima que já está em uma situação de vulnerabilidade decorrente da violência sofrida. Tal medida visa a evitar um maior abalo da situação peculiar da ofendida, causado pelo ato de violência contra ela exercido.

4. **Inciso II. Ausência de contato direto com investigados ou suspeitos e pessoas a eles relacionadas.** A ausência de contato com investigados ou suspeitos e pessoas a eles relacionadas é uma garantia legal que não comporta exceções e que tem duas finalidades: evitar qualquer tipo de constrangimento que possa ser gerado à vítima, bem como evitar qualquer tentativa de fazer a mulher desistir de dar prosseguimento às suas declarações ou à prestação de informações em sede policial, para não comprometer as investigações.

5. **Inciso III. Não revitimização da depoente.** A não revitimização consiste em evitar perguntas e reperguntas sobre o mesmo fato que possam gerar algum tipo de constrangimento na vítima, evitando-se que ela seja obrigada a, a todo momento, revisitar o constrangimento pelo qual passou. Embora o legislador tenha inserido essa norma, a autoridade policial deverá fazer todas as perguntas que entender estritamente necessárias para a elucidação dos fatos e da autoria da infração penal. Caso a autoridade policial entenda que uma mesma pergunta deva ser feita várias vezes, de formas diferentes, ela estará a agir no estrito cumprimento de sua função, sem que tal conduta viole essa diretriz. A análise da necessidade ou não de perguntas cabe exclusivamente à autoridade policial, ainda que tais perguntam refiram-se à vida privada da vítima.

6. **§ 2º. Procedimento da inquirição da vítima.** O § 2º trata do procedimento a ser observado quando da inquirição da vítima e das testemunhas. Note-se que, embora pareça uma imposição legal, esse procedimento deve ser observado *preferencialmente*, como dispõe a lei.

7. **Inciso I. Recinto especial.** Trata-se de local especificamente preparado para o atendimento à mulher, adequado às condições pessoais da vítima ou das testemunhas. A projeção especial e os equipamentos próprios, de acordo com a gravidade da violência sofrida, têm a função de fornecer à mulher ou à testemunha uma maior liberdade para que a oitiva seja o mais proveitosa possível.

8. **Inciso II. Intermediação por profissional especializado.** O profissional especializado é aquele capacitado para o atendimento em situações em violência doméstica e familiar, que saberá conduzir a oitiva da vítima ou da testemunha para que a oitiva não represente um trauma ou para que a vítima ou a testemunha profira seus depoimentos de forma mais detalhada e completa possível. Nos moldes definidos no *caput,* esse profissional especializado deve ser preferencialmente mulher. Essa medida, embora salutar, não é uma imposição legal, mas, sim, sempre que seja possível no caso concreto, a depender de diversos fatores como, entre outros, a disponibilidade de profissionais na localidade etc. Esse profissional pode de

oriundo da área pública ou da área privada. Como expresso no dispositivo legal ora comentado, o profissional pode ser designado pela autoridade policial ou pela autoridade judiciária. A autoridade policial com atribuição é a Delegada de Polícia da Delegacia Especializada de Atendimento à Mulher-DEAM (art. 8º, IV c/c art. 12-A da lei). A autoridade judiciária competente é o Juiz do Juizado de Violência Doméstica e Familiar contra a Mulher (art. 14 da lei).

9. **Inciso III. Registro em meio eletrônico ou magnético.** O registro do depoimento em meio eletrônico ou magnético tem a finalidade de manter o registro do depoimento prestado, para que todos os elementos fornecidos pela vítima ou pela testemunha fiquem registrados e não se perca nenhum detalhe, devendo tal registro integrar o inquérito policial.

Art. 11. No **atendimento à mulher** em situação de violência doméstica e familiar, a **autoridade policial deverá**, entre outras providências:

I – garantir **proteção policial**, quando necessário, comunicando de imediato ao Ministério Público e ao Poder Judiciário;

II – **encaminhar** a **ofendida** ao hospital ou posto de saúde e ao Instituto Médico Legal;

III – fornecer **transporte** para a ofendida e seus dependentes para abrigo ou local seguro, quando houver **risco de vida**;

IV – se necessário, **acompanhar a ofendida** para assegurar **a retirada de seus pertences** do local da ocorrência ou do domicílio familiar;

V – **informar à ofendida os direitos** a ela conferidos nesta Lei e os serviços disponíveis.

1. **Providências da autoridade policial.** Este dispositivo legal trata das providências que devem ser tomadas pela autoridade policial que tenha atuação na Delegacia especializada no atendimento à mulher vítima de violência doméstica e familiar contra a mulher, ou da Delegacia de Polícia comum, nos locais em que não houver a Delegacia especializada.

2. **Rol exemplificativo.** Tendo em vista que o legislador utilizou a expressão "entre outras" no *caput* deste dispositivo legal, conclui-se que o rol deste artigo é exemplificativo. Assim, a autoridade policial poderá adotar qualquer providência de proteção da vítima que o caso concreto requerer, mesmo que não tenha sido previsto pelo legislador.

3. **Inciso I. Proteção policial.** A proteção policial a que se refere o inciso I é genérica e abrange, portanto, o acompanhamento físico da vítima. Contudo, o problema é de cunho prático, uma vez que não há policiais em número suficiente para acompanhar todas as vítimas de violência doméstica.

4. **Inciso II. Encaminhamento ao hospital ou posto de saúde e ao Instituto Médico Legal.** O encaminhamento ao hospital ou posto de saúde e ao Instituto Médico Legal decorre da necessidade de realização de perícia, para que se forme o conjunto probatório ligado à prova de existência da infração penal, nos moldes do art. 158 do

Código de Processo Penal (*"Quando a infração deixar vestígios, será indispensável o exame de corpo de delito, direto ou indireto, não podendo supri-lo a confissão do acusado"*).

5. **Inciso III. Transporte para abrigo ou local seguro.** A providência contida no presente inciso já não depende mais da autoridade policial, e sim do Poder Executivo Estadual, uma vez que o Estado deve criar essa estrutura para a realização do transporte da vítima para um abrigo ou para um local seguro. O transporte até pode ser efetivado com a viatura policial que estiver à disposição da Delegacia. Contudo, o abrigo ou local seguro depende de atuação do Estado, de forma que se não houver esses lugares, para onde a vítima possa ser transportada, a autoridade policial nada poderá fazer e não poderá ser responsabilizada pelo descumprimento dessa providência.

→Aplicação em concurso.

- **(Acadepol – Delegado de Polícia – SP/2011)**

É correto afirmar, nos termos do que determina a Lei contra a Violência Doméstica e Familiar contra a Mulher (Lei nº 11.340/06) que

(A) a autoridade policial poderá determinar, de imediato, o afastamento do agressor do lar, domicílio ou local de convivência com a ofendida.

(B) a autoridade policial deverá fornecer transporte para a ofendida e seus dependentes para abrigo ou local seguro, quando houver risco de vida.

(C) ao agressor condenado é cabível a aplicação de pena de pagamento de cesta básica ou outras de prestação pecuniária.

(D) as medidas protetivas de urgência serão aplicadas isolada ou cumulativamente, mas em nenhuma hipótese, poderão ser substituídas.

(E) A autoridade policial poderá, de imediato, determinar a restituição de bens indevidamente subtraídos pelo agressor à ofendida.

Alternativa correta: letra B.

6. **Inciso IV. Acompanhamento da vítima para a retirada de seus pertences.** Esta medida é importante porque o agressor ainda pode estar no local e tentar impedir, novamente com violência ou com qualquer espécie de ameaça, que a vítima retire os seus pertences do local na tentativa de impedir que ela deixe o seu convívio.

7. **Inciso V. Dever de informar à vítima os seus direitos contidos nesta lei.** A princípio, esse dispositivo parece inútil. Porém, não é. A vítima de violência doméstica e familiar contra a mulher pode não saber de todas as medidas que a protegem, e, normalmente, não sabe, sobretudo em razão do nervosismo e do desespero que toma a sua consciência na situação de ser vítima de agressão. Na imensa maioria dos casos a vítima não saberá que ela tem, por exemplo, direito à remoção ou manutenção do seu vínculo trabalhista (art. 9º), que ela tem à sua disposição as medidas protetivas de urgência contidas no art. 22, sobretudo com o afastamento do agressor do lar ou do estabelecimento da distância mínima ou que ela, com medo de voltar ao local da agressão, pode ser acompanhada pela autoridade policial para a retirada de seus pertences. Dessa forma, uma vez informada sobre os direitos a

ela conferidos nesta lei e os serviços disponíveis, ela, melhor do que ninguém, pode escolher em usufruir desses direitos e serviços.

→Aplicação em concurso.

- **(Cespe – Defensor Público – TO/2013)**

  Flávia, maior, capaz, de trinta e sete anos de idade, mãe de Lúcia, de dezesseis anos de idade, desconfiando que o companheiro, Saulo, de quarenta anos de idade, assediava sexualmente Lúcia, procurou a delegacia de polícia, onde foi instaurado o procedimento investigativo pertinente. Saulo foi conduzido à delegacia e prestou esclarecimentos, tendo sido indiciado. Ao retornar ao imóvel do casal, Saulo espancou Flávia, tendo-lhe causado lesões corporais graves, e expulsou mãe e filha do imóvel, sob a alegação de ter pago a maior parte da casa, o que lhe garantia o direito de permanecer no imóvel. Reteve também todos os bens comuns do casal. Flávia, imediatamente, em companhia da filha, voltou à delegacia de polícia e declarou o seu receio de que o agressor voltasse a agredi-la e o fato de não ter para onde ir.

  Em face dessa situação hipotética, assinale a opção correta com base no que dispõe a Lei nº 11.340/2006.

  A) De acordo com a referida lei, o juiz, ao receber o expediente com a comunicação dos fatos, somente poderá decretar a prisão preventiva de Saulo, de ofício, caso exista ação penal ajuizada. Na fase investigativa, a decretação da prisão depende de representação da autoridade policial ou de requerimento do MP.

  B) Assegura expressamente a referida lei o dever da autoridade policial de fornecer transporte para Flávia e a filha a local seguro, bem como o acompanhamento ao domicílio para a retirada de seus pertences, enquanto são adotadas outras medidas protetivas.

  C) Nesse caso, é imprescindível a oitiva prévia de Saulo antes da imposição das medidas protetivas a Flávia, inclusive as de natureza patrimonial, sob pena de nulidade da medida, segundo dispositivo expresso da lei de regência.

  D) Ante a urgência da situação, a referida lei prevê a possibilidade de a autoridade policial proceder, de ofício, ao afastamento provisório do agressor do lar, enquanto são adotadas outras medidas pertinentes legalmente estabelecidas.

  E) Determina a lei de regência, de forma expressa, a obrigatoriedade do segredo de justiça, no âmbito criminal, com relação às medidas protetivas adotadas em favor de Flávia e aos demais atos do processo.

  Alternativa correta: letra B.

Art. 12. Em todos os casos de violência doméstica e familiar contra a mulher, feito o registro da ocorrência, **deverá a autoridade policial adotar**, de imediato, os **seguintes procedimentos**, sem prejuízo daqueles previstos no Código de Processo Penal:

I – **ouvir a ofendida**, lavrar o boletim de ocorrência e tomar a representação a termo, se apresentada;

II – **colher todas as provas** que servirem para o esclarecimento do fato e de suas circunstâncias;

III – **remeter**, no prazo de 48 (quarenta e oito) horas, **expediente** apartado **ao juiz** com o pedido da ofendida, para a **concessão de medidas protetivas de urgência**;

IV – determinar que se proceda ao **exame de corpo de delito** da ofendida e requisitar outros exames periciais necessários;

V – **ouvir** o **agressor** e as **testemunhas**;

VI – ordenar a **identificação do agressor** e fazer juntar aos autos sua folha de antecedentes criminais, indicando a existência de mandado de prisão ou registro de outras ocorrências policiais contra ele;

VII – remeter, no prazo legal, os autos do inquérito policial ao juiz e ao Ministério Público.

§ 1º O **pedido da ofendida** será tomado a termo pela autoridade policial e deverá conter:

I – qualificação da ofendida e do agressor;

II – nome e idade dos dependentes;

III – descrição sucinta do fato e das medidas protetivas solicitadas pela ofendida.

§ 2º A autoridade policial deverá anexar ao documento referido no § 1º o boletim de ocorrência e cópia de todos os documentos disponíveis em posse da ofendida.

§ 3º Serão admitidos como **meios de prova** os **laudos ou prontuários médicos** fornecidos por hospitais e postos de saúde.

1. **Procedimentos a serem adotados pela autoridade policial.** Para garantir que não haja qualquer abuso de poder por parte da autoridade policial, o legislador impôs como requisito para a adoção dos procedimentos previstos no presente a realização do registro de ocorrência.

2. **Procedimentos previstos nos incisos.** Todos os incisos tratam de procedimentos que conduzirão ao esclarecimento da verdade sobre a infração penal cometida contra a mulher em situação de violência doméstica e familiar contra a mulher e a respectiva autoria. Trata-se de um dispositivo legal redigido nos moldes do art. 6º do Código de Processo Penal (*"Logo que tiver conhecimento da prática da infração penal, a autoridade policial deverá: I – dirigir-se ao local, providenciando para que não se alterem o estado e conservação das coisas, até a chegada dos peritos criminais; II – apreender os objetos que tiverem relação com o fato, após liberados pelos peritos criminais; III – colher todas as provas que servirem para o esclarecimento do fato e suas circunstâncias; IV – ouvir o ofendido; V – ouvir o indiciado, com observância, no que for aplicável, do disposto no Capítulo III do Título VII, deste Livro, devendo o respectivo termo ser assinado por duas testemunhas que lhe tenham ouvido a leitura; VI – proceder a reconhecimento de pessoas e coisas e a acareações; VII – determinar, se for caso, que se proceda a exame de corpo de delito e a quaisquer outras perícias; VIII – ordenar a identificação do indiciado pelo processo datiloscópico, se possível, e fazer juntar aos autos sua folha de antecedentes; IX – averiguar a vida pregressa do indiciado, sob o ponto de vista individual, familiar e social, sua condição econômica, sua atitude e estado de ânimo antes e depois do crime e durante ele, e quaisquer outros elementos que contribuírem para a apreciação do seu temperamento e caráter; X – colher informações sobre a existência de filhos, respectivas idades e se possuem alguma deficiência e o nome e o contato de eventual responsável pelos cuidados dos filhos, indicado pela pessoa presa."*).

Assim, verifica-se que a lei de violência doméstica e familiar contra a mulher não inseriu nenhuma novidade relevante, mas apenas tratou de procedimentos a serem adotados pela autoridade policial.

3. **Inciso III. Pedido de imposição de medidas de urgência.** Apesar de termos dito que o artigo ora comentado não constitui nenhuma grande novidade no ordenamento jurídico processual penal brasileiro, merece destaque, entre todos os incisos, o inciso III que trata da remessa, pela autoridade policial, no prazo de 48 horas, de expediente apartado ao Juiz com o pedido da ofendida para a concessão de medidas protetivas de urgência. As medidas protetivas de urgência estão previstas no art. 22 desta lei e consistem em meios pelos quais se evitam contatos pessoais entre a vítima e o agressor. Trata-se de uma inovação positiva na legislação processual penal brasileira. Quem fará o encaminhamento será a autoridade policial que estiver em exercício na Delegacia especializada de atendimento à Mulher-DEAM. Note-se que, como o prazo é de 48 horas, ganha relevância a norma contida no inciso V do art. 11, uma vez que a ofendida, informada desse direito, poderá requerer à autoridade policial que ela represente ao Juiz competente pela decretação dessas medidas de urgência. O prazo é curto e a decisão por parte de ofendida deve ser tomada o mais rápido possível.

→Aplicação em concurso.

- **(MPE-MS – Promotor de Justiça – MS/2013)**

  Considere as seguintes assertivas em relação à Lei nº 11.340/2006 (Lei Maria da Penha):

  Ao tomar conhecimento da violência doméstica e familiar contra a mulher, deve a autoridade policial ouvir a ofendida, tomar a representação a termo, colher provas, determinar que se proceda a exame de corpo de delito, ouvir o agressor e testemunhas e remeter, no prazo de 48 horas, expediente apartado ao juiz com o pedido da ofendida, para a concessão de medidas protetivas de urgência.

  A alternativa está certa.

Art. 12-A. Os Estados e o Distrito Federal, na formulação de suas políticas e planos de atendimento à mulher em situação de violência doméstica e familiar, darão **prioridade, no âmbito da Polícia Civil**, à criação de Delegacias Especializadas de Atendimento à Mulher (Deams), de Núcleos Investigativos de Feminicídio e de equipes especializadas para o atendimento e a investigação das violências graves contra a mulher. (Redação dada pela lei nº 13.505, de 2017).

Prioridade no atendimento à mulher. Este dispositivo legal trata da prioridade no atendimento à mulher no âmbito da Polícia Civil. Trata-se de norma que já estava prevista no art. 8º, IV, da presente lei, que já fazia menção, inclusive, à Delegacia de Atendimento à Mulher, de forma que tal repetição é desnecessária. É verdade que a presente norma parece ser mais abrangente, por fazer referência à *criação de Delegacias Especializadas de Atendimento à Mulher (DEAMS)*, de *Núcleos Investigativos de Feminicídio* e de *equipes especializadas para o atendimento e a investigação das violências graves contra a mulher*. Entretanto, pensamos que tudo isso já estava abrangido pela *implementação de atendimento policial especializado* à mulher disposto no art. 8º, IV dessa lei.

Art. 12-B. (VETADO). (Redação dada pela lei nº 13.505, de 2017)

§ 1º (VETADO).

§ 2º (VETADO.

§ 3º A autoridade policial poderá **requisitar os serviços públicos necessários** à defesa da mulher em situação de violência doméstica e familiar e de seus dependentes.

Requisição de serviços públicos. Embora o *caput* do dispositivo tenha sido vetado, o § 3º foi sancionado trazendo o poder de requisição do Delegado de Polícia em relação a serviços públicos, como o atendimento hospitalar imediato, a realização de exames, a inclusão em programas de proteção à vítima de delito, entre outros. Trata-se de providência de extrema importância, pois garante ao Delegado tomar medidas imediatas em favor da vítima do delito, no momento em que tomar conhecimento da prática do delito praticado no âmbito de violência doméstica e familiar contra a mulher. Note-se que até o advento dessa alteração isso é reservado ao Juiz, nos moldes do art. 9º, §§ 1º e 2º. Cremos que a norma contida no presente parágrafo poderia ser mais um inciso do art. 12. É importante notar que o legislador quis dar maior amplitude ao âmbito de proteção da mulher ao abranger também os seus dependentes, pois são pessoas mais próximas dela que sofrem os efeitos colaterais da violência exercida contra ela. Por se tratar de requisição, o não atendimento da ordem do Delegado de Polícia configura o delito de desobediência previsto no art. 330 do Código Penal.

TÍTULO IV
DOS PROCEDIMENTOS

CAPÍTULO I
DISPOSIÇÕES GERAIS

Art. 13. Ao **processo**, ao **julgamento** e à **execução** das **causas cíveis e criminais** decorrentes da prática de violência doméstica e familiar contra a mulher aplicar-se-ão as normas dos Códigos de Processo Penal e Processo Civil e da legislação específica relativa à criança, ao adolescente e ao idoso que não conflitarem com o estabelecido nesta Lei.

1. **Aplicação subsidiária.** Trata-se de dispositivo desnecessário, uma vez que a aplicação subsidiária dos Códigos de Processo Penal e Processo Civil e da legislação específica relativa à criança, ao adolescente e ao idoso decorre do próprio sistema de interpretação da ordem jurídica, e não do mandamento legal. Mesmo que não houvesse esse dispositivo legal, a aplicação subsidiária ocorreria normalmente como o intérprete do Direito já faz naturalmente.

Art. 14. Os **Juizados de Violência Doméstica e Familiar contra a Mulher**, órgãos da Justiça Ordinária com **competência cível e criminal**, poderão ser criados pela União, no Distrito Federal e nos Territórios, e pelos Estados, para o **processo, o julgamento e a execução das causas decorrentes da prática de violência doméstica e familiar contra a mulher**.

Parágrafo único. Os **atos processuais** poderão realizar-se em **horário noturno**, conforme dispuserem as normas de organização judiciária.

1. **Juizado de Violência Doméstica e Familiar contra a Mulher.** O Juizado de Violência Doméstica e Familiar contra a Mulher é um órgão fracionário do Poder Judiciário que teve a sua criação autorizada por esta lei. Cabe aos Tribunais de Justiça dos Estados a criação desse órgão dentro das suas estruturas, de acordo com as normas de organização judiciária da cada Estado.

2. **Competência mista.** O Juizado de Violência Doméstica e Familiar contra a Mulher tem competência mista, ou seja, cível e criminal. Trata-se de uma norma que vai de encontro à tradicional elaboração de normas de especialização de competência, mas a intenção do legislador foi facilitar o acesso da vítima à Justiça, bem como otimizar e dar maior celeridade ao processo. Assim, ao mesmo tempo em que se julga o delito praticado em situação de violência doméstica e familiar contra a mulher, praticam-se atos de natureza cível, como a separação judicial, entre outros.

▶ **STJ**

RECURSO ESPECIAL. AÇÃO DE EXECUÇÃO DE ALIMENTOS. LEI MARIA DA PENHA. MEDIDA PROTETIVA DE URGÊNCIA EM TRÂMITE JUNTO À VARA ESPECIALIZADA DE VIOLÊNCIA DOMÉSTICA E FAMILIAR CONTRA A MULHER. ART. 14, DA LEI Nº 11.340/2006. COMPETÊNCIA HÍBRIDA. POSSIBILIDADE DE JULGAMENTO PELO JVDFM. ACÓRDÃO ESTADUAL MANTIDO. RECURSO IMPROVIDO. 1. Os Juizados de Violência Doméstica e Familiar contra a Mulher, órgãos da justiça ordinária têm competência cumulativa para o julgamento e a execução das causas decorrentes da prática de violência doméstica e familiar contra a mulher, nos termos do art. 14, da Lei nº 11.340/2006. 2. Negar o julgamento pela Vara especializada, postergando o recebimento dos provisionais arbitrados como urgentes, seria não somente afastar o espírito protetivo da lei, mas também submeter a mulher a nova agressão, ainda que de índole diversa, com o prolongamento de seu sofrimento ao menos no plano psicológico. 3. Recurso especial não provido. REsp 1475006. Rel. min. Moura Ribeiro, julgado em 14/10/2014.

→Aplicação em concurso.

- **Juiz de Direito do TJ/DF. 2015. CESPE.**

  Nas ações penais que visem reprimir violência doméstica contra a mulher, não se admite a aplicação de medidas de natureza cível, e, se provocado, o juízo deve declinar da competência de ofício.

  A alternativa está errada.

3. **Crime doloso contra a vida.** Em se tratando de crime doloso contra a vida, há competência constitucional positivada no art. 5º, XXXVIII, alínea *d,* da CR/88 (*"É*

reconhecida a instituição do júri, com a organização que lhe der a lei, assegurados: d) a competência para o julgamento dos crimes dolosos contra a vida"). Por tratar-se de competência constitucional, ela deve prevalecer sobre a competência determinada na presente lei. Assim, em se tratando de crime doloso contra a vida, a exemplo do homicídio doloso tentado ou consumado, em situação de violência doméstica e familiar contra a mulher, a competência para o processo e o julgamento será do Tribunal do Júri. Contudo, a jurisprudência faz uma distinção entre as duas fases do julgamento pelo Tribunal do Júri da seguinte forma: até a fase da pronúncia, o processo tem o seu curso no Juizado de Violência Doméstica e Familiar contra a Mulher. Após a pronúncia, o processo tem o seu curso no Tribunal do Júri.

▶ **STJ**

> **INFORMATIVO nº 465.**
>
> **Quinta Turma.**
>
> **COMPETÊNCIA. VIOLÊNCIA DOMÉSTICA.**
>
> Trata-se de *habeas corpus* em que se discute a competência para o processamento e julgamento de crimes dolosos contra a vida em se tratando de violência doméstica. No caso, cuida-se de homicídio qualificado tentado. (...). A Turma concedeu a ordem ao entendimento de que, consoante o disposto na própria lei de organização judiciária local (art. 19 da Lei n. 11.697/2008), é do tribunal do júri a competência para o processamento e julgamento dos crimes dolosos contra a vida, ainda que se trate de delito cometido no contexto de violência doméstica. Precedentes citados: HC 163.309-DF, DJe 1º/2/2011, e HC 121.214-DF, DJe 8/6/2009. **HC 145.184-DF, Rel. Min. Laurita Vaz, julgado em 3/3/2011.**

▶ **STJ**

> HABEAS CORPUS – CRIME DOLOSO CONTRA A VIDA PROCESSADO PELO JUIZADO DE VIOLÊNCIA DOMÉSTICA E FAMILIAR CONTRA A MULHER (...). Ressalvada a competência do Júri para julgamento do crime doloso contra a vida, seu processamento, até a fase de pronúncia, poderá ser pelo Juizado de Violência Doméstica e Familiar contra a Mulher, em atenção à Lei 11.340/06. (HC 73.161. Rel. Min. Jane Silva (Desembargadora convocada do TJ/MG, julgado em 29/08/2007).

4. **Crime praticado a bordo de navio e aeronave.** Imagine-se a hipótese de violência doméstica e familiar contra a mulher a bordo de um navio ou de uma aeronave, como no caso de um casal que decide viajar de férias e, logo após o início de uma discussão dentro da aeronave ou dentro de um navio, o homem agride a esposa. Nesse caso, de quem será competência para o processo e para o julgamento? O art. 109, IX da CR/88 dispõe que compete à Justiça Federal processar e julgar crimes praticados a bordo de navios ou aeronaves ("*Aos juízes federais compete processar e julgar: IX – os crimes cometidos a bordo de navios ou aeronaves, ressalvada a competência da Justiça Militar*"). Tendo em vista que se trata de uma competência constitucional, ela deve prevalecer sobre a competência prevista na presente lei e, nesse caso, competirá à Justiça Federal o processo e o julgamento desse delito.

5. **Navio.** Deve-se tomar cuidado com a expressão *navio*. Tendo em vista que a CR/88 não conceituou o que seria navio, a doutrina e a jurisprudência pacificaram os seus

entendimentos no sentido de conferir à expressão *navio* interpretação restritiva. Assim, *navio* não pode ser entendido como qualquer embarcação que se desloque sob águas, independentemente de qualquer outro critério. Por navio entenda-se a embarcação de grande porte, que possua tamanho e autonomia consideráveis para gerar o seu deslocamento para águas internacionais. Além disso, o navio deve encontrar-se em situação de deslocamento internacional ou em situação de potencial deslocamento.

▶ **STJ**

> CONFLITO DE COMPETÊNCIA. DESENVOLVIMENTO CLANDESTINO DE ATIVIDADES DE TELECOMUNICAÇÃO. CRIME COMETIDO A BORDO DE NAVIO ANCORADO NO PORTO DE PARANAGUÁ. SITUAÇÃO DE POTENCIAL DESLOCAMENTO.
>
> COMPETÊNCIA DA JUSTIÇA FEDERAL. 1. A Constituição Federal, em seu art. 109, IX, expressamente aponta a competência da Justiça Federal para processar e julgar "os crimes cometidos a bordo de navios ou aeronaves, ressalvada a competência da Justiça Militar". 2. Em razão da imprecisão do termo "navio" utilizado no referido dispositivo constitucional, a doutrina e a jurisprudência construíram o entendimento de que "navio" seria embarcação de grande porte o que, evidentemente, excluiria a competência para processar e julgar crimes cometidos a bordo de outros tipos de embarcações, isto é, aqueles que não tivessem tamanho e autonomia consideráveis que pudessem ser deslocados para águas internacionais. 3. Restringindo-se ainda mais o alcance do termo "navio", previsto no art. 109, IX, da Constituição, a interpretação que se dá ao referido dispositivo deve agregar outro aspecto, a saber, que ela se encontre em situação de deslocamento internacional ou em situação de potencial deslocamento. 4. Os tripulantes do navio que se beneficiavam da utilização de centrais telefônicas clandestinas, para realizar chamadas internacionais, pertenciam a embarcação que estava em trânsito no Porto de Paranaguá, o que caracteriza, sem dúvida, situação de potencial deslocamento. Assim, a competência, vista sob esse viés, é da Justiça Federal. 5. Conflito conhecido para declarar competente o Juízo Federal e Juizado Especial de Paranaguá – SJ/PR. **(CC 118.503/PR, Rel. Min. Rogerio Schietti Cruz, julgado em 22/04/2015)**

6. **Medida cautelar de interceptação telefônica.** É possível a realização de interceptação telefônica para investigar a prática de um delito em âmbito de violência doméstica e familiar contra a mulher, desde que, por exigência do art. 2º, II, da lei 9.296/96 (*"Não será admitida a interceptação de comunicações telefônicas quando ocorrer qualquer das seguintes hipóteses: II – a prova puder ser feita por outros meios disponíveis"*), seja o único meio disponível para a formação da prova da infração penal. Isso porque, tendo em vista que a medida de interceptação telefônica viola o direito fundamental à intimidade e ao sigilo das comunicações telefônicas, o legislador conferiu à essa medida o caráter subsidiário, de forma que ela tem que ser o único meio de prova disponível para a investigação de determinado delito, sendo, portanto, um requisito para a autorização judicial da medida. O art. 1º da lei 9.296/96 dispõe que *"a interceptação de comunicações telefônicas, de qualquer natureza, para prova em investigação criminal e em instrução processual penal, observará o disposto nesta Lei e dependerá de ordem do juiz competente da ação*

principal, sob segredo de justiça." A previsão legal no sentido de que a interceptação telefônica depende de autorização do Juiz competente é uma decorrência do princípio do Juízo natural previsto no art. 5º, XXXVII (*"não haverá juízo ou tribunal de exceção"*) e LIII (*"ninguém será processado nem sentenciado senão pela autoridade competente"*) da CRFB/88. Segundo esse princípio, o Juízo natural é aquele que possui a sua competência definida em lei antes da prática do fato criminoso. Dessa forma, caso seja necessária a interceptação telefônica para a investigação de um delito praticado em âmbito de violência doméstica e familiar contra a mulher, o Juízo competente para a sua concessão será o do Juizado de Violência Doméstica e Familiar contra a Mulher, onde houver. Onde não houver, será o Juízo das Varas Criminais, nos moldes do art. 33 desta lei.

7. **Medida cautelar de interceptação telefônica e Tribunal do Júri.** Na hipótese vista no item anterior, caso o delito investigado seja um crime doloso contra a vida, como no caso de um homicídio doloso, o Juízo competente para a autorização da interceptação telefônica será o Tribunal do Júri, por meio do Juiz presidente.

Art. 15. É competente, por **opção da ofendida**, para os processos **cíveis** regidos por esta Lei, o Juizado:

I – do seu domicílio ou de sua residência;

II – do lugar do fato em que se baseou a demanda;

III – do domicílio do agressor.

1. **Competência por opção da vítima.** O legislador deixou a cargo da vítima do delito a opção pela competência, podendo ela escolher entre o Juizado de seu domicílio ou residência, do lugar do delito ou do domicílio do agressor. Ao que parece, a opção que o legislador conferiu à vítima teve a finalidade de beneficiá-la, com o intuito de evitar possíveis danos à sua imagem enquanto vítima de violência doméstica.

Art. 16. Nas ações penais públicas condicionadas à representação da ofendida de que trata esta Lei, **só será admitida a renúncia à representação perante o juiz,** em audiência especialmente designada com tal finalidade, antes do recebimento da denúncia e ouvido o Ministério Público.

1. **Retratação da representação.** O que o legislador chamou de renúncia, na realidade é uma *retratação* do direito de representação que já foi exercido. É comum mulheres vítimas de violência doméstica oferecerem a representação contra os seus agressores, logo após a agressão, em um momento de fúria, de fragilidade, de raiva ou de vingança e, posteriormente, reconciliadas com o agressor, manifestarem as suas vontades no sentido não verem o agressor processado criminalmente. De outro giro, também é comum mulheres vítimas de violência doméstica sofrerem ameaças e serem constrangidas pelos seus agressores mesmo depois de oferecerem

a representação. Dessa forma, nos delitos de ação penal pública condicionada à representação, para evitar qualquer espécie de vício na vontade da vítima de oferecer a retratação justamente pelo constrangimento ou ameaça do agressor e garantir a sua espontaneidade, o legislador exigiu que essa retratação seja feita em audiência específica para esse fim, na presença do Juiz, com a oitiva do Ministério Público. Note-se que esse artigo ficou sem aplicabilidade em relação especificamente aos delitos de lesão corporal leve e culposa praticados no âmbito de violência doméstica e familiar contra a mulher, tendo em vista que a ação penal nos nesses delitos é pública incondicionada (ver comentários ao art. 41 desta lei).

▶ **STJ**

Súmula nº 542: A ação penal relativa ao crime de lesão corporal resultante de violência doméstica contra a mulher é pública incondicionada.

→Aplicação em concurso.

- **Técnico Judiciário. TJ/SC. 2015. FGV.**

  Visando coibir e prevenir a violência doméstica e familiar contra a mulher, foi promulgada a Lei nº 11.340/06, popularmente conhecida como Lei Maria da Penha. O diploma legal, com o objetivo de conferir tratamento mais rigoroso aos autores de crimes praticados nessa situação, trouxe um procedimento processual penal com algumas peculiaridades. Sobre esse procedimento, de acordo com a jurisprudência majoritária do Superior Tribunal de Justiça, é correto afirmar que:

  A) não cabe retratação da representação já ofertada pela vítima mulher.

  B) poderá eventual pena privativa de liberdade ser substituída por restritiva de direito de pagamento de cesta básica.

  C) caberá retratação perante a autoridade policial da representação já ofertada.

  D) preenchidos os requisitos legais, cabe oferecimento de proposta de transação penal.

  E) a ação penal do crime de lesão corporal leve praticado no âmbito desta lei será pública incondicionada.

  Alternativa correta: letra E.

2. **Limite temporal para a audiência.** Segundo o STJ, a audiência mencionada no artigo ora comentado somente será realizada se houver manifestação da vítima da violência doméstica e familiar contra a mulher antes de a denúncia ser recebida.

▶ **STJ**

PENAL E PROCESSO PENAL. RECURSO ORDINÁRIO EM HABEAS CORPUS. ART. 147 DO CÓDIGO PENAL. VIOLÊNCIA DOMÉSTICA. LEI MARIA DA PENHA. RETRATAÇÃO DA VÍTIMA APÓS O RECEBIMENTO DA DENÚNCIA. INVIABILIDADE. NÃO PROVIMENTO. 1. Esta Corte firmou entendimento no sentido de que a audiência de retratação, prevista no art. 16 da Lei nº 11.340/06, apenas será designada no caso de manifestação da vítima, antes do recebimento da denúncia. (Precedentes). 2. Recurso ordinário a que se nega provimento. RHC 41545. Rel. Min. Maria Thereza de Assis Moura, julgado em 04/09/2014.

→Aplicação em concurso.

- **(MPE-SP – Promotor de Justiça – SP/2011)**

  Considerando os crimes praticados com violência doméstica e familiar contra a mulher, observados os termos da Lei nº 11.340/06, analise os seguintes itens:

  Nas ações penais públicas condicionadas à representação da ofendida, só será admitida a renúncia à representação perante o Juiz até o oferecimento da denúncia;

  A alternativa está errada.

- **(Cespe – Defensor Público – BA/ 2010)**

  Julgue os próximos itens, relativos aos recursos, às ações autônomas de impugnação e ao sistema de combate à violência doméstica e familiar.

  Entre as medidas protetivas de urgência previstas no sistema de combate à violência doméstica e familiar contra a mulher, inclui-se a decretação da prisão preventiva, devendo a vítima ser notificada caso o agressor seja preso ou saia da prisão. Havendo pedido de retratação da representação ofertada, o juiz, antes de receber a denúncia, deve designar audiência especial com tal finalidade.

  A alternativa está certa.

Art. 17. **É vedada** a aplicação, nos casos de violência doméstica e familiar contra a mulher, de **penas de cesta básica ou outras de prestação pecuniária**, bem como a **substituição** de pena que implique o **pagamento isolado de multa.**

1. **Pena de cesta básica.** O que é a pena de cesta básica a que o legislador referiu-se nesse dispositivo? Existe essa pena de cesta básica? A CR/88, no art. 5º, XLVI estabeleceu as espécies de penas que existem no ordenamento jurídico penal brasileiro (*"A lei regulará a individualização da pena e adotará, entre outras, as seguintes: a) privação ou restrição da liberdade; b) perda de bens; c) multa; d) prestação social alternativa; e) suspensão ou interdição de direitos."*). Não se vê no dispositivo constitucional a *pena de cesta básica,* o que leva parcela da doutrina a sustentar a sua inconstitucionalidade por ausência de previsão constitucional. Contudo, de outro giro, outra parcela doutrinária sustenta que ela é constitucional, em razão de o constituinte ter utilizado as expressões "entre outras", o que denota um rol exemplificativo de penas. Na realidade, a *pena de cesta básica* é uma criação baseada no art. 45, § 2º do Código Penal, como espécie de prestação pecuniária, pena restritiva de direitos prevista no art. 43, I, do Código Penal (*"Art. 43. As penas restritivas de direitos são: I – prestação pecuniária"*) e regulada pelo art. 45, §§ 1º e 2º (*"Art. 45. Na aplicação da substituição prevista no artigo anterior, proceder-se-á na forma deste e dos arts. 46, 47 e 48. § 1º A prestação pecuniária consiste no pagamento em dinheiro à vítima, a seus dependentes ou a entidade pública ou privada com destinação social, de importância fixada pelo juiz, não inferior a 1 (um) salário mínimo nem superior a 360 (trezentos e sessenta) salários mínimos. O valor pago será deduzido do montante de eventual condenação em ação de reparação civil, se coincidentes os beneficiários. § 2º No caso do parágrafo anterior, se houver aceitação do beneficiário, a prestação pecuniária pode consistir em prestação de*

outra natureza."). Portanto, percebe-se que a *pena de cesta básica* funciona como alternativa à pena restritiva de direitos de prestação pecuniária, e desse dispositivo decorre a sua previsão legal. A intenção do legislador, ao proibir a *pena de cesta básica* ou outras de prestação pecuniária, bem como a substituição de pena que implique o pagamento isolado de multa, foi evitar que ao autor de um delito praticado em âmbito de violência doméstica e familiar contra a mulher não seja aplicada uma pena severa e seja aplicada apenas uma pena de multa ou de prestação pecuniária. A preocupação do legislador foi com a função preventiva geral da pena, no sentido de dar mostras à coletividade de que o agressor não vai receber apenas uma pena de multa ou uma prestação pecuniária. Em outras palavras, o legislador não admitiu que uma agressão à mulher pudesse custar ao agressor somente uma doação de cesta básica, uma prestação pecuniária ou uma multa. Isso não quer dizer que não caibam outras penas restritivas de direitos previstas no art. 43 do Código Penal.

→Aplicação em concurso.

- **Delegado de Polícia/GO. 2017. CESPE**

  À luz do posicionamento jurisprudencial e doutrinário dominantes acerca das disposições da Lei 11.340/2006 (Lei Maria da Penha), assinale a opção correta.

  No caso de condenação à pena de detenção em regime aberto pela prática do crime de ameaça no âmbito doméstico e familiar, é possível a substituição da pena pelo pagamento isolado de multa.

  A alternativa está errada.

- **Notário. TJ/BA. 2014. CESPE.**

  Considerando a jurisprudência dos tribunais superiores acerca dos delitos previstos na Lei nº 10.826/2003 e na Lei nº 11.340/2006, assinale a opção correta.

  É possível a aplicação de penas de prestação pecuniária nos delitos de violência doméstica e familiar contra a mulher.

  A alternativa está errada.

- **Promotor de Justiça/PI. 2012. CESPE.**

  Suponha que, durante uma discussão, Josefa agrida fisicamente Joana, com quem mantenha relacionamento amoroso durante longo tempo. Suponha, ainda, que Joana sofra lesões leves e que Josefa seja processada e condenada pelo crime, com base no CP, a pena privativa de liberdade de dois anos. Nessa situação, sendo a pena inferior a quatro anos e presentes os demais requisitos legais, cabe, a critério do juiz, a substituição da pena privativa de liberdade por pena de doações mensais de cestas básicas, se o entender suficiente para a reprovação da conduta.

  A alternativa está errada.

- **(MPE-SP – Promotor de Justiça – SP/2011)**

  Considerando os crimes praticados com violência doméstica e familiar contra a mulher, observados os termos da Lei nº 11.340/06, analise os seguintes itens:

  É vedada a aplicação de pena de prestação pecuniária;

  A alternativa está certa.

2. **Impossibilidade de substituição da pena privativa de liberdade por pena restritiva de direitos.** Nas infrações penais (crimes ou contravenções) cometidas em âmbito de violência doméstica e familiar contra a mulher, não cabe substituição da pena privativa de liberdade por pena restritiva de direitos, em razão da violência ou da grave ameaça praticada. É bem verdade que quando o legislador no art. 44, I, do Código Penal, elencou a ausência de violência ou grave ameaça como um dos requisitos, entre outros, para a substituição da pena privativa de liberdade por pena restritiva de direitos, ele pensou na violência física. Entretanto, a presente lei ampliou o conceito de violência para fins de sua configuração quando praticada no âmbito doméstico contra a mulher e no art. 7º estabeleceu as seguintes formas de violência: física, psicológica, sexual, patrimonial e moral. Em princípio, poderia pensar-se que a impossibilidade de substituição somente incidiria diante da violência física, e não diante das demais formas de violência (psicológica, sexual, patrimonial e moral). Porém, pensamos que a impossibilidade ocorre em relação a todas as formas de violência elencadas no art. 7º da presente lei. Isso porque no art. 44, I, do Código Penal, o legislador usou a expressão genérica "violência", não a especificando. Demais disso, o próprio legislador ampliou o conceito de violência no âmbito doméstico contra a mulher. Assim, parece-nos que a impossibilidade de substituição da pena privativa de liberdade por pena restritiva de direitos alcança todas as espécies de violência elencadas no art. 7º da presente lei, e não somente a violência física. Ademais, deve ser considerado o âmbito de proteção da norma e a intenção do legislador de impedir a aplicação de qualquer espécie de benefício ao autor da infração penal no âmbito de violência contra a mulher, como fê-lo expressamente no art. 41 da presente lei ao afastar a incidência das medidas despenalizadoras previstas na lei nº 9.099/95, dispositivo que já foi declarado constitucional pelo STF. Ver comentários ao art. 41 desta lei.

▶ **STJ**

Súmula 588: A prática de crime ou contravenção penal contra a mulher com violência ou grave ameaça no ambiente doméstico impossibilita a substituição da pena privativa de liberdade por restritiva de direitos.

▶ **STF**

INFORMATIVO nº 884

Primeira Turma

Violência doméstica: contravenção penal e possibilidade de substituição da pena.

A Primeira Turma, por maioria, indeferiu a ordem de "habeas corpus" em que solicitada a substituição da pena privativa de liberdade por restritiva de direitos em caso de contravenção penal envolvendo violência doméstica. (...). A Turma julgou improcedente o pedido, com base em interpretação extensiva do art. 44, I do Código Penal, no caso de violência doméstica e familiar contra a mulher, em que a noção de crime abarcaria qualquer conduta delituosa, inclusive contravenção penal. (...). **(HC 137888/MS, rel. Min. Rosa Weber, julgamento em 31.10.2017).**

CAPÍTULO II
DAS MEDIDAS PROTETIVAS DE URGÊNCIA

Seção I
Disposições Gerais

Art. 18. Recebido o expediente com o pedido da ofendida, **caberá ao juiz**, no prazo de 48 (quarenta e oito) horas:

I – conhecer do expediente e do pedido e decidir sobre as **medidas protetivas de urgência**;

II – determinar o encaminhamento da ofendida ao órgão de assistência judiciária, quando for o caso;

III – comunicar ao Ministério Público para que adote as providências cabíveis.

1. **Providências judiciais.** O legislador tratou o caso com a urgência que o tema requer e estabeleceu o prazo de 48 horas para o Juiz do Juizado de Violência Doméstica e Familiar contra a Mulher (onde houver) tomar as providências descritas no dispositivo. As medidas protetivas de urgência a que se refere o inciso I estão positivadas no art. 22, para onde remetemos o leitor.

Art. 19. As **medidas protetivas de urgência** poderão ser concedidas pelo juiz, a requerimento do Ministério Público ou a pedido da ofendida.

§ 1º As medidas protetivas de urgência poderão ser concedidas de imediato, independentemente de audiência das partes e de manifestação do Ministério Público, devendo este ser prontamente comunicado.

§ 2º As medidas protetivas de urgência serão aplicadas isolada ou cumulativamente, e poderão ser substituídas a qualquer tempo por outras de maior eficácia, sempre que os direitos reconhecidos nesta Lei forem ameaçados ou violados.

§ 3º Poderá o juiz, a requerimento do Ministério Público ou a pedido da ofendida, conceder novas medidas protetivas de urgência ou rever aquelas já concedidas, se entender necessário à proteção da ofendida, de seus familiares e de seu patrimônio, ouvido o Ministério Público.

1. **Medidas protetivas de urgência.** São as previstas no art. 22, para onde remetemos o leitor.
2. **Concessão de ofício pelo Juiz.** Apesar de o dispositivo não prever expressamente, seria possível que as medidas protetivas fossem concedidas pelo Juiz de ofício? Certamente, alguns dirão que não à luz do sistema acusatório. Contudo, parece-nos que, nesse caso, não seria esse o melhor caminho a ser seguido. Poderíamos basear nosso raciocínio no poder geral de cautela do Juiz, e, se fizéssemos, estaríamos, a nosso ver, corretos. Porém, a questão ultrapassa esse fundamento que é geralmente usado. Sustentamos a possibilidade de o Juiz poder conceder as medidas protetivas de urgência de ofício porque ele não está promovendo a persecução penal contra o acusado, buscando um elemento de prova contra ele, nem exercendo a função de

acusador. Ao contrário, o Juiz está apenas tomando medidas de ofício que visam a beneficiar a vítima de violência doméstica contra a mulher. Note-se que todas as medidas protetivas de urgência visam a proteção da mulher enquanto vítima.

3. **§ 1º. Imediatidade na concessão das medidas.** Por questões de coerência interpretativa, a previsão do parágrafo primeiro no sentido de que as medidas protetivas de urgência poderão ser concedidas de imediato, independentemente de audiência das partes e de manifestação do Ministério Público, confirma a possibilidade de o Juiz poder concedê-las de ofício, uma vez que ele pode concedê-las sem oitiva das partes. Não fosse assim, sempre haveria a prévia oitiva da parte que fez o requerimento.

4. **§ 2º. Formas de aplicação das medidas protetivas de urgência.** A aplicação das medidas protetivas de urgência de forma isolada ou cumulativamente irá depender da necessidade que o caso concreto demandar. Da mesma forma ocorre com a possibilidade de substituição por outras de maior eficácia. Tudo irá depender de necessidade que o caso concreto requerer. A aplicação cumulativa ou a sua modificação por outras de maior eficácia também pode ser realizada pelo Juiz de ofício, mediante requerimento do Ministério Público ou a pedido da vítima.

5. **§ 3º. Revisão das medidas protetivas de urgência.** Para mantermos a coerência com o que dissemos linhas atrás, pensamos que a revisão das medidas protetivas de urgência pode ser feita também pelo Juiz, de ofício, sempre visando à proteção da vítima, de seus familiares ou de seu patrimônio.

Art. 20. Em qualquer fase do inquérito policial ou da instrução criminal, caberá a **prisão preventiva do agressor**, decretada pelo juiz, de ofício, a requerimento do Ministério Público ou mediante representação da autoridade policial.

Parágrafo único. O juiz poderá **revogar** a prisão preventiva se, no curso do processo, verificar a falta de motivo para que subsista, bem como **de novo decretá-la**, se sobrevierem razões que a justifiquem.

1. **Finalidade da decretação da prisão preventiva do agressor.** O dispositivo legal ora comentado está em consonância com o art. 313, III do Código de Processo Penal, com a redação que lhe deu a lei 12.403/2011, que dispõe o seguinte: *nos termos do art. 312 deste Código, será admitida a decretação da prisão preventiva: III – se o crime envolver violência doméstica e familiar contra a mulher, criança, adolescente, idoso, enfermo ou pessoa com deficiência, para garantir a execução das medidas protetivas de urgência.* Pela redação do diploma processual, fica claro que a única finalidade da prisão preventiva é garantir a execução das medidas protetivas de urgência. Nenhuma outra. Como medida cautelar que é, o Juiz sempre deverá observar os princípios da necessidade, da excepcionalidade e da adequação ao caso concreto.

▶ **STJ**

(...) VIOLÊNCIA DOMÉSTICA E FAMILIAR. PRISÃO PREVENTIVA. FUNDAMENTAÇÃO SUFICIENTE. RECURSO ORDINÁRIO DESPROVIDO (...). No caso, o decreto prisional encontra-se devidamente fundamentado em dados concretos extraídos dos autos, a evidenciar a necessidade de garantia da ordem pública, tendo em vista o descumprimento de medida protetiva de urgência anteriormente estabelecida, o que, nos termos do art. 313, inciso III, do Código de Processo Penal, constitui motivo suficiente para embasar a segregação cautelar (Precedentes). Recurso ordinário desprovido. RHC 48942. Min. Rel. Felix Fischer. Julgado em 02/10/2014.

2. **Momento.** A prisão preventiva poderá ser decretada a qualquer tempo na persecução criminal, seja na fase do inquérito policial, seja na fase da ação penal.

→Aplicação em concurso.

- **Inspetor de Polícia/CE. 2015. VUNESP.**

A Lei n. 11.340/2006, conhecida como "Lei Maria da Penha", estabelece que

A) em qualquer fase do inquérito policial ou da ação penal cabe prisão preventiva contra o agressor.

B) em nenhuma hipótese o sujeito ativo dos crimes previstos nessa Lei poderá ser uma mulher.

C) para efeito dessa Lei são formas de violência a física e a sexual.

D) na ocorrência de uma briga (com agressão física) entre vizinhos, desde que envolvendo um homem e uma mulher e com residências próximas, aplicam-se as disposições da Lei Maria da Penha.

E) se o agressor comprovar que é o proprietário da residência conjugal, não poderá ser determinado o seu afastamento do lar.

Alternativa correta: letra A.

3. **Decretação de ofício pelo Juiz.** Pensamos que a possibilidade de o Juiz decretar a prisão preventiva de ofício não viola o sistema acusatório, uma vez que, como dito acima, a única finalidade da prisão preventiva nesse caso é garantir a execução das medidas protetivas de urgência. Quando o Juiz decreta a prisão preventiva de ofício, ele não está promovendo a persecução penal contra o acusado, nem exercendo a função de acusador, mas, apenas, tomando uma providência que visa a garantir o cumprimento das medidas protetivas de urgência que ele mesmo impôs, com o fim de proteger a vítima da violência doméstica e familiar contra a mulher.

4. **Revogação e nova decretação.** O parágrafo único retrata o princípio de necessidade que rege a decretação dessa medida cautelar. O que irá determinar a revogação ou a nova decretação da prisão preventiva é a presença ou a ausência de motivos que a justifiquem. Na linha do que dissemos acima, pensamos que a nova decretação pode ser feita de ofício pelo Juiz.

→Aplicação em concurso.

- **(MPE-SP – Promotor de Justiça – SP/2011)**

Considerando os crimes praticados com violência doméstica e familiar contra a mulher, observados os termos da Lei nº 11.340/06, analise os seguintes itens:

Caberá a prisão preventiva do agressor, decretada pelo Juiz em qualquer fase do inquérito policial ou da instrução criminal;

A alternativa está certa.

Art. 21. A **ofendida** deverá ser **notificada** dos **atos processuais** relativos ao agressor, especialmente dos pertinentes ao ingresso e à saída da prisão, sem prejuízo da intimação do advogado constituído ou do defensor público.

Parágrafo único. A ofendida não poderá entregar intimação ou notificação ao agressor.

1. **Notificação da ofendida.** O legislador quis informar à vítima de violência doméstica e familiar contra a mulher todos os atos praticados em relação ao seu agressor. A obrigação é salutar, em razão do medo que ela pode sentir de deparar-se com ele novamente. A vítima sabendo que, por exemplo, o agressor encontra-se preso, terá mais liberdade para sair de casa ou retornar à vizinhança. Da mesma forma, ao saber que o seu agressor foi solto, terá mais cautela no dia a dia. Aliás, a vítima saber, além de uma obrigação a ser cumprida pelo Juiz, é uma necessidade, pois imagine-se a hipótese em que foi decretada a medida protetiva de o agressor manter distância da vítima (art. 22, III, *a*). Se a vítima não tiver conhecimento de tal medida, ela não terá como informar ao Juiz o seu descumprimento. A notificação é de *qualquer* ato processual, e não somente em relação à prisão ou libertação do agressor. Ao proibir no parágrafo único que a vítima entregue a notificação ou a intimação ao agressor, o legislador quis evitar qualquer tipo de contato entre ambos. Demais disso, a vítima não é agente do Estado para cumprir esse papel.

→Aplicação em concurso.

- **(MPE-SP – Promotor de Justiça – SP/2011)**

  Considerando os crimes praticados com violência doméstica e familiar contra a mulher, observados os termos da Lei nº 11.340/06, analise os seguintes itens:

  A ofendida deverá ser notificada dos atos processuais relativos ao agressor.

  A alternativa está certa.

- **(Cespe – Defensor Público – BA/ 2010)**

  Julgue os próximos itens, relativos aos recursos, às ações autônomas de impugnação e ao sistema de combate à violência doméstica e familiar.

  Entre as medidas protetivas de urgência previstas no sistema de combate à violência doméstica e familiar contra a mulher, inclui-se a decretação da prisão preventiva, devendo a vítima ser notificada caso o agressor seja preso ou saia da prisão. Havendo pedido de retratação da representação ofertada, o juiz, antes de receber a denúncia, deve designar audiência especial com tal finalidade.

  A alternativa está certa.

Seção II
Das Medidas Protetivas de Urgência que Obrigam o Agressor

Art. 22. Constatada a prática de violência doméstica e familiar contra a mulher, nos termos desta Lei, o juiz poderá aplicar, de imediato, ao agressor, em conjunto ou separadamente, as seguintes **medidas protetivas de urgência**, entre outras:

I – **suspensão da posse ou restrição do porte de armas**, com comunicação ao órgão competente, nos termos da Lei nº 10.826, de 22 de dezembro de 2003;

II – **afastamento** do lar, domicílio ou local de convivência com a ofendida;

III – proibição de determinadas condutas, entre as quais:

a) **aproximação da ofendida**, de seus familiares e das testemunhas, fixando o limite mínimo de distância entre estes e o agressor;

b) **contato com a ofendida**, seus familiares e testemunhas por qualquer meio de comunicação;

c) **freqüentação de determinados lugares** a fim de preservar a integridade física e psicológica da ofendida;

IV – **restrição ou suspensão de visitas aos dependentes menores**, ouvida a equipe de atendimento multidisciplinar ou serviço similar;

V – prestação de **alimentos provisionais ou provisórios.**

§ 1º As medidas referidas neste artigo não impedem a **aplicação de outras previstas** na legislação em vigor, sempre que a segurança da ofendida ou as circunstâncias o exigirem, devendo a providência ser comunicada ao Ministério Público.

§ 2º Na hipótese de aplicação do inciso I, encontrando-se o agressor nas condições mencionadas no caput e incisos do art. 6º da Lei nº 10.826, de 22 de dezembro de 2003, o juiz comunicará ao respectivo órgão, corporação ou instituição as medidas protetivas de urgência concedidas e determinará a restrição do porte de armas, ficando o superior imediato do agressor responsável pelo cumprimento da determinação judicial, sob pena de incorrer nos crimes de prevaricação ou de desobediência, conforme o caso.

§ 3º Para **garantir a efetividade das medidas protetivas de urgência**, poderá o juiz requisitar, a qualquer momento, **auxílio da força policial.**

§ 4º Aplica-se às hipóteses previstas neste artigo, no que couber, o disposto no caput e nos §§ 5º e 6º do art. 461 da Lei no 5.869, de 11 de janeiro de 1973 (Código de Processo Civil).

1. **Medidas protetivas de urgência.** As medidas protetivas de urgência não têm natureza de sanção penal e têm a finalidade de proteção da vítima. De acordo com o dispositivo legal, o Juiz poderá aplicá-las imediatamente, independentemente da manifestação da vítima ou do Ministério Público, devendo o Juiz, apenas, comunicar ao Ministério Público posteriormente.

→Aplicação em concurso.

- **Delegado de Polícia/GO. 2017. CESPE**

  À luz do posicionamento jurisprudencial e doutrinário dominantes acerca das disposições da Lei 11.340/2006 (Lei Maria da Penha), assinale a opção correta.

  No âmbito de aplicação da referida lei, as medidas protetivas de urgência poderão ser concedidas independentemente de audiência das partes e de manifestação do Ministério Público, o qual deverá ser prontamente comunicado.

  A alternativa está correta.

2. **Rol exemplificativo.** O legislador fez menção expressa às medidas previstas no *caput* e depois empregou a expressão "entre outras", deixando claro que o rol contido no artigo é exemplificativo. Assim, o Juiz pode decretar outras medidas que entender necessárias de acordo com o caso concreto.

3. **Destinatário.** O agressor. Não faria nenhum sentido impor tais medidas à vítima.

4. **Inciso I. Suspensão da posse ou restrição do porte de armas.** Inegavelmente, quem tem a posse ou o porte de uma arma de fogo tem a potencialidade de vir a usá-la, causando a morte ou a lesão corporal na vítima. A medida é salutar, uma vez que evita qualquer dano posterior ao delito praticado nos moldes de violência doméstica e familiar contra a mulher.

5. **Inciso II. Afastamento do lar, domicílio ou local de convivência com a ofendida.** O legislador pretendeu manter a distância entre o agressor e a agredida, para que seja evitada uma nova agressão durante o curso da persecução criminal.

6. **Inciso III. Proibição da prática de determinadas condutas.** A primeira conduta proibida está na alínea *a,* e consiste na proibição de aproximação da ofendida, de seus familiares e das testemunhas, fixando o limite mínimo de distância entre estes e o agressor. A segunda conduta proibida está na alínea *b*, que trata da vedação de contato entre o agressor e a ofendida, seus familiares e testemunhas por qualquer meio de comunicação. Por fim, a terceira conduta reside na alínea *c*, que é a proibição de o agressor frequentar determinados lugares, a fim de preservar a integridade física e psicológica da ofendida. Em todas essas condutas proibidas, fica muito clara a opção do legislador em evitar qualquer tipo de contato entre o agressor e a vítima. Mas não somente em relação à vítima, como também em relação às testemunhas para que não haja qualquer espécie de tentativa de manipulação da prova testemunhal pelo agressor.

7. **Inciso IV. Restrição ou suspensão de visitas aos dependentes menores.** Com essa medida, o legislador pretendeu evitar que o agressor tenha o contato pleno com os filhos menores e isso lhe proporcione algum tipo de contato com a vítima do delito, em razão do interesse comum de ambos na criação dos filhos.

8. **Inciso V. Prestação de alimentos provisionais ou provisórios.** A prestação de alimentos é uma forma de manter a subsistência da vítima e de seus dependentes, para que a violência doméstica contra ela não acabe prejudicando-os.

→Aplicação em concurso.

- **(UEL – Delegado de Polícia – PR/2013)**

  Segundo a Lei nº 11.340/2006, assinale a alternativa correta.

A) A prisão preventiva do agressor é medida cabível em qualquer fase do inquérito policial ou da instrução processual, desde que requerida pela ofendida ou pelo Ministério Público.

B) As medidas protetivas de urgência poderão ser requeridas pela autoridade policial, em qualquer momento da investigação.

C) Após fixadas as medidas protetivas, ainda que sofram alterações, deverão ser mantidas até o julgamento final do processo.

D) É facultada ao juiz a aplicação de pena pecuniária nos casos de violência doméstica e familiar contra a mulher, quando comprovado prejuízo.

E) O juiz poderá aplicar de imediato ao agressor a medida protetiva de afastamento do lar e prestação de alimentos provisionais, em conjunto ou separadamente.

Alternativa correta: letra E.

- **(Vunesp – Cartório – TJ – SP/2012)**

Constatada a prática de violência doméstica e familiar contra a mulher, nos termos da Lei nº 11.340/2006 (Lei Maria da Penha), a autoridade judicial poderá determinar, liminarmente, medidas protetivas de urgência:

I. de imediato, independentemente de audiência das partes e de manifestação do Ministério Público;

II. que obrigam o agressor à prestação de alimentos provisionais ou provisórios;

III. de suspensão das procurações conferidas pelo agressor à ofendida;

IV. de proibição temporária para celebração de contratos de locação de propriedade comum, salvo expressa autorização judicial.

São corretas apenas as afirmativas

(A) I, II e III.

(B) I, II e IV.

(C) I, III e IV.

(D) II, III e IV.

Alternativa correta: letra B.

- **(ACADEPOL – Delegado de Polícia – RS/2009)**

No âmbito do atendimento à mulher em situação de violência doméstica e familiar, e considerando os termos da Lei nº 11.340/06, cabe à autoridade judiciaria a adoção das providências a seguir, exceto

(A) suspender a posse ou restrição do porte de armas, com comunicação ao órgão competente, nos termos da Lei nº 10.826 de 22 de dezembro de 2003.

(B) restringir ou suspender visitas aos dependentes menores, ouvida a equipe de atendimento multidisciplinar ou serviço similar.

(C) determinar o afastamento do lar, domicílio ou local de convivência com a ofendida.

(D) fornecer transporte para a ofendida e seus dependentes para abrigo ou local seguro, quando houver risco de vida.

(E) determinar a prestação de alimentos provisionais ou provisórios.

Alternativa correta: letra D.

9. **§ 1º. Rol exemplificativo.** A previsão desse parágrafo confirma o que dissemos acima no sentido de que o Juiz pode decretar outras medidas que entender necessárias de acordo com o caso concreto, com a comunicação posterior ao Ministério Público.

10. **§ 2º. Porte funcional de arma de fogo.** Caso o agressor figure no rol contido no art. 6º, I, do Estatuto do Desarmamento, instituído pela lei 10.826/2003 (*"Art. 6º É proibido o porte de arma de fogo em todo o território nacional, salvo para os casos previstos em legislação própria e para: I – os integrantes das Forças Armadas; II –* os

integrantes de órgãos referidos nos incisos I, II, III, IV e V do *caput* do art. 144 da Constituição Federal e os da Força Nacional de Segurança Pública (FNSP); *III – os integrantes das guardas municipais das capitais dos Estados e dos Municípios com mais de 500.000 (quinhentos mil) habitantes, nas condições estabelecidas no regulamento desta Lei; IV – os integrantes das guardas municipais dos Municípios com mais de 50.000 (cinqüenta mil) e menos de 500.000 (quinhentos mil) habitantes, quando em serviço; V – os agentes operacionais da Agência Brasileira de Inteligência e os agentes do Departamento de Segurança do Gabinete de Segurança Institucional da Presidência da República; VI – os integrantes dos órgãos policiais referidos no art. 51, IV, e no art. 52, XIII, da Constituição Federal; VII – os integrantes do quadro efetivo dos agentes e guardas prisionais, os integrantes das escoltas de presos e as guardas portuárias; VIII – as empresas de segurança privada e de transporte de valores constituídas, nos termos desta Lei; IX – para os integrantes das entidades de desporto legalmente constituídas, cujas atividades esportivas demandem o uso de armas de fogo, na forma do regulamento desta Lei, observando-se, no que couber, a legislação ambiental; X – integrantes das Carreiras de Auditoria da Receita Federal do Brasil e de Auditoria-Fiscal do Trabalho, cargos de Auditor-Fiscal e Analista Tributário; XI – os tribunais do Poder Judiciário descritos no art. 92 da Constituição Federal e os Ministérios Públicos da União e dos Estados, para uso exclusivo de servidores de seus quadros pessoais que efetivamente estejam no exercício de funções de segurança, na forma de regulamento a ser emitido pelo Conselho Nacional de Justiça – CNJ e pelo Conselho Nacional do Ministério Público – CNMP."*), e por isso tenha garantido o porte funcional de arma de fogo, o Juiz comunicará a medida tomada ao respectivo órgão, corporação ou instituição e determinará a restrição do porte de armas, ficando o superior imediato do agressor responsável pelo cumprimento da determinação judicial. O superior imediato do agressor torna-se responsável por dar efetividade ao cumprimento da medida no sentido de suspensão da posse ou da restrição do porte da arma, sob pena de incorrer nos crimes de prevaricação ou de desobediência.

11. § 3º. Requisição de auxílio policial. O auxílio policial não é a regra, uma vez que o agressor pode comprometer-se a cumprir as medidas impostas pelo Juiz. A requisição somente será possível na hipótese de necessidade para a garantia da efetividade das medidas.

12. § 4º. Aplicação do art. 461, *caput* e §§ 5º e 6º do Código de Processo Civil de 1973. Trata-se da norma que dispõe sobre a tutela judicial para o cumprimento de obrigação de fazer ou não fazer regida pelo Código de Processo Civil de 1973. No Código de Processo Civil de 2015 (lei 13.105/2015), o tema está disposto no art. 497, *caput* e parágrafo único, com a seguinte redação: *"Art. 497. Na ação que tenha por objeto a prestação de fazer ou de não fazer, o juiz, se procedente o pedido, concederá a tutela específica ou determinará providências que assegurem a obtenção de tutela pelo resultado prático equivalente. Parágrafo único. Para a concessão da tutela específica destinada a inibir a prática, a reiteração ou a continuação de um ilícito, ou a sua remoção, é irrelevante a demonstração da ocorrência de dano ou da existência de culpa ou dolo."*

13. Descumprimento das medidas protetivas de urgência por parte do agressor. Questão relevante versa sobre a possibilidade de o descumprimento, pelo agressor, das medidas protetivas de urgência impostas pelo Juiz configurar o delito de desobediência previsto no art. 330 do Código Penal (*"Art. 330 – Desobedecer a ordem legal de funcionário público: Pena – detenção, de quinze dias a seis meses, e multa."*). Apesar de a princípio a conduta do agressor poder configurar esse tipo penal, entende-se que a sua conduta é atípica, uma vez que a própria lei ora comentada, em seu art. 20, já estabelece a decretação da prisão preventiva como consequência do descumprimento das medidas protetivas estabelecidas, à luz dos princípios da intervenção mínima e da subsidiariedade do Direito Penal.

▶ **STJ**

INFORMATIVO Nº 544

Quinta Turma

DIREITO PENAL. DESCUMPRIMENTO DE MEDIDA PROTETIVA DE URGÊNCIA PREVISTA NA LEI MARIA DA PENHA.

O descumprimento de medida protetiva de urgência prevista na Lei Maria da Penha (art. 22 da Lei 11.340/2006) não configura crime de desobediência (art. 330 do CP). De fato, a jurisprudência do STJ firmou o entendimento de que, para a configuração do crime de desobediência, não basta apenas o não cumprimento de uma ordem judicial, sendo indispensável que inexista a previsão de sanção específica em caso de descumprimento (HC 115.504-SP, Sexta Turma, Dje 9/2/2009). Desse modo, está evidenciada a atipicidade da conduta, porque a legislação previu alternativas para que ocorra o efetivo cumprimento das medidas protetivas de urgência, previstas na Lei Maria da Penha, prevendo sanções de natureza civil, processual civil, administrativa e processual penal. Precedentes citados: **REsp 1.374.653-MG, Sexta Turma, DJe 2/4/2014; e AgRg no Resp 1.445.446-MS, Quinta Turma, DJe 6/6/2014. RHC 41.970-MG, Rel. Min. Laurita Vaz, julgado em 7/8/2014.**

→Aplicação em concurso.

- **Delegado de Polícia/GO. 2017. CESPE**

  À luz do posicionamento jurisprudencial e doutrinário dominantes acerca das disposições da Lei 11.340/2006 (Lei Maria da Penha), assinale a opção correta.

  Caracteriza o crime de desobediência o reiterado descumprimento, pelo agressor, de medida protetiva decretada no âmbito das disposições da Lei Maria da Penha.

  A alternativa está errada.

- **Defensor Público/RN. 2015. CESPE.**

  Maria alegou ser vítima de violência doméstica praticada pelo seu ex-companheiro Lucas, com quem conviveu por cinco anos, até dele se separar. Após a separação, Lucas passou a fazer frequentes ligações telefônicas para o aparelho celular da ex-mulher durante o dia, no período em que ela está trabalhando, à noite e de madrugada. Embora Maria já tenha trocado de número telefônico algumas vezes, Lucas consegue os novos números com conhecidos e continua a fazer as ligações. Apavorada e em sofrimento psicológico, Maria procurou auxílio e obteve do juiz competente medida protetiva urgente que obriga Lucas a não manter mais contato com ela por qualquer meio de comunicação, ordem que ele, porém, não obedeceu, pois continua a fazer as ligações.

A respeito dessa situação hipotética, assinale a opção correta com base na Lei no 11.340/2006 e na jurisprudência dos tribunais superiores.

A) A medida protetiva de urgência concedida pelo juiz deverá ser considerada inválida, se Lucas não tiver sido previamente intimado nem ouvido, pois isso caracterizaria flagrante desrespeito ao princípio do contraditório.

B) Para garantir que Lucas cumpra a medida protetiva de urgência, o juiz pode requisitar auxílio da força policial.

C) Ao descumprir a medida protetiva imposta pelo juiz, Lucas pratica o crime de desobediência.

D) Como não houve violência física, não ficou caracterizada violência doméstica que justificasse a aplicação da medida protetiva de urgência imposta a Lucas, que deve ser revogada.

E) Para a aplicação e validade da medida protetiva de urgência, eram imprescindíveis a coabitação e a prática da violência no âmbito da unidade doméstica.

Alternativa correta: Letra B.

- **Analista Judiciário. TJ/BA. 2015. FGV.**

O descumprimento de medida protetiva de urgência prevista na Lei Maria da Penha (Art. 22 da Lei nº 11.340/2006) configura:

A) desacato;

B) desobediência;

C) condescendência criminosa;

D) conduta atípica;

E) violência arbitrária.

Alternativa correta: letra D.

14. Cabimento de ordem de *habeas corpus*. É cabível a impetração de ordem de *habeas corpus* para analisar eventual ilegalidade na fixação das medidas protetivas de urgência. É bem verdade que o descumprimento dessas medidas pode gerar sanções de natureza cível. Entretanto, o descumprimento pode gerar também a decretação da prisão preventiva, nos moldes do art. 20 dessa lei. Assim, tendo em vista que o descumprimento de uma medida protetiva de urgência imposta de forma ilegal pode representar uma restrição da liberdade do agressor, é cabível a impetração de ordem de *habeas corpus*. Contudo, é importante frisar que essa possibilidade somente ocorre se a medida protetiva de urgência foi ilegal.

▶ **STJ**

INFORMATIVO nº 574

Quinta Turma

DIREITO PROCESSUAL PENAL. HC E MEDIDAS PROTETIVAS PREVISTAS NA LEI MARIA DA PENHA.

Cabe *habeas corpus* para apurar eventual ilegalidade na fixação de medida protetiva de urgência consistente na proibição de aproximar-se de vítima de violência

doméstica e familiar. O eventual descumprimento de medidas protetivas arroladas na Lei Maria da Penha pode gerar sanções de natureza civil (art. 22, § 4º, da n. Lei 11.340/2006, c/c art. 461, §§ 5º e 6º do CPC), bem como a decretação de prisão preventiva, de acordo com o art. 313, III, do CPP (HC 271.267-MS, Quinta Turma, DJe 18/11/2015). Ademais, prevê o CPP o seguinte: "Art. 647. Dar-se-á *habeas corpus* sempre que alguém sofrer ou se achar na iminência de sofrer violência ou coação ilegal na sua liberdade de ir e vir, salvo nos casos de punição disciplinar". Se o paciente não pode aproximar-se da vítima ou de seus familiares, decerto que se encontra limitada a sua liberdade de ir e vir. Assim, afigura-se cabível a impetração do *habeas corpus*. **HC 298.499-AL, Rel. Min. Reynaldo Soares da Fonseca, julgado em 1º/12/2015, DJe 9/12/2015.**

Seção III
Das Medidas Protetivas de Urgência à Ofendida

Art. 23. Poderá o juiz, quando necessário, sem prejuízo de outras medidas:

I – **encaminhar a ofendida e seus dependentes** a programa oficial ou comunitário de proteção ou de atendimento;

II – determinar a **recondução da ofendida e a de seus dependentes** ao respectivo domicílio, após afastamento do agressor;

III – determinar o **afastamento da ofendida do lar**, sem prejuízo dos direitos relativos a bens, guarda dos filhos e alimentos;

IV – determinar a **separação de corpos**.

Art. 24. Para a **proteção patrimonial** dos bens da sociedade conjugal ou daqueles de propriedade particular da mulher, o juiz poderá determinar, liminarmente, as seguintes medidas, entre outras:

I – restituição de bens indevidamente subtraídos pelo agressor à ofendida;

II – proibição temporária para a celebração de atos e contratos de compra, venda e locação de propriedade em comum, salvo expressa autorização judicial;

III – suspensão das procurações conferidas pela ofendida ao agressor;

IV – prestação de caução provisória, mediante depósito judicial, por perdas e danos materiais decorrentes da prática de violência doméstica e familiar contra a ofendida.

Parágrafo único. Deverá o juiz oficiar ao cartório competente para os fins previstos nos incisos II e III deste artigo.

1. **Destinatário das medidas.** A vítima.

2. **Rol exemplificativo.** No art. 23 o legislador utilizou as expressões "sem prejuízo de outras medidas" e no art. 24, as expressões "entre outras". Com isso, deixou evidente que o rol contido nos dois artigos é exemplificativo, podendo o Juiz decretar outras medidas que entender necessárias de acordo com o caso concreto.

3. **Natureza das medidas.** As medidas descritas nos dois artigos têm natureza cível, o que confirma a competência mista do Juizado de Violência Doméstica e Familiar contra a Mulher.

→Aplicação em concurso.

- **(Vunesp – Cartório – TJ – SP/2012)**

Constatada a prática de violência doméstica e familiar contra a mulher, nos termos da Lei nº 11.340/2006 (Lei Maria da Penha), a autoridade judicial poderá determinar, liminarmente, medidas protetivas de urgência:

I. de imediato, independentemente de audiência das partes e de manifestação do Ministério Público;

II. que obrigam o agressor à prestação de alimentos provisionais ou provisórios;

III. de suspensão das procurações conferidas pelo agressor à ofendida;

IV. de proibição temporária para celebração de contratos de locação de propriedade comum, salvo expressa autorização judicial.

São corretas apenas as afirmativas

(A) I, II e III.

(B) I, II e IV.

(C) I, III e IV.

(D) II, III e IV.

Alternativa correta: letra B.

CAPÍTULO III
DA ATUAÇÃO DO MINISTÉRIO PÚBLICO

Art. 25. O **Ministério Público intervirá, quando não for parte**, nas causas cíveis e criminais decorrentes da violência doméstica e familiar contra a mulher.

Art. 26. Caberá ao Ministério Público, sem prejuízo de outras atribuições, nos casos de violência doméstica e familiar contra a mulher, quando necessário:

I – requisitar força policial e serviços públicos de saúde, de educação, de assistência social e de segurança, entre outros;

II – fiscalizar os estabelecimentos públicos e particulares de atendimento à mulher em situação de violência doméstica e familiar, e adotar, de imediato, as medidas administrativas ou judiciais cabíveis no tocante a quaisquer irregularidades constatadas;

III – cadastrar os casos de violência doméstica e familiar contra a mulher.

1. **Natureza da intervenção do Ministério Público.** Além da posição de autor na persecução penal, promovendo a ação penal contra o agressor, o legislador tratou na presente lei da intervenção do Ministério Público como fiscal da correta aplicação da lei, tendo em vista que no art. 25 usou as expressões "quando não for parte" e no art. 26 tratou de outras providências a serem tomadas pelo Ministério Público "sem prejuízo de outras atribuições". O membro do Ministério Público que intervirá deverá ser o que tiver atribuição para atuar no Juizado de Violência Doméstica e Familiar contra a Mulher, acumulando, portanto, as atribuições cível e criminal.

→Aplicação em concurso.

- **Promotor de Justiça/PI. 2012. CESPE.**

  O MP não deve intervir nas causas cíveis decorrentes de violência doméstica e familiar contra a mulher, salvo quando for parte, sendo, contudo, obrigatória sua intervenção nas causas criminais que envolvam violência contra a mulher.

  A alternativa está errada.

CAPÍTULO IV
DA ASSISTÊNCIA JUDICIÁRIA

Art. 27. Em **todos os atos processuais, cíveis e criminais**, a mulher em situação de violência doméstica e familiar deverá estar acompanhada de advogado, ressalvado o previsto no art. 19 desta Lei.

Art. 28. É **garantido** a toda mulher em situação de violência doméstica e familiar o **acesso aos serviços de Defensoria Pública ou de Assistência Judiciária Gratuita**, nos termos da lei, em sede policial e judicial, mediante atendimento específico e humanizado.

1. **Assistência judiciária.** O legislador impôs a obrigação de a mulher estar acompanhada de um advogado. Caso ela não possa contratar um advogado ou não queira por qualquer motivo, será assistida pela Defensoria Pública. A assistência alcança as duas fases da persecução penal, seja a do inquérito policial, seja a da fase processual.

TÍTULO V
DA EQUIPE DE ATENDIMENTO MULTIDISCIPLINAR

Art. 29. Os **Juizados de Violência Doméstica e Familiar contra a Mulher** que vierem a ser criados poderão contar com uma equipe de atendimento multidisciplinar, a ser integrada por profissionais especializados nas áreas psicossocial, jurídica e de saúde.

Art. 30. Compete à equipe de atendimento multidisciplinar, entre outras atribuições que lhe forem reservadas pela legislação local, fornecer subsídios por escrito ao juiz, ao Ministério Público e à Defensoria Pública, mediante laudos ou verbalmente em audiência, e desenvolver trabalhos de orientação, encaminhamento, prevenção e outras medidas, voltados para a ofendida, o agressor e os familiares, com especial atenção às crianças e aos adolescentes.

Art. 31. Quando a **complexidade do caso** exigir avaliação mais aprofundada, o juiz poderá determinar a manifestação de profissional especializado, mediante a indicação da equipe de atendimento multidisciplinar.

Art. 32. O Poder Judiciário, na elaboração de sua proposta orçamentária, poderá prever recursos para a criação e manutenção da equipe de atendimento multidisciplinar, nos termos da Lei de Diretrizes Orçamentárias.

1. **Equipe multidisciplinar.** A equipe multidisciplinar que auxiliará os Juizados de Violência Doméstica e Familiar contra a Mulher é formada por uma equipe de

atendimento integrada por profissionais especializados nas áreas psicossocial, jurídica e de saúde, com diversas atribuições, entre outras, fornecer subsídios por escrito ao Juiz, ao Ministério Público e à Defensoria Pública, mediante laudos ou verbalmente em audiência, e desenvolver trabalhos de orientação, encaminhamento, prevenção e outras medidas, voltados para a ofendida, o agressor e os familiares, com especial atenção às crianças e aos adolescentes. O custeio da manutenção da equipe multidisciplinar pode ser feito pelo próprio Poder Judiciário, com recursos financeiros próprios, destacados da sua lei orçamentária.

TÍTULO VI
DISPOSIÇÕES TRANSITÓRIAS

Art. 33. Enquanto não estruturados os **Juizados de Violência Doméstica e Familiar contra a Mulher**, as **varas criminais acumularão as competências cível e criminal** para conhecer e julgar as causas decorrentes da prática de violência doméstica e familiar contra a mulher, observadas as previsões do Título IV desta Lei, subsidiada pela legislação processual pertinente.

Parágrafo único. Será garantido o direito de preferência, nas varas criminais, para o processo e o julgamento das causas referidas no caput.

1. **Locais onde não haja Juizado de Violência Doméstica e Familiar contra a Mulher.** Nos Estados em que ainda não houver a criação do Juizado de Violência Doméstica e Familiar contra a Mulher, apesar dos tantos anos de vigência desta lei, a competência será das Varas Criminais, que acumularão as competências cível e criminal.

→Aplicação em concurso.

- **(MPE-MS – Promotor de Justiça – MS/2013)**

  Considere as seguintes assertivas em relação à Lei nº 11.340/2006 (Lei Maria da Penha):

  Enquanto não estruturados os juizados de violência doméstica e familiar contra a mulher, as varas criminais acumularão as competências cível e criminal para conhecer e julgar as causas decorrentes da prática de violência doméstica e familiar contra a mulher.

  A alternativa está certa.

TÍTULO VII
DISPOSIÇÕES FINAIS

Art. 34. A instituição dos Juizados de Violência Doméstica e Familiar contra a Mulher poderá ser acompanhada pela implantação das **curadorias necessárias e do serviço de assistência judiciária**.

Art. 35. A União, o Distrito Federal, os Estados e os Municípios poderão criar e promover, no limite das respectivas competências:

I – centros de atendimento integral e multidisciplinar para mulheres e respectivos dependentes em situação de violência doméstica e familiar;

II – casas-abrigos para mulheres e respectivos dependentes menores em situação de violência doméstica e familiar;

III – delegacias, núcleos de defensoria pública, serviços de saúde e centros de perícia médico-legal especializados no atendimento à mulher em situação de violência doméstica e familiar;

IV – programas e campanhas de enfrentamento da violência doméstica e familiar;

V – centros de educação e de reabilitação para os agressores.

Art. 36. A União, os Estados, o Distrito Federal e os Municípios promoverão a adaptação de seus órgãos e de seus programas às diretrizes e aos princípios desta Lei.

Art. 37. A defesa dos interesses e direitos transindividuais previstos nesta Lei poderá ser exercida, concorrentemente, pelo Ministério Público e por associação de atuação na área, regularmente constituída há pelo menos um ano, nos termos da legislação civil.

Parágrafo único. O requisito da pré-constituição poderá ser dispensado pelo juiz quando entender que não há outra entidade com representatividade adequada para o ajuizamento da demanda coletiva.

Art. 38. As estatísticas sobre a violência doméstica e familiar contra a mulher serão incluídas nas bases de dados dos órgãos oficiais do Sistema de Justiça e Segurança a fim de subsidiar o sistema nacional de dados e informações relativo às mulheres.

Parágrafo único. As Secretarias de Segurança Pública dos Estados e do Distrito Federal poderão remeter suas informações criminais para a base de dados do Ministério da Justiça.

Art. 39. A União, os Estados, o Distrito Federal e os Municípios, no limite de suas competências e nos termos das respectivas leis de diretrizes orçamentárias, poderão estabelecer dotações orçamentárias específicas, em cada exercício financeiro, para a implementação das medidas estabelecidas nesta Lei.

Art. 40. As obrigações previstas nesta Lei não excluem outras decorrentes dos princípios por ela adotados.

Art. 41. Aos crimes praticados com violência doméstica e familiar contra a mulher, independentemente da pena prevista, **não se aplica a Lei nº 9.099**, de 26 de setembro de 1995.

1. **Não aplicação da lei 9.099/95 aos crimes praticados com violência doméstica e familiar contra a mulher.** O art. 41 dispõe que a lei nº 9.099/95 é inaplicável aos crimes praticados com violência doméstica e familiar contra a mulher, independentemente da pena prevista. Esse dispositivo possui dois comandos: o primeiro comando é no sentido de as infrações penais praticadas nos moldes dessa lei não se considerarem infrações penais de menor potencial ofensivo; o segundo comando é evitar a aplicação das medidas despenalizadoras. Com efeito, a lei nº 9.099/95 trouxe para a ordem jurídica brasileira quatro medidas despenalizadoras: a composição civil dos danos (art. 74); a transação penal (art. 76); a representação (art. 88); e a suspensão condicional do processo (art. 89). Todas essas medidas visam a evitar o processo ou evitar uma condenação. Como o legislador deu um tratamento mais severo aos crimes praticados no âmbito da violência doméstica e familiar contra a mulher, ele quis que não fossem aplicadas medidas que permitam uma

alternativa ao processo ou que impliquem uma alternativa à condenação, que são justamente as medidas despenalizadoras previstas na lei nº 9.099/95. Questão relevante versa sobre a constitucionalidade do artigo ora comentado. Isso porque o art. 98, I da CR/88 dispõe que "a União, no Distrito Federal e nos Territórios, e os Estados criarão: I – juizados especiais, providos por juízes togados, ou togados e leigos, competentes para a conciliação, o julgamento e a execução de causas cíveis de menor complexidade e infrações penais de menor potencial ofensivo, mediante os procedimentos oral e sumariíssimo, permitidos, nas hipóteses previstas em lei, a transação e o julgamento de recursos por turmas de juízes de primeiro grau." Assim, questiona-se se a lei ora comentada, por ser uma lei ordinária, poderia afastar a incidência da lei 9.099/95 nos casos de violência doméstica e familiar contra a mulher. Apesar de muita discussão, as jurisprudências do STF e do STJ pacificaram-se no sentido da constitucionalidade do art. 41.

▶ **STJ**

Súmula nº 542: A ação penal relativa ao crime de lesão corporal resultante de violência doméstica contra a mulher é pública incondicionada.

▶ **STJ**

Súmula nº 536: A suspensão condicional do processo e a transação penal não se aplicam na hipótese de delitos sujeitos ao rito da Lei Maria da Penha.

▶ **STF**

VIOLÊNCIA DOMÉSTICA – LEI Nº 11.340/06 (...). O artigo 41 da Lei nº 11.340/06, a afastar, nos crimes de violência doméstica contra a mulher, a Lei nº 9.099/95, mostra-se em consonância com o disposto no § 8º do artigo 226 da Carta da República, a prever a obrigatoriedade de o Estado adotar mecanismos que coíbam a violência no âmbito das relações familiares. ADC 19. AÇÃO DECLARATÓRIA DE CONSTITUCIONALIDADE. Rel. Min. Marco Aurélio, julgado em 09/02/2012.

▶ **STF**

AÇÃO PENAL – VIOLÊNCIA DOMÉSTICA CONTRA A MULHER – LESÃO CORPORAL – NATUREZA. A ação penal relativa a lesão corporal resultante de violência doméstica contra a mulher é pública incondicionada – considerações. ADI 4424. Rel. Min. Marco Aurélio, julgado em 09/02/2012.

▶ **STJ**

AGRAVO REGIMENTAL NO RECURSO ESPECIAL. PENAL. VIAS DE FATO. VIOLÊNCIA DOMÉSTICA CONTRA A MULHER. REPRESENTAÇÃO DA VÍTIMA. DESNECESSIDADE. LEI 9.099/1995. (...) 1. "Seja caso de lesão corporal leve, seja de vias de fato, se praticado em contexto de violência doméstica ou familiar, não há falar em necessidade de representação da vítima para a persecução penal" (...) 2. Nas infrações penais cometidas com violência doméstica contra a mulher, sejam elas crimes ou contravenções, não se aplicam as disposições da Lei n. 9.099/1995. (...) **(AgRg no REsp 1628271/SP, Rel. Min. Reynaldo Soares da Fonseca, julgado em 23/05/2017).**

▶ **STJ**

INFORMATIVO nº 509.

Quinta Turma

DIREITO PENAL E PROCESSUAL PENAL. LESÃO CORPORAL LEVE OU CULPOSA NO ÂMBITO DOMÉSTICO. AÇÃO PENAL PÚBLICA INCONDICIONADA.

O crime de lesão corporal, mesmo que leve ou culposa, praticado contra a mulher, no âmbito das relações domésticas, deve ser processado mediante ação penal pública incondicionada. No julgamento da ADI 4.424-DF, o STF declarou a constitucionalidade do art. 41 da Lei n. 11.340/2006, afastando a incidência da Lei n. 9.099/1995 aos crimes praticados com violência doméstica e familiar contra a mulher, independentemente da pena prevista. Precedente citado do STF: ADI 4.424-DF, DJe 17/2/2012; do STJ: AgRg no REsp 1.166.736-ES, DJe 8/10/2012, e HC 242.458-DF, DJe 19/9/2012. **AREsp 40.934-DF, Rel. Min. Marilza Maynard (Desembargadora convocada do TJ-SE), julgado em 13/11/2012.**

2. **Contravenção penal praticada com violência doméstica e familiar contra a mulher.** Infração penal é gênero, que abrange duas espécies: *crimes* e *contravenções penais*. Quando o legislador empregou a expressão *crimes* disse menos do que queria, cabendo interpretação extensiva para, na expressão *crimes*, serem abrangidas, também, as contravenções penais. Logo, tratando-se de contravenção penal, também não se aplica a lei 9.099/95.

▶ **STJ**

(...) CONTRAVENÇÃO PENAL. LEI MARIA DA PENHA. DENÚNCIA REJEITADA POR AUSÊNCIA DE MANIFESTAÇÃO DA VÍTIMA. RECURSO EM SENTIDO ESTRITO PROVIDO PARA DETERMINAR O PROSSEGUIMENTO DA DEMANDA. NATUREZA INCONDICIONADA DA AÇÃO. INAPLICABILIDADE DA LEI N. 9.099/1995 ÀS INFRAÇÕES PENAIS COMETIDAS COM VIOLÊNCIA DOMÉSTICA OU FAMILIAR CONTRA A MULHER. EXPRESSÃO QUE ENGLOBA AS DUAS ESPÉCIES: CRIME E CONTRAVENÇÃO PENAL. (...) 2. No contexto dos crimes praticados com violência doméstica ou familiar contra a mulher, a palavra "crime" deve englobar toda e qualquer infração penal, conceito mais amplo que abrange as duas espécies: crime e contravenção penal. 3. Seja caso de lesão corporal leve, seja de vias de fato, se praticado em contexto de violência doméstica ou familiar, não há falar em necessidade de representação da vítima para a persecução penal. 4. Agravo regimental improvido. **(AgRg no AREsp 703.829/MG, Rel. Min. Sebastião Reis Júnior, julgado em 27/10/2015).**

▶ **STJ**

INFORMATIVO nº 539.

Sexta Turma.

DIREITO PENAL E PROCESSUAL PENAL. INAPLICABILIDADE DA TRANSAÇÃO PENAL ÀS CONTRAVENÇÕES PENAIS PRATICADAS CONTRA MULHER NO CONTEXTO DE VIOLÊNCIA DOMÉSTICA.

A transação penal não é aplicável na hipótese de contravenção penal praticada com violência doméstica e familiar contra a mulher. De fato, a interpretação literal do art. 41 da Lei Maria da Penha (...) viabilizaria, em apressado olhar, a conclusão de que os institutos despenalizadores da Lei 9.099/1995, entre eles a transação penal, seriam aplicáveis às contravenções penais praticadas com violência doméstica e familiar contra a mulher. Entretanto, o legislador, ao editar a Lei 11.340/2006, conferiu concretude ao texto constitucional (art. 226, § 8º, da CF) e aos tratados e as convenções internacionais de erradicação de todas as formas de violência contra a mulher, a fim de mitigar, tanto quanto possível, qualquer tipo de violência doméstica e familiar contra a mulher, abrangendo não só a violência física, mas, também, a psicológica, a sexual, a patrimonial, a social e a moral. Desse modo, à luz da finalidade última da norma (Lei 11.340/2006) e do enfoque da ordem jurídico-constitucional, considerando, ainda, os fins sociais a que a lei se destina, a aplicação da Lei 9.099/1995 é afastada pelo art. 41 da Lei 11.340/2006, tanto em relação aos crimes quanto às contravenções penais praticados contra mulheres no âmbito doméstico e familiar. Ademais, o STJ e o STF já se posicionaram no sentido de que os institutos despenalizadores da Lei 9.099/1995, entre eles a transação penal, não se aplicam a nenhuma prática delituosa contra a mulher no âmbito doméstico e familiar, ainda que configure contravenção penal. Precedente citado do STJ: HC 196.253-MS, Sexta Turma, DJe 31/5/2013. Precedente citado do STF: HC 106.212-MS, Tribunal Pleno, DJe 13/6/2011. **(HC 280.788-RS, Rel. Min. Rogerio Schietti Cruz, julgado em 3/4/2014).**

→Aplicação em concurso.

- **Delegado de Polícia/GO. 2017. CESPE**

À luz do posicionamento jurisprudencial e doutrinário dominantes acerca das disposições da Lei 11.340/2006 (Lei Maria da Penha), assinale a opção correta.

Em se tratando dos crimes de lesão corporal leve e ameaça, pode o Ministério Público dar início à ação penal sem necessidade de representação da vítima de violência doméstica.

A alternativa está errada.

- **Delegado de Polícia/GO. 2017. CESPE**

Júlio, durante discussão familiar com sua mulher no local onde ambos residem, sem justo motivo, agrediu-a, causando-lhe lesão corporal leve.

Nessa situação hipotética, conforme a Lei n. 11.340/2006 e o entendimento do STJ,

A) a ofendida poderá renunciar à representação, desde que o faça perante o juiz.

B) a ação penal proposta pelo Ministério Público será pública incondicionada.

C) a autoridade policial, independentemente de haver necessidade, deverá acompanhar a vítima para assegurar a retirada de seus pertences do domicílio familiar.

D) Júlio poderá ser beneficiado com a suspensão condicional do processo, se presentes todos os requisitos que autorizam o referido ato.

E) Júlio poderá receber proposta de transação penal do Ministério Público, se houver anuência da vítima.

Alternativa correta: letra B.

- **(MPE-RS – Promotor de Justiça – RS/2012)**

  Considere as seguintes afirmações.

  V Aos crimes praticados com violência doméstica e familiar contra mulher, independentemente da pena prevista, não se aplica a Lei nº 9.099/95.

  A alternativa está certa.

- **(MPE-SP – Promotor de Justiça – SP/2011)**

  Considerando os crimes praticados com violência doméstica e familiar contra a mulher, observados os termos da Lei nº 11.340/06, analise os seguintes itens:

  Aplica-se a Lei n. 9.099/95 (Juizados Especiais Criminais) aos crimes praticados com violência doméstica e familiar contra a mulher cuja pena máxima cominada não seja superior a 2 (dois) anos;

  A alternativa está errada.

Art. 42. O art. 313 do Decreto-Lei nº 3.689, de 3 de outubro de 1941 (Código de Processo Penal), passa a vigorar acrescido do seguinte inciso IV:

"Art. 313. ....

IV – se o crime envolver violência doméstica e familiar contra a mulher, nos termos da lei específica, para garantir a execução das medidas protetivas de urgência." (NR)

Art. 43. A alínea f do inciso II do art. 61 do Decreto-Lei nº 2.848, de 7 de dezembro de 1940 (Código Penal), passa a vigorar com a seguinte redação:

"Art. 61. ....

....

II – ....

....

f) com abuso de autoridade ou prevalecendo-se de relações domésticas, de coabitação ou de hospitalidade, ou com violência contra a mulher na forma da lei específica;

.... " (NR)

Art. 44. O art. 129 do Decreto-Lei nº 2.848, de 7 de dezembro de 1940 (Código Penal), passa a vigorar com as seguintes alterações:

"Art. 129. ....

....

§ 9º Se a lesão for praticada contra ascendente, descendente, irmão, cônjuge ou companheiro, ou com quem conviva ou tenha convivido, ou, ainda, prevalecendo-se o agente das relações domésticas, de coabitação ou de hospitalidade:

Pena – detenção, de 3 (três) meses a 3 (três) anos.

....

§ 11. Na hipótese do § 9º deste artigo, a pena será aumentada de um terço se o crime for cometido contra pessoa portadora de deficiência." (NR).

Art. 45. O art. 152 da Lei nº 7.210, de 11 de julho de 1984 (Lei de Execução Penal), passa a vigorar com a seguinte redação:

"Art. 152. ....

Parágrafo único. Nos casos de violência doméstica contra a mulher, o juiz poderá determinar o comparecimento obrigatório do agressor a programas de recuperação e reeducação." (NR).

Art. 46. Esta Lei entra em vigor 45 (quarenta e cinco) dias após sua publicação.

1. **Alteração legislativa.** Os arts. 42 ao 45 operaram alterações legislativas no Código Penal e na Lei de Execução penal, que não são objetos do presente livro.

Bibliografia Consultada

ANDRADE FILHO. Edmar Oliveira. **Direito Penal Tributário. Crimes Contra a Ordem Tributária e Contra a Previdência Social**, 5ª ed. São Paulo: Atlas, 2007.

BEMFICA. Thaís Vani. **Crimes Hediondos e Assemelhados**. Questões Polêmicas. Rio de Janeiro: Forense, 2001.

BIERRENBACH, Sheila; LIMA, Walberto Fernandes. **Comentários à Lei de Tortura. Aspectos Penais e Processuais Penais**, in: Coleção Leis Especiais Criminais, LIMA, Marcellus Polastri; BIERRENBACH, Sheila (coord.). Rio de Janeiro: *Lumen Juris,* 2006.

BONFIM, Marcia Monassi Mougenot; BONFIM, Edilson Mougenot. **Lavagem de Dinheiro,** 2ª ed. São Paulo: Malheiros, 2008.

BRAGA, Aureo Rogério Gil; VELASQUES, Renato Vinhas. **Crimes Contra a Ordem Tributária. Medidas Acautelatórias.** Porto Alegre: Livraria do Advogado, 2008.

CAPEZ, Fernando. **Curso de Direito Penal, legislação penal especial, volume 4, de acordo com as leis n. 12.234 e 12.258, de 2010**, 6ª edição São Paulo: Saraiva, 2011.

COSTA JR. Paulo José da; QUEIJO, M. Elisabeth; MACHADO, Charles M. **Crimes do Colarinho Branco**, 2ª ed. São Paulo: Saraiva, 2002.

DECOMAIN, Pedro Roberto. **Crimes Contra a Ordem Tributária**, 3ª ed. Revista, atualizada e ampliada. Florianópolis: Obra Jurídica, 1997.

FERREIRA, Roberto dos Santos. **Crimes Contra a Ordem Tributária. Comentários aos arts. 1º a 3º, 11, 12, 15 e 16 da Lei n. 8.137, de 27.12.1990 e 34 da lei n. 9.249, de 26.12.1995,** 2ª edição, revista e ampliada. São Paulo: Malheiros, 2002.

FRANCO, Alberto Silva. **Crimes hediondos**. 6ª ed. Revista, atualizada e ampliada. São Paulo: RT, 2007.

FREITAS, Gilberto Passos de; FREITAS, Vladimir Passos de. **Abuso de Autoridade. Notas de Legislação, Doutrina e Jurisprudência à Lei 4.898, de 9.12.65,** 5ª edição, ampliada e revista de acordo com a Constituição Federal de 1988. São Paulo: RT, 1993.

JESUS, Damásio E. de. **Estatuto do Desarmamento. Anotações à parte criminal da Lei n 10.826, de 22 de dezembro de 2003**, 6ªed. São Paulo: Saraiva, 2007.

_____, Crimes de Trânsito. **Anotações à parte criminal do Código de Trânsito (Lei n. 9.503, de 23 de setembro de 1997)**, 6ªed. Revista e atualizada. São Paulo: Saraiva, 2006.

LOVATTO, Alecio Adão. **Crimes Tributários. Aspectos Criminais e Processuais.** 3ª ed. Reista e ampliada. Porto Alegre: Livraria do Advogado, 2008.

MACHADO, Hugo de Brito. **Crimes Contra a Ordem Tributária**. São Paulo: Atlas, 2008.

_______, Estudos de Direito Penal Tributário. São Paulo: Atlas, 2002.

MAIA, Rodolfo Tigre. **Lavagem de Dinheiro (lavagem de ativos provenientes de crime). Anotações às disposições criminais da lei n. 9.613/98,** 1ª edição, 2ª tiragem. São Paulo: Malheiros, 2004.

MARCÃO, Renato. **Estatuto do Desarmamento. Anotações e interpretação jurisprudencial da parte criminal da Lei n. 10.826, de 22 de dezembro de 2003.** São Paulo: Saraiva, 2008.

______, **Crimes de Trânsito. Anotações e interpretação jurisprudencial da parte criminal do Código da Lei n. 9.503, de 23-9-1997**, 6ª ed. Revista e atualizada. São Paulo: Saraiva, 2009.

______, **Tóxicos. Lei nº 11.343, de 23 de Agosto de 2006 – Anotada e Interpretada**, 11ª ed. São Paulo: Saraiva, 2017.

MONTEIRO, Antonio Lopes. **Crimes Hediondos. Texto, comentários e aspectos polêmicos**, 9ª edição revista e atualizada de acordo com a Lei n. 12.015/2009. São Paulo: Saraiva, 2010.

NUCCI, Guilherme de Souza. **Leis Penais e Processuais Penais Comentadas vol. 1. 8ª ed.** Rio de Janeiro: Gen/Forense, 2014.

______. **Leis Penais e Processuais Penais Comentadas vol. 2. 8ª ed.** Rio de Janeiro: Gen/Forense, 2014.

PIMENTEL. Manoel Pedro. **Crimes contra o Sistema Financeiro Nacional: Comentários à Lei 7.492**. São Paulo: RT, 1987.

PRADO. Luiz Regis. **Direito Penal do Ambiente,** 6ª ed. São Paulo: RT, 2016.

QUEIROZ, Rafael Mafei Rabelo, Extinção da Punibilidade e Suspensão da Pretensão Punitiva nos Crimes Contra a Ordem Tributária: os Efeitos Penais do Pagamento e do Parcelamento, *in:* **Direito Penal Tributário**. TANGERINO, Davi da Paiva Costa; GARCIA, Denise Nunes (coord.). São Paulo: Quartier Latin, 2007.

RIBAS. Lídia Maria Lopes Rodrigues. **Direito Penal Tributário, questões relevantes,** 2ªed. São Paulo: Malheiros, 2004.

SCHMIDT, Andrei Zenkner; FELDENS, Luciano**. O Crime de Evasão de Divisas. A Tutela Penal do Sistema Financeiro Nacional na Perspectiva da Política Cambial Brasileira**. Rio de Janeiro: *Lumen Juris*, 2006.

SILVA, Juary C. **Elementos de Direito Penal Tributário**. São Paulo: Saraiva, 1998.

TEIXEIRA. Flávia Camello. **Da Tortura.** Belo Horizonte: Del Rey, 2004.

THUMS. Gilberto. **Estatuto do Desarmamento. Fronteiras entre racionalidade e razoabilidade. Comentários por artigos (análise técnica e crítica)**, 2ªed. Rio de Janeiro: *Lumen Juris*, 2005.

TORON, Alberto Zacharias. **Crimes Hediondos. O mito da repressão penal**. São Paulo: RT, 1996.

TÓRTIMA, José Carlos. **Crimes contra o Sistema Financeiro Nacional (Uma contribuição ao Estudo da Lei 7.492/86),** 2ª ed. Rio de Janeiro: *Lumen Juris*, 2002.

TÓRTIMA, José Carlos; TÓRTIMA, Fernanda Lara. **Evasão de Divisas. Uma crítica ao conceito territorial de saída de divisas contido no parágrafo único do art. 22 da Lei 7.492**. Rio de Janeiro: *Lumen Juris*, 2006.

EDITORA JusPODIVM
www.editorajuspodivm.com.br

Impressão e Acabamento
Intergraf Ind. Gráfica Eireli